KB149318

漢字 指導의 理論과 實際

國語 어휘의 70% 정도를 차지하고 있는 것은 漢字語이다. 그동안의 한글 專用 教育은 국민의 國語 能力을 低下시킴으로써 상호간 意思疏通을 모호하게 했고, 學習 能力을 減少시켰을 뿐만 아니라, 傳統과의 단절, 漢字文化圈 내에서의 孤立이라는 결과를 빚어냈다.

이미 50여 년 전에 이런 한글 專用 교육의 盲點을 파악하고 漢字 교육을 통한 國語教育 正常化를 기치로 발족한 韓國語文教育研究會는 잘못된 語文 정책을 바로잡기 위한 여러 활동을 꾸준히 벌여 왔다. 語文 정책을 바로잡기 위한 활동의 강화 차원에서 社團法人 韓國語文會를 창립하였고, 公教育에서 담당하지 못하고 있는 漢字 교육을 장려하기 위하여 韓國漢字能力檢定會를 설립하였다.

국민의 言語 能力, 事務 能力 低下는 필연적으로 國家와 社會 양 쪽에서부터 반성을 불러일으켰다. 政府는 公文書에 漢字를 倂記하자는 결정을 내렸으며, 한편으로 經濟 단체에서는 漢字 교육의 필요성을 力說하고 있다. 머지않아 公教育에서도 漢字가 混用된 교재로 정상적인 학습을 할 날이 到來할 것을 의심치 않는다.

한글 전용 교육을 받고 자라난 世代가 이제는 社會의 중장년층이 된 바, 漢字를 모르는 데서 오는 불편을 후손에게 대물림하지 않기 위해서 漢字 교육에 관심을 보이고 있다. 이는 全國漢字能力檢定試驗에 응시하는 미취학 아동과 초등학생 지원자의 수가 꾸준히 증가하여 왔던 것에서 확인된다.

이미 韓國語文教育研究會는 全國漢字能力檢定試驗 교재를 수 년 전부터 출간해왔다. 하지만 현재까지 시중에는 漢字 教授─學習法에 대해 정리된 서적은 아직도 不毛의 상태가 아닐 수 없다. 이에 본회는 漢字教育을 담당할 指導師들을 위한 교재를 출간하기로 하였다. 교재의 내용은 전체 5篇으로 漢字指導師라면 누구나 갖추고 있어야 할 漢字, 漢文 基礎 知識과 理論을 정리해 두었다. 부디 본 학습서가 漢字教育의 最前線에 서서 漢字普及과 教育을 위해 노력하는 漢字指導師들의 教授法을 발전시키는 데에 영감을 줄 뿐만 아니라, 漢字指導師資格檢定을 준비하는 모든 분들에게 훌륭한 길잡이가 되길 바란다.

韓國語文會 理事長 南基卓

일러두기

漢字指導師 資格 檢定試驗 要綱

1 漢字指導師 資格 檢定試驗

한자지도사는 학습자의 어휘력, 사고력, 문해력을 신장시켜 각 급 학교, 사회교육기관, 사설교육기관, 기업체 등에서 한자교육을 통한 국어교육 정상화와 학업 및 업무 능력을 향상시키기 위한 한자, 한자어, 한자어구에 관련된 한자교육프로그램을 개발하고 이에 대한 교수-학습 활동을 주요 직무로 수행합니다.

한자지도사자격검정시험은 한자, 한자어를 지도할 수 있는 전문지식과 활용 능력, 스스로 한자교육프로그램을 분석 · 설계 · 개발 · 실행 · 평가할 수 있는 이론의 습득과 교육업무를 수행할 수 있는 한자 교수 능력을 평가하여 역량 있는 한자지도사를 배출함으로써 국어교육 정상화에 이바지하기 위한 자격검정시험입니다.

2 漢字指導師 資格 檢定試驗 案內

- 자격명 : 한자지도사
- 자격등급 : 고급, 중급, 초급
- 자격종류 : 등록(비공인) 민간자격
- 등록번호 : 2010-0261
- 자격발급기관 : 사단법인 한국어문회
  - 총비용(세부내역) : 총비용 100,000원(응시료 : 100,000원, 자격 발급비 : 최초1회 무료)
  - 환불규정(자세한 사항은 본 회 홈페이지 '한자지도사자격검정시험 검정료(환불) 안내' 참조)
  - 응시료 : 접수마감일까지 100% 환불, 시험일-1일까지 70% 환불, 시험일 이후 환불 불가
  - 자격발급비(최초 1회 무료) : 재발급의 경우 자격증 제작 및 발송 이전 취소 시 100% 환불, 이후 취소 시 환불 불가
- 응시자격 : 자격 제한 없이 누구나 응시가능
- 시험시간

구분	시험시간
고급	
중급	90분
초급	

3 漢字指導師 資格 檢定試驗 等級 基準

자격등급 기준	
漢字指導師 高級	3,500字 수준(한자능력급수 1급)의 漢字, 漢字語에 대한 지도능력
漢字指導師 中級	1,817字 수준(한자능력급수 3급)의 漢字, 漢字語에 대한 지도능력
漢字指導師 初級	1,500字 수준(한자능력급수 3급II)의 漢字, 漢字語에 대한 지도능력

4 漢字指導師 資格 檢定試驗 等級 合格 基準

구분	초급	중급	고급
만점(총 문항수)	150	150	150
합격(정답 문항)	105	105	105

5 漢字指導師 資格 檢定試驗 出題基準 및 領域別 問項

항목별 세부 출제 내용			문항		
대영역	세부 영역	세부 항목	초급	중급	고급
1. 한자학 이론	한자의 역사	한자의 기원과 전래	5	5	5
		한자의 문자적 특징			
	한자의 구성요소	한자의 훈음	55	55	55
		한자의 자소/자원/자해			
		한자의 필순/획수			
		한자의 자형과 변천			
		정자/약자/속자			
		일자다음자			
		유의자/반의자			
		부수			
		자전활용			
		한자의 구성 원리			
2. 한자 어휘 교육론	한자어의 구조	한자어의 통사구조	5	5	5
	한자어의 의미	한자어와 고유어	20	20	20
		전의어			
		한자어의 문장 활용			
		유의어/반의어			
		동음이의어			
	한자어의 활용	교과서 한자어의 이해	5	5	5
	한자어구의 이해	고사성어/사자성어 속담/격언/금언	15	15	15

3. 한자와 어문 규정론	국어와 한자	한자어의 독음/장단음	15	15	15
		한자와 두음법칙			
		속음 한자어			
		한자와 사이시옷			
		첩어와 한자어			
		표준어 규정과 한자어			
		다음자 관련 한자어			
4. 한자 교수–학습 방법론	한자교육일반	한자교육의 필요성	4	4	4
		한자와 국어생활			
		한자와 전통문화			
		한자와 국제사회			
	교수–학습 실재	학교 급별 한자 교육과정	16	16	16
		한자 교수–학습 설계			
		한자 교수–학습 전략			
		한자 교수–학습 평가			
5. 한문의 이해와 독해	한문 문법 일반	한문 문법의 이해	2	2	2
	한문의 이해	단문 읽기	4	4	4
		명문 읽기	4	4	4

※ 세부 항목별 문항 수는 출제자의 의도에 따라 다소 차이가 날 수 있습니다.

次例

第1篇　漢字學 理論

第2篇　漢字 語彙 教育論

第3篇 國語와 漢字論

第4篇 漢文의 基礎 理解論

第5篇 漢字/漢文 教授-學習 方法論

부록 기출문제

第1篇

漢字學 理論

第1章 漢字의 歷史

1 漢字의 起源

漢字가 언제 처음 만들어져 사용되었는지에 대해서는 정확히 알 길이 없다. 그로 인해 漢字의 起源에 대해서는 그동안 많은 學說이 있었다. 그 여러 학설 중에서 가장 代表的인 學說은 結繩說, 八卦說, 倉頡造字說, 河圖洛書說[1], 甲骨文字說, 陶畫(陶符)說 등이 있다.

1.1 八卦說

八卦說은 許愼[2]이 지은 『說文解字』[3] 序에서 "옛날 伏羲氏(중국 전설에 나오는 三皇 가운데 한 인물)[4]가 천하를 다스릴 때 하늘의 형상을 관찰하고 땅의 이치를 굽어보아 새와 짐승의 무늬와 땅위의 사물을 살피어 가까이에서는 몸에서 취하고 멀리서는 사물에서 취하여 처음으로 [易]의 팔괘를 그려서 표준으로 삼았다.(古者庖犧氏之王天下也, 仰則觀象於天, 俯則觀法於地, 視禽獸之文, 與地之宜, 近取諸身, 遠取諸物, 於是始作[易]八卦)"라고 한 데서 나온 것이다. 여기서 八卦란 周易 64괘의 기본이 되는 乾, 坤, 震, 艮, 離, 坎, 兌, 巽을 말한다.

그림 1 八卦

八卦와 古文字와의 關聯說은 許愼 이외에 鄭玄(中國 後漢時代의 學者) 등도 제기한 학설이다. 팔괘와 숫자를 나타내는 일련의 古文字와의 관련에 대해서는 최근에도 논의가 있었지만, 일부 문자와의 관련을 들어 이것을 한자의 기원이라고 보는 것은 무리가 있다.

------

1) 河圖洛書는 『易經』〈繫辭傳〉에 있는 "河出圖 洛出書 聖人則之"에서 나온 것이다.

2) 許愼은 中國 漢代의 人物이다. 字는 叔重, 汝南 召陵(현재 河南省) 出生이다. 古文家에 속하며 經學과 六書 등을 연구했다. 대표적인 저술로 『說文解字』, 『五經異義』 등이 있다.

3) 說文解字는 중국 최초의 文字學 서적으로 평가받고 있다. 後漢 때 許愼이 편찬한 것으로 알려져 있다. 이 책은 한자의 형(形)·의(義)·음(音)을 체계적으로 해설한 최초의 자서(字書)이다. 본문은 14권이고 敍目 1권이다. 9,353개의 글자가 수록되었고, 重文(古文·文의 異體字)이 1,163자이며 해설한 글자는 13만 3,441자이다. 최초로 부수배열법을 채택하여 한자 형태와 偏旁 구조에 따라 540개의 부수를 분류했다. 통행하던 篆書(小篆)를 주요 字體로 삼아 古文·籀文 등의 이체자를 추가시켰다. 글자마다 指事·象形·形聲·會意·轉注·假借의 六書에 따라 字形을 분석하고 字義를 해설했으며 독음을 식별해 놓았다. 원본은 전해지지 않으며 현재 宋代 徐鉉이 쓴 교정본이 남아 있다. 고문자에 대한 자료가 많이 보존되어 있어서, 중국 고대서적을 읽거나 특히 甲骨文·金石文 등의 고문자를 연구하는 데 있어서 없어서는 안 될 중요한 책이다.

4) 伏羲氏는 太皞庖犧氏(태호포의씨)라고도 부른다. 전설에 따르면 그는 古代 東夷族의 뛰어난 首長으로 150여 년 간 재위하였고, 陳(현재 河南城 淮陽縣)에서 죽었다고 전한다.

1.2 結繩說

結繩說은 許慎이 八卦에 이어 神農氏(중국 전설에 나오는 三皇 가운데 한 인물)5)가 매듭으로 다스렸다고 서술한 데서 나온 것으로서, 漢字의 기원을 새끼매듭[結繩]에서 출발했다고 보는 것이다.

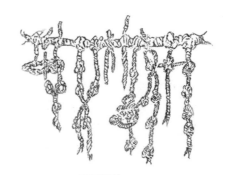

그림 2 結繩

結繩은 끈이나 띠를 가지고 매듭을 만들어 기록 및 의사전달 수단으로 사용하는 원시적 문자 형태를 말하는데, 매듭의 수·간격·모양·색 등을 통해 각각 고유한 개념이나 숫자를 나타내는 의사소통수단이다. 잉카 제국의 퀴푸(Quipo) 등이 대표적인 결승문자이며, 티베트, 아프리카, 아메리카 인디언 등의 原始社會에서도 結繩文字를 사용한 흔적이 발견된다. 우리나라에서도 새끼줄을 묶어서 수를 셈하던 방식이 1910년대까지 농촌사회에서 이용되었다는 보고가 있다. 그러나 結繩文字를 漢字의 기원으로 보는 것은 어디까지나 說에 불과할 뿐, 사실이라고 믿기 어렵다.

1.3 倉頡造字說

倉頡造字說은 許慎이 지은 『說文解字』序에 "皇帝의 史官인 倉頡이 새나 짐승의 발자국이 찍힌 것을 보고, 서로 다른 것을 구별하는 이치를 알고 처음 글자를 만들게 되었다(黃帝之史蒼, 見爲獸蹄迹之跡, 知分理之可相別異也, 初造書契)."라고 한 데서 유래된 것이다.

그림 3 神話 속의 人物, 蒼頡

창힐은 黃帝의 史官 또는 고대의 帝王으로서, 머리에 눈이 4개 있어 神明과 통하며, 위로는 魁星(북두칠성의 方形을 이룬 네 별)의 둥글고 굽은 형세를 관찰하고, 아래로는 거북의 등껍데기 모양과 새 발자국의 형상을 살펴, 세상의 아름다운 것들을 널리 모아 글자를 만들었다고 한다.

이 전설은 우리나라에도 상당한 영향을 끼쳐 교과서에서도 언급된 바 있고, 창힐은 東夷族이며 따라서 한자는 우리의 조상이 만든 것이라는 주장이 제기되기도 하였다. 하지만 문자의 기원을 한 個人의 創作으로 간주할 수는 없을 것이다. 그 문자를 사용하는 사회의 전체 구성원의 공통된 약속에 의해 만들어지고 사용되어야 문자로서의 기능을 제대로 할 수 있기 때문이다. 특히, 창힐이라는 인물이 과연 존재했는지에 대한 역사적 근거가 전혀 없을 뿐만 아니라 오히려 머리에 눈이 4개 있다는 등 창힐에 관한 기술에서 虛構로 볼 수밖에 없는 부분이 허다한 상황을 고려하면, 이 주장 역시 傳說에 지나지 않은 허구라고 보는 것이 온당한 태도일 것이다. 다만 창힐이라는 인물이 한자 창제와 관련하여 여러 古書籍에서 창제자로 기술되고 있는 것은 혹 전해져 오는 한자들을 어느 한 시점에서 整理하는 데 참여한 인물이 창힐일 가능성이 있을 수는 있다고 할 것이다.

---

5) 神農氏는 炎帝라고도 부른다. 전설에 따르면 백성들에게 농사짓는 법을 처음으로 가르쳤다고 하며, 경제·의약·음악·점서 등의 創始者로 알려져 있다.

1.4 甲骨文字說

'甲骨文字說'은 考古學의 성과에 기반을 두어 나온 學說이다. '甲骨文字'는 거북의 등이나 소뼈에 새긴 文字를 말한다. 中國 商나라 때 祭祀와 戰爭, 狩獵 등의 결과를 占치기 위하여, 이를 사용했다고 전한다.

'甲骨文字'는 中國 殷墟(中國 河南省에 있는 商나라의 首都 遺蹟地)에서 發掘되었기 때문에, 이 地域의 名稱을 따라서 '殷墟文字'라 부르기도 한다.

甲骨文字는 事物現象의 모양을 본떠서 만든 象形文字이다. 人類의 歷史를 살펴볼 때, 가장 오래된 形態의 文字 形態가 象形文字이다.

그러나 甲骨文字는 漢字의 發展段階에서 비교적 後期에 해당하는 것으로 볼 수 있는 假借字나 形聲字가 비중 있게 등장하는 점, 전체적으로 상당히 발달한 하나의 문자 체계를 갖추고 있는 점 등에 비추어 甲骨文字를 한자의 최초의

그림 4 甲骨文字

형태로 또는 그 기원으로 인식할 수 없다는 반론도 제기되고 있다.

한편, 甲骨文은 時間이 흐르면서 金文(靑銅으로 만든 그릇에 새겨진 文字), 大篆(中國 周나라 때 使用하던 漢字體), 小篆(秦始皇이 考案했다는 漢字體), 隷書(中國 漢나라 때 隷人이 사용하던 漢字體)의 과정을 거쳐, 현재 우리가 볼 수 있는 漢字와 近接한 모습으로 變化했다고 보는 學者들도 많은 상황이다.

1.5 陶畵說

陶畵說은 新石器時代 仰韶文化 陶器에 새겨진 符號에 근거를 두어 漢字의 기원으로 보는 설이다. 中國의 新石器 遺蹟인 半坡, 大汶口 이외에도 二里頭, 二里岡, 小屯 등지에서 陶器 또는 陶片에 새겨지거나 그려져 있는 부호들이 발견된다.

人類의 文字 發達史를 연구하는 이들은 하나의 文字가 그리는 단계에서 쓰는 단계로 발전하는 데에는 적어도 3000년 이상의 세월이 걸리는 것으로 추정하고 있다. 이런 점에서 보면 仰韶문화 유적지에서 발견된 刻劃符號와 大汶口문화의 圖形符號는 한자의 기원 논의와 관련하여 주목을 받고 있다. 이 부호들에 대한 고고학적 연구의 결과는 이들이 갑골문이 나타나는 商代보다 훨씬 이전인 夏왕조나 혹은 夏代보다도 더 이른 시기에 나타난 것으로 밝혀지고 있기 때문이다.

그림 5 陶器에 새겨진 符號

이러한 符號에 의거하여 漢字의 起源을 파악한다면 지금으로부터 4~5천년이상 거슬러 올라간 新石器 時代에 漢字가 誕生한 것으로 볼 수 있다. 그러나 陶器에 그려진 부호들을 漢字의 起源으로 보는 것은 많은 논란이 있다. 왜냐하면 그것들이 대부분 단순한 부호로 사용되었을 뿐, 어떤 문자 체계를 갖추고 있다고 보기 어렵기 때문이다. 그러므로 陶畵說은 通說일 뿐, 定說이라고 하기는 어렵다. 다만 이들 도기부호와 갑골문 사이에 존재하는 상당한 間隙이 고고학의 발굴 성과에 의해 메워진다면, 도화설은 定說로 자리매김 될 수도 있을 것이다.

2 漢字의 傳來

韓半島의 古代 政治勢力들은 中國과 서로 境界를 접하고 있었으므로 韓中 兩民族 사이의 接觸은 일찍부터 不斷하게 있었을 것이고, 따라서 漢字의 傳來도 그 무렵에 始作하여 時代의 흐름에 따라 漸增하였을 것이다. 이런 접촉 사실은 文獻과 考古 遺跡과 遺物로 確認되고 있다.

그 代表的인 사례가 慶南 昌原 다호리 널무덤[木棺墓]에서 나온 붓이다. 붓이 출토되었다는 것은 當時에 漢字나 文字를 사용했다는 證據로 볼 수 있다. 이를 根據로 본다면 대략 紀元前

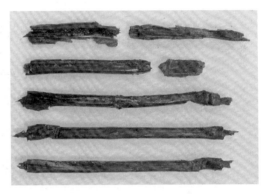

그림 6 │ 다호리 유적에서 나온 붓

2~3世紀 무렵에 한반도에서도 이미 漢字가 사용되었다는 推定이 가능하다. 그리고 기록에 의하면, 3~4世紀에 이미 中國留學生의 往來가 있어왔으며, 6~7세기 경에는 外交文書가 오고 간 기록이 있고, 또한 이 時代의 銘文·塔記·作品 등의 漢字 記錄이 상당수 現傳하고 있으므로, 이 무렵에는 이미 漢字使用이 크게 進展되었다고 보는 것이 타당하다.

그러나 漢字의 傳來는 受容層에 分化를 가져왔다. 漢字를 그대로 사용하던 세력도 있었겠지만 吏讀나 鄕札, 口訣에서 보는 바와 같이 한자의 전래로 독특한 문자생활을 시작한 계층도 볼 수 있다. 이것은 한자 본래의 사용법을 익히는 한편, 다소간의 독특한 사용법을 만들어 냈다는 증거이다. 문자와 언어의 불일치에서 오는 자연스러운 추세일 수밖에 없기 때문이다. 당장 뜻을 적으려고 하면 발음을 적을 수가 없고, 발음을 적으려고 하면 뜻을 드러내기가 어려웠을 것이다. 이러한 어려움에도 불구하고 文化制度 등의 발전은 표기의 필요를 증대하여 갔을 것이다.

한자를 빌려 쓰는 데는 여러 방식이 있을 수 있다. 가령 '물'을 '水'로 적고, '바람'을 '風'으로 적으면, 한자의 뜻을 빌린 것이 되므로, 표기상으로는 우리말의 발음이 드러나지 않을 것이다. 다만 '水'로 적고 '風'으로 적어 놓은 것을 중국 발음과 가깝게 '수'로 읽고 '풍'으로 읽으면 音讀이 되고, 우리말 고유어인 '물'로 읽고 '바람'으로 읽으면 訓讀[釋讀]이 된다.

나아가 한자를 빌려 쓰면서도 그 한자의 뜻과는 무관하게 그 한자의 음을 이용하여 우리말을 적는 방식도 가능하다. '居西干·次次雄·尼師今·麻立干' 등과 같은 초기의 王號에서 이 방식을 엿볼 수 있다.

이 왕호들은 한자의 뜻으로는 무슨 뜻인지 알 수 없다. 우리말 고유어를 한자의 음만 빌려 쓴 것으로 보아야 할 것이다. 이처럼 음독을 하면서도 한자의 뜻과는 무관하게 우리말을 적는 방법을 音訓借字法이라 하며, 이는 이 시대의 人名과 地名 記錄 등에서 확인된다.

한반도에서의 한자 사용의 초기에는 訓讀과 音讀이 함께 병행되다가 점차 한자어의 사용이 증가됨에 따라 음독의 세력이 증대하게 되어 드디어는 훈독을 몰아내고 현재와 같이 음독만으로 한자를 읽게 된 것으로 보인다. 참고로 일본은 아직도 일본 고유어를 반영하는 訓讀과 중국 한자음을 반영하는 音讀이 함께 사용되고 있다.

◀ 영역별 학습 및 능력/평가 준거 ▶

영역	학습 및 능력 / 평가 준거
한자의 기원	1. 한자의 역사를 문자적 특성과 연계하여 교수–학습 전략을 수립할 수 있다. 2. 한자의 기원설에 대한 주장을 문자적 특성과 관련하여 분석적으로 해석하고, 적절한 자료를 제시하여 교수–학습 활동을 수행할 수 있다. 3. 한자의 전래 과정에 대한 근거 자료를 제시하여 한국 한자와 한자어의 특징에 대한 교수–학습 활동을 수행할 수 있다. 4. 표의문자와 표음문자의 특징을 대비하여 이론적으로 설명하고 한자와 한글의 문자적 특징을 분석적으로 지도할 수 있는 적절한 자료를 선별하여 제시할 수 있다.

◀ 영역별 대표 문항 ▶

능력단위	한자학 이론	단위요소	한자의 기원	정답	①

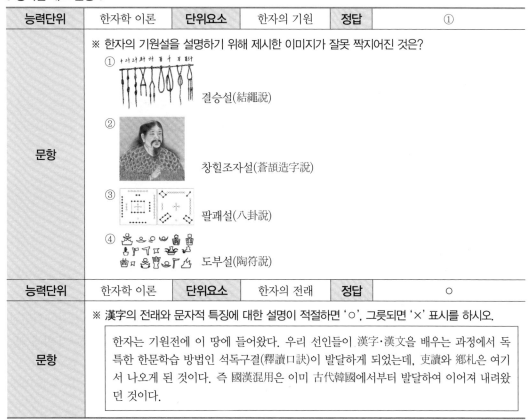

※ 한자의 기원설을 설명하기 위해 제시한 이미지가 잘못 짝지어진 것은?

① 결승설(結繩說)

② 창힐조자설(蒼頡造字說)

③ 팔괘설(八卦說)

④ 도부설(陶符說)

능력단위	한자학 이론	단위요소	한자의 전래	정답	○

※ 漢字의 전래와 문자적 특징에 대한 설명이 적절하면 'O', 그릇되면 '×' 표시를 하시오.

> 한자는 기원전에 이 땅에 들어왔다. 우리 선인들이 漢字·漢文을 배우는 과정에서 독특한 한문학습 방법인 석독구결(釋讀口訣)이 발달하게 되었는데, 吏讀와 鄕札은 여기서 나오게 된 것이다. 즉 國漢混用은 이미 古代韓國에서부터 발달하여 이어져 내려왔던 것이다.

第2章 漢字의 理解

1 漢字의 文字的 特性

漢字는 하나하나의 글자가 언어의 음과 상관없이 일정한 뜻을 나타내는 대표적인 表意文字로서, 각 漢字마다 모양[形], 소리[音], 뜻[意]의 3요소를 갖추고 있는 것이 특징이다. 이러한 漢字의 모양, 소리, 뜻을 '漢字의 3요소'라고 하는데, 漢字를 공부할 때에는 이 3요소를 함께 익혀야만 한다.

◀ 漢字의 3요소 ▶

모양(形)	소리(音)	뜻(意)
東	동	동쪽
流	류	흐르다
水	수	물
手	수	손

漢字는 처음에는 事物의 형태를 나타내는 象形文字로부터 출발한 것으로 보인다. 이는 세계의 文字發達史를 살펴볼 때 쉽게 확인되며, 漢字의 초기 양상을 보여주는 甲骨文에서도 이러한 사실이 확인된다. 그러나 言語란 象形文字로만 표현할 수 없는 槪念이나 思想이 있다. 따라서 이를 나타나기 위해서는 象形 이외의 다른 방식으로 문자를 만들어낼 수밖에 없었으며, 이는 漢字 또한 예외일 수 없었다.

1.1 漢字의 구성 성분이 지닌 언어학적 특징

(1) 象形 기능

한자를 이루고 있는 구성 성분들의 상형성은 한자의 표의적 특성을 가장 명확하게 보여준다. 가령 세 개의 산봉우리를 형상화한 모양 'ᰛ(山)'만으로도 그 의미가 '산'이라는 것을 쉽게 알 수 있도록 하였고, 나무의 가지와 줄기와 뿌리의 모양 'ᐞ(木)'으로 '나무'라는 의미를, 발과 발가락의 모양 'ᐱ(止)'으로 '발'이라는 의미를 쉽게 파악할 수 있게 한 것이다. 그러나 상형 문자는 추상적 개념을 표현하는 데는 근본적인 한계를 지니는데, 한자는 상형 문자가 지닌 이러한 한계를 극복하기 위해 또 다른 상형의 글자들과 결합하거나 표시 부호를 부가적으로 덧붙이는 방법 등을 사용하였다. 이 부가적 부호들이 붙은 합체 구조의 한자들은 상형의 지시대상이 되었던 사물과 관련된 추상적 성질, 관계, 상태 따위를 구체적인 경험 내용으로 연계시킴으로써 새로운 글자들을 만들어냈다. 예를 들어, '步(步)'는 발의 모양인 '止(止)'를 두 개 합쳐 '걷다'라는 뜻을 나타내었다. 위쪽을 향한 발가락의 방향, 엄지발가락의 위치, 두 구성 요소의 상하 배열 등을 통하여 왼발과 오른발을 번갈아 내디디며 '앞으로 걸어 나간다'는 동작 개념을 구체적이고 알기 쉽게 파악할 수 있다. 여기에 또다시 물이 흐르는 모양인 '水(水)'를 양발의 가운데 위치에 놓이도록 결합하여 '물을 건너가다'라는 새로운 뜻을 지닌 '涉(涉)'이라는 글자를 만들기도 하였던 것이다.

이처럼 한자는 사물의 형체 그 자체를 형상화하여 실제 의미를 시각적으로 나타내거나, 혹은 서로 다른 상형의 글자들을 네모꼴의 틀 속에 결합하고 상하좌우의 상대적 배열에 따라 그 圖像的 의미를 직관적으로 파악할 수 있도록 조합하는 등 상형 기능을 하는 구성 성분들은 한자가 지시하는 대상의 의미를 구체적으로 시각화한다는 장점이 있다.

그러나 상형의 기능은 한자의 음을 나타낼 수 없다는 단점을 지닌다. 또한 각기 다른 개념을 각기 다른 형상으로 나타내어야하기 때문에 그만큼 기억해야할 변별적 구성 요소가 늘어난다는 한계를 지니기도 한다.

(2) 表義 기능

한자의 구성 성분이 독립적으로 글자를 구성할 때는 기록한 어휘의 의미 범주 혹은 의미적 관련성을 나타낸다. 이때 해당 구성 성분은 표의 기능을 갖게 된다. 가령 '火'는 '불꽃'을 뜻하는 독체자이지만, '燒, 炎, 灰, 炙' 등에서는 이 글자들이 '불'과 관련된 의미를 가진 단어임을 나타내는 표의 기능을 하는 구성 요소가 된다. 또한 '火'를 제외한 나머지 구성 요소들 역시 '불'의 의미에 '堯(높다), 火(불꽃), 又(손), 月(肉 고기)' 등의 개념을 추가함으로써 '燒(불사르다), 炎(불꽃), 灰(재), 炙(굽다)'라는 구체적인 뜻을 더해주는 표의 기능을 담당한다.

이와 같은 한자의 표의 기능은 그 글자의 정확한 음과 뜻을 몰라도 한자의 구성에 대한 기본적인 이해를 토대로 단어의 의미를 시각적으로 유추해 내는 일을 가능하게 한다는 장점이 있다.

(3) 表音(示音) 기능

한자의 구성 성분이 글자의 독음을 나타내는 기능을 말하는데, 형성자의 聲符에 해당하는 것이다. '沅, 汝, 渭, 洛, 汾, 浙' 등은 모두 구성 요소로 '水'를 포함하고 있어 해당 글자들이 '물'과 관련 있음을 알 수 있다. 나머지 구성 요소 '元, 女, 委, 各, 分, 折' 등은 구성자의 독음과 같거나 비슷한데, 이 구성 성분들은 의미를 나타내는 표의 기능은 없는 대신 각각의 강 이름을 음가로 구별하게 해주는 示音 기능을 담당한다.

그렇다고 한자의 示音 기능이 글자의 음만을 나타내는 역할에 국한된 것은 아니다. 가령 '婚'에서 示音 기능을 하는 구성 성분은 '昏'인데, '昏'은 '해가 저무는 황혼'이란 뜻이 있다. 고대 사회에서 결혼식은 황혼 무렵에 거행했기 때문에 그 풍습이 글자에 반영된 것으로 '昏'은 示音 기능 외에 표의 기능까지 겸하고 있는 것이다. 또 다른 예로 '물줄기'라는 뜻을 가진 '巠'은 '가늘고 길다'는 특성을 가지는데, '巠(경)'을 음으로 만들어진 '經(날실), 莖(줄기), 徑(지름길), 輕(가볍다), 頸(목), 脛(정강이), 巠(좁은 길)' 등의 한자들에서 '가늘고 길다'는 의미적 특성을 찾을 수 있는 것처럼 한자의 示音 기능 역시 대부분 강한 표의성을 띤다.

(4) 標示 기능

한자의 구성 성분 중 표시 기능을 담당하는 표기들은 한자가 지닌 의미의 상징, 지시, 구별 등을 나타내는 작용을 한다.

먼저 상징적 표기는 확정되지 않은 어떤 사물 또는 형상이 없는 사물을 대표하거나 추상화하여 그 특징을 나타낸다. 예를 들어 단순한 획으로 숫자를 나타내는 '一, 二, 三', 추상적 기준을 설정한 '二 (上)'에서의 아래 긴 선과 위치를 지정하는 위의 짧은 선, 중심의 위치를 나타내는 '中, 中(中)'에서의 세로 선, 북소리의 울림을 나타내는 '彭(彭)'에서의 '彡', 또 '仁(仁)'에서와 같이 '두 사람이 서로 사이가 좋고 친하다'라는 의미를 나타내는 평평하고 가지런한 두 획 '二'는 모두 추상적인 개념을 상징적으로 표현한 표시 기능이다.

지시성 표기는 상형과 같이 사물의 모양으로 시각화하기 쉬운 다른 구성 성분에 덧붙여 그 표시가 지시하는 사물의 속성을 통해 의미를 나타내는 것이다. 예를 들어 칼의 모양을 상형한 '刀(刀)'에서 칼날에 해당하는 선이나 획 '丿(丿)'만으로는 칼날을 의미할 수 없기 때문에 '刃(刃)'에서와 같이 날이 있는 위치를 점 'ㆍ'으로 표시하였다. 또 '근본', '붉은빛', '끝' 등과 같은 의미는 시각적으로 표현하기가 쉽지 않지만, 시각화가 가능한 다른 구성 성분인 나무의 모양 '木(木)'에 '뿌리, 줄기의 속심, 가지 끝'을 지시하는 지시성 표기를 덧붙여 '本(本), 朱(朱), 末(末)'과 같이 표시함으로써 그 의미가 사물의 지시한 부분에 있음을 직관적으로 알 수 있도록 하였다.

구별성 표기는 비슷한 글자를 구별하는데 쓰인다. '玉, 太'에서와 같이 구별성 표시인 점 'ㆍ'으로 이 글자들이 각각 '王, 大'와 그 의미가 다르다는 것을 구별하였고, '千(千)'은 발음이 유사한 '人(人)'과 구별하기 위하여 다리 부분에 가로획을 덧붙인 것이다.

1.2 單語文字로서의 특징

대부분 한자를 表意文字라고 부르지만, 표의 문자는 表音文字의 상대적인 개념으로 하나하나의 문자가 뜻을 나타내지만 반드시 언어의 발음을 나타내지는 않는다. 그러나 한자는 글자 하나하나가 하나의 말이나 형태소를 나타낸다. 이러한 문자를 정확히 形態素文字라고 하는데, 이때 형태소는 소리와 뜻이 결합된 최소의 단위인 단어를 말한다. 예를 들어 고깃덩이의 모양을 상형한 '肉'은 [육]이라는 소리와 '고기'라는 뜻이 결합된 하나의 단어로, 한 개의 한자 형태소인 것이다. 그러므로 문자 체계 내에서 한자를 表意文字라고 부르는 것은 적절하지 않다고 여겨, 대신 單語文字 혹은 表語文字로 일컫는다.

단어문자의 상당수는 상형문자에 기원을 둔다. 상형문자가 오로지 구체적인 사물을 나타내는 기호만을 가지는 문자 체계인 것에 비해, 단어문자는 언어의 말이나 형태소를 거의 모두 나타낼 수 있다. 이러한 일이 가능하게 된 것은 다른 뜻을 가지는 문자를 조합해 보다 복잡한 뜻을 가지는 문자를 만들어 내는 기법 또는 말의 발음을 나타내는 기호, 의미를 분류하는 기호를 조합해 새로운 문자를 만들어 내는 기법을 발달시켰기 때문이다.

표의 문자인 한자는 개별 형태소의 기본적인 변별 기준을 소리의 차이보다는 字形의 차이에 기반을 둔다. 예를 들어 '[육]'이라 읽고 '고기'라는 뜻을 가진 형태소와 '[견]'이라 읽고 '개'라는 뜻을 가진 형태소는 고깃덩어리의 모양을 상형한 '⺼(肉)'과 개의 모양을 상형한 '犬(犬)'이라는 자형의 차이를 통해 형태소가 가진 의미를 보다 분명하고 쉽게 구분할 수 있도록 하였다. 한자의 이러한 하나의 개별 형태소는 다른 형태소의 구성 성분이 되기도 한다. 예를 들어 '肉'과 '犬'이라는 각각의 개별 형태소들이 서로 결합하여 '狀'(개고기, [연])이라는 또 다른 개별 형태소의 표의 기능을 하는 구성 성분이 되는 것이다. 더 나아가 형태소 '狀'은 형태소 '然'(타다, [연])의 示音 기능을 하는 구성 성분이 되고, '然'은 또 형태소 '燃'(타다, [연])의 示音 기능 겸 表意 기능을 동시에 담당하는 구성 성분이 되기도 하는 것이다. 이처럼 한자의 자형과 그것이 나타내는 형태소의 소리와 뜻이 긴밀하게 결합되어 있기 때문에 사람들은 한자를 形・音・義의 통일체라고도 하는 것이다.

이러한 특징은 중국어가 문법적 형태의 변화가 없는 孤立語이며, 대부분 음절 사이의 경계가 분명한 單音節語라는 성질과 관련이 있다. 단음절어는 음절이 짧고, 형태 변화가 없는 대신 동음 현상이 많다는 언어적 특징을 지니는데, 한자는 이런 동음이의어를 시각적으로 구분해줄 수 있는 각기 다른 표의 부호를 사용함으로써 음가로는 구별하기 어려운 뜻이 다른 단어를 쉽게 구분할 수 있다는 장점을 지니게 된다.

그런데 문명이 발달함에 따라 사물이나 개념도 늘어나게 되므로, 단어문자에서는 글자의 수가 대단히 많아지게 된다. 중국의 漢나라 시대에는 대략 만여 자의 글자가 사용되었지만 淸나라 시대가 되면 4만 7천 자 정도로 늘어난다. 더욱이 새로운 사물이나 개념이 생겨날 때마다 새로운 글자를 만들어야 한다. 그렇다고 하여 한자가 새로운 개념을 표기하기 위하여 무작정 새로운 자형이 제작된 것은 아니었다. 본래 단순 의미를 나타내는 상형자와 지사자는 극히 소수에 불과6)하고, 대부분의 한자들은 의미의 범주를 간접적으로 지시하는 편(偏)과 발음을 지시하는 방(旁)을 결합하는 형성의 방법을 통하여 새로운 글자를 늘려나가는 방식을 취하였던 것이다.

2 漢字의 形成과 六書

社會政治, 經濟, 文化, 科學의 발전에 따라 단어도 끊임없이 증가하자, 文字 또한 이에 따라 나날이 늘어나, 複雜한 文字 체계를 형성하게 되었음은 字典에 나타난 漢字의 수가 後代로 가면 갈수록 急增하는 것에서 쉽게 확인된다. 예컨대, 許愼의『說文解字』에 9,353자가 수록되어 있던 漢字의 수는 이후 나날이 增加하여, 北宋時代 편찬된『廣韻』(1011년)에는 26,149자의 한자가 수록되어 있으며, 明代에 편찬된『洪武正韻』(1375년)에는 32,200자, 淸代에 편찬된『康熙字典』에는 47,000여 자, 1980년대 나온『現代漢語大字典』에는 56,000여 자가 수록되어 있는 데서, 漢字의 擴張, 시대에 따른 한자의 需要의 急增을 확인할 수 있다.

이처럼 漢字에 대한 수요가 급증하면서 象形 이외의 다양한 방식으로 한자가 만들어지게 되었는데, 許

---

6) 남송(南宋)의 정초(鄭樵)가 쓴『통략지(通略志)』의「육서략(六書略)」에 있는 24,230자를 육서로 구분하였을 때 상형자 2.5%(603자), 지사자 0.44%(107자), 회의자 3.05%(740자), 형성자 90%(21,810자), 전주자 1.53%(372자), 가차자 2.47%(598자)로 분석되었다.

愼은 이것을 '六書'라는 이름으로 『說文解字』에서 이 문제를 정리하였다.

許愼은 『說文解字』에서 한자의 字形을 象形·指事·形聲·會意·轉注·假借 여섯 가지로 분류하고 이를 '六書'라고 했다. 이 분류 방법은 지금도 有效하여 漢字를 이해하는데 있어서 중요한 자료가 되고 있다.

결국 六書란 漢字가 만들어진 원리를 설명하는 방법인 셈인데, 이 가운데 '象形, 指事, 會意, 形聲'을 漢字 構成의 原理, '轉注와 假借'를 漢字 運用의 原理로 크게 구분하기도 한다. 다른 한편, 象形, 指事, 會意字는 그림과 같아서 대부분 글자의 형태를 통해 意味를 나타내는 것이고, 形聲과 假借는 글자의 音을 통해서 의미를 나타내는 것이다. 날로 급속히 문자에 대한 수요가 늘어나는 것을 뒤따라가자면 音을 통하여 의미를 나타내는 것이 漢字 발전의 필연적인 추세가 되었고, 따라서 周代 이후에 형성의 원리는 한자를 만드는 주된 원리가 되었다. 이제 六書의 原理를 하나씩 검토해 보기로 한다.

六書	象形	漢字 構成의 原理
	指事	
	形聲	
	會意	
	轉注	漢字 運用의 原理
	假借	

2.1 象形

사물의 모양을 본떠서 만든 漢字이다. 漢字에서 차지하는 비중은 크지 않으나, 漢字에서 가장 기본적인 글자라고 할 수 있는 部首에 해당하는 글자가 대부분 여기에 속한다. 나머지 글자들도 상당수 이를 바탕으로 만들어졌다.

1. 人體를 形象化한 것 : 人, 女, 首, 目, 耳, 口 등.
2. 天文을 形象化한 것 : 日, 月, 山, 川, 水, 气 등.
3. 動植物을 形象化한 것 : 犬, 象, 馬, 鳥, 牛, 魚 등.
4. 事物을 形象化한 것 : 井, 門, 舟, 冊, 鼎, 弓 등.

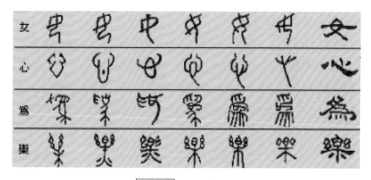

그림 6 | 상형자의 예

2.2 指事

抽象的인 概念을 점과 선을 쓰거나 符號 등을 표시함으로써, 그것을 보는 사람들에게 의미를 類推해내거나 뜻을 분명히 알도록 만든 漢字이다.

1. 象徵的인 概念을 의미하는 것: 一, 二, 上, 下 등.
2. 이미 만들어진 글자에 劃을 더하여 의미를 보다 分明하게 하는 것: 天, 刃, 本, 甘 등.

그림 7 지사자의 예

2.3 形聲

이미 만들어진 글자에서 뜻[形]과 음[聲]을 합하는 방법으로 만들어진 漢字를 말한다. 한자에서 가장 많은 분량을 차지한다. 『說文解字』를 보면 9,353자 가운데 7,697자가 여기에 해당한다.

기존글자	기존글자	새로운 한자	
(雨 전서)	(云 전서)	(雲 전서)	뜻: 구름
			음: 운
비(雨)	구름(雲)	뜻을 나타내는 부분[雨]과 음을 나타내는 [云]부분이 결합하여 '구름 운'이 만들어짐	

형성자는 뜻[形]과 음[聲]이 서로 결합하는 방식에 따라 다음과 같이 나눌 수 있다. 이 경우에 대개 의미부가 부수가 된다.

1. 왼쪽이 의미부가 되고, 오른쪽이 독음부가 되는 경우(左形右聲): 梅, 懼, 伴, 唱, 情 등.
2. 오른쪽이 의미부가 되고, 왼쪽이 독음부가 되는 경우(右形左聲): 功, 判, 雞, 郡, 頂 등.
3. 위가 의미부가 되고, 아래가 독음부가 되는 경우(上形下聲): 花, 草, 雲, 霜, 霧, 星 등.
4. 아래가 의미부가 되고, 위는 독음부가 되는 경우(下形上聲): 忠, 妄, 智, 烈, 想, 梨 등.
5. 안이 의미부가 되고, 바깥이 독음부가 되는 경우(內形外聲): 悶, 聞, 辯, 問 등.
6. 바깥이 의미부가 되고, 안쪽이 독음부가 되는 경우(外形內聲): 固, 闊, 圍, 園 등.

2.4 會意

이미 만들어진 글자에서 뜻[意]과 뜻[意]을 합하는 방법으로 만들어진 한자를 말한다. 形聲 다음으로 많은 분량을 차지한다.

기존글자	기존글자	새로운 한자	
			뜻: 좋다
			음: 호
계집(女)	아들(子)	좋을 호(好): 여자[女]가 아이[子]를 안고 있으면 좋다는 데서 '좋다'는 의미가 만들어짐	

회의자는 뜻[意]과 뜻[意]이 서로 결합하는 방식에 따라 다음과 같이 나눌 수 있다.
1. 같은 글자로 결합되는 경우(同體會意): 林, 森, 姦, 炎, 晶 등.
2. 서로 다른 글자로 결합되는 경우(異體會意): 休, 鳴, 明, 位, 男 등.
3. 결합하면서 획을 줄이거나 변하게 하는 경우(變體會意): 孝 등.
4. 결합하면서 한 글자가 뜻과 음을 모두 가진 경우(兼聲會意): 仕 등.

2.5 轉注

이미 만들어진 글자에서 뜻을 類推해, 다른 뜻의 글자로 의미가 轉移 내지 擴張하는 방법이다.

기존글자	의미의 확장	기존글자	의미의 확장
	우두머리		즐겁다
	머리		좋아하다
	오랜		풍류
원래의 뜻: 길다(長)		원래의 뜻: 음악(樂)	

轉注는 뜻만 바뀌는 것[形轉]과 독음까지 바뀌는 것[音轉]으로 나눌 수 있다.
1. 뜻만 바뀌는 경우[形轉]: 道(길→ 인생), 長(길다→ 우두머리), 老(늙다→연륜, 경험, 익숙함) 등.
2. 독음까지 바뀌는 경우[音轉]: 度(탁/도), 說(설/세), 數(수/삭), 惡(오/악) 등.

2.6 假借

해당하는 글자의 漢字가 없을 경우, 한자의 원 의미와는 상관없이 音만 빌려 쓰는 방법이다. 주로 의성어, 의태어, 외래어 등을 표기하기 위해 사용하거나, 人名, 地名, 國家名 등을 표기할 때 쓰인다.

1. 해당하는 글자가 없어서, 비슷한 뜻을 빌려 쓰는 경우: 電梯[엘리베이터], 熱狗[핫도그], 오륜(五輪) 등.
2. 독음만을 빌려 쓰는 경우: 亞細亞(아시아), 獨逸(도이칠란드), 伯林(베를린), 羅馬(로마), 巴里(파리), 牛頓(뉴톤), 倍根(베이컨), 佛蘭西(프랑스), 亞里斯多(아리스토텔레스) 등.

그림 8 맥도날드 가차표기의 사례

六書가 한자의 모든 글자의 造字 원리를 설명해 주지는 못한다. 그러나 한자를 올바르게 이해하기 위해서는 매우 필요한 원리임에는 틀림없다. 形聲字와 指事字는 부수를 형성함과 동시에 한자의 기본 바탕을 이루는 글자들이므로 이에 대한 이해가 필요하다. 그리고 기본 글자들을 결합하여 만들어지는 회의자와 형성자의 경우, 한자의 의미를 파악하는 데 있어서 매우 중요하기 때문에 반드시 숙지할 필요가 있다.

그림 9 '六書'를 다룬 許愼의 『說文解字』

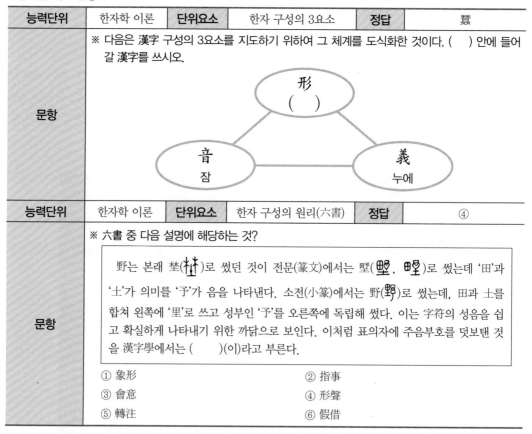

영역	학습 및 능력 / 평가 준거
한자의 이해	1. 한자를 구성하는 기본 3요소인 形·音·義를 기준으로 개별 한자들에 대한 문자학적 이론과 근거 자료를 제시하여 학습할 한자의 수를 효과적으로 늘려나가는 교수-학습 전략과 교수활동을 수행할 수 있다. 2. 한자를 구성하는 기본 3요소인 形·音·義를 구별할 수 있도록 용례자를 제시하여 교수-학습 활동을 수행할 수 있다. 3. 한자 구성의 원리인 六書의 개념을 용례자를 제시하여 한자의 짜임을 지도할 수 있다. 4. 六書의 개념을 활용하여 개별 한자의 짜임을 설명하고 학습 한자의 形·音·義의 관계를 명확히 지도할 수 있다.

◀ 영역별 대표 문항 ▶

능력단위	한자학 이론	단위요소	한자 구성의 3요소	정답	蠶
문항	※ 다음은 漢字 구성의 3요소를 지도하기 위하여 그 체계를 도식화한 것이다. (　　) 안에 들어갈 漢字를 쓰시오. 形 (　　) 音 잠 義 누에				

능력단위	한자학 이론	단위요소	한자 구성의 원리(六書)	정답	④
문항	※ 六書 중 다음 설명에 해당하는 것? 野는 본래 埜(𣎴)로 썼던 것이 전문(篆文)에서는 壄(𣏰, 𡔷)로 썼는데 '田'과 '土'가 의미를 '予'가 음을 나타낸다. 소전(小篆)에서는 野(𤲬)로 썼는데, 田과 土를 합쳐 왼쪽에 '里'로 쓰고 성부인 '予'를 오른쪽에 독립해 썼다. 이는 字符의 성음을 쉽고 확실하게 나타내기 위한 까닭으로 보인다. 이처럼 표의자에 주음부호를 덧보탠 것을 漢字學에서는 (　　)(이)라고 부른다. ① 象形　　　　　　② 指事 ③ 會意　　　　　　④ 形聲 ⑤ 轉注　　　　　　⑥ 假借				

第3章 漢字의 部首와 字典 活用

1 漢字의 部首

部首란 漢字의 外形의 한 부분[部]이면서 전체 의미를 나타낸다[首]. 곧 漢字 字形의 구성 면에서 낱낱의 글자마다 內包되어 있는 의미의 符號 부분을 추출하여 한 부분(部)을 만들고 그 부분이 공통된 形態의 漢字들을 分類하여 部首로 설정한 것이다. 따라서 部首는 漢字의 核心 意味이자 漢字 分類의 기본 원칙이 되고 있다.

部首는 字典에서 漢字를 찾는데 필요하기도 하지만 形聲文字의 意味部는 모두 이 部首字이므로 漢字의 뜻을 이해하는 데 불가결한 부분이다. 같은 部首에 속한 글자는 대체로 部首字가 지니고 있는 큰 概念은 共有하고 있다. 예를 들어, 人(사람 인)이 部首字로 들어간 代, 信, 仁, 作, 俊, 休 등은 모두 사람 그 자체나 사람이 갖는 성질 또는 상태 등 '사람'과 관련된 의미를 이룬다는 것이다. 宀(집 면)이 부수자로 들어간 家, 宮, 安, 宇, 宙 등은 모두 집 그 자체나 집의 규모, 집에서 무언가를 하는 것 등 '집'과 관련된 뜻을 지니고 있다. 이처럼 六書 원리의 形聲字에서 뜻[의미: 形] 부분이 바로 그 한자의 부수이며, 한자의 80% 이상이 形聲字인만큼 이에 대한 이해는 바로 部首의 理解에서부터 시작된다. 현재 사용하고 있는 漢字의 部首는 총 214개이며, 획수(劃數)에 따라서 1획부터 17획까지 나누어져 있다. 이제 부수에 관한 내용을 살펴보기로 한다.

1.1 部首의 名稱

部首는 그 위치에 따라 명칭을 갖고 있으며, 위치에 따라 모양이 바뀌기도 한다. 각 部首는 다음과 같이 부른다.

명칭	설명	예
변(邊)	부수가 글자의 왼쪽에 있는 경우	亻, 忄, 氵, 犭, 礻, 糸, 彳, 阝(좌부방), 言, 木 등
방(傍)	부수가 글자의 오른쪽에 있는 경우	刂, 戈, 欠, 見, 阝(우부방), 攴, 頁 등
머리	부수가 글자의 위에 있는 경우	亠, 宀, 山, 竹, 艹, 罒, 雨 등
발	부수가 글자의 아래에 있는 경우	儿, 灬, 貝, 皿 등
받침	부수가 글자의 왼쪽부터 아래에 걸쳐 있는 경우	辵, 走, 夊 등
엄	부수가 글자의 위쪽부터 왼쪽에 걸쳐 있는 경우	厂, 尸, 疒, 广, 虍 등
몸(에운담)	부수가 글자를 에워싸고 있는 경우	門, 囗, 凵, 匚 등
제부수	부수가 한 글자 전체, 그대로인 것.	入, 力, 土, 大, 牛, 鼠, 齒 등

각 部首는 글자별로 명칭이 있는데 다음의 〈표〉와 같이 부른다.

◀ 部首의 名稱 ▶

1획
- 一 한 일
- 丨 뚫을 곤
- 丶 점 주
- 丿 삐침 별
- 乙 새 을
- 亅 갈고리 궐

2획
- 二 두 이
- 亠 돼지머리 해
- 人(亻) 사람 인
- 儿 어진사람 인 발
- 入 들 입
- 八 여덟 팔
- 冂 멀 경
- 冖 민갓머리
- 冫 이수 변
- 几 안석 궤
- 凵 위 터진 입구
- 刀(刂) 칼 도
- 力 힘 력
- 勹 쌀 포
- 匕 비수 비
- 匚 감출 혜
- 十 열 십
- 卜 점 복
- 卩(㔾) 병부 절
- 厂 굴바위 엄
- 厶 사사 사
- 又 또 우

3획
- 口 입 구
- 囗 에울 위
- 土 흙 토
- 士 선비 사
- 夂 뒤져올 치
- 夊 천천히 걸을 쇠
- 夕 저녁 석
- 大 큰 대
- 女 계집 녀
- 子 아들 자
- 宀 갓머리
- 寸 마디 촌
- 小 작을 소
- 尢 절름발이 왕
- 尸 주검 시
- 山 메 산
- 巛(川) 개미허리 천
- 工 장인 공
- 己 몸 기
- 巾 수건 건
- 干 방패 간
- 幺 작을 요
- 广 엄 호
- 廴 민책받침
- 廾 손맞잡을 공
- 弋 주살 익
- 弓 활 궁
- 彐(彑) 돼지머리 계 / 터진가로 왈
- 彡 터럭 삼
- 彳 두인 변

4획
- 心(忄) 마음 심
- 戈 창 과
- 戶 지게 호
- 手(扌) 손 수
- 支 가지 지
- 攴(攵) 칠 복
- 文 글월 문
- 斗 말 두
- 斤 도끼 근
- 方 모 방
- 无 없을 무
- 日 날 일
- 曰 가로 왈
- 月 달 월
- 木 나무 목
- 欠 하품 흠
- 止 그칠 지
- 歹 죽을 사
- 殳 갖은둥글월 문
- 毋 없을 무
- 比 견줄 비
- 毛 털 모
- 氏 성씨 씨
- 气 기운 기
- 水(氵) 물 수
- 火(灬) 불 화
- 爪(爫) 손톱 조
- 父 아비 부
- 爻 점괘 효
- 爿 장수장 변
- 片 조각 편
- 牙 어금니 아
- 牛(牜) 소 우
- 犬(犭) 개 견

5획
- 玄 검을 현
- 玉(王) 구슬 옥
- 瓜 오이 과
- 瓦 기와 와
- 甘 달 감
- 生 날 생
- 用 쓸 용
- 田 밭 전
- 疋 발 소 / 짝 필
- 疒 병질 엄
- 癶 걸을 발 / 필발머리
- 白 흰 백
- 皮 가죽 피
- 皿 그릇 명
- 目 눈 목
- 矛 창 모
- 矢 화살 시
- 石 돌 석
- 示(礻) 보일 시
- 内 짐승발자국 유
- 禾 벼 화
- 穴 구멍 혈
- 立 설 립

6획
- 竹 대 죽
- 米 쌀 미
- 糸 실 사
- 缶 장군 부
- 网(罒) 그물 망
- 羊 양 양
- 羽 깃 우
- 老(耂) 늙을 로
- 而 말이을 이
- 耒 쟁기 뢰
- 耳 귀 이
- 聿 붓 율
- 肉(月) 고기 육
- 臣 신하 신
- 自 스스로 자
- 至 이를 지
- 臼 절구 구
- 舌 혀 설
- 舛 어그러질 천
- 舟 배 주
- 艮 그칠 간
- 色 빛 색
- 艸(艹) 풀 초
- 虍 범 호
- 虫 벌레 충
- 血 피 혈

7획
- 行 다닐 행
- 衣(衤) 옷 의
- 襾 덮을 아
- 見 볼 견
- 角 뿔 각
- 言 말씀 언
- 谷 골 곡
- 豆 콩 두
- 豕 돼지 시
- 豸 갖은돼지 시
- 貝 조개 패
- 赤 붉을 적
- 走 달릴 주
- 足 발 족
- 身 몸 신
- 車 수레 거(차)
- 辛 매울 신
- 辰 별 신
- 辵(辶) 쉬엄쉬엄 갈 착
- 邑 고을 읍
- 酉 닭 유
- 釆 분별할 변
- 里 마을 리

8획
- 金 쇠 금
- 長(镸) 길 장
- 門 문 문
- 阜(阝) 언덕 부
- 隶 밑 이
- 隹 새 추
- 雨 비 우
- 青 푸를 청
- 非 아닐 비

9획
- 面 낯 면
- 革 가죽 혁
- 韋 가죽 위
- 韭 부추 구
- 音 소리 음
- 頁 머리 혈
- 風 바람 풍
- 飛 날 비
- 食 밥 식
- 首 머리 수
- 香 향기 향

10획
- 馬 말 마
- 骨 뼈 골
- 高 높을 고
- 髟 머리털 늘어질 표
- 鬥 싸울 투
- 鬯 울창주 창
- 鬲 다리굽은솥 력
- 鬼 귀신 귀

11획
- 魚 물고기 어
- 鳥 새 조
- 鹵 소금밭 로
- 鹿 사슴 록
- 麥 보리 맥
- 麻 삼 마

12획
- 黃 누를 황
- 黍 기장 서
- 黑 검을 흑
- 黹 바느질할 치

13획
- 黽 맹꽁이 맹
- 鼎 솥 정
- 鼓 북 고
- 鼠 쥐 서

14획
- 鼻 코 비
- 齊 가지런할 제

15획
- 齒 이 치

16획
- 龍 용 룡
- 龜 거북 귀

17획
- 龠 피리 약

1.2 部首의 變形

部首를 최초로 고안한 사람은 許愼이다. 그는 『說文解字』를 통해서, 당시에 존재하던 漢字 9,353字를 540개의 部首를 사용하여 분류했다. 이후에 淸代에 이르러 『康熙字典』이 편찬되면서 필요한 새 部首를 만들고 部首字 中에서 불필요하거나 중복된 것은 하나로 통합하여 214개로 정리하여 현재에 이르고 있다. 이를 字源에 따라 나누어 보면 象形字가 149자, 指事字가 17자, 會意字가 21자, 形聲字가 27자이다. 部首는 그 위치와 자체에 따라 모양이 바뀌는 경우가 있다. 이를 變形部首라 부르는데 다음과 같은 경우가 대표적이다.

劃數	部首	原部首	部首名稱
1	乚	乙	새 을
2	刂	刀	선 칼 도 칼 도 방
2	亻	人	사람 인 변
2	㔾	卪	병부 절 발
3	犭	犬	개 견 변
3	阝	阜	언덕부 변
3	扌	手	손 수 변
3	氵	水	삼수 변
3	忄	心	마음 심 변
3	阝	邑	고을 읍 방
3	艹	艸	초 두 풀초머리
3	兀	尢	절름발이 왕
3	允	尢	절름발이 왕
3	川	巛	개미허리
3	ヨ	ヨ	터진 가로 왈
3	彑	ヨ	터진 가로 왈
4	耂	老	늙을 로
4	旡	无	이미기방
4	礻	示	보일 시 변
4	小	心	마음 심 밑
4	王	玉	임금 왕 변
4	牜	牛	소 우 변
4	月	肉	육 달 월
4	爫	爪	손톱 조 머리
4	爫	爪	손톱 조 머리
4	++	艸	초 두 풀초머리
4	灬	火	연화 발

劃數	部首	原部首	部首名稱
4	攵	攴	등글월문
4	罓	网	그물 망
4	四	网	그물 망
4	辶	辵	책받침
4	辶	辵	책받침
5	罒	目	눈 목
5	氺	水	물 수
5	衤	衣	옷 의
5	疋	疋	필 필
5	歺	歹	죽을 사
5	罒	网	그물 망
6	臼	臼	절구 구
6	糹	糸	실사 변
6	𦍌	羊	양 양
6	𥫗	竹	대죽머리
6	西	襾	덮을 아
6	覀	襾	덮을 아
7	𧾷	足	발족 변
8	镸	長	길 장
8	靑	靑	푸를 청
9	飠	食	밥 사 변 밥 식 변

1.3 部首 名稱의 由來 : 본래의 音訓과 다른 것

名稱	由來	다른 音訓
亠(돼지해 밑)	亥(돼지 해)에서 따온 글자이기에 나온 말	음훈: 머리 두 / 높을 두
冖(민갓머리)	宀(갓머리)에서 위에 한 점이 없기에 나온 말	음훈: 덮을 멱
冫(이수 변)	氵(삼수 변)에서 한 점이 없기에 나온 말	음훈: 얼음 빙
凵(위튼입 구)	口(입 구)에서 위가 터진 모습이라는 의미에서 나온 말	음훈: 입 벌릴 감
匚(터진입구 몸)	口(입 구)에서 오른쪽이 터지고 글자를 싸기 때문에 나온 말	음훈: 상자 방
匸(터진에운 담)	囗(에울 위)에서 오른쪽이 터진 모습이라는 의미에서 나온 말	음훈: 감출 혜
厂(민엄호 밑)	广(엄 호)에서 한 점이 없기에 나온 말	음훈: 언덕 한
厶(마늘 모)	마늘 모양을 나타낸 글자이기에 나온 말	음훈: 사사 사
囗(에운담 몸)	에워 싼 담(울타리)이라는 의미를 지니기에 나온 말	음훈: 에울 위
宀(갓머리)	갓 모양을 나타낸 글자이기에 나온 말	음훈: 집 면
巛(개미허리)	개미허리처럼 굽은 시내 모양을 나타낸 글자이기에 나온 말	음훈: 내 천
广(엄호 밑)	戶(지게문 호)에서 나온 글자이기에 나온 말	음훈: 언덕 집 엄
廴(민책받침)	辶(책받침)에서 한 점이 없기에 나온 말	음훈: 길게 끌 인
廾(밑 스물 입)	廿(스물 입)과 글자가 비슷해서 나온 말	음훈: 두 손 받칠 공
크·彐·彑(터진가로 왈)	曰(가로 왈)에서 왼쪽이 터져서 나온 말	음훈: 돼지머리 계
彡(삐친 석 삼)	三(석 삼)에서 왼쪽으로 삐쳐서 나온 말	음훈: 터럭 삼
彳(두인 변, 중인 변)	亻(사람인 변)보다 두 획이기에 나온 말	음훈: 조금 걸을 척
扌(재방 변)	才(재주 재)와 비슷하기에 나온 말	음훈: 손 수(手)
氵(삼수 변)	삼 획이기에 나온 말	음훈: 물 수(水)
犭(개사슴록 변)	개 사슴 짐승을 뜻하는 부수이기에 나온 말	음훈: 개 견(犬)
阝(우부방)	글자의 오른쪽에 쓸 때는 邑(고을읍)을 뜻하기에 나온 말	음훈: 고을 읍
阝(좌부방)	글자의 왼쪽에 쓸 때는 阜(언덕부)를 뜻하기에 나온 말	음훈: 언덕 부
攴·攵(등글월문방)	文(글월 문)에서 획이 등글에 그었기에 나온 말	음훈: 두드릴 복
旡(이미기방)	旣(이미 기)에서 따온 말	음훈: 없을 무
歹·歺(죽을사변)	死(죽을 사)에서 따온 말	음훈: 죽은 뼈 알
殳(갖은등글월문)	文(글월문)에서 더 갖추고 등글이기 때문에 나온 말	음훈: 창 수
氏(각시 씨)	성씨의 근본인 각시를 뜻하기에 나온 말	음훈: 성씨 씨
氺(아래물 수)	水(물수)에서 氺는 글자 아래에만 쓰기에 나온 말	음훈: 물 수(水)
爻(점괘 효)	점괘를 낼 때 쓰는 산가지에서 나온 말	음훈: 사귈 효
爿(장수장변)	將(장수 장)에서 따온 말	음훈: 널쪽 장
王(임금 왕 변, 구슬옥 변)	玉(구슬 옥)은 부수로 쓸 때는 한 획을 생략하기에 나온 말	음훈: 구슬 옥(玉)
月(육달월 변)	肉(고기 육)은 부수로 쓸 때는 月으로 생략하여 쓴다. 그런데 이 글자가 月(달 월)과 같으므로 '육달월'이라는 명칭이 붙음	음훈: 고기 육

名稱	由來	다른 音訓
⺿·艸(초두 밑)	艸(풀초)는 부수로 쓸 때 ⺿로 약칭하고 ⺿는 글자의 머리에 자리하고 또 글자는 ⺿밑에 쓰기에 나온 말	음훈: 풀 초
辶(책받침)	辶은 본래 "쉬엄쉬엄갈 착". "착"이 "책"으로 바뀌고, 또 辶은 받침으로 쓰이므로 '책받침'이라는 명칭이 생김. "가다"와 관련이 있고 책(冊)과는 아무런 관련이 없음	음훈: 쉬엄쉬엄 갈 착
辵(갖은책받침)	辶에서 더 갖추어서 나온 말	음훈: 쉬엄쉬엄 갈 착
疋(필필 변)	匹(필필)과 통용되는 글자이기에 나온 말	음훈: 발 소
疒(병질밑)	病疾(병질)에서 쓰이는 부수이기에 나온 말	음훈: 병들 녁
癶(필발밑)	發(필발)에서 나온 말	음훈: 걸을 발
⺳·网(넉사밑)	四(넉사)와 비슷해서 나온 말	음훈: 그물 망
豸(갖은돼지시변)	豕(돼지시)에서 보다 더 갖추었기에 나온 말	음훈: 발 없는 벌레 치
酉(닭유 변)	원래는 "뜰 유"였으나 뜰이 닭으로 전주(轉注). 술 단지 모양인데 술이 발효되어 뜨다는 의미를 나타내는 말.	음훈: 술 유
釆(분별할 채 변)	采(분별할채)와 비슷해서 나온 말	음훈: 분별할 변
髟(터럭발 밑)	髮(터럭발)에서 따온 말	음훈: 긴 털 표

1.4 分野別 部首 分類

분야	예시
천지(天地)	夕·日·月·气·雨·風
초목(草木)	屮·木·瓜·竹·艸·韭·香·齊
자연(自然)	一·丨·丶·丿·乙·二·亠·入·冫·水·火·生·立
토지(土地)	土·山·川·石·谷·阜·鹵
인간(人間)	人·儿·女·子·尸·幺·母·氏·父·疒·老·臣
인체(人體, 발)	夂·夊·尢·夂·彳·止·疋·癶·行·走·足·辵·辶
인체(人體, 손)	廾·力·寸·又·手·爪·隶
인체(人體, 부분)	口·大·己·彡·心·牙·肉·目·耳·舌·血·身·面·頁·首·骨·髟·鼻·齒
문화(文化)	冖·几·卩·工·干·弋·欠·歹·殳·爿·片·甘·襾·見·高
생활(生活)	斗·皿·凵·缶·臼·酉·食·鬯·鬲·鼎
사상(事象)	八·十·卜·士·小·无·比·爻·用·示·自·舛·艮·辛·釆·長·非·鬼·鼓·龍·龠
동물(動物)	内·至·彐·毛·牛·犬·皮·羊·羽·虍·虫·角·豕·豸·辰·隹·馬·魚·鳥·鹿·黽·龜·鼠·飛
수렵(狩獵)·농경(農耕)	亅·冂·刀·勹·匕·匚·匸·巾·方·田·网·耒·舟·車
주거(住居)	厂·广·宀·戶·瓦·穴·邑·里·門
주식(主食)·곡물(穀物)	禾·米·豆·麥·黍

분야	예시
병기(兵器)	弓・斤・弋・矢・戈・矛・鬥
색깔	色・白・赤・青・黃・黑
의복(衣服)	糸・衣・革・韋・麻
언어(言語)	文・曰・而・聿・言・音
재물(財物)	玉・貝・金

1.5 비슷한 意味의 部首

분야	예시
짐승	豕・豸・馬・鹿
나무	支・木・聿
불	火・赤・黑
앉은 여자	女・母
오른손	又・寸・廾・手・攴・手・父・皮・聿・隶・鼓
사람	人・儿・大・无・欠・比・艮・見・頁
입과 말	口・曰・甘・舌・言・谷・龠
숟가락	匕・鬯
창(槍)의 종류	弋・戈・殳・矛
수(數)	一・二・八・十
물과 내	氵・川・水・黍
벼와 식물	禾・香・黍
얼굴	面・頁・首
걷기	夂・夊・尢・夂・彳・止・疋・行・走・足・辵・辶・麥

2 字典의 活用

字典이나 玉篇은 漢字를 部首와 劃數의 차례로 배열하고, 뜻과 음을 써놓은 책이다. 대부분의 字典은 예시에서 볼 수 있듯이, 총획(ⓑ), 부수를 제외한 획수(ⓐ), 음(音), 해당 글자의 풀이로 짜여 있다.

字典을 통해서 원하는 글자를 찾는 방법은 크게 세 가지이다. 첫째, 部首索引, 둘째, 字音索引, 셋째, 總劃索引을 통해서 찾는 방법이다.

먼저 部首索引은 部首를 이용해서 한자를 찾는 방법이다. 먼저 찾고자 하는 한자의 부수를 확인한다. 예를 들어, [福]자를 부수색인을 이용해서 찾으려면 먼저 부수인 [示]를 부수색인에서 찾고, 해당 쪽수를 확인한다. [示]를 제외한 나머지 획수가 9획이므로 9획에 해당 항목을 찾아가면 된다.

다음 字音索引은 漢字의 音을 이용해서 한자를 찾는 방법이다. 예를 들어 [福]자를 자음색인을 이용해서 찾으려면, 자음색인 쪽수를 찾고, 한글 독음 순으로 배열된 해당 음인 [복]를 찾고, 해당 쪽수를 찾으면 된다.

마지막으로 總劃索引은 찾으려는 한자의 전체 획수를 이용해서 글자를 찾는 방법이다. 예를 들어 [福]자를 총획색인을 이용해서 찾으려면, 전체 획수가 14획이기 때문에 총획색인을 찾아서 14획에 가서 해당하는 한자를 찾으면 된다.

◀ 영역별 학습 및 능력/평가 준거 ▶

영역	학습 및 능력 / 평가 준거
한자의 이해	1. 부수를 통해 학습 한자에 대한 뜻을 유추하고, 자전을 찾고 학습 한자를 유형화할 수 있도록 한다. 2. 부수에 대한 교수-학습 활동을 수행할 수 있는가를 평가한다. 3. 부수의 각 명칭에 대한 올바른 이해를 할 수 있는가를 평가한다. 4. 학습 한자에 대한 다양한 정보를 습득할 자전 활용 방법에 대한 교수-학습 활동을 수행할 수 있다.

◀ 영역별 대표 문항 ▶

능력단위	한자학 이론	단위요소	부수	정답	④
문항	※ 部首의 명칭이 바르지 않은 것은? ① 氺: 아래물수 ③ 月: 육달월변		② 冫: 이수변 ④ ㅌ: 터진가로왈		

능력단위	한자학 이론	단위요소	부수	정답	[1] 巾, [2] 木, [3] 土
문항	※ 다음 漢字의 部首를 쓰시오. [1] 師 [3] 垂		[2] 朱		

능력단위	한자학 이론	단위요소	자전 찾기	정답	玉, 8
문항	※ 字典의 부수검자색인 사용법 지도에 대한 다음 설명의 ( ) 안에 알맞은 부수와 획수를 쓰시오. "琵"자를 字典에서 찾으려면, 部首색인 ( )部의 ( )劃 한자들 중에서 찾는다.				

第4章 漢字의 字形과 筆順

1 漢字의 字形

1.1 形과 體

漢字의 모양은 '形'과 '體' 두 가지로 나눌 수 있다. '形'은 한자에서 '실괴(實塊), 선(線), 필획(筆劃)'이라는 세 가지 서사단위의 종류, 수량, 방향, 위치, 연결방식 등에 따라 구분되는 글자의 모양을 말한다. 이와 달리 '體'는 같은 한자 字形이라도 쓰는 사람의 개인, 사회, 시대 등이나 목적, 취향, 품격 등에 따라 구분되는 글자 양식을 말한다. 한자의 글자 모양은 이 形과 體로 결정된다. 특히 字形은 字意와 字音의 구분과도 직접적인 관계를 맺기 때문에 한자 교수−학습 과정에서 세심한 주의를 기울여야 한다.

한자의 形體를 변별하는 구분 요인은 다음과 같다.

① 서사단위의 종류

| 갑골문체 | 금문체 | 전서체 | 예서체 | 해서체 | 행서체 | 초서체 |

漢字는 토기, 뼈, 주물, 죽간, 비단, 종이 혹은 칼, 붓 등의 서사에 사용되는 공구에 따라 실괴, 선, 필획 등의 서사단위를 다르게 한다. 이 서사단위의 종류는 한자의 형체를 구분하는 요인이 된다. 예를 들어 발의 모양을 상형한 '止(그칠 지)'는 갑골문과 금문에서 실괴인 🐾과 🐾으로 자형을 이루었고, 갑골문 🐾, 금문 止, 전서 止은 선으로, 그리고 예서 止, 해서 止, 행서 🐾, 초서 🐾은 필획으로 자형을 이루어 각각 그 形體가 다르다. 그러나 字體에 따른 字形의 차이로 인해 字音이나 字義가 달라지지는 않는다.

② 서사단위의 수량

| | 止 | | 址 | | 歮 | |

漢字는 비록 같은 서사단위를 사용한다고 하여도 그 수량을 달리하면 글자의 자형이 달라진다. 예를 들어 발의 모양을 선으로 상형한 갑골문 🐾(止 그칠 지)는 동일한 서사단위의 수량을 두 배로 하여 🐾

(㐊 갈림길 기)로, 세 배로 하여 (歮 머뭇거릴 삽)으로 그 字形을 달리함은 물론 字義와 字音 또한 달리한다.

③ 서사단위의 방향과 위치

止　　　　夂/夊

漢字는 서사단위의 놓이는 방향이 다르면 글자의 자형 또한 달라진다. 예를 들어 발의 모양을 선으로 상형한 갑골문 (止 그칠 지)는 발가락의 방향을 위로 하여 앞으로 나아가는 발의 동작과 관련된 의미를 나타낸다. 반면 단독으로 쓰이는 글자는 아니지만 (夂 뒤쳐올 치/夊 천천히걸을 쇠)는 발가락의 방향을 아래로 향하게 서사단위의 방향을 달리하여 위에서 아래로 내려오거나 되돌아오는 발의 동작과 관련된 의미 또는 느리고 천천히 걷는 걸음과 관련된 의미를 나타낸다. 이러한 서사단위의 방향 차이는 필획의 변화 '止/夂/夊'로까지 이어지기도 한다.

步　　　　陟(步)　　　　降(夅)　　　　登(癶)　　　　舛

갑골문 (步 걸음 보)는 엄지발가락을 의미하는 선의 방향을 달리하여 왼쪽과 오른쪽 양발의 개념을 나타내며, 양발의 위치를 위아래로 배열하여 앞을 향하여 걷는 동작과 관련된 의미를 형상화한다. 이를 위로 올라 걷는 발과 구별하기 위하여 (陟 오를 척)에서는 언덕(阝/阜)의 개념을 덧붙여 步와 구별한다. 이와 반대로 언덕을 내려오는 발의 모양인 (夅 내릴 강)은 걷는 양발의 방향을 아래로 향하여 내려딛는 걸음을 의미한다. 또 (癶 필 발)은 양발의 위치를 나란히 배열하여 무언가를 딛고 올라선 양발의 의미를 형상화한다. 전서 (舛 어그러질 천)은 양쪽 발가락이 바깥을 향하고 뒤꿈치가 마주 보도록 양발을 위치시켜 서로 '어그러지다'라는 의미를 나타낸다.

④ 서사단위의 연결 방식

田　　　由　　　申　　　甲

비록 같은 서사단위라도 연결방식을 다르게 하여 서로 다른 형체를 만들기도 한다. 田(밭 전), 由(말미암을 유), 申(납 신), 甲(갑옷 갑) 등은 가운데 세로획과 나머지 획들과의 연결 방식이 다르기 때문에 서로 다른 字形이 된다.

⑤ 서사단위의 형태

士　　土　　　末　　未　　　日　　曰

서사단위의 형태를 필형(筆形)이라고도 부르는데, 필형은 서사단위의 굵기, 길이, 너비, 기울기, 간격, 굽거나 곧은 정도, 꺾거나 휜 정도, 네모지고 둥근 정도 등을 말한다. 漢字는 士(선비 사)와 土(흙 토), 末(끝 말)과 未(아닐 미), 日(날 일)과 曰(가로 왈) 등에서 보듯 필형에 따라 글자 전체의 형체가 달라지기도 한다.

1.2 獨體字와 合體字

일반적으로 한자의 字形은 構造的인 차원에서 獨體와 合體라는 두 종류로 나뉜다.

獨體字는 자형이 독립하여 사용될 수 있는 구성 성분을 1개만 가지고 있어 더 이상 쪼갤 수 없는 구조를 이루는 글자를 말한다. 엄밀히 따져 이러한 독체자는 다른 어떤 성분과도 결합하지 않은 '羊, 鳥, 水, 日, 月' 등과 같은 象形字나 단순히 하나의 획을 표시한 '一' 혹은 작은 점들을 표시한 '小, 少'와 같은 일부 指事字를 포함하는 그 자체로 形・音・義를 지니는 글자들이다. 이러한 독체자는 비록 그 수가 많지는 않으나 合體字의 구성 성분이 되어 상형 기능, 표의 기능, 독음 기능, 표시 기능 등을 담당하기도 한다. 이와 달리 독립하여 사용될 수 있는 2개 이상의 구성 성분이 결합하여 만들어진 글자를 '合體字'라 부른다. 한자의 가장 기본적인 구성 성분은 사물의 형체를 본뜬 상형부호와 표시부호인데, 초기의 기본적인 한자들은 주로 사물의 모양을 본뜬 상형부호를 그대로 이용하였으며, 여기에 '本, 朱, 末' 등과 같이 인위적으로 규정된 표시성 부호를 덧붙이거나 '鳥, 夕' 등과 같이 형체를 변화시키는 등의 방식을 보조적으로 사용하였다. 그러나 이처럼 단순한 방법은 다양한 개념들을 표현하는 데 한계가 있었다. 이에 이미 글자를 이룬 독체자를 또 다른 글자를 만드는 구성 성분으로 삼아 새로운 자형을 만들어내는 合體의 방식을 사용함으로써 글자의 수를 늘려 나갔다. 심지어 합체자로 된 새로운 글자조차도 다시 다른 새 글자를 만드는 구성 성분으로 사용하기도 하였는데, 이로써 언어를 기록해야 한다는 수요만 존재한다면 만들어 내지 못할 글자가 없을 정도로 한자의 자형 구조는 복잡하고 다양하게 변하면서 그 수가 증가하였다.

1.3 네모꼴 형태의 외형적 속성

한자의 또 다른 형태적 속성으로 평면의 '네모꼴'로 구현되는 점을 들 수 있다. 한자가 네모꼴의 틀로 정형화된 직접적인 원인은 대개 초기의 한자가 갑골, 청동기물, 간독(簡牘) 등과 같은 협소한 재료에 돌조각, 날붙이 등과 같은 단단한 필기구로 새기는 방식을 취했던 점을 든다. 너비와 길이에 대한 지면의 제약은 결국 개별 글자간의 공간이 동일하고, 가지런하며, 공간적 낭비 없이 정보를 집중할 수 있으며, 식별이 용이한 네모꼴의 형태가 가장 유리하였을 것이라 추정하기 때문이다. 이후 한자의 자형은 시대에 따른 용도, 공구, 서사 방법(필사, 조판, 주조 등)의 변화를 거치면서 전체적인 균형과 대칭을 이루기 쉬운 안정적인 네모꼴로 고착화되었다고 볼 수 있다.

이러한 네모꼴의 특징 때문에 한자는 합체자를 구성할 때 종종 구성 성분들을 다른 방식으로 배열하게 되는데 이는 字形의 변화를 초래하기도 하였다. 뿐만 아니라 구성 성분들이 놓인 배열 방식은 字義에 결정적인 영향을 주기도 하였다. 예를 들어 합체자를 구성할 때, 일부 구성 성분은 상하결합, 좌우결합, 내외결합 등과 같은 위치의 차이에 따라 그 서사 방식이 달라진다. 즉 '沓, 益, 泉, 泰, 江, 尿, 原, 榺' 등의 구성 성분 중 하나인 '水'는 결합 방식에 따른 위치의 차이로 인해 '水, 氺, 氺, 氵, 小, 卅'와 같이 그 필사법을 다르게 하였던 것이다. 그렇다고 하더라도 합체자의 구성 성분인 '水'가 '물'이라는 본래의 의미 기능을 상실한 것은 아니다. 하지만 그 위치는 합체자의 字形과 字義를 결정하는 중요한 요인으로 작용하는 경우가 있다. 예를 들어 '논'을 뜻하는 한국에서 만든 한자 '畓'(중국어에서는 '水田' 두 글자로 표기한다)은 '水'와 '田'을 상하로 배열하여 '물을 댄 밭'이라는 개념을 표현하고 있는데, 그 배열을 다르게 한다면 '논'이라는 의미가 논리적으로 성립되기 어렵다. 만약 '沺(수세광대할 전)'과 같이 '水'와 '田'을 좌우로 배열할 수는 있으나 이 경우 '물이 넓게 퍼지다'와 같이 그 논리적 의미 관계가 바뀌게 되는 것이다. 이처럼 같은 '물'의 개념이라 할지라도 '益'에서의 물은 '그릇에 가득 찬 물', '泉'에서는 '샘에서 흘러나오는 물', '泰'에서는 '크게 벌린 양 손 사이를 빠져나가는 물', '尿'에서는 '사람의 배뇨 기관에서 나오는 물', '淵'에서는 '연못 안에 가둔 물'의 개념을 다른 구성 성분과의 논리적 관계에 따라 적절하게 배열함으로써 그 의미를 보다 정확하고 구체적으로 나타내고 있는 것이다.

1.4 漢字의 發展과 字體의 變遷

전서	예서	행서	초서	해서	뜻	음
日	日	日	日	日	태양	일
月	月	月	月	月	달	월
山	山	山	山	山	산	산
川	水	水	水	水	물	수
雨	雨	雨	雨	雨	비	우
木	木	木	木	木	나무	목

사진 │ 漢字 字形의 變化

漢字의 字形은 漢字의 역사가 오래된 만큼 많은 변화를 겪었다. 옛날에 쓰였거나 지금도 쓰고 있는 자체로는 甲骨文, 金文(金石文), 戰國文字, 篆書(大篆, 小篆), 隷書, 楷書(正書, 眞書), 行書, 草書 등이 있다. 이것을 모두 다 공부한다는 것은 專門家에게도 어려운 일이고, 일반인에게는 꼭 필요한 부분도 아니다. 漢字 學習의 대상이고 현재 우리가 쓰는 漢字의 標準이 되는 字體는 楷書이므로 가장 먼저 楷書體 字形에 익숙해지면 된다. 그렇지만 현재 楷書體 字形이 만들어지기까지의 過程은 알아둘 필요가 있다.

(1) 甲骨文

갑골문이란 거북껍데기나 짐승 뼈 위에 새겨진 문자를 통칭한다. 지금까지 발견된 갑골문은 대부분 중국 고대 은상(殷商)시기의 것으로, 주로 거북의 배딱지(龜服)와 소의 어깨뼈에 새긴 것이 주를 이루었으나 간혹 사람 뼈, 사슴 뼈, 호랑이 뼈 등에 새기기도 하였다.

갑골문에 대한 명칭으로는 맨 처음 은허(殷墟)에서 발견된 까닭에 은허문자라고도 불리게 되었으며, 칼로 새기는 방식이라는 점에서 '각사(刻辭)', 내용의 대부분이 점복에 관한 것이라는 점에서 '복사(卜辭)'라고도 하며, 이외에 재료나 출토지역, 서각방법 등을 반영하여 귀갑문(龜甲文), 골각문(骨刻文), 계문(契文), 은허서계(殷墟書契), 정복문(貞卜文)으로 불리기도 한다.

현재까지 발굴된 갑골문은 모두 약 15만 편 정도이며, 이중 1,000여 종이 해석되었다. 내용의 대부분은 날씨, 추수, 사냥, 꿈 등 다양한 대소사에 관해 점을 치는 일시와 점을 친 사람, 점을 친 구체적인 사건, 징조에 근거한 점의 결과와 판단, 점을 친 후의 검증을 각각 기록하였으나 간혹 점을 치는 일과는 무관한 잡다한 단순 사건을 기록한 것들이 발견되기도 하였다. 극히 소량이긴 하지만 검은색이나 붉은색의 글씨를 붓으로 쓴 것이 발견되기도 하였는데, 갑골문에 '卌(冊)', '聿(書)' 등이 나타나는 것으로 보아 죽간이나 목간 형태의 책자가 사용되었음을 미루어 짐작할 수 있지만 재료의 특성상 부식으로 인하여 그 실체가 발견되지는 않는다.

갑골문은 상형, 지사, 회의, 형성 등의 조자 방식이 이미 상당히 체계화된 문자로 한자를 이루는 構件의 각종 기능을 응용하여 새로운 글자를 만들 수 있었지만, 한자의 발전 과정에서는 원시적 초기 단계로 다음과 같은 불완전한 특징이 나타나기도 한다.

① 갑골문은 상형성이 매우 강하지만 많은 글자들이 위치, 결구, 크기 등에서 불완전한 면이 나타난다. 예를 들어 '帝'는 '禾'가 정형이지만 뒤집어진 형태인 '米'의 형태가 나타나기도 하며, '龜'를 '鼄, 鼄' 등과 같이 사물을 옆에서 보거나 위에서 본 모양이 혼용되어 나타나기도 한다. '牧'의 경우에도 소와 회초리를 쥔 손의 위치가 '牧' 혹은 '牧'에서처럼 서로 바뀌기도 하였다.

② 자형의 구조가 고정되지 않아 한 글자의 異形이 많다. 예를 들어 가축을 기르는 우리를 뜻하는 '牢'는 비어있는 우리 '冂', 소를 기르는 우리 '牢', 양을 기르는 우리 '牢', 말을 기르는 우리 '牢' 등과 같이 각기 그 구성 요소를 달리하는 경우가 있다. 또 고기잡이를 뜻하는 '漁' 역시 '漁, 漁, 漁, 漁'들처럼 물과 물고기만을 형상화한 것부터, 낚싯줄과 물고기, 그물질과 물고기 등과 같이 다양한 이형태가 존재하였다.

③ 두 개 이상의 글자가 서로 합치는 합문(合文)이 존재하였다. 예를 들어 '十三(十三), 二百(二百), 五百(五百), 一千(一千), 二千(二千), 三千(三千), 三萬(三萬)' 등은 숫자를 나타내고, '四人(四人), 三牛(三牛), 二犬(二犬), 二羊(二羊)' 등은 수량을, '四日(四日), 五月(五月), 七月(七月)' 등은 시간을 나타내는 합문이다. 또 '小風(小風), 小雨(小雨), 小山(小山)' 등과 같이 크거나, '黃牛(黃牛), 白豕(白豕), 母虎(母虎), 母蛇(母蛇)' 등과 같이 대상의 특징을 나타내는 합문도 있다.

④ 서로 다른 글자이지만 동형인 경우가 있어 몇몇 자는 혼용되는 현상이 있다. 예를 들어 갑골문 자료에서 '尸(尸), 匕(匕), 人(人), 刀(刀)', '山(山), 火(火)', '七(七), 甲(甲)', '二(二), 上(上)' 등을 구분하기란 쉽지 않다.

(2) 金文

古代 中國에서 사용한 한자에는 甲骨文字 이외 또 하나의 다른 중요한 기록이 있었다. 그것은 靑銅으로 만들어진 다양한 도구에 기록된 銘文으로 이것을 金文이라고 부른다. 여기에서 '金'은 금속이라는 뜻이다. 金文은 문장을 미리 따로 써서 틀을 뜨고 그것을 靑銅器 자체의 거푸집에 장치하고 청동기를 鑄造할 때에 문장도 같이 주조하는 지극히 복잡한 방법으로 기록되었다.

甲骨文은 예리하고 가는 직선을 조합한 문자인 것에 비하여, 金文은 曲線이 많고 선도 굵직하고 부드러워 보기에도 상당히 다른 느낌을 준다.

(3) 篆書

秦나라가 統一하기 이전에 秦지역에서 사용되었던 書體는 大篆(또는 籒文)이었다. 秦始皇은 統一 以後 行政의 정비를 위해 각 地方에서 사용되어 온 서로 다른 글씨체를 統一하는 것을 중요한 정책으로 삼았다. 이때 秦의 李斯가 진시황의 명령으로 제정한 표준 서체가 大篆을 간략화한 형태의 小篆(또는 秦篆)이다. 小篆은 갑골문자나 金文이 사용된 시기의 글자체보다는 상당히 정비된 형태의 새로운 서체라고 볼 수 있다.

사진 │ 燕의 篆書

(4) 隷書

小篆은 皇帝의 令으로 제정된 국가의 표준 글씨체로서 황제의 詔勅과 같은 정식 문서에 사용되었지만, 모양에 곡선이 많아 쓰는 데 불편함이 있었다. 이를 보완하기 위해 小篆의 字形 구조를 單純化하고 곡선을 직선으로 고쳐 편의성을 높인 글씨체가 隷書이다.

隷書의 기원과 관련해서는 진시황 시대의 獄吏인 程邈이 죄를 짓고 감금되어 있으면서 小篆 쓰기의 불편함을 해결할 수 있는 隷書를 고안하자, 진시황이 隷書를 마음에 들어 정막을 풀어주고 다시 등용했다는 일화가 있다. 정막의 일화는 秦代에 이미 실제 문자생활에서 小篆을 대체할 만한 실용적인 서체로서의 예서가 등장하고 널리 쓰였음을 보여준다.

(5) 楷書 · 行書 · 草書

중국의 三國 시대에 이어 西晉시대까지 주로 사용되었던 隷書는 소박하고 고풍스러운 느낌의 서체였으며, 東晉시대에 오면 일상적인 문자생활에서는 거의 쓰이지 않게 된다. 前代인 漢代에도 이미 있었으면서 예서를 대신해 東晉 시대에 유행을 맞은 것은, 유려한 선으로 이어 쓴 行書, 흘려 쓴 草書, 字形 전체에 균형을 잡은 楷書였다. 東晉 시대의 名筆 王羲之의 대표작인 「蘭亭序」書帖은 행서로 쓰여 있었으며, 왕희지는 그밖에 해서나 초서 글씨도 남겼다.

사진 │ 燕의 楷書

이 중 '본보기, 모범, 곧다, 바르다'의 뜻을 갖는 '楷' 자의 뜻과 걸맞게, 楷書는 여타 서체에 비하여 모양이 반듯하고 본보기가 될 법한 기본형이다. 儒學이 발전하고 과거제도가 정비된 唐代에 수험생의 우열을 가리는 과정에서 楷書의 字形과 각종 異體字를 정리하는 작업이 활발해졌다. 또한 楷書는 다른 글씨체와 비교했을 때 筆劃에 직선이 많아 목판으로 인쇄할 때 조각칼로 글자를 새기는 데 용이하여, 인쇄의 보급 과정에서 주로 사용하는 서체가 되었다.

漢字를 쓰는 데는 일정한 규칙이 있다. 漢字의 書體 중에 草書라는 흘림 글씨체가 있다. 이 서체는 알아보기 어렵게 쓴 듯하지만 필요한 劃은 갖추고 있다.

漢字를 쓸 때는 그 역사 속의 대부분에서 붓을 이용했으므로, 書體는 붓글씨를 중심으로 이루어져 왔는데, 붓을 한 번 움직여 쓸 수 있는 부분을 한 劃이라고 하며, 劃은 형태에 따라 點과 線으로, 線은 다시 直線과 曲線으로 구별한다. 筆順 또는 劃順이란 결국 이 點과 線을 쓰는 순서를 말하는 것이다.

筆順은 漢字를 그리는 것이 아니라 모양 있게 쓰면서 빠르고 정확하게 쓸 수 있는 방법이므로 部首字를 중심으로 常用漢字의 筆順은 익혀 두어야 한다.

1) 점 　✓ 왼점, 　＼ 오른점, 　＞ 오른점삐침, 　✓ 치킴

2) 직선 　─ 가로획, 　│ 세로획, 　→ 평갈고리, 　↓ 왼갈고리, 　∨ 오른갈고리, 　┐ 꺾기

3) 곡선 　╱ 삐침, 　＼ 파임, 　└ 지게다리, 　＼ 누운지게다리, 　∪ 새가슴, 　┘ 굽은갈고리, 　辶 받침

筆順에는 원칙이 있다. 이를 정리해 보면 다음과 같다.

원칙	해당 글자	필순
(1) 위에서 아래로 쓴다.	예) 三	一 二 三
(2) 왼쪽에서 오른쪽으로 쓴다.	예) 川	丿 丿丨 川
(3) 가로획을 먼저 쓰고 세로획은 나중에 쓴다.	예) 大	一 ナ 大
(4) 복합적인 글자는 이의 대원칙이 순서대로 적용된다.	예) 共	一 十 卄 共 共 共
(5) 가로획과 세로획이 교차할 때에는 가로획을 먼저 긋는다.	예) 古	一 十 十 古 古
(6) 좌우 대칭일 때는 가운데 획을 먼저 긋는다.	예) 小	丨 小 小
(7) 몸(에운담)을 먼저 긋는다.	예) 國	丨 冂 冂 同 同 同 同 國 國 國 國
	예) 同	丨 冂 冂 同 同 同
(8) 글자 전체를 꿰뚫는 획은 나중에 긋는다.	예) 中	丨 口 口 中
	예) 母	𠃊 母 母 母 母
(9) 삐침(丿)과 파임(㇏)이 어우를 때는 삐침을 먼저 한다.	예) 父	丶 八 𠂆 父

원칙	해당 글자	필순
(10) 오른쪽 위의 점은 맨 나중에 찍는다.	예) 代	ノ　イ　仁　代　代
(11) 辶, 廴 받침은 맨 나중에 한다.	예) 近	´　厂　斤　斤　斤　沂　沂　近
	예) 建	コ　ユ　ヨ　ヨ　聿　聿　律　建

위의 원칙과 다른 기준도 적용되어 두 가지 이상 筆順이 있는 글자들도 더러 있고, 위의 원칙을 벗어난 예외적인 글자도 혹 있을 수 있다. 그런 경우는 별도로 익혀두는 수밖에 없다.

영역	학습 및 능력 / 평가 준거
한자의 이해	1. 한자의 자형 변천을 설명할 수 있는 적절한 고문자 자료를 검색하여 제시할 수 있다. 2. 한자의 자획 개념을 이해하고 한자 쓰기에 대한 교수–학습 활동을 수행할 수 있다. 3. 한자 쓰기의 필순 원칙을 이해하고 한자 쓰기에 대한 교수–학습 활동을 수행할 수 있다. 4. 부수를 통해 학습 한자에 대한 뜻을 유추하고, 자전을 찾고 학습 한자를 유형화할 수 있도록 부수에 대한 교수–학습 활동을 수행할 수 있다. 6. 한자의 자형 변천의 교수–학습 목적을 이해하고, 현대 해서체의 字形과 字義의 유기적 관계를 파악할 수 있도록 교수–학습 활동을 수행할 수 있다. 7. 한자 字源의 근거를 설명할 수 있는 학습 한자의 해당 갑골문, 금문, 전서 등의 서체 및 자원과 이해와 흥미를 줄 수 있는 관련 이미지 자료를 제시할 수 있다.

◀ 영역별 대표 문항 ▶

능력단위	한자학 이론	단위요소	한자 자형의 변천	정답	[1] ⑤, [2] ④, [3] ②

※ 다음과 같이 漢字 字形의 변천을 보인 漢字를 〈보기〉에서 고르시오.

〈보기〉
① 翼　② 舊　③ 與　④ 受　⑤ 各　⑥ 君

	갑골	금문	전서
[1]			
[2]			
[3]			

능력단위	한자학 이론	단위요소	한자의 자획	정답	②

※ 한자 자획과 명칭이 바르지 않은 것은?

① ＼ 오른점　　　　② ⌐ 굽은갈고리

③ ノ 삐침　　　　　④ ＼ 파임

第5章 漢字의 訓音

1 漢字의 字音

(1) 中國漢字音

① 漢語의 字音 체계

漢字의 字音은 각각 하나의 독립된 음절로 되어 있는데, 중국에서는 한자음을 성모(聲母: 頭字音)·운모(韻母: 介音·主母音·韻尾)·성조(聲調) 의 3요소로 나누었다.

㉠ 聲母

漢語의 음절 구성 요소 중 첫머리에 나타나는 '어두자음(語頭字音)'을 말하는데, 한국어 음절의 초성에 해당하는 부분이다. 예를 들어 국제음성기호로 표기한 '東'의 字音 [tuŋ]에서 초성 [t]가 성모이다. 성모의 가짓수는 중국어의 방언에 따라 다양한데, 적게는 20가지 정도에서 많게는 30가지까지 사용하였다.

㉡ 韻母

漢語의 음절에서 어두자음(語頭字音)인 성모(聲母)를 제외한 나머지 부분을 일컫는다. 예를 들어 '東'의 字音 [tuŋ]에서 성모 [t]를 제외한 음가 [uŋ]이 운모이다. 운모의 수는 운서에 따라 각기 다른데, 수나라 때의 운서인 『切韻』의 경우 51개의 운이 네 개의 성조로 나뉘어 통산 193개로 분류되나 송나라 때의 운서 『廣韻』에서는 56개의 운이 성조에 따라 나뉘어 통산 206개로 분류된다. 이 운모를 같은 계통의 글자로 맞추는 것을 押韻이라 하고, 한 수의 詩 안에서 압운된 글자를 韻字라 하였다.

㉢ 聲調

聲調는 음절 안에서 나타나는 소리의 높낮이를 말하며, 단어의 뜻을 분화하는 변별적 기능을 가진다. 중국어의 성조는 전통적으로 사성(四聲)이라고 하며, 네 가지 성조란 평성(平聲), 상성(上聲), 거성(去聲), 입성(入聲)으로 구분된다. 오늘날에는 이것을 단순히 1·2·3·4의 각 성조로 약칭하기도 한다. 예를 들어 한어병음자모로 표기한 '[ma]'라는 음절에서 제1성인 [mā]는 '어머니(媽)'라는 의미를, 제2성인 [má]는 '삼베(麻)'라는 의미를, 제3성인 [mǎ]는 '말(馬)'이라는 의미를, 제4성인 [mà]는 '욕하다(罵)'라는 의미를 각각 나타낸다. 또 같은 한자 '結'을 제2성인 [jié]라고 발음하면 매듭을 '매다, 묶다'라는 뜻을 나타내지만, 제1성인 [jiē]는 열매를 '맺다, 열리다'라는 뜻을 나타낸다. 이 네 성조는 현대 표준중국어의 기본성조이며, 방언 등에는 이보다 더 복잡한 양상을 보인다.

② 字音의 표기 방법

　㉠ 독약법(讀若法)

　　당시의 독음과 같거나 비슷한 다른 한자를 통하여 한자의 음을 나타내던 방식이다. 예를 들어 『說文解字』는 '采'의 字音을 표기하기 위하여 "讀若辨"이라고 하여 '采'의 음을 '辨'과 같이 읽는다고 표기하였다.

　㉡ 직음법(直音法)

　　직음법은 聲母·韻母·聲調의 3요소가 완전히 동일한 글자를 선택하여 음을 나타내던 방식이다. 예를 들어 『禮記正義』에 "惡 音烏"이라 하여 惡을 동음자 烏로 나타내었다.

　㉢ 반절법(反切法)

　　漢字의 字音을 표시하기 위하여 두 글자를 합하여 한 글자의 음을 나타내는 전통적인 한자음 표기법이다. 예를 들어 '東'의 자음을 '德紅切'과 같이 표기하여 성모는 '德[tək]'의 성모[t]을 취하고 운모는 '紅[ɣuŋ]'의 운모[uŋ]을 취하여 '東'[tuŋ]이란 字音을 알 수 있도록 하였다. 반절 가운데 성모(聲母)를 표시하는 글자를 반절상자(反切上字)라 하고 운모로 표시하는 글자를 반절하자(反切下字)라고도 하며, 반절에 의해 음이 표기된 한자를 피절자(被切字)라고 한다.

　㉣ 주음부호

　　중국어의 음운을 표기하는 기호 체계로 字母는 한자의 형태를 변형시켜 간략화한 것으로 그 원리는 反切法을 따르되 일종의 역사적인 음을 취하였다. 예를 들어 '東' 자는 주음부호 'ㄉㄨㄥˉ'으로 표기하는 것이 그것이다. 1918년 중화민국 정부가 공표하였으며, 1930년에 '주음부호'로 개칭되고 한자의 발음기호로 축소되었다. 한때 한자의 표음을 나타내는 데 널리 쓰였으나 중화인민공화국 건국 이후 한어병음방안으로 대체되어 중국 대륙에서는 자주 사용되지 않는다.

　㉤ 한어병음

　　한자의 발음을 북경어 발음에 기초를 두고 이를 로마자로 표기하는 발음부호를 말한다. 한어병음자모는 1958년 '한어병음방안(漢語倂音方案)'에 따라 중국의 현대 표준어 발음을 로마자 자모로 표기하여 성모(聲母)는 21개, 운모(韻母)는 36개로 되어 있으며, 운모 상단에 부호를 표시하여 5가지의 성조를 구분하였다. 예를 들어 '東'은 한어병음자모로 [dōng]과 같이 나타낸다.

③ 字音의 변천

　중국어의 변천 과정은 학자마다 조금씩 차이는 있으나 역사적으로 크게 上古漢語, 中古漢語, 中世漢語, 近代漢語 등의 네 가지로 구분한다.

　上古漢語는 고대 중국어 혹은 상고 중국어라고도 한다. 西周 시대 때부터 秦·漢·西晉 시대까지(BC 12C – AD 3C)의 중국어를 말한다. 당시의 한자는 갑골문을 시작으로 금문, 대전체가 쓰였는데, 중국의 학자들이 上古音을 재구할 때에는 주로 詩經을 사용한 압운자(押韻字)와 한자의 聲符(江의 工, 河의 可, 格·洛·恪·胳·閣 등의 各)를 바탕으로 만들어진 諧聲字(形聲字)를 근거로 하여 주나라 때로 대표되는 상고시대의 음운체계를 추정하였다.

中古漢語는 4세기 東晉 시대를 지나 南北朝 시대, 隋, 唐의 말기인 10세기경까지 쓰인 중국어를 말한다. 隋·唐 시대의 음으로 대표되는 中古音은 한자의 발음 사전이라고 할 수 있는 韻書가 편찬되어 있어서 쉽게 재구되고 있다. 특히 수나라에서 편찬된『切韻』은 장안을 중심으로 한 7세기의 북방음을 잘 반영하고 있어서 이 운서가 나타내는 음계를 기준으로 하여 한어의 중고음과 상고음을 재구하는 방법이 많이 쓰인다.

中世漢語는 11세기부터 16세기에 걸친 宋·元 시대까지 중국 화북 지역의 북방 중고한어가 갈라져 나와 형성된 한어를 말한다. 북송말기까지 화북 지방의 한갓 방언에 불과했지만 여진족의 금나라, 몽골족의 원나라를 거치면서 통치언어로서 관리들이 사용하는 공용어가 되어 중국어의 표준음으로 자리를 잡기 시작했다.

近代漢語는 17세기부터 19세기까지 명대와 청대를 아울러 중고북경어라 칭하기도 한다. 청나라 말기 들어서 난징 지역이 태평천국의 난 등 여러 반란으로 인해 몰락하자 표준어의 중심이 급격히 베이징으로 쏠리게 되었고, 오늘날 모든 중화권 국가들이 베이징 중심의 표준말을 공용어로 쓰게 되었다.

중국어를 표기하는 한자의 발음은 이와 같은 중국어 음운사(音韻史)의 변천 과정과 궤를 함께하여 시대마다 또 지역 방언마다 차이를 나타낸다. 예를 들어 '東'의 한자음을 국제음성기호로 표기할 때 상고음은 '[tuŋ], [tɔŋ], [tûŋ], [tewŋ], [tung]'으로 재구되고, 중고음은 '[tung], [toŋ], [tuŋ]'으로 재구된다. 이후의 운서들은 '[tuŋ], [taŋ]'의 발음을 나타내었고 현대 중국어는 '[tuŋ]'으로 발음하고 있다. 또 官話(관리 사회 또는 상류 사회에서 일반적으로 사용되었던 중국어) 하나만을 놓고 보더라도 북경(北京), 제남(濟南), 계림(桂林), 유주(柳州) 방언은 '[tuŋ]', 서안(西安) 방언은 '[tuoŋ]', 무창(武昌) 방언은 '[toŋ]', 합비(合肥) 방언은 '[təŋ]'과 같이 지역적으로 발음의 차이를 나타냈던 것이다.

뿐만 아니라 형성자 가운데 '江, 河, 松, 論, 資, 杜, 汗' 등과 같은 한자는 소리부분 '工, 可, 公, 侖, 次, 土, 干'의 음이 글자의 음과 서로 같지 않다. 이렇게 성부의 음과 글자의 음이 서로 다른 이유 중 하나는 한자의 음이 세월의 흐름에 따라 변하기 때문이기도 하다. 글자가 만들어졌을 당시에는 원래 음이 서로 같았으나, 정치·사회적 언어주체가 바뀌면서 한자의 음에도 변화가 생기게 된 것이다. 예를 들어 한자 '江'과 소리부분에 해당하는 '工'의 상고음은 모두 聲母를 'ㄱ'으로 하고 韻母를 '東'으로 하는 같은 음이었으나, 이후 중세음에서 '江'은 '古雙切, 居良切'로 변화하지만 '工'은 '古紅切'로 그 변화의 차이가 있었던 것이다.

(2) 韓國漢字音

어느 민족이고 다른 나라로부터 언어 단위를 빌어서 쓸 때에는 原音을 바탕으로 해서 발음하는 것이 보통이다. 마찬가지로 우리나라가 漢語의 上古音 시기에 중국으로부터 한자를 빌려 썼을 때에는 당시 한어의 上古音대로 발음하였을 것이다. 그 후 魏·晉 시대를 거쳐 7·8세기인 신라시대에는 唐나라와의 왕래가 잦았던 시기이므로 중국의 中古音도 상당히 많이 받아들였을 것이고, 宋나라나 明나라, 淸나라와 교섭하면서는 中世音과 近代音 또한 수용되었을 것이다. 그러나 중국어와 언어구조가 다른 토착어가 한자를 도입하여 사용하는 경우에는 언어와 문자 간의 괴리가 발생할 수밖에 없다. 이 경우 토착민은 한자를 자국의 언어 구조에 맞게 변화시켜 사용하게 되며, 이 과정에서 한문의 문법 구조는 물론 한자의 음운 또한 당초 중국에서 유입되었을 때의 것과 매우 다르게 변화시키게 마련이다. 한반도의 토착어 역시 당시 중국어의 음운과 서로 달랐기 때문에 비록 중국에서 유입될 당시에는 한자의 원음을 바탕으로 발음하려 하였겠지만 오랜 세월을 거치면서 한자음은 한반도 토착어의 음운체계에 흡수되어 그 발음이 많이 변질되었다. 이렇게 변질된 한자음은 또다시 한국어의 역사적 음운변천에 따라 지속적인 변화 과정을 거듭하면서 현대 국어의 음운 체계의 모습을 띄게 되었다. 따라서 한국한자음이 역사적으로 어떤 시기의 어떤 중국어 방언을 한자음을 받아들였는지를 정확하게 가려내어 말하기는 어렵다. 다만 한국한자음은 한자를 수용한 기층음(基層音)의 차이와 한국어의 음운 변화에 따른 변화 등을 기준으로 시대적 차이를 확인할 수 있다.

우리나라에 한자가 수입된 시기는 확실하지 않다. 그러나 중국과의 정치·문화적 접촉이나 현존하는 문헌 자료들로 미루어볼 때, 적어도 기원전 2세기까지는 소급될 수 있을 것으로 보인다. 특히 고구려·백제·신라의 초기 한자음은 각각 서로 약간의 차이가 있었다. 이는 삼국이 교류하던 교류국과 지역이 달랐고 한자의 유입 경로 또한 다양하여 중국어의 여러 방언에서 각기 다른 발음을 여러 차례로 나누어 들여왔기 때문으로 추정된다. 『三國史記』에는 고구려 시조인 '주몽'이란 인명에 대하여 "始祖東明聖王姓高氏諱朱蒙 一云鄒牟 一云衆解(시조 동명성왕은 성이 고 씨이고 이름이 주몽이다. 추모라고도 하고 중해라고도 한다)"라는 기사가 있다. 이는 현대 한국한자음과는 달리 '朱蒙'의 고구려한자음 '朱'는 당시 발음으로 '鄒'나 '衆'과, '蒙'은 '牟'나 '解'와 같거나 비슷하였든지, 하나의 토착음을 여러 가지 다른 중국 방언음으로 표기하였을 것이란 점을 유추할 수 있다.

신라가 삼국을 통일한 이후에는 당나라와의 문화와 교육 등과 관련된 접촉이 더욱 긴밀해졌다. 당시 중국은 長安을 중심으로 한 中古音 즉 隋·唐의 『切韻』계 운서음을 기반으로 하고 있었기에 신라인은 이 『切韻』계 한자음에 익숙하게 되었음을 알 수 있다. 그러나 절운계 중국어음과 신라어 음운체계와의 사이에는 聲母와 韻母 등에서 상당한 차이가 있기 때문에, 신라인들은 한자음을 신라어의 음운체계에 적응할 수 있도록 변형함으로써 한자를 빌어 신라어를 그대로 기록하는 借字表記가 가능하게 되었다.

한편, 고려후기에 해당하는 시기에 중국어는 蒙古의 중원 통일과 元나라 건국의 영향으로 인해 북방어를 전중국의 공용어로 사용하게 되면서 같은 漢字일지라도 종래의 中古音과는 전혀 다른 近古音이 형성되었다. 이러한 중국 언어 중심의 변화는 中古音을 기반으로 형성되었던 한반도의 한자음을 宋代와 元代에 이르러 형성된 중국의 近古音과 훨씬 더 많은 차이가 벌어지도록 하였다. 더욱이 明代에 정착된 北京官話音, 즉 近代音과는 전혀 통하지 않게 되었다.

14세기 이후 訓民正音이 창제되고 조선한자음의 통일된 표준음을 정할 목적으로 『東國正韻』이 간행되기도 하였다. 이는 俗音으로 간주되던 조선한자음을 正音이라 불렸던 중국한자음으로 되돌리려는 연구로도 볼 수 있으나, 18세기까지 이어졌던 이러한 시도들은 조선의 현실음과 괴리가 컸다는 점에서 통일된 한자음으로 정착되지 못하였다. 결국 한반도에서의 한자음은 오랜 역사적 세월을 거치면서 중국어와는 다른 어디까지나 한국어 음운의 변천 과정과 맞물린 한국어로서의 독자적인 한자음을 형성하게 되었던 것이다.

2 漢字의 字義

字義는 한자 낱글자의 모양이나 음으로 나타내고자 하는 말(詞)의 뜻이다. 한자는 오랜 세월 시대적 변화를 거치는 동안 그 의미가 파생되거나 때론 가차되어 字義가 계속해서 확장되었다. 이리하여 1개의 한자에 그 뜻이 여러 개가 대응하는 一字多義의 관계를 갖게 되었다. 그러나 이러한 一字多義의 관계는 한자만의 특성은 아니다. 인류는 문명이 발달하면서 기하급수적으로 늘어나는 새로운 언어 개념을 표현하기 위해 새로운 어휘를 만들기 보다는 가급적 이미 만들어진 낱말로 대용하는 것이 경제적이라는 것을 알고 있었고 이러한 인식은 모든 언어들에서 나타나는 보편적인 특징이다. 우리말만 하더라도 『표준국어대사전』에서 표제어 '귀01'을 찾으면 그 뜻만 11가지로 제시되어 있는 것이다.

이같이 一字多義의 관계를 이루는 한자의 字義는 용법에 따라 本義, 引伸義, 假借義 세 가지로 구분하는 것이 일반적이다.

(1) 本義

한자의 字義가 字形과 字音이 나타내고자 하는 말의 최초 의미나 가장 기본적인 본래의 의미로 사용되는 것을 말한다. 예를 들어 '耳·目·口·鼻'에 사용된 각각의 字義인 '귀·눈·입·코'가 이에 해당된다. 대부분 한자의 본의는 字形의 구조와 직접적인 관련을 가지는 경우가 많다. 예를 들어 갑골문 '耳', '目', '口'는 각각 '귀, 눈, 입'의 모양을 본뜬 글자로 자형만으로도 本義를 쉽게 파악할 수 있다. 또 갑골문 '鼻'는 코의 모양인 '自'와 음을 나타내는 '畀'를 합친 글자인데, 코의 모양인 '自'만으로도 그 뜻을 충분히 파악할 수 있으나 콧구멍을 향한 화살의 모양인 '畀'를 통해 表音 기능뿐만 아니라 공기나 냄새를 들이마시는 코의 기능까지 추가함으로써 字形이 의도하는 本義를 구체적으로 파악할 수 있도록 하였다.

그러나 자형의 구조가 실제로 사용하는 의미와 반드시 일치하는 것은 아니다. 예를 들어 '大'는 정면으로 서 있는 사람의 모양을 본떴고, '高'는 높은 토대 위에 지은 누각의 모양을 본떴지만 실제로 '정면'이나 '누각'이라는 뜻으로 사용하지 않고 이 형상들과 관련된 자질인 '크다', '높다'라는 의미로 사용하고 있는 것이다. 또 해가 풀숲에 있는 모양을 본뜬 글자 '莫'은 해가 지면에 있는 시간을 가리키지만 그 시간은 해가 뜨는 아침녘이 될 수도 있고 해가 지는 황혼녘이 될 수도 있다. 그럼에도 불구하고 莫이 실제로 사용되는 의미는 항상 '해가 저무는 시간'을 나타내는 데 사용되었다. '臣'은 '目'과 같이 모양은 '눈'을 형상화하였지만 누호를 아래로 향하도록 구성함으로써 아래를 향해 고개를 숙인 사람의 자질과 '신하'라는 의미를 관련지었다. 이처럼 한자의 本義는 자형의 구조뿐만 아니라 자형의 구성 의도와 실제 사용 예들과도 밀접한 관계를 지닌다.

또 하나의 자형에 하나의 본의만 있는 것은 아니다. 예를 들어 '雨'는 하늘의 구름과 빗방울의 모양을 본뜬 글자로 '風雨'에서는 하늘에서 내리는 '비'라는 명사의 의미로 쓰였지만 '祈雨'에서는 하늘에서 '비가 오다'라는 동사의 의미로 사용하였다. 또 양손에 도끼를 쥐고 있는 모양을 본뜬 글자 '兵'은 '兵仗'에서는 손에 든 '무기'라는 의미로, '兵卒'에서는 손에 무기를 든 '병사'라는 의미로 사용하였다. 이처럼 '雨'나 '兵'은 자형 구조나 구성 의도, 실제 사용 의미에서 '비/비가 오다', '무기/병사' 등의 의미와 직접적인 관계를 가지므로 각각의 두 가지 의미 모두를 본의로 간주할 수 있는 것이다.

(2) 引伸義

引伸義는 한자의 본래의 뜻에서 관련 있는 내용을 끌어다(引) 펼쳐놓은(伸) 뜻을 말한다. 즉 본의와의 관계에서 그 의미가 연상작용에 의하여 확대 혹은 파생되어 나온 새로운 뜻을 가리킨다. 예를 들어 갑골문 '✹(樂)'은 나뭇가지(✖ ; 木)에 줄(ᆑ ; 絲)을 매어놓은 모양을 본뜬 글자로 현악기를 가리키며, 금문✹에서는 줄을 고르는 장치 △(白)을 추가하였다. 따라서 '樂'의 본의는 현악기 모양의 자형 구조나 구성 의도와 직접적인 관련이 있는 '악기'이다. 이 '악기'라는 본의가 '음악', '연주하다', '악공(악기를 연주하는 사람)' 등의 의미로 확대되어 사용되었고, 음악은 사람을 유쾌하고 편안하게 해준다는 연상 작용에 의해 '즐겁다', '편안하다'라는 뜻으로, 더 나아가 '좋아하다'라는 뜻으로까지 확대하여 사용하였다. 이처럼 본의에서 파생하여 추가된 모든 의미가 引伸義인데, 인신의는 본의와 의미 범주 상 일정한 연계성을 가지고 있다. 이는 새로운 개념이 생겨날 때마다 각각의 의미에 해당하는 새롭게 글자를 만들어 문자의 숫자를 늘리는 번거로움보다 기존 글자가 가진 본의를 확대하여 하나의 자형으로 여러 의미를 나타내는 것이 문자의 활용 측면에서 더욱 유리하기 때문이다. 한편 이와 같은 引伸義는 多音字나 分化字를 만들기도 한다. 예를 들어 '樂'을 '악기'라는 뜻으로 사용할 때는 '악'으로 읽고, '즐겁다'는 뜻으로 사용할 때는 '락'으로, '좋아하다'는 뜻으로 사용할 때는 '요'로 그 音을 달리 읽어 각각의 실제 사용 의미를 구분할 수 있도록 하였는데 이런 현상이 多音字를 만드는 주요 원인들 중 하나로 작용한다. 또 '監'의 갑골문 '✹'은 물이 담긴 그릇에 자신의 얼굴을 비추어 살펴보는 사람을 형상한 것이다. 옛날에는 거울 대용으로 그릇에 물을 담고 그 수면에 자신의 얼굴을 비춰보았기 때문에 이 글자는 '(얼굴을 물에) 비춰보다' 혹은 명사 '거울'이라는 의미를 본의로 사용하였다. 이후 '監'의 의미가 '감독하다'라는 인신된 뜻으로 사용하는 경우가 잦아지자 의미 요소인 '金'을 더한 分化字 '鑑'을 만들어 '監'이 나타내던 本義를 전문적으로 담당하는 자형을 새롭게 만들어 사용하였던 것이다.

(3) 假借義

假借義는 어떤 의미를 나타내는 말(음성언어)은 있지만 그것을 표기하는 자형이 없기 때문에 음이 같거나 비슷한 글자를 빌려서 그 의미를 부여한 것이다. 따라서 가차의는 비록 같은 字形을 사용한다고 하더라도 본의와 가차의 간에는 字音이 관계할 뿐 의미상으로는 어떠한 연관성이 없다. 예를 들면 곡식의 티나 검불을 까부르는 키의 모양인 'ᆑ(其)'의 본의는 '키'이다. 또 개고기(狀)와 불(火)의 개념을 합친 '然'의 본의는 '불사르다'이다. 그러나 이후 '其'나 '然'은 본의와는 전혀 관련이 없는 사람이나 사물을 지시하는 대명사 '그(其)'나 이치에 맞다는 뜻의 '그러하다(然)'라는 의미를 나타내는 글자로 사용되었는데, 이것이 바로 假借義이다. 대명사 '그'나 '그러하다'라는 의미를 가진 말은 있었지만 이것을 나타내는 글자가 없는 상태에서 이 의미에 해당하는 글자를 따로 만들지 않고 기존에 있는 글자들 중에서 그 음이 유사한 '其'나 '然'에다 이 의미를 부여한 것이다. 귀를 나타내는 耳, 성인 남자를 나타내는 夫, 물건을 어깨에 멘다는 뜻을 나타내는 何, 줄에 묶인 죄인이나 종을 나타내는 奚 등이 각각 어말어기사 耳, 어기사나 지시대사 夫, 의문대사 何나 奚로 사용되는 예가 모두 假借義에 해당한다.

引伸義와 마찬가지로 假借義 역시 多音字나 分化字를 만드는 요인이 되기도 한다. 예를 들어 뱀의 모양을 본뜬 갑골문 '🐍(它)'의 본의는 '뱀'이었고 音은 '사'였다. 그러나 후에 대명사 '그것' 혹은 '남, 다르다'라는 가차의로도 사용되면서 '뱀 사'와 '다를 타'라는 同形異音異義의 多音字가 생겨나게 된 것이다. 또한 '它'는 다시 '뱀'이라는 본의를 나타내기 위해 의미 요소인 '虫'를 더한 '蛇'자로 분화되었고, 가차의를 나타내기 위해 의미 요소인 '人'을 더해 '佗'자로 분화되었는데, '佗'는 예변 과정을 거쳐 현대의 자형인 '他'로 변하였다. 앞에서 예를 든 '其와 箕', '然과 燃', '何와 荷' 등도 모두 本義와 假借義의 분화 관계를 보여주는 글자들이다.

3 代表訓音의 選定

訓은 漢字의 새김(뜻)을, 音은 漢字의 소리를 말한다. 예로 漢字 '天'을 예로 들면 訓은 '하늘, 임금, 목숨, 크다' 등이고, 音은 '천'이다. 音은 비교적 明確하고 限定되어 있지만 訓은 대체로 그 범위가 넓다. 오랜 세월에 걸쳐 사용되어 오는 동안 원래의 뜻이 확장되거나 다른 뜻이 추가되어 대부분의 漢字가 하나 이상의 訓을 가지고 있다. 그래서 學習者 사이에 의사소통의 필요상 漢字 한 字 한 字에 이름을 지어 주는 작업이 必要하게 되었다.

예를 들어 漢字 '天'은 '하늘 천, 임금 천, 목숨 천, 클 천' 등으로 여러 訓이 있지만 오랜 세월 '하늘 천'이 代表訓音으로 자리 잡아 대부분의 사람이 '목숨 천'이라 하면 잘 모르지만 '하늘 천' 하면 바로 '天'이라는 글자모양을 떠올리는 것이다. 그래서 代表訓音이 생기게 되었다. 代表訓音은 오랜 세월 전승되어 온, 말 그대로 그 글자를 대표하는 訓音으로 정착된 것이므로 代表訓音을 먼저 외고 의사소통이나 답안 작성에 代表訓音을 제시하는 것이 좋다.

그렇다면 代表訓音은 어떻게 選定된 것인가? 韓國語文教育研究會 選定 代表訓音은 『東國正韻』, 『三韻聲彙』, 『全韻玉篇』, 『訓蒙字會』, 『新增類合』, 『石峰千字文』, 『倭語類解』, 『兒學編』, 『字類註釋』, 『字典釋要』, 『新字典』, 기타 諺解文獻 등 傳來文獻에 보이는 漢字 한 字 한 字의 訓音을 검토하여 다음과 같은 원칙에 의해 선정되었다.

① 傳統訓音은 그 글자를 대표할 만한 보편적이고 합리적인 訓音으로 오랜 세월 전승되어 왔으므로 이를 존중한다.
② 一字一訓一音을 원칙으로 하고, 부득이한 경우 複數 訓音을 代表訓音으로 한다.
③ 순우리말(固有語) 訓을 살리며, 用例를 訓으로 삼는 것은 避한다.
④ 從來의 俗訓을 避하고, 正訓을 원칙으로 한다.
⑤ 固有語의 의미가 바뀐(轉移) 경우에는 現代語를 살려 訓音으로 삼는다.

* 訓音 옆에 雙點:을 찍은 것은 長音 漢字이며 괄호 안에 雙點(:)을 찍은 것은 單語에 따라 長短이 갈리는 漢字이다. 雙點이 없는 것은 短音 漢字이다. 單語에 따라 長短이 갈리는 漢字의 경우는 일일이 列擧하지 않았다.
* 級數 표기는 다음과 같다.

10	1급 신습한자
12	2급 신습한자중 1급 쓰기 범위에 포함되지 않는 인명지명용 350자
20	2급 신습한자
30	3급 신습한자
32	3급Ⅱ 신습한자
40	4급 신습한자
42	4급Ⅱ 신습한자
50	5급 신습한자
52	5급Ⅱ 신습한자
60	6급 신습한자
62	6급Ⅱ 신습한자
70	7급 신습한자
72	7급Ⅱ 신습한자
80	8급 신습한자

대표음	급수	한자	부수(획수)	총획	대표훈음
가	72	家	宀(7)	10	집 가
가	70	歌	欠(10)	14	노래 가
가	52	價	人(13)	15	값 가
가	50	加	力(3)	5	더할 가
가	50	可	口(2)	5	옳을 가:
가	42	假	人(9)	11	거짓 가:
가	42	街	行(6)	12	거리 가(:)
가	40	暇	日(9)	13	틈/겨를 가:
가	32	佳	人(6)	8	아름다울 가:
가	32	架	木(5)	9	시렁 가:
가	12	柯	木(5)	9	가지 가
가	12	賈	貝(6)	13	성(姓) 가 ǀ 장사 고
가	12	軻	車(5)	12	수레/사람이름 가
가	12	迦	辵(5)	9	부처이름 가
가	12	伽	人(5)	7	절 가
가	10	嘉	口(11)	14	아름다울 가
가	10	呵	口(5)	8	꾸짖을 가:
가	10	嫁	女(10)	13	시집갈 가
가	10	稼	禾(10)	15	심을 가
가	10	苛	艸(5)	9	가혹할 가:
가	10	袈	衣(5)	11	가사(袈裟) 가
가	10	駕	馬(5)	15	멍에 가(:)
가	10	哥	口(7)	10	성(姓) 가
각	62	各	口(3)	6	각각 각
각	62	角	角(0)	7	뿔 각
각	40	刻	刀(6)	8	새길 각
각	40	覺	見(13)	20	깨달을 각
각	32	脚	肉(7)	11	다리 각
각	32	閣	門(6)	14	집 각
각	30	却	卩(5)	7	물리칠 각
각	12	珏	玉(5)	9	쌍옥 각
각	10	恪	心(6)	9	삼갈 각
각	10	殼	殳(8)	12	껍질 각
간	72	間	門(4)	12	사이 간(:)
간	40	簡	竹(12)	18	대쪽/간략할 간(:)
간	40	看	目(4)	9	볼 간
간	40	干	干(0)	3	방패 간

대표음	급수	한자	부수(획수)	총획	대표훈음
간	32	刊	刀(3)	5	새길 간
간	32	幹	干(10)	13	줄기 간
간	32	懇	心(13)	17	간절할 간:
간	32	肝	肉(3)	7	간 간(:)
간	30	姦	女(6)	9	간음할 간:
간	12	杆	木(3)	7	몽둥이 간
간	12	艮	艮(0)	6	괘이름 간
간	10	奸	女(3)	6	간사할 간
간	10	墾	土(13)	16	개간할 간
간	10	澗	水(12)	15	산골물 간:
간	10	癎	疒(12)	17	간질 간(:)
간	10	竿	竹(3)	9	낚싯대 간
간	10	艱	艮(11)	17	어려울 간
간	10	諫	言(9)	16	간할 간:
간	10	揀	手(9)	12	가릴 간:
갈	30	渴	水(9)	12	목마를 갈
갈	20	葛	艸(9)	13	칡 갈
갈	12	鞨	革(9)	18	오랑캐이름 갈
갈	10	喝	口(9)	12	꾸짖을 갈
갈	10	竭	立(9)	14	다할 갈
갈	10	褐	衣(9)	14	갈색/굵은베 갈
감	60	感	心(9)	13	느낄 감:
감	42	減	水(9)	12	덜 감:
감	42	監	皿(9)	14	볼 감
감	40	甘	甘(0)	5	달 감
감	40	敢	攴(8)	12	감히/구태여 감:
감	32	鑑	金(14)	22	거울 감
감	20	憾	心(13)	16	섭섭할 감:
감	10	堪	土(9)	12	견딜 감
감	10	柑	木(5)	9	귤 감
감	10	疳	疒(5)	10	감질 감
감	10	瞰	目(12)	17	굽어볼 감
감	10	紺	糸(5)	11	감색/연보라 감
감	10	勘	力(9)	11	헤아릴 감
갑	40	甲	田(0)	5	갑옷 갑
갑	12	鉀	金(5)	13	갑옷 갑
갑	12	岬	山(5)	8	곶(串) 갑

대표음	급수	한자	부수(획수)	총획	대표훈음
갑	10	匣	匚(5)	7	갑(匣) 갑
갑	10	閘	門(5)	13	수문 갑
강	72	江	水(3)	6	강 강
강	60	強	弓(8)	11	강할 강(:)
강	42	講	言(10)	17	욀 강:
강	42	康	广(8)	11	편안 강
강	40	降	阜(6)	9	내릴 강: ǀ 항복할 항
강	32	剛	刀(8)	10	굳셀 강
강	32	綱	糸(8)	14	벼리 강
강	32	鋼	金(8)	16	강철 강
강	12	姜	女(6)	9	성(姓) 강
강	12	崗	山(8)	11	언덕 강
강	12	疆	田(14)	19	지경 강
강	12	岡	山(5)	8	산등성이 강
강	12	彊	弓(13)	16	굳셀 강
강	10	腔	肉(8)	12	속빌 강
강	10	慷	心(11)	14	슬플 강:
강	10	糠	米(11)	17	겨 강
강	10	薑	艸(13)	17	생강 강
개	60	開	門(4)	12	열 개
개	50	改	攴(3)	7	고칠 개(:)
개	42	個	人(8)	10	낱 개(:)
개	32	概	木(11)	15	대개 개:
개	32	介	人(2)	4	낄 개:
개	32	蓋	艸(10)	14	덮을 개(:)
개	30	皆	白(4)	9	다[總] 개
개	30	慨	心(11)	14	슬퍼할 개:
개	12	价	人(4)	6	클 개:
개	12	塏	土(10)	13	높은땅 개:
개	10	愾	心(10)	13	성낼 개:
개	10	漑	水(11)	14	물댈 개:
개	10	凱	几(10)	12	개선할 개:
개	10	箇	竹(8)	14	낱 개(:)
개	10	芥	艸(4)	8	겨자 개
객	52	客	宀(6)	9	손 객
갱	20	坑	土(4)	7	구덩이 갱
갱	10	羹	羊(13)	19	국 갱:

대표음	급수	한자	부수(획수)	총획	대표훈음
거	72	車	車(0)	7	수레 거 ǀ 수레 차
거	50	擧	手(14)	18	들 거:
거	50	去	厶(3)	5	갈 거:
거	40	拒	手(5)	8	막을 거:
거	40	居	尸(5)	8	살 거
거	40	據	手(13)	16	근거 거:
거	40	巨	工(2)	5	클 거:
거	32	距	足(5)	12	상거(相距)할 거:
거	10	醵	酉(13)	20	추렴할 거: ǀ 추렴할 갹
거	10	渠	水(9)	12	개천 거
거	10	倨	人(8)	10	거만할 거:
건	50	件	人(4)	6	물건 건
건	50	建	廴(6)	9	세울 건:
건	50	健	人(9)	11	굳셀 건:
건	32	乾	乙(10)	11	하늘/마를 건
건	12	鍵	金(9)	17	자물쇠/열쇠 건:
건	10	巾	巾(0)	3	수건 건
건	10	腱	肉(9)	13	힘줄 건
건	10	虔	虍(4)	10	공경할 건:
걸	40	傑	人(10)	12	뛰어날 걸
걸	30	乞	乙(2)	3	빌 걸
걸	12	桀	木(6)	10	하(夏)왕이름 걸
걸	12	杰	木(4)	8	뛰어날 걸
검	42	檢	木(13)	17	검사할 검:
검	40	儉	人(13)	15	검소할 검:
검	32	劍	刀(13)	15	칼 검:
겁	10	怯	心(5)	8	겁낼 겁
겁	10	劫	力(5)	7	위협할 겁
게	20	憩	心(12)	16	쉴 게:
게	20	揭	手(9)	12	높이들[擧]/걸[掛] 게:
게	10	偈	人(9)	11	불시(佛詩) 게:
격	52	格	木(6)	10	격식 격
격	40	擊	手(13)	17	칠[打] 격
격	40	激	水(13)	16	격할 격
격	32	隔	阜(10)	13	사이뜰 격
격	10	檄	木(13)	17	격문(檄文) 격
격	10	膈	肉(10)	14	가슴 격

대표음	급수	한자	부수(획수)	총획	대표훈음
격	10	覡	見(7)	14	박수[男巫] 격
견	52	見	見(0)	7	볼 견: | 뵈올 현:
견	40	堅	土(8)	11	굳을 견
견	40	犬	犬(0)	4	개 견
견	30	遣	辵(10)	14	보낼 견:
견	30	肩	肉(4)	8	어깨 견
견	30	絹	糸(7)	13	비단 견
견	30	牽	牛(7)	11	이끌/끌 견
견	12	甄	瓦(9)	14	질그릇 견
견	10	繭	糸(13)	19	고치 견:
견	10	譴	言(14)	21	꾸짖을 견:
견	10	鵑	鳥(7)	18	두견새 견
결	52	結	糸(6)	12	맺을 결
결	52	決	水(4)	7	결단할 결
결	42	潔	水(12)	15	깨끗할 결
결	42	缺	缶(4)	10	이지러질 결
결	32	訣	言(4)	11	이별할 결
겸	32	兼	八(8)	10	겸할 겸
겸	32	謙	言(10)	17	겸손할 겸
경	60	京	亠(6)	8	서울 경
경	52	敬	攴(9)	13	공경 경:
경	50	輕	車(7)	14	가벼울 경
경	50	競	立(15)	20	다툴 경:
경	50	景	日(8)	12	볕 경(:)
경	42	境	土(11)	14	지경 경
경	42	經	糸(7)	13	지날/글 경
경	42	警	言(13)	20	깨우칠 경:
경	42	慶	心(11)	15	경사 경:
경	40	驚	馬(13)	23	놀랄 경
경	40	更	日(3)	7	고칠 경 | 다시 갱:
경	40	傾	人(11)	13	기울 경
경	40	鏡	金(11)	19	거울 경:
경	32	頃	頁(2)	11	이랑/잠깐 경
경	32	徑	彳(7)	10	지름길/길 경
경	32	硬	石(7)	12	굳을 경
경	32	耕	耒(4)	10	밭갈[犁田] 경
경	30	卿	卩(10)	12	벼슬 경

대표음	급수	한자	부수(획수)	총획	대표훈음
경	30	庚	广(5)	8	별 경
경	30	竟	立(6)	11	마침내 경:
경	12	璟	玉(12)	16	옥빛 경:
경	12	儆	人(13)	15	경계할 경:
경	12	瓊	玉(15)	19	구슬 경
경	12	炅	火(4)	8	빛날 경
경	10	勁	力(7)	9	굳셀 경
경	10	鯨	魚(8)	19	고래 경
경	10	憬	心(12)	15	깨달을/동경할 경:
경	10	頸	頁(7)	16	목 경
경	10	莖	艸(7)	11	줄기 경
경	10	脛	肉(7)	11	정강이 경
경	10	磬	石(11)	16	경쇠 경:
경	10	痙	疒(7)	12	경련(痙攣) 경
경	10	梗	木(7)	11	줄기/막힐 경:
계	62	界	田(4)	9	지경 계:
계	62	計	言(2)	9	셀 계:
계	42	係	人(7)	9	맬 계:
계	40	階	阜(9)	12	섬돌 계
계	40	鷄	鳥(10)	21	닭 계
계	40	季	子(5)	8	계절 계:
계	40	系	糸(1)	7	이어맬 계:
계	40	繼	糸(14)	20	이을 계:
계	40	戒	戈(3)	7	경계할 계:
계	32	契	大(6)	9	맺을 계:
계	32	桂	木(6)	10	계수나무 계:
계	32	啓	口(8)	11	열 계:
계	32	溪	水(10)	13	시내 계
계	32	械	木(7)	11	기계 계:
계	30	繫	糸(13)	19	맬 계:
계	30	癸	癶(4)	9	북방/천간 계:
계	10	悸	心(8)	11	두근거릴 계:
고	62	高	高(0)	10	높을 고
고	60	古	口(2)	5	예 고:
고	60	苦	艸(5)	9	쓸[味覺] 고
고	52	告	口(4)	7	고할 고:
고	50	考	老(2)	6	생각할 고(:)

대표음	급수	한자	부수(획수)	총획	대표훈음
고	50	固	囗(5)	8	굳을 고(:)
고	42	故	攴(5)	9	연고 고(:)
고	40	孤	子(5)	8	외로울 고
고	40	庫	广(7)	10	곳집 고
고	32	姑	女(5)	8	시어미 고
고	32	稿	禾(10)	15	원고/볏짚 고
고	32	鼓	鼓(0)	13	북 고
고	30	顧	頁(12)	21	돌아볼 고
고	30	枯	木(5)	9	마를 고
고	20	雇	隹(4)	12	품팔 고
고	12	皐	白(6)	11	언덕 고
고	10	敲	攴(10)	14	두드릴 고
고	10	辜	辛(5)	12	허물 고
고	10	袴	衣(6)	11	바지 고:
고	10	拷	手(6)	9	칠 고
고	10	叩	口(2)	5	두드릴 고
고	10	股	肉(4)	8	넓적다리 고
고	10	呱	口(5)	8	울 고
고	10	膏	肉(10)	14	기름 고
고	10	痼	疒(8)	13	고질 고
고	10	錮	金(8)	16	막을 고
곡	50	曲	曰(2)	6	굽을 곡
곡	40	穀	禾(10)	15	곡식 곡
곡	32	哭	口(7)	10	울 곡
곡	32	谷	谷(0)	7	골 곡
곡	10	梏	木(7)	11	수갑 곡
곡	10	鵠	鳥(7)	18	고니/과녁 곡
곤	40	困	囗(4)	7	곤할 곤:
곤	30	坤	土(5)	8	따 곤
곤	10	昆	日(4)	8	맏 곤
곤	10	棍	木(8)	12	몽둥이 곤
곤	10	袞	衣(5)	11	곤룡포 곤:
골	40	骨	骨(0)	10	뼈 골
골	10	汨	水(4)	7	골몰할 골 | 물이름 멱
공	72	工	工(0)	3	장인 공
공	72	空	穴(3)	8	빌 공
공	62	公	八(2)	4	공평할 공

대표음	급수	한자	부수(획수)	총획	대표훈음
공	62	共	八(4)	6	한가지 공:
공	62	功	力(3)	5	공[勳] 공
공	40	孔	子(1)	4	구멍 공:
공	40	攻	攴(3)	7	칠[擊] 공:
공	32	貢	貝(3)	10	바칠 공:
공	32	供	人(6)	8	이바지할 공:
공	32	恐	心(6)	10	두려울 공(:)
공	32	恭	心(6)	10	공손할 공
공	10	鞏	革(6)	15	굳을 공
공	10	拱	手(6)	9	팔짱낄 공:
과	62	果	木(4)	8	실과 과:
과	62	科	禾(4)	9	과목 과
과	52	課	言(8)	15	공부할/과정 과(:)
과	52	過	辶(9)	13	지날 과:
과	32	誇	言(6)	13	자랑할 과:
과	32	寡	宀(11)	14	적을 과:
과	20	菓	艸(8)	12	과자 과/실과 과:
과	20	戈	戈(0)	4	창 과
과	20	瓜	瓜(0)	5	외 과
과	10	顆	頁(8)	17	낱알 과
곽	30	郭	邑(8)	11	둘레/외성 곽
곽	10	廓	广(11)	14	둘레 곽 | 클 확
곽	10	槨	木(11)	15	외관(外棺) 곽
곽	10	藿	艸(16)	20	콩잎/미역 곽
관	52	觀	見(18)	25	볼 관
관	52	關	門(11)	19	관계할 관
관	42	官	宀(5)	8	벼슬 관
관	40	管	竹(8)	14	대롱/주관할 관
관	32	寬	宀(12)	15	너그러울 관
관	32	貫	貝(4)	11	꿸 관(:)
관	32	館	食(8)	17	집 관
관	32	慣	心(11)	14	익숙할 관
관	32	冠	冖(7)	9	갓 관
관	20	款	欠(8)	12	항목 관:
관	12	琯	玉(8)	12	옥피리 관
관	12	串	丨(6)	7	꿸 관 | 땅이름 곶
관	10	棺	木(8)	12	널 관

대표음	급수	한자	부수(획수)	총획	대표훈음
관	10	顴	頁(18)	27	광대뼈 관
관	10	灌	水(18)	21	물댈 관
괄	10	刮	刀(6)	8	긁을 괄
괄	10	括	手(6)	9	묶을 괄
광	62	光	儿(4)	6	빛 광
광	52	廣	广(12)	15	넓을 광:
광	40	鑛	金(15)	23	쇳돌 광:
광	32	狂	犬(4)	7	미칠 광
광	10	曠	日(15)	19	빌 광:
광	10	壙	土(15)	18	뫼구덩이 광:
광	10	匡	匚(4)	6	바룰 광
광	10	胱	肉(6)	10	오줌통 광
괘	30	掛	手(8)	11	걸[懸] 괘
괘	10	罫	网(8)	13	줄[罫線] 괘
괘	10	卦	卜(6)	8	점괘 괘
괴	32	壞	土(16)	19	무너질 괴:
괴	32	怪	心(5)	8	괴이할 괴(:)
괴	30	塊	土(10)	13	흙덩이 괴
괴	30	愧	心(10)	13	부끄러울 괴:
괴	20	傀	人(10)	12	허수아비 괴:
괴	12	槐	木(10)	14	회화나무/느티나무 괴
괴	10	拐	手(5)	8	후릴 괴
괴	10	魁	鬼(4)	14	괴수 괴
괴	10	乖	丿(7)	8	어그러질 괴
굉	10	肱	肉(4)	8	팔뚝 굉
굉	10	轟	車(14)	21	울릴/수레소리 굉
굉	10	宏	宀(4)	7	클 굉
교	80	校	木(6)	10	학교 교:
교	80	敎	攴(7)	11	가르칠 교:
교	60	交	亠(4)	6	사귈 교
교	50	橋	木(12)	16	다리 교
교	32	巧	工(2)	5	공교할 교
교	32	較	車(6)	13	견줄/비교할 교
교	30	郊	邑(6)	9	들[野] 교
교	30	矯	矢(12)	17	바로잡을 교:
교	20	僑	人(12)	14	더부살이 교
교	20	膠	肉(11)	15	아교 교

대표음	급수	한자	부수(획수)	총획	대표훈음
교	20	絞	糸(6)	12	목맬 교
교	10	攪	手(20)	23	흔들 교
교	10	咬	口(6)	9	물[齧]/새소리 교
교	10	喬	口(9)	12	높을 교
교	10	驕	馬(12)	22	교만할 교
교	10	轎	車(12)	19	가마 교
교	10	蛟	虫(6)	12	교룡(蛟龍) 교
교	10	皎	白(6)	11	달밝을 교
교	10	狡	犬(6)	9	교활할 교
교	10	嬌	女(12)	15	아리따울 교
구	80	九	乙(1)	2	아홉 구
구	70	口	口(0)	3	입 구(:)
구	62	球	玉(7)	11	공 구
구	60	區	匚(9)	11	구분할/지경 구
구	52	具	八(6)	8	갖출 구(:)
구	52	舊	臼(12)	18	예 구:
구	50	救	攴(7)	11	구원할 구:
구	42	求	水(2)	7	구할[索] 구
구	42	句	口(2)	5	글귀 구
구	42	究	穴(2)	7	연구할 구
구	40	構	木(10)	14	얽을 구
구	32	久	丿(2)	3	오랠 구:
구	32	拘	手(5)	8	잡을 구
구	32	丘	一(4)	5	언덕 구
구	30	俱	人(8)	10	함께 구
구	30	龜	龜(0)	16	거북 구	거북 귀	터질 균
구	30	驅	馬(11)	21	몰 구
구	30	苟	艸(5)	9	진실로/구차할 구
구	30	懼	心(18)	21	두려워할 구
구	30	狗	犬(5)	8	개 구
구	20	鷗	鳥(11)	22	갈매기 구
구	20	歐	欠(11)	15	구라파/칠 구
구	20	購	貝(10)	17	살 구
구	12	邱	邑(5)	8	언덕 구
구	12	玖	玉(3)	7	옥돌 구
구	10	矩	矢(5)	10	모날/법 구
구	10	駒	馬(5)	15	망아지 구

대표음	급수	한자	부수(획수)	총획	대표훈음
구	10	鳩	鳥(2)	13	비둘기 구
구	10	舅	臼(7)	13	시아비/외삼촌 구
구	10	枸	木(5)	9	구기자(枸杞子) 구
구	10	廐	广(11)	14	마구 구
구	10	寇	宀(8)	11	도적 구
구	10	嘔	口(11)	14	게울 구(:)
구	10	仇	人(2)	4	원수 구
구	10	垢	土(6)	9	때 구
구	10	衢	行(18)	24	네거리 구
구	10	鉤	金(5)	13	갈고리 구
구	10	臼	臼(0)	6	절구 구
구	10	毆	殳(11)	15	때릴 구
구	10	溝	水(10)	13	도랑 구
구	10	灸	火(3)	7	뜸 구:
구	10	軀	身(11)	18	몸 구
구	10	柩	木(5)	9	널[棺] 구
구	10	謳	言(11)	18	노래 구
구	10	嶇	山(11)	14	험할 구
국	80	國	囗(8)	11	나라 국
국	52	局	尸(4)	7	판[形局] 국
국	32	菊	艸(8)	12	국화 국
국	12	鞠	革(8)	17	성(姓)/국문할 국
군	80	軍	車(2)	9	군사 군
군	60	郡	邑(7)	10	고을 군:
군	40	君	口(4)	7	임금 군
군	40	群	羊(7)	13	무리 군
군	10	窘	穴(7)	12	군색할 군:
굴	40	屈	尸(5)	8	굽힐 굴
굴	20	窟	穴(8)	13	굴 굴
굴	20	掘	手(8)	11	팔 굴
궁	42	宮	宀(7)	10	집 궁
궁	40	窮	穴(10)	15	다할/궁할 궁
궁	32	弓	弓(0)	3	활 궁
궁	10	躬	身(3)	10	몸 궁
궁	10	穹	穴(3)	8	하늘 궁
권	42	權	木(18)	22	권세 권
권	40	券	刀(6)	8	문서 권

대표음	급수	한자	부수(획수)	총획	대표훈음
권	40	勸	力(18)	20	권할 권:
권	40	卷	卩(6)	8	책 권(:)
권	32	拳	手(6)	10	주먹 권:
권	20	圈	囗(8)	11	우리[牢] 권
권	10	眷	目(6)	11	돌볼 권:
권	10	捲	手(8)	11	거둘/말 권
권	10	倦	人(8)	10	게으를 권:
궐	30	厥	厂(10)	12	그[其] 궐
궐	20	闕	門(10)	18	대궐 궐
궐	10	蹶	足(12)	19	일어설/넘어질 궐
궤	30	軌	車(2)	9	바퀴자국 궤:
궤	10	潰	水(12)	15	무너질 궤:
궤	10	詭	言(6)	13	속일 궤:
궤	10	几	几(0)	2	안석 궤:
궤	10	櫃	木(14)	18	궤짝 궤:
궤	10	机	木(2)	6	책상 궤:
귀	50	貴	貝(5)	12	귀할 귀:
귀	40	歸	止(14)	18	돌아갈 귀:
귀	32	鬼	鬼(0)	10	귀신 귀:
규	50	規	見(4)	11	법 규
규	30	糾	糸(2)	8	얽힐 규
규	30	叫	口(2)	5	부르짖을 규
규	20	閨	門(6)	14	안방 규
규	12	珪	玉(6)	10	홀 규
규	12	揆	手(9)	12	헤아릴 규
규	12	奎	大(6)	9	별 규
규	12	圭	土(3)	6	서옥(瑞玉)/쌍토 규
규	10	逵	辵(8)	12	길거리 규
규	10	葵	艸(9)	13	아욱/해바라기 규
규	10	窺	穴(11)	16	엿볼 규
규	10	硅	石(6)	11	규소 규
균	40	均	土(4)	7	고를 균
균	32	菌	艸(8)	12	버섯 균
귤	10	橘	木(12)	16	귤 귤
극	42	極	木(8)	12	다할/극진할 극
극	40	劇	刀(13)	15	심할 극
극	32	克	儿(5)	7	이길 극

대표음	급수	한자	부수(획수)	총획	대표훈음
극	10	隙	阜(10)	13	틈 극
극	10	剋	刀(7)	9	이길 극
극	10	戟	戈(8)	12	창 극
극	10	棘	木(8)	12	가시 극
근	60	根	木(6)	10	뿌리 근
근	60	近	辵(4)	8	가까울 근:
근	40	勤	力(11)	13	부지런할 근(:)
근	40	筋	竹(6)	12	힘줄 근
근	30	僅	人(11)	13	겨우 근:
근	30	謹	言(11)	18	삼갈 근:
근	30	斤	斤(0)	4	근[무게단위]/날[刀] 근
근	12	瑾	玉(11)	15	아름다운옥 근:
근	12	槿	木(11)	15	무궁화 근:
근	10	饉	食(11)	20	주릴 근:
근	10	覲	見(11)	18	뵐 근
금	80	金	金(0)	8	쇠 금 ｜ 성(姓) 김
금	62	今	人(2)	4	이제 금
금	42	禁	示(8)	13	금할 금:
금	32	禽	内(8)	13	새 금
금	32	錦	金(8)	16	비단 금:
금	32	琴	玉(8)	12	거문고 금
금	10	襟	衣(13)	18	옷깃 금:
금	10	擒	手(13)	16	사로잡을 금
금	10	衾	衣(4)	10	이불 금:
급	62	急	心(5)	9	급할 급
급	60	級	糸(4)	10	등급 급
급	50	給	糸(6)	12	줄 급
급	32	及	又(2)	4	미칠 급
급	10	扱	手(4)	7	거둘 급 ｜ 꽂을 삽
급	10	汲	水(4)	7	물길을 급
긍	30	肯	肉(4)	8	즐길 긍:
긍	12	兢	儿(12)	14	떨릴 긍:
긍	10	矜	矛(4)	9	자랑할 긍:
긍	10	亘	二(4)	6	뻗칠 긍: ｜ 베풀 선
기	72	氣	气(6)	10	기운 기
기	72	記	言(3)	10	기록할 기
기	70	旗	方(10)	14	기 기

대표음	급수	한자	부수(획수)	총획	대표훈음
기	52	基	土(8)	11	터 기
기	52	己	己(0)	3	몸 기
기	50	汽	水(4)	7	물끓는김 기
기	50	期	月(8)	12	기약할 기
기	50	技	手(4)	7	재주 기
기	42	器	口(13)	16	그릇 기
기	42	起	走(3)	10	일어날 기
기	40	機	木(12)	16	틀 기
기	40	寄	宀(8)	11	부칠 기
기	40	奇	大(5)	8	기특할 기
기	40	紀	糸(3)	9	벼리 기
기	32	騎	馬(8)	18	말탈 기
기	32	祈	示(4)	9	빌 기
기	32	畿	田(10)	15	경기(京畿) 기
기	32	其	八(6)	8	그 기
기	32	企	人(4)	6	꾀할 기
기	30	既	无(7)	11	이미 기
기	30	忌	心(3)	7	꺼릴 기
기	30	棄	木(8)	12	버릴 기
기	30	欺	欠(8)	12	속일 기
기	30	飢	食(2)	11	주릴 기
기	30	豈	豆(3)	10	어찌 기
기	30	幾	幺(9)	12	몇 기
기	20	棋	木(8)	12	바둑 기
기	12	冀	八(14)	16	바랄 기
기	12	岐	山(4)	7	갈림길 기
기	12	驥	馬(16)	26	천리마 기
기	12	耆	老(4)	10	늙을 기
기	12	麒	鹿(8)	19	기린 기
기	12	沂	水(4)	7	물이름 기
기	12	淇	水(8)	11	물이름 기
기	12	琦	玉(8)	12	옥이름 기
기	12	琪	玉(8)	12	아름다운옥 기
기	12	璣	玉(12)	16	별이름 기
기	12	箕	竹(8)	14	키 기
기	12	騏	馬(8)	18	준마 기
기	10	譏	言(12)	19	비웃을 기

대표음	급수	한자	부수(획수)	총획	대표훈음
기	10	肌	肉(2)	6	살[膚肉] 기
기	10	綺	糸(8)	14	비단 기
기	10	杞	木(3)	7	구기자(枸杞子) 기
기	10	碁	月(8)	12	돌 기
기	10	崎	山(8)	11	험할 기
기	10	妓	女(4)	7	기생 기:
기	10	伎	人(4)	6	재간 기
기	10	羈	网(19)	24	굴레/나그네 기
기	10	嗜	口(10)	13	즐길 기
기	10	畸	田(8)	13	뙈기밭/불구(不具) 기
긴	32	緊	糸(8)	14	긴할 긴
길	50	吉	口(3)	6	길할 길
길	10	拮	手(6)	9	일할 길
끽	10	喫	口(9)	12	먹을 끽
나	30	那	邑(4)	7	어찌 나:
나	10	拏	手(5)	9	잡을 나:
나	10	懦	心(14)	17	나약할 나:
나	10	拿	手(6)	10	잡을[拏同] 나:
나	10	儺	人(19)	21	푸닥거리 나
낙	32	諾	言(9)	16	허락할 낙
난	42	暖	日(9)	13	따뜻할 난:
난	42	難	隹(11)	19	어려울 난(:)
난	10	煖	火(9)	13	더울 난:
날	10	捏	手(7)	10	꾸밀 날
날	10	捺	手(8)	11	누를 날
남	80	南	十(7)	9	남녘 남
남	72	男	田(2)	7	사내 남
납	40	納	糸(4)	10	들일 납
납	10	衲	衣(4)	9	기울[縫] 납
낭	32	娘	女(7)	10	계집 낭
낭	10	囊	口(19)	22	주머니 낭
내	72	內	入(2)	4	안 내
내	32	耐	而(3)	9	견딜 내
내	30	奈	大(5)	8	어찌 내
내	30	乃	丿(1)	2	이에 내:
녀	80	女	女(0)	3	계집 녀
년	80	年	干(3)	6	해 년

대표음	급수	한자	부수(획수)	총획	대표훈음
년	10	撚	手(12)	15	비빌 년
녈	10	涅	水(7)	10	열반(涅槃) 녈
념	52	念	心(4)	8	생각 념:
녕	32	寧	宀(11)	14	편안 녕
노	42	怒	心(5)	9	성낼 노:
노	42	努	力(5)	7	힘쓸 노
노	32	奴	女(2)	5	종 노
노	10	弩	弓(5)	8	쇠뇌 노
노	10	駑	馬(5)	15	둔한말 노
농	72	農	辰(6)	13	농사 농
농	20	濃	水(13)	16	짙을 농:
농	10	膿	肉(13)	17	고름 농
뇌	32	腦	肉(9)	13	골/뇌수 뇌
뇌	30	惱	心(9)	12	번뇌할 뇌
뇨	20	尿	尸(4)	7	오줌 뇨
뇨	10	撓	手(12)	15	휠 뇨:
눌	10	訥	言(4)	11	말더듬거릴 눌
뉴	10	紐	糸(4)	10	맺을 뉴
능	52	能	肉(6)	10	능할 능
니	32	泥	水(5)	8	진흙 니
니	20	尼	尸(2)	5	여승 니
닉	20	溺	水(10)	13	빠질 닉
닉	10	匿	匚(9)	11	숨길 닉
다	60	多	夕(3)	6	많을 다
다	32	茶	艸(6)	10	차 다 | 차 차
단	62	短	矢(7)	12	짧을 단(:)
단	52	團	囗(11)	14	둥글 단
단	50	壇	土(13)	16	단 단
단	42	斷	斤(14)	18	끊을 단:
단	42	單	口(9)	12	홑 단
단	42	檀	木(13)	17	박달나무 단
단	42	端	立(9)	14	끝 단
단	40	段	殳(5)	9	층계 단
단	32	旦	日(1)	5	아침 단
단	32	但	人(5)	7	다만 단:
단	32	丹	丶(3)	4	붉을 단
단	20	鍛	金(9)	17	쇠불릴 단

대표음	급수	한자	부수(획수)	총획	대표훈음
단	12	湍	水(9)	12	여울 단
단	10	蛋	虫(5)	11	새알 단:
단	10	簞	竹(12)	18	소쿠리 단
단	10	緞	糸(9)	15	비단 단
달	42	達	辵(9)	13	통달할 달
달	10	撻	手(13)	16	때릴 달
달	10	疸	疒(5)	10	황달 달
담	50	談	言(8)	15	말씀 담
담	42	擔	手(13)	16	멜 담
담	32	淡	水(8)	11	맑을 담
담	20	潭	水(12)	15	못[池] 담
담	20	膽	肉(13)	17	쓸개 담:
담	10	憺	心(13)	16	참담할 담
담	10	曇	日(12)	16	흐릴 담
담	10	澹	水(13)	16	맑을 담
담	10	痰	疒(8)	13	가래 담:
담	10	譚	言(12)	19	클/말씀 담
답	72	答	竹(6)	12	대답 답
답	32	踏	足(8)	15	밟을 답
답	30	畓	田(4)	9	논 답
답	10	遝	辵(10)	14	뒤섞일 답
당	62	堂	土(8)	11	집 당
당	52	當	田(8)	13	마땅 당
당	42	黨	黑(8)	20	무리 당
당	32	糖	米(10)	16	엿 당
당	32	唐	口(7)	10	당나라/당황할 당(:)
당	12	塘	土(10)	13	못[池] 당
당	10	撞	手(12)	15	칠 당
당	10	棠	木(8)	12	아가위 당
당	10	螳	虫(11)	17	버마재비(사마귀) 당
대	80	大	大(0)	3	큰 대(:)
대	62	代	人(3)	5	대신할 대:
대	62	對	寸(11)	14	대할 대:
대	60	待	彳(6)	9	기다릴 대:
대	42	帶	巾(8)	11	띠 대(:)
대	42	隊	阜(9)	12	무리 대
대	32	臺	至(8)	14	대 대

대표음	급수	한자	부수(획수)	총획	대표훈음
대	32	貸	貝(5)	12	빌릴/꿀 대:
대	20	戴	戈(13)	17	일[首荷] 대:
대	20	垈	土(5)	8	집터 대
대	10	擡	手(14)	17	들[擧] 대
대	10	袋	衣(5)	11	자루 대
덕	52	德	彳(12)	15	큰 덕
덕	12	悳	心(8)	12	큰[德] 덕
도	72	道	辵(9)	13	길 도:
도	62	圖	口(11)	14	그림 도
도	60	度	广(6)	9	법도 도(:)	헤아릴 탁
도	52	到	刀(6)	8	이를 도:
도	50	都	邑(9)	12	도읍 도
도	50	島	山(7)	10	섬 도
도	42	導	寸(13)	16	인도할 도:
도	40	徒	彳(7)	10	무리 도
도	40	盜	皿(7)	12	도둑 도(:)
도	40	逃	辵(6)	10	도망할 도
도	32	渡	水(9)	12	건널 도
도	32	桃	木(6)	10	복숭아 도
도	32	倒	人(8)	10	넘어질 도:
도	32	陶	阜(8)	11	질그릇 도
도	32	途	辵(7)	11	길[行中] 도:
도	32	刀	刀(0)	2	칼 도
도	30	跳	足(6)	13	뛸 도
도	30	挑	手(6)	9	돋울 도
도	30	塗	土(10)	13	칠할 도
도	30	稻	禾(10)	15	벼 도
도	20	悼	心(8)	11	슬퍼할 도
도	12	燾	火(14)	18	비칠 도
도	10	搗	手(10)	13	찧을 도
도	10	鍍	金(9)	17	도금할 도:
도	10	蹈	足(10)	17	밟을 도
도	10	賭	貝(9)	16	내기 도
도	10	萄	艸(8)	12	포도 도
도	10	禱	示(14)	19	빌 도
도	10	睹	目(9)	14	볼 도
도	10	濤	水(14)	17	물결 도

대표음	급수	한자	부수(획수)	총획	대표훈음
도	10	屠	尸(9)	12	죽일 도
도	10	淘	水(8)	11	쌀일 도
도	10	掉	手(8)	11	흔들 도
도	10	堵	土(9)	12	담 도
도	10	滔	水(10)	13	물넘칠 도
독	62	讀	言(15)	22	읽을 독	구절 두
독	52	獨	犬(13)	16	홀로 독
독	42	毒	毋(5)	9	독 독
독	42	督	目(8)	13	감독할 독
독	30	篤	竹(10)	16	도타울 독
독	10	禿	禾(2)	7	대머리 독
독	10	瀆	水(15)	18	도랑/더럽힐 독
돈	30	敦	攴(8)	12	도타울 돈
돈	30	豚	豕(4)	11	돼지 돈
돈	12	惇	心(8)	11	도타울 돈
돈	12	燉	火(12)	16	불빛 돈
돈	12	頓	頁(4)	13	조아릴 돈:
돈	10	沌	水(4)	7	엉길 돈
돌	32	突	穴(4)	9	갑자기 돌
돌	12	乭	乙(5)	6	이름 돌
동	80	東	木(4)	8	동녘 동
동	72	動	力(9)	11	움직일 동:
동	70	同	口(3)	6	한가지 동
동	70	洞	水(6)	9	골 동:	밝을 통:
동	70	冬	冫(3)	5	겨울 동(:)
동	62	童	立(7)	12	아이 동(:)
동	42	銅	金(6)	14	구리 동
동	32	凍	冫(8)	10	얼 동:
동	20	棟	木(8)	12	마룻대 동
동	20	桐	木(6)	10	오동나무 동
동	12	董	艸(9)	13	바를[正] 동:
동	10	疼	疒(5)	10	아플 동:
동	10	瞳	目(12)	17	눈동자 동:
동	10	胴	肉(6)	10	큰창자/몸통 동
동	10	憧	心(12)	15	동경할 동:
두	60	頭	頁(7)	16	머리 두
두	42	斗	斗(0)	4	말 두

대표음	급수	한자	부수(획수)	총획	대표훈음
두	42	豆	豆(0)	7	콩 두
두	12	杜	木(3)	7	막을 두
두	10	兜	儿(9)	11	투구 두 | 도솔천(兜率天) 도
두	10	痘	疒(7)	12	역질 두
둔	30	屯	屮(1)	4	진칠 둔
둔	30	鈍	金(4)	12	둔할 둔:
둔	10	臀	肉(13)	17	볼기 둔
둔	10	遁	辵(9)	13	숨을 둔:
득	42	得	彳(8)	11	얻을 득
등	70	登	癶(7)	12	오를 등
등	62	等	竹(6)	12	무리 등:
등	42	燈	火(12)	16	등 등
등	30	騰	馬(10)	20	오를 등
등	20	藤	艸(15)	19	등나무 등
등	20	謄	言(10)	17	베낄 등
등	12	鄧	邑(12)	15	나라이름 등:
등	10	橙	木(12)	16	귤/걸상 등
라	42	羅	网(14)	19	벌릴 라
라	20	裸	衣(8)	13	벗을 라:
라	10	邏	辵(19)	23	순라 라
라	10	螺	虫(11)	17	소라 라
라	10	懶	心(16)	19	게으를 라:
라	10	癩	疒(16)	21	문둥이 라:
락	62	樂	木(11)	15	즐길 락 | 노래 악 | 좋아할 요
락	50	落	艸(9)	13	떨어질 락
락	32	絡	糸(6)	12	이을/얽을 락
락	20	洛	水(6)	9	물이름 락
락	10	駱	馬(6)	16	낙타 락
락	10	烙	火(6)	10	지질 락
락	10	酪	酉(6)	13	쇠젖 락
란	40	亂	乙(12)	13	어지러울 란:
란	40	卵	卩(5)	7	알 란:
란	32	欄	木(17)	21	난간 란
란	32	蘭	艸(17)	21	난초 란
란	20	爛	火(17)	21	빛날 란:
란	10	瀾	水(17)	20	물결 란
란	10	鸞	鳥(19)	30	난새 란

대표음	급수	한자	부수(획수)	총획	대표훈음
랄	10	剌	刀(7)	9	발랄할 랄
랄	10	辣	辛(7)	14	매울 랄
람	40	覽	見(14)	21	볼 람
람	30	濫	水(14)	17	넘칠 람:
람	20	藍	艸(14)	18	쪽 람
람	10	籃	竹(14)	20	대바구니 람
랍	20	拉	手(5)	8	끌 랍
랍	10	蠟	虫(15)	21	밀 랍
랍	10	臘	肉(15)	19	섣달 랍
랑	52	朗	月(7)	11	밝을 랑:
랑	32	浪	水(7)	10	물결 랑(:)
랑	32	廊	广(10)	13	사랑채/행랑 랑
랑	32	郞	邑(7)	10	사내 랑
랑	10	狼	犬(7)	10	이리 랑:
래	70	來	人(6)	8	올 래(:)
래	12	萊	艸(8)	12	명아주 래
랭	50	冷	冫(5)	7	찰 랭:
략	40	略	田(6)	11	간략할/약할 략
략	30	掠	手(8)	11	노략질할 략
량	52	良	艮(1)	7	어질 량
량	50	量	里(5)	12	헤아릴 량
량	42	兩	入(6)	8	두 량:
량	40	糧	米(12)	18	양식 량
량	32	涼	水(8)	11	서늘할 량
량	32	梁	木(7)	11	들보/돌다리 량
량	30	諒	言(8)	15	살펴알/믿을 량
량	20	輛	車(8)	15	수레 량:
량	12	樑	木(11)	15	들보 량
량	12	亮	亠(7)	9	밝을 량
량	10	倆	人(8)	10	재주 량
량	10	粱	米(7)	13	기장 량
려	52	旅	方(6)	10	나그네 려
려	42	麗	鹿(8)	19	고울 려
려	40	慮	心(11)	15	생각할 려:
려	32	勵	力(15)	17	힘쓸 려:
려	12	廬	广(16)	19	농막(農幕)집 려
려	12	礪	石(15)	20	숫돌 려:

대표음	급수	한자	부수(획수)	총획	대표훈음
려	12	呂	口(4)	7	성(姓)/법칙 려:
려	12	驪	馬(19)	29	검은말 려 | 검은말 리
려	10	侶	人(7)	9	짝 려:
려	10	戾	戶(4)	8	어그러질 려:
려	10	濾	水(15)	18	거를 려:
려	10	閭	門(7)	15	마을 려
려	10	黎	黍(3)	15	검을 려
력	72	力	力(0)	2	힘 력
력	52	歷	止(12)	16	지날 력
력	32	曆	日(12)	16	책력 력
력	10	瀝	水(16)	19	스밀 력
력	10	礫	石(15)	20	조약돌 력
련	52	練	糸(9)	15	익힐 련:
련	42	連	辵(7)	11	이을 련
련	32	鍊	金(9)	17	쇠불릴/단련할 련:
련	32	蓮	艸(11)	15	연꽃 련
련	32	聯	耳(11)	17	연이을 련
련	32	戀	心(19)	23	그리워할/그릴 련:
련	30	憐	心(12)	15	불쌍히여길 련
련	20	煉	火(9)	13	달굴 련
련	12	漣	水(11)	14	잔물결 련
련	10	輦	車(8)	15	가마 련
렬	42	列	刀(4)	6	벌릴 렬
렬	40	烈	火(6)	10	매울 렬
렬	32	裂	衣(6)	12	찢어질 렬
렬	30	劣	力(4)	6	못할 렬
렴	30	廉	广(10)	13	청렴할 렴
렴	12	濂	水(13)	16	물이름 렴
렴	10	斂	攴(13)	17	거둘 렴:
렴	10	殮	歹(13)	17	염(殮)할 렴:
렴	10	簾	竹(13)	19	발 렴
렵	30	獵	犬(15)	18	사냥 렵
령	50	領	頁(5)	14	거느릴 령
령	50	令	人(3)	5	하여금 령(:)
령	32	靈	雨(16)	24	신령 령
령	32	嶺	山(14)	17	고개 령
령	30	零	雨(5)	13	떨어질/영[數字] 령

대표음	급수	한자	부수(획수)	총획	대표훈음
령	12	玲	玉(5)	9	옥소리 령
령	10	齡	齒(5)	20	나이 령
령	10	囹	口(5)	8	옥(獄) 령
령	10	逞	辵(7)	11	쾌할 령
령	10	鈴	金(5)	13	방울 령
례	60	例	人(6)	8	법식 례:
례	60	禮	示(13)	18	예도 례:
례	30	隷	隶(8)	16	종 례:
례	12	醴	酉(13)	20	단술[甘酒] 례:
로	70	老	老(0)	6	늙을 로:
로	60	路	足(6)	13	길 로:
로	52	勞	力(10)	12	일할 로
로	32	露	雨(13)	21	이슬 로(:)
로	32	爐	火(16)	20	화로 로
로	12	盧	皿(11)	16	성(姓) 로
로	12	鷺	鳥(13)	24	해오라기/백로 로
로	12	蘆	艹(16)	20	갈대 로
로	12	魯	魚(4)	15	노나라/노둔할 로
로	10	虜	虍(7)	13	사로잡을 로
로	10	擄	手(12)	15	노략질할 로
로	10	撈	手(12)	15	건질 로
록	60	綠	糸(8)	14	푸를 록
록	42	錄	金(8)	16	기록할 록
록	32	祿	示(8)	13	녹 록
록	30	鹿	鹿(0)	11	사슴 록
록	10	麓	鹿(8)	19	산기슭 록
록	10	碌	石(8)	13	푸른돌 록
론	42	論	言(8)	15	논할 론
롱	32	弄	廾(4)	7	희롱할 롱:
롱	20	籠	竹(16)	22	대바구니 롱(:)
롱	10	壟	土(16)	19	밭두둑 롱:
롱	10	聾	耳(16)	22	귀먹을 롱
롱	10	瓏	玉(16)	20	옥소리 롱
뢰	32	賴	貝(9)	16	의뢰할 뢰:
뢰	32	雷	雨(5)	13	우레 뢰
뢰	10	賂	貝(6)	13	뇌물 뢰
뢰	10	磊	石(10)	15	돌무더기 뢰

대표음	급수	한자	부수(획수)	총획	대표훈음
뢰	10	牢	牛(3)	7	우리[畜舍] 뢰
뢰	10	儡	人(15)	17	꼭두각시 뢰:
료	50	料	斗(6)	10	헤아릴 료(:)
료	30	僚	人(12)	14	동료 료
료	30	了	亅(1)	2	마칠 료:
료	20	療	疒(12)	17	병고칠 료
료	12	遼	辵(12)	16	멀 료
료	10	燎	火(12)	16	횃불 료
료	10	瞭	目(12)	17	밝을 료
료	10	聊	耳(5)	11	애오라지 료
료	10	寥	宀(11)	14	쓸쓸할 료
료	10	寮	宀(12)	15	동관(同官) 료
룡	40	龍	龍(0)	16	용 룡
루	32	漏	水(11)	14	샐 루:
루	32	樓	木(11)	15	다락 루
루	32	累	糸(5)	11	여러/자주 루:
루	30	淚	水(8)	11	눈물 루:
루	30	屢	尸(11)	14	여러 루:
루	10	壘	土(15)	18	보루 루
루	10	陋	阜(6)	9	더러울 루:
류	52	流	水(7)	10	흐를 류
류	52	類	頁(10)	19	무리 류(:)
류	42	留	田(5)	10	머무를 류
류	40	柳	木(5)	9	버들 류(:)
류	20	硫	石(7)	12	유황 류
류	20	謬	言(11)	18	그르칠 류
류	12	劉	刀(13)	15	죽일/묘금도(卯金刂) 류
류	10	琉	玉(7)	11	유리 류
류	10	溜	水(10)	13	처마물 류
류	10	瘤	疒(10)	15	혹 류:
륙	80	六	八(2)	4	여섯 륙
륙	52	陸	阜(8)	11	뭍 륙
륙	10	戮	戈(11)	15	죽일 륙
륜	40	輪	車(8)	15	바퀴 륜
륜	32	倫	人(8)	10	인륜 륜
륜	12	崙	山(8)	11	산이름 륜
륜	10	淪	水(8)	11	빠질 륜

대표음	급수	한자	부수(획수)	총획	대표훈음
륜	10	綸	糸(8)	14	벼리 륜
률	42	律	彳(6)	9	법칙 률
률	32	率	玄(6)	11	비율 률 | 거느릴 솔
률	32	栗	木(6)	10	밤 률
률	10	慄	心(10)	13	떨릴 률
륭	32	隆	阜(9)	12	높을 륭
륵	10	肋	肉(2)	6	갈빗대 륵
륵	10	勒	力(9)	11	굴레 륵
름	10	凜	冫(13)	15	찰 름
릉	32	陵	阜(8)	11	언덕 릉
릉	12	楞	木(9)	13	네모질[四角] 릉
릉	10	稜	禾(8)	13	모날 릉
릉	10	綾	糸(8)	14	비단 릉
릉	10	凌	冫(8)	10	업신여길 릉
릉	10	菱	艸(8)	12	마름 릉
리	70	里	里(0)	7	마을 리:
리	62	利	刀(5)	7	이할 리:
리	62	理	玉(7)	11	다스릴 리:
리	60	李	木(3)	7	오얏/성(姓) 리:
리	40	離	隹(11)	19	떠날 리:
리	32	吏	口(3)	6	벼슬아치/관리 리:
리	32	履	尸(12)	15	밟을 리:
리	32	裏	衣(7)	13	속 리:
리	30	梨	木(7)	11	배 리
리	10	悧	心(7)	10	영리할 리
리	10	籬	竹(19)	25	울타리 리
리	10	釐	里(11)	18	다스릴 리
리	10	俚	人(7)	9	속될 리:
리	10	裡	衣(7)	12	속 리:
리	10	痢	疒(7)	12	이질 리:
리	10	罹	网(11)	16	걸릴 리
린	30	隣	阜(12)	15	이웃 린
린	12	麟	鹿(12)	23	기린 린
린	10	吝	口(4)	7	아낄 린
린	10	鱗	魚(12)	23	비늘 린
린	10	燐	火(12)	16	도깨비불 린
린	10	躙	足(20)	27	짓밟을 린

대표음	급수	한자	부수(획수)	총획	대표훈음
림	70	林	木(4)	8	수풀 림
림	32	臨	臣(11)	17	임할 림
림	10	淋	水(8)	11	임질 림
립	72	立	立(0)	5	설 립
립	10	笠	竹(5)	11	삿갓 립
립	10	粒	米(5)	11	낟알 립
마	50	馬	馬(0)	10	말 마:
마	32	磨	石(11)	16	갈 마
마	32	麻	麻(0)	11	삼 마(:)
마	20	摩	手(11)	15	문지를 마
마	20	痲	疒(8)	13	저릴 마
마	20	魔	鬼(11)	21	마귀 마
막	32	漠	水(11)	14	넓을 막
막	32	莫	艸(7)	11	없을 막
막	32	幕	巾(11)	14	장막 막
막	20	膜	肉(11)	15	꺼풀/막 막
막	10	寞	宀(11)	14	고요할 막
만	80	萬	艸(9)	13	일만 만:
만	42	滿	水(11)	14	찰 만(:)
만	32	晚	日(7)	11	늦을 만:
만	30	慢	心(11)	14	거만할 만:
만	30	漫	水(11)	14	흩어질 만:
만	20	娩	女(7)	10	낳을 만:
만	20	灣	水(22)	25	물굽이 만
만	20	蠻	虫(19)	25	오랑캐 만
만	10	輓	車(7)	14	끌/애도할 만:
만	10	饅	食(11)	20	만두 만
만	10	蔓	艸(11)	15	덩굴 만
만	10	鰻	魚(11)	22	뱀장어 만
만	10	卍	十(4)	6	만(卍) 만:
만	10	彎	弓(19)	22	굽을 만
만	10	挽	手(7)	10	당길 만:
만	10	瞞	目(11)	16	속일 만
말	50	末	木(1)	5	끝 말
말	12	靺	革(5)	14	말갈(靺鞨) 말
말	10	抹	手(5)	8	지울 말
말	10	沫	水(5)	8	물거품 말

대표음	급수	한자	부수(획수)	총획	대표훈음
말	10	襪	衣(15)	20	버선 말
망	52	望	月(7)	11	바랄 망:
망	50	亡	亠(1)	3	망할 망
망	32	妄	女(3)	6	망령될 망:
망	30	忘	心(3)	7	잊을 망
망	30	茫	艸(6)	10	아득할 망
망	30	忙	心(3)	6	바쁠 망
망	30	罔	网(3)	8	없을 망
망	20	網	糸(8)	14	그물 망
망	10	芒	艸(3)	7	까끄라기 망
망	10	惘	心(8)	11	멍할 망
매	72	每	毋(3)	7	매양 매(:)
매	50	買	貝(5)	12	살 매:
매	50	賣	貝(8)	15	팔 매(:)
매	40	妹	女(5)	8	누이 매
매	32	媒	女(9)	12	중매 매
매	32	梅	木(7)	11	매화 매
매	30	埋	土(7)	10	묻을 매
매	20	魅	鬼(5)	15	매혹할 매
매	20	枚	木(4)	8	낱 매
매	10	煤	火(9)	13	그을음 매
매	10	罵	网(10)	15	꾸짖을 매:
매	10	邁	辵(13)	17	갈[行] 매
매	10	呆	口(4)	7	어리석을 매
매	10	昧	日(5)	9	어두울 매
매	10	寐	宀(9)	12	잘 매:
맥	42	脈	肉(6)	10	줄기 맥
맥	32	麥	麥(0)	11	보리 맥
맥	12	貊	豸(6)	13	맥국(貊國) 맥
맹	32	孟	子(5)	8	맏 맹(:)
맹	32	猛	犬(8)	11	사나울 맹:
맹	32	盲	目(3)	8	소경/눈멀 맹
맹	32	盟	皿(8)	13	맹세 맹
맹	10	萌	艸(8)	12	움[芽] 맹
멱	12	覓	見(4)	11	찾을 멱
면	70	面	面(0)	9	낯 면:
면	40	勉	力(7)	9	힘쓸 면:

대표음	급수	한자	부수(획수)	총획	대표훈음
면	32	眠	目(5)	10	잘 면
면	32	綿	糸(8)	14	솜 면
면	32	免	儿(5)	7	면할 면:
면	12	俛	人(7)	9	힘쓸/구푸릴 면:
면	12	沔	水(4)	7	물이름/빠질 면:
면	12	冕	冂(9)	11	면류관 면:
면	10	棉	木(8)	12	목화 면
면	10	眄	目(4)	9	곁눈질할 면:
면	10	緬	糸(9)	15	멀 면(:)
면	10	麪	麥(4)	15	국수 면
멸	32	滅	水(10)	13	꺼질/멸할 멸
멸	20	蔑	艸(11)	15	업신여길 멸
명	72	名	口(3)	6	이름 명
명	70	命	口(5)	8	목숨 명:
명	62	明	日(4)	8	밝을 명
명	40	鳴	鳥(3)	14	울 명
명	32	銘	金(6)	14	새길 명
명	30	冥	冖(8)	10	어두울 명
명	10	溟	水(10)	13	바다 명
명	10	皿	皿(0)	5	그릇 명:
명	10	螟	虫(10)	16	멸구 명
명	10	暝	日(10)	14	저물 명
명	10	酩	酉(6)	13	술취할 명:
메	10	袂	衣(4)	9	소매 메
모	80	母	毋(1)	5	어미 모:
모	42	毛	毛(0)	4	터럭 모
모	40	模	木(11)	15	본뜰 모
모	32	謀	言(9)	16	꾀 모
모	32	貌	豸(7)	14	모양 모
모	32	慕	心(11)	15	그릴 모:
모	30	某	木(5)	9	아무 모:
모	30	暮	日(11)	15	저물 모:
모	30	募	力(11)	13	모을/뽑을 모
모	30	冒	冂(7)	9	무릅쓸 모
모	30	侮	人(7)	9	업신여길 모(:)
모	20	矛	矛(0)	5	창 모
모	20	帽	巾(9)	12	모자 모

대표음	급수	한자	부수(획수)	총획	대표훈음
모	12	茅	艸(5)	9	띠[草名] 모
모	12	謨	言(11)	18	꾀 모
모	12	牟	牛(2)	6	성(姓)/보리[大麥] 모
모	10	摸	手(11)	14	더듬을 모
모	10	牡	牛(3)	7	수컷 모
모	10	糢	米(11)	17	모호할 모
모	10	耗	耒(4)	10	소모할 모
목	80	木	木(0)	4	나무 목
목	60	目	目(0)	5	눈 목
목	42	牧	牛(4)	8	칠[養] 목
목	32	睦	目(8)	13	화목할 목
목	20	沐	水(4)	7	머리감을 목
목	12	穆	禾(11)	16	화목할 목
몰	32	沒	水(4)	7	빠질 몰
몰	10	歿	歹(4)	8	죽을 몰
몽	32	蒙	艸(10)	14	어두울 몽
몽	32	夢	夕(11)	14	꿈 몽
묘	40	墓	土(11)	14	무덤 묘:
묘	40	妙	女(4)	7	묘할 묘:
묘	30	卯	卩(3)	5	토끼 묘:
묘	30	廟	广(12)	15	사당 묘:
묘	30	苗	艸(5)	9	모 묘:
묘	12	昴	日(5)	9	별이름 묘:
묘	10	猫	犬(9)	12	고양이 묘:
묘	10	描	手(9)	12	그릴 묘:
묘	10	杳	木(4)	8	아득할 묘
묘	10	渺	水(9)	12	아득할/물질펀할 묘:
무	50	無	火(8)	12	없을 무
무	42	務	力(9)	11	힘쓸 무:
무	42	武	止(4)	8	호반 무:
무	40	舞	舛(8)	14	춤출 무:
무	32	貿	貝(5)	12	무역할 무:
무	32	茂	艸(5)	9	무성할 무:
무	30	戊	戈(1)	5	천간 무:
무	30	霧	雨(11)	19	안개 무:
무	10	巫	工(4)	7	무당 무:
무	10	蕪	艸(12)	16	거칠 무

대표음	급수	한자	부수(획수)	총획	대표훈음
무	10	畝	田(5)	10	이랑 무: | 이랑 묘:
무	10	毋	毋(0)	4	말[勿] 무
무	10	撫	手(12)	15	어루만질 무(:)
무	10	拇	手(5)	8	엄지손가락 무:
무	10	憮	心(12)	15	어루만질 무:
무	10	誣	言(7)	14	속일 무:
묵	32	墨	土(12)	15	먹 묵
묵	32	默	黑(4)	16	잠잠할 묵
문	80	門	門(0)	8	문 문
문	70	文	文(0)	4	글월 문
문	70	問	口(8)	11	물을 문:
문	62	聞	耳(8)	14	들을 문(:)
문	32	紋	糸(4)	10	무늬 문
문	20	紊	糸(4)	10	어지러울/문란할 문
문	12	汶	水(4)	7	물이름 문
문	10	蚊	虫(4)	10	모기 문
물	72	物	牛(4)	8	물건 물
물	32	勿	勹(2)	4	말[禁] 물
미	60	美	羊(3)	9	아름다울 미(:)
미	60	米	米(0)	6	쌀 미
미	42	未	木(1)	5	아닐 미(:)
미	42	味	口(5)	8	맛 미:
미	32	微	彳(10)	13	작을 미
미	32	尾	尸(4)	7	꼬리 미:
미	30	迷	辵(6)	10	미혹할 미(:)
미	30	眉	目(4)	9	눈썹 미
미	12	彌	弓(14)	17	미륵/오랠 미
미	10	靡	非(11)	19	쓰러질 미
미	10	薇	艸(13)	17	장미 미
미	10	媚	女(9)	12	아첨할/예쁠 미
민	80	民	氏(1)	5	백성 민
민	30	敏	攴(7)	11	민첩할 민
민	30	憫	心(12)	15	민망할 민
민	12	旻	日(4)	8	하늘 민
민	12	閔	門(4)	12	성(姓) 민
민	12	玟	玉(4)	8	아름다운돌 민
민	12	珉	玉(5)	9	옥돌 민

대표음	급수	한자	부수(획수)	총획	대표훈음
민	12	旼	日(4)	8	화할 민
민	10	悶	心(8)	12	답답할 민
밀	42	密	宀(8)	11	**빽빽할 밀**
밀	30	蜜	虫(8)	14	꿀 밀
밀	10	謐	言(10)	17	고요할 밀
박	60	朴	木(2)	6	성(姓) 박
박	42	博	十(10)	12	넓을 박
박	40	拍	手(5)	8	칠 박
박	32	迫	辵(5)	9	핍박할 박
박	32	薄	艸(13)	17	엷을 박
박	30	泊	水(5)	8	머무를/배댈 박
박	20	舶	舟(5)	11	배 박
박	10	膊	肉(10)	14	팔뚝 박
박	10	搏	手(10)	13	두드릴 박
박	10	縛	糸(10)	16	얽을 박
박	10	箔	竹(8)	14	발[簾] 박
박	10	撲	手(12)	15	칠[擊] 박
박	10	剝	刀(8)	10	벗길 박
박	10	珀	玉(5)	9	호박(琥珀) 박
박	10	樸	木(12)	16	순박할 박
박	10	粕	米(5)	11	지게미 박
박	10	駁	馬(4)	14	논박할 박
반	62	半	十(3)	5	반(半) 반:
반	62	反	又(2)	4	돌이킬/돌아올 반:
반	62	班	玉(6)	10	나눌 반
반	32	般	舟(4)	10	가지/일반 반
반	32	盤	皿(10)	15	소반 반
반	32	飯	食(4)	13	밥 반
반	30	伴	人(5)	7	짝 반:
반	30	叛	又(7)	9	배반할 반:
반	30	返	辵(4)	8	돌이킬 반:
반	20	搬	手(10)	13	옮길 반
반	12	潘	水(12)	15	성(姓) 반
반	12	磻	石(12)	17	반계(磻溪) 반 | 반계 번
반	10	槃	木(10)	14	쟁반 반
반	10	斑	文(8)	12	아롱질 반
반	10	礬	石(15)	20	백반 반

대표음	급수	한자	부수(획수)	총획	대표훈음
반	10	絆	糸(5)	11	얽어맬 반
반	10	畔	田(5)	10	밭두둑 반
반	10	蟠	虫(12)	18	서릴 반
반	10	頒	頁(4)	13	나눌 반
반	10	攀	手(15)	19	더위잡을 반
반	10	拌	手(5)	8	버릴 반
발	62	發	癶(7)	12	필 발
발	40	髮	髟(5)	15	터럭 발
발	32	拔	手(5)	8	뽑을 발
발	12	渤	水(9)	12	바다이름 발
발	12	鉢	金(5)	13	바리때 발
발	10	跋	足(5)	12	밟을 발
발	10	勃	力(7)	9	노할 발
발	10	魃	鬼(5)	15	가물 발
발	10	醱	酉(12)	19	술괼 발
발	10	潑	水(12)	15	물뿌릴 발
발	10	撥	手(12)	15	다스릴 발
방	72	方	方(0)	4	모[棱] 방
방	62	放	攴(4)	8	놓을 방(:)
방	42	防	阜(4)	7	막을 방
방	42	房	戶(4)	8	방 방
방	42	訪	言(4)	11	찾을 방:
방	40	妨	女(4)	7	방해할 방
방	32	芳	艸(4)	8	꽃다울 방
방	30	倣	人(8)	10	본뜰 방
방	30	傍	人(10)	12	곁 방:
방	30	邦	邑(4)	7	나라 방
방	20	紡	糸(4)	10	길쌈 방
방	12	旁	方(6)	10	곁 방:
방	12	龐	龍(3)	19	높은집 방
방	10	彷	彳(4)	7	헤맬 방(:)
방	10	尨	尢(4)	7	삽살개 방
방	10	謗	言(10)	17	헐뜯을 방:
방	10	坊	土(4)	7	동네 방
방	10	膀	肉(10)	14	오줌통 방
방	10	幇	巾(9)	12	도울 방
방	10	昉	日(4)	8	밝을 방

대표음	급수	한자	부수(획수)	총획	대표훈음
방	10	肪	肉(4)	8	기름 방
방	10	榜	木(10)	14	방(榜)붙일 방:
방	10	枋	木(4)	8	다목 방
배	50	倍	人(8)	10	곱 배(:)
배	42	拜	手(5)	9	절 배:
배	42	背	肉(5)	9	등 배:
배	42	配	酉(3)	10	나눌/짝 배:
배	32	輩	車(8)	15	무리 배:
배	32	培	土(8)	11	북돋울 배:
배	32	排	手(8)	11	밀칠 배
배	30	杯	木(4)	8	잔 배
배	20	賠	貝(8)	15	물어줄 배:
배	20	俳	人(8)	10	배우 배
배	12	裵	衣(8)	14	성(姓) 배
배	10	陪	阜(8)	11	모실 배:
배	10	胚	肉(5)	9	아기밸 배
배	10	湃	水(9)	12	물결칠 배
배	10	徘	彳(8)	11	어정거릴 배
백	80	白	白(0)	5	흰 백
백	70	百	白(1)	6	일백 백
백	32	伯	人(5)	7	맏 백
백	20	柏	木(5)	9	측백 백
백	10	魄	鬼(5)	15	넋 백
백	10	帛	巾(5)	8	비단 백
번	60	番	田(7)	12	차례 번
번	32	繁	糸(11)	17	번성할 번
번	30	飜	飛(12)	21	번역할 번
번	30	煩	火(9)	13	번거로울 번
번	10	藩	艸(15)	19	울타리 번
번	10	蕃	艸(12)	16	불을 번
벌	42	罰	网(9)	14	벌할 벌
벌	42	伐	人(4)	6	칠[討] 벌
벌	20	閥	門(6)	14	문벌 벌
벌	12	筏	竹(6)	12	뗏목 벌
범	40	犯	犬(2)	5	범할 범:
범	40	範	竹(9)	15	법 범:
범	32	凡	几(1)	3	무릇 범(:)

대표음	급수	한자	부수(획수)	총획	대표훈음
범	20	汎	水(3)	6	넓을 범:
범	12	范	艸(5)	9	성(姓) 범:
범	10	帆	巾(3)	6	돛 범:
범	10	梵	木(7)	11	불경 범:
범	10	氾	水(2)	5	넘칠 범:
범	10	泛	水(5)	8	뜰 범:
법	52	法	水(5)	8	법 법
벽	42	壁	土(13)	16	벽 벽
벽	32	碧	石(9)	14	푸를 벽
벽	20	僻	人(13)	15	궁벽할 벽
벽	10	癖	疒(13)	18	버릇 벽
벽	10	劈	刀(13)	15	쪼갤 벽
벽	10	闢	門(13)	21	열 벽
벽	10	擘	手(13)	17	엄지손가락 벽
벽	10	璧	玉(13)	18	구슬 벽
변	52	變	言(16)	23	변할 변:
변	42	邊	辵(15)	19	가[側] 변
변	40	辯	辛(14)	21	말씀 변:
변	30	辨	辛(9)	16	분별할 변:
변	12	弁	廾(2)	5	고깔 변:
변	12	卞	卜(2)	4	성(姓) 변:
별	60	別	刀(5)	7	다를/나눌 별
별	10	鼈	黽(12)	25	자라 별
별	10	瞥	目(12)	17	눈깜짝할 별
병	60	病	疒(5)	10	병 병:
병	52	兵	八(5)	7	병사 병
병	32	丙	一(4)	5	남녘 병:
병	30	竝	立(5)	10	나란히 병:
병	30	屛	尸(8)	11	병풍 병(:)
병	20	倂	人(8)	10	아우를 병:
병	12	昺	日(5)	9	밝을 병:
병	12	昞	日(5)	9	밝을 병:
병	12	秉	禾(3)	8	잡을 병:
병	12	柄	木(5)	9	자루 병:
병	12	炳	火(5)	9	불꽃 병:
병	10	甁	瓦(8)	13	병 병
병	10	餠	食(8)	17	떡 병:

대표음	급수	한자	부수(획수)	총획	대표훈음
보	42	保	人(7)	9	지킬 보(:)
보	42	步	止(3)	7	걸음 보:
보	42	報	土(9)	12	갚을/알릴 보:
보	42	寶	宀(17)	20	보배 보:
보	40	普	日(8)	12	넓을 보:
보	32	譜	言(12)	19	족보 보:
보	32	補	衣(7)	12	기울 보:
보	12	甫	用(2)	7	클 보:
보	12	輔	車(7)	14	도울 보:
보	12	潽	水(12)	15	물이름 보:
보	10	菩	艸(8)	12	보살 보
보	10	堡	土(9)	12	작은성 보:
보	10	洑	水(6)	9	보 보 | 스며흐를 복
복	60	服	月(4)	8	옷 복
복	52	福	示(9)	14	복 복
복	42	復	彳(9)	12	회복할 복 | 다시 부:
복	40	伏	人(4)	6	엎드릴 복
복	40	複	衣(9)	14	겹칠 복
복	32	覆	襾(12)	18	덮을 부 | 다시 복
복	32	腹	肉(9)	13	배 복
복	30	卜	卜(0)	2	점 복
복	12	馥	香(9)	18	향기 복
복	10	鰒	魚(9)	20	전복 복
복	10	僕	人(12)	14	종 복
복	10	匐	勹(9)	11	길 복
복	10	輻	車(9)	16	바퀴살 복 | 바퀴살 폭
본	60	本	木(1)	5	근본 본
봉	52	奉	大(5)	8	받들 봉:
봉	32	鳳	鳥(3)	14	봉새 봉:
봉	32	封	寸(6)	9	봉할 봉
봉	32	峯	山(7)	10	봉우리 봉
봉	32	逢	辵(7)	11	만날 봉
봉	30	蜂	虫(7)	13	벌 봉
봉	20	俸	人(8)	10	녹(祿) 봉:
봉	20	縫	糸(11)	17	꿰맬 봉
봉	12	蓬	艸(11)	15	쑥 봉
봉	10	鋒	金(7)	15	칼날 봉

대표음	급수	한자	부수(획수)	총획	대표훈음
봉	10	烽	火(7)	11	봉화 봉
봉	10	捧	手(8)	11	받들 봉
봉	10	棒	木(8)	12	막대 봉
부	80	父	父(0)	4	아비 부
부	70	夫	大(1)	4	지아비 부
부	62	部	邑(8)	11	떼 부
부	42	府	广(5)	8	마을[官廳] 부(:)
부	42	富	宀(9)	12	부자 부:
부	42	副	刀(9)	11	버금 부:
부	42	婦	女(8)	11	며느리 부
부	40	否	口(4)	7	아닐 부:
부	40	負	貝(2)	9	질[荷] 부:
부	32	符	竹(5)	11	부호 부(:)
부	32	付	人(3)	5	부칠 부:
부	32	浮	水(7)	10	뜰 부
부	32	賦	貝(8)	15	부세 부:
부	32	腐	肉(8)	14	썩을 부:
부	32	附	阜(5)	8	붙을 부(:)
부	32	簿	竹(13)	19	문서 부:
부	32	扶	手(4)	7	도울 부
부	30	赴	走(2)	9	다다를[趨而至]/갈[趨] 부:
부	20	敷	攴(11)	15	펼 부(:)
부	20	膚	肉(11)	15	살갗 부
부	12	傅	人(10)	12	스승 부:
부	12	釜	金(2)	10	가마[鬴] 부
부	12	阜	阜(0)	8	언덕 부:
부	10	賻	貝(10)	17	부의 부:
부	10	駙	馬(5)	15	부마 부:
부	10	訃	言(2)	9	부고 부:
부	10	芙	艸(4)	8	연꽃 부
부	10	腑	肉(8)	12	육부(六腑) 부
부	10	斧	斤(4)	8	도끼 부
부	10	埠	土(8)	11	부두 부
부	10	咐	口(5)	8	분부할/불[吹] 부
부	10	剖	刀(8)	10	쪼갤 부:
부	10	俯	人(8)	10	구부릴 부:
부	10	孵	子(11)	14	알깔 부

대표음	급수	한자	부수(획수)	총획	대표훈음
북	80	北	匕(3)	5	북녘 북 | 달아날 배:
분	62	分	刀(2)	4	나눌 분(:)
분	40	粉	米(4)	10	가루 분(:)
분	40	憤	心(12)	15	분할 분:
분	32	奔	大(5)	8	달릴 분
분	32	奮	大(13)	16	떨칠 분:
분	32	紛	糸(4)	10	어지러울 분
분	30	墳	土(12)	15	무덤 분
분	12	芬	艸(4)	8	향기 분
분	10	扮	手(4)	7	꾸밀 분
분	10	雰	雨(4)	12	눈날릴 분
분	10	盆	皿(4)	9	동이 분
분	10	焚	火(8)	12	불사를 분
분	10	吩	口(4)	7	분부할 분:
분	10	噴	口(12)	15	뿜을 분
분	10	忿	心(4)	8	성낼 분:
분	10	糞	米(11)	17	똥 분
불	72	不	一(3)	4	아닐 불
불	42	佛	人(5)	7	부처 불
불	32	拂	手(5)	8	떨칠 불
불	20	弗	弓(2)	5	아닐/말[勿] 불
불	10	彿	彳(5)	8	비슷할 불
붕	30	崩	山(8)	11	무너질 붕
붕	30	朋	月(4)	8	벗 붕
붕	12	鵬	鳥(8)	19	새 붕
붕	10	棚	木(8)	12	사다리 붕
붕	10	硼	石(8)	13	붕사(硼砂) 붕
붕	10	繃	糸(11)	17	묶을 붕
비	50	比	比(0)	4	견줄 비:
비	50	費	貝(5)	12	쓸 비:
비	50	鼻	鼻(0)	14	코 비:
비	42	飛	飛(0)	9	날 비
비	42	備	人(10)	12	갖출 비:
비	42	非	非(0)	8	아닐 비(:)
비	42	悲	心(8)	12	슬플 비:
비	40	批	手(4)	7	비평할 비:
비	40	祕	示(5)	10	숨길 비:

대표음	급수	한자	부수(획수)	총획	대표훈음
비	40	碑	石(8)	13	비석 비
비	32	妃	女(3)	6	왕비 비
비	32	婢	女(8)	11	계집종 비:
비	32	肥	肉(4)	8	살찔 비:
비	32	卑	十(6)	8	낮을 비:
비	20	匪	匚(8)	10	비적 비:
비	12	泌	水(5)	8	분비할 비: | 스며흐를 필
비	12	丕	一(4)	5	클 비
비	12	毖	比(5)	9	삼갈 비
비	12	毗	比(5)	9	도울 비
비	10	誹	言(8)	15	헐뜯을 비
비	10	砒	石(4)	9	비상 비:
비	10	妣	女(4)	7	죽은어미 비
비	10	鄙	邑(11)	14	더러울 비:
비	10	譬	言(13)	20	비유할 비:
비	10	裨	衣(8)	13	도울 비
비	10	臂	肉(13)	17	팔 비:
비	10	脾	肉(8)	12	지라 비(:)
비	10	翡	羽(8)	14	물총새 비:
비	10	扉	戶(8)	12	사립문 비
비	10	秕	禾(4)	9	쭉정이 비:
비	10	痺	疒(8)	13	저릴 비
비	10	琵	玉(8)	12	비파 비
비	10	沸	水(5)	8	끓을 비: | 용솟음할 불
비	10	憊	心(12)	16	고단할 비:
비	10	匕	匕(0)	2	비수 비:
비	10	蜚	虫(8)	14	바퀴/날[飛] 비
비	10	庇	广(4)	7	덮을 비:
비	10	緋	糸(8)	14	비단 비
빈	42	貧	貝(4)	11	가난할 빈
빈	30	賓	貝(7)	14	손 빈
빈	30	頻	頁(7)	16	자주 빈
빈	12	彬	彡(8)	11	빛날 빈
빈	10	殯	歹(14)	18	빈소 빈
빈	10	濱	水(14)	17	물가 빈
빈	10	嬪	女(14)	17	궁녀벼슬이름 빈
빈	10	嚬	口(16)	19	찡그릴 빈

대표음	급수	한자	부수(획수)	총획	대표훈음
빈	10	瀕	水(16)	19	물가/가까울 빈
빙	50	氷	水(1)	5	얼음 빙
빙	30	聘	耳(7)	13	부를 빙
빙	12	馮	馬(2)	12	탈[乘] 빙 ǀ 성(姓) 풍
빙	10	憑	心(12)	16	비길[依] 빙
사	80	四	囗(2)	5	넉 사:
사	72	事	亅(7)	8	일 사:
사	62	社	示(3)	8	모일 사
사	60	使	人(6)	8	하여금/부릴 사:
사	60	死	歹(2)	6	죽을 사:
사	52	史	口(2)	5	사기(史記) 사:
사	52	士	士(0)	3	선비 사:
사	52	仕	人(3)	5	섬길 사(:)
사	50	寫	宀(12)	15	베낄 사
사	50	思	心(5)	9	생각 사(:)
사	50	査	木(5)	9	조사할 사
사	42	寺	寸(3)	6	절 사
사	42	師	巾(7)	10	스승 사
사	42	謝	言(10)	17	사례할 사:
사	42	舍	舌(2)	8	집 사
사	40	辭	辛(12)	19	말씀 사
사	40	私	禾(2)	7	사사(私事) 사
사	40	絲	糸(6)	12	실 사
사	40	射	寸(7)	10	쏠 사(:)
사	32	邪	邑(4)	7	간사할 사
사	32	沙	水(4)	7	모래 사
사	32	司	口(2)	5	맡을 사
사	32	蛇	虫(5)	11	긴뱀 사
사	32	斜	斗(7)	11	비낄 사
사	32	詞	言(5)	12	말/글 사
사	32	祀	示(3)	8	제사 사
사	30	巳	己(0)	3	뱀 사:
사	30	捨	手(8)	11	버릴 사:
사	30	斯	斤(8)	12	이 사
사	30	詐	言(5)	12	속일 사
사	30	賜	貝(8)	15	줄 사:
사	30	似	人(5)	7	닮을 사:

대표음	급수	한자	부수(획수)	총획	대표훈음
사	20	赦	赤(4)	11	용서할 사:
사	20	飼	食(5)	14	기를 사
사	20	唆	口(7)	10	부추길 사
사	12	泗	水(5)	8	물이름 사:
사	10	些	二(6)	8	적을 사
사	10	麝	鹿(10)	21	사향노루 사:
사	10	祠	示(5)	10	사당 사
사	10	紗	糸(4)	10	비단 사
사	10	嗣	口(10)	13	이을 사:
사	10	奢	大(9)	12	사치할 사
사	10	娑	女(7)	10	춤출/사바세상 사
사	10	徙	彳(8)	11	옮길 사:
사	10	瀉	水(15)	18	쏟을 사(:)
사	10	獅	犬(10)	13	사자 사(:)
사	10	蓑	艸(10)	14	도롱이 사
삭	32	削	刀(7)	9	깎을 삭
삭	30	朔	月(6)	10	초하루 삭
산	80	山	山(0)	3	메 산
산	70	算	竹(8)	14	셈 산:
산	52	産	生(6)	11	낳을 산:
산	40	散	攴(8)	12	흩을 산:
산	20	傘	人(10)	12	우산 산
산	20	酸	酉(7)	14	실[味覺] 산
산	10	疝	疒(3)	8	산증(疝症) 산
산	10	珊	玉(5)	9	산호 산
산	10	刪	刀(5)	7	깎을 산
살	42	殺	殳(7)	11	죽일 살 | 감할/빠를 쇄:
살	10	撒	手(12)	15	뿌릴 살
살	10	煞	火(9)	13	죽일 살
살	10	薩	艸(14)	18	보살 살
삼	80	三	一(2)	3	석 삼
삼	32	森	木(8)	12	수풀 삼
삼	20	蔘	艸(11)	15	삼 삼
삼	10	滲	水(11)	14	스밀 삼
삽	20	揷	手(9)	12	꽂을 삽
삽	10	澁	水(12)	15	떫을 삽
상	72	上	一(2)	3	윗 상:

대표음	급수	한자	부수(획수)	총획	대표훈음
상	52	商	口(8)	11	장사 상
상	52	相	目(4)	9	서로 상
상	50	賞	貝(8)	15	상줄 상
상	42	常	巾(8)	11	떳떳할 상
상	42	床	广(4)	7	상 상
상	42	想	心(9)	13	생각 상:
상	42	狀	犬(4)	8	형상 상 | 문서 장:
상	40	傷	人(11)	13	다칠 상
상	40	象	豕(5)	12	코끼리 상
상	32	霜	雨(9)	17	서리 상
상	32	裳	衣(8)	14	치마 상
상	32	桑	木(6)	10	뽕나무 상
상	32	喪	口(9)	12	잃을 상(:)
상	32	詳	言(6)	13	자세할 상
상	32	尙	小(5)	8	오히려 상(:)
상	32	像	人(12)	14	모양 상
상	32	償	人(15)	17	갚을 상
상	30	祥	示(6)	11	상서 상
상	30	嘗	口(11)	14	맛볼 상
상	20	箱	竹(9)	15	상자 상
상	12	庠	广(6)	9	학교 상
상	10	爽	爻(7)	11	시원할 상:
상	10	翔	羽(6)	12	날[飛] 상
상	10	觴	角(11)	18	잔 상
상	10	孀	女(17)	20	홀어미 상
새	10	璽	玉(14)	19	옥새(玉璽) 새
색	70	色	色(0)	6	빛 색
색	32	索	糸(4)	10	찾을 색 | 노[새끼줄] 삭
색	32	塞	土(10)	13	막힐 색 | 변방 새
색	10	嗇	口(10)	13	아낄 색
생	80	生	生(0)	5	날 생
생	10	牲	牛(5)	9	희생 생
생	10	甥	生(7)	12	생질 생
서	80	西	襾(0)	6	서녘 서
서	62	書	曰(6)	10	글 서
서	50	序	广(4)	7	차례 서:
서	32	恕	心(6)	10	용서할 서:

대표음	급수	한자	부수(획수)	총획	대표훈음
서	32	緒	糸(9)	15	실마리 서:
서	32	徐	彳(7)	10	천천할 서(:)
서	32	署	网(9)	14	마을[官廳] 서:
서	30	暑	日(9)	13	더울 서:
서	30	敍	攴(7)	11	펼 서:
서	30	逝	辵(7)	11	갈[往] 서:
서	30	庶	广(8)	11	여러 서:
서	30	誓	言(7)	14	맹세할 서:
서	20	瑞	玉(9)	13	상서 서:
서	12	舒	舌(6)	12	펼 서:
서	10	抒	手(4)	7	풀 서:
서	10	棲	木(8)	12	깃들일 서:
서	10	犀	牛(8)	12	무소 서:
서	10	胥	肉(5)	9	서로 서
서	10	薯	艸(14)	18	감자 서:
서	10	黍	黍(0)	12	기장 서:
서	10	嶼	山(14)	17	섬 서(:)
서	10	曙	日(14)	18	새벽 서:
서	10	鼠	鼠(0)	13	쥐 서:
서	10	壻	士(9)	12	사위 서:
석	70	夕	夕(0)	3	저녁 석
석	60	席	巾(7)	10	자리 석
석	60	石	石(0)	5	돌 석
석	32	惜	心(8)	11	아낄 석
석	32	釋	釆(13)	20	풀 석
석	30	昔	日(4)	8	예[古] 석
석	30	析	木(4)	8	쪼갤 석
석	20	碩	石(9)	14	클 석
석	12	錫	金(8)	16	주석 석
석	12	奭	大(12)	15	클/쌍백 석
석	12	晳	日(8)	12	밝을 석
석	10	潟	水(12)	15	개펄 석
선	80	先	儿(4)	6	먼저 선
선	62	線	糸(9)	15	줄 선
선	52	鮮	魚(6)	17	고울 선
선	52	仙	人(3)	5	신선 선
선	50	善	口(9)	12	착할 선:

대표음	급수	한자	부수(획수)	총획	대표훈음
선	50	選	辵(12)	16	가릴 선:
선	50	船	舟(5)	11	배 선
선	40	宣	宀(6)	9	베풀 선
선	32	禪	示(12)	17	선 선
선	32	旋	方(7)	11	돌[廻] 선
선	20	繕	糸(12)	18	기울 선:
선	12	璇	玉(11)	15	옥 선
선	12	瑄	玉(9)	13	도리옥 선
선	12	璿	玉(14)	18	구슬 선
선	10	煽	火(10)	14	부채질할 선
선	10	銑	金(6)	14	무쇠 선
선	10	膳	肉(12)	16	선물/반찬 선:
선	10	羨	羊(7)	13	부러워할 선: ㅣ 무덤길 연:
선	10	扇	戶(6)	10	부채 선
선	10	腺	肉(9)	13	샘 선
설	62	雪	雨(3)	11	눈 설
설	52	說	言(7)	14	말씀 설 ㅣ 달랠 세:
설	42	設	言(4)	11	베풀 설
설	40	舌	舌(0)	6	혀 설
설	12	薛	艸(13)	17	성(姓) 설
설	12	卨	卜(9)	11	사람이름 설
설	10	屑	尸(7)	10	가루 설
설	10	泄	水(5)	8	샐 설
설	10	洩	水(6)	9	샐 설 ㅣ 퍼질 예
설	10	渫	水(9)	12	파낼 설
섬	20	纖	糸(17)	23	가늘 섬
섬	12	陝	阜(7)	10	땅이름 섬
섬	12	蟾	虫(13)	19	두꺼비 섬
섬	12	暹	日(12)	16	햇살치밀/나라이름 섬
섬	10	閃	門(2)	10	번쩍일 섬
섬	10	殲	歹(17)	21	다죽일 섬
섭	30	攝	手(18)	21	다스릴/잡을 섭
섭	30	涉	水(7)	10	건널 섭
섭	12	燮	火(13)	17	불꽃 섭
성	72	姓	女(5)	8	성 성:
성	62	成	戈(3)	7	이룰 성
성	62	省	目(4)	9	살필 성 ㅣ 덜 생

대표음	급수	한자	부수(획수)	총획	대표훈음
성	52	性	心(5)	8	성품 성:
성	42	誠	言(7)	14	정성 성
성	42	聲	耳(11)	17	소리 성
성	42	盛	皿(7)	12	성할 성:
성	42	聖	耳(7)	13	성인 성:
성	42	城	土(7)	10	재 성
성	42	星	日(5)	9	별 성
성	12	晟	日(7)	11	밝을 성
성	10	醒	酉(9)	16	깰 성
세	72	世	一(4)	5	인간 세:
세	52	洗	水(6)	9	씻을 세:
세	52	歲	止(9)	13	해 세:
세	42	勢	力(11)	13	형세 세:
세	42	稅	禾(7)	12	세금 세:
세	42	細	糸(5)	11	가늘 세:
세	20	貰	貝(5)	12	세놓을 세:
소	80	小	小(0)	3	작을 소:
소	70	少	小(1)	4	적을 소:
소	70	所	戶(4)	8	바 소:
소	62	消	水(7)	10	사라질 소
소	42	笑	竹(4)	10	웃음 소:
소	42	掃	手(8)	11	쓸[掃除] 소(:)
소	42	素	糸(4)	10	본디/흴[白] 소(:)
소	32	訴	言(5)	12	호소할 소
소	32	燒	火(12)	16	사를 소(:)
소	32	疏	疋(7)	12	소통할 소
소	32	蘇	艸(16)	20	되살아날 소
소	30	召	口(2)	5	부를 소
소	30	昭	日(5)	9	밝을 소
소	30	蔬	艸(12)	16	나물 소
소	30	騷	馬(10)	20	떠들 소
소	20	紹	糸(5)	11	이을 소
소	12	沼	水(5)	8	못 소
소	12	巢	巛(8)	11	새집 소
소	12	邵	邑(5)	8	땅이름/성(姓) 소
소	10	簫	竹(13)	19	통소 소
소	10	塑	土(10)	13	흙빚을 소

대표음	급수	한자	부수(획수)	총획	대표훈음
소	10	遡	辵(10)	14	거스를 소
소	10	逍	辵(7)	11	노닐 소
소	10	蕭	艸(13)	17	쓸쓸할 소
소	10	瘙	疒(10)	15	피부병 소
소	10	疏	疋(7)	12	성길 소
소	10	甦	生(7)	12	깨어날 소
소	10	梳	木(7)	11	얼레빗 소
소	10	宵	宀(7)	10	밤[夜] 소
소	10	搔	手(10)	13	긁을 소
속	60	速	辵(7)	11	빠를 속
속	52	束	木(3)	7	묶을 속
속	42	續	糸(15)	21	이을 속
속	42	俗	人(7)	9	풍속 속
속	40	屬	尸(18)	21	붙일 속
속	30	粟	米(6)	12	조 속
속	10	贖	貝(15)	22	속죄할 속
손	60	孫	子(7)	10	손자 손(:)
손	40	損	手(10)	13	덜 손:
손	10	遜	辵(10)	14	겸손할 손:
송	42	送	辵(6)	10	보낼 송:
송	40	頌	頁(4)	13	기릴/칭송할 송:
송	40	松	木(4)	8	소나무 송
송	32	訟	言(4)	11	송사할 송:
송	30	誦	言(7)	14	욀 송:
송	12	宋	宀(4)	7	성(姓) 송:
송	10	悚	心(7)	10	두려울 송:
쇄	32	鎖	金(10)	18	쇠사슬 쇄:
쇄	32	刷	刀(6)	8	인쇄할 쇄:
쇄	10	碎	石(8)	13	부술 쇄:
쇄	10	灑	水(19)	22	뿌릴 쇄:
쇠	32	衰	衣(4)	10	쇠할 쇠
수	80	水	水(0)	4	물 수
수	72	手	手(0)	4	손 수(:)
수	70	數	攴(11)	15	셈 수:
수	60	樹	木(12)	16	나무 수
수	52	首	首(0)	9	머리 수
수	42	修	人(8)	10	닦을 수

대표음	급수	한자	부수(획수)	총획	대표훈음
수	42	受	又(6)	8	받을 수(:)
수	42	守	宀(3)	6	지킬 수
수	42	授	手(8)	11	줄 수
수	42	收	攴(2)	6	거둘 수
수	40	秀	禾(2)	7	빼어날 수
수	32	愁	心(9)	13	근심 수
수	32	壽	士(11)	14	목숨 수
수	32	帥	巾(6)	9	장수 수
수	32	殊	歹(6)	10	다를 수
수	32	輸	車(9)	16	보낼 수
수	32	隨	阜(13)	16	따를 수
수	32	需	雨(6)	14	쓰일/쓸 수
수	32	垂	土(5)	8	드리울 수
수	32	獸	犬(15)	19	짐승 수
수	30	睡	目(8)	13	졸음 수
수	30	須	頁(3)	12	모름지기 수
수	30	雖	佳(9)	17	비록 수
수	30	誰	言(8)	15	누구 수
수	30	搜	手(9)	12	찾을 수
수	30	囚	囗(2)	5	가둘 수
수	30	遂	辵(9)	13	드디어 수
수	12	銖	金(6)	14	저울눈 수
수	12	隋	阜(9)	12	수나라 수
수	12	洙	水(6)	9	물가 수
수	10	蒐	艸(10)	14	모을 수
수	10	嫂	女(9)	12	형수 수
수	10	戍	戈(2)	6	수자리 수
수	10	髓	骨(13)	23	뼛골 수
수	10	酬	酉(6)	13	갚을 수
수	10	袖	衣(5)	10	소매 수
수	10	羞	羊(5)	11	부끄러울 수
수	10	狩	犬(6)	9	사냥할 수
수	10	繡	糸(13)	19	수놓을 수:
수	10	粹	米(8)	14	순수할 수
수	10	竪	立(8)	13	세울 수
수	10	穗	禾(12)	17	이삭 수
수	10	瘦	疒(9)	14	여윌 수

대표음	급수	한자	부수(획수)	총획	대표훈음
수	10	讎	言(16)	23	원수 수
숙	52	宿	宀(8)	11	잘 숙 | 별자리 수:
숙	40	叔	又(6)	8	아재비 숙
숙	40	肅	聿(7)	13	엄숙할 숙
숙	32	淑	水(8)	11	맑을 숙
숙	32	熟	火(11)	15	익을 숙
숙	30	孰	子(8)	11	누구 숙
숙	10	夙	夕(3)	6	이를 숙
숙	10	菽	艸(8)	12	콩 숙
숙	10	塾	土(11)	14	글방 숙
순	52	順	頁(3)	12	순할 순:
순	42	純	糸(4)	10	순수할 순
순	32	旬	日(2)	6	열흘 순
순	32	瞬	目(12)	17	눈깜짝일 순
순	32	巡	巛(4)	7	돌[廻]/순행할 순
순	30	循	彳(9)	12	돌[環] 순
순	30	殉	歹(6)	10	따라죽을 순
순	30	脣	肉(7)	11	입술 순
순	20	盾	目(4)	9	방패 순
순	12	舜	舛(6)	12	순임금 순
순	12	珣	玉(6)	10	옥이름 순
순	12	淳	水(8)	11	순박할 순
순	12	洵	水(6)	9	참으로 순
순	12	荀	艸(6)	10	풀이름 순
순	10	醇	酉(8)	15	전국술 순
순	10	筍	竹(6)	12	죽순 순
순	10	馴	馬(3)	13	길들일 순
술	62	術	行(5)	11	재주 술
술	32	述	辵(5)	9	펼 술
술	30	戌	戈(2)	6	개 술
숭	40	崇	山(8)	11	높을 숭
슬	12	瑟	玉(9)	13	큰거문고 슬
슬	10	膝	肉(11)	15	무릎 슬
습	60	習	羽(5)	11	익힐 습
습	32	濕	水(14)	17	젖을 습
습	32	拾	手(6)	9	주울 습 | 열 십
습	32	襲	衣(16)	22	엄습할 습

대표음	급수	한자	부수(획수)	총획	대표훈음
승	60	勝	力(10)	12	이길 승
승	42	承	手(4)	8	이을 승
승	32	乘	丿(9)	10	탈 승
승	32	昇	日(4)	8	오를 승
승	32	僧	人(12)	14	중 승
승	20	升	十(2)	4	되 승
승	12	繩	糸(13)	19	노끈 승
승	10	丞	一(5)	6	정승 승
시	72	時	日(6)	10	때 시
시	72	市	巾(2)	5	저자 시:
시	62	始	女(5)	8	비로소 시:
시	50	示	示(0)	5	보일 시:
시	42	詩	言(6)	13	시 시
시	42	試	言(6)	13	시험 시(:)
시	42	視	見(5)	12	볼 시:
시	42	施	方(5)	9	베풀 시:
시	42	是	日(5)	9	이[斯]/옳을 시:
시	32	侍	人(6)	8	모실 시:
시	30	矢	矢(0)	5	화살 시:
시	20	屍	尸(6)	9	주검 시:
시	12	柴	木(6)	10	섶[薪] 시:
시	10	柿	木(5)	9	감 시:
시	10	匙	匕(9)	11	숟가락 시:
시	10	媤	女(9)	12	시집 시
시	10	弑	弋(9)	12	윗사람죽일 시:
시	10	猜	犬(8)	11	시기할 시
시	10	諡	言(9)	16	시호 시:
시	10	豺	豸(3)	10	승냥이 시:
식	72	食	食(0)	9	밥/먹을 식
식	70	植	木(8)	12	심을 식
식	60	式	弋(3)	6	법 식
식	52	識	言(12)	19	알 식
식	42	息	心(6)	10	쉴 식
식	32	飾	食(5)	14	꾸밀 식
식	20	殖	歹(8)	12	불릴 식
식	12	軾	車(6)	13	수레가로나무 식
식	12	湜	水(9)	12	물맑을 식

대표음	급수	한자	부수(획수)	총획	대표훈음
식	10	熄	火(10)	14	불꺼질 식
식	10	蝕	虫(9)	15	좀먹을 식
식	10	拭	手(6)	9	씻을 식
신	62	身	身(0)	7	몸 신
신	62	神	示(5)	10	귀신 신
신	62	信	人(7)	9	믿을 신:
신	62	新	斤(9)	13	새 신
신	52	臣	臣(0)	6	신하 신
신	42	申	田(0)	5	납[猿] 신
신	32	愼	心(10)	13	삼갈 신:
신	30	辛	辛(0)	7	매울 신
신	30	伸	人(5)	7	펼 신
신	30	晨	日(7)	11	새벽 신
신	20	紳	糸(5)	11	띠[帶] 신:
신	20	腎	肉(8)	12	콩팥 신:
신	10	薪	艸(13)	17	섶 신
신	10	迅	辵(3)	7	빠를 신
신	10	蜃	虫(7)	13	큰조개 신
신	10	燼	火(14)	18	불탄끝 신:
신	10	宸	宀(7)	10	대궐 신
신	10	娠	女(7)	10	아이밸 신
신	10	呻	口(5)	8	읊조릴 신
신	10	訊	言(3)	10	물을 신:
실	80	室	宀(6)	9	집 실
실	60	失	大(2)	5	잃을 실
실	52	實	宀(11)	14	열매 실
실	10	悉	心(7)	11	다 실
심	70	心	心(0)	4	마음 심
심	42	深	水(8)	11	깊을 심
심	32	甚	甘(4)	9	심할 심:
심	32	審	宀(12)	15	살필 심(:)
심	30	尋	寸(9)	12	찾을 심
심	12	瀋	水(15)	18	즙낼/물이름 심:
십	80	十	十(0)	2	열 십
십	10	什	人(2)	4	열사람 십 ǀ 세간 집
쌍	32	雙	隹(10)	18	두/쌍 쌍
씨	40	氏	氏(0)	4	각시/성씨(姓氏) 씨

대표음	급수	한자	부수(획수)	총획	대표훈음
아	52	兒	儿(6)	8	아이 아
아	32	雅	隹(4)	12	맑을 아(:)
아	32	我	戈(3)	7	나 아:
아	32	阿	阜(5)	8	언덕 아
아	32	亞	二(6)	8	버금 아(:)
아	32	芽	艹(4)	8	싹 아
아	32	牙	牙(0)	4	어금니 아
아	30	餓	食(7)	16	주릴 아:
아	10	訝	言(4)	11	의심할 아
아	10	衙	行(7)	13	마을[官廳] 아
아	10	啞	口(8)	11	벙어리 아(:)
아	10	俄	人(7)	9	아까 아
악	52	惡	心(8)	12	악할 악 | 미워할 오
악	30	岳	山(5)	8	큰산 악
악	20	握	手(9)	12	쥘 악
악	10	堊	土(8)	11	흰흙 악
악	10	愕	心(9)	12	놀랄 악
악	10	顎	頁(9)	18	턱 악
안	72	安	宀(3)	6	편안 안
안	50	案	木(6)	10	책상 안:
안	42	眼	目(6)	11	눈 안:
안	32	顔	頁(9)	18	낯 안:
안	32	岸	山(5)	8	언덕 안:
안	30	雁	隹(4)	12	기러기 안:
안	10	晏	日(6)	10	늦을 안:
안	10	鞍	革(6)	15	안장 안:
안	10	按	手(6)	9	누를 안(:)
알	30	謁	言(9)	16	뵐 알
알	12	閼	門(8)	16	막을 알
알	10	斡	斗(10)	14	돌 알
알	10	軋	車(1)	8	삐걱거릴 알
암	42	暗	日(9)	13	어두울 암:
암	32	巖	山(20)	23	바위 암
암	20	癌	疒(12)	17	암 암:
암	10	闇	門(9)	17	숨을 암:
암	10	庵	广(8)	11	암자 암
압	42	壓	土(14)	17	누를 압

대표음	급수	한자	부수(획수)	총획	대표훈음
압	30	押	手(5)	8	누를 압
압	12	鴨	鳥(5)	16	오리 압
앙	32	仰	人(4)	6	우러를 앙:
앙	32	央	大(2)	5	가운데 앙
앙	30	殃	歹(5)	9	재앙 앙
앙	10	昂	日(4)	8	높을 앙
앙	10	怏	心(5)	8	원망할 앙
앙	10	秧	禾(5)	10	모 앙
앙	10	鴦	鳥(5)	16	원앙 앙
애	60	愛	心(9)	13	사랑 애(:)
애	32	哀	口(6)	9	슬플 애
애	30	涯	水(8)	11	물가 애
애	20	礙	石(14)	19	거리낄 애:
애	12	艾	艸(2)	6	쑥 애
애	12	埃	土(7)	10	티끌 애
애	10	崖	山(8)	11	언덕 애
애	10	曖	日(13)	17	희미할 애
애	10	隘	阜(10)	13	좁을 애
애	10	靄	雨(16)	24	아지랑이 애:
액	42	液	水(8)	11	진 액
액	40	額	頁(9)	18	이마 액
액	30	厄	厂(2)	4	액 액
액	10	扼	手(4)	7	잡을 액
액	10	腋	肉(8)	12	겨드랑이 액
액	10	縊	糸(10)	16	목맬 액
앵	10	櫻	木(17)	21	앵두 앵
앵	10	鶯	鳥(10)	21	꾀꼬리 앵
야	60	夜	夕(5)	8	밤 야:
야	60	野	里(4)	11	들[坪] 야:
야	30	也	乙(2)	3	이끼/어조사 야:
야	30	耶	耳(3)	9	어조사 야
야	20	惹	心(9)	13	이끌 야:
야	12	倻	人(9)	11	가야 야
야	10	揶	手(9)	12	야유할 야:
야	10	冶	冫(5)	7	풀무 야:
야	10	爺	父(9)	13	아비 야
약	62	弱	弓(7)	10	약할 약

대표음	급수	한자	부수(획수)	총획	대표훈음
약	62	藥	艹(15)	19	약 약
약	52	約	糸(3)	9	맺을 약
약	32	若	艹(5)	9	같을 약 | 반야 야
약	30	躍	足(14)	21	뛸 약
약	10	葯	艹(9)	13	꽃밥 약
양	60	陽	阜(9)	12	볕 양
양	60	洋	水(6)	9	큰바다 양
양	52	養	食(6)	15	기를 양:
양	42	羊	羊(0)	6	양 양
양	40	樣	木(11)	15	모양 양
양	32	讓	言(17)	24	사양할 양:
양	32	壤	土(17)	20	흙덩이 양:
양	32	揚	手(9)	12	날릴 양
양	30	楊	木(9)	13	버들 양
양	20	孃	女(17)	20	아가씨 양
양	12	襄	衣(11)	17	도울 양(:)
양	10	攘	手(17)	20	물리칠 양:
양	10	恙	心(6)	10	병/근심할 양:
양	10	釀	酉(17)	24	술빚을 양
양	10	癢	疒(15)	20	가려울 양:
양	10	瘍	疒(9)	14	헐 양
어	70	語	言(7)	14	말씀 어:
어	50	漁	水(11)	14	고기잡을 어
어	50	魚	魚(0)	11	고기/물고기 어
어	32	御	彳(8)	11	거느릴 어:
어	30	於	方(4)	8	어조사 어 | 탄식할 오
어	10	圄	囗(7)	10	옥 어
어	10	禦	示(11)	16	막을 어:
어	10	瘀	疒(8)	13	어혈질 어:
억	50	億	人(13)	15	억[數字] 억
억	32	憶	心(13)	16	생각할 억
억	32	抑	手(4)	7	누를 억
억	10	臆	肉(13)	17	가슴 억
언	60	言	言(0)	7	말씀 언
언	30	焉	火(7)	11	어찌 언
언	12	彦	彡(6)	9	선비 언:
언	10	堰	土(9)	12	둑 언

대표음	급수	한자	부수(획수)	총획	대표훈음
언	10	諺	言(9)	16	언문/속담 언:
엄	40	嚴	口(17)	20	엄할 엄
엄	10	掩	手(8)	11	가릴 엄:
엄	10	奄	大(5)	8	문득 엄:
엄	10	儼	人(20)	22	엄연할 엄
업	62	業	木(9)	13	업 업
여	42	餘	食(7)	16	남을 여
여	42	如	女(3)	6	같을 여
여	40	與	臼(7)	14	더불/줄 여:
여	30	輿	車(10)	17	수레 여:
여	30	汝	水(3)	6	너 여:
여	30	余	人(5)	7	나 여
여	30	予	亅(3)	4	나 여
역	42	逆	辵(6)	10	거스릴 역
역	40	域	土(8)	11	지경 역
역	40	易	日(4)	8	바꿀 역 | 쉬울 이:
역	32	疫	疒(4)	9	전염병 역
역	32	亦	亠(4)	6	또 역
역	32	役	彳(4)	7	부릴 역
역	32	譯	言(13)	20	번역할 역
역	32	驛	馬(13)	23	역 역
역	10	繹	糸(13)	19	풀[解] 역
연	70	然	火(8)	12	그럴 연
연	42	煙	火(9)	13	연기 연
연	42	硏	石(6)	11	갈 연:
연	42	演	水(11)	14	펼 연:
연	40	燃	火(12)	16	탈 연
연	40	鉛	金(5)	13	납 연
연	40	緣	糸(9)	15	인연 연
연	40	延	廴(4)	7	늘일 연
연	32	沿	水(5)	8	물따라갈/따를 연(:)
연	32	軟	車(4)	11	연할 연:
연	32	宴	宀(7)	10	잔치 연:
연	32	燕	火(12)	16	제비 연(:)
연	20	硯	石(7)	12	벼루 연:
연	12	衍	行(3)	9	넓을 연:
연	12	姸	女(6)	9	고울 연:

대표음	급수	한자	부수(획수)	총획	대표훈음
연	12	淵	水(9)	12	못 연
연	10	鳶	鳥(3)	14	솔개 연
연	10	捐	手(7)	10	버릴 연:
연	10	筵	竹(7)	13	대자리 연
연	10	椽	木(9)	13	서까래 연
열	50	熱	火(11)	15	더울 열
열	32	悅	心(7)	10	기쁠 열
열	30	閱	門(7)	15	볼[覽] 열
염	32	染	木(5)	9	물들 염:
염	32	鹽	鹵(13)	24	소금 염
염	32	炎	火(4)	8	불꽃 염
염	20	厭	厂(12)	14	싫어할 염:
염	12	閻	門(8)	16	마을 염
염	10	焰	火(8)	12	불꽃 염
염	10	艶	色(13)	19	고울 염:
엽	50	葉	艹(9)	13	잎 엽
엽	12	燁	火(11)	15	빛날 엽
영	60	英	艹(5)	9	꽃부리 영
영	60	永	水(1)	5	길 영:
영	42	榮	木(10)	14	영화 영
영	40	迎	辵(4)	8	맞을 영
영	40	映	日(5)	9	비칠 영(:)
영	40	營	火(13)	17	경영할 영
영	32	影	彡(12)	15	그림자 영:
영	30	詠	言(5)	12	읊을 영:
영	30	泳	水(5)	8	헤엄칠 영:
영	12	盈	皿(4)	9	찰[滿] 영
영	12	瑛	玉(9)	13	옥빛 영
영	12	暎	日(9)	13	비칠 영:
영	10	嬰	女(14)	17	어린아이 영
예	42	藝	艹(15)	19	재주 예:
예	40	豫	豕(9)	16	미리 예:
예	32	譽	言(14)	21	기릴/명예 예:
예	30	銳	金(7)	15	날카로울 예:
예	20	預	頁(4)	13	맡길/미리 예:
예	12	芮	艹(4)	8	성(姓) 예:
예	12	睿	目(9)	14	슬기 예:

대표음	급수	한자	부수(획수)	총획	대표훈음
예	12	濊	水(13)	16	종족이름 예:
예	10	詣	言(6)	13	이를[至] 예:
예	10	曳	曰(2)	6	끌 예:
예	10	穢	禾(13)	18	더러울 예:
예	10	裔	衣(7)	13	후손 예:
오	80	五	二(2)	4	다섯 오:
오	72	午	十(2)	4	낮 오:
오	42	誤	言(7)	14	그르칠 오:
오	32	烏	火(6)	10	까마귀 오
오	32	悟	心(7)	10	깨달을 오:
오	30	嗚	口(10)	13	슬플 오
오	30	娛	女(7)	10	즐길 오:
오	30	吾	口(4)	7	나 오
오	30	傲	人(11)	13	거만할 오:
오	30	汚	水(3)	6	더러울 오:
오	20	梧	木(7)	11	오동나무 오(:)
오	12	墺	土(13)	16	물가 오:
오	12	吳	口(4)	7	성(姓) 오
오	10	奧	大(10)	13	깊을 오(:)
오	10	懊	心(13)	16	한할 오:
오	10	伍	人(4)	6	다섯사람 오:
오	10	寤	宀(11)	14	잠깰 오
옥	50	屋	尸(6)	9	집 옥
옥	42	玉	玉(0)	5	구슬 옥
옥	32	獄	犬(11)	14	옥[囚舍] 옥
옥	12	鈺	金(5)	13	보배 옥
옥	12	沃	水(4)	7	기름질 옥
온	60	溫	水(10)	13	따뜻할 온
온	20	穩	禾(14)	19	편안할 온
온	10	蘊	艸(16)	20	쌓을 온:
옹	30	擁	手(13)	16	낄 옹:
옹	30	翁	羽(4)	10	늙은이 옹
옹	12	甕	瓦(13)	18	독 옹:
옹	12	雍	隹(5)	13	화(和)할 옹
옹	12	邕	邑(3)	10	막힐 옹
옹	10	壅	土(13)	16	막을 옹
와	32	瓦	瓦(0)	5	기와 와:

대표음	급수	한자	부수(획수)	총획	대표훈음
와	30	臥	臣(2)	8	누울 와:
와	10	訛	言(4)	11	그릇될 와:
와	10	渦	水(9)	12	소용돌이 와
와	10	蝸	虫(9)	15	달팽이 와
완	50	完	宀(4)	7	완전할 완
완	32	緩	糸(9)	15	느릴 완:
완	12	莞	艸(7)	11	빙그레할 완 ǀ 왕골 관
완	10	婉	女(8)	11	순할/아름다울 완:
완	10	宛	宀(5)	8	완연할 완
완	10	玩	玉(4)	8	즐길 완:
완	10	腕	肉(8)	12	팔뚝 완(:)
완	10	阮	阜(4)	7	성(姓) 완:
완	10	頑	頁(4)	13	완고할 완
왈	30	曰	曰(0)	4	가로 왈
왕	80	王	玉(0)	4	임금 왕
왕	42	往	彳(5)	8	갈 왕:
왕	12	汪	水(4)	7	넓을 왕(:)
왕	12	旺	日(4)	8	왕성할 왕:
왕	10	枉	木(4)	8	굽을 왕:
왜	20	歪	止(5)	9	기울 왜 ǀ 기울 외
왜	12	倭	人(8)	10	왜나라 왜
왜	10	矮	矢(8)	13	난쟁이 왜
외	80	外	夕(2)	5	바깥 외:
외	30	畏	田(4)	9	두려워할 외:
외	10	巍	山(18)	21	높고클 외
외	10	猥	犬(9)	12	외람할 외:
요	52	要	襾(3)	9	요긴할 요(:)
요	50	曜	日(14)	18	빛날 요:
요	42	謠	言(10)	17	노래 요
요	30	遙	辵(10)	14	멀 요
요	30	腰	肉(9)	13	허리 요
요	30	搖	手(10)	13	흔들 요
요	20	妖	女(4)	7	요사할 요
요	12	姚	女(6)	9	예쁠 요
요	12	堯	土(9)	12	요임금 요
요	12	燿	羽(14)	20	빛날 요
요	10	擾	手(15)	18	시끄러울 요

대표음	급수	한자	부수(획수)	총획	대표훈음
요	10	窈	穴(5)	10	고요할 요:
요	10	窯	穴(10)	15	기와가마 요
요	10	邀	辵(13)	17	맞을 요
요	10	饒	食(12)	21	넉넉할 요
요	10	僥	人(12)	14	요행 요
요	10	凹	凵(3)	5	오목할 요
요	10	拗	手(5)	8	우길 요
요	10	夭	大(1)	4	일찍죽을 요:
욕	50	浴	水(7)	10	목욕할 욕
욕	32	慾	心(11)	15	욕심 욕
욕	32	欲	欠(7)	11	하고자할 욕
욕	32	辱	辰(3)	10	욕될 욕
용	62	勇	力(7)	9	날랠 용:
용	62	用	用(0)	5	쓸 용:
용	42	容	宀(7)	10	얼굴 용
용	30	庸	广(8)	11	떳떳할 용
용	20	熔	火(10)	14	녹을 용
용	20	傭	人(11)	13	품팔 용
용	12	瑢	玉(10)	14	패옥소리 용
용	12	溶	水(10)	13	녹을 용
용	12	鎔	金(10)	18	쇠녹일 용
용	12	鏞	金(11)	19	쇠북 용
용	10	踊	足(7)	14	뛸 용:
용	10	蓉	艸(10)	14	연꽃 용
용	10	茸	艸(6)	10	풀날 용: ㅣ 버섯 이:
용	10	聳	耳(11)	17	솟을 용:
용	10	涌	水(7)	10	물 솟을 용:
우	72	右	口(2)	5	오를/오른(쪽) 우:
우	52	友	又(2)	4	벗 우:
우	52	雨	雨(0)	8	비 우:
우	50	牛	牛(0)	4	소 우
우	40	優	人(15)	17	넉넉할 우
우	40	遇	辵(9)	13	만날 우:
우	40	郵	邑(8)	11	우편 우
우	32	憂	心(11)	15	근심 우
우	32	偶	人(9)	11	짝 우:
우	32	宇	宀(3)	6	집 우:

대표음	급수	한자	부수(획수)	총획	대표훈음
우	32	愚	心(9)	13	어리석을 우
우	32	羽	羽(0)	6	깃 우:
우	30	于	二(1)	3	어조사 우
우	30	尤	尢(1)	4	더욱 우
우	30	又	又(0)	2	또 우:
우	12	佑	人(5)	7	도울 우:
우	12	禹	内(4)	9	성(姓) 우(:)
우	12	祐	示(5)	10	복(福) 우:
우	10	虞	虍(7)	13	염려할/나라이름 우
우	10	迂	辵(3)	7	에돌 우
우	10	寓	宀(9)	12	부칠[寄] 우:
우	10	嵎	山(9)	12	산굽이 우
우	10	隅	阜(9)	12	모퉁이 우
욱	12	旭	日(2)	6	아침해 욱
욱	12	昱	日(5)	9	햇빛밝을 욱
욱	12	煜	火(9)	13	빛날 욱
욱	12	郁	邑(6)	9	성할 욱
욱	12	頊	頁(4)	13	삼갈 욱
운	62	運	辵(9)	13	옮길 운:
운	52	雲	雨(4)	12	구름 운
운	32	韻	音(10)	19	운 운:
운	30	云	二(2)	4	이를 운
운	12	芸	艸(4)	8	향풀 운
운	10	耘	耒(4)	10	김맬 운
운	10	殞	歹(10)	14	죽을 운:
운	10	隕	阜(10)	13	떨어질 운:
울	20	鬱	鬯(19)	29	답답할 울
울	12	蔚	艸(11)	15	고을이름 울
웅	50	雄	隹(4)	12	수컷 웅
웅	12	熊	火(10)	14	곰 웅
원	60	園	囗(10)	13	동산 원
원	60	遠	辵(10)	14	멀 원:
원	52	元	儿(2)	4	으뜸 원
원	50	原	厂(8)	10	언덕 원
원	50	院	阜(7)	10	집 원
원	50	願	頁(10)	19	원할 원:
원	42	圓	囗(10)	13	둥글 원

대표음	급수	한자	부수(획수)	총획	대표훈음
원	42	員	口(7)	10	인원 원
원	40	怨	心(5)	9	원망할 원(:)
원	40	援	手(9)	12	도울 원:
원	40	源	水(10)	13	근원 원
원	20	苑	艸(5)	9	나라동산 원:
원	12	瑗	玉(9)	13	구슬 원
원	12	袁	衣(4)	10	성(姓) 원
원	12	媛	女(9)	12	계집 원
원	10	冤	冖(8)	10	원통할 원(:)
원	10	猿	犬(10)	13	원숭이 원
원	10	鴛	鳥(5)	16	원앙 원
월	80	月	月(0)	4	달 월
월	32	越	走(5)	12	넘을 월
위	52	偉	人(9)	11	클 위
위	50	位	人(5)	7	자리 위
위	42	衛	行(9)	15	지킬 위
위	42	爲	爪(8)	12	하/할 위(:)
위	40	圍	口(9)	12	에워쌀 위
위	40	委	女(5)	8	맡길 위
위	40	威	女(6)	9	위엄 위
위	40	慰	心(11)	15	위로할 위
위	40	危	卩(4)	6	위태할 위
위	32	胃	肉(5)	9	밥통 위
위	32	僞	人(12)	14	거짓 위
위	32	謂	言(9)	16	이를 위
위	30	違	辵(9)	13	어긋날 위
위	30	緯	糸(9)	15	씨 위
위	20	尉	寸(8)	11	벼슬 위
위	12	渭	水(9)	12	물이름 위
위	12	韋	韋(0)	9	가죽 위
위	12	魏	鬼(8)	18	성(姓) 위
위	10	萎	艸(8)	12	시들 위
유	70	有	月(2)	6	있을 유:
유	60	由	田(0)	5	말미암을 유
유	60	油	水(5)	8	기름 유
유	40	遊	辵(9)	13	놀 유
유	40	乳	乙(7)	8	젖 유

대표음	급수	한자	부수(획수)	총획	대표훈음
유	40	儒	人(14)	16	선비 유
유	40	遺	辶(12)	16	남길 유
유	32	猶	犬(9)	12	오히려 유
유	32	幽	幺(6)	9	그윽할 유
유	32	幼	幺(2)	5	어릴 유
유	32	柔	木(5)	9	부드러울 유
유	32	維	糸(8)	14	벼리 유
유	32	裕	衣(7)	12	넉넉할 유:
유	32	誘	言(7)	14	꾈 유
유	32	悠	心(7)	11	멀 유
유	30	唯	口(8)	11	오직 유
유	30	酉	酉(0)	7	닭 유
유	30	愈	心(9)	13	나을 유
유	30	惟	心(8)	11	생각할 유
유	12	庾	广(8)	11	곳집/노적가리 유
유	12	兪	入(7)	9	대답할/인월도(人月刂) 유
유	12	踰	足(9)	16	넘을 유
유	12	楡	木(9)	13	느릅나무 유
유	10	揄	手(9)	12	야유할 유
유	10	柚	木(5)	9	유자 유
유	10	游	水(9)	12	헤엄칠 유
유	10	鍮	金(9)	17	놋쇠 유
유	10	癒	疒(13)	18	병나을 유
유	10	諛	言(8)	15	아첨할 유
유	10	諭	言(9)	16	타이를 유
유	10	蹂	足(9)	16	밟을 유
유	10	喩	口(9)	12	깨우칠 유
유	10	愉	心(9)	12	즐거울 유
유	10	宥	宀(6)	9	너그러울 유
육	70	育	肉(4)	8	기를 육
육	42	肉	肉(0)	6	고기 육
윤	32	潤	水(12)	15	불을 윤:
윤	30	閏	門(4)	12	윤달 윤:
윤	12	允	儿(2)	4	맏[伯] 윤:
윤	12	胤	肉(5)	9	자손 윤
윤	12	鈗	金(4)	12	창 윤
윤	12	尹	尸(1)	4	성(姓) 윤:

대표음	급수	한자	부수(획수)	총획	대표훈음
융	20	融	虫(10)	16	녹을 융
융	10	絨	糸(6)	12	가는베 융
융	10	戎	戈(2)	6	병장기/오랑캐 융
은	60	銀	金(6)	14	은 은
은	42	恩	心(6)	10	은혜 은
은	40	隱	阜(14)	17	숨을 은
은	12	垠	土(6)	9	지경 은
은	12	誾	言(8)	15	향기 은
은	12	殷	殳(6)	10	은나라 은
을	32	乙	乙(0)	1	새 을
음	62	音	音(0)	9	소리 음
음	62	飮	食(4)	13	마실 음(:)
음	42	陰	阜(8)	11	그늘 음
음	32	淫	水(8)	11	음란할 음
음	30	吟	口(4)	7	읊을 음
음	10	蔭	艸(11)	15	그늘 음
읍	70	邑	邑(0)	7	고을 읍
읍	30	泣	水(5)	8	울 읍
읍	10	揖	手(9)	12	읍할 읍
응	42	應	心(13)	17	응할 응:
응	30	凝	冫(14)	16	엉길 응:
응	12	鷹	鳥(13)	24	매 응(:)
응	10	膺	肉(13)	17	가슴 응:
의	62	意	心(9)	13	뜻 의:
의	60	醫	酉(11)	18	의원 의
의	60	衣	衣(0)	6	옷 의
의	42	議	言(13)	20	의논할 의(:)
의	42	義	羊(7)	13	옳을 의:
의	40	依	人(6)	8	의지할 의
의	40	儀	人(13)	15	거동 의
의	40	疑	疋(9)	14	의심할 의
의	30	矣	矢(2)	7	어조사 의
의	30	宜	宀(5)	8	마땅 의
의	10	毅	殳(11)	15	굳셀 의
의	10	椅	木(8)	12	의자 의
의	10	擬	手(14)	17	비길 의:
의	10	誼	言(8)	15	정(情) 의

대표음	급수	한자	부수(획수)	총획	대표훈음
이	80	二	二(0)	2	두 이:
이	52	以	人(3)	5	써 이:
이	50	耳	耳(0)	6	귀 이:
이	42	移	禾(6)	11	옮길 이
이	40	異	田(6)	11	다를 이:
이	32	已	己(0)	3	이미 이:
이	30	而	而(0)	6	말이을 이
이	30	夷	大(3)	6	오랑캐 이
이	20	貳	貝(5)	12	두/갖은두 이:
이	12	怡	心(5)	8	기쁠 이
이	12	伊	人(4)	6	저[彼] 이
이	12	珥	玉(6)	10	귀고리 이:
이	10	餌	食(6)	15	미끼 이:
이	10	姨	女(6)	9	이모 이
이	10	痍	疒(6)	11	상처 이
이	10	爾	爻(10)	14	너 이:
이	10	弛	弓(3)	6	늦출 이:
익	42	益	皿(5)	10	더할 익
익	32	翼	羽(11)	17	날개 익
익	12	翊	羽(5)	11	도울 익
익	10	翌	羽(5)	11	다음날 익
인	80	人	人(0)	2	사람 인
인	50	因	口(3)	6	인할 인
인	42	印	卩(4)	6	도장 인
인	42	引	弓(1)	4	끌 인
인	42	認	言(7)	14	알[知] 인
인	40	仁	人(2)	4	어질 인
인	32	忍	心(3)	7	참을 인
인	30	寅	宀(8)	11	범[虎]/동방 인
인	30	姻	女(6)	9	혼인 인
인	20	刃	刀(1)	3	칼날 인:
인	10	蚓	虫(4)	10	지렁이 인
인	10	靭	革(3)	12	질길 인
인	10	咽	口(6)	9	목구멍 인 | 목멜 열 | 삼킬 연
인	10	湮	水(9)	12	묻힐 인
일	80	一	一(0)	1	한 일
일	80	日	日(0)	4	날 일

대표음	급수	한자	부수(획수)	총획	대표훈음
일	32	逸	辵(8)	12	편안할 일
일	20	壹	士(9)	12	한/갖은한 일
일	12	佾	人(6)	8	줄춤 일
일	12	鎰	金(10)	18	무게이름 일
일	10	溢	水(10)	13	넘칠 일
일	10	佚	人(5)	7	편안 일 | 질탕 질
임	52	任	人(4)	6	맡길 임(:)
임	32	壬	士(1)	4	북방 임:
임	32	賃	貝(6)	13	품삯 임:
임	20	妊	女(4)	7	아이밸 임:
입	70	入	入(0)	2	들 입
잉	10	剩	刀(10)	12	남을 잉:
잉	10	孕	子(2)	5	아이밸 잉:
자	72	子	子(0)	3	아들 자
자	72	自	自(0)	6	스스로 자
자	70	字	子(3)	6	글자 자
자	60	者	老(5)	9	놈 자
자	40	資	貝(6)	13	재물 자
자	40	姿	女(6)	9	모양 자:
자	40	姉	女(5)	8	손윗누이 자
자	32	紫	糸(6)	12	자줏빛 자
자	32	慈	心(9)	13	사랑 자
자	32	刺	刀(6)	8	찌를 자: | 찌를 척
자	30	恣	心(6)	10	마음대로/방자할 자:
자	30	玆	玄(5)	10	이 자
자	20	磁	石(9)	14	자석 자
자	20	諮	言(9)	16	물을 자:
자	20	雌	隹(6)	14	암컷 자
자	12	滋	水(9)	12	불을[益] 자
자	10	疵	疒(6)	11	허물 자
자	10	仔	人(3)	5	자세할 자
자	10	蔗	艸(11)	15	사탕수수 자
자	10	炙	火(4)	8	구울 자 | 구울 적
자	10	煮	火(9)	13	삶을 자(:)
자	10	藉	艸(14)	18	깔/핑계할 자:
자	10	瓷	瓦(6)	11	사기그릇 자
작	62	作	人(5)	7	지을 작

대표음	급수	한자	부수(획수)	총획	대표훈음
작	62	昨	日(5)	9	어제 작
작	30	酌	酉(3)	10	술부을/잔질할 작
작	30	爵	爪(14)	18	벼슬 작
작	10	炸	火(5)	9	터질 작
작	10	勺	勹(1)	3	구기 작
작	10	灼	火(3)	7	불사를 작
작	10	綽	糸(8)	14	너그러울 작
작	10	嚼	口(18)	21	씹을 작
작	10	芍	艸(3)	7	함박꽃 작
작	10	雀	隹(3)	11	참새 작
작	10	鵲	鳥(8)	19	까치 작
잔	40	殘	歹(8)	12	남을 잔
잔	10	盞	皿(8)	13	잔 잔
잔	10	棧	木(8)	12	사다리 잔
잠	32	暫	日(11)	15	잠깐 잠(:)
잠	32	潛	水(12)	15	잠길 잠
잠	20	蠶	虫(18)	24	누에 잠
잠	10	箴	竹(9)	15	경계 잠
잠	10	簪	竹(12)	18	비녀 잠
잡	40	雜	隹(10)	18	섞일 잡
장	80	長	長(0)	8	긴 장(:)
장	72	場	土(9)	12	마당 장
장	60	章	立(6)	11	글 장
장	42	將	寸(8)	11	장수 장(:)
장	42	障	阜(11)	14	막을 장
장	40	獎	犬(11)	15	장려할 장(:)
장	40	裝	衣(7)	13	꾸밀 장
장	40	腸	肉(9)	13	창자 장
장	40	張	弓(8)	11	베풀 장
장	40	壯	士(4)	7	장할 장:
장	40	帳	巾(8)	11	장막 장
장	32	莊	艸(7)	11	씩씩할 장
장	32	葬	艸(9)	13	장사지낼 장:
장	32	臟	肉(18)	22	오장 장:
장	32	粧	米(6)	12	단장할 장
장	32	掌	手(8)	12	손바닥 장:
장	32	丈	一(2)	3	어른 장:

대표음	급수	한자	부수(획수)	총획	대표훈음
장	32	藏	艸(14)	18	감출 장:
장	30	墻	土(13)	16	담 장
장	12	獐	犬(11)	14	노루 장
장	12	庄	广(3)	6	전장(田莊) 장
장	12	璋	玉(11)	15	홀[圭] 장
장	12	蔣	艸(11)	15	성(姓) 장
장	10	檣	木(13)	17	돛대 장
장	10	薔	艸(13)	17	장미 장
장	10	漿	水(11)	15	즙 장
장	10	醬	酉(11)	18	장 장:
장	10	杖	木(3)	7	지팡이 장(:)
장	10	匠	匚(4)	6	장인 장
장	10	仗	人(3)	5	의장(儀仗) 장
재	62	才	手(0)	3	재주 재
재	60	在	土(3)	6	있을 재:
재	52	財	貝(3)	10	재물 재
재	52	材	木(3)	7	재목 재
재	50	災	火(3)	7	재앙 재
재	50	再	冂(4)	6	두 재:
재	32	栽	木(6)	10	심을 재:
재	32	裁	衣(6)	12	옷마를 재
재	32	載	車(6)	13	실을 재:
재	30	哉	口(6)	9	어조사 재
재	30	宰	宀(7)	10	재상 재:
재	10	齋	齊(3)	17	재계할/집 재
재	10	滓	水(10)	13	찌끼 재
쟁	50	爭	爪(4)	8	다툴 쟁
쟁	10	錚	金(8)	16	쇳소리 쟁
저	50	貯	貝(5)	12	쌓을 저:
저	42	低	人(5)	7	낮을 저:
저	40	底	广(5)	8	밑 저:
저	32	著	艸(9)	13	나타날 저:
저	32	抵	手(5)	8	막을[抗] 저:
저	20	沮	水(5)	8	막을[遮] 저:
저	10	狙	犬(5)	8	원숭이/엿볼 저:
저	10	豬	豕(9)	16	돼지 저
저	10	箸	竹(9)	15	젓가락 저

대표음	급수	한자	부수(획수)	총획	대표훈음
저	10	咀	口(5)	8	씹을 저:
저	10	詛	言(5)	12	저주할 저:
저	10	躇	足(13)	20	머뭇거릴 저
저	10	邸	邑(5)	8	집 저:
저	10	觝	角(5)	12	씨름 저:
적	52	的	白(3)	8	과녁 적
적	50	赤	赤(0)	7	붉을 적
적	42	敵	攴(11)	15	대적할 적
적	40	積	禾(11)	16	쌓을 적
적	40	籍	竹(14)	20	문서 적
적	40	適	辵(11)	15	맞을 적
적	40	績	糸(11)	17	길쌈 적
적	40	賊	貝(6)	13	도둑 적
적	32	跡	足(6)	13	발자취 적
적	32	寂	宀(8)	11	고요할 적
적	32	笛	竹(5)	11	피리 적
적	32	摘	手(11)	14	딸[手收] 적
적	32	蹟	足(11)	18	자취 적
적	30	滴	水(11)	14	물방울 적
적	10	嫡	女(11)	14	정실 적
적	10	謫	言(11)	18	귀양갈 적
적	10	狄	犬(4)	7	오랑캐 적
적	10	迹	辵(6)	10	자취 적
전	72	電	雨(5)	13	번개 전:
전	72	前	刀(7)	9	앞 전
전	72	全	入(4)	6	온전 전
전	62	戰	戈(12)	16	싸움 전:
전	52	傳	人(11)	13	전할 전
전	52	典	八(6)	8	법 전:
전	52	展	尸(7)	10	펼 전:
전	42	田	田(0)	5	밭 전
전	40	專	寸(8)	11	오로지 전
전	40	轉	車(11)	18	구를 전:
전	40	錢	金(8)	16	돈 전:
전	32	殿	殳(9)	13	전각 전:
전	12	甸	田(2)	7	경기 전
전	10	塡	土(10)	13	메울 전

대표음	급수	한자	부수(획수)	총획	대표훈음
전	10	箋	竹(8)	14	기록할 전
전	10	餞	食(8)	17	보낼 전:
전	10	顫	頁(13)	22	떨 전:
전	10	顚	頁(10)	19	엎드러질/이마 전:
전	10	銓	金(6)	14	사람가릴 전(:)
전	10	輾	車(10)	17	돌아누울 전:
전	10	纏	糸(15)	21	얽을 전
전	10	栓	木(6)	10	마개 전
전	10	箭	竹(9)	15	살[矢] 전:
전	10	廛	广(12)	15	가게 전:
전	10	癲	疒(19)	24	미칠 전:
전	10	煎	火(9)	13	달일 전(:)
전	10	澱	水(13)	16	앙금 전:
전	10	剪	刀(9)	11	가위 전(:)
전	10	氈	毛(13)	17	담(毯) 전:
전	10	悛	心(7)	10	고칠 전:
전	10	篆	竹(9)	15	전자(篆字) 전:
전	10	奠	大(9)	12	정할/제사 전:
절	52	節	竹(9)	15	마디 절
절	52	切	刀(2)	4	끊을 절 | 온통 체
절	42	絶	糸(6)	12	끊을 절
절	40	折	手(4)	7	꺾을 절
절	30	竊	穴(17)	22	훔칠 절
절	10	截	戈(10)	14	끊을 절
점	52	店	广(5)	8	가게 점:
점	40	點	黑(5)	17	점 점(:)
점	40	占	卜(3)	5	점령할 점:/점칠 점
점	32	漸	水(11)	14	점점 점:
점	10	霑	雨(8)	16	젖을 점
점	10	粘	米(5)	11	붙을 점
접	42	接	手(8)	11	이을 접
접	30	蝶	虫(9)	15	나비 접
정	72	正	止(1)	5	바를 정(:)
정	62	庭	广(7)	10	뜰 정
정	60	定	宀(5)	8	정할 정:
정	52	情	心(8)	11	뜻 정
정	50	停	人(9)	11	머무를 정

대표음	급수	한자	부수(획수)	총획	대표훈음
정	42	政	攴(5)	9	정사(政事) 정
정	42	程	禾(7)	12	한도/길[道] 정
정	42	精	米(8)	14	정할 정
정	40	靜	靑(8)	16	고요할 정
정	40	丁	一(1)	2	고무래/장정 정
정	40	整	攴(12)	16	가지런할 정:
정	32	淨	水(8)	11	깨끗할 정
정	32	頂	頁(2)	11	정수리 정
정	32	井	二(2)	4	우물 정(:)
정	32	亭	亠(7)	9	정자 정
정	32	廷	廴(4)	7	조정 정
정	32	貞	貝(2)	9	곧을 정
정	32	征	彳(5)	8	칠 정
정	30	訂	言(2)	9	바로잡을 정
정	20	艇	舟(7)	13	배 정
정	20	偵	人(9)	11	염탐할 정
정	20	呈	口(4)	7	드릴 정
정	12	汀	水(2)	5	물가 정
정	12	楨	木(9)	13	광나무 정
정	12	晶	日(8)	12	맑을 정
정	12	鼎	鼎(0)	13	솥 정
정	12	鄭	邑(12)	15	나라 정:
정	12	禎	示(9)	14	상서로울 정
정	12	旌	方(7)	11	기 정
정	12	珽	玉(7)	11	옥이름 정
정	10	錠	金(8)	16	덩이 정
정	10	挺	手(7)	10	빼어날 정
정	10	町	田(2)	7	밭두둑 정
정	10	睛	目(8)	13	눈동자 정
정	10	碇	石(8)	13	닻 정
정	10	穽	穴(4)	9	함정 정
정	10	釘	金(2)	10	못 정
정	10	靖	靑(5)	13	편안할 정(:)
정	10	幀	巾(9)	12	그림족자 정
정	10	酊	酉(2)	9	술취할 정
제	80	弟	弓(4)	7	아우 제:
제	62	第	竹(5)	11	차례 제:

대표음	급수	한자	부수(획수)	총획	대표훈음
제	62	題	頁(9)	18	제목 제
제	42	濟	水(14)	17	건널 제:
제	42	提	手(9)	12	끌 제
제	42	制	刀(6)	8	절제할 제:
제	42	製	衣(8)	14	지을 제:
제	42	除	阜(7)	10	덜 제
제	42	際	阜(11)	14	즈음/가[邊] 제:
제	42	祭	示(6)	11	제사 제:
제	40	帝	巾(6)	9	임금 제:
제	32	諸	言(9)	16	모두 제
제	32	齊	齊(0)	14	가지런할 제
제	30	堤	土(9)	12	둑 제
제	20	劑	刀(14)	16	약제 제
제	10	啼	口(9)	12	울 제
제	10	梯	木(7)	11	사다리 제
제	10	悌	心(7)	10	공손할 제:
제	10	蹄	足(9)	16	굽 제
조	70	祖	示(5)	10	할아비 조
조	60	朝	月(8)	12	아침 조
조	52	調	言(8)	15	고를 조
조	50	操	手(13)	16	잡을 조(:)
조	42	鳥	鳥(0)	11	새 조
조	42	助	力(5)	7	도울 조:
조	42	早	日(2)	6	이를 조:
조	42	造	辵(7)	11	지을 조:
조	40	條	木(7)	11	가지 조
조	40	潮	水(12)	15	밀물/조수 조
조	40	組	糸(5)	11	짤 조
조	32	租	禾(5)	10	조세 조
조	32	照	火(9)	13	비칠 조:
조	32	兆	儿(4)	6	억조 조
조	30	燥	火(13)	17	마를 조
조	30	弔	弓(1)	4	조상할 조:
조	20	措	手(8)	11	둘[置] 조
조	20	釣	金(3)	11	낚을/낚시 조:
조	20	彫	彡(8)	11	새길 조
조	12	趙	走(7)	14	나라 조:

대표음	급수	한자	부수(획수)	총획	대표훈음
조	12	曹	曰(6)	10	성(姓) 조
조	12	祚	示(5)	10	복(福) 조
조	10	詔	言(5)	12	조서 조:
조	10	藻	艸(16)	20	마름 조:
조	10	躁	足(13)	20	조급할 조
조	10	阻	阜(5)	8	막힐 조
조	10	凋	冫(8)	10	시들 조
조	10	嘲	口(12)	15	비웃을 조
조	10	曺	曰(7)	11	무리 조
조	10	棗	木(8)	12	대추 조
조	10	粗	米(5)	11	거칠 조
조	10	肇	聿(8)	14	비롯할 조:
조	10	遭	辵(11)	15	만날 조
조	10	槽	木(11)	15	구유 조
조	10	繰	糸(13)	19	고치켤 조
조	10	糟	米(11)	17	지게미 조
조	10	稠	禾(8)	13	빽빽할 조
조	10	漕	水(11)	14	배로실어나를 조
조	10	爪	爪(0)	4	손톱 조
조	10	眺	目(6)	11	볼 조:
족	72	足	足(0)	7	발 족
족	60	族	方(7)	11	겨레 족
족	10	簇	竹(11)	17	가는대[小竹] 족
존	42	尊	寸(9)	12	높을 존
존	40	存	子(3)	6	있을 존
졸	52	卒	十(6)	8	마칠 졸
졸	30	拙	手(5)	8	졸할 졸
졸	10	猝	犬(8)	11	갑자기 졸
종	52	種	禾(9)	14	씨 종(:)
종	50	終	糸(5)	11	마칠 종
종	42	宗	宀(5)	8	마루 종
종	40	鍾	金(9)	17	쇠북 종
종	40	從	彳(8)	11	좇을 종(:)
종	32	縱	糸(11)	17	세로 종
종	20	綜	糸(8)	14	모을 종
종	12	琮	玉(8)	12	옥홀 종
종	10	踵	足(9)	16	발꿈치 종

대표음	급수	한자	부수(획수)	총획	대표훈음
종	10	慫	心(11)	15	권할 종
종	10	腫	肉(9)	13	종기 종:
종	10	踪	足(8)	15	자취 종
좌	72	左	工(2)	5	왼 좌:
좌	40	座	广(7)	10	자리 좌:
좌	32	坐	土(4)	7	앉을 좌:
좌	30	佐	人(5)	7	도울 좌:
좌	10	挫	手(7)	10	꺾을 좌:
죄	50	罪	网(8)	13	허물 죄:
주	70	住	人(5)	7	살 주:
주	70	主	丶(4)	5	임금/주인 주
주	62	注	水(5)	8	부을 주:
주	60	晝	日(7)	11	낮 주
주	52	週	辵(8)	12	주일 주
주	52	州	巛(3)	6	고을 주
주	42	走	走(0)	7	달릴 주
주	40	酒	酉(3)	10	술 주(:)
주	40	朱	木(2)	6	붉을 주
주	40	周	口(5)	8	두루 주
주	32	柱	木(5)	9	기둥 주
주	32	珠	玉(6)	10	구슬 주
주	32	株	木(6)	10	그루 주
주	32	奏	大(6)	9	아뢸 주(:)
주	32	洲	水(6)	9	물가 주
주	32	鑄	金(14)	22	쇠불릴 주
주	32	宙	宀(5)	8	집 주:
주	30	舟	舟(0)	6	배 주
주	20	駐	馬(5)	15	머무를 주:
주	12	疇	田(14)	19	이랑 주
주	10	躊	足(14)	21	머뭇거릴 주:
주	10	輳	車(9)	16	몰려들 주
주	10	誅	言(6)	13	벨 주
주	10	做	人(9)	11	지을 주
주	10	胄	肉(5)	9	자손 주
주	10	呪	口(5)	8	빌 주:
주	10	嗾	口(11)	14	부추길 주
주	10	廚	广(12)	15	부엌 주

대표음	급수	한자	부수(획수)	총획	대표훈음
주	10	紸	糸(3)	9	주임금 주
주	10	紬	糸(5)	11	명주 주
주	10	註	言(5)	12	글뜻풀 주:
죽	42	竹	竹(0)	6	대 죽
준	42	準	水(10)	13	준할 준:
준	30	遵	辶(12)	16	좇을 준:
준	30	俊	人(7)	9	준걸 준:
준	20	准	冫(8)	10	비준 준:
준	12	駿	馬(7)	17	준마 준:
준	12	濬	水(14)	17	깊을 준:
준	12	浚	水(7)	10	깊게할 준:
준	12	晙	日(7)	11	밝을 준:
준	12	峻	山(7)	10	높을/준엄할 준:
준	12	埈	土(7)	10	높을 준:
준	10	竣	立(7)	12	마칠 준:
준	10	樽	木(12)	16	술통 준
준	10	蠢	虫(15)	21	꾸물거릴 준:
중	80	中	丨(3)	4	가운데 중
중	70	重	里(2)	9	무거울 중:
중	42	衆	血(6)	12	무리 중:
중	32	仲	人(4)	6	버금 중(:)
즉	32	卽	卩(7)	9	곧 즉
즐	10	櫛	木(15)	19	빗 즐
즙	10	葺	艸(9)	13	기울 즙
즙	10	汁	水(2)	5	즙 즙
증	42	增	土(12)	15	더할 증
증	40	證	言(12)	19	증거 증
증	32	憎	心(12)	15	미울 증
증	32	曾	曰(8)	12	일찍 증
증	32	症	疒(5)	10	증세 증(:)
증	32	蒸	艸(10)	14	찔 증
증	30	贈	貝(12)	19	줄[送] 증
지	70	紙	糸(4)	10	종이 지
지	70	地	土(3)	6	따 지
지	52	知	矢(3)	8	알 지
지	50	止	止(0)	4	그칠 지
지	42	志	心(3)	7	뜻 지

대표음	급수	한자	부수(획수)	총획	대표훈음
지	42	指	手(6)	9	가리킬 지
지	42	支	支(0)	4	지탱할 지
지	42	至	至(0)	6	이를 지
지	40	持	手(6)	9	가질 지
지	40	智	日(8)	12	슬기/지혜 지
지	40	誌	言(7)	14	기록할 지
지	32	之	丿(3)	4	갈 지
지	32	池	水(3)	6	못 지
지	32	枝	木(4)	8	가지 지
지	30	只	口(2)	5	다만 지
지	30	遲	辵(12)	16	더딜/늦을 지
지	20	脂	肉(6)	10	기름 지
지	20	旨	日(2)	6	뜻 지
지	12	芝	艸(4)	8	지초 지
지	12	址	土(4)	7	터 지
지	10	咫	口(6)	9	여덟치 지
지	10	摯	手(11)	15	잡을 지
지	10	枳	木(5)	9	탱자 지 | 탱자 기
지	10	祉	示(4)	9	복(福) 지
지	10	肢	肉(4)	8	팔다리 지
직	72	直	目(3)	8	곧을 직
직	42	職	耳(12)	18	직분 직
직	40	織	糸(12)	18	짤 직
직	12	稷	禾(10)	15	피[穀名] 직
직	12	稙	禾(8)	13	올벼 직
진	42	進	辵(8)	12	나아갈 진:
진	42	眞	目(5)	10	참 진
진	40	珍	玉(5)	9	보배 진
진	40	盡	皿(9)	14	다할 진:
진	40	陣	阜(7)	10	진칠 진
진	32	陳	阜(8)	11	베풀 진:/묵을 진
진	32	震	雨(7)	15	우레 진:
진	32	鎭	金(10)	18	진압할 진(:)
진	32	辰	辰(0)	7	별 진 | 때 신
진	32	振	手(7)	10	떨칠 진:
진	20	診	言(5)	12	진찰할 진
진	20	津	水(6)	9	나루 진(:)

대표음	급수	한자	부수(획수)	총획	대표훈음
진	20	塵	土(11)	14	티끌 진
진	12	秦	禾(5)	10	성(姓) 진
진	12	晋	日(6)	10	진나라 진:
진	10	嗔	口(10)	13	성낼 진
진	10	疹	疒(5)	10	마마 진
질	52	質	貝(8)	15	바탕 질
질	32	疾	疒(5)	10	병 질
질	32	秩	禾(5)	10	차례 질
질	30	姪	女(6)	9	조카 질
질	20	窒	穴(6)	11	막힐 질
질	10	帙	巾(5)	8	책권차례 질
질	10	桎	木(6)	10	차꼬 질
질	10	膣	肉(11)	15	음도 질
질	10	叱	口(2)	5	꾸짖을 질
질	10	跌	足(5)	12	거꾸러질 질
질	10	迭	辵(5)	9	갈마들 질
질	10	嫉	女(10)	13	미워할 질
짐	10	朕	月(6)	10	나 짐:
짐	10	斟	斗(9)	13	짐작할 짐
집	62	集	隹(4)	12	모을 집
집	32	執	土(8)	11	잡을 집
집	20	輯	車(9)	16	모을 집
징	32	徵	彳(12)	15	부를 징
징	30	懲	心(15)	19	징계할 징
징	10	澄	水(12)	15	맑을 징
차	42	次	欠(2)	6	버금 차
차	40	差	工(7)	10	다를 차
차	32	此	止(2)	6	이 차
차	32	借	人(8)	10	빌/빌릴 차:
차	30	且	一(4)	5	또 차:
차	20	遮	辵(11)	15	가릴 차(:)
차	10	叉	又(1)	3	갈래 차
차	10	嗟	口(10)	13	탄식할 차:
차	10	蹉	足(10)	17	미끄러질 차
착	52	着	目(7)	12	붙을 착
착	32	錯	金(8)	16	어긋날 착
착	30	捉	手(7)	10	잡을 착

대표음	급수	한자	부수(획수)	총획	대표훈음
착	10	搾	手(10)	13	짤 착
착	10	窄	穴(5)	10	좁을 착
착	10	鑿	金(20)	28	뚫을 착
찬	40	讚	言(19)	26	기릴 찬:
찬	32	贊	貝(12)	19	도울 찬:
찬	20	餐	食(7)	16	밥 찬
찬	12	瓚	玉(19)	23	옥잔 찬
찬	12	鑽	金(19)	27	뚫을 찬
찬	12	璨	玉(13)	17	옥빛 찬:
찬	12	燦	火(13)	17	빛날 찬:
찬	10	撰	手(12)	15	지을 찬:
찬	10	纂	糸(14)	20	모을 찬:
찬	10	饌	食(12)	21	반찬 찬:
찬	10	簒	竹(10)	16	빼앗을 찬:
찰	42	察	宀(11)	14	살필 찰
찰	20	刹	刀(6)	8	절 찰
찰	20	札	木(1)	5	편지 찰
찰	10	擦	手(14)	17	문지를 찰
참	52	參	厶(9)	11	참여할 참
참	30	慙	心(11)	15	부끄러울 참
참	30	慘	心(11)	14	참혹할 참
참	20	斬	斤(7)	11	벨 참(:)
참	10	塹	土(11)	14	구덩이 참
참	10	站	立(5)	10	역(驛)마을 참(:)
참	10	僭	人(12)	14	주제넘을 참:
참	10	懺	心(17)	20	뉘우칠 참
참	10	讒	言(17)	24	참소할 참
참	10	讖	言(17)	24	예언 참
창	62	窓	穴(6)	11	창 창
창	50	唱	口(8)	11	부를 창:
창	42	創	刀(10)	12	비롯할 창:
창	32	昌	日(4)	8	창성할 창(:)
창	32	蒼	艹(10)	14	푸를 창
창	32	倉	人(8)	10	곳집 창(:)
창	30	暢	日(10)	14	화창할 창:
창	20	滄	水(10)	13	큰바다 창
창	20	彰	彡(11)	14	드러날 창

대표음	급수	한자	부수(획수)	총획	대표훈음
창	12	敞	攴(8)	12	시원할 창
창	12	昶	日(5)	9	해길 창:
창	10	槍	木(10)	14	창 창
창	10	脹	肉(8)	12	부을 창:
창	10	娼	女(8)	11	창녀 창(:)
창	10	猖	犬(8)	11	미쳐날뛸 창
창	10	廠	广(12)	15	공장 창
창	10	瘡	疒(10)	15	부스럼 창
창	10	倡	人(8)	10	광대 창:
창	10	艙	舟(10)	16	부두 창
창	10	菖	艸(8)	12	창포 창
창	10	愴	心(10)	13	슬플 창:
창	10	漲	水(11)	14	넘칠 창:
채	40	採	手(8)	11	캘 채:
채	32	債	人(11)	13	빚 채:
채	32	彩	彡(8)	11	채색 채:
채	32	菜	艸(8)	12	나물 채:
채	12	埰	土(8)	11	사패지(賜牌地) 채:
채	12	采	采(1)	8	풍채 채:
채	12	蔡	艸(11)	15	성(姓) 채:
채	10	寨	宀(11)	14	목책(木柵) 채
책	52	責	貝(4)	11	꾸짖을 책
책	40	冊	冂(3)	5	책 책
책	32	策	竹(6)	12	꾀 책
책	10	柵	木(5)	9	울타리 책
처	42	處	虍(5)	11	곳 처:
처	32	妻	女(5)	8	아내 처
처	20	悽	心(8)	11	슬퍼할 처:
처	10	凄	冫(8)	10	쓸쓸할 처
척	32	尺	尸(1)	4	자 척
척	32	戚	戈(7)	11	친척 척
척	32	拓	手(5)	8	넓힐 척
척	30	斥	斤(1)	5	물리칠 척
척	20	隻	隹(2)	10	외짝 척
척	12	陟	阜(7)	10	오를 척
척	10	瘠	疒(10)	15	여윌 척
척	10	滌	水(11)	14	씻을 척

대표음	급수	한자	부수(획수)	총획	대표훈음
척	10	脊	肉(6)	10	등마루 척
척	10	擲	手(15)	18	던질 척
천	70	千	十(1)	3	일천 천
천	70	天	大(1)	4	하늘 천
천	70	川	巛(0)	3	내 천
천	40	泉	水(5)	9	샘 천
천	32	踐	足(8)	15	밟을 천:
천	32	賤	貝(8)	15	천할 천:
천	32	淺	水(8)	11	얕을 천:
천	32	遷	辵(11)	15	옮길 천:
천	30	薦	艸(13)	17	천거할 천:
천	12	釧	金(3)	11	팔찌 천
천	10	闡	門(12)	20	밝힐 천:
천	10	穿	穴(4)	9	뚫을 천:
천	10	擅	手(13)	16	멋대로할 천:
천	10	喘	口(9)	12	숨찰 천:
철	50	鐵	金(13)	21	쇠 철
철	32	哲	口(7)	10	밝을 철
철	32	徹	彳(12)	15	통할 철
철	20	撤	手(12)	15	거둘 철
철	12	澈	水(12)	15	맑을 철
철	12	喆	口(9)	12	밝을/쌍길[吉] 철
철	10	轍	車(12)	19	바퀴자국 철
철	10	綴	糸(8)	14	엮을 철
철	10	凸	凵(3)	5	볼록할 철
첨	30	尖	小(3)	6	뾰족할 첨
첨	30	添	水(8)	11	더할 첨
첨	12	瞻	目(13)	18	볼 첨
첨	10	籤	竹(17)	23	제비(점대) 첨
첨	10	僉	人(11)	13	다/여러 첨
첨	10	諂	言(8)	15	아첨할 첨:
첩	30	妾	女(5)	8	첩 첩
첩	20	諜	言(9)	16	염탐할 첩
첩	10	帖	巾(5)	8	문서 첩
첩	10	貼	貝(5)	12	붙일 첩
첩	10	疊	田(17)	22	거듭 첩
첩	10	牒	片(9)	13	편지 첩

대표음	급수	한자	부수(획수)	총획	대표훈음
첩	10	捷	手(8)	11	빠를 첩
청	80	靑	靑(0)	8	푸를 청
청	62	淸	水(8)	11	맑을 청
청	42	請	言(8)	15	청할 청
청	40	聽	耳(16)	22	들을 청
청	40	廳	广(22)	25	관청 청
청	30	晴	日(8)	12	갤 청
체	62	體	骨(13)	23	몸 체
체	32	滯	水(11)	14	막힐 체
체	30	遞	辵(10)	14	갈릴 체
체	30	逮	辵(8)	12	잡을 체
체	30	替	曰(8)	12	바꿀 체
체	20	締	糸(9)	15	맺을 체
체	10	涕	水(7)	10	눈물 체
체	10	諦	言(9)	16	살필 체
초	70	草	艸(6)	10	풀 초
초	50	初	刀(5)	7	처음 초
초	40	招	手(5)	8	부를 초
초	32	超	走(5)	12	뛰어넘을 초
초	32	肖	肉(3)	7	닮을/같을 초
초	32	礎	石(13)	18	주춧돌 초
초	30	抄	手(4)	7	뽑을 초
초	30	秒	禾(4)	9	분초 초
초	20	哨	口(7)	10	망볼 초
초	20	焦	火(8)	12	탈[燥] 초
초	12	楚	木(9)	13	초나라 초
초	10	貂	豸(5)	12	담비 초
초	10	礁	石(12)	17	암초 초
초	10	硝	石(7)	12	화약 초
초	10	憔	心(12)	15	파리할 초
초	10	醋	酉(8)	15	초 초
초	10	蕉	艸(12)	16	파초 초
초	10	樵	木(12)	16	나무할 초
초	10	梢	木(7)	11	나무끝 초
초	10	稍	禾(7)	12	점점 초
초	10	炒	火(4)	8	볶을 초
촉	32	觸	角(13)	20	닿을 촉

대표음	급수	한자	부수(획수)	총획	대표훈음
촉	32	促	人(7)	9	재촉할 촉
촉	30	燭	火(13)	17	촛불 촉
촉	12	蜀	虫(7)	13	나라이름 촉
촉	10	囑	口(21)	24	부탁할 촉
촌	80	寸	寸(0)	3	마디 촌:
촌	70	村	木(3)	7	마을 촌:
촌	10	忖	心(3)	6	헤아릴 촌:
총	42	總	糸(11)	17	다[皆] 총:
총	42	銃	金(6)	14	총 총
총	30	聰	耳(11)	17	귀밝을 총
총	10	叢	又(16)	18	떨기/모일 총
총	10	塚	土(10)	13	무덤 총
총	10	寵	宀(16)	19	사랑할 총:
촬	10	撮	手(12)	15	모을/사진찍을 촬
최	50	最	曰(8)	12	가장 최:
최	32	催	人(11)	13	재촉할 최:
최	12	崔	山(8)	11	성(姓)/높을 최
추	70	秋	禾(4)	9	가을 추
추	40	推	手(8)	11	밀 추
추	32	追	辵(6)	10	쫓을/따를 추
추	30	醜	酉(10)	17	추할 추
추	30	抽	手(5)	8	뽑을 추
추	20	趨	走(10)	17	달아날 추
추	12	鄒	邑(10)	13	추나라 추
추	12	楸	木(9)	13	가래 추
추	10	槌	木(10)	14	칠[擊] 추	방망이 퇴
추	10	樞	木(11)	15	지도리 추
추	10	芻	艸(4)	10	꼴 추
추	10	墜	土(12)	15	떨어질 추
추	10	鰍	魚(9)	20	미꾸라지 추
추	10	鎚	金(10)	18	쇠망치 추
추	10	酋	酉(2)	9	우두머리 추
추	10	錐	金(8)	16	송곳 추
추	10	錘	金(8)	16	저울추 추
추	10	椎	木(8)	12	쇠몽치/등골 추
축	50	祝	示(5)	10	빌 축
축	42	築	竹(10)	16	쌓을 축

대표음	급수	한자	부수(획수)	총획	대표훈음
축	42	蓄	艸(10)	14	모을 축
축	40	縮	糸(11)	17	줄일 축
축	32	畜	田(5)	10	짐승 축
축	30	逐	辵(7)	11	쫓을 축
축	30	丑	一(3)	4	소 축
축	20	蹴	足(12)	19	찰 축
축	20	軸	車(5)	12	굴대 축
춘	70	春	日(5)	9	봄 춘
춘	12	椿	木(9)	13	참죽나무 춘
출	70	出	凵(3)	5	날[生] 출
출	10	黜	黑(5)	17	내칠 출
충	52	充	儿(4)	6	채울 충
충	42	忠	心(4)	8	충성 충
충	42	蟲	虫(12)	18	벌레 충
충	32	衝	行(9)	15	찌를 충
충	20	衷	衣(4)	10	속마음 충
충	12	沖	水(4)	7	화(和)할 충
췌	10	贅	貝(11)	18	혹 췌:
췌	10	悴	心(8)	11	파리할 췌:
췌	10	膵	肉(12)	16	췌장 췌:
췌	10	萃	艸(8)	12	모을 췌:
취	42	取	又(6)	8	가질 취:
취	40	就	尤(9)	12	나아갈 취:
취	40	趣	走(8)	15	뜻 취:
취	32	吹	口(4)	7	불 취:
취	32	醉	酉(8)	15	취할 취:
취	30	臭	自(4)	10	냄새 취:
취	20	炊	火(4)	8	불땔 취:
취	12	聚	耳(8)	14	모을 취:
취	10	娶	女(8)	11	장가들 취:
취	10	翠	羽(8)	14	푸를/물총새 취:
취	10	脆	肉(6)	10	연할 취:
측	42	測	水(9)	12	헤아릴 측
측	32	側	人(9)	11	곁 측
측	10	惻	心(9)	12	슬플 측
층	40	層	尸(12)	15	층[層階] 층
치	50	致	至(4)	10	이를 치:

대표음	급수	한자	부수(획수)	총획	대표훈음
치	42	治	水(5)	8	다스릴 치
치	42	置	网(8)	13	둘[措] 치:
치	42	齒	齒(0)	15	이 치
치	32	値	人(8)	10	값 치
치	32	恥	心(6)	10	부끄러울 치
치	32	稚	禾(8)	13	어릴 치
치	12	峙	山(6)	9	언덕 치
치	12	雉	隹(5)	13	꿩 치
치	10	幟	巾(12)	15	기(旗) 치
치	10	嗤	口(10)	13	비웃을 치
치	10	痔	疒(6)	11	치질 치
치	10	侈	人(6)	8	사치할 치
치	10	熾	火(12)	16	성할 치
치	10	癡	疒(14)	19	어리석을 치
치	10	緻	糸(10)	16	**빽빽할** 치
치	10	馳	馬(3)	13	달릴 치
칙	50	則	刀(7)	9	법칙 칙
칙	10	勅	力(7)	9	칙서 칙
친	60	親	見(9)	16	친할 친
칠	80	七	一(1)	2	일곱 칠
칠	32	漆	水(11)	14	옻 칠
침	42	侵	人(7)	9	침노할 침
침	40	寢	宀(11)	14	잘 침:
침	40	針	金(2)	10	바늘 침(:)
침	32	浸	水(7)	10	잠길 침:
침	32	沈	水(4)	7	잠길 침(:)	성(姓) 심:
침	30	枕	木(4)	8	베개 침:
침	10	鍼	金(9)	17	침(鍼) 침
침	10	砧	石(5)	10	다듬잇돌 침:
칩	10	蟄	虫(11)	17	숨을 칩
칭	40	稱	禾(9)	14	일컬을 칭
칭	10	秤	禾(5)	10	저울 칭
쾌	42	快	心(4)	7	쾌할 쾌
타	50	他	人(3)	5	다를 타
타	50	打	手(2)	5	칠 타:
타	30	妥	女(4)	7	온당할 타:
타	30	墮	土(12)	15	떨어질 타:

대표음	급수	한자	부수(획수)	총획	대표훈음
타	10	駝	馬(5)	15	낙타 타
타	10	楕	木(9)	13	길고둥글 타:
타	10	惰	心(9)	12	게으를 타:
타	10	唾	口(8)	11	침[涎] 타:
타	10	陀	阜(5)	8	비탈질/부처 타
타	10	舵	舟(5)	11	키[正船木] 타
탁	50	卓	十(6)	8	높을 탁
탁	30	托	手(3)	6	맡길 탁
탁	30	濁	水(13)	16	흐릴 탁
탁	30	濯	水(14)	17	씻을 탁
탁	20	琢	玉(8)	12	다듬을 탁
탁	20	託	言(3)	10	부탁할 탁
탁	10	擢	手(14)	17	뽑을 탁
탁	10	鐸	金(13)	21	방울 탁
탄	50	炭	火(5)	9	숯 탄:
탄	40	歎	欠(11)	15	탄식할 탄:
탄	40	彈	弓(12)	15	탄알 탄:
탄	30	誕	言(7)	14	낳을/거짓 탄:
탄	12	灘	水(19)	22	여울 탄
탄	10	呑	口(4)	7	삼킬 탄
탄	10	坦	土(5)	8	평탄할 탄:
탄	10	憚	心(12)	15	꺼릴 탄
탄	10	綻	糸(8)	14	터질 탄:
탈	40	脫	肉(7)	11	벗을 탈
탈	32	奪	大(11)	14	빼앗을 탈
탐	40	探	手(8)	11	찾을 탐
탐	30	貪	貝(4)	11	탐낼 탐
탐	12	耽	耳(4)	10	즐길 탐
탐	10	眈	目(4)	9	노려볼 탐
탑	32	塔	土(10)	13	탑 탑
탑	10	搭	手(10)	13	탈[乘] 탑
탕	32	湯	水(9)	12	끓을 탕:
탕	10	宕	宀(5)	8	호탕할 탕:
탕	10	蕩	艸(12)	16	방탕할 탕:
태	60	太	大(1)	4	클 태
태	42	態	心(10)	14	모습 태:
태	32	殆	歹(5)	9	거의 태

대표음	급수	한자	부수(획수)	총획	대표훈음
태	32	泰	水(5)	10	클 태
태	30	怠	心(5)	9	게으를 태
태	20	颱	風(5)	14	태풍 태
태	20	胎	肉(5)	9	아이밸 태
태	12	兌	儿(5)	7	바꿀/기쁠 태
태	12	台	口(2)	5	별 태
태	10	笞	竹(5)	11	볼기칠 태
태	10	苔	艸(5)	9	이끼 태
태	10	跆	足(5)	12	밟을 태
태	10	汰	水(4)	7	일[淘] 태
택	52	宅	宀(3)	6	집 택
택	40	擇	手(13)	16	가릴 택
택	32	澤	水(13)	16	못 택
탱	10	撑	手(12)	15	버틸 탱
터	10	攄	手(15)	18	펼 터:
토	80	土	土(0)	3	흙 토
토	40	討	言(3)	10	칠 토(:)
토	32	吐	口(3)	6	토할 토(:)
토	32	兔	儿(6)	8	토끼 토
통	60	通	辵(7)	11	통할 통
통	42	統	糸(6)	12	거느릴 통:
통	40	痛	疒(7)	12	아플 통:
통	10	慟	心(11)	14	서러워할 통:
통	10	桶	木(7)	11	통(桶) 통
통	10	筒	竹(6)	12	통(筒) 통
퇴	42	退	辵(6)	10	물러날 퇴:
퇴	10	頹	頁(7)	16	무너질 퇴
퇴	10	堆	土(8)	11	쌓을 퇴:
퇴	10	褪	衣(10)	15	바랠[褪色] 퇴:
퇴	10	腿	肉(10)	14	넓적다리 퇴:
투	40	投	手(4)	7	던질 투
투	40	鬪	鬥(10)	20	싸움 투
투	32	透	辵(7)	11	사무칠 투
투	10	套	大(7)	10	씌울 투
투	10	妬	女(5)	8	샘낼 투
특	60	特	牛(6)	10	특별할 특
특	10	慝	心(11)	15	사특할 특

대표음	급수	한자	부수(획수)	총획	대표훈음
파	42	波	水(5)	8	물결 파
파	42	破	石(5)	10	깨뜨릴 파:
파	40	派	水(6)	9	갈래 파
파	30	播	手(12)	15	뿌릴 파(:)
파	30	把	手(4)	7	잡을 파:
파	30	罷	网(10)	15	마칠 파:
파	30	頗	頁(5)	14	자못 파
파	12	坡	土(5)	8	언덕 파
파	10	巴	己(1)	4	꼬리 파
파	10	爬	爪(4)	8	긁을 파
파	10	琶	玉(8)	12	비파 파
파	10	芭	艸(4)	8	파초 파
파	10	跛	足(5)	12	절름발이 파 | 비스듬히설 피:
파	10	婆	女(8)	11	할미 파
판	50	板	木(4)	8	널 판
판	40	判	刀(5)	7	판단할 판
판	32	版	片(4)	8	판목 판
판	30	販	貝(4)	11	팔[賣] 판
판	12	阪	阜(4)	7	언덕 판
판	10	辦	辛(9)	16	힘들일 판
팔	80	八	八(0)	2	여덟 팔
패	50	敗	攴(7)	11	패할 패:
패	30	貝	貝(0)	7	조개 패:
패	20	霸	雨(13)	21	으뜸 패:
패	10	沛	水(4)	7	비쏟아질 패:
패	10	牌	片(8)	12	패(牌) 패
패	10	悖	心(7)	10	거스를 패:
패	10	唄	口(7)	10	염불소리 패:
패	10	佩	人(6)	8	찰[帶] 패:
패	10	稗	禾(8)	13	피[穀類] 패:
팽	12	彭	彡(9)	12	성(姓) 팽
팽	10	膨	肉(12)	16	불을 팽
팽	10	澎	水(12)	15	물소리 팽
퍅	10	愎	心(9)	12	강퍅할 퍅
편	70	便	人(7)	9	편할 편(:) | 똥오줌 변
편	40	篇	竹(9)	15	책 편
편	32	編	糸(9)	15	엮을 편

대표음	급수	한자	부수(획수)	총획	대표훈음
편	32	片	片(0)	4	조각 편(:)
편	32	偏	人(9)	11	치우칠 편
편	30	遍	辵(9)	13	두루 편
편	12	扁	戶(5)	9	작을 편
편	10	鞭	革(9)	18	채찍 편
편	10	騙	馬(9)	19	속일 편
폄	10	貶	貝(5)	12	낮출 폄:
평	72	平	干(2)	5	평평할 평
평	40	評	言(5)	12	평할 평:
평	20	坪	土(5)	8	들[野] 평
평	10	萍	艸(8)	12	부평초(浮萍草) 평
폐	40	閉	門(3)	11	닫을 폐:
폐	32	肺	肉(4)	8	허파 폐:
폐	32	廢	广(12)	15	폐할/버릴 폐:
폐	32	弊	廾(12)	15	폐단/해질 폐:
폐	30	幣	巾(12)	15	화폐 폐:
폐	30	蔽	艸(12)	16	덮을 폐:
폐	10	斃	攴(14)	18	죽을 폐:
폐	10	陛	阜(7)	10	대궐섬돌 폐:
포	42	砲	石(5)	10	대포 포:
포	42	包	勹(3)	5	쌀[裹] 포(:)
포	42	布	巾(2)	5	베/펼 포(:) | 보시 보:
포	40	胞	肉(5)	9	세포 포(:)
포	32	捕	手(7)	10	잡을 포:
포	32	浦	水(7)	10	개[水邊] 포
포	30	抱	手(5)	8	안을 포:
포	30	飽	食(5)	14	배부를 포:
포	20	怖	心(5)	8	두려워할 포
포	20	鋪	金(7)	15	펼/가게 포
포	20	抛	手(4)	7	던질 포
포	12	鮑	魚(5)	16	절인물고기 포:
포	12	葡	艸(9)	13	포도 포
포	10	疱	疒(5)	10	물집 포:
포	10	庖	广(5)	8	부엌 포
포	10	逋	辵(7)	11	도망갈 포
포	10	襃	衣(9)	15	기릴 포
포	10	袍	衣(5)	10	도포 포

대표음	급수	한자	부수(획수)	총획	대표훈음
포	10	匍	勹(7)	9	길 포
포	10	脯	肉(7)	11	포(脯) 포
포	10	泡	水(5)	8	거품 포
포	10	圃	口(7)	10	채마밭 포
포	10	哺	口(7)	10	먹일 포:
포	10	咆	口(5)	8	고함지를[咆哮] 포
포	10	蒲	艸(10)	14	부들 포
폭	42	暴	日(11)	15	사나울 폭 | 모질 포:
폭	40	爆	火(15)	19	불터질 폭
폭	30	幅	巾(9)	12	폭 폭
폭	10	曝	日(15)	19	쪼일 폭 | 쪼일 포
폭	10	瀑	水(15)	18	폭포 폭 | 소나기 포
표	62	表	衣(2)	8	겉 표
표	42	票	示(6)	11	표 표
표	40	標	木(11)	15	표할 표
표	30	漂	水(11)	14	떠다닐 표
표	12	杓	木(3)	7	북두자루 표
표	10	豹	豸(3)	10	표범 표
표	10	慓	心(11)	14	급할 표
표	10	飄	風(11)	20	나부낄 표
표	10	剽	刀(11)	13	겁박할 표
품	52	品	口(6)	9	물건 품:
품	10	稟	禾(8)	13	여쭐 품:
풍	62	風	風(0)	9	바람 풍
풍	42	豊	豆(6)	13	풍년 풍
풍	32	楓	木(9)	13	단풍 풍
풍	10	諷	言(9)	16	풍자할 풍
피	40	疲	疒(5)	10	피곤할 피
피	40	避	辵(13)	17	피할 피:
피	32	被	衣(5)	10	입을 피:
피	32	皮	皮(0)	5	가죽 피
피	32	彼	彳(5)	8	저 피:
피	10	披	手(5)	8	헤칠 피
필	52	必	心(1)	5	반드시 필
필	52	筆	竹(6)	12	붓 필
필	32	畢	田(6)	11	마칠 필
필	30	匹	匚(2)	4	짝 필

대표음	급수	한자	부수(획수)	총획	대표훈음
필	12	弼	弓(9)	12	도울 필
필	10	疋	疋(0)	5	필(匹) 필
핍	10	逼	辵(9)	13	핍박할 핍
핍	10	乏	丿(4)	5	모자랄 핍
하	72	下	一(2)	3	아래 하:
하	70	夏	夂(7)	10	여름 하:
하	50	河	水(5)	8	물 하
하	32	荷	艸(7)	11	멜 하(:)
하	32	賀	貝(5)	12	하례할 하:
하	32	何	人(5)	7	어찌 하
하	10	霞	雨(9)	17	노을 하
하	10	遐	辵(9)	13	멀 하
하	10	蝦	虫(9)	15	두꺼비/새우 하
하	10	瑕	玉(9)	13	허물 하
학	80	學	子(13)	16	배울 학
학	32	鶴	鳥(10)	21	학 학
학	20	虐	虍(3)	9	모질 학
학	10	壑	土(14)	17	구렁 학
학	10	謔	言(9)	16	희롱할 학
학	10	瘧	疒(9)	14	학질(瘧疾) 학
한	80	韓	韋(8)	17	한국/나라 한(:)
한	72	漢	水(11)	14	한수/한나라 한:
한	50	寒	宀(9)	12	찰 한
한	42	限	阜(6)	9	한할 한:
한	40	閑	門(4)	12	한가할 한
한	40	恨	心(6)	9	한[怨] 한:
한	32	汗	水(3)	6	땀 한(:)
한	30	旱	日(3)	7	가물 한:
한	20	翰	羽(10)	16	편지 한:
한	12	邯	邑(5)	8	조(趙)나라서울 한 | 사람이름 감
한	10	罕	网(3)	7	드물 한:
한	10	悍	心(7)	10	사나울 한:
한	10	澣	水(13)	16	빨래할/열흘 한
할	32	割	刀(10)	12	벨 할
할	10	轄	車(10)	17	다스릴 할
함	32	含	口(4)	7	머금을 함
함	32	陷	阜(8)	11	빠질 함:

대표음	급수	한자	부수(획수)	총획	대표훈음
함	30	咸	口(6)	9	다 함
함	20	艦	舟(14)	20	큰 배 함:
함	10	緘	糸(9)	15	봉할 함
함	10	涵	水(8)	11	젖을 함
함	10	檻	木(14)	18	난간 함:
함	10	喊	口(9)	12	소리칠 함:
함	10	函	凵(6)	8	함(函) 함
함	10	銜	金(6)	14	재갈 함
함	10	鹹	鹵(9)	20	짤[鹽味] 함
합	60	合	口(3)	6	합할 합
합	10	盒	皿(6)	11	합(盒) 합
합	10	蛤	虫(6)	12	조개 합
항	42	航	舟(4)	10	배 항:
항	42	港	水(9)	12	항구 항:
항	40	抗	手(4)	7	겨룰 항:
항	32	恒	心(6)	9	항상 항
항	32	項	頁(3)	12	항목 항:
항	30	巷	己(6)	9	거리 항:
항	12	沆	水(4)	7	넓을 항:
항	12	亢	亠(2)	4	높을 항
항	10	缸	缶(3)	9	항아리 항
항	10	肛	肉(3)	7	항문 항
해	72	海	水(7)	10	바다 해:
해	52	害	宀(7)	10	해할 해:
해	42	解	角(6)	13	풀 해:
해	30	亥	亠(4)	6	돼지 해:
해	30	奚	大(7)	10	어찌 해
해	30	該	言(6)	13	갖출[備]/마땅[當] 해
해	10	諧	言(9)	16	화할 해
해	10	骸	骨(6)	16	뼈 해
해	10	楷	木(9)	13	본보기 해
해	10	偕	人(9)	11	함께 해
해	10	駭	馬(6)	16	놀랄 해
해	10	懈	心(13)	16	게으를 해:
해	10	咳	口(6)	9	기침 해
해	10	邂	辵(13)	17	우연히만날 해:
핵	40	核	木(6)	10	씨 핵

대표음	급수	한자	부수(획수)	총획	대표훈음
핵	10	劾	力(6)	8	꾸짖을 핵
행	62	幸	干(5)	8	다행 행:
행	60	行	行(0)	6	다닐 행(:) ｜ 항렬 항
행	12	杏	木(3)	7	살구 행:
향	60	向	口(3)	6	향할 향:
향	42	鄕	邑(10)	13	시골 향
향	42	香	香(0)	9	향기 향
향	32	響	音(13)	22	울릴 향:
향	30	享	亠(6)	8	누릴 향:
향	10	嚮	口(16)	19	길잡을 향:
향	10	饗	食(13)	22	잔치할 향:
허	50	許	言(4)	11	허락할 허
허	42	虛	虍(6)	12	빌 허
허	10	噓	口(12)	15	불[吹] 허
허	10	墟	土(12)	15	터 허
헌	40	憲	心(12)	16	법 헌:
헌	32	獻	犬(16)	20	드릴 헌:
헌	30	軒	車(3)	10	집 헌
헐	10	歇	欠(9)	13	쉴 헐
험	42	驗	馬(13)	23	시험 험:
험	40	險	阜(13)	16	험할 험:
혁	40	革	革(0)	9	가죽 혁
혁	12	爀	火(14)	18	불빛 혁
혁	12	赫	赤(7)	14	빛날 혁
현	62	現	玉(7)	11	나타날 현:
현	42	賢	貝(8)	15	어질 현
현	40	顯	頁(14)	23	나타날 현:
현	32	懸	心(16)	20	달[繫] 현:
현	32	玄	玄(0)	5	검을 현
현	30	絃	糸(5)	11	줄 현
현	30	縣	糸(10)	16	고을 현:
현	20	弦	弓(5)	8	시위 현
현	12	峴	山(7)	10	고개 현:
현	12	鉉	金(5)	13	솥귀 현
현	12	炫	火(5)	9	밝을 현:
현	10	衒	行(5)	11	자랑할 현:
현	10	眩	目(5)	10	어지러울 현:

대표음	급수	한자	부수(획수)	총획	대표훈음
현	10	絢	糸(6)	12	무늬 현:
혈	42	血	血(0)	6	피 혈
혈	32	穴	穴(0)	5	굴 혈
혐	30	嫌	女(10)	13	싫어할 혐
협	42	協	十(6)	8	화할 협
협	32	脅	肉(6)	10	위협할 협
협	20	峽	山(7)	10	골짜기 협
협	12	陜	阜(7)	10	좁을 협 ｜ 땅이름 합
협	10	俠	人(7)	9	의기로울 협
협	10	挾	手(7)	10	낄 협
협	10	狹	犬(7)	10	좁을 협
협	10	頰	頁(7)	16	뺨 협
형	80	兄	儿(3)	5	형 형
형	62	形	彡(4)	7	모양 형
형	40	刑	刀(4)	6	형벌 형
형	32	衡	行(10)	16	저울대 형
형	30	亨	亠(5)	7	형통할 형
형	30	螢	虫(10)	16	반딧불 형
형	20	型	土(6)	9	모형 형
형	12	馨	香(11)	20	꽃다울 형
형	12	邢	邑(4)	7	성(姓) 형
형	12	瑩	玉(10)	15	밝을 형 ｜ 옥돌 영
형	12	炯	火(5)	9	빛날 형
형	12	瀅	水(15)	18	물맑을 형:
형	10	荊	艸(6)	10	가시 형
혜	42	惠	心(8)	12	은혜 혜:
혜	32	慧	心(11)	15	슬기로울 혜:
혜	30	兮	八(2)	4	어조사 혜
혜	10	彗	彐(8)	11	살별 혜
혜	10	醯	酉(12)	19	식혜 혜
호	60	號	虍(7)	13	이름 호(:)
호	50	湖	水(9)	12	호수 호
호	42	好	女(3)	6	좋을 호:
호	42	戶	戶(0)	4	집 호:
호	42	護	言(14)	21	도울 호:
호	42	呼	口(5)	8	부를 호
호	32	浩	水(7)	10	넓을 호:

대표음	급수	한자	부수(획수)	총획	대표훈음
호	32	豪	豕(7)	14	호걸 호
호	32	胡	肉(5)	9	되[狄] 호
호	32	虎	虍(2)	8	범 호(:)
호	30	乎	丿(4)	5	어조사 호
호	30	互	二(2)	4	서로 호:
호	30	毫	毛(7)	11	터럭 호
호	20	濠	水(14)	17	호주 호
호	12	壕	土(14)	17	해자 호
호	12	扈	戶(7)	11	따를 호:
호	12	昊	日(4)	8	하늘 호:
호	12	鎬	金(10)	18	호경 호:
호	12	滸	水(12)	15	넓을 호:
호	12	皓	白(7)	12	흴[白] 호
호	12	祜	示(5)	10	복(福) 호
호	12	晧	日(7)	11	밝을 호:
호	10	糊	米(9)	15	풀칠할 호
호	10	弧	弓(5)	8	활 호
호	10	狐	犬(5)	8	여우 호
호	10	瑚	玉(9)	13	산호 호
호	10	琥	玉(8)	12	호박(琥珀) 호:
혹	40	或	戈(4)	8	혹 혹
혹	32	惑	心(8)	12	미혹할 혹
혹	20	酷	酉(7)	14	심할 혹
혼	40	婚	女(8)	11	혼인할 혼
혼	40	混	水(8)	11	섞을 혼:
혼	32	魂	鬼(4)	14	넋 혼
혼	30	昏	日(4)	8	어두울 혼
혼	10	渾	水(9)	12	흐릴 혼:
홀	32	忽	心(4)	8	갑자기 홀
홀	10	笏	竹(4)	10	홀(笏) 홀
홀	10	惚	心(8)	11	황홀할 홀
홍	40	紅	糸(3)	9	붉을 홍
홍	32	洪	水(6)	9	넓을 홍
홍	30	鴻	鳥(6)	17	기러기 홍
홍	30	弘	弓(2)	5	클 홍
홍	12	泓	水(5)	8	물깊을 홍
홍	10	哄	口(6)	9	떠들썩할 홍

대표음	급수	한자	부수(획수)	총획	대표훈음
홍	10	訌	言(3)	10	어지러울 홍
홍	10	虹	虫(3)	9	무지개 홍
화	80	火	火(0)	4	불 화(:)
화	72	話	言(6)	13	말씀 화
화	70	花	艹(4)	8	꽃 화
화	62	和	口(5)	8	화할 화
화	60	畫	田(7)	12	그림 화:	그을 획(劃)
화	52	化	匕(2)	4	될 화(:)
화	42	貨	貝(4)	11	재물 화:
화	40	華	艹(7)	11	빛날 화
화	32	禍	示(9)	14	재앙 화:
화	30	禾	禾(0)	5	벼 화
화	20	靴	革(4)	13	신[履, 鞋] 화
화	12	樺	木(11)	15	벚나무/자작나무 화
화	12	嬅	女(11)	14	탐스러울 화
확	42	確	石(10)	15	굳을 확
확	30	穫	禾(14)	19	거둘 확
확	30	擴	手(15)	18	넓힐 확
환	50	患	心(7)	11	근심 환:
환	40	歡	欠(18)	22	기쁠 환
환	40	環	玉(13)	17	고리 환(:)
환	32	還	辵(13)	17	돌아올 환
환	32	換	手(9)	12	바꿀 환:
환	30	丸	丶(2)	3	둥글 환
환	20	幻	幺(1)	4	헛보일 환:
환	12	煥	火(9)	13	빛날 환:
환	12	桓	木(6)	10	굳셀 환
환	10	宦	宀(6)	9	벼슬 환:
환	10	鰥	魚(10)	21	홀아비 환
환	10	喚	口(9)	12	부를 환
환	10	驩	馬(18)	28	기뻐할 환
활	72	活	水(6)	9	살 활
활	20	滑	水(10)	13	미끄러울 활	익살스러울 골
활	10	猾	犬(10)	13	교활할 활
활	10	闊	門(9)	17	넓을 활
황	60	黃	黃(0)	12	누를 황
황	40	況	水(5)	8	상황 황:

대표음	급수	한자	부수(획수)	총획	대표훈음
황	32	皇	白(4)	9	임금 황
황	32	荒	艸(6)	10	거칠 황
황	12	晃	日(6)	10	밝을 황
황	12	滉	水(10)	13	깊을 황
황	10	煌	火(9)	13	빛날 황
황	10	徨	彳(9)	12	헤맬 황
황	10	遑	辵(9)	13	급할 황
황	10	恍	心(6)	9	황홀할 황
황	10	慌	心(10)	13	어리둥절할 황
황	10	凰	几(9)	11	봉황 황
황	10	惶	心(9)	12	두려울 황
회	62	會	曰(9)	13	모일 회:
회	42	回	口(3)	6	돌아올 회
회	40	灰	火(2)	6	재 회
회	32	懷	心(16)	19	품을 회
회	32	悔	心(7)	10	뉘우칠 회:
회	20	廻	廴(6)	9	돌[旋] 회
회	12	淮	水(8)	11	물이름 회
회	12	檜	木(13)	17	전나무 회:
회	10	賄	貝(6)	13	재물/뇌물 회:
회	10	誨	言(7)	14	가르칠 회:
회	10	蛔	虫(6)	12	회충 회
회	10	膾	肉(13)	17	회(膾) 회:
회	10	繪	糸(13)	19	그림 회:
회	10	晦	日(7)	11	그믐 회
회	10	徊	彳(6)	9	머뭇거릴 회
회	10	恢	心(6)	9	넓을 회
획	32	獲	犬(14)	17	얻을 획
획	32	劃	刀(12)	14	그을 획
횡	32	橫	木(12)	16	가로 횡
효	72	孝	子(4)	7	효도 효:
효	52	效	攴(6)	10	본받을 효:
효	30	曉	日(12)	16	새벽 효:
효	10	嚆	口(14)	17	울릴 효
효	10	爻	爻(0)	4	사귈/가로그을 효
효	10	酵	酉(7)	14	삭힐 효:
효	10	哮	口(7)	10	성낼 효

대표음	급수	한자	부수(획수)	총획	대표훈음
후	72	後	彳(6)	9	뒤 후:
후	40	厚	厂(7)	9	두터울 후:
후	40	候	人(8)	10	기후 후:
후	30	侯	人(7)	9	제후 후
후	20	喉	口(9)	12	목구멍 후
후	12	后	口(3)	6	임금/왕후 후:
후	10	逅	辵(6)	10	만날 후:
후	10	朽	木(2)	6	썩을 후:
후	10	嗅	口(10)	13	맡을 후:
후	10	吼	口(4)	7	울부짖을 후:
훈	60	訓	言(3)	10	가르칠 훈:
훈	20	勳	力(14)	16	공(功) 훈
훈	12	熏	火(10)	14	불길 훈
훈	12	薰	艸(14)	18	향풀 훈
훈	12	壎	土(14)	17	질나팔 훈
훈	10	暈	日(9)	13	무리[光環] 훈
훤	10	喧	口(9)	12	지껄일 훤
훼	30	毁	殳(9)	13	헐 훼:
훼	10	喙	口(9)	12	부리 훼
훼	10	卉	十(3)	5	풀 훼
휘	40	揮	手(9)	12	휘두를 휘
휘	30	輝	車(8)	15	빛날 휘
휘	12	徽	彳(14)	17	아름다울 휘
휘	10	麾	麻(4)	15	기(旗) 휘
휘	10	彙	彐(10)	13	무리 휘
휘	10	諱	言(9)	16	숨길/꺼릴 휘
휴	70	休	人(4)	6	쉴 휴
휴	30	携	手(10)	13	이끌 휴
휴	12	烋	火(6)	10	아름다울 휴
휼	10	恤	心(6)	9	불쌍할 휼
흉	52	凶	凵(2)	4	흉할 흉
흉	32	胸	肉(6)	10	가슴 흉
흉	12	匈	勹(4)	6	오랑캐 흉
흉	10	兇	儿(4)	6	흉악할 흉
흉	10	洶	水(6)	9	용솟음칠 흉
흑	50	黑	黑(0)	12	검을 흑
흔	10	欣	欠(4)	8	기쁠 흔

대표음	급수	한자	부수(획수)	총획	대표훈음
흔	10	痕	疒(6)	11	흔적 흔
흠	12	欽	欠(8)	12	공경할 흠
흠	10	歆	欠(9)	13	흠향할 흠
흠	10	欠	欠(0)	4	하품 흠:
흡	42	吸	口(4)	7	마실 흡
흡	10	洽	水(6)	9	흡족할 흡
흡	10	恰	心(6)	9	흡사할 흡
흥	42	興	臼(9)	16	일[盛] 흥(:)
희	42	希	巾(4)	7	바랄 희
희	40	喜	口(9)	12	기쁠 희
희	32	稀	禾(7)	12	드물 희
희	32	戲	戈(13)	17	놀이 희
희	20	熙	火(9)	13	빛날 희
희	20	姬	女(6)	9	계집 희
희	20	噫	口(13)	16	한숨쉴 희
희	12	熹	火(12)	16	빛날 희
희	12	憙	心(12)	16	기뻐할 희
희	12	嬉	女(12)	15	아름다울 희
희	12	羲	羊(10)	16	복희(伏羲) 희
희	12	禧	示(12)	17	복(福) 희
희	10	犧	牛(16)	20	희생 희
힐	10	詰	言(6)	13	꾸짖을 힐

5　訓音의 採點 基準

代表訓音 외에 위에 열거한 傳統 字典類에 등장하는 訓은 典據가 확실한 訓으로 맞는 훈으로 처리한다. 다만 固有語의 의미가 바뀌거나(轉移) 한글 철자에 변동이 있는 경우에는 現代語를 살리는 방향으로 한다. 참고로 다음의 訓音은 認定되지 않는다.

① 어떤 글자의 訓音에 대하여 個人的 見解를 담은 경우 : 字典이나 學習 敎材는 개인적으로 編纂한 것도 있고, 學會나 出版社에서 編纂委員會를 구성하여 共同으로 編纂한 것도 있다. 물론 이런 著作들은 典據를 가지고 編纂되어야 하고 어떤 글자의 訓音에 대하여 개인적 견해를 담은 경우에는 개인적 의견임을 표시하여야 하고, 公式化하려면 關係 學者들의 同意를 얻는 절차를 밟아야 한다. 여러 사람의 同意를 얻지 못한 견해는 한 개인의 의견에 지나지 않으며, 이런 부분은 試驗에서 인정되지 않는다.

물론 妥當性이 있는 訓音이라면 토론을 거쳐 수용하는 절차를 밟게 되지만 當該 試驗에 막 바로 適

用되지는 않는다. 字典을 이용하려면 大學의 漢字 關聯 學科에서 많이 이용하는 權威있는 字典을 구입해야 한다.

② **編纂 과정의 실수로 訓音이 잘못된 경우** : 編纂 과정의 실수로 訓音이 잘못된 경우가 있다. 틀린 것으로 바른 것을 바꿀 수는 없으므로 이런 경우는 구제받을 길이 없다. 學習하면서 의심나는 부분은 관련 기관에 質疑를 하고, 해당 기관에서 배포하는 正誤表 등을 이용하여 틀린 것을 바로잡아야 한다.

③ 특별한 경우를 제외하고는 나라이름, 성(姓), 물이름, 나무이름, 땅이름 등으로 訓을 쓰는 것은 정답으로 인정하지 않는다. 이런 漢字는 하나 둘이 아니어서 이를 용인할 경우, 대부분의 漢字가 이러한 訓으로 대체되어 버리고, 정작 중요한 訓들이 후순위로 밀릴 것이기 때문이다. 또 이런 경우는 그 글자가 성(姓)으로 쓰이고, 이름자로도 쓰인다는 것을 보이는 것이지 엄밀하게는 訓이라 보기에는 어려운 것이다.

英(꽃부리 영)을 예로 들면 '나라이름 영', '영국(英國) 영'과 같은 형태의 訓音은 인정하지 않는다. 英國의 英은 英吉利를 줄인 것이고, England의 音借(假借)이다. 소리를 빌리면서 뜻도 취하여 England를 꽃부리 같고, 길하고, 이익이 되는 나라로 지칭하고 있는 것이다. 실제로 英이 英國을 지칭하는 말로 쓰여, '나라이름 영'이라고 하기도 하나 이를 인정하지 않는 것은 이를 용인할 경우, 美는 나라이름 미, 佛은 나라이름 불 등으로 나라이름으로 쓰이는 대부분의 漢字가 이러한 訓으로 대체되어 버리고, 정작 중요하고 일반적인 訓 즉, 美(아름다울 미), 佛(부처 불) 등이 후순위로 밀릴 것이기 때문이다.

梁의 경우, 나라이름으로도 쓰이고, 성씨로도 쓰이기 때문에 '성(姓) 량', '양(梁)나라 량'이라 할 수도 있지만 이를 인정치 않는 것은 보다 일반적인 '들보 량'을 알고 있는가를 확인하고자하기 때문이다. 沮의 경우 沮水라는 강이 있어 이를 '물 이름(沮水) 저'라고 하기도 하지만 이를 인정치 않는 것은 보다 일반적인 '막을 저'를 알고 있는 가를 확인하고자 하기 때문이다. 桑의 경우 이를 '나무이름 상'으로 하면 인정하지 않는다. 구체적으로 '뽕나무 상'으로 답하여야 한다.

그러나 다른 訓이 없이 姓氏, 人名, 地名, 國名, 山名, 水名 등으로 쓰이는 漢字는 예외적으로 '~이름'을 인정한다. 全國漢字能力檢定試驗이 代表訓音을 내세우는 이유 중의 하나는 보다 일반적인 전통 訓을 익힐 수 있도록 유도하는 취지도 있다는 점을 염두에 두어야 한다.

④ 특별한 경우를 제외하고는 漢字 단어를 訓으로 쓰면 인정되지 않는다. 모든 漢字를 순 우리말 訓으로만 하는 것은 어려움이 있어, 全國漢字能力檢定試驗도 부득이하게 傳來文獻에 根據가 있는 漢字 단어로 된 訓은 수용하고 있다.

그러나 기타의 漢字단어 訓은 대체로 수용치 않는다. 漢字말 訓을 認定하는 경우는 訓으로서의 資格 要件을 갖추고 있어야 하고, 순우리말 訓이 없거나 순우리말 訓 보다는 漢字말 訓이 더욱 일반적으로 알려져 있다고 판단되는 경우에 한한다. 일례로 哨(망볼 초)를 '보초(步哨) 초'로 하면 誤答이 된다. 步哨의 步(걷는다)의 의미가 哨에는 없기 때문이다. 斬(벨 참)을 '참신할 참'으로 하면 誤答이 된다. 斬에는 新(새롭다)의 의미가 없기 때문이다. 이런 漢字말은 일단 訓으로서의 資格 要件을 갖추지 못하고 있으므로 논할 것도 없다. 예외적으로 區를 '구분(區分)할 구'라 하면 이를 인정한다. 나눌 구(區), 나눌 분(分)으로 區分의 의미를 區 혼자서도 대변할 수 있고 '나누다'의 순우리말 訓 보다는 이 訓이 더욱 일반적으로 알려져 있다고 판단하였기 때문이다.

그러나 戰(싸움 전)을 '전쟁(戰爭) 전', '전투(戰鬪) 전'이라 하면 인정되지 않는다. 訓의 자격 요건을 갖추었다고 보이지만 '싸움'이라는 전통 훈이 보다 일반적이므로, '전쟁'이나 '전투'를 인정하고 보태야 할 이유가 없는 것이다. 漢字의 訓을 익히는 까닭은 그 글자가 들어간 다른 單語를 접했을 때 이미 익힌 訓으로 그 뜻을 쉽게 유추할 수 있을 것이기 때문이다. 漢字 訓을 漢字 單語로 한다면 정확한 의미를 모른 채 역시 漢字의 소리만 외우게 되는 결과를 초래할 것이고, 漢字의 訓은 不知其數로 많아질 것이다. 역시 傳統 訓을 중심으로 學習하는 것이 좋다.

⑤ 특별한 경우를 제외하고는 해당 漢字의 音으로 訓을 쓰면 인정되지 않는다. 예로 學(배울 학)을 '학학'이라 하면 誤答이다. 그러나 脈(맥 맥), 串(곶 곶), 籠(농 롱) 등은 인정된다. 이런 경우는 漢字의 音이 이미 하나의 독립된 의미체계를 이루면서 單語가 된 것이고, 또, 그 訓을 다른 訓들과 비교하여 대표 訓에 준할 정도로 중요한 자리를 차지하고 있다고 인정되기 때문이다. 그러나 音으로 訓이 되는 글자들도 대부분 다른 訓이 있으므로 가능하면 音으로 訓을 삼는 것은 피하는 것이 좋다.

참고로 漢字는 名詞나 形容詞 등이 구분되지 않고 쓰이거나 能動 被動 使動 受動 등이 구분되지 않고 쓰이는 경우가 있다. 또 漢字의 訓은 含蓄性 있게 表現되는 것이 많다. 예로 '길다, 길게 하다, 길어지다, 긺, 길이, 긴' 등등은 우리말에서는 분명 다른 것이지만 漢字는 '長'이라는 漢字로 이 모든 것을 表現할 수 있다.

그러나 '長'이 이를 다 표현한다고 하여 訓音을 '길다 장, 길게 하다 장, 길어지다 장, 긺 장, 길이 장, 긴 장, 길 장' 등으로 모두 摘示하지는 않으며 보통 '긴 장'이나 '길 장' 정도로 壓縮하여 表現하는 것으로 그치고 이런 語尾의 변화나 態의 변화는 일일이 摘示하지 않는 것이 일반적이다. 漢字의 特性을 이해하면 되는 것을 訓으로 복잡하게 表現할 필요는 없기 때문이다.

訓音을 적는 것도 오랜 원칙이 있다. 訓音을 동시에 적을 때는 訓과 音 사이를 한 칸 띄우고, 訓이 形容詞나 動詞인 경우에는 원형을 밝히지 않고 '～ㄹ', '～할'의 활용으로 訓이 音을 修飾하는 형태로 표현하는 것이 오랜 원칙이다. 예로 天은 '하늘 천', 感은 '느낄 감', 動은 '움직일 동'으로 표현한다. 최근에는 '느끼다 감', '움직이다 동'과 같이 원형을 밝혀 적기도 하지만 그러나 오랜 訓音 표기법을 존중하는 것이 좋다.

◀ 영역별 학습 및 능력/평가 준거 ▶

영역	학습 및 능력 / 평가 준거
한자의 이해	1. 지도할 한자의 훈과 음을 숙지하여 학습 한자의 뜻과 음을 정확히 사용할 수 있도록 교수–학습 활동을 수행할 수 있다. 2. 지도할 한자의 字形을 숙지하여 학습 한자를 정확히 쓸 수 있도록 교수–학습 활동을 수행할 수 있는가를 평가한다.

◀ 영역별 대표 문항 ▶

능력단위	한자학 이론	단위요소	한자의 훈음	정답	[1] 열매 과, [2] 밤 률, [3] 조 속, [4] 수레 여, [5] 떨어질 타, [6] 憤, [7] 鐵, [8] 爆, [9] 寢, [10] 華
문항	※ 다음 漢字의 訓과 音을 쓰시오. 　[1] 果　　　　　　　　[2] 栗 　[3] 粟　　　　　　　　[4] 輿 　[5] 墮 ※ 다음 訓音에 맞는 漢字를 쓰시오. 　[6] 분할 분　　　　　　[7] 쇠 철 　[8] 불터질 폭　　　　　[9] 잘 침 　[10] 빛날 화				

第6章 漢字의 正字와 略字

漢字에는 正字, 略字, 俗字, 古字, 本字, 同字, 異體字, 簡化字 등이 있다. 觀을 예로 들면 觀(正字), 覌 覌(略字), 観(俗字), 观(簡化字), 年을 예로 들면 年(正字), 秊(本字), 棋를 예로 들면, 棋(正字), 棊(同字), 碁(同字)이다.

이 중 漢字 學習의 대상은 正字와 略字이다. 俗字는 엄밀하게는 틀린 글자이며, 正字의 筆劃을 줄여 많이 쓰이는 것은 略字로 취급하기도 한다. 그 외에 古字, 本字, 同字, 異體字 등은 漢文을 접하면 자연스럽게 익히게 되고, 國語 생활에서 반드시 필요한 부분은 아니므로 標準 字形의 漢字 正字를 익히는데 힘을 써야 한다.

略字는 한자 학습 환경에서 그 필요성이 줄어들었다고 볼 수 있으나 아직도 文書를 직접 써야 하는 경우가 있고 그럴 때 略字는 아주 유용하다고 할 수 있다. 簡化字는 正字를 알면 쉽게 익힐 수 있으며, 中國式 略字로 볼 수 있다.

* 약자 일람

　※ 왼쪽이 正字, 가운데가 해당 漢字의 級數, 오른쪽이 略字이다.

　※ 여기에서 略字로 지정된 글자 중에는 상위級數에 新習漢字로 배정된 漢字가 있을 수 있다. 그러나 略字로서의 기능은 별개이므로 하위級數에서 略字 시험의 出題 대상이 된다. 예로 杰은 人名地名用 漢字로 2級에 등록되어 있으나 4級 配定漢字인 傑의 略字 문제로도 나올 수 있다.

假	4Ⅱ	仮	堅	4	坚
價	5	価	缺	4Ⅱ	欠
覺	4	覚	徑	3	径
減	4Ⅱ	减	經	4Ⅱ	経
監	4Ⅱ	监	輕	5	軽
鑑	3Ⅱ	鑑	莖	1	茎
蓋	3Ⅱ	盖	繼	4	継
據	4	拠	寬	3Ⅱ	寛
擧	5	挙 舉	觀	5	覌 覌 観
傑	4	杰	關	5	関
儉	4	倹	館	3Ⅱ	舘
劍	3Ⅱ	剣	廣	5	広
檢	4Ⅱ	検	鑛	4	鉱

正字	略字	數
煮	煮	2
獨	独	5
讀	読	6
燈	灯	4Ⅱ
樂	楽	6
亂	乱	4
溢	溢	3
籃	籃	1
藍	藍	2
覽	覧	4
來	来	7
兩	両	4Ⅱ
涼	涼	3Ⅱ
勵	励	3Ⅱ
廬	庐	2
麗	麗	4Ⅱ
戀	恋	3Ⅱ
聯	联	3Ⅱ
獵	猎	3
靈	霊	3Ⅱ
齡	齢	1
禮	礼	6
勞	労	5
爐	炉	3Ⅱ
籠	篭	2
龍	竜	4
樓	楼	3Ⅱ
壘	塁	1
離	离	4
臨	临	3Ⅱ
滿	満	4Ⅱ
灣	湾	2
蠻	蛮	2
萬	万	8
賣	売	5

正字	略字	數
壞	壊	3Ⅱ
區	区	6
歐	欧	2
毆	殴	1
軀	躯	1
嘔	呕	1
嶇	岖	1
謳	讴	2
鷗	鸥	3
驅	驱	5
舊	旧	1
鉤	钩	3
龜	亀	8
國	国	4
勸	勧	4Ⅱ
權	権	4
歸	帰	3
旣	既	3
棄	弃	7
氣	気	3Ⅱ
緊	紧	3Ⅱ
寧	寜	3
惱	悩	3Ⅱ
腦	脑	3Ⅱ
單	単	4Ⅱ
團	団	5
斷	断	4Ⅱ
擔	担	4Ⅱ
膽	胆	2
當	当	5
黨	党	4Ⅱ
對	対	6
臺	台（基）	3Ⅱ
擡	抬	1
圖	図	6

正字	級數	略字
麥	3	麦
貌	3II	皃
夢	3II	梦
廟	3	庿 (庙)
無	5	无
彌	2	弥
迫	3II	廹
發	6	発
變	5	変
邊	4II	辺 (边)
倂	2	併
寶	4II	宝
富	4II	冨
敷	2	勞
佛	4II	仏
拂	3	払
寫	5	写 (写 寫)
師	4II	师
辭	4	辞
滲	1	渗
插	2	挿
嘗	3	嘗
桑	3	桒
狀	4II	状
敍	3	叙 (叙 敍)
釋	3II	釈
船	5	舩
纖	2	繊
攝	3	摂
燮	2	变
聲	4II	声
燒	3II	焼
屬	4	属
續	4II	続
壽	3II	寿

正字	級數	略字
收	4II	収
數	7	数
粹	1	粋
獸	3II	獣
穗	10	穂
隨	3II	随
髓	1	髄
繡	1	繍 (繡)
肅	4	粛 (肅)
濕	3	湿
乘	3II	乗
腎	2	腎
實	5	実
雙	3II	双
亞	3II	亜
啞	1	唖
兒	5	児
惡	5	悪
巖	3II	岩
壓	4II	圧
礙	2	碍
藥	6	薬
壤	3II	壌
孃	2	嬢
讓	3II	譲
釀	1	醸
嚴	4	厳
與	4	与
餘	4II	余
譯	3II	訳
驛	3II	駅
淵	2	淵
硏	4II	研
姸	2	妍
鉛	4	鉛

正字	급수	略字
轉	4	転
錢	4	銭
竊	3	窃
點	4	点
定	6	定
靜	4	静
劑	2	剤
濟	4Ⅱ	済
齊	3Ⅱ	斉
條	4	条
卒	5	卆
從	4	従 (从)
晝	6	昼
鑄	3Ⅱ	鋳
準	4Ⅱ	準
卽	3Ⅱ	即
增	4Ⅱ	増
曾	3Ⅱ	曽
蒸	3Ⅱ	蒸
證	4	証
珍	4	珎
盡	5	尽
質	5	質
參	3	参
慘	4Ⅱ	惨
處	3Ⅱ	処
淺	3Ⅱ	浅
賤	3Ⅱ	賎
踐	3	践
遷	5	迁
鐵	4	鉄
廳	4	庁
聽	6	聴
體	3	体
遞		逓

正字	급수	略字
鹽	3	塩
榮	4Ⅱ	栄
營	4	営
藝	4Ⅱ	芸
譽	3Ⅱ	誉
豫	4	予
溫	6	温
鬱	2	欝
員	4Ⅱ	負
遠	6	遠
僞	3	偽
圍	4	囲
爲	4Ⅱ	為
隱	4	隠
陰	4Ⅱ	陰
蔭	1	蔭
應	4Ⅱ	応
宜	3	宜
醫	6	医
貳	2	弌 (弍)
壹	2	壱
棧	1	桟
殘	4	残
蠶	2	蚕
雜	4	雑
壯	4	壮
將	4Ⅱ	将
莊	3Ⅱ	荘
裝	4	装
獎(奬)	4	奨
哉	3	戌
爭	5	争
豬	1	猪
傳	5	伝
戰	6	战 (戦)

繁体字	数	簡体字
獻	3Ⅱ	献
險	4	険
驗	4Ⅱ	験
縣	3	県
賢	4Ⅱ	賢
顯	4	顕
峽	2	峡
陝	2「名」	陝
俠	1	侠
挾	1	挾
狹	1	狭
頰	3	頬
螢	3Ⅱ	蛍
惠	6	恵
號	6	号
畫	3	画
擴	4	拡
歡	6	欢　歓
會	3Ⅱ	会
懷	1	懐
繪	4Ⅱ	絵
興	3Ⅱ	兴
戲		戯　戯

繁体字	数	簡体字
觸	3Ⅱ	触
總	4Ⅱ	総
聰	30	聡
沖	2	冲
蟲	4Ⅱ	虫
醉	3Ⅱ	酔
齒	4Ⅱ	歯
癡	1	痴
漆	3	柒
稱	4	称
墮	3	堕
彈	4	弾
兌	2	兌
擇	4	択
澤	3Ⅱ	沢
兔	3Ⅱ	兎
霸	2	覇
廢	3	廃
學	8	学
鹹	1	鹹
艦	2	艦
解	4Ⅱ	解
虛	4Ⅱ	虚

영역	학습 및 능력 / 평가 준거
한자의 이해	1. 正字/俗字/略字의 개념을 이해하고, 개별 한자의 해당 字形을 숙지하여 판서할 수 있는가를 평가한다.

◀ 영역별 대표 문항 ▶

능력단위	한자학 이론	단위요소	正字/略字/俗字	정답	[1] 證, [2] 与, [3] 步, [4] 欠, [5] 鑛
문항	※ 다음 漢字의 正字는 略字나 俗字로, 略字나 俗字는 正字로 바꾸어 쓰시오. [1] 証 [2] 與 [3] 宝 [4] 缺 [5] 鉱				

第7章 字源論

1 漢字의 字源

漢字는 表意文字로서 수없이 많은 낱낱의 細分化된 글자가 있다. 漢字의 語彙는 이러한 낱낱의 글자가 조합되어 여러 글자를 만들어냈다. 漢字 字源 學習法이란 이러한 한자의 造語法에 着眼하여 생겨난 漢字敎育論의 하나이다.

漢字의 字源 學習은 漢字가 가지고 있는 本來의 문자적 의미를 字形과 字意, 字音上에서 분석, 종합하여 이를 구조적, 체계적으로 접근함으로써 한자를 쉽고 재미있게 학습할 수 있도록 한다. 이렇게 함으로써 다음과 같은 교육적 효과를 볼 수 있다.

첫째, 漢字를 有意味한 綴字로 이해할 수 있게 한다. 漢字는 表意文字이지만 『說文解字』에 실린 9,353자 중 象形으로 간주되는 漢字는 364字에 불과하다. 이 중에서 순수한 獨體 象形字는 242字에 불과하므로 이들을 제외하면 한자의 뜻을 명확히 알기 어렵다. 만일 字源의 의미를 모르고 한자를 공부하면 이는 무의미한 글자를 학습하는 것과 마찬가지이다. 그렇다고 모든 사상과 사물을 象形化하여 한자를 학습할 수는 없다. 이러한 문제점을 극복할 수 있는 것 중 하나가 形聲字의 제자 원리이다. 형성의 방법으로 한자의 자원을 이해하면 한자를 유의미한 철자로 이해할 수 있을 것이다.

둘째, 漢字를 친숙한 문자로 이해하여 長期 記憶에 도움을 준다. 학교 수업에서 무의미한 철자로 학습자에게 교육을 반복한다면 교육적 효과가 없을 뿐만 아니라 비효율적이어서 학습자의 흥미를 유발할 수 없다. 한자의 자원 학습은 자형과 자의를 분석하는 데서 출발하므로 한자를 유의미한 철자로 이해하게 한다. 또한 학습자로 하여금 한자를 보다 친숙한 문자로 이해하도록 하여 자기주도적 학습과 창의적 사고를 가능하게 하고 장기 기억에 도움을 줄 수 있다.

셋째, 반복 학습을 통한 강화 효과를 준다. '雨'는 하늘에서 빗물이 뚝뚝 떨어지는 모양을 본뜬 글자로 '비'의 뜻을 지니고 있는 상형문자이다. 예컨대, '雲(구름 운), 雪(눈 설), 露(이슬 로), 霜(서리 상)' 등은 '雨'와 관련된 한자이다. 이와 같이 '雨'의 자원을 앎으로써 '雨'와 관련된 한자를 반복 학습하게 되고 이를 통하여 강화 효과를 얻을 수 있다.

이처럼 漢字 字源에 의한 漢字 學習은 漢字의 形成過程을 이해하고 漢字를 익히는데 큰 도움을 줄 수 있다.

漢字 字源에 의한 한자 학습은 한자의 形成過程을 이해하고 字形을 익히는데 큰 도움을 줄 수 있다. 이 책에 수록된 한자 字源은 한자의 핵심 의미이자 한자 분류의 기본 원칙이 되는 部首의 자원을 풀이하고 漢字能力檢定試驗 1級 3,500字를 해당 부수별로 분류하였다. 아울러 해당 한자가 부수의 역할 외에 構件으로 사용되고 있는 한자들을 구별하여 한자 지도에 활용될 수 있도록 정리하였다.

비록 동일한 글자라 하더라도 어떤 한자는 그 本義나 字源이 학자들마다의 관점에 따라 다르게 해석되기도 한다. 또 이렇게 다양한 해석들을 내놓은 학자들이 저마다 자신의 주장을 뒷받침하는 論據들을 제시하기도 한다. 이러한 실정을 감안하여 이 책에 記述한 자원은 가급적 여러 학자들이 공통적으로 주장하는 내용을 참조하였으며, 甲骨文, 金文, 篆書 등의 字形과 字義 관계가 명확히 설명될 수 있는 것, 그 本義나 構形의 의도가 해당 글자들을 構件으로 하는 用例 한자들의 자원을 설명하는 데 용이한 것 위주로 취사선택하였다.

(1) 추상적 개념으로 부호화된 글자

* 부수 명칭 : 점주

가리키고자 하는 사물의 위치나 존재를 개념적으로 표시하는 지사부호로 쓰인다. 상형으로 보는 경우에는 움직이지 않고 자리를 잡은 등잔 따위의 불꽃이란 뜻으로 해석하기도 한다.

▷ 부수이면서 불꽃과 관련된 의미를 나타내는 것

主$_{70}$

▷ 부수이지만 불꽃의 의미와는 관련이 없는 것

丹$_{32}$ 丸$_{30}$

* 부수 명칭 : 작을소

작은 점 세 개로 '작다'라는 뜻을 나타낸 지사자이다. 크기가 작은 것은 小, 수량이 적은 것은 少(작은 점 네 개로 '적다'라는 뜻을 나타낸 지사자)로 구분하여 '작다'와 '적다'의 개념을 구분하여 나타내지만 구건으로 사용될 경우 그 구별이 명확하지 않다.

▷ 부수이면서 작다와 관련된 의미를 나타내는 것

小$_{80}$ 少$_{70}$ 尖$_{30}$

▷ 부수이지만 작다의 의미와는 관련이 없는 것

尙₃₂

▷ 小가 구건으로 쓰인 것

消₆₂ 省₆₂ 妙₄₀ 削₃₂ 沙₃₂ 肖₃₂ 劣₃₀ 秒₃₀ 抄₃₀ 哨₂₀ 趙₁₂ 宵₁₀ 逍₁₀ 隙₁₀ 梢₁₀ 屑₁₀ 稍₁₀ 硝₁₀ 炒₁₀ 紗₁₀ 姿₁₀ 雀₁₀

[한 일]　　　갑골　금문　전서

* 부수 명칭 : 한일

숫자를 표시하기 위해 가로획 하나를 그은 지사부호로 본의는 '하나'이다. 다른 글자와 결합하여 지사부호로 쓰일 경우 하늘이나 땅, 위, 아래 등의 위치의 기준선을 나타내거나 가리키고자 하는 사물의 위치나 존재를 개념적으로 표시하는 경우가 많다.

▷ 부수이면서 숫자 1과 관련된 의미를 나타내는 것

一₈₀ 三₈₀

▷ 부수이지만 숫자 1의 의미와는 관련이 없는 것

七₈₀ 不₇₂ 上₇₂ 世₇₂ 下₇₂ 丁₄₀ 丙₃₂ 丘₃₂ 丈₃₂ 且₃₀ 丑₃₀ 丕₁₂ 丞₁₀

[두 이]　　　갑골　금문　전서

* 부수 명칭 : 두이

숫자를 표시하기 위해 가로획 두 개를 그은 지사부호로 본의는 '둘'이다. 갑골이나 금문의 경우 위와 아래 두 획의 길이를 같게 하여 위의 획이 짧은 上이나 아래 획이 짧은 下와 구별하였다. 다른 글자와 결합하여 지사부호로 쓰일 경우 위 또는 아래, 특정 공간의 범위, 또는 가지런하다, 동등하다 등의 관념적인 부호로 사용되는 경우가 많다.

▷ 부수이면서 숫자 2와 관련된 의미를 나타내는 것

二₈₀

▷ 부수이지만 숫자의 의미와는 관련이 없는 것

五₈₀ 井₃₂ 亞₃₂ 云₃₀ 于₃₀ 互₃₀ 亘₁₀ 些₁₀

▷ 二가 구건으로 쓰인 것

極₄₂ 濟₄₂ 仁₄₀ 慰₄₀ 齊₃₂ 尉₂₀ 蔚₁₂ 齋₁₀ 劑₂₀

[보일 시] 갑골 금문 전서

* 변형 부수 : 衤

* 부수 명칭 : 보일시

신에게 희생을 바치는 제단 위에 제물을 차려 놓은 모양, 혹은 나무나 돌을 세워 만든 신주(神主)의 모양 등 다양한 해석들이 있다. 그 중 '사람들이 길흉을 볼 수 있도록 하늘에서 드리워주는 형상이다. 하늘(二 *고문자에서 위의 획이 짧게 표시된 二는 기준선의 위를 표시한 지사자로 上의 뜻을 나타낸다)과 드리우는 해(日), 달(月), 별(星) 세 가지(小을 말한다)라는 뜻이다. 이것들로 시간의 변화를 살피고 천문을 관찰하였다. 示는 신의 일이다(天垂象見吉凶 所吕示人也 从二(古文上)三垂(謂小)日月星也 觀乎天文 吕察時變 示神事也)'라고 한 〈설문해자〉의 해석이 가장 따를 만하다. 즉 본의는 해와 달과 별의 형상에 투영된 '신의 계시'라는 뜻이다. 부수나 구건으로 사용될 경우 귀신, 제사, 길흉화복, 계시 등 신과 관련된 의미들을 나타낸다.

▷ 부수이면서 신과 관련된 의미를 나타내는 것

祖$_{70}$ 社$_{62}$ 神$_{62}$ 禮$_{60}$ 福$_{52}$ 示$_{50}$ 祝$_{50}$ 祭$_{42}$ 禁$_{42}$ 祕$_{40}$ 祈$_{32}$ 禪$_{32}$ 祿$_{32}$ 祀$_{32}$ 禍$_{32}$ 祥$_{30}$ 禧$_{12}$ 祚$_{12}$ 禎$_{12}$ 祐$_{12}$ 祜$_{12}$ 祠$_{10}$ 禦$_{10}$ 祉$_{10}$ 禱$_{10}$

▷ 부수이지만 신의 의미와는 관련이 없는 것

票$_{42}$

▷ 示가 구건으로 쓰인 것

宗$_{42}$ 察$_{42}$ 視$_{42}$ 際$_{42}$ 崇$_{40}$ 隷$_{30}$ 奈$_{30}$ 綜$_{20}$ 蔡$_{12}$ 琮$_{12}$ 踪$_{10}$ 襟$_{10}$ 擦$_{10}$ 捺$_{10}$

[점 복] 갑골 금문 전서

* 부수 명칭 : 점복

점을 치기 위해 거북의 배딱지이나 짐승의 뼈에 숯을 놓고 지졌을 때 갈라져 터지면서 나타나는 금의 모양을 본뜬 글자로 본의는 불로 지진 뼈에 '갈라진 금'이라는 뜻이다. 이 점괘에 대한 내용을 기록한 것이 바로 갑골문이며 이것을 복사(卜辭)라고 한다. 부수나 구건으로 사용될 경우에는 점을 치거나 점괘, 조짐, 복사 등과 관련된 의미를 나타낸다.

▷ 부수이면서 점과 관련된 의미를 나타내는 것

占$_{40}$ 卜$_{30}$ 卦$_{10}$

▷ 부수이지만 점의 의미와는 관련이 없는 것

卞$_{12}$ 卨$_{12}$

▷ 卜이 구건으로 쓰인 것

外$_{80}$ 朴$_{60}$ 店$_{52}$ 點$_{40}$ 貞$_{32}$ 赴$_{30}$ 槙$_{12}$ 禎$_{12}$ 帖$_{10}$ 砧$_{10}$ 貼$_{10}$ 站$_{10}$ 訃$_{10}$ 霑$_{10}$ 粘$_{10}$ 幀$_{10}$

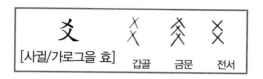

[사귈/가로그을 효] 갑골 금문 전서

* 부수 명칭 : 점괘효

온갖 사물의 형상을 음양 이원으로 설명하는 주역(周易)의 괘(卦)를 이루는 여섯 개의 가로 그은 획을 나타내는 상징 부호로 본의는 주역의 '육효'를 뜻한다. 구건으로 사용될 경우 주역의 괘와 같이 세상의 이치나 가르침으로서의 상징적 표현을 의미하거나, 표현하려는 대상의 모양이 글자의 모양처럼 엇갈리거나, 교차하거나, 만나는 모양을 하고 있다는 것을 나타내기 위한 표형 기능을 한다.

▷ 부수이면서 괘와 관련된 의미를 나타내는 것

爻$_{10}$

▷ 부수이지만 괘의 의미와는 관련이 없는 것

爾$_{10}$ 爽$_{10}$

▷ 爻가 구건으로 쓰인 것

學$_{80}$ 敎$_{80}$ 希$_{42}$ 覺$_{40}$ 稀$_{32}$ 攀$_{10}$ 駁$_{10}$ 璽$_{10}$ 攪$_{10}$ 檠$_{10}$

[새 을] 갑골 금문 전서

* 변형 부수 : ㄴ
* 부수 명칭 : 새을

구부러진 획의 모양이 새와 같다하여 붙은 훈이지만 본의는 '새'라는 뜻과 관계가 없다. 다른 글자와 결합하여 쓰일 경우 나타내고자 하는 대상의 모양과 관련된 표형기능을 하는 경우가 많다. 부수로 사용된 경우 자형이 ㄴ로 바뀌는 경우가 많다.

▷ 부수이지만 본의가 새의 의미와는 관련이 없는 것

九$_{80}$ 亂$_{40}$ 乳$_{40}$ 乙$_{32}$ 乾$_{32}$ 乞$_{30}$ 也$_{30}$ 乭$_{12}$

[삐칠 별] 갑골 금문 전서

* 부수 명칭 : 삐침별

오른쪽 위에서 왼쪽 아래로 획을 내리그은 모양으로 어떤 뜻과는 무관하게 단순히 글자를 구성하는 획의 이름이다.

▷ ノ을 부수로 하는 것

乘$_{32}$ 久$_{32}$ 之$_{32}$ 乃$_{30}$ 乎$_{30}$ 乏$_{10}$ 乖$_{10}$

[터럭 삼] / 갑골 / 금문 / 전서

✱ 부수 명칭 : 터럭삼, 삐친석삼

모필로 그은 장식 획의 모양을 본뜬 것으로 본의는 '붓으로 그린 장식 무늬'이다. 모필은 짐승의 털로 만들기 때문에 '터럭'이란 뜻을 가지며, 부수나 구건으로 사용될 경우 붓으로 그리거나 칠을 한 무늬나 채색의 의미를 나타낸다.

▷ 부수이면서 붓이나 무늬 혹은 채색과 관련된 의미를 나타내는 것

形$_{62}$ 影$_{32}$ 彩$_{32}$ 彰$_{20}$ 彫$_{20}$ 彦$_{12}$ 彬$_{12}$

▷ 부수이지만 붓이나 무늬 혹은 채색의 의미와는 관련이 없는 것

彭$_{12}$

▷ 彡이 구건으로 쓰인 것

參$_{52}$ 修$_{42}$ 珍$_{40}$ 慘$_{30}$ 須$_{30}$ 診$_{20}$ 蔘$_{20}$ 滲$_{10}$ 疹$_{10}$

[여덟 팔] / 갑골 / 금문 / 전서

✱ 부수 명칭 : 여덟팔

둘로 갈라놓은 사물이 서로 등을 지고 있는 모양으로 본의는 '나누다'라는 뜻이다. 구체적인 사물의 모양을 본뜬 상형자로 규정하기보다는 지사자로 보는 것이 타당할 것이다. 숫자인 '여덟'이란 뜻은 가차되어 사용되자 본의를 나타내기 위해 나누는 도구(刀)의 개념을 추가한 分자가 나타났다. 부수나 다른 글자의 구건으로 쓰일 경우 대부분 '나누다, 갈라지다, 퍼져나가다'라는 뜻을 나타낸다.

▷ 부수이면서 나누다와 관련된 의미를 나타내는 것

八$_{80}$ 公$_{62}$ 兮$_{30}$

▷ 부수이지만 나누다의 의미와는 관련이 없는 것

六$_{80}$ 共$_{62}$ 兵$_{52}$ 典$_{52}$ 具$_{52}$ 兼$_{32}$ 其$_{32}$ 冀$_{12}$

▷ 八이 구건으로 쓰인 것

平$_{72}$ 空$_{72}$ 界$_{62}$ 分$_{62}$ 船$_{50}$ 貧$_{42}$ 深$_{42}$ 鉛$_{40}$ 探$_{40}$ 頌$_{40}$ 評$_{40}$ 松$_{40}$ 粉$_{40}$ 介$_{32}$ 紛$_{32}$ 沿$_{32}$ 寡$_{32}$ 訟$_{32}$ 穴$_{32}$ 翁$_{30}$ 坪$_{20}$ 佾$_{12}$ 价$_{12}$ 芬$_{12}$ 胤$_{12}$ 衰$_{10}$ 盆$_{10}$ 秤$_{10}$ 萍$_{10}$ 芥$_{10}$ 吩$_{10}$ 扮$_{10}$ 雰$_{10}$ 腔$_{10}$ 頒$_{10}$ 忿$_{10}$

＊ 부수 명칭 : 들 입

대상을 뚫고 들어갈 수 있는 물건의 뾰족한 끝을 상형하였다. 일부 금문에서는 𠂉과 같이 뾰족한 끝
부분에 지사부호를 한 경우도 있어 지사자로 보기도 한다. 본의는 안으로 '들어가다'라는 뜻이다.

▷ 부수이면서 들어가다와 관련된 의미를 나타내는 것

全[72] 內[72] 入[70] 兩[42]

▷ 부수이지만 들어가다의 의미와는 관련이 없는 것

兪[12]

▷ 入이 구건으로 쓰인 것

納[40] 輞[20] 芮[12] 衲[10] 訥[10] 栓[10] 銓[10] 倆[10]

＊ 부수 명칭 : 갈고리궐

획의 아래쪽이 갈고리 모양으로 구부러진 모양이지만 본의는 '갈고리'라는 뜻과는 무관하게 단순
히 글자를 구성하는 획의 이름이다.

▷ 亅을 부수로 하는 것

事[72] 了[30] 予[30]

＊ 부수 명칭 : 뚫을 곤

하나의 획을 위아래로 내려 그은 모양으로 글자의 한가운데를 위아래로 관통하는 획이다. 단순히
글자를 구성하는 획의 이름이지만 상하로 통하다 혹은 사물의 가운데를 꿰뚫다라는 개념을 나타
내는 지사부호이다.

▷ 丨을 부수로 하는 것

中[80] 串[12]

* 부수 명칭 : 터진에운담

숨긴다는 개념을 표시한 ㄴ(숨을 은)과 덮개를 표시한 一을 합친 글자로 물건을 우겨넣고 뚜껑을 덮어 가린다는 뜻을 나타낸 지사자로 본의는 '물건을 넣고 덮어 가리다'라는 뜻이다. 네모난 용기의 모양을 본뜬 匸(상자 방)과는 別字이다.

▷ 부수이면서 감추다라는 의미를 나타내는 것

　　區$_{60}$ 匿$_{10}$

▷ 부수이지만 감추다라는 의미와는 관련이 없는 것

　　匹$_{30}$

* 부수 명칭 : 돼지해밑, 돼지해머리

문자를 자형에 따라 정리하다보니 필요에 따라 부수로 정해진 모양자일 뿐 본래의 음도 뜻도 없었다. 부수로서 글자의 머리 부분에 있어 편의상 '두(頭)'라고 읽을 뿐이다. 우리나라에서는 통상 '돼지해밑' 또는 '돼지해머리'라는 부수의 명칭이 있지만 일반인들은 머리두라고 부르기도 한다.

▷ 亠를 부수로 하는 것

　　京$_{60}$ 交$_{60}$ 亡$_{50}$ 亭$_{32}$ 亦$_{32}$ 亥$_{30}$ 亨$_{30}$ 享$_{30}$ 亮$_{12}$ 亢$_{12}$

* 부수 명칭 : 멀경몸

구역의 가장 바깥쪽 경계가 되는 범위를 나타낸 것으로 본의는 '멀다'이다. 부수로는 문자를 자형에 따라 분리하기 위한 모양자로서 본의를 나타내는 것은 없다. 구건으로 쓰일 경우에는 표현하고자 하는 특정 대상의 '범위'나 '영역'의 개념을 나타낸다.

▷ 부수이지만 멀다의 의미와는 관련이 없는 것

　　再$_{50}$ 冊$_{40}$ 冒$_{30}$ 冕$_{12}$

▷ 冂이 구건으로 쓰인 것

　　內$_{72}$ 納$_{40}$ 芮$_{12}$ 炯$_{12}$ 衲$_{10}$ 訥$_{10}$

▷ 冂의 자형이 변한 것

　　冖 : 確$_{42}$ 鶴$_{32}$

* 부수 명칭 : 위터진입구

  자형이 움푹 꺼진 구덩이나 함정 모양으로 본의는 '구덩이'를 뜻한다. 부수나 구건으로 쓰일 경우
  에는 구덩이와 같은 지형의 형태나 물건을 담는 용기 등의 개념을 나타낸다.

  ▷ 부수이면서 구덩이나 용기와 관련된 의미를 나타내는 것

    出$_{70}$ 凶$_{52}$ 凹$_{10}$ 凸$_{10}$ 函$_{10}$

  ▷ 凵이 구건으로 쓰인 것

    拙$_{30}$ 涵$_{10}$ 黜$_{10}$ 兇$_{10}$

  ▷ 凵의 자형이 변한 것

    厶 : 去$_{50}$ 劫$_{10}$ 怯$_{10}$

* 부수 명칭 : 에운담, 큰입구

  특정 범위를 에워싼 모양으로 본의는 '에워싸다'라는 뜻이다. 부수나 구건으로 쓰일 경우 일정한
  경계나 둘레와 관련하여 에워싸다, 가두다 등의 개념을 나타낸다. 口와 자형은 같으나 글자 크기
  가 큰 까닭에 부수 명칭으로 '큰입구'라 불리기도 한다.

  ▷ 부수이면서 둘레나 경계와 관련된 의미를 나타내는 것

    國$_{80}$ 圖$_{62}$ 園$_{60}$ 團$_{52}$ 固$_{50}$ 因$_{50}$ 圓$_{42}$ 圍$_{40}$ 困$_{40}$ 囚$_{30}$ 圈$_{20}$ 囹$_{10}$ 圄$_{10}$ 圃$_{10}$

  ▷ 부수이지만 둘레나 경계의 의미와는 관련이 없는 것

    四$_{80}$ 回$_{42}$

  ▷ 口가 구건으로 쓰인 것

    個$_{42}$ 恩$_{42}$ 菌$_{32}$ 姻$_{30}$ 廻$_{20}$ 泗$_{12}$ 咽$_{10}$ 蘊$_{10}$ 痼$_{10}$ 箇$_{10}$ 個$_{10}$ 錮$_{10}$ 蚵$_{10}$

(2) 실이나 천과 관련된 글자

* 부수 명칭 : 실사

  꼬아 만든 실의 모양을 본뜬 것으로 본의는 '실'이라는 뜻이다. 통상 실이나 끈과 관련하여 '묶다,
  연결하다'라는 개념이나 '옷감, 천, 의복' 등과 관련된 개념들을 나타낸다.

▷ 부수이면서 실과 관련된 의미를 나타내는 것

紙[70] 線[62] 綠[60] 級[60] 練[52] 約[52] 結[52] 終[50] 給[50] 總[42] 續[42] 細[42] 統[42] 絕[42] 經[42] 素[42] 純[42] 紀[40] 納[40] 紅[40] 系[40] 縮[40] 緣[40] 繼[40] 組[40] 織[40] 績[40] 絲[40] 縱[32] 緩[32] 索[32] 絡[32] 緒[32] 紋[32] 紫[32] 累[32] 紛[32] 維[32] 綿[32] 編[32] 綱[32] 繁[32] 緊[32] 繫[30] 絃[30] 絹[30] 緯[30] 紏[30] 縣[30] 紊[20] 紡[20] 纖[20] 絞[20] 紳[20] 紹[20] 網[20] 綜[20] 繕[20] 縫[20] 締[20] 繩[12] 綴[10] 絆[10] 紐[10] 緘[10] 縛[10] 綽[10] 緻[10] 緋[10] 緬[10] 縊[10] 繃[10] 絢[10] 紗[10] 紂[10] 絨[10] 綺[10] 紺[10] 繭[10] 紬[10] 繡[10] 綻[10] 繹[10] 繰[10] 繪[10] 緞[10] 纂[10] 綸[10] 纏[10] 綾[10]

* 부수 명칭 : 작을요

꼬아놓은 실의 상형인 糸의 위쪽 반 토막에 해당하는 모양으로 본의는 '가늘고 짧은 실'이라는 뜻이다. 부수나 구건으로 사용될 경우 짧은 끈 혹은 작고 미미한 사물이나 조각의 개념을 나타낸다.

▷ 부수이면서 작고 가늘다와 관련된 의미를 나타내는 것

幽[32] 幼[32] 幾[30] 幻[20]

▷ 幺가 구건으로 쓰인 것

斷[42] 蓄[42] 鷄[40] 繼[40] 機[40] 畿[32] 溪[32] 玄[32] 率[32] 畜[32] 慈[32] 牽[30] 奚[30] 玆[30] 絃[30] 磁[20] 弦[20] 滋[12] 鉉[12] 炫[12] 璣[12] 眩[10] 衒[10] 拗[10] 窈[10] 譏[10] 拗[10] 窕[10]

▷ 幺의 자형이 변한 것

乚 : 亂[40] 辭[40]

* 부수 명칭 : 검을현

가늘고 짧은 실이라는 뜻의 幺에서 분화된 글자이다. 자원은 명확하게 밝혀진 것이 없으나 부수나 구건으로 사용될 경우 가축의 고삐나 활의 시위 등의 주로 짧고 튼튼하게 가공한 끈의 개념을 나타낸다. 일설에는 玄의 검은색이 실을 염색할 때 붉은 염료에 7번 담가 나온 것으로 그 오묘한 검은색을 일컫는다고 해석하기도 하는데 자형만으로는 그 근거를 찾기가 어렵다.

▷ 부수이면서 끈과 관련된 의미를 나타내는 것

玄[32] 率[32] 玆[30]

▷ 玄이 구건으로 쓰인 것

蓄[42] 畜[32] 慈[32] 牽[30] 絃[30] 磁[20] 弦[20] 滋[12] 鉉[12] 炫[12] 眩[10] 衒[10]

| [몸 기] | 갑골 | 금문 | 전서 |

✱ 부수 명칭 : 몸기

구불구불한 끈의 모양을 본뜬 것으로 본의는 '끈'이다. 통상 실이나 끈과 관련하여 '묶다, 연결하다'라는 개념이나 '옷감, 천, 의복' 등과 관련된 개념들을 나타낸다. 일찍부터 1인칭대명사로 가차하여 사용되었고, 자형이 무릎을 꿇고 앉은 사람의 모양과 비슷해 자신을 낮춘다는 개념에서 몸이란 訓으로 사용된다는 주장도 있다. 구건으로 사용되는 경우 구불구불한 끈의 모양이나 용도인 결승과 관련된 개념들을 나타낸다. 己, 已, 巳는 別字이나 자형이 비슷하여 의미와는 관계없이 부수 己로 분류되었다.

▷ 부수이면서 몸과 관련된 의미를 나타내는 것

  己52

▷ 부수이지만 몸의 의미와는 관련이 없는 것

  已32 巳30 巷30 巴10

▷ 己가 구건으로 쓰인 것

  記72 改50 配42 起42 紀40 忌30 杞10

| [열 십] | 갑골 | 금문 | 전서 |

✱ 부수 명칭 : 열십

갑골문은 하나의 세로획을 그어 숫자 10을 나타내었다. 금문에서는 획의 중앙을 볼록하게 하거나 지사부호인 점을 표시하였고, 전서에서는 이 지사부호가 가로획으로 변화되었다. 본의는 끈으로 지은 '매듭'이라는 뜻이다. 일설에는 바늘을 모양을 본떴다고도 하나 논리적 근거가 부족하다. 또 다른 해석으로는 끈의 매듭을 통한 기록 방법이었던 결승에 해당하는 매듭의 모양을 본뜬 것으로 풀이하기도 하는데, 十을 구건으로 하는 많은 글자들이 '묶다, 기록하다'라는 개념으로 풀이할 때 적절한 해석의 결과를 얻을 수 있다. 특히 고문자와 관련하여 주의할 점은 갑골이나 금문에서 나타나는 十의 자형은 七의 초문으로 칼로 베거나 찢다라는 개념을 나타내므로 이를 숫자로 해석하지 않도록 주의하여야 한다. 또 부수라 할지라도 숫자와는 관계없이 예변의 과정에서 필획들이 중첩되거나 부호화되면서 十부로 분류된 예가 많이 나타나는데 이런 경우에는 고문자를 세밀히 검토할 필요가 있다.

▷ 부수이면서 숫자 10와 관련된 의미를 나타내는 것

  十80 千70

▷ 부수이지만 숫자 10의 의미와는 관련이 없는 것

  南80 午72 半62 卒52 卓50 博42 協42 卑32 升20 卉10 卍10

▷ 十이 구건으로 쓰인 것

世$_{72}$ 計$_{62}$ 古$_{60}$ 苦$_{60}$ 固$_{50}$ 葉$_{50}$ 湖$_{50}$ 個$_{42}$ 故$_{42}$ 早$_{42}$ 居$_{40}$ 居$_{40}$ 針$_{40}$ 姑$_{32}$ 胡$_{32}$ 枯$_{30}$ 蝶$_{30}$ 貰$_{20}$ 諜$_{20}$ 祜$_{12}$ 箇$_{10}$ 倨$_{10}$ 痼$_{10}$ 辜$_{10}$ 錮$_{10}$ 泄$_{10}$ 渫$_{10}$ 什$_{10}$ 做$_{10}$ 汁$_{10}$ 牒$_{10}$ 瑚$_{10}$ 糊$_{10}$

[흰 백]　　갑골　금문　전서

* 부수 명칭 : 흰백

백골의 상형, 햇볕의 상형, 도토리 열매의 상형, 흰 쌀 톨의 상형, 엄지손가락의 상형 등 다양한 해석들이 있지만 제대로 된 논리적 근거를 제시한 정설이 없다. 古文에 白과 帛이 동자로 서로 통용되었던 것을 감안할 때 白은 비단의 원료인 흰 누에고치를 상형한 글자로 해석할 수도 있지만 그 본의를 특정하기는 쉽지 않다. 여기서는 누에고치의 모양을 상형한 것으로 보고 실과 관련된 한자로 분류하였다. 부수나 구건으로 사용되는 경우에는 '희다, 밝다'라는 의미를 나타낸다.

▷ 부수이면서 '희다, 밝다'와 관련된 의미를 나타내는 것

白$_{80}$ 的$_{52}$ 皇$_{32}$ 皐$_{12}$ 皓$_{12}$ 皎$_{10}$

▷ 부수이지만 '희다, 밝다'의 의미와는 관련이 없는 것

百$_{70}$ 皆$_{30}$

▷ 白이 구건으로 쓰인 것

藥$_{62}$ 線$_{62}$ 樂$_{62}$ 宿$_{52}$ 願$_{50}$ 原$_{50}$ 拍$_{40}$ 縮$_{40}$ 源$_{40}$ 泉$_{40}$ 伯$_{32}$ 綿$_{32}$ 錦$_{32}$ 迫$_{32}$ 貌$_{32}$ 碧$_{32}$ 泊$_{30}$ 柏$_{20}$ 舶$_{20}$ 奭$_{12}$ 貊$_{12}$ 箔$_{10}$ 粕$_{10}$ 礫$_{10}$ 腺$_{10}$ 帛$_{10}$ 珀$_{10}$ 兜$_{10}$ 棉$_{10}$

[덮을 멱]　　갑골　금문　전서

* 부수 명칭 : 민갓머리

물건을 덮어놓은 천이나 덮개의 모양을 본뜬 것으로 본의는 '덮개 혹은 덮다'라는 뜻이다. 부수의 명칭은 '갓머리'인 宀(집 면)과 구별하기 위하여 '민갓머리'라고 부른다.

▷ 부수이면서 덮개와 관련된 의미를 나타내는 것

冠$_{32}$ 冥$_{30}$ 冤$_{10}$

▷ 冖이 구건으로 쓰인 것

軍$_{80}$ 運$_{62}$ 揮$_{40}$ 沈$_{32}$ 枕$_{30}$ 輝$_{30}$ 耽$_{12}$ 眈$_{10}$ 渾$_{10}$ 暈$_{10}$ 溟$_{10}$ 瞑$_{10}$ 螟$_{10}$ 塚$_{10}$

＊ 부수 명칭 : 수건건

　　고대 여인들이 외출할 때 허리에 차던 수건인 패건(佩巾)의 모양을 본뜬 것으로 본의는 '수건'이
　　라는 뜻이다. 부수나 구건으로 사용되는 경우 옷감, 천, 의복 등과 관련된 개념들을 나타낸다.

　　▷ 부수이면서 수건과 관련된 의미를 나타내는 것

　　　　席$_{60}$ 帶$_{42}$ 布$_{42}$ 希$_{42}$ 常$_{42}$ 帳$_{40}$ 帥$_{32}$ 幕$_{32}$ 幣$_{30}$ 幅$_{30}$ 帽$_{20}$ 帙$_{10}$ 帛$_{10}$ 幇$_{10}$ 幀$_{10}$ 帆$_{10}$ 巾$_{10}$ 幟$_{10}$ 帖$_{10}$

　　▷ 부수이지만 수건의 의미와는 관련이 없는 것

　　　　市$_{72}$ 師$_{42}$ 帝$_{40}$

　　▷ 巾이 구건으로 쓰인 것

　　　　弊$_{32}$ 刷$_{32}$ 飾$_{32}$ 滯$_{32}$ 蔽$_{30}$ 怖$_{20}$ 佩$_{10}$ 斃$_{10}$ 瞥$_{10}$ 鼈$_{10}$

＊ 변형 부수 : 衤

＊ 부수 명칭 : 옷의

　　윗도리의 목깃과 앞섶의 모양을 본뜬 것으로 본의는 '상의'이다. 부수나 구건으로 사용되는 경우
　　옷과 관련된 개념들을 나타낸다. 변형 부수인 衤는 礻(示의 변형 부수)와 혼동하지 않도록 주의
　　할 필요가 있다. 특히 자형의 가운데에 별개의 구건이 끼어들어 衣가 亠와 伙로 분리되는 경우가
　　있는데 이것을 두 개의 구건으로 인식하지 않도록 주의를 요한다.

　　▷ 부수이면서 옷과 관련된 의미를 나타내는 것

　　　　表$_{62}$ 衣$_{60}$ 製$_{42}$ 複$_{40}$ 裝$_{40}$ 被$_{32}$ 襲$_{32}$ 補$_{32}$ 裕$_{32}$ 衰$_{32}$ 裳$_{32}$ 裏$_{32}$ 裁$_{32}$ 裂$_{32}$ 衷$_{20}$ 裸$_{20}$ 裵$_{12}$ 裴$_{12}$ 袁$_{12}$ 袴$_{10}$
　　　　袂$_{10}$ 襟$_{10}$ 袈$_{10}$ 袞$_{10}$ 襪$_{10}$ 褪$_{10}$ 裡$_{10}$ 褐$_{10}$ 裔$_{10}$ 袍$_{10}$ 袋$_{10}$ 裨$_{10}$ 袖$_{10}$ 褒$_{10}$ 衲$_{10}$ 衾$_{10}$

　　▷ 衣가 구건으로 쓰인 것

　　　　遠$_{60}$ 園$_{60}$ 初$_{50}$ 依$_{40}$ 環$_{40}$ 哀$_{32}$ 還$_{32}$ 猿$_{10}$

　　▷ 衣의 자형이 변한 것

　　　　衣 : 卒$_{52}$ 醉$_{32}$ 猝$_{10}$ 膵$_{10}$ 萃$_{10}$ 悴$_{10}$ 碎$_{10}$ 翠$_{10}$ 粹$_{10}$

　　　　以 : 展$_{52}$ 殿$_{32}$ 澱$_{10}$ 臀$_{10}$ 輾$_{10}$

[바느질할 치]   갑골   금문   전서

❋ 부수 명칭 : 바느질할치

갑골문과 금문은 위 아래로 떨어져 있는 두개의 천을 실로 꿰매어 있는 모양을 상형한 글자로 본 의는 '바느질하다'라는 뜻이다. 위의 천과 아래의 천에는 꿰맨 솔기가 표시되어 있고 두 천 사이를 갑골문은 바늘 자국과 꼰 실로, 금문은 구불구불한 실이 지나가는 모양을 상세히 표현하고 있다. 부수나 구건으로 사용될 경우 바느질이나 자수와 관련된 의미를 나타낸다.

▷ 㡀의 자형이 변한 것

    巾 : 繭10

[그물 망]   갑골   금문   전서

❋ 변형 부수 : 罓, 罒, 罓
❋ 부수 명칭 : 그물망

실을 엮어 만든 그물의 모양을 본뜬 글자로 본의는 '그물'이다. 부수나 구건으로 사용되는 경우 그 물이나 그물의 형상 또는 그물로 잡는 행위와 관련된 비유적 개념들을 나타낸다.

▷ 부수이면서 그물과 관련된 의미를 나타내는 것

    罪50 置42 羅42 罰42 署32 罔30 罷30 罫10 罕10 罵10 罹10 羈10

▷ 网이 구건으로 쓰인 것

    剛32 鋼32 綱32 網20 岡12 崗12 惘10

(3) 장신구나 악기와 관련된 글자

[구슬 옥]   갑골   금문   전서

❋ 변형 부수 : 王
❋ 부수 명칭 : 구슬옥

여러 개의 구슬을 줄에 꿰어 놓은 모양으로 본의는 '구슬'이라는 뜻이다. 부수나 구건으로 사용되는 경우 옥과 같은 보석이나 보석의 상태, 종류, 가공, 제품 등과 관련된 개념들을 나타낸다. 부수나 구건으로 사용된 경우 대부분의 자형이 王(임금 왕)으로 변형되므로 뜻을 혼동하지 않도록 주의가 필요하다.

▷ 부수이면서 구슬과 관련된 의미를 나타내는 것

現$_{62}$ 理$_{62}$ 班$_{62}$ 球$_{62}$ 玉$_{42}$ 環$_{40}$ 珍$_{40}$ 珠$_{32}$ 琢$_{20}$ 瑞$_{20}$ 珣$_{12}$ 珥$_{12}$ 瑗$_{12}$ 瑛$_{12}$ 珉$_{12}$ 玶$_{12}$ 玲$_{12}$ 琯$_{12}$ 珏$_{12}$ 琦$_{12}$
琪$_{12}$ 瑢$_{12}$ 琮$_{12}$ 瑾$_{12}$ 璇$_{12}$ 瓊$_{12}$ 璿$_{12}$ 瑄$_{12}$ 珪$_{12}$ 瑩$_{12}$ 玖$_{12}$ 璋$_{12}$ 玟$_{12}$ 璟$_{12}$ 瓚$_{12}$ 璣$_{12}$ 璨$_{12}$ 珊$_{10}$ 珀$_{10}$ 瑚$_{10}$
琉$_{10}$ 玩$_{10}$ 瓏$_{10}$ 琥$_{10}$ 瑕$_{10}$ 璧$_{10}$ 璽$_{10}$

▷ 부수이지만 구슬의 의미와는 관련이 없는 것

王$_{80}$ 琴$_{32}$ 瑟$_{12}$ 琵$_{10}$ 琶$_{10}$

▷ 玉이 구건으로 쓰인 것

全$_{72}$ 弄$_{32}$ 鈺$_{12}$ 項$_{12}$ 斑$_{10}$ 銓$_{10}$ 栓$_{10}$

[북 고]　　갑골　금문　전서

* 부수 명칭 : 북고

윗부분에 장식이 달린 북(壴)을 북채로 두드리는 손(攴)의 모양을 본뜬 글자로 본의는 '북'이다.
부수나 구건으로 사용될 경우 북이나 북소리와 관련된 의미를 나타낸다. 참고로 북의 의미를 구
건으로 나타낼 경우에는 壴나 豈로 북의 모양만으로 표현되는 경우가 많다.

▷ 부수이면서 북과 관련된 의미를 나타내는 것

鼓$_{32}$

[피리 약]　　갑골　금문　전서

* 부수 명칭 : 피리약

갑골문은 윗부분에 부는 구멍이 있는 두 개의 피리를 묶은 모양으로 생황이나 팬파이프 형태의
관악기를 표현하였고, 금문과 전서는 관악기의 위에 그것을 부는 입의 모양을 口의 뒤집힌 모양
인 △으로 표현하였다. 본의는 '관악기 혹은 피리'를 뜻한다. 부수나 구건으로 사용될 경우에는
피리나 관악기의 연주와 관련된 의미를 나타낸다.

(4) 사람의 자세나 신체와 관련된 글자

[사람 인]　　갑골　금문　전서

* 변형 부수 : 亻
* 부수 명칭 : 사람인

서 있는 사람의 옆모습을 상형하였다. 부수로 쓰일 경우 대부분 'イ'로 변형된다. 주로 사람의 행위, 신체, 성품 등과 관련된 의미를 나타낸다.

▷ 부수이면서 사람과 관련된 의미를 나타내는 것

人$_{80}$ 休$_{70}$ 住$_{70}$ 便$_{70}$ 信$_{62}$ 代$_{62}$ 作$_{62}$ 使$_{60}$ 例$_{60}$ 仕$_{52}$ 傳$_{52}$ 偉$_{52}$ 任$_{52}$ 仙$_{52}$ 價$_{52}$ 健$_{50}$ 他$_{50}$ 億$_{50}$ 件$_{50}$ 倍$_{50}$
位$_{50}$ 停$_{50}$ 係$_{42}$ 佛$_{42}$ 俗$_{42}$ 假$_{42}$ 侵$_{42}$ 保$_{42}$ 備$_{42}$ 伐$_{42}$ 低$_{42}$ 個$_{42}$ 修$_{42}$ 儀$_{40}$ 依$_{40}$ 伏$_{40}$ 傾$_{40}$ 儉$_{40}$ 優$_{40}$ 仁$_{40}$
儒$_{40}$ 候$_{40}$ 傷$_{40}$ 傑$_{40}$ 借$_{32}$ 倒$_{32}$ 佳$_{32}$ 債$_{32}$ 偏$_{32}$ 像$_{32}$ 企$_{32}$ 値$_{32}$ 促$_{32}$ 倫$_{32}$ 介$_{32}$ 侍$_{32}$ 伯$_{32}$ 催$_{32}$ 供$_{32}$ 側$_{32}$
付$_{32}$ 僧$_{32}$ 償$_{32}$ 仲$_{32}$ 何$_{32}$ 但$_{32}$ 僞$_{32}$ 偶$_{32}$ 仰$_{32}$ 侯$_{30}$ 侮$_{30}$ 俱$_{30}$ 佐$_{30}$ 伸$_{30}$ 傲$_{30}$ 似$_{30}$ 伴$_{30}$ 僚$_{30}$ 僅$_{30}$ 倣$_{30}$
傍$_{30}$ 俊$_{30}$ 俸$_{20}$ 僑$_{20}$ 俳$_{20}$ 倂$_{20}$ 傀$_{20}$ 傭$_{20}$ 偵$_{20}$ 僻$_{20}$ 倭$_{12}$ 儆$_{12}$ 伊$_{12}$ 傅$_{12}$ 倻$_{12}$ 佑$_{12}$ 伽$_{12}$ 佾$_{12}$ 俛$_{12}$ 价$_{12}$
儼$_{10}$ 伎$_{10}$ 仇$_{10}$ 伍$_{10}$ 俚$_{10}$ 倡$_{10}$ 俯$_{10}$ 佚$_{10}$ 什$_{10}$ 偕$_{10}$ 僉$_{10}$ 僕$_{10}$ 佩$_{10}$ 做$_{10}$ 偈$_{10}$ 仔$_{10}$ 僥$_{10}$ 侶$_{10}$ 倆$_{10}$ 仗$_{10}$
俑$_{10}$ 俠$_{10}$ 倨$_{10}$ 侈$_{10}$ 僭$_{10}$ 儺$_{10}$ 倦$_{10}$ 俄$_{10}$

▷ 부수이지만 사람(人)의 의미와는 관련이 없는 것

來$_{70}$ 今$_{62}$ 以$_{52}$ 令$_{50}$ 倉$_{32}$ 余$_{30}$ 傘$_{20}$

▷ 人의 자형이 변한 것

- 丁 : 千$_{70}$
- 勹 : 色$_{70}$ 急$_{62}$ 擔$_{42}$ 危$_{40}$ 負$_{40}$ 換$_{32}$ 陷$_{32}$ 膽$_{20}$ 瞻$_{12}$ 蟾$_{12}$ 煥$_{12}$ 閻$_{12}$ 脆$_{10}$ 憺$_{10}$ 詭$_{10}$ 澹$_{10}$ 艶$_{10}$ 喚$_{10}$ 焰$_{10}$ 諂$_{10}$
- 夕 : 久$_{32}$ 玖$_{12}$ 灸$_{10}$
- 丆 : 級$_{60}$ 吸$_{42}$ 及$_{32}$ 汲$_{10}$ 扱$_{10}$
- 宀 : 監$_{42}$ 覽$_{40}$ 鑑$_{32}$ 鹽$_{32}$ 臨$_{32}$ 濫$_{30}$ 藍$_{20}$ 艦$_{20}$ 檻$_{10}$ 籃$_{10}$
- 卜 : 機$_{40}$ 幾$_{30}$ 璣$_{12}$ 譏$_{10}$ 戍$_{10}$
- 勹 : 極$_{42}$
- 乚 : 迎$_{40}$ 仰$_{32}$ 抑$_{32}$ 昂$_{10}$
- 丨 : 弔$_{30}$
- 厂 : 后$_{12}$ 垢$_{10}$ 逅$_{10}$
- 刁 : 司$_{32}$ 詞$_{32}$ 飼$_{20}$ 祠$_{10}$ 嗣$_{10}$
- 丿 : 重$_{70}$ 庭$_{62}$ 望$_{52}$ 種$_{52}$ 程$_{42}$ 聖$_{42}$ 聽$_{40}$ 廳$_{40}$ 鍾$_{40}$ 廷$_{32}$ 淫$_{32}$ 衝$_{32}$ 艇$_{20}$ 呈$_{20}$ 珽$_{12}$ 董$_{12}$ 逞$_{10}$ 挺$_{10}$ 腫$_{10}$ 踵$_{10}$
- 方 : 傲$_{70}$ 贅$_{10}$

儿

[어진사람 인]   갑골 금문 전서

* 부수 명칭 : 어진사람인발

儿자의 다리 부분을 구부린 모양으로 구건으로 사용될 경우 글자의 아래에 위치한다. 구건으로 사용될 경우 어질다는 의미와는 상관없이 주로 사람의 행위, 신체, 성품 등과 관련된 사람(人)의 의미를 나타낸다.

▷ 부수이면서 사람과 관련된 의미를 나타내는 것

兄80 先80 光62 元52 兒52 充52 免32 克32 允12 兌12 兢12 兜10 兇10

▷ 부수이지만 사람의 의미와는 관련이 없는 것

兆32 免32

▷ 儿이 구건으로 쓰인 것

親60 見52 觀52 規50 境42 視42 銃42 統42 覺40 鏡40 覽40 鬼32 魂32 竟30 魔20 魅20 覓12 魏12 剋10 覘10

魁10 覲10 魃10 魄10 玩10 阮10 頑10

▷ 儿의 자형이 변한 것

𠆢 : 勉40 免32 晚32 沈32 枕30 娩20 冕12 俛12

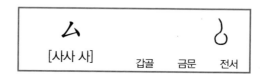

* 부수 명칭 : 마늘모

私의 古字로 '사사롭다'라는 훈을 가지나 자형(字形)과 자의(字義) 사이에는 아무런 관련이 없다. 부수의 명칭으로 '마늘모'라는 것은 글자의 형태가 마늘쪽 같이 생긴데서 유래한 것이며 이 또한 마늘이라는 뜻과는 아무런 관련이 없다. 부수나 일부 구건으로 사용되는 경우에는 사물의 지시하는 지사부호의 기능으로 주로 쓰이고, 고문자의 구건으로 사용된 경우에는 태아의 형상을 본뜬 巳의 자형을 상하로 뒤집은 모양으로 이를 구건으로 하는 글자들에서는 주로 태아나 아이와 관련된 개념을 나타내는 경우가 많다.

▷ 부수이면서 사사롭다의 의미와는 관련이 없는 것

參52 去50

▷ 厶가 구건으로 쓰인 것

始62 公62 強60 雄50 治42 頌40 私40 訟32 殆32 俊30 怠30 翁30 弘30 云30 胎20 颱20 酸20 唆20 怡12 台12

允12 升12 埈12 鈗12 浚12 峻12 銃12 晙12 駿12 苔10 跆10 答10 悛10 竣10 冶10 肱10 劫10 怯10 耘10 宏10

* 부수 명칭 : 아들자

신체에 대해 상대적으로 큰 머리, 양팔, 그리고 강보에 싸여 아직 걷지 못한다는 개념을 나타내기 위해 생략된 양다리를 통해 본의인 '아이'라는 뜻을 나타낸다. 주로 아들이나 자식 또는 어리다라는 개념으로 사용된다.

▷ 부수이면서 아이와 관련된 의미를 나타내는 것

學80 子72 孝72 字70 孫60 孔40 季40 存40 孟32 孰30 孕10 孵10

▷ 子가 구건으로 쓰인 것

李$_{60}$ 仔$_{10}$ 悸$_{10}$

▷ 子의 자형이 변한 것

- 厽 : 育$_{70}$ 充$_{52}$ 流$_{52}$ 統$_{42}$ 銃$_{42}$ 徹$_{32}$ 疏$_{32}$ 棄$_{30}$ 蔬$_{30}$ 硫$_{20}$ 撤$_{20}$ 澈$_{12}$ 梳$_{10}$ 琉$_{10}$ 轍$_{10}$
- 呆 : 保$_{42}$ 堡$_{10}$ 褒$_{10}$ 呆$_{10}$
- 了 : 了$_{30}$
- マ : 疑$_{40}$ 凝$_{30}$ 礙$_{20}$ 擬$_{10}$ 癡$_{10}$

大
[큰 대]   갑골   금문   전서

＊ 부수 명칭 : 큰대

양팔과 양 다리를 벌리고 정면을 바라보고 서있는 사람의 모양으로 본의는 '사람'이다. 구건으로 쓰일 경우 '크다'라는 의미나 '사람'과 관련된 의미를 나타낸다. 부수로는 大부에 속하더라도 '사람'이나 '크다'라는 뜻과는 아무 관련이 없는 글자들이 있는데, 이것들은 주로 전서 단계에서 다른 개념의 글자들이 와전되거나 또는 예서 단계에서 필획이 부호화되는 과정에서 변형된 것들이다.

▷ 부수이면서 사람과 관련된 의미를 나타내는 것

大$_{80}$ 夫$_{70}$ 天$_{70}$ 太$_{60}$ 奇$_{40}$ 央$_{32}$ 奔$_{32}$ 契$_{32}$ 奪$_{32}$ 奮$_{32}$ 夷$_{30}$ 奚$_{30}$ 奭$_{12}$ 奎$_{12}$ 奄$_{10}$ 奢$_{10}$ 套$_{10}$ 夭$_{10}$

▷ 부수이지만 사람의 의미와는 관련이 없는 것

失$_{60}$ 奉$_{52}$ 奏$_{32}$ 奈$_{30}$ 奠$_{10}$ 奧$_{10}$

▷ 大의 자형이 변한 것

- 土 : 赤$_{50}$ 去$_{50}$ 赦$_{20}$ 赫$_{12}$ 爀$_{12}$ 劫$_{10}$ 怯$_{10}$
- 亣 : 亦$_{32}$ 跡$_{32}$ 迹$_{10}$
- 立 : 立$_{72}$ 泣$_{30}$ 拉$_{20}$ 翊$_{12}$ 笠$_{10}$ 粒$_{10}$ 翌$_{10}$
- 亠 : 夜$_{60}$ 液$_{42}$ 腋$_{10}$
- 屰 : 逆$_{42}$ 厥$_{30}$ 朔$_{30}$ 闕$_{20}$ 蹶$_{10}$ 塑$_{10}$ 遡$_{10}$
- ノ : 乘$_{32}$ 剩$_{10}$
- 交 : 校$_{80}$ 交$_{60}$ 效$_{52}$ 較$_{32}$ 郊$_{30}$ 絞$_{20}$ 咬$_{10}$ 狡$_{10}$ 蛟$_{10}$ 皎$_{10}$

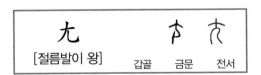

尢
[절름발이 왕]   갑골   금문   전서

＊ 변형 부수 : 尣, 兀

＊ 부수 명칭 : 절름발이왕

한쪽 다리를 절면서 기우뚱하게 서있는 사람의 모양으로 본의는 '절름발이'라는 뜻이다. 부수나 구건으로 쓰일 경우 다리의 질병과 관련된 의미를 나타낸다. 부수로는 尢부에 속하더라도 又, 犬 등의 자형이 와전되거나 예변 과정에서 변형된 것들이 있어 해석에 주의하여야 한다.

▷ 부수이지만 절름발이의 의미와는 관련이 없는 것

就₄₀ 尤₃₀ 尨₁₀

▷ 尢이 구건으로 쓰인 것

蹴₂₀

* 부수 명칭 : 설립

지면을 나타내는 일직선 위에 양팔과 양 다리를 벌리고 정면을 바라보고 서있는 사람의 모양으로 본의는 '서 있는 사람'이라는 뜻이다. 부수나 구건으로 쓰일 경우 '서다'라는 의미와 관련된 뜻을 나타내지만, 죄인에게 묵형을 가하던 형구의 모양인 辛(죄 건)의 생략된 자형이 立의 부수에 포함되기도 하였다. 참고로 立자 두 개를 나란히 배열한 竝(나란히 병)은 구건으로 사용될 경우 並으로 자형이 바뀌게 된다.

▷ 부수이면서 서다와 관련된 의미를 나타내는 것

立₇₂ 端₄₂ 竝₃₀ 站₁₀ 竭₁₀ 竪₁₀ 竣₁₀

▷ 부수이지만 서다의 의미와는 관련이 없는 것

童₆₂ 章₆₀ 競₅₀ 竟₃₀

▷ 立이 구건으로 쓰인 것

泣₃₀ 拉₂₀ 翊₁₂ 笠₁₀ 翌₁₀ 粒₁₀

▷ 竝의 자형이 변한 것

並 : 普₄₀ 譜₃₂ 潽₁₂

* 부수 명칭 : 글월문

정면을 바라보고 서있는 사람의 가슴에 문신을 새긴 모양으로 본의는 '문신'이라는 뜻이다. 문신은 먹이나 물감 등으로 부족의 상징이나, 형벌, 축하 등과 관련된 글씨, 그림, 무늬 등을 몸에 새기는 것으로 문명이 발달하면서 글이라는 뜻으로 발전하였다. 부수나 구건으로 쓰일 경우 '무늬'나 '문채'와 관련된 의미를 나타낸다.

▷ 부수이면서 무늬와 관련된 의미를 나타내는 것

文₇₀ 斑₁₀

▷ 文이 구건으로 쓰인 것

紋₃₂ 紊₂₀ 旻₁₂ 旼₁₂ 玟₁₂ 汶₁₂ 蚊₁₀ 虔₁₀

▷ 文의 자형이 변한 것

立 : 産₅₂ 顔₃₂ 彦₁₂ 諺₁₀

[병부 절] 갑골 금문 전서

* 변형 부수 : 卩

* 부수 명칭 : 병부절방

무릎을 꿇고 앉은 사람의 옆모습을 나타낸 모양이며, 본의는 '앉다'라는 뜻이다. '병부'는 고대에 군대를 동원할 수 있는 권한을 위임받은 사실을 입증해주는 부절(符節)로, 각각의 임무에 따라 옥이나 뿔 등 서로 다른 재료와 모양을 좌우 한 쌍으로 제작하여 군주와 출정하는 장수가 하나씩 지니고 있다가 후에 그것을 맞추어 봄으로써 발병(發兵)의 진위를 확인하였다. 하지만 '병부'라는 뜻은 무릎마디뼈가 서로 맞물린다는 개념에서 가차된 의미일 뿐 卩이 구건으로 쓰일 경우에는 대체로 무릎이나 다리관절과 관련된 동작이나 앉은 자세 또는 통상적인 사람의 의미를 나타낸다.

▷ 부수이면서 무릎의 동작이나 앉은 자세와 관련된 의미를 나타내는 것

印₄₂ 危₄₀ 卷₄₀ 卽₃₂ 却₃₀ 卿₃₀

▷ 부수이지만 무릎의 동작이나 앉은 자세의 의미와는 관련이 없는 것

卵₄₀ 卯₃₀

▷ 卩이 구건으로 쓰인 것

怨₄₀ 迎₄₀ 抑₃₂ 仰₃₂ 苑₂₀ 宛₁₀ 叩₁₀ 鴛₁₀ 昂₁₀ 腕₁₀ 婉₁₀

▷ 卩의 자형이 변한 것

• 卩 : 命₇₀ 冷₅₀ 令₅₀ 領₅₀ 嶺₃₂ 零₃₀ 玲₁₂ 囹₁₀ 鈴₁₀ 齡₁₀

• 卩 : 服₆₀ 報₄₂

• 卩 : 犯₄₀ 範₄₀ 厄₃₀ 圈₂₀ 范₁₂ 氾₁₀ 扼₁₀ 詭₁₀ 脆₁₀ 倦₁₀ 捲₁₀

• 巳 : 選₅₀ 撰₁₀ 饌₁₀

• 巴 : 色₇₀ 邑₇₀ 絶₄₂ 邕₁₂ 艶₁₀

• 了 : 承₄₂ 蒸₃₂ 丞₁₀

• 勽 : 卿₃₀

[빛 색] 갑골 금문 전서

* 부수 명칭 : 빛색

두 사람이 앞뒤로 서로 밀착하고 있는 모습으로 본의는 남녀 간의 '교합'을 뜻한다. 혼인색(婚姻色)과 같은 성징으로서의 낯빛이라는 개념으로 그 의미가 확장되어 부수나 구건으로 사용될 경우에는 낯빛, 색채, 용모 등과 관련된 의미를 나타낸다. 한편 絕은 언뜻 糸과 色이 합친 글자로 보이지만 糸, 刀, 卩이 결합된 글자로 실(糸)을 칼(刀)로 도막내다(卩)라는 뜻을 나타내고 있으므로 色의 본의와 관련지어 해석하지 않도록 주의한다.

▷ 부수이면서 무릎의 동작이나 앉은 자세와 관련된 의미를 나타내는 것

色70 艶10

[고을 읍]　갑골　금문　전서

＊ 변형 부수 : 阝
＊ 부수 명칭 : 고을읍, 우부방

무릎을 꿇고 앉은 사람의 옆모습에 장소의 개념을 나타내는 지사부호 口자를 더하였다. 사람들이 머물러 사는 마을이라는 개념으로 본의인 '고을'의 뜻을 나타낸다. 부수로 쓰일 경우에는 자형이 阝으로 바뀌는데, 반드시 글자의 우측에 위치하여 좌측에 위치하는 阝(阜)와는 구분할 필요가 있다.

▷ 부수이면서 고을과 관련된 의미를 나타내는 것

邑70 部62 郡60 都50 鄕42 郵40 郎32 邪32 郭30 那30 郊30 邦30 邱12 邯12 郁12 鄧12 鄭12 邑12 邵12 邢12 鄒12 鄙10 邸10

▷ 邑의 자형이 변한 것

• 巳 : 港42 巷30

• 乡 : 鄕42 響32 擁30 雍12 甕12 壅10 饗10 嚮10

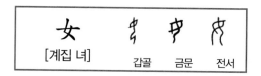

[계집 녀]　갑골　금문　전서

＊ 부수 명칭 : 계집녀

다소곳이 양손을 모으고 무릎을 꿇은 사람의 모양으로 본의는 '여자'라는 뜻이다. 구건으로 쓰일 경우 '여자'나 '어미'와 관련된 의미를 나타낸다.

▷ 부수이면서 여자와 관련된 의미를 나타내는 것

女80 姓72 始62 好42 婦42 如42 姿40 姉40 妙40 妨40 妹40 威40 婚40 委40 姑32 妻32 妃32 妄32 奴32 媒32 婢32 娘32 姪30 嫌30 妾30 姦30 妥30 姻30 娛30 妖20 妊20 婉20 姬20 孃20 姜12 嬉12 嬅12 姬12 媛12 姚12 妍12 姨10 婉10 娼10 婆10 娶10 娠10 妓10 奸10 媤10 娑10 嫁10 嫉10 妣10 嫡10 妬10 嬌10 媚10 嬪10 嬰10 孀10 嫂10

▷ 女가 구건으로 쓰인 것

安$_{72}$ 數$_{70}$ 要$_{52}$ 案$_{50}$ 努$_{42}$ 怒$_{42}$ 樓$_{32}$ 恕$_{32}$ 宴$_{32}$ 屢$_{30}$ 汝$_{30}$ 腰$_{30}$ 悽$_{20}$ 倭$_{12}$ 晏$_{10}$ 萎$_{10}$ 拏$_{10}$ 弩$_{10}$ 按$_{10}$ 堰$_{10}$
棲$_{10}$ 凄$_{10}$ 矮$_{10}$ 鞍$_{10}$ 駑$_{10}$

▷ 女의 자형이 변한 것

母 : 母$_{80}$ 海$_{72}$ 每$_{72}$ 毒$_{42}$ 悔$_{32}$ 梅$_{32}$ 敏$_{30}$ 侮$_{30}$ 晦$_{10}$ 毋$_{10}$ 拇$_{10}$ 誨$_{10}$

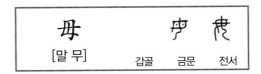

[말 무]   갑골 금문 전서

* 부수 명칭 : 말무

다소곳이 양손을 모으고 무릎을 꿇은 사람의 모양인 女의 자형에 금지를 표시하는 획을 그은 글자로 본의는 '금지'를 뜻한다. 금문에서는 母와 혼용하여 사용되었으며, 부수에 母의 자형이 나타나기도 한다. 여자를 함부로 범간(犯姦)하지 말라는 의미로 부수나 구건으로 사용될 경우 어미, 금지 등의 개념을 나타낸다.

▷ 부수이면서 금지와 관련된 의미를 나타내는 것

毒$_{42}$ 毋$_{10}$

▷ 부수이지만 금지의 의미와 관련이 없는 것

母$_{80}$ 每$_{72}$

[비수 비]   갑골 금문 전서

* 부수 명칭 : 비수비

구부러진 숟가락의 모양을 본뜬 글자로 본의는 '숟가락'을 뜻한다. 그러나 고문에서는 옆으로 누운 사람의 모양, 혹은 人의 반대 방향으로 선 사람의 모양을 상형한 匕와 구분하지 않고 사용되고 있으며, 부수로 쓰일 경우 대부분 사람의 행위, 신체, 자세 등 사람(人)과 관련된 의미를 나타낸다.

▷ 부수이면서 숟가락과 관련된 의미를 나타내는 것

匕$_{10}$ 匙$_{10}$

▷ 부수이면서 사람(人)과 관련된 의미를 나타내는 것

北$_{80}$ 化

▷ 匕가 구건으로 쓰인 것

花$_{70}$ 死$_{70}$ 化$_{52}$ 背$_{42}$ 貨$_{42}$ 指$_{42}$ 眞$_{42}$ 泥$_{32}$ 紫$_{32}$ 葬$_{32}$ 此$_{32}$ 愼$_{32}$ 鎭$_{32}$ 尼$_{20}$ 屍$_{20}$ 雌$_{20}$ 旨$_{20}$ 脂$_{20}$ 柴$_{12}$ 些$_{10}$
疵$_{10}$ 靴$_{20}$ 訛$_{10}$ 詣$_{10}$ 塡$_{10}$ 嗔$_{10}$

* 부수 명칭 : 견줄비

한 방향을 바라보고 나란히 선 두 사람의 모양을 본뜬 글자로 본의는 '나란히 하다'라는 뜻이다. 부수나 구건으로 쓰일 경우 나란한 상태나 따르는 행위와 관련된 의미를 나타낸다.

▷ 부수이면서 나란하다와 관련된 의미를 나타내는 것

比$_{50}$ 毘$_{12}$ 毖$_{12}$

▷ 比가 구건으로 쓰인 것

階$_{40}$ 批$_{40}$ 混$_{40}$ 皆$_{30}$ 琵$_{10}$ 秕$_{10}$ 砒$_{10}$ 庇$_{10}$ 妣$_{10}$ 偕$_{10}$ 諧$_{10}$ 楷$_{10}$ 昆$_{10}$ 棍$_{10}$

▷ 比의 자형이 변한 것

• 从 : 從$_{40}$ 縱$_{32}$ 聳$_{10}$ 慫$_{10}$

• 八 : 屛$_{30}$ 倂$_{20}$ 甁$_{10}$ 餠$_{10}$

• 氏 : 旅$_{52}$

* 부수 명칭 : 쌀포

팔을 안으로 구부려 마치 감싸 안는 사람의 모양으로 본의는 '감싸다'라는 뜻이다. 부수나 구건으로 사용될 경우 안다, 싸다 등과 관련된 의미를 나타낸다.

▷ 부수이면서 사람과 관련된 의미를 나타내는 것

包$_{42}$ 匈$_{12}$ 匐$_{10}$ 匍$_{10}$

▷ 부수이지만 사람의 의미와는 관련이 없는 것

勿$_{32}$ 勺$_{10}$

▷ 勹가 구건으로 쓰인 것

的$_{52}$ 約$_{52}$ 包$_{42}$ 句$_{42}$ 砲$_{42}$ 均$_{40}$ 胞$_{40}$ 拘$_{32}$ 旬$_{32}$ 菊$_{32}$ 狗$_{30}$ 飽$_{30}$ 酌$_{30}$ 抱$_{30}$ 殉$_{30}$ 鈞$_{20}$ 趨$_{20}$ 荀$_{12}$ 珣$_{12}$ 洵$_{12}$ 鞠$_{12}$ 葡$_{12}$ 鮑$_{12}$ 鄒$_{12}$ 枸$_{12}$ 灼$_{10}$ 豹$_{10}$ 芻$_{10}$ 絢$_{10}$ 筍$_{10}$ 庖$_{10}$ 芍$_{10}$ 駒$_{10}$ 咆$_{10}$ 鉤$_{10}$ 袍$_{10}$ 枸$_{10}$ 疱$_{10}$ 葯$_{10}$ 泡$_{10}$ 匍$_{10}$ 勾$_{10}$

* 부수 명칭 : 주검시

무릎을 웅크리고 앉은 사람의 모양으로 본의는 죽은 사람의 몸을 가리키는 '주검'이라는 뜻이다. 시체라고 하면 흔히 누워있는 자세를 상상하기 쉬우나, 중국은 신석기시대부터 옹관묘가 등장하였고 이후 戰國·秦漢時代에 이르러 양적으로 증가하며 유행하였던 사실에 비추어 보면 주검을 앉아 있는 자세로 형상화한 것은 자연스러운 표현이라 하겠다. 부수나 구건으로 쓰일 경우 단순히 사람의 앉은 자세 혹은 앉다, 머무르다 등과 관련하여 가옥의 개념을 나타내는 경우가 많다.

▷ 부수이면서 자세와 관련된 의미를 나타내는 것

局52 展52 屋50 屬40 屈40 層40 居40 尺32 尾32 履32 屢30 屛30 尿20 屍20 尼20 屠10 屑10

▷ 부수이지만 마음의 의미와는 관련이 없는 것

尹12

* 부수 명칭 : 몸신

배가 불룩하게 튀어나온 임신한 사람의 모양을 본뜬 글자로 본의는 사람의 '몸'이라는 뜻이다. 금문과 전서의 자형에 나타나는 복부의 가운데 위치한 점이나 획의 구건을 배꼽의 상형으로 해석하기도 하고, 신체를 뜻하는 지사부호로 해석하기도 한다. 부수나 구건으로 쓰일 경우 몸이나 신체와 관련된 개념을 나타낸다. 射의 구건으로 사용된 身은 弓이 와전된 자형이므로 해석 시 특히 주의하여야 한다.

▷ 부수이면서 몸와 관련된 의미를 나타내는 것

身62 躬10 軀10

▷ 身이 구건으로 쓰인 것

謝42 射40

▷ 身의 자형이 변한 것

月 : 股12

* 부수 명칭 : 머리혈

사람의 몸통 중에서 머리 모양을 크고 두드러지게 강조한 모양으로 본의는 '머리'라는 뜻이다. 금문에서부터 눈과 머리카락으로 얼굴의 개념을 상징화하였다.

▷ 부수이면서 머리와 관련된 의미를 나타내는 것

題62 頭60 類52 順52 願50 領50 頌40 額40 顯40 顔32 頃32 頂32 項32 頗30 須30 頻30 顧30 預20 頓12 項12 頒10 頸10 顴10 顚10 顛10 頰10 顎10 顆10 頹10 頑10

▷ 頁이 구건으로 쓰인 것

煩30 碩20

▷ 頁의 자형이 변한 것

- 頁 : 優40 憂32 擾10
- 亘 : 寡32
- 百 : 夏70

首
[머리 수]   갑골 금문 전서

＊ 부수 명칭 : 머리수

사람의 머리 모양으로 본의는 '머리'라는 뜻이다. 갑골문에는 정면 또는 측면의 얼굴 형상이 구체적으로 표현되었으나 금문부터는 눈과 머리카락만으로 얼굴의 개념을 상징화하였다.

▷ 부수이면서 무릎의 동작이나 앉은 자세와 관련된 의미를 나타내는 것

首52

▷ 首가 구건으로 쓰인 것

道72 導42

▷ 首의 따라 자형이 변한 것

- 百 : 面70 緬10 齡麵10
- 県 : 懸32 縣30

鬼
[귀신 귀]   갑골 금문 전서

＊ 부수 명칭 : 귀신귀

갑골문과 금문은 사람의 머리를 귀신의 머리 모양으로 표현한 글자로 본의는 '귀신'이라는 뜻이다. 전서는 귀신의 머리(甶 귀신머리 불)와 귀신의 몸체(儿)에 귀신의 기운을 나타내는 厶를 더하여 그 뜻을 구체화하였다. 부수나 구건으로 사용된 경우 귀신이나 영혼과 관련된 의미를 나타낸다.

▷ 부수이면서 귀신과 관련된 의미를 나타내는 것

鬼32 魂32 魅20 魔20 魏12 魃10 魁10 魄10

▷ 鬼가 구건으로 쓰인 것

塊30 愧30 醜30 傀20 槐12 蒐10 巍10

* **변형 부수** : 镸

* **부수 명칭** : 길장

  머리카락이 긴 사람의 모양으로 본의는 '긴 머리카락'이다. 예전에는 머리카락을 자르지 않아 나이에 비례하여 머리카락이 길었기 때문에 '어른'이란 뜻으로 쓰이기도 한다.

  ▷ 부수이면서 긴 머리카락과 관련된 의미를 나타내는 것

  長$_{80}$

  ▷ 長이 구건으로 쓰인 것

  張$_{40}$ 帳$_{40}$ 漲$_{10}$ 脹$_{10}$

  ▷ 長의 자형이 변한 것

  • 镸 : 髮$_{40}$ 套$_{10}$

  • 岩 : 微$_{32}$ 徽$_{12}$ 薇$_{10}$

  • 肀 : 徵$_{32}$ 懲$_{30}$

* **부수 명칭** : 터럭발밑

  머리카락이 긴 사람의 모양인 長과 터럭을 뜻하는 彡을 합친 글자로 본의는 '길게 늘어진 머리털'을 뜻한다. 부수나 구건으로 사용될 경우 머리털이나 수염과 관련된 의미를 나타낸다.

  ▷ 부수이면서 머리털과 관련된 의미를 나타내는 것

  髮$_{40}$

* **변형 부수** : 耂

* **부수 명칭** : 늙을로

  긴 머리털에 구부정한 자세로 지팡이를 짚고 있는 사람의 모양으로 본의는 '노인'이란 뜻이다. 부수나 구건으로 사용될 경우 늙다, 쇠약하다, 경험이 많고 노련하다 등의 개념을 나타낸다.

  ▷ 부수이면서 노인과 관련된 의미를 나타내는 것

  老$_{70}$ 考$_{50}$ 耆$_{12}$

▷ 부수이지만 노인의 의미와 관련이 없는 것

者$_{60}$

▷ 老가 구건으로 쓰인 것

孝$_{72}$ 壽$_{32}$ 鑄$_{32}$ 燾$_{12}$ 疇$_{12}$ 哮$_{10}$ 嗜$_{10}$ 拷$_{10}$ 禱$_{10}$ 躊$_{10}$ 酵$_{10}$ 濤$_{10}$

면 [낯 면]　갑골　금문　전서

* 부수 명칭 : 낯면

사람의 머리를 상형한 首에 얼굴의 윤곽을 더한 글자로 본의는 '얼굴'이라는 뜻이다. 갑골문에는
얼굴의 윤곽과 눈만으로 얼굴의 형상을 간단히 표현하였다. 부수나 구건으로 쓰일 경우 얼굴과
관련된 의미를 나타낸다.

▷ 부수이면서 얼굴과 관련된 의미를 나타내는 것

面$_{70}$

▷ 面이 구건으로 쓰인 것

緬$_{10}$

目 [눈 목]　갑골　금문　전서

* 변형 부수 : 罒
* 부수 명칭 : 눈목

사람의 눈과 눈동자의 모양으로 본의는 '눈'이다. 눈과 관련된 기능이나 상태 등을 나타낸다. 통
상 갑골이나 금문 등에서는 동물의 머리를 눈으로 상징화하여 간단히 표현하기도 한다.

▷ 부수이면서 눈과 관련된 의미를 나타내는 것

直$_{72}$ 省$_{62}$ 目$_{60}$ 相$_{52}$ 眼$_{42}$ 督$_{42}$ 看$_{40}$ 睦$_{32}$ 瞬$_{32}$ 眠$_{32}$ 盲$_{32}$ 眉$_{30}$ 睡$_{30}$ 盾$_{20}$ 睿$_{12}$ 瞻$_{12}$ 眩$_{10}$ 瞞$_{10}$ 瞳$_{10}$ 眩$_{10}$
瞰$_{10}$ 眈$_{10}$ 晴$_{10}$ 睹$_{10}$ 瞥$_{10}$ 瞭$_{10}$ 眷$_{10}$ 眺$_{10}$

▷ 부수이지만 눈의 의미와는 관련이 없는 것

着$_{52}$ 眞$_{42}$

▷ 目이 구건으로 쓰인 것

植$_{70}$ 置$_{42}$ 想$_{42}$ 霜$_{32}$ 値$_{32}$ 懼$_{30}$ 循$_{30}$ 箱$_{20}$ 殖$_{20}$ 惠$_{12}$ 稙$_{12}$ 媚$_{10}$ 澠$_{10}$ 嫡$_{10}$ 衢$_{10}$ 遁$_{10}$

▷ 目의 자형이 변한 것

• 罒 : 德$_{52}$ 聽$_{40}$ 廳$_{40}$ 夢$_{32}$ 懷$_{32}$ 壞$_{32}$ 漫$_{30}$ 慢$_{30}$ 蔑$_{10}$ 饅$_{10}$ 鰻$_{10}$ 蔓$_{10}$ 襪$_{10}$ 鰥$_{10}$ 遝$_{10}$

• 𠃌 : 民$_{80}$ 眠$_{32}$ 珉$_{12}$

* 부수 명칭 : 신하신

고개를 숙이거나 누운 자세라서 눈을 아래로 내려다보는 모양으로 표현한 글자이며 본의는 '아래를 내려다보다'라는 뜻이다. 고개를 조아려 굴복하거나, 눕거나, 내려다본다는 개념을 나타낸다.

▷ 부수이면서 눈의 방향과 관련된 의미를 나타내는 것

臣$_{52}$ 臨$_{32}$ 臥$_{30}$

▷ 臣이 구건으로 쓰인 것

賢$_{42}$ 監$_{42}$ 覽$_{40}$ 堅$_{40}$ 臨$_{32}$ 緊$_{32}$ 鑑$_{32}$ 鹽$_{32}$ 濫$_{30}$ 藍$_{20}$ 腎$_{20}$ 艦$_{20}$ 竪$_{10}$ 檻$_{10}$ 籃$_{10}$ 宦$_{10}$

* 부수 명칭 : 볼견

사람의 머리 부분에 눈을 크게 강조한 모양으로 본의인 '보다'라는 뜻을 나타낸다. 주로 눈으로 보거나 탐색하는 행위와 관련된 의미를 나타낸다.

▷ 부수이면서 보는 행위와 관련된 의미를 나타내는 것

親$_{60}$ 見$_{52}$ 觀$_{52}$ 規$_{50}$ 視$_{42}$ 覺$_{40}$ 覽$_{40}$ 覓$_{12}$ 覡$_{10}$ 覲$_{10}$

▷ 見이 구건으로 쓰인 것

現$_{62}$ 硯$_{20}$ 峴$_{12}$

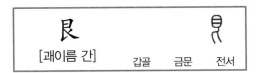

* 부수 명칭 : 머무를간

눈의 모양인 目과 人의 뒤집힌 모양인 匕를 합쳐, 뒤를 돌아다보거나 화가 나서 삐딱하게 째려보는 사람의 눈을 표현한 글자로 본의는 '흘겨보는 눈'을 뜻한다. 부수나 구건으로 사용될 경우 원망하다, 외면하다 등의 뜻을 나타낸다. 팔괘의 하나로서 동북방향, 손, 산, 그치다의 뜻을 상징하는 글자로 쓰이지만 자형과는 아무 관련이 없다.

▷ 부수이면서 원망과 관련된 의미를 나타내는 것

艱$_{10}$

▷ 부수이지만 원망의 의미와는 관련이 없는 것

良$_{52}$ 艮$_{12}$

▷ 艮이 구건으로 쓰인 것

銀60 根60 限42 眼42 恨40 懇32 垠12 痕10 墾10

* 부수 명칭 : 스스로자

정면에서 본 코의 모양으로 본의는 '코'이다. 자기 자신을 가리킬 때 손가락으로 코를 가리키는 습관에 의해 1인칭대명사로 가차되었다. 이후 본의인 '코'의 뜻을 상실하게 되자 화살의 모양인 畀자를 더해 본래의 뜻인 코를 나타내는 글자 '鼻'가 생겨났다. 구건으로 쓰일 때는 본의인 코의 기능과 관련된 개념들을 나타낸다.

▷ 부수이면서 코와 관련된 의미를 나타내는 것

自72 臭30

▷ 自가 구건으로 쓰인 것

鼻50 邊42 息42 熄10 嗅10

* 부수 명칭 : 코비

코의 모양을 상형한 글자인 自에서 분화된 글자로 自가 인칭대명사로 사용되자 화살의 모양을 상형한 畀(*줄 비, 矢가 변형된 자형)를 추가하여 숨을 쉬는 코의 개념을 구체화하였다. 본의는 '코'이다. 부수나 구건으로 사용될 경우 코나 호흡과 관련된 개념들을 나타낸다.

▷ 부수이면서 코와 관련된 의미를 나타내는 것

鼻50

* 부수 명칭 : 입구

벌린 입의 모양을 본뜬 글자로 본의는 '입'이다. 말하다, 먹다, 숨쉬다 등 입의 기능이나 작용과 관련된 뜻을 나타낸다. 그러나 일부 한자에서는 입과는 관계없이 장소나 사물을 나타내는 상징적 표형 기능을 한다.

▷ 부수이면서 입과 관련된 의미를 나타내는 것

名$_{72}$ 右$_{72}$ 問$_{70}$ 口$_{70}$ 命$_{70}$ 同$_{70}$ 和$_{62}$ 古$_{60}$ 告$_{52}$ 商$_{52}$ 唱$_{50}$ 可$_{50}$ 善$_{50}$ 吸$_{42}$ 味$_{42}$ 呼$_{42}$ 句$_{42}$ 嚴$_{40}$ 否$_{40}$ 喜$_{40}$
君$_{40}$ 喪$_{32}$ 吐$_{32}$ 司$_{32}$ 吹$_{32}$ 哭$_{32}$ 哲$_{32}$ 啓$_{32}$ 唐$_{32}$ 哀$_{32}$ 含$_{32}$ 鳴$_{30}$ 唯$_{30}$ 吟$_{30}$ 哉$_{30}$ 只$_{30}$ 叫$_{30}$ 召$_{30}$ 咸$_{30}$ 唆$_{20}$
哨$_{20}$ 呈$_{20}$ 噫$_{20}$ 喉$_{20}$ 吳$_{12}$ 后$_{12}$ 喩$_{10}$ 噴$_{10}$ 呻$_{10}$ 喙$_{10}$ 啞$_{10}$ 啼$_{10}$ 顎$_{10}$ 嗅$_{10}$ 喊$_{10}$ 叩$_{10}$ 喫$_{10}$ 嚆$_{10}$ 吼$_{10}$ 咀$_{10}$
哺$_{10}$ 嗾$_{10}$ 咐$_{10}$ 嗔$_{10}$ 嗟$_{10}$ 吩$_{10}$ 喝$_{10}$ 哮$_{10}$ 嗜$_{10}$ 嘉$_{10}$ 嗣$_{10}$ 叱$_{10}$ 咨$_{10}$ 吞$_{10}$ 咬$_{10}$ 噓$_{10}$ 唄$_{10}$ 咆$_{10}$ 咽$_{10}$ 喘$_{10}$
咳$_{10}$ 喚$_{10}$ 嘔$_{10}$ 喧$_{10}$ 呪$_{10}$ 咫$_{10}$ 囑$_{10}$ 唾$_{10}$ 呵$_{10}$ 嘲$_{10}$ 哥$_{10}$ 呱$_{10}$ 嚼$_{10}$ 哄$_{10}$ 嚙$_{10}$

▷ 부수이지만 입의 의미와는 관련이 없는 것

各$_{62}$ 合$_{60}$ 向$_{60}$ 史$_{52}$ 品$_{52}$ 吉$_{50}$ 喆$_{12}$ 器$_{42}$ 員$_{42}$ 單$_{42}$ 周$_{40}$ 吏$_{32}$ 吾$_{30}$ 嘗$_{30}$ 嚞$_{12}$ 呂$_{12}$ 台$_{12}$ 呆$_{10}$ 嗇$_{10}$ 嚮$_{10}$
喬$_{10}$ 囊$_{10}$

▷ 口가 구건으로 쓰인 것

兄$_{80}$ 區$_{60}$ 說$_{52}$ 祝$_{50}$ 操$_{50}$ 稅$_{42}$ 脫$_{40}$ 況$_{40}$ 悅$_{32}$ 驅$_{30}$ 閱$_{30}$ 銳$_{30}$ 燥$_{30}$ 鷗$_{20}$ 歐$_{20}$ 癌$_{20}$ 兌$_{12}$ 嶇$_{10}$ 毆$_{10}$ 躁$_{10}$
繰$_{10}$ 謳$_{10}$ 軀$_{10}$ 樞$_{10}$ 愕$_{10}$ 顎$_{10}$ 藻$_{10}$

舌
[혀 설] 갑골 금문 전서

* **부수 명칭 : 혀설**

벌린 입 밖으로 내민 혀의 모양을 본뜬 글자로 갑골문과 금문은 갈라진 혀와 점들로 혀의 놀림과 침의 개념을 표현하였다. 본의는 '혀'이다. 부수나 구건으로 사용될 경우 혀를 놀려 말하다, 맛보다 등과 같이 혀의 기능이나 동작과 관련된 뜻을 나타낸다.

▷ 부수이면서 혀와 관련된 의미를 나타내는 것

舌$_{40}$

▷ 부수이지만 혀의 의미와는 관련이 없는 것

舍$_{42}$ 舒$_{12}$

▷ 舌이 구건으로 쓰인 것

話$_{72}$ 活$_{72}$ 憩$_{20}$ 刮$_{10}$ 括$_{10}$ 闊$_{10}$

齒
[이 치] 갑골 금문 전서

* **부수 명칭 : 이치**

입 안의 윗니와 아랫니를 상형한 글자로 본의는 '이'이다. 금문과 전서에서는 발의 모양인 止로 자음(字音) 정보를 추가하였다. 부수나 구건으로 사용될 경우 이나 이로 물거나 씹는 동작과 관련된 의미를 나타낸다.

▷ 부수이면서 이와 관련된 의미를 나타내는 것

齒₄₂ 齡₁₀

* 부수 명칭 : 말씀언

벌린 입 밖으로 내민 혀의 모양에 위를 뜻하는 지사부호인 二(上)를 표시한 글자로 본의는 혀를 놀려 '말하다'라는 뜻이다. 갑골문 $\breve{\underline{\Psi}}$, 금문 $\breve{\underline{\Psi}}$의 자형을 근거로 입으로 나팔을 부는 모양으로 해석하거나, 〈설문해자〉의 해석(从口, 辛聲)을 근거로 입과 묵도(墨刀)가 결합한 글자로 거짓이 있을 시 죄를 받겠다며 맹세하는 말을 뜻하는 글자로 해석하기도 한다. 그러나 나팔이나 묵도를 발화 행위와 관련짓기는 무리가 있다. 갑골이나 금문에서 지사부호인 上은 一 또는 二(* 위의 획이 아래 획보다 짧음)와 같이 표현하는 경우가 많음을 감안할 때 言은 舌과 上의 개념이 결합된 지사자로 해석하는 것이 타당할 것이다. 부수나 구건으로 사용될 경우에는 말 또는 말과 관련된 발화 행위를 나타낸다.

▷ 부수이면서 말하다와 관련된 의미를 나타내는 것

話₇₂ 記₇₂ 語₇₀ 讀₆₂ 計₆₂ 訓₆₀ 言₆₀ 課₅₂ 說₅₂ 變₅₂ 識₅₂ 調₅₂ 談₅₀ 許₅₀ 請₄₂ 護₄₂ 設₄₂ 議₄₂ 訪₄₂ 論₄₂
詩₄₂ 誤₄₂ 認₄₂ 警₄₂ 謝₄₂ 試₄₂ 謠₄₂ 誠₄₂ 講₄₂ 評₄₀ 證₄₀ 討₄₀ 誌₄₀ 讚₃₂ 譽₃₂ 詞₃₂ 訣₃₂ 譜₃₂ 訴₃₂ 讓₃₂
誇₃₂ 謙₃₂ 訟₃₂ 譯₃₂ 誘₃₂ 詳₃₂ 謂₃₂ 謀₃₂ 諸₃₂ 諾₃₂ 誕₃₀ 誓₃₀ 誦₃₀ 該₃₀ 詐₃₀ 諒₃₀ 詠₃₀ 訂₃₀ 誰₃₀ 謁₃₀
謹₃₀ 謬₃₀ 諮₂₀ 託₂₀ 謄₂₀ 診₂₀ 諜₂₀ 謨₁₂ 閨₁₂ 誹₁₀ 誨₁₀ 諺₁₀ 誼₁₀ 諱₁₀ 譴₁₀ 諫₁₀ 諭₁₀ 誣₁₀ 詰₁₀ 謚₁₀
諛₁₀ 謗₁₀ 誅₁₀ 謟₁₀ 謳₁₀ 諦₁₀ 諷₁₀ 諧₁₀ 謫₁₀ 譏₁₀ 譚₁₀ 詭₁₀ 謠₁₀ 註₁₀ 詔₁₀ 譬₁₀ 詛₁₀ 訛₁₀ 譎₁₀ 訝₁₀
訥₁₀ 訌₁₀ 詣₁₀ 讎₁₀ 訊₁₀ 識₁₀ 讒₁₀ 訃₁₀

▷ 言이 구건으로 쓰인 것

信₆₂ 罰₄₂ 戀₃₂ 變₁₂

▷ 言의 자형이 변한 것

• 音 : 競₅₀
• 舌 : 善₅₀ 繕₂₀ 膳₁₀

* 부수 명칭 : 소리음

말하다는 뜻을 나타내는 言의 口 부분에 지사부호를 표시한 글자로 본의는 입안에서 나오는 '소리'라는 뜻이다. 부수나 구건으로 사용될 경우에는 말이나 악기의 소리와 관련된 뜻을 나타낸다.

▷ 부수이면서 소리와 관련된 의미를 나타내는 것

音$_{62}$ 韻$_{32}$ 響$_{32}$

▷ 音이 구건으로 쓰인 것

意$_{62}$ 識$_{52}$ 億$_{50}$ 境$_{42}$ 暗$_{42}$ 職$_{42}$ 織$_{40}$ 鏡$_{40}$ 憶$_{32}$ 竟$_{30}$ 噫$_{20}$ 幟$_{10}$ 熾$_{10}$ 闇$_{10}$ 臆$_{10}$

[가로 왈]   갑골   금문   전서

✻ 부수 명칭 : 가로왈

벌린 입의 모양 위에 소리를 나타내는 지사부호를 표시한 글자로 본의는 소리를 뱉어내어 '말하다'라는 뜻이다. 구건으로 사용될 경우 말하다, 먹다 등 입의 동작과 관련된 개념을 나타내기도 하지만, 비록 부수라 할지라도 입의 동작과는 무관한 경우가 많다.

▷ 부수이면서 말하다와 관련된 의미를 나타내는 것

書$_{62}$ 替$_{30}$ 曰$_{30}$ 曹$_{12}$ 曹$_{10}$

▷ 부수이지만 말하다는 의미와는 관련이 없는 것

會$_{62}$ 最$_{50}$ 曲$_{50}$ 更$_{40}$ 曾$_{32}$ 曳$_{10}$

▷ 曰이 구건으로 쓰인 것

唱$_{50}$ 香$_{42}$ 昌$_{32}$ 踏$_{32}$ 耆$_{12}$ 倡$_{10}$ 娼$_{10}$ 猖$_{10}$ 菖$_{10}$

[달 감]   갑골   금문   전서

✻ 부수 명칭 : 달감

벌린 입 안에 음식의 개념을 나타내는 지사부호를 그어 본의는 음식을 '입 안에 머금다'라는 뜻을 나타낸다. 부수나 구건으로 사용될 경우 '달다, 맛보다, 먹다'라는 의미를 나타낼 때 쓰인다.

▷ 부수이면서 입안의 음식과 관련된 의미를 나타내는 것

甘$_{40}$ 甚$_{32}$

▷ 甘이 구건으로 쓰인 것

謀$_{32}$ 媒$_{32}$ 某$_{30}$ 邯$_{12}$ 煤$_{10}$ 紺$_{10}$ 疳$_{10}$ 柑$_{10}$

▷ 甘의 자형이 변한 것

曰 : 指$_{42}$ 香$_{42}$ 嘗$_{30}$ 旨$_{20}$ 脂$_{20}$ 魯$_{12}$ 馥$_{12}$ 馨$_{12}$ 詣$_{10}$

＊ 부수 명칭 : 어금니아

위아래의 어금니가 맞물린 모양을 본뜬 글자로 본의는 '어금니'이다. 부수나 구건으로 사용될 경우 치아와 관련된 개념을 나타낸다.

▷ 부수이면서 이와 관련된 의미를 나타내는 것

牙₃₂

▷ 牙가 구건으로 쓰인 것

邪₃₂ 芽₃₂ 雅₃₂ 穿₁₀ 訝₁₀

＊ 부수 명칭 : 하품흠

입을 크게 벌리고 있는 사람의 모양을 본뜬 글자로 본의는 '하품하다'라는 뜻이다. 부수나 구건으로 사용될 경우 숨을 들이쉬거나 내쉬는 등의 호흡, 감탄이나 탄식, 기침 등과 같이 입을 벌리는 것과 관련된 동작이나 상태를 나타낸다.

▷ 부수이면서 입을 벌리는 행위와 관련된 의미를 나타내는 것

歌₇₀ 次₄₂ 歡₄₀ 歎₄₀ 欲₃₂ 欺₃₀ 款₂₀ 歐₂₀ 欽₁₂ 歆₁₀ 歇₁₀ 欠₁₀ 欣₁₀

▷ 欠이 구건으로 쓰인 것

飲₆₂ 盜₄₀ 姿₄₀ 資₄₀ 吹₃₂ 軟₃₂ 恣₃₀ 炊₂₀ 諮₂₀ 瓷₁₀ 羨₁₀

＊ 부수 명칭 : 이미기

앉아서 입을 벌린 채 머리를 돌려 뒤돌아보고 있는 사람의 모양을 본뜬 글자로 본의는 '외면하다'라는 뜻이다. 〈설문해자〉는 먹은 음식의 기운이 역류해 숨을 쉴 수가 없는 것이라고 하여 欠과는 자형이 반대라고 하였다. 부수나 구건으로 사용될 경우에는 숨이 막히다, 물리다 등의 개념을 나타낸다. 자전에서는 부수인 无(없을 무)의 변형 부수로 취급하고 있으나 无는 춤추는 사람의 모양인 舞의 변형으로 旡와는 자원 상 관련이 없다.

▷ 부수이면서 외면하다와 관련된 의미를 나타내는 것

旣₃₀

▷ 旡가 구건으로 쓰인 것

概32 慨30 廐10 溉10

[말이을 이]　갑골　금문　전서

* 부수 명칭 : 말이을이

　턱과 수염의 모양으로 본의는 '턱수염'이다. 독체자는 가차하여 2인대명사나 접속사로 사용되지만, 부수나 구건으로 사용되는 경우 대부분 본의인 수염과 관련된 의미를 나타낸다.

▷ 부수이면서 수염과 관련된 의미를 나타내는 것

耐32 而30

[귀 이]　갑골　금문　전서

* 부수 명칭 : 귀이

　귀의 모양으로 본의는 '귀'이다. 부수나 구건으로 사용되는 경우 대부분 귀의 기능이나 모양과 관련된 의미를 나타낸다.

▷ 부수이면서 귀와 관련된 의미를 나타내는 것

耳50 聖42 職42 聲42 聯32 耶30 聰30 聘30 聚12 聳10

▷ 耳가 구건으로 쓰인 것

最50 取42 趣40 恥32 攝30 輯20 倻12 珥12 揖10 茸10 茸10 娶10 餌10 撮10 爺10 揶10 叢10

[고기 육]　갑골　금문　전서

* 변형 부수 : ⺼
* 부수 명칭 : 고기육, 육달월

　고깃결이 있는 고깃덩이의 상형으로 본의는 '고기'라는 뜻이다. 부수나 구건으로 쓰일 경우 고문의 자형이 그대로 유지된 ⺼의 형태로 변형되어 '육달월(肉달月)'이라는 부수의 이름을 가지게 되었다. 활자로는 ⺼(육달월)과 月(달 월)이 모두 '月'로 표현되는 경우가 많은데, 두 글자는 別子이므로 주의가 필요하다. 부수나 구건으로 사용될 경우에는 짐승의 고기나 사람의 신체에 관한 정보임을 나타내는 데 사용된다.

▷ 부수이면서 고기나 신체와 관련된 의미를 나타내는 것

育$_{70}$ 能$_{52}$ 肉$_{42}$ 背$_{42}$ 脈$_{42}$ 腸$_{40}$ 脫$_{40}$ 胞$_{40}$ 腐$_{32}$ 胃$_{32}$ 肝$_{32}$ 肥$_{32}$ 肝$_{32}$ 臟$_{32}$ 肺$_{32}$ 胸$_{32}$ 腹$_{32}$ 腦$_{32}$ 脅$_{32}$ 肖$_{32}$ 脚$_{32}$

胡$_{32}$ 肯$_{30}$ 肩$_{30}$ 脣$_{30}$ 腰$_{30}$ 胎$_{20}$ 腎$_{20}$ 脂$_{20}$ 膜$_{20}$ 膠$_{20}$ 膚$_{20}$ 膽$_{20}$ 胤$_{12}$ 肋$_{10}$ 脛$_{10}$ 胱$_{10}$ 肱$_{10}$ 胄$_{10}$ 腑$_{10}$ 脾$_{10}$

肪$_{10}$ 腋$_{10}$ 脆$_{10}$ 胴$_{10}$ 腱$_{10}$ 肴$_{10}$ 股$_{10}$ 腺$_{10}$ 肢$_{10}$ 肛$_{10}$ 脊$_{10}$ 膈$_{10}$ 膏$_{10}$ 膊$_{10}$ 膀$_{10}$ 腿$_{10}$ 腕$_{10}$ 脹$_{10}$ 胚$_{10}$ 膝$_{10}$

膣$_{10}$ 膳$_{10}$ 膵$_{10}$ 膨$_{10}$ 膿$_{10}$ 腫$_{10}$ 臀$_{10}$ 臂$_{10}$ 臆$_{10}$ 膺$_{10}$ 膾$_{10}$ 臘$_{10}$ 脯$_{10}$ 肌$_{10}$ 腔$_{10}$

▷ 肉이 구건으로 쓰인 것

豚$_{30}$ 瘠$_{10}$

▷ 肉의 자형이 변한 것

夗 : 然$_{70}$ 際$_{42}$ 將$_{42}$ 祭$_{42}$ 獎$_{40}$ 燃$_{40}$ 蔡$_{12}$ 蔣$_{12}$ 撚$_{10}$ 炙$_{10}$ 漿$_{10}$ 醬$_{10}$

夕 : 多$_{60}$ 移$_{42}$ 侈$_{10}$

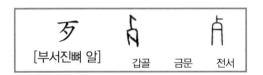

[부서진뼈 알]　갑골　금문　전서

* 변형 부수 : 歺

* 부수 명칭 : 죽을사

죽은 사람의 백골로 살이 썩고 뼈만 남은 모양을 상형한 글자로 본의는 갈라지고 속이 빈 죽은 사람의 '백골'이라는 뜻이다. 부수나 구건으로 쓰일 경우 죽음이나 재앙과 관련된 의미를 나타낸다. 점복(占卜)에 사용하였던 뼈를 상형한 冎(뼈발라낼 과)의 반쪽 개념으로 해석하는 경우도 있다.

▷ 부수이면서 백골과 관련된 의미를 나타내는 것

死$_{60}$ 殘$_{40}$ 殊$_{32}$ 殆$_{32}$ 殃$_{30}$ 殉$_{30}$ 殖$_{20}$ 歹$_{10}$ 殞$_{10}$ 殲$_{10}$ 殯$_{10}$ 殲$_{10}$

▷ 歹이 구건으로 쓰인 것

例$_{60}$ 列$_{42}$ 烈$_{40}$ 裂$_{32}$ 葬$_{32}$ 屍$_{20}$ 餐$_{20}$ 璨$_{12}$ 燦$_{12}$

▷ 歹의 자형이 변한 것

占 : 睿$_{12}$ 濬$_{12}$ 璿$_{12}$ 壑$_{10}$

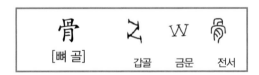

[뼈 골]　갑골　금문　전서

* 부수 명칭 : 뼈골

갑골문과 금문은 관절마다 꺾여있는 뼈의 모양을 상형하였고, 전서는 점복(占卜)에 사용하였던 뼈를 상형한 冎(뼈발라낼 과)와 肉을 합쳐 살이 붙어 있는 뼈, 즉 신체를 지탱하는 골격이라는 개념을 표현하였다. 부수나 구건으로 쓰일 경우 신체를 이루는 뼈대나 뼈로 만든 물건 등과 관련된 의미를 나타낸다.

▷ 부수이면서 백골과 관련된 의미를 나타내는 것

體62 骨40 骸10 髓10

▷ 骨이 구건으로 쓰인 것

滑20 猾10

心
[마음 심]   갑골   금문   전서

* 변형 부수 : 忄, 小
* 부수 명칭 : 마음심

심장의 모양으로 본의는 '심장'이라는 뜻이다. 부수나 구건으로 쓰일 경우 감정이나 의지 혹은 감성적 사고 등 마음의 움직임에 관한 의미를 나타낸다.

▷ 부수이면서 마음과 관련된 의미를 나타내는 것

心70 意62 急62 感60 愛60 性52 惡52 情52 念52 患50 思50 息42 慶42 想42 志42 惠42 快42 態42 忠42 悲42
怒42 恩42 應42 慮40 憲40 憤40 慰40 怨40 恨40 惜32 悟32 怪32 恒32 悔32 悅32 戀32 慈32 恐32 懇32 忽32
慧32 愚32 恭32 憂32 愼32 慾32 慕32 忍32 愁32 慣32 懸32 憶32 恕32 懷32 悠32 惑32 憎32 恥32 慙32 愧30
憐30 懲30 慘30 慢30 恣30 慨30 惟30 忙30 愈30 憫30 忌30 忘30 懼30 惱30 怠30 憾20 慫20 惹20 怖20 悼20 悽20
憩12 惇12 憙12 怡12 憙10 悴10 悷10 惚10 懺10 懶10 懦10 悍10 恙10 悖10 憺10 憚10 悉10 憔10 悌10 惘10
愉10 悛10 悚10 悧10 愕10 悶10 恤10 忿10 恢10 憧10 憬10 慓10 恍10 慟10 恪10 慷10 恰10 慌10 憺10 慄10
怏10 慈10 愾10 慝10 惶10 愎10 懺10 憑10 怯10 憮10 惰10 忖10 惻10 懊10 懈10

▷ 부수이지만 마음의 의미와는 관련이 없는 것

必52

又
[또 우]   갑골   금문   전서

* 부수 명칭 : 또우

오른손으로 무언가를 쥐고 있는 모양을 옆에서 본 모양으로 세 개의 손가락을 표현하였다. 갑골문에는 좌우 대칭인 왼손의 모양이 나타나기도 한다. 본의는 '오른손'이다. 자주 사용하는 손이란 의미에서 '또'라는 뜻으로 가차된 후에 본의를 나타내는 후기자 右가 나타났다. 구건으로 사용될 때에는 주로 손의 기능이나 동작과 관련된 뜻을 나타낸다.

▷ 부수이면서 손과 관련된 의미를 나타내는 것

反62 友52 受42 取42 叔40 及32 叛30 又30 叉10 叢10

▷ 又가 구건으로 쓰인 것

反62 級60 板50 受42 暖42 授42 設42 吸42 援40 投40 版32 飯32 及32 緩32 桑32 疫32 役32 叉30 叛30 返30

販30 阪12 瑗12 媛12 又10 扱10 汲10 煖10 股10 綴10

▷ 又의 자형이 변한 것

- ヨ : 事72 雪62 急62 郡60 爭50 婦42 掃42 侵42 歸40 君40 群40 靜40 寢40 隱40 糖32 淨32 浸32 唐32 慧32 庸30 逮30 尋30 穩20 備20 塘12 鏞12 尹12 伊12 窘10 錚10 彗10
- ㄨ : 祭42 際42 蔡12
- ナ : 左72 右72 有70 友52 雄50 灰40 差40 隨32 諾32 若32 佐30 墮30 惹20 隋12 祐12 佑12 郁12 宥10 楢10 恢10 惰10 髓10 肱10 宏10 匡10 慝10 嗟10 蹉10
- 十 : 碑40 卑32 婢32 脾10 裨10 痺10 牌10 稗10

[손톱 조]　갑골　금문　전서

* 변형 부수 : ⺢
* 부수 명칭 : 손톱조

손바닥이 아래로 향해 있어 물건을 움켜쥐는 손의 동작을 형상화하였으며 본의는 '손톱'이란 뜻이다. 부수나 구건으로 사용될 경우 몇몇 글자를 제외하고는 특별히 '손톱'이라는 한정된 의미를 나타내기 보다는 일반적으로 무언가를 집어 들거나 움켜잡는 손의 동작이나 상태를 표현하였다.

▷ 부수이면서 손과 관련된 의미를 나타내는 것

爭50 爲42 爪10 爬10

▷ 부수이지만 손의 의미와는 관련이 없는 것

爵30

▷ 爪가 구건으로 쓰인 것

授42 受42 採40 乳40 彩32 浮32 菜32 僞32 淨32 妥30 覓12 埰12 采12 孵10 錚10

▷ 爪의 자형이 변한 것

- ⺕ : 印42
- ⺕ : 虐20 瘧10 謔10
- 叉 : 騷30 搔10 瘙10
- 丑 : 丑30 羞10 紐10

[마디 촌]　갑골　금문　전서

* 부수 명칭 : 마디촌

오른손 손목의 맥점 부위에 지사부호를 표시한 글자이다. 본의는 손에서 손목까지의 길이인 '1촌'의 단위를 뜻한다. 寸은 전국문자부터 출현하는데 寸을 구건으로 하는 글자들의 갑골문이나 금문에서는 대부분 又자의 형태로 손의 기능이나 동작과 관련된 뜻을 나타낸다.

▷ 부수이면서 손과 관련된 의미를 나타내는 것

寸80 對62 寺42 將42 導42 尊42 射40 專40 封32 尋30 尉20

▷ 寸이 구건으로 쓰인 것

村70 等62 特60 待60 守42 府42 詩42 謝42 轉40 持40 得40 獎40 附32 付32 符32 耐32 侍32 遵30 蔚12 峙12 蔣12 忖10 駙10 狩10 俯10 腑10 紂10 吋10 痔10 幇10 漿10 醬10 樽10 麝10 狩10

[칠 복]   갑골 금문 전서

* 변형 부수 : 攵
* 부수 명칭 : 등글월문

막대기를 쥐고 있는 손의 모양을 형상화한 글자로 본의는 '가볍게 두드리다'라는 뜻이다. 부수나 구건으로 사용될 경우 회초리나 나뭇가지 등과 관련된 손의 동작이나 어떤 행위를 하도록 채근하거나 수행하다와 같은 개념을 나타낸다. 부수로 쓰일 경우 대부분 자형이 攵으로 변형되는데 文의 등 부분과 차이가 나기 때문에 '등글월문'이라는 명칭을 가지게 되었다고 한다. 攵나 攴와 자형을 혼동하는 경우가 많으므로 특히 주의가 필요한데, 攵(攴)은 4획이며, 夂나 夊는 아래로 내려딛는 발의 상형으로 3획임을 주지할 필요가 있다.

▷ 부수이면서 두드리다와 관련된 의미를 나타내는 것

教80 數70 放62 效52 敬52 救50 改50 敗50 政42 收42 故42 敵42 攻40 敢40 散40 整40 敦30 敍30 敏30 敷20 敞12 敲10 斂10 斃10

▷ 攴이 구건으로 쓰인 것

致50 牧42 枚20

▷ 攴의 자형이 변한 것

攴 : 更40 硬32 梗10 甦10

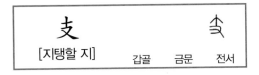

支   [지탱할 지]   갑골 금문 전서

* 부수 명칭 : 지탱할지

대나무 가지를 꺾어 쥐고 있는 오른손의 모양으로 본의는 꺾어 쥔 대나무의 '가지'를 뜻한다. '버티다, 지탱하다'라는 뜻으로 전용되자 후에 나뭇가지라는 본의를 나타내기 위해 枝를 사용하였다. 부수나 구건으로 사용될 경우 갈래나 나뭇가지를 다루는 일과 관련된 뜻을 나타낸다.

▷ 부수이면서 손과 관련된 의미를 나타내는 것

支42

▷ 支가 구건으로 쓰인 것

技$_{50}$ 枝$_{32}$ 岐$_{12}$ 伎$_{10}$ 妓$_{10}$ 肢$_{10}$

[창 수]　　갑골　　금문　　전서

* **부수 명칭** : 갖은등글월문

갑골문은 끝이 뭉툭한 몽둥이를 쥐고 있는 오른손의 모양으로 본의는 '치다, 때리다'라는 뜻이다. 부수나 구건으로 사용될 경우 몽치와 같이 사람이나 물건을 치거나 때리는 용도의 날 없는 무기나 망치 등의 연장을 다루는 행위와 관련된 뜻을 나타낸다. '갖은등글월문'이라는 부수 명칭은 어떤 물건을 '가진' 것을 뜻하며 文의 등 부분이 비교되는 글자라는 의미에서 붙여진 이름이라고 한다.

▷ 부수이면서 치다와 관련된 의미를 나타내는 것

殺$_{42}$ 段$_{40}$ 殿$_{32}$ 毁$_{30}$ 殷$_{12}$ 彀$_{10}$ 毆$_{10}$ 毅$_{10}$

▷ 殳가 구건으로 쓰인 것

設$_{42}$ 投$_{40}$ 役$_{32}$ 般$_{32}$ 疫$_{32}$ 股$_{10}$

[아비 부]　　갑골　　금문　　전서

* **부수 명칭** : 아비부

돌도끼를 움켜쥐고 있는 손의 모양을 형상화하였으며 본의는 '연장을 다루는 손'이란 뜻이다. 회초리를 쥔 손으로 자식을 훈육하고 집안을 다스리는 아비라거나, 지팡이를 쥔 손으로 가장의 권위를 표현하였다고 해석하기도 한다. 고대에 도끼가 왕이나 무사의 상징이었던 점을 감안하면 사냥을 통해 생계를 꾸리는 원시 사회의 가부장을 '돌도끼를 든 손'으로 상징한 것이라고 해석하는 것이 타당해 보인다. 부수나 구건으로 사용될 경우 아비라는 뜻 외에 도끼나 연장을 다루는 손의 동작과 관련된 개념을 나타낸다.

▷ 부수이면서 아비와 관련된 의미를 나타내는 것

父$_{80}$ 爺$_{10}$

▷ 父가 구건으로 쓰인 것

釜$_{12}$ 斧$_{10}$

▷ 父의 자형이 변한 것

• ⺈ : 捕$_{32}$ 補$_{32}$ 鋪$_{20}$ 甫$_{12}$ 輔$_{12}$ 圃$_{10}$ 哺$_{10}$ 逋$_{10}$ 脯$_{10}$

• ナ : 布$_{42}$ 怖$_{20}$

* 부수 명칭 : 밑스물입

양손으로 무언가를 받쳐 드는 모양으로 본의는 '받들다'라는 뜻이다. 부수나 구건으로 사용될 경우 물건을 들어 올리는 양손의 동작이나 역할과 관련된 의미를 나타낸다. 예서 이후 필획이 중첩되고 직선화되면서 자형이 十자 두 개를 합쳐 숫자 20을 나타내는 卄(卄 스물 입)과 비슷하고 글자의 밑에 위치해 '밑스물입'이라는 부수 명칭을 가진다.

▷ 부수이면서 양손과 관련된 의미를 나타내는 것

弊$_{32}$ 弄$_{32}$ 弁$_{12}$

▷ 廾이 구건으로 쓰인 것

開$_{60}$

▷ 廾의 자형이 변한 것

- 亠 : 共$_{62}$ 兵$_{52}$ 其$_{52}$ 擧$_{50}$ 港$_{42}$ 輿$_{42}$ 與$_{40}$ 譽$_{32}$ 恭$_{32}$ 洪$_{32}$ 供$_{32}$ 俱$_{30}$ 興$_{30}$ 巷$_{30}$ 哄$_{10}$ 嶼$_{10}$ 拱$_{10}$
- 八 : 承$_{42}$ 蒸$_{32}$ 丞$_{10}$
- 大 : 送$_{42}$ 遷$_{32}$ 塽$_{12}$ 僕$_{10}$ 奧$_{10}$ 懊$_{10}$
- 廾 : 奉$_{52}$ 奏$_{32}$ 泰$_{32}$ 俸$_{20}$ 秦$_{12}$ 捧$_{10}$ 棒$_{10}$ 輳$_{10}$
- 八 : 棄$_{30}$
- ⺕ : 康$_{42}$ 庚$_{30}$ 慷$_{10}$ 糠$_{10}$

* 부수 명칭 : 싸울투

갑골문은 머리를 풀어헤치고 마주 선 두 사람이 맨손으로 서로의 얼굴을 가격하는 모습을 본뜬 글자로 본의는 치고받으며 '싸우다'라는 뜻이다. 전서는 사람의 몸체와 손(手)만으로 자형을 단순화하였다. 부수나 구건으로 사용될 경우 싸움과 관련된 의미를 나타낸다.

▷ 부수이면서 싸움과 관련된 의미를 나타내는 것

鬪$_{40}$

* 변형 부수 : 扌

* 부수 명칭 : 손수

다섯 손가락을 펼친 손의 모양으로 본의는 '손'을 뜻한다. 부수로 쓰일 때는 대부분 자형이 扌로 변형되며, 주로 손의 기능이나 동작과 관련된 의미를 나타낸다.

▷ 부수이면서 손과 관련된 의미를 나타내는 것

手$_{72}$ 打$_{50}$ 操$_{50}$ 擧$_{50}$ 技$_{50}$ 指$_{42}$ 接$_{42}$ 授$_{42}$ 拜$_{42}$ 提$_{42}$ 擔$_{42}$ 承$_{42}$ 掃$_{42}$ 擇$_{40}$ 擊$_{40}$ 投$_{40}$ 揮$_{40}$ 據$_{40}$ 拍$_{40}$ 折$_{40}$
抗$_{40}$ 探$_{40}$ 拒$_{40}$ 推$_{40}$ 援$_{40}$ 批$_{40}$ 採$_{40}$ 招$_{40}$ 損$_{40}$ 持$_{40}$ 拘$_{32}$ 拾$_{32}$ 掌$_{32}$ 拔$_{32}$ 扶$_{32}$ 換$_{32}$ 振$_{32}$ 拂$_{32}$ 揚$_{32}$ 排$_{32}$
捕$_{32}$ 摘$_{32}$ 拳$_{32}$ 抑$_{32}$ 拓$_{32}$ 抵$_{32}$ 播$_{30}$ 押$_{30}$ 搖$_{30}$ 托$_{30}$ 捉$_{30}$ 拙$_{30}$ 抄$_{30}$ 把$_{30}$ 捨$_{30}$ 挑$_{30}$ 搜$_{30}$ 攝$_{30}$ 擁$_{30}$ 掛$_{30}$
抽$_{30}$ 携$_{30}$ 擴$_{30}$ 抱$_{30}$ 掠$_{30}$ 揷$_{20}$ 握$_{20}$ 措$_{20}$ 摩$_{20}$ 揭$_{20}$ 拉$_{20}$ 撤$_{20}$ 抛$_{20}$ 搬$_{20}$ 掘$_{20}$ 揆$_{12}$ 抒$_{10}$ 撻$_{10}$ 扼$_{10}$ 攄$_{10}$
拌$_{10}$ 擒$_{10}$ 掩$_{10}$ 擲$_{10}$ 揖$_{10}$ 撮$_{10}$ 拭$_{10}$ 挪$_{10}$ 擦$_{10}$ 掉$_{10}$ 捺$_{10}$ 描$_{10}$ 挫$_{10}$ 擡$_{10}$ 揀$_{10}$ 撰$_{10}$ 括$_{10}$ 撒$_{10}$ 拮$_{10}$ 搔$_{10}$
搗$_{10}$ 擬$_{10}$ 搾$_{10}$ 捷$_{10}$ 捧$_{10}$ 摸$_{10}$ 攀$_{10}$ 揄$_{10}$ 撥$_{10}$ 撫$_{10}$ 抹$_{10}$ 搏$_{10}$ 挽$_{10}$ 拿$_{10}$ 擅$_{10}$ 搭$_{10}$ 撲$_{10}$ 拷$_{10}$ 挾$_{10}$ 擢$_{10}$
按$_{10}$ 拇$_{10}$ 撓$_{10}$ 捏$_{10}$ 扮$_{10}$ 挈$_{10}$ 拐$_{10}$ 拱$_{10}$ 披$_{10}$ 扱$_{10}$ 撚$_{10}$ 撑$_{10}$ 擾$_{10}$ 撈$_{10}$ 擄$_{10}$ 摯$_{10}$ 擘$_{10}$ 撞$_{10}$ 捲$_{10}$ 捐$_{10}$
拗$_{10}$ 挺$_{10}$ 攘$_{10}$ 攪$_{10}$

▷ 부수이지만 손의 의미와는 관련이 없는 것

才$_{62}$

▷ 手의 자형이 변한 것

• 𠂇 : 拜$_{42}$ 看$_{40}$ 湃$_{10}$

• 𡗗 : 拜$_{42}$ 湃$_{10}$

• 龵 : 承$_{42}$

• 龹 : 奉$_{52}$ 俸$_{20}$ 捧$_{10}$ 棒$_{10}$

• 龰 : 失$_{60}$ 秩$_{32}$ 佚$_{10}$ 帙$_{10}$ 迭$_{10}$ 跌$_{10}$

• 毛 : 麾$_{10}$

• 王 : 鬪$_{40}$

止
[그칠 지]   갑골   금문   전서

* 부수 명칭 : 그칠지

사람의 발 모양을 본뜬 글자로 본의는 '발'을 뜻한다. '그치다'라는 확장된 뜻으로 널리 사용되자 '발'이라는 확장된 뜻을 나타내기 위한 글자 趾가 만들어졌다. 부수나 구건으로 사용될 때에는 본의인 발의 기능이나 동작과 관련된 가다, 서다, 걷다, 뛰다 등의 의미를 나타낸다.

▷ 부수이면서 손과 관련된 의미를 나타내는 것

正$_{72}$ 歲$_{52}$ 歷$_{52}$ 止$_{50}$ 步$_{42}$ 武$_{42}$ 歸$_{40}$ 此$_{32}$ 歪$_{20}$

▷ 止가 구건으로 쓰인 것

政$_{42}$ 延$_{40}$ 整$_{40}$ 症$_{32}$ 紫$_{32}$ 企$_{32}$ 征$_{32}$ 涉$_{30}$ 肯$_{30}$ 頻$_{30}$ 誕$_{30}$ 雌$_{20}$ 柴$_{12}$ 址$_{12}$ 陟$_{12}$ 濊$_{12}$ 祉$_{10}$ 顋$_{10}$ 疵$_{10}$ 徙$_{10}$
些$_{10}$ 瀕$_{10}$ 筵$_{10}$ 澁$_{10}$ 穢$_{10}$

▷ 止의 자형이 변한 것

- 止 : 足$_{72}$ 定$_{60}$ 走$_{42}$ 徒$_{40}$ 礎$_{32}$ 促$_{32}$ 捉$_{30}$ 楚$_{12}$ 壻$_{10}$ 碇$_{10}$ 疋$_{10}$ 綻$_{10}$ 蜑$_{10}$ 胥$_{10}$ 錠$_{10}$ 捷$_{10}$
- 少 : 涉$_{30}$ 頻$_{30}$ 陟$_{12}$ 瀲$_{12}$ 顑$_{10}$ 瀕$_{10}$ 穦$_{10}$
- 丷 : 前$_{72}$ 剪$_{10}$ 煎$_{10}$ 箭$_{10}$
- 屮 : 出$_{70}$ 屈$_{40}$ 拙$_{30}$ 掘$_{20}$ 窟$_{20}$ 黜$_{10}$ 嗤$_{10}$
- 屮 : 先$_{80}$ 洗$_{52}$ 銑$_{10}$
- 土 : 時$_{72}$ 等$_{62}$ 特$_{60}$ 待$_{60}$ 詩$_{42}$ 寺$_{42}$ 持$_{40}$ 侍$_{32}$ 峙$_{12}$ 痔$_{10}$
- 士 : 志$_{42}$ 誌$_{40}$ 款$_{20}$
- 㞢 : 之$_{32}$ 芝$_{12}$ 貶$_{10}$ 泛$_{10}$ 乏$_{10}$
- 山 : 端$_{42}$ 瑞$_{20}$ 湍$_{10}$ 喘$_{10}$
- 五 : 偉$_{52}$ 衛$_{42}$ 圍$_{40}$ 違$_{30}$ 緯$_{30}$ 韋$_{12}$ 諱$_{10}$
- 牛 : 偉$_{52}$ 衛$_{42}$ 圍$_{40}$ 違$_{30}$ 緯$_{30}$ 韋$_{12}$ 諱$_{10}$

夊
[뒤져올 치]　갑골　금문　전서

＊ 부수 명칭 : 뒤져올치

아래로 향한 발의 모양으로 본의는 '내려딛는 발'을 뜻한다. 부수나 구건으로 쓰일 때는 일반적인 발의 개념이나 내려딛는 걸음 등과 관련된 의미를 나타낸다. 아래를 향한 발을 뜻하는 글자인 夂(천천히걸을 쇠)와 자형이나 자원이 같으나 부수의 위치는 夂가 대체로 머리 부분에 놓이는 것과 달리 夊는 발 부분에 위치한다. 자형이 비슷한 攵(攴, 칠 복)과는 別子로 특히 획수가 다르므로 구별하여야 한다.

▷ 夊가 구건으로 쓰인 것

冬$_{70}$ 各$_{62}$ 格$_{52}$ 終$_{50}$ 略$_{40}$ 絡$_{32}$ 閣$_{32}$ 峯$_{32}$ 蜂$_{30}$ 疼$_{10}$ 賂$_{10}$ 酪$_{10}$ 烙$_{10}$ 恪$_{10}$ 烽$_{10}$ 駱$_{10}$ 鋒$_{10}$

▷ 夊의 자형이 변한 것

夂 : 處$_{42}$

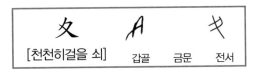

夂
[천천히걸을 쇠]　갑골　금문　전서

＊ 부수 명칭 : 천천히걸을쇠

아래로 향한 발의 모양으로 본의는 '내려딛는 발'을 뜻한다. 부수나 구건으로 쓰일 때는 일반적인 발의 개념이나 내려딛는 걸음 등과 관련된 의미를 나타낸다. 아래를 향한 발을 뜻하는 글자인 夊(뒤져올 치)와 자형이나 자원이 같으나 부수의 위치는 夂가 대체로 머리 부분에 놓이는 것과 달리 夊는 발 부분에 위치한다. 자형이 비슷한 攵(攴, 칠 복)과는 別子로 특히 획수가 다르므로 구별하여야 한다.

▷ 부수이면서 발과 관련된 의미를 나타내는 것

夏70

▷ 夂가 구건으로 쓰인 것

愛60 處42 曖10

▷ 夂의 자형이 변한 것

𣥂 : 退42 腿10 褪10

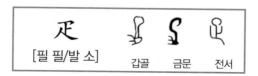

[필 필/발 소]　갑골　금문　전서

* 부수 명칭 : 필필, 짝필

장딴지와 발의 모양으로 본의는 '발'이다. 예로부터 천의 길이 단위인 '필'이나 상대를 가리키는 '짝'의 뜻을 가진 疋의 속자로 사용되면서 '필필, 짝필' 등의 부수 명칭을 갖게 되었다. 부수나 구건으로 쓰일 때는 일반적인 발의 동작이나 상태와 관련된 의미를 나타낸다. 다른 글자와 결합하여 왼쪽에 위치할 경할 경우에는 자형이 𤴔의 형태로 변형된다.

▷ 부수이면서 발과 관련된 의미를 나타내는 것

疑40 疏32 疋10 疎10

▷ 疋가 구건으로 쓰인 것

旋32 礎32 楚12 蛋10 壻10 胥10

[발 족]　갑골　금문　전서

* 부수 명칭 : 발족

장딴지와 발의 모양으로 본의는 '발'이다. 疋자에서 분화한 글자로 보는 견해가 많으며, 금문을 토대로 正자에서 분화된 글자로 보는 견해도 있다. 그러나 금문 正자의 자형은 𤴔 또는 𤴘과 같은 형태로 止와 결합된 윗부분의 구건이 속을 채운 원이나 짧은 가로획의 지사부호 형태를 나타내고 있는 차이를 보인다. 부수나 구건으로 쓰일 때는 발에 관한 동작이나 상태 등과 관련된 의미를 나타낸다.

▷ 부수이면서 발과 관련된 의미를 나타내는 것

足72 路60 踏32 踐32 蹟32 距32 跡32 跳30 躍30 蹴20 踰12 跆10 踊10 跛10 蹂10 蹄10 踵10 蹈10 蹉10 踪10 蹶10 跌10 躇10 躁10 跋10 躊10 蹣10

▷ 足이 구건으로 쓰인 것

促32 捉30

* 부수 명칭 : 달아날주

양팔을 휘저으며 달려가는 사람의 모양에 발의 모양을 더한 글자이다. 갑골문은 달려가는 사람의
자세만 표현하였으나 금문부터는 夭와 구분하기 위하여 발의 모양인 止가 추가된 것으로 여겨진
다. 달리는 사람의 모양인 夭의 자형은 다시 예변의 과정을 거치면서 土의 형태로 변형되었다. 본
의는 '달리다'라는 뜻이다. 부수나 구건으로 쓰일 경우 '걷다, 달리다, 가다' 등과 같이 다리의 동
작과 관련된 의미를 나타낸다.

▷ 부수이면서 달리다와 관련된 의미를 나타내는 것

走$_{42}$ 起$_{42}$ 趣$_{40}$ 越$_{32}$ 超$_{32}$ 赴$_{30}$ 趨$_{20}$ 趙$_{12}$

▷ 走가 구건으로 쓰인 것

徒$_{40}$

* 부수 명칭 : 필발머리

서로 반대 방향으로 벌어진 두 발의 모양을 상형한 글자로 본의는 '서로 등진 두 발'을 뜻한다. 부
수나 구건으로 쓰일 때는 무언가를 짓밟거나 올라선 발의 개념과 관련된 의미를 나타낸다. 發의
머리에 위치한 부수이므로 '필발머리'라는 부수의 명칭을 가지게 되었다.

▷ 부수이면서 두 발과 관련된 의미를 나타내는 것

登$_{70}$ 發$_{62}$ 癸$_{30}$

▷ 癶이 구건으로 쓰인 것

燈$_{42}$ 證$_{40}$ 廢$_{32}$ 鄧$_{12}$ 揆$_{12}$ 橙$_{10}$ 撥$_{10}$ 醱$_{10}$ 澄$_{10}$ 葵$_{10}$ 潑$_{10}$

* 부수 명칭 : 어그러질천

양발이 반대 방향으로 향한 모양을 상형한 글자로 본의는 '어긋난 두 발'을 뜻한다. 부수나 구건으로
쓰일 때는 올라서거나 춤을 추는 등 몸의 중심을 잡으려는 발의 동작과 관련된 의미를 나타낸다.

▷ 부수이면서 두 발과 관련된 의미를 나타내는 것

舞$_{40}$

▷ 부수이지만 두 발의 의미와는 관련이 없는 것

舛$_{12}$

▷ 舛이 구건으로 쓰인 것

傑$_{40}$ 瞬$_{32}$ 憐$_{30}$ 隣$_{30}$ 桀$_{12}$ 麟$_{12}$ 燐$_{10}$ 鱗$_{10}$

▷ 舛의 자형이 변한 것

北 : 乘$_{32}$ 剩$_{10}$

[가죽/에울 위]　갑골　금문　전서

＊ 부수 명칭 : 다룸가죽위

특정한 장소의 외곽을 빙빙 도는 발의 모양으로 본의는 '맴돌다'라는 뜻이다. 부수의 명칭인 다룸
가죽은 잘 매만져서 부드럽게 만든 가죽을 말하는데, 햇볕에 말라 뻣뻣한 가죽을 발로 밟아 부드
럽게 만든다는 개념을 표현한 것으로 금문 중에는 의 자형에 그 의미가 구체적으로 표현되어
있다. 또 두 발이 서로 반대 방향을 향해 있다고 하여 어긋나다는 뜻을 나타내기도 한다. 부수나
구건으로 쓰일 경우 가죽이나 가죽 제품의 의미나, 서로 어긋나거나 주변을 맴도는 것과 관련된
의미를 나타낸다.

▷ 부수이면서 가죽이나 맴도는 행위와 관련된 의미를 나타내는 것

韓$_{80}$ 韋$_{12}$

▷ 韋가 구건으로 쓰인 것

偉$_{52}$ 衛$_{42}$ 圍$_{40}$ 違$_{30}$ 緯$_{30}$ 諱$_{10}$

(5) 집과 관련된 글자

[집 엄]　갑골　금문　전서

＊ 부수 명칭 : 엄호

한쪽 벽면이 개방되어 있는 집의 모양을 본뜬 것으로 본의는 '집'이란 뜻이다. 부수나 구건으로 사
용되는 경우 주로 넓고 큰 건축물의 개념을 나타낸다. 독립된 자형은 전서에서부터 나타나지만
갑골이나 금문에서는 다른 글자를 이루는 구건으로 사용될 때 厂과 함께 혼용되었다.

▷ 부수이면서 집과 관련된 의미를 나타내는 것

庭$_{62}$ 度$_{60}$ 店$_{52}$ 廣$_{52}$ 序$_{50}$ 府$_{42}$ 床$_{42}$ 康$_{42}$ 廳$_{40}$ 座$_{40}$ 底$_{40}$ 庫$_{40}$ 廊$_{32}$ 廢$_{32}$ 庚$_{30}$ 庶$_{30}$ 廟$_{30}$ 庸$_{30}$ 廉$_{30}$ 庾$_{12}$

庄$_{12}$ 庠$_{12}$ 廬$_{12}$ 庵$_{10}$ 廓$_{10}$ 廛$_{10}$ 廠$_{10}$ 廠$_{10}$ 庖$_{10}$ 廚$_{10}$ 庇$_{10}$

| | 갑골 | 금문 | 전서 |

[집 면]

＊ 부수 명칭 : 갓머리

지붕과 양쪽 벽면이 있는 집의 모양을 본뜬 것으로 본의는 '집'이란 뜻이다. 구건으로 사용되는 경우 집이나 건축물의 개념을 나타낸다.

▷ 부수이면서 집과 관련된 의미를 나타내는 것

室₈₀ 安₇₂ 家₇₂ 定₆₀ 宅₅₂ 害₅₂ 客₅₂ 宿₅₂ 實₅₂ 寫₅₀ 寒₅₀ 完₅₀ 官₄₂ 宗₄₂ 密₄₂ 容₄₂ 察₄₂ 富₄₂ 寶₄₂ 守₄₂ 宮₄₂ 宣₄₀ 寄₄₀ 寢₄₀ 宴₃₂ 宙₃₂ 宇₃₂ 寬₃₂ 寡₃₂ 審₃₂ 寂₃₂ 寧₃₂ 宰₃₀ 宋₁₂ 宏₁₀ 寓₁₀ 宥₁₀ 寥₁₀ 寞₁₀ 宦₁₀ 寤₁₀ 宸₁₀ 寨₁₀ 宕₁₀ 寇₁₀ 寮₁₀ 宛₁₀ 宵₁₀ 寵₁₀ 寐₁₀

▷ 부수이지만 집의 의미와는 관련이 없는 것

寅₃₀ 宜₃₀

▷ 宀이 구건으로 쓰인 것

牢₁₀

▷ 宀의 자형이 변한 것

• 亠 : 六₈₀

| | 갑골 | 금문 | 전서 |

[굴 혈]

＊ 부수 명칭 : 구멍혈

갑골문은 동굴 입구에 八자로 갈라진 입구임을 표시하였다. 전서는 집의 모양인 宀에 입구를 八로 표시한 글자이다. 동굴의 입구나 움집의 입구를 가리키는 글자로 본의는 '구멍'이란 뜻이다. 부수나 구건으로 사용되는 경우 빈 구멍이나 구멍을 뚫는 행위, 또는 땅을 파고 만들었던 움집과 관련된 개념을 나타낸다.

▷ 부수이면서 구멍과 관련된 의미를 나타내는 것

空₇₂ 窓₆₂ 究₄₂ 窮₄₀ 突₃₂ 穴₃₂ 竊₃₀ 窟₂₀ 窒₂₀ 窈₁₀ 穽₁₀ 穿₁₀ 窘₁₀ 穹₁₀ 窯₁₀ 窺₁₀ 窄₁₀

▷ 穴이 구건으로 쓰인 것

腔₁₀

▷ 穴의 자형이 변한 것

灬 : 深₄₂ 探₄₀

高 [높을 고]　갑골　금문　전서

* **부수 명칭 : 높을고**

  성문 위에 세운 성루(城樓)의 모양을 본뜬 글자로 본의는 '누다락'이란 뜻이다. 부수나 구건으로 사용되는 경우 높다 또는 높게 지은 건축물과 관련된 의미를 나타낸다.

  ▷ 부수이면서 누다락과 관련된 의미를 나타내는 것

  　高62

  ▷ 高가 구건으로 쓰인 것

  　稿32 鎬12 嚆10 膏10 敲10

  ▷ 高의 자형이 변한 것

  ・亩 : 停50 亭32 豪32 毫30 濠20 壕12
  ・咼 : 橋50 矯30 僑20 嬌10 喬10 轎10 驕1

瓦 [기와 와]　갑골　금문　전서

* **부수 명칭 : 기와와**

  두 장의 기와가 서로 맞물린 모양을 본뜬 글자로 본의는 '기와'라는 뜻이다. 부수나 구건으로 사용되는 경우 흙으로 빚어 구운 질그릇, 오지그릇 등 토기와 관련된 개념을 나타낸다.

  ▷ 부수이면서 토기와 관련된 의미를 나타내는 것

  　瓦32 甄12 甕12 瓷10 瓶10

戶 [집 호]　갑골　금문　전서

* **부수 명칭 : 지게호**

  문짝 하나인 여닫이문의 모양으로 본의는 '외짝 문'이란 뜻이다. 부수나 구건으로 사용되는 경우 문이나 문의 기능과 관련된 개념을 나타낸다. 肩의 경우 문의 개념과는 전혀 무관하게 어깨의 모양을 비유적으로 표현한 예도 있으니 해석에 유의할 필요가 있다.

  ▷ 부수이면서 문과 관련된 의미를 나타내는 것

  　所70 戶42 房42 扈12 扁12 戾10 扇10 扉10

  ▷ 戶가 구건으로 쓰인 것

  　啓32 肩30 顧30 雇20 肇10

▷ 戶의 자형이 변한 것

尸 : 創₄₂ 倉₃₂ 蒼₃₂ 滄₂₀ 愴₁₀ 槍₁₀ 瘡₁₀ 艙₁₀

[문 門]　갑골　금문　전서

✱ 부수 명칭 : 문문

문짝이 두 개인 여닫이문의 모양을 본뜬 글자로 본의는 '대문'이란 뜻이다. 부수나 구건으로 사용되는 경우 기본적으로는 문이나 문의 구조와 기능에 관련된 개념을 나타내며, 그 의미를 확장하여 가문이나 문벌 등과 같은 뜻을 나타내기도 한다.

▷ 부수이면서 문과 관련된 의미를 나타내는 것

門₈₀ 間₇₂ 開₆₀ 關₅₂ 閉₄₀ 閑₄₀ 閣₃₂ 閱₃₀ 閏₃₀ 閥₂₀ 閨₂₀ 闕₂₀ 閤₁₂ 閔₁₂ 關₁₂ 閭₁₀ 閘₁₀ 闊₁₀ 闇₁₀ 閃₁₀ 闡₁₀ 闢₁₀

▷ 門이 구건으로 쓰인 것

問₇₀ 聞₆₂ 簡₄₀ 闇₁₂ 澗₁₀ 悶₁₀ 癎₁₀

(6) 용기(用器)와 관련된 글자

[상자 방]　갑골　금문　전서

✱ 부수 명칭 : 터진입구

네모반듯한 상자를 옆으로 누인 모양으로 본의는 물건을 담는 '상자'라는 뜻이다. 물건을 우겨넣고 뚜껑을 덮어 가린다는 뜻을 나타낸 匚(감출 혜)와는 別字이다. 주로 물건을 담는 상자나 그릇의 의미를 나타낸다.

▷ 부수이면서 상자라는 의미를 나타내는 것

匪₂₀ 匡₁₀ 匠₁₀ 匣₁₀

[말 두]　갑골　금문　전서

✱ 부수 명칭 : 말두

곡식의 양을 되는 용도로 사용한 자루가 달린 구기의 모양으로 본의는 액체나 곡식을 되는 '구기'이다. 부수나 구건으로 사용되는 경우 구기나 뜨다, 되다 등과 같이 구기의 사용과 관련된 개념을 나타낸다.

▷ 부수이면서 구기와 관련된 의미를 나타내는 것

料$_{50}$ 斗$_{42}$ 斜$_{32}$ 斟$_{10}$ 斡$_{10}$

▷ 斗가 구건으로 쓰인 것

科$_{52}$

▷ 斗의 자형이 변한 것

升 : 昇$_{32}$ 枡$_{20}$

[그릇 명]　　갑골　금문　전서

＊ 부수 명칭 : 그릇명

음식을 담는 그릇의 모양으로 본의는 '그릇'이다. 부수나 구건으로 사용될 경우 여러 가지 종류의 그릇이나 그릇에 담는 일과 관련된 개념을 나타낸다.

▷ 부수이면서 그릇과 관련된 의미를 나타내는 것

盛$_{42}$ 益$_{42}$ 監$_{42}$ 盜$_{40}$ 盡$_{40}$ 盤$_{32}$ 盧$_{12}$ 盈$_{12}$ 皿$_{10}$ 盆$_{10}$ 盞$_{10}$ 盒$_{10}$

▷ 부수이지만 그릇의 의미와는 관련이 없는 것

盟$_{32}$

▷ 皿이 구건으로 쓰인 것

血$_{42}$ 孟$_{32}$ 寧$_{32}$ 猛$_{32}$ 恤$_{10}$

[피 혈]　　갑골　금문　전서

＊ 부수 명칭 : 피혈

그릇에 신에게 바치는 희생의 피를 담은 모양으로 본의는 '피'이다. 부수나 구건으로 사용될 경우 피와 관련된 개념을 나타낸다.

▷ 부수이면서 피와 관련된 의미를 나타내는 것

血$_{42}$

▷ 부수이지만 피의 의미와는 관련이 없는 것

衆$_{42}$

▷ 血이 구건으로 쓰인 것

恤$_{10}$

▷ 血의 자형이 변한 것

皿 : 盟$_{32}$

| | 갑골 | 금문 | 전서 |

[절구 구]

* **부수 명칭** : 절구구

오목하게 파인 안쪽에 곡식의 낟알을 표현한 모양으로 본의는 곡식을 빻는 '절구'이다. 부수나 구건으로 사용되는 경우 절구, 절구질 등과 관련된 의미나 절구의 형태적 특징과 관련된 개념을 나타낸다. 한편 臼부로 분류되어 있으나, 물건을 들어 올리는 양손의 모양을 상형한 臼(깍지낄 국)의 변형된 자형을 구건으로 쓰인 것들이 있으므로 해석상의 주의가 필요하다.

▷ 부수이면서 절구와 관련된 의미를 나타내는 것

舊₅₂ 臼₁₀ 舅₁₀

▷ 부수이지만 절구의 의미와 관련이 없는 것

興₄₂ 與₄₀

▷ 臼가 구건으로 쓰인 것

陷₃₂ 毀₃₀ 稻₃₀ 揷₂₀ 閻₁₂ 焰₁₀ 滔₁₀ 蹈₁₀ 諂₁₀

| | 갑골 | 금문 | 전서 |

[덮을 아]

* **변형 부수** : 覀

* **부수 명칭** : 덮을아

병의 입구를 마개로 막아 놓은 모양으로 본의는 '덮개'라는 뜻이다. 부수나 구건으로 사용될 경우 덮다의 개념을 나타낸다. 구건으로 글자의 머리 부분에 쓰일 때에는 覀의 형태로 변형되는데, 굴뚝처럼 생긴 새둥지의 모양인 西, 열매의 모양인 卤(열매열릴 조), 물건을 위로 들어 올리는 양손의 모양인 臼(*臼과 卤의 합자), 소금 자루의 모양인 鹵가 변형된 경우가 있으므로 해석에 주의가 필요하다.

▷ 부수이면서 덮개와 관련된 의미를 나타내는 것

覆₃₂

▷ 부수이지만 덮개의 의미와는 관련이 없는 것

西₈₀ 要₅₂

▷ 両가 구건으로 쓰인 것

價₅₂ 票₄₂ 煙₄₂ 標₄₀ 腰₃₀ 漂₃₀ 粟₃₀ 潭₂₀ 賈₁₂ 甄₁₂ 慓₁₀ 剽₁₀ 飄₁₀ 湮₁₀ 譚₁₀

[장군 부]　갑골　금문　전서

* **부수 명칭 : 장군부**

중두리를 뉘어 놓은 모양으로 한쪽 마구리는 편평하고 다른 한쪽 마구리는 반구형(半球形)이며 위쪽에는 마개를 막는 작은 아가리가 있는 질그릇의 모양을 본뜬 글자이다. 본의는 물, 술, 간장 혹은 오줌 따위의 액체를 담아서 옮기거나 길 때에 쓰는 '장군'을 뜻한다. 부수나 구건으로 사용될 경우 토기나 항아리의 개념을 나타낸다.

▷ 부수이면서 토기와 관련된 의미를 나타내는 것

缺$_{42}$ 缸$_{10}$

▷ 缶가 구건으로 쓰인 것

寶$_{42}$ 謠$_{42}$ 陶$_{32}$ 遙$_{30}$ 搖$_{30}$ 淘$_{10}$ 萄$_{10}$

[닭 유]　갑골　금문　전서

* **부수 명칭 : 닭유**

마개가 있는 술 단지의 모양을 본뜬 글자로 본의는 '술 단지'이다. 부수나 구건으로 사용될 경우 술이나 발효와 관련된 개념들을 나타낸다. '닭'이라는 訓은 자형과는 상관없이 십이지(十二支)의 열 번째 글자로 가차된 것이다.

▷ 부수이면서 술과 관련된 의미를 나타내는 것

醫$_{60}$ 配$_{42}$ 酒$_{40}$ 醉$_{32}$ 酌$_{30}$ 醜$_{30}$ 酉$_{30}$ 酸$_{20}$ 酷$_{20}$ 醴$_{12}$ 酊$_{10}$ 酪$_{10}$ 酩$_{10}$ 醋$_{10}$ 酋$_{10}$ 醒$_{10}$ 酬$_{10}$ 酵$_{10}$ 醬$_{10}$ 醱$_{10}$ 醯$_{10}$ 釀$_{10}$ 醇$_{10}$ 釀$_{10}$

▷ 酉가 구건으로 쓰인 것

尊$_{42}$ 猶$_{32}$ 遵$_{30}$ 鄭$_{12}$ 擲$_{10}$ 奠$_{10}$ 樽$_{10}$

[울창주 창]　갑골　금문　전서

* **부수 명칭 : 술창**

발이 있는 그릇에 술이 담긴 모양을 본뜬 글자로 본의는 '울창주'이다. 凵은 그릇을 匕는 그릇의 발을, 그릇에 담김 ※은 술을 빚는 재료인 쌀 혹은 검은 기장을 표현한 것이다. 울창주는 울금향을 넣어 빚은 귀한 술로 신에게 제사를 지내거나 잔치에 사용되는 술로 그 향기가 진하여 부수나 구건으로 사용될 경우 울금향이나 진한 술 향기와 관련된 의미를 나타낸다.

▷ 부수이면서 울창주과 관련된 의미를 나타내는 것

鬱[20]

[콩/제기 두] 갑골 금문 전서

＊ 부수 명칭 : 콩두

제사를 지낼 때 고기나 제물을 담던 높은 굽이 달린 그릇의 모양을 본뜬 글자로 본의는 '제기'이
다. 콩이란 뜻은 진나라 이후 가차된 뜻이다. 부수나 구건으로 사용될 경우 제기나 제사와 관련된
개념들을 나타내며, 가차된 뜻인 콩과 관련된 의미를 나타내기도 한다. 부수나 구건 중에는 장식
이 달린 북의 모양인 壴나 豈 등이 포함되어 있으므로 해석에 주의할 필요가 있다.

▷ 부수이면서 제기와 관련된 의미를 나타내는 것

豆[42] 豊[42]

▷ 부수이지만 제기의 의미와는 관련이 없는 것

豎[30]

▷ 豆가 구건으로 쓰인 것

登[70] 體[62] 短[62] 禮[60] 頭[60] 燈[42] 證[40] 戲[32] 壹[20] 醴[12] 鄧[12] 艶[10] 橙[10] 痘[10] 澄[10]

[먹을 식] 갑골 금문 전서

＊ 변형 부수 : 飠

＊ 부수 명칭 : 밥식

그릇에 담긴 밥을 먹는 입의 모양으로 스과 皀이 합쳐진 글자이며, 본의는 밥을 '먹다'이다. 스에
대해서는 밥그릇의 뚜껑이라는 해석과, 아래로 향한 입의 모양으로 口가 뒤집힌 자형이라는 해석
등 학자에 따라 각각 다르다. 다만 갑골문의 자형에서 볼 수 있는 점들이 입에서 흐르는 침을 표현
한 것이라고 본다면 스은 밥을 먹는 입으로 해석하는 것이 보다 더 구건의 의도를 충실히 반영한
설명이라 하겠다. 부수나 구건으로 사용될 경우에는 여러 종류의 음식이나, 먹는 일과 관련된 의
미를 나타낸다.

▷ 부수이면서 음식이나 식사와 관련된 의미를 나타내는 것

食[72] 飮[62] 養[52] 餘[42] 館[32] 飾[32] 飯[32] 飽[30] 飢[30] 餓[30] 飼[20] 餐[20] 餌[10] 餠[10] 餞[10] 饉[10] 饅[10] 饒[10] 饌[10] 饗[10]

▷ 食이 구건으로 쓰인 것

蝕[10]

❊ 부수 명칭 : 솥정

윗부분에 두 개의 솥귀가 있는 발이 셋 달린 세발솥의 모양을 상형한 글자로 본의는 '세발솥'이다.
솥발 사이에 불을 지펴 음식을 삶도록 만든 것이지만, 고대의 鼎은 제사를 지내는데 사용된 일종
의 예기(禮器)였으며, 특히 구정(九鼎)은 천자의 상징이기도 하였다. 부수나 구건으로 사용될 경
우 솥 혹은 제사와 관련된 개념들을 나타낸다. 구건 중에는 자형이 貝로 변형되는 경우가 많으므
로 해석에 특별한 주의를 요한다.

▷ 부수이면서 세발솥과 관련된 의미를 나타내는 것

　　鼎12

▷ 鼎의 자형이 변한 것

　• 貝 : 員42 圓42 損40 韻32 貞32 偵20 禎12 槙12 幀10 隕10 殞10
　• 目 : 具52 俱30
　• 目 : 算70 篡10 纂10
　• 具 : 眞42 愼32 鎭32 塡10 嗔10 癲10 顚10

❊ 부수 명칭 : 솥정

발이 셋 달린 세발솥의 모양을 상형한 글자로 본의는 '세발솥'이다. 금문에는 솥의 발 부분에 羊
(양 양)이나 艸(양뿔 괴)의 구건을 부기하여 양뿔처럼 갈라진 솥발의 모양에 대한 정보를 제시하
였다. 솥발 사이에 불을 지펴 음식을 삶도록 만든 鼎과 솥의 구조는 같지만, 솥발의 안쪽이 비어
있으며 윗부분에 고리가 없는 점에서 차이를 보인다. 일종의 예기(禮器)였던 鼎과는 달리 鬲은
부수나 구건으로 사용될 경우 음식을 삶거나 끓이는 솥, 혹은 솥의 생김새와 관련된 개념들을 나
타낸다.

▷ 鬲을 구건으로 하는 것

　　隔32 膈10

❊ 부수 명칭 : 소금밭로

갑골문과 금문은 소금을 가득 채워 동인 자루의 모양을 상형한 글자로 본의는 '소금 자루'이다. 부수나 구건으로 사용될 경우에는 소금과 관련된 뜻을 나타낸다. 부수의 명칭인 소금밭은 소금을 캐는 염전의 뜻보다는 소금기가 많아 경작할 수 없는 척박한 불모지를 의미한다.

▷ 부수이면서 소금과 관련된 의미를 나타내는 것

鹽32 鹹10

(7) 물과 관련된 글자

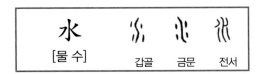

* 변형 부수 : 氵, 氺
* 부수 명칭 : 물수

물이 흐르는 모양으로 가운데는 물줄기를 양쪽에는 물방울의 개념을 나타낸다. 본의는 '물'이며, 주로 액체나 물의 성질과 관련된 의미를 나타낸다. 부수로 쓰일 경우 氵나 氺로 변형되며 변형된 부수 氵의 명칭을 '삼수변'이라 한다.

▷ 부수이면서 물과 관련된 의미를 나타내는 것

水80 海72 活72 漢72 江72 洞70 消62 淸62 注62 油60 洋60 溫60 永60 流52 洗52 法52 決52 湖50 汽50 漁50
氷50 河50 浴50 濟42 減42 治42 潔42 準42 滿42 波42 測42 液42 演42 深42 港40 派40 混40 激40 潮40 源40
況40 泉40 澤32 沈32 洪32 潛32 漸32 浪32 淺32 涼32 滯32 泰32 滅32 濕32 泥32 池32 淫32 溪32 潤32 沒32
淡32 渡32 漠32 浸32 漆32 浮32 淑32 汗32 沿32 湯32 浦32 漏32 淨32 浩32 洲32 沙32 淚30 涯30 泊30 漂30
濯30 汝30 漫30 涉30 滴30 渴30 濁30 汚30 濫30 添30 泳30 泣30 滑20 濠20 津20 洛20 汎20 滄20 沮20 潭20
濃20 沐20 灣20 溺20 汶12 沃12 洙12 汚12 濊12 淇12 藩12 潘12 沼12 潤12 濱12 潛12 灘12 沂12 泗12 澔12 湍12
汪12 淵12 澈12 滋12 沖12 瀅12 泓12 滉12 濂12 洵12 渤12 汀12 溶12 淳12 沆12 漣12 浚12 淯12 淮12 湜12
泌12 瀑10 滌10 漿10 濺10 沸10 涕10 汰10 渦10 湃10 瀉10 溢10 瀾10 涇10 滲10 濾10 洩10 氾10 漑10 澁10
滔10 潟10 涌10 淘10 濤10 洽10 漲10 淪10 滓10 澹10 游10 灑10 汲10 灌10 潑10 澄10 涅10 澗10 狀10 瀆10
溜10 澎10 汁10 泡10 滓10 渫10 渺10 泄10 瀨10 沫10 沛10 淋10 瀝10 渠10 漕10 溟10 沱10 溝10 淘10 渾10
涵10 汨10 濱10 泛10 潰10

▷ 부수이지만 물의 의미와는 관련이 없는 것

求42

▷ 水의 자형이 변한 것

- 氺 : 漆32 泰32 黍10 黎10
- 𠕒 : 益42 鎰12 隘10 縊10 溢10
- 龺 : 肅40 淵12 簫10 繡10 蕭10
- 小 : 原50 願50 源40
- 㐺 : 壞32 懷32 遝10 鰥10

- ㅣ : 修$_{42}$ 條$_{40}$ 悠$_{32}$ 滌$_{10}$

＊ 부수 명칭 : 이수변

날카로운 얼음 조각 혹은 결정의 모양을 본뜬 것으로 본의는 '얼음'이다. 금문에서는 물이 얼어서 만들어진 얼음이라는 개념을 정확하게 나타내기 위한 冰자가 나타나며, 예변의 과정을 거쳐 자형이 氷으로 변형되었다. 부수나 구건으로 사용될 경우 얼음이 얼거나 녹는 성질과 관련된 의미를 나타낸다. 구건으로 사용될 경우 氵(水)가 冫으로 축약된 경우도 있다.

▷ 부수이면서 얼음과 관련된 의미를 나타내는 것

　　冬$_{70}$ 冷$_{50}$ 凍$_{32}$ 凝$_{30}$ 冶$_{10}$ 凌$_{10}$ 凄$_{10}$ 凜$_{10}$ 凋$_{10}$

▷ 부수이지만 얼음의 의미와는 관련이 없는 것

　　准$_{20}$

▷ 氵이 구건으로 쓰인 것

　　寒$_{50}$ 終$_{50}$ 次$_{42}$ 姿$_{40}$ 資$_{40}$ 瓷$_{10}$ 疼$_{10}$

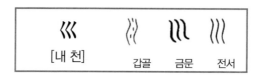

＊ 부수 명칭 : 개미허리

川의 古字이다. 물이 흐르는 물길의 모양으로 본의는 '시냇물 혹은 하천'을 뜻한다. 개미허리라는 부수의 명칭은 글자의 모양에서 붙여진 이름일 뿐 개미의 허리와는 아무런 관련이 없다. 구건으로 쓰일 경우 巛(밭도랑 견)이나 巜(큰도랑 괴)로 변형되는 경우가 있으나 모두 내나 강과 관련된 의미들을 나타낸다. 특히 前의 구건 중 刂는 칼의 상형이 아니라 巛의 변형으로 보는 것이 타당하다.

▷ 부수이면서 하천과 관련된 의미를 나타내는 것

　　川$_{70}$ 州$_{52}$ 巡$_{32}$

▷ 부수이지만 하천의 의미와는 관련이 없는 것

　　巢$_{12}$

▷ 巛이 구건으로 쓰인 것

　　訓$_{60}$ 順$_{52}$ 輕$_{50}$ 經$_{42}$ 徑$_{32}$ 洲$_{32}$ 釧$_{12}$ 痙$_{10}$ 脛$_{10}$ 莖$_{10}$ 酬$_{10}$ 頸$_{10}$ 馴$_{10}$

▷ 巛의 자형이 변한 것

- 巜 : 愉$_{10}$ 揄$_{10}$ 喩$_{10}$ 楡$_{12}$ 踰$_{12}$ 諭$_{10}$ 鍮$_{10}$
- 刂 : 前$_{72}$ 煎$_{10}$ 箭$_{10}$ 剪$_{10}$

(8) 불과 관련된 글자

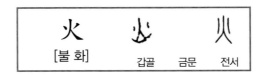

火
[불 화]　　갑골　금문　전서

✱ 변형 부수 : 灬
✱ 부수 명칭 : 불화

활활 타오르는 불꽃의 모양으로 본의는 '불'이다. 부수로 글자의 아래 부분에 위치할 때에는 자형이 灬로 변형되고 이때 부수의 이름은 '연화발(燕火발)'이라고 부른다. 부수나 구건으로 쓰일 경우 불을 사용하는 도구나 빛, 열 등 불의 성질이나 작용에 관련된 의미들을 나타낸다.

▷ 부수이면서 불과 관련된 의미를 나타내는 것

火80 然70 熱50 災50 炭50 煙42 燈42 烈40 灰40 爆40 燃40 營40 炎32 爐32 燒32 熟32 照32 煩30 燭30 燥30 炊20 焦20 爛20 煉20 熙20 熔12 燉12 炯12 煜12 燁12 燾12 燮12 煥12 炅12 熹12 炳12 炫12 爀12 熊12 熏12 烋12 燦12 熄10 煖10 煽10 焚10 燐10 炸10 煌10 熾10 烙10 烽10 炒10 炙10 煎10 煤10 焰10 爐10 燎10 灼10 灸10 煮10

▷ 부수이지만 불의 의미와는 관련이 없는 것

無50 燕32 烏32 焉30 煞10

▷ 火가 구건으로 쓰인 것

秋70 黑50 談50 淡32 默32 愁32 墨32 庶30 遮20 楸12 痰10 蔗10 鰍10

▷ 火의 자형이 변한 것

• 丷 : 光62 騰30 膽20 藤20 滉12 晃12 胱10 恍10
• 小 : 票42 標40 僚30 漂30 尉20 療20 蔚12 遼12 剽10 飄10 寮10 燎10 瞭10 慓10
• 小 : 赤50 赫12
• 亼 : 送42
• ㅣ : 搜30 嫂10 瘦10

赤
[붉을 적]　　갑골　금문　전서

✱ 부수 명칭 : 붉을적

정면을 바라보고 서있는 사람의 모양인 大와 활활 타오르는 불꽃의 모양인 火를 합친 글자로 본의는 '큰불'이다. 일설에는 불 위에 사람이 있는 구형(構形)을 근거로 본의를 '화형(火刑)'으로 풀이하기도 한다. 하지만 갑골문이나 금문에서는 크다는 개념을 大나 夫로 나타내는 경우가 많은데, 赤의 금문 역시 叐과 같이 구건 夫를 통해 크다는 의미를 나타내고 있는 사례가 보인다. 또한 〈설문〉은 赤의 고문을 烾으로 표기하고 있는데, 이것은 炎과 土를 합쳐 햇볕이 불꽃처럼 뜨겁게 내리쬐는 땅인 남방(南方)의 색을 의미하며, 그 색은 '큰불(大火)'의 색인 赤으로 풀이하였다. 大와 火의 자형은 예변의 과정을 거치면서 土와 灬으로 그 자형이 변형되었다. 부수나 구건으로 쓰일 경우 붉은색 또는 불사르다와 관련된 의미들을 나타낸다.

▷ 부수이면서 큰불과 관련된 의미를 나타내는 것

　　赤50 赦20 赫12

▷ 赤이 구건으로 쓰인 것

　　爀12

[검을 흑]　갑골　금문　전서

＊ 부수 명칭 : 검을흑

활활 타오르는 불꽃(炎)과 굴뚝 안의 그을음(囱)을 상형한 글자로 본의는 '굴뚝 속의 그을음'을 뜻한다. 갑골문을 사람의 얼굴에 묵형을 가하는 것이라고 해석하는 학자들도 있으나, 자형 그대로 큰 굴뚝이라고 풀이할 수 있겠다. 예변의 과정을 거치면서 炎의 구건 火는 각각 土와 灬의 형태로 변형되었다. 부수나 구건으로 쓰일 경우 검은색이나 먹과 관련된 의미를 나타낸다.

▷ 부수이면서 그을음과 관련된 의미를 나타내는 것

　　黑50 黨42 點40 默32 黜10

▷ 黑이 구건으로 쓰인 것

　　墨32

[누를 황]　갑골　금문　전서

＊ 부수 명칭 : 누를황

갑골문은 大의 중앙 복부에 장소를 나타내는 지사부호 口를 표시하거나, 밭을 상형한 田을 합친 글자로 중앙의 큰 땅이라는 개념을 표현하고 있다. 금문과 전서는 田자 위에 茨(光의 古字)을 포개서 합친 글자이며 밭의 빛깔이라는 개념을 표현하였다. 본의는 '땅의 색깔'을 뜻한다. 대다수의 학자들이 갑골문의 자형을 근거로 사람의 허리에 찬 패옥(璜)으로 해석하고 있으며, 질병 중 황달(癀)에 걸린 사람의 낯빛으로 해석하기도 한다. 하지만 〈설문해자〉의 "黃은 땅의 색이다. 밭과 빛의 뜻을 따랐고 茨은 성부이기도 하다. 茨은 光의 고문이다. 㙓은 黃의 고문이다.(黃, 地之色也. 从田, 从茨, 茨亦聲. 茨, 古文光. 㙓, 古文黃.)"라고 한 해석이 가장 타당해 보인다. 특히 〈설문해자〉가 부연하고 있는 고문 㙓은 내려딛는 발의 상형인 夊와 光의 결합으로 현재 자신들이 디디고 있는 땅, 즉 황하가 흐르는 중원 땅의 색깔이라는 개념을 표현하는 것인데, 이는 곧 금문의 자형 중 黃에 해당한다. 부수나 구건으로 쓰일 경우 땅의 색깔인 누런색 또는 넓은 땅과 관련된 의미를 나타낸다.

▷ 부수이면서 땅의 색과 관련된 의미를 나타내는 것

黃$_{60}$

▷ 黃이 구건으로 쓰인 것

廣$_{52}$ 鑛$_{40}$ 橫$_{32}$ 擴$_{30}$ 壙$_{10}$ 曠$_{10}$

▷ 黃의 자형이 변한 것

• 堇 : 勤$_{40}$ 謹$_{30}$ 僅$_{30}$ 槿$_{12}$ 瑾$_{12}$ 覲$_{10}$ 饉$_{10}$

• 莫 : 漢$_{72}$ 難$_{42}$ 歎$_{40}$ 灘$_{12}$ 艱$_{10}$ 儺$_{10}$

(9) 천기(天氣)와 관련된 글자

[기운 기]   갑골   금문   전서

＊ 부수 명칭 : 기운기

증기나 아지랑이 등과 같은 대기의 흐름을 형상화한 글자로 본의는 '기운'을 뜻한다. 갑골문에 나타나는 숫자 三과의 혼동을 피하기 위하여 금문에서는 획을 구부려 표현하였다. 부수나 구건으로 사용될 경우 입김이나 숨 등과 같은 사람의 기운이나 수증기 등의 뜻을 나타낸다.

▷ 부수이면서 기운과 관련된 의미를 나타내는 것

氣$_{72}$

▷ 气가 구건으로 쓰인 것

汽$_{50}$ 愾$_{10}$

▷ 气의 자형이 변한 것

乞 : 乞$_{30}$

[비 우]   갑골   금문   전서

＊ 부수 명칭 : 비우

하늘에서 빗방울이 떨어지는 모양을 형상한 글자로 본의는 '비'이다. 부수나 구건으로 사용될 경우 비를 포함하여 기상을 나타내는 하늘의 현상과 관련된 뜻을 나타낸다.

▷ 부수이면서 기상과 관련된 의미를 나타내는 것

電$_{72}$ 雪$_{62}$ 雨$_{52}$ 雲$_{52}$ 震$_{32}$ 雷$_{32}$ 霜$_{32}$ 需$_{32}$ 露$_{32}$ 靈$_{32}$ 霧$_{30}$ 零$_{30}$ 霸$_{20}$ 雰$_{10}$ 霑$_{10}$ 霞$_{10}$ 霾$_{10}$

▷ 雨가 구건으로 쓰인 것

漏$_{32}$

風
[바람 풍]　　　갑골　금문　전서

* **부수 명칭 : 바람풍**

  갑골과 금문은 상상의 새인 봉황(鳳)에 돛의 상형인 凡자를 추가하였다. 고대인들은 사해(四海)를 날아다니는 봉황의 날갯짓이 바람을 일으킨다고 여겼으므로 봉황과 바람을 이용하는 돛을 통해 바람의 개념을 표현하였던 것이다. 전서에서는 바람을 일으키는 봉황을 상형한 구건을 바람과 기후에 민감한 벌레로 대체하여 凡과 虫을 결구하였다. 바람의 흐름은 기후를 변화시키고 그 변화에 따라 벌레가 나온다는 개념을 표현하고 있는 것이다. 본의는 '바람'이며, 부수나 구건으로 사용될 경우 바람과 관련된 뜻을 나타낸다.

  ▷ 부수이면서 바람과 관련된 의미를 나타내는 것

  風$_{62}$ 颱$_{20}$ 飄$_{10}$

  ▷ 風이 구건으로 쓰인 것

  楓$_{32}$ 諷$_{10}$

日
[날 일]　　　갑골　금문　전서

* **부수 명칭 : 날일**

  가운데 점을 찍은 해의 모양을 본뜬 글자로 본의는 '해'이다. 가운데 점을 태양의 흑점으로 해석하기도 하나 고대인들이 맨눈으로 태양의 흑점을 관찰하기란 쉽지 않았을 것으로 여겨진다. 일반적으로 표형 기능을 하는 구건으로서의 口와 '해'의 자형을 구별하기 위한 지사 부호로 추정된다. 부수나 구건에서는 태양, 별, 빛, 그리고 태양의 운행과 관련된 시간의 개념을 나타낸다. 일부 구건에서는 자형 자체만으로는 '曰(가로 왈)'과 혼동될 수 있으므로 주의가 필요하다.

  ▷ 부수이면서 해와 관련된 의미를 나타내는 것

  日$_{80}$ 時$_{72}$ 春$_{70}$ 明$_{62}$ 昨$_{62}$ 畫$_{60}$ 景$_{50}$ 曜$_{50}$ 暴$_{42}$ 早$_{42}$ 暖$_{42}$ 暗$_{42}$ 是$_{42}$ 星$_{42}$ 映$_{40}$ 普$_{40}$ 暇$_{40}$ 智$_{40}$ 旬$_{32}$ 曆$_{32}$
  昇$_{32}$ 旦$_{32}$ 暫$_{32}$ 昌$_{32}$ 晩$_{32}$ 昭$_{30}$ 昏$_{30}$ 暢$_{30}$ 曉$_{30}$ 昔$_{30}$ 旱$_{30}$ 暮$_{30}$ 晴$_{30}$ 暑$_{30}$ 晨$_{30}$ 昶$_{12}$ 旺$_{12}$ 晃$_{12}$ 晟$_{12}$ 晧$_{12}$
  晙$_{12}$ 旭$_{12}$ 晒$_{12}$ 晳$_{12}$ 晶$_{12}$ 昴$_{12}$ 旼$_{12}$ 昂$_{12}$ 昊$_{12}$ 旻$_{12}$ 晁$_{12}$ 暎$_{12}$ 晋$_{12}$ 暹$_{12}$ 暄$_{10}$ 晦$_{10}$ 晏$_{10}$ 昧$_{10}$ 曇$_{10}$ 昂$_{10}$
  暈$_{10}$ 昉$_{10}$ 曖$_{10}$ 曙$_{10}$ 昆$_{10}$ 曠$_{10}$ 曝$_{10}$

  ▷ 부수이지만 해의 의미와는 관련이 없는 것

  易$_{40}$ 旨$_{20}$

  ▷ 日이 구건으로 쓰인 것

  草$_{70}$ 題$_{62}$ 卓$_{50}$ 提$_{42}$ 爆$_{40}$ 但$_{32}$ 盟$_{32}$ 堤$_{30}$ 悼$_{20}$ 炅$_{12}$ 湜$_{12}$ 瀑$_{10}$ 掉$_{10}$ 杳$_{10}$ 坦$_{10}$ 萌$_{10}$ 疸$_{10}$ 綽$_{10}$ 匙$_{10}$

＊ 부수 명칭 : 달월

초승달의 모양을 본뜬 글자로 본의는 '달'이다. 현대 해서체의 자형인 月은 배(舟)의 변형된 자형이나, 肉의 변형된 자형과 구분 없이 사용되기도 하므로 주의가 필요하다. 부수나 구건에서는 달, 달빛, 그리고 달의 운행과 관련된 주기적 시간의 개념을 나타낸다.

▷ 부수이면서 달과 관련된 의미를 나타내는 것

月$_{80}$ 朝$_{60}$ 望$_{52}$ 朗$_{52}$ 期$_{50}$ 朔$_{30}$ 朞$_{10}$

▷ 부수이지만 달의 의미와는 관련이 없는 것

有$_{70}$ 服$_{60}$ 朋$_{30}$ 朕$_{10}$

▷ 月이 구건으로 쓰인 것

明$_{62}$ 潮$_{40}$ 盟$_{32}$ 廟$_{30}$ 嘲$_{10}$ 塑$_{10}$ 遡$_{10}$ 萌$_{10}$

＊ 부수 명칭 : 저녁석

반달의 모양인 月에서 달 속 그림자에 해당하는 획이 생략된 형태이다. 완전히 어둡기 전의 저녁 무렵이라 아직 달 속 그림자가 보이지 않는다는 개념으로, 본의는 '저녁에 뜨는 달'을 뜻한다. 대부분의 갑골문들은 月과 夕을 구분하지 않고 '밤'이라는 시간적 개념의 의미로 사용하였는데, 현대 해서체에서도 이러한 의미의 미분화 현상이 나타나는 경우가 많다.

▷ 부수이면서 달과 관련된 의미를 나타내는 것

外$_{80}$ 夕$_{70}$ 夜$_{60}$ 夢$_{32}$ 夙$_{10}$

▷ 부수이지만 달의 의미와는 관련이 없는 것

多$_{60}$

▷ 夕이 구건으로 쓰인 것

名$_{72}$ 移$_{42}$ 液$_{42}$ 銘$_{32}$ 侈$_{10}$ 酩$_{10}$ 腋$_{10}$

(10) 도구나 무기와 관련된 글자

＊ 부수 명칭 : 쓸용

매달 수 있는 꼭지와 추가 달린 대롱모양의 용종(甬鐘)을 본뜬 글자로 본의는 매다는 '종'이다. 참고로 용종의 꼭지를 명확하게 상형한 글자가 甬이다. 부수나 구건으로 사용될 경우에는 주로 종(鐘)이나 통(桶)과 관련된 개념을 나타낸다.

▷ 부수이면서 종과 관련된 의미를 나타내는 것

　　用$_{62}$

▷ 부수이지만 종의 의미와는 관련이 없는 것

　　甬$_{12}$

▷ 用이 구건으로 쓰인 것

　　勇$_{62}$ 通$_{60}$ 備$_{42}$ 痛$_{40}$ 誦$_{30}$ 桶$_{10}$ 踊$_{10}$ 涌$_{10}$ 慂$_{10}$

[안석 궤] 　 갑골 　 금문 　 전서

＊ 부수 명칭 : 안석궤

앉을 때 팔을 얹어놓고 편하게 몸을 기대기 위해 만든 작은 탁자 모양으로 본의는 '안석'이다. 구건으로 쓰일 경우 '책상' 혹은 '기대다'라는 개념을 나타낸다.

▷ 부수이면서 안석과 관련된 의미를 나타내는 것

　　几$_{10}$ 凱$_{10}$

▷ 부수이지만 안석의 의미와는 관련이 없는 것

　　凡$_{32}$ 凰$_{10}$

▷ 几가 구건으로 쓰인 것

　　飢$_{30}$ 肌$_{10}$ 机$_{10}$

[힘 력] 　 갑골 　 금문 　 전서

＊ 부수 명칭 : 힘력

밭을 갈거나 흙을 일구는데 사용하는 삽처럼 생긴 농기구의 일종인 가래의 모양을 상형한 것으로 본의는 '가래'를 뜻한다. 가래를 써서 땅을 일구고 밭을 가는 데는 많은 힘이 필요하기에 '힘쓰다'라는 뜻으로 확장되었다.

▷ 부수이면서 힘과 관련된 의미를 나타내는 것

　　力$_{72}$ 動$_{72}$ 勇$_{62}$ 功$_{62}$ 勝$_{60}$ 勞$_{52}$ 加$_{50}$ 勢$_{42}$ 務$_{42}$ 努$_{42}$ 助$_{42}$ 勉$_{40}$ 勸$_{40}$ 勤$_{40}$ 勵$_{32}$ 劣$_{30}$ 募$_{30}$ 勳$_{20}$ 勃$_{10}$ 勒$_{10}$
　　勁$_{10}$ 劾$_{10}$ 勘$_{10}$ 劫$_{10}$ 勅$_{10}$

▷ 力이 구건으로 쓰인 것

　　男$_{72}$ 協$_{42}$ 筋$_{40}$ 架$_{32}$ 脅$_{32}$ 伽$_{12}$ 迦$_{12}$ 肋$_{10}$ 辦$_{10}$ 嘉$_{10}$ 甥$_{10}$ 袈$_{10}$ 舅$_{10}$ 駕$_{10}$

[쟁기 뢰]　갑골　금문　전서

* **부수 명칭 : 쟁기뢰**

    밭을 갈거나 흙을 일구는데 사용하는 농기구의 모양으로 양 갈래의 보습과 손잡이를 상형한 글자이며 본의는 '쟁기'이다. 부수나 구건으로 사용될 경우 쟁기나 쟁기의 기능인 '밭을 갈다'의 의미를 나타낸다.

    ▷ 부수이면서 쟁기와 관련된 의미를 나타내는 것

    　耕$_{32}$ 耗$_{10}$ 耘$_{10}$

[별 진/때 신]　갑골　금문　전서

* **부수 명칭 : 별진**

    떼어낸 석기나 조개껍질에 구멍을 내고 끈을 꿰어 손가락에 감아 사용하던 고대의 농구(農具)를 손에 쥔 모양으로 본의는 곡식을 수확하거나 풀을 뽑는데 사용하던 돌칼이나 조개낫 등과 같은 '농구'를 뜻한다. 부수나 구건으로 사용될 경우 조개나 농사와 관련된 의미를 나타낸다. 또 농사일은 천기와 밀접한 관련이 있으며, 그 때와 시기를 별을 통해 관찰하였기에 시간, 별 등의 의미를 나타내기도 한다.

    ▷ 부수이면서 농구와 관련된 의미를 나타내는 것

    　農$_{72}$ 辰$_{32}$ 辱$_{32}$

    ▷ 辰이 구건으로 쓰인 것

    　振$_{32}$ 震$_{32}$ 晨$_{30}$ 脣$_{30}$ 濃$_{20}$ 蜃$_{10}$ 娠$_{10}$ 宸$_{10}$ 膿$_{10}$

[모 방]　갑골　금문　전서

* **부수 명칭 : 모방**

    밭을 갈거나 흙을 일구는데 사용하는 쟁기의 모양으로 날카로운 보습과 손잡이를 상형한 글자이며 본의는 '쟁기'이다. 쟁기질은 쟁기를 끄는 사람과 잡는 사람이 있어야 가능하므로 나란하다의 의미가, 같은 방향으로 나아가야 하므로 향하다의 의미가, 곁에서 늘 함께 해야 하는 일이므로 곁이라는 의미가, 옛 사람들은 일구는 대상인 땅을 네모로 인식하였기에 모나다 등의 의미들이 파생된 것이라고 하여 다양한 해석들이 분분하다. 한편 부수 중에는 깃대에서 펄럭이는 깃발의 모양이 변형된 㫃(깃발 언)이 포함되어 있는데, 자형의 구조상 㫃은 글자의 왼편에 놓이므로 쉽게 구별할 수 있다.

▷ 부수이면서 쟁기나 깃발과 관련된 의미를 나타내는 것

方$_{72}$ 旗$_{70}$ 族$_{60}$ 旅$_{52}$ 施$_{42}$ 旋$_{32}$ 旌$_{12}$ 旁$_{12}$

▷ 부수이지만 쟁기나 깃발의 의미와 관련이 없는 것

於$_{30}$

▷ 方이 구건으로 쓰인 것

放$_{62}$ 訪$_{42}$ 房$_{42}$ 防$_{42}$ 激$_{40}$ 妨$_{40}$ 遊$_{40}$ 芳$_{32}$ 倣$_{30}$ 傍$_{30}$ 紡$_{20}$ 璇$_{12}$ 闢$_{12}$ 楞$_{12}$ 旁$_{12}$ 昉$_{10}$ 邀$_{10}$ 肪$_{10}$ 喉$_{10}$ 枋$_{10}$
榜$_{10}$ 膀$_{10}$ 瘀$_{10}$ 簇$_{10}$ 游$_{10}$ 彷$_{10}$ 謗$_{10}$ 橃$_{10}$ 坊$_{10}$

[장인 공]　갑골　금문　전서

✱ 부수 명칭 : 장인공

토담이나 성을 쌓을 때 흙을 다지는 도구인 달구의 모양을 본뜬 것으로 본의는 '달구'이다. 부수나 구건으로 사용될 경우 일반적으로 공구나, 공구를 잘 다루는 장인 혹은 흙을 다루거나 다지는 건축 행위와 관련된 개념을 나타낸다.

▷ 부수이면서 공구와 관련된 의미를 나타내는 것

工$_{72}$ 左$_{72}$ 巨$_{40}$ 差$_{40}$ 巧$_{32}$

▷ 부수이지만 달구의 의미와는 관련이 없는 것

巫$_{10}$

▷ 工이 구건으로 쓰인 것

工$_{72}$ 江$_{72}$ 功$_{62}$ 築$_{42}$ 拒$_{40}$ 巨$_{40}$ 攻$_{40}$ 紅$_{40}$ 項$_{32}$ 恐$_{32}$ 貢$_{32}$ 靈$_{32}$ 距$_{32}$ 佐$_{30}$ 缸$_{10}$ 渠$_{10}$ 矩$_{10}$ 鞏$_{10}$ 訌$_{10}$ 嗟$_{10}$
蹉$_{10}$ 誣$_{10}$ 覡$_{10}$ 肛$_{10}$ 虹$_{10}$

[칼 도]　갑골　금문　전서

✱ 변형 부수 : 刂

✱ 부수 명칭 : 칼도

칼의 모양을 본뜬 것으로 본의는 '칼'이다. 부수로 방의 위치에 있을 때에는 자형이 刂로 변형되는데 이 자형을 '칼도방' 또는 '선칼도'라 이른다. 구건으로 쓰일 경우에는 주로 칼의 기능에 해당하는 '자르다, 베다, 찌르다, 깎다' 등과 관련된 개념들을 나타낸다.

▷ 부수이면서 칼과 관련된 의미를 나타내는 것

利$_{62}$ 分$_{62}$ 別$_{60}$ 切$_{52}$ 初$_{50}$ 則$_{50}$ 列$_{42}$ 制$_{42}$ 副$_{42}$ 創$_{42}$ 劇$_{40}$ 刑$_{40}$ 刻$_{40}$ 判$_{40}$ 券$_{40}$ 削$_{32}$ 刷$_{32}$ 劍$_{32}$ 刀$_{32}$ 劃$_{32}$
刺$_{32}$ 割$_{32}$ 刊$_{32}$ 剛$_{32}$ 劑$_{20}$ 刃$_{20}$ 剎$_{20}$ 劉$_{12}$ 剩$_{10}$ 剖$_{10}$ 剝$_{10}$ 剽$_{10}$ 剪$_{10}$ 刮$_{10}$ 刪$_{10}$ 剌$_{10}$ 劈$_{10}$ 剋$_{10}$

▷ 부수이지만 칼의 의미와는 관련이 없는 것

前$_{72}$ 到$_{52}$

▷ 刀가 구건으로 쓰인 것

解$_{42}$ 認$_{42}$ 招$_{40}$ 梁$_{32}$ 忍$_{32}$ 倒$_{32}$ 超$_{32}$ 照$_{32}$ 召$_{30}$ 昭$_{30}$ 梨$_{30}$ 紹$_{20}$ 沼$_{12}$ 樑$_{12}$ 邵$_{12}$ 痢$_{10}$ 梁$_{10}$ 悧$_{10}$ 詔$_{10}$ 貂$_{10}$ 靭$_{10}$

▷ 刀의 자형이 변한 것

- 亡 : 亡$_{50}$ 荒$_{32}$ 盲$_{32}$ 妄$_{32}$ 忙$_{30}$ 忘$_{30}$ 慌$_{10}$ 芒$_{10}$
- 彡 : 絶$_{42}$
- 勹 : 黎$_{10}$
- 匕 : 斷$_{42}$ 繼$_{40}$

辛
[매울 신]   갑골   금문   전서

＊ 부수 명칭 : 매울신

　죄를 지은 죄인이나 노예에게 벌로 먹줄이나 죄명을 새기는 묵형(墨刑)을 가할 때 쓰던 작고 날카로운 칼의 모양인 辛(허물 건)의 분화자(分化字)로 본의는 '자자용(刺字用) 칼, 즉 묵도(墨刀)'를 뜻한다. 부수나 구건으로 쓰일 경우에는 주로 죄나 죄인 혹은 그들을 심판하거나 다스리는 것과 관련된 개념을 나타내며, 가차하여 고통스럽다, 맵다와 관련된 의미를 나타내기도 한다.

▷ 부수이면서 묵도와 관련된 의미를 나타내는 것

辭$_{40}$ 辯$_{40}$ 辛$_{30}$ 辨$_{30}$ 辜$_{10}$ 辣$_{10}$ 辦$_{10}$

▷ 辛이 구건으로 쓰인 것

壁$_{42}$ 避$_{40}$ 宰$_{30}$ 滓$_{10}$ 臂$_{10}$ 擘$_{10}$ 璧$_{10}$ 癖$_{10}$ 譬$_{10}$ 劈$_{10}$ 闢$_{10}$

▷ 辛의 자형이 변한 것

立 : 童$_{62}$ 新$_{62}$ 親$_{60}$ 接$_{42}$ 妾$_{30}$ 薪$_{10}$ 撞$_{10}$ 瞳$_{10}$ 憧$_{10}$ 毅$_{10}$

斤
[날 근]   갑골   금문   전서

＊ 부수 명칭 : 날근

　나무를 깎아 다듬는 연장인 자귀의 모양을 본뜬 글자로 본의는 '도끼'이다. 부수나 구건으로 쓰일 경우에는 도끼나 혹은 베다, 찍다, 깎다, 끊다 등 도끼의 기능과 관련된 개념들을 나타낸다.

▷ 부수이면서 도끼와 관련된 의미를 나타내는 것

新$_{62}$ 斷$_{42}$ 斤$_{30}$ 斯$_{30}$ 斬$_{20}$ 斧$_{10}$

▷ 부수이지만 도끼의 의미와는 관련이 없는 것

　　斥30

▷ 斤이 구건으로 쓰인 것

　　所70 近60 質52 祈32 誓30 沂12 匠10 欣10

＊ 부수 명칭 : 선비사

도끼의 모양을 본뜬 것으로 본의는 '도끼'이다. 고대에는 감옥을 다스리던 형관을 가리키는 글자로 사용되었으나 후에 병사 혹은 남자라는 뜻으로 그 의미가 확장되었고 다시 선비나 관리라는 의미가 늘어났다.

▷ 부수이면서 도끼와 관련된 의미를 나타내는 것

　　士52 壯40 壻10

▷ 부수이지만 도끼의 의미와는 관련이 없는 것

　　壬32 壽32 壹20

▷ 士가 구건으로 쓰인 것

　　結52 吉50 裝40 莊32 喆12 牡10 牡10 詰10

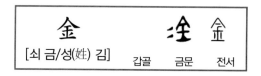

＊ 부수 명칭 : 쇠금

금문의 가장 기본적인 자형은 뚜껑의 모양인 스과 도끼의 모양인 士, 그리고 쇳물을 나타내는 두 점이 결합된 구조로 본의는 '도끼를 만들기 위해 거푸집에 붓는 쇳물'이라는 뜻이다. 즉 거푸집에 쇳물을 부어 제품을 만드는 주물의 과정을 보여주는 글자인 것이다. 금문 金의 이체자 중에는 도끼의 상형인 구건 士의 위치에 王이나 土가 대신하기도 하고, 좌변에 위치한 두 개의 점은 대칭을 이루는 세 개 혹은 네 개의 빗금 형태로 변형되기도 한다. 우선 스은 아래로 향한 입의 모양(＊口의 뒤집힌 모양)으로 合에서 보듯 뚜껑의 개념을 나타내는데, 여기에서는 거푸집을 뜻한다. 士와 王은 무사나 임금의 상징인 도끼의 상형이자 대표적인 청동 제품이었다. 즉 구건 士나 王은 주물로 제작하려는 물건의 거푸집 모양에 대한 정보를 제시하고 있는 것이다. 한편 거푸집의 모양을 나타내는 구건 士나 王의 자리에 거푸집의 재료에 대한 정보를 나타내는 구건 土를 대신하기도 한다. 이 경우에는 거의 대부분의 자형에서 좌측에 위치했던 두 점이 土의 좌우로 벌린 仌(나눌 별, 別의 同字)의 형태로 바뀌어 나타난다. 이것은 흙으로 만든 거푸집의 빈 공간 구석구석으로 쇳물을 부어 넣는다는 개념을 표현한 것이다(〈설문해자〉는 "生於土, 从土, 左右注, 象金在土中

形"이라고 함). 金이 부수나 구건으로 쓰일 경우에는 쇠의 종류나 특성 혹은 쇠로 만든 제품과 관련된 의미를 나타낸다.

▷ 부수이면서 쇠와 관련된 의미를 나타내는 것

金₈₀ 銀₆₀ 鐵₅₀ 錄₄₂ 銅₄₂ 銃₄₂ 針₄₀ 鏡₄₀ 鍾₄₀ 鑛₄₀ 錢₄₀ 鉛₄₀ 鍊₃₂ 錦₃₂ 鎭₃₂ 鑄₃₂ 銘₃₂ 鑑₃₂ 鋼₃₂ 錯₃₂ 鎖₃₂ 銳₃₀ 鈍₃₀ 鍛₂₀ 釣₂₀ 鋪₂₀ 鉀₁₂ 銖₁₂ 鉉₁₂ 鈺₁₂ 鉢₁₂ 鐥₁₂ 銃₁₂ 釧₁₂ 錫₁₂ 鎰₁₂ 釜₁₂ 鍵₁₂ 鏞₁₂ 鎬₁₂ 鎔₁₂ 錠₁₀ 鍍₁₀ 鎰₁₀ 釘₁₀ 錮₁₀ 錘₁₀ 銜₁₀ 鎚₁₀ 鍼₁₀ 銓₁₀ 鋒₁₀ 錐₁₀ 鐸₁₀ 銑₁₀ 鈴₁₀ 鉤₁₀ 錚₁₀ 鑿₁₀

* 부수 명칭 : 주살익

끝을 뾰족하게 깎아 땅에 박을 수 있도록 만든 나무 말뚝의 모양으로 본의는 말이나 소를 묶어두거나 물건을 걸어두는 '말뚝'이라는 뜻이다. 활의 오늬에 줄을 매어 쏘는 화살을 가리키는 '주살'은 가차된 뜻이다. 부수나 구건으로 사용될 경우 말뚝이나 화살 혹은 날카로운 날붙이 등과 같은 무기의 개념을 나타낸다.

▷ 부수이면서 말뚝이나 무기와 관련된 의미를 나타내는 것

式₆₀ 弑₁₀

▷ 弋이 구건으로 쓰인 것

代₆₂ 式₆₀ 試₄₂ 貸₃₂ 貳₂₀ 弎₂₀ 軾₁₂ 袋₁₀ 拭₁₀ 弑₁₀ 鳶₁₀

▷ 弋의 자형이 변한 것

必 : 必₅₂ 祕₄₀ 密₄₂ 蜜₃₀ 瑟₁₂ 泌₁₂ 苾₁₂ 謐₁₀

* 부수 명칭 : 창과

자루 끝에 낫처럼 생긴 날이 달린 창의 모양을 본뜬 것으로 본의는 '창'이다. 부수나 구건으로 사용될 경우 병기나 군사와 관련된 의미나 베다, 자르다와 같이 창의 기능과 관련된 의미를 나타낸다. 한편 戈부로 분류되긴 하였으나 戊, 戌, 我 등은 모두 독체자로 제각각 날의 모양과 용도가 다른 창들을 상형한 글자이다.

▷ 부수이면서 창과 관련된 의미를 나타내는 것

成₆₂ 戰₆₂ 或₄₀ 戒₄₀ 戚₃₂ 我₃₂ 戲₃₂ 戊₃₀ 戌₃₀ 戈₂₀ 戴₂₀ 戌₁₀ 截₁₀ 戮₁₀ 戎₁₀ 戟₁₀

▷ 戈를 구건으로 쓰인 것

國₈₀ 鐵₅₀ 義₄₂ 伐₄₂ 武₄₂ 議₄₂ 域₄₀ 殘₄₀ 儀₄₀ 賊₄₀ 錢₄₀ 機₄₀ 淺₃₂ 惑₃₂ 賦₃₂ 栽₃₂ 械₃₂ 載₃₂ 賤₃₂ 畿₃₂ 踐₃₂ 裁₃₂ 哉₃₀ 幾₃₀ 餓₃₀ 閥₂₀ 纖₂₀ 義₁₂ 璣₁₂ 筏₁₂ 棧₁₀ 籤₁₀ 箋₁₀ 譏₁₀ 盞₁₀ 識₁₀ 絨₁₀ 殲₁₀ 犧₁₀ 懺₁₀

俄$_{10}$ 餓$_{10}$

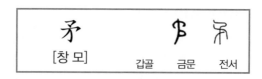

	갑골	금문	전서
[창 모]			

* 부수 명칭 : 창모

긴 자루 끝에 창날을 단 고대 무기인 추모(酋矛)의 모양을 본뜬 글자로 본의는 '창'이다. 병거(兵車)에 세우고 다녔던 창으로 마차에 묶을 수 있는 고리가 있으며, 주로 적을 찌르는 용도의 살상 무기이다. 부수나 구건으로 사용될 경우 창의 모양과 용도, 종류 등 창과 관련된 개념들을 나타낸다.

▷ 부수이면서 창과 관련된 의미를 나타내는 것

　矛$_{20}$ 矜$_{10}$

▷ 矛가 구건으로 쓰인 것

　務$_{42}$ 柔$_{32}$ 霧$_{30}$ 矛$_{20}$ 茅$_{12}$ 橘$_{10}$ 蹂$_{10}$

	갑골	금문	전서
[활 궁]			

* 부수 명칭 : 활궁

활의 모양으로 본의는 '활'이라는 뜻이다. 부수나 구건으로 사용될 경우 활의 종류, 기능, 동작, 상태 등과 관련된 개념을 나타낸다. 간혹 구불구불한 끈의 상형인 己의 변형된 자형이 弓으로 나타나기도 한다.

▷ 부수이면서 활과 관련된 의미를 나타내는 것

　強$_{60}$ 引$_{42}$ 彈$_{40}$ 張$_{40}$ 弓$_{32}$ 弘$_{30}$ 弦$_{20}$ 彌$_{12}$ 彊$_{12}$ 弼$_{12}$ 弩$_{10}$ 弛$_{10}$ 弧$_{10}$ 彎$_{10}$

▷ 부수이지만 활의 의미와는 관련이 없는 것

　弟$_{80}$ 弱$_{62}$ 弔$_{30}$ 弗$_{20}$

▷ 弓이 구건으로 쓰인 것

　第$_{62}$ 費$_{50}$ 佛$_{42}$ 窮$_{40}$ 拂$_{32}$ 夷$_{30}$ 溺$_{20}$ 灣$_{20}$ 泓$_{12}$ 梯$_{10}$ 穹$_{10}$ 痍$_{10}$ 蚓$_{10}$ 躬$_{10}$ 漲$_{10}$ 痍$_{10}$ 蚓$_{10}$ 梯$_{10}$ 涕$_{10}$ 姨$_{10}$
　佛$_{10}$ 沸$_{10}$ 悌$_{10}$

▷ 弓와 결합된 한자 중 결합 방식이나 위치 또는 방향에 따라 자형이 변한 것

　乃 : 攜$_{30}$

✱ 부수 명칭 : 화살시

화살촉과 화살대, 오늬를 형상화한 화살의 모양으로 본의는 '화살'이다. 부수나 구건으로 사용될 경우 화살과 관련된 개념을 나타낸다.

▷ 부수이면서 화살과 관련된 의미를 나타내는 것

短$_{62}$ 知$_{52}$ 矢$_{30}$ 矣$_{30}$ 矯$_{30}$ 矮$_{10}$

▷ 부수이지만 화살의 의미와는 관련이 없는 것

矩$_{10}$

▷ 矢가 구건으로 쓰인 것

族$_{60}$ 醫$_{60}$ 智$_{40}$ 候$_{40}$ 疑$_{40}$ 疾$_{32}$ 凝$_{30}$ 侯$_{30}$ 喉$_{20}$ 礙$_{20}$ 雉$_{12}$ 埃$_{12}$ 嫉$_{10}$ 擬$_{10}$ 癡$_{10}$

▷ 矢의 자형이 변한 것

- 云 : 室$_{80}$ 到$_{52}$ 屋$_{50}$ 致$_{50}$ 至$_{42}$ 倒$_{32}$ 臺$_{32}$ 姪$_{30}$ 握$_{20}$ 窒$_{20}$ 膣$_{10}$ 桎$_{10}$ 擡$_{10}$ 緻$_{10}$

- 畀 : 鼻$_{50}$

- 氷 : 函$_{10}$ 涵$_{10}$

- 𠀬 : 備$_{42}$

- 宀 : 演$_{42}$ 寅$_{30}$

✱ 부수 명칭 : 이를지

화살이 땅 위에 박힌 모양으로 본의는 목표한 곳에 '도달하다'라는 뜻이다. 부수나 구건으로 사용될 경우 목표한 곳에 '이르다'라는 개념을 나타낸다.

▷ 부수이면서 이르다와 관련된 의미를 나타내는 것

致$_{50}$ 至$_{42}$ 臺$_{32}$

▷ 至가 구건으로 쓰인 것

室$_{80}$ 到$_{52}$ 屋$_{50}$ 倒$_{32}$ 姪$_{30}$ 握$_{20}$ 窒$_{20}$ 膣$_{10}$ 桎$_{10}$ 擡$_{10}$ 緻$_{10}$

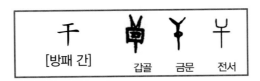

✱ 부수 명칭 : 방패간

창이나 칼로부터 몸을 방어하는 방패의 모양을 본뜬 것으로 본의는 '방패'이다. 평평한 판자 모양의 방패로 몸을 가려 화살 따위로부터의 공격을 방어하는 형식인 盾과는 달리 干의 자형은 끝이 양 갈래진 장대 모양으로 다가오는 적을 밀치거나 찌르는 형태의 방어용 무기로 해석된다. 부수나 구건으로 쓰일 경우에는 주로 방어의 의미나 긴 장대와 관련된 모양이나 형태의 개념들을 나타낸다.

▷ 부수이면서 방패와 관련된 의미를 나타내는 것

干$_{40}$ 幹$_{32}$

▷ 부수이지만 방패의 의미와는 관련이 없는 것

年$_{80}$ 平$_{72}$ 幸$_{62}$

▷ 干이 구건으로 쓰인 것

研$_{42}$ 刊$_{32}$ 肝$_{32}$ 岸$_{32}$ 汗$_{32}$ 旱$_{30}$ 軒$_{30}$ 妍$_{12}$ 杆$_{12}$ 奸$_{10}$ 罕$_{10}$ 悍$_{10}$ 竿$_{10}$

(11) 길이나 이동과 관련된 글자

| | 갑골 | 금문 | 전서 |
| [다닐 행] | | | |

＊ 부수 명칭 : 다닐행

네 갈래로 갈라진 사거리의 모양을 상형한 글자로 본의는 '사거리'이다. 부수나 구건으로 쓰일 경우 도로와 관련하여 가다, 달리다 등의 개념을 함의하는 행위를 나타낸다. 이따금 자형의 반쪽에 해당하는 彳으로 行의 표의 기능을 대신하는 경우가 있다.

▷ 부수이면서 도로와 관련된 의미를 나타내는 것

術$_{62}$ 行$_{60}$ 街$_{42}$ 衛$_{42}$ 衡$_{32}$ 衝$_{32}$ 衍$_{12}$ 衙$_{10}$ 衒$_{10}$ 衢$_{10}$

▷ 行이 구건으로 쓰인 것

衝$_{10}$

| | 갑골 | 금문 | 전서 |
| [조금걸을 척] | | | |

＊ 부수 명칭 : 두인변

네거리의 모양을 본뜬 行의 좌측 부분으로 본의는 '길'이란 뜻이다. 부수나 구건으로 쓰일 경우 길을 뜻하거나 길과 관련하여 걷다, 가다, 일이 진행되다, 행하다 등 동작의 상태나 진행의 의미를 나타낸다.

▷ 부수이면서 길과 관련된 의미를 나타내는 것

後$_{72}$ 待$_{60}$ 德$_{52}$ 往$_{42}$ 得$_{42}$ 律$_{42}$ 復$_{42}$ 徒$_{40}$ 從$_{40}$ 征$_{32}$ 徑$_{32}$ 彼$_{32}$ 徐$_{32}$ 微$_{32}$ 徹$_{32}$ 徵$_{32}$ 御$_{32}$ 役$_{32}$ 循$_{30}$ 微$_{12}$

彷10 徨10 徊10 彿10 徘10 徙10

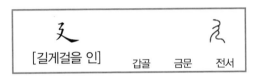

[길게걸을 인]　갑골　금문　전서

* **부수 명칭 : 민책받침**

네거리의 모양을 본뜬 行의 좌측 부분인 彳의 세 번째 획을 길게 늘여 쓴 것으로 본의는 '길게 뻗은 길'이란 뜻이다. 부수나 구건으로 쓰일 경우 길의 의미와는 무관하게 길게 늘이다 또는 길게 늘어서다 등의 의미를 나타낸다. 부수의 명칭인 '민책받침'은 '책받침'으로 부르는 辶에서 위쪽 점이 없다는 데서 붙여진 이름이다.

▷ 부수이면서 길과 관련된 의미를 나타내는 것

　建50 延40 廷32 廻20

▷ 廴이 구건으로 쓰인 것

　庭62 建50 健50 誕30 艇20 鍵12 斑12 筵10 挺10 腱10

[쉬엄쉬엄갈 착]　갑골　금문　전서

* **변형 부수 : 辶**
* **부수 명칭 : 책받침, 갖은책받침**

갑골문은 네거리의 모양을 본뜬 行과 발의 모양인 止를 합친 글자로 본의는 '길을 가다'라는 뜻이다. 금문에서는 독체자로 쓰인 예는 없으나 구건으로 사용된 경우 行의 왼쪽 부분인 彳과 발의 모양인 止를 합친 축약된 자형을 보인다. 전서에서는 彳의 세 획이 직선화되면서 辶의 형태로 변하였다. 부수로 쓰일 때는 辶으로 변형되어 글자의 받침에 위치하는데, 부수의 명칭인 '책받침'은 음인 '착'이 '책'으로 와전되어 속음화된 것이다. 부수나 구건으로 쓰일 경우 길이나 걸음과 관련된 동작이나 동작의 상태와 관련된 개념들을 나타낸다.

▷ 부수이면서 길을 가다와 관련된 의미를 나타내는 것

　道72 運62 近60 遠60 速60 通60 過52 週52 選50 達42 連42 送42 逆42 邊42 進42 退42 造42 迎40 遊40 遇40
　遺40 適40 避40 逃40 逢32 透32 遷32 述32 還32 途32 逸32 迫32 追32 逝30 逐30 逮30 遍30 返30 遂30 遞30
　迷30 違30 遙30 遲30 遵30 遣30 遮20 遼12 逞12 遝10 遜10 遢10 逹10 逈10 迅10 遭10 遑10 迭10 逞10 迂10
　逅10 遁10 逋10 邁10 邀10 逍10 邂10 逼10 迹10 邏10

▷ 辵의 자형이 변한 것

　从 : 從40 縱32 慫10 聳10

[수레 거/차]　갑골　금문　전서

＊ 부수 명칭 : 수레거

수레의 모양을 본뜬 글자로 본의는 '수레'이다. 갑골과 금문은 멍에, 끌채, 바퀴, 굴대, 비녀장을 통해 수레의 전체적인 모양을 표현하였고, 전서는 바퀴, 굴대, 비녀장으로 수레의 특징만을 간략하게 형상하였다. 부수나 구건으로 쓰일 경우에는 수레의 구조나 기능, 용도와 관련된 의미를 나타내는데, 특히 고대의 전투에서 사용하였던 병거(兵車)는 현대의 탱크에 해당할 정도로 중요한 비중을 차지한 무기였기에 군대와 관련된 의미들을 나타낸다.

▷ 부수이면서 수레와 관련된 의미를 나타내는 것

軍80 車72 輕50 輪40 轉40 軟32 輸32 輩32 較32 載32 輝30 輿30 軌30 軒30 軸20 輛20 輯20 軻12 軾12 輔12

輻10 轎10 輓10 軋10 輾10 轄10 輦10 轎10 轍10 轟10

▷ 車가 구건으로 쓰인 것

運62 連42 擊40 揮40 陣40 庫40 蓮32 繫30 漣12 暈10 渾10

[배 주]　갑골　금문　전서

＊ 부수 명칭 : 배주

주로 강에서 사용하는 작고 바닥이 평평한 배의 모양을 본뜬 것으로 본의는 '배'이다. 부수나 구건으로 쓰일 경우에는 배 혹은 강을 건너거나 물건을 실어 나르는 등 배의 기능과 관련된 의미를 나타낸다. 구건 중에는 月(*'배주월'이라고도 함)로 변형되는 경우가 있으므로 해석에 주의할 필요가 있다.

▷ 부수이면서 배와 관련된 의미를 나타내는 것

船50 航42 般32 舟30 舶20 艦20 艇20 舵10 艙10

▷ 舟가 구건으로 쓰인 것

盤32 搬20 槃10

▷ 舟의 자형이 변한 것

• 月 : 前72 勝60 服60 輸32 愈30 騰30 朕20 楡12 踰12 兪12 喩10 揄10 癒10 煎10 愉10 剪10 箭10 諭10 鍮10 朕10

• 冖 : 受42 授42

(12) 땅과 관련된 글자

✱ 부수 명칭 : 흙토

지면 위에 흙덩어리 혹은 흙더미가 쌓인 모양으로 본의는 '흙'을 뜻한다. 부수나 구건으로 쓰일 경우에는 토지나 토양, 육지 등과 같이 흙과 관련된 의미들을 나타낸다. 간혹 土의 자형이 구건으로 사용되는 경우라 하더라도 火나 大가 예변의 과정을 거치면서 土의 자형으로 변형되는 경우가 있으므로 주의할 필요가 있다.

▷ 부수이면서 흙과 관련된 의미를 나타내는 것

土₈₀ 場₇₂ 地₇₀ 堂₆₂ 在₆₀ 基₅₂ 壇₅₀ 壓₄₂ 境₄₂ 壁₄₂ 城₄₂ 增₄₂ 墓₄₀ 堅₄₀ 均₄₀ 域₄₀ 壤₃₂ 坐₃₂ 垂₃₂ 壞₃₂ 塞₃₂ 墨₃₂ 塔₃₂ 培₃₂ 埋₃₀ 坤₃₀ 墻₃₀ 墳₃₀ 塗₃₀ 塊₃₀ 墮₃₀ 堤₃₀ 型₂₀ 坪₂₀ 塵₂₀ 垈₂₀ 坑₂₀ 埃₁₂ 塏₁₂ 垠₁₂ 塘₁₂ 埰₁₂ 坡₁₂ 埈₁₂ 圭₁₂ 址₁₂ 堯₁₂ 塽₁₂ 塤₁₂ 壕₁₂ 塡₁₀ 塾₁₀ 塑₁₀ 堡₁₀ 塹₁₀ 墜₁₀ 堰₁₀ 堵₁₀ 墾₁₀ 堆₁₀ 塚₁₀ 堪₁₀ 壅₁₀ 埠₁₀ 垢₁₀ 堅₁₀ 墟₁₀ 垤₁₀ 壙₁₀ 壘₁₀ 坦₁₀ 壟₁₀ 坊₁₀

▷ 부수이지만 흙의 의미와는 관련이 없는 것

報₄₂ 執₃₂

▷ 土가 구건으로 쓰인 것

社₆₂ 街₄₂ 座₄₀ 吐₃₂ 佳₃₂ 封₃₂ 怪₃₂ 桂₃₂ 燒₃₂ 涯₃₀ 曉₃₀ 掛₃₀ 閨₂₀ 奎₁₂ 珪₁₂ 杜₁₂ 崖₁₀ 涅₁₀ 撓₁₀ 捏₁₀ 卦₁₀ 硅₁₀ 罫₁₀ 僥₁₀ 幇₁₀ 饒₁₀ 挫₁₀

✱ 부수 명칭 : 밭전

경작지나 사냥터의 경계를 구획한 모양으로 본의는 '밭'을 뜻한다. 부수나 구건으로 쓰일 경우에는 밭과 경작 또는 사냥터와 사냥에 관련된 의미를 나타낸다.

▷ 부수이면서 밭과 관련된 의미를 나타내는 것

男₇₂ 界₆₂ 番₆₀ 畫₆₀ 當₅₂ 留₄₂ 田₄₂ 略₄₀ 畿₃₂ 畢₃₂ 畓₃₀ 疆₁₂ 甸₁₂ 疇₁₂ 畸₁₀ 町₁₀ 畝₁₀ 畔₁₀ 疊₁₀

▷ 부수이지만 밭의 의미와는 관련이 없는 것

由₆₀ 申₄₂ 異₄₀ 甲₄₀ 畜₃₂ 畏₃₀

▷ 田이 구건으로 쓰인 것

里₇₀ 理₆₂ 野₆₀ 裏₃₂ 苗₃₀ 埋₃₀ 疆₁₂ 薑₁₀ 裡₁₀ 猫₁₀ 描₁₀ 俚₁₀ 釐₁₀

▷ 田의 자형이 변한 것

冎 : 調₅₂ 週₅₂ 周₄₀ 彫₂₀ 凋₁₀ 稠₁₀

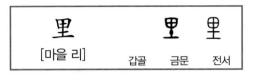

里
[마을 리]　　　갑골　금문　전서

✱ 부수 명칭 : 마을리

농경지가 있는 땅이라는 의미로 田과 土를 합친 글자이다. 본의는 '농지가 있는 땅'을 뜻한다. 노동력이 필요한 농경 사회는 부락을 이루었기에 자연히 마을이라는 뜻을 가지게 되었으며, 행정구역의 단위 또는 마을 간의 거리 단위로도 사용되었기에 부수나 구건으로 쓰일 경우에는 마을, 다스리다 등과 관련된 의미를 나타낸다.

▷ 부수이면서 마을과 관련된 의미를 나타내는 것

里$_{70}$ 野$_{60}$ 釐$_{10}$

▷ 부수이지만 마을의 의미와는 관련이 없는 것

重$_{70}$ 量$_{50}$

▷ 里가 구건으로 쓰인 것

理$_{62}$ 裏$_{32}$ 埋$_{30}$ 俚$_{10}$ 裡$_{10}$

[언덕 한]　　　갑골　금문　전서

✱ 부수 명칭 : 민엄호, 민엄호밑

아래 부분이 움푹 들어간 산악의 바위 절벽의 모양을 본뜬 것으로 본의는 '바위 언덕'이란 뜻이다. 부수나 구건으로 사용되는 경우 주로 높고 험한 언덕의 개념을 나타낸다.

▷ 부수이면서 언덕과 관련된 의미를 나타내는 것

原$_{50}$ 厚$_{40}$ 厄$_{30}$ 厥$_{30}$ 厭$_{20}$

▷ 厂이 구건으로 쓰인 것

産$_{52}$ 歷$_{52}$ 炭$_{50}$ 願$_{50}$ 壓$_{42}$ 源$_{40}$ 嚴$_{40}$ 危$_{40}$ 巖$_{32}$ 岸$_{32}$ 顔$_{32}$ 勵$_{32}$ 涯$_{30}$ 彦$_{12}$ 礪$_{12}$ 崖$_{10}$ 脆$_{10}$ 蹶$_{10}$ 扼$_{10}$ 儼$_{10}$
諺$_{10}$ 瀝$_{10}$ 詭$_{10}$

石
[돌 석]　　　갑골　금문　전서

✱ 부수 명칭 : 돌석

바위 절벽에서 떨어져 나온 돌의 모양을 상형한 것으로 厂과 口가 합쳐진 글자이다. 본의는 '바위에서 떼어낸 돌'이란 뜻이다. 부수나 구건으로 사용되는 경우 돌이나 광물, 돌로 가공한 도구나 악기, 단단한 돌의 성질 등과 관련된 개념을 나타낸다.

▷ 부수이면서 돌과 관련된 의미를 나타내는 것

石$_{60}$ 研$_{42}$ 確$_{42}$ 破$_{42}$ 砲$_{42}$ 碑$_{40}$ 碧$_{32}$ 硬$_{32}$ 磨$_{32}$ 礎$_{32}$ 硯$_{20}$ 碩$_{20}$ 硫$_{20}$ 磁$_{20}$ 礙$_{20}$ 礦$_{12}$ 磻$_{12}$ 硅$_{10}$ 碎$_{10}$ 砧$_{10}$
砒$_{10}$ 磬$_{10}$ 碌$_{10}$ 硼$_{10}$ 礁$_{10}$ 硝$_{10}$ 磊$_{10}$ 碇$_{10}$ 礫$_{10}$ 礬$_{10}$

▷ 石이 구건으로 쓰인 것

拓$_{32}$ 泵$_{12}$ 妬$_{10}$ 宕$_{10}$

[성씨/각시 씨]　갑골　금문　전서

* **부수 명칭** : 각시씨

바위 절벽의 한쪽 옆구리가 떨어져 나가려는 모양을 본뜬 것으로 본의는 '갈라져 무너지다'란 뜻이다. 근본이 같은 곳에서 갈라져 나왔다는 개념에서 공동의 조상을 가진 혈족 집단을 의미하는 성씨라는 뜻으로 확장되었다. 또 고대에는 아녀자의 성(姓)을 지칭할 때 사용하였기에 '각시'라는 훈을 가지게 되었다고도 한다. 구건으로 사용되는 경우 주로 무너지다, 갈라지다의 의미와 관련된 개념들을 나타낸다. 숟가락(匕)의 초문(初文), 나무의 뿌리 등 다양한 해석들이 있지만 그 근거는 명확하지 않다.

▷ 부수이면서 갈라지다와 관련된 의미를 나타내는 것

氏$_{40}$

▷ 부수이지만 갈라지다의 의미와는 관련이 없는 것

民$_{80}$

▷ 氏가 구건으로 쓰인 것

紙$_{70}$ 低$_{42}$ 底$_{40}$ 婚$_{40}$ 抵$_{32}$ 昏$_{30}$ 邸$_{10}$ 舐$_{10}$

[언덕 부]　갑골　금문　전서

* **변형 부수** : 阝
* **부수 명칭** : 언덕부, 좌부방

층층이 쌓인 지층의 단면 모양을 상형한 것으로 본의는 '켜켜이 쌓인 지층'을 뜻한다. 부수나 구건으로 사용될 경우 구릉, 층계, 험준한 산비탈 등과 관련된 의미나 흙으로 쌓은 담, 성벽 등 건축물과 관련된 의미들을 나타낸다. 邑의 변형 부수인 阝(우부방)과 자형은 같지만 阜의 변형 부수는 반드시 글자의 왼쪽 부분에 위치하므로 '좌부방'이라고도 한다.

▷ 부수이면서 흙언덕과 관련된 의미를 나타내는 것

陽$_{60}$ 陸$_{52}$ 院$_{50}$ 防$_{42}$ 障$_{42}$ 陰$_{42}$ 隊$_{42}$ 除$_{42}$ 際$_{42}$ 限$_{42}$ 降$_{40}$ 階$_{40}$ 險$_{40}$ 陣$_{40}$ 隱$_{40}$ 附$_{32}$ 陳$_{32}$ 陶$_{32}$ 陷$_{32}$ 陵$_{32}$
隨$_{32}$ 隆$_{32}$ 阿$_{32}$ 隔$_{32}$ 隣$_{30}$ 阜$_{12}$ 陝$_{12}$ 陟$_{12}$ 隋$_{12}$ 阪$_{12}$ 陝$_{12}$ 阮$_{10}$ 隙$_{10}$ 隘$_{10}$ 隕$_{10}$ 陋$_{10}$ 陛$_{10}$ 隅$_{10}$ 陀$_{10}$ 阻$_{10}$

陪$_{10}$

▷ 阜가 구건으로 쓰인 것

埠$_{10}$

＊ 부수 명칭 : 골곡

양쪽이 산기슭으로 갈라진 곳에 있는 땅이란 개념을 표현하기 위해 仌(나눌 별, 別의 同字)과 口(장소를 뜻하는 표형 기능의 부호)를 합친 글자이며, 본의는 '골짜기'이다. 부수나 구건으로 쓰일 경우 텅 빈 골짜기의 개념과 관련된 의미들을 나타낸다.

▷ 부수이면서 골짜기와 관련된 의미를 나타내는 것

谷$_{32}$

▷ 谷이 구건으로 쓰인 것

浴$_{50}$ 俗$_{42}$ 裕$_{32}$ 谷$_{32}$ 欲$_{32}$ 慾$_{32}$ 壑$_{10}$

＊ 부수 명칭 : 메산

3개의 산봉우리 모양을 본뜬 것으로 본의는 '산'이다. 부수나 구건으로 쓰일 경우 높고 험한 산의 모양이나 기세와 관련된 의미들을 나타낸다. 갑골문이나 금문은 火의 자형과 유사하므로 고문 해석 시 구건의 의도를 주의 깊게 살펴야 한다.

▷ 부수이면서 산과 관련된 의미를 나타내는 것

山$_{80}$ 島$_{50}$ 崇$_{40}$ 峯$_{32}$ 嶺$_{32}$ 岸$_{32}$ 巖$_{32}$ 岳$_{30}$ 崩$_{30}$ 峽$_{20}$ 峙$_{12}$ 岡$_{12}$ 岬$_{12}$ 峻$_{12}$ 崙$_{12}$ 峴$_{12}$ 岐$_{12}$ 崗$_{12}$ 崔$_{12}$ 嵎$_{10}$ 嶇$_{10}$ 崖$_{10}$ 嶼$_{10}$ 巍$_{10}$ 崎$_{10}$

▷ 山이 구건으로 쓰인 것

仙$_{52}$ 炭$_{50}$ 密$_{42}$ 幽$_{32}$ 催$_{32}$ 剛$_{32}$ 綱$_{32}$ 鋼$_{32}$ 搗$_{10}$ 绷$_{10}$ 疝$_{10}$

(13) 식물이나 작물과 관련된 글자

＊ 부수 명칭 : 풀철, 왼손좌

풀의 줄기와 곁가지의 모양을 본뜬 글자로 본의는 '풀'이다. 부수 명칭으로 왼손좌라는 이름은 갑골이나 금문에서 왼손 모양의 자형과 명확히 구분이 되지 않았기 때문에 붙여진 것으로 여겨진다. 부수나 구건으로 사용될 경우 대부분 새싹이나 돋아나다라는 개념을 나타낸다. 屮을 중첩하여 艸(艹, 풀 초), 芔(卉, 풀 훼), 茻(茻, 우거질 망)과 같은 글자가 만들어졌다.

▷ 부수이면서 풀과 관련된 의미를 나타내는 것

屯[30]

▷ 屮의 자형이 변한 것

• 牛 : 生[80] 姓[72] 性[52] 星[42] 隆[32] 牲[10] 醒[10]

• 屯 : 屯[30]

• 十 : 朝[60] 墓[40] 模[40] 慎[40] 潮[40] 漠[32] 莫[32] 慕[32] 奔[32] 暮[30] 募[30] 填[30] 廟[30] 膜[20] 謨[12] 卉[10] 噴[10] 寞[10] 糢[10] 摸[10] 蒲[10] 嘲[10]

• 丶 : 博[42] 浦[32] 捕[32] 薄[32] 簿[32] 補[32] 敷[20] 鋪[20] 傅[12] 輔[12] 甫[12] 哺[10] 圃[10] 搏[10] 逋[10] 縛[10] 賻[10] 脯[10] 膊[10] 蒲[10]

＊ 변형 부수 : 艹

＊ 부수 명칭 : 초두

갑골문이나 금문은 屮로 풀을 총칭하였으나 전서는 屮자를 중복하였다. 본의는 '풀'이며, 식물과 관련된 의미 또는 풀의 상태, 풀로 만드는 것 등의 뜻을 나타내는 구건으로 사용된다.

▷ 부수이면서 풀과 관련된 의미를 나타내는 것

花[70] 草[70] 藥[62] 英[60] 苦[60] 葉[50] 落[50] 蓄[42] 藝[42] 華[40] 芳[32] 芽[32] 蘭[32] 蓋[32] 荷[32] 著[32] 葬[32] 茂[32] 莫[32] 蒙[32] 蓮[32] 藏[32] 茶[32] 薄[32] 蘇[32] 菌[32] 蒼[32] 蒸[32] 荒[32] 菊[32] 莊[32] 菜[32] 蔬[30] 薦[30] 苗[30] 茫[30] 蔽[30] 藍[20] 苑[20] 藤[20] 蔘[20] 菓[20] 葛[20] 范[12] 茅[12] 芫[12] 萊[12] 芝[12] 荀[12] 董[12] 芮[12] 芸[12] 艾[12] 芬[12] 葡[12] 蔣[12] 蔡[12] 蔚[12] 薛[12] 蘆[12] 蓬[12] 薰[12] 蘘[10] 蒐[10] 蓉[10] 菖[10] 萃[10] 萍[10] 蔓[10] 菩[10] 芙[10] 菱[10] 蒲[10] 蔭[10] 蕉[10] 荻[10] 葵[10] 蕉[10] 萌[10] 芒[10] 蕉[10] 蕩[10] 萄[10] 薑[10] 薇[10] 莖[10] 茸[10] 蕭[10] 薪[10] 薔[10] 荊[10] 茸[10] 薩[10] 薯[10] 藉[10] 苔[10] 蕃[10] 芭[10] 藩[10] 芥[10] 芍[10] 藿[10] 菱[10] 苟[10] 蘊[10] 藻[10] 葯[10] 芻[10]

▷ 부수이지만 풀의 의미와는 관련이 없는 것

萬[80] 若[32] 苟[30] 蔑[20]

生	屮	丰	屮
[날 생]	갑골	금문	전서

✱ **부수 명칭** : 날생

새싹이 땅 위로 돋아나는 모양으로 屮과 土가 결합된 글자이다. 본의는 '새싹이 흙을 뚫고 싹트다' 라는 뜻이다. 부수나 구건으로 사용될 경우 생명의 출산, 출현, 창조, 생산 등과 관련된 의미를 나타낸다.

▷ 부수이면서 생명과 관련된 의미를 나타내는 것

生[80] 産[52] 甥[10] 甦[10]

▷ 生이 구건으로 쓰인 것

姓[72] 性[52] 星[42] 隆[32] 旌[12] 牲[10] 醒[10]

▷ 生의 자형이 변한 것

丰 : 青[80] 清[62] 情[52] 請[42] 靜[40] 精[42] 晴[30] 猜[10] 睛[10] 靖[10]

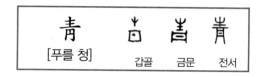

青	𤲅	𡆠	靑
[푸를 청]	갑골	금문	전서

✱ **부수 명칭** : 푸를청

땅 위로 돋는 새싹을 뜻하는 生과, 광정(鑛井)에서 캐낸 단석(丹石)을 뜻하는 丹을 합친 글자로 본의는 광물 중에서 새싹과 같은 '푸른색의 단석'이란 뜻이다. 보석이나 장식품으로 가공되는 광물인 단석은 단백석(蛋白石) 또는 마노(瑪瑙)라고도 하는데 흔히 적색, 황색, 갈색, 청색, 녹색을 띠며, 때로는 여러 색이 다양하게 나타나고, 오팔과 같이 방향에 따라 색이 다르게 보이는 특징이 있다. 갑골문은 광정 속의 광물을 표시한 丹(丹) 위에 屮을 더해 단석의 다양한 색깔 중에서도 새싹의 것과 같은 푸른색이라는 정보를 제시하고 있는 것이다. 부수나 구건으로 사용될 경우 맑고, 푸른 단석의 색깔이나 색감과 관련된 의미를 나타낸다.

▷ 부수이면서 푸른 색감과 관련된 의미를 나타내는 것

青[80] 靜[40] 靖[10]

▷ 青이 구건으로 쓰인 것

清[62] 情[52] 請[42] 精[42] 晴[30] 猜[10] 睛[10]

＊ 부수 명칭 : 부추구

땅 위에 떨기 모양으로 자라는 부추를 상형한 글자로 본의는 '부추'이다. 부수나 구건으로 사용될 경우 부추나 나물 혹은 부추처럼 가늘다라는 의미를 나타낸다.

▷ 韭가 구건으로 쓰인 것

纖[20] 懺[10] 殲[10] 籤[10] 識[10]

＊ 부수 명칭 : 벼화

늘어져 고개를 숙인 벼의 이삭과 잎, 줄기, 뿌리의 모양을 본뜬 글자로 본의는 '벼'를 뜻한다. 부수나 구건으로 사용될 경우에는 벼 또는 일반적인 곡물이나 농작물과 관련된 의미를 나타낸다.

▷ 부수이면서 벼와 관련된 의미를 나타내는 것

秋[70] 科[62] 種[52] 移[42] 程[42] 稅[42] 私[40] 秀[40] 穀[40] 積[40] 稱[40] 租[32] 秩[32] 稀[32] 稚[32] 稿[32] 秒[30] 稻[30] 穫[30] 禾[30] 穩[20] 稙[12] 穆[12] 秦[12] 稷[12] 秉[12] 稗[10] 秤[10] 秧[10] 稍[10] 稠[10] 稟[10] 秕[10] 禿[10] 穗[10] 穢[10] 稼[10] 稜[10]

▷ 禾가 구건으로 쓰인 것

歷[52] 香[42] 曆[32] 謙[32] 兼[32] 廉[30] 嫌[30] 濂[12] 簾[10] 頪[10] 瀝[10] 黍[10]

▷ 禾의 자형이 변한 것

ノ : 年[80]

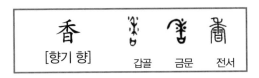

＊ 부수 명칭 : 향기향

주로 술을 빚던 곡식인 기장과 음식을 머금고 있는 입의 모양을 합친 글자로 본의는 기장으로 빚은 '술을 입안에 머금고 음미하다'라는 뜻이다. 갑골이나 금문에서 입으로 표현되었던 口는 전서에서 입에 머금다라는 뜻의 甘으로 그 의미를 보다 구체화 하였는데, 예변의 과정을 거치면서 현대 해서에서는 기장을 상형한 黍가 禾로, 甘이 曰로 간략하게 바뀌었다. 부수나 구건으로 사용될 경우에는 향기와 관련된 의미를 나타낸다.

▷ 부수이면서 향기와 관련된 의미를 나타내는 것

香[42] 馥[12] 馨[12]

* 부수 명칭 : 쌀미

곡식의 이삭을 이삭 가지와 낟알의 모양으로 표현한 글자로 본의는 '곡식의 이삭'을 뜻한다. 부수나 구건으로 사용될 경우에는 쌀 또는 여러 종류의 곡물이나 곡물의 가공과 관련된 의미를 나타낸다.

▷ 부수이면서 이삭과 관련된 의미를 나타내는 것

米$_{60}$ 精$_{42}$ 糧$_{40}$ 粉$_{40}$ 糖$_{32}$ 粧$_{32}$ 粟$_{30}$ 粗$_{10}$ 粘$_{10}$ 粕$_{10}$ 粒$_{10}$ 糊$_{10}$ 粱$_{10}$ 糠$_{10}$ 糢$_{10}$ 糞$_{10}$ 糟$_{10}$ 粹$_{10}$

▷ 米가 구건으로 쓰인 것

類$_{52}$ 迷$_{30}$

▷ 米의 자형이 변한 것

氺 : 康$_{42}$ 暴$_{42}$ 爆$_{40}$ 慷$_{10}$ 糠$_{10}$ 瀑$_{10}$ 曝$_{10}$

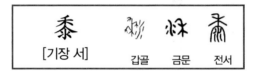

* 부수 명칭 : 기장서

갑골문은 이삭이 많이 늘어진 기장과 물이 흐르는 모양을 합친 자형이고, 금문은 기장의 이삭을 하나로 단순화시키면서 禾로 변형되었다. 전서는 禾, 入, 水를 합친 글자인데, 〈설문해자〉는 "공자가 말하기를 '기장은 술로 쓸 수 있어 벼가 물에 들어가 있는 것이다(孔子曰: 黍可為酒, 禾入水也.)'라고 하였다."고 하여 공자의 말로 자형을 설명하였다. 본의는 '기장'이다. 부수나 구건으로 사용될 경우 기장의 끈끈하고 찰진 성질이나 특징과 관련된 의미를 나타낸다.

▷ 부수이면서 기장과 관련된 의미를 나타내는 것

黍$_{10}$ 黎$_{10}$

▷ 黍의 자형이 변한 것

禾 : 香$_{42}$ 馥$_{12}$ 馨$_{12}$

* 부수 명칭 : 보리맥

까끄라기가 있는 이삭을 달고 있는 벗과 식물의 모양을 상형한 來의 밑에 아래로 향한 발의 모양인 夊를 합친 글자로 본의는 '보리'이다. 본래 보리를 상형한 글자는 來였지만, 고대 중국인들은 보리를 하늘이 내려준 곡식이라 여겨 오다라는 가차된 뜻으로만 사용하였다. 그러자 본의인 보리의 뜻을 나타내기 위해 夊를 더하여 새로운 글자를 분화시킨 것이다. 부수나 구건으로 사용될 경우에는 보리의 종류나 가공과 관련된 의미를 나타낸다.

▷ 부수이면서 보리와 관련된 의미를 나타내는 것

麥$_{32}$ 麴$_{10}$

* 부수 명칭 : 가지런할제

곡물의 이삭들이 가지런하게 자라는 모양을 본뜬 글자로 본의는 '가지런히 자라는 곡식의 이삭'이란 뜻이다. 금문과 전서는 가지런하다는 개념을 지사부호 二로 표현하였다. 부수나 구건으로 사용될 경우에는 가지런하다, 나란하다, 다스리다 등과 관련된 의미를 나타낸다.

▷ 부수이면서 가지런하다와 관련된 의미를 나타내는 것

齊$_{32}$ 齋$_{10}$

▷ 齊가 구건으로 쓰인 것

濟$_{42}$ 劑$_{20}$

* 부수 명칭 : 오이과

덩굴에 매달려 있는 오이의 모양을 상형한 글자로 본의는 '오이'이다. 부수로 사용될 경우에는 오이나 박과 같은 덩굴 식물과 관련된 의미를 나타내지만, 구건으로 사용될 경우 의미와는 상관없이 표음 기능을 하는 예가 많다.

▷ 부수이면서 오이와 관련된 의미를 나타내는 것

瓜$_{20}$

▷ 瓜가 구건으로 쓰인 것

孤$_{40}$ 弧$_{10}$ 呱$_{10}$ 狐$_{10}$

* 부수 명칭 : 대죽

대나무 잎의 모양을 본뜬 글자로 본의는 '대나무'이다. 부수나 구건으로 사용될 경우 대나무, 대나무의 성질, 대나무를 재료로 만든 기물 등과 관련된 의미를 나타내며, 종이가 만들어지기 이전에는 주로 죽간을 사용하였기에 문서와 관련된 의미를 나타내기도 한다.

▷ 부수이면서 대나무와 관련된 의미를 나타내는 것

答72 算70 第62 等62 節52 筆52 竹42 築42 笑42 範40 管40 篇40 簡40 筋40 籍40 薄32 符32 笛32 策32 篤30 箱20 籠20 筏12 箕12 箇10 筵10 箴10 箸10 篆10 箭10 笏10 笠10 箔10 簒10 筍10 簇10 筒10 簞10 簪10 簾10 竿10 簫10 籃10 笞10 箋10 籤10 籬10

木
[나무 목] 갑골 금문 전서

＊ 부수 명칭 : 나무목

나무의 가지 줄기 뿌리의 모양을 본뜬 글자로 본의는 '나무'이다. 부수나 구건으로 사용될 경우 나무의 종류, 상태, 가공 등 나무와 관련된 다양한 의미를 나타낸다.

▷ 부수이면서 나무와 관련된 의미를 나타내는 것

校80 木80 村70 植70 林70 果62 業62 樂62 樹62 本60 根60 李60 朴60 材52 格52 板50 末50 案50 査50 橋50 榮42 檀42 檢42 權42 極42 未42 條40 松40 朱40 模40 樣40 標40 核40 機40 構40 柳40 架32 枝32 梅32 森32 桑32 梁32 欄32 染32 柔32 橫32 柱32 樓32 槪32 栽32 械32 桂32 楓32 栗32 桃32 株32 枯30 析30 某30 楊30 杯30 梨30 枕30 棄30 柏20 桐20 棟20 棋20 梧20 枚20 札20 桀12 桓12 柯12 柴12 檜12 楚12 杆12 楸12 槙12 樺12 楡12 杜12 杓12 樑12 杏12 楞12 槿12 槐12 杰12 柄12 椿12 棒10 棚10 棲10 棗10 栓10 椅10 棉10 棧10 椽10 椎10 桎10 枉10 棍10 柑10 楮10 樞10 梯10 杳10 枸10 槃10 榜10 棠10 槍10 槌10 柵10 欅10 梗10 梧10 棘10 枳10 棺10 杖10 槽10 樞10 梢10 桶10 杞10 橘10 楷10 橙10 樸10 朽10 樽10 樵10 柚10 机10 橄10 柿10 檣10 枋10 櫃10 檻10 櫛10 梵10 櫻10 梳10

▷ 부수이지만 나무의 의미와는 관련이 없는 것

東80 束52

▷ 木의 자형이 변한 것

才 : 折40

爿
[조각 장] 갑골 금문 전서

＊ 부수 명칭 : 장수장변

나무의 모양인 木을 세로로 컨 오른쪽 절반의 모양으로 본의는 '널빤지'를 뜻한다. 나머지 왼쪽 절반은 片으로 역시 본의는 '널빤지'를 뜻한다. 침대를 옆으로 세운 모양을 牀의 초문으로 보아 본의를 '평상'으로 해석하기도 한다. 부수나 구건으로 사용될 경우 널빤지나 납작한 나무 조각을 사용한 목간(木簡)과 관련된 의미를 나타낸다.

▷ 爿을 구건으로 하는 것

狀42 將42 裝40 壯40 獎40 莊32 藏32 臟32 牂32 蔣12 漿10 醬10

▷ 爿의 자형이 변한 것

爿：病60 疲40 痛40 症32 疫32 疾32 癌20 痲20 療20 疼10 疱10 疸10 疵10 痔10 痍10 痤10 痕10 痢10 疳10 疹10 疝10 痼10 痺10 瘀10 瘦10 瘍10 癃10 瘤10 瘙10 瘡10 瘠10 癎10 痘10 痰10 癖10 癒10 癡10 癢10 癩10 癲10

[조각 편]　갑골　금문　전서

* **부수 명칭 : 조각편**

나무의 모양인 木을 세로로 켠 오른쪽 절반의 모양으로 본의는 '널빤지'를 뜻한다. 나머지 왼쪽 절반은 爿으로 역시 본의는 '널빤지'를 뜻한다. 부수나 구건으로 사용될 경우 널빤지나 납작한 나무 조각을 사용한 목간(木簡)과 관련된 의미를 나타낸다.

▷ 부수이면서 널빤지와 관련된 의미를 나타내는 것

片32 版32 牌10 牒10

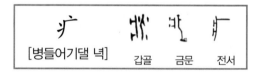

[병들어기댈 녁]　갑골　금문　전서

* **부수 명칭 : 병질엄**

갑골문은 땀을 뻘뻘 흘리는 사람이 침상에 누운 모양이며, 금문에서는 침상에 누워 있는 사람을 표현하였다. 전서는 침상에 누운 사람을 간략한 한 획의 지사부호로 단순화하였고 이는 다시 현대 해서체에서 ㅡ로 변형되었다. 현대 해서체의 자형인 疒은 人(亠)과 爿(爿)의 결합으로 해석하는 것이 옳겠다. 본의는 '병들어 눕다'라는 뜻이다. 부수나 구건으로 사용될 경우 병 또는 병과 관련된 통증이나 증상과 관련된 의미를 나타낸다.

▷ 부수이면서 병과 관련된 의미를 나타내는 것

病60 疲40 痛40 症32 疫32 疾32 癌20 痲20 療20 疼10 疱10 疸10 疵10 痔10 痍10 痤10 痕10 痢10 疳10 疹10 疝10 痼10 痺10 瘀10 瘦10 瘍10 癃10 瘤10 瘙10 瘡10 瘠10 癎10 痘10 痰10 癖10 癒10 癡10 癢10 癩10 癲10

麻 [삼 마]		𣐙	麻
	갑골	금문	전서

✻ 부수 명칭 : 삼마

그늘 밑에 널어 말리는 삼 껍질의 개념을 표현한 글자로 본의는 그늘 아래에 널어 말리는 '삼'이란 뜻이다. 바위 절벽을 상형한 금문 厂이나 집의 모양을 상형한 전서의 广은 모두 지붕이나 그늘을 의미하는 구건이고, 㞢(삼베 패)는 풀의 상형인 屮과 나누다라는 의미인 八을 합쳐 한해살이 풀인 삼 줄기에서 벗긴 삼 껍질을 뜻한다. 부수나 구건으로 사용될 경우 삼이나 삼베와 관련된 뜻 외에, 대마와 같이 삼이 가진 마취 성분과 관련된 의미를 나타낸다.

▷ 부수이면서 삼과 관련된 의미를 나타내는 것

麻$_{32}$ 麾$_{10}$

▷ 麻가 구건으로 쓰인 것

磨$_{32}$ 摩$_{20}$ 痲$_{20}$ 魔$_{20}$ 靡$_{10}$

(14) 가축이나 동물과 관련된 글자

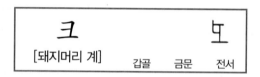

彐 [돼지머리 계]			ㄅ
	갑골	금문	전서

✻ 변형 부수 : ㄅ, ㅋ
✻ 부수 명칭 : 터진가로왈 부

멧돼지의 머리 부분 중 뾰족한 엄니를 강조한 모양으로 본의는 '돼지머리'라는 뜻이다. 본 자형은 ㄅ이며 독체자는 전서에서부터 보이지만 돼지의 머리와 몸통 전체의 형상은 豕, 象, 希 등의 금문자에서 확인할 수 있다. 부수나 구건으로 쓰일 경우 멧돼지나 멧돼지의 뾰족한 엄니의 기능처럼 파헤치다, 깎다, 새기다 등과 관련된 의미를 나타낸다.

▷ 부수이면서 돼지머리와 관련된 의미를 나타내는 것

彙$_{10}$

▷ 부수이지만 돼지머리의 의미와는 관련이 없는 것

彗$_{10}$

▷ 彐가 구건으로 쓰인 것

綠$_{60}$ 錄$_{42}$ 緣$_{40}$ 祿$_{32}$ 喙$_{10}$ 碌$_{10}$ 篆$_{10}$ 椽$_{10}$ 剝$_{10}$

[돼지 시]   갑골   금문   전서

* 부수 명칭 : 돼지시

몸통이 통통한 돼지의 모양을 본뜬 글자로 본의는 '돼지'이다. 부수나 구건으로 쓰일 경우 돼지나 돼지의 습성과 관련된 의미를 나타낸다. 단, 豕부에 속해 있지만 象은 코끼리의 모양을 본뜬 별도의 상형자이므로 해석에 주의하여야 한다.

▷ 부수이면서 돼지와 관련된 의미를 나타내는 것

豫40 象40 豪32 豚30 猪10

▷ 豕가 구건으로 쓰인 것

家72 隊42 緣40 劇40 據40 蒙32 逐30 遂30 琢20 嫁10 毅10 墜10 喙10 椽10 稼10 篆10 塚10 釀10

▷ 豕의 자형이 변한 것

豸 : 懇32 墾10

[개 견]   갑골   금문   전서

* 변형 부수 : 犭
* 부수 명칭 : 개견

짖는 개의 벌린 입과 세운 귀를 강조한 개의 상형으로 본의는 '개'이다. 부수나 구건으로 쓰일 경우 개나 개의 성질, 행위, 상태, 사냥 등과 관련된 의미를 나타낸다.

▷ 부수이면서 개와 관련된 의미를 나타내는 것

獨52 狀42 獎40 犬40 犯40 狂32 猶32 獸32 獻32 獲32 猛32 獄32 狗30 獵30 獐12 猫10 猥10 狄10 狼10 猾10 猖10 猝10 狡10 狹10 猜10 狐10 狙10 獅10 狩10 猿10

▷ 犬이 구건으로 쓰인 것

然70 類52 壓42 器42 犬40 伏40 燃40 哭32 突32 獄32 淚30 厭20 撚10 戾10 狀10

▷ 犬의 자형이 변한 것

• 犮 : 髮40 拔32 跋10 魃10
• 尤 : 尨10

[소 우]   갑골   금문   전서

* 변형 부수 : 牜

✱ 부수 명칭 : 소우

뿔을 강조한 소의 머리를 상형한 글자로 본의는 '소'이다. 부수나 구건으로 쓰일 경우 소나 목축과 관련된 의미나 제물로 바치던 희생의 의미를 나타낸다.

▷ 부수이면서 소와 관련된 의미를 나타내는 것

物$_{72}$ 特$_{60}$ 牛$_{50}$ 牧$_{42}$ 牽$_{30}$ 牟$_{12}$ 牢$_{10}$ 牡$_{10}$ 牲$_{10}$ 犀$_{10}$ 犧$_{10}$

▷ 牛가 구건으로 쓰인 것

件$_{50}$ 解$_{42}$ 遲$_{30}$ 懈$_{10}$ 邂$_{10}$

▷ 牛의 자형이 변한 것

• 牜 : 告$_{52}$ 造$_{42}$ 浩$_{32}$ 酷$_{20}$ 晧$_{12}$ 梏$_{10}$ 鵠$_{10}$

• 牛 : 牛$_{62}$ 判$_{40}$ 伴$_{30}$ 拌$_{10}$ 畔$_{10}$ 絆$_{10}$

[양 양]　　갑골　금문　전서

✱ 변형 부수 : 羊

✱ 부수 명칭 : 양양

뿔을 강조한 양의 머리를 상형한 글자로 본의는 '양'이다. 부수나 구건으로 쓰일 경우 양과 관련된 의미 또는 제물로 바치던 희생의 의미를 나타낸다.

▷ 부수이면서 양와 관련된 의미를 나타내는 것

美$_{60}$ 羊$_{42}$ 義$_{42}$ 群$_{40}$ 羲$_{12}$ 羞$_{10}$ 羨$_{10}$ 羹$_{10}$

▷ 羊이 구건으로 쓰인 것

洋$_{60}$ 着$_{52}$ 養$_{52}$ 達$_{42}$ 詳$_{32}$ 祥$_{30}$ 庠$_{12}$ 姜$_{12}$ 翔$_{10}$ 窯$_{10}$ 撻$_{10}$ 恙$_{10}$ 癢$_{10}$

[사슴 록]　　갑골　금문　전서

✱ 부수 명칭 : 사슴록

고운 뿔을 강조한 사슴을 상형한 글자로 본의는 '사슴'이다. 부수나 구건으로 쓰일 경우 사슴이나 사슴과 유사한 동물과 관련된 의미를 나타낸다.

▷ 부수이면서 사슴과 관련된 의미를 나타내는 것

麗$_{42}$ 鹿$_{30}$ 麒$_{12}$ 麟$_{12}$ 麓$_{10}$ 麝$_{10}$

▷ 鹿이 구건으로 쓰인 것

塵$_{20}$ 驪$_{12}$ 灑$_{10}$

▷ 鹿의 자형이 변한 것

• 严 : 慶$_{42}$

• 庐 : 薦$_{30}$

* 부수 명칭 : 뿔각

주름이 있는 뿔의 모양을 상형한 글자로 본의는 '뿔'이다. 부수나 구건으로 쓰일 경우 뿔과 관련된 상태, 특징, 가공, 동작 등의 의미를 나타낸다.

▷ 부수이면서 뿔과 관련된 의미를 나타내는 것

角$_{62}$ 解$_{42}$ 觸$_{32}$ 觚$_{10}$ 觴$_{10}$

▷ 角이 구건으로 쓰인 것

懈$_{10}$ 邂$_{10}$

▷ 角의 자형이 변한 것

龟 : 衡$_{32}$

* 부수 명칭 : 말마

말의 모양을 상형한 글자로 본의는 '말'이다. 부수나 구건으로 쓰일 경우 말의 종류, 상태, 특성, 말을 다루는 일 등에 관한 의미를 나타낸다.

▷ 부수이면서 말과 관련된 의미를 나타내는 것

馬$_{50}$ 驗$_{42}$ 驚$_{40}$ 騎$_{32}$ 驛$_{32}$ 驅$_{30}$ 騷$_{30}$ 騰$_{30}$ 駐$_{20}$ 馮$_{12}$ 駿$_{12}$ 驪$_{12}$ 驥$_{12}$ 騏$_{12}$ 駭$_{10}$ 駝$_{10}$ 駙$_{10}$ 騙$_{10}$ 駑$_{10}$ 駱$_{10}$ 驕$_{10}$ 駁$_{10}$ 馳$_{10}$ 馴$_{10}$ 駒$_{10}$ 驟$_{10}$ 駕$_{10}$

▷ 馬가 구건으로 쓰인 것

篤$_{30}$ 憑$_{10}$ 罵$_{10}$

* 부수 명칭 : 범호밑

입을 벌리고 날카로운 이빨을 드러낸 범의 머리를 상형한 글자로 본의는 '범의 머리'이다. 범의 전체적인 모습을 상형한 글자는 虎이다. 부수나 구건으로 쓰일 경우 범이나 범의 속성과 관련된 의미를 나타낸다.

▷ 부수이면서 범과 관련된 의미를 나타내는 것

號60 處42 虛42 虎32 虐20 虔10 虜10 虞10

▷ 虍가 구건으로 쓰인 것

謔10 琥10

[쥐 서]　　갑골　금문　전서

＊ 부수 명칭 : 쥐서

강한 이빨을 강조한 쥐의 모양을 상형한 글자로 본의는 '쥐'이다. 갑골문의 구건에서 나타나는 작은 점들은 쥐가 이빨로 쏠아 놓은 물건으로 해석하기도 하고 쥐가 작은 동물이라는 것을 나타내는 지사부호인 小로 해석하기도 한다. 부수나 구건으로 쓰일 경우 쥐나 쥐와 같이 작은 짐승과 관련된 의미를 나타낸다.

▷ 부수이면서 범과 관련된 의미를 나타내는 것

鼠10

▷ 鼠가 구건으로 쓰인 것

獵30 臘10 蠟10

[벌레 치/해태 채]　갑골　금문　전서

＊ 부수 명칭 : 발없는벌레치, 갖은돼지시

입을 벌린 채 이빨을 드러내고 있는 맹수가 등을 잔뜩 웅크린 모양을 상형한 글자로 본의는 '맹수'이다. 자형만으로는 정확히 어떤 맹수를 상형한 것인지 알 수 없으나 〈설문해자〉에는 '등이 긴 짐승이 태연한 척하면서 먹이를 잡으려는 모양(獸長脊 行豸豸然 欲有所司殺形)'이라고 하였다. 일반적으로 고양이과 동물이 사냥감을 노리고 덮치려고 하는 자세를 상형한 것으로 해석한다. 부수나 구건으로 쓰일 경우 주로 육식을 하는 맹수와 관련된 의미를 나타낸다.

▷ 부수이면서 맹수와 관련된 의미를 나타내는 것

貌32 貊12 豺10 豹10 貂10

[터럭 모]　　갑골　금문　전서

＊ 부수 명칭 : 터럭모

동물의 꼬리털을 상형한 글자로 본의는 '털'이다. 부수나 구건으로 쓰일 경우 털이나 털로 만들어진 것 등의 의미를 나타낸다.

▷ 부수이면서 털과 관련된 의미를 나타내는 것

毛$_{42}$ 毫$_{30}$ 氈$_{10}$

▷ 毛가 구건으로 쓰인 것

尾$_{32}$ 耗$_{10}$

▷ 毛의 자형이 변한 것

• 氺 : 球$_{62}$ 救$_{50}$ 求$_{42}$ 逮$_{30}$ 犀$_{10}$

• 龶 : 表$_{62}$

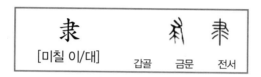

隶
[미칠 이/대]　　갑골　금문　전서

* 부수 명칭 : 미칠이

동물의 꼬리를 손으로 잡고 있는 모양으로 본의는 '쫓아가 붙잡다'이다. 부수나 구건으로 쓰일 경우 뒤쫓아 가서 붙잡거나 제압하다의 개념을 나타낸다. 구건 중에는 肂, 肆 등에서와 같이 聿로 변형되는 경우가 있으므로 해석에 주의가 필요하다.

▷ 부수이면서 붙잡다와 관련된 의미를 나타내는 것

隸$_{30}$

▷ 隶가 구건으로 쓰인 것

逮$_{30}$

聿
[붓 율]　　갑골　금문　전서

* 부수 명칭 : 붓율

손에 붓을 들고 있는 모양으로 본의는 '붓'이다. 부수나 구건으로 쓰일 경우 붓 또는 붓으로 쓰거나 그리는 동작과 관련된 의미를 나타낸다. 부수 중에는 肂, 肆 등과 같이 隶의 자형이 변형된 것이 있으므로 해석에 주의를 요한다.

▷ 부수이면서 붓과 관련된 의미를 나타내는 것

肅$_{40}$ 肇$_{10}$

▷ 聿이 구건으로 쓰인 것

筆$_{52}$ 建$_{50}$ 健$_{50}$ 律$_{42}$ 津$_{20}$ 鍵$_{12}$ 腱$_{10}$

▷ 聿의 자형이 변한 것

• 圭 : 書$_{62}$ 畫$_{60}$ 畵$_{60}$ 劃$_{32}$

- 聿 : 盡[40] 燼[10]
- 肀 : 肅[40] 蕭[10] 簫[10] 繡[10]

[가죽 피]　　갑골　금문　전서

* **부수 명칭 : 가죽피**

동물의 몸통에서 털가죽을 벗기는 손의 모양을 상형한 글자로 본의는 '가죽'이다. 부수나 구건으로 쓰일 경우 가죽이나 피부, 껍질, 표면 등의 의미를 나타낸다.

▷ 부수이면서 가죽과 관련된 의미를 나타내는 것

皮[32]

▷ 皮가 구건으로 쓰인 것

破[42] 波[42] 疲[40] 彼[32] 被[32] 頗[30] 坡[12] 婆[10] 披[10] 跛[10]

[가죽 혁]　　갑골　금문　전서

* **부수 명칭 : 가죽혁**

머리부터 꼬리까지 짐승 몸통의 가죽 전체를 통째로 펼쳐 놓은 모양을 상형한 글자로 본의는 '가죽'이다. 부수나 구건으로 쓰일 경우 가죽이나 가죽 제품의 의미를 나타낸다.

▷ 부수이면서 가죽 관련된 의미를 나타내는 것

革[40] 靴[20] 鞨[12] 鞠[12] 鞅[12] 靭[10] 鞍[10] 鞏[10] 鞭[10]

▷ 革이 구건으로 쓰인 것

霸[20] 羈[10]

[발자국 유]　　갑골　금문　전서

* **부수 명칭 : 짐승발자국유**

팔꿈치가 구부러진 손과 팔의 모양인 九와 짐승의 꼬리를 상형한 厶가 합친 글자로 본의는 '짐승의 구부러진 뒷다리와 꼬리'를 뜻한다. 부수나 구건으로 쓰일 경우 짐승의 다리와 꼬리의 뜻을 나타낸다.

▷ 부수이면서 짐승의 다리와 꼬리와 관련된 의미를 나타내는 것

禽[32] 禹[12]

▷ 禸가 구건으로 쓰인 것

萬[80] 遇[40] 離[40] 愚[32] 偶[32] 竊[30] 寅[10] 隅[10] 籬[10] 崡[10] 擒[10] 邁[10]

[분별할 변]　갑골　금문　전서

* **부수 명칭 : 분별할변**

땅에 찍힌 짐승의 발바닥과 발톱의 모양을 본뜬 글자로 본의는 '짐승의 발자국'이다. 땅에 찍힌 짐
승의 발자국을 보고 어떤 짐승인지를 판별할 수 있기 때문에 부수나 구건으로 쓰일 경우 판별하
다, 분별하다의 뜻을 나타낸다.

▷ 부수이면서 짐승의 발자국과 관련된 의미를 나타내는 것

釋[32]

▷ 부수이지만 짐승의 발자국의 의미와 관련이 없는 것

采[12]

▷ 釆이 구건으로 쓰인 것

番[60] 審[32] 飜[30] 播[30] 潘[12] 潘[12] 磻[12] 悉[10] 蕃[10] 蟠[10] 藩[10]

[새 추]　갑골　금문　전서

* **부수 명칭 : 새추**

날개를 뒤로 젖혀 날아오르는 새의 모양을 본뜬 글자로 본의는 '새'이다. 부수나 구건으로 쓰일 경
우 날아가는 새와 관련된 의미를 나타낸다.

▷ 부수이면서 새와 관련된 의미를 나타내는 것

集[62] 雄[50] 難[42] 雜[40] 離[40] 雅[32] 雙[32] 雁[30] 雉[30] 雇[20] 雌[20] 隻[20] 雉[12] 雍[12] 雀[10]

▷ 隹가 구건으로 쓰인 것

集[62] 觀[52] 舊[52] 曜[50] 應[42] 確[42] 羅[42] 進[42] 準[42] 護[42] 權[42] 雜[40] 勸[40] 推[40] 歡[40] 奮[32] 奪[32] 雙[32] 維[32] 獲[32]
催[32] 鶴[32] 稚[32] 唯[30] 雁[30] 躍[30] 濯[30] 誰[30] 惟[30] 穫[30] 准[30] 隻[20] 焦[20] 暹[12] 崔[12] 淮[12] 耀[12] 鷹[12] 雉[12] 礁[10]
蹰[10] 脽[10] 邐[10] 雦[10] 雈[10] 蕉[10] 瞿[10] 灌[10] 摧[10] 憔[10] 堆[10] 錐[10] 顴[10] 驪[10] 椎[10] 樵[10]

[새 조]　갑골　금문　전서

* **부수 명칭 : 새추**

앉아 있는 새의 부리, 머리, 날개, 발, 꼬리의 모양을 본뜬 글자로 본의는 '새'이다. 〈설문해자〉는 鳥를 꼬리가 긴 새, 隹를 꼬리가 짧은 새의 총칭으로 구분하고 있지만 실제로는 명확하게 구분하여 사용되지 않는다. 부수나 구건으로 쓰일 경우 여러 가지 새의 종류와 관련된 의미를 나타낸다.

▷ 부수이면서 새와 관련된 의미를 나타내는 것

鳥$_{42}$ 鷄$_{40}$ 鳴$_{40}$ 鶴$_{32}$ 鳳$_{32}$ 鴻$_{30}$ 鷗$_{20}$ 鵬$_{12}$ 鷺$_{12}$ 鷹$_{12}$ 鴨$_{12}$ 鳶$_{10}$ 鵲$_{10}$ 鳶$_{10}$ 鶯$_{10}$ 鳩$_{10}$ 鴛$_{10}$ 鵑$_{10}$ 鵠$_{10}$ 鸞$_{10}$

▷ 鳥의 자형이 변한 것

• 鳥 : 鳥$_{32}$ 鳴$_{30}$

• 舄 : 寫$_{50}$ 潟$_{10}$ 瀉$_{10}$

• 鳥 : 島$_{50}$ 搗$_{10}$

• 灬 : 焉$_{30}$

羽
[깃 우]   갑골   금문   전서

✱ 부수 명칭 : 깃우

새의 깃털 두 개를 나란히 한 모양으로 본의는 '새의 깃털'이다. 부수나 구건으로 쓰일 경우 새의 깃털, 날개 등과 관련된 특징이나 날다의 뜻을 나타낸다.

▷ 부수이면서 깃과 관련된 의미를 나타내는 것

習$_{60}$ 羽$_{32}$ 翼$_{32}$ 翁$_{30}$ 翰$_{20}$ 翊$_{12}$ 耀$_{12}$ 翌$_{10}$ 翡$_{10}$ 翠$_{10}$ 翔$_{10}$

▷ 羽가 구건으로 쓰인 것

膠$_{20}$ 謬$_{20}$ 扇$_{10}$ 戮$_{10}$ 煽$_{10}$ 寥$_{10}$

非
[아닐 비]   갑골   금문   전서

✱ 부수 명칭 : 아닐비

날아가는 새의 양 날개가 서로 등을 지고 있는 모양으로 본의는 '서로 등진 두 날개'라는 뜻이다. 원래는 날아가는 새의 전체 모양을 형상화한 飛의 형상 중에서 등진 두 날개 모양만을 표현한 글자로 두 날개를 의미하는 글자였지만 부정사인 아니다라는 파생된 뜻으로만 쓰이자 날개를 펼치고 날아오른 새의 모양인 飛가 생겨났다. 부수나 구건으로 사용될 경우에는 좌우 날개가 서로 반대 방향을 향하듯이 서로 등지다, 어긋나다, 나뉘다 등의 의미를 나타낸다.

▷ 부수이면서 등진 두 날개와 관련된 의미를 나타내는 것

非$_{42}$ 靡$_{10}$

▷ 非가 구건으로 쓰인 것

罪$_{50}$ 悲$_{42}$ 輩$_{32}$ 排$_{32}$ 俳$_{20}$ 匪$_{20}$ 裵$_{12}$ 扉$_{10}$ 徘$_{10}$ 翡$_{10}$ 緋$_{10}$ 誹$_{10}$ 蜚$_{10}$

飛			兆
[날 비]	갑골	금문	전서

✱ 부수 명칭 : 날비

날아오르는 새의 머리, 몸통, 펼친 양 날개의 모양을 본뜬 글자로 본의는 '새가 날아오르다'라는 뜻이다. 부수나 구건으로 사용될 경우에는 '날다'의 의미를 나타낸다.

▷ 부수이면서 날다와 관련된 의미를 나타내는 것

飛42 飜30

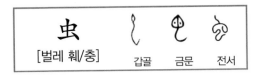

虫			
[벌레 훼/충]	갑골	금문	전서

✱ 부수 명칭 : 벌레훼, 벌레충

머리와 구불구불한 몸체로 꿈틀꿈틀 기어가는 뱀을 상형한 글자이며, 본의는 '뱀'이다. 蟲의 속자로 사용되어 부수나 구건으로 쓰일 경우 뱀이나 벌레 혹은 기어 다니는 작은 동물의 특징과 관련된 의미를 나타낸다. 갑골문에서는 뱀을 虫와 它로 구분하였는데, 它는 구불구불한 몸통에 비늘 무늬를 표현하여 차이를 두었다. 한편 전국문자(戰國文字)에서부터 나타나는 也 또한 뱀의 모양을 상형한 글자인데 也는 뱀이 입을 벌린 형상으로 虫나 它의 자형과 구분된다.

▷ 부수이면서 뱀이나 벌레와 관련된 의미를 나타내는 것

蟲42 蛇32 蝶30 蜜30 螢30 蜂30 蠻20 蠶20 融20 蜀12 蟾12 蝨10 蛔10 蛟10 蝕10 蛤10 蚓10 螟10 蜚10 蝸10 螳10 螺10 蟄10 蟠10 蚊10 虹10 蠟10 蠢10 蛋10 蝦10

▷ 虫가 구건으로 쓰인 것

獨52 強60 屬40 觸32 濁30 雖30 燭30 囑10

▷ 虫의 자형이 변한 것

• 它 : 蛇32 舵10 駝10

• 也 : 地70 他50 施42 池32 也30 弛10 馳10

黽			
[맹꽁이 맹]	갑골	금문	전서

✱ 부수 명칭 : 맹꽁이맹

개구리와 같은 양서류의 일종인 맹꽁이의 모양을 본뜬 글자로 본의는 '맹꽁이'이다. 부수나 구건으로 쓰일 경우 개구리나 거북, 자라, 악어, 거미 등과 관련된 의미를 나타낸다.

▷ 부수이면서 맹꽁이와 관련된 의미를 나타내는 것

鼈[10]
▷ 黽이 구건으로 쓰인 것
繩[12]

[거북 구/귀] [터질 균] 갑골 금문 전서

* 부수 명칭 : 거북귀

거북의 머리, 등, 발 꼬리의 모양을 상형한 글자로 본의는 '거북'이다. 부수나 구건으로 쓰일 경우 거북이나 복사(卜辭)와 관련된 의미를 나타낸다.
▷ 부수이면서 거북이와 관련된 의미를 나타내는 것
龜[30]

[용 룡] 갑골 금문 전서

* 부수 명칭 : 용룡

상상의 동물인 용을 머리에 난 뿔과 꿈틀거리는 몸통으로 형상화한 글자로 본의는 '용'이다. 부수나 구건으로 쓰일 경우 용이나 용의 외형적 특징과 관련된 의미를 나타낸다.
▷ 부수이면서 용과 관련된 의미를 나타내는 것
龍[40] 龐[12]
▷ 龍이 구건으로 쓰인 것
襲[32] 籠[20] 壟[10] 寵[10] 瓏[10] 聾[10]

[조개 패] 갑골 금문 전서

* 부수 명칭 : 조개패

개오지 또는 마노(瑪瑙)조개 라고 하는 조개의 모양을 상형한 글자로 본의는 '조개'이다. 겉모양이 화려하고 단단한 개오지는 고대 중국은 물론 아라비아 낙타 상인들까지 화폐로 통용되었던 조개라고 한다. 한자의 부수나 구건으로 사용될 경우 재물, 재화 등과 관련된 의미를 나타낸다. 한편 부수나 구건 중 세발솥의 모양인 鼎이 貝의 형태로 와전되는 사례가 있으므로 구건의 의도를 잘 살펴야 한다.

▷ 부수이면서 조개와 관련된 의미를 나타내는 것

財$_{52}$ 質$_{52}$ 責$_{52}$ 貯$_{50}$ 買$_{50}$ 賣$_{50}$ 費$_{50}$ 賞$_{50}$ 貴$_{50}$ 貧$_{42}$ 賢$_{42}$ 貨$_{42}$ 負$_{40}$ 資$_{40}$ 賊$_{40}$ 貿$_{32}$ 賤$_{32}$ 賦$_{32}$ 賀$_{32}$ 贊$_{32}$

貢$_{32}$ 貸$_{32}$ 貫$_{32}$ 賃$_{32}$ 賴$_{32}$ 貝$_{30}$ 貪$_{30}$ 販$_{30}$ 賓$_{30}$ 贈$_{30}$ 賜$_{30}$ 賠$_{20}$ 購$_{20}$ 貳$_{20}$ 賈$_{20}$ 賈$_{12}$ 賭$_{10}$ 賄$_{10}$ 賂$_{10}$ 賻$_{10}$

贅$_{10}$ 貶$_{10}$ 貼$_{10}$ 贖$_{10}$

▷ 부수이지만 조개의 의미와 관련이 없는 것

貞$_{32}$

▷ 貝가 구건으로 쓰인 것

讀$_{62}$ 則$_{50}$ 敗$_{50}$ 續$_{42}$ 測$_{42}$ 鎖$_{32}$ 側$_{32}$ 潰$_{10}$ 櫻$_{10}$ 惻$_{10}$ 嬰$_{10}$ 唄$_{10}$

▷ 貝의 자형이 변한 것

旦 : 得$_{42}$

魚
[물고기 어]   갑골   금문   전서

* **부수 명칭** : 물고기어

물고기의 머리, 몸통과 비늘, 꼬리지느러미를 상형한 글자로 본의는 '물고기'이다. 부수나 구건으로 사용될 경우에는 물고기의 종류나 상태, 가공 등과 관련된 의미를 나타낸다.

▷ 부수이면서 물고기와 관련된 의미를 나타내는 것

鮮$_{52}$ 魚$_{50}$ 魯$_{12}$ 鮑$_{12}$ 鯨$_{10}$ 鰒$_{10}$ 鰍$_{10}$ 鰈$_{10}$ 鰻$_{10}$ 鱗$_{10}$

▷ 魚가 구건으로 쓰인 것

漁$_{50}$ 蘇$_{32}$

◀ **영역별 학습 및 능력/평가 준거** ▶

영역	학습 및 능력 / 평가 준거
한자의 이해	1. 개별 학습 한자의 字素/字源/字解의 개념을 이해하고 한자 구조 분석하기, 한자의 구성 성분 활용하기, 한자 카드 활용하기 등 다양한 교수–학습 활동을 통해 학습 한자의 짜임을 지도할 수 있다. 2. 한자 字源의 근거를 설명할 수 있는 학습 한자의 해당 갑골문, 금문, 전서 등의 서체 및 자원과 이해와 흥미를 줄 수 있는 관련 이미지 자료를 제시할 수 있는가의 평가를 겸한다. 3. 每, 梅, 苺, 侮 등과 같이 공통된 字源을 가진 한자들을 제시하여 학습 한자를 유기적으로 확장하는 교수–학습 활동을 수행할 수 있다.

◀ **영역별 대표 문항** ▶

능력단위	한자학 이론	단위요소	한자의 字素/字源/字解	정답	[1] 降, [2] 鷄, [3] 企
문항					

※ 다음 字源 지도의 내용에 해당하는 해서 漢字를 쓰시오.

[1]   금문   전서   (   )   해서   언덕과 내려오는 두 발의 모양을 합친 글자.

[2]   금문   전서   (   )   해서   사람을 묶은 줄을 잡은 손과 새의 모양을 합친 글자.

[3]   금문   전서   (   )   해서   까치발로 서 있는 사람의 모양.

第2篇

漢字 語彙
教育論

第1章　漢字語의 構造

하나의 漢字가 그대로 單語로 쓰이는 경우에는 해당 漢字의 訓音을 알면 바로 單語의 뜻을 알 수 있다. 그러나 둘 이상의 漢字가 結合한 多音節 單語는 낱글자의 訓音외에 結合의 構造를 알아야 單語의 뜻을 바르게 理解할 수 있다.

다음은 간단하게 2音節 이상의 漢字로 이루어진 漢字 單語의 構造를 설명한 것이다. 복잡한 單語라도 대략 아래의 構造를 크게 벗어나지 않을 것이다. 그러나 하나의 漢字語가 하나의 構造에 局限되는 것은 아니고 뜻의 分化에 따라 둘 이상의 構造를 지닌 漢字語가 있을 수 있다.

1　2音節의 漢字語

(1) 竝列 構造

對等, 類義, 相對, 疊字 構造 등이 있다.

對等 構造는 서로 對等한 위치를 차지하는 漢字끼리 竝列로 結合한 경우이다. 예를 들면 草木(초목: 풀과 나무), 牛馬(우마: 소와 말), 松竹(송죽: 소나무와 대나무), 耳目(이목: 귀와 눈), 魚鼈(어별: 물고기와 자라), 高遠(고원: 높고 멀다), 深大(심대: 깊고 크다), 狹小(협소: 좁고 작다), 淸正(청정: 맑고 바르다), 貧寒(빈한: 가난하고 춥다) 등이다.

類義 構造는 뜻이 같거나 비슷한 漢字끼리 竝列로 結合한 경우이다. 예를 들면 家屋(가옥: 집), 樹木(수목: 나무), 海洋(해양: 바다), 星辰(성신: 별), 順序(순서: 차례), 知識(지식: 앎), 計算(계산: 셈), 監察(감찰: 살핌), 恐怖(공포: 두려워함), 販賣(판매: 팖) 등이다.

相對 構造는 뜻이 서로 相對 또는 反對되는 漢字끼리 竝列로 結合한 경우이다. 예를 들면 東西(동서: 동쪽과 서쪽), 古今(고금: 옛날과 지금), 左右(좌우: 왼쪽과 오른쪽), 父母(부모: 아버지와 어머니), 兄弟(형제: 형과 동생), 加減(가감: 더하고 덞), 多少(다소: 많고 적음), 生死(생사: 나고 죽음), 遠近(원근: 멀고 가까움), 淸濁(청탁: 맑고 흐림) 등이다.

疊字 構造는 같은 漢字끼리 對等하게 結合한 경우이다. 뜻을 强調하거나 形容詞 역할 등을 하는데, 예를 들면 曲曲(곡곡: 굽이굽이), 年年(연년: 해마다), 房房(방방: 방마다), 處處(처처: 곳곳), 戶戶(호호: 집마다), 寂寂(적적: 매우 쓸쓸하다), 堂堂(당당: 매우 의젓하다), 悠悠(유유: 아주 여유가 있다), 浩浩(호호: 아주 넓고 크다), 深深(심심: 아주 깊다) 등이다.

(2) 主述 構造

主語와 述語의 관계로 결합한 것이다. 예를 들면 日出(일출: 해가 뜨다), 鳥飛(조비: 새가 날다), 水流(수류: 물이 흐르다), 人造(인조: 사람이 만들다), 鷄鳴(계명: 닭이 울다), 國立(국립: 나라가 세우다), 君命(군명: 임금이 명령하다), 地動(지동: 땅이 움직이다), 天高(천고: 하늘이 높다), 馬肥(마비: 말이 살찌다) 등이다.

(3) 述目 構造

述語와 目的語의 관계로 결합한 것이다. 예를 들면 走馬(주마: 말을 달리다), 看山(간산: 산을 보다), 開會(개회: 회의를 시작하다), 乘車(승차: 차를 타다), 救國(구국: 나라를 구하다), 溫故(온고: 옛 것을 익히다), 知新(지신: 새 것을 알다), 植木(식목: 나무를 심다), 成功(성공: 공을 이루다), 愛國(애국: 나라를 사랑하다) 등이다.

(4) 述補 構造

述語와 補語의 관계로 결합한 것이다. 예를 들면 入社(입사: 회사에 들어가다), 登校(등교: 학교에 가다), 浸水(침수: 물에 잠기다), 無用(무용: 쓸모가 없다), 有罪(유죄: 죄가 있다), 歸鄕(귀향: 고향으로 돌아가다), 伏地(복지: 땅에 엎드리다), 在宅(재택: 집에 있다), 退場(퇴장: 장소에서 물러나다), 就任(취임: 맡은 일에 나아가다) 등이다.

(5) 修飾 構造

修飾語와 被修飾語의 관계로 결합한 것이다. 冠形語가 體言을 修飾하는 경우와 副詞語가 用言을 修飾하는 경우로 나눌 수 있다.

冠形語는 用言외에 體言도 가능하다. 冠形語가 體言을 修飾하는 경우를 예로 들면 動産(동산: 움직이는 재산, 옮길 수 있는 재산), 一人(일인: 한 사람), 祖國(조국: 할아비의 나라, 조상 때부터 산 나라), 東海(동해: 동쪽의 바다), 這間(저간: 이사이, 요즈음), 靑天(청천: 푸른 하늘), 明月(명월: 밝은 달), 高談(고담: 고상한 말), 短杖(단장: 짧은 지팡이), 學校(학교: 배우는 터전) 등이다.

副詞語가 用言을 修飾하는 경우를 예로 들면 冷藏(냉장: 차게 저장하다), 高飛(고비: 높이 날다), 長流(장류: 길게 흐르다), 恒愛(항애: 끝없이 사랑하다), 甚大(심대: 매우 크다), 遠行(원행: 멀리 가다), 斬新(참신: 매우 새롭다), 最貴(최귀: 가장 귀하다), 敢行(감행: 과감하게 행하다), 勤勞(근로: 부지런히 일하다) 등이다.

(6) 轉義 構造

두 개 이상의 글자가 앞의 5가지 構造 중의 하나로 結合하여 새로운 뜻을 만드는 것이다. 예로 春秋(춘추)는 '봄과 가을'의 뜻으로 相對 構造의 單語이나 계절의 변화, 흐르는 세월 등의 유추에서 '나이, 연세, 역사'의 새로운 뜻으로 발전하였다. 이 경우에는 두 글자가 만나서 字義에서 轉移된 새로운 뜻을 만들어 낸 것으로 轉義 構造의 單語가 된다. 鷄肋은 '닭의 갈비'로 修飾 構造의 말이나 '쓸모는 없으나 버리기에는 아까운 것'의 뜻에 이르면 두 글자가 만나 새로운 뜻을 만들어 낸 것이므로 轉義 構造의 單語가 된다. 더 예를 들면 光陰(광음: 햇빛과 그늘→시간, 세월), 秋毫(추호: 가을의 짐승 털

→아주 적음), 白眉(백미: 흰 눈썹→뛰어난 사람, 훌륭한 물건), 傾國(경국: 나라를 기울게 함→뛰어나게 아름다운 여인), 濫觴(남상: 잔을 띄움→사물의 시초), 棟梁(동량: 마룻대와 들보→나라의 인재), 覆轍(복철: 엎어진 수레바퀴→앞의 사람의 실패), 點額(점액: 이마에 점이 찍힘→시험에 떨어짐) 등이다. 대개 故事가 있는 單語는 轉義 構造가 된다.

2 3音節 以上의 漢字語

3音節 이상의 漢字 單語 역시 이런 構造를 크게 벗어나지 않는다. 먼저 3音節語의 몇 가지 예를 들어 보기로 한다. '謝恩會(사은회)'의 '謝恩'은 '은혜에 감사함'의 뜻으로 述補 構造이나 여기서는 '은혜에 감사하는'으로 '會(모임, 만남)'를 꾸미고 있으므로 전체적으로는 修飾 構造의 漢字語가 된다. '性轉換(성전환)'의 '轉換'은 '바뀌다'의 뜻으로 類義 構造이나 '性'이라는 主語의 述語 역할을 함으로 전체적으로는 '성이 바뀌다'의 뜻으로 主述 構造가 된다. '茶飯事(다반사)'의 茶飯은 並列 構造의 말이나 '事'를 꾸며주는 기능을 하여 '차 마시고 밥 먹는 일'의 뜻이 되므로 전체적으로는 修飾 構造가 된다. 나아가 '예삿일, 흔한 일'의 뜻이 되면 轉義 構造가 된다. '未亡人(미망인)'의 未亡은 '아직 죽지 않았다'는 뜻의 修飾 構造의 단어이나 여기서는 '人'을 꾸며주고 있으므로 전체적으로는 '아직 따라 죽지 못한 사람'의 뜻으로 修飾 構造가 된다. '남편이 죽고 홀로 남은 여자'에 이르면 轉義 構造의 漢字 單語가 된다.

4音節 이상의 漢字語도 마찬가지로 분석할 수 있다. 몇 가지 예를 들어 보기로 한다. '頂門一鍼(정문일침)'을 보면 '頂門'은 '꼭대기에 있는 문(정수리)'으로 '頂'이 '門'을 修飾하는 修飾 構造이고, '一鍼'은 '하나의 침'으로 '一'이 '鍼'을 꾸며주는 修飾 構造다. 전체적으로는 '정수리의 하나의 침'의 뜻으로 '頂門'이 '一鍼'을 꾸며주므로 修飾 構造의 漢字語가 된다. 나아가 '따끔한 충고나 교훈'의 뜻은 轉義 構造가 된다. '流言蜚語(유언비어)'를 예를 들면 流言은 '흐르는 말', 蜚語는 '나는 말'의 뜻으로 모두 修飾 構造의 單語이다. 전체적으로는 근거 없이 떠도는 말의 뜻을 가진 流言과 蜚語가 만나 그 뜻이 강조된 것으로 並列 構造 중 類義 構造의 단어가 된다.

한편 多音節 漢字語 중에는 하나의 완전한 文章이 單語化한 것이 있다. '靑出於藍(청출어람)'을 예로 들면 '푸름이 나왔다'의 靑出이 '主語 + 述語'의 主述 構造가 되고, '쪽에서 나왔다'의 出於藍은 '述語 + 補語'의 述補 構造가 된다. 전체적으로는 '푸름이 쪽에서 나왔다'의 뜻으로 '主語 + 述語 + 補語'의 형태가 된다. 이것은 主述과 述補가 결합된 형태의 하나의 文章이 그대로 漢字語가 된 것이다. 나아가 '제자나 후배가 스승이나 선배보다 나음'의 뜻에 이르면 轉義 構造가 된다. '乞人憐天(걸인연천)'을 예로 들면 修飾 構造의 '빌어먹고 사는 사람'의 乞人이 主語가 되고 憐이 述語가 되어 '거지가 불쌍히 여기다'의 主述 構造가 된다. 한편 憐이 述語, 天이 目的語가 되어 '하늘을 불쌍히 여기다'의 뜻으로 述目 構造가 된다. 전체적으로는 '거지가 하늘을 불쌍히 여기다'의 뜻으로 '主語 + 述語 + 目的語'의 형태가 된다. 이것은 主述과 述目이 결합된 형태인 하나의 文章이 그대로 漢字語가 된 것이다. 나아가 '불행한 처지에 놓여 있는 사람이 부질없이 행복한 사람을 동정함'의 뜻에 이르면 轉義 構造가 된다.

◀ 영역별 학습 및 능력/평가 준거 ▶

영역	학습 및 능력 / 평가 준거
한자 어휘 교육론	1. 한자어를 구성하는 의미 요소들 사이의 결합 관계를 이해하고 적절한 어휘 용례를 제시하여 교수–학습 활동을 수행할 수 있다. 2. 학습 한자어를 주술/술목/술보/수식/병렬 관계로 설명하여 한자어 짜임의 문법적 기능과 造語 방법에 대한 교수–학습 활동을 수행할 수 있다. 3. 한자어의 짜임을 활용하여 학습 어휘의 뜻을 정확히 풀이할 수 있는 교수–학습 활동을 수행할 수 있다.

◀ 영역별 대표 문항 ▶

능력단위	한자어휘 교육론	단위요소	한자어의 통사 구조	정답	②

문항	※ 漢字語 '起寢'의 짜임은? 　① 상대 구조　　　　　　② 술보 구조 　③ 유의 구조　　　　　　④ 술목 구조

능력단위	한자어휘 교육론	단위요소	한자어의 통사 구조	정답	③

문항	※ 漢字語의 구조가 나머지와 다른 것은? 　① 邊夷　　　　　　　　② 圓墳 　③ 飢餓　　　　　　　　④ 伸筋

능력단위	한자어휘 교육론	단위요소	한자어의 통사 구조	정답	[1] 수식구조 [2] 병렬구조

문항	※ 다음은 漢字語의 짜임을 분석한 것이다. ㉠에 해당하는 구조를 쓰시오. [1]　謝　　　恩　　　會 　　　└─술보─┘ 　　　　　└───㉠───┘ [2] 街　　　談　　　巷　　　語 　　└─수식─┘　　└─수식─┘ 　　　　　└───㉠───┘

第2章 多音字 單語와 同音異義語

1 多音字 單語

漢字는 하나 이상의 音을 가진 것도 있다. 대체로 뜻이 달라지는 경우에 音도 달라진다. '降'을 예로 들면, 降等(강등) 등 '내리다'의 뜻에서는 '강', 投降(투항) 등 '항복하다'의 뜻에서는 '항'음이 된다. 같은 뜻이면서도 音이 다른 경우도 있다. '茶'를 예로 들면 똑같은 '차'의 뜻이나 茶房(다방) 紅茶(홍차) 등에 보이듯 漢字語에 따라 음이 다르게 쓰인다. 또 모든 漢字語에 두 가지 음이 모두 쓰이는 경우도 있다. 예를 들면 醵는 '추렴하다'의 뜻으로 모든 漢字語에 '거'와 '갹'의 두 음이 모두 인정된다. 아래는 韓國語文敎育硏究會 選定 1급 配定漢字 범위 내에서 주요한 多音字의 訓音과 해당 漢字語를 추려 본 것이다. 참고하기 바란다.

급수	훈음	용례
12	賈[성(姓) 가 │ 장사 고]	賈島(가도) 賈船(고선) 商賈(상고)
40	降[내릴 강: │ 항복할 항]	降等(강등) 降伏(항복) 降雨(강우) 投降(투항)
70	車[수레 거 │ 수레 차]	客車(객차) 車庫(차고) 車馬(거마) 人力車(인력거)
10	醵[추렴할 거: │ 추렴할 갹]	醵金(거금/갹금) 醵飮(거음/갹음) 醵出(거출/갹출)
52	見[볼 견: │ 뵈올 현:]	見聞(견문) 見積(견적) 見齒(현치) 謁見(알현) 朝見(조현)
40	更[고칠 경 │ 다시 갱:]	更生(갱생) 更新(갱신) 更張(경장) 變更(변경)
10	廓[둘레 곽 │ 클 확]	廓開(확개) 廓大(확대) 城廓(성곽) 外廓(외곽)
12	串[꿸 관 │ 땅이름 곶]	石串洞(석관동) 魚串(어관) 長山串(장산곶) 竹串島(죽
30	龜[거북 구 │ 거북 귀 │ 터질 균]	龜鑑(귀감) 龜裂(균열) 龜旨歌(구지가)
80	金[쇠 금 │ 성(姓) 김]	金賞(금상) 純金(순금) 金氏(김씨)
10	涅[열반(涅槃) 녈 │ 검은물들일 날]	涅槃(열반) 涅而不緇(날이불치)
32	茶[차 다 │ 차 차]	茶道(다도) 茶房(다방) 綠茶(녹차) 紅茶(홍차)
42	單[홑 단 │ 오랑캐임금 선]	簡單(간단) 單純(단순) 食單(식단) 單于(선우)
60	度[법도 도(:) │ 헤아릴 탁]	角度(각도) 軌度(궤도) 度支(탁지) 預度(예탁)
60	讀[읽을 독 │ 구절 두]	講讀(강독) 購讀(구독) 句讀點(구두점) 吏讀(이두)
70	洞[골 동: │ 밝을 통:]	洞長(동장) 洞達(통달) 洞察(통찰) 洞燭(통촉) 洞穴(동혈)
10	兜[투구 두 │ 도솔천(兜率天) 도]	兜率(도솔) 兜轎(두교) 兜籠(두롱) 兜侵(두침)
60	樂[즐길 락 │ 노래 악 │ 좋아할 요]	苦樂(고락) 極樂(극락) 樂曲(악곡) 樂山樂水(요산요수)
32	率[비율 률 │ 거느릴 솔]	輕率(경솔) 能率(능률) 率先(솔선) 率直(솔직) 利率(이

급수	훈음	용례
10	畝[이랑 무: │ 이랑 묘:]	頃畝法(경무법) 田畝(전묘)
12	磻[반계(磻溪) 반 │ 반계 번]	磻溪(반계) 磻磎洞(녹번동)
42	復[회복할 복 │ 다시 부:]	光復(광복) 復舊(복구) 復活(부활) 復興(부흥)
32	覆[덮을 복(부) │ 다시 복]	覆刻(복각) 覆蓋(복개) 覆面(복면) 覆育(부육) 覆翼(부익)
10	輻[바퀴살 복 │ 바퀴살 폭]	輻射(복사) 輻輳(폭주) 輪輻(윤복) 車輻(거폭)
40	否[아닐 부: │ 막힐 비:]	可否(가부) 否認(부인) 安否(안부) 否塞(비색) 否運(비운)
80	北[북녘 북 │ 달아날 배:]	北極(북극) 越北(월북) 敗北(패배)
10	沸[끓을 비: │ 용솟음할 불]	沸騰(비등) 沸湯(비탕) 沸沫(불말) 沸泉(불천)
12	馮[탈(乘) 빙 │ 성(姓) 풍]	馮氣(빙기) 馮河(빙하) 馮夷(풍이) 馮氏(풍씨)
42	寺[절 사 │ 내관(內官) 시:]	寺刹(사찰) 山寺(산사) 寺正(시정) 九寺(구시)
42	殺[죽일 살 │ 감할/빠를 쇄:]	殺蟲(살충) 暗殺(암살) 減殺(감쇄) 殺到(쇄도)
42	狀[형상 상 │ 문서 장:]	告訴狀(고소장) 年賀狀(연하장) 狀態(상태) 症狀(증상)
32	塞[막힐 색 │ 변방 새]	拔本塞源(발본색원) 塞翁之馬(새옹지마) 要塞(요새) 閉塞(폐색)
32	索[찾을 색 │ 노(새끼줄) 삭]	檢索(검색) 思索(사색) 索道(삭도) 鐵索(철삭)
10	羨[부러워할 선: │ 무덤길 연:]	羨望(선망) 羨慕(선모) 羨道(연도) 羨門(연문)
52	說[말씀 설 │ 달랠 세: │ 기쁠 열]	槪說(개설) 浪說(낭설) 遊說(유세) 說樂(열락)
60	省[살필 성 │ 덜 생]	歸省(귀성) 反省(반성) 省略(생략)
32	衰[쇠할 쇠 │ 상복 최]	盛衰(성쇠) 衰落(쇠락) 斬衰(참최)
70	數[셈 수: │ 자주 삭 │ 빽빽할 촉]	計數(계수) 級數(급수) 疏數(소삭) 煩數(번삭) 數罟(촉고)
52	宿[잘 숙 │ 별자리 수:]	露宿(노숙) 留宿(유숙) 星宿(성수) 宿願(숙원) 辰宿(진수)
32	拾[주울 습 │ 열 십]	收拾(수습) 拾得(습득) 拾萬(십만)
70	食[밥/먹을 식 │ 밥 사]	間食(간식) 食糧(식량) 菜食(채식) 簞食(단사)
52	識[알 식 │ 기록할 지]	鑑識(감식) 面識(면식) 博識(박식) 識別(식별) 標識(표지)
10	什[열 사람 십 │ 세간 집]	什吏(십리) 什長(십장) 什具(집구) 什器(집기)
40	氏[각시/성씨(姓氏) 씨 │ 나라이름 지]	某氏(모씨) 姓氏(성씨) 氏族(씨족) 月氏(월지)
52	惡[악할 악 │ 미워할 오]	發惡(발악) 善惡(선악) 憎惡(증오) 嫌惡(혐오)
32	若[같을 약 │ 반야 야]	萬若(만약) 明若觀火(명약관화) 般若心經(반야심경)
30	於[어조사 어 │ 탄식할 오]	甚至於(심지어) 於焉間(어언간) 於乎(오호)
40	易[바꿀 역 │ 쉬울 이:]	簡易(간이) 貿易(무역) 易經(역경) 容易(용이)
50	葉[잎 엽 │ 고을이름 섭]	枯葉(고엽) 葉書(엽서) 枝葉(지엽) 迦葉(가섭)
12	莞[빙그레할 완 │ 왕골 관]	莞島(완도) 莞蒲(관포)
20	歪[기울 왜 │ 기울 외]	舌歪(설왜) 歪曲(왜곡) 歪調(외조)
10	咽[목구멍 인 │ 목 멜 열 │ 삼킬 연]	咽喉(인후) 咽塞(열색) 呑咽(탄연)
10	佚[편안 일 │ 질탕 질]	佚樂(일락) 佚蕩(질탕) 安佚(안일)
32	刺[찌를 자: │ 찌를 척 │ 수라 라]	刺客(자객) 刺殺(척살) 水刺(수라)
10	炙[구울 자 │ 구울 적]	炙膾(적회) 魚炙(어적) 親炙(친자) 膾炙(회자)
32	著[나타날 저: │ 붙을 착]	論著(논저) 名著(명저) 著名(저명) 著述(저술) 著押(착압)

급수	훈음	용례
10	躇[머뭇거릴 저 | 건너뛸 착]	躇階(착계) 躊躇(주저)
52	切[끊을 절 | 온통 체]	斷切(단절) 一切(일절/일체) 適切(적절) 切親(절친)
32	諸[모두 제 | 어조사 저]	諸國(제국) 諸賢(제현) 諸侯(제후) 忽諸(홀저) 居諸(거저)
10	枳[탱자 지 | 탱자 기 | 해칠 기]	枳殼(지각/기각) 橘化爲枳(귤화위지) 枳塞(기색) 枳礙(기애)
32	辰[별 진 | 때 신]	辰星(진성) 生辰(생신) 日辰(일진) 誕辰(탄신)
32	徵[부를 징 | 화음 치]	象徵(상징) 徵兵(징병) 徵調(치조) 宮商角徵羽(궁상각치우)
40	差[다를 차 | 어긋날 치 | 부릴 채]	誤差(오차) 差別(차별) 參差(참치) 差備(채비)
52	參[참여할 참 | 석 삼]	古參(고참) 持參(지참) 參觀(참관) 參拾(삼십)
32	拓[넓힐 척 | 박을 탁]	干拓(간척) 開拓(개척) 拓本(탁본)
10	槌[칠(擊) 추 | 방망이 퇴]	槌鑿(추착) 槌提(퇴제) 硏槌(연퇴) 鐵槌(철퇴)
50	則[법칙 칙 | 곧 즉]	規則(규칙) 犯則(범칙) 準則(준칙) 學則(학칙) 불연즉(不然則)
32	沈[잠길 침 | 성(姓) 심]	浮沈(부침) 沈降(침강) 沈默(침묵) 沈氏(심씨)
10	跛[절름발이 파 | 비스듬히 설 피:]	跛行(파행) 偏跛(편파) 跛立(피립)
70	便[편할 편(:) | 똥오줌 변]	簡便(간편) 男便(남편) 大便(대변) 用便(용변)
42	暴[사나울 폭 | 모질 포:]	狂暴(광포) 亂暴(난폭) 暴動(폭동) 橫暴(횡포)
10	曝[쪼일 폭 | 쪼일 포]	曝露(폭로) 曝書(폭서) 曝白(포백) 曝氣(포기)
12	邯[조(趙)나라서울 한 | 사람이름 감]	姜邯瓚(강감찬) 邯鄲之夢(한단지몽)
60	合[합할 합 | 홉 홉]	結合(결합) 合格(합격) 合理(합리) 會合(회합) 十合(십홉)
60	行[다닐 행(:) | 항렬 항]	旅行(여행) 流行(유행) 行列(항렬/행렬)
12	陜[좁을 협 | 땅 이름 합]	隘陜(애협) 陜川(합천)
12	瑩[밝을 형 | 옥돌 영]	崔瑩(최영) 瑩鏡(영경) 瑩然(영연) 瑩澈(형철/영철) 未瑩(미형)
60	畫[그림 화: | 그을 획(劃)]	圖畫(도화) 漫畫(만화) 畫順(획순)
20	滑[미끄러울 활 | 익살스러울 골]	滑汨(활골) 圓滑(원활) 潤滑油(윤활유) 滑降(활강)
20	噫[한숨 쉴 희 | 트림할 애]	噫氣(애기) 噫嗚(희오) 噫噫(희희)

2 同音異義語

同音異義語는 소리가 같으면서 뜻은 다른 말을 말한다. 이때의 소리는 長短音이나 硬軟音의 구별은 없는 것으로 한다. 예를 들어 國語辭典에서 '사상'이라는 말을 찾으면 史上 四相 四象 死狀 死相 死傷 私商 私傷 私償 事狀 事相 事象 使相 泗上 思想 沙上/砂上 捨象 蛇床 絲狀 寫象/寫像 寫像 등 20여 가지가 나온다. 이 말들은 모두 '사상'이라는 소리는 공유하나 글자 모양이 다르고 뜻도 다른 것이다. 한글만 가지고는 이 많은 단어들의 뜻을 쉽게 구분하기 어려운 것이다. 漢字를 學習해야 하는 이유의 하나도 여기에 있다. 漢字를 모르고 同音異義語를 구분하지 못하면 결국 같은 소리의 단어는 비슷한 것으로 알거나 어림짐작하고 정확히 이해하지 못하게 된다. 또 同音異義語 중에는 用法이 다르나 뜻이 비슷해 보이는 것도 더러 있다. 이의 區分도 필요하다. 아래에는 몇 가지 예를 들었다. 同音異義語를 만나면 辭典과 字

典을 찾아가며 그 뜻을 정확히 區分하려는 노력이 필요하다.

1) 절충 : 折衝 / 折衷
2) 과정 : 科程 / 課程 / 過程
3) 부정 : 否定 / 不定 / 不正
4) 절단 : 切斷 / 絶斷
5) 단절 : 斷切 / 斷折 / 斷絶
6) 현상 : 現像 / 現狀
7) 사정 : 司正 / 査正
8) 예탁 : 豫託 / 預託

3 同字 漢字의 互換과 表記

漢字 중에는 同字의 漢字들이 訓音을 고려하여 서로 互換되어 사용되는 경우가 있어, 이를 두 개 이상의 한자 표기가 가능한 경우가 있다. 다음의 사례가 그 대표적인 것들이다.

가라	伽羅	[1242]	가야(伽倻).
	加羅	[5042]	
	迦羅	[1242]	
가락제지	加樂除只	[50604230]	'가락덜이'의 잘못. '가락덜이'를 한자를 빌려서 쓴 말.
	加樂除指	[50604242]	
가모	嘉謀	[1032]	신하가 임금에게 말하는 좋은 의견.
	嘉謨	[1012]	
가미	佳味	[3242]	① 입에 맞는 좋은 맛. ② 맛있는 음식.
	嘉味	[1042]	
가배	嘉俳	[1020]	신라 유리왕 때에 궁중에서 하던 놀이.
	嘉排	[1032]	
가빈	佳賓	[3230]	반가운 손님.
	嘉賓	[1030]	
가신	佳辰	[3232]	① 경사가 있는 날(佳日). ② 좋은 시절이나 계절(佳節).
	嘉辰	[1032]	
가야	伽倻	[1212]	신라 유리왕 19년(42)에 낙동강 하류 지역에서 12부족의 연맹체를 통합하여 김수로왕의 형제들이 각기 세운 여섯 나라.
	伽耶	[1230]	
	加耶	[5030]	
가일	佳日	[3280]	① 날씨나 일진 따위가 좋은 날. ② 경사가 있는 날.
	嘉日	[1080]	

가주	佳酒	[3240]	맛이 좋은 술.
	嘉酒	[1040]	
가찬	佳饌	[3210]	보기에 좋고 맛도 좋은 훌륭한 음식.
	嘉饌	[1010]	
가회	佳會	[3260]	기쁘고 즐거운 모임.
	嘉會	[1060]	
각저	角抵	[6032]	① 고구려 때에, 하류층에서 하던 놀이의 하나. ② 씨름.
	角觝	[6010]	
각침	刻針	[4040]	분침.
	角針	[6040]	
간납	干納	[4040]	제사에 쓰는 저냐.
	肝納	[3240]	
간랍	干納	[4040]	'간납'의 변한말.
	肝納	[3240]	
간박	簡朴	[4060]	간소하고 순박함.
	簡樸	[4010]	
간적	姦跡	[3032]	간통한 흔적.
	姦迹	[3010]	
간죽	竿竹	[1042]	담배설대.
	簡竹	[4042]	
	間竹	[7042]	
간책	簡冊	[4040]	예전에, 종이 대신 글씨를 쓰던 대쪽.
	簡策	[4032]	
감란수	甘瀾水	[401080]	잘 젓거나 흔들어서 거품을 일으켜 공기를 충분히 포화시킨 맹물.
	甘爛水	[402080]	
강경	剛勁	[3210]	성격이나 기질이 꿋꿋하고 굳셈.
	剛硬	[3232]	
강경	強勁	[6010]	굳세게 버티어 굽히지 않음.
	強硬	[6032]	
강독	彊毒	[1242]	불법을 비방하며 믿지 아니하는 사람에게 법화경을 말하여 이를 비방하게 함으로써 도리어 그로 하여금 불도에 들어가게 하는 일.
	強毒	[6042]	
강막	剛膜	[3220]	공막(鞏膜). 각막을 제외한 눈알의 바깥벽 전체를 둘러싸고 있는 막.
	強膜	[6020]	
강산제	岡山制	[128042]	조선 고종 때, 명창 박유전(朴裕全)이 창시한 판소리 유파.
	江山制	[708042]	
강어	彊禦	[1210]	억세어 남의 충고를 듣지 아니함.
	強禦	[6010]	

개좌	開坐	[6032]	벼슬아치들이 한데 모여서 사무를 보는 일.
	開座	[6040]	
거수	渠率	[1032]	무리의 우두머리.
	渠帥	[1032]	
	渠首	[1052]	
거적	巨跡	[4032]	큰 업적의 발자취.
	巨迹	[4010]	
건조기	乾燥器	[323042]	물체 속에 들어 있는 물기를 말리는 장치.
	乾燥機	[323040]	
견강	堅剛	[4032]	성질 따위가 매우 굳세고 단단함.
	堅強	[4060]	
견경	堅勁	[4010]	단단하고 강함.
	堅硬	[4032]	
견련	牽聯	[3032]	서로 얽히어 관계를 가짐.
	牽連	[3042]	
결극	決隙	[5210]	벽의 갈라진 틈.
	缺隙	[4210]	
결착	決着	[5252]	완전하게 결말이 지어짐.
	結着	[5252]	
경복	敬復	[5242]	'공경하여 답장하다'라는 뜻으로, 주로 한문투의 편지글 답장 첫머리에 쓰는 말.
	敬覆	[5232]	
경운	慶雲	[4252]	서운(瑞雲). 상서로운 구름.
	景雲	[5052]	
경적	警跡	[4232]	행정 당국이나 경찰이 사상, 보안 문제 따위와 관련하여 감시를 필요로 하는 사람의 행동을 조사하여 살핌.
	警迹	[4210]	
경직	勁直	[1070]	의지가 굳세고 곧음.
	硬直	[3270]	
경질	更佚	[4010]	어떤 직위에 있는 사람을 다른 사람으로 바꿈.
	更迭	[4010]	
계루	係累	[4232]	① 다른 일이나 사물에 얽매임. ② 다른 일이나 사물에 얽매어 당하는 괴로움. ③ 권솔(眷率).
	繫累	[3032]	
계산기	計算器	[607042]	여러 가지 계산을 빠르고 정확하게 하기 위하여 사용하는 기기(機器).
	計算機	[607040]	
계속	係屬	[4240]	① 소속하여 매임. ② 남의 관리를 받음. ③ 소송계속.
	繫屬	[3040]	
계자	系子	[4070]	① 양자(養子). ② 의붓자식.
	繼子	[4070]	

고가	古加	[6050]	'코카'의 음역어.
	古柯	[6012]	
고도어	古刀魚	[603250]	'고등어'의 잘못. '고등어'를 한자를 빌려서 쓴 말.
	高刀魚	[603250]	
	高道魚	[607050]	
고모	高謨	[6032]	고책(高策).
	高謨	[6012]	
고박	古朴	[6060]	예스럽고 질박함.
	古樸	[6010]	
고부	孤負	[4040]	남의 호의나 기대 따위를 저버림.
	辜負	[1040]	
고사	告詞	[5232]	의식(儀式) 때에 상급자가 글로 써서 읽어 축하하거나 훈시하는 말.
	告辭	[5240]	
고일	古佚	[6010]	예전에 이미 흩어져서 없어짐.
	古逸	[6032]	
고적	古跡	[6032]	① 남아 있는 옛날 건물이나 물건. ② 옛 문화를 보여 주는 건물이나 물건이 있던 터.
	古蹟	[6032]	
곡다	曲茶	[5032]	곡차.
	穀茶	[4032]	
곡차	曲茶	[5032]	절에서, '술'을 이르는 말.
	穀茶	[4032]	
곤갈	困渴	[4030]	곤궁하여 재물이 다 없어짐.
	困竭	[4010]	
공함	公函	[6010]	① 공사(公事)에 관하여 왕래하는 문서나 편지를 통틀어 이르는 말. 공찰(公札). ② 조선 시대에, 높은 벼슬아치들이 죄를 짓거나 어떤 사건에 관계된 경우에 편지를 보내어 신문하거나 질문하던 일.
	公緘	[6010]	
공화	供花	[3270]	① 죽은 사람에게 꽃을 바침. ② 부처에게 꽃을 바치는 일. ③ 부처 앞에 바치는 물건을 얹는 대(臺). ④ 떡이나 과자 따위를 담는 공양 그릇.
	供華	[3240]	
과자	果子	[6070]	열매.
	菓子	[2070]	
관련	關聯	[5232]	둘 이상의 사람, 사물, 현상 따위가 서로 관계를 맺어 매여 있음.
	關連	[5242]	
광야	廣野	[5260]	텅 비고 아득히 넓은 들.
	曠野	[1060]	
괴후	乖候	[1040]	괴상하고 변덕스러운 날씨.
	怪候	[3240]	

굉모	宏謀	[1032]	큰 계획.
	宏謨	[1012]	
굉음	宏飮	[1060]	술을 한꺼번에 대단히 많이 마심.
	轟飮	[1060]	
교답마	喬答摩	[107020]	구담(瞿曇). 인도의 석가(釋迦) 종족의 성(姓).
	驕答摩	[107020]	
교반기	攪拌器	[101042]	젓개.
	攪拌機	[101040]	
교부	交付	[6032]	① 내어 줌. ② 물건을 인도하는 일.
	交附	[6032]	
교일	驕佚	[1010]	교만하고 방자하여 버릇이 없음.
	驕逸	[1032]	
교적	教跡	[8032]	부처가 중생을 교화한 자취.
	教迹	[8010]	
교주	校注	[8060]	문장을 교정하여 주석을 더함.
	校註	[8010]	
교지	喬志	[1042]	교만한 마음.
	驕志	[1042]	
교체	交替	[6030]	사람이나 사물을 다른 사람이나 사물로 대신하여 바꿈.
	交遞	[6030]	
교환	交歡	[6040]	서로 사귀며 즐거움을 나눔.
	交驩	[6010]	
구가	求假	[4242]	① 휴가를 원함. ② 구하여 빌려 옴.
	求暇	[4240]	
구분지	區分枝	[606032]	구분하여 생긴 각 부분.
	區分肢	[606010]	
구수	仇讎	[1010]	원수(怨讐).
	寇讎	[1010]	
구적	舊跡	[5232]	역사적인 사건이나 사물의 자취가 남아 있는 곳.
	舊蹟	[5232]	
구현	具現	[5260]	어떤 내용이 구체적인 사실로 나타나게 함.
	具顯	[5240]	
국촉	局促	[5232]	① 몸을 움츠림. ② 두려움을 느낌. ③ 도량이 좁고 옹졸함.
	局趣	[5240]	
국판	菊判	[3240]	가로 148mm, 세로 210mm인 인쇄물의 규격.
	菊版	[3232]	
권곡	卷曲	[4050]	모양이 휘어지거나 굽음.
	拳曲	[3250]	

권설	卷舌	[4040]	혀를 만다는 뜻으로, 감탄하거나 경탄함을 이르는 말.
	捲舌	[1040]	
권수비	卷數比	[407050]	변압기에서 고압측 권선과 저압측 권선에 감겨 있는 코일 수의 비.
	捲數比	[107050]	
권양	卷揚	[4032]	① 줄 따위를 감아서 올림. ② 강철판이나 띠 모양의 압연 (壓延)된 철강 제품을 커다란 둥근 테 같은 것에 감는 일.
	捲揚	[1032]	
권적	權跡	[4232]	부처나 보살이 중생을 구제하기 위하여 자신의 모양을 바꾸어 사람으로 세상에 나타날 때의 발자취.
	權迹	[4210]	
궤적	軌跡	[3032]	① 수레바퀴가 지나간 자국. ② 선인의 행적. 또는 사람이나 어떠한 일을 더듬어 온 흔적. ③ 자취.
	軌迹	[3010]	
규동선	珪銅線	[124260]	구리에 주석, 아연, 규소를 섞어 만든 전선(電線).
	硅銅線	[104260]	
규산	珪酸	[1220]	① 이산화규소와 물의 화합물. ② 이산화규소.
	硅酸	[1020]	
규석	珪石	[1260]	규소를 주성분으로 하는 광물.
	硅石	[1060]	
규소	珪素	[1242]	비금속인 탄소족 원소의하나.
	硅素	[1042]	
규질	珪質	[1252]	암석, 광물 따위가 규산 성분을 많이 함유하고 있는 성질.
	硅質	[1052]	
규토	珪土	[1280]	석영을 주성분으로 하는 흙.
	硅土	[1080]	
규폐	珪肺	[1232]	규산이 많이 들어 있는 먼지를 오랫동안 들이마셔서 생기는 폐병.
	硅肺	[1032]	
규화	珪化	[1252]	① 규소와 양성의 원소가 화합하는 일. ② 퇴적물이나 바위 속에 규산이 스며들거나 생물의 죽은 시체가 규산으로 변화하는 일.
	硅化	[1052]	
극려	克勵	[3232]	사사로운 욕심을 버리고 부지런히 힘씀.
	剋勵	[1032]	
극렬	劇烈	[4040]	매우 열렬하거나 맹렬함.
	極烈	[4240]	
극서	劇暑	[4030]	몹시 심하여서 견디기 어려운 더위.
	極暑	[4230]	
극심	劇甚	[4032]	매우 심함.
	極甚	[4232]	
극역	劇逆	[4042]	임금과 나라에 큰 죄가 되는 것 가운데서 가장 흉악한 것.
	極逆	[4242]	
극열	劇熱	[4050]	① 매우 심한 열. ② 몹시 뜨거움.
	極熱	[4250]	

극염	劇炎	[4032]	혹서(酷暑). 몹시 심한 더위.
	極炎	[4232]	
극정	克定	[3260]	적을 무찔러 평화롭고 안정되게 함.
	尅定	[1060]	
극통	劇痛	[4040]	① 몹시 심한 아픔. ② 뼈에 사무치게 맺힌 고통.
	極痛	[4240]	
극한	劇寒	[4050]	몹시 심하여서 견디기 어려운 추위.
	極寒	[4250]	
근간	勤幹	[4032]	부지런하고 성실함.
	勤懇	[4032]	
금비라	金比羅	[805042]	여러 야차들을 거느리고 불법을 지키기를 서원(誓願)한 야차왕의 우두머리.
	金毘羅	[801242]	
금획	擒獲	[1032]	산 채로 붙잡음.
	禽獲	[3232]	
기공	紀功	[4060]	공로를 기념함.
	記功	[7060]	
기공친	碁功親	[106060]	상을 당했을 때 기복이나 공복을 입는 가까운 친척.
	期功親	[506060]	
기기	器機	[4240]	기구, 기계(機械), 기계(器械) 따위를 통틀어 이르는 말.
	機器	[4042]	
기년	碁年	[1080]	① 만 일 년이 되는 날. ② 기한이 되는 해.
	期年	[5080]	
기념	紀念	[4052]	어떤 뜻깊은 일이나 훌륭한 인물 등을 오래도록 잊지 아니하고 마음에 간직함.
	記念	[7052]	
기담	奇談	[4050]	이상야릇하고 재미있는 이야기.
	奇譚	[4010]	
기대	企待	[3260]	어떤 일이 이루어지기를 바라고 기다림.
	期待	[5060]	
기량	伎倆	[1010]	기술상의 재주.
	技倆	[5010]	
기망	企望	[3252]	어떠한 일이 이루어지기를 바람.
	期望	[5052]	
기미	幾微	[3032]	낌새.
	機微	[4032]	
기상곡	奇想曲	[404250]	카프리치오.
	綺想曲	[104250]	
기앙	企仰	[3232]	기망(期望). 어떤 일이 이루어지기를 바람.
	期仰	[5032]	

기양	伎癢	[1010]	지니고 있는 재주를 쓰지 못하여 마음이 간질간질함.
	技癢	[5010]	
기원	起原	[4250]	사물이 처음으로 생김. 또는 그런 근원.
	起源	[4240]	
기자재	器資材	[424052]	기계, 기구, 자재 따위를 통틀어 이르는 말.
	機資材	[404052]	
기장	紀章	[4060]	기념장(記念章). '표지(標識)'로 순화.
	記章	[7060]	
기적	奇跡	[4032]	① 상식으로는 생각할 수 없는 기이한 일. ② 신(神)에 의하여 행해졌다고 믿어지는 불가사의한 현상.
	奇迹	[4010]	
기친	碁親	[1060]	조선 시대에, 만 1년의 복상(服喪)을 하는 친족.
	期親	[5060]	
나락	那落	[3050]	① 지옥. ② 벗어나기 어려운 절망적인 상황을 비유적으로 이르는 말.
	奈落	[3050]	
나유다	那庾多	[301260]	나유타.
	那由多	[306060]	
난간	欄干	[3240]	층계, 다리, 마루 따위의 가장자리에 일정한 높이로 막아 세우는 구조물.
	欄杆	[3212]	
난기	暖氣	[4270]	온기(溫氣).
	煖氣	[1070]	
난대	暖帶	[4242]	아열대.
	煖帶	[1042]	
난동	暖冬	[4270]	예년보다 따뜻하여 포근한 겨울.
	煖冬	[1070]	
난로	暖爐	[4232]	난방 장치의 하나.
	煖爐	[1032]	
난류	暖流	[4252]	적도 부근의 저위도 지역에서 고위도 지역으로 흐르는 따뜻한 해류.
	煖流	[1052]	
난모	暖帽	[4220]	예전에, 추위를 막기 위하여 쓰던 방한용 모자.
	煖帽	[1020]	
난방	暖房	[4242]	① 건물의 안이나 방 안을 따뜻하게 함. ② 따뜻한 방.
	煖房	[1042]	
난색	暖色	[4270]	따뜻한 느낌을 주는 색.
	煖色	[1070]	
난실	暖室	[4280]	따뜻한 방.
	煖室	[1080]	
난의	暖衣	[4260]	따뜻한 옷.
	煖衣	[1060]	

난장	亂帳	[4040]	제본 작업상 책장(冊張)의 순서가 틀린 채로 잘못 제본됨.
	亂張	[4040]	
난지	暖地	[4270]	따뜻한 곳이나 지방.
	煖地	[1070]	
난탑	卵塔	[4032]	대좌(臺座) 위에 달걀 모양의 탑신을 세운 탑.
	蘭搭	[3210]	
난파	暖波	[4242]	고온의 기단이 고위도 지방으로 흘러들어 그 계절에 맞지 아니하게 큰 폭의 기온 상승을 일으키는 현상.
	煖波	[1042]	
난포	暖飽	[4230]	난의포식(暖衣飽食). 따뜻하게 입고 배불리 먹음.
	煖飽	[1030]	
난풍	暖風	[4260]	따뜻한 바람.
	煖風	[1060]	
난해	暖海	[4270]	아열대 지방의 따뜻한 바다.
	煖海	[1070]	
난화	暖和	[4260]	① 날씨나 기후 따위가 따뜻하고 화창함. ② 성격, 태도 따위가 따뜻하고 부드러움.
	煖和	[1060]	
남명	南冥	[8030]	남쪽에 있다고 하는 큰 바다.《장자》〈소요유편〉에 나온 말.
	南溟	[8010]	
남부여	南夫餘	[807042]	성왕(聖王) 16년(538)부터 멸망 때까지의 백제의 국호.
	南扶餘	[803242]	
납부	納付	[4032]	세금이나 공과금 따위를 관계 기관에 냄.
	納附	[4032]	
납정	拉丁	[2040]	'라틴(Latin)'의 음역어.
	臘丁	[1040]	
낭적	浪跡	[3232]	정처 없이 떠돌아다닌 자취.
	浪迹	[3210]	
내곽	內廓	[7010]	안쪽 테두리.
	內郭	[7030]	
내료	內僚	[7030]	① 고려조선 시대에, 궁중에서 명령 전달, 심부름 따위의 잡무에 종사하던 벼슬아치를 통틀어 이르는 말. ② 내신 (內臣).
	內寮	[7010]	
내만	乃滿	[3042]	'나이만(Naiman)'의 음역어.
	乃灣	[3020]	
	奈滿	[3042]	
내원	內園	[7060]	금원(禁苑). 예전에, 궁궐 안에 있던 동산이나 후원.
	內苑	[7020]	
내정	內庭	[7060]	궁궐의 안.
	內廷	[7032]	

내조	內弔	[7030]	어린아이 경풍의 하나.
	內釣	[7020]	
냉난	冷暖	[5042]	차가움과 따뜻함.
	冷煖	[5010]	
노둔	駑鈍	[1030]	둔하고 어리석어 미련함.
	魯鈍	[1230]	
노재	駑才	[1060]	① 재주와 지혜가 우둔하고 뒤떨어짐. ② 자신의 재능과 지략을 낮추어 이르는 말.
	駑材	[1052]	
노질	駑質	[1052]	둔하고 미련한 성질.
	魯質	[1252]	
노현	露見	[3252]	겉으로 나타내어 보여 줌.
	露顯	[3240]	
녹록	碌碌	[1010]	평범하고 보잘것없음.
	錄錄	[4242]	
녹자	綠瓷	[6010]	녹색을 띤 자기.
	綠磁	[6020]	
논변	論辨	[4230]	① 사리의 옳고 그름을 밝히어 말함. ② 어떤 의견을 논하여 진술함.
	論辯	[4240]	
농토한	農土干	[708040]	농민.
	農土汗	[708032]	
누누	屢屢	[3030]	말 따위를 여러 번 반복함.
	累累	[3232]	
누설	漏泄	[3210]	① 기체나 액체 따위가 밖으로 새어 나감. ② 비밀이 새어 나감.
	漏洩	[3210]	
누언	屢言	[3060]	여러 번 말함.
	累言	[3260]	
능멸	凌蔑	[1020]	업신여기어 깔봄.
	陵蔑	[3220]	
능모	凌侮	[1030]	능멸(凌蔑/陵蔑). 업신여기어 깔봄.
	陵侮	[3230]	
능범	凌犯	[1040]	무리하게 침범함.
	陵犯	[3240]	
능욕	凌辱	[1032]	① 남을 업신여겨 욕보임. ② 여자를 범하고 욕보임.
	陵辱	[3232]	
능우	凌雨	[1052]	맹우(猛雨). 세차게 쏟아지는 비.
	陵雨	[3252]	
능운	凌雲	[1052]	① 구름을 헤치고 나간다는 뜻으로, 용기가 성함을 이르는 말. ② 속세를 떠나서 초탈함.
	陵雲	[3252]	

능이	凌夷	[1030]	구릉이 세월이 지나면서 평평해진다는 뜻으로, 처음에는
	陵夷	[3230]	성하다가 나중에는 쇠퇴함을 이르는 말.
능지	凌遲	[1030]	① 능이(凌夷). 구릉이 세월이 지나면서 평평해진다는 뜻 으로, 처음에는 성하다가 나중에는 쇠퇴함을 이르는 말.
	陵遲	[3230]	② 능지처참.
능학	凌虐	[1020]	침범하여 학대함.
	陵虐	[3220]	
다욕	多慾	[6032]	욕심이 많음.
	多欲	[6032]	
단기통	單氣筒	[427010]	단 하나의 실린더.
	單汽筒	[425010]	
단나	旦那	[3230]	① 시주(施主). ② 보시(布施).
	檀那	[4230]	
단절	斷切	[4252]	절단(切斷). 자르거나 베어서 끊음.
	斷截	[4210]	
단편	斷篇	[4240]	내용이 연결되지 못하고 조각조각 따로 떨어진 짧은 글.
	斷編	[4232]	
담목산	擔木山	[428080]	수미산을 둘러싸고 있는 칠금산 가운데 셋째 산.
	澹木山	[108080]	
담박	淡泊	[3230]	① 욕심이 없고 마음이 깨끗함. ② 아무 맛이 없이 싱거 움. ③ 음식이 느끼하지 않고 산뜻함. ④ 빛깔이 진하지
	澹泊	[1030]	않고 산뜻함.
담월	淡月	[3280]	으스름한 달.
	澹月	[1080]	
당고	唐鼓	[3232]	중국의 현대극, 주로 무극(武劇)에 쓰는 큰 북.
	堂鼓	[6032]	
당도	當塗	[5230]	당로(當路). 중요한 지위나 직분에 있음.
	當途	[5232]	
당황	唐惶	[3210]	놀라거나 다급하여 어찌할 바를 모름.
	唐慌	[3210]	
대간	大奸	[8010]	아주 간악한 사람.
	大姦	[8030]	
대범	大汎	[8020]	성격이나 태도가 사소한 것에 얽매이지 않으며 너그러움.
	大泛	[8010]	
대사	臺詞	[3232]	연극이나 영화 따위에서 배우가 하는 말.
	臺辭	[3240]	
대욕	大慾	[8032]	큰 욕심.
	大欲	[8032]	

대주	大州	[8052]	아주 넓은 육지.
	大洲	[8032]	
대풍자	大楓子	[803270]	① 이나뭇과의 몇 종을 통틀어 이르는 말. ② 대풍수 열매의 씨.
	大風子	[806070]	
도고	都賈	[5012]	물건을 도거리로 맡아서 팖.
	都庫	[5040]	
도도	道塗	[7030]	길.
	道途	[7032]	
도상	途上	[3270]	① 길 위. ② 어떤 일이 진행되는 과정이나 도중.
	道上	[7070]	
도자	陶瓷	[3210]	도기와 자기를 통틀어 이르는 말.
	陶磁	[3220]	
도태	淘汰	[1010]	① 물건을 물에 넣고 일어서 좋은 것만 골라 내고 불필요한 것을 가려서 버림. ② 여럿 중에서 불필요하거나 부적당한 것을 줄여 없앰. ③ 생물 집단에서 환경이나 조건에 적응하지 못하는 개체군이 사라져 없어짐.
	陶汰	[3210]	
도하	逃河	[4050]	사다새.
	陶河	[3250]	
독권	讀券	[6040]	조선 시대에, 전시(殿試)에서 독권관이 임금 앞에서 시험 답안지인 시권(試券)을 읽던 일.
	讀卷	[6040]	
돈박	敦朴	[3060]	인정이 많고 두터우며 성품이 꾸민 데가 없이 수수함.
	敦樸	[3010]	
동량	棟梁	[2032]	① 기둥과 들보를 통틀어 이르는 말. ② 동량지재.
	棟樑	[2012]	
동의어	同意語	[706070]	뜻이 같은 말.
	同義語	[704270]	
동인	瞳人	[1080]	눈부처.
	瞳仁	[1040]	
둔상	臀上	[1070]	궁중에서, '엉덩이'를 이르던 말.
	臀像	[1032]	
둔수	屯守	[3042]	군영(軍營)을 지킴.
	屯戍	[3010]	
등용	登庸	[7030]	인재를 뽑아서 씀.
	登用	[7060]	
등초	謄抄	[2030]	원본에서 베껴 옮김.
	謄草	[2070]	
마비	痲痺	[2010]	① 신경이나 근육이 형태의 변화 없이 기능을 잃어버리는 상태. ② 본래의 기능이 둔하여지거나 정지된 것을 비유적으로 이르는 말.
	麻痺	[3210]	

만가	挽歌	[1070]	① 상엿소리. ② 죽은 사람을 애도하는 노래나 가사.
	輓歌	[1070]	
만각	挽角	[1060]	산판(山坂)을 적당히 켜서 만든, 껍질 부분이 남아 있는 큰 각재.
	萬角	[8060]	
만관	滿款	[4220]	① 마작에서, 최대한도의 점수에 도달하는 일. ② 만관약.
	滿貫	[4232]	
만사	挽詞	[1032]	만장(輓章). 죽은 이를 슬퍼하여 지은 글.
	輓詞	[1032]	
만사태평	萬事太平	[80706070]	① 모든 일이 잘되어서 탈이 없고 평안함. ② 성질이 너그럽거나 어리석어 모든 일에 걱정이 없음.
	萬事泰平	[80703270]	
만시	挽詩	[1042]	죽은 사람을 애도하는 시.
	輓詩	[1042]	
만연	蔓延	[1040]	① 식물의 줄기가 널리 뻗음. ② 전염병이나 나쁜 현상이 널리 퍼짐.
	蔓衍	[1012]	
만장	挽章	[1060]	죽은 이를 슬퍼하여 지은 글.
	輓章	[1060]	
만취	滿醉	[4232]	술에 잔뜩 취함.
	漫醉	[3032]	
망양	芒洋	[1060]	끝없이 넓은 바다.
	茫洋	[3060]	
맹염	猛炎	[3232]	세차게 타오르는 불꽃.
	猛焰	[3210]	
면상	面像	[7032]	① 얼굴의 생김새. ② 관상 볼 때 얼굴의 상.
	面相	[7052]	
면양	綿羊	[3242]	양(羊).
	緬羊	[1042]	
명색	冥色	[3070]	해가 질 무렵의 어둑어둑한 빛 또는 경치.
	暝色	[1070]	
명우	冥佑	[3012]	명조(冥助). 모르는 사이에 입는 신불(神佛)의 도움.
	冥祐	[3012]	
명원	名園	[7060]	이름 높은 정원.
	名苑	[7020]	
명적	名跡	[7032]	이름난 유적.
	名蹟	[7032]	
모릉	摸稜	[1010]	일을 모호하게 하여 시비, 가부 따위를 결정하지 못하는 상태에 있음.
	模稜	[4010]	
모리	牟利	[1260]	도덕과 의리는 생각하지 않고 오직 부정한 이익만을 꾀함.
	謀利	[3260]	

모방	摸倣	[1030]	① 다른 것을 본뜨거나 본받음. ② 사회 집단의 구성원들 사이에 나타나는 의식적, 무의식적 반복 행위.
	模倣	[4030]	
모습	摸襲	[1032]	모방(模倣). 다른 것을 본뜨거나 본받음.
	模襲	[4032]	
모의	摸擬	[1010]	① 실제의 것을 흉내 내어 그대로 해 봄. ② 훈련을 실전 분위기 속에서 하기 위하여 실전과 유사한 환경을 조성하는 일.
	模擬	[4010]	
모제	摸製	[1042]	모작(模作). 남의 작품을 그대로 본떠서 만듦.
	模製	[4042]	
모침	貌侵	[3242]	됨됨이가 작고 옹졸함.
	貌寢	[3240]	
모형	模型	[4020]	① 모양이 같은 물건을 만들기 위한 틀. ② 실물을 모방하여 만든 물건. ③ 작품을 만들기 전에 미리 만든 본보기나 또는 완성된 작품을 줄여서 만든 본보기.
	模形	[4060]	
목각판	木刻板	[804050]	목각으로 된 판각이나 판본.
	木刻版	[804032]	
목극토	木克土	[803280]	음양오행설에서, 나무가 흙을 이긴다는 말.
	木剋土	[801080]	
목량	木梁	[8032]	절 머슴의 양식.
	木糧	[8040]	
목판	木板	[8050]	① 나무에 글이나 그림따위를 새긴 인쇄용 판(版). ② 판각본.
	木版	[8032]	
무론	母論	[1042]	물론(勿論).
	無論	[5042]	
무오사화	戊午史禍	[30705232]	조선 연산군 4년(1498)에 유자광 중심의 훈구파가 김종직 중심의 사림파에 대해서 일으킨 사화.
	戊午士禍	[30705232]	
무욕	無慾	[5032]	욕심이 없음.
	無欲	[5032]	
묵적	墨跡	[3232]	먹으로 쓴 흔적.
	墨迹	[3210]	
문사	文詞	[7032]	문장에 나타난 말.
	文辭	[7040]	
문의	文意	[7060]	글의 뜻.
	文義	[7042]	
문채	文彩	[7032]	① 아름다운 광채. ② 무늬. ③ 문조(文藻).
	文采	[7012]	
물표	物標	[7040]	물건을 보내거나 맡긴 것에 대하여 증거로 삼는 표지.
	物票	[7042]	
미만	彌滿	[1242]	널리 가득 차 그들먹함.
	彌漫	[1230]	

민민	悶悶	[1010]	매우 딱함.
	憫憫	[3030]	
박루	朴陋	[6010]	수수하고 허름함.
	樸陋	[1010]	
박야	朴野	[6060]	꾸밈없고 순박함.
	樸野	[1060]	
박연	朴淵	[6012]	'벨테브레이'의 우리나라 이름.
	朴燕	[6032]	
박질	朴質	[6052]	꾸민 데가 없이 수수함.
	樸質	[1052]	
박후	朴厚	[6040]	인품이 소박하고 후함.
	樸厚	[1040]	
반각	半刻	[6040]	국악에서, 일정한 박자 수로 되풀이되는온 장단에 상대하여 그 절반의 장단을 이르는 말.
	半脚	[6032]	
반거	盤據	[3240]	어떤 곳에 근거를 잡고 지킴.
	蟠據	[1040]	
반고	盤古	[3260]	① 중국에서, 천지개벽 후에 처음으로 세상에 나왔다는 전설상의 천자. ② 태고(太古).
	盤固	[3250]	
반고	反古	[6060]	반고지.
	反故	[6042]	
반골	反骨	[6040]	어떤 권력이나 권위에 순응하거나 따르지 아니하고 저항하는 기골.
	叛骨	[3040]	
반구	斑鳩	[1010]	염주비둘기
	頒鳩	[1010]	
반란	反亂	[6040]	정부나 지도자 따위에 반대하여 내란을 일으킴.
	叛亂	[3040]	
반려	反戾	[6010]	① 배반하여 돌아섬. ② 도리에 어긋남.
	叛戾	[3010]	
반명	反命	[6070]	복명(復命). 명령을 받고 일을 처리한 사람이 그 결과를 보고함.
	返命	[3070]	
반발	斑髮	[1040]	희끗희끗하게 반쯤 센 머리털.
	班髮	[6040]	
반백	斑白	[1080]	흰색과 검은색이 반반 정도인 머리털.
	頒白	[1080]	
반변	反變	[6052]	배반하여 태도를 바꿈.
	叛變	[3052]	
반병	反共	[6060]	배반하여 일어난 군사.
	叛兵	[3052]	

반상	反償	[6032]	꾼 것을 되돌려 갚음.
	返償	[3032]	
반상	反相	[6052]	모반을 할 인상.
	叛相	[3052]	
반역	反逆	[6042]	① 나라와 겨레를 배반함. ② 통치자에게서 나라를 다스리는 권한을 빼앗으려고 함.
	叛逆	[3042]	
반연	反衍	[6012]	자기 마음대로 함.
	叛衍	[3012]	
반절	半切	[6052]	① 반으로 자름. ② 당지나 화선지 따위의 전지를 세로로 절반을 자른 것.
	半截	[6010]	
반지	半指	[6042]	한 짝으로만 끼게 된 가락지.
	斑指	[1042]	
발분	發奮	[6032]	분발(奮發).
	發憤	[6040]	
발생기	發生器	[608042]	일정한 기체가 생겨나게 하기 위한 장치.
	發生機	[608040]	
발해	拔解	[3242]	과거의 초시에 합격함.
	發解	[6042]	
발현	發現	[6060]	속에 있는 것이 밖으로 나타남.
	發顯	[6040]	
방도	方途	[7032]	어떤 일을 하거나 문제를 풀어 가기 위한 방법과 도리.
	方道	[7070]	
방염	防炎	[4232]	불에 타지 않게 막음.
	防焰	[4210]	
방주	傍註	[3010]	본문 옆이나 본문의 한 단락이 끝난 뒤에 써넣는 본문에 대한 주석.
	旁註	[1210]	
방책	方冊	[7040]	목판이나 대쪽에 쓴 글.
	方策	[7032]	
방패	旁牌	[1210]	전쟁 때에 적의 칼, 창, 화살 따위를 막는 데에 쓰던 무기.
	防牌	[4210]	
배반	背反	[4260]	믿음과 의리를 저버리고 돌아섬.
	背叛	[4230]	
배복	拜復	[4242]	절하고 회답한다는 뜻으로, 흔히 친구 사이에 답장하는 편지 첫머리에 또는 편지 끝머리의 자기 이름 아래에 쓰는 말.
	拜覆	[4232]	
배열	排列	[3242]	① 일정한 차례나 간격에 따라 벌여 놓음. ② 동일한 성격의 데이터를 관리하기 쉽도록 하나로 묶는 일.
	配列	[4242]	
백료	百僚	[7030]	백관(百官). 모든 벼슬아치.
	百寮	[7010]	

백자	白瓷	[8010]	순백색의 바탕흙 위에 투명한 유약을 발라 구워 만든 자기.
	白磁	[8020]	
백지마	白脂麻	[802032]	참깨.
	白芝麻	[801232]	
번가	煩苛	[3010]	번거롭고 까다로움.
	繁苛	[3210]	
번극	煩劇	[3040]	몹시 번거롭고 바쁨.
	繁劇	[3240]	
번다	煩多	[3060]	번거롭고 많음.
	繁多	[3260]	
번망	煩忙	[3030]	번거롭고 어수선하여 매우 바쁨.
	繁忙	[3230]	
번무	繁茂	[3232]	번성(蕃盛). 나무나 풀이 무성함.
	蕃茂	[1032]	
번방	藩房	[1042]	번국(藩國). 제후의 나라.
	藩方	[1070]	
번성	繁盛	[3242]	① 한창 성하게 일어나 퍼짐. ② 나무나 풀이 무성함.
	蕃盛	[1042]	
번식	繁殖	[3220]	붇고 늘어서 많이 퍼짐.
	蕃息	[1042]	
	蕃殖	[1020]	
번족	繁族	[3260]	자손이 많아 번성한 집안.
	蕃族	[1060]	
범람	氾濫	[1030]	① 큰물이 흘러넘침. ② 바람직하지 못한 것들이 마구 쏟아져 돌아다님. ③ 제 분수에 넘침. ④ 프로그램이 기억 장치의 영역에서 허용하는 것보다 더 많은 데이터를 기억 장치 영역에 넣으려고 할 때 발생하는 상황.
	汎濫	[2030]	
범론	氾論	[1042]	① 전반에 걸쳐 널리 개괄한 이론. ② 범론(泛論).
	汎論	[2042]	
범박	汎博	[2042]	데면데면하여 구체적이지 못하고 범위가 넓음.
	泛博	[1042]	
범의	汎意	[2060]	일반적으로 쓰이는 넓은 의미.
	泛意	[1060]	
범일	氾溢	[1010]	범람.
	汎溢	[2010]	
범적	犯跡	[4032]	죄를 범한 자취나 흔적.
	犯迹	[4010]	
범칭	汎稱	[2040]	넓은 범위로 부르는 이름. 또는 두루 쓰이는 이름.
	泛稱	[1040]	

법가필사	法家拂士 法家弻士	[52703252] [52701252]	단정한 사람과 도움이 될 만한 사람을 통틀어 이르는 말.
법정	法庭 法廷	[5260] [5232]	5법원이 소송 절차에 따라 송사를 심리하고 판결하는 곳.
변박	辨駁 辯駁	[3010] [4010]	옳고 그름을 가리어 논박함.
변법	辨法 辯法	[3052] [4052]	어떤 일에 대처하는 방법.
변정	卞正 辨正	[1270] [3070]	옳고 그른 것을 따지어 바로잡음.
변제	變制 變除	[5242] [5242]	상복을 바꾸어 입는 일.
병경	倂耕 竝耕	[2032] [3032]	토지를 공동으로 구입, 공동으로 경작하여 그 수입을 나누어 가지던 일.
병기	倂記 竝記	[2070] [3070]	함께 나란히 적음.
병발	倂發 竝發	[2060] [3060]	두 가지 이상의 일이 한꺼번에 일어남.
병설	倂設 竝設	[2042] [3042]	두 가지 이상을 아울러 한 곳에 갖추거나 세움.
병용	倂用 竝用	[2060] [3060]	아울러 같이 씀.
병원	病原 病源	[6050] [6040]	① 병근(病根). ② 병의 원인이 되는 세균이나 바이러스.
병치	倂置 竝置	[2042] [3042]	두 가지 이상의 것을 한 곳에 나란히 두거나 설치함.
병탄	倂呑 竝呑	[2010] [3010]	남의 재물이나 다른 나라의 영토를 한데 아울러서 제 것으로 만듦.
병파	倂罷 竝罷	[2030] [3030]	두 가지 이상을 함께 다 내치거나 파함.
병현	倂現 竝現	[2060] [3060]	두 가지 이상의 것이 동시에 나타남.
보도	補導 輔導	[3242] [1242]	도와서 올바른 데로 이끌어 감.
보익	輔翊 輔翼	[1212] [1232]	보도(輔導). 도와서 올바른 데로 이끌어 감.
보좌	補佐 輔佐	[3230] [1230]	상관을 도와 일을 처리함.

보타락	普陀落 補陀落	[401050] [321050]	관세음보살이 산다는 산.
복각	復刻 覆刻	[4240] [3240]	판각본을 거듭 펴내는 경우에 원형을 모방하여 다시 판각함.
복발	伏鉢 覆鉢	[4012] [3212]	탑의 노반(露盤) 위에 주발을 엎어 놓은 것처럼 만든 장식.
복사기	複寫器 複寫機	[405042] [405040]	문서, 사진, 계산서 및 각종 자료나 도서를 복사하는 데 쓰는 기계.
복시	伏侍 服侍	[4032] [6032]	삼가 받들어 모심.
복원	復元 復原	[4252] [4250]	원래대로 회복함.
복죄	伏罪 服罪	[4050] [6050]	죄를 순순히 인정함.
복희氏	伏犧氏 伏羲氏	[401040] [401240]	중국 고대 전설상의 제왕.
봉정	奉呈 捧呈	[5220] [1020]	문서나 문집 따위를 삼가 받들어 올림.
봉희	捧戲 棒戲	[1032] [1032]	예전에, 병사들이 나뭇가지를 무기 삼아 서로 겨루던 놀이.
부과	付過 附過	[3252] [3252]	① 잘못이나 허물을 적어 둠. ② 관리나 군병(軍兵)들이 공무상 과실이 있을 때에 이를 바로 처벌하지 아니하고 관원 명부에 기록함.
부니	浮泥 腐泥	[3232] [3232]	조류(藻類)나 하등 수생 동식물의 유해(遺骸)가 호수 바닥이나 바다 밑바닥에 가라앉아 썩어서 생긴 진흙.
부도	浮圖 浮屠	[3260] [3210]	① 부처. ② 고승(高僧)의 사리를 안치한 탑. ③ 스님.
부복	扶伏 扶匐	[3240] [3210]	배를 땅에 대고 기어감.
부산포	富山浦 釜山浦	[428032] [128032]	조선 시대에, 삼포(三浦) 가운데 지금의 부산광역시 부산진(釜山鎭)에 있던 항구.
부여	夫餘 扶餘	[7042] [3242]	기원전 1세기 무렵에 부여족이 북만주 일대에 세운 나라.
부연	敷演 敷衍	[2042] [2012]	① 이해하기 쉽도록 설명을 덧붙여 자세히 말함. ② 늘려서 널리 폄.
부연	婦椽 附椽	[4210] [3210]	처마 서까래의 끝에 덧얹는 네모지고 짧은 서까래.
부유	浮游 浮遊	[3210] [3240]	① 물 위나 물속, 또는 공기 중에 떠다님. ② 행선지를 정하지 아니하고 이리저리 떠돌아다님.

부존	副尊	[4242]	부전(副殿). 불당을 맡아서 관리하는 사람.
	扶尊	[3242]	
부주	副註	[4210]	잔주(註). 큰 주석 아래에 더 자세히 단 주석.
	附註	[3210]	
부지	扶持	[3240]	① 상당히 어렵게 보존하거나 유지하여 나감. ② 보관하거나 다루어 일정 기간 동안 유지함.
	扶支	[3242]	
부진근	扶塵根	[322060]	부근(扶根). 눈, 귀, 코, 혀와 같은 외형적 감각 기관.
	浮塵根	[322060]	
부착	付着	[3252]	① 떨어지지 아니하게 붙음. ② 서로 다른 두 물질이 분자 사이의 힘에 의하여 달라붙는 현상.
	附着	[3252]	
부찰	付札	[3220]	① 찌지(紙). ② 부표(附票).
	附札	[3220]	
부채	傳彩	[1232]	설채(設彩). 먹으로 바탕을 그린 다음 색을 칠함.
	賦彩	[3232]	
부판	負板	[4050]	슬픔을 나타내려고 상복(喪服)의 등 뒤에 늘어뜨리는 베 조각.
	負版	[4032]	
부표	付票	[3242]	① 찌지(紙). ② 쪽지를 붙임.
	附票	[3242]	
부회	傳會	[1260]	견강부회(牽強附會). 이치에 맞지 않는 말을 억지로 끌어 붙여 자기에게 유리하게 함.
	附會	[3260]	
북명	北冥	[8030]	북쪽의 큰 바다.
	北溟	[8010]	
분개	憤慨	[4010]	몹시 분하게 여김.
	憤慨	[4030]	
분부	分付	[6032]	윗사람이 아랫사람에게 명령이나 지시를 내림.
	吩咐	[1010]	
불랑기	佛狼機	[421040]	중국 명나라 때에, 포르투갈 사람이 전해 들여온 대포를 이르던 말.
	佛郎機	[423240]	
불랑기족	佛狼機族	[42104060]	'프랑크 족'의 음역어.
	佛郎機族	[42324060]	
불수	不遂	[7030]	불수의(不隨意). 자기의 마음대로 되지 아니함.
	不隨	[7032]	
불적	佛跡	[4232]	① 석가모니의 유적. ② 부처가 겪어 온 발자취.
	佛蹟	[4232]	
불함문화	不咸文化	[70307052]	백두산을 중심으로 하고 우리 민족을 근간으로 이루어진 고대 문화.
	弗咸文化	[20307052]	
비감	痺疳	[1010]	어린아이에게 생기는 소화기 질환.
	脾疳	[1010]	

비로	祕露	[4032]	'페루(Peru)'의 음역어.
	祕魯	[4012]	
비어	卑語	[3270]	① 점잖지 못하고 천한 말. ② 대상을 낮추거나 낮잡는 뜻으로 이르는 말.
	鄙語	[1070]	
비어	蜚語	[1070]	근거 없이 떠도는 말.
	飛語	[4270]	
비열	卑劣	[3230]	사람의 하는 짓이나 성품이 천하고 졸렬함.
	鄙劣	[1030]	
비유	比喩	[5010]	어떤 현상이나 사물을 직접 설명하지 아니하고 다른 비슷한 현상이나 사물에 빗대어서 설명하는 일.
	譬喩	[1010]	
비익	毘益	[1242]	보익(補益). 보태고 늘려 도움이 되게 함.
	裨益	[1042]	
빙표	憑標	[1040]	빙문(憑文). 여행 허가증.
	憑票	[1042]	
사각문	四脚門	[803280]	기둥이 네 개로 된 문.
	四閣門	[803280]	
사리	奢利	[1060]	① 석가모니나 성자의 유골. ② 부처의 법신의 자취인 경전.
	舍利	[4260]	
사명	詞命	[3270]	① 임금의 말이나 명령. ② 사신이 명을 받아 외교적인 일을 할 때 하는 말.
	辭命	[4070]	
사상	事狀	[7042]	사태(事態). 일이 되어 가는 형편이나 상황.
	事相	[7052]	
사상	寫像	[5032]	지각 또는 사고에 의하여 과거의 대상이 의식에 다시 나타나는 상태.
	寫象	[5040]	
사연	詞緣	[3240]	편지나 말의 내용.
	辭緣	[4040]	
사장	詞章	[3260]	① 시가와 문장을 아울러 이르는 말. ② 사령.
	辭章	[4060]	
사적	事跡	[7032]	사업의 남은 자취.
	事迹	[7010]	
사적	史跡	[5232]	① 역사적으로 중요한 사건이나 시설의 자취. ② 국가가 법적으로 지정한 문화재.
	史蹟	[5232]	
사조	詞藻	[3210]	① 시가(詩歌)나 문장. ② 시문(詩文)의 재주. ③ 시문의 문채(文彩)나 말의 수식.
	辭藻	[4010]	
사책	史冊	[5240]	사기(史記). 역사적 사실을 기록한 책.
	史策	[5232]	
사판	祠板	[1050]	신주(神主). 죽은 사람의 위패.
	祠版	[1032]	

삭막	索寞	[3210]	① 쓸쓸하고 막막함. ② 잊어버리어 생각이 아득함.
	索漠	[3232]	
	索莫	[3232]	
산일	散佚	[4010]	흩어져 일부가 빠져 없어짐.
	散逸	[4032]	
산화	散花	[4070]	① 어떤 대상이나 목적을 위하여 목숨을 바침. ② 꽃을 뿌리며 부처를 공양하는 일. ③ 꽃은 피어도 열매를 맺지 못하는 꽃.
	散華	[4040]	
살략	殺掠	[4230]	사람을 죽이고 재물을 빼앗음.
	殺略	[4240]	
살포기	撒布器	[104242]	가루나 액체 따위를 흩어 뿌리는 데 쓰는 기구.
	撒布機	[104240]	
삼첩지	三疊紙	[801070]	백지보다 두껍고 길이와 폭이 크며, 비교적 질이 낮은 누르께한 종이.
	三貼紙	[801070]	
상량	上梁	[7032]	① 기둥에 보를 얹고 그 위에 처마 도리와 중도리를 걸고 마지막으로 마룻대를 옮김. ② 마룻대.
	上樑	[7012]	
상론	商論	[5242]	① 서로 의논함. ② 옳고 그름을 따져 가며 서로 주장을 폄.
	相論	[5242]	
상모	狀貌	[4232]	면상(面相). 얼굴의 생김새.
	相貌	[5232]	
상보	尙甫	[3212]	아버지와 같이 존경하여 받들어 모시거나 그런 높임을 받는 사람이라는 뜻으로, 임금이 특별한 대우로 신하에게 내리던 존칭의 하나.
	尙父	[3280]	
상승	上升	[7020]	낮은 데서 위로 올라감.
	上昇	[7032]	
상의	商議	[5242]	어떤 일을 서로 의논함.
	相議	[5242]	
상화	霜花	[3270]	① 꽃같이 고운 서릿발. ② 상화떡. ③ 흰머리와 흰 수염을 비유적으로 이르는 말.
	霜華	[3240]	
상확	商確	[5242]	서로 의논하여 확실히 정함.
	相確	[5242]	
서다	誓多	[3060]	기타 태자.
	逝多	[3060]	
서론	序論	[5042]	말이나 글 따위에서 본격적인 논의를 하기 위한 실마리가 되는 부분.
	緖論	[3242]	
서부	鼠婦	[1042]	쥐며느리.
	鼠負	[1040]	
서사	誓詞	[3032]	서언(誓言). 맹세하는 말.
	誓辭	[3040]	

서언	序言	[5060]	머리말.
	緒言	[3260]	
서정	抒情	[1052]	주로 예술 작품에서, 자기의 감정이나 정서를 그려 냄.
	敍情	[3052]	
서회	敍懷	[3032]	회포를 풀어 말함.
	舒懷	[1232]	
석권	席卷	[6040]	돗자리를 만다는 뜻으로, 빠른 기세로 영토를 휩쓸거나 세력 범위를 넓힘을 이르는 말.
	席捲	[6010]	
선적	事蹟	[7032]	조상의 사적(事跡).
	先跡	[8032]	
선홍	宣紅	[4040]	제홍(祭紅). 사기에 바르는 선홍색 유약.
	鮮紅	[5240]	
설복	說伏	[5240]	알아듣도록 말하여 수긍하게 함.
	說服	[5260]	
설탕	屑糖	[1032]	맛이 달고 물에 잘 녹는 결정체.
	雪糖	[6032]	
설화	雪花	[6070]	① 눈송이. ② 나뭇가지에 꽃처럼 붙은 눈발.
	雪華	[6040]	
성곽	城廓	[4210]	성(城).
	城郭	[4230]	
성모	聖謀	[4232]	임금이 통치하는 방책이나 규모(規模)를 높여 이르는 말.
	聖謨	[4212]	
성연	盛宴	[4232]	성대한 연회.
	盛筵	[4210]	
성적	城跡	[4232]	성터.
	城迹	[4210]	
성적	聖跡	[4232]	성스러운 사적이나 고적.
	聖蹟	[4232]	
세련	洗練	[5252]	① 서투르거나 어색한 데가 없이 능숙하고 미끈하게 갈고 닦음. ② 시련을 겪고 경험 따위를 쌓아 단련됨.
	洗鍊	[5232]	
세복	說伏	[5240]	설복(說伏/說服). 알아듣도록 말하여 수긍하게 함.
	說服	[5260]	
소건품	掃乾品	[423252]	수산물을 그대로 또는 적당한 크기로 잘라서 씻은 뒤에 말린 것.
	素乾品	[423252]	
소경	蘇梗	[3210]	소엽(蘇葉)의 줄기를 한방에서 이르는 말.
	蘇莖	[3210]	
소렴	小斂	[8010]	시체에 새로 지은 옷을 입히고 이불로 쌈.
	小殮	[8010]	

소방	蘇方	[3270]	열대 지방에서 나는 수목 이름.
	蘇枋	[3210]	
	蘇芳	[3232]	
소사	小詞	[8032]	불변화사(不變化詞). 인도·유럽어에서 어형 변화를 하지 않는 단어를 통틀어 이르는 말.
	小辭	[8040]	
소생	甦生	[1080]	거의 죽어 가다가 다시 살아남.
	蘇生	[3280]	
소식	甦息	[1042]	막혔던 숨통이 트이면서 숨을 돌려 쉼.
	蘇息	[3242]	
소은	小恩	[8042]	적고 사소한 은혜.
	少恩	[7042]	
소지	小智	[8040]	작은 지혜.
	小知	[8052]	
소풍	消風	[6060]	① 산책. ② 학교에서, 자연 관찰이나 역사 유적 따위의 견학을 겸하여 야외로 갔다 오는 일.
	逍風	[1060]	
속지	俗智	[4240]	세상일에 관한 지혜.
	俗知	[4252]	
송정	訟庭	[3260]	예전에, 송사(訟事)를 처리하던 곳.
	訟廷	[3232]	
쇠퇴	衰退	[3242]	기세나 상태가 쇠하여 전보다 못하여 감.
	衰頹	[3210]	
수갱	垂坑	[3220]	'수직 갱도'를 줄여 이르는 말. '수직굴'로 순화.
	竪坑	[1020]	
수경	瘦勁	[1010]	글자의 획이나 그림의 선 따위가 가늘면서도 힘이 있음.
	瘦硬	[1032]	
수련	修練	[4252]	① 인격, 기술, 학문 따위를 닦아서 단련함. ② 수도회에 입회하여, 착의식을 거쳐 수도 서원을 할 때까지의 몇 년 간의 훈련.
	修鍊	[4232]	
수박	囚縛	[3010]	붙잡아 묶음.
	收縛	[4210]	
수연	壽宴	[3232]	장수(長壽)를 축하하는 잔치.
	壽筵	[3210]	
수예	手藝	[7042]	자수, 뜨개질 따위의 손으로 하는 재주.
	繡藝	[1042]	
숙련	熟練	[3252]	연습을 많이 하여 능숙하게 익힘.
	熟鍊	[3232]	
숙심	夙心	[1070]	숙지(宿志). 오랫동안 마음에 품어온 뜻.
	宿心	[5270]	

숙원	夙怨	[1040]	오랫동안 품고 있는 원한.
	宿怨	[5240]	
숙의	夙意	[1060]	숙지(宿志). 오랫동안 마음에 품어온 뜻.
	宿意	[5260]	
숙지	夙志	[1042]	오랫동안 마음에 품어온 뜻.
	宿志	[5242]	
숙혜	夙慧	[1032]	어릴 때부터 영리함.
	宿慧	[5232]	
순독	純篤	[4230]	순박하고 인정이 두터움.
	醇篤	[1030]	
순량	純良	[4252]	성질이 순진하고 선량함.
	醇良	[1052]	
순미	淳美	[1260]	순후하고 아름다움.
	醇美	[1060]	
순박	淳朴	[1260]	거짓이나 꾸밈이 없이 순수하며 인정이 두터움.
	淳樸	[1210]	
	醇朴	[1060]	
순백	純白	[4280]	① 순백색. ② 티 없이 맑고 깨끗함.
	醇白	[1080]	
순후	淳厚	[1240]	① 온순하고 인정이 두터움. ② 날씨가 적당하게 따뜻하고 좋음.
	醇厚	[1040]	
승원	僧園	[3260]	① 절. ② 수도원.
	僧院	[3250]	
승적	勝跡	[6032]	이름난 고적(古跡).
	勝蹟	[6032]	
승평	承平	[4270]	나라가 태평함.
	昇平	[3270]	
시련	試練	[4252]	① 겪기 어려운 단련이나 고비. ② 의지나 사람됨을 시험하여 봄.
	試鍊	[4232]	
시좌소	時坐所	[703270]	시어소.
	時座所	[704070]	
시판	時板	[7050]	시계에서, 시간을 나타내는 숫자나 기호를 그려 놓은 판.
	時版	[7032]	
시현	示現	[5060]	① 나타내 보임. ② 신불(神佛)이 영험을 나타냄. ③ 부처나 보살이 중생을 교화하기 위하여 여러 가지 모습으로 몸을 변화하여 나타냄.
	示顯	[5040]	
시황조판	始皇詔板	[60321050]	중국 진(秦)나라 때에, 시황제의 조서(詔書)를 새긴 동판.
	始皇詔版	[60321032]	

식기	蝕旣	[1030]	개기식에서 태양이나 달이 가려지기 시작한 뒤의 잠깐 동안.
	食旣	[7030]	
식련성	蝕連星	[104242]	식변광성(蝕變光星/食變光星).
	食連星	[704242]	
식변광성	蝕變光星	[10526042]	주성(主星)이나 동반성(同伴星)이 동반성이나 주성을 가리는 현상 때문에 빛의 밝기가 달라 보이는 쌍성(雙星).
	食變光星	[70526042]	
식심	蝕甚	[1032]	일식이나 월식에서, 태양이나 달이 가장 많이 가려진 때.
	食甚	[7032]	
식포	食包	[7042]	원생동물의 세포질 속에 있는 세포 기관.
	食胞	[7040]	
신복	臣伏	[5240]	신하로서 복종함.
	臣服	[5260]	
신복	信伏	[6040]	믿고 복종함.
	信服	[6060]	
신장	身丈	[6032]	키.
	身長	[6080]	
신채	神彩	[6032]	① 정신과 풍채를 아울러 이르는 말. ② 신과 같이 뛰어난 풍채.
	神采	[6012]	
심상	心像	[7032]	① 감각에 의하여 획득한 현상이 마음속에서 재생된 것. ② 이전에 경험한 것이 마음속에서 시각적으로 나타나는 상.
	心象	[7040]	
심지	深智	[4240]	깊은 지혜.
	深知	[4252]	
아담	雅淡	[3232]	고상하면서 담백함.
	雅澹	[3210]	
아자	啞子	[1070]	벙어리.
	啞者	[1060]	
악설	惡舌	[5240]	① 나쁘게 말함. ② 남을 해치려고 못되게 말함. ③ 악구(惡口).
	惡說	[5252]	
안무	安撫	[7010]	백성의 사정을 살펴서 어루만져 위로함.
	按撫	[1010]	
안배	按排	[1032]	알맞게 잘 배치하거나 처리함.
	按配	[1042]	
안침	安寢	[7040]	안면(安眠). 편안히 잠을 잠.
	安枕	[7030]	
암매	暗昧	[4210]	어리석어 생각이 어두움.
	闇昧	[1010]	
암명	暗冥	[4230]	① 어두워서 사람의 눈이 미치지 아니하는 곳. ② 암흑의 세계.
	闇冥	[1030]	

압복	壓伏	[4240]	힘으로 눌러서 복종시킴.
	壓服	[4260]	
압지	壓紙	[4270]	잉크나 먹물 따위로 쓴 것이 번지거나 묻어나지 아니하도록 위에서 눌러 물기를 빨아들이는 종이.
	押紙	[3070]	
액수	隘守	[1042]	중요한 곳을 굳게 지킴.
	扼守	[1042]	
앵도	櫻桃	[1032]	'앵두'의 잘못.
	鶯桃	[1032]	
야비	野卑	[6032]	성질이나 행동이 야하고 천함.
	野鄙	[6010]	
야식	夜蝕	[6010]	밤에 일어나는 일식이나 월식.
	夜食	[6070]	
야연	夜宴	[6032]	밤에 잔치를 베풂. 밤잔치.
	夜筵	[6010]	
약론	略論	[4042]	간추려 논함.
	約論	[5242]	
약문	略文	[4070]	간략하게 줄인 글.
	約文	[5270]	
약설	略說	[4052]	간략하게 설명함.
	約說	[5252]	
양모	良謀	[5232]	양책.
	良謨	[5212]	
양월	良月	[5280]	음력 시월을 달리 이르는 말.
	陽月	[6080]	
어라하	於羅暇	[304240]	백제 때에, '임금'을 이르던 말.
	於羅瑕	[304210]	
어망	漁網	[5020]	물고기를 잡는 데 쓰는 그물.
	魚網	[5020]	
어부	漁夫	[5070]	물고기 잡는 일을 업으로 하는 사람.
	漁父	[5080]	
어원	語原	[7050]	어떤 단어의 근원적인 형태.
	語源	[7040]	
여공	女功	[8060]	예전에, 부녀자들이 하던 길쌈질.
	女紅	[8040]	
역사	歷事	[5270]	여러 대의 임금을 내리 섬김.
	歷仕	[5252]	
연결기	連結器	[425242]	파종기, 제초기, 수확기와 같이 경운기 따위에 달아 끌게 되어 있는 기계나 차.
	連結機	[425240]	

연경	延耕	[4032]	부치고 있던 논밭을 가는 일.
	軟耕	[3232]	
연계	聯繫	[3230]	① 잇따라 맴. ② 어떤 일이나 사람과 관련하여 관계를 맺음. ③ 예전에, 다른 사람의 죄에 관련되어 옥에 매이는 일을 이르던 말. ④ 링키지.
	連繫	[4230]	
연곡	聯曲	[3250]	독립한 여러 개의 악곡이 모여 이루는 하나의 악곡.
	連曲	[4250]	
연공	聯共	[3260]	다른 정치 세력이 공산주의자들과 힘을 합치고 연합함.
	連共	[4260]	
연구	聯句	[3242]	한 사람이 각각 한 구씩을 지어 이를 합하여 만든 시.
	連句	[4242]	
연긍	聯亘	[3210]	길게 뻗침.
	連亘	[4210]	
	延亘	[4010]	
연단	煉丹	[2032]	① 예전에, 중국에서 도사가 진사(辰沙)로 황금이나 불로불사의 묘약을 만들었다고 하는 일종의 연금술. ② 몸의 기운을 단전에 모아 몸과 마음을 수련하는 일.
	鍊丹	[3232]	
연달	練達	[5242]	익숙하게 단련이 되어 막힘없이 환히 통함.
	鍊達	[3242]	
연독	身毒	[6042]	'인도(印度)'의 음역어.
	捐毒	[1042]	
연동	聯動	[3270]	기계나 장치 따위에서, 한 부분을 움직이면 연결되어 있는 다른 부분도 잇따라 함께 움직이는 일.
	連動	[4270]	
연루	連累	[4232]	남이 저지른 범죄에 연관됨. '관련'으로 순화.
	緣累	[4032]	
연마	練磨	[5232]	① 주로 돌이나 쇠붙이, 보석, 유리 따위의 고체를 갈고 닦아서 표면을 반질반질하게 함. ② 학문이나 기술 따위를 힘써 배우고 닦음.
	鍊磨	[3232]	
	硏磨	[4232]	
연만	年晚	[8032]	나이가 아주 많음.
	年滿	[8042]	
연명	聯名	[3270]	두 사람 이상의 이름을 한 곳에 죽 잇따라 씀.
	連名	[4270]	
연몌	聯袂	[3210]	나란히 서서 함께 가거나 옴.
	連袂	[4210]	
연벽	聯璧	[3210]	① 한 쌍의 옥. ② 형제가 동시에 과거에 급제함. ③ 두 사람의 벗이 서로 학문과 재주가 뛰어나고 친밀하게 지내는 행동의 아름다움.
	連璧	[4210]	
연병	練兵	[5252]	군인으로서 전투에 필요한 여러 가지 동작이나 작업 따위를 훈련함.
	鍊兵	[3252]	

연북	研北	[4280]	'옆에'라는 뜻으로, 편지 봉투에 받는 사람의 이름 밑에다
	硯北	[2080]	붙이는 경어.
연성	聯星	[3242]	쌍성(雙星). 서로 끌어당기는 힘의 작용으로 공동의 무게
	連星	[4242]	중심 주위를 일정한 주기로 공전하는 두 개의 항성.
연습	練習	[5260]	학문이나 기예 따위를 익숙하도록 되풀이하여 익힘.
	鍊習	[3260]	
연안	宴安	[3270]	몸이 한가하고 마음이 편안함.
	燕安	[3270]	
연전	研田	[4242]	문인들이 생활을 위하여 글을 쓰는 일을, 벼루를 논에 비
	硯田	[2042]	유하여 이르는 말.
연조	鍊操	[3250]	군사를 단련함.
	演操	[4250]	
연주	聯奏	[3232]	같은 종류의 악기를 두 사람 이상이 동시에 연주하는 일.
	連奏	[4232]	
연창	聯唱	[3250]	두 사람이 함께 노래함.
	連唱	[4250]	
연척	連戚	[4232]	인척(姻戚). 혼인에 의하여 맺어진 친척.
	緣戚	[4032]	
연철	練鐵	[5250]	① 잘 단련한 쇠. ② 주철에 공기를 통하고 산화철에 섞어
	鍊鐵	[3250]	서 탄소분을 감량한 쇠.
연침	聯枕	[3230]	동침(同寢). 남녀가 잠자리를 같이함.
	連枕	[4230]	
연침	聯針	[3240]	서까래의 끝머리에 구멍을 뚫고 연달아 꿰어 연결하는 가
	椽針	[1040]	늘고 긴 나무.
연탄	聯彈	[3240]	한 대의 피아노를 두 사람이 함께 치며 연주함.
	連彈	[4240]	
연통	聯通	[3260]	연락하거나 기별함.
	連通	[4260]	
연희궁	延禧宮	[401242]	조선 시대의 서이궁(西離宮).
	衍禧宮	[121242]	
열렬	烈烈	[4040]	어떤 것에 대한 애정이나 태도가 매우 맹렬함.
	熱烈	[5040]	
염착	念著	[5232]	망령된 생각으로 인하여 나타난 대상을 실재로 알고 집착
	念着	[5252]	하는 일.
염한	鹽干	[3240]	염간(鹽干). 조선 시대에, 염전에서 소금을 만들던 사람.
	鹽漢	[3270]	
영수	領受	[5042]	돈이나 물품 따위를 받아들임.
	領收	[5042]	

영적	靈跡	[3232]	신령스러운 사적(史跡).
	靈蹟	[3232]	
예원	藝園	[4260]	① 예술가들의 사회를 아름답게 이르는 말. ② 전적(典籍)
	藝苑	[4220]	이 모이던 곳.
오가	五佳	[8032]	오갈피나무.
	五加	[8050]	
오패	五伯	[8032]	중국 춘추 시대의 제후 가운데서 패업(霸業)을 이룬 다섯
	五霸	[8020]	사람.
오환	烏丸	[3230]	중국 한나라 때에, 동호족(東胡族) 가운데 내몽골 동쪽에
	烏桓	[3212]	있던 부족.
온난	溫暖	[6042]	날씨가 따뜻함.
	溫煖	[6010]	
외율	外律	[8042]	외항(外項). 비례식의 바깥쪽에 있는 두 항.
	外率	[8032]	
요간	料揀	[5010]	헤아려 뽑음.
	料簡	[5040]	
요란	搖亂	[3040]	① 시끄럽고 떠들썩함. ② 정도가 지나쳐 어수선하고 야단
	擾亂	[1040]	스러움.
요연	了然	[3070]	분명하고 명백함.
	瞭然	[1070]	
요원	遼遠	[1260]	아득히 멂. '멂', '까마득', '까마득함'으로 순화.
	遙遠	[3060]	
욕계	慾界	[3260]	삼계(三界)의 하나.
	欲界	[3260]	
욕구	慾求	[3242]	무엇을 얻거나 무슨 일을 하고자 바라는 일.
	欲求	[3242]	
욕기	慾氣	[3270]	욕심.
	欲氣	[3270]	
욕념	慾念	[3252]	욕심.
	欲念	[3252]	
욕망	慾望	[3252]	부족을 느껴 무엇을 가지거나 누리고자 탐함.
	欲望	[3252]	
욕자	慾刺	[3232]	오욕(五欲)이 심신을 괴롭게 함을 바늘로 몸을 찌름에 비
	欲刺	[3232]	유하여 이르는 말.
욕정	慾情	[3252]	① 한순간의 충동으로 일어나는 욕심. ② 이성에 대한 육
	欲情	[3252]	체적 욕망.
욕천	慾天	[3270]	육욕천(六欲天). 욕계(慾界)에 속한 여섯 하늘.
	欲天	[3270]	

욕해	慾海	[3270]	애욕이 넓고 깊음을 바다에 비유하여 이르는 말.
	欲海	[3270]	
욕화	慾火	[3280]	음욕의 열정을 불에 비유하여 이르는 말.
	欲火	[3280]	
용화수	龍花樹	[407060]	①보리수(菩提樹). ②미륵보살이 성불하여 그 밑에서 용화삼회를 여는 나무.
	龍華樹	[404060]	
우유	優游	[4010]	하는 일 없이 한가롭고 편안하게 지냄.
	優遊	[4040]	
우조	右調	[7052]	『악학궤범』에서 밝힌 거문고와 가야금 따위의 높은 조.
	羽調	[3252]	
우태	于台	[3012]	고구려 초기의 관직 체계에서 여섯째 등급의 벼슬.
	優台	[4012]	
우회	迂回	[1042]	곧바로 가지 않고 멀리 돌아서 감.
	迂廻	[1020]	
운확	耘穫	[1030]	풀을 베고 곡식을 거두어들인다는 뜻으로, 농업에 종사함을 이르는 말.
	芸穫	[1230]	
웅재	雄才	[5060]	뛰어난 재능.
	雄材	[5052]	
원거인	元居人	[524080]	어떤 지방에 본디부터 사는 사람.
	原居人	[504080]	
원결	元結	[5252]	조세를 매기기 위하여 계산하여 놓은 원래의 토지 면적.
	原結	[5052]	
원구	元口	[5270]	밑동부리.
	原口	[5070]	
원근	元根	[5260]	본디의 근본.
	原根	[5060]	
원도지	元賭地	[521070]	조선 후기에, 평안북도 의주군과 용천군 일대에서의 도지(賭地)를 이르던 말.
	原賭地	[501070]	
원등	元等	[5260]	원래의 등급이나 등수.
	原等	[5060]	
원롱	元弄	[5232]	가곡에서 농(弄)의 원형이라는 뜻으로, '평롱(平弄)'을 달리 이르는 말.
	原弄	[5032]	
원반	元盤	[5232]	궁중에서, 임금이 먹는 주된 음식을 차리는 상을 곁반에 상대하여 이르던 말.
	原盤	[5032]	
원비	元肥	[5232]	밑거름.
	原肥	[5032]	
원시	元始	[5260]	① 시작하는 처음. ② 처음 시작된 그대로 있어 발달하지 아니한 상태.
	原始	[5060]	

원시	元是	[5242]	본디(本).
	原是	[5042]	
원심기	遠心器	[607042]	원심력을 이용한 기구나 기계.
	遠心機	[607040]	
원액	元額	[5240]	본디의 액수.
	原額	[5040]	
원음	元音	[5260]	진동하는 물체가 낼 수 있는 여러 가지 소리 가운데 가장
	原音	[5060]	작은 진동수를 가지는 소리.
원척	元隻	[5220]	① 예전에, 피고인(被告人)을 이르던 말. ② 원고와 피고
	原隻	[5020]	를 아울러 이르던 말.
원화	原花	[5070]	신라 때에, 사회의 전통적 가치와 질서를 익히며 예절과
	源花	[4070]	무술을 닦던 청소년 단체.
위적	僞跡	[3232]	거짓으로 꾸며 놓은 일의 흔적.
	僞迹	[3210]	
위적	偉跡	[5232]	뛰어나고 훌륭한 자취.
	偉蹟	[5232]	
유독	唯獨	[3052]	많은 것 가운데 홀로 두드러지게.
	惟獨	[3052]	
유분	溜分	[1060]	액체 혼합물을 증류할 때 끓는점의 차이에 따라 분별 증류
	留分	[4260]	되어 얻는 성분.
유식	游食	[1070]	무위도식(無爲徒食). 하는 일 없이 놀고먹음.
	遊食	[4070]	
유식	游息	[1042]	마음 편히 쉼.
	遊息	[4042]	
유신	有娠	[7010]	임신(妊娠). 아이나 새끼를 뱀.
	有身	[7060]	
유오	游娛	[1030]	유완(遊玩). 노닐며 즐김.
	遊娛	[4030]	
유완	游玩	[1010]	노닐며 즐김.
	遊玩	[4010]	
유요	游邀	[1010]	노닐며 찾아다님.
	遊邀	[4010]	
유용	流傭	[5220]	타관에 가서 고용살이함.
	流庸	[5230]	
유원	游園	[1060]	산책하며 놀 만하게 설비하여 놓은 공원.
	遊園	[4060]	
유음	遺蔭	[4010]	조상의 음덕.
	遺陰	[4042]	

유일	唯一	[3080]	오직 하나밖에 없음.
	惟一	[3080]	
유적	遺跡	[4032]	남아 있는 자취.
	遺蹟	[4032]	
유정지공	惟正之供	[30703232]	해마다 궁중 및 중앙의 고관에게 의례(儀禮)로 바치던 공물.
	惟正之貢	[30703232]	
유한	柔汗	[3232]	진땀.
	油汗	[6032]	
유한	游閑	[1040]	시간이나 재물 따위에 여유가 있어 한가함.
	遊閑	[4040]	
육욕	六慾	[8032]	육근(六根)을 통하여 일어나는 여섯 가지 욕정.
	六欲	[8032]	
윤군	允君	[1240]	영식(令息). 윗사람의 아들을 높여 이르는 말.
	胤君	[1240]	
윤옥	允玉	[1242]	영식(令息). 윗사람의 아들을 높여 이르는 말.
	胤玉	[1242]	
윤우	允友	[1252]	영식(令息). 윗사람의 아들을 높여 이르는 말.
	胤友	[1252]	
은적	隱跡	[4032]	자취나 종적을 감춤.
	隱迹	[4010]	
은조사	銀條紗	[604010]	중국에서 나는 사(紗)의 하나.
	銀造紗	[604210]	
은현	隱現	[4060]	숨었다 나타났다 함.
	隱顯	[4040]	
음자	蔭子	[1070]	남이 모르게 숨겨 둔 자식.
	陰子	[4270]	
의탁	依托	[4030]	어떤 것에 몸이나 마음을 의지하여 맡김.
	依託	[4020]	
이두	吏讀	[3260]	한자의 음과 뜻을 빌어 우리말을 적은 표기법.
	吏頭	[3260]	
이반	離反	[4060]	인심이 떠나서 배반함.
	離叛	[4030]	
이시	伊時	[1270]	그때.
	爾時	[1070]	
이연	離宴	[4032]	송별연.
	離筵	[4010]	
이적	異跡	[4032]	기이한 행적.
	異蹟	[4032]	

익대	翊戴	[1220]	정성스럽게 받들어 추대함.
	翼戴	[3220]	
익찬	翊贊	[1232]	① 보도(輔導). 도와서 올바른 데로 이끌어 감. ② 조선 시대에, 왕세자를 호위하던 세자익위사에 딸린 정육품 무관 벼슬.
	翼贊	[3232]	
인왕산	仁旺山	[401280]	서울 서쪽, 종로구와 서대문구 사이에 있는 산.
	仁王山	[408080]	
인적	人跡	[8032]	사람의 발자취. 또는 사람의 왕래.
	人迹	[8010]	
일곽	一廓	[8010]	하나의 담장으로 둘러친 지역. 또는 같은 성질의 것이 모여서 이루어진 구역.
	一郭	[8030]	
일유	佚遊	[1040]	마음대로 편안히 즐기고 놂.
	逸遊	[3240]	
자강	自彊	[7012]	스스로 힘써 몸과 마음을 가다듬음.
	自强	[7060]	
자기	瓷器	[1042]	사기그릇.
	磁器	[2042]	
자세	仔細	[1042]	① 사소한 부분까지 아주 구체적이고 분명함. ② 성질 따위가 꼼꼼하고 세심함.
	子細	[7042]	
자우	慈雨	[3252]	① 식물이 자라는 데에 알맞게 내리는 비. ② 오래 가물다가 내리는 단비.
	滋雨	[1252]	
자절	自切	[7052]	일부 동물이 위기를 벗어나기 위하여 몸의 일부를 스스로 끊는 일.
	自截	[7010]	
자제	瓷製	[1042]	사기로 만듦.
	磁製	[2042]	
자휼	字恤	[7010]	사랑하고 가엾게 여김.
	慈恤	[3210]	
잠적	潛跡	[3232]	잠종비적(潛蹤祕跡/潛蹤祕迹). 종적을 아주 숨김.
	潛迹	[3210]	
장갑	掌匣	[3210]	손을 보호하거나 추위를 막거나 장식하기 위하여 손에 끼는 물건.
	掌甲	[3240]	
장고	杖鼓	[1032]	'장구'의 잘못.
	長鼓	[8032]	
장기	帳記	[4070]	① 물건이나 논밭 따위를 팔고 사는 데 관한 품명이나 값 따위를 적어 놓은 글. ② 물품의 목록.
	掌記	[3270]	
장백전	張伯傳	[403252]	조선 시대 고소설. 군담/영웅 소설.
	張白傳	[408052]	

장원	狀元	[4252]	① 과거에서, 갑과에 첫째로 급제함. ② 글을 제일 잘 지어 성적이 첫째임. ③ 여럿이 겨루는 경기나 오락에서 첫째를 함.
	壯元	[4052]	
장음	帳飮	[4060]	① 밖에다 휘장을 둘러치고 술을 마심. ② 사람이 떠나는 것을 아쉬워하는 술자리.
	張飮	[4060]	
장정	裝幀	[4010]	책의 겉장이나 면지(面紙), 도안, 색채, 싸개 따위의 겉모양을 꾸밈.
	裝訂	[4030]	
장지	將指	[4242]	가운뎃손가락.
	長指	[8042]	
장판	藏板	[3250]	어떤 곳에 간직하고 있는 책판(冊版).
	藏版	[3232]	
재조	才操	[6050]	'재주'의 원말.
	才調	[6052]	
저주	咀呪	[1010]	남에게 재앙이나 불행이 일어나도록 빌고 바람.
	詛呪	[1010]	
적성의전	狄成義傳	[10604252]	조선 시대 고소설. 우애/영웅 소설.
	赤聖義傳	[50424252]	
전계	傳係	[5242]	재산을 누구에게 상속한다는 뜻을 문서에 적던 일.
	傳繼	[5240]	
전부	田夫	[4270]	농부(農夫).
	田父	[4280]	
전적	戰跡	[6032]	전쟁을 한 흔적.
	戰迹	[6010]	
절교	切巧	[5232]	더할 수 없이 교묘함.
	絶巧	[4232]	
절단	切斷	[5242]	① 자르거나 베어서 끊음. ② 입체 도형을 평면으로 잘라서 그 단면의 도형을 구하는 일. ③ 사영 기하학에서, 사영과 대치되는 기본 연산. ④ 원소 사이에 대소 또는 전후와 같은 순서 관계가 있는 집합을 어떤 조건 아래에서 두 부분으로 나누는 일.
	截斷	[1042]	
절엄	切嚴	[5240]	매우 엄함.
	截嚴	[1040]	
절요	切要	[5252]	극히 중요함. 아주 절실하게 필요함.
	絶要	[4252]	
절장보단	截長補短	[10803260]	긴 것을 잘라서 짧은 것을 보충한다는 뜻으로, 장점이나 넉넉한 것으로 단점이나 부족한 것을 보충함을 이르는 말.
	絶長補短	[42803260]	
절적	絶跡	[4232]	발길을 끊고 왕래하지 아니함.
	絶迹	[4210]	

절취	切取	[5242]	잘라 냄. '자름', '자르기'로 순화.
	截取	[1042]	
정결도	淨潔度	[324260]	가공이 완성된 기계 부분품 겉면의 매끈한 정도.
	精潔度	[424260]	
정령	丁令	[4050]	중국 한(漢)나라 · 위나라 때에 있던 북적(北狄) 가운데 하나.
	丁零	[4030]	
	丁靈	[4032]	
정정	庭丁	[6040]	일제 강점기에, 법원의 사환을 이르던 말.
	廷丁	[3240]	
정정	呈政	[2042]	자기 시문(詩文)을 남에게 고쳐 달라고 부탁함.
	呈正	[2070]	
정주	停住	[5070]	어떤 장소에 머무름.
	停駐	[5020]	
정주	鄭注	[1260]	중국 후한(後漢)의 정현(鄭玄)이 한 고전 주석(註釋).
	鄭註	[1210]	
정활차	定滑車	[602070]	'고정 도르래'의 전 용어.
	靜滑車	[402070]	
조량	照亮	[3212]	형편이나 사정을 살펴서 밝히 앎.
	照諒	[3230]	
조련	操練	[5052]	① 성가시게 굴어 남을 몹시 괴롭힘. ② 교련.
	操鍊	[5032]	
조사	朝事	[6070]	이른 아침에 지내는 제사.
	朝祀	[6032]	
조사	弔詞	[3032]	죽은 사람을 슬퍼하여 조상(弔喪)의 뜻을 표하는 글이나 말.
	弔辭	[3040]	
조의	調儀	[5240]	① 계획을 세움. ② 싸움터로 나아가 공격함. ③ 전쟁을 하거나 승부를 겨룸.
	調義	[5242]	
조적	鳥跡	[4232]	① 새의 발자국. ② 한자의 필적을 이르는 말.
	鳥迹	[4210]	
조지	早智	[4240]	어려서부터 지혜가 있음.
	早知	[4252]	
조참	早參	[4252]	조시참(朝時參). 진언종에서, 교도(敎徒)들이 아침마다 절에 가서 기도하고 참배하는 일.
	朝參	[6052]	
조춘	早春	[4270]	초봄.
	肇春	[1070]	
조폐	凋弊	[1032]	시들어 없어짐. 또는 쇠약하여 해짐.
	彫弊	[2032]	

족적	足跡	[7032]	발로 밟고 지나갈 때 남는 흔적. 발자취.
	足迹	[7010]	
졸연	卒然	[5270]	갑작스럽게.
	猝然	[1070]	
종식	種植	[5270]	씨를 뿌리고 식물을 심는 일.
	種殖	[5220]	
좌지	坐地	[3270]	① 계급 따위가 높은 위치. ② 나라를 다스리는 지위. ③ 자리 잡아 사는 땅의 위치. ④ 기관총이나 대포 따위를 설치한 자리.
	座地	[4070]	
죄적	罪跡	[5032]	죄를 저지른 증거가 되는 흔적.
	罪迹	[5010]	
주극성	周極星	[404242]	지구 표면의 어떤 지점에서 볼 때, 천구의 극 둘레를 돌면서 지평선 아래로 내려가지 아니하는 별.
	週極星	[524242]	
주기	周忌	[4030]	사람이 죽은 뒤 그 날짜가 해마다 돌아오는 횟수를 나타내는 말.
	週忌	[5230]	
주년	周年	[4080]	일 년을 단위로 돌아오는 돌을 세는 단위.
	週年	[5280]	
주전	酒癲	[4010]	술을 지나치게 많이 마셔서 정신이 없음.
	酒顚	[4010]	
중려	中呂	[8012]	① 음력 4월을 달리 이르는 말. ② 동양 음악에서, 십이율의 여섯째음.
	仲呂	[3212]	
중판	中判	[8040]	종이 · 사진 따위의 크기가 중간 정도 되는 판형.
	中版	[8032]	
즉지	卽智	[3240]	날랜 지혜.
	卽知	[3252]	
증적	證跡	[4032]	증거가 될 만한 흔적이나 자취.
	證迹	[4010]	
지가	止街	[5042]	높은 벼슬아치가 지나가는 길을 침범한 사람을 붙잡아서 길가의 집에 한때 맡겨 두던 일.
	知家	[5270]	
지관	支管	[4240]	본관(本管)에서 갈라져 나온 관.
	枝管	[3240]	
지리산	地理山	[706080]	경상북도, 전라남도, 전라북도에 걸쳐 있는 산.
	智異山	[404080]	
지마	脂麻	[2032]	호마(胡麻). 검은깨나 참깨 따위를 통틀어 이르는 말.
	芝麻	[1232]	
지모	遲莫	[3032]	점차 나이를 먹어 늙어 감.
	遲暮	[3030]	
지변	智辨	[4030]	지혜가 있어서 사물을 분별하는 능력이 있음.
	知辨	[5230]	

지오	支梧	[4220]	① 맞서서 겨우 버티어 나감. ② 서로 어긋나거나 상치됨.
	枝吾	[3230]	
지족	支族	[4260]	갈라져 나온 혈족.
	枝族	[3260]	
지진	地陣	[7040]	예전에, 진을 치던 세 가지 방법 가운데의 하나.
	地陳	[7032]	
지해	支解	[4242]	예전에, 중국에서 행하였던 가혹한 형벌의 하나.
	肢解	[1042]	
진단	振旦	[3232]	'중국01'을 달리 이르는 말. 인도 사람이 중국을 치나스타나(chinasth◎a)라고 부르던 것을 한자로 음역한 것.
	眞丹	[4232]	
	震旦	[3232]	
진몰	陣歿	[4010]	전사(戰死).
	陣沒	[4032]	
진성	塡星	[1042]	토성(土星).
	鎭星	[3242]	
진율	振慄	[3210]	무섭고 두려워서 몸을 떪.
	震慄	[3210]	
진적	眞蹟	[4232]	① 친필(親筆). ② 실제의 유적.
	眞迹	[4210]	
진편	陳篇	[3240]	옛날의 서적.
	陳編	[3232]	
진해	振駭	[3210]	몸을 떨며 놀람.
	震駭	[3210]	
질박	質朴	[5260]	꾸민 데가 없이 수수함.
	質樸	[5210]	
질탕	佚蕩	[1010]	신이 나서 정도가 지나치도록 흥겹게 놂.
	跌宕	[1010]	
집록	輯錄	[2042]	여러 책에서 모아 기록함.
	集錄	[6042]	
집철	輯綴	[2010]	한데 모아서 철함.
	集綴	[6010]	
참담	慘憺	[3010]	① 끔찍하고 절망적임. ② 몹시 슬프고 괴로움.
	慘澹	[3010]	
참호	塹壕	[1012]	① 야전에서 몸을 숨기면서 적과 싸우기 위하여 판, 좁고 기다란 구덩이. ② 성(城) 둘레의 구덩이.
	塹濠	[1020]	
창도	倡道	[1070]	① 앞장서서 외침. 또는 솔선하여 말하거나 주장함.
	唱道	[5070]	

창망	滄茫	[2030]	넓고 멀어서 아득함.
	蒼茫	[3230]	
창수	倡隨	[1032]	부창부수(夫唱婦隨). 남편이 주장하고 아내가 이에 잘 따름.
	唱隨	[5032]	
창이	創痍	[4210]	병기(兵器)에 다친 상처.
	瘡痍	[1010]	
창제	創制	[4242]	전에 없던 것을 처음으로 만들거나 제정함.
	創製	[4242]	
창황	倉皇	[3232]	창졸(倉卒). 미처 어찌할 사이 없이 매우 급작스러움.
	蒼黃	[3260]	
천망	天網	[7020]	악한 사람을 잡기 위하여 하늘에 쳐 놓았다는 그물.
	天罡	[7030]	
천유	天游	[7010]	사물에 구애(拘礙)되지 아니하고 마음에 막힌 데 없이 자연 그대로 자유로운 일.
	天遊	[7040]	
천익	天益	[7042]	'철릭'의 잘못. '철릭'을 한자를 빌려서 쓴 말.
	天翼	[7032]	
천지	淺智	[3240]	얕은 지혜. 또는 보잘것없는 지혜.
	淺知	[3252]	
청구	靑丘	[8032]	예전에, 중국에서 우리나라를 이르던 말.
	靑邱	[8012]	
청자	靑瓷	[8010]	푸른 빛깔의 자기.
	靑磁	[8020]	
체대	替代	[3060]	어떤 일을 서로 번갈아 가며 대신함.
	遞代	[3060]	
초엽	草葉	[7050]	기둥이나 초벽에 단여(短欐)선반 따위를 달 때 밑에 받친, 구름무늬가 새겨진 길쭉한 세모꼴의 널빤지.
	蕉葉	[1050]	
초집	抄輯	[3020]	어떤 글에서 필요한 부분만을 간략하게 뽑아서 모음.
	抄集	[3060]	
촉망	屬望	[4052]	잘되기를 바라고 기대함.
	囑望	[1052]	
총지	聰智	[3040]	슬기롭고 지혜로움.
	聰知	[3052]	
추만	推挽	[4010]	① 뒤에서 밀고 앞에서 끎. ② 사람을 추천함.
	推輓	[4010]	
추신	追伸	[3230]	뒤에 덧붙여 말한다는 뜻으로, 편지의 끝에 더 쓰고 싶은 것이 있을 때에 그 앞에 쓰는 말.
	追申	[3242]	
춘당	春堂	[7060]	춘부장(椿府丈). 남의 아버지를 높여 이르는 말.
	椿堂	[1260]	

춘부	春府	[7042]	춘부장(椿府丈). 남의 아버지를 높여 이르는 말.
	椿府	[1242]	
춘장	春丈	[7032]	춘부장(椿府丈). 남의 아버지를 높여 이르는 말.
	椿丈	[1232]	
춘정	春庭	[7060]	춘부장(椿府丈). 남의 아버지를 높여 이르는 말.
	椿庭	[1260]	
측기	測器	[4242]	측량이나 기상 관측에 쓰는 기기(機器).
	測機	[4240]	
치사	致詞	[5032]	① 다른 사람을 칭찬함. ② 경사가 있을 때에 임금에게 올리던 송덕(頌德)의 글. ③ 궁중 음악에서, 악인이 풍류에 맞추어 올리는 찬양의 말.
	致辭	[5040]	
칭량	秤量	[1050]	① 저울로 무게를 닮. ② 사정이나 형편 따위를 헤아림.
	稱量	[4050]	
타구	唾具	[1052]	가래나 침을 뱉는 그릇.
	唾口	[1070]	
타첩	妥帖	[3010]	일 따위를 탈 없이 순조롭게 끝냄.
	妥貼	[3010]	
탁생	托生	[3080]	① 세상에 태어나서 살아감. ② 남에게 의지하며 살아감. ③ 전세(前世)의 인연으로 중생이 모태(母胎)에 몸을 붙임.
	託生	[2080]	
탄도	坦途	[1032]	평탄한 길.
	坦道	[1070]	
탄병	呑倂	[1020]	병탄(竝呑/倂呑). 남의 재물이나 다른 나라의 영토를 한데 아울러서 제 것으로 만듦.
	呑竝	[1030]	
탈략	奪掠	[3230]	약탈.
	奪略	[3240]	
탐색	耽色	[1270]	호색(好色). 여색을 몹시 좋아함.
	貪色	[3070]	
태보	大保	[8042]	① 고려 시대에, 임금의 고문을 맡은 정일품 벼슬. ② 고려 말기에, 동궁에 속하여 왕세자의 교육을 맡아보던 종일품 벼슬.
	太保	[6042]	
태복	大僕	[8010]	태복시(太僕寺/大僕寺). 고려·조선 시대에, 궁중의 수레와 말을 관리하는 일을 맡아보던 관아.
	太僕	[6010]	
태복감	大卜監	[803042]	고려 시대에, 천문기상 관측을 맡아보던 관아.
	太卜監	[603042]	
태복시	大僕寺	[801042]	고려·조선 시대에, 궁중의 수레와 말을 관리하는 일을 맡아보던 관아.
	太僕寺	[601042]	
태부	大傅	[8012]	① 고려 시대에, 임금의 고문을 맡은 정일품 벼슬. ② 고려 시대에, 동궁에 속하여 왕세자의 교육을 맡아보던 종일품 벼슬.
	太傅	[6012]	

태사	大師	[8042]	① 고려 시대에, 임금의 고문을 맡은 정일품 벼슬. ② 고
	太師	[6042]	려 시대에, 동궁에 속하여 왕세자의 교육을 맡아보던 종일품 벼슬.
태사	大社	[8060]	조선 시대에, 임금이 토지 신에게 제사 지내던 사당.
	太社	[6060]	
태상부	大常府	[804242]	고려 시대에, 제사를 주관하고 왕의 묘호와 시호를 제정하
	太常府	[604242]	는 일을 맡아보던 관아.
태상시	大常寺	[804242]	고려 시대에, 제사를 주관하고 왕의 묘호와 시호를 제정하
	太常寺	[604242]	는 일을 맡아보던 관아.
태아	太阿	[6032]	중국 초나라 보검(寶劍)의 하나.
	泰阿	[3232]	
태위	太尉	[6020]	고려 시대에 둔, 삼공의 하나.
	大尉	[6220]	
태일	太一	[6080]	① 태을성. ② 중국 철학에서, 천지 만물이 나고 이루어진
	泰一	[3280]	근원 또는 우주의 본체를 이르는 말.
태평	太平	[6070]	① 나라가 안정되어 아무 걱정 없고 평안함. ② 마음에 아
	泰平	[3270]	무 근심 걱정이 없음.
통개	筒介	[1032]	동개. 활과 화살을 꽂아 넣어 등에 지도록 만든 물건.
	筒箇	[1010]	
통곡	慟哭	[1032]	소리를 높여 슬피 욺.
	痛哭	[4032]	
통기	通奇	[6040]	통지(通知). 기별을 보내어 알게 함.
	通寄	[6040]	
통석	通夕	[6070]	밤을 새움.
	通昔	[6030]	
통재	統宰	[4230]	① 통솔하여 재결(裁決)함. ② 통솔하여 다스림.
	統裁	[4232]	
퇴색	褪色	[1070]	① 빛이나 색이 바램. ② 무엇이 낡거나 몰락하면서 그 존
	退色	[4270]	재가 희미해지거나 볼품없이 됨을 비유적으로 이르는 말.
퇴홍	褪紅	[1040]	바래서 엷은 붉은색.
	退紅	[4240]	
판각	板閣	[5032]	경판(經板)을 쌓아 두는 전각.
	版閣	[3232]	
판본	板本	[5060]	판각본.
	版本	[3260]	
판형	判型	[4020]	종이 인쇄물의 마무리 치수와 모양.
	版型	[3220]	
팽배	彭湃	[1210]	① 큰 물결이 맞부딪쳐 솟구침. ② 어떤 기세나 사조 따위
	澎湃	[1010]	가 매우 거세게 일어남.

편주	扁舟	[1230]	작은 배.
	片舟	[3230]	
평담	平淡	[7032]	고요하고 깨끗하여 산뜻함.
	平澹	[7010]	
평적	平迹	[7010]	평종(萍蹤). 부평초가 떠다닌 자취라는 뜻으로, 각처로 유랑함을 이르는 말.
	萍跡	[1032]	
평화	平話	[7070]	① 보통 이야기. ② 중국에서 쓰는 구어체 언어. ③ 중국 송나라 때에 만든 구어체로 된 통속소설.
	評話	[4070]	
폐관	廢關	[3252]	① 관문을 닫고 교류하지 않음. ② 외국과의 조약을 폐함.
	閉關	[4052]	
폐원	廢園	[3260]	황폐한 정원.
	廢苑	[3220]	
포난	飽暖	[3042]	포식난의(飽食暖衣). 배부르게 먹고 따뜻하게 입는다는 뜻으로, 의식(衣食)이 넉넉하게 지냄을 이르는 말.
	飽煖	[3010]	
포치	布置	[4242]	넓게 늘어놓음.
	鋪置	[2042]	
폭원	幅員	[3042]	땅이나 지역의 넓이.
	幅圓	[3042]	
표한	剽悍	[1010]	성질이 급하고 사나움.
	慓悍	[1010]	
풍규	諷規	[1050]	① 풍습상의 규정. ② 풍간.
	風規	[6050]	
풍유	諷喩	[1010]	슬며시 나무라며 가르쳐 타이름.
	諷諭	[1010]	
피발	披髮	[1040]	① 머리를 풀어 헤침. ② 부모가 돌아갔을 때 머리를 풂.
	被髮	[3240]	
피폭	被暴	[3242]	인체가 방사능에 노출됨.
	被曝	[3210]	
하수	下手	[7070]	낮은 재주나 솜씨.
	下數	[7070]	
하황은	荷皇恩	[323242]	① 사신들 잔치에 쓰던 춤음악. ② 조선 세종 때 지은 아악곡.
	賀皇恩	[323242]	
한란	寒暖	[5042]	추움과 따뜻함을 아울러 이르는 말.
	寒煖	[5010]	
함정	檻穽	[1010]	① 짐승 따위를 잡기 위하여 땅바닥에 구덩이를 파고 그 위에 약한 너스레를 쳐서 위장한 구덩이. ② 빠져나올 수 없는 상황이나 남을 해치기 위한 계략을 비유적으로 이르는 말.
	陷穽	[3210]	
합종	合從	[6040]	① 굳게 맹세하여 서로 응함. ② 합종설. ③ 합종책.
	合縱	[6032]	

항복	降伏	[4040]	적이나 상대편의 힘에 눌리어 굴복함.
	降服	[4060]	
항원	抗元	[4052]	생체 속에 침입하여 항체를 형성하게 하는 단백성 물질.
	抗原	[4050]	
행흉	行兇	[6010]	사람을 죽이는 흉악한 짓을 함.
	行凶	[6052]	
향왕	向往	[6042]	마음이 늘 어떤 사람이나 고장에 쏠림.
	嚮往	[1042]	
향자	向者	[6060]	접때.
	嚮者	[1060]	
헌사	獻詞	[3232]	① 축하하거나 찬양하는 뜻으로 바치는 글. ② 지은이나 발행자가 그 책을 다른 사람에게 바치는 뜻을 적은 글.
	獻辭	[3240]	
헌작	獻爵	[3230]	① 제사 때에, 술잔을 올림. ② 미사 때에, 포도주가 담긴 잔을 받들어 높이 올림.
	獻酌	[3230]	
험이	險易	[4040]	험난함과 평탄함을 아울러 이르는 말.
	險夷	[4030]	
현겁	現劫	[6010]	삼겁(三劫)의 하나.
	賢劫	[4210]	
현황	炫煌	[1210]	① 빛이 밝음. ② 정신이 어지럽고 황홀함.
	眩慌	[1010]	
형강	型鋼	[2032]	자르는 면이 일정한 형상으로 된 압연 강철재.
	形鋼	[6032]	
형상	形像	[6032]	① 사물의 생긴 모양이나 상태. ② 마음과 감각에 의하여 떠오르는 대상의 모습을 떠올리거나 표현함.
	形象	[6040]	
형적	形跡	[6032]	사물의 형상과 자취를 아울러 이르는 말.
	形迹	[6010]	
혜초	惠超	[4232]	신라 경덕왕 때의 중(704~787).
	慧超	[3232]	
호참	壕塹	[1210]	참호(塹壕). 성(城) 둘레의 구덩이.
	濠塹	[2010]	
호충살	互沖煞	[301210]	하관(下棺)할 때 꺼리는 귀신이 부리는 살.
	呼沖煞	[421210]	
호취	狐臭	[1030]	암내. 체질적으로 겨드랑이에서 나는 고약한 냄새.
	胡臭	[3230]	
혼돈	混沌	[4010]	① 마구 뒤섞여 있어 갈피를 잡을 수 없음. ② 하늘과 땅이 아직 나누어지기 전의 상태.
	渾沌	[1010]	
혼탁	混濁	[4030]	① 불순물이 섞이어 깨끗하지 못하고 흐림. ② 정치, 도덕 따위 사회적 현상이 어지럽고 깨끗하지 못함. '어지러움', '흐림'으로 순화.
	渾濁	[1030]	

홀지	忽赤	[3250]	고려 충렬왕이 태자로서 원나라에 갔을 때 뚤루게(禿魯花)가 되었던 사람을 이르던 말.
	忽只	[3230]	
홍기	弘基	[3052]	큰 사업을 이루는 기초.
	鴻基	[3052]	
홍대	洪大	[3280]	① 썩 큼. ② 맥이 보통 이상으로 크게 뛰는 일.
	鴻大	[3080]	
홍량	弘量	[3050]	① 넓은 도량. ② 술 따위의 많은 양.
	洪量	[3250]	
홍업	洪業	[3260]	① 나라를 세우는 큰 사업. ② 나라와 관련되는 큰 사업. ③ 임금으로서 하는 일.
	鴻業	[3060]	
화공지적	化工之跡	[52703232]	천도교에서, 한울의 조화의 솜씨가 나타난 자취.
	化工之迹	[52703210]	
화리	禾利	[3060]	① 수확이 예상되는 벼를 매매의 대상으로 이르는 말. ② 조선 후기에, 논의 경작권을 매매의 대상으로 이르던 말.
	花利	[7060]	
환연	歡然	[4070]	마음에 즐겁고 기쁨.
	驩然	[1070]	
활주적	滑走跡	[204232]	차량의 급정거에 의하여 노면에 형성되는 타이어의 미끄러진 흔적.
	滑走迹	[204210]	
황홀	恍惚	[1010]	① 눈이 부시어 어릿어릿할 정도로 찬란하거나 화려함. ② 어떤 사물에 마음이나 시선이 혹하여 달뜸. ③ 미묘하여 헤아려 알기 어려움. ④흐릿하여 분명하지 아니함.
	慌惚	[1010]	
황황	晃晃	[1212]	번쩍번쩍 빛나서 밝음.
	煌煌	[1010]	
회복	回復	[4242]	원래의 상태로 돌이키거나 원래의 상태를 되찾음.
	恢復	[1042]	
회선	回旋	[4232]	① 한 곳에 붙은 물체가 빙빙 돎. ② 식물의 줄기가 지주(支柱)를 감으면서 뻗어 오름. ③ 몸을 돌이키며 활동함을 비유적으로 이르는 말.
	廻旋	[2032]	
회적	晦跡	[1032]	종적을 감춤.
	晦迹	[1010]	
회첩	回帖	[4210]	물음이나 편지 따위의 대답으로 보내는 글.
	回貼	[4210]	
회풍	回風	[4260]	회오리바람.
	廻風	[2060]	
회항	回航	[4242]	① 여러 곳에 들르면서 운항함. ② 여러 곳으로 돌아다니다가 제자리로 돌아가기 위하여 운항함. ③ 미리 정해진 곳으로 배나 비행기를 운항함.
	廻航	[2042]	
회향	回向	[4260]	① 얼굴이나 몸을 돌려 다른 쪽으로 향함. ② 자기가 닦은 선근 공덕을 다른 중생이나 자기 자신에게 돌림.
	廻向	[2060]	

획창	畫唱	[6050]	국궁에서, 쏜 화살이 과녁에 맞았을 때 '맞혔소' 하고 외치는 사람.
	獲唱	[3250]	
횡격막	橫膈膜	[321020]	가로막.
	橫隔膜	[323220]	
효유	曉喩	[3010]	깨달아 알아듣도록 타이름.
	曉諭	[3010]	
효지	曉智	[3040]	몹시 예민한 지혜.
	曉知	[3052]	
후일담	後日談	[708050]	어떤 사실과 관련하여, 그 후에 벌어진 경과에 대하여 덧붙이는 이야기.
	後日譚	[708010]	
훈련	訓練	[6052]	① 무술이나 운동 경기 따위에서 기본자세나 동작을 되풀이하여 익힘. ② 가르쳐서 익히게 함. ③ 일정한 목표나 기준에 도달할 수 있도록 만드는 실제적 교육 활동.
	訓鍊	[6032]	
훈유	訓喩	[6010]	가르쳐 타이름.
	訓諭	[6010]	
훈작	熏灼	[1210]	① 불에 태움. ② 큰 세력을 가지고 있음을 비유적으로 이르는 말.
	薰灼	[1210]	
흉계	兇計	[1060]	흉악한 계략.
	凶計	[5260]	
흉광	兇狂	[1032]	흉악한 미치광이.
	凶狂	[5232]	
흉기	兇器	[1042]	① 사람을 죽이거나 해치는 데 쓰는 도구. ② 초상이 났을 때 쓰는 도구.
	凶器	[5242]	
흉녀	兇女	[1080]	흉악한 여자.
	凶女	[5280]	
흉당	兇黨	[1042]	흉악한 역적(逆賊)의 무리.
	凶黨	[5242]	
흉덕	兇德	[1052]	성질이나 행실이 흉악함.
	凶德	[5252]	
흉도	兇徒	[1040]	① 사납고 흉악한 무리. ② 모반인이나 폭도.
	凶徒	[5240]	
흉독	兇毒	[1042]	성질이나 행실이 흉악하고 독함.
	凶毒	[5242]	
흉리	兇裏	[1032]	흉한 내용. 또는 음흉한 이면.
	凶裏	[5232]	
흉맹	兇猛	[1032]	흉악하고 사나움.
	凶猛	[5232]	
흉모	兇謀	[1032]	음흉한 모략이나 꾀.
	凶謀	[5232]	

흉물	兇物	[1070]	① 성질이 음흉한 사람. ② 모양이 흉하게 생긴 사람이나
	凶物	[5270]	동물.
흉범	兇犯	[1040]	살인범과 같은 흉악한 범인.
	凶犯	[5240]	
흉부	兇婦	[1042]	흉악한 여자.
	凶婦	[5242]	
흉사	兇事	[1070]	① 흉하고 언짢은 일. ② 사람이 죽은 일.
	凶事	[5270]	
흉사	兇邪	[1032]	욕심이 많고 간사함.
	凶邪	[5232]	
흉살	兇殺	[1042]	참혹하게 죽임.
	凶殺	[5242]	
흉상	兇狀	[1042]	① 음흉한 태도. ② 모양이 흉한 상태.
	凶狀	[5242]	
흉상	兇相	[1052]	① 좋지 못한 관상. ② 보기 흉한 몰골.
	凶相	[5252]	
흉설	兇說	[1052]	음흉하고 험한 말.
	凶說	[5252]	
흉수	兇手	[1070]	흉악한 짓을 하는 솜씨.
	凶手	[5270]	
흉신	兇神	[1060]	흉물스러운 모습을 한, 좋지 못한 귀신.
	凶神	[5260]	
흉심	兇心	[1070]	흉악한 마음.
	凶心	[5270]	
흉악	兇惡	[1052]	① 성질이 악하고 모짐. ② 모습이 흉하고 고약함.
	凶惡	[5252]	
흉역	兇逆	[1042]	임금에게 불충하고 부모에게 불효하는 흉악한 짓.
	凶逆	[5242]	
흉완	兇頑	[1010]	흉악하고 모짊.
	凶頑	[5210]	
흉인	兇刃	[1020]	좋지 아니한 일에 쓰인 칼.
	凶刃	[5220]	
흉인	兇人	[1080]	흉악한 사람.
	凶人	[5280]	
흉잡	兇雜	[1040]	흉악하고 난잡함.
	凶雜	[5240]	
흉장	兇仗	[1010]	예전에, 흉한 의식 때에 쓰던 의장.
	凶仗	[5210]	

흉적	兇賊	[1040]	흉악한 도적.
	凶賊	[5240]	
흉점	兇占	[1040]	나쁜 일에 관한 점.
	凶占	[5240]	
흉조	兇鳥	[1042]	흉물스러운 새.
	凶鳥	[5242]	
흉증	兇證	[1040]	① 흉조01(凶兆). ② 음흉하고 험상궂은 성질이나 버릇.
	凶證	[5240]	
흉증	兇症	[1032]	흉한 짓을 자주 하는 병적인 버릇.
	凶症	[5232]	
흉참	兇慘	[1030]	흉악하고 참혹함.
	凶慘	[5230]	
흉책	兇策	[1032]	흉악한 계책.
	凶策	[5232]	
흉충	兇蟲	[1042]	보기 흉한 벌레.
	凶蟲	[5242]	
흉측	兇測	[1042]	흉악망측.
	凶測	[5242]	
흉탄	兇彈	[1040]	흉한(兇漢)이 쏜 탄알.
	凶彈	[5240]	
흉특	兇慝	[1010]	성질이 흉악하고 매우 간특함.
	凶慝	[5210]	
흉패	兇悖	[1010]	험상궂고 패악함.
	凶悖	[5210]	
흉포	兇暴	[1042]	질이 흉악하고 포악함..
	凶暴	[5242]	
흉학	兇虐	[1020]	성질이 매우 모질고 사나움.
	凶虐	[5220]	
흉한	兇悍	[1010]	성질이 흉악하고 사나움.
	凶悍	[5210]	
흉한	兇漢	[1070]	흉악한 짓을 하는 사람.
	凶漢	[5270]	
흉해	兇害	[1052]	끔찍한 짓을 하여 사람을 죽임.
	凶害	[5252]	
흉행	兇行	[1060]	① 매우 거칠고 사나운 행동을 함. ② 사람을 해치는 따위의 흉악한 짓을 함.
	凶行	[5260]	
흉험	兇險	[1040]	마음이 흉악하고 음험함.
	凶險	[5240]	

흉화	兇禍	[1032]	흉악한 재화(災禍).
	凶禍	[5232]	
흑암	黑暗	[5042]	매우 껌껌하거나 어두움.
	黑闇	[5010]	
흑자	黑瓷	[5010]	칠흑색의 자기(瓷器).
	黑磁	[5020]	
흑지마	黑脂麻	[502032]	검은깨.
	黑芝麻	[501232]	
흔적	痕跡	[1032]	어떤 현상이나 실체가 없어졌거나 지나간 뒤에 남은 자국이나 자취.
	痕迹	[1010]	
희준	犧尊	[1042]	제례 때에 쓰는 술 항아리의 하나.
	犧樽	[1010]	

영역	학습 및 능력 / 평가 준거
한자 어휘 교육론	1. 一字多音字의 용례를 제시하고, 훈과 음이 경우에 따라 달리 사용되는 한자에 대한 교수–학습 활동을 수행할 수 있다. 2. 한글 표기의 폐해 중 하나인 동음이의어를 의미에 맞게 구별하여 맥락에 맞게 정확히 활용할 수 있도록 용례를 제시하여 교수–학습 활동을 수행할 수 있는가를 평가한다.

◀ 영역별 대표 문항 ▶

능력단위	한자어휘 교육론	단위요소	동음이의어	평가방법	[1] 區 [2] 刊
문항					

능력단위	한자어휘 교육론	단위요소	동음이의어	평가방법	[1] 短針 [2] 川谷 [3] 異圖

문항 (첫째)

※ 다음 同音異義語를 뜻에 맞게 구별하여 ( ) 안에 알맞은 漢字를 쓰시오.

• 구간

[77] ( )間 : 어떤 지점과 다른 지점과의 사이.

[78] 舊( ) : 예전에 나온 책.

문항 (둘째)

※ 다음 漢字語의 同音語이면서 제시된 뜻을 가진 漢字語를 ( ) 안에 漢字로 쓰시오. (단, 장단음 차이는 무시함.)

[1] 丹枕 – ( ) 짧은 바늘.

[2] 薦穀 – ( ) 내와 골짜기.

[3] 泥塗 – ( ) 서로 다른 그림. 딴 마음. 역심.

第3章 類義語・相對語・轉義語

1 類義語

類義語는 '衣服', '停止'처럼 같거나 비슷한 뜻을 지닌 글자가 竝列로 結合한 漢字語가 있고, '流言蜚語', '輕擧妄動'처럼 類義語(여기서는 流言과 蜚語, 輕擧와 妄動)들이 四字成語의 형태로 結合語를 만드는 것이 있다. 그 외 '天地'와 '乾坤', '破天荒'과 '未曾有', '滄海一粟'과 '九牛一毛'처럼 結合語는 만들지 않지만 概念 對比 類義 關係를 形成하는 漢字語들이 있다. 여기서는 便宜上 類義 關係의 結合語를 만드는 것은 類義結合語, 나머지는 類義語로 부르기로 한다. 사실 모든 文脈에서 바꾸어 쓸 수 있는 진정한 意味에서의 同義語란 없다고 할 수 있으므로 혹 있을 수도 있는 同義語는 類義語의 범주 속에서 포괄적으로 처리하였다.

아래는 類義結合語와 類義語의 실례를 보인 것이다.

類義結合語

歌曲(가곡) [70-50]	苛虐(가학) [10-20]	奸邪(간사) [10-32]	勘査(감사) [10-50]
街衢(가구) [42-10]	街巷(가항) [42-30]	揀選(간선) [10-50]	減削(감삭) [42-32]
暇隙(가극) [40-10]	家戶(가호) [70-42]	懇誠(간성) [32-42]	減省(감생) [42-60]
街道(가도) [42-70]	苛酷(가혹) [10-20]	奸僞(간위) [10-32]	減損(감손) [42-40]
街路(가로) [42-60]	恪謹(각근) [10-30]	姦淫(간음) [30-32]	監視(감시) [42-42]
家室(가실) [70-80]	刻銘(각명) [40-32]	懇切(간절) [32-52]	勘審(감심) [10-32]
歌樂(가악) [70-60]	恪愼(각신) [10-32]	簡札(간찰) [40-20]	敢勇(감용) [40-60]
駕御(가어) [10-32]	覺寤(각오) [40-10]	揀擇(간택) [10-40]	憾怨(감원) [20-40]
歌詠(가영) [70-30]	覺悟(각오) [40-32]	簡擇(간택) [40-40]	堪忍(감인) [10-32]
家屋(가옥) [70-50]	殼皮(각피) [10-32]	奸慝(간특) [10-10]	監察(감찰) [42-42]
歌謠(가요) [70-42]	刊刻(간각) [32-40]	竭盡(갈진) [10-40]	憾恨(감한) [20-40]
加增(가증) [50-42]	間隔(간격) [70-32]	感覺(감각) [60-40]	甲殼(갑각) [40-10]
歌唱(가창) [70-50]	艱苦(간고) [10-60]	勘檢(감검) [10-42]	慷慨(강개) [10-30]
呵責(가책) [10-52]	艱困(간곤) [10-40]	監觀(감관) [42-52]	剛健(강건) [32-50]
加添(가첨) [50-30]	間隙(간극) [70-10]	勘校(감교) [10-80]	強健(강건) [60-50]
價値(가치) [52-32]	艱難(간난) [10-42]	柑橘(감귤) [10-10]	剛堅(강견) [32-40]
家宅(가택) [70-52]	簡略(간략) [40-40]	堪耐(감내) [10-32]	剛勁(강경) [32-10]

疆境(강경) [12-42]	乾枯(건고) [32-30]	結縛(결박) [52-10]	競爭(경쟁) [50-50]
強勁(강경) [60-10]	虔恭(건공) [10-32]	潔白(결백) [42-80]	更迭(경질) [40-10]
強硬(강경) [60-32]	建立(건립) [50-70]	訣別(결별) [32-60]	慶祝(경축) [42-50]
疆界(강계) [12-60]	虔誠(건성) [10-42]	結束(결속) [52-52]	慶賀(경하) [42-32]
綱紀(강기) [32-40]	虔肅(건숙) [10-40]	結約(결약) [52-52]	驚駭(경해) [40-10]
康寧(강녕) [42-32]	乾燥(건조) [32-30]	潔齋(결재) [42-10]	界境(계경) [60-42]
講釋(강석) [42-32]	乞求(걸구) [30-42]	潔淨(결정) [42-32]	契劵(계권) [32-40]
講誦(강송) [42-30]	檢督(검독) [42-42]	結締(결체) [52-20]	階級(계급) [40-60]
疆域(강역) [12-40]	檢査(검사) [42-50]	決判(결판) [52-40]	階段(계단) [40-40]
綱維(강유) [32-32]	檢閱(검열) [42-30]	缺乏(결핍) [42-10]	季末(계말) [40-50]
剛毅(강의) [32-10]	檢察(검찰) [42-42]	兼倂(겸병) [32-20]	繫縛(계박) [30-10]
腔腸(강장) [10-40]	劫迫(겁박) [10-32]	謙遜(겸손) [32-10]	繼嗣(계사) [40-10]
江河(강하) [70-50]	怯怖(겁포) [10-20]	謙讓(겸양) [32-32]	計算(계산) [60-70]
降下(강하) [40-70]	偈頌(게송) [10-40]	警覺(경각) [42-40]	繫束(계속) [30-52]
講解(강해) [42-42]	憩息(게식) [20-42]	耕墾(경간) [32-10]	繼續(계속) [40-42]
開啓(개계) [60-32]	憩休(게휴) [20-70]	鏡鑑(경감) [40-32]	計數(계수) [60-70]
漑灌(개관) [10-10]	隔間(격간) [32-70]	梗概(경개) [10-32]	繼承(계승) [40-42]
開闢(개벽) [60-10]	激烈(격렬) [40-40]	勁健(경건) [10-50]	契約(계약) [32-52]
蓋覆(개복) [32-32]	格式(격식) [52-60]	敬虔(경건) [52-10]	界域(계역) [60-40]
憤懣(개분) [10-40]	隔阻(격조) [32-10]	境界(경계) [42-60]	悸慄(계율) [10-10]
改悛(개전) [50-10]	激衝(격충) [40-32]	警戒(경계) [42-40]	季節(계절) [40-52]
客旅(객려) [52-52]	擊打(격타) [40-50]	敬恭(경공) [52-32]	計策(계책) [60-32]
坑塹(갱참) [20-10]	譴呵(견가) [10-10]	經過(경과) [42-52]	溪川(계천) [32-70]
居家(거가) [40-70]	堅剛(견강) [40-32]	景光(경광) [50-60]	階層(계층) [40-40]
居館(거관) [40-32]	堅強(견강) [40-60]	京都(경도) [60-50]	苦艱(고간) [60-10]
巨大(거대) [40-80]	堅勁(견경) [40-10]	傾倒(경도) [40-32]	枯渴(고갈) [30-30]
擧動(거동) [50-70]	堅硬(견경) [40-32]	經歷(경력) [42-52]	敲擊(고격) [10-40]
居留(거류) [40-42]	堅固(견고) [40-50]	經理(경리) [42-60]	故舊(고구) [42-52]
距離(거리) [32-40]	牽挽(견만) [30-10]	慶福(경복) [42-52]	考究(고구) [50-42]
倨慢(거만) [10-30]	絹紗(견사) [30-10]	傾斜(경사) [40-32]	苦難(고난) [60-42]
渠率(거수) [10-32]	牽曳(견예) [30-10]	梗塞(경색) [10-32]	孤獨(고독) [40-52]
渠帥(거수) [10-32]	牽引(견인) [30-42]	驚訝(경아) [40-10]	考慮(고려) [50-40]
渠首(거수) [10-52]	譴責(견책) [10-52]	驚愕(경악) [40-10]	顧眄(고면) [30-10]
倨傲(거오) [10-30]	結構(결구) [52-40]	境域(경역) [42-40]	告白(고백) [52-80]
居住(거주) [40-70]	決潰(결궤) [52-10]	經營(경영) [42-40]	古昔(고석) [60-30]
健剛(건강) [50-32]	結紐(결뉴) [52-10]	瓊玉(경옥) [12-42]	告示(고시) [52-50]
健勁(건경) [50-10]	決斷(결단) [52-42]	卿尹(경윤) [30-12]	苦辛(고신) [60-30]

雇傭(고용) [20-20]	攻討(공토) [40-40]	貫穿(관천) [32-10]	巧妙(교묘) [32-40]
告諭(고유) [52-10]	恐怖(공포) [32-20]	貫徹(관철) [32-32]	郊野(교야) [30-60]
膏油(고유) [10-60]	空虛(공허) [70-42]	貫通(관통) [32-60]	嬌艶(교염) [10-10]
枯凋(고조) [30-10]	貢獻(공헌) [32-32]	管轄(관할) [40-10]	驕傲(교오) [10-30]
高峻(고준) [60-12]	孔穴(공혈) [40-32]	款項(관항) [20-32]	僑寓(교우) [20-10]
拷打(고타) [10-50]	恐惶(공황) [32-10]	匡矯(광교) [10-30]	驕逸(교일) [10-32]
高卓(고탁) [60-50]	功勳(공훈) [60-20]	廣漠(광막) [52-32]	驕恣(교자) [10-30]
高亢(고항) [60-12]	果敢(과감) [60-40]	光明(광명) [60-60]	矯正(교정) [30-70]
曲鞠(곡국) [50-12]	過去(과거) [52-50]	廣博(광박) [52-42]	矯直(교직) [30-70]
穀糧(곡량) [40-40]	誇矜(과긍) [32-10]	光色(광색) [60-70]	狡猾(교활) [10-10]
哭泣(곡읍) [32-30]	過謬(과류) [52-20]	廣衍(광연) [52-12]	教誨(교회) [80-10]
鵠的(곡적) [10-52]	顆粒(과립) [10-10]	光耀(광요) [60-12]	教訓(교훈) [80-60]
困窘(곤군) [40-10]	戈矛(과모) [20-20]	匡正(광정) [10-70]	衢街(구가) [10-42]
困窮(곤궁) [40-40]	科目(과목) [60-60]	光彩(광채) [60-32]	謳歌(구가) [10-70]
棍棒(곤봉) [10-10]	寡少(과소) [32-70]	壙穴(광혈) [10-32]	溝渠(구거) [10-10]
困憊(곤비) [40-10]	果實(과실) [60-52]	廣闊(광활) [52-10]	求乞(구걸) [42-30]
棍杖(곤장) [10-10]	過失(과실) [52-60]	光輝(광휘) [60-30]	毆擊(구격) [10-40]
困乏(곤핍) [40-10]	過誤(과오) [52-42]	卦兆(괘조) [10-32]	究竟(구경) [42-30]
汨沒(골몰) [10-32]	過剩(과잉) [52-10]	怪奇(괴기) [32-40]	究考(구고) [42-50]
骨骸(골해) [40-10]	課程(과정) [52-42]	乖戾(괴려) [10-10]	舊故(구고) [52-42]
恭虔(공건) [32-10]	館閣(관각) [32-32]	傀儡(괴뢰) [20-10]	枸杞(구기) [10-10]
恐怯(공겁) [32-10]	灌漑(관개) [10-10]	愧羞(괴수) [30-10]	拘拿(구나) [32-10]
攻擊(공격) [40-40]	關鍵(관건) [52-12]	魁帥(괴수) [10-32]	寇盜(구도) [10-40]
恭敬(공경) [32-52]	棺柩(관구) [10-10]	魁首(괴수) [10-52]	矩度(구도) [10-60]
恐悸(공계) [32-10]	觀覽(관람) [52-40]	怪訝(괴아) [32-10]	溝瀆(구독) [10-10]
鞏固(공고) [10-50]	管理(관리) [40-60]	怪異(괴이) [32-40]	寇掠(구략) [10-30]
恐懼(공구) [32-30]	冠帽(관모) [32-20]	愧慙(괴참) [30-30]	丘壟(구롱) [32-10]
供給(공급) [32-50]	款誠(관성) [20-42]	愧恥(괴치) [30-32]	丘陵(구릉) [32-32]
貢納(공납) [32-40]	關鎖(관쇄) [52-32]	乖愎(괴팍) [10-10]	購買(구매) [20-50]
共同(공동) [60-70]	慣習(관습) [32-60]	乖悖(괴패) [10-10]	區別(구별) [60-60]
恐慄(공률) [32-10]	觀視(관시) [52-42]	宏廓(굉곽) [10-10]	丘阜(구부) [32-12]
攻伐(공벌) [40-42]	關與(관여) [52-40]	宏大(굉대) [10-80]	區分(구분) [60-60]
恭遜(공손) [32-10]	寬宥(관유) [32-10]	校勘(교감) [80-10]	具備(구비) [52-42]
供與(공여) [32-40]	官尹(관윤) [42-12]	驕倨(교거) [10-10]	求索(구색) [42-32]
工作(공작) [70-60]	官爵(관작) [42-30]	攪亂(교란) [10-40]	仇讎(구수) [10-10]
工匠(공장) [70-10]	管掌(관장) [40-32]	橋梁(교량) [50-32]	區域(구역) [60-40]
工造(공조) [70-42]	觀察(관찰) [52-42]	驕慢(교만) [10-30]	久遠(구원) [32-60]

救援(구원) [50-40] 宮家(궁가) [42-70] 閨房(규방) [20-42] 矜恤(긍휼) [10-10]

謳吟(구음) [10-30] 窮困(궁곤) [40-40] 規範(규범) [50-40] 紀綱(기강) [40-32]

仇敵(구적) [10-42] 窮究(궁구) [40-42] 規式(규식) [50-60] 綺絹(기견) [10-30]

寇賊(구적) [10-40] 窮窘(궁군) [40-10] 規律(규율) [50-42] 機械(기계) [40-32]

救濟(구제) [50-42] 宮闕(궁궐) [42-20] 糾察(규찰) [30-42] 奇怪(기괴) [40-32]

構造(구조) [40-42] 窮極(궁극) [40-42] 規則(규칙) [50-50] 器具(기구) [42-52]

苟且(구차) [30-30] 窮塞(궁색) [40-32] 規度(규탁) [50-60] 飢饉(기근) [30-10]

軀體(구체) [10-60] 宮殿(궁전) [42-32] 糾彈(규탄) [30-40] 祈禱(기도) [32-10]

構築(구축) [40-42] 窮盡(궁진) [40-40] 叫喚(규환) [30-10] 伎倆(기량) [10-10]

驅馳(구치) [30-10] 券契(권계) [40-32] 叫吼(규후) [30-10] 技倆(기량) [50-10]

毆打(구타) [10-50] 眷顧(권고) [10-30] 均等(균등) [40-60] 耆老(기로) [12-70]

寇奪(구탈) [10-32] 勸勵(권려) [40-32] 龜裂(균열) [30-32] 記錄(기록) [70-42]

嘔吐(구토) [10-32] 圈牢(권뢰) [20-10] 均調(균조) [40-52] 譏弄(기롱) [10-32]

溝壑(구학) [10-10] 勸勉(권면) [40-40] 均平(균평) [40-70] 麒麟(기린) [12-12]

救恤(구휼) [50-10] 倦憊(권비) [10-10] 隙間(극간) [10-70] 起立(기립) [42-70]

鞠養(국양) [12-52] 勸獎(권장) [40-40] 克堪(극감) [32-10] 欺瞞(기만) [30-10]

鞠育(국육) [12-70] 權稱(권칭) [42-40] 極窮(극궁) [42-40] 企望(기망) [32-52]

窘困(군곤) [10-40] 倦惰(권타) [10-10] 極端(극단) [42-42] 冀望(기망) [12-52]

窘窮(군궁) [10-40] 倦怠(권태) [10-30] 克勝(극승) [32-60] 器皿(기명) [42-10]

窘急(군급) [10-60] 權衡(권형) [42-32] 劇甚(극심) [40-32] 欺誣(기무) [30-10]

群黨(군당) [40-42] 蹶起(궐기) [10-42] 極盡(극진) [42-40] 羈絆(기반) [10-10]

群黎(군려) [40-10] 闕失(궐실) [20-60] 根本(근본) [60-60] 起發(기발) [42-60]

軍旅(군려) [80-52] 潰決(궤결) [10-52] 謹愼(근신) [30-32] 譏謗(기방) [10-10]

窘迫(군박) [10-32] 潰崩(궤붕) [10-30] 覲謁(근알) [10-30] 寄付(기부) [40-32]

軍兵(군병) [80-52] 詭詐(궤사) [10-30] 覲見(근현) [10-52] 肌膚(기부) [10-20]

軍士(군사) [80-52] 潰瘍(궤양) [10-10] 禁錮(금고) [42-10] 欺詐(기사) [30-30]

窘塞(군색) [10-32] 潰裂(궤열) [10-32] 錦綺(금기) [32-10] 技術(기술) [50-60]

君王(군왕) [40-80] 詭僞(궤위) [10-32] 禽鳥(금조) [32-42] 己身(기신) [52-60]

郡邑(군읍) [60-70] 軌轍(궤철) [30-10] 擒捉(금착) [10-30] 飢餓(기아) [30-30]

君主(군주) [40-70] 鬼神(귀신) [32-60] 金鐵(금철) [80-50] 棄捐(기연) [30-10]

群衆(군중) [40-42] 貴重(귀중) [50-70] 急迫(급박) [60-32] 伎藝(기예) [10-42]

郡縣(군현) [60-30] 歸還(귀환) [40-32] 給賜(급사) [50-30] 技藝(기예) [50-42]

屈曲(굴곡) [40-50] 規格(규격) [50-52] 急速(급속) [60-60] 嗜慾(기욕) [10-32]

屈枉(굴왕) [40-10] 糾結(규결) [30-52] 給與(급여) [50-40] 寄寓(기우) [40-10]

屈撓(굴요) [40-10] 規例(규례) [50-60] 急躁(급조) [60-10] 冀願(기원) [12-50]

屈折(굴절) [40-40] 逵路(규로) [10-60] 急促(급촉) [60-32] 旣已(기이) [30-32]

窟穴(굴혈) [20-32] 糾明(규명) [30-60] 矜誇(긍과) [10-32] 畿甸(기전) [32-12]

記識(기지) [70-52]	勞務(노무) [52-42]	達通(달통) [42-60]	盜賊(도적) [40-40]
基址(기지) [52-12]	奴僕(노복) [32-10]	談說(담설) [50-52]	盜竊(도절) [40-30]
器什(기집) [42-10]	奴隷(노예) [32-30]	潭沼(담소) [20-12]	到着(도착) [52-52]
棄擲(기척) [30-10]	老翁(노옹) [70-30]	談言(담언) [50-60]	禱祝(도축) [10-50]
祈祝(기축) [32-50]	虜獲(노획) [10-32]	潭淵(담연) [20-12]	淘汰(도태) [10-10]
旗幟(기치) [70-10]	祿俸(녹봉) [32-20]	擔任(담임) [42-52]	濤波(도파) [10-42]
忌憚(기탄) [30-10]	綠靑(녹청) [60-80]	談話(담화) [50-70]	逃避(도피) [40-40]
欺騙(기편) [30-10]	論議(논의) [42-42]	遝至(답지) [10-42]	圖畫(도화) [60-60]
崎險(기험) [10-40]	農耕(농경) [70-32]	撞突(당돌) [10-32]	導訓(도훈) [42-60]
忌嫌(기혐) [30-30]	弄玩(농완) [32-10]	堂室(당실) [60-80]	獨孤(독고) [52-40]
嗜好(기호) [10-42]	濃厚(농후) [20-40]	當該(당해) [52-30]	瀆汚(독오) [10-30]
忌諱(기휘) [30-10]	牢獄(뇌옥) [10-32]	大巨(대거) [80-40]	毒害(독해) [42-52]
繁要(긴요) [32-52]	雷震(뇌진) [32-32]	刀劍(도검) [32-32]	敦篤(돈독) [30-30]
懶慢(나만) [10-30]	樓閣(누각) [32-32]	度矩(도구) [60-10]	敦厚(돈후) [30-40]
懦弱(나약) [10-60]	樓館(누관) [32-32]	悼懼(도구) [20-30]	突忽(돌홀) [32-32]
羅列(나열) [42-42]	陋鄙(누비) [10-10]	度揆(도규) [60-12]	憧憬(동경) [10-10]
懶惰(나타) [10-10]	漏泄(누설) [32-10]	禱祈(도기) [10-32]	洞窟(동굴) [70-20]
懶怠(나태) [10-30]	漏洩(누설) [32-10]	到達(도달) [52-42]	同等(동등) [70-60]
拿捕(나포) [10-32]	陋隘(누애) [10-10]	徒黨(도당) [40-42]	洞里(동리) [70-70]
絡脈(낙맥) [32-42]	訥澁(눌삽) [10-10]	道塗(도도) [70-30]	動搖(동요) [70-30]
落墮(낙타) [50-30]	稜角(능각) [10-60]	道途(도도) [70-32]	同一(동일) [70-80]
駱駝(낙타) [10-10]	陵丘(능구) [32-32]	濤瀾(도란) [10-10]	疼痛(동통) [10-40]
難艱(난간) [42-10]	凌蔑(능멸) [10-20]	道路(도로) [70-60]	洞穴(동혈) [70-32]
難苦(난고) [42-60]	緞絹(단견) [10-30]	屠戮(도륙) [10-10]	頭首(두수) [60-52]
亂攪(난교) [40-10]	斷決(단결) [42-52]	道理(도리) [70-60]	鈍頑(둔완) [30-10]
欄檻(난함) [32-10]	段階(단계) [40-40]	逃亡(도망) [40-50]	屯陣(둔진) [30-40]
納貢(납공) [40-32]	單獨(단독) [42-52]	賭博(도박) [10-42]	遁避(둔피) [10-40]
納入(납입) [40-70]	鍛鍊(단련) [20-32]	徒輩(도배) [40-32]	等級(등급) [60-60]
納獻(납헌) [40-32]	端末(단말) [42-50]	屠殺(도살) [10-42]	等類(등류) [60-52]
浪漫(낭만) [32-30]	團圓(단원) [52-42]	島嶼(도서) [50-10]	謄寫(등사) [20-50]
耐忍(내인) [32-32]	斷切(단절) [42-52]	渡涉(도섭) [32-30]	登陟(등척) [70-12]
冷涼(냉량) [50-32]	斷截(단절) [42-10]	都市(도시) [50-70]	魔鬼(마귀) [20-32]
冷寒(냉한) [50-50]	斷絶(단절) [42-42]	跳躍(도약) [30-30]	磨耗(마모) [32-10]
勞勤(노근) [52-40]	端正(단정) [42-70]	都邑(도읍) [50-70]	痲痺(마비) [20-10]
駑鈍(노둔) [10-30]	但只(단지) [32-30]	導引(도인) [42-42]	磨研(마연) [32-42]
擄掠(노략) [10-30]	達成(달성) [42-60]	陶瓷(도자) [32-10]	摩擦(마찰) [20-10]
努力(노력) [42-70]	撻笞(달태) [10-10]	堵墻(도장) [10-30]	彎曲(만곡) [10-50]

彎屈(만굴) [10-40]
蔓延(만연) [10-40]
滿盈(만영) [42-12]
挽引(만인) [10-42]
末端(말단) [50-42]
末尾(말미) [50-32]
忘失(망실) [30-60]
亡逋(망포) [50-10]
昧冥(매명) [10-30]
每常(매상) [70-42]
煤煙(매연) [10-42]
邁進(매진) [10-42]
脈絡(맥락) [42-32]
盟誓(맹세) [32-30]
萌芽(맹아) [10-32]
猛勇(맹용) [32-60]
猛暴(맹포) [32-42]
猛悍(맹한) [32-10]
勉勵(면려) [40-32]
面貌(면모) [70-32]
面顔(면안) [70-32]
面容(면용) [70-42]
滅亡(멸망) [32-50]
明光(명광) [60-60]
明朗(명랑) [60-52]
命令(명령) [70-50]
明瞭(명료) [60-10]
明白(명백) [60-80]
冥闇(명암) [30-10]
酩酊(명정) [10-10]
名稱(명칭) [70-40]
溟海(명해) [10-70]
名號(명호) [70-60]
明輝(명휘) [60-30]
慕戀(모련) [32-32]
牟麥(모맥) [12-32]
侮蔑(모멸) [30-20]

毛髮(모발) [42-40]
模範(모범) [40-40]
慕愛(모애) [32-60]
摸擬(모의) [10-10]
模擬(모의) [40-10]
募集(모집) [30-60]
謀策(모책) [32-32]
模楷(모해) [40-10]
沐浴(목욕) [20-50]
沒溺(몰닉) [32-20]
蒙昧(몽매) [32-10]
渺茫(묘망) [10-30]
杳冥(묘명) [10-30]
廟祠(묘사) [30-10]
描寫(묘사) [10-50]
誣欺(무기) [10-30]
茂盛(무성) [32-42]
貿易(무역) [32-40]
舞佾(무일) [40-12]
紊亂(문란) [20-40]
文書(문서) [70-60]
問訊(문신) [70-10]
文章(문장) [70-60]
文彩(문채) [70-32]
門戶(문호) [80-42]
物件(물건) [70-50]
物品(물품) [70-52]
彌久(미구) [12-32]
美麗(미려) [60-42]
尾末(미말) [32-50]
微細(미세) [32-42]
微小(미소) [32-80]
美艷(미염) [60-10]
迷惑(미혹) [30-32]
憫憐(민련) [30-30]
敏速(민속) [30-60]
旻天(민천) [12-70]

敏捷(민첩) [30-10]
密緻(밀치) [42-10]
迫劫(박겁) [32-10]
搏擊(박격) [10-40]
迫急(박급) [32-60]
舶船(박선) [20-50]
朴素(박소) [60-42]
朴質(박질) [60-52]
樸質(박질) [10-52]
剝割(박할) [10-32]
迫脅(박협) [32-32]
伴侶(반려) [30-10]
畔畝(반묘) [10-10]
飯食(반식) [32-70]
搬運(반운) [20-60]
頒布(반포) [10-42]
返還(반환) [30-32]
發起(발기) [60-42]
發射(발사) [60-40]
發展(발전) [60-52]
拔擢(발탁) [32-10]
醱酵(발효) [10-10]
膀胱(방광) [10-10]
邦國(방국) [30-80]
方道(방도) [70-70]
坊里(방리) [10-70]
彷彿(방불) [10-10]
放釋(방석) [60-32]
防禦(방어) [42-10]
方隅(방우) [70-10]
紡績(방적) [20-40]
方正(방정) [70-70]
幇助(방조) [10-42]
放蕩(방탕) [60-10]
妨害(방해) [40-52]
彷徨(방황) [10-10]
配分(배분) [42-60]

陪隨(배수) [10-32]
陪侍(배시) [10-32]
俳優(배우) [20-40]
胚孕(배잉) [10-10]
陪從(배종) [10-40]
俳倡(배창) [20-10]
排斥(배척) [32-30]
胚胎(배태) [10-20]
配匹(배필) [42-30]
徘徊(배회) [10-10]
煩苛(번가) [30-10]
藩籬(번리) [10-10]
繁茂(번무) [32-32]
蕃茂(번무) [10-32]
煩悶(번민) [30-10]
煩數(번삭) [30-70]
蕃盛(번성) [10-42]
蕃殖(번식) [10-20]
飜譯(번역) [30-32]
番第(번제) [60-60]
番次(번차) [60-42]
氾濫(범람) [10-30]
氾溢(범일) [10-10]
法規(법규) [52-50]
法度(법도) [52-60]
法例(법례) [52-60]
法律(법률) [52-42]
法式(법식) [52-60]
法典(법전) [52-52]
法則(법칙) [52-50]
碧綠(벽록) [32-60]
璧玉(벽옥) [10-42]
碧靑(벽청) [32-80]
變改(변개) [52-50]
變更(변경) [52-40]
變易(변역) [52-40]
邊際(변제) [42-42]

變革(변혁) [52-40]
變化(변화) [52-52]
別離(별리) [60-40]
別選(별선) [60-50]
別差(별차) [60-40]
倂兼(병겸) [20-32]
兵士(병사) [52-52]
兵卒(병졸) [52-52]
倂合(병합) [20-60]
病患(병환) [60-50]
報告(보고) [42-52]
堡壘(보루) [10-10]
補裨(보비) [32-10]
報償(보상) [42-32]
報酬(보수) [42-10]
保衛(보위) [42-42]
輔助(보조) [12-42]
保護(보호) [42-42]
覆蓋(복개) [32-32]
福慶(복경) [52-42]
僕奴(복노) [10-32]
僕隷(복례) [10-30]
福祚(복조) [52-12]
僕從(복종) [10-40]
福祉(복지) [52-10]
本根(본근) [60-60]
本源(본원) [60-40]
俸祿(봉록) [20-32]
奉仕(봉사) [52-52]
奉承(봉승) [52-42]
逢遇(봉우) [32-40]
鋒刃(봉인) [10-20]
棒杖(봉장) [10-10]
封緘(봉함) [32-10]
奉獻(봉헌) [52-32]
斧斤(부근) [10-30]
部隊(부대) [60-42]

部類(부류) [60-52]
浮泛(부범) [32-10]
附屬(부속) [32-40]
賦與(부여) [32-40]
芙蓉(부용) [10-10]
腑臟(부장) [10-32]
扶助(부조) [32-42]
副次(부차) [42-42]
附着(부착) [32-52]
付託(부탁) [32-20]
剖判(부판) [10-40]
負荷(부하) [40-32]
扶護(부호) [32-42]
腐朽(부후) [32-10]
憤愾(분개) [40-10]
憤慨(분개) [40-30]
分區(분구) [60-60]
墳墓(분묘) [30-40]
分配(분배) [60-42]
分別(분별) [60-60]
吩咐(분부) [10-10]
分析(분석) [60-30]
焚燒(분소) [10-32]
扮飾(분식) [10-32]
紛擾(분요) [32-10]
扮裝(분장) [10-40]
奔走(분주) [32-42]
墳塚(분총) [30-10]
分割(분할) [60-32]
拂拭(불식) [32-10]
崩壞(붕괴) [30-32]
崩潰(붕궤) [30-10]
朋友(붕우) [30-52]
悲慨(비개) [42-30]
憊困(비곤) [10-40]
比較(비교) [50-32]
緋緞(비단) [10-10]

鄙陋(비루) [10-10]
鄙俚(비리) [10-10]
鄙吝(비린) [10-10]
費耗(비모) [50-10]
臂膊(비박) [10-10]
誹謗(비방) [10-10]
裨補(비보) [10-32]
飛翔(비상) [42-10]
悲哀(비애) [42-32]
沸涌(비용) [10-10]
費用(비용) [50-60]
譬喩(비유) [10-10]
庇蔭(비음) [10-10]
裨助(비조) [10-42]
悲慘(비참) [42-30]
悲愴(비창) [42-10]
卑賤(비천) [32-32]
沸湯(비탕) [10-32]
琵琶(비파) [10-10]
批評(비평) [40-40]
賓客(빈객) [30-52]
貧困(빈곤) [42-40]
貧窮(빈궁) [42-40]
憑據(빙거) [10-40]
聘召(빙소) [30-30]
憑依(빙의) [10-40]
憑藉(빙자) [10-10]
憑證(빙증) [10-40]
聘招(빙초) [30-40]
査檢(사검) [50-42]
紗絹(사견) [10-30]
斜傾(사경) [32-40]
思考(사고) [50-50]
紗錦(사금) [10-32]
賜給(사급) [30-50]
詐欺(사기) [30-30]
思念(사념) [50-52]

紗緞(사단) [10-10]
思慮(사려) [50-40]
使令(사령) [60-50]
瀉痢(사리) [10-10]
思慕(사모) [50-32]
事務(사무) [70-42]
士兵(사병) [52-52]
師傅(사부) [42-12]
思想(사상) [50-42]
辭說(사설) [40-52]
些少(사소) [10-70]
嗣續(사속) [10-42]
辭讓(사양) [40-32]
飼養(사양) [20-52]
事業(사업) [70-60]
使役(사역) [60-32]
査閱(사열) [50-30]
舍屋(사옥) [42-50]
思惟(사유) [50-30]
飼育(사육) [20-70]
寺刹(사찰) [42-20]
査察(사찰) [50-42]
奢侈(사치) [10-10]
沙汰(사태) [32-10]
舍宅(사택) [42-52]
邪慝(사특) [32-10]
社會(사회) [60-60]
削減(삭감) [32-42]
削剝(삭박) [32-10]
山陵(산릉) [80-32]
散漫(산만) [40-30]
刪削(산삭) [10-32]
産生(산생) [52-80]
刪省(산생) [10-60]
算數(산수) [70-70]
山岳(산악) [80-30]
珊瑚(산호) [10-10]

殺戮(살육) [42-10]　　選別(선별) [50-60]　　蔬菜(소채) [30-32]　　蒐輯(수집) [10-20]

森林(삼림) [32-70]　　選擢(선탁) [50-10]　　搔爬(소파) [10-10]　　蒐集(수집) [10-60]

滲透(삼투) [10-32]　　選擇(선택) [50-40]　　召喚(소환) [30-10]　　瘦瘠(수척) [10-10]

商賈(상고) [52-12]　　船艦(선함) [50-20]　　束縛(속박) [52-10]　　獸畜(수축) [32-32]

庠校(상교) [12-80]　　旋回(선회) [32-42]　　損減(손감) [40-42]　　羞恥(수치) [10-32]

想念(상념) [42-52]　　洩漏(설루) [10-32]　　遜恭(손공) [10-32]　　殊特(수특) [32-60]

商量(상량) [52-50]　　泄瀉(설사) [10-10]　　損傷(손상) [40-40]　　收穫(수확) [42-30]

想思(상사) [42-50]　　設施(설시) [42-42]　　損失(손실) [40-60]　　熟練(숙련) [32-52]

祥瑞(상서) [30-20]　　說話(설화) [52-70]　　損害(손해) [40-52]　　肅嚴(숙엄) [40-40]

上昇(상승) [70-32]　　殲滅(섬멸) [10-32]　　悚懼(송구) [10-30]　　淑淸(숙청) [32-60]

喪失(상실) [32-60]　　纖細(섬세) [20-42]　　悚慄(송률) [10-10]　　宿寢(숙침) [52-40]

傷痍(상이) [40-10]　　攝理(섭리) [30-60]　　訟訴(송소) [32-32]　　純潔(순결) [42-42]

傷愴(상창) [40-10]　　誠款(성관) [42-20]　　悚惶(송황) [10-10]　　巡邏(순라) [32-10]

爽快(상쾌) [10-42]　　性心(성심) [52-70]　　碎破(쇄파) [10-42]　　純粹(순수) [42-10]

狀態(상태) [42-42]　　姓氏(성씨) [70-40]　　衰弱(쇠약) [32-60]　　巡廻(순회) [32-20]

相互(상호) [52-30]　　盛旺(성왕) [42-12]　　秀傑(수걸) [40-40]　　術藝(술예) [60-42]

色彩(색채) [70-32]　　聲音(성음) [42-60]　　羞愧(수괴) [10-30]　　崇高(숭고) [40-60]

省減(생감) [60-42]　　省察(성찰) [60-42]　　首魁(수괴) [52-10]　　崇尙(숭상) [40-32]

省略(생략) [60-40]　　成就(성취) [60-40]　　首頭(수두) [52-60]　　習慣(습관) [60-32]

生産(생산) [80-52]　　世界(세계) [70-60]　　收斂(수렴) [42-10]　　習練(습련) [60-52]

甥姪(생질) [10-30]　　世代(세대) [70-60]　　狩獵(수렵) [10-30]　　習癖(습벽) [60-10]

生出(생출) [80-70]　　細微(세미) [42-32]　　受領(수령) [42-50]　　濕潤(습윤) [32-32]

生活(생활) [80-70]　　洗滌(세척) [52-10]　　樹林(수림) [60-70]　　習學(습학) [60-80]

逝去(서거) [30-50]　　洗濯(세탁) [52-30]　　竪立(수립) [10-70]　　承繼(승계) [42-40]

胥吏(서리) [10-32]　　消滅(소멸) [60-32]　　睡眠(수면) [30-32]　　承奉(승봉) [42-52]

誓盟(서맹) [30-32]　　消耗(소모) [60-10]　　壽命(수명) [32-70]　　時期(시기) [70-50]

瑞祥(서상) [20-30]　　小微(소미) [80-32]　　樹木(수목) [60-80]　　猜忌(시기) [10-30]

暑熱(서열) [30-50]　　素朴(소박) [42-60]　　酬報(수보) [10-42]　　弑戮(시륙) [10-10]

徐緩(서완) [32-32]　　燒焚(소분) [32-10]　　輸送(수송) [32-42]　　侍陪(시배) [32-10]

書籍(서적) [60-40]　　訴訟(소송) [32-32]　　修習(수습) [42-60]　　施設(시설) [42-42]

書冊(서책) [60-40]　　逍遙(소요) [10-30]　　收拾(수습) [42-32]　　柴薪(시신) [12-10]

釋放(석방) [32-60]　　騷擾(소요) [30-10]　　修飾(수식) [42-32]　　始創(시창) [60-42]

善良(선량) [50-52]　　燒灼(소작) [32-10]　　授與(수여) [42-40]　　始初(시초) [60-50]

鮮麗(선려) [52-42]　　蕭寂(소적) [10-32]　　守衛(수위) [42-42]　　猜妬(시투) [10-10]

羨慕(선모) [10-32]　　疏註(소주) [32-10]　　殊異(수이) [32-40]　　試驗(시험) [42-42]

船舶(선박) [50-20]　　梳櫛(소즐) [10-10]　　讎敵(수적) [10-42]　　式例(식례) [60-60]

選拔(선발) [50-32]　　素質(소질) [42-52]　　修葺(수즙) [42-10]　　拭拂(식불) [10-32]

飾粧(식장) [32-32]	惡慝(악특) [52-10]	恙憂(양우) [10-32]	捐棄(연기) [10-30]
植栽(식재) [70-32]	安康(안강) [70-42]	養育(양육) [52-70]	鍊鍛(연단) [32-20]
式典(식전) [60-52]	按檢(안검) [10-42]	諒知(양지) [30-52]	淵潭(연담) [12-20]
申告(신고) [42-52]	安寧(안녕) [70-32]	樣態(양태) [40-42]	姸麗(연려) [12-42]
辛苦(신고) [30-60]	顔面(안면) [32-70]	壤土(양토) [32-80]	年齡(연령) [80-10]
身軀(신구) [60-10]	眼目(안목) [42-60]	良好(양호) [52-42]	硏磨(연마) [42-32]
宸闕(신궐) [10-20]	按撫(안무) [10-10]	御駕(어가) [32-10]	煙煤(연매) [42-10]
神鬼(신귀) [60-32]	安全(안전) [70-70]	圄囹(어령) [10-10]	戀慕(연모) [32-32]
愼謹(신근) [32-30]	安靖(안정) [70-10]	御領(어령) [32-50]	憐憫(연민) [30-30]
迅急(신급) [10-60]	按察(안찰) [10-42]	漁撈(어로) [50-10]	筵席(연석) [10-60]
辛辣(신랄) [30-10]	安平(안평) [70-70]	語辭(어사) [70-40]	年歲(연세) [80-52]
神靈(신령) [60-32]	斡旋(알선) [10-32]	抑壓(억압) [32-42]	燃燒(연소) [40-32]
訊問(신문) [10-70]	庵廬(암려) [10-12]	言談(언담) [60-50]	連續(연속) [42-42]
迅速(신속) [10-60]	暗昧(암매) [42-10]	言辭(언사) [60-40]	硏修(연수) [42-42]
薪柴(신시) [10-12]	暗冥(암명) [42-30]	言說(언설) [60-52]	練習(연습) [52-60]
辛烈(신열) [30-40]	闇冥(암명) [10-30]	言語(언어) [60-70]	戀愛(연애) [32-60]
呻吟(신음) [10-30]	壓抑(압억) [42-32]	堰堤(언제) [10-30]	姸艶(연염) [12-10]
伸張(신장) [30-40]	秧苗(앙묘) [10-30]	嚴肅(엄숙) [40-40]	緣因(연인) [40-50]
愼重(신중) [32-70]	殃災(앙재) [30-50]	嚴峻(엄준) [40-12]	輦車(연차) [10-70]
迅疾(신질) [10-32]	殃禍(앙화) [30-32]	掩蔽(엄폐) [10-30]	軟脆(연취) [32-10]
身體(신체) [60-60]	哀悼(애도) [32-20]	奄忽(엄홀) [10-32]	漣波(연파) [12-42]
薪樵(신초) [10-10]	愛戀(애련) [60-32]	業務(업무) [60-42]	憐恤(연휼) [30-10]
室家(실가) [80-70]	隘陋(애루) [10-10]	業事(업사) [60-70]	悅樂(열락) [32-60]
悉皆(실개) [10-30]	曖昧(애매) [10-10]	餘暇(여가) [42-40]	念慮(염려) [52-40]
實果(실과) [52-60]	愛慕(애모) [60-32]	旅客(여객) [52-52]	艶美(염미) [10-60]
失敗(실패) [60-50]	愛寵(애총) [60-10]	女娘(여랑) [80-32]	殮殯(염빈) [10-10]
尋訪(심방) [30-42]	液汁(액즙) [42-10]	閭里(여리) [10-70]	念想(염상) [52-42]
審査(심사) [32-50]	厄禍(액화) [30-32]	麗美(여미) [42-60]	詠歌(영가) [30-70]
心性(심성) [70-52]	揶揄(야유) [10-10]	閭閻(여염) [10-12]	永久(영구) [60-32]
深奧(심오) [42-10]	約結(약결) [52-52]	餘饒(여요) [42-10]	零落(영락) [30-50]
甚酷(심혹) [32-20]	略省(약생) [40-60]	餘剩(여잉) [42-10]	玲瓏(영롱) [12-10]
阿丘(아구) [32-32]	約束(약속) [52-52]	輿地(여지) [30-70]	盈滿(영만) [12-42]
兒童(아동) [52-60]	藥劑(약제) [60-20]	黎黑(여흑) [10-50]	靈魄(영백) [32-10]
衙府(아부) [10-42]	掠奪(약탈) [30-32]	域境(역경) [40-42]	領率(영솔) [50-32]
阿諂(아첨) [32-10]	糧穀(양곡) [40-40]	役使(역사) [32-60]	領受(영수) [50-42]
訝惑(아혹) [10-32]	楊柳(양류) [30-40]	驛站(역참) [32-10]	靈神(영신) [32-60]
樂歌(악가) [60-70]	良善(양선) [52-50]	硏究(연구) [42-42]	囹圄(영어) [10-10]

永遠(영원) [60-60]　　蘊蓄(온축) [10-42]　　邀招(요초) [10-40]　　諭告(유고) [10-52]

詠吟(영음) [30-30]　　壅塞(옹색) [10-32]　　料度(요탁) [50-60]　　誘拐(유괴) [32-10]

映照(영조) [40-32]　　壅滯(옹체) [10-32]　　勇敢(용감) [60-40]　　悠久(유구) [32-32]

詠唱(영창) [30-50]　　雍和(옹화) [12-60]　　勇猛(용맹) [60-32]　　柔懦(유나) [32-10]

鈴鐸(영탁) [10-10]　　訛謬(와류) [10-20]　　容貌(용모) [42-32]　　愉樂(유락) [10-60]

領統(영통) [50-42]　　訛誤(와오) [10-42]　　用費(용비) [60-50]　　流浪(유랑) [52-32]

英特(영특) [60-60]　　訛僞(와위) [10-32]　　庸常(용상) [30-42]　　蹂躪(유린) [10-10]

靈魂(영혼) [32-32]　　頑固(완고) [10-50]　　鎔冶(용야) [12-10]　　諛媚(유미) [10-10]

榮華(영화) [42-40]　　頑鈍(완둔) [10-30]　　踊躍(용약) [10-30]　　儒士(유사) [40-52]

例規(예규) [60-50]　　婉麗(완려) [10-42]　　聳峙(용치) [10-12]　　幼少(유소) [32-70]

銳利(예리) [30-60]　　玩弄(완롱) [10-32]　　迂曲(우곡) [10-50]　　遺失(유실) [40-60]

例法(예법) [60-52]　　婉媚(완미) [10-10]　　憂慮(우려) [32-40]　　愉悅(유열) [10-32]

隸僕(예복) [30-10]　　婉美(완미) [10-60]　　憂愁(우수) [32-32]　　謬誤(유오) [20-42]

裔孫(예손) [10-60]　　緩徐(완서) [32-32]　　愚頑(우완) [32-10]　　裕足(유족) [32-70]

藝術(예술) [42-60]　　頑愚(완우) [10-32]　　迂遠(우원) [10-60]　　留住(유주) [42-70]

例式(예식) [60-60]　　完全(완전) [50-70]　　羽翼(우익) [32-32]　　油脂(유지) [60-20]

穢汚(예오) [10-30]　　枉曲(왕곡) [10-50]　　宇宙(우주) [32-32]　　幼稚(유치) [32-32]

曳引(예인) [10-42]　　枉屈(왕굴) [10-40]　　愚癡(우치) [32-10]　　遊戲(유희) [40-32]

例典(예전) [60-52]　　旺盛(왕성) [12-42]　　憂患(우환) [32-50]　　育鞠(육국) [70-12]

裔胄(예주) [10-10]　　汪洋(왕양) [12-60]　　迂闊(우활) [10-10]　　戮殺(육살) [10-42]

穢濁(예탁) [10-30]　　旺興(왕흥) [12-42]　　迂廻(우회) [10-20]　　肉身(육신) [42-60]

汚瀆(오독) [30-10]　　矮短(왜단) [10-60]　　運動(운동) [60-70]　　育養(육양) [70-52]

梧桐(오동) [20-20]　　畏怯(외겁) [30-10]　　運搬(운반) [60-20]　　陸地(육지) [52-70]

娛樂(오락) [30-60]　　畏懼(외구) [30-30]　　云謂(운위) [30-32]　　肉體(육체) [42-60]

誤謬(오류) [42-20]　　猥濫(외람) [10-30]　　援救(원구) [40-50]　　淪沒(윤몰) [10-32]

傲慢(오만) [30-30]　　要求(요구) [52-42]　　願望(원망) [50-52]　　潤濕(윤습) [32-32]

汚穢(오예) [30-10]　　撓屈(요굴) [10-40]　　院宇(원우) [50-32]　　胤裔(윤예) [12-10]

誤錯(오착) [42-32]　　要緊(요긴) [52-32]　　冤痛(원통) [10-40]　　潤澤(윤택) [32-32]

汚濁(오탁) [30-30]　　搖動(요동) [30-70]　　怨恨(원한) [40-40]　　輪廻(윤회) [40-20]

懊恨(오한) [10-40]　　擾亂(요란) [10-40]　　違乖(위괴) [30-10]　　律法(율법) [42-52]

獄牢(옥뢰) [32-10]　　料量(요량) [50-50]　　偉大(위대) [52-80]　　戎兵(융병) [10-52]

玉璧(옥벽) [42-10]　　聊賴(요뢰) [10-32]　　委任(위임) [40-52]　　隆盛(융성) [32-42]

屋舍(옥사) [50-42]　　妖艷(요염) [20-10]　　萎凋(위조) [10-10]　　隆昌(융창) [32-32]

屋宇(옥우) [50-32]　　遼遠(요원) [12-60]　　違錯(위착) [30-32]　　融通(융통) [20-60]

溫暖(온난) [60-42]　　遙遠(요원) [30-60]　　委託(위탁) [40-20]　　融和(융화) [20-60]

溫煖(온난) [60-10]　　寥寂(요적) [10-32]　　危殆(위태) [40-32]　　隆興(융흥) [32-42]

穩全(온전) [20-70]　　饒足(요족) [10-70]　　油膏(유고) [60-10]　　隱匿(은닉) [40-10]

隱遁(은둔) [40-10]　　引導(인도) [42-42]　　奬勸(장권) [40-40]　　寂寥(적요) [32-10]

隱祕(은비) [40-40]　　湮沒(인몰) [10-32]　　藏匿(장닉) [32-10]　　積貯(적저) [40-50]

恩寵(은총) [42-10]　　吝嗇(인색) [10-10]　　奬勵(장려) [40-32]　　寂靜(적정) [32-40]

恩惠(은혜) [42-42]　　認識(인식) [42-52]　　帳幕(장막) [40-32]　　積疊(적첩) [40-10]

隱諱(은휘) [40-10]　　因緣(인연) [50-40]　　薔薇(장미) [10-10]　　積蓄(적축) [40-42]

淫姦(음간) [32-30]　　仁慈(인자) [40-32]　　丈夫(장부) [32-70]　　癲癇(전간) [10-10]

音聲(음성) [60-42]　　認知(인지) [42-52]　　臟腑(장부) [32-10]　　悛改(전개) [10-50]

吟詠(음영) [30-30]　　湮沈(인침) [10-32]　　將帥(장수) [42-32]　　癲狂(전광) [10-32]

音韻(음운) [60-32]　　咽喉(인후) [10-20]　　裝飾(장식) [32-32]　　顚倒(전도) [10-32]

泣哭(읍곡) [30-32]　　一同(일동) [80-70]　　障礙(장애) [42-20]　　典例(전례) [52-60]

依據(의거) [40-40]　　佾舞(일무) [12-40]　　齋潔(재결) [10-42]　　典範(전범) [52-40]

議論(의논) [42-42]　　賃貸(임대) [32-32]　　齋戒(재계) [10-40]　　典法(전법) [52-52]

宜當(의당) [30-52]　　妊娠(임신) [20-10]　　才術(재술) [60-60]　　塡塞(전색) [10-32]

醫療(의료) [60-20]　　入納(입납) [70-40]　　栽植(재식) [32-70]　　展舒(전서) [52-12]

衣服(의복) [60-60]　　剩餘(잉여) [10-42]　　齋室(재실) [10-80]　　箋釋(전석) [10-32]

依憑(의빙) [40-10]　　孕胎(잉태) [10-20]　　災殃(재앙) [50-30]　　餞送(전송) [10-42]

意思(의사) [60-50]　　自己(자기) [70-52]　　災厄(재액) [50-30]　　典式(전식) [52-60]

擬像(의상) [10-32]　　姿貌(자모) [40-32]　　才藝(재예) [60-42]　　全完(전완) [70-50]

疑訝(의아) [40-10]　　諮問(자문) [20-70]　　災禍(재화) [50-32]　　典律(전율) [52-42]

意義(의의) [60-42]　　仔詳(자상) [10-32]　　財貨(재화) [52-42]　　轉移(전이) [40-42]

意志(의지) [60-42]　　仔細(자세) [10-42]　　財賄(재회) [52-10]　　戰爭(전쟁) [60-50]

意趣(의취) [60-40]　　慈愛(자애) [32-60]　　爭競(쟁경) [50-50]　　典籍(전적) [52-40]

里閭(이려) [70-10]　　慈仁(자인) [32-40]　　爭鬪(쟁투) [50-40]　　奠定(전정) [10-60]

離別(이별) [40-60]　　資財(자재) [40-52]　　邸舍(저사) [10-42]　　箋註(전주) [10-10]

移徙(이사) [42-10]　　資質(자질) [40-52]　　咀嚼(저작) [10-10]　　專擅(전천) [40-10]

吏胥(이서) [32-10]　　恣擅(자천) [30-10]　　著作(저작) [32-60]　　塡充(전충) [10-52]

俚俗(이속) [10-42]　　刺衝(자충) [32-32]　　貯積(저적) [50-40]　　戰鬪(전투) [60-40]

爾汝(이여) [10-30]　　疵瑕(자하) [10-10]　　邸第(저제) [10-60]　　錢幣(전폐) [40-30]

怡悅(이열) [12-32]　　資貨(자화) [40-42]　　咀呪(저주) [10-10]　　廛鋪(전포) [10-20]

弛緩(이완) [10-32]　　疵痕(자흔) [10-10]　　詛呪(저주) [10-10]　　銓衡(전형) [10-32]

移運(이운) [42-60]　　棧橋(잔교) [10-50]　　貯蓄(저축) [50-42]　　悛換(전환) [10-32]

利益(이익) [60-42]　　殘餘(잔여) [40-42]　　邸宅(저택) [10-52]　　轉回(전회) [40-42]

移轉(이전) [42-40]　　箴警(잠경) [10-42]　　抵抗(저항) [32-40]　　節季(절계) [52-40]

弛解(이해) [10-42]　　箴戒(잠계) [10-40]　　賊盜(적도) [40-40]　　切斷(절단) [52-42]

溺沒(익몰) [20-32]　　匠工(장공) [10-70]　　積累(적루) [40-32]　　截斷(절단) [10-42]

引牽(인견) [42-30]　　掌管(장관) [32-40]　　寂寞(적막) [32-10]　　絶斷(절단) [42-42]

忍耐(인내) [32-32]　　長久(장구) [80-32]　　敵讎(적수) [42-10]　　竊盜(절도) [30-40]

霑潤(점윤) [10-32]   第次(제차) [60-42]   終末(종말) [50-50]   贈給(증급) [30-50]

粘着(점착) [10-52]   第宅(제택) [60-52]   從僕(종복) [40-10]   證憑(증빙) [40-10]

店鋪(점포) [52-20]   彫刻(조각) [20-40]   腫瘍(종양) [10-10]   贈與(증여) [30-40]

霑洽(점흡) [10-10]   阻隔(조격) [10-32]   終止(종지) [50-50]   憎惡(증오) [32-52]

接續(접속) [42-42]   凋枯(조고) [10-30]   綜合(종합) [20-60]   贈呈(증정) [30-20]

挺傑(정걸) [10-40]   調均(조균) [52-40]   座席(좌석) [40-60]   脂膏(지고) [20-10]

淨潔(정결) [32-42]   躁急(조급) [10-60]   挫折(좌절) [10-40]   至遝(지답) [42-10]

正匡(정광) [70-10]   眺覽(조람) [10-40]   罪辜(죄고) [50-10]   脂肪(지방) [20-10]

旌旗(정기) [12-70]   嘲弄(조롱) [10-32]   罪過(죄과) [50-52]   祉福(지복) [10-52]

整頓(정돈) [40-12]   眺望(조망) [10-52]   住居(주거) [70-40]   知識(지식) [52-52]

停留(정류) [50-42]   稠密(조밀) [10-42]   主君(주군) [70-40]   地輿(지여) [70-30]

靜謐(정밀) [40-10]   糟粕(조박) [10-10]   州郡(주군) [52-60]   脂油(지유) [20-60]

正方(정방) [70-70]   助幇(조방) [42-10]   紬緞(주단) [10-10]   志意(지의) [42-60]

征伐(정벌) [32-42]   遭逢(조봉) [10-32]   駐留(주류) [20-42]   旨意(지의) [20-60]

禎祥(정상) [12-30]   租賦(조부) [32-32]   誅戮(주륙) [10-10]   支撐(지탱) [42-10]

挺秀(정수) [10-40]   阻塞(조색) [10-32]   紬綾(주릉) [10-10]   智慧(지혜) [40-32]

靖安(정안) [10-70]   租稅(조세) [32-42]   舟船(주선) [30-50]   嗔怒(진노) [10-42]

情意(정의) [52-60]   早速(조속) [42-60]   註疏(주소) [10-32]   珍寶(진보) [40-42]

情誼(정의) [52-10]   肇始(조시) [10-60]   胄裔(주예) [10-10]   辰宿(진수) [32-52]

靜寂(정적) [40-32]   照映(조영) [32-40]   珠玉(주옥) [32-42]   眞實(진실) [42-52]

整齊(정제) [40-32]   遭遇(조우) [10-40]   周圍(주위) [40-40]   陳列(진열) [32-42]

停住(정주) [50-70]   凋萎(조위) [10-10]   胄胤(주윤) [10-12]   進陟(진척) [42-12]

停駐(정주) [50-20]   造作(조작) [42-60]   做作(주작) [10-60]   進出(진출) [42-70]

停止(정지) [50-50]   組織(조직) [40-40]   呪詛(주저) [10-10]   進就(진취) [42-40]

正直(정직) [70-70]   兆朕(조짐) [32-10]   躊躇(주저) [10-10]   迭代(질대) [10-60]

貞直(정직) [32-70]   詔勅(조칙) [10-10]   註解(주해) [10-42]   叱罵(질매) [10-10]

偵探(정탐) [20-40]   嘲謔(조학) [10-10]   朱紅(주홍) [40-40]   質朴(질박) [52-60]

除減(제감) [42-42]   調和(조화) [52-60]   俊傑(준걸) [30-40]   質樸(질박) [52-10]

啼哭(제곡) [10-32]   尊高(존고) [42-60]   浚渫(준설) [12-10]   疾病(질병) [32-60]

題目(제목) [60-60]   尊貴(존귀) [42-50]   遵守(준수) [30-42]   窒塞(질색) [20-32]

祭祀(제사) [42-32]   尊崇(존숭) [42-40]   峻嚴(준엄) [12-40]   秩序(질서) [32-50]

堤堰(제언) [30-10]   存在(존재) [40-60]   峻險(준험) [12-40]   質素(질소) [52-42]

帝王(제왕) [40-80]   拙劣(졸렬) [30-30]   重複(중복) [70-40]   質正(질정) [52-70]

啼泣(제읍) [10-30]   卒兵(졸병) [52-52]   中央(중앙) [80-32]   叱責(질책) [10-52]

製作(제작) [42-60]   終結(종결) [50-52]   重疊(중첩) [70-10]   佚蕩(질탕) [10-10]

齊整(제정) [32-40]   終端(종단) [50-42]   汁液(즙액) [10-42]   跌宕(질탕) [10-10]

製造(제조) [42-42]   終了(종료) [50-30]   增加(증가) [42-50]   嫉妬(질투) [10-10]

疾患(질환) [32-50]　懺悔(참회) [10-32]　諂諛(첨유) [10-10]　寵愛(총애) [10-60]

斟酌(짐작) [10-30]　唱歌(창가) [50-70]　貼付(첩부) [10-32]　寵恩(총은) [10-42]

什器(집기) [10-42]　倉庫(창고) [32-40]　捷速(첩속) [10-60]　叢萃(총췌) [10-10]

集團(집단) [60-52]　滄浪(창랑) [20-32]　淸潔(청결) [60-42]　叢聚(총취) [10-12]

集募(집모) [60-30]　槍矛(창모) [10-20]　靑綠(청록) [80-60]　催促(최촉) [32-32]

什物(집물) [10-70]　創始(창시) [42-60]　聽聞(청문) [40-60]　椎擊(추격) [10-40]

集會(집회) [60-60]　瘡瘍(창양) [10-10]　靑碧(청벽) [80-32]　墜落(추락) [10-50]

懲戒(징계) [30-40]　倡優(창우) [10-40]　淸淑(청숙) [60-32]　抽拔(추발) [30-32]

徵聘(징빙) [32-30]　瘡痍(창이) [10-10]　淸淨(청정) [60-32]　追隨(추수) [32-32]

徵收(징수) [32-42]　漲溢(창일) [10-10]　淸澄(청징) [60-10]　酋帥(추수) [10-32]

澄淸(징청) [10-60]　創作(창작) [42-60]　靑蒼(청창) [80-32]　追從(추종) [32-40]

車輛(차량) [70-20]　瘡腫(창종) [10-10]　請囑(청촉) [42-10]　抽擢(추탁) [30-10]

差別(차별) [40-60]　創初(창초) [42-50]　靑翠(청취) [80-10]　祝慶(축경) [50-42]

遮掩(차엄) [20-10]　菖蒲(창포) [10-10]　締結(체결) [20-52]　築構(축구) [42-40]

差異(차이) [40-40]　彩紋(채문) [32-32]　體軀(체구) [60-10]　祝禱(축도) [50-10]

次第(차제) [42-60]　彩色(채색) [32-70]　替代(체대) [30-60]　畜牛(축우) [32-50]

蹉跌(차질) [10-10]　菜蔬(채소) [32-30]　涕淚(체루) [10-30]　蓄積(축적) [42-40]

嗟歎(차탄) [10-40]　採擇(채택) [40-40]　滯塞(체색) [32-32]　出生(출생) [70-80]

錯誤(착오) [32-42]　策謀(책모) [32-32]　體身(체신) [60-60]　黜斥(출척) [10-30]

燦爛(찬란) [12-20]　冊書(책서) [40-60]　替換(체환) [30-32]　衝激(충격) [32-40]

饌膳(찬선) [10-10]　責任(책임) [52-52]　超過(초과) [32-52]　衝突(충돌) [32-32]

撰述(찬술) [10-32]　凄涼(처량) [10-32]　招聘(초빙) [40-30]　充滿(충만) [52-42]

讚譽(찬예) [40-32]　悽慘(처참) [20-30]　醋酸(초산) [10-20]　充塡(충전) [52-10]

纂輯(찬집) [10-20]　悽愴(처창) [20-10]　招邀(초요) [40-10]　贅瘤(췌류) [10-10]

纂集(찬집) [10-60]　斥黜(척출) [30-10]　超越(초월) [32-32]　聚斂(취렴) [12-10]

簒奪(찬탈) [10-32]　天穹(천궁) [70-10]　初創(초창) [50-42]　翠碧(취벽) [10-32]

察見(찰견) [42-52]　踐踏(천답) [32-32]　憔悴(초췌) [10-10]　脆弱(취약) [10-60]

察觀(찰관) [42-52]　闡明(천명) [10-60]　促急(촉급) [32-60]　脆軟(취연) [10-32]

慙愧(참괴) [30-30]　淺薄(천박) [32-32]　促迫(촉박) [32-32]　趣意(취의) [40-60]

僭濫(참람) [10-30]　天覆(천부) [70-32]　囑託(촉탁) [10-20]　聚集(취집) [12-60]

讒謗(참방) [10-10]　遷徙(천사) [32-10]　村落(촌락) [70-50]　吹噓(취허) [32-10]

慙羞(참수) [30-10]　擅恣(천자) [10-30]　村閭(촌려) [70-10]　惻憫(측민) [10-30]

參與(참여) [52-40]　穿鑿(천착) [10-10]　村里(촌리) [70-70]　側傍(측방) [32-30]

讖緯(참위) [10-30]　鐵鋼(철강) [50-32]　寸節(촌절) [80-52]　惻愴(측창) [10-10]

塹壕(참호) [10-12]　撤收(철수) [20-42]　忖度(촌탁) [10-60]　測度(측탁) [42-60]

塹濠(참호) [10-20]　添加(첨가) [30-50]　聰明(총명) [30-60]　層階(층계) [40-40]

慘酷(참혹) [30-20]　尖端(첨단) [30-42]　塚墓(총묘) [10-40]　馳驅(치구) [10-30]

癡鈍(치둔) [10-30]	搭載(탑재) [10-32]	特殊(특수) [60-32]	怖悸(포계) [20-10]
治理(치리) [42-60]	怠慢(태만) [30-30]	慝惡(특악) [10-52]	包括(포괄) [42-10]
癡呆(치매) [10-10]	汰沙(태사) [10-32]	特異(특이) [60-40]	抛棄(포기) [20-30]
緻密(치밀) [10-42]	態樣(태양) [42-40]	波濤(파도) [42-10]	捕拏(포나) [32-10]
稚幼(치유) [32-32]	胎孕(태잉) [20-10]	波瀾(파란) [42-10]	葡萄(포도) [12-10]
馳走(치주) [10-42]	怠惰(태타) [30-10]	波浪(파랑) [42-32]	逋逃(포도) [10-40]
勅詔(칙조) [10-10]	泰平(태평) [32-70]	破碎(파쇄) [42-10]	捕虜(포로) [32-10]
侵掠(침략) [42-30]	胎胞(태포) [20-40]	把握(파악) [30-20]	泡沫(포말) [10-10]
沈淪(침륜) [32-10]	兌換(태환) [12-32]	芭蕉(파초) [10-10]	逋亡(포망) [10-50]
沈沔(침면) [32-12]	宅舍(택사) [52-42]	判決(판결) [40-52]	匍匐(포복) [10-10]
沈沒(침몰) [32-32]	撑支(탱지) [10-42]	販賣(판매) [30-50]	抱擁(포옹) [30-30]
沈默(침묵) [32-32]	討伐(토벌) [40-42]	悖亂(패란) [10-40]	包容(포용) [42-42]
侵犯(침범) [42-40]	土壤(토양) [80-32]	悖戾(패려) [10-10]	包圍(포위) [42-40]
沈潛(침잠) [32-32]	土地(토지) [80-70]	敗亡(패망) [50-50]	怖慄(포율) [20-10]
浸透(침투) [32-32]	慟哭(통곡) [10-32]	敗北(패배) [50-80]	庖廚(포주) [10-10]
蟄伏(칩복) [10-40]	通貫(통관) [60-32]	悖逆(패역) [10-42]	捕捉(포착) [32-30]
蟄藏(칩장) [10-32]	洞達(통달) [70-42]	澎湃(팽배) [10-10]	抛擲(포척) [20-10]
打擊(타격) [50-40]	通達(통달) [60-42]	膨脹(팽창) [10-10]	褒稱(포칭) [10-40]
打撞(타당) [50-10]	統領(통령) [42-50]	騙欺(편기) [10-30]	胞胎(포태) [40-20]
墮落(타락) [30-50]	統率(통솔) [42-32]	鞭撻(편달) [10-10]	暴虐(포학) [42-20]
打撲(타박) [50-10]	統帥(통수) [42-32]	偏僻(편벽) [32-20]	包含(포함) [42-32]
惰怠(타태) [10-30]	痛冤(통원) [40-10]	便安(편안) [70-70]	咆號(포호) [10-60]
度量(탁량) [60-50]	通融(통융) [60-20]	編纂(편찬) [32-10]	抱懷(포회) [30-32]
鐸鈴(탁령) [10-10]	通徹(통철) [60-32]	鞭策(편책) [10-32]	捕獲(포획) [32-32]
擢拔(탁발) [10-32]	洞通(통통) [70-60]	鞭笞(편태) [10-10]	咆哮(포효) [10-10]
濁穢(탁예) [30-10]	通透(통투) [60-32]	貶降(폄강) [10-40]	暴露(폭로) [42-32]
濁汚(탁오) [30-30]	統合(통합) [42-60]	貶下(폄하) [10-70]	標榜(표방) [40-10]
卓越(탁월) [50-32]	退却(퇴각) [42-30]	平均(평균) [70-40]	剽勇(표용) [10-60]
坦夷(탄이) [10-30]	槌擊(퇴격) [10-40]	平等(평등) [70-60]	表皮(표피) [60-32]
坦平(탄평) [10-70]	堆積(퇴적) [10-40]	平安(평안) [70-70]	慓悍(표한) [10-10]
彈劾(탄핵) [40-10]	妬忌(투기) [10-30]	平坦(평탄) [70-10]	品件(품건) [52-50]
奪掠(탈략) [32-30]	鬪爭(투쟁) [40-50]	平和(평화) [70-60]	品物(품물) [52-70]
耽樂(탐락) [12-60]	鬪戰(투전) [40-60]	廢棄(폐기) [32-30]	豊饒(풍요) [42-10]
探索(탐색) [40-32]	投擲(투척) [40-10]	廢亡(폐망) [32-50]	豊足(풍족) [42-70]
貪慾(탐욕) [30-32]	透徹(투철) [32-32]	幣帛(폐백) [30-10]	豊厚(풍후) [42-40]
探偵(탐정) [40-20]	透浸(투침) [32-32]	斃死(폐사) [10-60]	疲困(피곤) [40-40]
搭乘(탑승) [10-32]	透通(투통) [32-60]	弊害(폐해) [32-52]	被衾(피금) [32-10]

疲勞(피로) [40-52]	害損(해손) [52-40]	刑罰(형벌) [40-42]	禍殃(화앙) [32-30]
皮膚(피부) [32-20]	駭愕(해악) [10-10]	形像(형상) [60-32]	禍厄(화액) [32-30]
疲憊(피비) [40-10]	海洋(해양) [70-60]	形象(형상) [60-40]	話言(화언) [70-60]
皮革(피혁) [32-40]	解弛(해이) [42-10]	形式(형식) [60-60]	禍災(화재) [32-50]
畢竟(필경) [32-30]	楷正(해정) [10-70]	形容(형용) [60-42]	貨財(화재) [42-52]
逼迫(핍박) [10-32]	咳喘(해천) [10-10]	形態(형태) [60-42]	和平(화평) [60-70]
下降(하강) [70-40]	懈惰(해타) [10-10]	惠恩(혜은) [42-42]	貨幣(화폐) [42-30]
賀慶(하경) [32-42]	懈怠(해태) [10-30]	慧智(혜지) [32-40]	和諧(화해) [60-10]
遐遠(하원) [10-60]	諧謔(해학) [10-10]	惠澤(혜택) [42-32]	和協(화협) [60-42]
瑕疵(하자) [10-10]	諧和(해화) [10-60]	毫毛(호모) [30-42]	確固(확고) [42-50]
河川(하천) [50-70]	邂逅(해후) [10-10]	琥珀(호박) [10-10]	廓大(확대) [10-80]
壑谷(학곡) [10-32]	行動(행동) [60-70]	皓白(호백) [12-80]	還歸(환귀) [32-40]
學習(학습) [80-60]	行爲(행위) [60-42]	互相(호상) [30-52]	喚叫(환규) [10-30]
閑隙(한극) [40-10]	鄕村(향촌) [42-70]	壕塹(호참) [12-10]	歡悅(환열) [40-32]
悍毒(한독) [10-42]	許可(허가) [50-50]	濠塹(호참) [20-10]	患憂(환우) [50-32]
寒冷(한랭) [50-50]	虛空(허공) [42-70]	昊天(호천) [12-70]	歡喜(환희) [40-40]
罕罔(한망) [10-30]	許諾(허락) [50-32]	豪宕(호탕) [32-10]	惶怯(황겁) [10-10]
旱魃(한발) [30-10]	虛無(허무) [42-50]	豪俠(호협) [32-10]	惶悸(황계) [10-10]
澣滌(한척) [10-10]	虛僞(허위) [42-32]	酷毒(혹독) [20-42]	惶恐(황공) [10-32]
澣濯(한탁) [10-30]	獻納(헌납) [32-40]	酷甚(혹심) [20-32]	惶懼(황구) [10-30]
恨歎(한탄) [40-40]	憲法(헌법) [40-52]	混沌(혼돈) [40-10]	遑急(황급) [10-60]
割剝(할박) [32-10]	歇息(헐식) [10-42]	渾沌(혼돈) [10-10]	荒蕪(황무) [32-10]
銜勒(함륵) [10-10]	險峻(험준) [40-12]	混亂(혼란) [40-40]	惶悚(황송) [10-10]
陷沒(함몰) [32-32]	懸掛(현괘) [32-30]	魂靈(혼령) [32-32]	皇王(황왕) [32-80]
緘封(함봉) [10-32]	賢良(현량) [42-52]	昏冥(혼명) [30-30]	皇帝(황제) [32-40]
艦船(함선) [20-50]	玄妙(현묘) [32-40]	魂魄(혼백) [32-10]	荒廢(황폐) [32-32]
艦艇(함정) [20-20]	絃線(현선) [30-60]	昏闇(혼암) [30-10]	恍惚(황홀) [10-10]
合倂(합병) [60-20]	顯現(현현) [40-60]	婚姻(혼인) [40-30]	慌惚(황홀) [10-10]
抗拒(항거) [40-40]	嫌忌(혐기) [30-30]	混雜(혼잡) [40-40]	恢廣(회광) [10-52]
航船(항선) [42-50]	嫌惡(혐오) [30-52]	婚娶(혼취) [40-10]	回歸(회귀) [42-40]
骸骨(해골) [10-40]	峽谷(협곡) [20-32]	混濁(혼탁) [40-30]	賄賂(회뢰) [10-10]
該當(해당) [30-52]	脅迫(협박) [32-32]	渾濁(혼탁) [10-30]	會社(회사) [60-60]
害毒(해독) [52-42]	狹隘(협애) [10-10]	鴻雁(홍안) [30-30]	回旋(회선) [42-32]
解放(해방) [42-60]	狹窄(협착) [10-10]	畫圖(화도) [60-60]	懷孕(회잉) [32-10]
解散(해산) [42-40]	協和(협화) [42-60]	和睦(화목) [60-32]	回轉(회전) [42-40]
解釋(해석) [42-32]	荊棘(형극) [10-10]	化變(화변) [52-52]	會集(회집) [60-60]
解消(해소) [42-60]	形貌(형모) [60-32]	話說(화설) [70-52]	懷抱(회포) [32-30]

悔恨(회한) [32-40]	毀碎(훼쇄) [30-10]	兇惡(흉악) [10-52]	興起(흥기) [42-42]
繪畫(회화) [10-60]	輝光(휘광) [30-60]	凶惡(흉악) [52-52]	興隆(흥륭) [42-32]
獲得(획득) [32-42]	諱忌(휘기) [10-30]	胸臆(흉억) [32-10]	興旺(흥왕) [42-12]
曉晨(효신) [30-30]	彙類(휘류) [10-52]	洶湧(흉용) [10-10]	稀貴(희귀) [32-50]
曉喩(효유) [30-10]	諱祕(휘비) [10-40]	凶暴(흉포) [52-42]	喜樂(희락) [40-60]
曉諭(효유) [30-10]	輝耀(휘요) [30-12]	欣悅(흔열) [10-32]	希望(희망) [42-52]
哮咆(효포) [10-10]	輝煌(휘황) [30-10]	痕跡(흔적) [10-32]	犧牲(희생) [10-10]
哮吼(효후) [10-10]	休憩(휴게) [70-20]	痕迹(흔적) [10-10]	稀少(희소) [32-70]
後昆(후곤) [70-10]	携帶(휴대) [30-42]	欣喜(흔희) [10-40]	喜悅(희열) [40-32]
勳功(훈공) [20-60]	休息(휴식) [70-42]	欠缺(흠결) [10-42]	希願(희원) [42-50]
訓敎(훈교) [60-80]	恤救(휼구) [10-50]	欽敬(흠경) [12-52]	戲遊(희유) [32-40]
訓導(훈도) [60-42]	胸膈(흉격) [32-10]	欠乏(흠핍) [10-10]	戲謔(희학) [32-10]
訓誨(훈회) [60-10]	胸襟(흉금) [32-10]	歆饗(흠향) [10-10]	詰責(힐책) [10-52]
毀壞(훼괴) [30-32]	凶猛(흉맹) [52-32]	吸飮(흡음) [42-60]	

類義語_2字

佳境 [32-42] − 蔗境 [10-42]	看護 [40-42] − 看病 [40-60]	乞身 [30-60] − 請老 [42-70]
架空 [32-70] − 虛構 [42-40]	感染 [60-32] − 傳染 [52-32]	乞骸 [30-10] − 乞身 [30-60]
家敎 [70-80] − 家訓 [70-60]	強仕 [60-52] − 不惑 [70-32]	儉約 [40-52] − 節約 [52-52]
可憐 [50-30] − 惻隱 [10-40]	改稿 [50-32] − 推敲 [40-10]	激勵 [40-32] − 鼓舞 [32-40]
家訓 [70-60] − 庭敎 [60-80]	改良 [50-52] − 改善 [50-50]	決心 [52-70] − 覺悟 [40-32]
各別 [60-60] − 特別 [60-60]	改善 [50-50] − 改良 [50-52]	決意 [52-60] − 決心 [52-70]
覺悟 [40-32] − 決心 [52-70]	改悛 [50-10] − 反省 [60-60]	缺點 [42-40] − 短點 [60-40]
角逐 [60-30] − 逐鹿 [30-30]	倨慢 [10-30] − 傲慢 [30-30]	缺乏 [42-10] − 不足 [70-70]
艱難 [10-42] − 苦楚 [60-12]	拒否 [40-40] − 拒絶 [40-42]	缺陷 [42-32] − 瑕疵 [10-10]
看病 [40-60] − 看護 [40-42]	巨星 [40-42] − 大家 [80-70]	境界 [42-60] − 區劃 [60-32]
干城 [40-42] − 棟梁 [20-32]	拒絶 [40-42] − 拒否 [40-40]	傾國 [40-80] − 國香 [80-42]
看做 [40-10] − 置簿 [42-32]	去就 [50-40] − 進退 [42-42]	傾城 [40-42] − 國色
間諜 [70-20] − 五列 [80-42]	乾坤 [32-30] − 天地 [70-70]	

[80-70]	鼓舞 [32-40] − 激勵 [40-32]	敲推 [10-40] − 潤文 [32-70]
經驗 [42-42] − 體驗 [60-42]	告白 [52-80] − 披瀝 [10-10]	故鄕 [42-42] − 鄕里 [42-70]
溪壑 [32-10] − 望蜀 [52-12]	苦心 [60-70] − 苦衷 [60-20]	古稀 [60-32] − 七旬 [80-32]
計劃 [60-32] − 意圖 [60-60]	苦楚 [60-12] − 艱難 [10-42]	骨肉 [40-42] − 血肉 [42-42]
故國 [42-80] − 祖國 [70-80]	苦衷 [60-20] − 苦心 [60-70]	共鳴 [60-40] − 首肯 [52-30]
高名 [60-70] − 有名 [70-70]	鼓吹 [32-32] − 鼓舞 [32-40]	功績 [60-40] − 業績 [60-40]

空前 [70-70] − 曠前 [10-70]	飢死 [30-60] − 餓死 [30-60]	都尉 [50-20] − 粉侯 [40-30]
貢獻 [32-32] − 寄與 [40-40]	飢餓 [30-30] − 飢饉 [30-10]	獨占 [52-40] − 專有 [40-70]
過激 [52-40] − 急進 [60-42]	寄與 [40-40] − 貢獻 [32-32]	突變 [32-52] − 豹變 [10-52]
瓜期 [20-50] − 瓜時 [20-70]	氣質 [70-52] − 性格 [52-52]	棟梁 [20-32] − 干城 [40-42]
瓜年 [20-80] − 破瓜 [42-20]	基礎 [52-32] − 根底 [60-40]	凍梨 [32-30] − 卒壽 [52-32]
瓜滿 [20-42] − 瓜年 [20-80]	氣品 [70-52] − 風格 [60-52]	同意 [70-60] − 贊成 [32-60]
寡妻 [32-32] − 荊婦 [10-42]	企劃 [32-32] − 企圖 [32-60]	等閑 [60-40] − 疎忽 [10-32]
冠省 [32-60] − 除煩 [42-30]	懶怠 [10-30] − 怠慢 [30-30]	忘德 [30-52] − 背恩 [42-42]
曠前 [10-70] − 空前 [70-70]	落膽 [50-20] − 失望 [60-52]	望蜀 [52-12] − 溪壑 [32-10]
匡正 [10-70] − 廓正 [10-70]	難澁 [42-10] − 難解 [42-42]	罵倒 [10-32] − 詰責 [10-52]
掛冠 [30-32] − 掛晃 [30-12]	難解 [42-42] − 難澁 [42-10]	明哲 [60-12] − 聰明 [30-60]
掛晃 [30-12] − 掛冠 [30-32]	濫觴 [30-10] − 嚆矢 [10-30]	冒頭 [30-60] − 虛頭 [42-60]
攪亂 [10-40] − 擾亂 [10-40]	納得 [40-42] − 了解 [30-42]	謀反 [32-60] − 反逆 [60-42]
教唆 [80-20] − 使嗾 [60-10]	內紛 [70-32] − 內訌 [70-10]	模範 [40-40] − 龜鑑 [30-32]
交涉 [60-30] − 折衝 [40-32]	內爭 [70-50] − 內紛 [70-32]	茅屋 [12-50] − 草屋 [70-50]
驅迫 [30-32] − 虐待 [20-60]	內訌 [70-10] − 內爭 [70-50]	目擊 [60-40] − 目睹 [60-10]
拘束 [32-52] − 束縛 [52-10]	冷淡 [50-32] − 薄情 [32-52]	目睹 [60-10] − 目擊 [60-40]
九泉 [80-40] − 黃泉 [60-40]	冷靜 [50-40] − 沈着 [32-52]	沒頭 [32-60] − 專心 [40-70]
區劃 [60-32] − 境界 [42-60]	勞思 [52-50] − 焦勞 [20-52]	無事 [50-70] − 安全 [70-70]
國色 [80-70] − 國香 [80-42]	論劾 [42-10] − 彈劾 [40-10]	無視 [50-42] − 默殺 [32-42]
國香 [80-42] − 傾國 [40-80]	籠絡 [20-32] − 牢籠 [10-20]	默殺 [32-42] − 無視 [50-42]
權數 [42-70] − 權術 [42-60]	雷同 [32-70] − 附同 [32-70]	問責 [70-52] − 叱責 [10-52]
權術 [42-60] − 權數 [42-70]	牢籠 [10-20] − 籠絡 [20-32]	未開 [42-60] − 原始 [50-60]
權輿 [42-30] − 濫觴 [30-10]	累卵 [32-40] − 風燭 [60-30]	彌滿 [12-42] − 充滿 [52-42]
勸懲 [40-30] − 懲勸 [30-40]	能辯 [52-40] − 達辯 [42-40]	未熟 [42-32] − 幼稚 [32-32]
龜鑑 [30-32] − 模範 [40-40]	斷腸 [42-40] − 斷魂 [42-32]	未然 [42-70] − 事前 [70-70]
歸省 [40-60] − 歸鄉 [40-42]	短點 [60-40] − 缺點 [42-40]	尾行 [32-60] − 追跡 [32-32]
歸鄉 [40-42] − 歸省 [40-60]	斷魂 [42-32] − 斷腸 [42-40]	敏捷 [30-10] − 迅速 [10-60]
根底 [60-40] − 基礎 [52-32]	達辯 [42-40] − 能辯 [52-40]	薄情 [32-52] − 冷淡 [50-32]
琴瑟 [32-12] − 比翼 [50-32]	達成 [42-60] − 成就 [60-40]	半百 [60-70] − 艾老 [12-70]
琴瑟 [32-12] − 連理 [42-60]	淡交 [32-60] − 水魚 [80-50]	反省 [60-60] − 改悛 [50-10]
急進 [60-42] − 過激 [52-40]	遝至 [10-42] − 殺到 [42-52]	反逆 [60-42] − 謀反 [32-60]
飢饉 [30-10] − 飢餓 [30-30]	大家 [80-70] − 巨星 [40-42]	發達 [60-42] − 進步 [42-42]
期待 [50-60] − 囑望 [10-52]	臺論 [32-42] − 彈劾 [40-10]	拔萃 [32-10] − 選擇 [50-40]
企圖 [32-60] − 企劃 [32-32]	臺彈 [32-40] − 彈劾 [40-10]	放念 [60-52] − 安堵 [70-10]
器量 [42-50] − 才能 [60-52]	道德 [70-52] − 倫理 [32-60]	方法 [70-52] − 手段 [70-40]
	桃源 [32-40] − 仙境 [52-42]	背恩 [42-42] − 忘德 [30-52]

白眉 [80-30] － 壓卷 [42-40]　　狀況 [42-40] － 情勢 [52-42]　　示唆 [50-20] － 暗示 [42-50]

碧空 [32-70] － 蒼空 [32-70]　　書簡 [60-40] － 書翰 [60-20]　　視野 [42-60] － 視界 [42-60]

變遷 [52-32] － 沿革 [32-40]　　書翰 [60-20] － 書簡 [60-40]　　市井 [70-32] － 閭閻 [10-12]

伏龍 [40-40] － 臥龍 [30-40]　　仙境 [52-42] － 桃源 [32-40]　　始祖 [60-70] － 鼻祖 [50-70]

覆轍 [32-10] － 前轍 [70-10]　　仙界 [52-60] － 仙鄉 [52-42]　　食言 [70-60] － 負約 [40-52]

鳳兒 [32-52] － 伏龍 [40-40]　　先哲 [80-32] － 先賢 [80-42]　　迅速 [10-60] － 敏捷 [30-10]

附同 [32-70] － 雷同 [32-70]　　選擇 [50-40] － 拔萃 [32-10]　　信音 [60-60] － 雁報 [30-42]

駙馬 [10-50] － 都尉 [50-20]　　仙鄉 [52-42] － 仙境 [52-42]　　室女 [80-80] － 處女 [42-80]

負約 [40-52] － 食言 [70-60]　　先賢 [80-42] － 先哲 [80-32]　　失望 [60-52] － 落膽 [50-20]

不足 [70-70] － 缺乏 [42-10]　　說明 [52-60] － 解說 [42-52]　　實施 [52-42] － 實行 [52-60]

分別 [60-60] － 思慮 [50-40]　　性格 [52-52] － 氣質 [70-52]　　失意 [60-60] － 失望 [60-52]

奔走 [32-42] － 盡力 [40-70]　　成就 [60-40] － 達成 [42-60]　　實行 [52-60] － 實施 [52-42]

分毫 [60-30] － 秋毫 [70-30]　　昭詳 [30-32] － 仔細 [10-42]　　尋常 [30-42] － 平凡 [70-32]

粉侯 [40-30] － 都尉 [50-20]　　逍遙 [10-30] － 散策 [40-32]　　心友 [70-52] － 知己 [52-52]

不滅 [70-32] － 不朽 [70-10]　　素行 [42-60] － 品行 [52-60]　　餓死 [30-60] － 飢死 [30-60]

不運 [70-60] － 悲運 [42-60]　　疎忽 [10-32] － 等閑 [60-40]　　握沐 [20-20] － 吐握 [32-20]

不惑 [70-32] － 強仕 [60-52]　　束縛 [52-10] － 拘束 [32-52]　　握髮 [20-40] － 吐哺 [32-10]

不朽 [70-10] － 不滅 [70-32]　　俗世 [42-70] － 塵世 [20-70]　　眼界 [42-60] － 視野 [42-60]

鵬圖 [12-60] － 雄圖 [50-60]　　殺到 [42-52] － 遝至 [10-42]　　安堵 [70-10] － 安心 [70-70]

非命 [42-70] － 橫死 [32-60]　　刷新 [32-60] － 鼎新 [12-60]　　雁帛 [30-10] － 雁書 [30-60]

悲運 [42-60] － 不運 [70-60]　　衰盡 [32-40] － 衰退 [32-42]　　雁報 [30-42] － 雁札 [30-20]

比翼 [50-32] － 連理 [42-60]　　衰退 [32-42] － 衰盡 [32-40]　　雁使 [30-60] － 信音 [60-60]

鼻祖 [50-70] － 始祖 [60-70]　　首肯 [52-30] － 共鳴 [60-40]　　雁書 [30-60] － 雁信 [30-60]

氷人 [50-80] － 月老 [80-70]　　隨機 [32-40] － 應變 [42-52]　　雁信 [30-60] － 雁札 [30-20]

思慮 [50-40] － 分別 [60-60]　　手段 [70-40] － 方法 [70-52]　　安心 [70-70] － 放念 [60-52]

使命 [60-70] － 任務 [52-42]　　修理 [42-60] － 修繕 [42-20]　　安全 [70-70] － 無事 [50-70]

四寶 [80-42] － 四友 [80-52]　　修繕 [42-20] － 修理 [42-60]　　雁札 [30-20] － 雁帛 [30-10]

四友 [80-52] － 四寶 [80-42]　　水魚 [80-50] － 淡交 [32-60]　　斡旋 [10-32] － 周旋 [40-32]

寺院 [42-50] － 寺刹 [42-20]　　守株 [42-32] － 株守 [32-42]　　暗示 [42-50] － 示唆 [50-20]

事前 [70-70] － 未然 [42-70]　　瘦瘠 [10-10] － 憔悴 [10-10]　　壓卷 [42-40] － 白眉 [80-30]

使嗾 [60-10] － 敎唆 [80-20]　　熟讀 [32-60] － 精讀 [42-60]　　壓迫 [42-32] － 威壓 [40-42]

寺刹 [42-20] － 寺院 [42-50]　　宿命 [52-70] － 天命 [70-70]　　殃禍 [30-32] － 災禍 [50-32]

山斗 [80-42] － 泰斗 [32-42]　　瞬間 [32-70] － 刹那 [20-30]　　艾年 [12-80] － 知命 [52-70]

散步 [40-42] － 散策 [40-32]　　瞬時 [32-70] － 片刻 [32-40]　　艾老 [12-70] － 半百 [60-70]

散策 [40-32] － 逍遙 [10-30]　　瞬息 [32-42] － 轉瞬 [40-32]　　業績 [60-40] － 功績 [60-40]

桑碧 [32-32] － 滄桑 [20-32]　　承諾 [42-32] － 許諾 [50-32]　　閭閻 [10-12] － 市井 [70-32]

桑海 [32-70] － 桑碧 [32-32]　　視界 [42-60] － 視野 [42-60]　　連理 [42-60] － 比翼 [50-32]

燃眉 [40-30] － 焦眉 [20-30]　維新 [32-60] － 刷新 [32-60]　才能 [60-52] － 器量 [42-50]

沿革 [32-40] － 變遷 [52-32]　幼稚 [32-32] － 未熟 [42-32]　財産 [52-52] － 資産 [40-52]

廉價 [30-52] － 低價 [42-52]　倫理 [32-60] － 道德 [70-52]　災殃 [50-30] － 殃禍 [30-32]

永久 [60-32] － 永遠 [60-60]　潤文 [32-70] － 改稿 [50-32]　災禍 [50-32] － 殃禍 [30-32]

永眠 [60-32] － 他界 [50-60]　潤澤 [32-32] － 豊富 [42-42]　低價 [42-52] － 廉價 [30-52]

營養 [40-52] － 滋養 [12-52]　隱匿 [40-10] － 隱蔽 [40-30]　轉居 [40-40] － 移轉 [42-40]

永遠 [60-60] － 永久 [60-32]　隱蔽 [40-30] － 隱匿 [40-10]　前軌 [70-30] － 前轍 [70-10]

領土 [50-80] － 版圖 [32-60]　應對 [42-60] － 應接 [42-42]　轉瞬 [40-32] － 片刻 [32-40]

傲慢 [30-30] － 倨慢 [10-30]　應變 [42-52] － 隨機 [32-40]　專心 [40-70] － 沒頭 [32-60]

五列 [80-42] － 間諜 [70-20]　應接 [42-42] － 應對 [42-60]　傳染 [52-32] － 感染 [60-32]

臥龍 [30-40] － 伏龍 [40-40]　意圖 [60-60] － 計劃 [60-32]　專有 [40-70] － 獨占 [52-40]

外見 [80-52] － 外觀 [80-52]　依存 [40-40] － 依支 [40-42]　前進 [70-42] － 進步 [42-42]

外觀 [80-52] － 外見 [80-52]　依支 [40-42] － 依存 [40-40]　前轍 [70-10] － 覆轍 [32-10]

外國 [80-80] － 異國 [40-80]　異國 [40-80] － 外國 [80-80]　絶倒 [42-32] － 抱腹 [30-32]

擾亂 [10-40] － 攪亂 [10-40]　異論 [40-42] － 異議 [40-42]　節約 [52-52] － 儉約 [40-52]

夭逝 [10-30] － 夭折 [10-40]　異域 [40-40] － 海外 [70-80]　折衝 [40-32] － 交涉 [60-30]

夭折 [10-40] － 夭逝 [10-30]　利用 [60-60] － 活用 [70-60]　庭教 [60-80] － 家訓 [70-60]

了解 [30-42] － 納得 [40-42]　異議 [40-42] － 異論 [40-42]　正氣 [70-70] － 浩氣 [32-70]

運命 [60-70] － 運勢 [60-42]　移轉 [42-40] － 轉居 [40-40]　精讀 [42-60] － 熟讀 [32-60]

運勢 [60-42] － 運命 [60-70]　認可 [42-50] － 許可 [50-50]　情勢 [52-42] － 狀況 [42-40]

運送 [60-42] － 運輸 [60-32]　一律 [80-42] － 劃一 [32-80]　鼎新 [12-60] － 革新 [40-60]

運輸 [60-32] － 運送 [60-42]　一門 [80-80] － 一族 [80-60]　靜養 [40-52] － 休養 [70-52]

運營 [60-40] － 運用 [60-60]　一族 [80-60] － 一門 [80-80]　情趣 [52-40] － 風情 [60-52]

運用 [60-60] － 運營 [60-40]　一致 [80-50] － 合致 [60-50]　庭訓 [60-60] － 庭教 [60-80]

雄圖 [50-60] － 鵬圖 [12-60]　一毫 [80-30] － 毫釐 [30-10]　除煩 [42-30] － 冠省 [32-60]

願望 [50-52] － 希望 [42-52]　任務 [52-42] － 使命 [60-70]　制壓 [42-42] － 鎭壓 [32-42]

原始 [50-60] － 未開 [42-60]　蔗境 [10-42] － 佳境 [32-42]　祖國 [70-80] － 故國 [42-80]

月老 [80-70] － 氷人 [50-80]　自棄 [70-30] － 自暴 [70-42]　早春 [42-70] － 初春 [50-70]

威信 [40-60] － 威嚴 [40-40]　自負 [70-40] － 自信 [70-60]　卒壽 [52-32] － 凍梨 [32-30]

威壓 [40-42] － 壓迫 [42-32]　資産 [40-52] － 財産 [52-52]　從心 [40-70] － 稀壽 [32-32]

違約 [30-52] － 僞言 [32-60]　仔細 [10-42] － 昭詳 [30-32]　周甲 [40-40] － 還甲 [32-40]

僞言 [32-60] － 負約 [40-52]　自信 [70-60] － 自負 [70-40]　周旋 [40-32] － 斡旋 [10-32]

威嚴 [40-40] － 威信 [40-60]　滋養 [12-52] － 營養 [40-52]　株守 [32-42] － 守株 [42-32]

威脅 [40-32] － 脅迫 [32-32]　自然 [70-70] － 天然 [70-70]　中心 [80-70] － 核心 [40-70]

流離 [52-40] － 漂泊 [30-30]　自讚 [70-40] － 自稱 [70-40]　櫛雨 [10-52] － 櫛風 [10-60]

有名 [70-70] － 高名 [60-70]　自稱 [70-40] － 自讚 [70-40]　櫛風 [10-60] － 櫛雨 [10-52]

唯美 [30-60] － 耽美 [12-60]　自暴 [70-42] － 自棄 [70-30]　知己 [52-52] － 心友 [70-52]

志望 [42-52] － 志願 [42-50]　　滯在 [32-60] － 滯留 [32-42]　　統治 [42-42] － 支配 [42-42]

知命 [52-70] － 半百 [60-70]　　體驗 [60-42] － 經驗 [42-42]　　推敲 [40-10] － 敲推 [10-40]

支配 [42-42] － 統治 [42-42]　　招待 [40-60] － 招請 [40-42]　　頹落 [10-50] － 朽落 [10-50]

至上 [42-70] － 最高 [50-60]　　焦勞 [20-52] － 勞思 [52-50]　　特別 [60-60] － 各別 [60-60]

志願 [42-50] － 志望 [42-52]　　焦眉 [20-30] － 燃眉 [40-30]　　破瓜 [42-20] － 瓜年 [20-80]

知音 [52-60] － 知己 [52-52]　　草屋 [70-50] － 茅屋 [12-50]　　版圖 [32-60] － 領土 [50-80]

知人 [52-80] － 知己 [52-52]　　招請 [40-42] － 招待 [40-60]　　片刻 [32-40] － 刹那 [20-30]

指彈 [42-40] － 詰難 [10-42]　　初春 [50-70] － 早春 [42-70]　　平凡 [70-32] － 尋常 [30-42]

盡力 [40-70] － 奔走 [32-42]　　憔悴 [10-10] － 瘦瘠 [10-10]　　平常 [70-42] － 平素 [70-42]

進步 [42-42] － 向上 [60-70]　　囑望 [10-52] － 期待 [50-60]　　平素 [70-42] － 平常 [70-42]

塵世 [20-70] － 俗世 [42-70]　　寸土 [80-80] － 尺土 [32-80]　　暴棄 [42-30] － 自暴 [70-42]

鎭壓 [32-42] － 制壓 [42-42]　　聰明 [30-60] － 明哲 [60-12]　　抱腹 [30-32] － 絶倒 [42-32]

進退 [42-42] － 去就 [50-40]　　最高 [50-60] － 至上 [42-70]　　漂泊 [30-30] － 流離 [52-40]

質問 [52-70] － 質疑 [52-40]　　錐囊 [10-10] － 白眉 [80-30]　　豹變 [10-52] － 突變 [32-52]

質疑 [52-40] － 質問 [52-70]　　推量 [40-50] － 推測 [40-42]　　品行 [52-60] － 素行 [42-60]

叱責 [10-52] － 問責 [70-52]　　追跡 [32-32] － 尾行 [32-60]　　風格 [60-52] － 氣品 [70-52]

懲勸 [30-40] － 勸懲 [40-30]　　推測 [40-42] － 推量 [40-50]　　風燈 [60-42] － 累卵 [32-40]

贊成 [32-60] － 同意 [70-60]　　秋毫 [70-30] － 毫釐 [30-10]　　豊富 [42-42] － 潤澤 [32-32]

贊助 [32-42] － 協贊 [42-32]　　逐鹿 [30-30] － 角逐 [60-30]　　風情 [60-52] － 情趣 [52-40]

刹那 [20-30] － 轉瞬 [40-32]　　出衆 [70-42] － 白眉 [80-30]　　風燭 [60-30] － 風燈 [60-42]

參考 [52-50] － 參照 [52-32]　　充滿 [52-42] － 彌滿 [12-42]　　披瀝 [10-10] － 告白 [52-80]

參照 [52-32] － 參考 [52-50]　　惻隱 [10-40] － 可憐 [50-30]　　瑕疵 [10-10] － 缺陷 [42-32]

蒼空 [32-70] － 碧空 [32-70]　　置簿 [42-32] － 看做 [40-10]　　鶴企 [32-32] － 鶴首 [32-52]

滄桑 [20-32] － 桑碧 [32-32]　　親友 [60-52] － 知己 [52-52]　　虐待 [20-60] － 驅迫 [30-32]

唱隨 [50-32] － 倡隨 [10-32]　　七去 [80-50] － 七出 [80-70]　　鶴立 [32-70] － 鶴望 [32-52]

倡隨 [10-32] － 唱隨 [50-32]　　七旬 [80-32] － 稀壽 [32-32]　　鶴望 [32-52] － 鶴企 [32-32]

處女 [42-80] － 室女 [80-80]　　七出 [80-70] － 七去 [80-50]　　鶴首 [32-52] － 鶴望 [32-52]

處子 [42-70] － 處女 [42-80]　　沈着 [32-52] － 冷靜 [50-40]　　合致 [60-50] － 一致 [80-50]

尺土 [32-80] － 寸土 [80-80]　　快活 [42-70] － 活潑 [70-10]　　解說 [42-52] － 說明 [52-60]

天命 [70-70] － 宿命 [52-70]　　他界 [50-60] － 永眠 [60-32]　　海外 [70-80] － 異域 [40-40]

天賦 [70-32] － 天稟 [70-10]　　彈駁 [40-10] － 臺彈 [32-40]　　核心 [40-70] － 中心 [80-70]

天然 [70-70] － 自然 [70-70]　　彈劾 [40-10] － 臺論 [32-42]　　鄕里 [42-70] － 故鄕 [42-42]

天地 [70-70] － 乾坤 [32-30]　　奪胎 [32-20] － 換奪 [32-32]　　向上 [60-70] － 進步 [42-42]

天稟 [70-10] － 天賦 [70-32]　　耽美 [12-60] － 唯美 [30-60]　　許可 [50-50] － 認可 [42-50]

請老 [42-70] － 乞骸 [30-10]　　泰斗 [32-42] － 山斗 [80-42]　　虛構 [42-40] － 架空 [32-70]

淸濁 [60-30] － 好惡 [42-52]　　怠慢 [30-30] － 懶怠 [10-30]　　虛頭 [42-60] － 冒頭 [30-60]

滯留 [32-42] － 滯在 [32-60]　　吐哺 [32-10] － 握沐 [20-20]　　許諾 [50-32] － 承諾 [42-32]

革新 [40-60] − 維新 [32-60]　　還甲 [32-40] − 還曆 [32-32]　　效用 [52-60] − 效能 [52-52]

血肉 [42-42] − 骨肉 [40-42]　　換骨 [32-40] − 換奪 [32-32]　　朽落 [10-50] − 頹落 [10-50]

脅迫 [32-32] − 威脅 [40-32]　　還曆 [32-32] − 周甲 [40-40]　　休憩 [70-20] − 休息 [70-42]

協贊 [42-32] − 贊助 [32-42]　　換奪 [32-32] − 奪胎 [32-20]　　休息 [70-42] − 休憩 [70-20]

荊婦 [10-42] − 寡妻 [32-32]　　活潑 [70-10] − 快活 [42-70]　　休養 [70-52] − 靜養 [40-52]

荊妻 [10-32] − 荊婦 [10-42]　　活用 [70-60] − 利用 [60-60]　　稀年 [32-80] − 從心 [40-70]

浩氣 [32-70] − 正氣 [70-70]　　黃泉 [60-40] − 九泉 [80-40]　　希望 [42-52] − 願望 [50-52]

毫釐 [30-10] − 秋毫 [70-30]　　回甲 [42-40] − 還曆 [32-32]　　稀壽 [32-32] − 七旬 [80-32]

毫末 [30-50] − 分毫 [60-30]　　劃一 [32-80] − 一律 [80-42]　　詰難 [10-42] − 指彈 [42-40]

好惡 [42-52] − 淸濁 [60-30]　　橫死 [32-60] − 非命 [42-70]　　詰責 [10-52] − 罵倒 [10-32]

華甲 [40-40] − 回甲 [42-40]　　效能 [52-52] − 效用 [52-60]

廓正 [10-70] − 匡正 [10-70]　　嚆矢 [10-30] − 權輿 [42-30]

類義語_3字, 4字

懇親會 [32-60-60] − 親睦會 [60-32-60]　　　南柯夢 [80-12-32] − 槐安夢 [12-70-32]

改良種 [50-52-52] − 育成種 [70-60-52]　　　都大體 [50-80-60] − 大關節 [80-52-52]

開催者 [60-32-60] − 主催者 [70-32-60]　　　桃源境 [32-40-42] − 別天地 [60-70-70]

車同軌 [70-70-30] − 書同文 [60-70-70]　　　毒舌家 [42-40-70] − 險口家 [40-70-70]

巨細事 [40-42-70] − 大小事 [80-80-70]　　　力不足 [70-70-70] − 力不及 [70-70-32]

儉約家 [40-52-70] − 節約家 [52-52-70]　　　連理枝 [42-60-32] − 鴛鴦契 [10-10-32]

揭示板 [20-50-50] − 案內板 [50-70-50]　　　戀愛病 [32-60-60] − 懷心病 [32-70-60]

景勝地 [50-60-70] − 名勝地 [70-60-70]　　　隷屬物 [30-40-70] − 從屬物 [40-40-70]

經驗談 [42-42-50] − 體驗談 [60-42-50]　　　理想鄉 [60-42-42] − 別世界 [60-70-60]

姑息策 [32-42-32] − 彌縫策 [12-20-32]　　　模造紙 [40-42-70] − 白上紙 [80-70-70]

孤兒院 [40-52-50] − 保育院 [42-70-50]　　　貿易國 [32-40-80] − 通商局 [60-52-52]

高潮線 [60-40-60] − 滿潮線 [42-40-60]　　　未開人 [42-60-80] − 野蠻人 [60-20-80]

空想家 [70-42-70] − 夢想家 [32-42-70]　　　彌縫策 [12-20-32] − 姑息策 [32-42-32]

共通點 [60-60-40] − 同一點 [70-80-40]　　　未曾有 [42-32-70] − 破天荒 [42-70-80]

槐安夢 [12-70-32] − 南柯夢 [80-12-32]　　　放浪者 [60-32-60] − 流浪者 [52-32-60]

敎鍊場 [80-32-70] − 訓鍊場 [60-32-70]　　　訪問記 [42-70-70] − 探訪記 [40-42-70]

交通網 [60-60-20] − 道路網 [70-60-20]　　　別乾坤 [60-32-30] − 理想鄉 [60-42-42]

交通業 [60-60-60] − 運輸業 [60-32-60]　　　普遍性 [40-30-52] − 一般性 [80-32-52]

極上品 [42-70-52] − 最上品 [50-70-52]　　　本土種 [60-80-52] − 在來種 [60-70-52]

金蘭契 [80-32-32] − 魚水親 [50-80-60]　　　浮浪者 [32-32-60] − 無賴漢 [50-32-70]

禁足令 [42-70-50] − 杜門令 [12-80-50]　　　不具者 [70-52-60] − 障礙人 [42-20-80]

騎馬術 [32-50-60] − 乘馬術 [32-50-60]　　　不老草 [70-70-70] − 不死藥 [70-60-60]

比翼鳥 [50-32-42] − 連理枝 [42-60-32]
私有地 [40-70-70] − 民有地 [80-70-70]
相思病 [52-50-60] − 花風病 [70-60-60]
喪布契 [32-42-32] − 爲親契 [42-60-32]
書同文 [60-70-70] − 車同軌 [70-70-30]
謎圖 [42-60-60] − 靑寫眞 [80-50-42]
所有物 [70-70-70] − 掌中物 [32-80-70]
瞬息間 [32-42-70] − 轉瞬間 [40-32-70]
新年辭 [60-80-40] − 年頭辭 [80-60-40]
伸縮性 [30-40-52] − 融通性 [20-60-52]
愛酒家 [60-40-70] − 好酒家 [42-40-70]
藥劑室 [60-20-80] − 調劑室 [52-20-80]
魚水親 [50-80-60] − 知音人 [52-60-80]
永久性 [60-32-52] − 恒久性 [32-32-52]
宇宙船 [32-32-50] − 衛星船 [42-42-50]
雲雨樂 [52-52-60] − 巫山夢 [10-80-32]
鴛鴦契 [10-10-32] − 比翼鳥 [50-32-42]
月旦評 [80-32-40] − 月朝評 [80-60-40]
潤筆料 [32-52-50] − 揮毫料 [40-30-50]
一瞬間 [80-32-70] − 瞬息間 [32-42-70]
一點紅 [80-40-40] − 紅一點 [40-80-40]
一刹那 [80-20-30] − 瞬息間 [32-42-70]
雜所得 [40-70-42] − 雜收入 [40-42-70]
再構成 [50-40-60] − 再編成 [50-32-60]
全無識 [70-50-52] − 判無識 [40-50-52]
轉瞬間 [40-32-70] − 瞬息間 [32-42-70]
精米所 [42-60-70] − 製粉所 [42-40-70]
周遊家 [40-40-70] − 旅行家 [52-60-70]
紙物商 [70-70-52] − 紙物鋪 [70-70-20]
地方色 [70-70-70] − 鄕土色 [42-80-70]
知音人 [52-60-80] − 金蘭交 [80-32-60]
推定量 [40-60-50] − 想定量 [42-60-50]
軸馬力 [20-50-70] − 實馬力 [52-50-70]
親睦會 [60-32-60] − 懇親會 [32-60-60]
通俗物 [60-42-70] − 大衆物 [80-42-70]
破天荒 [42-70-32] − 未曾有 [42-32-70]
判無識 [40-50-52] − 全無識 [70-50-52]

合法性 [60-52-52] − 適法性 [40-52-52]
香味料 [42-42-50] − 香味劑 [42-42-20]
鄕愁病 [42-32-60] − 懷鄕病 [32-42-60]
紅一點 [40-80-40] − 一點紅 [80-40-40]
花風病 [70-60-60] − 懷心病 [32-70-60]
懷心病 [32-70-60] − 相思病 [52-50-60]
休耕地 [70-32-70] − 休閑地 [70-40-70]
街談巷說 [42-50-30-52] − 道聽塗說 [70-40-30-52]
佳人薄命 [32-80-32-70] − 紅顔薄命 [40-32-32-70]
刻骨難忘 [40-40-42-30] − 結草報恩 [52-70-42-42]
刻舟求劍 [40-30-42-32] − 守株待兔 [42-32-60-32]
竿頭之勢 [10-60-32-42] − 累卵之危 [32-40-32-40]
干城之材 [40-42-32-52] − 棟梁之器 [20-32-32-42]
渴而穿井 [30-30-10-32] − 亡羊補牢 [50-42-32-10]
甲男乙女 [40-70-32-80] − 張三李四 [40-80-60-80]
康衢煙月 [42-10-42-80] − 鼓腹擊壤 [32-40-40-32]
開門納賊 [60-80-40-40] − 開門揖盜 [60-80-10-40]
隔世之感 [32-70-32-60] − 今昔之感 [60-30-32-60]
見利思義 [52-60-50-42] − 見危授命 [52-40-42-70]
犬馬之勞 [40-50-32-52] − 粉骨碎身 [40-40-10-60]
犬兔之爭 [40-32-32-50] − 漁夫之利 [50-70-32-60]
結草報恩 [52-70-42-42] − 刻骨難忘 [40-40-42-30]
傾國之色 [40-80-32-70] − 羞花閉月 [10-70-40-80]
驚弓之鳥 [40-32-32-42] − 懲羹吹菜 [30-10-32-32]
傾城之色 [40-42-32-70] − 沈魚落雁 [32-50-50-30]
經世致用 [42-70-50-60] − 利用厚生 [60-60-40-80]
鯨戰蝦死 [10-60-10-60] − 間於齊楚 [70-30-32-12]
溪壑之慾 [32-10-32-32] − 望蜀之歎 [52-12-32-40]
股肱之臣 [10-10-32-52] − 股掌之臣 [10-32-32-52]
膏粱珍味 [10-10-40-42] − 山海珍味 [80-70-40-42]
孤立無援 [40-70-50-40] − 四面楚歌 [80-70-12-70]
鼓腹擊壤 [32-32-40-32] − 康衢煙月 [42-10-42-80]
高山流水 [60-80-52-80] − 水魚之交 [80-50-32-60]
姑息之計 [32-42-32-60] − 臨時方便 [32-70-70-70]
高岸深谷 [60-32-42-32] − 桑田碧海 [32-42-32-70]
高枕而臥 [60-30-30-30] − 高枕安眠 [60-30-70-32]
空前絶後 [70-70-42-70] − 前無後無 [70-50-70-50]

管中窺豹[40-80-10-10] – 坐井觀天[32-32-52-70]

管鮑之交[40-12-32-60] – 莫逆之友[32-42-32-52]

刮目相對[10-60-52-60] – 日就月將[80-40-80-42]

膠漆之交[20-32-32-60] – 金蘭之交[80-32-32-60]

狗馬之心[30-50-32-70] – 犬馬之勞[40-50-32-52]

口蜜腹劍[70-30-32-32] – 笑裏藏刀[42-32-32-32]

九死一生[80-60-80-80] – 起死回生[42-60-42-80]

九牛一毛[80-50-80-42] – 滄海一滴[20-70-80-30]

群鷄一鶴[40-40-80-32] – 囊中之錐[10-80-32-10]

近墨者黑[60-32-60-50] – 近朱者赤[60-40-60-50]

金蘭之交[80-32-32-60] – 芝蘭之交[12-32-32-60]

金城鐵壁[80-42-50-42] – 難攻不落[42-40-70-50]

金城湯池[80-42-50-42] – 難攻不落[42-40-70-50]

琴瑟相和[32-12-52-60] – 鴛鴦之契[10-10-32-32]

琴瑟之樂[32-12-32-60] – 比翼連理[50-32-42-60]

難攻不落[42-40-70-50] – 金城湯池[80-42-50-32]

難忘之恩[42-30-32-42] – 白骨難忘[80-40-42-30]

難伯難仲[42-32-42-32] – 難兄難弟[42-80-80-80]

暖衣飽食[42-60-30-70] – 錦衣玉食[32-60-42-70]

難兄難弟[42-80-42-80] – 伯仲之勢[32-32-32-42]

南柯一夢[80-12-80-32] – 一場春夢[80-70-70-32]

囊中之錐[10-80-32-10] – 群鷄一鶴[40-40-80-32]

老萊之戲[70-12-32-32] – 斑衣之戲[10-60-32-32]

盧生之夢[12-80-32-32] – 黃粱之夢[60-10-32-32]

綠林豪傑[60-70-32-40] – 梁上君子[32-70-40-70]

累卵之危[32-40-32-40] – 風前燈火[60-70-42-80]

多錢善賈[60-40-50-12] – 長袖善舞[80-10-50-40]

斷金之交[42-80-32-60] – 芝蘭之交[12-32-32-60]

斷機之教[42-40-32-80] – 三遷之教[80-32-32-80]

丹脣皓齒[32-30-12-42] – 月態花容[80-42-70-42]

淡水之交[32-80-32-60] – 金蘭之交[80-32-32-60]

對牛彈琴[60-50-40-32] – 馬耳東風[50-50-80-60]

大海一粟[80-70-80-30] – 滄海一滴[20-70-80-30]

道不拾遺[70-70-32-40] – 太平聖代[60-70-42-60]

道聽塗說[70-40-30-52] – 流言蜚語[52-60-10-70]

同氣相求[70-70-52-42] – 草綠同色[70-60-70-70]

棟梁之器[20-32-32-42] – 干城之材[40-42-32-52]

同病相憐[70-60-52-30] – 類類相從[52-52-52-40]

東山高臥[80-80-60-30] – 梅妻鶴子[32-32-32-70]

冬扇夏爐[70-10-70-32] – 夏爐冬扇[70-32-70-10]

凍足放尿[32-70-60-20] – 下石上臺[70-60-70-32]

童狐之筆[60-10-32-52] – 太史之簡[60-52-32-40]

磨斧作針[32-10-60-40] – 積土成山[40-80-60-80]

馬耳東風[50-50-80-60] – 牛耳讀經[50-50-60-42]

莫上莫下[32-70-32-70] – 難兄難弟[42-80-42-80]

莫逆之友[32-42-32-52] – 芝蘭之交[12-32-32-60]

萬古絶色[80-60-42-70] – 無比一色[50-50-80-70]

亡國之歎[50-80-32-40] – 麥秀之歎[32-40-32-40]

亡羊補牢[50-42-32-10] – 渴而穿井[30-30-10-32]

望洋之歎[52-60-32-40] – 管中窺豹[40-80-10-10]

梅妻鶴子[32-32-32-70] – 安閑自適[70-40-70-40]

麥秀之歎[32-40-32-40] – 亡國之歎[50-80-32-40]

面壁九年[70-42-80-80] – 愚公移山[32-60-42-80]

面從腹背[70-40-32-42] – 陽奉陰違[60-52-42-30]

明鏡止水[60-40-50-80] – 雲心月性[52-70-80-52]

命世之才[70-70-32-60] – 棟梁之器[20-32-32-42]

明若觀火[60-32-52-80] – 不問可知[70-70-50-52]

命在頃刻[70-60-32-40] – 命在朝夕[70-60-60-70]

目不識丁[60-70-52-40] – 魚魯不辨[50-12-70-30]

武陵桃源[42-32-32-40] – 小國寡民[80-80-32-80]

無比一色[50-50-80-70] – 天下絶色[70-70-42-70]

美人薄命[60-80-32-70] – 佳人薄命[32-80-32-70]

博覽強記[42-40-60-70] – 博學多識[42-80-60-52]

反哺之孝[60-10-32-70] – 烏鳥私情[32-42-40-52]

傍若無人[30-32-50-80] – 眼下無人[42-70-50-80]

白骨難忘[80-40-42-30] – 結草報恩[52-70-42-42]

伯仲之勢[32-32-32-42] – 難伯難仲[42-32-42-32]

百尺竿頭[70-32-10-60] – 風前燈火[60-70-42-80]

輔車相依[12-70-52-40] – 脣亡齒寒[30-50-42-50]

覆車之戒[32-70-32-40] – 殷鑑不遠[12-32-70-60]

夫唱婦隨[70-50-42-32] – 女必從夫[80-52-40-70]

附和雷同[32-60-32-70] – 旅進旅退[52-42-52-42]

粉骨碎身[40-40-10-60] – 盡忠竭力[40-42-10-70]

不問可知[70-70-50-52] – 明若觀火[60-32-52-80]

不恥下問[70-32-70-70] − 孔子穿珠[40-70-10-32] 　　如風過耳[42-60-52-50] − 吾不關焉[30-70-52-30]
比翼連理[50-32-42-60] − 如鼓琴瑟[42-32-32-12] 　　連理比翼[42-60-50-32] − 琴瑟相和[32-12-52-60]
四面楚歌[80-70-12-70] − 孤立無援[40-70-50-40] 　　榮枯盛衰[42-30-42-32] − 興亡盛衰[42-50-42-32]
捨生取義[30-80-42-42] − 殺身成仁[42-60-60-40] 　　榮枯一炊[42-30-80-20] − 盧生之夢[12-80-32-32]
山溜穿石[80-10-10-60] − 積水成淵[40-80-60-12] 　　五車之書[80-70-32-60] − 汗牛充棟[32-50-52-20]
山海珍味[80-70-40-42] − 龍味鳳湯[40-42-32-32] 　　吾不關焉[30-70-52-30] − 袖手傍觀[10-70-30-52]
三年不飛[80-80-70-42] − 一鳴驚人[80-40-40-80] 　　五十笑百[80-80-42-70] − 大同小異[80-70-80-40]
三日天下[80-80-70-70] − 五日京兆[80-80-60-32] 　　吳牛喘月[12-50-10-80] − 驚弓之鳥[40-32-32-42]
傷弓之鳥[40-32-32-42] − 吳牛喘月[12-50-10-80] 　　五日京兆[80-80-60-32] − 三日天下[80-80-70-70]
桑田碧海[32-42-32-70] − 高岸深谷[60-32-42-32] 　　烏鳥私情[32-42-40-52] − 願乞終養[50-30-50-52]
塞翁之馬[32-30-32-50] − 轉禍爲福[40-42-40-52] 　　玉石俱焚[42-60-30-10] − 玉石同碎[42-60-70-10]
生者必滅[80-60-52-32] − 雪泥鴻爪[60-32-30-10] 　　矮人看場[10-80-40-70] − 矮子看戲[10-70-40-32]
雪膚花容[60-20-70-42] − 丹脣皓齒[32-30-12-42] 　　堯舜時代[12-12-70-60] − 太平聖代[60-70-42-60]
雪上加霜[60-70-50-32] − 前虎後狼[70-32-70-10] 　　燎原之火[10-50-32-80] − 破竹之勢[42-42-32-42]
盛者必衰[42-60-52-32] − 月盈則食[80-12-50-70] 　　龍味鳳湯[40-42-32-32] − 膏粱珍味[10-10-40-42]
勢如破竹[42-42-42-42] − 燎原之火[10-50-32-80] 　　愚公移山[32-60-42-80] − 積小成大[40-80-60-80]
笑裏藏刀[42-32-32-32] − 口蜜腹劍[70-30-32-32] 　　牛耳讀經[50-50-60-42] − 馬耳東風[50-50-80-60]
孫康映雪[60-42-40-60] − 車胤聚螢[70-12-12-30] 　　雲泥之差[52-32-32-40] − 天壤之差[70-32-32-40]
首丘初心[52-32-50-70] − 胡馬望北[32-50-52-80] 　　願乞終養[50-30-50-52] − 反哺之孝[60-10-32-70]
首鼠兩端[52-10-42-42] − 左顧右眄[70-30-70-10] 　　鴛鴦之契[10-10-32-32] − 比翼連理[50-32-42-60]
袖手傍觀[10-70-30-52] − 吾不關焉[30-70-52-30] 　　月態花容[80-42-70-42] − 萬古絶色[80-60-42-70]
水魚之親[80-50-32-60] − 芝蘭之交[12-32-32-60] 　　危機一髮[40-40-80-40] − 風前燈火[60-70-42-80]
守株待兔[42-32-60-32] − 刻舟求劍[40-30-42-32] 　　流言蜚語[52-60-10-70] − 街談巷說[42-50-30-52]
隨衆逐隊[32-42-30-42] − 旅進旅退[52-42-52-42] 　　類類相從[52-52-52-40] − 草綠同色[70-60-70-70]
羞花閉月[10-70-40-80] − 沈魚落雁[32-50-50-30] 　　殷鑑不遠[12-32-70-60] − 覆車之戒[32-70-32-40]
宿虎衝鼻[52-32-32-50] − 打草驚蛇[50-70-40-32] 　　異口同聲[40-70-70-42] − 如出一口[42-70-80-70]
脣亡齒寒[30-50-42-50] − 輔車相依[12-70-52-40] 　　以心傳心[52-70-52-70] − 心心相印[70-70-52-42]
心心相印[70-70-52-42] − 以心傳心[52-70-52-70] 　　利用厚生[60-60-40-80] − 經世致用[42-70-50-60]
眼下無人[42-70-50-80] − 傍若無人[30-32-50-80] 　　因果應報[50-60-42-42] − 種豆得豆[52-42-42-42]
殃及池魚[30-32-32-50] − 橫來之厄[32-70-32-30] 　　人死留名[80-60-42-70] − 虎死留皮[32-60-42-32]
羊頭狗肉[42-60-30-42] − 表裏不同[60-32-70-70] 　　人生無常[80-80-50-42] − 雪泥鴻爪[60-32-30-10]
陽奉陰違[60-52-42-30] − 面從腹背[70-40-32-42] 　　一擧兩得[80-50-42-42] − 一石二鳥[80-60-80-42]
梁上君子[32-70-40-70] − 綠林豪傑[60-70-32-40] 　　一鳴驚人[80-40-40-80] − 三年不飛[80-80-70-42]
魚魯不辨[50-12-70-30] − 一字無識[80-70-50-52] 　　一無消息[80-50-60-42] − 咸興差使[30-42-40-60]
魚魯不辨[50-12-70-30] − 一字不識[80-70-70-52] 　　一文不知[80-70-70-52] − 目不識丁[60-70-52-40]
漁夫之利[50-70-32-60] − 犬兔之爭[40-32-32-50] 　　一瀉千里[80-10-70-70] − 九天直下[80-70-70-70]
如鼓琴瑟[42-32-32-12] − 鴛鴦之契[10-10-32-32] 　　一衣帶水[80-60-42-80] − 指呼之間[42-42-32-70]

一場春夢 [80-70-70-32] − 南柯一夢 [80-12-80-32]　　靑雲之志 [80-52-32-42] − 陵雲之志 [32-52-32-42]
日就月將 [80-40-80-42] − 刮目相對 [10-60-52-60]　　靑出於藍 [80-70-30-20] − 出藍之譽 [70-20-32-32]
一炊之夢 [80-20-32-32] − 榮枯一炊 [42-30-80-20]　　草綠同色 [70-60-70-70] − 同聲相應 [70-42-52-42]
臨時方便 [32-70-70-70] − 目前之計 [60-70-32-60]　　出藍之譽 [70-20-32-32] − 靑出於藍 [80-70-30-20]
張三李四 [40-80-60-80] − 匹夫匹婦 [30-70-30-42]　　沈魚落雁 [32-50-50-30] − 羞花閉月 [10-70-40-80]
長袖善舞 [80-10-50-40] − 多錢善賈 [60-40-50-12]　　打草驚蛇 [50-70-40-32] − 宿虎衝鼻 [52-32-32-50]
前無後無 [70-50-70-50] − 曠前絶後 [10-70-42-70]　　太史之簡 [60-52-32-40] − 童狐之筆 [60-10-32-52]
田夫之功 [42-70-32-60] − 犬兔之爭 [40-32-32-50]　　兔死狐悲 [32-60-10-42] − 狐死兔泣 [10-60-32-30]
前虎後狼 [70-32-70-10] − 雪上加霜 [60-70-50-32]　　破釜沈舟 [42-12-32-30] − 背水之陣 [42-80-32-40]
轉禍爲福 [40-32-42-52] − 塞翁之馬 [32-30-32-50]　　破竹之勢 [42-42-32-42] − 燎原之火 [10-50-32-80]
絶世佳人 [42-70-32-80] − 花容月態 [70-42-80-42]　　閉月羞花 [40-80-10-70] − 花容月態 [70-42-80-42]
井中觀天 [32-80-52-70] − 望洋之歎 [52-60-32-40]　　飽食暖衣 [30-70-42-60] − 錦衣玉食 [32-60-42-70]
濟河焚舟 [42-50-10-30] − 背水之陣 [42-80-32-40]　　表裏不同 [60-32-70-10] − 羊頭狗肉 [42-60-30-42]
種豆得豆 [52-42-42-42] − 因果應報 [50-60-42-42]　　風前燈火 [60-70-42-80] − 百尺竿頭 [70-32-10-60]
終無消息 [50-50-60-42] − 威興差使 [30-42-40-60]　　匹夫匹婦 [30-70-30-42] − 張三李四 [40-80-60-80]
左顧右眄 [70-30-70-10] − 首鼠兩端 [52-10-42-42]　　夏爐冬扇 [70-32-70-10] − 冬扇夏爐 [70-10-70-32]
坐井觀天 [32-32-52-70] − 管中窺豹 [40-80-10-10]　　下石上臺 [70-60-70-32] − 凍足放尿 [32-70-60-20]
晝耕夜讀 [60-32-60-60] − 晴耕雨讀 [30-32-52-60]　　汗牛充棟 [32-50-52-20] − 五車之書 [80-70-32-60]
知己之友 [52-52-32-52] − 莫逆之友 [32-42-32-52]　　威興差使 [30-42-40-60] − 終無消息 [50-50-60-42]
芝蘭之交 [12-32-32-60] − 金蘭之交 [80-32-32-60]　　偕老同穴 [10-70-70-32] − 百年偕老 [70-80-10-70]
紙上兵談 [70-70-52-50] − 卓上空論 [50-70-70-42]　　懸河之辯 [32-50-32-40] − 靑山流水 [80-80-52-80]
智者一失 [40-60-80-60] − 千慮一失 [70-40-80-60]　　螢雪之功 [30-60-32-60] − 車胤聚螢 [70-12-12-30]
指呼之間 [42-42-32-70] − 一衣帶水 [80-60-42-80]　　胡馬望北 [32-50-52-80] − 首丘初心 [52-32-50-70]
盡忠竭力 [40-42-10-70] − 犬馬之勞 [40-50-32-52]　　虎死留皮 [32-60-42-32] − 人死留名 [80-60-42-70]
進退兩難 [42-42-42-42] − 進退維谷 [42-42-32-32]　　昏定晨省 [30-60-30-60] − 朝夕定省 [60-70-60-60]
懲羹吹菜 [30-10-32-32] − 吳牛喘月 [12-50-10-80]　　紅顔薄命 [40-32-32-70] − 佳人薄命 [32-80-32-70]
車胤聚螢 [70-12-12-30] − 孫康映雪 [60-42-40-60]　　和氏之璧 [60-40-32-10] − 隋侯之珠 [12-30-32-32]
滄海一粟 [20-70-80-30] − 九牛一毛 [80-50-80-42]　　花容月態 [70-42-80-42] − 沈魚落雁 [32-50-50-30]
天壤之差 [70-32-32-40] − 雲泥之差 [52-32-32-40]　　黃粱之夢 [60-10-32-32] − 盧生之夢 [12-80-32-32]
天下絶色 [70-70-42-70] − 絶世佳人 [42-70-32-80]　　橫來之厄 [32-70-32-30] − 殃及池魚 [30-32-32-50]
靑山流水 [80-80-52-80] − 懸河之辯 [32-50-32-40]　　興亡盛衰 [42-50-42-32] − 榮枯盛衰 [42-30-42-32]

2 相對語

相對語는 '父母', '天地'처럼 두 글자가 각각 相對되는 뜻을 지닌 채로 竝列로 結合한 漢字語가 있고, '東高西低', '遠交近攻'처럼 相對語(여기서는 東高와 西低, 遠交와 近攻)들이 四字成語의 形態로 結合語를 만드는 것이 있다. 그 외 '苦痛'과 '快樂', '專門家'와 '門外漢', '汗牛充棟'과 '五車之書'처럼 結合語는 만들지 않지만 概念 對比 相對 關係를 形成하는 漢字語들이 있다. 여기서는 便宜上 相對 關係의 結合語를 만드는 것은 相對結合語, 나머지는 相對語로 부르기로 한다.

다음은 相對結合語 및 相對語의 실례를 보인 것이다.

相對(反對, 反意, 反義, 對義)結合語

加減(가감) [50-42]	姑舅(고구) [32-10]	舅姑(구고) [10-32]	難易(난이) [42-40]
可否(가부) [50-40]	古今(고금) [60-60]	舅甥(구생) [10-10]	男女(남녀) [70-80]
加除(가제) [50-42]	苦樂(고락) [60-60]	君民(군민) [40-80]	南北(남북) [80-80]
嫁娶(가취) [10-10]	姑婦(고부) [32-42]	君臣(군신) [40-52]	來去(내거) [70-50]
干戈(간과) [40-20]	考妣(고비) [50-10]	屈伸(굴신) [40-30]	來往(내왕) [70-42]
干滿(간만) [40-42]	高卑(고비) [60-32]	弓矢(궁시) [32-30]	內外(내외) [70-80]
簡細(간세) [40-42]	高低(고저) [60-42]	倦勤(권근) [10-40]	冷暖(냉난) [50-42]
艱易(간이) [10-40]	高下(고하) [60-70]	貴賤(귀천) [50-32]	冷煖(냉난) [50-10]
甘苦(감고) [40-60]	曲直(곡직) [50-70]	戟盾(극순) [10-20]	冷熱(냉열) [50-50]
江山(강산) [70-80]	昆弟(곤제) [10-80]	勤慢(근만) [40-30]	冷溫(냉온) [50-60]
強弱(강약) [60-60]	功過(공과) [60-52]	勤惰(근타) [40-10]	老童(노동) [70-60]
剛柔(강유) [32-32]	空陸(공륙) [70-52]	勤怠(근태) [40-30]	奴婢(노비) [32-32]
開閉(개폐) [60-40]	攻防(공방) [40-42]	今古(금고) [60-60]	勞使(노사) [52-60]
去來(거래) [50-70]	公私(공사) [60-40]	今昔(금석) [60-30]	老少(노소) [70-70]
去留(거류) [50-42]	供需(공수) [32-32]	擒縱(금종) [10-32]	老幼(노유) [70-32]
巨細(거세) [40-42]	攻守(공수) [40-42]	及落(급락) [32-50]	濃淡(농담) [20-32]
乾坤(건곤) [32-30]	功罪(공죄) [60-50]	急緩(급완) [60-32]	多寡(다과) [60-32]
乾濕(건습) [32-32]	戈盾(과순) [20-20]	起結(기결) [42-52]	多少(다소) [60-70]
硬軟(경연) [32-32]	寬猛(관맹) [32-32]	肌骨(기골) [10-40]	單複(단복) [42-40]
經緯(경위) [42-30]	官民(관민) [42-80]	起伏(기복) [42-40]	旦夕(단석) [32-70]
慶弔(경조) [42-30]	光陰(광음) [60-42]	飢飽(기포) [30-30]	斷續(단속) [42-42]
輕重(경중) [50-70]	廣狹(광협) [52-10]	起陷(기함) [42-32]	短長(단장) [60-80]
京鄉(경향) [60-42]	教習(교습) [80-60]	拮抗(길항) [10-40]	答問(답문) [70-70]
繼絶(계절) [40-42]	巧拙(교졸) [32-30]	吉凶(길흉) [50-52]	當落(당락) [52-50]
啓閉(계폐) [32-40]	教學(교학) [80-80]	諾否(낙부) [32-40]	當否(당부) [52-40]

大小(대소) [80-80]	鳳凰(봉황) [32-10]	生沒(생몰) [80-32]	乘除(승제) [32-42]
貸借(대차) [32-32]	父母(부모) [80-80]	生死(생사) [80-60]	勝敗(승패) [60-50]
都農(도농) [50-70]	夫婦(부부) [70-42]	生殺(생살) [80-42]	始末(시말) [60-50]
東西(동서) [80-80]	俯仰(부앙) [10-32]	序跋(서발) [50-10]	是非(시비) [42-42]
同異(동이) [70-40]	父子(부자) [80-70]	庶嫡(서적) [30-10]	匙箸(시저) [10-10]
動靜(동정) [70-40]	夫妻(부처) [70-32]	暑寒(서한) [30-50]	始終(시종) [60-50]
動止(동지) [70-50]	浮沈(부침) [32-32]	善惡(선악) [50-52]	新古(신고) [60-60]
冬夏(동하) [70-70]	北南(북남) [80-80]	先後(선후) [80-70]	新舊(신구) [60-52]
頭尾(두미) [60-32]	糞尿(분뇨) [10-20]	盛衰(성쇠) [42-32]	臣民(신민) [52-80]
鈍敏(둔민) [30-30]	分合(분합) [60-60]	醒醉(성취) [10-32]	身心(신심) [60-70]
得喪(득상) [42-32]	臂脚(비각) [10-32]	成敗(성패) [60-50]	信疑(신의) [60-40]
得失(득실) [42-60]	卑高(비고) [32-60]	細大(세대) [42-80]	伸縮(신축) [30-40]
登降(등강) [70-40]	悲樂(비락) [42-60]	疎密(소밀) [10-42]	失得(실득) [60-42]
登落(등락) [70-50]	誹譽(비예) [10-32]	紹絶(소절) [20-42]	實否(실부) [52-40]
滿干(만간) [42-40]	匕箸(비저) [10-10]	疏阻(소조) [32-10]	心身(심신) [70-60]
蠻狄(만적) [20-10]	肥瘠(비척) [32-10]	續斷(속단) [42-42]	深淺(심천) [42-32]
賣買(매매) [50-50]	翡翠(비취) [10-10]	損得(손득) [40-42]	心體(심체) [70-60]
俛仰(면앙) [12-32]	悲歡(비환) [42-40]	損益(손익) [40-42]	雅俗(아속) [32-42]
明滅(명멸) [60-32]	悲喜(비희) [42-40]	送受(송수) [42-42]	安否(안부) [70-40]
明暗(명암) [60-42]	貧富(빈부) [42-42]	送迎(송영) [42-40]	安危(안위) [70-40]
矛盾(모순) [20-20]	賓主(빈주) [30-70]	受給(수급) [42-50]	仰俯(앙부) [32-10]
母子(모자) [80-70]	氷炭(빙탄) [50-50]	收給(수급) [42-50]	哀樂(애락) [32-60]
巫覡(무격) [10-10]	士民(사민) [52-80]	需給(수급) [32-50]	愛惡(애오) [60-52]
問答(문답) [70-70]	死生(사생) [60-80]	水陸(수륙) [80-52]	愛憎(애증) [60-32]
文武(문무) [70-42]	邪正(사정) [32-70]	首尾(수미) [52-32]	哀歡(애환) [32-40]
文言(문언) [70-60]	師弟(사제) [42-80]	受拂(수불) [42-32]	爺孃(야양) [10-20]
物心(물심) [70-70]	死活(사활) [60-70]	瘦肥(수비) [10-32]	良否(양부) [52-40]
美醜(미추) [60-30]	朔晦(삭회) [30-10]	授受(수수) [42-42]	陽陰(양음) [60-42]
民官(민관) [80-42]	山川(산천) [80-70]	壽夭(수요) [32-10]	抑揚(억양) [32-32]
班常(반상) [60-42]	山河(산하) [80-50]	手足(수족) [70-70]	言文(언문) [60-70]
發着(발착) [60-52]	山海(산해) [80-70]	收支(수지) [42-42]	言行(언행) [60-60]
方圓(방원) [70-42]	殺活(살활) [42-70]	水火(수화) [80-80]	與受(여수) [40-42]
背向(배향) [42-60]	詳略(상략) [32-40]	叔姪(숙질) [40-30]	與野(여야) [40-60]
白黑(백흑) [80-50]	常班(상반) [42-60]	順逆(순역) [52-42]	然否(연부) [70-40]
煩簡(번간) [30-40]	賞罰(상벌) [50-42]	乘降(승강) [32-40]	炎涼(염량) [32-32]
腹背(복배) [32-42]	上下(상하) [70-70]	昇降(승강) [32-40]	斂散(염산) [10-40]
本末(본말) [60-50]	生滅(생멸) [80-32]	勝負(승부) [60-40]	榮枯(영고) [42-30]

迎送(영송) [40-42]   異同(이동) [40-70]   朝暮(조모) [60-30]   知行(지행) [52-60]
榮辱(영욕) [42-32]   理亂(이란) [60-40]   朝夕(조석) [60-70]   眞假(진가) [42-42]
迎餞(영전) [40-10]   吏民(이민) [32-80]   祖孫(조손) [70-60]   眞僞(진위) [42-32]
盈虛(영허) [12-42]   離合(이합) [40-60]   燥濕(조습) [30-32]   進退(진퇴) [42-42]
豫決(예결) [40-52]   利害(이해) [60-52]   朝野(조야) [60-60]   桎梏(질곡) [10-10]
銳鈍(예둔) [30-30]   因果(인과) [50-60]   存亡(존망) [40-50]   集配(집배) [60-42]
寤寐(오매) [10-10]   人天(인천) [80-70]   存滅(존멸) [40-32]   集散(집산) [60-40]
玉石(옥석) [42-60]   日月(일월) [80-80]   存沒(존몰) [40-32]   借貸(차대) [32-32]
溫冷(온랭) [60-50]   任免(임면) [52-32]   存無(존무) [40-50]   着發(착발) [52-60]
溫涼(온량) [60-32]   入落(입락) [70-50]   尊卑(존비) [42-32]   贊反(찬반) [32-60]
翁壻(옹서) [30-10]   入出(입출) [70-70]   尊侍(존시) [42-32]   陟降(척강) [12-40]
緩急(완급) [32-60]   子女(자녀) [70-80]   存廢(존폐) [40-32]   淺深(천심) [32-42]
往來(왕래) [42-70]   姉妹(자매) [40-40]   縱擒(종금) [32-10]   天壤(천양) [70-32]
往返(왕반) [42-30]   子母(자모) [70-80]   終始(종시) [50-60]   天地(천지) [70-70]
往復(왕복) [42-42]   雌雄(자웅) [20-50]   縱橫(종횡) [32-32]   鐵石(철석) [50-60]
夭壽(요수) [10-32]   自他(자타) [70-50]   坐立(좌립) [32-70]   凸凹(철요) [10-10]
凹凸(요철) [10-10]   昨今(작금) [60-60]   坐臥(좌와) [32-30]   添減(첨감) [30-42]
用捨(용사) [60-30]   長短(장단) [80-60]   左右(좌우) [70-70]   添削(첨삭) [30-32]
優劣(우열) [40-30]   將兵(장병) [42-52]   罪罰(죄벌) [50-42]   晴曇(청담) [30-10]
右左(우좌) [70-70]   將士(장사) [42-52]   罪刑(죄형) [50-40]   晴雨(청우) [30-52]
雨晴(우청) [52-30]   長幼(장유) [80-32]   主客(주객) [70-52]   晴陰(청음) [30-42]
雄雌(웅자) [50-20]   將卒(장졸) [42-52]   主僕(주복) [70-10]   淸濁(청탁) [60-30]
遠近(원근) [60-60]   低昂(저앙) [42-10]   晝宵(주소) [60-10]   推挽(추만) [40-10]
鴛鴦(원앙) [10-10]   嫡庶(적서) [10-30]   晝夜(주야) [60-60]   推輓(추만) [40-10]
怨恩(원은) [40-42]   炙膾(적회) [10-10]   主從(주종) [70-40]   醜美(추미) [30-60]
月日(월일) [80-80]   田畓(전답) [42-30]   重輕(중경) [70-50]   推引(추인) [40-42]
有無(유무) [70-50]   前後(전후) [70-70]   衆寡(중과) [42-32]   春秋(춘추) [70-70]
陸海(육해) [52-70]   絶嗣(절사) [42-10]   中外(중외) [80-80]   出缺(출결) [70-42]
隱見(은견) [40-52]   正反(정반) [70-60]   增減(증감) [42-42]   出納(출납) [70-40]
恩讎(은수) [42-10]   正副(정부) [70-42]   贈答(증답) [30-70]   出沒(출몰) [70-32]
恩怨(은원) [42-40]   正邪(정사) [70-32]   增削(증삭) [42-32]   出入(출입) [70-70]
隱現(은현) [40-60]   淨穢(정예) [32-10]   增刪(증산) [42-10]   忠奸(충간) [42-10]
隱顯(은현) [40-40]   正誤(정오) [70-42]   增損(증손) [42-40]   忠逆(충역) [42-42]
陰陽(음양) [42-60]   正僞(정위) [70-32]   憎愛(증애) [32-60]   娶嫁(취가) [10-10]
音義(음의) [60-42]   精粗(정조) [42-10]   遲速(지속) [30-60]   取貸(취대) [42-32]
陰晴(음청) [42-30]   弟兄(제형) [80-80]   智愚(지우) [40-32]   取捨(취사) [42-30]
音訓(음훈) [60-60]   早晚(조만) [42-32]   地天(지천) [70-70]   聚散(취산) [12-40]

醉醒(취성) [32-10] 皮骨(피골) [32-40] 顯微(현미) [40-32] 晦朔(회삭) [10-30]
治亂(치란) [42-40] 彼我(피아) [32-32] 顯密(현밀) [40-42] 會散(회산) [60-40]
親疎(친소) [60-10] 彼此(피차) [32-32] 玄素(현소) [32-42] 膾炙(회자) [10-10]
沈浮(침부) [32-32] 夏冬(하동) [70-70] 賢愚(현우) [42-32] 橫竪(횡수) [32-10]
快鈍(쾌둔) [42-30] 學問(학문) [80-70] 形影(형영) [60-32] 厚薄(후박) [40-32]
炭氷(탄빙) [50-50] 寒暖(한란) [50-42] 兄弟(형제) [80-80] 後先(후선) [70-80]
吞吐(탄토) [10-32] 寒煖(한란) [50-10] 刑罪(형죄) [40-50] 訓學(훈학) [60-80]
吐納(토납) [32-40] 閑忙(한망) [40-30] 弧矢(호시) [10-30] 毁譽(훼예) [30-32]
吐呑(토탄) [32-10] 寒暑(한서) [50-30] 好惡(호오) [42-52] 凶吉(흉길) [52-50]
投打(투타) [40-50] 寒熱(한열) [50-50] 呼應(호응) [42-42] 胸背(흉배) [32-42]
敗興(패흥) [50-42] 寒溫(한온) [50-60] 呼吸(호흡) [42-42] 凶豐(흉풍) [52-42]
廢立(폐립) [32-70] 鹹淡(함담) [10-32] 昏明(혼명) [30-60] 黑白(흑백) [50-80]
廢置(폐치) [32-42] 海空(해공) [70-70] 禍福(화복) [32-52] 興亡(흥망) [42-50]
褒貶(포폄) [10-10] 海陸(해륙) [70-52] 和戰(화전) [60-60] 興敗(흥패) [42-50]
表裏(표리) [60-32] 向背(향배) [60-42] 活殺(활살) [70-42] 喜怒(희로) [40-42]
豊凶(풍흉) [42-52] 虛實(허실) [42-52] 皇民(황민) [32-80] 喜悲(희비) [40-42]

相對語(反對語, 反意語, 反義語, 對義語)_2字

可決 [50-52] − 否決 [40-52] 強大 [60-80] − 弱小 [60-80] 建設 [50-42] − 破壞 [42-32]
架空 [32-70] − 實在 [52-60] 降臨 [40-32] − 昇天 [32-70] 乾燥 [32-30] − 濕潤 [32-32]
加熱 [50-50] − 冷却 [50-30] 強靭 [60-10] − 懦弱 [10-60] 傑作 [40-60] − 拙作 [30-60]
加重 [50-70] − 輕減 [50-42] 強制 [60-42] − 任意 [52-60] 儉素 [40-42] − 浪費 [32-50]
却下 [30-70] − 受理 [42-60] 強風 [60-60] − 微風 [32-60] 儉素 [40-42] − 奢侈 [10-10]
幹線 [32-60] − 支線 [42-60] 開放 [60-60] − 閉鎖 [40-32] 儉約 [40-52] − 浪費 [32-50]
干涉 [40-30] − 放任 [60-52] 個別 [42-60] − 全體 [70-60] 儉約 [40-52] − 奢侈 [10-10]
干潮 [40-40] − 滿潮 [42-40] 槪算 [32-70] − 精算 [42-70] 結果 [52-60] − 動機 [70-40]
間歇 [70-10] − 持續 [40-42] 蓋然 [32-70] − 必然 [52-70] 結果 [52-60] − 原因 [50-50]
感性 [60-52] − 理性 [60-52] 客觀 [52-52] − 主觀 [70-52] 決裂 [52-32] − 合意 [60-60]
減少 [42-70] − 增加 [42-50] 客體 [52-60] − 主體 [70-60] 決算 [52-70] − 豫算 [40-70]
感情 [60-52] − 理性 [60-52] 巨大 [40-80] − 微小 [32-80] 決定 [52-60] − 留保 [42-42]
減退 [42-42] − 增進 [42-42] 倨慢 [10-30] − 謙遜 [32-10] 結合 [52-60] − 分離 [60-40]
剛健 [32-50] − 優柔 [40-32] 巨富 [40-42] − 極貧 [42-42] 謙遜 [32-10] − 倨慢 [10-30]
剛健 [32-50] − 柔弱 [32-60] 拒否 [40-40] − 承諾 [42-32] 謙遜 [32-10] − 傲慢 [30-30]
強硬 [60-32] − 軟弱 [32-60] 拒否 [40-40] − 承認 [42-42] 輕減 [50-42] − 加重 [50-70]
強硬 [60-32] − 柔和 [32-60] 拒絶 [40-42] − 承諾 [42-32] 經度 [42-60] − 緯度 [30-60]
強固 [60-50] − 薄弱 [32-60] 拒絶 [40-42] − 承認 [42-42] 輕薄 [50-32] − 重厚 [70-40]

經常 [42-42] － 臨時 [32-70]　　求心 [42-70] － 遠心 [60-70]　　樂天 [60-70] － 厭世 [20-70]

輕率 [50-32] － 愼重 [32-70]　　口語 [70-70] － 文語 [70-70]　　暖流 [42-52] － 寒流 [50-52]

輕視 [50-42] － 重視 [70-42]　　具體 [52-60] － 抽象 [30-40]　　難解 [42-42] － 容易 [42-40]

硬直 [32-70] － 柔軟 [32-32]　　君子 [40-70] － 小人 [80-80]　　濫讀 [30-60] － 精讀 [42-60]

高尙 [60-32] － 卑俗 [32-42]　　屈服 [40-60] － 抵抗 [32-40]　　濫用 [30-60] － 節約 [52-52]

高尙 [60-32] － 低俗 [42-42]　　權利 [42-60] － 義務 [42-42]　　朗讀 [52-60] － 默讀 [32-60]

高雅 [60-32] － 卑俗 [32-42]　　歸納 [40-40] － 演繹 [42-10]　　浪費 [32-50] － 儉素 [40-42]

高雅 [60-32] － 低俗 [42-42]　　均霑 [40-10] － 獨占 [52-40]　　浪費 [32-50] － 儉約 [40-52]

高遠 [60-60] － 卑近 [32-60]　　勤勉 [40-40] － 懶怠 [10-30]　　內容 [70-42] － 外觀 [80-52]

故意 [42-60] － 過失 [52-60]　　勤勉 [40-40] － 怠惰 [30-10]　　內容 [70-42] － 形式 [60-60]

固定 [50-60] － 流動 [52-70]　　僅少 [30-70] － 過多 [52-60]　　內憂 [70-32] － 外患 [80-50]

高調 [60-52] － 低調 [42-52]　　近接 [60-42] － 遠隔 [60-32]　　內包 [70-42] － 外延 [80-40]

苦痛 [60-40] － 快樂 [42-60]　　近海 [60-70] － 遠洋 [60-60]　　冷却 [50-30] － 加熱 [50-50]

困難 [40-42] － 容易 [42-40]　　錦衣 [32-60] － 布衣 [42-60]　　老鍊 [70-32] － 未熟 [42-32]

公開 [60-60] － 隱蔽 [40-30]　　禁止 [42-50] － 解禁 [42-42]　　濃厚 [20-40] － 稀薄 [32-32]

供給 [32-50] － 需要 [32-52]　　禁止 [42-50] － 許可 [50-50]　　訥辯 [10-40] － 能辯 [52-40]

共鳴 [60-40] － 反駁 [60-10]　　急激 [60-40] － 緩慢 [32-30]　　能動 [52-70] － 被動 [32-70]

空腹 [70-32] － 滿腹 [42-32]　　急性 [60-52] － 慢性 [30-52]　　凌蔑 [10-20] － 推仰 [40-32]

空想 [70-42] － 現實 [60-52]　　及第 [32-60] － 落第 [50-60]　　能辯 [52-40] － 訥辯 [10-40]

攻勢 [40-42] － 守勢 [42-42]　　急進 [60-42] － 漸進 [32-42]　　多元 [60-52] － 一元 [80-52]

共用 [60-60] － 專用 [40-60]　　急行 [60-60] － 緩行 [32-60]　　單純 [42-42] － 複雜 [40-40]

共有 [60-70] － 專有 [40-70]　　肯定 [30-60] － 否定 [40-60]　　單式 [42-60] － 複式 [40-60]

公平 [60-70] － 偏頗 [32-30]　　旣決 [30-52] － 未決 [42-52]　　短縮 [60-40] － 延長 [40-80]

過激 [52-40] － 穩健 [20-50]　　起立 [42-70] － 着席 [52-60]　　曇天 [10-70] － 晴天 [30-70]

過多 [52-60] － 僅少 [30-70]　　奇拔 [40-32] － 平凡 [70-32]　　當番 [52-60] － 非番 [42-60]

過失 [52-60] － 故意 [42-60]　　奇數 [40-70] － 偶數 [32-70]　　唐慌 [32-10] － 沈着 [32-52]

寬大 [32-80] － 嚴格 [40-52]　　飢餓 [30-30] － 飽食 [30-70]　　大乘 [80-32] － 小乘 [80-32]

灌木 [10-80] － 喬木 [10-80]　　記憶 [70-32] － 忘却 [30-30]　　對話 [60-70] － 獨白 [52-80]

官尊 [42-42] － 民卑 [80-32]　　緊密 [32-42] － 疎遠 [10-60]　　都心 [50-70] － 郊外 [30-80]

貫徹 [32-32] － 挫折 [10-40]　　緊張 [32-40] － 解弛 [42-10]　　獨白 [52-80] － 對話 [60-70]

光明 [60-60] － 暗黑 [42-50]　　緊縮 [32-40] － 緩和 [32-60]　　獨占 [52-40] － 均霑 [40-10]

喬木 [10-80] － 灌木 [10-80]　　吉兆 [50-32] － 凶兆 [52-32]　　獨創 [52-42] － 模倣 [40-30]

巧妙 [32-40] － 拙劣 [30-30]　　懦弱 [10-60] － 强靭 [60-10]　　同居 [70-40] － 別居 [60-40]

郊外 [30-80] － 都心 [50-70]　　懶怠 [10-30] － 勤勉 [40-40]　　動機 [70-40] － 結果 [52-60]

拘禁 [32-42] － 釋放 [32-60]　　樂觀 [60-52] － 悲觀 [42-52]　　動搖 [70-30] － 安定 [70-60]

拘束 [32-52] － 放免 [60-32]　　樂園 [60-60] － 地獄 [70-32]　　鈍感 [30-60] － 敏感 [30-60]

拘束 [32-52] － 解放 [42-60]　　落第 [50-60] － 及第 [32-60]　　鈍濁 [30-30] － 銳利 [30-60]

得意 [42-60] − 失意 [60-60]　　　薄土 [32-80] − 沃土 [12-80]　　　否認 [40-42] − 是認 [42-42]

登場 [70-70] − 退場 [42-70]　　　反共 [60-60] − 容共 [42-60]　　　否定 [40-60] − 肯定 [30-60]

等質 [60-52] − 異質 [40-52]　　　反目 [60-60] − 和睦 [60-32]　　　不調 [70-52] − 快調 [42-52]

漠然 [32-70] − 確然 [42-70]　　　反駁 [60-10] − 共鳴 [60-40]　　　分離 [60-40] − 結合 [52-60]

滿腹 [42-32] − 空腹 [70-32]　　　返濟 [30-42] − 借用 [32-60]　　　分離 [60-40] − 合體 [60-60]

慢性 [30-52] − 急性 [60-52]　　　反抗 [60-40] − 服從 [60-40]　　　分散 [60-40] − 集中 [60-80]

滿潮 [42-40] − 干潮 [40-40]　　　發掘 [60-20] − 埋沒 [30-32]　　　分析 [60-30] − 綜合 [20-60]

末尾 [50-32] − 冒頭 [30-60]　　　潑剌 [10-10] − 萎縮 [10-40]　　　分析 [60-30] − 統合 [42-60]

忘却 [30-30] − 記憶 [70-32]　　　發生 [60-80] − 消滅 [60-32]　　　分裂 [60-32] − 統一 [42-80]

埋沒 [30-32] − 發掘 [60-20]　　　發信 [60-60] − 受信 [42-60]　　　紛爭 [32-50] − 和解 [60-42]

滅亡 [32-50] − 隆盛 [32-42]　　　傍系 [30-40] − 直系 [70-40]　　　分解 [60-42] − 合成 [60-60]

滅亡 [32-50] − 隆興 [32-42]　　　放免 [60-32] − 拘束 [32-52]　　　不備 [70-42] − 完備 [50-42]

明朗 [60-52] − 憂鬱 [32-20]　　　放心 [60-70] − 操心 [50-70]　　　不運 [70-60] − 幸運 [60-60]

名目 [70-60] − 實質 [52-52]　　　放任 [60-52] − 干涉 [40-30]　　　不況 [70-40] − 好況 [42-40]

明示 [60-50] − 暗示 [42-50]　　　背恩 [42-42] − 報恩 [42-42]　　　卑怯 [32-10] − 勇敢 [60-40]

名譽 [70-32] − 恥辱 [32-32]　　　白髮 [80-40] − 紅顏 [40-32]　　　悲觀 [42-52] − 樂觀 [60-52]

冒頭 [30-60] − 末尾 [50-32]　　　白晝 [80-60] − 深夜 [42-60]　　　卑近 [32-60] − 高遠 [60-60]

模倣 [40-30] − 獨創 [52-42]　　　白癡 [80-10] − 天才 [70-60]　　　非難 [42-42] − 稱讚 [40-40]

模倣 [40-30] − 創造 [42-42]　　　繁忙 [32-30] − 閑散 [40-40]　　　非番 [42-60] − 當番 [52-60]

模型 [40-20] − 原型 [50-20]　　　凡人 [32-80] − 超人 [32-80]　　　非凡 [42-32] − 平凡 [70-32]

無能 [50-52] − 有能 [70-52]　　　別居 [60-40] − 同居 [70-40]　　　卑俗 [32-42] − 高尚 [60-32]

默讀 [32-60] − 朗讀 [52-60]　　　保守 [42-42] − 進步 [42-42]　　　卑俗 [32-42] − 高雅 [60-32]

文明 [70-60] − 野蠻 [60-20]　　　保守 [42-42] − 革新 [40-60]　　　悲哀 [42-32] − 歡喜 [40-40]

文語 [70-70] − 口語 [70-70]　　　報恩 [42-42] − 背恩 [42-42]　　　貧窮 [42-40] − 富裕 [42-32]

物質 [70-52] − 精神 [42-60]　　　普遍 [40-30] − 特殊 [60-32]　　　貧賤 [42-32] − 富貴 [42-50]

未決 [42-52] − 旣決 [30-52]　　　複式 [40-60] − 單式 [42-60]　　　辭任 [40-52] − 就任 [40-52]

微官 [32-42] − 顯官 [40-42]　　　複雜 [40-40] − 單純 [42-42]　　　死藏 [60-32] − 活用 [70-60]

微小 [32-80] − 巨大 [40-80]　　　服從 [60-40] − 反抗 [60-40]　　　奢侈 [10-10] − 儉素 [40-42]

未熟 [42-32] − 老鍊 [70-32]　　　本業 [60-60] − 副業 [42-60]　　　死後 [60-70] − 生前 [80-70]

未熟 [42-32] − 成熟 [60-32]　　　本質 [60-52] − 現象 [60-40]　　　削減 [32-42] − 添加 [30-50]

微風 [32-60] − 強風 [60-60]　　　否決 [40-52] − 可決 [50-52]　　　削除 [32-42] − 添加 [30-50]

敏感 [30-60] − 鈍感 [30-60]　　　富貴 [42-50] − 貧賤 [42-32]　　　散文 [40-70] − 韻文 [32-70]

民卑 [80-32] − 官尊 [42-42]　　　不當 [70-52] − 妥當 [30-52]　　　散在 [40-60] − 密集 [42-60]

敏速 [30-60] − 遲鈍 [30-30]　　　扶桑 [32-32] − 咸池 [30-32]　　　相剋 [52-10] − 相生 [52-80]

敏捷 [30-10] − 遲鈍 [30-30]　　　副業 [42-60] − 本業 [60-60]　　　相對 [52-60] − 絕對 [42-60]

密集 [42-60] − 散在 [40-60]　　　敷衍 [20-12] − 省略 [60-40]　　　相生 [52-80] − 相剋 [52-10]

薄弱 [32-60] − 強固 [60-50]　　　富裕 [42-32] − 貧窮 [42-40]　　　詳述 [32-32] − 略述 [40-32]

上昇 [70-32] − 下降 [70-40]	受信 [42-60] − 發信 [60-60]	安靜 [70-40] − 興奮 [42-32]
喪失 [32-60] − 獲得 [32-42]	受信 [42-60] − 送信 [42-60]	暗示 [42-50] − 明示 [60-50]
相違 [52-30] − 類似 [52-30]	需要 [32-52] − 供給 [32-50]	暗黑 [42-50] − 光明 [60-60]
生家 [80-70] − 養家 [52-70]	守節 [42-52] − 毁節 [30-52]	昂騰 [10-30] − 下落 [70-50]
省略 [60-40] − 敷衍 [20-12]	收縮 [42-40] − 膨脹 [10-10]	愛好 [60-42] − 嫌惡 [30-52]
生産 [80-52] − 消費 [60-50]	羞恥 [10-32] − 榮光 [42-60]	野蠻 [60-20] − 文明 [70-60]
生成 [80-60] − 消滅 [60-32]	收賄 [42-10] − 贈賄 [30-10]	弱小 [60-80] − 強大 [60-80]
生食 [80-70] − 火食 [80-70]	淑女 [32-80] − 紳士 [20-52]	略述 [40-32] − 詳述 [32-32]
生前 [80-70] − 死後 [60-70]	瞬間 [32-70] − 永劫 [60-10]	養家 [52-70] − 生家 [80-70]
釋放 [32-60] − 拘禁 [32-42]	順境 [52-42] − 逆境 [42-42]	抑制 [32-42] − 促進 [32-42]
碩學 [20-80] − 淺學 [32-80]	瞬時 [32-70] − 永劫 [60-10]	嚴格 [40-52] − 寬大 [32-80]
仙界 [52-60] − 紅塵 [40-20]	瞬息 [32-42] − 永劫 [60-10]	逆境 [42-42] − 順境 [52-42]
善用 [50-60] − 惡用 [52-60]	順坦 [52-10] − 險難 [40-42]	逆轉 [42-40] − 好轉 [42-40]
先祖 [80-70] − 後裔 [70-10]	順行 [52-60] − 逆行 [42-60]	逆行 [42-60] − 順行 [52-60]
先天 [80-70] − 後天 [70-70]	拾得 [32-42] − 遺失 [40-60]	年頭 [80-60] − 歲暮 [52-30]
成功 [60-60] − 失敗 [60-50]	濕潤 [32-32] − 乾燥 [32-30]	憐憫 [30-30] − 憎惡 [32-52]
性急 [52-60] − 悠長 [32-80]	承諾 [42-32] − 拒否 [40-40]	連勝 [42-60] − 連敗 [42-50]
成熟 [60-32] − 未熟 [42-32]	承諾 [42-32] − 拒絶 [40-42]	軟弱 [32-60] − 強硬 [60-32]
洗練 [52-52] − 稚拙 [32-30]	勝利 [60-60] − 敗北 [50-80]	演繹 [42-10] − 歸納 [40-40]
歲暮 [52-30] − 年頭 [80-60]	承認 [42-42] − 拒否 [40-40]	延長 [40-80] − 短縮 [60-40]
消極 [60-42] − 積極 [40-42]	承認 [42-42] − 拒絶 [40-42]	連敗 [42-50] − 連勝 [42-60]
所得 [70-42] − 損失 [40-60]	昇天 [32-70] − 降臨 [40-32]	劣惡 [30-52] − 優良 [40-52]
騷亂 [30-40] − 靜肅 [40-40]	媤宅 [10-52] − 親家 [60-70]	厭世 [20-70] − 樂天 [60-70]
消滅 [60-32] − 發生 [60-80]	是認 [42-42] − 否認 [40-42]	永劫 [60-10] − 瞬間 [32-70]
消滅 [60-32] − 生成 [80-60]	紳士 [20-52] − 淑女 [32-80]	永劫 [60-10] − 瞬時 [32-70]
消費 [60-50] − 生産 [80-52]	愼重 [32-70] − 輕率 [50-32]	永劫 [60-10] − 瞬息 [32-42]
小乘 [80-32] − 大乘 [80-32]	室女 [80-80] − 總角 [42-60]	永劫 [60-10] − 轉瞬 [40-32]
疎遠 [10-60] − 緊密 [32-42]	失意 [60-60] − 得意 [42-60]	永劫 [60-10] − 利那 [20-30]
疎遠 [10-60] − 親近 [60-60]	實在 [52-60] − 架空 [32-70]	永劫 [60-10] − 片刻 [32-40]
小人 [80-80] − 君子 [40-70]	實際 [52-42] − 理論 [60-42]	榮光 [42-60] − 羞恥 [10-32]
束縛 [52-10] − 自由 [70-60]	實質 [52-52] − 名目 [70-60]	榮轉 [42-40] − 左遷 [70-32]
續行 [42-60] − 中止 [80-50]	失敗 [60-50] − 成功 [60-60]	迎接 [40-42] − 餞送 [10-42]
損失 [40-60] − 所得 [70-42]	深夜 [42-60] − 白晝 [80-60]	靈魂 [32-32] − 肉體 [42-60]
送信 [42-60] − 受信 [42-60]	惡用 [52-60] − 善用 [50-60]	銳利 [30-60] − 鈍濁 [30-30]
手動 [70-70] − 自動 [70-70]	惡材 [52-52] − 好材 [42-52]	豫算 [40-70] − 決算 [52-70]
受理 [42-60] − 却下 [30-70]	安定 [70-60] − 動搖 [70-30]	傲慢 [30-30] − 謙遜 [32-10]
守勢 [42-42] − 攻勢 [40-42]	安靜 [70-40] − 興奮 [42-32]	沃土 [12-80] − 薄土 [32-80]

穩健 [20-50] － 過激 [52-40]　留保 [42-42] － 決定 [52-60]　任意 [52-60] － 強制 [60-42]

溫暖 [60-42] － 寒冷 [50-50]　類似 [52-30] － 相違 [52-30]　立體 [70-60] － 平面 [70-70]

緩慢 [32-30] － 急激 [60-40]　遺失 [40-60] － 拾得 [32-42]　自動 [70-70] － 手動 [70-70]

完備 [50-42] － 不備 [70-42]　柔弱 [32-60] － 剛健 [32-50]　自動 [70-70] － 他動 [50-70]

緩行 [32-60] － 急行 [60-60]　柔軟 [32-32] － 硬直 [32-70]　自立 [70-70] － 依存 [40-40]

緩和 [32-60] － 緊縮 [32-40]　悠長 [32-80] － 性急 [52-60]　自立 [70-70] － 依他 [40-50]

往復 [42-42] － 片道 [32-70]　柔和 [32-60] － 強硬 [60-32]　自然 [70-70] － 人爲 [80-42]

外觀 [80-52] － 內容 [70-42]　肉體 [42-60] － 靈魂 [32-32]　自由 [70-60] － 束縛 [52-10]

外延 [80-40] － 內包 [70-42]　隆起 [32-42] － 沈降 [32-40]　自律 [70-42] － 他律 [50-42]

外患 [80-50] － 內憂 [70-32]　隆起 [32-42] － 陷沒 [32-32]　自意 [70-60] － 他意 [50-60]

夭折 [10-40] － 長壽 [80-32]　隆盛 [32-42] － 滅亡 [32-50]　子正 [70-70] － 正午 [70-70]

勇敢 [60-40] － 卑怯 [32-10]　融解 [20-42] － 凝固 [30-50]　長壽 [80-32] － 夭折 [10-40]

容共 [42-60] － 反共 [60-60]　隆興 [32-42] － 滅亡 [32-50]　低俗 [42-42] － 高尙 [60-32]

容易 [42-40] － 困難 [40-42]　隱蔽 [40-30] － 公開 [60-60]　低俗 [42-42] － 高雅 [60-32]

容易 [42-40] － 難解 [42-42]　恩惠 [42-42] － 怨恨 [40-40]　低調 [42-52] － 高調 [60-52]

溶解 [12-42] － 凝固 [30-50]　凝固 [30-50] － 溶解 [12-42]　咀呪 [10-10] － 祝賀 [50-32]

優待 [40-60] － 虐待 [20-60]　凝固 [30-50] － 融解 [20-42]　低下 [42-70] － 向上 [60-70]

優良 [40-52] － 劣惡 [30-52]　應答 [42-70] － 質疑 [52-40]　抵抗 [32-40] － 屈服 [40-60]

偶數 [32-70] － 奇數 [40-70]　應用 [42-60] － 原理 [50-60]　抵抗 [32-40] － 投降 [40-40]

偶然 [32-70] － 必然 [52-70]　義務 [42-42] － 權利 [42-60]　積極 [40-42] － 消極 [60-42]

憂鬱 [32-20] － 明朗 [60-52]　依存 [40-40] － 自立 [70-70]　敵對 [42-60] － 友好 [52-42]

優柔 [40-32] － 剛健 [32-50]　依他 [40-50] － 自立 [70-70]　餞送 [10-42] － 迎接 [40-42]

友好 [52-42] － 敵對 [42-60]　利己 [60-52] － 犧牲 [10-10]　轉瞬 [40-32] － 永劫 [60-10]

迂廻 [10-20] － 捷徑 [10-32]　異端 [40-42] － 正統 [70-42]　專用 [40-60] － 共用 [60-60]

韻文 [32-70] － 散文 [40-70]　異例 [40-60] － 通例 [60-60]　專有 [40-70] － 共有 [60-70]

遠隔 [60-32] － 近接 [60-42]　理論 [60-42] － 實際 [52-42]　全體 [70-60] － 個別 [42-60]

原理 [50-60] － 應用 [42-60]　離陸 [40-52] － 着陸 [52-52]　絶對 [42-60] － 相對 [52-60]

遠心 [60-70] － 求心 [42-70]　異說 [40-52] － 定說 [60-52]　節約 [52-52] － 濫用 [30-60]

遠洋 [60-60] － 近海 [60-70]　異說 [40-52] － 通說 [60-52]　絶讚 [42-40] － 酷評 [20-40]

原因 [50-50] － 結果 [52-60]　理性 [60-52] － 感性 [60-52]　漸進 [32-42] － 急進 [60-42]

怨恨 [40-40] － 恩惠 [42-42]　理性 [60-52] － 感情 [60-52]　精巧 [42-32] － 粗惡 [10-52]

原型 [50-20] － 模型 [40-20]　異質 [40-52] － 等質 [60-52]　精讀 [42-60] － 濫讀 [30-60]

緯度 [30-60] － 經度 [42-60]　人爲 [80-42] － 自然 [70-70]　精讀 [42-60] － 濫讀 [30-60]

違法 [30-52] － 合法 [60-52]　人造 [80-42] － 天然 [70-70]　精密 [42-42] － 粗雜 [10-40]

萎縮 [10-40] － 潑剌 [10-10]　一般 [80-32] － 特殊 [60-32]　精算 [42-70] － 槪算 [32-70]

有能 [70-52] － 無能 [50-52]　一元 [80-52] － 多元 [60-52]　定說 [60-52] － 異說 [40-52]

流動 [52-70] － 固定 [50-60]　臨時 [32-70] － 經常 [42-42]　靜肅 [40-40] － 騷亂 [30-40]

精神 [42-60] － 物質 [70-52]　　質疑 [52-40] － 應答 [42-70]　　稱讚 [40-40] － 詰難 [10-42]

正午 [70-70] － 子正 [70-70]　　集中 [60-80] － 分散 [60-40]　　快樂 [42-60] － 苦痛 [60-40]

定着 [60-52] － 漂流 [30-52]　　集合 [60-60] － 解散 [42-40]　　快勝 [42-60] － 慘敗 [30-50]

正統 [70-42] － 異端 [40-42]　　差別 [40-60] － 平等 [70-60]　　快調 [42-52] － 不調 [70-52]

弔客 [30-52] － 賀客 [32-52]　　借用 [32-60] － 返濟 [30-42]　　妥當 [30-52] － 不當 [70-52]

操心 [50-70] － 放心 [60-70]　　着陸 [52-52] － 離陸 [40-52]　　他動 [50-70] － 自動 [70-70]

粗惡 [10-52] － 精巧 [42-32]　　着席 [52-60] － 起立 [42-70]　　他律 [50-42] － 自律 [70-42]

粗雜 [10-40] － 精密 [42-42]　　利那 [20-30] － 永劫 [60-10]　　他意 [50-60] － 自意 [70-60]

存續 [40-42] － 廢止 [32-50]　　斬新 [20-60] － 陳腐 [32-32]　　怠惰 [30-10] － 勤勉 [40-40]

拙劣 [30-30] － 巧妙 [32-40]　　慘敗 [30-50] － 快勝 [42-60]　　通例 [60-60] － 異例 [40-60]

拙作 [30-60] － 傑作 [40-60]　　創造 [42-42] － 模倣 [40-30]　　通說 [60-52] － 異說 [40-52]

縱斷 [32-42] － 橫斷 [32-42]　　處女 [42-80] － 總角 [42-60]　　統一 [42-80] － 分裂 [60-32]

綜合 [20-60] － 分析 [60-30]　　處子 [42-70] － 總角 [42-60]　　統合 [42-60] － 分析 [60-30]

挫折 [10-40] － 貫徹 [32-32]　　天然 [70-70] － 人造 [80-42]　　退嬰 [42-10] － 進取 [42-42]

左遷 [70-32] － 榮轉 [42-40]　　天才 [70-60] － 白癡 [80-10]　　退場 [42-70] － 登場 [70-70]

主觀 [70-52] － 客觀 [52-52]　　淺學 [32-80] － 碩學 [20-80]　　退化 [42-52] － 進化 [42-52]

主體 [70-60] － 客體 [52-60]　　添加 [30-50] － 削減 [32-42]　　投降 [40-40] － 抵抗 [32-40]

重視 [70-42] － 輕視 [50-42]　　添加 [30-50] － 削除 [32-42]　　特殊 [60-32] － 普遍 [40-30]

中止 [80-50] － 續行 [42-60]　　捷徑 [10-32] － 迂廻 [10-20]　　特殊 [60-32] － 一般 [80-32]

重厚 [70-40] － 輕薄 [50-32]　　晴天 [30-70] － 曇天 [10-70]　　破壞 [42-32] － 建設 [50-42]

增加 [42-50] － 減少 [42-70]　　超人 [32-80] － 凡人 [32-80]　　敗北 [50-80] － 勝利 [60-60]

憎惡 [32-52] － 憐憫 [30-30]　　促進 [32-42] － 抑制 [32-42]　　膨脹 [10-10] － 收縮 [42-40]

增進 [42-42] － 減退 [42-42]　　總角 [42-60] － 室女 [80-80]　　片刻 [32-40] － 永劫 [60-10]

贈賄 [30-10] － 收賄 [42-10]　　總角 [42-60] － 處女 [42-80]　　片道 [32-70] － 往復 [42-42]

遲鈍 [30-30] － 敏速 [30-60]　　總角 [42-60] － 處子 [42-70]　　偏頗 [32-30] － 公平 [60-70]

遲鈍 [30-30] － 敏捷 [30-10]　　抽象 [30-40] － 具體 [52-60]　　平等 [70-60] － 差別 [40-60]

支線 [42-60] － 幹線 [32-60]　　推仰 [40-32] － 凌蔑 [10-20]　　平面 [70-70] － 立體 [70-60]

持續 [40-42] － 間歇 [70-10]　　縮小 [40-80] － 擴大 [30-80]　　平凡 [70-32] － 奇拔 [40-32]

地獄 [70-32] － 樂園 [60-60]　　祝賀 [50-32] － 咀呪 [10-10]　　平凡 [70-32] － 非凡 [42-32]

直系 [70-40] － 傍系 [30-40]　　就任 [40-52] － 辭任 [40-52]　　閉鎖 [40-32] － 開放 [60-60]

進步 [42-42] － 保守 [42-42]　　恥辱 [32-32] － 名譽 [70-32]　　廢止 [32-50] － 存續 [40-42]

陳腐 [32-32] － 斬新 [20-60]　　稚拙 [32-30] － 洗練 [52-52]　　飽食 [30-70] － 飢餓 [30-30]

眞實 [42-52] － 虛僞 [42-32]　　親家 [60-70] － 媤宅 [10-52]　　布衣 [42-60] － 錦衣 [32-60]

鎭靜 [32-40] － 興奮 [42-32]　　親近 [60-60] － 疎遠 [10-60]　　暴騰 [42-30] － 暴落 [42-50]

進取 [42-42] － 退嬰 [42-10]　　沈降 [32-40] － 隆起 [32-42]　　暴落 [42-50] － 暴騰 [42-30]

進化 [42-52] － 退化 [42-52]　　沈着 [32-52] － 唐慌 [32-10]　　漂流 [30-52] － 定着 [60-52]

秩序 [32-50] － 混沌 [40-10]　　稱讚 [40-40] － 非難 [42-42]　　被動 [32-70] － 能動 [52-70]

必然 [52-70] − 蓋然 [32-70] 　向上 [60-70] − 低下 [42-70] 　和睦 [60-32] − 反目 [60-60]

必然 [52-70] − 偶然 [32-70] 　許可 [50-50] − 禁止 [42-50] 　火食 [80-70] − 生食 [80-70]

下降 [70-40] − 上昇 [70-32] 　虛僞 [42-32] − 眞實 [42-52] 　和解 [60-42] − 決裂 [52-32]

賀客 [32-52] − 弔客 [30-52] 　險難 [40-42] − 順坦 [52-10] 　和解 [60-42] − 紛爭 [32-50]

下落 [70-50] − 昂騰 [10-30] 　革新 [40-60] − 保守 [42-42] 　擴大 [30-80] − 縮小 [40-80]

虐待 [20-60] − 優待 [40-60] 　革新 [40-60] − 保守 [42-42] 　確然 [42-70] − 漠然 [32-70]

寒冷 [50-50] − 溫暖 [60-42] 　顯官 [40-42] − 微官 [32-42] 　確然 [42-70] − 漠然 [32-70]

寒流 [50-52] − 暖流 [42-52] 　現象 [60-40] − 本質 [60-52] 　歡喜 [40-40] − 悲哀 [42-32]

閑散 [40-40] − 繁忙 [32-30] 　現實 [60-52] − 空想 [70-42] 　活用 [70-60] − 死藏 [60-32]

陷沒 [32-32] − 隆起 [32-42] 　嫌惡 [30-52] − 愛好 [60-42] 　獲得 [32-42] − 喪失 [32-60]

咸池 [30-32] − 扶桑 [32-32] 　形式 [60-60] − 內容 [70-42] 　橫斷 [32-42] − 縱斷 [32-42]

合法 [60-52] − 違法 [30-52] 　好材 [42-52] − 惡材 [52-52] 　後裔 [70-10] − 先祖 [80-70]

合成 [60-60] − 分解 [60-42] 　好轉 [42-40] − 逆轉 [42-40] 　後天 [70-70] − 先天 [80-70]

合意 [60-60] − 決裂 [52-32] 　好況 [42-40] − 不況 [70-40] 　毀節 [30-52] − 守節 [42-52]

合體 [60-60] − 分離 [60-40] 　酷暑 [20-30] − 酷寒 [20-50] 　凶兆 [52-32] − 吉兆 [50-32]

解禁 [42-42] − 禁止 [42-50] 　酷評 [20-40] − 絶讚 [42-40] 　興奮 [42-32] − 安靜 [70-40]

解放 [42-60] − 拘束 [32-52] 　酷寒 [20-50] − 酷暑 [20-30] 　興奮 [42-32] − 鎭靜 [32-40]

解散 [42-40] − 集合 [60-60] 　混沌 [40-10] − 秩序 [32-50] 　稀薄 [32-32] − 濃厚 [20-40]

解弛 [42-10] − 緊張 [32-40] 　紅顏 [40-32] − 白髮 [80-40] 　犧牲 [10-10] − 利己 [60-52]

幸運 [60-60] − 不運 [70-60] 　紅塵 [40-20] − 仙界 [52-60] 　詰難 [10-42] − 稱讚 [40-40]

相對語(反對語, 反意語, 反義語, 對義語)_3字, 4字

可燃性 [50-40-52] − 不燃性 [70-40-52] 　　旣決案 [30-52-50] − 未決案 [42-52-50]

可溶性 [50-12-52] − 不溶性 [70-12-52] 　　奇順列 [40-52-42] − 偶順列 [32-52-42]

加害者 [50-52-60] − 被害者 [32-52-60] 　　南極圈 [80-42-20] − 北極圈 [80-42-20]

感情的 [60-52-52] − 理性的 [60-52-52] 　　內在律 [70-60-42] − 外在律 [80-60-42]

開架式 [60-32-60] − 閉架式 [40-32-60] 　　女俳優 [80-20-40] − 男俳優 [70-20-40]

開放性 [60-60-52] − 閉鎖性 [40-32-52] 　　農繁期 [70-32-50] − 農閑期 [70-40-50]

巨視的 [40-42-52] − 微視的 [32-42-52] 　　單純性 [42-42-52] − 複雜性 [40-40-52]

高踏的 [60-32-52] − 世俗的 [70-42-52] 　　大殺年 [80-42-80] − 大有年 [80-70-80]

購買者 [20-50-60] − 販賣者 [30-50-60] 　　大丈夫 [80-32-70] − 拙丈夫 [30-32-70]

具體的 [52-60-52] − 抽象的 [30-40-52] 　　都給人 [50-50-80] − 受給人 [42-50-80]

根幹的 [60-32-52] − 末梢的 [50-10-52] 　　同質化 [70-52-52] − 異質化 [40-52-52]

根本的 [60-60-52] − 彌縫的 [12-20-52] 　　落選人 [50-50-80] − 當選人 [52-50-80]

急騰勢 [60-30-42] − 急落勢 [60-50-42] 　　樂天家 [60-70-70] − 厭世家 [20-70-70]

及第點 [32-60-40] − 落第點 [50-60-40] 　　兩非論 [42-42-42] − 兩是論 [42-42-42]

劣等感 [30-60-60] ― 優越感 [40-32-60]　　外在律 [80-60-42] ― 內在律 [70-60-42]

老處女 [70-42-80] ― 老總角 [70-42-60]　　偶順列 [32-52-42] ― 奇順列 [40-52-42]

理性的 [60-52-52] ― 感情的 [60-52-52]　　優越感 [40-32-60] ― 劣等感 [30-60-60]

立席權 [70-60-42] ― 座席券 [40-60-40]　　違憲性 [30-40-52] ― 合憲性 [60-40-52]

末梢的 [50-10-52] ― 根幹的 [60-32-52]　　唯物論 [30-70-42] ― 唯心論 [30-70-42]

買受人 [50-42-80] ― 賣渡人 [50-32-80]　　一點紅 [80-40-40] ― 靑一點 [80-80-40]

門外漢 [80-80-70] ― 專門家 [40-80-70]　　賃貸料 [32-32-50] ― 賃借料 [32-32-50]

彌縫的 [12-20-52] ― 根本的 [60-60-52]　　積極的 [40-42-52] ― 消極的 [60-42-52]

微視的 [32-42-52] ― 巨視的 [40-42-52]　　專門家 [40-80-70] ― 門外漢 [80-80-70]

搬入量 [20-70-50] ― 搬出量 [20-70-50]　　絕對的 [42-60-52] ― 相對的 [52-60-52]

發信人 [60-60-80] ― 受信人 [42-60-80]　　早熟性 [42-32-52] ― 晚熟性 [32-32-52]

背日性 [42-80-52] ― 向日性 [60-80-52]　　拙丈夫 [30-32-70] ― 大丈夫 [80-32-70]

白眼視 [80-42-42] ― 靑眼視 [80-42-42]　　縱斷面 [32-42-70] ― 橫斷面 [32-42-70]

富益富 [42-42-42] ― 貧益貧 [42-42-42]　　增加率 [42-50-32] ― 減少率 [42-70-32]

不文律 [70-70-42] ― 成文律 [60-70-42]　　債權者 [32-42-60] ― 債務者 [32-42-60]

不法化 [70-52-52] ― 合法化 [60-52-52]　　靑眼視 [80-42-42] ― 白眼視 [80-42-42]

非需期 [42-32-50] ― 盛需期 [42-32-50]　　靑一點 [80-80-40] ― 紅一點 [40-80-40]

相對的 [52-60-52] ― 絕對的 [42-60-52]　　初盤戰 [50-32-60] ― 終盤戰 [50-32-60]

上位圈 [70-50-20] ― 下位圈 [70-50-20]　　抽象的 [30-40-52] ― 具體的 [52-60-52]

上終價 [70-50-52] ― 下終價 [70-50-52]　　出發驛 [70-60-32] ― 到着驛 [52-52-32]

夕刊紙 [70-32-70] ― 朝刊紙 [60-32-70]　　就任辭 [40-52-40] ― 離任辭 [40-52-40]

成文律 [60-70-42] ― 不文律 [70-70-42]　　販賣者 [30-50-60] ― 購買者 [20-50-60]

世俗的 [70-42-52] ― 高踏的 [60-32-52]　　販賣品 [30-50-52] ― 非賣品 [42-50-52]

小口徑 [80-70-32] ― 大口徑 [80-70-32]　　廢刊號 [32-32-60] ― 創刊號 [42-32-60]

消極的 [60-42-52] ― 積極的 [40-42-52]　　閉鎖的 [40-32-52] ― 開放的 [60-60-52]

送荷人 [42-32-80] ― 受荷人 [42-32-80]　　胞胎法 [40-20-52] ― 避妊法 [40-20-52]

輸入國 [32-70-80] ― 輸出國 [32-70-80]　　暴騰勢 [42-30-42] ― 暴落勢 [42-50-42]

收入額 [42-70-40] ― 支出額 [42-70-40]　　被害者 [32-52-60] ― 加害者 [50-52-60]

受託人 [42-20-80] ― 委託人 [40-20-80]　　必然性 [52-70-52] ― 偶然性 [32-70-52]

拾得物 [32-42-70] ― 紛失物 [32-60-70]　　下位圈 [70-50-20] ― 上位圈 [70-50-20]

勝利者 [60-60-60] ― 敗北者 [50-80-60]　　閑中忙 [40-80-30] ― 忙中閑 [30-80-40]

昇壓器 [32-42-42] ― 降壓器 [40-42-42]　　合法化 [60-52-52] ― 不法化 [70-52-52]

始發驛 [60-60-32] ― 終着驛 [50-52-32]　　合憲性 [60-40-52] ― 違憲性 [30-40-52]

嚴侍下 [40-32-70] ― 慈侍下 [32-32-70]　　向日性 [60-80-52] ― 背日性 [42-80-52]

逆轉勝 [42-40-60] ― 逆轉敗 [42-40-50]　　紅一點 [40-80-40] ― 靑一點 [80-80-40]

外斜面 [80-32-70] ― 內斜面 [70-32-70]　　歡送宴 [40-42-32] ― 歡迎宴 [40-40-32]

外疏薄 [80-32-32] ― 內疏薄 [70-32-32]　　凶漁期 [52-50-50] ― 豊漁期 [42-50-50]

渴而穿井 [30-30-10-32] – 居安思危 [40-70-50-40]　　麻中之蓬 [32-80-32-12] – 近朱者赤 [60-40-60-50]
剛毅木訥 [32-10-80-10] – 巧言令色 [32-60-50-70]　　亡羊補牢 [50-42-32-10] – 有備無患 [70-42-50-50]
居安思危 [40-70-50-40] – 亡羊補牢 [50-42-32-10]　　門前成市 [80-70-60-70] – 門前雀羅 [80-70-10-42]
輕擧妄動 [50-50-32-70] – 隱忍自重 [40-32-70-70]　　松柏之質 [40-20-32-52] – 蒲柳之質 [10-40-32-52]
高臺廣室 [60-32-52-80] – 一間斗屋 [80-70-42-50]　　市道之交 [70-70-32-60] – 芝蘭之交 [12-32-32-60]
高山流水 [60-80-52-80] – 市道之交 [70-70-32-60]　　始終一貫 [60-50-80-32] – 龍頭蛇尾 [40-60-32-32]
苦盡甘來 [60-40-40-70] – 興盡悲來 [42-40-42-70]　　我田引水 [32-42-42-80] – 易地思之 [40-70-50-32]
曲突徙薪 [50-32-10-10] – 亡牛補牢 [50-50-32-10]　　龍頭蛇尾 [40-60-32-32] – 始終一貫 [60-50-80-32]
管鮑之交 [40-12-32-60] – 市道之交 [70-70-32-60]　　流芳百世 [52-32-70-70] – 遺臭萬年 [40-30-80-80]
巧言令色 [32-60-50-70] – 剛毅木訥 [32-10-80-10]　　有備無患 [70-42-50-50] – 亡羊補牢 [50-42-32-10]
近墨者黑 [60-32-60-50] – 麻中之蓬 [32-80-32-12]　　隱忍自重 [40-32-70-70] – 輕擧妄動 [50-50-32-70]
錦上添花 [32-70-30-70] – 雪上加霜 [60-70-50-32]　　一間斗屋 [80-70-42-50] – 高臺廣室 [60-32-52-80]
弄瓦之慶 [32-32-32-42] – 弄璋之慶 [32-12-32-42]　　前虎後狼 [70-32-70-10] – 錦上添花 [32-70-30-70]
凌雲之志 [10-52-32-42] – 靑雲之志 [80-52-32-42]　　智者一失 [40-60-80-60] – 千慮一得 [70-40-80-42]
凍氷寒雪 [32-50-50-60] – 和風暖陽 [60-60-42-60]

3　**轉義語**

轉義는 글자 본래의 뜻(字義)에서 다른 뜻으로 바뀐(轉移) 것을 말한다. 단, 轉義는 字義와 無關하지 않다. 字義에서 한 두 바퀴 굴러 옮아 轉義가 된 경우, 轉義를 字義에서부터 추적하여 알아볼 수 있고, 故事가 더불어 있는 경우에는 字義와 故事로부터 유추하여 轉移된 뜻(轉義)을 쉽게 알 수 있게 마련이다. '膾炙(회자)'를 예로 들면 字義는 '날고기와 구운 고기'인데, 날고기와 구운 고기가 사람 입에 자주 오르내리는 데서 유추되어, '사람의 입에 이야기 거리로 자주 오르내림'이라는 轉義가 나온 것이다. '容喙(용훼)'를 예로 들면 字義는 '얼굴과 부리'인데, 말참견을 하려면 이야기 석상에 '얼굴을 들이밀고, 부리를 놀린다.'는 데서 유추되어 '말참견'의 뜻이 나온 것이다.

아래 漢字語의 字義와 轉義를 따져 보면 轉義의 개념과 뜻을 보다 쉽게 익힐 수 있을 것이다.

脚光 각광 [32-60]　　敲推 고퇴 [10-40]　　槐夢 괴몽 [12-32]　　杞憂 기우 [10-32]
角逐 각축 [60-30]　　古稀 고희 [60-32]　　驅馳 구치 [30-10]　　南面 남면 [80-70]
干城 간성 [40-42]　　骨肉 골육 [40-42]　　國色 국색 [80-70]　　濫觴 남상 [30-10]
傾國 경국 [40-80]　　瓜期 과기 [20-50]　　國香 국향 [80-42]　　綠林 녹림 [60-70]
鷄肋 계륵 [40-10]　　瓜滿 과만 [20-42]　　權輿 권여 [42-30]　　壟斷 농단 [10-42]
股肱 고굉 [10-10]　　觀火 관화 [52-80]　　克己 극기 [32-52]　　籠絡 농락 [20-32]
膏粱 고량 [10-10]　　光陰 광음 [60-42]　　錦歸 금귀 [32-40]　　牢籠 뇌롱 [10-20]
高枕 고침 [60-30]　　掛冠 괘관 [30-32]　　琴瑟 금실 [32-12]　　累卵 누란 [32-40]

圖南 도남 [60-80] 鼠竊 서절 [10-30] 卒壽 졸수 [52-32] 喜壽 희수 [40-32]

桃源 도원 [32-40] 首鼠 수서 [52-10] 踵武 종무 [10-42] 茶飯事 다반사 [32-32-70]

塗炭 도탄 [30-50] 守株 수주 [42-32] 從心 종심 [40-70] 斷末魔 단말마 [42-50-20]

棟梁 동량 [20-32] 菽麥 숙맥 [10-32] 櫛雨 즐우 [10-52] 東郭履 동곽리 [80-30-32]

凍梨 동리 [32-30] 市虎 시호 [70-32] 知音 지음 [52-60] 登龍門 등용문 [70-40-80]

冬扇 동선 [70-10] 食言 식언 [70-60] 咫尺 지척 [10-32] 巫山雲 무산운 [10-80-52]

銅臭 동취 [42-30] 宸襟 신금 [10-10] 秦火 진화 [12-80] 未亡人 미망인 [42-50-80]

頭角 두각 [60-60] 薪米 신미 [10-60] 桎梏 질곡 [10-10] 彌縫策 미봉책 [12-20-32]

杜撰 두찬 [12-10] 握髮 악발 [20-40] 蹉跌 차질 [10-10] 白眼視 백안시 [80-42-42]

望九 망구 [52-80] 雁書 안서 [30-60] 滄桑 창상 [20-32] 獅子吼 사자후 [10-70-10]

望百 망백 [52-70] 壓卷 압권 [42-40] 楚歌 초가 [12-70] 三昧境 삼매경 [80-10-42]

望八 망팔 [52-80] 艾年 애년 [12-80] 焦眉 초미 [20-30] 笑中刀 소중도 [42-80-32]

矛盾 모순 [20-20] 粱肉 양육 [10-42] 錐囊 추낭 [10-10] 蜃氣樓 신기루 [10-70-32]

木鐸 목탁 [80-10] 逆鱗 역린 [42-10] 秋扇 추선 [70-10] 眼中釘 안중정 [42-80-10]

蒙塵 몽진 [32-20] 燃眉 연미 [40-30] 秋毫 추호 [70-30] 如反掌 여반장 [42-60-32]

米壽 미수 [60-32] 煙霞 연하 [42-10] 逐鹿 축록 [30-30] 連理枝 연리지 [42-60-32]

半壽 반수 [60-32] 蝸角 와각 [10-60] 春秋 춘추 [70-70] 五車書 오거서 [80-70-60]

跋扈 발호 [10-12] 臥龍 와룡 [30-40] 破鏡 파경 [42-40] 蝸角觚 와각저 [10-60-10]

白眉 백미 [80-30] 完璧 완벽 [50-10] 破瓜 파과 [42-20] 鴛鴦契 원앙계 [10-10-32]

魄散 백산 [10-40] 鴛鴦 원앙 [10-10] 破僻 파벽 [42-20] 一字師 일자사 [80-70-42]

白壽 백수 [80-32] 衣鉢 의발 [60-12] 幣帛 폐백 [30-10] 知天命 지천명 [52-70-70]

伏龍 복룡 [40-40] 而立 이립 [30-70] 風燈 풍등 [60-42] 指呼間 지호간 [42-42-70]

覆轍 복철 [32-10] 耳順 이순 [50-52] 風燭 풍촉 [60-30] 千里眼 천리안 [70-70-42]

鳳兒 봉아 [32-52] 一髮 일발 [80-40] 懸梁 현량 [32-32] 鐵面皮 철면피 [50-70-32]

駙馬 부마 [10-50] 蔗境 자경 [10-42] 血肉 혈육 [42-42] 靑眼視 청안시 [80-42-42]

不肖 불초 [70-32] 刺股 자고 [32-10] 荊妻 형처 [10-32] 破天荒 파천황 [42-70-32]

不惑 불혹 [70-32] 長川 장천 [80-70] 糊口 호구 [10-70] 蒲柳質 포류질 [10-40-52]

鵬圖 붕도 [12-60] 折角 절각 [40-60] 毫釐 호리 [30-10] 披肝膽 피간담 [10-32-20]

比翼 비익 [50-32] 切磨 절마 [52-32] 畫餠 화병 [60-10] 解語花 해어화 [42-70-70]

蛇足 사족 [32-70] 折箭 절전 [40-10] 還甲 환갑 [32-40] 糊口策 호구책 [10-70-32]

傘壽 산수 [20-32] 折檻 절함 [40-10] 換骨 환골 [32-40] 紅一點 홍일점 [40-80-40]

三徙 삼사 [80-10] 點額 점액 [40-40] 黃口 황구 [60-70] 花風病 화풍병 [70-60-60]

桑年 상년 [32-80] 點睛 점정 [40-10] 膾炙 회자 [10-10]

嘗膽 상담 [30-20] 糟糠 조강 [10-10] 嚆矢 효시 [10-30]

영역	학습 및 능력 / 평가 준거
한자 어휘 교육론	1. 한자어의 전의 개념을 이해하고 전의어가 생겨난 문화적 배경이나 사상을 이해하여 맥락에 맞게 활용하도록 적절한 용례를 제시하여 교수–학습 활동을 수행할 수 있다. 2. 언어의 유의관계를 이해하고 유의자와 유의결합자를 통하여 학습 한자를 확장해 나가는 교수–학습 활동을 수행할 수 있는가를 평가한다. 3. 언어의 반의관계를 이해하고 반의자와 반의결합자를 통하여 학습 한자를 확장해 나가는 교수–학습 활동을 수행할 수 있는가를 평가한다.

◀ 영역별 대표 문항 ▶

능력단위	한자학 이론	단위요소	유의자	정답	[1] 過/錯, [2] 模/摸/摹, [3] 奇/異/詭, [4] 髮
문항	※ 다음 ( ) 안에 뜻이 비슷한 漢字를 써서 단어를 만드시오. [1] ( ) − 誤　　　　　　　　　　[2] ( ) − 倣 [3] 怪 − ( )　　　　　　　　　　[4] 毛 − ( )				
능력단위	한자학 이론	단위요소	반의자	정답	[1] 苦, [2] 慶, [3] 明, [4] 縮
문항	※ 다음 ( ) 안에 뜻이 반대되는 漢字를 써서 단어를 만드시오. [1] 甘 ↔ ( )　　　　　　　　　　[2] ( ) ↔ 弔 [3] 昏 ↔ ( )　　　　　　　　　　[4] 伸 ↔ ( )				
능력단위	한자어휘 교육론	단위요소	전의어	정답	[1] 南面 [2] 壓卷 [3] 90
문항	※ 漢字語의 轉義에 대해 설명하는 다음 글을 읽고 ( ) 안에 들어갈 漢字語를 쓰시오. 　轉義는 단어 원래의 뜻에서 다른 뜻으로 바뀐 것을 말한다. 예를 들어 '남쪽 방향'이라는 원뜻을 지닌 단어 [1]'( )'은 수식 구조의 단어이지만 예전 임금이 남쪽을 향하여 신하와 대면한 일에서 유래 '임금이 되어 나라를 다스리다'라는 새로운 뜻으로 발전하였다. [2]'( )' 역시 관리 등용 시험에서 가장 뛰어난 답안지를 다른 답안지 위에 얹어 놓았다는 데서 유래하여 '여럿 가운데 가장 뛰어난 것'이란 뜻으로 전의되었다. 또 나이를 나타내는 한자어 卒壽는 원뜻과는 관계없이 卒의 俗字를 파자한 후 그 의미를 숫자개념으로 재해석하여 나이 [3]'( )'을 가리키는 단어로 전의되었다.				

第4章 故事成語 및 四字成語

故事成語는 옛사람들이 만든 말로 그 말이 나오게 된 由來가 있는 말이다. 故事成語는 반드시 4音節로 된 것만을 말하는 것은 아니나 2音節, 3音節 故事成語는 轉義語 등에서 다루어졌으므로 여기서는 주로 4音節語를 살펴보기로 한다.

呵呵大笑 가가대소 [10-10-80-42]	各界各層 각계각층 [60-60-60-40]	甘言利說 감언이설 [40-60-60-52]
家家戶戶 가가호호 [70-70-42-42]	刻骨難忘 각골난망 [40-40-42-30]	敢言之地 감언지지 [40-60-32-70]
加減乘除 가감승제 [50-42-32-42]	刻骨銘心 각골명심 [40-40-32-70]	甘井先竭 감정선갈 [40-32-80-10]
可居之地 가거지지 [50-40-32-70]	刻骨痛恨 각골통한 [40-40-40-40]	感之德之 감지덕지 [60-32-52-32]
架空人物 가공인물 [32-70-80-70]	各得其所 각득기소 [60-42-32-70]	甘泉先竭 감천선갈 [40-40-80-10]
家給人足 가급인족 [70-50-80-70]	刻船求劍 각선구검 [40-50-42-32]	甘吞苦吐 감탄고토 [40-10-60-32]
街談巷說 가담항설 [42-50-30-52]	各樣各色 각양각색 [60-40-60-70]	甲骨文字 갑골문자 [40-40-70-70]
街談巷語 가담항어 [42-50-30-70]	角者無齒 각자무치 [60-60-50-42]	甲男乙女 갑남을녀 [40-70-32-80]
街談巷議 가담항의 [42-50-30-42]	各自爲政 각자위정 [60-70-42-42]	甲論乙駁 갑론을박 [40-42-32-10]
家徒壁立 가도벽립 [70-40-42-70]	刻舟求劍 각주구검 [40-30-42-32]	甲申政變 갑신정변 [40-42-42-52]
可東可西 가동가서 [50-80-50-80]	肝腦塗地 간뇌도지 [32-32-30-70]	甲午更張 갑오경장 [40-70-40-40]
苛斂誅求 가렴주구 [10-10-10-42]	肝膽相照 간담상조 [32-20-52-32]	慷慨之士 강개지사 [10-30-32-52]
假弄成眞 가롱성진 [42-32-60-42]	肝膽楚越 간담초월 [32-20-12-32]	康衢煙月 강구연월 [42-10-42-80]
家無擔石 가무담석 [70-50-42-60]	肝膽胡越 간담호월 [32-20-32-32]	強近之族 강근지족 [60-60-32-60]
歌舞音曲 가무음곡 [70-40-60-50]	竿頭之勢 간두지세 [10-60-32-42]	強近之親 강근지친 [60-60-32-60]
家貧落魄 가빈낙백 [70-42-50-10]	乾木水生 간목수생 [32-80-80-80]	強弩之末 강노지말 [60-10-32-50]
家書萬金 가서만금 [70-60-80-80]	幹線道路 간선도로 [32-60-70-60]	剛木水生 강목수생 [32-80-80-80]
街說巷談 가설항담 [42-52-30-50]	干城之材 간성지재 [40-42-32-52]	強迫觀念 강박관념 [60-32-52-52]
可視距離 가시거리 [50-42-32-40]	間世之材 간세지재 [70-70-32-52]	剛毅木訥 강의목눌 [32-10-80-10]
加用貢物 가용공물 [50-60-32-70]	奸臣賊子 간신적자 [10-52-40-70]	腔腸動物 강장동물 [10-40-70-70]
佳人薄命 가인박명 [32-80-32-70]	間於齊楚 간어제초 [70-30-32-12]	江湖煙波 강호연파 [70-50-42-42]
家財道具 가재도구 [70-52-70-52]	渴而穿井 갈이천정 [30-30-10-32]	改過自新 개과자신 [50-52-70-60]
家電製品 가전제품 [70-70-42-52]	竭澤而漁 갈택이어 [10-32-30-50]	改過遷善 개과천선 [50-52-32-50]
加重處罰 가중처벌 [50-70-42-42]	減價償却 감가상각 [42-52-32-30]	蓋棺事定 개관사정 [32-10-70-60]
假支給金 가지급금 [42-42-50-80]	感慨無量 감개무량 [60-30-50-50]	開卷有益 개권유익 [60-40-70-42]
各個擊破 각개격파 [60-42-40-42]	敢不生心 감불생심 [40-70-80-70]	皆旣日蝕 개기일식 [30-30-80-10]
各個戰鬪 각개전투 [60-42-60-40]	敢不生意 감불생의 [40-70-80-60]	開門納賊 개문납적 [60-80-40-40]

開門揖盜 개문읍도 [60-80-10-40]	犬馬之役 견마지역 [40-50-32-32]	鏡花水月 경화수월 [40-70-80-80]
開腹手術 개복수술 [60-32-70-60]	見蚊拔劍 견문발검 [52-10-32-32]	桂冠詩人 계관시인 [32-32-42-80]
改善匡正 개선광정 [50-50-10-70]	見物生心 견물생심 [52-70-80-70]	鷄口牛後 계구우후 [40-70-50-70]
蓋世之才 개세지재 [32-70-32-60]	堅壁淸野 견벽청야 [40-42-60-60]	鷄群孤鶴 계군고학 [40-40-40-32]
改玉改行 개옥개행 [50-42-50-60]	見善如渴 견선여갈 [52-50-42-30]	鷄群一鶴 계군일학 [40-40-80-32]
開源節流 개원절류 [60-40-52-52]	見善從之 견선종지 [52-50-40-32]	鷄卵有骨 계란유골 [40-40-70-40]
開店休業 개점휴업 [60-52-70-60]	犬牙相制 견아상제 [40-32-52-42]	鷄鳴狗盜 계명구도 [40-40-30-40]
客反爲主 객반위주 [52-60-42-70]	犬牙相錯 견아상착 [40-32-52-32]	鷄鳴之客 계명지객 [40-40-32-52]
坑儒焚書 갱유분서 [20-40-10-60]	牽牛織女 견우직녀 [30-50-40-80]	計無所出 계무소출 [60-50-70-70]
擧國內閣 거국내각 [50-80-70-32]	見危授命 견위수명 [52-40-42-70]	季札掛劍 계찰괘검 [40-20-30-32]
擧棋不定 거기부정 [50-20-70-60]	見危致命 견위치명 [52-40-50-70]	癸丑日記 계축일기 [30-30-80-70]
去頭截尾 거두절미 [50-60-10-32]	堅忍不拔 견인불발 [40-32-70-32]	溪壑之慾 계학지욕 [32-10-32-32]
拒否反應 거부반응 [40-40-60-42]	見兔放狗 견토방구 [52-32-60-30]	高架道路 고가도로 [60-32-70-60]
擧手敬禮 거수경례 [50-70-52-60]	犬兔之爭 견토지쟁 [40-32-32-50]	高官大爵 고관대작 [60-42-80-30]
車水馬龍 거수마룡 [70-80-50-40]	結弓獐皮 결궁장피 [52-32-12-32]	股肱之臣 고굉지신 [10-10-32-52]
居安思危 거안사위 [40-70-50-40]	決選投票 결선투표 [52-50-40-42]	孤軍奮鬪 고군분투 [40-80-32-40]
擧案齊眉 거안제미 [50-50-32-30]	缺損家庭 결손가정 [42-40-70-60]	高臺廣室 고대광실 [60-32-52-80]
擧一反三 거일반삼 [50-80-60-80]	結義兄弟 결의형제 [52-42-80-80]	孤獨單身 고독단신 [40-52-42-60]
擧措失當 거조실당 [50-20-60-52]	結者解之 결자해지 [52-60-42-32]	叩頭謝罪 고두사죄 [10-60-42-50]
乾坤一擲 건곤일척 [32-30-80-10]	結草報恩 결초보은 [52-70-42-42]	高等學校 고등학교 [60-60-80-80]
乾畓直播 건답직파 [32-30-70-30]	兼人之勇 겸인지용 [32-80-32-60]	膏粱珍味 고량진미 [10-10-40-42]
乾木生水 건목생수 [32-80-80-80]	兼聽則明 겸청즉명 [32-40-50-60]	高利貸金 고리대금 [60-60-32-80]
乞不竝行 걸불병행 [30-70-30-60]	輕擧妄動 경거망동 [50-50-32-70]	孤立無援 고립무원 [40-70-50-40]
乞人憐天 걸인연천 [30-80-30-70]	經國濟世 경국제세 [42-80-42-70]	枯木死灰 고목사회 [30-80-60-40]
格物致知 격물치지 [52-70-50-52]	傾國之色 경국지색 [40-80-32-70]	鼓腹擊壤 고복격양 [32-32-40-32]
隔世之感 격세지감 [32-70-32-60]	驚弓之鳥 경궁지조 [40-32-32-42]	高峯峻嶺 고봉준령 [60-32-12-32]
擊壤之歌 격양지가 [40-32-32-70]	輕薄浮虛 경박부허 [50-32-32-42]	高山流水 고산유수 [60-80-52-80]
激濁揚淸 격탁양청 [40-30-32-60]	卿士大夫 경사대부 [30-52-80-70]	古色蒼然 고색창연 [60-70-32-70]
隔靴搔癢 격화소양 [32-20-10-10]	傾城之色 경성지색 [40-42-32-70]	孤城落日 고성낙일 [40-42-50-80]
隔靴爬癢 격화파양 [32-20-10-10]	經世濟民 경세제민 [42-70-42-80]	高聲放歌 고성방가 [60-42-60-70]
牽强附會 견강부회 [30-60-32-60]	經世致用 경세치용 [42-70-50-60]	高速道路 고속도로 [60-60-70-60]
見金如石 견금여석 [52-80-42-60]	敬而遠之 경이원지 [52-30-60-32]	高水敷地 고수부지 [60-80-20-70]
見利思義 견리사의 [52-60-50-42]	鯨戰蝦死 경전하사 [10-60-10-60]	姑息之計 고식지계 [32-42-32-60]
犬馬之勞 견마지로 [40-50-32-52]	經濟特區 경제특구 [42-42-60-60]	孤臣冤淚 고신원루 [40-52-10-30]
犬馬之誠 견마지성 [40-50-32-42]	瓊枝玉葉 경지옥엽 [12-32-42-50]	孤身隻影 고신척영 [40-60-20-32]
犬馬之心 견마지심 [40-50-32-70]	驚天動地 경천동지 [40-70-70-70]	高岸深谷 고안심곡 [60-32-42-32]
犬馬之養 견마지양 [40-50-32-52]	敬天愛人 경천애인 [52-70-60-80]	高陽酒徒 고양주도 [60-60-40-40]

古往今來 고왕금래 [60-42-60-70]	過密學級 과밀학급 [52-42-80-60]	句句節節 구구절절 [42-42-52-52]
苦肉之計 고육지계 [60-42-32-60]	寡不敵衆 과부적중 [32-70-42-42]	九年面壁 구년면벽 [80-80-70-42]
苦肉之策 고육지책 [60-42-32-32]	過失致死 과실치사 [52-60-50-60]	臼頭深目 구두심목 [10-60-42-60]
孤掌難鳴 고장난명 [40-32-42-40]	過猶不及 과유불급 [52-32-70-32]	狗馬之心 구마지심 [30-50-32-70]
股掌之臣 고장지신 [10-32-32-52]	瓜田李下 과전이하 [20-42-60-70]	狗猛酒酸 구맹주산 [30-32-40-20]
高低長短 고저장단 [60-42-80-60]	觀葉植物 관엽식물 [52-50-70-70]	狗尾續貂 구미속초 [30-32-42-10]
苦盡甘來 고진감래 [60-40-40-70]	官製葉書 관제엽서 [42-42-50-60]	口蜜腹劍 구밀복검 [70-30-32-32]
高枕安眠 고침안면 [60-30-70-32]	管中窺豹 관중규표 [40-80-10-10]	口碑文學 구비문학 [70-40-70-80]
高枕而臥 고침이와 [60-30-30-30]	管鮑之交 관포지교 [40-12-32-60]	九死一生 구사일생 [80-60-80-80]
告解聖事 고해성사 [52-42-42-70]	管絃樂器 관현악기 [40-30-60-42]	口尚乳臭 구상유취 [70-32-40-30]
曲高和寡 곡고화과 [50-60-60-32]	冠婚喪祭 관혼상제 [32-40-32-42]	拘束令狀 구속영장 [32-52-50-42]
曲突徙薪 곡돌사신 [50-32-10-10]	刮目相對 괄목상대 [10-60-52-60]	九十春光 구십춘광 [80-80-70-60]
曲直不問 곡직불문 [50-70-70-70]	曠世之才 광세지재 [10-70-32-60]	九牛一毛 구우일모 [80-50-80-42]
穀倉地帶 곡창지대 [40-32-70-42]	狂言妄說 광언망설 [32-60-32-52]	口耳之學 구이지학 [70-50-32-80]
曲學阿世 곡학아세 [50-80-32-70]	曠日彌久 광일미구 [10-80-12-32]	九折羊腸 구절양장 [80-40-42-40]
困獸猶鬪 곤수유투 [40-32-32-40]	曠日持久 광일지구 [10-80-40-32]	九重宮闕 구중궁궐 [80-70-42-20]
困而知之 곤이지지 [40-30-52-32]	曠前絶後 광전절후 [10-70-42-70]	九尺長身 구척장신 [80-32-80-60]
骨肉相殘 골육상잔 [40-42-52-40]	卦鍾時計 괘종시계 [10-40-70-60]	九天直下 구천직하 [80-70-70-70]
骨肉相爭 골육상쟁 [40-42-52-50]	怪常罔測 괴상망측 [32-42-30-42]	舊態依然 구태의연 [52-42-40-70]
骨肉相戰 골육상전 [40-42-52-60]	矯角殺牛 교각살우 [30-60-42-50]	口禍之門 구화지문 [70-32-32-80]
骨肉之親 골육지친 [40-42-32-60]	蛟龍得水 교룡득수 [10-40-42-80]	救火投薪 구화투신 [50-80-40-10]
空谷足音 공곡족음 [70-32-70-60]	喬木世臣 교목세신 [10-80-70-52]	國利民福 국리민복 [80-60-80-52]
公明正大 공명정대 [60-60-70-80]	驕兵必敗 교병필패 [10-52-52-50]	國務會議 국무회의 [80-42-60-42]
公私多忙 공사다망 [60-40-60-30]	巧言令色 교언영색 [32-60-50-70]	國民所得 국민소득 [80-80-70-42]
共産主義 공산주의 [60-52-70-42]	矯枉過正 교왕과정 [30-10-52-70]	國士無雙 국사무쌍 [80-52-50-32]
孔席墨突 공석묵돌 [40-60-32-32]	矯枉過直 교왕과직 [30-10-52-70]	國政監査 국정감사 [80-42-42-50]
公示送達 공시송달 [60-50-42-42]	校外指導 교외지도 [80-80-42-42]	國泰民安 국태민안 [80-32-80-70]
孔子穿珠 공자천주 [40-70-10-32]	敎子採薪 교자채신 [80-70-40-10]	國會議員 국회의원 [80-60-42-42]
空前絶後 공전절후 [70-70-42-70]	膠柱鼓瑟 교주고슬 [20-32-32-12]	群鷄一鶴 군계일학 [40-40-80-32]
公定價格 공정가격 [60-60-52-52]	膠漆之交 교칠지교 [20-32-32-60]	群盲撫象 군맹무상 [40-32-10-40]
共濟組合 공제조합 [60-42-40-60]	膠漆之心 교칠지심 [20-32-32-70]	群盲評象 군맹평상 [40-32-40-40]
空中樓閣 공중누각 [70-80-32-32]	狡兔三窟 교토삼굴 [10-32-80-20]	軍不厭詐 군불염사 [80-70-20-30]
公衆道德 공중도덕 [60-42-70-52]	敎學相長 교학상장 [80-80-52-80]	軍備縮小 군비축소 [80-42-40-80]
公平無私 공평무사 [60-70-50-40]	口蓋音化 구개음화 [70-32-60-52]	軍事革命 군사혁명 [80-70-40-70]
過恭非禮 과공비례 [52-32-42-60]	鳩居鵲巢 구거작소 [10-40-10-12]	軍需物資 군수물자 [80-32-70-40]
誇大妄想 과대망상 [32-80-32-42]	九曲肝腸 구곡간장 [80-50-32-40]	軍需産業 군수산업 [80-32-52-60]
寡頭政治 과두정치 [32-60-42-42]	九曲羊腸 구곡양장 [80-50-42-40]	君臣有義 군신유의 [40-52-70-42]

群雄割據 군웅할거 [40-50-32-40]	近憂遠慮 근우원려 [60-32-60-40]	氣高萬丈 기고만장 [70-60-80-32]
君子務本 군자무본 [40-70-42-60]	勤政勳章 근정훈장 [40-42-20-60]	氣骨壯大 기골장대 [70-40-40-80]
君子不器 군자불기 [40-70-70-42]	近朱者赤 근주자적 [60-40-60-50]	氣管支炎 기관지염 [70-40-42-32]
君子三樂 군자삼락 [40-70-80-60]	近親相姦 근친상간 [60-60-52-30]	己飢己溺 기기기익 [52-30-52-20]
君子豹變 군자표변 [40-70-10-52]	謹賀新年 근하신년 [30-32-60-80]	己卯士禍 기묘사화 [52-30-52-32]
群衆心理 군중심리 [40-42-70-60]	金科玉條 금과옥조 [80-60-42-40]	記問之學 기문지학 [70-70-32-80]
窮狗莫追 궁구막추 [40-30-32-32]	金管樂器 금관악기 [80-40-60-42]	己未運動 기미운동 [52-42-60-70]
窮寇勿迫 궁구물박 [40-10-32-32]	金冠朝服 금관조복 [80-32-60-60]	驥服鹽車 기복염거 [12-60-32-70]
窮寇勿追 궁구물추 [40-10-32-32]	金權萬能 금권만능 [80-42-80-52]	起死回生 기사회생 [42-60-42-80]
窮年累世 궁년누세 [40-80-32-70]	金蘭之契 금란지계 [80-32-32-32]	箕山之志 기산지지 [12-80-32-42]
窮鼠莫追 궁서막추 [40-10-32-32]	金蘭之交 금란지교 [80-32-32-60]	奇想天外 기상천외 [40-42-70-80]
窮餘一策 궁여일책 [40-42-80-32]	金蘭之誼 금란지의 [80-32-32-10]	起訴猶豫 기소유예 [42-32-32-40]
窮餘之策 궁여지책 [40-42-32-32]	金迷紙醉 금미지취 [80-30-70-32]	騎獸之勢 기수지세 [32-32-32-42]
權謀術數 권모술수 [42-32-60-70]	錦上添花 금상첨화 [32-70-30-70]	技術提携 기술제휴 [50-60-42-30]
權謀術策 권모술책 [42-32-60-32]	金石牢約 금석뇌약 [80-60-10-52]	起承轉結 기승전결 [42-42-40-52]
權不十年 권불십년 [42-70-80-80]	金石盟約 금석맹약 [80-60-32-52]	奇巖怪石 기암괴석 [40-32-32-60]
勸善懲惡 권선징악 [40-50-30-52]	金石相約 금석상약 [80-60-52-52]	奇巖絶壁 기암절벽 [40-32-42-42]
捲土重來 권토중래 [10-80-70-70]	金石爲開 금석위개 [80-60-42-60]	記憶喪失 기억상실 [70-32-32-60]
闕席裁判 궐석재판 [20-60-32-40]	今昔之感 금석지감 [60-30-32-60]	氣焰萬丈 기염만장 [70-10-80-32]
歸去來辭 귀거래사 [40-50-70-40]	金石之約 금석지약 [80-60-32-52]	既往之事 기왕지사 [30-42-32-70]
貴鵠賤鷄 귀곡천계 [50-10-32-40]	金城鐵壁 금성철벽 [80-42-50-42]	杞人之憂 기인지우 [10-80-32-32]
歸馬放牛 귀마방우 [40-50-60-50]	金城湯池 금성탕지 [80-42-32-32]	既定事實 기정사실 [30-60-70-52]
龜毛兔角 귀모토각 [30-42-32-60]	金屬工藝 금속공예 [80-40-70-42]	基調演說 기조연설 [52-52-42-52]
龜背刮毛 귀배괄모 [30-42-10-42]	琴瑟相和 금슬상화 [32-12-52-60]	氣盡脈盡 기진맥진 [70-40-42-40]
歸巢本能 귀소본능 [40-12-60-52]	琴瑟之樂 금슬지락 [32-12-32-60]	基礎工事 기초공사 [52-32-70-70]
貴耳賤目 귀이천목 [50-50-32-60]	今時初聞 금시초문 [60-70-50-60]	機銃掃射 기총소사 [40-42-42-40]
閨中七友 규중칠우 [20-80-80-52]	錦衣夜行 금의야행 [32-60-60-60]	幾何級數 기하급수 [30-32-60-70]
橘化爲枳 귤화위기 [10-52-42-10]	錦衣玉食 금의옥식 [32-60-42-70]	騎虎難下 기호난하 [32-32-42-70]
隙駒光陰 극구광음 [10-10-60-42]	錦衣晝行 금의주행 [32-60-60-60]	騎虎之勢 기호지세 [32-32-32-42]
克己復禮 극기복례 [32-52-42-60]	錦衣還鄉 금의환향 [32-60-32-42]	奇貨可居 기화가거 [40-42-50-40]
極樂往生 극락왕생 [42-60-42-80]	金枝玉葉 금지옥엽 [80-32-42-50]	緊急事態 긴급사태 [32-60-70-42]
極惡無道 극악무도 [42-52-50-70]	禁治産者 금치산자 [42-42-52-60]	吉凶禍福 길흉화복 [50-52-32-52]
勤儉節約 근검절약 [40-40-52-52]	汲水功德 급수공덕 [10-80-60-52]	喫着不盡 끽착부진 [10-52-70-40]
近郊園藝 근교원예 [60-30-60-42]	急轉直下 급전직하 [60-40-70-70]	落膽喪魂 낙담상혼 [50-20-32-32]
僅僅得生 근근득생 [30-30-42-80]	兢兢業業 긍긍업업 [12-12-60-60]	落落長松 낙락장송 [50-50-80-40]
近墨者黑 근묵자흑 [60-32-60-50]	基幹産業 기간산업 [52-32-52-60]	落心千萬 낙심천만 [50-70-70-80]
近悅遠來 근열원래 [60-32-60-70]	器械體操 기계체조 [42-32-60-50]	洛陽紙貴 낙양지귀 [20-60-70-50]

落葉歸根 낙엽귀근 [50-50-40-60]	內助之功 내조지공 [70-42-32-60]	雷同附和 뇌동부화 [32-70-32-60]
樂而不淫 낙이불음 [60-30-70-32]	內淸外濁 내청외탁 [70-60-80-30]	腦下垂體 뇌하수체 [32-70-32-60]
落穽下石 낙정하석 [50-10-70-60]	冷血動物 냉혈동물 [50-42-70-70]	屢見不鮮 누견불선 [30-52-70-52]
落花流水 낙화유수 [50-70-52-80]	怒甲乙移 노갑을이 [42-40-32-42]	累卵之勢 누란지세 [32-40-32-42]
難攻不落 난공불락 [42-40-70-50]	怒甲移乙 노갑이을 [42-40-42-32]	累卵之危 누란지위 [32-40-32-40]
難忘之恩 난망지은 [42-30-32-42]	盧弓盧矢 노궁노시 [12-32-12-30]	訥言敏行 눌언민행 [10-60-30-60]
難忘之澤 난망지택 [42-30-32-32]	老當益壯 노당익장 [70-52-42-40]	能手能爛 능수능란 [52-70-52-20]
難伯難仲 난백난중 [42-32-42-32]	勞動組合 노동조합 [52-70-40-60]	凌雲之志 능운지지 [10-52-32-42]
爛商公論 난상공론 [20-52-60-42]	老萊之戱 노래지희 [70-12-32-32]	陵雲之志 능운지지 [32-52-32-42]
爛商公議 난상공의 [20-52-60-42]	路柳墻花 노류장화 [60-40-30-70]	陵遲處斬 능지처참 [32-30-42-20]
爛商熟議 난상숙의 [20-52-32-42]	老馬識途 노마식도 [70-50-52-32]	多岐亡羊 다기망양 [60-12-50-42]
爛商討論 난상토론 [20-52-40-42]	駑馬十駕 노마십가 [10-50-80-10]	多多益善 다다익선 [60-60-42-50]
爛商討議 난상토의 [20-52-40-42]	老馬之智 노마지지 [70-50-32-40]	陀羅尼呪 다라니주 [10-42-20-10]
卵生動物 난생동물 [40-80-70-70]	怒發大發 노발대발 [42-60-80-60]	多聞博識 다문박식 [60-60-42-52]
亂臣賊子 난신적자 [40-52-40-70]	怒髮衝冠 노발충관 [42-40-32-32]	多事多難 다사다난 [60-70-60-42]
暖衣飽食 난의포식 [42-60-30-70]	爐邊談話 노변담화 [32-42-50-70]	多才多能 다재다능 [60-60-60-52]
亂中日記 난중일기 [40-80-80-70]	爐邊情談 노변정담 [32-42-52-50]	多錢善賈 다전선고 [60-40-50-12]
難兄難弟 난형난제 [42-80-42-80]	路不拾遺 노불습유 [60-70-32-40]	多情多感 다정다감 [60-52-60-60]
南柯一夢 남가일몽 [80-12-80-32]	盧生之夢 노생지몽 [12-80-32-32]	斷金之契 단금지계 [42-80-32-32]
南柯之夢 남가지몽 [80-12-32-32]	老少同樂 노소동락 [70-70-70-60]	斷金之交 단금지교 [42-80-32-60]
南郭濫吹 남곽남취 [80-30-30-32]	勞心焦思 노심초사 [52-70-20-50]	斷機之戒 단기지계 [42-40-32-40]
南橘北枳 남귤북지 [80-10-80-10]	奴顔婢膝 노안비슬 [32-32-32-10]	斷機之敎 단기지교 [42-40-32-80]
南男北女 남남북녀 [80-70-80-80]	勞而無功 노이무공 [52-30-50-60]	單刀直入 단도직입 [42-32-70-70]
男女老少 남녀노소 [70-80-70-70]	老莊思想 노장사상 [70-32-50-42]	單獨一身 단독일신 [42-52-80-60]
男女有別 남녀유별 [70-80-70-60]	綠林豪客 녹림호객 [60-70-32-52]	簞食豆羹 단사두갱 [10-70-42-10]
南面出治 남면출치 [80-70-70-42]	綠林豪傑 녹림호걸 [60-70-32-40]	丹脣皓齒 단순호치 [32-30-12-42]
男負女戴 남부여대 [70-40-80-20]	綠水靑山 녹수청산 [60-80-80-80]	斷長補短 단장보단 [42-80-32-60]
南船北馬 남선북마 [80-50-80-50]	綠陰芳草 녹음방초 [60-42-32-70]	膽大心小 담대심소 [20-80-70-80]
男尊女卑 남존여비 [70-42-80-32]	綠衣使者 녹의사자 [60-60-60-60]	談笑自若 담소자약 [50-42-70-70]
狼子野心 낭자야심 [10-70-60-70]	綠衣紅裳 녹의홍상 [60-60-40-32]	淡水之交 담수지교 [32-80-32-60]
囊中之錐 낭중지추 [10-80-32-10]	論功行賞 논공행상 [42-60-60-50]	堂狗風月 당구풍월 [60-30-60-80]
囊中取物 낭중취물 [10-80-42-70]	弄假成眞 농가성진 [32-42-60-42]	黨同伐異 당동벌이 [42-70-42-40]
內剛外柔 내강외유 [70-32-80-32]	弄瓦之慶 농와지경 [32-32-32-42]	當座手票 당좌수표 [52-40-70-42]
內分泌腺 내분비선 [70-60-12-10]	弄瓦之喜 농와지희 [32-32-32-40]	大驚失色 대경실색 [80-40-60-70]
內憂外患 내우외환 [70-32-80-50]	弄璋之慶 농장지경 [32-12-32-42]	大器晩成 대기만성 [80-42-32-60]
內柔外剛 내유외강 [70-32-80-32]	弄璋之喜 농장지희 [32-12-32-40]	大同小異 대동소이 [80-70-80-40]
內潤外朗 내윤외랑 [70-32-80-52]	籠鳥戀雲 농조연운 [20-42-32-52]	戴盆望天 대분망천 [20-10-52-70]

大書特記 대서특기 [80-60-60-70]	獨不將軍 독불장군 [52-70-42-80]	同性戀愛 동성연애 [70-52-32-60]
大書特書 대서특서 [80-60-60-60]	讀書亡羊 독서망양 [60-60-50-42]	同聲異俗 동성이속 [70-42-40-42]
大書特筆 대서특필 [80-60-60-52]	讀書三到 독서삼도 [60-60-80-52]	同心同德 동심동덕 [70-70-70-52]
大聲痛哭 대성통곡 [80-42-40-32]	讀書三餘 독서삼여 [60-60-80-42]	同位元素 동위원소 [70-50-52-42]
大乘佛敎 대승불교 [80-32-42-80]	讀書尙友 독서상우 [60-60-32-52]	東醫寶鑑 동의보감 [80-60-42-32]
對牛彈琴 대우탄금 [60-50-40-32]	獨守空房 독수공방 [52-42-70-42]	同而不和 동이불화 [70-30-70-60]
大義滅親 대의멸친 [80-42-32-60]	獨掌難鳴 독장난명 [52-32-42-40]	凍足放尿 동족방뇨 [32-70-60-20]
大義名分 대의명분 [80-42-70-60]	頓首百拜 돈수백배 [12-52-70-42]	同族相殘 동족상잔 [70-60-52-40]
代人捉刀 대인착도 [60-80-30-32]	豚蹄一酒 돈제일주 [30-10-80-40]	同舟相救 동주상구 [70-30-52-50]
大慈大悲 대자대비 [80-32-80-42]	突然變異 돌연변이 [32-70-52-40]	東走西奔 동주서분 [80-42-80-32]
大字特書 대자특서 [80-70-60-60]	同價紅裳 동가홍상 [70-52-40-32]	東衝西突 동충서돌 [80-32-80-32]
大材小用 대재소용 [80-52-80-60]	同苦同樂 동고동락 [70-60-70-60]	東馳西走 동치서주 [80-10-80-42]
對症下藥 대증하약 [60-32-70-60]	同工異曲 동공이곡 [70-70-40-50]	董狐之筆 동호지필 [60-10-32-52]
戴天之讎 대천지수 [20-70-32-10]	同工異體 동공이체 [70-70-40-60]	斗南一人 두남일인 [42-80-80-80]
大韓民國 대한민국 [80-80-80-80]	同巧異曲 동교이곡 [70-32-40-50]	杜門不出 두문불출 [12-80-70-70]
大海一粟 대해일속 [80-70-80-30]	同巧異體 동교이체 [70-32-40-60]	頭音法則 두음법칙 [60-60-52-50]
大海一滴 대해일적 [80-70-80-30]	同根連枝 동근연지 [70-60-42-32]	杜漸防萌 두점방맹 [12-32-42-10]
德無常師 덕무상사 [52-50-42-42]	同氣相求 동기상구 [70-70-52-42]	斗酒不辭 두주불사 [42-40-70-40]
德本財末 덕본재말 [52-60-52-50]	同黨伐異 동당벌이 [70-42-42-40]	遁甲藏身 둔갑장신 [10-40-32-60]
德必有隣 덕필유린 [52-52-70-30]	棟梁之器 동량지기 [20-32-32-42]	得意滿面 득의만면 [42-60-42-70]
徒勞無功 도로무공 [40-52-50-60]	棟梁之材 동량지재 [20-32-32-52]	得意揚揚 득의양양 [42-60-32-32]
徒勞無益 도로무익 [40-52-50-42]	動脈硬化 동맥경화 [70-42-32-52]	得一忘十 득일망십 [42-80-30-80]
屠龍之技 도룡지기 [10-40-32-50]	同名異人 동명이인 [70-70-40-80]	登高自卑 등고자비 [70-60-70-32]
道傍苦李 도방고리 [70-30-60-60]	同文同軌 동문동궤 [70-70-70-30]	登樓去梯 등루거제 [70-32-50-10]
塗不拾遺 도불습유 [30-70-32-40]	東問西答 동문서답 [80-70-80-70]	燈下不明 등하불명 [42-70-70-60]
道不拾遺 도불습유 [70-70-32-40]	同病相憐 동병상련 [70-60-52-30]	燈火可親 등화가친 [42-80-50-60]
桃色雜誌 도색잡지 [32-70-40-40]	東奔西走 동분서주 [80-32-80-42]	麻姑搔癢 마고소양 [32-32-10-10]
屠所之羊 도소지양 [10-70-32-42]	凍氷寒雪 동빙한설 [32-50-50-60]	麻姑爬癢 마고파양 [32-32-10-10]
徒手體操 도수체조 [40-70-60-50]	洞事務所 동사무소 [70-70-42-70]	磨斧爲鍼 마부위침 [32-10-42-10]
桃園結義 도원결의 [32-60-52-42]	東山高臥 동산고와 [80-80-60-30]	磨斧爲針 마부위침 [32-10-42-40]
悼二將歌 도이장가 [20-80-42-70]	同床各夢 동상각몽 [70-42-60-32]	磨斧作鍼 마부작침 [32-10-60-10]
途中下車 도중하차 [32-80-70-70]	同床異夢 동상이몽 [70-42-40-32]	磨斧作針 마부작침 [32-10-60-40]
盜憎主人 도증주인 [40-32-70-80]	東西古今 동서고금 [80-80-60-60]	馬耳東風 마이동풍 [50-50-80-60]
到處春風 도처춘풍 [52-42-70-60]	東西奔走 동서분주 [80-80-32-42]	磨製石器 마제석기 [32-42-60-42]
道聽塗說 도청도설 [70-40-30-52]	冬扇夏爐 동선하로 [70-10-70-32]	麻中之蓬 마중지봉 [32-80-32-12]
塗炭之苦 도탄지고 [30-50-32-60]	同姓同本 동성동본 [70-70-70-60]	莫無可奈 막무가내 [32-50-50-30]
倒行逆施 도행역시 [32-60-42-42]	同聲相應 동성상응 [70-42-52-42]	莫上莫下 막상막하 [32-70-32-70]

莫逆之友 막역지우 [32-42-32-52]	亡羊之歎 망양지탄 [50-42-32-40]	命在頃刻 명재경각 [70-60-32-40]
幕後交涉 막후교섭 [32-70-60-30]	茫然自失 망연자실 [30-70-70-60]	命在朝夕 명재조석 [70-60-60-70]
萬頃蒼波 만경창파 [80-32-32-42]	亡牛補牢 망우보뢰 [50-50-32-10]	名從主人 명종주인 [70-40-70-80]
萬古不變 만고불변 [80-60-70-52]	望雲之情 망운지정 [52-52-32-52]	明珠闇投 명주암투 [60-32-10-40]
萬古絶色 만고절색 [80-60-42-70]	望雲之懷 망운지회 [52-52-32-32]	明珠彈雀 명주탄작 [60-32-40-10]
萬古風霜 만고풍상 [80-60-60-32]	芒刺在背 망자재배 [10-32-60-42]	明哲保身 명철보신 [60-32-42-60]
萬古風雪 만고풍설 [80-60-60-60]	妄自尊大 망자존대 [32-70-42-80]	母系社會 모계사회 [80-40-60-60]
萬里長城 만리장성 [80-70-80-42]	望蜀之歎 망촉지탄 [52-12-32-40]	毛骨悚然 모골송연 [42-40-10-70]
萬里滄波 만리창파 [80-70-20-42]	賣官賣職 매관매직 [50-42-50-42]	冒沒廉恥 모몰염치 [30-32-30-32]
萬病通治 만병통치 [80-60-60-42]	買死馬骨 매사마골 [50-60-50-40]	毛細血管 모세혈관 [42-42-42-40]
萬不得已 만부득이 [80-70-42-32]	梅妻鶴子 매처학자 [32-32-32-70]	毛遂自薦 모수자천 [42-30-70-30]
萬不成說 만불성설 [80-70-60-52]	麥秀黍油 맥수서유 [32-40-10-60]	矛盾撞着 모순당착 [20-20-10-52]
萬事如意 만사여의 [80-70-42-60]	麥秀之歎 맥수지탄 [32-40-32-40]	牧民心書 목민심서 [42-80-70-60]
萬事亨通 만사형통 [80-70-30-60]	盲龜浮木 맹귀부목 [32-30-32-80]	目不識丁 목불식정 [60-70-52-40]
萬事休矣 만사휴의 [80-70-70-30]	盲龜遇木 맹귀우목 [32-30-40-80]	目不忍見 목불인견 [60-70-32-52]
萬世無疆 만세무강 [80-70-50-12]	孟母斷機 맹모단기 [32-80-42-40]	木人石心 목인석심 [80-80-60-70]
萬壽無疆 만수무강 [80-32-50-12]	孟母三遷 맹모삼천 [32-80-80-32]	目前之計 목전지계 [60-70-32-60]
萬乘天子 만승천자 [80-32-70-70]	盲人直門 맹인직문 [32-80-70-80]	夢寐之間 몽매지간 [32-10-32-70]
晚時之歎 만시지탄 [32-70-32-40]	盲者正門 맹자정문 [32-60-70-80]	猫頭懸鈴 묘두현령 [10-60-32-10]
晚食當肉 만식당육 [32-70-52-42]	盲者直門 맹자직문 [32-60-70-80]	猫項懸鈴 묘항현령 [10-32-32-10]
萬有引力 만유인력 [80-70-42-70]	面壁九年 면벽구년 [70-42-80-80]	無骨好人 무골호인 [50-40-42-80]
萬紫千紅 만자천홍 [80-32-70-40]	面事務所 면사무소 [70-70-42-70]	武功勳章 무공훈장 [42-60-20-60]
滿場一致 만장일치 [42-70-80-50]	面張牛皮 면장우피 [70-40-50-32]	無窮無盡 무궁무진 [50-40-50-40]
萬丈瀑布 만장폭포 [80-32-10-42]	面從腹背 면종복배 [70-40-32-42]	無期懲役 무기징역 [50-50-30-32]
萬全之計 만전지계 [80-70-32-60]	面從後言 면종후언 [70-40-70-60]	無男獨女 무남독녀 [50-70-52-80]
萬全之策 만전지책 [80-70-32-32]	免責特權 면책특권 [32-52-60-42]	無念無想 무념무상 [50-52-50-42]
萬彙群象 만휘군상 [80-10-40-40]	滅私奉公 멸사봉공 [32-40-52-60]	武陵桃源 무릉도원 [42-32-32-40]
亡國之音 망국지음 [50-80-32-60]	明鏡高懸 명경고현 [60-40-60-32]	母望之福 무망지복 [10-52-32-52]
亡國之歎 망국지탄 [50-80-32-40]	明鏡止水 명경지수 [60-40-50-80]	無味乾燥 무미건조 [50-42-32-30]
亡國之恨 망국지한 [50-80-32-40]	明明白白 명명백백 [60-60-80-80]	無法天地 무법천지 [50-52-70-70]
忘年之交 망년지교 [30-80-32-60]	名門巨族 명문거족 [70-80-40-60]	無病自灸 무병자구 [50-60-70-10]
忘年之友 망년지우 [30-80-32-52]	明沙十里 명사십리 [60-32-80-70]	無病長壽 무병장수 [50-60-80-32]
網漏吞舟 망루탄주 [20-32-10-30]	名山大川 명산대천 [70-80-80-70]	無不干涉 무불간섭 [50-70-40-30]
茫茫大海 망망대해 [30-30-80-70]	命世之才 명세지재 [70-70-32-60]	無不通達 무불통달 [50-70-60-42]
望梅解渴 망매해갈 [52-32-42-30]	名實相符 명실상부 [70-52-52-32]	無不通知 무불통지 [50-70-60-52]
亡羊補牢 망양보뢰 [50-42-32-10]	明若觀火 명약관화 [60-32-52-80]	無比一色 무비일색 [50-50-80-70]
望洋之歎 망양지탄 [52-60-32-40]	名譽毀損 명예훼손 [70-32-30-40]	無産階級 무산계급 [50-52-40-60]

巫山之夢 무산지몽 [10-80-32-32]	勿失好機 물실호기 [32-60-42-40]	斑衣之戲 반의지희 [10-60-32-32]
巫山之雨 무산지우 [10-80-32-52]	物心兩面 물심양면 [70-70-42-70]	反哺之孝 반포지효 [60-10-32-70]
巫山之雲 무산지운 [10-80-32-52]	物心一如 물심일여 [70-70-80-42]	反禍爲福 반화위복 [60-32-42-52]
無常出入 무상출입 [50-42-70-70]	物我一體 물아일체 [70-32-80-60]	拔本塞源 발본색원 [32-60-32-40]
無聲映畫 무성영화 [50-42-40-60]	物外閑人 물외한인 [70-80-40-80]	發憤忘食 발분망식 [60-40-30-70]
無所不爲 무소불위 [50-70-70-42]	微官末職 미관말직 [32-42-50-42]	拔山蓋世 발산개세 [32-80-32-70]
務實力行 무실역행 [42-52-70-60]	未能免俗 미능면속 [42-52-32-42]	勃然大怒 발연대로 [10-70-80-42]
無用之物 무용지물 [50-60-32-70]	尾大不掉 미대부도 [32-80-70-10]	旁岐曲徑 방기곡경 [12-12-50-32]
無用之用 무용지용 [50-60-32-60]	彌縫之策 미봉지책 [12-20-32-32]	坊坊曲曲 방방곡곡 [10-10-50-50]
無爲徒食 무위도식 [50-42-40-70]	美辭麗句 미사여구 [60-40-42-42]	放聲大哭 방성대곡 [60-42-80-32]
無爲而治 무위이치 [50-42-30-42]	尾生之信 미생지신 [32-80-32-60]	傍若無人 방약무인 [30-32-50-80]
無爲而化 무위이화 [50-42-30-52]	美人薄命 미인박명 [60-80-32-70]	方長不折 방장부절 [70-80-70-40]
無爲自然 무위자연 [50-42-70-70]	米珠薪桂 미주신계 [60-32-10-32]	方底圓蓋 방저원개 [70-40-42-70]
無爲之治 무위지치 [50-42-32-42]	迷津寶筏 미진보벌 [30-20-42-12]	防諜部隊 방첩부대 [42-20-60-42]
無依無托 무의무탁 [50-40-50-30]	美風良俗 미풍양속 [60-60-52-42]	拜金思想 배금사상 [42-80-50-42]
無人之境 무인지경 [50-80-32-42]	民事訴訟 민사소송 [80-70-32-32]	杯盤狼藉 배반낭자 [30-32-10-10]
無賃乘車 무임승차 [50-32-32-70]	民主主義 민주주의 [80-70-70-42]	背水之陣 배수지진 [42-80-32-40]
無錢旅行 무전여행 [50-40-52-60]	密雲不雨 밀운불우 [42-52-70-52]	背恩忘德 배은망덕 [42-42-30-52]
無錢取食 무전취식 [50-40-42-70]	蜜月旅行 밀월여행 [30-80-52-60]	排日思想 배일사상 [32-80-50-42]
無知莫知 무지막지 [50-52-32-52]	博覽強記 박람강기 [42-40-60-70]	杯中蛇影 배중사영 [30-80-32-32]
無偏無黨 무편무당 [50-32-50-42]	薄利多賣 박리다매 [32-60-60-50]	百家爭鳴 백가쟁명 [70-70-50-40]
無風地帶 무풍지대 [50-60-70-42]	博愛主義 박애주의 [42-60-70-42]	百計無策 백계무책 [70-60-50-32]
無血革命 무혈혁명 [50-42-40-70]	拍掌大笑 박장대소 [40-32-80-42]	白骨難忘 백골난망 [80-40-42-30]
默默不答 묵묵부답 [32-32-70-70]	博學多識 박학다식 [42-80-60-52]	百孔千瘡 백공천창 [70-40-70-10]
問東答西 문동답서 [70-80-70-80]	盤溪曲徑 반계곡경 [32-32-50-32]	百科事典 백과사전 [70-60-70-52]
文房四寶 문방사보 [70-42-80-42]	盤根錯節 반근착절 [32-60-32-52]	白駒過隙 백구과극 [80-10-52-10]
文房四友 문방사우 [70-42-80-52]	飯囊酒袋 반낭주대 [32-10-40-10]	伯樂一顧 백낙일고 [32-60-80-30]
文藝復興 문예부흥 [70-42-42-42]	反對給付 반대급부 [60-60-50-32]	百年佳期 백년가기 [70-80-32-50]
聞一知十 문일지십 [60-80-52-80]	攀龍附鳳 반룡부봉 [10-40-32-32]	百年佳約 백년가약 [70-80-32-52]
門前成市 문전성시 [80-70-60-70]	半面之分 반면지분 [60-70-32-60]	百年大計 백년대계 [70-80-80-60]
門前沃畓 문전옥답 [80-70-12-30]	半面之識 반면지식 [60-70-32-52]	百年同樂 백년동락 [70-80-70-60]
門前雀羅 문전작라 [80-70-10-42]	班門弄斧 반문농부 [60-80-32-10]	百年言約 백년언약 [70-80-60-52]
門庭若市 문정약시 [80-60-32-70]	半部論語 반부논어 [60-60-42-70]	百年之約 백년지약 [70-80-32-52]
文質彬彬 문질빈빈 [70-52-12-12]	伴食宰相 반식재상 [30-70-30-52]	百年河淸 백년하청 [70-80-50-60]
文筆盜賊 문필도적 [70-52-40-40]	半信半疑 반신반의 [60-60-60-40]	百年偕樂 백년해락 [70-80-10-60]
勿輕小事 물경소사 [32-50-80-70]	半身不隨 반신불수 [60-60-70-32]	百年偕老 백년해로 [70-80-10-70]
物腐蟲生 물부충생 [70-32-42-80]	般若心經 반야심경 [32-32-70-42]	白頭如新 백두여신 [80-60-42-60]

百萬長者 백만장자 [70-80-80-60]	補闕選擧 보궐선거 [32-20-50-50]	附和隨行 부화수행 [32-60-32-60]
白面書生 백면서생 [80-70-60-80]	步武堂堂 보무당당 [42-42-60-60]	北斗七星 북두칠성 [80-42-80-42]
百發百中 백발백중 [70-60-70-80]	報怨以德 보원이덕 [42-40-52-52]	北馬南船 북마남선 [80-50-80-50]
百死一生 백사일생 [70-60-80-80]	補充授業 보충수업 [32-52-42-60]	北門之歎 북문지탄 [80-80-32-40]
百世之師 백세지사 [70-70-32-42]	普遍妥當 보편타당 [40-30-30-52]	北山之感 북산지감 [80-80-32-60]
白手乾達 백수건달 [80-70-32-42]	覆車之戒 복거지계 [32-70-32-40]	北窓三友 북창삼우 [80-60-80-52]
白首北面 백수북면 [80-52-80-70]	伏地不動 복지부동 [40-70-70-70]	粉骨碎身 분골쇄신 [40-40-10-60]
伯牙絶絃 백아절현 [32-32-42-30]	本第入納 본제입납 [60-60-70-40]	粉壁紗窓 분벽사창 [40-42-10-60]
白衣民族 백의민족 [80-60-80-60]	泛駕之馬 봉가지마 [10-10-32-50]	焚書坑儒 분서갱유 [10-60-20-40]
白衣從軍 백의종군 [80-60-40-80]	封建主義 봉건주의 [32-50-70-42]	粉靑沙器 분청사기 [40-80-32-42]
百戰老將 백전노장 [70-60-70-42]	封庫罷職 봉고파직 [32-40-30-42]	不可救藥 불가구약 [70-50-50-60]
百戰百勝 백전백승 [70-60-70-60]	蓬頭亂髮 봉두난발 [12-60-40-40]	不可思議 불가사의 [70-50-50-42]
百折不屈 백절불굴 [70-40-70-40]	捧腹絶倒 봉복절도 [10-32-42-32]	不可抗力 불가항력 [70-50-40-70]
百折不撓 백절불요 [70-40-70-10]	附加價値 부가가치 [32-50-52-32]	不共戴天 불공대천 [70-60-20-70]
伯仲叔季 백중숙계 [32-32-40-40]	富國强兵 부국강병 [42-80-60-52]	不俱戴天 불구대천 [70-30-20-70]
伯仲之間 백중지간 [32-32-32-70]	富貴功名 부귀공명 [42-50-60-70]	佛頭著糞 불두저분 [42-60-32-10]
伯仲之勢 백중지세 [32-32-32-42]	富貴榮華 부귀영화 [42-50-42-40]	不良少年 불량소년 [70-52-70-80]
百尺竿頭 백척간두 [70-32-10-60]	不當利得 부당이득 [70-52-60-42]	不勞所得 불로소득 [70-52-70-42]
百八煩惱 백팔번뇌 [70-80-30-30]	附帶施設 부대시설 [32-42-42-42]	不老長生 불로장생 [70-70-80-80]
百害無益 백해무익 [70-52-50-42]	不得要領 부득요령 [70-42-52-50]	不問可知 불문가지 [70-70-50-52]
伐性之斧 벌성지부 [42-52-32-10]	駙馬都尉 부마도위 [10-50-50-20]	不問曲折 불문곡절 [70-70-50-40]
伐齊爲名 벌제위명 [42-32-42-70]	夫婦有別 부부유별 [70-42-70-60]	不問曲直 불문곡직 [70-70-50-70]
碧海桑田 벽해상전 [32-70-32-42]	負薪救火 부신구화 [40-10-50-80]	不事二君 불사이군 [70-70-80-40]
邊上加邊 변상가변 [42-70-50-42]	負薪之憂 부신지우 [40-10-32-32]	不審檢問 불심검문 [70-32-42-70]
變化無雙 변화무쌍 [52-52-50-32]	扶養家族 부양가족 [32-52-70-60]	不言可想 불언가상 [70-60-50-42]
別段預金 별단예금 [60-40-20-80]	父子有親 부자유친 [80-70-70-60]	不言可知 불언가지 [70-60-50-52]
別無神通 별무신통 [60-50-60-60]	父傳子傳 부전자전 [80-52-70-52]	不連續線 불연속선 [70-42-42-60]
別無長物 별무장물 [60-50-80-70]	不淨腐敗 부정부패 [70-32-32-50]	不撓不屈 불요불굴 [70-10-70-40]
別有乾坤 별유건곤 [60-70-32-30]	賦存資源 부존자원 [32-40-40-40]	不要不急 불요불급 [70-52-70-60]
別有天地 별유천지 [60-70-70-70]	釜中生魚 부중생어 [12-80-80-50]	不遠萬里 불원만리 [70-60-80-70]
兵家常事 병가상사 [52-70-42-70]	釜中之魚 부중지어 [12-80-32-50]	不遠千里 불원천리 [70-60-70-70]
兵不厭詐 병불염사 [52-70-20-30]	負重致遠 부중치원 [40-70-50-60]	不撤晝夜 불철주야 [70-20-60-60]
炳如日星 병여일성 [12-42-80-42]	不卽不離 부즉불리 [70-32-70-40]	不恥下問 불치하문 [70-32-70-70]
病入骨髓 병입골수 [60-70-40-10]	不知其數 부지기수 [70-52-32-70]	不快指數 불쾌지수 [70-42-42-70]
丙子胡亂 병자호란 [32-70-32-40]	夫唱婦隨 부창부수 [70-50-42-32]	不偏不黨 불편부당 [70-32-70-42]
輔車相依 보거상의 [12-70-52-40]	負荊請罪 부형청죄 [40-10-42-50]	不平不滿 불평불만 [70-70-70-42]
輔國安民 보국안민 [12-80-70-80]	附和雷同 부화뇌동 [32-60-32-70]	不寒而慄 불한이율 [70-50-30-10]

不協和音 불협화음 [70-42-60-60]	死生決斷 사생결단 [60-80-52-42]	山盡水窮 산진수궁 [80-40-80-40]
朋友有信 붕우유신 [30-52-70-60]	捨生取義 사생취의 [30-80-42-42]	山盡海渴 산진해갈 [80-40-70-30]
鵬程萬里 붕정만리 [12-42-80-70]	四書三經 사서삼경 [80-60-80-42]	山珍海味 산진해미 [80-40-70-42]
泌尿器科 비뇨기과 [12-20-42-60]	四書五經 사서오경 [80-60-80-42]	山珍海錯 산진해착 [80-40-70-32]
非命橫死 비명횡사 [42-70-32-60]	射石爲虎 사석위호 [40-60-42-32]	山珍海饌 산진해찬 [80-40-70-10]
非夢似夢 비몽사몽 [42-32-30-32]	似是而非 사시이비 [30-42-30-42]	山川草木 산천초목 [80-70-70-80]
非民主的 비민주적 [42-80-70-52]	四時春風 사시춘풍 [80-70-70-60]	傘下團體 산하단체 [20-70-52-60]
比比有之 비비유지 [50-50-70-32]	蛇身人首 사신인수 [32-60-80-52]	山海珍味 산해진미 [80-70-40-42]
比翼連理 비익연리 [50-32-42-60]	事實無根 사실무근 [70-52-50-60]	酸化水素 산화수소 [20-52-80-42]
非一非再 비일비재 [42-80-42-50]	寫實主義 사실주의 [50-52-70-42]	殺身成仁 살신성인 [42-60-60-40]
貧者一燈 빈자일등 [42-60-80-42]	蛇心佛口 사심불구 [32-70-42-70]	殺身立節 살신입절 [42-60-70-52]
氷上競技 빙상경기 [50-70-50-50]	斜陽産業 사양산업 [32-60-52-60]	三角關係 삼각관계 [80-60-52-42]
氷姿玉質 빙자옥질 [50-40-42-52]	辭讓之心 사양지심 [40-32-32-70]	三綱五倫 삼강오륜 [80-32-80-32]
氷炭之間 빙탄지간 [50-50-32-70]	私有財産 사유재산 [40-70-52-52]	三顧草廬 삼고초려 [80-30-70-12]
徙家忘妻 사가망처 [10-70-30-32]	死而後已 사이후이 [60-30-70-32]	三權分立 삼권분립 [80-42-60-70]
四顧無親 사고무친 [80-30-50-60]	使人勿疑 사인물의 [60-80-32-40]	三年不飛 삼년불비 [80-80-70-42]
四顧無託 사고무탁 [80-30-50-20]	獅子奮迅 사자분신 [10-70-32-10]	三段論法 삼단논법 [80-40-42-52]
思考方式 사고방식 [50-50-70-60]	四柱八字 사주팔자 [80-32-80-70]	森羅萬象 삼라만상 [32-42-80-40]
士氣衝天 사기충천 [52-70-32-70]	社稷爲墟 사직위허 [60-12-42-10]	三分五裂 삼분오열 [80-60-80-32]
士農工商 사농공상 [52-70-70-52]	巳進申退 사진신퇴 [30-42-42-42]	三省吾身 삼성오신 [80-60-30-60]
社團法人 사단법인 [60-52-52-80]	四通五達 사통오달 [80-60-80-42]	三旬九食 삼순구식 [80-32-80-70]
四達五通 사달오통 [80-42-80-60]	四通八達 사통팔달 [80-60-80-42]	三十六計 삼십육계 [80-80-80-60]
事大主義 사대주의 [70-80-70-42]	事必歸正 사필귀정 [70-52-40-70]	三位一體 삼위일체 [80-50-80-60]
私利私慾 사리사욕 [40-60-40-32]	四海同胞 사해동포 [80-70-70-40]	三人成虎 삼인성호 [80-80-60-32]
私立學校 사립학교 [40-70-80-80]	四海兄第 사해형제 [80-70-80-60]	三日遊街 삼일유가 [80-80-40-42]
四面楚歌 사면초가 [80-70-12-70]	死灰復燃 사회부연 [60-40-42-40]	三日天下 삼일천하 [80-80-70-70]
四面春風 사면춘풍 [80-70-70-60]	削奪官職 삭탈관직 [32-32-42-42]	三從依托 삼종의탁 [80-40-40-30]
徙木之信 사목지신 [10-80-32-60]	山高水長 산고수장 [80-60-80-80]	三從之德 삼종지덕 [80-40-32-52]
似夢非夢 사몽비몽 [30-32-42-32]	山窮水盡 산궁수진 [80-40-80-40]	三從之道 삼종지도 [80-40-32-70]
斯文亂賊 사문난적 [30-70-40-40]	山溜穿石 산류천석 [80-10-10-60]	三從之禮 삼종지례 [80-40-32-60]
沙鉢通文 사발통문 [32-12-60-70]	山明水麗 산명수려 [80-60-80-42]	三從之法 삼종지법 [80-40-32-52]
師範學校 사범학교 [42-40-80-80]	山明水紫 산명수자 [80-60-80-32]	三從之義 삼종지의 [80-40-32-42]
司法書士 사법서사 [32-52-60-52]	山明水淸 산명수청 [80-60-80-60]	三從之托 삼종지탁 [80-40-32-30]
四分五裂 사분오열 [80-60-80-32]	産兒制限 산아제한 [52-52-42-42]	三尺童子 삼척동자 [80-32-60-70]
邪不犯正 사불범정 [32-70-40-70]	山紫水麗 산자수려 [80-32-80-42]	三遷之敎 삼천지교 [80-32-32-80]
沙上樓閣 사상누각 [32-70-32-32]	山紫水明 산자수명 [80-32-80-60]	三寒四溫 삼한사온 [80-50-80-60]
泗上弟子 사상제자 [12-70-80-70]	山戰水戰 산전수전 [80-60-80-60]	三皇五帝 삼황오제 [80-32-80-40]

喪家之狗 상가지구 [32-70-32-30]	先發制人 선발제인 [80-60-42-80]	素服丹粧 소복단장 [42-60-32-32]
傷弓之鳥 상궁지조 [40-32-32-42]	先史時代 선사시대 [80-52-70-60]	小乘佛敎 소승불교 [80-32-42-80]
相扶相助 상부상조 [52-32-52-42]	仙姿玉質 선자옥질 [52-40-42-52]	小異大同 소이대동 [80-40-80-70]
上山求魚 상산구어 [70-80-42-50]	先制攻擊 선제공격 [80-42-40-40]	騷人墨客 소인묵객 [30-80-32-52]
上石下臺 상석하대 [70-60-70-32]	先則制人 선즉제인 [80-50-42-80]	小人之勇 소인지용 [80-80-32-60]
上善若水 상선약수 [70-50-32-80]	仙風道骨 선풍도골 [52-60-70-40]	笑中有劍 소중유검 [42-80-70-32]
相乘作用 상승작용 [52-32-60-60]	雪泥鴻爪 설니홍조 [60-32-30-10]	笑中有刀 소중유도 [42-80-70-32]
上意下達 상의하달 [70-60-70-42]	舌芒於劍 설망어검 [40-10-30-32]	召集令狀 소집영장 [30-60-50-42]
桑田碧海 상전벽해 [32-42-32-70]	雪膚花容 설부화용 [60-20-70-42]	小貪大失 소탐대실 [80-30-80-60]
桑田滄海 상전창해 [32-42-20-70]	雪上加霜 설상가상 [60-70-50-32]	消化不良 소화불량 [60-52-70-52]
常平通寶 상평통보 [42-70-60-42]	雪上加雪 설상가설 [60-70-50-60]	巢毁卵破 소훼난파 [12-30-40-42]
上下撑石 상하탱석 [70-70-10-60]	說往說來 설왕설래 [52-42-52-70]	束手無策 속수무책 [52-70-50-32]
桑海之變 상해지변 [32-70-32-52]	雪中松柏 설중송백 [60-80-40-20]	速戰速決 속전속결 [60-60-60-52]
象形文字 상형문자 [40-60-70-70]	雪中送炭 설중송탄 [60-80-42-50]	孫康映雪 손강영설 [60-42-40-60]
喪魂落膽 상혼낙담 [32-32-50-20]	纖纖玉手 섬섬옥수 [20-20-42-70]	損者三友 손자삼우 [40-60-80-52]
上厚下薄 상후하박 [70-40-70-32]	聲東擊西 성동격서 [42-80-40-80]	率先垂範 솔선수범 [32-80-32-40]
塞翁得失 새옹득실 [32-30-42-60]	盛水不漏 성수불루 [42-80-70-32]	率獸食人 솔수식인 [32-32-70-80]
塞翁之馬 새옹지마 [32-30-32-50]	誠心誠意 성심성의 [42-70-42-60]	送舊迎新 송구영신 [42-52-40-60]
塞翁禍福 새옹화복 [32-30-42-52]	盛者必衰 성자필쇠 [42-60-52-32]	松茂柏悅 송무백열 [40-32-20-32]
生口不網 생구불망 [80-70-70-20]	城下之盟 성하지맹 [42-70-32-32]	松柏之質 송백지질 [40-20-32-52]
生年月日 생년월일 [80-80-80-80]	成形手術 성형수술 [60-60-70-60]	宋襄之仁 송양지인 [12-12-32-40]
生面不知 생면부지 [80-70-70-52]	城狐社鼠 성호사서 [42-10-60-10]	碎骨粉身 쇄골분신 [10-40-40-60]
生不如死 생불여사 [80-70-42-60]	洗踏足白 세답족백 [52-32-70-80]	壽考無疆 수고무강 [32-50-50-12]
生殺與奪 생살여탈 [80-42-40-32]	世代交替 세대교체 [70-60-60-30]	首丘初心 수구초심 [52-32-50-70]
生而知之 생이지지 [80-30-52-32]	勢不十年 세불십년 [42-70-80-80]	隨機應變 수기응변 [32-40-42-52]
生者必滅 생자필멸 [80-60-52-32]	世俗五戒 세속오계 [70-42-80-40]	水到魚行 수도어행 [80-52-50-60]
鼠肝蟲臂 서간충비 [10-32-42-10]	勢如破竹 세여파죽 [42-42-42-42]	垂頭喪氣 수두상기 [32-60-32-70]
西方淨土 서방정토 [80-70-32-80]	世態炎涼 세태염량 [70-42-32-32]	水力發電 수력발전 [80-70-60-70]
碩果不食 석과불식 [20-60-70-70]	細胞分裂 세포분열 [42-40-60-32]	水陸兩用 수륙양용 [80-52-42-60]
石器時代 석기시대 [60-42-70-60]	歲寒三友 세한삼우 [52-50-80-52]	水陸珍味 수륙진미 [80-52-40-42]
席不暇暖 석불가난 [60-70-40-42]	歲寒松柏 세한송백 [52-50-40-20]	水陸珍饌 수륙진찬 [80-52-40-10]
碩座敎授 석좌교수 [20-40-80-42]	小康狀態 소강상태 [80-42-40-42]	水利組合 수리조합 [80-60-40-60]
先見之明 선견지명 [80-52-32-60]	小國寡民 소국과민 [80-80-32-80]	壽福康寧 수복강녕 [32-52-42-32]
先公後私 선공후사 [80-60-70-40]	蕭規曹隨 소규조수 [10-50-10-32]	手不釋卷 수불석권 [70-70-32-40]
璇璣玉衡 선기옥형 [12-12-42-32]	笑裏藏刀 소리장도 [42-32-32-32]	首鼠兩端 수서양단 [52-10-42-42]
善男善女 선남선녀 [50-70-50-80]	巢林一枝 소림일지 [12-70-80-32]	袖手傍觀 수수방관 [10-70-30-52]
線路亘長 선로긍장 [60-60-10-80]	燒眉之急 소미지급 [32-30-32-60]	修習記者 수습기자 [42-60-70-60]

隨時應變 수시응변 [32-70-42-52]
修身齊家 수신제가 [42-60-32-70]
水魚之交 수어지교 [80-50-32-60]
水魚之親 수어지친 [80-50-32-60]
羞惡之心 수오지심 [10-52-32-70]
誰怨孰尤 수원숙우 [30-40-30-30]
隨意契約 수의계약 [32-60-32-52]
繡衣夜行 수의야행 [10-60-60-60]
水滴穿石 수적천석 [80-30-10-60]
守株待兎 수주대토 [42-32-60-32]
隨衆逐隊 수중축대 [32-42-30-42]
壽則多辱 수즉다욕 [32-50-60-32]
修好條約 수호조약 [42-42-40-52]
羞花閉月 수화폐월 [10-70-40-80]
隋侯之珠 수후지주 [12-30-32-32]
菽麥不辨 숙맥불변 [10-32-70-30]
熟不還生 숙불환생 [32-70-32-80]
菽水之歡 숙수지환 [10-80-32-40]
宿虎衝鼻 숙호충비 [52-32-32-50]
脣亡齒寒 순망치한 [30-50-42-50]
脣齒輔車 순치보거 [30-42-12-70]
脣齒之國 순치지국 [30-42-32-80]
膝甲盜賊 슬갑도적 [10-40-40-40]
乘勝長驅 승승장구 [32-60-80-30]
時機尙早 시기상조 [70-40-32-42]
市道之交 시도지교 [70-70-32-60]
時不可失 시불가실 [70-70-50-60]
是非曲直 시비곡직 [42-42-50-70]
是非之心 시비지심 [42-42-32-70]
視死如歸 시사여귀 [42-60-42-40]
視死如生 시사여생 [42-60-42-80]
屍山血海 시산혈해 [20-80-42-70]
時時刻刻 시시각각 [70-70-40-40]
是是非非 시시비비 [42-42-42-42]
市井雜輩 시정잡배 [70-32-40-32]
始終如一 시종여일 [60-50-42-80]
始終一貫 시종일관 [60-50-80-32]

施行錯誤 시행착오 [42-60-32-42]
時和年豊 시화연풍 [70-60-80-42]
食少事煩 식소사번 [70-70-70-30]
識字憂患 식자우환 [52-70-32-50]
紳士協定 신사협정 [20-52-42-60]
信賞必罰 신상필벌 [60-50-52-42]
申申當付 신신당부 [42-42-52-32]
身言書判 신언서판 [60-60-60-40]
新陳代謝 신진대사 [60-32-60-42]
身體檢査 신체검사 [60-60-42-50]
身體髮膚 신체발부 [60-60-40-20]
神出鬼沒 신출귀몰 [60-70-32-32]
身土不二 신토불이 [60-80-70-80]
腎虛腰痛 신허요통 [20-42-30-40]
實事求是 실사구시 [52-70-42-42]
實用新案 실용신안 [52-60-60-50]
實陳無諱 실진무휘 [52-32-50-10]
心機一轉 심기일전 [70-40-80-40]
深思熟考 심사숙고 [42-50-32-50]
深思熟慮 심사숙려 [42-50-32-40]
深山幽谷 심산유곡 [42-80-32-32]
心心相印 심심상인 [70-70-52-42]
心在鴻鵠 심재홍곡 [70-60-30-10]
十年減壽 십년감수 [80-80-42-32]
十年窓下 십년창하 [80-80-60-70]
十年寒窓 십년한창 [80-80-50-60]
十目所視 십목소시 [80-60-70-42]
十伐之木 십벌지목 [80-42-32-80]
十步芳草 십보방초 [80-42-32-70]
十生九死 십생구사 [80-80-80-60]
十匙一飯 십시일반 [80-10-80-32]
十二指腸 십이지장 [80-80-42-40]
十日之菊 십일지국 [80-80-32-32]
十顚九倒 십전구도 [80-10-80-32]
十中八九 십중팔구 [80-80-80-80]
十寒一曝 십한일폭 [80-50-80-10]
雙務協定 쌍무협정 [32-42-42-60]

氏族社會 씨족사회 [40-60-60-60]
阿鼻叫喚 아비규환 [32-50-30-10]
阿修羅場 아수라장 [32-42-42-70]
我心如秤 아심여칭 [32-70-42-10]
我田引水 아전인수 [32-42-42-80]
握髮吐哺 악발토포 [20-40-32-10]
惡衣惡食 악의악식 [52-60-52-70]
惡戰苦鬪 악전고투 [52-60-60-40]
安居危思 안거위사 [70-40-40-50]
眼高手卑 안고수비 [42-60-70-32]
眼高手低 안고수저 [42-60-70-42]
安得不然 안득불연 [70-42-70-70]
安分知足 안분지족 [70-60-52-70]
安貧樂道 안빈낙도 [70-42-60-70]
安心立命 안심입명 [70-70-70-70]
眼中無人 안중무인 [42-80-50-80]
眼中之人 안중지인 [42-80-32-80]
眼下無人 안하무인 [42-70-50-80]
安閑自適 안한자적 [70-40-70-40]
謁聖及第 알성급제 [30-42-32-60]
暗衢明燭 암구명촉 [42-10-60-30]
暗中摸索 암중모색 [42-80-10-32]
暗行御史 암행어사 [42-60-32-52]
殃及池魚 앙급지어 [30-32-32-50]
仰天大笑 앙천대소 [32-70-80-42]
哀乞伏乞 애걸복걸 [32-30-40-30]
曖昧模糊 애매모호 [10-10-40-10]
哀而不悲 애이불비 [32-30-70-42]
愛之重之 애지중지 [60-32-70-32]
夜郞自大 야랑자대 [60-32-70-80]
夜以繼晝 야이계주 [60-52-40-60]
夜行被繡 야행피수 [60-60-32-10]
藥籠中物 약롱중물 [60-20-80-70]
藥籠之物 약롱지물 [60-20-32-70]
約法三章 약법삼장 [52-52-80-60]
藥石之言 약석지언 [60-60-32-60]
弱肉強食 약육강식 [60-42-60-70]

良禽擇木 양금택목 [52-32-40-80]	言語同斷 언어동단 [60-70-70-42]	年末年始 연말연시 [80-50-80-60]
讓渡所得 양도소득 [32-32-70-42]	言往說來 언왕설래 [60-42-52-70]	緣木求魚 연목구어 [40-80-42-50]
羊頭狗肉 양두구육 [42-60-30-42]	言往言來 언왕언래 [60-42-60-70]	年富力強 연부역강 [80-42-70-60]
陽奉陰違 양봉음위 [60-52-42-30]	言中有骨 언중유골 [60-80-70-40]	鳶飛魚躍 연비어약 [10-42-50-30]
梁上君子 양상군자 [32-70-40-70]	言中有言 언중유언 [60-80-70-60]	連席會議 연석회의 [42-60-60-42]
良藥苦口 양약고구 [52-60-60-70]	言中有響 언중유향 [60-80-70-32]	連鎖反應 연쇄반응 [42-32-60-42]
兩者擇一 양자택일 [42-60-40-80]	言則是也 언즉시야 [60-50-42-30]	燕雁代飛 연안대비 [32-30-60-42]
羊質虎皮 양질호피 [42-52-32-32]	言行一致 언행일치 [60-60-80-50]	戀愛小說 연애소설 [32-60-80-52]
量體裁衣 양체재의 [50-60-32-60]	嚴冬雪寒 엄동설한 [40-70-60-50]	連載小說 연재소설 [42-32-80-52]
陽春佳節 양춘가절 [60-70-32-52]	掩目捕雀 엄목포작 [10-60-32-10]	連戰連勝 연전연승 [42-60-42-60]
楊布之狗 양포지구 [30-42-32-30]	嚴父慈母 엄부자모 [40-80-32-80]	軟體動物 연체동물 [32-60-70-70]
養虎遺患 양호유환 [52-32-40-50]	掩耳盜鈴 엄이도령 [10-50-40-10]	煙霞痼疾 연하고질 [42-10-10-32]
養虎後患 양호후환 [52-32-70-50]	嚴妻侍下 엄처시하 [40-32-32-70]	煙霞之癖 연하지벽 [42-10-32-10]
魚頭肉尾 어두육미 [50-60-42-32]	如鼓琴瑟 여고금슬 [42-32-32-12]	燕鴻之歎 연홍지탄 [32-30-32-40]
魚魯不辨 어로불변 [50-12-70-30]	如履薄氷 여리박빙 [42-32-32-50]	閻羅大王 염라대왕 [12-42-80-80]
魚網鴻離 어망홍리 [50-20-30-40]	與民同樂 여민동락 [40-80-70-60]	炎涼世態 염량세태 [32-32-70-42]
魚目燕石 어목연석 [50-60-32-60]	與民偕樂 여민해락 [40-80-10-60]	厭世主義 염세주의 [20-70-70-42]
魚變成龍 어변성룡 [50-52-60-40]	如是我聞 여시아문 [42-42-32-60]	榮枯盛衰 영고성쇠 [42-30-42-32]
漁夫之利 어부지리 [50-70-32-60]	呂氏春秋 여씨춘추 [12-40-70-70]	榮枯一炊 영고일취 [42-30-80-20]
語不成說 어불성설 [70-70-60-52]	與羊謀肉 여양모육 [40-42-32-42]	永久不變 영구불변 [60-32-70-52]
御史中丞 어사중승 [32-52-80-10]	如魚得水 여어득수 [42-50-42-80]	零細業者 영세업자 [30-42-60-60]
魚水之交 어수지교 [50-80-32-60]	如鳥數飛 여조삭비 [42-42-70-42]	永世中立 영세중립 [60-70-80-70]
魚水之親 어수지친 [50-80-32-60]	女尊男卑 여존남비 [80-42-70-32]	營養失調 영양실조 [40-52-60-52]
魚遊釜中 어유부중 [50-40-12-80]	旅進旅退 여진여퇴 [52-42-52-42]	營業停止 영업정지 [40-60-50-50]
漁人之功 어인지공 [50-80-32-60]	如出一口 여출일구 [42-70-80-70]	英雄豪傑 영웅호걸 [60-50-32-40]
御前會議 어전회의 [32-70-60-42]	如風過耳 여풍과이 [42-60-52-50]	英韓辭典 영한사전 [60-80-40-52]
抑強扶弱 억강부약 [32-60-32-60]	女必從夫 여필종부 [80-52-40-70]	曳尾塗中 예미도중 [10-32-30-80]
億萬長者 억만장자 [50-80-80-60]	與虎謀皮 여호모피 [40-32-32-32]	豫防注射 예방주사 [40-42-60-40]
抑弱扶強 억약부강 [32-60-32-60]	與狐謀皮 여호모피 [40-10-32-32]	禮儀凡節 예의범절 [60-40-32-52]
億兆蒼生 억조창생 [50-32-32-80]	易地思之 역지사지 [40-70-50-32]	豫行演習 예행연습 [40-60-42-60]
抑何心情 억하심정 [32-32-70-52]	捐金沈珠 연금침주 [10-80-32-32]	五車之書 오거지서 [80-70-32-60]
焉敢生心 언감생심 [30-40-80-70]	椽大之筆 연대지필 [10-80-32-52]	五穀百果 오곡백과 [80-40-70-60]
言去言來 언거언래 [60-50-60-70]	連帶責任 연대책임 [42-42-52-52]	五鬐銅綠 오리동록 [80-10-42-60]
言文一致 언문일치 [60-70-80-50]	鉛刀一割 연도일할 [40-32-80-32]	五里霧中 오리무중 [80-70-30-80]
言三語四 언삼어사 [60-80-70-80]	連絡不絕 연락부절 [42-32-70-42]	寤寐不忘 오매불망 [10-10-70-30]
言笑自若 언소자약 [60-42-70-32]	連理比翼 연리비익 [42-60-50-32]	寤寐思服 오매사복 [10-10-50-60]
言語道斷 언어도단 [60-70-70-42]	聯立內閣 연립내각 [32-70-70-32]	吾不關焉 오불관언 [30-70-52-30]

한자	독음	급수	한자	독음	급수	한자	독음	급수
吾鼻三尺	오비삼척	[30-50-80-32]	玩火自焚	완화자분	[10-80-70-10]	偶像崇拜	우상숭배	[32-32-40-42]
烏飛梨落	오비이락	[32-42-30-50]	曰可曰否	왈가왈부	[30-50-30-40]	牛往馬往	우왕마왕	[50-42-50-42]
傲霜孤節	오상고절	[30-32-40-52]	王侯將相	왕후장상	[80-30-42-52]	右往左往	우왕좌왕	[70-42-70-42]
吾舌尙在	오설상재	[30-40-32-60]	矮人看場	왜인간장	[10-80-40-70]	優柔不斷	우유부단	[40-32-70-42]
五十笑百	오십소백	[80-80-42-70]	矮人看戲	왜인간희	[10-80-40-32]	牛耳讀經	우이독경	[50-50-60-42]
五言金城	오언금성	[80-60-80-42]	矮人觀場	왜인관장	[10-80-52-70]	牛耳誦經	우이송경	[50-50-30-42]
五言長城	오언장성	[80-60-80-42]	矮子看戲	왜자간희	[10-70-40-32]	郵便番號	우편번호	[40-70-60-60]
五言絶句	오언절구	[80-60-42-42]	外剛內柔	외강내유	[80-32-70-32]	友好條約	우호조약	[52-42-40-52]
吳牛喘月	오우천월	[12-50-10-80]	外交使節	외교사절	[80-60-60-52]	羽化登仙	우화등선	[32-52-70-52]
烏雲之陣	오운지진	[32-52-32-40]	外來患者	외래환자	[80-70-50-60]	雨後竹筍	우후죽순	[52-70-42-10]
吳越同舟	오월동주	[12-32-70-30]	外柔內剛	외유내강	[80-32-70-32]	旭日昇天	욱일승천	[12-80-32-70]
五日京兆	오일경조	[80-80-60-32]	遼東半島	요동반도	[12-80-60-50]	雲泥之差	운니지차	[52-32-32-40]
五臟六腑	오장육부	[80-32-80-10]	要領不得	요령부득	[52-50-70-42]	雲上氣稟	운상기품	[52-70-70-10]
烏鳥私情	오조사정	[32-42-40-52]	樂山樂水	요산요수	[60-80-60-80]	雲心月性	운심월성	[52-70-80-52]
烏合之卒	오합지졸	[32-60-32-52]	堯舜時代	요순시대	[12-12-70-60]	雲雨之樂	운우지락	[52-52-32-60]
烏合之衆	오합지중	[32-60-32-42]	堯舜時節	요순시절	[12-12-70-52]	雲雨之情	운우지정	[52-52-32-52]
嗚呼痛哉	오호통재	[30-42-40-30]	堯舜之節	요순지절	[12-12-32-52]	雲中白鶴	운중백학	[52-80-80-32]
玉石俱焚	옥석구분	[42-60-30-10]	要視察人	요시찰인	[52-42-42-80]	雲蒸龍變	운증용변	[52-32-40-52]
玉石同櫃	옥석동궤	[42-60-70-10]	要式行爲	요식행위	[52-60-60-42]	願乞終養	원걸종양	[50-30-50-52]
玉石同碎	옥석동쇄	[42-60-70-10]	寥寥無聞	요요무문	[10-10-50-60]	圓孔方木	원공방목	[42-40-70-80]
沃野千里	옥야천리	[12-60-70-70]	燎原之火	요원지화	[10-50-32-80]	遠交近攻	원교근공	[60-60-60-40]
屋烏之愛	옥오지애	[50-32-32-60]	聊齋志異	요재지이	[10-10-42-40]	願賜骸骨	원사해골	[50-30-10-40]
屋下架屋	옥하가옥	[50-70-32-50]	搖之不動	요지부동	[30-32-70-70]	鴛鴦之契	원앙지계	[10-10-32-32]
溫故知新	온고지신	[60-42-52-60]	欲蓋彌彰	욕개미창	[32-32-12-20]	遠洋漁船	원양어선	[60-60-50-50]
溫暖前線	온난전선	[60-42-70-60]	欲求不滿	욕구불만	[32-42-70-42]	怨入骨髓	원입골수	[40-70-40-10]
溫室效果	온실효과	[60-80-52-60]	欲燒筆硯	욕소필연	[32-32-52-20]	遠禍召福	원화소복	[60-32-30-52]
蝸角之勢	와각지세	[10-60-32-42]	欲速不達	욕속부달	[32-60-70-42]	月明星稀	월명성희	[80-60-42-32]
蝸角之爭	와각지쟁	[10-60-32-50]	欲取先予	욕취선여	[32-42-80-30]	月盈則食	월영즉식	[80-12-50-70]
瓦釜雷鳴	와부뇌명	[32-12-32-40]	勇氣百倍	용기백배	[60-70-70-50]	月態花容	월태화용	[80-42-70-42]
臥薪嘗膽	와신상담	[30-10-30-20]	龍頭蛇尾	용두사미	[40-60-32-32]	月下老人	월하노인	[80-70-70-80]
蝸牛角上	와우각상	[10-50-60-70]	龍門點額	용문점액	[40-80-40-40]	月下氷人	월하빙인	[80-70-50-80]
瓦合之卒	와합지졸	[32-60-32-52]	龍味鳳湯	용미봉탕	[40-42-32-32]	位階秩序	위계질서	[50-40-32-50]
玩物喪志	완물상지	[10-70-32-42]	龍蛇飛騰	용사비등	[40-32-42-30]	危機意識	위기의식	[40-40-60-52]
完璧歸趙	완벽귀조	[50-10-40-12]	用意周到	용의주도	[60-60-40-52]	危機一髮	위기일발	[40-40-80-40]
完全無缺	완전무결	[50-70-50-42]	龍虎相搏	용호상박	[40-32-52-10]	渭樹江雲	위수강운	[12-60-70-52]
完全犯罪	완전범죄	[50-70-40-50]	愚公移山	우공이산	[32-60-42-80]	危如累卵	위여누란	[40-42-32-40]
緩衝地帶	완충지대	[32-32-70-42]	愚問賢答	우문현답	[32-70-42-70]	危如一髮	위여일발	[40-42-80-40]

危如朝露 위여조로 [40-42-60-32]	陸上競技 육상경기 [52-70-50-50]	以心傳心 이심전심 [52-70-52-70]
威而不猛 위이불맹 [40-30-70-32]	六十甲子 육십갑자 [80-80-40-70]	以熱治熱 이열치열 [52-50-42-50]
爲人設官 위인설관 [42-80-42-42]	六十四卦 육십사괘 [80-80-80-10]	已往之事 이왕지사 [32-42-32-70]
僞造紙幣 위조지폐 [32-42-70-30]	六尺之孤 육척지고 [80-32-32-40]	利用厚生 이용후생 [60-60-40-80]
韋編三絶 위편삼절 [12-32-80-42]	允文允武 윤문윤무 [12-70-12-42]	二律背反 이율배반 [80-42-42-60]
危險千萬 위험천만 [40-40-70-80]	綸言如汗 윤언여한 [10-60-42-32]	二人三脚 이인삼각 [80-80-80-32]
有價證券 유가증권 [70-52-40-40]	殷鑑不遠 은감불원 [12-32-70-60]	以一警百 이일경백 [52-80-42-70]
有口無言 유구무언 [70-70-50-60]	隱居放言 은거방언 [40-40-60-60]	移轉登記 이전등기 [42-40-70-70]
柔能勝剛 유능승강 [32-52-60-32]	隱忍自重 은인자중 [40-32-70-70]	泥田鬪狗 이전투구 [32-42-40-30]
柔能制剛 유능제강 [32-52-42-32]	乙丑甲子 을축갑자 [32-30-40-70]	二重國籍 이중국적 [80-70-80-40]
柳綠花紅 유록화홍 [40-60-70-40]	陰德陽報 음덕양보 [42-52-60-42]	以指測海 이지측해 [52-42-42-70]
類萬不同 유만부동 [52-80-70-70]	飮水思源 음수사원 [60-80-50-40]	二八靑春 이팔청춘 [80-80-80-70]
有名無實 유명무실 [70-70-50-52]	陰陽五行 음양오행 [42-60-80-60]	離合集散 이합집산 [40-60-60-40]
流芳百世 유방백세 [52-32-70-70]	吟風弄月 음풍농월 [30-60-32-80]	利害得失 이해득실 [60-52-42-60]
猶父猶子 유부유자 [32-80-32-70]	衣架飯囊 의가반낭 [60-32-32-10]	利害相反 이해상반 [60-52-52-60]
有備無患 유비무환 [70-42-50-50]	衣錦歸鄕 의금귀향 [60-32-40-42]	利害打算 이해타산 [60-52-50-70]
有償增資 유상증자 [70-32-42-40]	衣錦夜行 의금야행 [60-32-60-60]	以血洗血 이혈세혈 [52-42-52-42]
有色人種 유색인종 [70-70-80-52]	衣錦之榮 의금지영 [60-32-32-42]	以火救火 이화구화 [52-80-50-80]
流水不腐 유수불부 [52-80-70-32]	意氣揚揚 의기양양 [60-70-32-32]	匿名投票 익명투표 [10-70-40-42]
唯我獨尊 유아독존 [30-32-52-42]	意氣投合 의기투합 [60-70-40-60]	益者三友 익자삼우 [42-60-80-52]
有耶無耶 유야무야 [70-30-50-30]	意馬心猿 의마심원 [60-50-70-10]	引繼引受 인계인수 [42-40-42-42]
流言蜚語 유언비어 [52-60-10-70]	議事日程 의사일정 [42-70-80-42]	人工淘汰 인공도태 [80-70-10-10]
悠然自適 유연자적 [32-70-70-40]	依願免職 의원면직 [40-50-32-42]	人工選擇 인공선택 [80-70-50-40]
唯唯諾諾 유유낙낙 [30-30-32-32]	異口同聲 이구동성 [40-70-70-42]	人工知能 인공지능 [80-70-52-52]
類類相從 유유상종 [52-52-52-40]	異口同音 이구동음 [40-70-70-60]	因果報應 인과보응 [50-60-42-42]
悠悠自適 유유자적 [32-32-70-40]	離群索居 이군삭거 [40-40-32-40]	因果應報 인과응보 [50-60-42-42]
有人衛星 유인위성 [70-80-42-42]	利己主義 이기주의 [60-52-70-42]	人琴俱亡 인금구망 [80-32-30-50]
唯一無二 유일무이 [30-80-50-80]	以德報怨 이덕보원 [52-52-42-40]	人琴之歎 인금지탄 [80-32-32-40]
遺傳因子 유전인자 [40-52-50-70]	以卵擊石 이란격석 [52-40-40-60]	人飢己飢 인기기기 [80-30-52-30]
愉絶快絶 유절쾌절 [10-42-42-42]	以卵投石 이란투석 [52-40-40-60]	人道主義 인도주의 [80-70-70-42]
愈出愈怪 유출유괴 [30-70-30-32]	耳目口鼻 이목구비 [50-60-70-50]	印度支那 인도지나 [42-60-42-30]
遺臭萬年 유취만년 [40-30-80-80]	異腹兄弟 이복형제 [40-32-80-80]	人面獸心 인면수심 [80-70-32-70]
兪扁之術 유편지술 [12-12-32-60]	二姓之樂 이성지락 [80-70-32-60]	人本主義 인본주의 [80-60-70-42]
遊必有方 유필유방 [40-52-70-70]	耳視目聽 이시목청 [50-42-60-40]	人事不省 인사불성 [80-70-70-60]
有閑階級 유한계급 [70-40-40-60]	以食爲天 이식위천 [52-70-42-70]	人死留名 인사유명 [80-60-42-70]
肉頭文字 육두문자 [42-60-70-70]	以實告之 이실고지 [52-52-52-32]	人山人海 인산인해 [80-80-80-70]
肉山脯林 육산포림 [42-80-10-70]	以實直告 이실직고 [52-52-70-52]	人相着衣 인상착의 [80-52-52-60]

人生無常 인생무상 [80-80-50-42]	一律千篇 일률천편 [80-42-70-40]	一字千金 일자천금 [80-70-70-80]
人生三樂 인생삼락 [80-80-80-60]	一網打盡 일망타진 [80-20-50-40]	一長一短 일장일단 [80-80-80-60]
人生朝露 인생조로 [80-80-60-32]	一脈相通 일맥상통 [80-42-52-60]	一張一弛 일장일이 [80-40-80-10]
因數分解 인수분해 [50-70-60-42]	一鳴驚人 일명경인 [80-40-40-80]	一場春夢 일장춘몽 [80-70-70-32]
因循姑息 인순고식 [50-30-32-42]	日暮途窮 일모도궁 [80-30-32-40]	一齊射擊 일제사격 [80-32-40-40]
人身攻擊 인신공격 [80-60-40-40]	日暮途遠 일모도원 [80-30-32-60]	一柱難支 일주난지 [80-32-42-42]
人爲淘汰 인위도태 [80-42-10-10]	一木難支 일목난지 [80-80-42-42]	日進月步 일진월보 [80-42-80-42]
人爲選擇 인위선택 [80-42-50-40]	一無消息 일무소식 [80-50-60-42]	一進一退 일진일퇴 [80-42-80-42]
仁義禮智 인의예지 [40-42-60-40]	一文不知 일문부지 [80-70-70-52]	一次産業 일차산업 [80-42-52-60]
人溺己溺 인익기익 [80-20-52-20]	一文不通 일문불통 [80-70-70-60]	一觸卽發 일촉즉발 [80-32-32-60]
因人成事 인인성사 [50-80-60-70]	一問一答 일문일답 [80-70-80-70]	一寸光陰 일촌광음 [80-80-60-42]
仁者無敵 인자무적 [40-60-50-42]	一飯千金 일반천금 [80-32-70-80]	日就月將 일취월장 [80-40-80-42]
仁者樂山 인자요산 [40-60-60-80]	一發必中 일발필중 [80-60-52-80]	一炊之夢 일취지몽 [80-20-32-32]
人種差別 인종차별 [80-52-40-60]	一罰百戒 일벌백계 [80-42-70-40]	一致團結 일치단결 [80-50-52-52]
人之常情 인지상정 [80-32-42-52]	一夫多妻 일부다처 [80-70-60-32]	一波萬波 일파만파 [80-42-80-42]
人海戰術 인해전술 [80-70-60-60]	一夫從事 일부종사 [80-70-40-70]	一敗塗地 일패도지 [80-50-30-70]
一家親戚 일가친척 [80-70-60-32]	一絲不亂 일사불란 [80-40-70-40]	一片丹心 일편단심 [80-32-32-70]
一刻三秋 일각삼추 [80-40-80-70]	一瀉千里 일사천리 [80-10-70-70]	一曝十寒 일폭십한 [80-10-80-50]
一刻千金 일각천금 [80-40-70-80]	一石二鳥 일석이조 [80-60-80-42]	一筆揮之 일필휘지 [80-52-40-32]
一擧兩得 일거양득 [80-50-42-42]	一樹百穫 일수백확 [80-60-70-30]	一喜一悲 일희일비 [80-40-80-42]
一擧兩實 일거양실 [80-50-42-52]	一心同體 일심동체 [80-70-70-60]	臨渴掘井 임갈굴정 [32-30-20-32]
一擧兩失 일거양실 [80-50-42-60]	一心專力 일심전력 [80-70-40-70]	臨機應變 임기응변 [32-40-42-52]
一擧兩取 일거양취 [80-50-42-42]	一魚濁水 일어탁수 [80-50-30-80]	臨農奪耕 임농탈경 [32-70-32-32]
一擧二得 일거이득 [80-50-80-42]	一言半句 일언반구 [80-60-60-42]	臨時防牌 임시방패 [32-70-42-10]
一擧一動 일거일동 [80-50-80-70]	一言之下 일언지하 [80-60-32-70]	臨時方便 임시방편 [32-70-70-70]
日久月深 일구월심 [80-32-80-42]	一葉小船 일엽소선 [80-50-80-50]	臨時排布 임시배포 [32-70-32-42]
一口二言 일구이언 [80-70-80-60]	一葉障目 일엽장목 [80-50-42-60]	臨時變通 임시변통 [32-70-52-60]
一國三公 일국삼공 [80-80-80-60]	一葉知秋 일엽지추 [80-50-52-70]	臨時應變 임시응변 [32-70-42-52]
日氣槪況 일기개황 [80-70-32-40]	一葉片舟 일엽편주 [80-50-32-30]	臨時處變 임시처변 [32-70-42-52]
一騎當千 일기당천 [80-32-52-70]	一衣帶水 일의대수 [80-60-42-80]	林深鳥棲 임심조서 [70-42-42-10]
一短一長 일단일장 [80-60-80-80]	一以貫之 일이관지 [80-52-32-32]	任人唯賢 임인유현 [52-80-30-42]
一黨獨裁 일당독재 [80-42-52-32]	一日三秋 일일삼추 [80-80-80-70]	臨戰無退 임전무퇴 [32-60-50-42]
一刀兩斷 일도양단 [80-32-42-42]	一日之長 일일지장 [80-80-32-80]	壬辰倭亂 임진왜란 [32-32-12-40]
一刀割斷 일도할단 [80-32-32-42]	一日千里 일일천리 [80-80-70-70]	入國査證 입국사증 [70-80-50-40]
一連番號 일련번호 [80-42-60-60]	一字無識 일자무식 [80-70-50-52]	立稻先賣 입도선매 [70-30-80-50]
一蓮托生 일련탁생 [80-32-30-80]	一字百金 일자백금 [80-70-70-80]	立身揚名 입신양명 [70-60-32-70]
一龍一豬 일룡일저 [80-40-80-10]	一字不識 일자불식 [80-70-70-52]	立身出世 입신출세 [70-60-70-70]

立春大吉 입춘대길 [70-70-80-50]	莊周之夢 장주지몽 [32-40-32-32]	全人敎育 전인교육 [70-80-80-70]
自家撞着 자가당착 [70-70-10-52]	掌篇小說 장편소설 [32-40-80-52]	前人未踏 전인미답 [70-80-42-32]
自強不息 자강불식 [70-60-70-42]	長篇小說 장편소설 [80-40-80-52]	專任講師 전임강사 [40-52-42-42]
自激之心 자격지심 [70-40-32-70]	才勝薄德 재승박덕 [60-60-32-52]	電子娛樂 전자오락 [70-70-30-60]
自古以來 자고이래 [70-60-52-70]	才子佳人 재자가인 [60-70-32-80]	戰戰兢兢 전전긍긍 [60-60-12-12]
刺股懸梁 자고현량 [32-10-32-32]	財形貯蓄 재형저축 [52-60-50-42]	輾轉反側 전전반측 [10-40-60-32]
自愧之心 자괴지심 [70-30-32-70]	爭先恐後 쟁선공후 [50-80-32-70]	輾轉不寐 전전불매 [10-40-70-10]
自給自足 자급자족 [70-50-70-70]	抵死爲限 저사위한 [32-60-42-42]	全知全能 전지전능 [70-52-70-52]
自己矛盾 자기모순 [70-52-20-20]	低首下心 저수하심 [42-52-70-70]	轉地訓鍊 전지훈련 [40-70-60-32]
子膜執中 자막집중 [70-20-32-80]	賊反荷杖 적반하장 [40-60-32-10]	前虎後狼 전호후랑 [70-32-70-10]
姉妹結緣 자매결연 [40-40-52-40]	適法節次 적법절차 [40-52-52-42]	轉禍爲福 전화위복 [40-32-42-52]
自問自答 자문자답 [70-70-70-70]	赤貧如洗 적빈여세 [50-42-42-52]	絶世佳人 절세가인 [42-70-32-80]
自手削髮 자수삭발 [70-70-32-40]	積小成大 적소성대 [40-80-60-80]	截長補短 절장보단 [10-80-32-60]
自手成家 자수성가 [70-70-60-70]	赤手空拳 적수공권 [50-70-70-32]	絶長補短 절장보단 [42-80-32-60]
自勝者強 자승자강 [70-60-60-60]	積水成淵 적수성연 [40-80-60-12]	切齒腐心 절치부심 [52-42-32-70]
自繩自縛 자승자박 [70-12-70-10]	適時適地 적시적지 [40-70-40-70]	切齒扼腕 절치액완 [52-42-10-10]
自信滿滿 자신만만 [70-60-42-42]	適者生存 적자생존 [40-60-80-40]	絶海孤島 절해고도 [42-70-40-50]
自業自得 자업자득 [70-60-70-42]	赤子之心 적자지심 [50-70-32-70]	漸入佳境 점입가경 [32-70-32-42]
自業自縛 자업자박 [70-60-70-10]	適材適所 적재적소 [40-52-40-70]	點鐵成金 점철성금 [40-50-60-80]
自然淘汰 자연도태 [70-70-10-10]	積載定量 적재정량 [40-32-60-50]	接客業所 접객업소 [42-52-60-70]
自然選擇 자연선택 [70-70-50-40]	積塵成山 적진성산 [40-20-60-80]	接道區域 접도구역 [42-70-60-40]
子子孫孫 자자손손 [70-70-60-60]	積土成山 적토성산 [40-80-60-80]	定期總會 정기총회 [60-50-42-60]
自作自受 자작자수 [70-60-70-42]	前車覆轍 전거복철 [70-70-32-10]	正當防衛 정당방위 [70-52-42-42]
自淨作用 자정작용 [70-32-60-60]	前倨後恭 전거후공 [70-10-70-32]	正面衝突 정면충돌 [70-70-32-32]
自中之亂 자중지란 [70-80-32-40]	前古未聞 전고미문 [70-60-42-60]	政務長官 정무장관 [42-42-80-42]
自初至終 자초지종 [70-50-42-50]	專管水域 전관수역 [40-40-80-40]	頂門一鍼 정문일침 [32-80-80-10]
自暴自棄 자포자기 [70-42-70-30]	電光石火 전광석화 [70-60-60-80]	程門立雪 정문입설 [42-80-70-60]
自畫自讚 자화자찬 [70-60-70-40]	全國體典 전국체전 [70-80-60-52]	正副統領 정부통령 [70-42-42-50]
作心三日 작심삼일 [60-70-80-80]	全黨大會 전당대회 [70-42-80-60]	頂上一鍼 정상일침 [32-70-80-10]
作中人物 작중인물 [60-80-80-70]	前代未聞 전대미문 [70-60-42-60]	情狀參酌 정상참작 [52-42-52-30]
殘月曉星 잔월효성 [40-80-30-42]	前途洋洋 전도양양 [70-32-60-60]	精神薄弱 정신박약 [42-60-32-60]
長頸烏喙 장경오훼 [80-10-32-10]	前輪驅動 전륜구동 [70-40-30-70]	精神錯亂 정신착란 [42-60-32-40]
張三李四 장삼이사 [40-80-60-80]	前無後無 전무후무 [70-50-70-50]	挺身出戰 정신출전 [10-60-70-60]
長袖善舞 장수선무 [80-10-50-40]	田夫之功 전부지공 [42-70-32-60]	鄭衛桑間 정위상간 [12-42-32-70]
長夜之飮 장야지음 [80-60-32-60]	展示效果 전시효과 [52-50-52-60]	鄭衛之音 정위지음 [12-42-32-70]
長幼有序 장유유서 [80-32-70-50]	全心全力 전심전력 [70-70-70-70]	正正堂堂 정정당당 [70-70-60-60]
獐耳細辛 장이세신 [12-50-42-30]	前衛藝術 전위예술 [70-42-42-60]	井中觀天 정중관천 [32-80-52-70]

整形手術 정형수술 [40-60-70-60]
帝國主義 제국주의 [40-80-70-42]
濟世安民 제세안민 [42-70-70-80]
制式訓鍊 제식훈련 [42-60-60-32]
諸子百家 제자백가 [32-70-70-70]
濟濟多士 제제다사 [42-42-60-52]
祭天儀式 제천의식 [42-70-40-60]
濟河焚舟 제하분주 [42-50-10-30]
朝刊新聞 조간신문 [60-32-60-60]
糟糠之妻 조강지처 [10-10-32-32]
朝改暮變 조개모변 [60-50-30-52]
條件反射 조건반사 [40-50-60-40]
早期教育 조기교육 [42-50-80-70]
潮力發電 조력발전 [40-70-60-70]
朝令暮改 조령모개 [60-50-30-50]
朝令夕改 조령석개 [60-50-70-50]
朝名市利 조명시리 [60-70-70-60]
朝聞夕死 조문석사 [60-60-70-60]
朝變暮改 조변모개 [60-52-30-50]
朝變夕改 조변석개 [60-52-70-50]
朝不慮夕 조불려석 [60-70-40-70]
朝不謀夕 조불모석 [60-70-32-70]
朝三暮四 조삼모사 [60-80-30-80]
朝夕變改 조석변개 [60-70-52-50]
措手不及 조수불급 [20-70-70-32]
早失父母 조실부모 [42-60-80-80]
爪牙之士 조아지사 [10-32-32-52]
朝雲暮雨 조운모우 [60-52-30-52]
粗衣惡食 조의악식 [10-60-52-70]
粗衣粗食 조의조식 [10-60-10-70]
早朝割引 조조할인 [42-60-32-42]
鳥足之血 조족지혈 [42-70-32-42]
造幣公社 조폐공사 [42-30-60-60]
朝花月夕 조화월석 [60-70-80-70]
足脫不及 족탈불급 [70-40-70-32]
存亡之秋 존망지추 [40-50-32-70]
種瓜得瓜 종과득과 [52-20-42-20]

宗敎改革 종교개혁 [42-80-50-40]
終南捷徑 종남첩경 [50-80-10-32]
種豆得豆 종두득두 [52-42-42-42]
宗廟社稷 종묘사직 [42-30-60-12]
終無消息 종무소식 [50-50-60-42]
從實直告 종실직고 [40-52-70-52]
縱橫無盡 종횡무진 [32-32-50-40]
左顧右眄 좌고우면 [70-30-70-10]
左顧右視 좌고우시 [70-30-70-42]
左眄右顧 좌면우고 [70-10-70-30]
坐不安席 좌불안석 [32-70-70-60]
左右顧眄 좌우고면 [70-70-30-10]
左右衝突 좌우충돌 [70-70-32-32]
坐井觀天 좌정관천 [32-32-52-70]
左之右之 좌지우지 [70-32-70-32]
左瞻右顧 좌첨우고 [70-12-70-30]
左衝右突 좌충우돌 [70-32-70-32]
左側通行 좌측통행 [70-32-60-60]
株價指數 주가지수 [32-52-42-70]
主客一體 주객일체 [70-52-80-60]
主客顚倒 주객전도 [70-52-10-32]
晝耕夜讀 주경야독 [60-32-60-60]
主權在民 주권재민 [70-42-60-80]
酒囊飯袋 주낭반대 [40-10-32-10]
酒袋飯囊 주대반낭 [40-10-32-10]
周到綿密 주도면밀 [40-52-32-42]
走馬加鞭 주마가편 [42-50-50-10]
走馬看山 주마간산 [42-50-40-80]
主務官廳 주무관청 [70-42-42-40]
酒色雜技 주색잡기 [40-70-40-50]
朱脣白齒 주순백치 [40-30-80-42]
朱脣皓齒 주순호치 [40-30-12-42]
株式會社 주식회사 [32-60-60-60]
晝夜長川 주야장천 [60-60-80-70]
晝而繼夜 주이계야 [60-30-40-60]
稠人廣衆 주인광중 [10-80-52-42]
舟中敵國 주중적국 [30-80-42-80]

酒池肉林 주지육림 [40-32-42-70]
竹頭木屑 죽두목설 [42-60-80-10]
竹林七賢 죽림칠현 [42-70-80-42]
竹馬故友 죽마고우 [42-50-42-52]
竹馬交友 죽마교우 [42-50-60-52]
竹馬舊友 죽마구우 [42-50-52-52]
竹馬之友 죽마지우 [42-50-32-52]
遵法精神 준법정신 [30-52-42-60]
遵養時晦 준양시회 [30-52-70-10]
中堅作家 중견작가 [80-40-60-70]
中繼放送 중계방송 [80-40-60-42]
衆寡不敵 중과부적 [42-32-70-42]
衆口難防 중구난방 [42-70-42-42]
中等教育 중등교육 [80-60-80-70]
中等學校 중등학교 [80-60-80-80]
衆目環視 중목환시 [42-60-40-42]
中石沒矢 중석몰시 [80-60-32-30]
中小企業 중소기업 [80-80-32-60]
衆心成城 중심성성 [42-70-60-42]
中央暖房 중앙난방 [80-32-42-42]
重言復言 중언부언 [70-60-42-60]
中原逐鹿 중원축록 [80-50-30-30]
衆人環視 중인환시 [42-80-40-42]
仲秋佳節 중추가절 [32-70-32-52]
櫛風沐雨 즐풍목우 [10-60-20-52]
支給停止 지급정지 [42-50-50-50]
知己之友 지기지우 [52-52-32-52]
知難而退 지난이퇴 [52-42-30-42]
之東之西 지동지서 [32-80-32-80]
芝蘭之交 지란지교 [12-32-32-60]
芝蘭之室 지란지실 [12-32-32-80]
指鹿爲馬 지록위마 [42-30-42-50]
支離滅裂 지리멸렬 [42-40-32-32]
支離分散 지리분산 [42-40-60-40]
知命之年 지명지년 [52-70-32-80]
紙上兵談 지상병담 [70-70-52-50]
池魚之殃 지어지앙 [32-50-32-30]

智者樂水 지자요수 [40-60-60-80]	創氏改名 창씨개명 [42-40-50-70]	天定配匹 천정배필 [70-60-42-30]
智者一失 지자일실 [40-60-80-60]	創業守成 창업수성 [42-60-42-60]	天井不知 천정부지 [70-32-70-52]
知足不辱 지족불욕 [52-70-70-32]	彰往察來 창왕찰래 [20-42-42-70]	天眞爛漫 천진난만 [70-42-20-30]
遲遲不進 지지부진 [30-30-70-42]	滄海桑田 창해상전 [20-70-32-42]	千差萬別 천차만별 [70-40-80-60]
紙筆硯墨 지필연묵 [70-52-20-32]	滄海遺珠 창해유주 [20-70-40-32]	千態萬象 천태만상 [70-42-80-40]
知行合一 지행합일 [52-60-60-80]	滄海一粟 창해일속 [20-70-80-30]	千篇一律 천편일률 [70-40-80-42]
指呼之間 지호지간 [42-42-32-70]	滄海一滴 창해일적 [20-70-80-30]	天下無敵 천하무적 [70-70-50-42]
直系卑屬 직계비속 [70-40-32-40]	采薪之憂 채신지우 [12-10-32-32]	天下一色 천하일색 [70-70-80-70]
直系尊屬 직계존속 [70-40-42-40]	妻城子獄 처성자옥 [32-42-70-32]	天下壯士 천하장사 [70-70-40-52]
織錦回文 직금회문 [40-32-42-70]	隻手空拳 척수공권 [20-70-70-32]	天下絶色 천하절색 [70-70-42-70]
直四角形 직사각형 [70-80-60-60]	脊髓神經 척수신경 [10-10-60-42]	天下泰平 천하태평 [70-70-32-70]
直射光線 직사광선 [70-40-60-60]	脊椎動物 척추동물 [10-10-70-70]	千呼萬喚 천호만환 [70-42-80-10]
直屬上官 직속상관 [70-40-70-42]	天高馬肥 천고마비 [70-60-50-32]	徹頭徹尾 철두철미 [32-60-32-32]
直指心經 직지심경 [70-42-70-42]	天空海闊 천공해활 [70-70-70-10]	徹上徹下 철상철하 [32-70-32-70]
秦鏡高懸 진경고현 [12-40-60-32]	千年一淸 천년일청 [70-80-80-60]	鐵中錚錚 철중쟁쟁 [50-80-10-10]
盡善完美 진선완미 [40-50-50-60]	天道是非 천도시비 [70-70-42-42]	徹地之冤 철지지원 [32-70-32-10]
盡善盡美 진선진미 [40-50-40-60]	千慮一得 천려일득 [70-40-80-42]	徹天之冤 철천지원 [32-70-32-10]
珍羞盛饌 진수성찬 [40-10-42-10]	千慮一失 천려일실 [70-40-80-60]	徹天之恨 철천지한 [32-70-32-40]
盡忠竭力 진충갈력 [40-42-10-70]	千萬多幸 천만다행 [70-80-60-60]	轍環天下 철환천하 [10-40-70-70]
盡忠報國 진충보국 [40-42-42-80]	天方地方 천방지방 [70-70-70-70]	晴耕雨讀 청경우독 [30-32-52-60]
進退無路 진퇴무로 [42-42-50-60]	天方地軸 천방지축 [70-70-70-20]	靑丘永言 청구영언 [80-32-60-60]
進退兩難 진퇴양난 [42-42-42-42]	川邊風景 천변풍경 [70-42-60-50]	淸廉潔白 청렴결백 [60-30-42-80]
進退維谷 진퇴유곡 [42-42-32-32]	天生緣分 천생연분 [70-80-40-60]	淸貧樂道 청빈락도 [60-42-60-70]
塵合泰山 진합태산 [20-60-32-80]	千歲一時 천세일시 [70-52-80-70]	靑酸加里 청산가리 [80-20-50-70]
集團農場 집단농장 [60-52-70-70]	千辛萬苦 천신만고 [70-30-80-60]	淸純可憐 청순가련 [60-42-50-30]
執行猶豫 집행유예 [32-60-32-40]	天壤之間 천양지간 [70-32-32-70]	靑雲之志 청운지지 [80-52-32-42]
懲羹吹菜 징갱취채 [30-10-32-32]	天壤之差 천양지차 [70-32-32-40]	淸日戰爭 청일전쟁 [60-80-60-50]
懲一勵百 징일여백 [30-80-32-70]	天壤之判 천양지판 [70-32-32-40]	靑天白日 청천백일 [80-70-80-80]
此月彼月 차월피월 [32-80-32-80]	天然資源 천연자원 [70-70-40-40]	靑出於藍 청출어람 [80-70-30-20]
車胤聚螢 차윤취형 [70-12-12-30]	天淵之差 천연지차 [70-12-32-40]	淸風明月 청풍명월 [60-60-60-80]
此日彼日 차일피일 [32-80-32-80]	天佑神助 천우신조 [70-12-60-42]	草根木皮 초근목피 [70-60-80-32]
車載斗量 차재두량 [70-32-42-50]	天衣無縫 천의무봉 [70-60-50-20]	初度巡視 초도순시 [50-60-32-42]
借廳入室 차청입실 [32-40-70-80]	天人共怒 천인공노 [70-80-60-42]	初動搜査 초동수사 [50-70-30-50]
借廳借閨 차청차규 [32-40-32-20]	千紫萬紅 천자만홍 [70-32-80-40]	草廬三顧 초려삼고 [70-12-80-30]
參差不齊 참치부제 [52-40-70-32]	千載一時 천재일시 [70-32-80-70]	草綠同色 초록동색 [70-60-70-70]
滄桑之變 창상지변 [20-32-32-52]	千載一遇 천재일우 [70-32-80-40]	草木俱朽 초목구후 [70-80-30-10]
彰善懲惡 창선징악 [20-50-30-52]	天災地變 천재지변 [70-50-70-52]	焦眉之急 초미지급 [20-30-32-60]

草食動物 초식동물 [70-70-70-70]	七步成詩 칠보성시 [80-42-60-42]	吐哺握髮 토포악발 [32-10-20-40]
焦心苦慮 초심고려 [20-70-60-40]	七步之才 칠보지재 [80-42-32-60]	吐哺捉髮 토포착발 [32-10-30-40]
招搖過市 초요과시 [40-30-52-70]	七顚八起 칠전팔기 [80-10-80-32]	通過祭儀 통과제의 [60-52-42-40]
初志一貫 초지일관 [50-42-80-32]	七顚八倒 칠전팔도 [80-10-80-32]	通俗小說 통속소설 [60-42-80-52]
寸鐵殺人 촌철살인 [80-50-42-80]	七縱七擒 칠종칠금 [80-32-80-10]	投鞭斷流 투편단류 [40-10-42-52]
秋高馬肥 추고마비 [70-60-50-32]	針小棒大 침소봉대 [40-80-10-80]	投筆從戎 투필종융 [40-52-40-10]
鄒魯之鄕 추로지향 [12-12-32-42]	沈魚落雁 침어낙안 [32-50-50-30]	特急列車 특급열차 [60-60-42-70]
追友江南 추우강남 [32-52-70-80]	快刀亂麻 쾌도난마 [42-32-40-32]	特筆大書 특필대서 [60-52-80-60]
推舟於陸 추주어륙 [40-30-30-52]	唾面自乾 타면자건 [10-70-70-32]	破鏡重圓 파경중원 [42-40-70-42]
錐處囊中 추처낭중 [10-42-10-80]	他山之石 타산지석 [50-80-32-60]	破鏡之歎 파경지탄 [42-40-32-40]
秋風落葉 추풍낙엽 [70-60-50-50]	他尙何說 타상하설 [50-32-32-52]	破瓜之年 파과지년 [42-20-32-80]
秋毫之末 추호지말 [70-30-32-50]	打草驚蛇 타초경사 [50-70-40-32]	波瀾萬丈 파란만장 [42-10-80-32]
逐條審議 축조심의 [30-40-32-42]	託孤寄命 탁고기명 [20-40-40-70]	波瀾重疊 파란중첩 [42-10-70-10]
春秋筆法 춘추필법 [70-70-52-52]	卓上空論 탁상공론 [50-70-70-42]	破釜沈舟 파부침주 [42-12-32-30]
春雉自鳴 춘치자명 [70-12-70-40]	炭化水素 탄화수소 [50-52-80-42]	破邪顯正 파사현정 [42-32-40-70]
春夏秋冬 춘하추동 [70-70-70-70]	脫脂粉乳 탈지분유 [40-20-40-40]	波狀攻擊 파상공격 [42-42-40-40]
出奇制勝 출기제승 [70-40-42-60]	脫兎之勢 탈토지세 [40-32-32-42]	破顔大笑 파안대소 [42-32-80-42]
出沒無雙 출몰무쌍 [70-32-50-32]	貪官汚吏 탐관오리 [30-42-30-32]	破顔一笑 파안일소 [42-32-80-42]
出産休暇 출산휴가 [70-52-70-40]	探囊取物 탐낭취물 [40-10-42-70]	破竹之勢 파죽지세 [42-42-32-42]
出爾反爾 출이반이 [70-10-60-10]	貪掠無藝 탐로무예 [30-10-50-42]	阪上走丸 판상주환 [12-70-42-30]
出將入相 출장입상 [70-42-70-52]	貪小失大 탐소실대 [30-80-60-80]	八面玲瓏 팔면영롱 [80-70-12-10]
衝擊療法 충격요법 [32-40-20-52]	貪欲無藝 탐욕무예 [30-32-50-42]	八方美人 팔방미인 [80-70-60-80]
忠言逆耳 충언역이 [42-60-42-50]	貪天之功 탐천지공 [30-70-32-60]	敗家亡身 패가망신 [50-70-50-60]
就勞事業 취로사업 [40-52-70-60]	湯池鐵城 탕지철성 [32-32-50-42]	稗官小說 패관소설 [10-42-80-52]
吹毛求疵 취모구자 [32-42-42-10]	太剛則折 태강즉절 [60-32-50-40]	悖入悖出 패입패출 [10-70-10-70]
吹毛覓疵 취모멱자 [32-42-12-10]	太史之簡 태사지간 [60-52-32-40]	悖出悖入 패출패입 [10-70-10-70]
取捨選擇 취사선택 [42-30-50-40]	泰山北斗 태산북두 [32-80-80-42]	鞭長莫及 편장막급 [10-80-32-32]
醉生夢死 취생몽사 [32-80-32-60]	泰山壓卵 태산압란 [32-80-42-40]	平地風波 평지풍파 [70-70-60-42]
惻隱之心 측은지심 [10-40-32-70]	泰山峻嶺 태산준령 [32-80-12-32]	閉月羞花 폐월수화 [40-80-10-70]
層巖絶壁 층암절벽 [40-32-42-42]	泰然自若 태연자약 [32-70-70-32]	廢寢忘食 폐침망식 [32-40-30-70]
層層侍下 층층시하 [40-40-32-70]	太平聖代 태평성대 [60-70-42-60]	弊袍破笠 폐포파립 [32-10-42-10]
癡人說夢 치인설몽 [10-80-52-32]	太平煙月 태평연월 [60-70-42-80]	捕盜大將 포도대장 [32-40-80-42]
置之度外 치지도외 [42-32-60-80]	土木形骸 토목형해 [80-80-60-10]	蒲柳之姿 포류지자 [10-40-32-40]
七去之惡 칠거지악 [80-50-32-52]	土崩瓦解 토붕와해 [80-30-32-42]	蒲柳之質 포류지질 [10-40-32-52]
七年大旱 칠년대한 [80-80-80-30]	兎死狐悲 토사호비 [32-60-10-42]	抱腹絶倒 포복절도 [30-32-42-32]
七落八落 칠락팔락 [80-50-80-50]	兎營三窟 토영삼굴 [32-40-80-20]	飽食暖衣 포식난의 [30-70-42-60]
七零八落 칠령팔락 [80-30-80-50]	吐盡肝膽 토진간담 [32-40-32-20]	抱薪求禍 포신구화 [30-10-42-32]

哺乳動物 포유동물 [10-40-70-70]　下學上達 하학상달 [70-80-70-42]　虛張聲勢 허장성세 [42-40-42-42]
布衣之交 포의지교 [42-60-32-60]　下厚上薄 하후상박 [70-40-70-32]　虛虛實實 허허실실 [42-42-52-52]
鋪裝道路 포장도로 [20-40-70-60]　鶴首苦待 학수고대 [32-52-60-60]　軒軒丈夫 헌헌장부 [30-30-32-70]
布帳馬車 포장마차 [42-40-50-70]　學如不及 학여불급 [80-42-70-32]　懸梁刺股 현량자고 [32-32-32-10]
捕丁解牛 포정해우 [32-40-42-50]　學而知之 학이지지 [80-30-52-32]　賢母良妻 현모양처 [42-80-52-32]
暴虎馮河 포호빙하 [42-32-12-50]　漢江投石 한강투석 [70-70-40-60]　懸河口辯 현하구변 [32-50-70-40]
表裏不同 표리부동 [60-32-70-70]　限界狀況 한계상황 [42-60-42-40]　懸河雄辯 현하웅변 [32-50-50-40]
豹死留皮 표사유피 [10-60-42-32]　寒冷前線 한랭전선 [50-50-70-60]　懸河之辯 현하지변 [32-50-32-40]
表音文字 표음문자 [60-60-70-70]　汗牛充棟 한우충동 [32-50-52-20]　血肉之親 혈육지친 [42-42-32-60]
風木之悲 풍목지비 [60-80-32-42]　割席分坐 할석분좌 [32-60-60-32]　協同組合 협동조합 [42-70-40-60]
風樹之感 풍수지감 [60-60-32-60]　緘口無言 함구무언 [10-70-50-60]　螢光物質 형광물질 [30-60-70-52]
風樹之悲 풍수지비 [60-60-32-42]　緘口不言 함구불언 [10-70-70-60]　刑事事件 형사사건 [40-70-70-50]
風樹之歎 풍수지탄 [60-60-32-40]　含憤蓄怨 함분축원 [32-40-42-40]　刑事訴訟 형사소송 [40-70-32-32]
風雲之會 풍운지회 [60-52-32-60]　含哺鼓腹 함포고복 [32-10-32-32]　螢雪之功 형설지공 [30-60-32-60]
風前燈燭 풍전등촉 [60-70-42-30]　咸興差使 함흥차사 [30-42-40-60]　形而上學 형이상학 [60-30-70-80]
風前燈火 풍전등화 [60-70-42-80]　合成樹脂 합성수지 [60-60-60-20]　形而下學 형이하학 [60-30-70-80]
風前燭火 풍전촉화 [60-70-30-80]　合縱連衡 합종연횡 [60-32-42-32]　兄弟姉妹 형제자매 [80-80-40-40]
風餐露宿 풍찬노숙 [60-20-32-52]　合浦珠還 합포주환 [60-32-32-32]　形形色色 형형색색 [60-60-70-70]
風化作用 풍화작용 [60-52-60-60]　航空母艦 항공모함 [42-70-80-20]　狐假虎威 호가호위 [10-42-32-40]
皮骨相接 피골상접 [32-40-52-42]　航空郵便 항공우편 [42-70-40-70]　互角之勢 호각지세 [30-60-32-42]
被選擧權 피선거권 [32-50-50-42]　恒茶飯事 항다반사 [32-32-32-70]　虎溪三笑 호계삼소 [32-32-80-42]
避獐逢虎 피장봉호 [40-12-32-32]　亢龍有悔 항룡유회 [12-40-70-32]　虎口餘生 호구여생 [32-70-42-80]
彼此一般 피차일반 [32-32-80-32]　偕老同穴 해로동혈 [10-70-70-32]　糊口之計 호구지계 [10-70-32-60]
被害妄想 피해망상 [32-52-32-42]　海陸珍味 해륙진미 [70-52-40-42]　狐丘之戒 호구지계 [10-32-32-40]
筆記試驗 필기시험 [52-70-42-42]　海水浴場 해수욕장 [70-80-50-70]　糊口之方 호구지방 [10-70-32-70]
匹馬單騎 필마단기 [30-50-42-32]　海翁好鷗 해옹호구 [70-30-42-20]　糊口之策 호구지책 [10-70-32-32]
匹夫之勇 필부지용 [30-70-32-60]　解衣推食 해의추식 [42-60-40-70]　豪氣萬丈 호기만장 [32-70-80-32]
匹夫匹婦 필부필부 [30-70-30-42]　行動擧止 행동거지 [60-70-50-50]　虎狼之國 호랑지국 [32-10-32-80]
必有曲折 필유곡절 [52-70-50-40]　行旅病者 행려병자 [60-52-60-60]　毫釐不差 호리불차 [30-10-70-40]
必有事端 필유사단 [52-70-70-42]　行方不明 행방불명 [60-70-70-60]　毫釐之差 호리지차 [30-10-32-40]
下等動物 하등동물 [70-60-70-70]　行不由徑 행불유경 [60-70-60-32]　毫釐千里 호리천리 [30-10-70-70]
夏爐冬扇 하로동선 [70-32-70-10]　幸災不仁 행재불인 [60-50-70-40]　胡馬望北 호마망북 [32-50-52-80]
下石上臺 하석상대 [70-60-70-32]　向隅之歎 향우지탄 [60-10-32-40]　毫毛斧柯 호모부가 [30-42-10-12]
夏扇冬曆 하선동력 [70-10-70-32]　虛禮虛飾 허례허식 [42-60-42-32]　好事多魔 호사다마 [42-70-60-20]
下愚不移 하우불이 [70-32-70-42]　虛無孟浪 허무맹랑 [42-50-32-32]　狐死首丘 호사수구 [10-60-52-32]
下意上達 하의상달 [70-60-70-42]　虛送歲月 허송세월 [42-42-52-80]　虎死留皮 호사유피 [32-60-42-32]
下穽投石 하정투석 [70-10-40-60]　虛心坦懷 허심탄회 [42-70-10-32]　狐死兔悲 호사토비 [10-60-32-42]

狐死兔泣 호사토읍 [10-60-32-30]
虎視眈眈 호시탐탐 [32-42-10-10]
豪言壯談 호언장담 [32-60-40-50]
浩然之氣 호연지기 [32-70-32-70]
號曰百萬 호왈백만 [60-30-70-80]
豪雨警報 호우경보 [32-52-42-42]
狐疑不決 호의부결 [10-40-70-52]
好衣好食 호의호식 [42-60-42-70]
戶籍抄本 호적초본 [42-40-30-60]
胡蝶之夢 호접지몽 [32-30-32-32]
昊天罔極 호천망극 [12-70-30-42]
皓齒丹脣 호치단순 [12-42-32-30]
呼兄呼弟 호형호제 [42-80-42-80]
互惠關稅 호혜관세 [30-42-52-42]
浩浩蕩蕩 호호탕탕 [32-32-10-10]
豪華燦爛 호화찬란 [32-40-12-20]
呼吸器官 호흡기관 [42-42-42-42]
惑世誣民 혹세무민 [32-70-10-80]
魂不附身 혼불부신 [32-70-32-60]
魂不附體 혼불부체 [32-70-32-60]
魂飛魄散 혼비백산 [32-42-10-40]
昏睡狀態 혼수상태 [30-30-42-42]
渾然一致 혼연일치 [10-70-80-50]
昏定晨省 혼정신성 [30-60-30-60]
忽顯忽沒 홀현홀몰 [32-40-32-32]
紅東白西 홍동백서 [40-80-80-80]
紅爐點雪 홍로점설 [40-32-40-60]
洪範九疇 홍범구주 [32-40-80-12]
紅顔薄命 홍안박명 [40-32-32-70]
弘益人間 홍익인간 [30-42-80-70]
和光同塵 화광동진 [60-60-70-20]
畵龍點睛 화룡점정 [60-40-40-10]
畵蛇添足 화사첨족 [60-32-30-70]
華胥之夢 화서지몽 [40-10-32-32]
和氏之璧 화씨지벽 [60-40-32-10]
花容月態 화용월태 [70-42-80-42]
和而不同 화이부동 [60-30-70-70]

華而不實 화이부실 [40-30-70-52]
禍轉爲福 화전위복 [32-40-42-52]
花朝月夕 화조월석 [70-60-80-70]
畵中之餠 화중지병 [60-80-32-10]
化學武器 화학무기 [52-80-42-42]
畵虎不成 화호불성 [60-32-70-60]
畵虎類狗 화호유구 [60-32-52-30]
確固不動 확고부동 [42-50-70-70]
環境汚染 환경오염 [40-42-30-32]
換骨奪胎 환골탈태 [32-40-32-20]
換金作物 환금작물 [32-80-60-70]
歡呼雀躍 환호작약 [40-42-10-30]
黃口小兒 황구소아 [60-70-80-52]
黃口幼兒 황구유아 [60-70-32-52]
黃口乳臭 황구유취 [60-70-40-30]
黃金萬能 황금만능 [60-80-80-52]
黃金分割 황금분할 [60-80-60-32]
黃粱之夢 황량지몽 [60-10-32-32]
悔過遷善 회과천선 [32-52-32-50]
懷璧有罪 회벽유죄 [32-10-70-50]
繪事後素 회사후소 [10-70-70-42]
灰色分子 회색분자 [40-70-60-70]
會者定離 회자정리 [60-60-60-40]
回轉木馬 회전목마 [42-40-80-50]
橫斷步道 횡단보도 [32-42-42-70]
橫來之厄 횡래지액 [32-70-32-30]
橫說竪說 횡설수설 [32-52-10-52]
橫竪說去 횡수설거 [32-10-52-50]
橫竪說話 횡수설화 [32-10-52-70]
孝悌忠信 효제충신 [70-10-42-60]
後起之秀 후기지수 [70-42-32-40]
後生可畏 후생가외 [70-80-50-30]
厚生事業 후생사업 [40-80-70-60]
喉舌之臣 후설지신 [20-40-32-52]
後時之歎 후시지탄 [70-70-32-40]
厚顔無恥 후안무치 [40-32-50-32]
後悔莫及 후회막급 [70-32-32-32]

訓鍊都監 훈련도감 [60-32-50-42]
訓蒙字會 훈몽자회 [60-32-70-60]
訓民正音 훈민정음 [60-80-70-60]
喙長三尺 훼장삼척 [10-80-80-32]
諱疾忌醫 휘질기의 [10-32-30-60]
凶惡無道 흉악무도 [52-52-50-70]
胸有成竹 흉유성죽 [32-70-60-42]
吸收合倂 흡수합병 [42-42-60-20]
興亡盛衰 흥망성쇠 [42-50-42-32]
興味津津 흥미진진 [42-42-20-20]
興盡悲來 흥진비래 [42-40-42-70]
稀代未聞 희대미문 [32-60-42-60]
喜怒哀樂 희로애락 [40-40-32-60]
喜色滿面 희색만면 [40-70-42-70]
稀少價値 희소가치 [32-70-52-32]
喜喜樂樂 희희낙락 [40-40-60-60]

영역	학습 및 능력 / 평가 준거
한자 어휘 교육론	1. 한자로 이루어진 성어의 의미를 이해하고 성어에 담긴 유래를 제시하여 맥락에 맞게 활용할 수 있도록 지도할 수 있다. 2. 우리말의 속담과 성어의 관계를 이해하고 속담을 성어로, 성어를 속담으로 바꾸어 맥락에 맞는 표현을 할 수 있도록 지도할 수 있다.

◀ 영역별 대표 문항 ▶

능력단위	한자어휘 교육론	단위요소	고사성어 /사자성어	정답	[1] 救 [2] 障 [3] 脫 [4] 生 [5] 鐵
문항	\多Col				

※ 다음 ( ) 안에 알맞은 漢字를 써넣어 제시된 뜻풀이에 부합하는 四字成語를 완성하시오.

[1] 以火( )火 : 불로써 불에서 구함. 사태를 더욱 악화시킴을 비유.

[2] 一葉( )目 : 나뭇잎 하나가 눈을 가림. 부분적이고 일시적 현상에 미혹되어 전체적이고 근본적인 문제를 깨닫지 못함.

[3] ( )兔之勢 : 우리를 빠져나가 달아나는 토끼의 기세. 매우 빠르고 날랜 기세.

[4] ㉠에 공통으로 들어갈 漢字를 써 넣어 四字成語를 완성하시오.

虎口餘　　(㉠)　　死苦樂

[5] 제시한 설명에 맞는 고사성어가 되도록 ( ) 안에 알맞은 漢字로 쓰시오.

( )面皮

㉠ 겉뜻 : 쇠로 만든 낯가죽.

㉡ 유래 : 출세를 위해서는 수단과 방법을 가리지 않고 세도가에게 아첨하는 왕광원이 권세가의 모욕적인 매질에도 수모를 모른다는 데서 유래함.

㉢ 속뜻 : 염치가 없고 뻔뻔스러운 사람을 낮잡아 이르는 말.

第3篇

國語와 漢字論

第1章 國語와 漢字生活

1 國語와 國語精神

國語는 어느 나라에도 있다. 대개 자기 民族의 固有語를 국어로 삼는 것이 일반적이나 그렇지 못한 나라도 있다. 地球上에는 많은 種族, 많은 言語들이 分布하고 있지만 실제로 자기 민족 고유의 말과 글을 가진 나라는 많지 않다. 말은 있어도 글이 없는 나라가 대부분이다. 世界는 약 5,000종의 言語가 있다고 하나 그 중 文字를 가진 언어는 不過 100여 종에 지나지 않는다. 말과 글이 없는 민족이나 국가는 다른 민족의 말과 글을 빌려다 쓴다. 오래 전부터 固有語가 있었지만 外勢의 힘에 눌려 자신들의 고유어를 쓰지 못하고 支配 勢力의 언어를 국어로 삼는 나라도 있다. 여러 민족의 集團으로 이루어진 국가는 여러 민족 構成員 가운데 多數 민족 집단의 언어를 국어로 삼는 것이 보통이다. 少數 민족 집단의 언어는 그 집단 내에서만 通用된다. 어느 나라는 국어가 여럿인 나라도 있다. 여러 인종이 橫的으로 모여 사는 나라는 특정한 민족의 特定 언어를 국어로 삼을 수 없어 여럿의 언어를 모두 국어로 삼는다. 이들은 國語라 하지 않고 公用語라 부른다. 우리나라는 世界에서 몇 안 되는 민족 고유의 말과 글을 함께 가지고 있는 나라이다. 우리말을 사용하는 韓國人, 우리말을 배우고 알고 있는 外國人 등을 포함하여 우리말을 할 수 있는 사람은 대략 8천만 명 정도에 이른다고 한다. 21세기 현재 지구상에 남아 있는 다른 언어와 비교해 볼 때, 세계 人口比例로 보아 우리말 사용자 인구는 약 14~15위 정도의 위치를 차지한다. 자기의 말을 스스로 創案하여 고유한 표기 수단으로 쓸 수 있는 민족들은 문화적으로 秀越性을 지닌 민족이다. 지구 문명의 발전은 대체로 이러한 민족 집단에 의해서 이루어졌음은 周知의 사실이다. 우리의 傳統文化가 남달리 돋보이는 것은 바로 우리말과 글이 있었기 때문이다.

우리 겨레는 上古時代 以來로 中國과 더불어 東洋圈에서 매우 우수한 문화를 지닌 민족이었다. 古代 우리말은 투르크계, 몽고계, 고아시아어계와 함께 알타이어계의 한 갈래로 중국어와는 다른 膠着語 類型을 지닌 언어였다. 그러나 당시 말은 있었지만 글은 없었다. 마땅히 表記할 文字體系가 없었으므로 중국어를 借用해 썼다. 우리 先祖들은 비록 빌려온 문자지만 우리식으로 표기하기 위해 不斷히 노력하였다. 初期에는 한자를 우리말 語順대로 借用해 쓰다가 이후 鄕札, 吏讀, 口訣 등의 音借 표기를 創案하여 쓰기도 했다. 우리 先祖들은 중국어를 필요에 따라서 活用했을 뿐이며 결코 중국어에 從屬되지 않았다. 訓民正音을 創製하기 이전부터 남의 문자를 그냥 그대로 사용하기를 拒否하고 借用일망정 우리말을 우리식으로 表記하기 위해 애썼다. 훗날 이러한 노력들이 우리가 우리 고유의 말과 글을 가지게 된 밑거름이 되었던 것이다. 15세기 訓民正音의 創製는 실로 5천년 우리 民族史의 가장 위대한 金字塔이다.

우리 國字의 誕生은 다른 언어권에 있어서의 文字 發生과 근본적으로 다르다. 예컨대, 라틴어권의 알파벳 문자는 이집트의 象形文字에서 起源하여 문자의 변천에 따라 音素文字로 발전된 자연 발생적인 문자체계이다. 中國語의 경우도 마찬가지다. 殷나라 시대 甲骨 상형문자가 발전하여 현재의 한자가 완성되었다. 蒙古의 八思巴 문자는 위구르 문자에서 차용한 것이며, 위구르 문자는 아랍계 소그드 문자를 借用한 것이다. 몽고문자의 뿌리는 아랍문자에 있는 셈이다. 日本語는 가나문자이다. 가나는 한자로 '假名'이라 표기한다. 이 말 속에는 아직 문자로 완성되지 못한 臨時 문자라는 뜻이 담겨 있다. 가나는 한자의 몸과 변에서 문자적 요소를 빌어 50音度를 만들어 사용하고 있는 音節文字이다. 가나는 고대의 우리 언어체계인 口訣과 매우 유사하여 가나의 源流가 口訣에 있다는 설이 강력히 擡頭되고 있다. 이에 반하여 우리 국어는 太極說과 陰陽五行說을 철학적 근거로 하여 우리 언어학자들의 手澤에 의해서 만들어진 人爲的인 문자이다. 우리의 문자 체계는 철저한 合理主義를 바탕으로 만들어진 글자이며, 音聲學的으로 대단히 科學的이고 合理的인 면을 보여 준다. 우리는 여기서 우리 先祖들의 自主的이고도 實用的인 국어정신을 엿볼 수 있다.

우리 문자가 地球上에서 存在하는 여러 언어 가운데 音素文字로서 가장 卓越한 文字體系를 가지고 있다는 것은 익히 알려진 얘기다. 국어의 音韻體系에 있어서 初, 中, 終聲의 音素 單位를 合成하면 인간의 發聲器官을 통해 나오는 모든 分節音을 無窮無盡하게 표기할 수 있는 音素體系를 지니고 있다. 音韻體系에 대한 卓越性뿐만 아니라, 形態的, 統辭的, 語彙的인 면에서도 獨特한 樣相을 보인다. 우리 국어는 狀況을 重視하는 對話體의 언어로서 動的 언어이다. 또 上待, 平待, 下待 등의 尊卑法이 있어서 언어 자체 내에 社會學的 要素까지 內包하고 있다. 우리 국어는 動詞 중심의 膠着語로서 동사의 語形變化가 많다. 이러한 動詞 變化의 複雜性은 우리말을 배우고자 하는 외국인들에게 苦痛을 주는 경우가 있다. 외국인들이 우리말을 배우기가 매우 어렵다는 말은 이를 두고 하는 말이다.

우리는 文法을 따로 배우지 않아도 文法에 맞게 자연스럽게 말을 한다. 英語를 배우면서 어려움을 느끼는 것은 우리의 思考가 우리의 文法體系에 젖어 있어 英語式 規則을 쉽게 생각해 낼 수 없기 때문이다. 어릴 적부터 우리의 思考와 行動 속에 우리말의 規則과 情緖가 스미어 있음을 보여 준다. 西歐 17세기 언어 철학인인 훔볼트는 그 민족의 언어는 그 민족의 정신 사고를 支配한다고 보고 固有語인 언어 체계는 그 민족의 文化的 規則性과 世界觀을 가진다고 했다. 이 말은 언어가 그 民族의 思想과 情緖에 얼마만한 價値를 가지고 있는가를 端的으로 보여주는 말이다. 우리의 국어 속에는 우리의 世界觀이 담겨 있고 우리의 얼이 담겨 있다. 우리는 누구나 일상생활에서 국어로 말을 하고 글을 쓴다. 우리가 늘 해오는 일이라 대수롭지 않게 느껴지지만 우리의 日常生活에서 일어나고 있는 言語現象과 言語材料 속에는 우리의 精神的 사고 패턴이 담겨져 있다.

海外에서 韓國語로 된 표지판을 발견했을 때 혹은 한국어를 할 줄 아는 사람을 만났을 때의 感激이란 외국에 나가본 사람이라면 모두 느끼는 일이다. 자기 固有語를 國語로 採擇하고 있는 나라를 보면 너나 할 것 없이 자기 민족 傳統文化에 自矜心을 가지고 있다. 같은 말과 같은 글을 쓰면서 意思疏通을 한다는 것은 곧 서로 같은 핏줄의 民族임을 皮膚로 느낄 수 있는 가장 큰 結束體이다. 같은 말과 글을 쓰는 집단을 言語共同體라 한다. 한 言語共同體는 갑작스럽게 만들어지는 것이 아니다. 그 민족의 오랜 歷史와 傳統을 이어받아 이루어지는 것이다. 地球上에는 수많은 種族이 모여 民族을 形成하고 있다. 國家를 形成하는 가장 중요한 條件 중의 하나가 곧 言語共同體다.

그러므로 여기서 우리는 왜 國語를 배워야 하는가에 대하여 분명히 提示할 수 있다. 국어를 배우는 目的은 다음 몇 가지로 나뉜다. 첫째, 국어 교육은 民族共同體의 기본교육이며, 둘째, 민족어의 構造와 體系를 習得하여 우리말과 글로 表現할 수 있는 能力을 키우는 교육이요, 셋째, 국어 교육은 여러 다른 教科

目의 교육을 圓滑히 하기 위한 道具敎育이요, 넷째, 국어 교육을 통해서 文學, 藝術 등 우리 고유의 민족 문화를 習得케 하는 교육이다. 美國의 實用主義 철학자 윌리엄 제임스는 한 사회의 단면을 上昇社會와 下降社會로 分類하였다. 上昇社會란 民族 構成員이 어떤 일에 대하여 서로 책임을 지려는 사회요, 下降社會란 어떤 일에 대하여 서로 責任을 전가하는 사회로 規定하였다. 국어에 대한 愛情과 關心은 특정한 사람만이 하는 일이 아니다. 우리 민족 男女老少가 한 사람도 빠짐없이 매일매일 해야 할 일이다. 우리나라가 上昇社會로 가는 지름길은 바로 국어를 사랑하고 아끼는 마음을 지니는 일이다. 우리는 국어를 배우면서 國語精神을 배운다. 世界史의 激浪 속에서 국어정신은 이 地球上에서 우리 민족이 支撐해 나갈 가장 强力한 武器다.

2 한글의 優秀性

우리말이 한글로 불린 것은 不過 100여년을 넘지 못한다. 한글로 불리기 전에는 訓民正音, 正音, 諺文, 國文 등의 名稱을 使用했다. 15世紀 訓民正音 創製의 科學性과 哲學性은 15세기 當時 世界 最高의 水準이었다. 東洋의 唯一한 音素文字의 開發, 中聲인 母音이 혀의 움직임에서부터 나온다는 점[1], 子音의 文字 形態는 사람의 發聲器官을 模倣했다는 점, 母音의 文字 形態는 天地人을 模倣했다는 점 등은 世界 言語史에 길이 남을 學問的 業績이다.

최현배(1954)는 『한글의 투쟁』이라는 著書에서 "한글은 우리 배달겨레의 최대의 산물이며 세계 온 인류의 글자문화의 최상의 공탑이다. 이는 우리의 자랑인 동시에 또 우리의 무기이다. 이를 사랑하며 이를 기르며 이를 갈아 이를 부리는 데에만 우리의 생명이 뛰놀며 우리의 희망이 솟아나며 우리의 행복이 약속된다."고 말하고 있다. 愛國主義로 點綴된 이 말 속에는 한글에 대한 무한한 自負心과 自矜心이 담겨 있다. 실로 한글은 세계의 言語學者들도 感歎해 마지않는 언어 체계이다. 세계의 言語史, 文字史를 執筆하는 언어학자는 거의 우리 한글을 言及하고 있으며, 거의 한 章을 다 割愛하여 설명하고 있을 정도이다. 한글이 가지는 세계 言語史的 價値는 여러 外國學者가 본 한글의 優秀性을 통해서 살펴 볼 수 있다. 1960년 美國 하버드대학 敎養 敎材인 라이샤워(E. O. Reischauer) 교수와 페어뱅크 교수(Fairbank, J. K.)의 『동아시아 : 그 위대한 전통 (East Asia : The Great Tradition)』라는 책 10章 부분은 한국에 관한 부분이다. 여기에서 라이샤워 교수는 "한글은 아마도 어떤 다른 나라에서 쓰이고 있는 것보다 가장 과학적인 문자체계일 것이다."라고 말했다. 1964년에 네덜란드 라이덴 대학의 보스(Vos, F) 교수가 쓴 「한국문자: 이두와 한글」이라는 논문에서 "한국 사람들은 세계에서 가장 좋은 알파벳을 발명하였다."고 하였다. 시카고 대학의 맥콜리(McCawley) 교수는 "세상에서 가장 좋은 알파벳이라는 말은 매우 정당한 가치를 지니며 더 나아가서 한글은 벨(Bell)의 可視言語記號보다 400년이나 앞선 문자이다"라 했다. 맥콜리 교수는 한글의 偉大性에 感服을 받아 한국에서 10월 9일 한글날이 國慶日로 지정되어 있음을 뜻 깊게 생각하고 한글날을 개인적인 名節로 지냈다고 한다. 이 때 한국에서 온 유학생들을 집으로 불러 世宗大王의 肖像畵에 敬拜드리고 자신이 손수 만든 한국 음식을 待接했다는 逸話는 유명하다. 1985년 샘

---

1) 西歐 言語學에서 母音이 혀의 模樣과 位置에 의해서 만들어진다는 理論은 20세기 초에 제기되었다. 訓民正音 母音體系論은 西歐보다 약 600년이 앞선 理論이다.

슨(Sampson, G) 교수는 자신의 著書『문자체계(Writing System)』제 3, 4, 5, 6장에서 한글의 언어 체계를 소개하고 제7장에서 한글은 세계 문자 사상 유일무이한 資質 文字 체계라는 見解를 피력했다. 1994년 6월호 디스커버(DISCOVER)誌에 제어드 다이아몬드(Jared Diamond) 교수가 쓴 「올바른 표기법」이라는 論文에서 "한글은 이 세상에서 가장 훌륭한 알파벳이며, 세계에서 가장 과학적인 표기법체계라 紹介하면서 첫째, 한글의 音素는 母音과 子音이 한 눈에 구별되며 幾何學的 符號이다. 둘째, 子音은 사람의 發聲器官을 본떠 만들었고 그 音素의 辨別을 쉽게 알 수 있다. 셋째, 한글은 문자를 만들 때에는 로마자와 같이 모음과 자음을 따로 만들었으나, 자음과 모음을 모아써서 音節文字처럼 사용할 수 있어 音素文字와 音節文字의 長點을 고루 갖추고 있다"고 披瀝하고 있다. 한글의 優秀性은 다음과 같이 要約할 수 있다.

첫째, 한글은 自然發生적인 언어가 아닌 人爲的인 언어로서 使用 對象이 밝혀진 세계 唯一의 문자이다. 한글은 문자 創製에 대한 뚜렷한 目的意識을 가지고 15세기 當代의 학자들의 연구에 의해서 만들어진 글자이다.

둘째, 세계 著名한 언어학자들이 稱誦하는 세계 제일의 문자체계이다. 일례로 영국 옥스퍼드 대학 言語學科 학생들이 세계의 여러 문자 중에서 한글을 가장 훌륭한 문자체계로 꼽았다.

셋째, 세계 언어 가운데 共通的으로 公式文字로 쓸 수 있는 문자가 있다면 한글이 가장 적합하다는 主張도 提起되고 있다. 실제로 글자가 없는 제 3 세계 국가들이 있다면 한글을 그들의 문자로 紹介해 볼 만한다.

넷째, 한글은 線, 點, 圖形으로 이루어진 幾何學的 模型의 문자로서 未來 宇宙 共通의 문자로 가장 適合한 문자 형태를 가지고 있다. 만일 우주의 銀河帝國이 만들어진다면 銀河帝國의 문자로 손색이 없는 문자로 받아들여지고 있다.

다섯째, 컴퓨터에서의 業務 能力이 他 언어권에 비해 2~3배 이상 越等히 그 作業 速度가 빠르다. 실제로 英語, 中國語, 日本語와 比較하여 그 優秀性이 立證되고 있다.

여섯째, 한글은 母音體系와 子音體系를 明確히 分解하여 표기할 수 있는 唯一한 문자이다. 특히 15세기 訓民正音의 모음체계는 현대적 관점으로 보아도 구조 분석적으로 손색이 없는 분석 체계를 가지고 있다. 이러한 한글의 우수성 덕분으로 南韓은 1% 미만의 文盲率을 지니고 있으며 北韓은 거의 0.3~0.5%의 文盲率을 지니고 있다.

일곱째, 유엔 산하 유네스코가 制定한 세계 문화 遺産으로 訓民正音이 登載되었고 世宗大王賞이 制定되어 세계 文盲 退治에 功勞가 큰 團體와 個人에게 受賞하고 있다.

3 國語生活에서의 한글과 漢字

일상적인 국어생활에서 意思疏通에 어려움 없이 말하고 쓰기 위해 必要한 語彙數는 대략 1,500~2,000單語 정도이다. 국어 어휘는 固有語, 漢字語, 外來語로 나눌 수 있으며 俗語, 方言, 隱語 등도 包含된다. 국어 어휘 중 固有語가 차지하는 비중은 25%~30%, 漢字語는 65%~70%, 그밖에 주로 영어 등에서 온 外來語가 10% 안팎이다. 비교적 近來에 刊行된 國立國語研究院의 표준국어대사전(1999)에는 대략 52萬이 넘는 單語를 수록하고 있다. 이 辭典은 南韓에서 간행된 모든 사전과 북한에서 간행된 모든 사전에 보이는 어휘를 總網羅하고 있다. 표준국어대사전(1999)에 나타난 표제어를 어휘형태별 분류해 보면 고유어 25%, 한자어 58%, 외래어 5%, 고유어와 한자어의 混有語 8%, 고유어와 외래어의 혼유어 0.3%, 한자어와 외래어의 혼유어 4%, 고유어·한자어·외래어의 혼유어 0.2%로 構成되어 있다. 1945년 解放 以後 국내에서 出刊된 여러 국어사전의 표제어를 살펴보면 대부분 고유어와 한자어의 비율이 1 : 3 정도로 한자어가 壓倒的으로 많다. 漢字는 우리 국어 어휘의 主供給源인 셈이다.

이렇게 우리 國語 語彙는 固有語로만 구성되어 있는 것이 아니라 必要에 따라서는 우리말 어휘의 不足한 부분을 한자어나 외래어에서 차용해 올 수 있다. 비단 이런 현상은 우리 국어에만 나타나는 것은 아니다. 예컨대, 英語의 경우 고유어라고 할 수 있는 앵글로 색슨계 語彙는 전체 어휘 수의 18%를 차지하고 나머지 어휘는 모두 借用語 혹은 外來語로 채워져 있다. 그 중 佛語에서 차용된 어휘가 가장 많고 라틴어, 그리스어 등에서 일부 차용되었고, 스칸디나비아語, 에스파냐어, 네덜란드어 등에서도 일부 차용되었다. 이 중 일부는 印度를 비롯한 여러 植民地, 여러 交易 國家로부터도 외래어가 들어와 자리하고 있다. 현재 영어의 어휘는 약 60~70萬 단어로 추산하고 있는데 10세기 古中世 당시 영어는 5~6 萬 어휘에 불과하던 것이 20세기 末의 辭典에는 10배 이상의 어휘가 늘어난 셈이다. 英語 語彙의 爆發的인 增加는 美國系 영어의 어휘 증가도 한 몫을 차지한다. 세계의 公用語라고 하는 영어도 그 어휘의 대부분을 차용어나 외래어로 채우고 있지만 그 어휘생활에 있어 영어의 純粹性을 批判하거나 문제 삼는 사람은 거의 없다. 오히려 文化的 水準이 그 만큼 豊富해졌다는 것을 자랑한다.

우리 고유어는 親族語, 色感語 등과 같은 感覺語는 豊富하나 抽象語나 觀念的인 어휘는 매우 不足하다. 이 모자라는 부분은 대부분 한자어로 메우고 있다. 現代에 들어 새로운 문화생활을 영위하면서 새롭고 多樣한 物件이나 現象을 접하게 되고 그 物件이나 現象에 대한 名稱을 부여하게 되어 새로운 新語가 만들어지고 있다. 最近 趨勢를 보면 增加하는 어휘의 대부분은 外來語다. 특히 英語 단어가 直輸入되어 국어 어휘로 定着하는 傾向을 보이고 있다. 아마도 이런 현상은 21세기 국가 간의 문화적 障壁이 무너지고 글로벌리제이션을 標榜하는 세계화 추세와 맞물려 한 나라의 어휘적 傳統性은 빠르게 무너질 것으로 보인다.

國立國語硏究院이 발표한 新語 보고서에 의하면, 新語 408개 가운데, 原語가 고유어인 것은 31개로 7.6%에 不過하며, 영어 등에서 온 외래어는 42개로 10.3%이고, 한자어는 157개로 38.5%에 이른다. 한자어와 외래어, 한자어와 고유어의 결합에 의한 신어는 각각 82개, 68개로서 20.1%, 16.7%이다. 그러니까 單一原語인 한자어 38.5%와 複合原語의 구성요소로서의 한자어 36.8%를 합하면, 전체 신어 가운데 무려 75.3%에 달하는 307개의 신어가 漢字에 依存하고 있는 셈이다. 한글전용이 全面的으로 施行되고 있고, 또 한자어를 순우리말로 바꾸자는 國語醇化運動이 줄기차게 전개되고 있지만, 많은 한자어들이 새롭게 만들어지고 있는 것이다. 예컨대 아래의 표는 2005년에 만들어진 新語들을 原語에 따라 유형 분류한 것이다.

원어가 단일한 신어의 경우 漢字語가 전체의 38%로 가장 많은 비중을 차지했고, 外來語가 10.3%, 固有語가 7.6%로 뒤를 이었다. 각기 다른 원어로 구성된 단어들까지 모두 고려하면 신어를 구성하는 단어 중에 漢字語가 53%, 固有語가 23.8%, 外來語가 23.3%를 차지한다.

원어		항목 수(개)	비율(%)	순위	예
단일 원어	고유어	31	7.6	5	낚시글
	한자어	157	38.5	1	면창족(面窓族)
	외래어	42	10.3	4	트윅스터 (betwixt+-er)
복합 원어	고유어와 한자어의 결합	82	20.1	2	먹토(-土)
	고유어와 외래어의 결합	21	5.1	6	줌마렐라 (아줌마+Cinderella)
	한자어와 외래어의 결합	68	16.7	3	건테크 (健康+technology)
	고유어와 한자어와 외래어의 결합	7	1.7	7	밥터디족 (밥+study+族)
		408	100		

한자를 알면 그 의미를 쉽게 추리할 수 있는 단어들이 많다. 특히 신어 중에서 줄임말 형식이 많은데 이들의 意味를 이해하기 위해서는 漢字에 대한 知識이 필요하다. 일반적으로 新語는 네티즌들이 많이 만들어내므로 고유어나 외래어를 많이 섞어 쓸 것 같지만, 실제로는 漢字語를 활발하게 조합하는 경우가 많다. 몇 가지 예를 들면 다음과 같다.

> • 혐한류(嫌韓流) : 한류를 싫어하는 것.
> • 벽비(壁碑) : 무덤 내부 벽에 부착한 묘비.
> • 당게낭인(黨揭浪人) : 정당 홈페이지에 연속적으로 글을 올려 여론을 주도하는 사람.
> • 면창족(面窓族) : 퇴직하라는 압력을 받으며 별다른 일이 없어 창밖만 바라보는 임원급 회사원.
> • 속식(速食) : 음식을 지나치게 빨리 먹음.
> • 수림장(樹林葬) : 화장한 유골을 나무 밑에 뿌리거나 묻는 장례법.
> • 공시족(公試族) : 각종 공무원 시험을 준비하는 사람.
> • 혼검(婚檢) : 결혼 전에 유전병, 성병 등을 알기 위해 받는 건강검진.
> • 소변인(笑辯人) : 웃음과 유머가 있는 대변인.

또 다음 例文을 보자.

> (1) 生成文法을 공부한다.
> (2) 생성문법(生成文法)을 공부한다.
> (3) 생성문법(generative grammar)을 공부한다.
> (4) generative grammar를 공부한다.

한자 사용을 批判하는 사람은 (1)이나 (2)만을 批判할 것이 아니라, (3)과 (4)도 비판해야 한다. 한자를 쓰지 말아야 한다면 알파벳도 쓰지 말아야 할 것이다. 그런데도 한글專用論을 主唱하는 學會誌를 보면

----

2) 2005년 國立國語研究院 統計 資料 參照.

한자를 안 쓰겠다는 意志가 지나치게 강해서인지, 生疎한 槪念이 나오면 括弧 안에 한자는 안 쓰되 英語를 써 놓는 것을 쉽게 발견할 수 있다. 이는 한자에 대한 지나친 嫌惡이자, 영어에 대해서는 지나치게 寬待하다는 것을 보여주는 것이다.

國語醇化運動을 한다고 해서 일상생활에서 널리 쓰이고 있는 한자어를 固有語로 바꾸는 일은 오히려 어휘 생활에 障碍를 가져올 수 있다. 北韓이 1960년대 한자어를 고유어로 바꾸는 운동을 펼쳐 新造語를 많이 量産한 적이 있다. 예컨대 '대합실'을 '기다림칸' '세탁소'를 '화학 빨래집' '코너킥'을 '모서리차기' 등으로 바꾸어 쓰기를 强勸하고 북한 사전에 登載되어 있다. 물론 이러한 노력이 헛된 것만은 아니다. 고유어의 傳統性을 維持하려는 趣旨는 좋으나 無所不爲의 언어정책에 따른 人爲的인 방법으로 변화를 强要한다면 일상적인 어휘생활의 混亂만 加重시킬 뿐이다. 고유어의 전통성을 유지하기 위해 억지스럽게 한자어를 고유어로 고쳐 쓰기 보다는 차라리 한자를 더욱 적극적으로 활용하여 한자어를 보다 效率的으로 運用해 나가는 것인 우리 國語生活에 더 큰 도움이 되는 길이다. 예컨대, 고유어와 한자어가 동시에 存在하는 단어의 경우를 보자. '사람'과 '人間'은 同義語다. 고유어 '사람'과 한자어 '人間'은 그 뜻이 같다고 하지만 文章 속에서는 그 어휘적 뉘앙스가 사뭇 다르다. '저 사람은 사람이 참 좋다.'라는 문장의 뜻은 '저 사람은 인격이 훌륭하다.'라는 意味와 같다. 그런데 이 문장을 '저 人間은 人間이 좋다.'라고 쓴다면 그 어휘의미표현으로 適合치 않다. 국어 어휘 '사람'은 '사람'대로 '人間'은 '人間'대로 그 어휘적 맛이 있다. 한자어를 고유어로 바꾸어 놓는다면 이런 맛을 제대로 살리기 힘들 것이다. 한자 '腦'의 音과 訓은 '머리 뇌'다. '뇌'를 '머리'로 바꾸어 쓴다면 '腦裏'하는 한자어는 '머릿속'이 될 것이다. '뇌리를 스치고 지나갔다.' 라는 문장표현을 '머릿속을 스치고 지나갔다'라 표현한다면 문장이 어색해 진다. 고유어를 한자어로 바꾸어 쓰는 것도 마찬가지다. '머리'를 '뇌'로 바꾸어 쓸 수 없다. '저 아이는 머리가 잘 자란다.'라 했을 때의 '머리'는 '머리털'의 換喩的 表現이다. 이 어휘를 바꾸어서 '저 아이는 뇌가 잘 자란다'라 한다면 문장은 非文이 된다. 이렇듯 고유어는 고유어대로 한자어는 한자어대로 각각의 어휘의미적 價値를 지니고 있으며 우리말의 語彙量을 더욱 豊富하게 해 준다.

또 한 예를 보자. '自然'이라는 한자어는 우리 삶과 매우 密接하고 친숙한 낱말이 되었다. '自然'은 자주 찾는 인터넷 검색어 순위에서 항상 上位를 차지하고 있을 정도로 현대생활의 가장 중요한 中心語가 되고 있다. '自然'의 音과 訓은 '스스로 자', '그럴 연'이다. '스스로 그렇다'라는 뜻이다. 單語의 뜻이 매우 철학적이고 深奧하다. 大自然 즉 宇宙는 누가 누구에 의해서 만들어진 것이 아니다. 太初에 천지조화가 있어 스스로 그런 모습으로 생겨난 것이다. 그래서 自然은 위대한 것이다. 自然의 사전적 정의는 사람의 손에 의한 것이 아닌 저절로 된 세상의 모든 현상 혹은 天然으로 이루어진 地理的 또는 地質的 環境의 조건으로 풀이하고 있다. 前者는 人爲的인 것에 대한 반대의 개념으로 後者는 大自然 그 자체의 개념으로 사용된다. 自然을 물질적 관점에서 보면 '눈에 보이는 우주 그 자체'의 의미를 지니며 정신적 관점에서 보면 '있는 그대로의 순수한 現象이나 心性'의 의미를 지닌다.

老子의 『道德經』 25章에 "人法地 地法天 天法道 道法自然"이라는 기록이 나온다. 아마도 '自然'이라는 단어가 제일 먼저 쓰여진 기록일 것이다. 이 외에도 中國의 여러 古典 文獻에 언급되어 있는데 『淮南子』 原道訓條에 보면 "脩道理之數因天地之自然"이라는 기록도 보인다. 대개 '自然'이라는 단어를 宇宙運行의 根本으로 인식하고 있다. '自'는 사람의 코를 象形한 글자로 본뜻은 '코'이다. 그러나 지금은 '스스로' '부터' '에서' 등의 의미로 사용된다. '然'은 '肉'과 '犬', '火'의 결합자다. '그러하다' '이치에 맞는다'의 뜻도 있고 '그런데' '그러나' 등의 접속사적 기능도 가지고 있다. '개의 고기를 태우니 그 기름이 탄다'라는

會意를 가지고 있다.

우리말에서 '自然'이라는 名詞는 다른 단어와 결합하여 여러 派生語와 合成語를 가진다. '자연스럽다'라는 뜻이 고운 파생어가 있다. '自然主義' '自然哲學' '自然觀' '自然死' '自然法' 등의 合成語는 文化의 時代的 轉換點을 이룬 이데올로기, 哲學觀 등을 나타내는 格調 높은 한자어다. '自然'이라는 단어의 깊은 뜻이 投影된 結果다. 그런데 이렇게 深奧한 뜻을 지닌 '自然'이라는 단어를 고유어로 나타낼 방법은 없다. '自然'이라는 한자어는 멋진 국어 어휘이다. '自然'이라는 한자어가 한자로 이루어졌다고 그 단어의 오묘한 맛을 거부한다면 우리의 국어생활은 低級化되고 荒廢化될 것이다.

국어생활에 있어서의 漢字의 長點과 短點을 要約, 整理하면 다음과 같다.

漢字의 長點

첫째, 한자는 同音異義語를 쉽게 구별할 수 있다.
둘째, 한자는 새로운 단어를 만드는 造語力이 탁월하다.
셋째, 한자는 단어의 縮約力에서 뛰어나다.
넷째, 한자는 意味의 保存力이 강하다.
다섯째, 한자는 意味擴張을 자유롭게 할 수 있다.
여섯째, 한자는 觀念語, 抽象語를 생산해 낼 수 있어 學問的 專門 用語로 적합하다.

漢字의 短點

첫째, 한자는 그 數爻가 너무 많다.
둘째, 한자는 그 字數가 많을 뿐만 아니라 글씨체가 시대를 따라 여러 가지 變遷이 있다.
셋째, 한자는 그 소리가 일정하지 않고 시대, 나라 지방에 따라 그 소리가 다르다.
넷째, 한자는 한 가지 글자라도 그 뜻에 따라 그 소리가 다르다.
다섯째, 한 자에 여러 가지 뜻이 있어 기억하기 용이하지 못하다.
여섯째, 한자는 字劃의 사소한 差異로 인하여 그 글자가 전혀 다른 것이 많다.
일곱째, 한자는 한 가지의 뜻에 여러 가지 글자를 구별하는 것이 많아 일일이 구별하기가 어렵다.

한글과 漢字에는 서로 長短點이 있다. 한자가 表意文字 가운데 가장 優秀한 문자라면, 한글은 表音文字 가운데 가장 우수한 문자이다. 우리말은 한글과 한자를 두 날개로 하여 문자 생활을 할 수 있는 큰 장점을 지닌 어휘체계를 가지고 있다. 한자는 古代에서 現代에 이르기까지 오랜 歷史的 過程을 거치면서 우리의 언어생활 속에 깊숙이 沈潛해 들어왔다. 國語漢字語는 중국어와 다르고 일본 한자어와 다르다. 예컨대 '國'의 경우 중국에서는 '궈[guó]'로 읽고 일본어에서는 '고쿠[こく, koku]'로 읽는다. 우리말에서는 '국'이다. 국어한자음은 당나라 長安音이 우리말에 定着한 音이다. 국어한자음은 '東音'이라 한다. 일본어는 중국의 뭣나라, 漢나라 시대의 음을 中心으로 한다. 그 뿌리는 중국이지만 한자는 이미 우리말 속에 들어와 國語化 되었다. 우리말 속에 들어온 한자는 이미 우리 언어체계 속에 溶解되어버린 國字이다. 國語漢字語는 중국어에서 차용되었거나 自生的으로 생성된 어휘 중 漢字로 표기할 수 있는 모든 국어 단어이다. 한자를 排斥이 아닌 征服의 개념으로 보아야 한다. 일본에서의 한자어는 언어생활의 中心 槪念이지만 국어에 있어서의 한자어는 補助槪念이다. 우리가 한자어를 차용해 쓰는 것은 우리 固有語에 마땅한 어휘가 없거나 표현이 容易하지 않을 때다. 한자어는 우리 국어생활에 本質槪念은 아니지만 必須槪念인 것이다. 한자가 우리 국어에 들어오고 우리말 어휘로 定着한 이상 漢字語는 어디까지나 韓

國語인 것이며 中國語가 아니다. 오천년 歷史를 거듭해 오면서 우리의 국어 생활은 累代에 걸쳐 직 간접적으로 중국어의 영향을 받게 된다. 이로 인해 우리 民族語에 漢字語가 大量으로 유입되었다.

그러나 우리의 先祖들은 중국어를 그 原音대로 읽지 않고 이른바 東音이라고 하는 국어한자음으로 定着하게 된다. 우리식 한자 발음으로는 中國이나 日本에서 通用되지 못한다. 15세기 當時 東國正韻을 만들어 漢字語의 發音을 中國의 原音과 가깝게 矯正하려 했지만 결국 失敗로 돌아갔다. 이미 國語에 編入된 漢字語는 音韻的으로 意味的으로 우리식으로 定着되어 그 發音體系과 意味體系를 되돌린다는 것은 不可能했던 것이다. 結果的으로 이렇게 借用해 온 漢字語는 固有語 發展을 沮害한 否定的인 면도 없지 않지만 우리 固有語의 不足한 語彙體系를 豊盛하게 만들어 준 肯定的인 면도 있다.

우리 國語生活에 한자를 섞어 쓰는 문제에 대한 論爭은 60년대 이래 繼續되고 있다. 국가 정책이 國際化, 世界化, 開放化를 目標로 삼은 이후, 외국어 교육에 대한 關心과 함께 이 문제는 언어생활의 매우 중요한 話頭가 되고 있다. 오랫동안 持續되어온 이러한 論爭이 벌어지게 된 원인은 國漢文混用을 주장하는 사람들과 한글전용을 주장하는 사람들과의 팽팽한 對立에 起因하지만, 실제적으로 이러한 원인을 提供한 것은 과거에서 현재에 이르기까지 一貫性 없이 갈팡질팡했던 우리 政府 言語政策도 한 몫을 차지한다. 이제 韓半島는 統一時代를 맞고 있다. 南北韓이 統一되려면 가장 먼저 통일되어야 할 것이 국어생활의 統一이다. 南北韓 국어생활이 통일되려면 통일된 언어정책을 가져야 한다. 따라서 통일시대를 대비하여 가장 중요한 課題중의 하나가 우리 나름대로의 뚜렷한 國語政策을 세우는 일일 것이다. 국어정책에 參與하는 학자들은 아무런 私心 없이 衆智를 모아 우리의 국어정책을 일관되게 가져가야 한다. 내부적으로 통일된 案이 없는 狀況에서 북한과의 언어통일은 절대적으로 불가능하다. 언어는 항상 生成하고 變化하기 때문에 同 時代의 언어적 현실에 따라서 국어정책도 달라져야 한다. 현실성을 바탕으로 하는 자연스러운 국어정책이 되어야 하며 人爲的이고 理想的인 국어정책이 되지 말아야 한다. 우리는 '현실성을 무시한 국어정책은 실패한다'는 敎訓을 역사 속에서 얻고 있다. 우리 國內法에는 한글전용법이라는 법률조항이 있다. 이 條項은 다음과 같다. "대한민국의 공용문서와 신문·잡지 및 공중표지물은 한글로 쓴다. 다만 학술용어로서 부득이한 용어는 한자를 괄호 안에 첨서한다." 이 條項은 대체적으로 한글을 쓰되 필요에 따라서는 한자를 섞어 쓸 수 있다는 內容을 담고 있다. 현재 이 법률조항은 한글전용을 주장하는 사람들에 의해서 한글전용법 안의 例外條項을 아예 削除할 것을 요구하고 있다. 반면, 국한문혼용을 지지하는 사람들은 아예 한글전용법 자체를 削除하자는 요구다. 대체로 한글전용을 부르짖는 사람들은 한글전용이 왜 필요한가에 대하여 다음과 같은 主張을 각각 펴고 있다.

첫째, 한글을 전용하면 민족적 自矜心과 主體性을 가지게 된다는 점.
둘째, 한글은 배움과 익힘이 편리하므로 언어를 익히는데 시간적 浪費를 줄여 그만큼 지식의 폭을 넓힐 수 있다는 점.
셋째, 철저한 音素文字이므로 機械化의 容易性으로 인해 더 많은 정보를 얻을 수 있다는 점.
넷째, 한글전용은 우리 민족어의 正統性을 지닌 언어체계이며, 한자혼용의 주장은 文字事大主義的 發想임을 주장하고 있다.

반면, 漢字混用을 부르짖는 사람들의 主張은 다음과 같다.

첫째, 한자혼용은 우리의 문자생활의 오랜 언어적 관습이고, 또 우리의 어휘적 狀況이 한자어가 60%~70% 를 차지하고 이들 한자는 國字화 되었다는 점.
둘째, 世界化 시대에 한자를 倂記해 쓰면 동양문화권의 한 國際語를 자연스럽게 익힐 수 있다는 점.
셋째, 한자의 造語性, 縮約性, 視覺性이 뛰어나 어휘력 發達과 思考 발달에 큰 도움을 준다는 점.
넷째, 한자혼용은 우리 민족의 歷史性을 가지는 언어체계로 한글만을 고집하는 것은 언어 鎖國主義的 發想 임을 주장하고 있다.

물론 이외에도 많은 主張들이 서로의 長短點을 比較하여 提起되고 있는 실정이다. 각종 日刊 新聞社의 輿論調査에 의하면 60-70% 이상 壓倒的으로 많은 국민들이 국한문혼용을 贊成하는 쪽으로 나타나고 있다. 일반 국민들 사이에서 나이가 많은 사람일수록 漢字混用論이 優勢하고 나이가 젊은 사람일수록 한글전용론이 優勢하다는 점은 분명한 것 같다. 젊은 세대는 자신들을 한글세대라는 말로 代辯하고 있다. 大衆媒體도 지식인들이 보는 몇몇 대중 雜紙를 제외하고는 이미 한글전용이 일반화된 추세이다. 그러나 최근 젊은이들 사이에서 漢字 習得에 대한 폭발적인 붐이 일고 있다. 젊은 세대가 세계화, 국제화 시대에 한자에 대한 필요성을 切感하고 있다. 최근 5년 간 韓國漢字能力檢定會의 應試者 수가 每年 70~80萬 名에 이르는 것을 보면 한자 익히기에 대한 關心이 상당하다는 것을 여실히 證明한다. 大學에서 漢字講座에 대한 受講者가 急上昇하고 있으며 한자교육 市場도 매년 增加 추세다. 한자 級數에 관심도 커져 당초 韓國漢字能力檢定會가 唯一한 級數 獲得의 場이었으나 현재 敎育部의 認可를 받은 검정기관만 해도 4개 기관으로 늘어났다. 특히 각종 企業體 공채와 大學 入試에 한자 능력을 重視하는 方向으로 가고 있어 한자교육에 대한 국민적 관심은 더욱 늘어날 展望이다.
국어생활에 있어서 한자생활은 特別한 것이 아니다. 그저 平素에 즐겨 쓰고 스스로 누리면서 자연스럽게 한자를 習得하면 된다. 한자를 따로 익히려 하지 말고 한글과 한자를 倂記해서 習慣처럼 쓰게 된다면 우리의 국어생활은 더욱 豐饒로워질 것이다.

國語漢字語는 3가지 系譜로 나뉜다. 첫째, 우리 스스로가 개발하여 사용하고 있는 固有漢字語, 둘째, 中國語에서 유입되어 국어에 정착된 國語漢字語, 셋째 日帝强占期에 국어에 流入되어 정착한 國語漢字語 등으로 大別할 수 있다. 현재 우리가 일상생활에서 使用하고 있는 한자어에는 일본에서 流入된 한자어가 많다. 국어한자어 중 약 50%는 日本에서 유입된 한자어이며 중국에서 유입된 한자어는 약 40%, 고유한자어는 약 10%를 차지한다. 다음은 각각의 한자어를 분류한 예이다.

가. 中國系 漢字語
- ▶ 經傳·古典系 漢字語: 父母, 兄弟, 不惑, 天命, 家具, 君子, 去來, 獅子, 修身, 忠孝, 言語, 和睦, 刮目相對, 男尊女卑, 巧言令色 등
- ▶ 佛敎系 漢字語: 利那, 阿修羅, 袈裟, 伽藍, 煩惱, 衆生, 世界, 現在, 話頭, 禪定, 供養, 極樂, 苦行, 因果, 化身, 祈禱, 彌勒, 放生, 歸依, 등
- ▶ 白話文系 漢字語: 補腎, 補藥, 箱子, 病院, 光景, 寡婦, 小便, 大便, 豆腐, 砂湯 등

古代로부터 중국을 통해 전래된 儒·佛·禪 思想이 導入되면서 이와 관련한 각종 典籍과 記錄들이 우리 언어생활에 至大한 影響을 미치게 되었다. 이 한자어들은 現代에서도 쉽게 찾아 볼 수 있는 전통적 한자어들이다.

나. 日本系 漢字語

政治, 經濟, 敎育, 文學, 科學, 時計, 關係, 健康, 市場, 入口, 組立, 先佛, 立場, 開化, 演繹, 歸納, 內閣, 弱點, 銀行, 牛乳, 鉛筆, 荷物, 學生, 自由, 意味, 利子, 論文, 團地, 忌日, 路肩, 權利, 國民, 講義, 講座, 酸素, 窒素 등

日本 역시 國語漢字語에 큰 影響을 주었다. 일본한자어의 傳來는 近代化 過程을 거치면서 增加하였고 일제 36년 强占期 동안 우리 생활어에 깊숙이 浸透하여 現在에 이르고 있다.

다. 固有漢字語

感氣, 田畓, 溫突, 鎧子, 媤家, 厠間, 妹夫, 妻男, 李哥, 景致, 宮合, 妓生, 東軒, 査頓, 兩班, 諺文, 八字, 韓服, 韓醫學, 懸吐, 回甲, 馬牌, 甕器, 出嫁外人 등

中國語와 日本語 영향을 받지 않고 우리의 생활의 必要性에 의해서 自生的으로 만들어진 한자어도 있다. 앞으로 이런 한자어는 각종 學問 分野에 전문용어가 늘어나면서 더욱 증가하고 있다.

이외에도 국어한자어에는 다음과 같은 系譜를 지닌 한자어도 있다.

가. 中國系 漢字語를 日本系 漢字語로 借用된 것을 다시 國語漢字語로 借用된 것
革命, 同志, 人民, 理性, 思想, 意識, 意志, 分配, 獨占, 碩士, 博士 등
나. 日本에서 새로 만든 한자어 借用
取締, 見本, 見習, 相對, 手續, 廣場, 大勢, 市場, 組合, 繁榮會, 淋巴 浪漫, 俱樂部, 虎列子, 腸窒芙斯 등[3]

국어한자어의 중국계와 일본계, 固有漢字語와 日本系漢字語를 比較하면 다음과 같다.

> 가. 中國系 : 鐵路, 郵政局, 公社, 火車, 上午, 下午, 大總統 등
> 나. 日本系 : 鐵道, 郵便局, 會社, 汽車, 午前, 午後, 大統領 등
> 다. 固有漢字語와 日本系漢字語의 比較
>   相議 ⇔ 相談, 言約 ⇔ 約束, 所任 ⇔ 役割, 基地 ⇔ 敷地, 於口 ⇔ 入口, 堂直 ⇔ 當番 등

일상적인 국어생활에 쓰이고 있는 한자어가 多樣한 樣態로 混在되어 있음을 알 수 있다.
또한 우리말에는 純粹固有語 같지만 그 계보를 살펴보면 漢字語에 그 뿌리를 두고 있는 어휘가 있다.
다음은 그 어휘의 예이다.

> 가. 한자어에서 음운변화를 일으킨 단어
>   배추(白寀)   가지(茄子)   서랍(舌盒)   보배(寶貝)   무명(木綿)
>   성냥(石硫黃)   숭늉(熟冷)   차례(次例)   동생(同生)   당신(當身)

우리가 일상적으로 쉽게 쓰고 있는 고유어 중에는 한자어에 起源을 둔 單語가 있음을 알 수 있다.

> 나. 한자와 한글이 합쳐진 단어
>   시늉(形容)   핑계(憑藉)   연못(淵 +못) 굳건(군 +健)하다 튼실(튼 +實)하다
>   익숙(익+熟)하다 마땅(맞 +當)하다 온전(온 +全)하다 말짱(맑 +淨)하다
>   얄팍(얇 +薄)하다 쌀랑(쌀 +凉)하다 질박(질 +樸)하다 설면(설 +面)하다

이러한 단어들의 合成에 대하여 學者들 사이에 論難의 餘地가 있으나 충분히 그 蓋然性을 가지고 있다.
이러한 合成 形態는 아마도 우리말 어휘 속에 많이 자리할 것으로 判斷되나 그 어원적 源泉에 대한 證明
은 쉽지 않다.

5 漢字의 傳來와 發達

우리나라에 漢字의 傳來 時機는 분명치 않다. 다만, 象形文字가 발견된 殷나라 시대부터 古朝鮮이 국가
형태로 存在했을 것으로 보면, 초기 국가 형태를 갖춘 隣接國家로서 상호 간에 왕래가 頻繁했을 것이라
는 점을 짐작케 한다. 고대 국가인 夫餘, 古高句麗 등 北方系 국가들은 당시 중국의 漢나라와 對峙하고
있었으므로 그 交流關係를 짐작케 한다. 이러한 교류관계를 維持하려면 언어에 대한 필요성을 切感했
을 것으로 본다. 고대 중국과 한국이 빈번한 交流를 가진 자취는 여러 文獻과 考古學 資料로 확인되고
있다. 1988년에 慶南 창원 다호리 널무덤(木棺墓)에서 동검, 칠기, 철제 농기구, 오수전 등과 함께 붓이
出土된 바가 있는데, 붓이 출토되었다는 것은 文字를 사용했다는 증거로 보이며, 漢字 사용이 紀元前에
시작되었을 것이라는 추정을 가능하게 한다.

----
3) 沈在箕(1982). 國語語彙論. 集文堂. 35p–49p 참조.

이후 高句麗, 新羅, 百濟의 三國時代에는 한자로 된 典籍들이 수입되고 정치, 사회, 교육 전반에 중국의 文物이 깊숙이 자리하면서 漢字는 자연스럽게 導入되었을 것을 본다. 古代國家 사이에서도 國家 運營 上 漢字의 導入은 必修不可缺했고 以後의 漢字 사용 양상은 점차 국가마다 差異를 보였던 것으로 판단된다. 도입 초기에는 國語의 문장구조에 맞추어 漢字를 사용하려는 경향을 보였다. 이는 吏讀와 鄕札, 그리고 口訣의 사용에서 확인할 수 있다. 그러나 점차 漢文 문장에 익숙해지면서 점차 漢文을 그대로 쓰게 되었다.

訓民正音 창제 이전에는 文字는 바로 漢字였고, 漢字가 우리의 文字生活을 지배했다. 訓民正音 창제 이후에도 漢字는 여전히 文字生活의 第1文字였다. 壬辰倭亂 이후 古代小說 등이 등장하면서 訓民正音의 사용이 점차 증가하였으며, 甲午更張을 전후하여서는 그 사용이 크게 늘어 文字生活에서 漢字와 더불어 訓民正音의 사용 비중도 점차 늘어났다.

국어 한자어의 발달은 시대적으로 初期, 中期, 後期로 나누어 살필 수 있다. 이 한자어의 발달 시기는 歷史的으로 엄격히 區分지어 살필 수 없으나 대체적으로 다음과 같이 그 성격을 가늠할 수 있다.

> ▶ 初期 – 漢字語 借用表記 時期 (최초 한자어 유입시기 ~ 三國時代)
> ▶ 中期 – 漢字語 造語 混用 時期 (高麗時代 ~ 朝鮮朝 甲午更張 이전)
> ▶ 後期 – 漢字語 大衆定着 時期 (甲午更張 이후 ~ 現代)

初期 漢字語 借用表記 時期는 언어의 二重生活을 한 시기로서 이 시기의 특징을 살펴보면 다음과 같다.

> 첫째, 借用表記로서의 한자어를 이용한 시기다. 地名 · 人名 · 官職名 · 國名 등 固有名詞 표기에서 널리 보이고 있다.
> 둘째, 문화 · 종교 · 사회 · 정치제도의 용어에 한자어를 이용한 시기이다. 예컨대 『三國遺事』에 보이는 한자를 보면, 현재에도 通用되고 있는 한자어가 상당히 많다. (예: 始祖, 天下, 亡命, 長子, 方言, 冥福, 努力, 痛哭, 兵士, 移動, 都市, 道場, 平生, 變化, 歌舞, 國號 등)
> 셋째, 鄕札, 吏讀, 口訣 등 借字表記를 하면서 한자를 이용하였다.

中期 漢字語 造語 混用 時期는 우리말 어휘에 한자어와 고유어가 共存하는 시기이다. 이 시기의 특징을 살펴보면 다음과 같다.

첫째, 固有語와 漢字語의 混用이 처음 나타나는 시기다.

> 가. 文字와로 서르
>   世尊ㅅ도 일우샨
>   數萬里니미어시니
>   百姓이 ⓦ외니
> 나. 초갓 표범 食칼
> 다. 當ㅎ야 爲ㅎ야 能히

둘째, 自生的 漢字語가 생성된 시기이다. 高麗史에 보면 '計劃, 農場, 相議, 貸出, 政權, 養父母' 등과 같은 自生的인 한자어가 새로 나온다.

셋째, 한자어가 고유어를 밀어내는 시기이다.

後期 漢字語 大衆定着 時期는 한자어가 일상의 生活語로서 자리한 시기다. 이 시기의 특징을 살펴보면 다음과 같다.

첫째, 한자어의 享有者가 大衆化되면서 한자어 어휘생활의 普遍化 時期로 접어든 시기다.

둘째, 한자어의 擴散과 더불어 日帝强占期를 거치면서 日本系 漢字語가 주류를 이루는 시기이다.

셋째, 한자어와 固有語의 結合으로 인한 新造語의 量産 시기이다.

넷째, 外來語의 유입으로 인한 漢字語와 外來語의 結合 漢字語 新造語 量産 시기이다. (뉴스廣場, 컴퓨터端末機, 特別서비스, 人口센서스, 쇼舞臺 등)

다섯째, 남북한 分斷으로 인한 漢字語의 變化가 일어난 시기이다. (자력갱생, 간고분투, 주공전성, 속도전, 혁명적 군중관점, 동의학, 소생실, 주체조선 등)

第2章 漢字教育의 必要性

1 語彙教育과 漢字教育

국어생활에서 왜 漢字教育이 필요한 것인가를 생각해 보자. 국어 어휘에는 基礎語彙, 基本語彙, 專門語彙가 있다. 基礎語彙란 日常的인 국어생활에서 가장 必須的인 1000-1500개의 어휘를 選定한 것이다. 가장 基礎 段階의 어휘로서 한국어를 배우는 外國人이라면 반드시 알아 두어야 할 어휘를 말한다. 基本語彙란 기초어휘 보다 좀 더 包括的인 개념의 어휘 집단으로 작품 혹은 특정 집단의 생활 영역 별로 분류할 수 있는 어휘의 集合을 指稱한다. 예컨대, '學習用 基本語彙' '高等學校 科學教育을 위한 기본어휘' 등이다. 기본어휘는 교육받은 우리 국민이라면 共通的으로 다 알아야 하는 어휘들이다. 반면, 각각의 學問 領域에는 학문적의 특성에 따른 專門語彙가 있다. 예컨대 ' 醫學用 전문어휘 사전' '컴퓨터용 어휘사전' ' 한의학 용어사전' 등과 같이 각각의 특정한 학문 영역 별로 이루어진 어휘집단이다. 이 전문어휘는 일반 국민의 언어생활과는 無關한 것들도 있다. 어떤 教科, 어떤 學問을 莫論하고 그 용어의 概念에 대한 정확한 理解에서 출발한다. 그렇기 때문에 여러 교과 학습의 語彙教育은 가장 중요한 基礎教育이며, 道具教育이다. 그런데 이러한 전문 어휘의 대부분이 한자어로 되어 있다. 주지하는 바와 같이 우리 국어 어휘의 65%가 漢字語로 되어 있으나 일반적으로 사용 되는 각 分野의 專門語彙 중 한자어 比重은 거의 80~85%를 차지하고 있다. 기초어휘의 한자어는 60%~65%, 기본어휘의 한자어는 65%~70%를 차지한다. 국민의 기초 언어생활에서도 한자어가 가지는 비중은 매우 높고, 專門語彙인 경우 한자를 모르고서는 學問研究를 할 수 없을 정도다.

주지하는 바와 같이 國立國語研究院에서 간행한 표준국어대사전(1999)에는 약 52여만 단어가 수록되어 있다. 이 사전에는 標準語를 비롯하여 北韓 語彙, 方言, 옛말 등의 단어가 수록되어 지금까지 나온 사전 중에서 가장 많은 단어 수를 보이고 있다. 그 중에는 專門語 190,000개, 北韓語 70,000개, 方言 20,000개, 옛말 12,000개도 포함되어 있다. 기존의 여러 국어대사전에 비해 2배 정도의 규모다. 한 언어의 어휘의 수는 곧 國家文化 水準을 가늠하는 지표다. 單語數가 많으면 많을수록 多樣하고 專門化된 어휘를 많이 지니고 있다. 그만큼 先進的 文化樣相을 지니고 있음을 間接的으로 보여주고 있다. 50여만 단어를 保有하고 있는 우리 국어는 그 어느 언어권보다 越等히 많은 수의 어휘를 자랑하고 있다. 이것은 우리나라의 문화수준이 그만큼 高級하다는 것을 의미한다. 그런데 이 문화적 지표를 알리는 어휘의 대부분이 한자어로 되어 있다는 사실을 看過해서는 안 된다.

예를 들어 텔레비전 娛樂 퀴즈 프로그램을 예로 들어보자. 인기 있는 演藝人 혹은 아나운서 등을 出演시켜 初, 中, 高, 大學生 등 몇 %가 모르는가를 問題로 出題하여 出演者가 이를 選擇하여 出演者끼리 "너 모르지?"하며 서로 攻擊하는 興味있는 프로그램이다. 그 날의 出演者들은 4명의 유명 아나운서들이 出演하여 競演을 벌였다. 우리나라의 아나운서라면 最高의 엘리트 階層으로 有名大學에서 공부한 사람이다.

問題 중에는 漢字 問題와 英語 問題가 出題되었던 것으로 記憶한다. 영어 문제는 放送 用語인 '에드립'을 英語 스펠링으로 쓰는 問題였다. 30세 가까운 나이의 男女 中堅 아나운서들이라 쉽게 'ad lib'이라는 영어 단어를 다 잘 맞췄다. 다음 문제는 漢字 問題로 '唯我獨尊'을 한자로 쓰는 問題였다. 그렇게 내노라 한다는 아나운서들이 하나같이 제대로 쓰지 못했다. 쓰지 못하는 程度가 한, 두 자를 간신히 맞추는 水準이었다. 도대체 우리나라의 漢字敎育이 이래가지고서야 그들을 엘리트라고 指稱할 수 있을까하는 疑心이 들 정도다.

2 漢字敎育의 長點

漢字敎育은 국어생활의 便利性 때문만이 아니다. 한자를 배우고 익히면 知識의 附加價値를 높힐 수 있는 長點이 있다. 前述한 한자의 장점에 따른 교육적 側面의 長點을 살펴보자.

첫째, 한자를 익히면 한자가 가지는 無盡한 造語力으로 국어 語彙力 向上에 큰 도움이 된다. 몇 개의 한자를 알면 여러 개의 한자어를 쉽게 攄得할 수 있다. 쉬운 예로 사람 '人'자를 알면 '人間''人生''人物''人像' '知人', '奇人' 등 무려 1,000여개의 한자어를 組合할 수 있다. 큰 '大'자를 알면 '大小, 大國, 大洋, 大學' 등 823개의 어휘를 자연스럽게 익히게 된다. 中學校 漢文敎育用 基礎漢字 900字가 앞뒤에 놓여 이루어진 말 總數가 72,229單語라는 辭典 統計가 있다. 이 사전에는 '大'는 823單語, '不'은 633단어, '無'는 584단어, '自'는 423단어가 실려 있다. 이렇게 漢字의 造語力은 엄청나게 큰 것이다. 한자어가 국어에서 많은 比重을 차지하게 된 이유가 이처럼 한자의 造語力이 뛰어나다는 데 있지만, 이를 逆으로 풀어 말하면, 900개의 한자를 익히면 7만여 개의 국어 어휘를 제대로 이해할 수 있다는 말이 된다. 한 統計의 의하면 표준국어대사전을 대상으로 辭典 標題語의 漢字 頻度를 살펴본 결과 대사전 표제어에는 총 7,310字의 한자가 사용되고 있으며, 누적 사용률 90%에 해당하는 한자의 수는 1,589자, 95%에 해당하는 한자는 2,256字라는 사실이 밝혀졌다. 그리하여 대사전의 代表性과 包括性을 고려할 때 일반적인 국어생활에 사용될 수 있는 한자어의 한자를 모두 알기 위해서는 7,310자의 한자를 학습하여야 하고, 90% 이상의 學習 成就를 目標로 할 때는 약 1,600자를, 95%이상을 목표로 할 때는 약 2,300자의 한자를 학습하여야 한다는 結論을 내리고 있다. 그렇다면 표준국어대사전에 실린 한자어가 25만 어휘를 上廻하므로, 1,600字 정도의 漢字만 알면, 25만 어휘의 90%를 효과적으로 이해할 수 있다고 말할 수 있을 것이다. 게다가 이 통계는 專門用語와 一般用語, 句와 單語, 北韓語, 固有名詞 等을 모두 포함하여 얻은 頻度이므로, 그 범위를 일상적 단어로 좁힌다면 同一한 학습 성취에 필요한 한자의 수는 더 줄어들 수 있을 것이다.

둘째, 한자를 익히면 基礎學習用語 습득에 큰 도움을 준다. 國民共通敎科目 가운데 國語뿐만 아니라 社會, 科學, 數學 등 기초 학습교과의 學習用語도 대부분 한자어다. 학습용어에 대한 이해는 敎科學習의 成就度에 절대적인 影響을 미친다. 이러한 학습용어의 이해는 한자로부터 비롯한다. 예컨대, '哺乳類, 兩棲類, 闊葉樹, 針葉樹, 動脈, 靜脈, 砂巖 玄武巖' 등 한자를 알면 더욱 쉽게 그 의미를 파악할 수 있다. 한자 어휘를 이해할 수 있는 한자 능력을 키워 교과학습에 應用한다면 실제적으로 여러 教科 學習에서 그 成就度가 뚜렷이 나타난다.

셋째, 한자를 익히면 音과 訓을 동시에 익히기 때문에 어휘 의미를 豊富하게 이해할 수 있다. 예컨대 '風'을 외우게 되면 '바람 풍'이라 익히게 되고 '屏風'이라는 단어가 지니고 있는 效用性도 저절로 알게 된다. 또한 한 개의 漢字가 여러 의미를 가질 수 있으므로 의미의 多樣性을 접할 수 있다.

넷째, 한자를 익히면 다른 어휘와 적절히 接合하여 어휘 생산성을 極大化할 수 있는 장점이 있다. 예컨대 '열 개' 字를 알면 '開學' '開始' '開國' '開天' '開店' '開場' 등 모든 한자 속에 '시작하다'하는 概念이 들어 있음을 알게 된다. 이를 토대로 '開校紀念' '皆旣日蝕' '開業式' 등의 한자합성어도 쉽게 인식할 수 있다. 이렇게 한자 어휘는 의미의 同質的 要素를 한 눈에 볼 수 있는 語彙網을 構築할 수 있다. 어떤 漢字는 한 字 속에 엄청난 의미의 深奧한 철학이 담겨 있다. 예컨대, '道', '理', '氣', '有', '無' 등의 한 字 속에는 中國의 哲學精神이 담겨 있다.

다섯째, 한자를 익히면 視覺性, 縮約力 때문에 時間과 空間을 超越하여 通用할 수 있다. 예컨대 '父母兄弟' '山川草木'이란 말은 옛날이나 지금이나 뜻이 같다. 韓·中·日 東南亞 등 어디에서건 漢字의 正字로 써 놓으면 같은 뜻으로 通用된다는 것이다. 漢字의 視覺性은 한 단어를 漢字로 써놓았을 때 그 의미를 재빨리 알아차릴 수 있다는 것이다.

우리말에도 얼마간의 준말이 있기는 하나 한 字 한 字에 뜻이 있고 漢字를 이용해서 간결하고도 정확하게 말을 줄여 쓸 수 있는 漢字의 縮約力을 당할 수는 없다. '大學入學試驗'을 '大入試'로, ;'漢字能力檢定試驗'을 '漢檢'으로 줄여 쓰는 것이 그 예로서, 한자어의 縮約力은 無限하다.

3 實用教育과 漢字教育

한자를 공부함으로써 얻는 效果는 국어 생활의 便宜性에만 그치는 것이 아니다. 三國時代, 高麗時代, 朝鮮時代를 莫論하고 우리나라의 역사 記錄과 古典은 90% 이상이 漢文으로 쓰여 있다. 한문을 모르면 우리 古典을 읽지 못한다. 한문교육의 시작은 한자교육에서 비롯된다. 한자교육 옛 고전을 습득하는 道具教育이요, 基礎教育이다. 우리의 고전을 읽음으로 해서 傳統 文化를 올바르게 이해하여 이를 繼承, 發展시킬 수 있게 한다. 한자 학습을 過去 指向的이라고 생각해서는 안 된다. 전통문화의 繼承과 發展을 통해서만이 진정하고 올바른 未來像을 그려낼 수 있는 것이다. 한자를 어느 정도 터득을 하면 漢文基礎學習書인『童蒙先習』,『明心寶鑑』,『小學』,『千字文』등을 읽게 되고, 또한『論語』,『孟子』,『中庸』,『大學』등 4書와『詩經』,『書經』,『易經』등 3經을 접하게 된다. 더 나아가『莊子』,『老子』와 같은 중국 古典을 읽을 수 있게 된다. 또한『三國遺事』,『三國史記』,『高麗史』,『白雲小說』,『熱河日記』등과 같은 우리나라 역사서와 고전도 쉽게 접할 수 있다. 이렇게 우리가 漢字를 배우고 漢文을 읽을 수 있도록 教育하여야 된다는 理由는 우리 傳統的 文化가 모두 漢文으로 되었기 때문에 그것을 研究하려면 漢字뿐만 아니라 그 文章도 배워야 된다는 말이다. 傳統文化는 우리 民族意識의 寶庫다. 우리 民族의 모든 思想, 思考方式, 生活樣式 그리고 倫理와 道德이 傳統文化 속에 담겨있다.

漢字教育은 漢字 知識을 쌓는 것 이외에도 人性教育의 場으로서 利用될 수도 있다. 한자는 한 글자에

一字一綴의 文字體系를 지니고 있어 한자교육을 통해서 人性教育의 效果도 同時에 얻을 수 있는 長點이 있다. 朝鮮時代의 地方 私學教育인 書堂은 兒童들의 漢字學習所였을 뿐 아니라 人性을 쌓는 작은 도량이기도 했다. 6–7세 어린이에게『明心寶鑑』과『童蒙先習』을 배우게 하면서 한자 하나에 깊은 뜻을 새기고 문장에서 우러나오는 忠, 孝의 德目과 道德, 倫理精神을 배웠다.

최근 한자교육은 就業에 필요한 중요 手段이 되고 있다. 국내 유수의 大企業에서는 한자 학습의 必要性을 切感하고 앞 다투어 入社試驗에 英語와 함께 漢字試驗을 도입하고 있다. 삼성, 현대, LG, 한국전력 등의 大企業은 入社試驗에서 漢字試驗을 치르고 昇進評價에서도 漢字成績을 반영하고 있다. 뿐만 아니라 朝鮮日報 入社試驗에서는 漢字能力檢定試驗 3級 이상의 級數證을 添附하게 하였다.

한자 학습은 社會教育의 일환으로서 經濟發展의 觸媒劑와 같은 역할을 하고 있다. 中國, 日本, 혹은 동남아 등지에 여행을 다니다 보면 漢字 學習의 必要性을 여실히 깨닫게 된다. 적어도 기초 한자라도 학습한 사람이라면 旅行地에서의 便利함을 경험한 적이 있을 것이다. 한자 학습은 中國語, 日本語 習得을 위한 基礎學習으로서도 중요한 구실을 한다. 漢字를 모르는 학생과 한자를 알고 배우는 학생의 中國語와 日本語의 學習 差異가 세 배 이상에 이른다는 결과가 발표된 적이 있다. 7·80년대만 해도 한자는 劃數가 많고 字數가 많아 非效率, 非能率的이라 하여 漢字의 機械化는 불가능한 것처럼 보였다. 그러나 90년대에 이르러 한자의 기계화 속도는 컴퓨터의 情報處理 能力의 擴大로 장족의 발전을 거듭하고 있다. 이미 MS사의 window 프로그램에서는 中國 및 臺灣 字板의 개발을 통하여 지금과 같은 한자의 變換過程이 아닌 한글을 치듯이 직접 한자를 칠 수 있는 字板이 개발되고 있다. 이제는 오히려 漢字의 情報處理와 貯藏 速度가 表音文字에 비해 상대적으로 신속하다는 것이라는 주장도 나오고 있다. 이러한 한자의 장점은 결국 현대로 가면 갈수록 우리 국어에 새로 만들어지는 한자어의 比重이 높아지는 현대국어 현실을 그대로 反映하고 있다.

90年代 초부터 國政의 指標가 世界化에 焦點을 맞추면서 言語教育의 問題가 다시 고개를 들기 시작했다. 英語早期教育의 問題가 登場하고 심지어 英語를 公用語로 하자는 極端主義者도 나타나기 시작했다. 英語早期教育을 世界化의 中心課題로 삼는다면 당연히 漢字早期教育도 世界化의 중요한 中心課題일 것이다. 言語教育은 早期教育이 중요한 만큼 基本漢字의 習得은 어릴 때 이루어져야 한다. 물론 어린 아이들의 學習 負擔을 加重시키는 結果를 낳게 될 수 있겠으나, 어느 정도 學習 負擔을 크게 가지지 않는 範圍內에서 800~1000자 정도의 基本 漢字 學習은 반드시 필요하다고 본다. 學習에 負擔을 준다고 해서 하지 않는다면 더 큰 問題가 있다. 學習에 負擔이 없는 공부가 어디 있겠는가. 어릴 때 익혀둔 言語는 오랫동안 平生을 두고 活用할 수 있게 된다는 사실을 想起할 필요가 있다. 漢字早期教育이 時間浪費라고 생각한다면 東洋文化圈의 中國·日本·홍콩·東南아시아 等地를 訪問해 볼 필요가 있다. 漢字文化圈이 얼마나 尨大하게 퍼져 있는지를 알 수 있을 것이다. 外國에 나가보면 漢字早期教育이 결코 時間 浪費가 아니었음을 切實히 느끼고 돌아올 것이다. 初等學校에서 高等學校에 이르기까지 漢字 익히기를 게을리 한 學生이 大學生이 되어 國漢文 混用으로 만들어진 專攻書籍을 보고 당혹해 하는 모습을 볼 때, 우리의 言語 政策에 근본적인 問題가 있다는 생각이 든다. 나이가 들어 漢字 익히기에 急急하여 專攻 內容 把握이 더뎌 진다면 참으로 時間과 精力의 浪費이다. 日常生活에서 그대로 배워서 익힐 수 있었던 일을 따로 外國語 배우듯이 배운다는 것은 語不成說이다. 中國語는 18億의 人口가 쓰고 있는 國際語이다. 英語만이 國際語가 아니다. 漢字를 익히면 中國語를 배우는 데에도 큰 도움을 준다. 오래 전부터 아주 자연스럽게 써오던 國語漢字語를 이제와서 强制로 못쓰게 하는 것은 참으로 웃음꺼리다.

그대로 자연스럽게 배울 일이지 왜 구태어 排斥하는지 알 길이 없다. 한글이 가지고 있는 長點과 漢字가 가지고 있는 長點을 包容力있게 받아드려서 적절히 活用하는 것이 世界化를 指向하며 現代를 살아가는 知慧다. 最近 國內 小說家 某氏가 國際語로서의 英語를 우리말 公用語로 삼자는 主張을 펴고 있다. 우리나라는 현재 언어적 過剩 民族主義에 빠져 있어서 이러한 思考가 國際化에 걸림돌이 된다는 論理다. 未來의 言語는 未來 地球帝國의 언어인 英語가 될 것이기 때문에 다른 民族보다 영어를 먼저 익혀 未來 地球帝國에서 살아남아야 한다는 논리를 피우고 있다. 앞으로 우리나라도 民族語로 소설을 쓰지 않고 영어로 소설을 쓰는 시대가 到來할 것이라는 豫見도 하고 있다. 이러한 某氏의 논리는 偶然인지 必然인지는 몰라도 과거의 親日行脚的 人事들의 妄言과 상당한 유사성을 가지고 있다. 日本이 대동아 번영권 즉 태평양지역을 통합할 것이므로 우리 민족이 먼저 일본어를 배워 이 대동아에서 日本 다음가는 우수 민족이 되어 보자라는 논리로서 당시 우리 국민들에게 日本語를 열심히 배우고 創氏改名과 일본 軍國 主義 군대에 入隊할 것을 勸諭하기도 했다. 地球帝國의 언어가 英語이므로 英語를 國家語로 삼아 배우라고 勸諭하는 것과 무엇이 다른가. 지금 國家가 英語 敎育에 쏟아 붓는 돈만해도 한 해 5조원에 이르고 私敎育 市場까지 합치면 20조원에 이른다고 한다. 그렇게 쏟아 부은 結果는 어떤가. 우리 국민들이 英語를 잘하고 있는가. 너무나 懷疑的이다. 언제까지 이렇게 盲目的으로 國家的 費用을 虛費할 것인가. 우리의 國語政策은 영어의 공용화를 논의하기 전에 우선 국어정책에 있어 한자교육에 대한 보다 전향적인 자세를 가지고 漢字早期敎育을 위한 制度를 時急히 마련해야 한다. 英語早期敎育을 외치면서 한자 조기교육을 外面하는 것은 言語道斷이다. 영어에 投資하는 경비 중 십분의 일만이라도 한자교육에 投資한다면 그 시너지 效果는 엄청나다. 한자교육을 소홀히 한다면 국가적 知識敎育에 큰 損失을 입게 될 것이다.

영역	학습 및 능력 / 평가 준거
한자의 기원	1. 직업기초능력으로서의 의사소통능력, 국어교육 정상화와 언어생활, 교과 학습을 위한 어휘력 신장 등과 관련하여 한자교육의 필요성의 근거를 제시하고 한자교육프로그램의 성격과 목표를 마련할 수 있다. 2. 한자가 국어생활에 끼치는 영향을 일상 언어생활과 직업 및 학습 활동과 연계하여 분석적으로 이해하고 한자교육프로그램의 교수–학습 전략과 목표를 마련할 수 있다. 3. 한자 문화권에 기초한 우리 전통문화의 심미적 가치를 발견하고 계승·발전하여 미래지향적인 새로운 문화 창조의 원동력을 형성할 수 있는 한자교육프로그램의 설계할 수 있다. 4. 한자문화권에 속한 각국의 언어와 문화의 공통점과 차이점을 이해하고 동북아 경제·문화의 상호 이해와 교류에 대한 다양한 지식을 지도할 수 있다.

◀ 영역별 대표 문항 ▶

능력단위	한자와 국어론	단위요소	한자교육의 필요성	평가 방법	[1] 前文 [2] 全文
문항	※ 한자교육의 필요성을 주장하는 다음 글의 ( ) 안에 알맞은 漢字語를 漢字로 쓰시오. 漢字語에 대하여 "전후관계의 문맥 속에서 이해"될 수 있다는 것은 매우 위험한 발상이다. '헌법 전문을 외워서 암송하면 좋다'와 '헌법 전문을 외워서 암송할 수 있는 사람은 아무도 없다'란 문장을 문맥적으로 이해할 수 있을까? 앞 문장에 쓰인 '전문'은 漢字로 [1]( )이라고 표기하고, 뒤 문장에 쓰인 '전문'은 漢字로 [2]( )이라고 표기해야 함을 알자면 한자 지식은 선택이 아니라 필수이다.				

능력단위	한자 교수–학습 방법론	단위요소	한자와 국제사회	평가 방법	②
문항	※ 국제사회에서 漢字의 기능에 관한 설명 중 옳지 않은 것은? ① 표의문자의 특성상 문식성이 높다. ② 각 나라마다 한자의 形, 音, 義에 편차가 있어 의사소통이 불가능하다. ③ 한자 문화권의 교류가 증가하면서 한자 학습의 필요성이 더욱 증대하였다. ④ 한자는 동아시아의 공용문자로 오랫동안 사용해 왔다.				

第3章 國語와 漢字의 關聯 規程

1 疊字가 있는 漢字語의 讀音

한글맞춤법 제13항에 "한 단어 안에서 같은 음절이나 비슷한 음절이 겹쳐 나는 부분은 같은 글자로 적는다."는 규정이 있다. 예로 연연불망(戀戀不忘)은 頭音法則에 따라 앞의 글자는 頭音인 '연', 뒤의 글자는 本音인 '련'이 되어 '연련불망'으로 적어야 할 것이지만 이미 사람들의 發音 형태가 '연연불망'으로 굳어져 이와 같은 規程이 생기게 된 것이다. 이와 같은 規程이 적용되는 漢字語는 대략 다음과 같다.

撓撓	요요	了了	요요
寥寥無聞	요요무문	老老法師	노노법사
寥寥	요요	戀戀不忘	연연불망
類類相從	유유상종	戀戀	연연
累累	누누	來來世世	내내세세
屢屢	누누		

그러나 落落長松은 '낙락장송', 念念不忘은 '염념불망', 年年世世는 '연년세세' 등 頭音法則의 적용만 받고 위의 規程이 적용되지 않는 漢字語들이 대부분이므로 위의 規程이 적용된 漢字語만 별도로 익혀두면 된다.

2 漢字의 長短音

國語 속의 漢字는 同一 音價 속에서 長短으로 구분되기도 한다. 예를 들어 國語辭典을 보면 '광주(廣州)[광:주]'식으로 發音을 표기하면서 :(쌍점)을 찍어 놓은 것을 볼 수 있다. 이는 해당 음을 길게 읽으라는 표시이다. 그러나 모든 '廣(광:)'을 '광:'으로 읽으라는 것은 아니다. 말의 첫머리에 올 때만 長短을 구분한다. '長廣(장광)'은 긴소리인 '廣'이 있지만 語頭가 아니므로 '장광:'으로 發音하지 않는다.

長短은 왜 필요한가? 音의 高低와 長短은 말에 韻律이 실리게 하고, 말의 語感에 변화를 주어 意味 전달에 차이를 가져온다. '광:주(廣州)'의 긴 발음과 '광주(光州)'의 짧은 발음은 話者가 말의 長短을 구분함에 따라 韻律의 변화를 일으키고, 聽者는 長短 韻律의 변화에 따라 聽取 느낌이 달라질 뿐 아니라 그 말의 意味도 다르게 받아들이게 되는 것이다.

長短은 어떻게 생겼는가? 15세기 中世國語에는 音의 長短외에 高低(聲調)의 구분도 있었다. 現代國語의 長短은 中世國語의 四聲에서 비롯되었다. 平聲은 低調로 낮은 소리, 去聲은 高調로 높은 소리, 上聲은 低調와 高調의 복합으로 처음이 낮고 나중이 높은 소리, 入聲은 짧고 빨리 끝나는 소리였다. 聲調는 글자의 왼쪽에 點을 찍어 표시하였는데, 이 점을 '傍點(곁點, 圈點, 四聲點)'으로 부른다. 『訓民正音』을 보면 平聲은 점이 없고, 去聲은 한 점, 上聲은 두 점을 글자의 왼편에 찍었다. 入聲(ㄱ, ㄷ, ㅂ, ㄹ 받침)은 점이 없는 것은 '平聲的 入聲', 점이 한 개 있는 것은 '去聲的 入聲', 점이 두 개 있는 것은 '上聲的 入聲'으로 구분하는데, 받침(ㄱ, ㄷ, ㅂ, ㄹ)으로 바로 알아 볼 수 있다. 예로 '學'은 그 음이 'ㄱ'받침으로 끝나므로 入聲이 된다. 그러나 四聲은 國人의 言語 生活과 어울리지 않는 측면이 있어 16세기 이후 消滅하였고 長短만 남게 되었다.

長短에는 法則이 있는가? 四聲이 消滅하면서 長短으로 바뀌었는데, 入聲만 모두 短音으로 바뀌었고, 上聲은 대체로 長音으로, 平聲과 去聲은 대체로 短音으로 바뀌었다. 上聲에 長音이 많은 것은 上聲이 長音으로 발달한 것이 아니고 본래 上聲字의 音節 母音이 대부분 長母音이었기 때문이다. 따라서 四聲을 구분할 줄 알면 長短도 어느 정도 구분할 수 있다. 그러나 漢字의 四聲을 익히는 것은 쉬운 일이 아니고 오직 入聲만 알아보기 쉬울 뿐이다. 결국 長短音을 하루아침에 익힐 수 있는 방법은 없고, 하나하나 차근차근 익혀 나가야 한다.

長短은 어떻게 익혀야 하는가? 漢字의 訓에 따라 長短이 달라지기도 한다. '長'을 예로 들면 長官(장:관)의 長은 '어른 장'의 뜻으로 길게 발음하고, 長短(장단)의 長은 '긴 장'의 뜻으로 짧게 발음한다. 또 '討'를 예로 들면 '칠(誅) 토'의 뜻은 短音으로 討伐(토벌) 討滅(토멸)이 되고, '찾을(尋) 토'는 長音으로 討論(토:론) 討議(토:의)가 된다. 한편 一字多音인 경우에는 音의 변화에 따라 長短이 결정되기도 한다. '釀〈추렴할 갹(거)〉'를 예로 들면 '갹'음인 경우에는 短音, '거'음인 경우에는 長音이 되어 각각 釀出(거:출), 釀出(갹출)로 다르게 된다. '更(고칠 경, 다시 갱)'을 예로 들면 '경'은 短音, '갱'은 長音으로 更迭(경질), 更生(갱:생)으로 音의 변화에 따라 長短이 달라진다.

그러나 어떤 뚜렷한 法則性을 발견하기 어려운 상황에서 한 글자 한 글자의 경우의 수를 따져 가면서 長短을 익히는 것은 현실적으로 어려운 일이다. 長短의 구분은 同音異義語의 구분에도 그 이유가 있었을 것이므로 동일 音價의 단어들을 가지고 그때그때 長短을 익히는 것도 하나의 방법이다. 예로 京畿道 廣州와 全羅道 光州는 각각 廣州(광: 주)와 光州(광주)로 長短音이 다르다. 姓氏를 예로 들면 鄭韓國(정:한국), 丁韓國(정한국)으로 長短이 다르다. 간신을 예로 들면 諫臣(간:신)은 길고, 奸臣(간신)은 짧다. 영동을 예로 들면 永東(영:동)은 길고 嶺東(영동)은 짧다. 이와 같이 종래 長短을 무시한 발음으로는 구분하지 못했던 동일 音價의 말들의 長短을 구분하여 가면서 익히면 長短音이 쉽고 재미있게 다가올 것이다.

韓國語文敎育硏究會 選定 1級 3,500字 범위 내에서 長音 漢字와 長短音이 모두 있는 漢字는 다음과 같다. 참고하기 바란다. 왼쪽의 2자리 數字는 漢字의 級數를 표기한 것으로 1級(10), 2級 중 人名地名用 漢字(12), 2級(20), 3級(30), 3級Ⅱ(32), 4級(40), 4級Ⅱ(42), 5級(50), 5級 중 4級Ⅱ 쓰기용(52), 6級과 6級Ⅱ(60), 7級(70), 8級(80)을 나타낸다.

佳句[가:구]	3242	嘉賞[가상]	1050	柯亭[가정]	1232
家具[가구]	5272	家相[가상]	5272	苛政[가:정]	1042
家口[가구]	7072	街上[가상]	4270	駕丁[가정]	1040
街區[가구]	4260				
街衢[가구]	1042	假受[가:수]	4242	假足[가:족]	4270
		假數[가:수]	4270	家族[가족]	6072
假令[가:령]	4250	假睡[가:수]	3042		
加齡[가령]	1050	假需[가:수]	3242	加持[가지]	4050
家領[가령]	5072	價數[가수]	5270	可知[가:지]	5052
苛令[가:령]	1050	加數[가수]	5070		
		加水[가수]	5080	假齒[가:치]	4242
佳芳[가:방]	3232	嫁樹[가수]	1060	價值[가치]	3252
假房[가:방]	4242	家嫂[가수]	1072	加齒[가치]	4250
加枋[가방]	1050	家數[가수]	7072		
家邦[가방]	3072	歌手[가수]	7070	奸婦[간부]	1042
街坊[가방]	1042			姦夫[간:부]	3070
		家狀[가장]	4272	姦婦[간:부]	3042
佳士[가:사]	3252	佳章[가:장]	3260	幹部[간부]	3260
佳詞[가:사]	3232	假將[가:장]	4242	間夫[간(:)부]	7072
假使[가:사]	4260	假葬[가:장]	3242		
假死[가:사]	4260	假裝[가:장]	4042	墾植[간식]	1070
嘉事[가사]	1070	加張[가장]	4050	艱食[간식]	1070
家事[가사]	7072	嫁粧[가장]	1032	間食[간(:)식]	7072
家士[가사]	5272	家藏[가장]	3272		
家舍[가사]	4272	嘉獎[가장]	1040	干將[간장]	4042
歌詞[가사]	3270			幹長[간장]	3280
歌辭[가사]	4070	假定[가:정]	4260	肝腸[간장]	3240
稼事[가사]	1070	假晶[가:정]	1242	肝臟[간(:)장]	3232
		加定[가정]	5060	諫長[간:장]	1080
假像[가:상]	3242	嘉靖[가정]	1010		
假想[가:상]	4242	家丁[가정]	4072	幹辦[간판]	1032
假相[가:상]	4252	家庭[가정]	6072	看板[간판]	4050
假象[가:상]	4042	家政[가정]	4272	間判[간(:)판]	4072
嘉祥[가상]	1030			乾板[간판]	3250
				感氣[감:기]	6072

感起[감:기]	4260	甘精[감정]	4042	改印[개(:)인]	4250
疳氣[감기]	1072	監丁[감정]	4042	蓋印[개(:)인]	3242
		鑑定[감정]	3260	開印[개인]	4260
減毒[감:독]	4242				
監督[감독]	4242	剛度[강도]	3260	居室[거실]	4080
		江都[강도]	5072	巨室[거:실]	4080
感動[감:동]	6070	講道[강:도]	4270	據室[거:실]	4080
紺瞳[감동]	1010	強度[강도]	6060	據實[거:실]	4052
		強盜[강(:)도]	4060		
勘査[감사]	1050			乾綱[건강]	3232
感謝[감:사]	4260	剛辯[강변]	3240	乾薑[건강]	1032
敢死[감:사]	4060	江邊[강변]	4272	健剛[건:강]	3250
減死[감:사]	4260	強辯[강(:)변]	4060	健康[건:강]	4250
甘死[감사]	4060				
甘辭[감사]	4040	江沙[강사]	3272	乾物[건물]	3270
疳瀉[감사]	1010	講士[강:사]	4252	建物[건:물]	5070
監事[감사]	4270	講師[강:사]	4242	乾棗[건조]	1032
監史[감사]	4252	強仕[강사]	5260	乾燥[건조]	3032
監司[감사]	3242			乾造[건조]	3242
監寺[감사]	4242	剛毅[강의]	1032	建造[건:조]	4250
監査[감사]	4250	講義[강:의]	4242		
瞰射[감사]	1040			乾縮[건축]	3240
鑑査[감사]	3250	講製[강:제]	4242	建築[건:축]	4250
		鋼製[강제]	3242		
感傷[감:상]	4060	強制[강(:)제]	4260	境界[경계]	4260
感想[감:상]	4260			庚癸[경계]	3030
感賞[감:상]	5060	個國[개국]	4280	敬啓[경:계]	3252
監床[감상]	4242	蓋國[개(:)국]	3280	經界[경계]	4260
鑑賞[감상]	3250	開國[개국]	6080	警戒[경:계]	4042
		開局[개국]	5260	輕繫[경계]	3050
柑子[감자]	1070			鏡戒[경:계]	4040
減磁[감:자]	2042	凱旋[개:선]	1032	驚悸[경계]	1040
減資[감:자]	4042	改善[개(:)선]	5050		
甘蔗[감자]	1040	改選[개(:)선]	5050	傾庫[경고]	4040
		開船[개선]	5060	更鼓[경고]	3240
勘定[감정]	1060			硬膏[경고]	1032
感情[감:정]	5260	個性[개(:)성]	4252	警告[경:고]	4252
憾情[감:정]	2052	改姓[개(:)성]	5070	警固[경:고]	4250
減定[감:정]	4260	改成[개(:)성]	5060		
甘井[감정]	3240	開城[개성]	4260	京妓[경기]	1060
		開成[개성]	6060		

京畿[경기]	3260	京察[경찰]	4260	高氣[고기]	6072
勁騎[경기]	1032	警察[경:찰]	4242	高起[고기]	4260
景氣[경기]	5072	警札[경:찰]	2042	古俗[고:속]	4260
競技[경:기]	5050	鏡察[경:찰]	4042	高速[고속]	6060
競起[경:기]	4250	戒壇[계:단]	4050	古狀[고:장]	4260
經期[경기]	4250	戒旦[계:단]	3240	告狀[고:장]	4252
經氣[경기]	4272	階段[계단]	4040	姑藏[고장]	3232
經紀[경기]	4042	鷄蛋[계단]	1040	孤掌[고장]	3240
耕起[경기]	3242	季節[계:절]	4052	庫藏[고장]	3240
輕機[경기]	4050	繼絶[계:절]	4042	故障[고(:)장]	4242
輕騎[경기]	3250	階節[계절]	4052	枯腸[고장]	3040
驚氣[경기]	4072	古敎[고:교]	6080	股掌[고장]	1032
驚起[경기]	4042	故交[고(:)교]	4260	苦杖[고장]	1060
經費[경비]	4250	考校[고교]	5080	苦障[고장]	4260
警備[경:비]	4242	高敎[고교]	6080	高墻[고장]	3060
輕肥[경비]	3250	高校[고교]	6080	高張[고장]	4060
京營[경영]	4060	古宮[고:궁]	4260	鼓掌[고장]	3232
競映[경:영]	4050	固窮[고궁]	4050	鼓腸[고장]	3240
競泳[경:영]	3050	孤窮[고궁]	4040	古傳[고:전]	5260
經營[경영]	4042	高穹[고궁]	1060	古典[고:전]	5260
鏡映[경:영]	4040	告急[고:급]	5260	古殿[고:전]	3260
京制[경제]	4260	高級[고급]	6060	古篆[고:전]	1060
京第[경제]	6060	高給[고급]	5060	古錢[고:전]	4060
經濟[경제]	4242	古器[고:기]	4260	孤戰[고전]	4060
經濟[경제]	4242	古基[고:기]	5260	股戰[고전]	1060
經題[경제]	4260	古奇[고:기]	4060	苦戰[고전]	6060
警啼[경:제]	1042	古氣[고:기]	6072	雇錢[고전]	2040
傾注[경주]	4060	古記[고:기]	6070	古集[고:집]	6060
勁酒[경주]	1040	告期[고:기]	5052	固執[고집]	3250
慶州[경:주]	4252	拷器[고기]	1042	告香[고:향]	4252
瓊州[경주]	1252	故基[고(:)기]	4252	故鄕[고향]	4242
競舟[경:주]	3050	枯棋[고기]	2030	鼓響[고향]	3232
競走[경:주]	4250	顧忌[고기]	3030	公格[공격]	5260
輕舟[경주]	3050	高旗[고기]	6070	攻擊[공:격]	4040

供給[공:급]	3250	公式[공식]	6060	科擧[과거]	5060
功級[공급]	6060	共食[공:식]	6070	過去[과:거]	5052
		空食[공식]	7072	過擧[과:거]	5052
公器[공기]	4260				
共起[공:기]	4260	共業[공:업]	6060	果木[과:목]	6080
工技[공기]	5072	功業[공업]	6060	科目[과목]	6060
工期[공기]	5072	工業[공업]	6072		
空器[공기]	4272	公演[공연]	4260	科日[과일]	6080
空氣[공기]	7072	公然[공연]	6070	課日[과일]	5280
		共演[공:연]	4260	過日[과:일]	5280
公同[공동]	6070	空然[공연]	7072		
共動[공:동]	6070			果子[과:자]	6070
共同[공:동]	6070	供源[공:원]	3240	菓子[과자]	2070
恐動[공(:)동]	3270	公員[공원]	4260	菓子[과:자]	2070
空洞[공동]	7072	公園[공원]	6060		
		工員[공원]	4272	過狀[과:장]	4252
公府[공부]	4260	貢院[공:원]	3250	科場[과장]	6070
公簿[공부]	3260			科場[과장]	6070
孔俯[공:부]	1040	公狀[공장]	4260	科長[과장]	6080
孔父[공:부]	4080	供帳[공:장]	3240	誇張[과:장]	3240
工夫[공부]	7072	公葬[공장]	3260	課長[과장]	5280
工部[공부]	6072	工匠[공장]	1072	過葬[과:장]	3252
空簿[공부]	3272	工場[공장]	7072	科程[과정]	4260
貢賦[공:부]	3232	空墻[공장]	3072	課程[과정]	4252
		空腸[공장]	4072	過政[과:정]	4252
供司[공:사]	3232	空葬[공장]	3272	過程[과:정]	4252
供辭[공:사]	3240				
公事[공사]	6070	供責[공:책]	3252	科第[과제]	6060
公使[공사]	6060	空冊[공책]	4072	科題[과제]	6060
公社[공사]	6060			課題[과제]	5260
公私[공사]	4060	公布[공포]	4260	過制[과:제]	4252
公舍[공사]	4260	公逋[공포]	1060		
工事[공사]	7072	功布[공포]	4260	光顧[광고]	3060
工師[공사]	4272	空包[공포]	4272	廣告[광:고]	5252
空事[공사]	7072	空砲[공포]	4272	曠古[광:고]	1060
空土[공사]	5272	空胞[공포]	4072		
貢使[공:사]	3260	貢包[공:포]	3242	光州[광주]	5260
貢士[공:사]	3252	貢布[공:포]	3242	廣州[광:주]	5252
				鑛主[광:주]	4070
		寡居[과:거]	3240	鑛柱[광:주]	3240

巧詐[교사]	3032	交直[교직]	6070	拘俗[구속]	3242
巧邪[교사]	3232	校直[교:직]	7080	拘束[구속]	3252
教司[교:사]	3280	教職[교:직]	4280	救贖[구:속]	1050
教唆[교:사]	2080	交織[교직]	4060	球速[구속]	6060
教士[교:사]	5280			舊俗[구:속]	4252
教師[교:사]	4280	交會[교회]	6060		
校舍[교:사]	4280	教會[교:회]	6080	九域[구역]	4080
狡詐[교사]	1030	教誨[교:회]	1080	九譯[구역]	3280
絞死[교사]	2060	蛟蛔[교회]	1010	區域[구역]	4060
膠沙[교사]	2032			嘔逆[구역]	1042
蛟蛇[교사]	1032	口徑[구(:)경]	3270	狗疫[구역]	3032
郊祀[교사]	3032	口硬[구(:)경]	3270	舊域[구:역]	4052
驕奢[교사]	1010	球莖[구경]	1060	舊譯[구:역]	3252
		矩鏡[구경]	1040	驅役[구역]	3032
交手[교수]	6070	究竟[구경]	3042		
交酬[교수]	1060	九京[구경]	6080	久阻[구:조]	1032
嬌羞[교수]	1010	九卿[구경]	3080	九條[구조]	4080
巧手[교수]	3270	九經[구경]	4280	口調[구(:)조]	5270
教授[교:수]	4280	俱慶[구경]	3042	救助[구:조]	4250
校讎[교:수]	1080			構造[구조]	4042
絞首[교수]	2052	句讀[구두]	4260	舅祖[구조]	1070
		口頭[구(:)두]	6070	鉤爪[구조]	1010
交市[교시]	6070				
教示[교:시]	5080	久別[구:별]	3260	軍使[군사]	6080
校是[교:시]	4280	區別[구별]	6060	軍史[군사]	5280
				軍司[군사]	3280
交讓[교양]	3260	丘墳[구분]	3032	軍士[군사]	5280
教養[교:양]	5280	俱焚[구분]	1030	軍師[군사]	4280
驕揚[교양]	1032	區分[구분]	6060	郡史[군:사]	5260
		口分[구(:)분]	6070	郡司[군:사]	3260
教長[교:장]	8080	狗糞[구분]	1030		
校長[교:장]	8080			圈套[권투]	1020
教場[교:장]	7080	久成[구:성]	3260	拳鬪[권:투]	3240
交章[교장]	6060	九成[구성]	6080		
巧匠[교장]	1032	九星[구성]	4280	今古[금고]	6060
校葬[교:장]	3280	構成[구성]	4060	琴高[금고]	3260
		舊姓[구:성]	5270	禁錮[금:고]	1042
喬才[교재]	1060	龜城[구성]	3042	金庫[금고]	4080
教材[교:재]	5280	九屬[구속]	4080	金膏[금고]	1080

金鼓[금고]	3280	內部[내:부]	6070	代價[대:가]	5260
		內附[내:부]	3270	代加[대:가]	5060
今方[금방]	6070	來附[내부]	3270	大家[대:가]	7280
禁方[금:방]	4270			大加[대(:)가]	5080
金房[금방]	4280	勞動[노:동]	5270	大架[대(:)가]	3280
金榜[금방]	1080	老童[노:동]	6070	大駕[대(:)가]	1080
				對價[대:가]	5260
禁地[금:지]	4270	勞來[노:래]	5270	臺架[대가]	3232
禁止[금:지]	4250	老來[노:래]	7070	臺駕[대가]	1032
金池[금지]	3280			貸家[대:가]	3272
錦地[금:지]	3270	老人[노:인]	7080		
		勞人[노인]	5280	代口[대:구]	6070
器官[기관]	4242	路人[노:인]	6080	大邱[대구]	1280
奇觀[기관]	4052	路引[노:인]	4260	對句[대:구]	4260
妓館[기:관]	1032				
技官[기관]	4250	膿垢[농구]	1010	大器[대(:)기]	4280
旗官[기관]	4270	膿球[농구]	1060	大己[대(:)기]	5280
機關[기관]	4052	農具[농구]	5270	大忌[대(:)기]	3080
氣管[기관]	4072	弄具[농:구]	3252	大氣[대(:)기]	7280
汽管[기관]	4050	弄口[농:구]	3270	大碁[대(:)기]	1080
祈官[기관]	3242			大期[대(:)기]	5080
記官[기관]	4270	農談[농담]	5070	大機[대(:)기]	4080
		弄談[농:담]	3250	大起[대(:)기]	4280
奇籍[기적]	4040			大飢[대(:)기]	3080
奇績[기적]	4040	農場[농장]	7070	對棋[대:기]	2060
奇跡[기적]	3240	農莊[농장]	3270	對機[대:기]	4060
奇迹[기적]	1040	弄杖[농:장]	1032	待期[대:기]	5060
妓籍[기:적]	1040	弄璋[농:장]	1232	待機[대:기]	4060
棋敵[기적]	2042			隊旗[대기]	4270
汽笛[기적]	3250	丹桂[단계]	3232		
記績[기적]	4070	段階[단계]	4040	大門[대(:)문]	8080
		短計[단(:)계]	6060	大紋[대(:)문]	3280
暖房[난:방]	4242			大蚊[대(:)문]	1080
煖房[난:방]	1042	丹脂[단지]	2032	臺聞[대문]	3260
亂邦[난:방]	3040	但只[단:지]	3032		
蘭房[난방]	3242	團地[단지]	5270	代謝[대:사]	4260
蘭芳[난방]	3232	斷指[단:지]	4242	大使[대(:)사]	6080
		段地[단지]	4070	大士[대(:)사]	5280
乃父[내:부]	3080	短智[단(:)지]	4060	大寫[대(:)사]	5080
內府[내:부]	4270	短枝[단(:)지]	3260		
		端志[단지]	4242		

大事[대(:)사]	7080	倒句[도:구]	3242	塗裝[도장]	3040
大寺[대(:)사]	4280	屠狗[도구]	1030	導掌[도:장]	3242
大沙[대(:)사]	3280	度矩[도(:)구]	1060	屠場[도장]	1070
大師[대(:)사]	4280	徒口[도구]	4070	島長[도장]	5080
大斜[대(:)사]	3280	悼懼[도구]	2030	徒長[도장]	4080
大祀[대(:)사]	3280	搗臼[도구]	1010	盜葬[도장]	3240
大舍[대(:)사]	4280	渡口[도구]	3270	賭場[도장]	1070
大蛇[대(:)사]	3280	賭具[도구]	1052	道場[도:장]	7070
大赦[대(:)사]	2080	道具[도:구]	5270	道藏[도:장]	3270
臺詞[대사]	3232	道舊[도:구]	5270		
臺辭[대사]	3240			刀剪[도전]	1032
		徒勞[도로]	4052	刀錢[도전]	3240
代身[대:신]	6060	徒路[도로]	4060	導電[도:전]	4270
大神[대(:)신]	6080	逃路[도로]	4060	徒錢[도전]	4040
大臣[대(:)신]	5280	道路[도:로]	6070	挑戰[도전]	3060
臺臣[대신]	3252	都盧[도로]	1250	渡田[도전]	3242
		陶爐[도로]	3232	盜電[도전]	4070
代錢[대:전]	4060			稻田[도전]	3042
垈田[대전]	2042	圖示[도시]	5060	賭錢[도전]	1040
大全[대(:)전]	7080	徒詩[도시]	4042		
大典[대(:)전]	5280	盜視[도시]	4042	島中[도중]	5080
大戰[대(:)전]	6080	道試[도:시]	4270	徒衆[도중]	4042
大殿[대(:)전]	3280	都市[도시]	5070	盜衆[도중]	4042
大田[대전]	4280	都是[도시]	4250	道中[도:중]	7080
大箭[대(:)전]	1080	都試[도시]	4250	途中[도:중]	3280
大篆[대(:)전]	1080			都中[도중]	5080
大轉[대(:)전]	4080	刀心[도심]	3270		
對戰[대:전]	6060	圖心[도심]	6070	冬期[동(:)기]	5070
臺前[대전]	3270	悼心[도심]	2070	冬氣[동(:)기]	7072
		盜心[도심]	4070	動機[동:기]	4070
待接[대:접]	4260	道心[도:심]	7070	動氣[동:기]	7072
袋接[대접]	1042	都心[도심]	5070	同期[동기]	5070
				同氣[동기]	7072
大兄[대(:)형]	8080	都狀[도장]	4250	童伎[동(:)기]	1060
大刑[대(:)형]	4080	倒葬[도:장]	3232	童妓[동(:)기]	1060
大型[대(:)형]	2080	刀匠[도장]	1032	銅器[동기]	4242
大形[대(:)형]	6080	刀杖[도장]	1032		
隊形[대형]	4260	圖章[도장]	6060	動部[동:부]	6070
		堵墻[도장]	1030	同符[동부]	3270

東部[동부]	6080	東廠[동창]	1080	埋葬[매장]	3032
胴部[동부]	1060	東窓[동창]	6080	埋藏[매장]	3032
銅斧[동부]	1042	童唱[동(:)창]	5060	梅漿[매장]	1032
				每場[매(:)장]	7070
冬時[동(:)시]	7070	同抱[동포]	3070	賣場[매(:)장]	5070
凍屍[동:시]	2032	同胞[동포]	4070		
同時[동시]	7070	同袍[동포]	1070	命令[명:령]	5070
同視[동시]	4270	洞布[동:포]	4270	明靈[명령]	3260
東詩[동시]	4280				
童詩[동(:)시]	4260	同行[동행]	6070	某樣[모:양]	3040
		同行[동행]	6070	模樣[모양]	4040
同案[동안]	5070	東行[동행]	6080		
東岸[동안]	3280	童行[동(:)행]	6060	帽子[모자]	2070
童顔[동(:)안]	3260			母字[모:자]	7080
		動畫[동:화]	6070	母子[모:자]	7080
動陽[동:양]	6070	同化[동화]	5270	母姉[모:자]	4080
同樣[동양]	4070	同和[동화]	6070	母慈[모:자]	3280
東洋[동양]	6080	童話[동(:)화]	6070		
		童畫[동(:)화]	6060	武器[무:기]	4242
冬衣[동의]	6070	銅貨[동화]	4242	武技[무:기]	4250
動議[동:의]	4270			武氣[무:기]	4272
同意[동의]	6070	等等[등:등]	6060	無期[무기]	5050
同義[동의]	4270	騰騰[등등]	3030	無機[무기]	4050
同議[동의]	4270			無氣[무기]	5072
東醫[동의]	6080	等狀[등:장]	4260	無記[무기]	5070
胴衣[동의]	1060	登場[등장]	7070	舞妓[무:기]	1040
		等張[등:장]	4060	舞技[무:기]	4050
動作[동:작]	6070			誣欺[무:기]	1030
同作[동작]	6070	馬具[마:구]	5052		
東作[동작]	6080	魔球[마구]	2060	武大[무:대]	4280
		馬廏[마:구]	1050	無代[무대]	5060
動轉[동:전]	4070			舞臺[무:대]	3240
同前[동전]	7070	馬主[마:주]	5070	霧帶[무:대]	3042
東銓[동전]	1080	馬胄[마:주]	1050		
棟箭[동전]	1020	魔酒[마주]	2040	武旅[무:려]	4252
銅錢[동전]	4042			無慮[무려]	4050
		滿溢[만일]	1042		
凍瘡[동:창]	1032	萬鎰[만:일]	1280	無射[무역]	4050
同窓[동창]	6070			貿易[무:역]	3240
東唱[동창]	5080	梅雨[매우]	3252		
		賣友[매(:)우]	5052	武勇[무:용]	4260

無用[무용]	5060	反張[반:장]	4060	配置[배:치]	4242
舞踊[무:용]	1040	叛將[반:장]	3042		
		斑杖[반장]	1010	變更[변:경]	4052
問求[문:구]	4270	班長[반장]	6080	變經[변:경]	4252
文具[문구]	5270	盤長[반장]	3280	邊境[변경]	4242
文句[문구]	4270	返葬[반:장]	3032	邊警[변경]	4242
文法[문법]	5270	半紙[반:지]	6070	兵室[병실]	5280
聞法[문(:)법]	5260	斑指[반지]	1042	病室[병:실]	6080
問字[문:자]	7070	放免[방(:)면]	3260	兵員[병원]	4252
文字[문자]	7070	方面[방면]	7070	病原[병:원]	5060
				病源[병:원]	4060
問題[문:제]	6070	房門[방문]	4280	病院[병:원]	5060
門弟[문제]	8080	方文[방문]	7070		
文題[문제]	6070	榜文[방:문]	1070	保守[보(:)수]	4242
		訪問[방:문]	4270	保手[보수]	4270
彌滿[미만]	1242			報囚[보:수]	3042
彌漫[미만]	1230	方案[방안]	5070	報酬[보:수]	1042
未滿[미(:)만]	4242	方眼[방안]	4270	報讎[보:수]	1042
		方顔[방안]	3270	寶樹[보:수]	4260
媚笑[미소]	1042	榜眼[방:안]	1042	步數[보:수]	4270
微小[미소]	3280	芳顔[방안]	3232	補修[보:수]	3242
微少[미소]	3270			補數[보:수]	3270
微笑[미소]	3242	放支[방(:)지]	4260		
美蘇[미(:)소]	3260	方志[방지]	4270	奉事[봉:사]	5270
		方誌[방지]	4270	奉仕[봉:사]	5252
美人[미(:)인]	6080	芳志[방지]	3242	奉使[봉:사]	5260
美人[미인]	6080	防止[방지]	4250	奉祀[봉:사]	3252
				封事[봉사]	3270
反對[반:대]	6060	倍舊[배(:)구]	5052	封祀[봉사]	3232
飯臺[반대]	3232	拜具[배:구]	4252		
		排球[배구]	3260	奉持[봉:지]	4052
半面[반:면]	6070	胚球[배구]	1060	奉旨[봉:지]	2052
反面[반:면]	6070	配球[배:구]	4260	封地[봉지]	3270
盤面[반면]	3270			封紙[봉지]	3270
		俳優[배우]	2040	鳳池[봉:지]	3232
反撥[반:발]	1060	配偶[배:우]	3242		
斑髮[반발]	1040			付根[부:근]	3260
班髮[반발]	4060	排置[배치]	3242	副根[부:근]	4260
		背馳[배:치]	1042		
半墻[반:장]	3060				
半裝[반:장]	4060				

扶根[부근]	3260	富庶[부:서]	3042	腐井[부:정]	3232
斧斤[부근]	1030	府署[부서]	3242	負定[부:정]	4060
浮根[부근]	3260	父書[부서]	6080	釜鼎[부정]	1212
附近[부(:)근]	3260	符書[부서]	3260	不定[부정]	6070
		符瑞[부서]	2032	不庭[부정]	6070
富大[부:대]	4280	腐鼠[부:서]	1032	不整[부정]	4070
浮袋[부대]	1032	賦序[부:서]	3250	不正[부정]	7070
浮貸[부대]	3232	部署[부서]	3260	不淨[부정]	3270
負戴[부:대]	2040	附書[부(:)서]	3260	不精[부정]	4270
負袋[부:대]	1040			不貞[부정]	3270
部隊[부대]	4260	副尉[부:위]	2042		
附帶[부(:)대]	3242	扶危[부위]	3240	副族[부:족]	4260
		部位[부위]	5060	夫族[부족]	6070
副文[부:문]	4270			部族[부족]	6060
府門[부문]	4280	副因[부:인]	4250	附族[부(:)족]	3260
浮文[부문]	3270	否認[부:인]	4042	不足[부족]	7070
訃聞[부:문]	1060	婦人[부인]	4280		
赴門[부:문]	3080	符印[부인]	3242	付處[부:처]	3242
部門[부문]	6080			夫妻[부처]	3270
		夫子[부자]	7070	部處[부처]	4260
剖符[부:부]	1032	富者[부:자]	4260		
夫婦[부부]	4270	浮子[부자]	3270	批敎[비:교]	4080
浮浮[부부]	3232			比較[비:교]	3250
附簿[부(:)부]	3232	副將[부:장]	4242	飛橋[비교]	4250
		副章[부:장]	4260	祕敎[비:교]	4080
付上[부:상]	3270	副葬[부:장]	3242		
副賞[부:상]	4250	副長[부:장]	4280	悲鳴[비:명]	4042
富商[부:상]	4252	扶將[부장]	3242	碑銘[비명]	3240
扶桑[부상]	3232	腐腸[부:장]	3240	非命[비(:)명]	4270
浮上[부상]	3270	部將[부장]	4260		
父喪[부상]	3280	部長[부장]	6080	備嘗[비:상]	3042
符祥[부상]	3032	附葬[부(:)장]	3232	悲傷[비:상]	4042
負傷[부:상]	4040			砒霜[비:상]	1032
負商[부:상]	4052	部材[부재]	5260	非常[비(:)상]	4242
		附載[부(:)재]	3232	非想[비(:)상]	4242
付書[부:서]	3260	不在[부재]	6070	飛上[비상]	4270
副書[부:서]	4260	不才[부재]	6070	飛翔[비상]	1042
副署[부:서]	3242			飛霜[비상]	3242
夫壻[부서]	1070	副正[부:정]	4270		
		否定[부:정]	4060	卑庶[비:서]	3032

飛書[비서]	4260	謝過[사:과]	4252	四望[사:망]	5280
飛鼠[비서]	1042	赦過[사:과]	2052	士望[사:망]	5252
祕書[비:서]	4060			思望[사망]	5052
祕瑞[비:서]	2040	事機[사:기]	4070	死亡[사:망]	5060
		事記[사:기]	7070	絲網[사망]	2040
批判[비:판]	4040	些技[사기]	1050	詐妄[사망]	3032
碑版[비판]	3240	仕記[사기]	5270		
		使氣[사:기]	6072	事務[사:무]	4270
卑行[비:행]	3260	史期[사:기]	5052	寺務[사무]	4242
非行[비(:)행]	4260	史記[사:기]	5270	師巫[사무]	1042
飛行[비행]	4260	四機[사:기]	4080	社務[사무]	4260
		四氣[사:기]	7280	私務[사무]	4042
事件[사:건]	5070	士氣[사:기]	5272	私貿[사무]	3240
紗巾[사건]	1010	寺基[사기]	4252		
		射器[사기]	4042	事物[사:물]	7070
事故[사:고]	4270	射技[사기]	4050	四物[사:물]	7080
史庫[사:고]	4052	射騎[사기]	3240	史勿[사:물]	3252
司庫[사고]	3240	死期[사:기]	5060	四勿[사:물]	3280
四庫[사:고]	4080	沙器[사기]	3242	思勿[사물]	3250
四考[사:고]	5080	社基[사기]	5260	死物[사:물]	6070
四苦[사:고]	6080	社旗[사기]	6070	私物[사물]	4070
四顧[사:고]	3080	私妓[사기]	1040	謝物[사:물]	4270
師姑[사고]	3242	私記[사기]	4070	賜物[사:물]	3070
思考[사고]	5050	詐欺[사기]	3030	邪物[사물]	3270
思顧[사고]	3050	詞氣[사기]	3272		
斜高[사고]	3260	辭氣[사기]	4072	四傍[사:방]	3080
査考[사고]	5050	邪氣[사기]	3272	四方[사:방]	7080
死苦[사:고]	6060			巳方[사:방]	3070
社告[사고]	5260	事例[사:례]	6070	沙防[사방]	3242
私庫[사고]	4040	司例[사례]	3260	舍房[사방]	4242
私稿[사고]	3240	司禮[사례]	3260		
私考[사고]	4050	四禮[사:례]	6080	事狀[사:상]	4270
謝告[사:고]	4252	射禮[사례]	4060	事相[사:상]	5270
		私禮[사례]	4060	事象[사:상]	4070
司果[사과]	3260	謝禮[사:례]	4260	使相[사:상]	5260
四果[사:과]	6080	赦例[사:례]	2060	史上[사:상]	5270
四科[사:과]	6080			四相[사:상]	5280
沙果[사과]	3260	事望[사:망]	5270	四象[사:상]	4080
絲瓜[사과]	2040			寫像[사상]	3250

思想[사(:)상]	4250	祠院[사원]	1050	四障[사:장]	4280
捨象[사:상]	3040	私怨[사원]	4040	士長[사:장]	5280
死傷[사:상]	4060	詞源[사원]	3240	寫場[사장]	5070
死狀[사:상]	4260	赦原[사:원]	2050	寺長[사장]	4280
死相[사:상]	5260	辭源[사원]	4040	師丈[사장]	3242
沙上[사상]	3270			師匠[사장]	1042
泗上[사상]	1270	巳月[사:월]	3080	師長[사장]	4280
私傷[사상]	4040	四月[사:월]	8080	査丈[사장]	3250
私償[사상]	3240	斜月[사월]	3280	死藏[사:장]	3260
私商[사상]	4052	沙月[사월]	3280	沙場[사장]	3270
絲狀[사상]	4042			社章[사장]	6060
蛇床[사상]	3242	四圍[사:위]	4080	社葬[사장]	3260
		斜位[사위]	3250	社長[사장]	6080
事實[사:실]	5270	舍衛[사위]	4242	私匠[사장]	1040
史實[사:실]	5252	詐僞[사위]	3032	私莊[사장]	3240
寫實[사실]	5052			私藏[사장]	3240
査實[사실]	5052	四夷[사:이]	3080	紗帳[사장]	1040
私室[사실]	4080	沙夷[사이]	3032	詞場[사장]	3270
邪實[사실]	3252			詞章[사장]	3260
		使者[사:자]	6060	謝章[사:장]	4260
事業[사:업]	6070	士子[사:자]	5270	辭章[사장]	4060
司業[사업]	3260	奢恣[사자]	1030		
思業[사업]	5060	寫字[사자]	5070	事典[사:전]	5270
斯業[사업]	3060	師子[사자]	4270	事前[사:전]	7070
死業[사:업]	6060	師資[사자]	4042	史傳[사:전]	5252
社業[사업]	6060	斜刺[사자]	3232	史前[사:전]	5270
邪業[사업]	3260	死者[사:자]	6060	寺典[사전]	4252
		私子[사자]	4070	寺田[사전]	4242
使用[사:용]	6060	私資[사자]	4040	師傳[사전]	4252
司勇[사용]	3260			死前[사:전]	6070
社用[사용]	6060	詞狀[사장]	3242	死戰[사:전]	6060
私備[사용]	2040	謝狀[사:장]	4242	沙田[사전]	3242
私用[사용]	4060	赦狀[사:장]	2042	祀典[사전]	3252
		辭狀[사장]	4042	私戰[사전]	4060
四遠[사:원]	6080	事障[사:장]	4270	私田[사전]	4042
寺院[사원]	4250	司長[사장]	3280	私轉[사전]	4040
射員[사원]	4042	四杖[사:장]	1080	私錢[사전]	4040
沙原[사원]	3250	四葬[사:장]	3280		
社員[사원]	4260	四藏[사:장]	3280		

私電[사전]	4070	死灰[사:회]	4060	上表[상:표]	6070
謝電[사:전]	4270	沙灰[사회]	3240	傷表[상표]	4060
賜田[사:전]	3042	社會[사회]	6060	商標[상표]	4052
赦典[사:전]	2052	私回[사회]	4042	上品[상:품]	5270
辭典[사전]	4052	上官[상:관]	4270	商品[상품]	5252
事情[사:정]	5270	上管[상:관]	4070	賞品[상품]	5052
使丁[사:정]	4060	像觀[상관]	3252	上皇[상:황]	3270
司正[사정]	3270	商館[상관]	3252	商況[상황]	4052
寫情[사정]	5052	常關[상관]	4252	常況[상황]	4042
射程[사정]	4042	相觀[상관]	5252	桑黃[상황]	3260
射精[사정]	4042	相關[상관]	5252	狀況[상황]	4042
巳正[사:정]	3070	象管[상관]	4040	庶老[서:로]	3070
査定[사정]	5060	上堂[상:당]	6070	西路[서로]	6080
査正[사정]	5070	相當[상당]	5252	庶流[서:류]	3052
沙汀[사정]	1232	上代[상:대]	6070	庶類[서:류]	3052
私情[사정]	4052	上隊[상:대]	4270	書類[서류]	5260
舍亭[사정]	3242	商隊[상대]	4252	西流[서류]	5280
辭呈[사정]	2040	相大[상대]	5280	庶名[서:명]	3070
邪正[사정]	3270	相對[상대]	5260	書名[서명]	6070
仕進[사진]	4252	霜臺[상대]	3232	署名[서:명]	3270
司津[사진]	2032	上上[상:상]	7070	誓命[서:명]	3070
四診[사:진]	2080	上相[상:상]	5270		
寫眞[사진]	4250	常常[상상]	4242	西部[서부]	6080
査陳[사진]	3250	床上[상상]	4270	鼠婦[서:부]	1042
沙塵[사진]	2032	想像[상:상]	3242	鼠負[서:부]	1040
絲診[사진]	2040	相償[상상]	3252	庶嫡[서:적]	1030
四標[사:표]	4080	上食[상:식]	7070	書籍[서적]	4060
四表[사:표]	6080	尙食[상식]	3270	書跡[서적]	3260
射表[사표]	4060	常式[상식]	4260	鼠賊[서:적]	1040
師表[사표]	4260	常識[상식]	4252	仙居[선거]	4052
死票[사:표]	4260	常食[상식]	4270	船渠[선거]	1050
謝表[사:표]	4260	相識[상식]	5252	船車[선거]	5072
辭表[사표]	4060	傷處[상처]	4042	選擧[선:거]	5050
司會[사회]	3260	喪妻[상(:)처]	3232		
司誨[사회]	1032				

先守[선수]	4280	聖功[성:공]	4260	聖跡[성:적]	3242
善手[선:수]	5070			聖蹟[성:적]	3242
船首[선수]	5052	成黨[성당]	4260	聲績[성적]	4042
選手[선:수]	5070	盛唐[성:당]	3242		
選授[선:수]	4250	聖堂[성:당]	4260	小利[소:리]	6080
				小吏[소:리]	3280
仙仗[선장]	1052	姓名[성:명]	7070	疏履[소리]	3232
仙莊[선장]	3252	性命[성:명]	5270	疏籬[소리]	1032
先丈[선장]	3280	成名[성명]	6070		
禪杖[선장]	1032	成命[성명]	6070	小網[소:망]	2080
線裝[선장]	4060	盛名[성:명]	4270	所望[소:망]	5270
繕匠[선:장]	1020	聖名[성:명]	4270	消亡[소망]	5060
船匠[선장]	1050	聖明[성:명]	4260	消忘[소망]	3060
船將[선장]	4250	聲明[성명]	4260	燒亡[소망]	3250
船檣[선장]	1050			素望[소망]	4252
船裝[선장]	4050	成人[성인]	6080		
船長[선장]	5080	成仁[성인]	4060	所聞[소:문]	6070
選獎[선:장]	4050	成因[성인]	5060	疏文[소문]	3270
		成姻[성인]	3060	素問[소(:)문]	4270
先煎[선전]	1080	聖人[성:인]	4280	素門[소(:)문]	4280
先錢[선전]	4080			小門[소:문]	8080
善戰[선:전]	5060	城墻[성장]	3042	訴文[소문]	3270
宣傳[선전]	4052	城將[성장]	4242		
宣戰[선전]	4060	成長[성장]	6080	小妃[소:비]	3280
宣箋[선전]	1040	星章[성장]	4260	小婢[소:비]	3280
旋轉[선전]	3240	盛壯[성:장]	4042	巢脾[소비]	1012
線廛[선전]	1060	盛粧[성:장]	3242	所費[소:비]	5070
		盛裝[성:장]	4042	消費[소비]	5060
性格[성:격]	5252	聖裝[성:장]	4042	疏批[소비]	3240
成格[성격]	5260	聲張[성장]	4042		
				小舌[소:설]	4080
星鏡[성경]	4042	城跡[성적]	3242	小說[소:설]	5280
聖經[성:경]	4242	城迹[성적]	1042	小雪[소:설]	6080
誠敬[성경]	4252	成籍[성적]	4060	所說[소:설]	5270
		性的[성:적]	5252	掃雪[소설]	4260
性空[성:공]	5272	成績[성적]	4060	昭雪[소설]	3060
成功[성공]	6060	成赤[성적]	5060	疏泄[소설]	1032
星空[성공]	4272	成跡[성적]	3260	素雪[소(:)설]	4260
聖供[성:공]	3242	聖籍[성:적]	4042	騷說[소설]	3052

所屬[소:속]	4070	所員[소:원]	4270	消火[소화]	6080
疏屬[소속]	3240	所願[소:원]	5070	燒化[소화]	3252
		昭媛[소원]	1230	燒火[소화]	3280
小穗[소:수]	1080	疏遠[소원]	3260	疏畫[소화]	3260
小豎[소:수]	1080	素願[소원]	4250	笑話[소:화]	4270
少守[소:수]	4270	訴願[소원]	3250	素花[소(:)화]	4270
少數[소:수]	7070	訴冤[소원]	1032		
小水[소:수]	8080	遡源[소원]	1040	壽短[수단]	3260
小數[소:수]	7080			手段[수단]	4070
所收[소:수]	4270	所有[소:유]	7070	收單[수단]	4242
消受[소수]	4260	所由[소:유]	6070	水丹[수단]	3280
消愁[소수]	3260	蘇油[소유]	3260	水團[수단]	5280
消水[소수]	6080	遡游[소유]	1010	水壇[수단]	5080
消瘦[소수]	1060			繡單[수:단]	1042
疏水[소수]	3280	小飮[소:음]	6080	繡緞[수:단]	1010
疏首[소수]	3252	少陰[소:음]	4270		
素數[소수]	4270	消音[소음]	6060	垂白[수백]	3280
		疏音[소음]	3260	數百[수:백]	7070
所食[소:식]	7070	騷音[소음]	3060	水伯[수백]	3280
小食[소:식]	7080			粹白[수백]	1080
掃拭[소식]	1042	小舟[소:주]	3080		
消息[소식]	4260	小註[소:주]	1080	受傷[수상]	4042
消食[소식]	6070	燒酒[소주]	3240	受像[수상]	3242
甦息[소식]	1042	疏註[소주]	1032	受賞[수상]	4250
疏食[소식]	3270			垂裳[수상]	3232
素食[소(:)식]	4270	小姪[소:질]	3080	壽象[수상]	3240
蔬食[소식]	3070	素質[소질]	4252	愁傷[수상]	3240
蘇息[소식]	3242			手上[수상]	7070
		小波[소:파]	4280	手相[수상]	5270
召用[소용]	3060	小派[소:파]	4080	授賞[수상]	4250
小勇[소:용]	6080	小破[소:파]	4280	樹上[수상]	6070
小用[소:용]	6080	搔爬[소파]	1010	樹狀[수상]	4260
所用[소:용]	6070			樹相[수상]	5260
昭容[소용]	3042	宵火[소화]	1080	樹霜[수상]	3260
笑容[소:용]	4242	小火[소:화]	8080	殊常[수상]	3242
騷聳[소용]	1030	小話[소:화]	7280	殊狀[수상]	3242
		所化[소:화]	5270	殊祥[수상]	3032
小圓[소:원]	4280	昭和[소화]	3060	殊賞[수상]	3250
小園[소:원]	6080	消化[소화]	5260		
		消和[소화]	6060		

水象[수상]	4080	順守[순:수]	4252	施善[시:선]	4250
穗狀[수상]	1042	順數[순:수]	5270	視線[시:선]	4260
繡像[수:상]	1032			視膳[시:선]	1042
繡裳[수:상]	1032	始覺[시:각]	4060	試選[시(:)선]	4250
隨喪[수상]	3232	時刻[시각]	4070	詩仙[시선]	4252
隨想[수상]	3242	時角[시각]	6070	詩選[시선]	4250
首相[수상]	5252	視覺[시:각]	4042		
		視角[시:각]	4260	時夜[시야]	6070
壽石[수석]	3260			視野[시:야]	4260
樹石[수석]	6060	屍姦[시:간]	2030		
水石[수석]	6080	屍諫[시:간]	1020	寺人[시:인]	4280
繡席[수:석]	1060	時艱[시간]	1070	市人[시:인]	7280
首席[수석]	5260	時間[시간]	7072	侍人[시:인]	3280
		矢幹[시:간]	3032	是認[시:인]	4242
垂天[수천]	3270			猜忍[시인]	1032
守薦[수천]	3042	時計[시계]	6070	矢人[시:인]	3080
數千[수:천]	7070	視界[시:계]	4260	矢刃[시:인]	2030
水喘[수천]	1080	市界[시:계]	6272	詩人[시인]	4280
繡薦[수:천]	1030	詩契[시계]	3242	時人[시인]	7280
手標[수표]	4070	始期[시:기]	5060	時日[시일]	7280
手票[수표]	4270	時期[시기]	5070	侍日[시:일]	3280
數表[수:표]	6070	時機[시기]	4070	是日[시:일]	4280
水標[수표]	4080	時氣[시기]	7072	視日[시:일]	4280
水豹[수표]	1080	猜忌[시기]	1030		
		詩紀[시기]	4042	始作[시:작]	6060
修學[수학]	4280			時作[시작]	6070
受學[수학]	4280	試技[시(:)기]	4250	試作[시(:)작]	4260
數學[수:학]	7080	詩紀[시기]	4042	詩作[시작]	4260
瘦鶴[수학]	1032				
粹學[수학]	1080	屍臺[시:대]	2032	諡狀[시:장]	1042
		時代[시대]	6070	屍帳[시:장]	2040
巡狩[순수]	1032			市長[시:장]	7280
循守[순수]	3042	始睹[시:도]	1060	市場[시:장]	7072
循首[순수]	3052	市道[시:도]	7072	市葬[시:장]	3272
純水[순수]	4280	示導[시:도]	4250	施裝[시:장]	4042
純粹[순수]	1042	示度[시:도]	5060	試場[시(:)장]	4270
順修[순:수]	4252	視度[시:도]	4260	詩章[시장]	4260
順受[순:수]	4252	試圖[시(:)도]	4260		
		詩道[시도]	4272	始點[시:점]	4060
		始線[시:선]	6060		

時點[시점]	4070	愼思[신:사]	3250	愼火[신:화]	3280
視點[시:점]	4042	愼辭[신:사]	3240	愼花[신:화]	3270
		新史[신사]	5260	神化[신화]	5260
信經[신:경]	4260	新寺[신사]	4260	神火[신화]	6080
新京[신경]	6060	新射[신사]	4060	神話[신화]	6070
神境[신경]	4260	神事[신사]	6070	身火[신화]	6080
神經[신경]	4260	神射[신사]	4060		
腎經[신:경]	2042	神師[신사]	4260	牙器[아기]	3242
腎莖[신:경]	1020	神思[신사]	5060	牙旗[아기]	3270
身硬[신경]	3260	神社[신사]	6060	雅氣[아(:)기]	3272
		神祀[신사]	3260		
信念[신:념]	5260	神祠[신사]	1060	阿諛[아유]	1032
宸念[신념]	1052	紳士[신:사]	2052	雅儒[아(:)유]	3240
		腎沙[신:사]	2032	雅遊[아(:)유]	3240
新聞[신문]	6060	臣事[신사]	5270		
晨門[신문]	3080	辛巳[신사]	3030	安過[안과]	5270
申聞[신문]	4260	辰司[신사]	3232	眼科[안:과]	4260
神文[신문]	6070				
神門[신문]	6080	信用[신:용]	6060	安否[안부]	4070
腎門[신:문]	2080	神勇[신용]	6060	安富[안부]	4272
訊問[신:문]	1070	神容[신용]	4260	眼部[안:부]	4260
				雁夫[안:부]	3070
信否[신:부]	4060	信人[신:인]	6080	鞍部[안:부]	1060
信符[신:부]	3260	信印[신:인]	4260		
信部[신:부]	6060	信忍[신:인]	3260	安全[안전]	7070
新婦[신부]	4260	信認[신:인]	4260	安奠[안전]	1070
新府[신부]	4260	愼人[신:인]	3280	案前[안:전]	5070
新赴[신부]	3060	新人[신인]	6080	眼前[안:전]	4270
神府[신부]	4260	神人[신인]	6080		
神斧[신부]	1060			安定[안정]	6070
神父[신부]	6080	信聽[신:청]	4060	安靖[안정]	1070
神符[신부]	3260	新晴[신청]	3060	安靜[안정]	4070
		申請[신청]	4242	眼睛[안:정]	1042
伸臂[신비]	1030	神廳[신청]	4060	眼精[안:정]	4242
神祕[신비]	4060				
腎痺[신:비]	1020	信號[신:호]	6060	安住[안주]	7070
		新戶[신호]	4260	安州[안주]	5270
信使[신:사]	6060	神毫[신호]	3060	按酒[안주]	1040
信史[신:사]	5260			眼珠[안:주]	3242
信士[신:사]	5260			雁柱[안:주]	3032

兩國[양:국]	4280	與件[여:건]	4050	鉛管[연관]	4040
洋國[양국]	6080	餘件[여건]	4250		
洋菊[양국]	3260			年久[연구]	3280
陽國[양국]	6080	女權[여권]	4280	聯句[연구]	3242
養國[양:국]	5280	旅券[여권]	4052	連丘[연구]	3242
		與圈[여:권]	2040	連句[연구]	4242
良輔[양보]	1252			捐軀[연:구]	1010
讓步[양:보]	3242	女伎[여기]	1080	煙具[연구]	4252
陽報[양보]	4260	女妓[여기]	1080	燕口[연(:)구]	3270
		勵起[여:기]	3242	研究[연:구]	4242
糧食[양식]	4070	餘技[여기]	4250	軟球[연:구]	3260
良識[양식]	5252	餘氣[여기]	4272	鉛球[연구]	4060
樣式[양식]	4060	餘記[여기]	4272		
洋式[양식]	6060			年忌[연기]	3080
洋食[양식]	6070	輿論[여:론]	3042	年期[연기]	5080
養殖[양:식]	2052	餘論[여론]	4242	年紀[연기]	4080
				聯騎[연기]	3232
兩心[양:심]	4270	女人[여인]	8080	連棋[연기]	2042
良心[양심]	5270	旅人[여인]	5280	連記[연기]	4272
養心[양:심]	5270	麗人[여인]	4280	延企[연기]	3240
		輿人[여:인]	3080	延期[연기]	4050
兩主[양:주]	4270			捐棄[연:기]	1030
良州[양주]	5252	勵磁[여:자]	2032	演技[연:기]	4250
良酒[양주]	4052	麗姿[여자]	4042	煙氣[연기]	4272
楊州[양주]	3052	與者[여:자]	4060	緣起[연기]	4042
楊州[양주]	3052	女子[여자]	7280		
洋酒[양주]	4060	餘子[여자]	4270	聯絡[연락]	3232
陽鑄[양주]	3260	餘資[여자]	4042	連絡[연락]	3242
				連落[연락]	4250
御製[어:제]	3242	女行[여행]	6080	宴樂[연:락]	3260
御題[어:제]	3260	勵行[여:행]	3260		
魚梯[어제]	1050	旅行[여행]	5260	演說[연:설]	4252
				筵說[연설]	1052
言語[언어]	6070	戀結[연:결]	3252		
諺語[언:어]	1070	連結[연결]	4252	年歲[연세]	5280
				年稅[연세]	4280
女嫁[여가]	1080	聯關[연관]	3252	捐世[연:세]	1070
閭家[여가]	1072	連貫[연관]	3242		
輿駕[여:가]	1030	捐館[연:관]	1032		
餘暇[여가]	4042	煙管[연관]	4042	練習[연:습]	5260
		筵官[연관]	1042		

鍊習[연:습]	3260	映像[영상]	3240	愚僧[우승]	3232
沿襲[연습]	3232	英爽[영상]	1060	郵丞[우승]	1040
演習[연:습]	4260				
		影向[영:향]	3260	偶有[우:유]	3270
憐愛[연애]	3060	影響[영:향]	3232	優柔[우유]	3240
戀愛[연:애]	3260	永享[영:향]	3060	優游[우유]	1040
煙靄[연애]	1042	迎香[영향]	4042	優遊[우유]	4040
				牛乳[우유]	4050
戀人[연:인]	3280	完城[완성]	4250	牛油[우유]	5060
連印[연인]	4242	完成[완성]	5060	迂儒[우유]	1040
連姻[연인]	3042	緩聲[완:성]	3242		
連引[연인]	4242			優定[우정]	4060
延引[연인]	4042	婉轉[완:전]	1040	友情[우:정]	5252
緣因[연인]	4050	完全[완전]	5070	郵政[우정]	4042
		宛轉[완전]	1040		
年壯[연장]	4080			宇宙[우:주]	3232
年長[연장]	8080	往者[왕:자]	4260	牛酒[우주]	4050
連狀[연장]	4242	王者[왕자]	6080	虞柱[우주]	1032
連墻[연장]	3042	王子[왕자]	7280	隅柱[우주]	1032
連將[연장]	4242				
連章[연장]	4260	龍旗[용기]	4070	右便[우:편]	7070
鍊匠[연:장]	1032	勇氣[용:기]	6072	羽片[우:편]	3232
延長[연장]	4080	容器[용기]	4242	羽編[우:편]	3232
		龍旗[용:기]	4070	郵便[우편]	4070
聯奏[연주]	3232	涌起[용:기]	1042		
聯珠[연주]	3232	用器[용:기]	4260	運動[운:동]	6072
連奏[연주]	3242			雲棟[운동]	2052
連珠[연주]	3242	龍圖[용도]	4060		
演奏[연:주]	3242	用度[용:도]	6060	運搬[운:반]	2060
煙酒[연주]	4042	用途[용:도]	3260	雲半[운반]	5260
筵奏[연주]	1032	用道[용:도]	6072		
		鎔度[용도]	1260	運轉[운:전]	4060
嶺上[영상]	3270			雲箋[운전]	1052
零上[영상]	3070	于先[우선]	3080		
靈像[영상]	3232	優先[우선]	4080	運行[운:행]	6060
靈床[영상]	3242	右旋[우:선]	3270	雲行[운행]	5260
靈想[영상]	3242	羽扇[우:선]	1032		
領相[영상]	5052	郵船[우선]	4050	原告[원고]	5052
影像[영:상]	3232			原稿[원고]	3250
		優勝[우승]	4060	怨苦[원(:)고]	4060
		右丞[우:승]	1070	遠古[원:고]	6060

元來[원래]	5270	有行[유:행]	6070	意思[의:사]	5060
原來[원래]	5070	遊幸[유행]	4060	疑事[의사]	4070
遠來[원:래]	6070	遊行[유행]	4060	疑辭[의사]	4040
				義士[의:사]	4252
原恕[원서]	3250	流刑[유형]	4052	義師[의:사]	4242
原書[원서]	5060	流螢[유형]	3052	義死[의:사]	4260
遠逝[원:서]	3060	類型[유(:)형]	2052		
願書[원:서]	5060	幼形[유형]	3260	儀式[의식]	4060
		有形[유:형]	6070	意識[의:식]	5260
原人[원인]	5080	遺形[유형]	4060	衣食[의식]	6070
原因[원인]	5050				
員人[원인]	4280	陰植物[음식물]	4272	疑心[의심]	4070
援引[원:인]	4042	飲食物[음(:)식물]	6072	義心[의:심]	4270
猿人[원인]	1080				
遠人[원:인]	6080	意見[의:견]	5260	意字[의:자]	6070
遠因[원:인]	5060	疑見[의견]	4052	椅子[의자]	1070
願人[원:인]	5080	義犬[의:견]	4042	疑字[의자]	4070
				義姉[의:자]	4042
流離[유리]	4052	儀刀[의도]	3240	義子[의:자]	4270
有利[유:리]	6070	義盜[의:도]	4042	義者[의:자]	4260
有理[유:리]	6070	宜稻[의도]	3030	衣資[의자]	4060
由吏[유리]	3260	意圖[의:도]	6060	醫子[의자]	6070
遊離[유리]	4040	義徒[의:도]	4042	醫者[의자]	6060
乳名[유명]	4072	義務[의:무]	4242	依支[의지]	4042
幽冥[유명]	3032	醫務[의무]	4260	意地[의:지]	6070
幽明[유명]	3260	醫巫[의무]	1060	意志[의:지]	4260
有名[유:명]	7072			義肢[의:지]	1042
遺命[유명]	4070	依微[의미]	3240	衣地[의지]	6070
		意味[의:미]	4260	衣紙[의지]	6070
流産[유산]	5252				
硫酸[유산]	2020	儀服[의복]	4060	意學[의:학]	6080
乳酸[유산]	2040	義僕[의:복]	1042	醫學[의학]	6080
有産[유:산]	5270	義服[의:복]	4260		
油酸[유산]	2060	衣服[의복]	6060	理據[이:거]	4060
遊山[유산]	4080			里居[이:거]	4070
遺産[유산]	4052	議事[의사]	4270	離居[이:거]	4040
		議史[의사]	4252	移去[이거]	4250
流行[유행]	5260	醫事[의사]	6070	移居[이거]	4042
儒行[유행]	4060	醫師[의사]	4260	貳車[이:거]	2072
		縊死[의사]	1060		

以東[이:동]	5280	履尙[이:상]	3232	姨子[이자]	1070
異動[이:동]	4072	履霜[이:상]	3232	耳子[이:자]	5070
異同[이:동]	4070	理想[이:상]	4260		
移動[이동]	4272	二相[이:상]	5280	利錢[이:전]	4060
		以上[이:상]	5270	吏典[이:전]	3252
以來[이:래]	5270	異常[이:상]	4042	離箭[이:전]	1040
移來[이래]	4270	異狀[이:상]	4042	二典[이:전]	5280
二毛[이:모]	4280	異相[이:상]	4052	二篆[이:전]	1080
姨母[이모]	1080	異象[이:상]	4040	以前[이:전]	5270
異母[이:모]	4080	貳相[이:상]	2052	移轉[이전]	4042
移模[이모]	4042			耳錢[이:전]	4050
		履聲[이:성]	3242		
吏民[이:민]	3280	理性[이:성]	5260	裏題[이:제]	3260
里民[이:민]	7080	裏聲[이:성]	3242	夷齊[이제]	3032
移民[이민]	4280	離城[이:성]	4042	二諦[이:제]	1080
		二星[이:성]	4280		
釐分[이분]	1060	二聖[이:성]	4280	泥中[이중]	3280
二分[이:분]	6080	已成[이:성]	3260	里中[이:중]	7080
		怡聲[이성]	1242	二衆[이:중]	4280
泥佛[이불]	3242	異姓[이:성]	4070	二重[이:중]	7080
理佛[이:불]	4260	異性[이:성]	4052		
二佛[이:불]	4280			泥海[이해]	3270
		異語[이:어]	4070	利害[이:해]	5260
尼寺[이사]	2042	移御[이어]	3242	理解[이:해]	4260
泥沙[이사]	3232	耳語[이:어]	5070	裏海[이:해]	3270
吏事[이:사]	3270	耳魚[이:어]	5050		
理事[이:사]	6070			離婚[이:혼]	4040
里社[이:사]	6070	利用[이:용]	6060	離魂[이:혼]	3240
離思[이:사]	4050	理容[이:용]	4260	移婚[이혼]	4042
二師[이:사]	4280	異容[이:용]	4042		
二死[이:사]	6080	移用[이용]	4260	臨時[임시]	3270
已事[이:사]	3270			臨視[임시]	3242
異事[이:사]	4070	理由[이:유]	6060	壬時[임:시]	3270
異土[이:사]	4052	離乳[이:유]	4040		
移徙[이사]	1042	怡愉[이유]	1012	刺擊[자:격]	3240
耳沙[이:사]	3250			刺激[자:격]	3240
貳師[이:사]	2042	利子[이:자]	6070	字格[자격]	5270
		梨子[이자]	3070	資格[자격]	4052
泥像[이상]	3232	伊字[이자]	1270		
泥狀[이상]	3242			刺殺[자:살]	3242
				自殺[자살]	4270

仔細[자세]	1042	葬師[장:사]	3242	再生[재:생]	5080
子細[자세]	4270	長史[장사]	5280	齋生[재생]	1080
藉勢[자:세]	1042	長蛇[장사]	3280		
				再修[재:수]	4250
子株[자주]	3270	場所[장소]	7070	在囚[재:수]	3060
慈主[자주]	3270	章疏[장소]	3260	財數[재수]	5270
煮酒[자(:)주]	1040	葬所[장:소]	3270		
紫酒[자주]	3240	長簫[장소]	1080	再整[재:정]	4050
自主[자주]	7070			再訂[재:정]	3050
自做[자주]	1070	將帥[장(:)수]	3242	在廷[재:정]	3260
自註[자주]	1070	張數[장수]	4070	才情[재정]	5260
自走[자주]	4270	杖囚[장(:)수]	1030	裁定[재정]	3260
雌株[자주]	2032	杖首[장(:)수]	1052	財政[재정]	4252
		漿水[장수]	1080		
掌匣[장:갑]	1032	章數[장수]	6070	再鑄[재:주]	3250
掌甲[장:갑]	3240	葬需[장:수]	3232	在住[재:주]	6070
裝甲[장갑]	4040	長壽[장수]	3280	財主[재주]	5270
		長袖[장수]	1080	齋主[재주]	1070
丈母[장:모]	3280	張宿[장수]	4052		
獐毛[장모]	1242			再版[재:판]	3250
長慕[장모]	3280	掌食[장:식]	3270	再販[재:판]	3050
長毛[장모]	4280	粧飾[장식]	3232	裁判[재판]	3240
		葬式[장:식]	3260		
壯美[장:미]	4060	裝飾[장식]	3240	在學[재:학]	6080
薔薇[장미]	1010	長息[장식]	4280	才學[재학]	6080
醬味[장:미]	1042				
長尾[장미]	3280	丈人[장:인]	3280	全開[전개]	6070
長眉[장미]	3080	匠人[장인]	1080	展開[전:개]	5260
		掌印[장:인]	3242		
壯悲[장:비]	4042			傳供[전공]	3252
葬費[장:비]	3250	丈點[장:점]	3240	全功[전공]	6070
裝備[장비]	4042	粧點[장점]	3240	典工[전:공]	5272
		長點[장점]	4080	前功[전공]	6070
狀辭[장:사]	4042			專攻[전공]	4040
壯士[장:사]	4052	掌車[장:차]	3272	戰功[전:공]	6060
將事[장사]	4270	將次[장차]	4242	戰攻[전:공]	4060
掌事[장:사]	3270	張次[장차]	4042	田貢[전공]	3242
杖死[장(:)사]	1060	長差[장차]	4080	電工[전:공]	7072
莊舍[장사]	3242				
葬事[장:사]	3270	在美[재:미]	6060	全句[전구]	4270
		齋米[재미]	1060	全歐[전구]	2070

全軀[전구]	1070	電器[전:기]	4270	田賦[전부]	3242
前矩[전구]	1070	電機[전:기]	4070	轉付[전:부]	3240
前驅[전구]	3070	電氣[전:기]	7072	銓部[전(:)부]	1060
戰具[전:구]	5260			銓選[전(:)선]	1050
戰區[전:구]	6060	全亡[전망]	5070	電扇[전:선]	1070
戰懼[전:구]	3060	前望[전망]	5270	電線[전:선]	6070
轉句[전:구]	4042	展望[전:망]	5252	傳宣[전선]	4052
轉求[전:구]	4042	戰亡[전:망]	5060	全線[전선]	6070
電球[전:구]	6070			全鮮[전선]	5270
傳求[전구]	4252	傳問[전문]	5270	典膳[전:선]	1052
全具[전구]	5270	傳聞[전문]	5260	前線[전선]	6070
全口[전구]	7070	全文[전문]	7070	戰線[전:선]	6060
		7典文[전:문]	5270	戰船[전:선]	5060
全局[전국]	5270	前文[전문]	7070	轉旋[전:선]	3240
戰局[전:국]	5260	前聞[전문]	6070		
錢局[전:국]	4052	專門[전문]	4080	傳說[전설]	5252
		塵門[전:문]	1080	典設[전:설]	4252
傳奇[전기]	4052	殿門[전:문]	3280	前說[전설]	5270
傳記[전기]	5272	篆文[전:문]	1070		
傳騎[전기]	3252	轉聞[전:문]	4060	傳世[전세]	5270
全期[전기]	5070	錢文[전:문]	4070	傳貰[전세]	2052
全機[전기]	4070	電文[전:문]	7070	前世[전세]	7070
典器[전:기]	4252			前歲[전세]	5270
前期[전기]	5070	搏飯[전반]	1032	專勢[전세]	4042
前紀[전기]	4070	傳搬[전반]	2052	專貰[전세]	2040
前記[전기]	7072	全般[전반]	3270	戰勢[전:세]	4260
前騎[전기]	3270	前半[전반]	6070	田稅[전세]	4242
戰技[전:기]	5060	田畔[전반]	1042	轉世[전:세]	4070
戰旗[전:기]	6070	剪板[전(:)반]	1050		
戰期[전:기]	5060			傳示[전시]	5052
戰機[전:기]	4060	全部[전부]	6070	全市[전시]	7070
戰記[전:기]	6072	典簿[전:부]	3252	展示[전:시]	5052
戰騎[전:기]	3260	前夫[전부]	7070	塵市[전:시]	1070
殿騎[전:기]	3232	前婦[전부]	4270	戰時[전:시]	6070
田器[전기]	4242	前部[전부]	6070	殿試[전:시]	3242
轉機[전:기]	4040	戰斧[전:부]	1060	田矢[전시]	3042
轉記[전:기]	4072	田夫[전부]	4270		
轉起[전:기]	4042	田婦[전부]	4242	全容[전용-]	4270
		田父[전부]	4280	全用[전용-]	6070

專用[전용]	4060	煎鐵[전(:)철]	1050	點差[점차]	4040
轉用[전:용]	4060	轉轍[전:철]	1040	丁幾[정기]	3040
		電鐵[전:철]	5070	定器[정:기]	4260
全姿[전자]	4070			定期[정:기]	5060
前者[전자]	6070	傳遞[전체]	3052	定機[정:기]	4060
專恣[전자]	3040	全體[전체]	6070	定氣[정:기]	6072
田子[전자]	4270	轉遞[전:체]	3040	情氣[정기]	5272
篆字[전:자]	1070			旌旗[정기]	1270
轉字[전:자]	4070	傳統[전통]	4252	正旗[정(:)기]	7070
電子[전:자]	7070	傳通[전통]	5260	正機[정(:)기]	4070
電磁[전:자]	2070	全統[전통]	4270	正氣[정(:)기]	7072
顫字[전:자]	1070	全通[전통]	6070	精機[정기]	4042
		典統[전:통]	4252	精氣[정기]	4272
傳奏[전주]	3252			精記[정기]	4272
傳注[전주]	5260	典貨[전:화]	4252	精騎[정기]	3242
全主[전주]	7070	戰火[전:화]	6080		
全州[전주]	5270	戰禍[전:화]	3260	停當[정당]	5052
典主[전:주]	5270	田禾[전화]	3042	政堂[정당]	4260
典酒[전:주]	4052	轉化[전:화]	4052	政黨[정당]	4242
前主[전주]	7070	錢貨[전:화]	4042	正堂[정(:)당]	6070
前住[전주]	7070	電化[전:화]	5270	正當[정(:)당]	5270
前奏[전주]	3270	電話[전:화]	7070	町當[정당]	1052
前週[전주]	5270	電火[전:화]	7080	精當[정당]	4252
專主[전주]	4070	電畫[전:화]	6070	精糖[정당]	3242
戰走[전:주]	4260				
殿主[전:주]	3270	前後[전후]	7070	定度[정:도]	6060
田主[전주]	4270	戰後[전:후]	6070	定賭[정:도]	1060
田疇[전주]	1242	殿後[전:후]	3270	定道[정:도]	6072
轉住[전:주]	4070			定都[정:도]	5060
轉注[전:주]	4060	漸修[점:수]	3242	征途[정도]	3232
銓注[전(:)주]	1060	點授[점수]	4042	情到[정도]	5252
錢主[전:주]	4070	點數[점수]	4070	政道[정도]	4272
電奏[전:주]	3270	點水[점수]	4080	正導[정(:)도]	4270
電柱[전:주]	3270			正度[정(:)도]	6070
電鑄[전:주]	3270	店員[점:원]	4252	正道[정(:)도]	7072
		點圓[점원]	4042	程度[정도]	4260
前哲[전철]	3270			程道[정도]	4272
前轍[전철]	1070	漸漸[점:점]	3232		
		點點[점점]	4040		
		漸次[점:차]	3242		

精到[정도]	4252	正否[정(:)부]	4070	定式[정:식]	6060
精度[정도]	4260	貞婦[정부]	3242	定植[정:식]	6070
		頂部[정부]	3260	定食[정:식]	6070
丁吏[정리]	3240			情識[정식]	5252
偵吏[정리]	2032	情費[정비]	5052	整式[정:식]	4060
定理[정:리]	6060	整備[정:비]	4042	整飾[정:식]	3240
定離[정:리]	4060	正妃[정(:)비]	3270	正式[정(:)식]	6070
征利[정리]	3260	正比[정(:)비]	5070	正食[정(:)식]	7070
情理[정리]	5260			淨食[정식]	3270
整理[정:리]	4060	呈上[정상]	2070	程式[정식]	4260
正理[정(:)리]	6070	定常[정:상]	4260	靜息[정식]	4042
程里[정리]	4270	情想[정상]	4252		
		情狀[정상]	4252	井神[정신]	3260
正面[정(:)면]	7070	政商[정상]	4252	定身[정:신]	6060
精綿[정면]	3242	政狀[정상]	4242	廷臣[정신]	3252
		整商[정:상]	4052	挺身[정신]	1060
呈文[정문]	2070	旌賞[정상]	1250	正信[정(:)신]	6070
旌門[정문]	1280	晶相[정상]	1252	正身[정(:)신]	6070
正文[정(:)문]	7072	正像[정(:)상]	3270	淨神[정신]	3260
正門[정(:)문]	7280	正常[정(:)상]	4270	精神[정신]	4260
淨門[정문]	3280	正狀[정(:)상]	4270	艇身[정신]	2060
程文[정문]	4270	禎祥[정상]	1230	貞臣[정신]	3252
頂門[정문]	3280	精爽[정상]	1042		
		精詳[정상]	3242	亭午[정오]	3270
情報[정보]	4252	靜想[정상]	4042	停午[정오]	5070
正報[정(:)보]	4270	頂上[정상]	3270	庭午[정오]	6070
正步[정(:)보]	4270	頂相[정상]	3252	正午[정(:)오]	7070
正甫[정(:)보]	1270			正誤[정(:)오]	4270
町步[정보]	1042	井星[정성]	3242		
		停聲[정성]	4250	定員[정:원]	4260
丁夫[정부]	4070	定性[정:성]	5260	庭園[정원]	6060
丁賦[정부]	3240	定星[정:성]	4260	情願[정원]	5052
丁部[정부]	4060	定省[정:성]	6060	政院[정원]	4250
征夫[정부]	3270	情性[정성]	5252	正員[정(:)원]	4270
征賦[정부]	3232	政聲[정성]	4242	正圓[정(:)원]	4270
情夫[정부]	5270	正聲[정(:)성]	4270	淨院[정원]	3250
情婦[정부]	4252	精誠[정성]	4242		
政府[정부]	4242	鄭聲[정:성]	1242	呈狀[정장]	2042
正副[정(:)부]	4270			丁匠[정장]	·1040

丁壯[정장]	4040	帝師[제:사]	4042	制作[제:작]	4260
亭障[정장]	3242	祭事[제:사]	4270	製作[제:작]	4260
庭墻[정장]	3060	祭司[제:사]	3242	題作[제작]	6060
正章[정(:)장]	6070	祭祀[제:사]	3242		
正裝[정(:)장]	4070	第舍[제:사]	4260	提出[제출]	4270
艇長[정장]	2080	製絲[제:사]	4042	製出[제:출]	4270
		諸事[제사]	3270	除出[제출]	4270
逞志[정지]	1042	諸司[제사]	3232		
停止[정지]	5050	諸士[제사]	3252	祭品[제:품]	4252
偵知[정지]	2052	諸寺[제사]	3242	製品[제:품]	4252
定志[정:지]	4260	除仕[제사]	4252	題品[제품]	5260
情地[정지]	5270	除沙[제사]	3242		
情知[정지]	5252	題詞[제사]	3260	彫金[조금]	2080
整地[정:지]	4070	題辭[제사]	4060	粗金[조금]	1080
整枝[정:지]	3240			調金[조금]	5280
正智[정(:)지]	4070	提示[제시]	4250	造金[조:금]	4280
正至[정지]	4270	祭詩[제:시]	4242		
淨地[정지]	3270	題詩[제시]	4260	弔旗[조:기]	3070
貞志[정지]	3242	齊詩[제시]	3242	彫技[조기]	2050
靜止[정지]	4050			早期[조:기]	4250
		提衣[제의]	4260	早起[조:기]	4242
定置[정:치]	4260	提議[제의]	4242	朝紀[조기]	4060
情癡[정치]	1052	祭儀[제:의]	4042	祖忌[조기]	3070
情致[정치]	5052	祭衣[제:의]	4260	肇基[조:기]	1052
政治[정치]	4242	題意[제의]	6060	調氣[조기]	5272
精緻[정치]	1042			調驥[조기]	1252
		帝日[제:일]	4080	躁氣[조기]	1072
制空[제:공]	4272	祭日[제:일]	4280	造機[조:기]	4042
提供[제공]	3242	第一[제:일]	6080		
提公[제공]	4260	除日[제일]	4280	助命[조:명]	4270
祭供[제:공]	3242	齊一[제일]	3280	嘲名[조명]	1072
諸公[제공]	3260			朝命[조명]	6070
諸貢[제공]	3232	帝者[제:자]	4060	照明[조:명]	3260
		梯子[제자]	1070	祚命[조명]	1270
祭法[제:법]	4252	祭資[제:자]	4042	詔命[조명]	1070
製法[제:법]	4252	弟子[제:자]	7280	遭命[조명]	1070
諸法[제법]	3252	諸子[제자]	3270	釣名[조:명]	2072
除法[제법]	4252	題字[제자]	6070	助事[조:사]	4270
		題者[제자]	6060	助射[조:사]	4042

助詞[조:사]	3242	照像[조:상]	3232	注賦[주:부]	3260
助辭[조:사]	4042	爪傷[조상]	1040	酒婦[주부]	4042
弔使[조:사]	3060	祖上[조상]	7070	主事[주사]	7070
弔死[조:사]	3060	造像[조:상]	3242	主使[주사]	6070
弔詞[조:사]	3032	操船[조(:)선]	5050	主司[주사]	3270
弔辭[조:사]	3040	朝鮮[조선]	5260	主祀[주사]	3270
措寫[조사]	2050	條線[조선]	4060	主辭[주사]	4070
措辭[조사]	2040	槽船[조선]	1050	呪辭[주:사]	1040
早死[조:사]	4260	漕船[조선]	1050	奏事[주(:)사]	3270
曹司[조사]	1032	造船[조:선]	4250	奏辭[주(:)사]	3240
朝事[조사]	6070	釣船[조:선]	2050	州司[주사]	3252
朝事[조사]	6070	措定[조정]	2060	朱沙[주사]	3240
朝仕[조사]	5260	朝廷[조정]	3260	柱史[주사]	3252
朝使[조사]	6060	朝政[조정]	4260	注射[주:사]	4060
朝士[조사]	5260	漕艇[조정]	1020	紬絲[주사]	1040
朝祀[조사]	3260	調停[조정]	5052	舟師[주사]	3042
朝謝[조사]	4260	調定[조정]	5260	走使[주사]	4260
朝辭[조사]	4060	調整[조정]	4052	走查[주사]	4250
照射[조:사]	3240	釣艇[조:정]	2020	酒邪[주사]	3240
照查[조:사]	3250	住居[주:거]	4070	住所[주:소]	7070
燥邪[조사]	3032	舟車[주거]	3072	奏疏[주(:)소]	3232
祖師[조사]	4270	走去[주거]	4250	晝宵[주소]	1060
粗沙[조사]	1032	主文[주문]	7070	註疏[주:소]	1032
粗絲[조사]	1040	呪文[주:문]	1070	主意[주의]	6070
繰絲[조사]	1040	奏文[주(:)문]	3270	主義[주의]	4270
詔使[조:사]	1060	奏聞[주(:)문]	3260	呪醫[주:의]	1060
調査[조사]	5052	朱門[주문]	4080	周衣[주의]	4060
造士[조:사]	4252	注文[주:문]	6070	奏議[주(:)의]	3242
造寺[조:사]	4242	註文[주:문]	1070	朱衣[주의]	4060
釣絲[조:사]	2040	主婦[주부]	4270	柱衣[주의]	3260
兆祥[조상]	3032	主簿[주부]	3270	注意[주:의]	6060
凋傷[조상]	1040	主部[주부]	6070	注擬[주:의]	1060
弔喪[조:상]	3032	呪符[주:부]	1032	注衣[주:의]	6060
彫像[조상]	2032	廚夫[주부]	1070	紬衣[주의]	1060
早霜[조:상]	3242			疇日[주일]	1280
朝霜[조:상]	3260				

週日[주일]	5280	
駐日[주:일]	2080	
主將[주장]	4270	
主張[주장]	4070	
主掌[주장]	3270	
周章[주장]	4060	
奏章[주(:)장]	3260	
朱杖[주장]	1040	
注腸[주:장]	4060	
珠匠[주장]	1032	
珠帳[주장]	3240	
酒場[주장]	4070	
舟車[주차]	3072	
駐車[주:차]	2072	
奏差[주(:)차]	3240	
珠汗[주한]	3232	
駐韓[주:한]	2080	
中府[중부]	4280	
中腑[중부]	1080	
中部[중부]	6080	
仲父[중(:)부]	3280	
重副[중:부]	4270	
中夭[중요]	1080	
重要[중:요]	5270	
眞丹[진단]	3242	
眞檀[진단]	4242	
震旦[진:단]	3232	
震檀[진:단]	3242	
振動[진:동]	3272	
津童[진동]	2060	
震動[진:동]	3272	
塵勞[진로]	2052	
進路[진:로]	4260	

嗔心[진심]	1070	
塵心[진심]	2070	
盡心[진:심]	4070	
眞心[진심]	4270	
塵刹[진찰]	2020	
晉察[진:찰]	1242	
鎭痛[진(:)통]	3240	
陣痛[진통]	4040	
進行[진:행]	4260	
陣行[진행]	4060	
車輛[차량]	2072	
借糧[차:량]	3240	
唱歌[창:가]	5070	
娼家[창가]	1072	
倉曹[창조]	1032	
創造[창:조]	4242	
漲潮[창:조]	1040	
天仗[천장]	1070	
天藏[천장]	3270	
天障[천장]	4270	
擅場[천:장]	1070	
穿墻[천:장]	1030	
遷葬[천:장]	3232	
千載[천재]	3270	
天才[천재]	6070	
天災[천재]	5070	
天裁[천재]	3270	
天財[천재]	5270	
淺才[천:재]	3260	
衰裳[최상]	3232	
最上[최:상]	5070	
台徒[태도]	1240	

態度[태:도]	4260	
太陽[태양]	6060	
態樣[태:양]	4042	
胎養[태양]	2052	
筒契[통계]	1032	
統計[통:계]	4260	
通戒[통계]	4060	
通計[통계]	6060	
統一[통:일]	4280	
通日[통일]	6080	
統將[통:장]	4242	
統長[통:장]	4280	
通將[통장]	4260	
通帳[통장]	4060	
便紙[편(:)지]	7070	
片志[편지]	3242	
片紙[편(:)지]	3270	
平價[평가]	5270	
平家[평가]	7072	
評價[평:가]	4052	
捕盜[포:도]	3240	
葡萄[포도]	1012	
鋪道[포도]	2072	
捕杖[포:장]	1032	
泡匠[포장]	1010	
砲匠[포:장]	1042	
褒章[포장]	1060	
鋪裝[포장]	2040	
褒獎[포장]	1040	
包藏[포장]	3242	
包裝[포장]	4042	
圃場[포장]	1072	
布帳[포장]	4042	

捕將[포:장]	3242	巷議[항:의]	3042	玄裳[현상]	3232
披露[피로]	1032	恒儀[항의]	3240	玄象[현상]	3240
疲勞[피로]	4052	恒醫[항의]	3260	現像[현:상]	3260
被虜[피:로]	1032	抗議[항:의]	4042	現想[현:상]	4260
				現狀[현:상]	4260
下島[하:도]	5072	害黨[해:당]	4252	現象[현:상]	4060
下道[하:도]	7072	海棠[해:당]	1072	賢相[현상]	4252
夏道[하:도]	7072	解糖[해:당]	3242	顯賞[현:상]	4050
河圖[하도]	5060	解黨[해:당]	4242		
河道[하도]	5072	該當[해당]	3052	玄室[현실]	3280
荷渡[하도]	3232			現實[현:실]	5260
遐道[하도]	1072	幸福[행:복]	5260		
		行福[행복]	5260	弦長[현장]	2080
下樓[하:루]	3272			懸章[현:장]	3260
瑕累[하루]	1032	幸運[행:운]	6060	現場[현:장]	6072
		行雲[행운]	5260	賢將[현장]	4242
下賤[하:천]	3272			顯章[현:장]	4060
河川[하천]	5070	向上[향:상]	6072		
		香床[향상]	4242	現在[현:재]	6060
下筆[하:필]	5272	香象[향상]	4042	賢宰[현재]	3042
何必[하필]	3252			賢才[현재]	4260
		享受[향:수]	3042	賢材[현재]	4252
寒國[한국]	5080	享壽[향:수]	3032	顯在[현:재]	4060
寒菊[한국]	3250	鄕愁[향수]	3242		
韓國[한(:)국]	8080	鄕首[향수]	4252	玄地[현지]	3270
限局[한:국]	4252	香水[향수]	4280	玄旨[현지]	2032
				現地[현:지]	6070
寒門[한문]	5080	玄關[현관]	3252	賢智[현지]	4042
漢文[한:문]	7072	現官[현:관]	4260		
		絃管[현관]	3040	好男[호:남]	4272
寒食[한식]	5072	縣官[현:관]	3042	湖南[호남]	5080
韓食[한:식]	7280	顯官[현:관]	4042		
韓式[한(:)식]	6080			浩博[호:박]	3242
		弦琴[현금]	2032	湖泊[호박]	3050
寒瘡[한창]	1050	懸金[현:금]	3280	琥珀[호:박]	1010
寒窓[한창]	5060	玄琴[현금]	3232		
寒脹[한창]	1050	現今[현:금]	6060	好守[호:수]	4242
汗瘡[한(:)창]	1032	現金[현:금]	6080	好手[호:수]	4272
				戶數[호:수]	4270
恒久[항구]	3232	懸象[현:상]	3240	戶首[호:수]	4252
港口[항:구]	4270	懸賞[현:상]	3250		

湖水[호수]	5080	火帝[화(:)제]	4080	會議[회:의]	4260
皓首[호수]	1252	火祭[화(:)제]	4280		
胡壽[호수]	3232	禍梯[화:제]	1032	回章[회장]	4260
號數[호(:)수]	6070	花製[화제]	4270	回腸[회장]	4042
		華制[화제]	4042	回裝[회장]	4042
好酒[호:주]	4042	話題[화제]	6072	恢張[회장]	1040
戶主[호:주]	4270	畫題[화:제]	6060	懷藏[회장]	3232
濠洲[호주]	2032			會場[회:장]	6072
胡酒[호주]	3240	幻影[환:영]	2032	會葬[회:장]	3260
豪酒[호주]	3240	歡迎[환영]	4040	會長[회:장]	6080
花歌[화가]	7070	丸子[환자]	3072	回傳[회전]	4252
畫家[화:가]	6072	宦者[환:자]	1060	回戰[회전]	4260
畫架[화:가]	3260	患者[환:자]	5060	回轉[회전]	4042
		換資[환:자]	3240	回電[회전]	4272
火綿[화(:)면]	3280	還子[환자]	3272	廻轉[회전]	2040
花面[화면]	7070			悔悛[회:전]	1032
花麵[화면]	1070	回謝[회사]	4242	會典[회:전]	5260
畫面[화:면]	6070	悔謝[회:사]	3242	會戰[회:전]	6060
		會士[회:사]	5260		
化粧[화장]	3252	會社[회:사]	6060	悔禍[회:화]	3232
火匠[화(:)장]	1080	繪史[회:사]	1052	會話[회:화]	6072
火杖[화(:)장]	1080			灰化[회화]	4052
火葬[화(:)장]	3280	悔色[회:색]	3270	繪畫[회:화]	1060
花匠[화장]	1070	灰色[회색]	4070	誨化[회:화]	1052
靴匠[화장]	1020				
畫匠[화:장]	1060	回議[회의]	4242		
		懷疑[회의]	3240		
和劑[화제]	2060	會意[회:의]	6060		

한글 맞춤법은 漢字語에서 本音으로도 나고 俗音으로도 나는 것은 각각 그 소리에 따라 적는다고 규정하고 있다. 이에 따라 俗音으로 소리 나는 漢字語는 俗音 그대로 적어야 한다. 俗音이란 무엇인가? 예를 들면 '六月'은 '유월'로 읽고 쓴다. '六'의 本音은 '륙'이고, 頭音法則을 따라도 '육'이 되지 '유'가 될 수 없으므로 '유'音은 俗音이다. 이와 같이 俗音이란 漢字의 本音과 달리 一般社會에서 다르게 읽는 音으로 거의 대부분이 옛 字典에 典據가 없는 音이다. 俗音은 일부 漢字語에서만 生成되고 보편적인 것은 아니다. 따라서 頭音法則처럼 특별한 규칙이 있는 것이 아니므로 俗音 漢字를 대하게 되면 多音字 쯤으로 생각하고 익히는 것이 좋다.

漢字 俗音의 발생은 國語의 音韻法則 등과 밀접한 關係가 있는 것으로 보인다. 漢字語의 讀音이 매끄럽지 못하고 어려운 경우 매끄럽고 쉽게 發音할 수 있는 音價로 音이 변화하기도 한다. 사실 頭音法則의 적용을 받는 漢字의 頭音도 本音과는 다르다는 점에서 크게는 俗音으로 볼 수 있다. 다만 그 法則性이 두드러지므로 頭音法則으로 따로 떼어 묶을 수 있는 것일 뿐이다.

俗音과 本音의 경계는 분명하지 않다. 오랜 세월이 경과하면 俗音이 本音과 자리를 바꾸는 경우도 생긴다. 예로 覆蓋(복개)의 '覆'은 본래 '덮을 부'로 '부'로 읽어야 하나 언제부터인가 일부 漢字語는 '복'으로 읽었다. '복'은 俗音이라 할 수 있다. 그러나 지금은 상황이 逆轉되어 '부'音은 覆載(부재), 覆育(부육) 등 일부 漢字語에만 남아있고 나머지는 전부 '복'音이다. 결국 지금은 '덮다'의 뜻에서는 '복'音이 本音이고, '부'音이 俗音이라 할 수 있는 것이다. 그러나 여전히 字典에는 '덮다'의 뜻으로 '부'音의 흔적이 남아 있고, '복'音도 인정하고 있으므로 이런 경우는 多音으로 처리하는 것이 편리할 것이다.

俗音은 本音을 밀어내고 俗音으로만 쓰이거나 本音과 共存하는 경우도 있고, 俗音 漢字語가 漢字말이라는 인식이 稀薄해지면서 한글化한 경우도 있다. 한글化한 경우는 俗音으로 볼 수 없다. 몇 가지 예를 들어 보기로 한다.

'許諾'은 本音은 '허낙'이지만 俗音은 '허락'이다. 國語辭典에도 표제어가 '허락(許諾)'으로 되어 있고, '허낙'은 '허락(許諾)의 잘못'이라 적고 있다. 즉, 許諾은 '허락'으로만 읽고 써야 하는 것이다. '十月'은 本音은 '십월'이지만 俗音은 '시월'이다. 國語辭典에도 표제어가 '시월(十月)'로 되어 있고, '십월'은 '시월(十月)의 잘못'이라 적고 있다. 즉, 十月은 '시월'로만 읽고 써야 하는 것이다.

내락(內諾)의 경우는 허락(許諾)과 같은 경우라 볼 수 있음에도 '내락(內諾)'을 표준어로 하고, '내낙(內諾)'을 내락(內諾)의 원말이라 하고 있다. 어떤 경우는 원말이라 하고 어떤 경우는 잘못이라 풀이하고 있어 일관성이 없다. 그러나 역시 원말 보다는 표준어에 무게가 실린 것이므로 '내락'이라는 俗音이 '내낙'의 本音에 우선한다고 할 수 있다. 盟誓의 경우에도, '맹서(盟誓)'는 '맹세의 원말'로 풀이하고, '맹세(盟誓)'는 표준말로 풀이하고 있다. 역시 '맹서(盟誓)'의 本音 보다는 '맹세(盟誓)'의 俗音이 우선하는 것으로 볼 수 있다.

契丹이란 漢字語는 '계단, 글단, 글안, 거란'의 4가지 音이 보인다. 국어사전에는 '계단'은 '거란'의 잘못이라 적고 있다. 나라이름인 경우에는 '글'이라고 읽으므로 일단, '계단'은 틀린 讀音이다. 그러면 '글단'은 맞는 것인가? 국어사전에 '글단(契丹)'은 '거란의 원말'이라 적고 있다. '거란'(漢字가 부기되지 않고 한글로만 표기되어 있다.)을 찾으면 '글안(契丹)'에서 온 말로 풀이하고 있고, '글안(契丹)'을 찾으면 '거란'을 참조하라고 되어 있다. 결국 '契丹'은 本音이 '글단'이고 俗音이 '글안'이며, '거란'은 한글化한 말로 볼 수 있고, 俗音 '글안'과 한글化한 말 '거란'이 共存하는 것으로 볼 수 있다.

'과녁'은 '貫革'에서 온 말이다. 國語辭典에서 '관혁(貫革)'을 찾으면 '과녁의 원말(語源)'로 풀이하고 있다. 그리고 '과녁'을 찾으면 이미 漢字가 부기되지 않고 한글로만 표기되고 있으므로 '과'와 '녁'은 각각 '貫'과 '革'의 俗音이라 할 수 없고, '과녁'은 貫革에서 유래한 한글化한 말로 볼 수 있다. '과녁' 그대로 한글로 쓰고, '貫革'이라는 漢字語를 쓸 경우에는 이를 '관혁'으로 읽고 표기하면 될 것이다. 그런데, 예로 '장고(杖鼓)'나 '삭월세(朔月貰)'의 경우에는 각각 '장구'와 '사글세'의 語源임에도 불구하고 國語辭典에 각각 '장구의 잘못', '사글세의 잘못'이라고 적고 있다. '杖鼓, 朔月貰'라는 漢字語와 '장고, 삭월세'라는 讀音의 사용 자체를 제한하고 있는 것이다. 오직 한글로 '장구, 사글세'만 써야 한다. '관혁(貫革)' 등의 경우와 대비된다. 소리만을 중시해서는 안 되고, 國語를 表記하는 文字로서의 漢字, 그리고 그 漢字의 本音과 뜻도 중요하므로 마땅히 한글化한 '장구', '사글세'는 그대로 쓰고, 그 原語인 '杖鼓(장고), 朔月貰(삭월세)'도 漢字語로서 쓰는 것을 허용하여야 한다고 본다.

아래는 俗音 漢字語를 보인 것이다. 여기의 俗音은 頭音法則이나 疊字의 讀音에 관한 規程의 적용을 받는 경우를 제외하고, 本音과 다른 경우는 모두 흡수하는 것을 원칙으로 하였다. 그리고 佛敎界에서 쓰이는 漢字音들도 俗音에 넣었다. 다만 다음과 같은 경우는 제외하였다.

㉠ 이미 漢字語란 의식이 희박하거나 그에 준한다고 판단되어 俗音 보다는 語源으로 처리함이 마땅한 것으로 보이는 말, 예를 들어 가게(假家), 거란(契丹), 토렴(退染), 짐승(衆生) 경마(牽馬) 사글세(朔月貰) 보배(寶貝) 처란(鐵丸) 장구(杖鼓/長鼓) 과녁(貫革) 작두(斫刀) 수육(熟肉) 술래(巡邏) 영계(軟鷄) 주추(柱礎) 선반(懸盤) 설렁(懸鈴) 곤두(筋斗/筋頭) 미루(美柳) 支離(지루) 창자(腸子) 시중(侍從) 조용(從容) 관디(冠帶) 백통(白銅) 서낭(城隍) 대충(大總) 방죽(防築) 비접(避接) 영검(靈驗) 썰매(雪馬) 앵미(惡米) 벽창호(碧昌牛) 재주(才操/才調) 주책(主着) 상투(上頭) 푼수(分數) 수세(休書) 천둥(天動) 퉁소(洞簫) 토시(套袖/套手) 장지(障子) 종지(鍾子) 봉죽(奉足) 추렴(出斂) 앵두(櫻桃/鶯桃/罌桃) 자두(紫桃) 호두(胡桃) 대추(大棗) 후추(胡椒) 나중(乃終) 가난(艱難) 주리(周牢) 양재기(洋瓷器) 푸주(庖廚) 호리병(葫蘆瓶) 재미(滋味) 봉치(封采) 등은 제외하였다.

㉡ 한 '칸(間)', 글 '귀(句)' 등 漢字와 순우리말이 섞이어 된 單語의 俗音과 한 '살(歲)' 등 訓讀으로 보이는 漢字는 생략하였다.

㉢ 자반(佐飯) 등 순우리말을 漢字의 음과 뜻을 취하여 적은 것은 제외하였다.

㉣ 韓國語文敎育硏究會 選定 1級 3,500字 범위 내에 있는 漢字 만 대상으로 하였다. 예로 든 漢字語는 이 범위를 벗어날 수 있다.

㉤ 한지(干支), 아한(阿干), 염한(鹽干), 구해(叩解), 과혹(寡鵠), 고양주(供養主), 지농(紙籠), 곤방(棍棒), 방희(棒戲), 어보(漁父), 무치(牡痔), 일무다빈(一牡多牝), 간랍(肝納/干納), 상진(霜晨), 식개(蝕旣), 龜紐(귀유), 간릉(幹能), 사익(舍匿), 용란(慵懶), 경렬(庚熱), 여탐(豫探), 이방(豫防), 사린교(四人轎), 퇴짜(退字), 주자(酒滓), 인경(人定), 주첩(稠疊), 주인광중(稠人廣衆), 석장포(石菖蒲), 동아(筒兒), 장패(長派), 진취(盡悴), 삼악추(三惡趣), 변조(遍照) 등은 本音과 俗音이 다 허용되어 俗音이 우선한다고 볼 수 없는 漢字語이므로 제외하였다.

ⓗ 참고로 '채비(差備)'의 差는 古字典에 '다를 차, 어긋날 치, 부릴(使) 채'로 '채'음이 등록되어 있음에
도 國語辭典에서는 '채비'를 漢字를 부기하지 않고 '차비(差備)'에서 온 말로 풀고 있다. 이는 잘못으
로 '채비(差備)'를 그대로 漢字말로 보아야 한다.

70	家[집 가]	자가(自家) * 自己를 예스럽게 조금 높여 이르는 말. 자가(自家)는 자기 집.
32	供[이바지할 공:]	향고양(香供養)
70	口[입 구(:)]	연귀(燕口) 어귀(於口)
40	卷[책 권(:)]	궐련(卷煙)
10	拏[잡을 나:]	한라산(漢拏山)
32	諾[허락할 낙]	내락(內諾) 허락(許諾) 수락(受諾) 쾌락(快諾) *모음 뒤에서 '락'
42	難[어려울 난(:)]	곤란(困難) 논란(論難)
42	暖[따뜻할 난:]	한란(寒暖)
10	煖[더울 난:]	한란(寒煖)
80	南[남녘 남]	나무(南無) *나무(南無, Namas)는 돌아가 의지한다는 뜻.
10	囊[주머니 낭]	우랑(牛囊)
70	內[안 내:]	나인(內人) *내인(內人)은 아낙네. 나인(內人)은 고려와 조선 시대에, 궁궐 안에서 왕과 왕비를 가까이 모시는 내명부를 통틀어 이르던 말.
80	女[계집 녀]	부네(婦女) *하회 별신굿 다섯째 마당에 등장하는 인물의 하나로 양반과 선비가 서로 차지하려는 젊은 부인. 부녀(婦女)는 부녀자의 뜻.
10	撚[비빌 년]	강연(強撚) 교연(交撚) 좌연(左撚) 합연(合撚). 속음인 '연'음이 대세, 본음은 검년기(檢撚器) 정도에만 남아있음.
10	涅[열반(涅槃) 녈]	불열(拂涅) *사실상 '녈'음이 남아있지 않음.
32	寧[편안 녕]	돈령(敦寧) 요령(遼寧) 의령(宜寧) 회령(會寧) *돈령을 제외하고 모음 뒤에서는 '령'
42	怒[성낼 노:]	대로(大怒) 희로(喜怒)
10	撓[휠 뇨:]	가요(可撓) 굴요(屈撓) 불요(不撓) *두뇨(逗撓)를 제외하고는 사실상 '요'음이 대세.
32	丹[붉을 단]	글안(契丹) 모란(牡丹)
32	糖[엿 당]	사탕(沙糖/砂糖) 설탕(雪糖/屑糖) 탕색(糖色)
70	道[길 도:]	사또(使道)
12	頓[조아릴 돈:]	두둔(斗頓)
70	動[움직일 동:]	거둥(擧動) *임금의 나들이. 거동(擧動)은 몸을 움직임의 뜻.
50	冷[찰 랭:]	거냉(去冷)
42	兩[두 량:]	전냥(錢兩) 냥쭝(兩重)
40	糧[양식 량]	불양 답(佛糧畓)
10	礫[조약돌 력]	와륵(瓦礫) *고자전에 '륵'음이 있음.
32	戀[그리워할/그릴 련:]	실연(失戀) 연연(戀戀)
42	列[벌릴 렬]	계열(系列) 전열(戰列) *모음과 'ㄴ' 뒤에서 '렬, 률'은 모두 '열, 율'
40	烈[매울 렬]	의열(義烈) 선열(先烈) *모음과 'ㄴ' 뒤에서 '렬, 률'은 모두 '열, 율'
32	裂[찢어질 렬]	파열(破裂) 분열(分裂) *모음과 'ㄴ' 뒤에서 '렬, 률'은 모두 '열, 율'

30	劣[못할 렬]	비열(卑劣) 둔열(鈍劣) *모음과 'ㄴ' 뒤에서 '렬, 률'은 모두 '열, 율'
10	逞[쾌할 령]	봉지(逞志) *본래 '정'음이 정음이나 지금은 역전되어 '령'음이 정음.
30	隸[종 례:]	가예(家隸) 고예(古隸) 노예(奴隸) 복예(僕隸) 초예(草隸) *고자전에 '예'음도 등록되어 있으며, 고예(古隸)와 초예(草隸)는 고례와 초례로도 쓰임.
10	擄[노략질할 로]	침노(侵擄)
42	論[논할 론]	의논(議論)
42	留[머무를 류]	미루체(彌留滯)
80	六[여섯 륙]	삼육(三六) 상육(上六) 오뉴월(五六月) 유월(六月) 임원십육지(林園十六志)
10	戮[죽일 륙]	살육(殺戮) 진육(殄戮)
42	律[법칙 률]	선율(旋律) 계율(戒律) *모음과 'ㄴ' 뒤에서 '렬, 률'은 모두 '열, 율'
32	率[비율 률	거느릴 솔]	고율(高率) 비율(比率) *모음과 'ㄴ' 뒤에서 '렬, 률'은 모두 '열, 율'
32	栗[밤 률]	건율(乾栗) 조율(棗栗) *모음과 'ㄴ' 뒤에서 '렬, 률'은 모두 '열, 율'
10	慄[떨릴 률]	전율(戰慄) 괴율(愧慄) *모음과 'ㄴ' 뒤에서 '렬, 률'은 모두 '열, 율'
80	木[나무 목]	모과(木瓜)
60	分[나눌 분(:)]	사푼(四分) *전각(全角)의 4분의 1 크기의 너비. 사분(四分)은 네 부분으로 나눔의 뜻.
70	不[아닐 불]	부당(不當) 부지(不知) 부실(不實) *뒷말 초성이 'ㄷ, ㅈ'일 때 '부'음이나 不實은 예외. '부'음도 정음이나 국어에서는 없고 한문의 의문사로 쓰일 때 음임.
32	蛇[긴뱀 사]	위타(委蛇) *미꾸라지, '위이'로 읽으면 구불구불 기어가는 모양의 뜻.
80	生[날 생]	초승(初生) *음력으로 그달 초하루부터 처음 며칠 동안은 초승(初生)이라 함.
30	誓[맹세할 서:]	맹세(盟誓)
10	鼠[쥐 서:]	청설모(靑鼠毛)
12	瑟[큰거문고 슬]	금실(琴瑟) *부부간의 사랑을 나타낼 때 '금실'. '금슬'은 거문고와 비파.
80	十[열 십]	시방(十方) 시왕(十王) 시월(十月) 시오리(十五里)
10	縊[목맬 액]	의가(縊架) *본래 '의'음이 정음이었으나 지금은 역전되어 '액'음이 정음.
32	揚[날릴 양]	거량(擧揚) *설법할 때, 죽은 이의 영혼을 부르는 일. 거양(擧揚)은 높이 들어 올림의 뜻.
42	煙[연기 연]	궐련(卷煙)
32	鹽[소금 염]	호렴(胡鹽)
32	炎[불꽃 염]	폐렴(肺炎)
32	染[물들 염:]	애렴(愛染) 후렴(後染)
10	迂[에돌 우]	오망(迂妄) 오괴(迂怪) 오활(迂闊)
40	異[다를 이:]	지리산(智異山) *활음조(滑音調)
70	子[아들 자]	백지(白子) *바둑돌의 흰 알.
70	場[마당 장]	도량(道場) *도량(道場)무예를 닦는 곳, 도량(道場)은 도를 얻으려고 수행하는 곳.

40	錢[돈 전:]	사천(私錢)
10	幀[그림족자 정]	탱화(幀畫)
42	提[끌 제]	보리(菩提)
70	祖[할아비 조]	부주(父祖) *날 때부터 자손에게 전해져 내려오는 소질이나 성질의 뜻. 부조(父祖)는 아버지와 할아버지.
40	座[자리 좌:]	해자(解座)
80	中[가운데 중]	일종(日中) *1월, 5월, 9월의 초하루와 보름에 한 끼씩만 먹는 행사. 일중(日中)은 정오.
70	重[무거울 중:]	근쭝(斤重) 냥쭝(兩重)
10	斟[짐작할 짐]	침량(斟量) 침주(斟酒) *본래는 침음이 정음이었음.
10	帖[문서 첩]	차접(差帖), 인성접(印成帖)
10	陀[비탈질/부처 타]	가나다(加那陀) 만다라(曼陀羅) 건다라(乾陀羅) 다라니(陀羅尼)
52	宅[집 택]	귀댁(貴宅) 댁내(宅內) 별댁(別宅) 본댁(本宅) 사댁(査宅) 시댁(媤宅) *고자전에는 '댁'음도 등록되어 있음. 첩이나 첩의 집은 별댁(別宅). 본집 이외에 따로 지어 놓은 집은 별택(別宅).
10	婆[할미 파]	건달바(乾闥婆) 바라문(婆羅門) 사바(娑婆)
50	板[널 판]	전반(剪板/翦板)
80	八[여덟 팔]	초파일(初八日) 파일등(八日燈) 파일계(八日契)
10	愎[강팍할 팍]	괴팍(乖愎)
42	布[베/펼 포(:)	보시 보:]	보시(布施)
32	皮[가죽 피]	녹비(鹿皮)
32	項[항목 항:]	목휘양(木揮項)
10	痕[흔적 흔]	누한(淚痕)

4 漢字와 사이시옷

한글맞춤법에 따라 두 音節로 된 다음 漢字語는 사이시옷을 받치어 적는다.

> **庫間(곳간), 貰房(셋방), 數字(숫자), 車間(찻간), 退間(툇간), 回數(횟수)**

* 참고로 '數字'는 '수자'의 독음과 표기도 가능하나 그럴 경우 '數字(수자)'는 '두서너 글자'의 뜻이 되어 '數字(숫자)'와 뜻이 달라진다.
* 茶房(찻방), 茶床(찻상), 茶盞(찻잔), 茶鍾(찻종), 茶橵(찻장)은 '차(茶)'를 순우리말로 보아 사이시옷 規程에서 제외하였으나 '茶(차)'는 漢字로 보아야 할 것이고, 위의 '茶(차)'가 들어있는 漢字語는 사이시옷 規程에 넣는 것이 옳을 것으로 본다.

標準語規程 속의 漢字語와 관련된 條項을 살펴보면 대략 다음과 같다.

제5항에 어원에서 멀어진 형태로 굳어져서 널리 쓰이는 것은, 그것을 표준어로 삼는다는 규정에 따라 朔月貰(삭월세)는 버리고 '사글세'를 쓴다.

제8항에 양성 모음이 음성 모음으로 바뀌어 굳어진 단어는 음성 모음 형태를 표준어로 삼는다는 규정에 따라 奉足(봉족)을 버리고 '봉죽', 柱礎(주초)를 버리고 '주추'를 쓴다. 다만, 語源 의식이 강하게 작용하는 단어에서는 양성 모음 형태를 그대로 표준어로 삼는다는 단서 조항에 따라 '삼춘'을 버리고 '삼촌(三寸)', '부주'를 버리고 '부조(扶助)', '사둔'을 버리고 '사돈(査頓)'을 쓴다.

제10항에 모음이 단순화한 형태를 표준어로 삼는다는 규정에 따라 乖愎(괴팍)을 버리고 '乖愎(괴팍)', 美柳(미류)나무를 버리고 '미루나무'를 쓴다.

제11항에 모음의 발음 변화를 인정하여, 발음이 바뀌어 굳어진 형태를 표준어로 삼는다는 규정에 따라 支離(지리)를 버리고 '지루', 主着(주착)을 버리고 '주책'을 쓴다.

제13항에 한자 '구(句)'가 붙어서 이루어진 단어는 '귀'로 읽는 것을 인정하지 아니하고, '구'로 통일하되, 다음 단어는 '귀'로 발음되는 형태를 표준어로 삼는다는 규정에 따라 '귀글(句글)', '글귀(글句)'의 句는 '귀'만을 인정한다.

위의 규정 속의 漢字語는 모두 현행 標準語의 語源이고, 乖愎(괴팍), 句글(귀글), 글句(글귀)만 漢字가 부기되어 쓰이므로 本書에서는 愎(팍), 句(귀)는 俗音으로 취급하기로 한다.

위의 規程을 따를 때 判斷이 쉽지 않은 漢字語들이 있다. 앞에서 예로 든 '장구'와 장고(杖鼓)'를 다시 살펴보자.『標準國語大辭典』에서는 제5항이나 제8항을 적용하여 '장구'를 취하고 '장고(杖鼓)'를 버렸다. 또 다음 제17항과 제25항도 '장구'를 선택함에 힘을 부여한다.

제17항 비슷한 발음의 몇 형태가 쓰일 경우, 그 의미에 아무런 차이가 없고, 그 중 하나가 더 널리 쓰이면, 그 한 형태만을 표준어로 삼는다.

제25항 의미가 똑같은 형태가 몇 가지 있을 경우, 그 중 어느 하나가 압도적으로 널리 쓰이면, 그 단어만을 표준어로 삼는다.

그러나 위의 제8항의 語源 의식이 강하게 작용하는 단어에서는 양성 모음 형태를 그대로 표준어로 삼는다는 단서를 따른다면 오히려 '장구'를 버리고 '장고(杖鼓)'를 살릴 수도 있다. 또 五六月(오뉴월)이라는 많이 변한 音인 '뉴'音도 俗音으로 인정하는 정도인데, '고'音의 '구'音으로의 변화, 양성모음에서 음성모음으로의 변화 정도의 音韻 변화는 俗音으로 처리하여도 가능할 것이다. 또 '장구'가 압도적으로 많이 쓰인다는 증거도 부족한 것이므로 제26항을 따라 '장구'와 '장고(杖鼓)' 둘 다 허용하는 것도 하나의 방법이 될 수 있다.

제26항 한 가지 의미를 나타내는 형태 몇 가지가 널리 쓰이며 표준어 규정에 맞으면, 그 모두를 표준어로 삼는다.

결국 言衆의 腦裏에 語源의식이 남아있어, 異議 소지가 있는 부분은 어느 하나를 표준말로 하기 보다는 둘 다 許容하거나 音韻 변화가 심하지 않은 정도는 한글化이전의 말로 보아 漢字를 부기하여 俗音으로 처리하는 것도 하나의 방법이 될 수 있다고 본다.

6 漢字의 借字表記

借字表記란 한자를 빌려 우리말을 기록하던 표기법 전체를 말한다. 이전에는 향찰(鄕札), 이두(吏讀), 구결(口訣), 고유명사표기라고 구분하여 오던 것을 현재는 '借字表記'로 통틀어 일컫고 있다.

한자를 차용하는 방법은 한자의 音과 訓 중 어느 것을 차용하느냐에 따라 '음'과 '훈'으로 나뉘고, 또 이들을 한자의 본뜻에 맞게 사용하느냐, 본뜻을 버리고 표음적(表音的)으로만 사용하느냐에 따라 '독(讀)'과 '가(假)'로 나뉜다. 이 방법이 복합되어 다음과 같은 차자체계(借字體系)가 나온다.

    ① 음독자(音讀字) : 한자를 음으로 읽고 그 본뜻도 살려서 차용한 차자.
    ② 음가자(音假字) : 한자를 음으로 읽되 그 본뜻을 버리고 표음자로만 차용한 차자.
    ③ 훈독자(訓讀字) : 한자를 훈으로 읽고 그 본뜻도 살려서 차용한 차자.
    ④ 훈가자(訓假字) : 한자를 훈으로 읽되 그 뜻은 버리고 표음자로만 차용한 차자.

이것은 표의문자적 성격과 표음문자적 성격이 복합된 것이다. 현재 자주 쓰이는 가차자들을 정리하고 그 내용을 제시하면 다음과 같다.

급수	규범표기	비표준어(차자표기)	풀이
30	가락덜이	加樂除只(가락제지)	〈현악 영산회상〉의 넷째 곡. (50-62-42-30)
42	가락덜이	加樂除指(가락제지)	〈현악 영산회상〉의 넷째 곡. (50-62-42-42)
12	간서리목	肝雪夜覓(간설야멱)	소의 간을 넓게 저며서 양념한 다음 꼬챙이에 꿰어 재었다가 구운 음식. (32-62-60-12)
40	감잡이	甘自非(감자비)	해금의 통 밑에 대어 기둥쇠를 고정하고 통을 보호하는, 'ㄴ' 자로 구부러진 쇠붙이. (40-72-42)
30	감잡이	甘佐排(감좌배)	대문 문장부에 감아 박는 쇠. (40-30-32)
40	감화보금	甘花富(감화부)	농어나 숭어 따위의 생선을 잘게 칼질하여 양념한 채소로 돌돌 말아 쪄서 가로로 썰어 놓은 음식. (40-70-42)
10	개피떡	甲皮餠(갑피병)	흰떡, 쑥떡, 송기떡을 얇게 밀어 콩가루나 팥으로 소를 넣고 오목한 그릇 같은 것으로 반달 모양으로 찍어 만든 떡. (40-32-10)
02	강강술래	強羌水越來(강강수월래)	정월 대보름날이나 팔월 한가위에 남부 지방에서 행하는 민속놀이. (60-02-80-32-70)
40	거덜	巨達(거달)	조선 시대에, 사복시에 속하여 말을 돌보고 관리하는 일을 맡아 하던 종. (40-42)
40	큰머리	巨頭味머리(거두미머리)	예식 때에, 여자의 어여머리 위에 얹던 가발. (40-60-42)
32	고등어	高刀魚(고도어)	고등엇과의 바닷물고기. (62-32-50)
50	고등어	高道魚(고도어)	고등엇과의 바닷물고기. (62-72-50)
32	고등어	古刀魚(고도어)	고등엇과의 바닷물고기. (60-32-50)
30	고수레	高矢禮(고시례)	민간 신앙에서, 산이나 들에서 음식을 먹을 때나 무당이 굿을 할 때, 귀신에게 먼저 바친다는 뜻으로 음식을 조금 떼어 던지는 일. (62-30-60)
10	곰	膏飮(고음)	고기나 생선을 진한 국물이 나오도록 푹 삶은 국. (10-62)

급수	규범표기	비표준어(차자표기)	풀이
20	고깔	曲葛(곡갈)	승려나 무당 또는 농악대들이 머리에 쓰는, 위 끝이 뾰족하게 생긴 모자. (50-20)
02	공기	控球(공구)	밤톨만 한 돌 다섯 개 또는 여러 개를 땅바닥에 놓고, 일정한 규칙에 따라 집고 받는 아이들의 놀이. (02-62)
02	공기	控球(공구)	헝겊에 콩 따위를 싸서 만든 공 두 개 이상을 가지고 땅에 떨어지지 않게 하나씩 번갈아 가며 공중에 올리며 받는 놀이. (02-62)
10	굴갓	屈笠(굴립)	모자 위를 둥글게 대로 만든 갓. (40-10)
02	너울	羅兀(나올)	예전에, 여자들이 나들이할 때 얼굴을 가리기 위하여 얇은 검정 비단으로 만들어 쓰던 물건. (42-02)
30	댕기	唐只(당지)	길게 땋은 머리 끝에 드리는 장식용 헝겊이나 끈. (32-30)
42	덩	德應(덕응)	공주나 옹주가 타던 가마. (52-42)
42	덩방	德應房(덕응방)	조선 시대에, 사복시(司僕寺)에 속하여 공주와 옹주가 타는 가마에 관한 일을 맡아보던 곳. (52-42-42)
70	도드리	道入里(도입리)	농악 십이채의 셋째 가락의 이름. (72-70-70)
42	두억시니	斗玉神(두옥신)	모질고 사나운 귀신의 하나. (42-42-62)
40	둥우리	斗圍理(두위리)	짚이나 댑싸리 따위로 바구니와 비슷하게 엮어 만든 그릇. (42-40-62)
30	막새	莫斯(막사)	처마 끝에 놓는 수막새와 암막새를 통틀어 이르는 말. (32-30)
10	마래기	抹額(말액)	중국 청나라 때 관리들이 쓰던 모자의 한 종류. (10-40)
10	무자리	巫玆伊(무자이)	후삼국·고려 시대에, 떠돌아다니면서 천업에 종사하던 무리. (10-30-12)
10	바리전	鉢里廛(발리전)	조선 시대에, 서울의 종로에서 놋그릇을 팔던 가게. (12-70-10)
42	편수	邊首(변수)	공장(工匠)의 두목. (42-52)
50	흰말	夫老馬(부로마)	털빛이 흰 말. (70-70-50)
12	불가사리	不可殺伊(불가살이)	전설에서, 쇠를 먹고 악몽(惡夢)과 사기(邪氣)를 쫓는다는 상상의 동물. (72-50-42-12)
12	불가사리	不可殺伊(불가살이)	아무리 해도 죽거나 없어지지 않는 사람이나 사물을 비유적으로 이르는 말. (72-50-42-12)
40	비가비	非甲(비갑)	조선 후기에, 학식 있는 상민으로서 판소리를 배우는 사람을 이르던 말. (42-40)
20	빈사과	氷沙菓(빙사과)	유밀과의 하나. (50-32-20)
40	새남	散陰(산음)	죽은 사람의 넋을 극락으로 인도하는 굿. (40-42)
10	선자추녀	扇子春舌(선자춘설)	서까래를 부챗살 모양으로 댄 추녀. (10-72-70-40)
10	서랍	舌盒(설합)	책상, 장롱, 화장대, 문갑 따위에 끼웠다 뺐다 하게 만든 뚜껑이 없는 상자. (40-10)
42	셈	細音(세음)	수를 세는 일. (42-62)
42	셈	細音(세음)	주고받을 돈이나 물건 따위를 서로 따져 밝히는 일. (42-62)
42	셈	細音(세음)	수를 따져 얼마인가를 세어 맞추는 일. (42-62)

급수	규범표기	비표준어(차자표기)	풀이
42	셈	細音(세음)	이익을 따져 보는 생각. (42-62)
42	셈	細音(세음)	생활의 형편. (42-62)
42	셈	細音(세음)	어떤 일이나 사실의 원인. 또는 그런 형편. (42-62)
42	셈	細音(세음)	사물을 분별하는 슬기. (42-62)
60	앙괭이	夜光(야광)	민간 신앙에서, 음력 섣달 그믐날 밤에 하늘에서 내려와서 자는 아이들의 신을 신어보고 제 발에 맞는 것을 가져간다는 귀신. (60-62)
60	앙괭이	夜光(야광)	음력 섣달 그믐날 밤에, 잠을 자는 사람의 얼굴에 먹이나 검정으로 함부로 그려 놓는 일. (60-62)
40	앙괭이	夜雨降(야우강)	민간 신앙에서, 음력 섣달 그믐날 밤에 하늘에서 내려와서 자는 아이들의 신을 신어보고 제 발에 맞는 것을 가져간다는 귀신. (60-52-40)
40	앙괭이	夜雨降(야우강)	음력 섣달 그믐날 밤에, 잠을 자는 사람의 얼굴에 먹이나 검정으로 함부로 그려 놓는 일. (60-52-40)
52	앙괭이	夜雨光(야우광)	민간 신앙에서, 음력 섣달 그믐날 밤에 하늘에서 내려와서 자는 아이들의 신을 신어 보고 제 발에 맞는 것을 가져간다는 귀신. (60-52-62)
52	앙괭이	夜雨光(야우광)	음력 섣달 그믐날 밤에, 잠을 자는 사람의 얼굴에 먹이나 검정으로 함부로 그려 놓는 일. (60-52-62)
42	양지머리	陽支頭()	소의 가슴에 붙은 뼈와 살을 통틀어 이르는 말. (60-42-60)
30	어여머리	於由味(어유미)	조선 시대에, 부인이 예장할 때에 머리에 얹던 큰머리. (30-60-42)
42	여리꾼	列立軍(열립군)	상점 앞에 서서 손님을 끌어들여 물건을 사게 하고 주인에게 삯을 받는 사람. (42-72-80)
30	여리꾼	閱入軍(열입군)	상점 앞에 서서 손님을 끌어들여 물건을 사게 하고 주인에게 삯을 받는 사람. (30-70-80)
32	오징어	烏賊魚(오적어)	연체동물문 두족강 갑오징어목과 살오징어목의 일부 종들을 통틀어 이르는 말. (32-40-50)
42	우무	牛毛(우모)	우뭇가사리 따위를 끓여서 식혀 만든 끈끈한 물질. (50-42)
30	다로기	月吾只(월오기)	버선의 하나. (80-30-30)
42	장만	作滿(작만)	필요한 것을 사거나 만들거나 하여 갖춤. (62-42)
10	조끼	簇只(족기)	배자(褙子)와 같이 생긴 것으로, 한복에는 저고리나 적삼 위에, 양복에는 셔츠 위에 덧입는, 소매가 없는 옷. (10-30)
40	주사위	朱士會(주사회)	놀이 도구의 하나. (40-52-62)
32	지노귀	指路鬼(지로귀)	죽은 사람의 넋을 극락으로 인도하는 굿. (42-60-32)
32	지노귀새남	指路鬼散陰(지로귀산음)	죽은 사람의 넋을 극락으로 인도하는 굿. (42-60-32-40)
10	차꼬	着錮(착고)	기와집 용마루의 양쪽으로 끼우는 수키왓장. (52-10)
10	차꼬	着錮(착고)	박공 머리에 물리는 네모진 서까래와 기와. (52-10)
12	채련	采蓮皮(채련피)	부드럽게 다루어 만든 당나귀 가죽. (12-32-32)
32	철릭	天翼(천익)	무관이 입던 공복(公服). (70-32)

급수	규범표기	비표준어(차자표기)	풀이
42	철릭	天益(천익)	무관이 입던 공복(公服). (70-42)
32	토시	吐手(토수)	추위를 막기 위하여 팔뚝에 끼는 것. (32-72)
02	보자기	鮑作(포작)	바닷속에 들어가서 조개, 미역 따위의 해산물을 따는 일을 하는 사람. (02-62)
50	하늬	寒衣(한의)	서쪽에서 부는 바람. (50-60)
10	서랍	穴盒(혈합)	책상, 장롱, 화장대, 문갑 따위에 끼웠다 빼었다 하게 만든 뚜껑이 없는 상자. (32-10)
42	확쇠	確金(확금)	문지도리의 장부가 들어가는 데에 끼는, 확처럼 생긴 쇠. (42-80)

영역	학습 및 능력 / 평가 준거
한자와 국어	1. 한자와 관련된 어문 규정을 정확히 숙지하고 한글맞춤법과 표준어규정에 따라 용례를 제시하여 교수–학습 활동을 수행할 수 있다. 2. 한자어의 독음을 한글맞춤법에 맞게 정확히 표기할 수 있도록 지도할 수 있다. 3. 한자어의 장단음을 통하여 우리말의 동음이의어가 지닌 의미의 차이와 의미 전달의 모호성을 구별할 수 있도록 지도할 수 있다. 4. 한자의 본음이 우리말 어휘 속에서 음운변화를 일으킨 대표적인 사례인 두음법칙의 규정을 이해하고 해당 어휘군을 용례로 제시하여 교수–학습 활동을 수행할 수 있다. 5. 한자어의 본음과 속음의 차이를 구별하고 용례로 제시하여 교수–학습 활동을 수행할 수 있다. 6. 첩어의 표기 방식을 이해하고 용례로 제시하여 교수–학습 활동을 수행할 수 있다. 7. 표준어 규정과 관련된 한자어를 한글맞춤법 규정과 관련하여 지도할 수 있다. 8. 多音字와 관련된 한자어의 독음을 용례를 통하여 한글맞춤법 규정에 맞게 표기할 수 있도록 지도할 수 있다.

◀ 영역별 대표 문항 ▶

능력단위	한자와 국어론	단위요소	장단음	[1] 山 [2] 生 [3] ② [4] ㉠ [5] ⓑ

※ 漢字語의 장단음 지도와 관련된 다음 글을 읽고 물음에 답하시오.

> 우리말에서는 固有語와 漢字語 구분 없이 소리의 길이에 따라 뜻이 달라지는 경우가 상당히 많이 나타난다. 예를 들어 "심한 가뭄으로 ①산( )짐승들이 ②산( )송장처럼 숨을 헐떡거린다."라고 했을 때 '산'의 발음을 길게 하느냐 짧게 하느냐에 따라 그 뜻이 달라지는 것이다. 또 '分數'의 첫음절 길이에 따라 '㉠자기 신분에 맞는 한도'란 뜻과 수학에서 '㉡한 수 a를 다른 수 b로 나눈 몫을 a/b와 같이 나타낸 것'이라는 뜻으로 갈리기도 한다. '방화' 역시 첫음절 길이에 따라 ⓐ防火와 ⓑ放火로 그 뜻이 정반대로 나타난다.

[1] 윗글 ①의 ( ) 안에 단어의 뜻을 구분할 수 있는 漢字를 쓰시오.

[2] 윗글 ②의 ( ) 안에 단어의 뜻을 구분할 수 있는 漢字를 쓰시오.

[3] 윗글 ①, ② 중 첫소리를 길게 발음해야 하는 것은?

[4] 윗글 ㉠, ㉡ 중 첫소리를 길게 발음해야 하는 것은?

[5] 윗글 ⓐ, ⓑ 중 첫소리를 길게 발음해야 하는 것은?

능력단위	한자와 국어론	단위요소	두음법칙	정답	[1] ④ [2] ②

[1] 한글 맞춤법의 두음법칙 관련 규정과 관계없는 것은?

① 良心　　　　　　　② 女性

③ 羅列　　　　　　　④ 努力

[2] 한글 맞춤법의 두음법칙을 적용하여 표기하여야 하는 것은?

① 閏年　　　　　　　② 絡脈

③ 閱覽　　　　　　　④ 煙氣

능력단위	한자와 국어론	단위요소	속음	정답	[1] 효령대군 [2] 의논 [3] 부지
문항	※ 한글 맞춤법의 속음 규정을 고려하여 다음 漢字語의 讀音을 쓰시오. [1] 孝寧大君 [3] 不知			[2] 議論	
능력단위	한자와 국어론	단위요소	사이시옷	정답	[1] 다방 [2] 셋방
문항	※ 사이시옷에 유념하여 다음 漢字語의 讀音을 한글 맞춤법에 맞게 쓰시오. [1] 茶房			[2] 貰房	
능력단위	한자와 국어론	단위요소	표준어 규정	정답	[1] 예삿일 [2] 오뉴월 [3] 시방 정토
문항	※ 다음 문장의 밑줄 친 단어를 표준어 규정에 맞게 쓰시오. [1] 그녀의 거짓말은 例事일이 되었다. [2] 五六月 감기는 개도 안 걸린다. [3] 十方淨土에 왕생하다.				

第4篇

漢文의
基礎 理解論

第1章 漢字의 結合 方式

두 자 이상의 漢字가 결합하여 한 단위의 意味體를 형성할 때는 반드시 기능상의 관계를 가지게 된다. 따라서, 한자어의 짜임을 문법적 기능 관계에 따라 이해하고, 이를 토대로 수많은 한자어를 학습하면 한자어 학습의 효과를 높이는 데 큰 도움이 된다.

한자어의 짜임을 통한 한자어의 뜻을 파악할 수 있는 예를 들면, '讀書'는 '~를 ~한다'의 짜임이므로 그 뜻은 '책을 읽는다'로 해석된다. 이렇게 짜임을 통해 한자어의 뜻을 파악하면 뜻을 모르는 한자어들, 예를 들면 '作文, 修身, 愛國, 敬老' 등의 뜻도 쉽게 파악할 수 있게 된다.

한자어는 한자들의 결합 방법에 따라 主述關係, 述目關係, 述補關係, 修飾關係, 並列關係(대립관계 대등관계 유사관계 첨어관계) 등으로 나눌 수 있다. 이러한 한자어의 결합 방법을 다음과 같은 略號로 나타내어 설명하고자 한다.

주술 관계(主述關係) : [□∥□]	술목 관계(述目關係) : [□│□]
술보 관계(述補關係) : [□/□]	수식 관계(修飾關係) : [□□]
대립 관계(對立關係) : [□↔□]	대등 관계(對等關係) : [□ : □]
유사 관계(類似關係) : [□=□]	첨어 관계(疊語關係) : [□•□]

(1) 主述關係 [□∥□]

주어와 서술어 관계로 짜여진 한자어로__ 서술어는 행위·동장·상태 등을 나타내고 주어는 그 주체가 된다. '~가 ~한다', '~가 ~이다'의 관계로 성립되기 때문에, 주어를 먼저 새기고 나중에 서술어를 새긴다.
〈보기〉日∥出 : 해가 뜸
　　　頭∥痛 : 머리가 아픔

(2) 述目關係 [□∥□]

서술어와 목적어 관계로 짜여진 한자어로, 서술어는 행위나 동작을 나타내고 목적어는 그 대상이 된다. '~를 ~한다'의 관계로 성립되기 때문에 목적어를 먼저 새기고 서술어를 나중에 새긴다. '술목 관계'의 한자어는 어순이 우리말과는 반대이다.
〈보기〉讀│書 : 책을 읽음
　　　修│身 : 몸을 닦음

(3) 述補關係 [□ ‖ □]

서술어와 보어의 관계로 짜여진 한자어로, 서술어는 행위나 동작을 나타내고 보어는 서술어를 도와 부족한 뜻을 완전하게 해 준다. '~이(가) ~하다', '~에 ~하다'의 관계로 성립되기 때문에 보어를 먼저 새기고, 서술어를 나중에 새긴다. '술보 관계'의 한자어도 그 어순이 우리말과는 반대이다.

〈보기〉有/罪 : 죄가 있음

　　　　無/限 : 한이 없음

(4) 修飾關係 [□ ‖ □]

수식어와 피수식어의 관계로 짜여진 것으로, 수식어에는 명사류를 수식하는 것과 동사류를 한정하는 것이 있다.

① 관형어 + 체언
　관형어가 체언을 수식하는 관계로 짜여진 한자어로, '~한 ~', '~하는 ~'로 새긴다. 어순은 우리말과 같다.

　　〈보기〉靑 山 : 푸른 산　　　　　流 水 : 흐르는 물

　　　　　白 雲 : 흰 구름　　　　　幼 兒 : 어린 아이

② 부사어 + 용언
　부사어가 용언을 한정하는 관계로 짜여진 한자어로 '~하여 ~하다', '~하게 ~하다'로 새긴다. 어순은 우리말과 같다.

　　〈보기〉必 勝 : 반드시 이김　　　　徐 行 : 천천히 감

　　　　　雲 集 : 구름같이 모임　　　　過 食 : 지나치게 먹음

(5) 竝列關係 [□ ‖ □]

같은 성분의 한자끼리 나란히 병렬되어 짜여진 것으로, 이것은 다시 아래와 같이 나누어진다.

① 대립관계 [□ ↔ □]
　서로 반대 또는 상대되는 의미를 가진 한자가 나란히 놓여 이루어진 짜임으로 '~와(과)', '~하고 ~함'으로 새긴다. 어순은 우리말과 같다.

　　〈보기〉贊 ↔ 反 : 찬성과 반대　　　　勝 ↔ 敗 : 승리와 패배

　　　　　黑 ↔ 白 : 검정색과 흰색

② 대등관계 [□ : □]
　서로 대등한 의미를 가진 한자가 나란히 놓여서 이루어진 짜임으로 '~와(과)'로 새긴다. 어순은 우리말과 같다.

　　〈보기〉松 : 柏 : 소나무와 잣나무　　　　手 : 足 : 손과 발

　　　　　夫 : 婦 : 남편과 아내

③ 유사관계 [□=□]

서로 비슷한 뜻이나 같은 뜻을 가진 한자가 나란히 놓여서 이루어진 짜임으로, 두 글자가 종합된 뜻으로 새긴다.

〈보기〉 海=洋 : 바다　　　　　　　希=望 : 바람

　　　　群=衆 : 무리

④ 첩어관계 [□ · □]

같은 글자가 겹쳐진 한자어로, 두 글자가 종합된 뜻으로 새긴다.

〈보기〉 家·家 : 집집마다　　　　急·急 : 매우 급함

　　　　色·色 : 여러 가지 빛깔

第2章 漢文의 文章

'한자어'는 주술 관계, 술목 관계, 술보 관계, 수식 관계, 병렬 관계 등으로 짜여 하나의 문장을 이룬다. 한문문장은 다음과 같이 나눌 수 있다.

(1) 平敍文

話者가 자기의 생각이나 느낌을 客觀的으로 陳述하는 文章을 말한다. 문장에 '也, 矣' 등이 쓰인다.

> 我是天帝之子也(나는 천제의 아들이다)
>
> 惻隱之心仁之端也(측은하게 여기는 마음은 인의 단초다)
>
> 古之人與民偕樂 故能樂也(옛 사람은 백성과 함께 즐겼기에 능히 즐길 수 있었습니다)

(2) 否定文

話者가 어떤 現象에 대하여 자신의 否定의 뜻을 敍述한 文章을 말한다. 문장에 '不, 無, 非, 未, 不~不, 不~無, 非~不, 不可~不, 莫~非' 등이 쓰인다.

> 忠臣不事二君 烈女不更二夫(충신은 두 임금을 섬기지 않고, 열녀는 두 지아비를 섬기지 않는다)
>
> 知者不惑 仁者不憂 勇者不懼(지자는 미혹하지 않고, 인자는 근심하지 않으며, 용자는 두려워하지 않는다)
>
> 人無遠慮 必有近憂(사람이 먼 미래에 대한 사려가 없으면 반드시 가까운 시간에 근심이 있다)
>
> 未聞好學者也(배우기를 좋아하는 사람을 아직 들어보지 못했다)
>
> 伯樂不常有(백락은 언제나 있는 것이 아니다)
>
> 吾矛之利於物無不陷(내 창의 날카로움은 뚫지 못하는 물건이 없다)
>
> 莫非王臣(왕의 신하가 아닌 사람이 없다)

(3) 疑問文

話者가 聽者에게 質問하여 그 對答을 얻기 위한 文章을 말한다. 문장에 '何, 孰, 乎' 등이 쓰인다.

> 大同江水何時盡(대동강 물은 어느 때에나 마를 것인가?)
>
> 禮與食孰重(예의와 먹는 것 중 어느 것이 더 중한가?)
>
> 朝三而暮四足乎(아침을 세 개로 하고, 저녁을 네 개로 하면 만족하겠는가?)

(4) 反語文

話者가 實際와 반대되는 표현을 통해 본래의 뜻이나 상태를 강조하려는 文章이다. 문장에 '乎, 哉' 등이 쓰인다.

> 王侯將相寧有種乎(왕후장상에 어찌 씨가 따로 있겠는가?)
> 學而時習之不亦說乎(배우고 때로 익히면 또한 기쁘지 아니한가?)
> 燕雀安知鴻鵠之志哉(제비와 참새가 어찌 홍곡의 뜻을 알겠는가?)

(5) 比較文

話者가 둘 이상의 것을 견주어 共通點이나 差異點, 愚劣을 가리기 위한 文章을 말한다. 문장에 '若, 如, 猶, 不如, 莫如, 於, 于, 乎' 등이 쓰인다.

> 國之語音 異乎中國(나랏말이 중국과 다르다)
> 氷水爲之而寒於水(얼음은 물에서 나왔지만 물보다 차겁다)
> 苛政猛於虎(가혹한 정치는 범보다 무섭다)

(6) 假定文

話者가 어떤 狀態를 想定하여 말하는 文章을 말한다. 문장에 '如, 若, 雖, 縱, 假令, 設若' 등이 쓰인다.

> 春若不耕秋無所望(만약 봄에 밭을 갈지 않으면, 가을에 바랄 것이 없다)
> 苟非吾之所有 雖一毫而莫取(진실로 내 것이 아니라면 비록 터럭하나이라도 취하지 말 것이다)

(7) 使動文

話者의 의견을 전달하거나 시키기 위해 사용하는 文章을 말한다. 문장에 '使, 令, 敎, 命, 遣, 勸, 招, 召, 率' 등이 쓰인다.

> 欲使人人易習便於日用耳(사람들로 하여금 쉽게 익히도록 하여 일상생활을 편하게 하고자 할 따름이다)

(8) 被動文

화자가 다른 존재에 의해 무엇인가를 당하거나 그쪽에서 의도하는 대로 되는 文章을 말한다. 문장에 '被, 見, 爲, 所, 於, 于, 乎' 등이 쓰인다.

> 匹夫見辱 拔劍而起(필부는 모욕을 당하면 칼을 뽑아서 일어난다)
> 勞心者治人 勞力者治於人(마음을 잘 쓰는 사람은 다른 사람을 다스리고, 힘을 잘 쓰는 사람은 다른 사람에게 다스림을 받는다)

(9) 限定文

話者가 '다만', '단지', '오직' 등 한정하는 의미를 지니는 부사어나 어조사를 사용한 文章을 말한다. 문장에, '但, 只, 直, 徒, 惟, 唯, 維, 獨, 非但, 非徒, 耳, 爾, 而已, 而已矣, 也已' 등이 쓰인다.

> 直不百步耳 是亦走也(다만 백보가 아닐 뿐이지 이것 역시 달아난 것이다)
>
> 今獨臣有船(지금은 오직 신에게만 배가 있습니다)
>
> 便於日用耳(일상생활에 편리하도록 쓰고자 할 따름이니라)

(10) 倒置文

話者가 전달하고자 하는 내용을 가장 效果的으로 표현하거나, 동시에 강조하기 위해 日常的인 문장의 순서를 바꾸어 표현한 문장을 말한다.

> 天之亡我, 我何渡爲?(하늘이 나를 망하게 하는데, 내가 무엇하러 강을 건너겠는가?)
>
> 賢哉回也(어질도다! 안회여)
>
> 不患人之不己知 患不知人也(사람이 자기를 알아주지 못함을 걱정할 것이 아니라 (내가) 다른 사람을 알아보지 못함을 걱정하라)

(11) 禁止文

話者가 상대방에게 일정한 행동을 하지 못하도록 금지하는 의미를 지닌 문장이다. 문장에 '無, 毋, 勿, 莫, 非' 등이 쓰인다.

> 己所不欲 勿施於人(자신이 원하지 않는 것은 남에게도 시키지 말라)
>
> 少年而老學難成 一寸光陰不可輕(소년은 늙기 쉽고 배우기는 어려우니 한 순간의 시간이라도 가벼이 여기지 말라)
>
> 過則勿憚改(허물이 있으면 고치기를 꺼려하지 말라)

第3章 漢文의 主要 短文

(1) 俗談格言

隨友適江南	高麗公事三日
三歳之習 至于八十	一日之狗 不知畏虎
我腹既飽 不察奴肌	天雖崩 牛出有穴
積功之塔 豈毁乎	窮人之事 飜亦破鼻
始用升授 還以斗容	不足之言 飛于千里
十人守之 不得察一賊	瓜田不納履 李下不整冠

解釋

隨友適江南 : 친구 따라 강남 간다.

高麗公事三日 : 고려의 공사는 사흘 만에 바뀐다.

三歳之習 至于八十 : 세 살 버릇 여든 간다.

一日之狗 不知畏虎 : 하룻강아지 범 무서운 줄 모른다.

我腹既飽 不察奴肌 : 내 배가 이미 부르면 종의 배고픔을 모른다.

天雖崩 牛出有穴 : 하늘이 무너져도 솟아날 구멍이 있다.

積功之塔 豈毁乎 : 공든 탑이 무너지랴?

窮人之事 飜亦破鼻 : 궁한 사람의 일은 뒤로 넘어져도 코를 깬다.

始用升授 還以斗容 : 되로 주고 말로 받는다.

不足之言 飛于千里 : 발 없는 말이 천 리 간다.

十人守之 不得察一賊 : 열사람이 지켜도 한 도적을 살필 수 없다.

瓜田不納履 李下不整冠 : 외밭에서는 신을 고쳐 신지 말고, 오얏나무 아래에서는 갓을 고쳐 쓰지 말라.

(2) 漢文短文

① 東方에 初無君長하더니 有神人이 降于太白山檀木下하니 國人이 立以爲君하다. 與堯竝立하여 國號를 朝鮮이라 하니 是爲檀君이라.

『童蒙先習』

解釋

동방에는 처음에 군장이 없었다. 신인이 태백산 박달나무 아래에 내려왔거늘 나라 사람들이 (그를) 세워 임금으로 삼았다. 요임금과 더불어 같은 시기에 즉위하여 나라 이름을 '조선'이라 하니, 이를 '단군'이라 하였다.

② 金山俗에 端午日에 輩少가 會於直指寺하여 爲角力戲한대 遠近이 皆集하여 以決勝負어늘 聞風而觀光者가 以千百計라 歲以爲常하니라. 『東國歲時記』

解釋

금산의 풍속에 단오날 여러 젊은이들이 직지사에 모여서 힘을 겨루는 놀이를 하였는데 원근 각처에서 다 모여서 승부를 결정하였다. 소문을 듣고 구경 온 사람들이 천백을 헤아릴 정도였다. 해마다 항상 행해졌다.

③ 戊戌十月에 忠武公이 天未明에 追至南海界하여 良久接戰할새, 公이 親自射敵이라가 有飛丸이 中其胸이라. 左右扶入船室하니, 公曰 "戰方急하니 愼勿言我死하라" 하고 卒於船上하다. 『宣祖實錄』

解釋

무술년 10월에 충무공이 하늘(날)이 밝지 아니한 때에 (적을) 쫓아 남해의 경계에 이르러 심히 오래도록 맞붙어 싸울 새, 공이 친히 스스로 적을 쏘다가 한 날아온 탄환이 그의 가슴에 맞았다. 좌우에서 부축하여 선실로 들어가니, 공이 말하기를 "싸움이 바야흐로 급하니 삼가 나의 죽음을 말하지 말라" 하고 배 위에서 죽으셨다.

④ 國之語音이 異乎中國하여 與文字로 不相流通일새 故로 愚民이 有所欲言하여도 而終不得伸其情者가 多矣라. 予가 爲此憫然하여 新制二十八字하노니 欲使人人으로 易習하여 便於日用耳니라. 『訓民正音 御製序文』

解釋

나랏말 소리가 중국과 달라서 문자와 더불어 서로 통하지 아니할 새, 그러므로 어리석은 백성들이 말하고자 하는 바 있어도 마침내 그 뜻을 펼칠 수 없는 것이 많다. 내 이를 불쌍히 여겨 새로 스물여덟 자를 만드노니 사람들로 하여금 쉽게 익혀서 날마다 쓰기 편하게 하고자 할 따름이니라.

⑤ 事君以忠하고 事親以孝하며 交友以信하고 臨戰無退하며 殺生有擇이니라. 『花郞世記』曰, "良將勇卒이 由是而生이니라." 『三國史記』

解釋

임금을 충성으로 섬기고, 어버이를 효도로 섬기며, 벗을 믿음으로 사귀고, 싸움에 임하여서는 물러섬이 없으며, 산 것을 죽임에 가림이 있어야 한다. 『화랑세기』에서 말하기를 "어진 장군과 용맹한 군사가 이로 말미암아 나왔다"라고 했다.

⑥ 宋人에 有耕田者러니 田中有株하여 兎走觸株하여 折頸而死라. 因釋其耒而守株하여 冀復得兎나 兎不可復得이요 而身爲宋國笑라. 『韓非子』

송나라 사람 중에 밭을 가는 사람이 있었다. 밭 가운데 그루터기가 있어 토끼가 달아나다가 그루터기에 부딪혀 목이 부러져 죽었다. 이로 인해 쟁기를 놓고 그루터기를 지키며 다시 토끼 얻기를 바랐으나 토끼는 다시 얻을 수 없었고, 자신은 송나라 사람들의 웃음거리가 되었다.

---

⑦ 中國人이 有曰, "願生高麗國하여 親見金剛山이라" 하니, 金剛山之名於天下가 久矣哉로다. 然이나 我國之人은 相去數百里間이로되 而不果遊者가 多矣라.

『芝峯類說』

解釋

중국 사람들이 말하기를 "고려국에 태어나 몸소 금강산을 구경하는 것이 소원이다."라고 말하니, 금강산이 (이처럼) 세상에 이름난 것이 오래되었다. 그러나 우리나라 사람들은 서로 (떨어진) 거리가 수백 리 사이지만 유람을 하지 못한 이가 많다.

---

⑧ 江陵에 有寒松亭하니 山水之勝이 擅關東이라. 使賓客之遊賞으로 蹄輪輳集하니 供費不貲라. 州人이 常詬曰하기를 "寒松亭은 何日에 虎將去오?"하니라.

『太平閑話滑稽傳』

解釋

강릉에 한송정이 있으니 산수의 빼어난 경치가 관동에서 으뜸이다. 빈객들의 유람과 관상으로 하여금 말과 수레가 몰려드니 그들을 수행하는 비용이 헤아릴 수 없게 되었다. 고을 사람들이 항상 불평하며 말하기를 "한송정은 어느 날에 호랑이가 물어갈까?" 하였다.

---

⑨ 士一日而不讀書면 面目不雅하고 語言不雅라. 幼者讀書면 而不爲妖요 老者讀書면 而不爲老라. 使天下之人으로 安坐而讀書면 天下無事矣리라.   『燕巖集』

解釋

선비가 하루라도 책을 읽지 않으면 얼굴이 곱지 않고 말씨가 곱지 못하다. 어린이가 책을 읽으면 요망한 짓을 하지 않고, 노인이 책을 읽으면 노망한 짓을 하지 않는다. 천하의 사람들로 하여금 편안히 앉아 책을 읽게 한다면 천하에 일이 없을 것이다.

---

⑩ 不登高山이면 不知天之高也며 不臨深谿면 不知地之厚也며 不聞先王之遺言이면 不知學問之大也니라.   『荀子』

解釋

높은 산에 오르지 않으면 하늘이 높은 줄을 알지 못하고, 깊은 계곡에 임하지 않으면 땅이 두터운 줄을 알지 못하고, 선왕이 남긴 가르침을 듣지 않으면 학문이 위대하다는 것을 알지 못한다.

(3) 四書 選讀

1) 논어(論語)

01. 人不知而不慍 不亦君子乎(學而)

02. 曾子曰 吾日三省吾身 爲人謀而不忠乎 與朋友交而不信乎 傳不習乎(學而)

03. 子曰 君子 食無求飽 居無求安 敏於事而愼於言 就有道而正焉 可謂好學也已(學而)

04. 子曰 吾十有五而志于學 三十而立 四十而不惑 五十而知天命 六十而耳順 七十而
從心所欲不踰矩(爲政)

05. 子曰 德之不修 學之不講 聞義不能徙 不善不能改 是吾憂也(述而)

06. 子曰 飯疏食飲水 曲肱而枕之 樂亦在其中矣 不義而富且貴 於我 如浮雲(述而)

07. 子曰 三人行 必有我師焉 擇其善者而從之 其不善者而改之(述而)

08. 名不正則言不順 言不順則事不成 事不成則禮樂不興 禮樂不興則刑罰不中 刑罰
不中則民無所措手足(子路)

09. 子曰 吾嘗終日不食 終夜不寢以思 無益 不如學也(衛靈公)

10. 子曰 君子不可小知而可大受也 小人不可大受而可小知也(衛靈公)

11. 仁不好學 其蔽也愚 好知不好學 其蔽也蕩 好信不好學 其蔽也賊(陽貨)

풀이 및 주요 어구 해설

01. 人不知而不慍 不亦君子乎: 다른 사람이 알아주지 않아도 화를 내지 않으면 군자가 아니겠는가? * 人: 나 이외의 다른 사람. 慍: 성내다. 不亦~乎: 역시 ~이 아니겠는가?

02. 曾子曰 吾日三省吾身 爲人謀而不忠乎 與朋友交而不信乎 傳不習乎: 증자가 말하기를 "나는 매일 세 가지로 나 자신을 살피니 다른 사람을 위해 무엇인가를 꾀함에 충실하게 하지 않았는지, 벗과 더불어 사귐에 미덥게 하지 않았는지, 전해 받은 것을 익히지는 않았는지"라고 했다.
   * 日: 매일. 身: 자기 자신. 爲人: 다른 사람을 위하여. 不~乎: ~하지는 않았는지?

03. 子曰 君子 食無求飽 居無求安 敏於事而愼於言 就有道而正焉 可謂好學也已: 공자께서 말하기를 "군자는 먹음에 배부름을 구하지 않고, 거함에 편안함을 구하지 않는다. 일을 함에는 빠르지만 말을 함에는 삼가고, 도가 있는 곳에 나아가 바르게 한다면 가히 배움을 좋아한다고 할만하다."고 하였다.
   * 飽: 배부르다. 於: ~에 있어서. 就: 나아가다. 也已: 긍정의 뜻을 가지는 어조사로 감탄의 느낌을 지님.

04. 子曰 吾十有五而志于學 三十而立 四十而不惑 五十而知天命 六十而耳順 七十而從心所欲不踰矩: 공자께서 말하기를 "나는 15세에 배움이 뜻을 두었고, 30에는 섰으며, 40에는 미혹하지 않았으며, 50에는 하늘의 명을 알았고, 60에는 귀가 순해졌으며, 70에는 마음에 하고자 하는 바대로 따라도 법도를 넘지 않았다."고 하였다.
   * 于: ~에, ~에게. 立: 뚜렷한 주관이 섬. 耳順: 외부의 것을 잘 받아들이게 됨. 踰: 넘다, 지나치다. 矩: 법도, 음은 구.

05. 子曰 德之不修 學之不講 聞義不能徙 不善不能改 是吾憂也: 공자께서 말하기를 "덕을 닦지 못하며, 배운 것을 명확하게 하지 못하며, 옳음을 듣고도 실행하지 못하며, 선하지 않으면서도 능히 고치지 못하는 것이 나의 근심이다."고 했다.

* 講: 설명하다. 명확하게 하다. 徙: 행동으로 옮기다.

06. 子曰 飯疏食飲水 曲肱而枕之 樂亦在其中矣 不義而富且貴 於我 如浮雲: 공자께서 말하기를 "거친 밥을 먹고 물을 마시면서 팔을 구부려 베고 누웠어도 즐거움이 역시 그 가운데 있으니, 옳지 못하면서 부귀한 것은 나에게는 뜬 구름과 같다."고 했다.

* 飯疏食: 거칠고 맛없는 밥이라는 뜻. 안빈낙도. 食의 뜻은 밥, 음은 사. 飯은 동사로 밥을 먹다. 枕之: 그것을 베고 눕다. 矣: 감탄의 뜻을 가진 어조사. 且: ~하고 또. 如: ~와 같다.

07. 子曰 三人行 必有我師焉 擇其善者而從之 其不善者而改之: 공자께서 말하기를 "세 사람이 행하면 반드시 나의 스승이 있으니 좋은 것을 골라서 그것을 따르고, 좋지 못한 것을 통해서는 (나를) 고칠 것이니라"고 하였다.

* 行: 무슨 일인가를 행하다. 從之: 그것을 따르다. 之는 其善者.

08. 名不正則言不順 言不順則事不成 事不成則禮樂不興 禮樂不興則刑罰不中 刑罰不中則民無所措手足: 명분이 바르지 못하면 말이 순하지 못하고, 말이 순하지 못하면 일이 이루어지지 않고, 일이 이루어지지 않으면 예악이 일어나지 않고, 예악이 일어나지 않으면 형벌이 맞지 않으며, 형벌이 맞지 않으면 백성이 손발을 둘 곳이 없다.

* 名: 명분, 공명정대함. 則: 연결어미, ~이면. 無所: ~할 곳이 없다.

09. 子曰 吾嘗終日不食 終夜不寢以思 無益 不如學也: 공자께서 말하기를 "내가 일찍이 종일 먹지 않고, 밤새도록 자지 않고 생각해봐도 무익하여 배우는 것 만한 것이 없었다"고 하였다.

* 嘗: 일찍이. 無益: 이로운 것이 없다. 不如: ~와 같지 않다. ~만한 것이 없다.

10. 子曰 君子不可小知而可大受也 小人不可大受而可小知也: 공자께서 말하기를 "군자는 작은 것은 알 수 없으나 큰 것을 받아들일 수 있다. 소인은 큰 것을 받아들일 수는 없으나 작은 것을 알 수 있다."고 하였다.

* 不可小知: 작은 것은 알 수 없다. 受: 받아들이다.

11. 好仁不好學 其蔽也愚 好知不好學 其蔽也蕩 好信不好學 其蔽也賊 好直不好學 其蔽也絞 好勇不好學 其蔽也亂 好剛不好學 其蔽也狂: 어진 것을 좋아해도 배우기를 좋아하지 않으면 그 폐단은 어리석음이고, 지혜를 좋아해도 배우기를 좋아하지 않으면 그 폐단은 방탕함이고, 신의를 좋아해도 배우기를 좋아하지 않으면 그 폐단은 남을 헤치는 것이고, 곧음을 좋아해도 배우기를 좋아하지 않으면 그 폐단은 조급함이고, 용감함을 좋아해도 배우기를 좋아하지 않으면 그 폐단은 문란함이고, 강함을 좋아해도 배우기를 좋아하지 않으면 그 폐단은 경솔함이다.

* 蔽: 가려서 막다. 蕩: 방탕하다. 絞: 묶음, 절박함. 亂: 어지럽다. 문란하다.

2) 중용(中庸)

01. 喜怒哀樂之未發 謂之中 發而皆中節 謂之和 中也者 天下之大本也 和也者 天下之達道也 致中和 天地位焉 萬物育焉

02. 子曰 道之不行也 我知之矣 知者過之 愚者不及也 道之不明也 我知之矣 賢者過之 不肖者不及也 人莫不飲食也 鮮能知味也

03. 天地之大也 人猶有所憾 故君子語大 天下莫能載焉 語小 天下莫能破焉

04. 天下之達道五 所以行之者三 曰 君臣也 父子也 夫婦也 昆弟也 朋友之交也 五者
天下之達道也 知仁勇三者 天下之達德也 所以行之者一也 或生而知之 或學而知
之 或困而知之 及其知之 一也 或安而行之 或利而行之 或勉強而行之 及其成功
一也

05. 凡爲天下國家 有九經 曰 修身也 尊賢也 親親也 敬大臣也 體群臣也 子庶民也
來百工也 柔遠人也 懷諸侯也 修身則道立 尊賢則不惑 親親則諸父昆弟不怨 敬
大臣則不眩 體群臣則士之報禮重 子庶民則百姓勸 來百工則財用足 柔遠人則四
方歸之 懷諸侯則天下畏之

06. 誠者天之道也 誠之者人之道也 誠者 不勉而中 不思而得 從容中道 聖人也 誠之
者 擇善而固執之者也 博學之 審問之 慎思之 明辨之 篤行之

07. 君子之道 淡而不厭 簡而文 溫而理 知遠之近 知風之自 知微之顯 可與入德矣

풀이 및 주요 어구 해설

01. 喜怒哀樂之未發謂之中 發而皆中節謂之和 中也者天下之大本也 和也者天下之達道也 致中和天地位焉萬
物育焉: 희·노·애·락이 드러나지 않은 것을 중(中)이라 하고, 드러나서 모두 절조에 맞는 것을 화(和)
라고 한다. 중이라고 하는 것은 천하의 큰 근본이요, 화라고 하는 것은 천하의 달도이다. 중화가 이루어지
면 하늘과 땅이 제자리를 잡고, 만물이 길어진다.
   * 喜怒哀樂: 사람이 가지는 여러 가지 감정. 達道: 때와 장소에 따라 변함 없이 사람이 지켜야 할 도. 致:
   이르다. 도달하다.

02. 子曰 道之不行也 我知之矣 知者過之 愚者不及也 道之不明也 我知之矣 賢者過之 不肖者不及也 人莫不
飮食也 鮮能知味也: 공자께서 말하기를 "도가 행해지지 않는 까닭을 나는 안다. 지혜로운 자는 지나치고,
어리석은 자는 미치지 못하기 때문이다. 도가 밝지 않음을 나는 안다. 현명한 자는 지나치고, 못난 자는 미
치지 못하기 때문이다. 사람이 먹고 마시지 않는 것이 없지만 그 맛을 아는 사람은 드물다.
   * 知之: 그것을 안다. 知者: 지혜로운 자. 過: 지나치다. 넘치다. 不及: 모자라다. 미치지 못하다. 不肖:
   부모를 닮지 못한 못난 자식. 鮮: 드물다. 知味: 맛을 알다.

03. 天下之達道五 所以行之者三 曰 君臣也 父子也 夫婦也 昆弟也 朋友之交也 五者天下之達道也 知仁勇三
者 天下之達德也 所以行之者一也 或生而知之 或學而知之 或困而知之 及其知之一也 或安而行之 或利而
行之 或勉強而行之 及其成功一也: 천하의 달도는 다섯이 있고, 그것을 행하는 까닭에는 셋이 있으니, 임
금과 신하, 아버지와 아들, 남편과 부인, 형과 아우, 벗의 사귐이니 이 다섯이 천하의 달도이다. 지혜와 어
짐과 용기 세 가지는 천하의 달덕인데, 그것을 행하게 하는 것은 하나다. 혹 나면서 그것을 알기도 하고,
배워서 알기도 하고, 힘들게 알기도 하지만 앎에 있어서는 하나이고, 혹 편안하게 여겨서 행하기도 하고,
혹 이기기 된다고 여겨서 행하기도 하고, 혹 힘써서 행하기도 하는데, 그 이룬 공에 있어서는 하나이다.
   * 所以: ~로써 하는 바, ~하는 까닭. 達德: 때와 장소에 따라 변함없이 사람이 지녀야 할 덕. 勉強: 애써서
   힘을 씀.

04. 凡爲天下國家 有九經 曰 修身也 尊賢也 親親也 敬大臣也 體群臣也 子庶民也 來百工也 柔遠人也 懷諸侯
也 修身則道立 尊賢則不惑 親親則諸父昆弟不怨 敬大臣則不眩 體群臣則士之報禮重 子庶民則百姓勸 來
百工則財用足 柔遠人則四方歸之 懷諸侯則天下畏之: 무릇 천하국가를 다스림에 9경이 있으니, 자신을 수

양함이요, 현자를 존대함이요, 어버이를 가까이 함이요, 대신을 공경함이요, 여러 신하를 알아줌이요, 백성을 사랑함이요, 모든 기술자를 초빙함이요, 멀리서 온 손님을 편안하게 함이요, 제후를 따르게 함이 그것이다. 수신하면 도가 서고, 존현하면 미혹하지 않고, 친친하면 모든 부모와 형제들이 원망하지 않으며, 경대신하면 혼란스럽지 않으며, 체군신하면 선비의 보답이 커지게 되고, 자서민하면 백성이 권면하게 되고, 래백공하면 재물이 풍족하게 되고, 유원인하면 사방이 귀화해오고, 회제후하면 천하가 경외하게 된다.

* 爲: 다스리다. 九經: 세상을 다스리는데 꼭 필요한 아홉 가지 큰 도리. 體: 알아주다. 子: 사랑하다. 來: 부르다. 초빙하다. 柔: 편안하게 하다. 懷: 따르게 하다. 則: ~면, ~하면.

05. 誠者天之道也 誠之者人之道也 誠者 不勉而中 不思而得 從容中道 聖人也 誠之者 擇善而固執之者也: 성이라고 하는 것은 하늘의 도이며, 성해지려고 하는 것은 사람의 도이다. 성이라고 하는 것은 힘쓰지 않아도 적중하는 것이며, 생각하지 않아도 얻어지는 것이며, 조용히 도에 적중하니 성인이다. 성해지려고 하는 것은 선한 것을 골라서 그것을 고집하는 것이다.

* 誠: 유교에서 모든 덕(德)을 뒷받침하는 가장 기초적이고 근원적인 것. 誠之: 성에 이르다. 之는 이르다, 도달하다. 성에 이르려고 하는 것. 從容: 침착하고 덤비지 않음.

06. 君子之道 淡而不厭 簡而文 溫而理 知遠之近 知風之自 知微之顯 可與入德矣: 군자의 도는 담박하면서 싫증이 나지 않고, 간결하면서 문채가 나고, 따뜻하면서도 사리에 맞는다. 먼 것이 가까운 것에 있음을 알고, 바람이 오는 곳을 알며, 작은 것이 드러나는 것을 알면 가히 더불어 덕에 들어갈 수 있을 것이다.

* 淡: 맑다. 담박하다. 文: 문채가 나다.

3) 대학(大學)

> 01. 大學之道 在明明德 在新民 在止於至善 知止而后有定 定而后能靜 靜而后能安 安而后能慮 慮而后能得 物有本末 事有終始 知所先後 則近道矣
>
> 02. 古之欲明明德於天下者 先治其國 欲治其國者 先齊其家 欲齊其家者 先脩其身 欲脩其身者 先正其心 欲正其心者 先誠其意 欲誠其意者 先致其知 致知在格物 物格而后知至 知至而后意誠 意誠而后心正 心正而后身脩 身脩而后家齊 家齊而后國治 國治而后天下平
>
> 03. 所謂誠其意者 毋自欺也 如惡惡臭 如好好色 此之謂自謙 故君子 必愼其獨也 小人閒居爲不善 無所不至 見君子而后厭然 揜其不善 而著其善 人之視己 如見其肺肝然 則何益矣 此謂誠於中 形於外 故君子必愼其獨也
>
> 04. 是故君子先愼乎德 有德此有人 有人此有土 有土此有財 有財此有用 德者本也 財者末也 外本內末 爭民施奪 是故財聚則民散 財散則民聚 是故言悖而出者 亦悖而入 貨悖而入者 亦悖而出

풀이 및 주요 어구 해설

01. 大學之道 在明明德 在新民 在止於至善 知止而后有定 定而后能靜 靜而后能安 安而后能慮 慮而后能得 物有本末 事有終始 知所先後 則近道矣: 대학의 도는 밝은 덕을 밝게 함에 있으며, 백성을 새롭게 하는데 있으며, 최고의 선에 이르러 멈추는 데에 있다. 멈출 곳을 안 뒤에 정함이 있고, 정함이 있은 뒤에 고요함이 있으며, 고요함이 있은 뒤에 편안함이 있으며, 편안함이 있은 후에 헤아림이 있으며, 헤아림이 있은 후에

얻음이 있다. 사물에는 본과 말이 있고, 일에는 시작과 끝이 있으니 먼저 할 것과 나중 할 것을 알면 곧 도에 가까울 것이다.

* 明德: 사람이 하늘에서 얻은 것으로 어둡지 않고 밝은 것. 至善: 사리의 당연한 표준. 以後: 기준이 되는 때를 포함하여 그보다 뒤. 知所: ~할 바(것)를 알다.

02. 古之欲明明德於天下者 先治其國 欲治其國者 先齊其家 欲齊其家者 先脩其身 欲脩其身者 先正其心 欲正其心者 先誠其意 欲誠其意者 先致其知 致知在格物 物格而后知至 知至而后意誠 意誠而后心正 心正而后身脩 身脩而后家齊 家齊而后國治 國治而后天下平: 옛날에 명덕을 밝히고자 하는 사람은 먼저 그 나라를 다스리고, 그 나라를 다스리고자 하는 사람은 먼저 그 집을 가지런히 하고, 그 집을 가지런히 하고자 하는 사람은 먼저 자신을 수양하고, 자신을 수양하고자 하는 사람은 먼저 그 마음을 바르게 하고, 그 마음을 바르게 하고자 하는 사람은 먼저 그 뜻을 성실하게 하고, 그 뜻을 성실하게 하고자 하는 사람은 먼저 그 앎을 지극히 하고, 그 앎을 지극히 함은 사물의 이치를 궁구함에 있다. 사물의 이치를 궁구한 후에 지극함을 알고, 지극함을 안후에 뜻을 성실히 할 수 있으며, 뜻을 성실히 한 후에야 마음을 바르게 할 수 있으며, 마음을 바르게 한 후에야 자신을 수양할 수 있으며, 자신을 수양한 후에야 집을 가지런히 할 수 있으며, 집을 가지런히 한 후에야 나라를 다스릴 수 있으며, 나라를 다스린 후에야 천하를 태평하게 할 수 있다.

* 其: 그, 그것. 欲: ~하려고 하다. 脩: 닦다. 修와 같은 글자. 意: 마음속에 있는 정(情)이 밖으로 드러난 것.

03. 所謂誠其意者 毋自欺也 如惡惡臭 如好好色 此之謂自謙 故君子 必愼其獨也 小人閒居爲不善 無所不至 見君子而后厭然 揜其不善 而著其善 人之視己 如見其肺肝然 則何益矣 此謂誠於中 形於外 故君子必愼其獨也: 소위 그 뜻을 성실하게 한다는 것은 자기 자신을 속이지 않는 것이다. 악취를 싫어함과 같고, 좋은 모양을 좋아함과 같으니 이를 일러 자겸이라고 하는데, 그러므로 군자는 반드시 그 홀로 있음을 삼간다. 소인은 혼자 있을 때는 선하지 않아서 하지 않는 것이 없다가 군자를 만나면 계면쩍어 하면서 그 선하지 못한 것을 감추고 선한 것을 드러내 보이지만 다른 사람이 자기를 보기를 그 폐와 간을 보듯이 하는데 무슨 소용이 있겠는가! 이런 것을 일러 속이 성실하면 밖으로 드러난다고 하는 것이다. 그러므로 군자는 반드시 그 홀로 있음을 삼간다.

* 所謂: 이른바. 毋: 하지 않다. 惡: 싫어하다. 好色: 좋은 모양. 色은 모양, 상태. 自謙: 스스로 겸손하게 하여 사양함. 獨: 자신만 아는 것. 閒居: 혼자 있다. 厭然: 가리고 감추는 모양. 계면쩍어 하는 모양. 揜: 가리다. 숨기다. 著: 드러나다. 드러내다. 何益矣: 무슨 보탬이 있겠는가. 무슨 소용이 있겠는가.

04. 是故君子先愼乎德 有德此有人 有人此有土 有土此有財 有財此有用 德者本也 財者末也 外本內末 爭民施奪 是故財聚則民散 財散則民聚 是故言悖而出者 亦悖而入 貨悖而入者 亦悖而出: 이런 연고로 군자는 먼저 신중하게 덕을 행하니, 덕이 있으면 사람이 있게 되고, 사람이 있으면 땅이 있게 되고, 땅이 있으면 재물이 있게 되고, 재물이 있으면 쓰임이 있게 된다. 덕은 근본이요 재물은 말단이니 근본을 밖에 두고 말단을 안에 두면 백성들은 다투게 되어 약탈을 하게 되니 이런 연고로 재물을 모으면 백성이 흩어지고, 재물을 흩으면 백성이 모인다고 하는 것이다. 이런 연고로 말이 거칠게 나가면 역시 거칠게 들어오고, 나쁘게 들어온 재물은 역시 나쁘게 나가는 것이다.

* 是故: 이런 까닭으로. 愼乎德: 덕에 신중하다. 덕을 행함에 조심한다. 덕을 쌓는다. 本末: 본질과 현상. 안과 밖. 聚: 모여들다. 散: 흩어지다. 悖: 거칠다. 나쁘다.

4) 맹자(孟子)

01. 孟子見梁惠王 王曰叟不遠千里而來 亦將有以利吾國乎 孟子對曰 王何必曰利 亦有仁義而已矣. 王曰何以利吾國 大夫曰何以利吾家 士庶人曰何以利吾身 上下交征利而國危矣 (梁惠王 上)

02. 曾子曰 戒之戒之 出乎爾者反乎爾者也 (梁惠王 下)

03. 今人乍見孺子將入於井 皆有怵惕惻隱之心 非所以內交於孺子之父母也 非所以要譽於鄉黨朋友也 非惡其聲而然也 由是觀之 無惻隱之心 非人也 無羞惡之心 非人也 無辭讓之心 非人也 無是非之心 非人也 惻隱之心 仁之端也 羞惡之心 義之端也 辭讓之心 禮之端也 是非之心 智之端也 人之有是四端也 猶其有四體也 有是四端而自謂不能者 自賊者也 謂其君不能者 賊其君者也 (公孫丑 上)

04. 居天下之廣居 立天下之正位 行天下之大道 得志 與民由之 不得志 獨行其道 富貴不能淫 貧賤不能移 威武不能屈 此之謂大丈夫 (騰文公 下)

05. 孟子曰 愛人不親 反其仁 治人不治 反其智 禮人不答 反其敬 行有不得者 皆反求諸己 其身正而天下歸之 (離婁 上)

06. 由君子觀之 則人之所以求富貴利達者 其妻妾不羞也 而不相泣者幾希矣 (離婁 下)

07. 非其義也 非其道也 祿之以天下 弗顧也 繫馬千駟 弗視也 非其義也 非其道也 一介 不以與人 一介 不以取諸人 (萬章 上)

08. 生亦我所欲 所欲有甚於生者 故不爲苟得也 死亦我所惡 所惡有甚於死者 故患有所不辟也 (告者 上)

09. 夫道 若大路然 豈難知哉 人病不求耳 (告者 下)

10. 孟子曰 天將降大任於是人也 必先苦其心志 勞其筋骨 餓其體膚 空乏其身 行弗亂其所爲 所以動心忍性 曾益其所不能 (告者 下)

11. 孟子曰 君子有三樂 而王天下 不與存焉 父母俱存 兄弟無故 一樂也 仰不愧於天 俯不怍於人 二樂也 得天下英才 而敎育之 三樂也 (盡心 上)

풀이 및 주요 어구 해설

01. 孟子見梁惠王 王曰叟不遠千里而來 亦將有以利吾國乎 孟子對曰 王何必曰利 亦有仁義而已矣 王曰何以利吾國 大夫曰何以利吾家 士庶人曰何以利吾身 上下交征利而國危矣: 맹자께서 양혜왕을 만나니 왕이 말하기를 "선생께서 천리를 멀다 않고 오시니 장차 내 나라를 이롭게 할 것이 있겠습니까? 맹자 말하기를 "왕께서는 하필이면 이(利)를 말씀하십니까? 오직 인과 의가 있을 뿐입니다. 왕께서 무엇으로 내 나라를 이롭게 할까라고 하시면, 대부는 무엇으로 내 집을 이롭게 할까라고 할 것이고, 선비와 서민들은 무엇으로 내 몸을 이롭게 할까라고 할 것이니 아래 위가 서로 이로움을 취하게 되어 나라가 위태로워질 것입니다.

＊ 叟: 늙은이, 어른, 선생. 征: 취하다, 손에 넣다. 不遠千里: 천리를 멀다 하지 않다. 而已: ~뿐이다. 何以: 무엇으로. 무엇을 가지고. 交征: 서로 취하다. 서로 손에 넣다.

02. 曾子曰 戒之戒之 出乎爾者反乎爾者也: 증자가 말하기를 "조심하고 조심하라 너에게서 나간 것이 너에게로 돌아오느니라.

  ＊ 戒 : 조심하다. 주의하다. 乎 : ~에, ~에게서.

03. 今人乍見孺子將入於井 皆有怵惕惻隱之心 非所以内交於孺子之父母也 非所以要譽於鄕黨朋友也 非惡其聲而然也 由是觀之 無惻隱之心 非人也 無羞惡之心 非人也 無辭讓之心 非人也 無是非之心 非人也 惻隱之心 仁之端也 羞惡之心 義之端也 辭讓之心 禮之端也 是非之心 智之端也 人之有是四端也 猶其有四體也 有是四端而自謂不能者 自賊者也 謂其君不能者 賊其君者也: 지금 어떤 사람이 어린 아이가 우물에 빠지려고 하는 것을 본다면 모두 두렵고 놀라며 측은한 마음이 생기는데, 이는 어린아이의 부모와 친분이 있기 때문이 아니며, 마을의 동료들에게 명예를 구하려는 까닭도 아니며, 그 소리가 싫어서 그러는 것도 아니다. 이로 말미암아 볼 때, 측은지심이 없는 것은 사람이 아니요, 수오지심이 없는 것은 사람이 아니요, 사양지심이 없는 것은 사람이 아니요, 시비지심이 없는 것은 사람이 아니다. 측은지심은 어짐의 핵심이요, 수오지심은 의로움의 핵심이요. 사양지심은 예의 핵심이요, 시비지심이 지혜의 핵심이니 사람이 이 사단을 가지고 있는 것은 사지를 가지고 있는 것과 같다. 이 사단이 있으면서 스스로 하지 못한다고 하는 사람은 스스로를 해치는 자이고, 군주가 하지 못한다고 하는 사람은 그 군주를 해치는 자이다.

  ＊ 人: 다른 사람, 어떤 사람. 자신이 아닌 딴 사람. 乍: 바로, 마침. 將: 바야흐로 ~하려고 하다. 於: ~으로, ~로. 非所以: ~하는 까닭이 아니다. 要譽: 명예를 구함. 由是: 이로 말미암아. 猶: ~와 같다. 四端: 惻隱之心, 羞惡之心, 辭讓之心, 是非之心, 端은 양쪽이 같은 모양의 사물에서 끝을 의미하는 글자로 모든 힘이 모여 있는 끝을 말하므로 핵심이라는 뜻. 非: ~이 아니다, 상대부정.

04. 居天下之廣居 立天下之正位 行天下之大道 得志 與民由之 不得志 獨行其道 富貴不能淫 貧賤不能移 威武不能屈 此之謂大丈夫: 천하의 넓은 집에 살며, 천하의 바른 자리에 서며, 천하의 큰 길을 간다. 뜻을 얻으면 백성과 함께 하고, 뜻을 얻지 못하면 혼자서 그 길을 간다. 부귀도 음란하게 할 수 없으며, 빈천도 바꾸게 할 수 없으며, 무력에 의한 위협도 굴복시킬 수 없으니 이것이 이른바 대장부.

  ＊ 廣居: 넓은 집, 맹자가 가르치는 仁의 길. 正位 : 정당한 자리. 大道 : 사람이 마땅히 행해야 할 바른 길. 由之 : 그것에서. 不能: ~하지 못하다. 此之謂: 이것을 가리켜.

05. 孟子曰 愛人不親 反其仁 治人不治 反其智 禮人不答 反其敬 行有不得者 皆反求諸己 其身正 而天下歸之: 맹자 말하기를 "사람을 사랑하는데도 친하지 못하면 그 어짐을 되돌아보고, 사람을 다스리는데도 다스려지지 않으면 그 지혜를 되돌아보고, 사람을 예로 대해도 답이 없으면 그 공경을 되돌아보고, 행해도 얻지 못하면 모두 돌이켜 자신에게서 구해야 한다. 스스로가 바르면 천하가 귀의할 것이다.

  ＊ 反: 되돌아 보다. 諸: ~에서, ~에게서, 어조사로 음은 저.

06. 由君子觀之 則人之所以求富貴利達者 其妻妾不羞也 而不相泣者幾希矣: 사람들이 부귀와 이달을 구하는 까닭을 군자의 입장에서 본다면, 그 처와 첩이 부끄러워하지 않으며, 서로 울지 않는 것이 거의 드물 것이다.

  ＊ 由: ~에서, ~을 통하여. 之所以~者: ~가 ~하는 까닭. 幾: 거의.

07. 非其義也 非其道也 祿之以天下 弗顧也 繫馬千駟 弗視也 非其義也 非其道也 一介 不以與人 一介 不以取諸人: 그것이 의가 아니고, 도가 아니면 천하를 농봉으로 준다고 해도 돌아보지 않았고, 좋은 말 4천 필을 준다고 해도 거들떠보지도 않았다. 그것이 의가 아니고, 도가 아니면 보잘 것 없는 것 하나라도 사람들에게 주지 않았고, 보잘 것 없는 것 하나라도 다른 사람에게서 받지 않았다.

  ＊ 顧: 고개를 돌려서 봄. 弗 : 아니다. 繫馬: 훈련된 좋은 말. 一介: 보잘 것 없는 작은 것. 諸: ~에, ~에서, 음은 저.

08. 生亦我所欲 所欲有甚於生者 故不爲苟得也 死亦我所惡 所惡有甚於死者 故患有所不辟也: 사는 것도 내가 바라는 바이지만 바라는 바에 사는 것보다 더 중요한 것이 있기 때문에 구차하게 생을 얻으려 하지 않는다. 죽음도 내가 싫어하는 바이지만 싫어하는 것 중에 죽는 것보다 더 중요한 것이 있기 때문에 환란이 있더라도 피하려 하지 않는다.

 * 所欲: 바라는 바. 하고자 하는 것. 有甚於~者: ~보다 더 심한 것이 있다. ~보다 더 중요한 것이 있다. 故: 이런 이유 때문에. 不爲苟: 구차하게 ~하지 않는다.

09. 夫道 若大路然 豈難知哉 人病不求耳: 무릇 도는 큰 길과 같으니 어찌 알기가 어렵겠는가! 사람들이 구하지 않는 것이 병폐일 뿐이다.

 * 夫: 무릇, 대개. 若: ~와 같다. 豈難~哉: 어찌 ~하는 것이 어렵겠는가. 病: 병폐, 근심. 耳: ~뿐이다.

10. 孟子曰 天將降大任於是人也 必先苦其心志 勞其筋骨 餓其體膚 空乏其身 行弗亂其所爲 所以動心忍性 曾益其所不能: 맹자 말하기를 "하늘이 이 사람에게 장차 큰 임무를 내리려고 하면 반드시 먼저 그 심지를 괴롭게 하며, 그 근골을 힘들게 하며, 그 체부를 굶주리게 하며, 그 몸을 곤궁하게 하며, 행하려고 하는 바가 다스려지지 못하게 하니 마음을 움직이도록 하여 성질을 참도록 함으로써 이에 능하지 못했던 것을 보태주기 위함이다.

 * 將: 장차, 바야흐로. 降: 내리다. 음은 강. 空乏: 곤궁함. 弗亂: 다스려지지 않다. 所爲: ~하려고 하는 바. 益: 보태다.

11. 孟子曰 君子有三樂 而王天下 不與存焉 父母俱存 兄弟無故 一樂也 仰不愧於天 俯不怍於人 二樂也 得天下英才 而教育之 三樂也: 맹자 말하기를 "군자는 세 가지 즐거움이 있으니 천하의 왕은 이에 들어가지 않는다. 부모가 모두 살아계시고, 형제가 탈이 없음이 첫 번째 즐거움이요, 우러러 하늘에 부끄럽지 아니하고 구부려 사람에게 창피하지 않는 것이 두 번째 즐거움이요, 천하의 영재를 얻어서 이를 가르치는 것이 세 번째 즐거움이다.

 * 不與存焉: 더불어 있지 않다. 無故: 탈이 없다.

(4) 名文 選讀

1) 진삼국사표(進三國史表)

臣金富軾言 古之列國 亦各置史官 以記事 故孟子曰 晉之乘 楚之檮 魯之春秋一也 惟此海東三國 歷年長久 宜其事實 著在方策 乃命老臣 俾之編集 自顧缺爾 不知所爲 中謝 伏惟聖上陛下 性唐高之文思 體夏禹之勤儉 宵旰餘閒 博覽前古 以謂今之學士大夫 其於五經諸子之書 秦漢歷代之史 或有淹通而詳說之者 至於吾邦之事 却茫然不知其始末 甚可歎也 況惟新羅氏 高句麗氏

百濟氏 開基鼎峙 能以禮通於中國 故范曄漢書 宋祁唐書 皆有列傳 而詳內略外 不以具載 又其古記 文字蕪拙 事迹闕亡 是以君后之善惡 臣子之忠邪 邦業之安危 人民之理亂 皆不得發露以垂勸戒 宜得三長之才 克成一家之史 貽之萬世 炳若日星 如臣者 本匪長才又無奧識洎至遲暮日益昏蒙 讀書雖勤 掩卷即忘 操筆無力臨紙難下 臣之學術荒淺如此而前言往事幽昧如彼是故疲精竭力

僅得成編訖無可觀 祇自媿耳伏望聖上陛下 諒狂簡之裁 赦妄作之罪 雖不足藏之名山 庶無使壞之醬區區妄意天日照臨

풀이 및 주요 어구 해설

01. 進三國史表: 삼국사를 올리는 글.

02. 臣金富軾言 古之列國 亦各置史官 以記事: 신 김부식이 올립니다. 옛날의 여러 나라들에서도 각각 사관을 두어 있었던 일을 기록하였습니다.

   * 置: 두다, 설치하다.

03. 故孟子曰 晉之乘 楚之檮 魯之春秋 一也: 그런 연고로 맹자께서 말하기를 "진나라의 승, 초나라의 도, 노나라의 춘추가 하나다."고 하였습니다.

   * 乘: 史乘. 역사서. 檮: 초나라의 역사서인 檮杌. 春秋: 노나라의 역사서.

04. 惟此海東三國 歷年長久 宜其事實 著在方策 乃命老臣 俾之編集 自顧缺爾 不知所爲 中謝: 오직 이 해동의 삼국이 지나온 세월이 장구하여 마땅히 그 사실이 책으로 기록되어야 하겠기에 이에 노신에게 명하여 편집하게 하신 것이 온데 스스로 돌아보건대 견식이 부족하여 어찌할 바를 모르겠습니다.

   * 著: 드러내다. 乃: 이에. 俾之: ~하도록 시키다. 缺爾: 이처럼 결점이 많다. 中謝: 誠惶誠懼頓首頓首의 줄임말. 表에 의례적으로 쓰는 敬辭.

05. 伏惟聖上陛下 性唐高之文思 體夏禹之勤儉 宵旰餘閒 博覽前古 以謂: 엎드려 생각하옵건대, 성상 폐하께서는 唐堯의 문사를 타고 나셨고, 夏禹의 勤儉을 체득하시어, 밤낮의 여가에 전고를 널리 보시고 이르시기를

   * 伏惟: 삼가 생각하건대. 唐高: 唐堯. 高는 堯를 대신해 쓴 글자.

06. 今之學士大夫 其於五經諸子之書 秦漢歷代之史 或有淹通而詳說之者 至於吾邦之事 却茫然不知其始末 甚可歎也: "오늘날의 학사 대부가 오경과 제자의 책과 진·한 등 역대의 역사에 대해서는 혹 두루 통하고 상세히 설명하는 자가 있으나 우리나라 역사에 이르러서는 도리어 아득하여 그 처음과 끝을 알지 못하니 매우 한탄스러운 일이다.

   * 至於: ~에 이르러서는. 却茫然: 오히려 아득하다. 却은 오히려. 甚: 심히, 매우.

07. 況惟新羅氏 高句麗氏 百濟氏 開基鼎峙 能以禮通於中國 故范曄漢書 宋祁唐書 皆有列傳 而詳內略外 不以具載 又其古記 文字蕪拙 事迹闕亡 是以君后之善惡 臣子之忠邪 邦業之安危 人民之理亂 皆不得發露 以垂勸戒: 더구나 신라·고구려·백제는 나라를 세워 솥발처럼 맞서서 능히 예로써 중국과 통하였다. 그런 연고로 범엽의 후한서나 송기의 당서에 모두 열전이 있다. 그러나 안의 일은 자세하게 다루고 바깥의 일은 간략하게 했기 때문에 갖추어 싣지 못하였고, 또 고기는 문자가 엉성하고 사적도 빠진 것이 많아서 이것으로 군왕의 선악과 신하의 충사와 나라의 안위와 백성의 치란을 모두 들추어내어 권계로 삼을 수 없다.

   * 況惟: 하물며~하였으나. 開基: 나라를 열다. 蕪拙: 거칠고 서투르다. 發露: 들추어 드러냄.

08. 宜得三長之才 克成一家之史 貽之萬世 炳若日星: 마땅히 삼장의 인재를 얻어서 일가의 역사를 이루어서 만세에 물려주어 일성과 같이 빛나게 해야겠다."고 하셨습니다.

   * 三長: 재주·학문·식견. 克成: 이루어내다. 貽: 전하다. 물려주다. 炳若: ~와 같이 빛나다.

09. 如臣者本匪長才 又無奧識 洎至遲暮 日益昏蒙 讀書雖勤 掩卷卽忘 操筆無力 臨紙難下 臣之學術淺淺如此 而前言往事幽昧如彼 是故疲精竭力 僅得成編訖無可觀 祇自媿耳: 신 같은 자는 본디 삼장의 인재가 아니고 또 깊은 식견이 없는데다가 늘그막에 이르러서는 날로 더욱 흐리멍텅해져서 독서는 비록 부지런히 하지만 책을 덮으면 바로 잊어버리고, 붓대를 잡으면 힘이 없어 종이에 다다르면 써 내려가기 어렵습니다. 신의 학술이 쇠하고 천박한 것이 이와 같아서 앞의 말과 지나간 일은 깜깜함이 저와 같으니, 이러한 까닭으로 정력을 소모하고 힘을 다하여 겨우 성편하였사오나, 별로 보잘것없어 스스로 부끄러울 따름이옵니다.

   * 如~者: ~와 같은 자. 匪: 아니다. 洎至: ~에 이르다. ~에 미치다. 掩卷卽忘: 책을 덮으면 곧 잊어버림. 昏蒙: 흐리멍텅함. 塞淺: 노둔하고 얕음. 是故: 이러한 까닭으로. 僅: 근근이, 겨우. 無可觀: 볼만한 것이 못된다. 보잘 것 없다. 耳: ~할 뿐이다.

10. 伏望聖上陛下 諒狂簡之裁 赦妄作之罪 雖不足藏之名山庶無使壞之醬 區區妄意天日照臨: 엎드려 바라건대 성상 폐하께서 광간의 재량을 헤아려 주시어 망령되이 만든 죄를 용서하여 주시면, 비록 족히 명산에 묻어둘 정도로는 부족하오나 깨진 장독에 쓰는 일은 없기를 바라오니, 구구한 망령된 뜻은 천일이 내리 비칠 것입니다.

* 伏望: 엎드려 바라건대. 諒: 혜량하다. 헤아리다. 狂簡: 뜻하는 바는 크나 실천함이 없이 소홀하고 거칢.
雖: 비록. 庶無: ~않기를 바라다. 壞之醬: 깨진 장독. 區區: 떳떳하지 못하고 구차스러움.

2) 온달전(溫達傳)

溫達 高句麗平岡王時人也 容貌龍鍾可笑 中心則然(嘩) 家甚貧 常乞食以養母 破衫弊履 往來於市井間 時人目之爲愚溫達 平岡王少女兒好啼 王戲曰 汝常啼聒我耳 長必不得爲士大夫妻 當歸之愚溫達 王每言之 及女年二八 欲下嫁於上部高氏 公主對曰 大王常語 汝必爲溫達之婦 今何故改前言乎 匹夫猶不欲食言 況至尊乎 故曰王者無戲言 今大王之命謬矣 妾不敢祇承 王怒曰 汝不從我教 則固不得爲吾女也 安用同居 宜從汝所適矣 於是公主以寶釧數十枚繫肘後 出宮獨行 路遇一人 問溫達之家 乃行至其家 見盲老母 近前拜問其子所在 老母對曰 吾子貧且陋 非貴人之所可近 今聞子之臭 芬馥異常 接子之手 柔滑如綿 必天下之貴人也 因誰之賂以至於此乎 惟我息不忍饑 取楡皮於山林 久而未還 公主出行 至山下 見溫達負楡皮而來 公主與之言懷 溫達悖然曰 此非幼女子所宜行 必非人也 狐鬼也 勿迫我也 遂行不顧 公主獨歸 宿柴門下 明朝更入 與母子備言之 溫達依違未決 其母曰 吾息至陋 不足爲貴人匹 吾家至窶 固不宜貴人居 公主對曰 古人言 一斗粟猶可舂 一尺布猶可縫 則苟爲同心 何必富貴然後可共乎 乃賣金釧 買得田宅奴婢牛馬器物 資用完具 初買馬 公主語溫達曰 愼勿買市人馬 須擇國馬病瘦而見放者 而後換之 溫達如其言 公主養飼其勤 馬日肥且壯 高句麗常以春三月三日 會獵樂浪之丘 以所獲猪鹿祭天及山川神 至其日王出獵 君臣及五部兵士皆從 於是溫達以所養之馬隨行 其馳騁常在前 所獲亦多 他無若者 王召來問姓名 驚且異之 時後周武帝出師伐遼東 王領軍逆戰於拜山之野 溫達爲先鋒 疾鬪斬數十餘級 諸軍乘勝奮擊大克 及論功 無不以溫達爲第一 王嘉歎之曰 是吾女壻也 備禮迎之 賜爵爲大兄 由此寵榮尤渥 威權日盛 及陽岡王卽位 溫達奏曰 惟新羅割我漢北之地爲郡縣 百姓痛恨 未嘗忘父母之國 願大王不以愚不肖 授之以兵 一往必還吾地 王許焉 臨行誓曰 鷄立峴已西不歸於我 則不返也 遂行 與羅軍戰於阿旦城之下 爲流失所中 路而死 欲葬 柩不肯動 公主來撫棺曰 死生決矣 於乎歸矣 遂擧而 大王聞之悲慟

풀이 및 주요 어구 해설

01. 溫達 高句麗平岡王時人也 容貌龍鍾可笑 中心則睟然 家甚貧 常乞食以養母 破衫弊履 往來於市井間 時人目之爲愚溫達: 온달은 고구려 평강왕 때의 사람인데, 용모가 못생겨서 웃음거리가 되었으나 속마음은 밝고 순수했다. 집이 매우 가난해서 언제나 구걸을 해서 어머니를 봉양했다. 떨어진 옷과 해진 신을 신고 거리를 왕래하니 사람들이 그를 가리켜 '바보온달'이라 했다.

* 龍鍾: 크고 우람하여 못생긴 형상. 皭然: 밝고 순수한 모양. 市井: 길거리.

02. 平岡王少女兒好啼 王戲曰 汝常啼聒我耳 長必不得爲士大夫妻 當歸之愚溫達 王每言之: 평강왕의 어린
　　딸이 울기를 잘하거늘, 왕이 희롱하여 "너는 항상 울어서 내 귀를 시끄럽게 하니 크면 반드시 사대부의 처
　　는 되지 못할 것이니 마땅히 바보 온달에게 시집가야할 것이다."고 왕이 매번 말했다.
　* 好啼: 울기를 잘하다. 汝: 너. 聒: 요란하다. 시끄럽다. 不得爲: ~하지 못할 것이다. 當: 당연히. 歸之:
　　시집가다.

03. 及女年二八 欲下嫁於上部高氏 公主對曰 大王常語 汝必爲溫達之婦 今何故改前言乎 匹夫猶不欲食言 况
　　至尊乎 故曰王者無戲言 今大王之命謬矣 妾不敢祇承 王怒曰 汝不從我敎 則固不得爲吾女也 安用同居 宜
　　從汝所適矣: 나이가 16이 되어 상부 고씨에게 시집보내려고 하자 공주가 말하기를 "대왕이 늘 말하기를 너
　　는 반드시 온달의 아내가 되어야 한다고 하시더니 지금은 무엇 때문에 전에 했던 말을 바꾸십니까? 보통
　　사람들도 식언을 하려 하지 않거늘 하물며 지존이겠습니까? 그렇기 때문에 왕이 된 사람은 희롱하는 말을
　　하지 않는다고 하는 것입니다. 지금 대왕의 명은 옳지 않으므로 첩은 감히 따를 수 없습니다. 왕이 화를 내
　　면서 말하기를 "너는 나의 가르침에 따르지 않으니 진실로 나의 딸이라고 할 수 없으니 어찌 함께 살리오!
　　마땅히 너 가고 싶은 데로 가거라."
　* 欲: ~하려고 하다. 下嫁: 시집보내다. 何故: 무슨 연고로. 匹夫: 匹夫匹婦, 보통 사람들. 食言: 말을 바
　　꾸다. 况~乎: 하물며~이겠는가? 不敢: 감히 ~하지 못하다. 不從: ~을 따르지 않다. 固: 정말로, 진실
　　로. 安用: 어찌~하리오? 宜: 마땅히. 所適: 가고 싶은 곳.

04. 於是公主以寶釧數十枚繫肘後 出宮獨行 路遇一人 問溫達之家 乃行至其家 見盲老母 近前拜問其子所在
　　老母對曰 吾子貧且陋 非貴人之所可近 今聞子之臭 芬馥異常 接子之手 柔滑如綿 必天下之貴人也 因誰之
　　侂以至於此乎 惟我息不忍饑 取楡皮於山林 久而未還: 이에 공주는 값나가는 팔찌 수십개를 팔에 매달고
　　궁을 나와서 혼자 가다가 길에서 한 사람을 만나 온달의 집을 물어서 마침내 그 집에 이르러서 눈먼 늙은
　　어머니를 보고 그 앞에 가서 절하고 아들이 있는 곳을 물으니 노모는 대답하기를 "내 아들은 가난하고 비루
　　하여 귀인이 가까이 할 바가 못 됩니다. 지금 그대의 채취를 보니 향기롭기가 보통과 다르고, 당신의 손을
　　만지니 부드럽기가 솜과 같으니, 반드시 천하의 귀인입니다. 누구의 꾀임 때문에 여기까지 오게 되었습니
　　까? 내 아들은 굶주림을 견디지 못하여 느릅나무 껍질을 벗기러 산에 가서 오래되어도 오지 않습니다."라
　　고 하는 것이었다.
　* 於是 : 이에. 所在 : 있는 곳. 之所可近 : ~이 가까이 할 바가 못된다. 芬馥 : 분 향내. 接 : 잡다. 만지다.
　　접촉하다. 因雖 : 누구 때문에. 侂 : 속임수, 꼬임.

05. 公主出行 至山下 見溫達負楡皮而來 公主與之言懷 溫達悖然曰 此非幼女子所宜行 必非人也 狐鬼也 勿迫
　　我也 遂行不顧 公主獨歸 宿柴門下 明朝更入 與母子備言之 溫達依違未決: 공주가 그곳을 나와서 산 아래
　　에 이르러 느릅나무 껍질을 등에 지고 오는 온달을 만났다. 공주가 그와 더불어 마음속에 있는 말을 하니
　　온달이 갑자기 얼굴빛이 변하면서 말하기를, "여기는 어린 여자가 다닐만한 곳이 아니니 반드시 사람이 아
　　니고 여우나 귀신이다. 나에게 가까이 오지 말라" 하고는 뒤도 돌아보지 않고 가버렸다. 공주가 홀로 돌아
　　와서 사립문 앞에서 자고 날이 밝자 다시 들어가서 어머니와 아들에게 모든 말을 하니 온달이 주저하여 결
　　단을 내리지 못하였다.
　* 悖然 : 얼굴빛이 변하다. 備言 : 모든 말. 상세한 말. 依違 : 우물쭈물하다.

06. 其母曰 吾息至陋 不足爲貴人匹 吾家至窶 固不宜貴人居 公主對曰 古人言 一斗粟猶可舂 一尺布猶可縫
　　則苟爲同心 何必富貴然後可共乎: 그 모친이 말하기를 "내 자식은 신분이 매우 낮아 귀인의 배필이 되기에
　　는 부족하고, 내 집은 아주 가난하여 정말로 귀인이 살기에 마땅하지 않습니다."라고 했다. 공주가 말하기
　　를 "옛 사람의 말에 한 말의 좁쌀도 찧을 수 있고, 한 자의 베로도 오히려 옷을 지을 수 있다고 했으니, 진실
　　로 마음만 같이 한다면 하필 부귀를 누린 후라야만 함께 살 수 있겠습니까?"라고 하였다.

* 至陋: 아주 낮다. 不足爲: 하기에 부족하다. 固不宜: 정말로 마땅하지 않다. 舂: 방아를 찧다. 猶: 오히려. 則苟爲: 정말로 ~한다면. 何必~然後~乎: 하필이면~한 후에~이리까?

07. 乃賣金釧 買得田宅奴婢牛馬器物 資用完具 初買馬 公主語溫達曰 愼勿買市人馬 須擇國馬病瘦而見放者 而候換之 溫達如其言 公主養飼其勤 馬日肥且壯: 이에 금팔찌를 팔아서 밭과 집과 노비와 소와 말과 기물을 사서 소용되는 자산을 완전히 갖추었다. 처음에 말을 살 때 공주가 온달에게 말하기를 "조심해서 장사꾼의 말은 사지 말고 반드시 나라의 말로 병들고 파리해서 내놓은 것을 사서 나중에 바꾸도록 해야 합니다"고 하니, 온달이 그 말과 같이 하였다. 공주가 정성들여서 잘 길렀더니 말은 날이 갈수록 살이 찌고 건강해졌다.

* 乃: 이에. 資用: 필요한 물품. 愼勿: 조심해서 ~하지 말라. 須: 반드시. 見放: 방출된 것, 見은 입다, 당하다.

08. 高句麗常以春三月三日 會獵樂浪之丘 以所獲猪鹿祭天及山川神 至其日王出獵 君臣及五部兵士皆從 於是溫達以所養之馬隨行 其馳騁常在前 所獲亦多 他無若者 王召來問姓名 驚且異之: 고구려에서는 늘 봄 3월 3일이면 낙랑의 언덕에 모여 사냥을 했는데, 잡은 돼지와 노루 등으로 하늘과 산천의 신에게 제사를 지냈다. 그 날짜가 되자 왕이 사냥을 나갔는데, 군신과 오부 병사들도 모두 따랐다. 이때에 온달도 기른 말을 타고 따라 갔는데, 그 말달리는 것이 항상 매 앞에 있었고, 잡은 것도 많아서 다른 사람 같은 사람이 없었다. 왕이 불러서 이름을 묻고는 놀라고 기이하게 여겼다.

* 於是: 이에, 이때에. 以所: ~한 바로써. 馳騁: 말을 타고 달림. 無若: ~와 같은 것이 없다. ~만한 것이 없다. 비교급. 召來: 불러서 보다. 且: 또.

09. 時後周武帝出師伐遼東 王領軍逆戰於肆山之野 溫達爲先鋒 疾鬪斬數十餘級 諸軍乘勝奮擊大克 及論功 無不以溫達爲第一 王嘉歎之曰 是吾女壻也 備禮迎之 賜爵爲大兄 由此寵榮尤渥 威權日盛: 이때 후주의 무제가 출사하여 요동을 치므로 왕이 군사를 거느리고 이산의 들판에서 맞아 싸웠는데, 온달이 선봉에 서서 치열하게 싸워 수십여명의 목을 베니 모든 군사들이 승세를 타서 분발하여 공격해서 크게 이겼다. 공을 논함에 있어서 온달을 최고로 하지 않음이 없었다. 왕이 가상히 여겨 감탄하여 말하기를 "정말로 나의 사위로다."라 하고 예를 갖추어 맞이하고 대형의 작위를 내렸다. 이로 말미암아 총애와 영화가 더욱 두터워져서 위엄과 권세가 날로 성했다.

* 疾鬪: 치열하게 싸우다. 克: 이기다. 及: ~에 미쳐, ~에 이르러. 無不: ~하지 않음이 없다. 부정의 부정으로 강한 긍정. 備禮: 예를 갖추다. 賜: 하사하다. 尤: 더욱. 渥: 두텁다. 음은 악.

10. 及陽岡王卽位 溫達奏曰 惟新羅割我漢北之地爲郡縣 百姓痛恨 未嘗忘父母之國 願大王不以愚不肖 授之以兵 一往必還吾地 王許焉: 양강왕이 즉위함에 이르러 온달이 주달하기를 "생각건대 신라가 우리 한북의 땅을 잘라서 군현을 삼았으니 백성들이 원통해하고 한스러워 하여 일찍이 부모의 나라를 잊은 적이 없습니다. 원하건대 대왕께서 어리석고 못났다 하지 말고 병사를 내주시면 한 번 가서 반드시 우리 땅을 찾아오겠습니다."라고 하니 왕이 허락하였다.

* 奏: 아뢰다. 惟: 생각건대. 未嘗忘: 일찍이 잊은 적이 없다. 不以: ~로써가 아니고.

11. 臨行誓曰 鷄立峴已西不歸於我 則不返也 遂行 與羅軍戰於阿旦城之下 爲流失所中 路而死 欲葬 柩不肯動 公主來撫棺曰 死生決矣 於乎歸矣 遂擧而 大王聞之悲慟: 떠날 때에 맹세하기를 "계립현 서쪽을 우리 것으로 하지 않으면 곧 돌아오지 않겠다."고 했다. 드디어 출발하여 신라군과 더불어 아단성 아래에서 싸우다가 유시에 맞아 길에서 죽으니 장례를 치르려 하자 관이 움직이지 않았다. 공주가 와서 관을 어루만지며 말하기를 "죽고 사는 것이 이미 결정 났습니다. 오호라! 돌아가십시오."라고 하니 드디어 들렸다. 대왕이 듣고 비통해 했다.

* 鷄立峴: 지금의 竹嶺. 遂: 드디어, 마침내. 流矢: 빗나간 화살. 누가 쏘았는지 모르는 화살. 不肯: 받아들여지지 않다. 於乎: 嗚呼.

3) 출사표(出師表)

先帝創業未半, 而中道崩殂, 今天下三分, 益州罷弊, 此誠危急存亡之秋也. 然侍衛之臣, 不懈於內, 忠志之士, 忘身於外者, 蓋追先帝之殊遇, 欲報之於陛下也. 誠宜開張聖聽, 以光先帝遺德, 恢弘志士之氣, 不宜妄自菲薄, 引喩失義, 以塞忠諫之路也. 宮中府中, 俱爲一體, 陟罰臧否, 不宜異同. 若有作奸犯科及爲忠善者, 宜付有司, 論其刑賞, 以昭陛下平明之理, 不宜偏私, 使內外異法也. 侍中侍郎, 郭攸之·費禕·董允等, 此皆良實, 志慮忠純, 是以先帝簡拔, 以遺陛下. 愚以爲宮中之事, 事無大小, 悉以咨之, 然後施行, 必能裨補闕漏, 有所廣益. 將軍向寵, 性行淑均, 曉暢軍事, 試用於昔日, 先帝稱之曰能 是以衆議擧寵爲督. 愚以爲, 營中之事, 事無大小, 悉以咨之, 必能使行陣和睦, 優劣得所也. 親賢臣遠小人, 此先漢所以興隆也, 親小人遠賢臣, 此後漢所以傾頹也. 先帝在時, 每與臣論此事, 未嘗不嘆息痛恨於桓靈也. 侍中尙書·長史·參軍, 此悉貞亮死節之臣也. 陛下親之信之, 則漢室之隆, 可計日而待也. 臣本布衣, 躬耕南陽, 苟全性命於亂世, 不求聞達於諸侯, 先帝不以臣卑鄙, 猥自枉屈, 三顧臣於草廬之中, 諮臣以當世之事. 由是感激, 許先帝以驅馳. 後値傾覆, 受任於敗軍之際, 奉命於危難之間, 爾來二十有一年矣. 先帝知臣勤愼, 故臨崩, 寄臣以大事也. 受命以來, 夙夜憂慮, 恐付託不效, 以傷先帝之明. 故五月渡瀘, 深入不毛. 今南方已定, 兵甲已足, 當獎率三軍, 北定中原, 庶竭駑鈍, 攘除奸凶, 以復興漢室, 還于舊都, 此臣所以報先帝, 而忠陛下之職分也. 至於斟酌損益, 進盡忠言, 則攸之·禕·允之任也. 願陛下, 託臣以討賊興復之效, 不效則治臣之罪, 以告先帝之靈. 若無興德之言則責攸之·禕·允等之咎, 以彰其慢. 陛下亦宜自謀, 以諮諏善道, 察納雅言, 深追先帝遺詔. 臣不勝受恩感激, 今當遠離, 臨表涕泣, 不知所云.

풀이 및 주요 어구 해설

01. 先帝創業未半, 而中道崩殂, 今天下三分, 益州罷弊, 此誠危急存亡之秋也: 선제께서 창업이 반도 이루어지지 않은 때에 중도에 돌아가시고, 지금은 천하가 삼분되어 있고 익주는 피폐해졌으니 이것이야말로 정말로 나라의 존망이 위급한 때입니다.
    * 先帝: 촉을 세운 劉備. 崩殂: 황제가 죽음. 崩은 황제의 죽음, 殂는 왕의 죽음, 卒은 사대부의 죽음, 死는 서민의 죽음을 의미한다. 秋: 때, 시기.

02. 然侍衛之臣, 不懈於內, 忠志之士, 忘身於外者, 蓋追先帝之殊遇, 欲報之於陛下也: 더구나 모시고 있는 신하들이 안에서는 해이하지 않고, 충의지사들이 밖에서 자기 몸을 잊고 있는 것은 대개 선제의 각별한 우대를 추모하여 폐하에게 갚고자 합니다.
    * 然: 더구나. 忘身: 몸을 잊다. 몸을 돌보지 않다. 蓋: 대개. 欲報之於: ~에게 갚고자 하다.

03. 誠宜開張聖聽, 以光先帝遺德, 恢弘志士之氣, 不宜妄自菲薄, 引喩失義, 以塞忠諫之路也: 정말로 마땅히 성스러운 귀를 열어 펴시어 선제가 남긴 덕을 빛나게 하여 지사의 기운을 넓고 크게 하여 망녕되게 스스로 못났다고 여기는 비유를 끌어대서 의로움을 잃어서 충간의 길을 막아서는 안 될 것입니다.
    * 恢弘: 넓고 큼. 不宜~: 당연히 ~해서는 안 된다. 菲薄: 얼마 되지 않아서 변변치 못함.

04. 宮中府中, 俱爲一體, 陟罰臧否, 不宜異同. 若有作奸犯科及爲忠善者, 宜付有司, 論其刑賞, 以昭陛下平明之理, 不宜偏私, 使內外異法也: 궁궐과 부중이 모두 하나이니 척벌과 장부에 있어서 서로 같지 않아서는 안 될 것입니다. 만약 간사한 범죄를 하는 자와 충성스럽고 선한 일을 하는 자가 있으면 마땅히 해당 부서에 부쳐서 상과 벌을 논하여 폐하의 공정하고 밝은 도리를 밝혀 사사로움에 치우쳐 안과 밖에서 법이 달라져서는 안 될 것입니다.

* 陟罰: 상으로 벼슬자리를 높이거나 벌로 벼슬자리를 낮추던 일. 臧否: 선악을 분별하고 판단하는 일. 異同: 서로 같지 않음. 不宜: ~해서는 안 된다.

05. 侍中侍郎, 郭攸之費褘董允等, 此皆良實, 志慮忠純, 是以先帝簡拔, 以遺陛下. 愚以爲宮中之事, 事無大小, 悉以咨之, 然後施行 必能裨補闕漏, 有所廣益: 시중과 시랑인 곽유지·비위·동윤 등은 모두가 선량하고 진실하여 뜻과 사려가 충성스럽고 순수하니 선제께서 발탁하여 폐하에게 남기셨으니 제가 보기에 궁중의 일에 있어서는 크고 작음에 관계없이 모두 물어서 그런 후에 시행하면 반드시 부족하거나 빠진 것을 도와주고 보충하여 널리 유익한 바가 있을 것입니다.

* 愚: 어리석은 신. 제갈량. 遺: 남기다. 끼치다. 然後: 그런 후에. 裨補: 도와주고 보충하여. 有所: ~하는 바가 있다.

06. 將軍向寵, 性行淑均, 曉暢軍事, 試用於昔日, 先帝稱之曰能 是以衆議擧寵爲督. 愚以爲 營中之事, 事無大小, 悉以咨之, 必能使行陣和睦, 優劣得所也. : 장군 향총은 성품과 행동이 어질고 공정하며 군사의 일에 밝아 옛날에 시험 삼아 써본 후에 선제께서 이르기를 "유능하다"고 하였습니다. 이에 여러 사람이 향총을 천거하여 제독으로 하였으니 제 생각으로는 영중의 일은 대소사를 막론하고 모두 그에게 자문하시면 반드시 행군이 화목하도록 부릴 수 있어서 우수한 자와 열등한 자가 제자리를 얻게 될 것입니다.

* 淑均: 정숙하고 공정함. 營中: 군영. 行陣: 각 진영.

07. 親賢臣遠小人 此先漢所以興隆也, 親小人遠賢臣, 此後漢所以傾頹也. 先帝在時, 每與臣論此事, 未嘗不嘆息痛恨於桓靈也: 현신을 가까이 하고 소인을 멀리한 이것이 선한이 융성한 까닭이요 소인을 가까이하고 현신을 멀리한 이것이 후한이 기울어 쇠한 까닭입니다. 선제께서 살아계실 때에 매번 신과 더불어 이 일을 논하여 일찍이 후한의 환제와 영제의 일을 탄식하고 통탄하지 않음이 없었습니다.

* 未嘗不: 일찍이 ~하지 않음이 없다. 桓靈: 환제와 영제의 시기에 환관이 발호하여 나라의 힘이 약해졌다.

08. 侍中尙書長史參軍, 此悉貞亮死節之臣也, 陛下親之信之, 則漢室之隆, 可計日而待也: 시중과 상서와 장사와 참군에 있는 사람들은 모두 곧고 어질며 죽음으로 절개를 지킬 신하들이오니 폐하 이들을 가까이 하시고 믿으시면 곧 한실이 융성하는 날을 계산하며 기다릴 수 있을 것입니다.

* 悉: 모두.

09. 臣本布衣, 躬耕南陽, 苟全性命於難世, 不求聞達於諸侯, 先帝不以臣卑鄙, 猥自枉屈, 三顧臣於草廬之中, 諮臣以當世之事: 신은 본리 벼슬하지 않은 백성으로 남양에서 몸소 밭을 갈아 어지러운 세상에 구차하게 성명을 보전하여 제후에게 출세함을 구하지 않았습니다. 선제께서는 신을 비루하다 하지 않으시고 외람되게도 스스로 몸을 굽히시어 초막으로 세 번이나 찾아오셔서 신에게 당세의 일을 물으셨습니다.

* 布衣: 관복을 입지 않은 사람. 벼슬하지 않은 백성. 苟: 구차하게. 不求: 구하지 않다. 聞聞達: 이름이 세상에 널리 알려짐. 三顧草廬: 초막으로 세 번을 찾아옴. 卑鄙: 낮고 더럽다. 猥: 외람되게.

10. 由是感激, 許先帝以驅馳. 後值傾覆, 受任於敗軍之際, 奉命於危難之間, 爾來二十有一年矣. : 이로 말미암아 감격하여 선제께 힘써 일할 것으로 허락하였습니다. 뒤에 어려운 때를 만나 패전을 했을 때에 임무를 맡아 위급한 때에 명을 받들어 온 지가 21년이나 되었습니다.

* 由是: 이로 말미암아. 値: 만나다. 당하다. 傾覆: 넘어지고 엎어지다. 어려운 때. 爾來: 以來. ~로부터.

11. 先帝知臣勤愼, 故臨崩, 寄臣以大事也. 受命以來, 夙夜憂慮, 恐付託不效, 以傷先帝之明, 故五月渡瀘, 深入不毛: 선제께서 신이 근검하고 삼가는 것을 알았기에 세상을 떠날 때에 신에게 대사를 부탁하였습니다.

명을 받은 이래로 아침부터 밤까지 걱정하고 생각하여 부탁하신 바를 본받지 못하여 선제의 밝음을 상하게 할까 두려워하였습니다. 그래서 5월에는 노수를 건너 깊숙이 불모지까지 들어갔습니다.

* 寄~以: ~로써 부탁하다. 夙夜: 아침저녁으로. 恐: 두려워하다. 渡瀘: 노수를 건너다. 노수는 베트남과 중국의 국경지역에 있는 강.

12. 今南方已定, 兵甲已足, 當獎率三軍, 北定中原, 庶竭駑鈍, 攘除姦凶, 以復興漢室, 還于舊都, 此臣所以報先帝, 而忠陛下之職分也: 지금 남방은 이미 평정이 되었고 무기와 갑온은 풍족하니 마땅히 삼국을 장려하고 이끌어 북으로 중원을 평정함에 노둔한 힘이나마 다하여 간사한 흉적을 쓸어내 없애 버리고 한실을 부흥시켜 옛 수도로 돌아가기를 바라옵나이다. 이것이 신이 선제께 보답하는 것이오 폐하께 충성하는 직분인 것입니다.

* 已定: 이미 안정되다. 已足: 이미 풍족하다. 庶: ~하기를 바라다. 문장의 끝까지 걸린다. 攘除: 쓸어서 없애버림.

13. 至於斟酌損益, 進盡忠言, 則攸之, 禕, 允之任也. 願陛下, 託臣以討賊興復之效, 不效則治臣之罪, 以告先帝之靈. 若無興德之言則責攸之, 禕, 允等之咎, 以彰其慢: 심지어 손해와 이익을 짐작하고 나아가 충언을 다하는 것은 곽유지·비위·동윤 등의 임무이니 원컨대 폐하께서는 신에게 도적을 토벌하고 부흥의 실효를 맡기시어 효과가 없으면 곧 신의 죄를 물어서 선제의 영전에 고하시고, 만약에 덕을 일으킬 말이 없으면, 곽유지·비위·동윤 등의 허물을 꾸짖어 그것으로써 그 태만을 드러내십시오.

* 至於: 심지어. 託: 맡기다. 若無: 만약에 ~없다면. 咎: 허물.

14. 陛下亦宜自謀, 以諮諏善道, 察納雅言, 深追先帝遺詔, 臣不勝受恩感激, 今當遠離, 臨表涕泣, 不知所云: 폐하께서도 또한 마땅히 스스로 계책을 내어 좋은 방도를 물으시고, 좋은 말을 살펴 받아들여 선제가 남긴 말을 깊이 따르시옵소서. 신이 은혜를 받은 감격을 이기지 못하여 지금 멀리 떠나감을 당하여 표를 대하니 눈물이 앞을 가려 무슨 말을 해야 할지 모르겠습니다.

* 亦宜: 또한 마땅히. 不勝: 이기지 못하다. 견디지 못하다. 今當: 지금에 당하여. 不知所云: 말할 바를 알지 못하다.

4) 처용랑 망해사(處容郎 望海寺)

第四十九憲康大王之代. 自京師至於海內. 比屋連墻無一 草屋. 笙歌不絶道路. 風雨調於四時. 於是大王遊開雲浦. (在鶴城西南今蔚州) 王將還駕. 晝歇於汀邊. 忽雲霧冥曀. 迷失道路. 怪問左右. 日官奏云. 此東海龍所變也. 宜行勝事以解之. 於是勅有司. 爲龍刱佛寺近境. 施令已出. 雲開霧散. 因名開雲浦. 東海龍喜. 乃率七子現於駕前. 讚德獻舞奏樂. 其一子隨駕入京. 輔佐王政. 名曰處容. 王以美女妻之. 欲留其意. 又賜級干職. 其妻甚美. 疫神欽慕之. 變爲人. 夜至其家. 竊與之宿. 處容自外至其家. 見寢有二人. 乃唱歌作舞而退. 歌曰. 東京明期月良夜入伊遊行如可入良沙寢矣見昆脚烏伊四是良羅二肹隱吾下於叱古二肹隱誰支下焉古本矣吾下是如馬於隱奪叱良乙何如爲理古. 時神現形. 跪於前曰. 吾羨公之妻. 今犯之矣. 公不見怒. 感而美之. 誓今已後. 見畫公之形容. 不入其門矣. 因此國人門帖處容之形. 以僻邪進慶. 王旣還. 乃卜靈鷲山東麓勝地置寺. 曰望海寺. 亦名新房寺. 乃爲龍而置也. 又幸鮑石亭. 南山神現舞於御前. 左右不見. 王獨見之. 有人現舞於前. 王自作舞. 以像示之. 神之名或曰祥審. 故至今國人傳此舞. 曰御舞祥審. 或曰御舞山神. 或云. 旣神出舞. 審象其貌. 命

工摹刻. 以示後代. 故云象審. 或云霜髯舞. 此乃以其形稱之. 又幸於金剛嶺時. 北岳神呈舞. 名玉刀鈐. 又同禮殿宴時. 地神出舞. 名地伯級干. 語法集云. 于時山神獻舞. 唱歌云. 智理多都波都波等者. 盖言以智理國者. 知而多逃. 都邑將破云謂也. 乃地神山神知國將亡. 故作舞以警之. 國人不悟. 謂爲現瑞. 耽樂滋甚. 故國終亡.

풀이 및 주요 어구 해설

01. 第四十九憲康大王之代. 自京師至於海內. 比屋連墻無一草屋. 笙歌不絶道路. 風雨調於四時: 제49대 헌강왕의 시대에 서울로부터 나라 전체에 이르기까지 집이 늘어서 있고 담장이 연이어 있는데, 초가집은 한 채도 없었고 길에는 피리소리와 노래소리가 끊이지 않아서 바람과 비가 사철 순조로웠다.

   * 自~至: ~에서 ~에 이르기까지. 調於四時: 사계절에 순조롭다.

02. 於是大王遊開雲浦. (在鶴城西南今蔚州) 王將還駕. 晝歇於汀邊. 忽雲霧冥曀. 迷失道路. 怪問左右. 日官奏云. 此東海龍所變也. 宜行勝事以解之. 於是勅有司. 爲龍創佛寺近境. 施令已出. 雲開霧散. 因名開雲浦: 이때에 대왕이 개운포-학성 서남쪽 울주에 있다-에 유람갔다가 장차 돌아오려고 하여 낮에 물가에 쉬고 있었는데, 갑자기 구름과 안개가 어둡고 음산하여 길을 잃어버렸다. 괴이하여 좌우에 물으니 일관이 말하기를 "이것은 동해용이 일으킨 변괴입니다. 마땅히 좋은 일을 행해서 이를 풀어야할 것입니다."고 하였다. 이에 유사에게 명하여 용을 위하여 근처에 절을 세우도록 하였다. 시행하라는 명령이 내려지자 구름이 걷히고 안개가 흩어지니 이로 인하여 이름을 개운포라 하였다.

   * 於是: 이때에. 將還: 바야흐로 돌아가려하다. 歇: 쉬다. 휴식하다. 宜: 마땅히. 勝事: 훌륭한 일. 좋은 일.

03. 東海龍喜. 乃率七子現於駕前. 讚德獻舞奏樂. 其一子隨駕入京. 輔佐王政. 名曰處容. 王以美女妻之. 欲留其意. 又賜級干職. 其妻甚美. 疫神欽慕之. 變爲人. 夜至其家. 竊與之宿: 동해용이 기뻐하여 곧 일곱 아들을 거느리고 어가 앞에 나타나서 덕을 찬양하고 춤을 바치고 음악을 연주하였다. 그 아들 하나를 시켜 어가를 따라 서울로 들어가도록 하여 왕정을 보좌하도록 했으니 이름이 처용이었다. 왕이 아름다운 여인을 부인으로 얻어주고 또한 급간이라는 직급도 내려서 그 마음을 잡아두려고 했다. 그 부인이 아주 아름다워서 역신이 흠모하여 사람으로 변해서 밤에 그 집에 들어와서 몰래 함께 동침을 했다.

   * 乃: 곧, 이에. 隨: 따르다. 따라가다. 賜: 내리다. 주다. 變爲: ~로 변하다. 與之: ~와 더불어.

04. 處容自外至其家. 見寢有二人. 乃唱歌作舞而退. 歌曰. 東京明期月良夜入伊遊行如可入良沙寢矣見昆脚烏伊四是良羅二肹隱吾下於叱古二肹隱誰支下焉古本矣吾下是如馬於隱奪叱良乙何如爲理古: 처용이 바깥으로부터 집에 들어와서 침식을 보니 두 사람이 있는지라 곧 노래를 부르고 춤을 추고는 물러났다. 노래에 이르기를 "동경 밝은 달에 밤 들도록 노니다가 들어와 자리를 보니 다리가 넷이로구나 둘은 내 것이지만 둘은 누구 것인가? 본디 내 것이지만 빼앗긴 것을 어찌할 것인고"라고 하였다.

   * 東京~理古: 향찰 표기.

05. 時神現形. 跪於前曰. 吾羨公之妻. 今犯之矣. 公不見怒. 感而美之. 誓今已後. 見畵公之形容. 不入其門矣. 因此國人門帖處容之形. 以辟邪進慶: 때에 역신이 모습을 나타내어 처용 앞에 무릎을 꿇고 말하기를 "내가 공의 부인을 흠모해서 지금 범했는데, 공은 노함을 보이지 않으니 감탄하고 아름답게 여깁니다. 맹세하건대 지금으로부터 이후에는 공의 얼굴 모습을 그린 것만 봐도 그 문에는 들어가지 않겠습니다."하는 것이었다. 이로 인하여 나라 사람들이 문에 처용의 형상을 붙여서 벽사진경으로 삼았다.

   * 時: 이때에. 不見: 보이지 않다. 見: 보이다. 보게 되다. 不入~矣: ~에는 들어가지 않을 것이다. 因此: 이로 인하여. 辟邪進慶: 나쁜 것을 물리치고 좋은 것을 나아오게 함.

06. 王既還. 乃卜靈鷲山東麓勝地置寺. 曰望海寺. 亦名新房寺. 乃爲龍而置也. 又幸鮑石亭. 南山神現舞於御前. 左右不見. 王獨見之. 有人現舞於前. 王自作舞以像示之: 왕이 이미 돌아와서 곧 영취산의 동쪽 산기슭에 좋은 곳을 점지하여 절을 짓고 이름을 망해사 혹은 신방사라 했으니 곧 용을 위해 세운 것이다. 또 포석정에 행차하였을 때는 남산의 신이 나타나서 왕 앞에서 춤을 추니 좌우에게는 보이지 않고 오직 왕에게만 보였는데, 어떤 사람이 나타나 앞에서 춤을 추는 것이었다. 왕이 몸소 춤을 추어서 모양을 보여주었다.

* 靈鷲山: 울산 서쪽에 있는 산 이름. 幸: 임금이 어딘가로 가는 것을 가리키낟. 不見: 보이지 않다. ~以~示之: ~로써 ~를 보이다.

07. 神之名或曰祥審. 故至今國人傳此舞. 曰御舞祥審. 或曰御舞山神. 或云. 旣神出舞. 審象其貌. 命工摹刻以示後代. 故云象審. 或云霜髯舞. 此乃以其形稱之: 신의 이름은 혹 상심이라고 하니 그래서 지금도 나라 사람들이 이 춤을 전하여 어무상심이라고도 하고, 어무산신이라고도 한다. 혹자는 말하기를 전에 신이 나타나 춤을 추자 그 모양을 살펴서 장인에게 명하여 모각을 본떠서 후대에 보였으므로 상심이라고 한다고 하고, 혹은 상염무라고도 하는데, 이는 곧 그 신의 형상을 보고 부르는 것이다.

* 或曰, 或云: 혹은 말하기를. 以示: ~로써 ~에게 보이다. ~以~之: ~로써 ~를 하다.

08. 又幸於金剛嶺時. 北岳神呈舞. 名玉刀鈴. 又同禮殿宴時. 地神出舞. 名地伯級干. 語法集云. 于時山神獻舞. 唱歌云. 智理多都波都波等者: 또 금강령에 거둥하였을 때는 북악의 신이 춤을 추었는데, 이름을 옥도금이라고 했다. 또 동례전에서 잔치를 배풀 때에는 지신이 나타나 춤을 추었는데, 이름을 지백급간이라고 했다. 어법집에는 "그 때에 산신이 춤을 추면서 노래를 불렀는데 이르기를 '지리다 도파도파' 등이었다.

* 呈 : 드리다. 바치다. 于時: 그 때에.

09. 盖言以智理國者. 知而多逃. 都邑將破云謂也. 乃地神山神知國將亡. 故作舞以警之. 國人不悟. 謂爲現瑞. 耽樂滋甚. 故國終亡: 이는 대체로 '나라를 이치로 다스리던 지혜로운 자들이 알고 많이 도망가서 도읍이 장차 파괴될 것을 말한 것이라고 했다. 곧 지신이나 산신 등이 나라가 장차 망할 것을 알고 춤을 만들어서 경계 했으나 나라 사람들이 깨닫지 못하고 상서로운 것이 나타났다고 하면서 즐거움을 탐하는 것이 더욱 심해서 결국에는 나라가 망했다.

* 盖: 대체로, 대개. 將破: 장차 무너지다. 爲現: 나타나다. 滋甚: 매우 심함.

영역	학습 및 능력 / 평가 준거
한문의 기초 이론편	1. 한자어를 구성하는 의미 요소들 사이의 결합 관계를 이해하고 적절한 어휘 용례를 제시하여 교수-학습 활동을 수행할 수 있다. 2. 한습 한자어를 주술/술목/술보/수식/병렬 관계로 설명하여 한자어 짜임의 문법적 기능과 造語 방법에 대한 교수-학습 활동을 수행할 수 있다. 3. 우리말의 속담과 성어의 관계를 이해하고 속담을 성어로, 성어를 속담으로 바꾸어 맥락에 맞는 표현을 할 수 있도록 지도할 수 있다. 4. 학습한 한자/한문의 문장의 용례를 분명하게 이해하고 맥락에 맞게 활용할 수 있도록 한다.

◀ 영역별 대표 문항 ▶

능력단위	한문의 기초 이론편	단위요소	한자어의 통사 구조	정답	[1] 수식구조 [2] 병렬구조
문항	※ 다음은 漢字語의 짜임을 분석한 것이다. ㉠에 해당하는 구조를 쓰시오. [1] 謝　　恩　　會 　　　└─술보─┘ 　　　　　└─㉠─┘ [2] 街　　談　　巷　　語 　　└─수식─┘　└─수식─┘ 　　　　└────㉠────┘				
능력단위	한문의 기초 이론편	단위요소	속담/격언/금언	정답	[1] 目不識丁　[2] 亡子計齒 [3] 내 논에 물대기 [4] 계란으로 바위치기
문항	※ 다음 속담에 해당하는 사자성어를 쓰시오. [1] 낫 놓고 기역자도 모른다. [2] 죽은 자식 나이 세기. ※ 다음 사자성어에 해당하는 속담을 쓰시오. [3] 我田引水 [4] 以卵擊石				

第5篇

漢字/漢文 教授ー學習 方法論

尹智勳(韓國敎育課程評價院)

1 序論

教育部는 최근 2022 改定 敎育課程의 추진 계획(안)을 발표하였다. 이 문서에 따르면 2022 改定 敎育課程은 '모두를 아우르는 포용적 敎育'을 改定의 重點으로 삼아 敎育의 責務性 강화 및 分權化·自律化를 標榜할 것으로 보인다. 학습자 主導의 個別化된 맞춤형 敎育課程을 개발하겠다는 것인데, 이번에 敎育部가 設定한 敎育課程 改定의 方向을 보면 '自己主導性 및 삶과 연계한 未來 力量 涵養이 가능한 敎育課程 구현', '高校學點制에 부합하는 학생 개별 성장 및 진로 설계 지원 敎育課程 개발', '不確實性에 대응하여 지속가능한 미래를 위한 敎育內容 강화', '지역 分權化 및 학교·교사 自律性을 중시하는 敎育課程 運營 體制 構築' 등이 주요 골자이다.[1]

따라서 이번에 改定될 漢文科 敎育課程은 총론에서 말하는 바와 같이 自己主導性 및 삶과 연계한 미래 力量 함양이 가능하고 高校學點制를 원활히 지원할 수 있으며, 지속가능한 미래를 위한 敎育내용을 강화하고 학습자와 교사의 自律性을 擔保할 수 있는 方向으로 改編될 필요가 있다. 즉, 敎育課程 改編을 통해 단위 학교에서 漢字·漢文 敎育의 위상이 점점 위축되어 가고 있는 현 상황을 打開하고 漢字·漢文 敎育이 새롭게 飛上할 수 있는 轉機를 마련할 필요가 있는 것이다. 우리나라와 같이 敎育課程의 分權化 및 自律化가 점차 확대되고 있다고 하더라도 국가가 敎育課程 개발 및 운영을 주도하는 경우 敎育課程이 學校 敎育에 미치는 영향은 가히 절대적이기 때문이다.

이러한 2022 改定 敎育課程의 개발 일정을 보면 2021년 하반기에 總論의 주요사항 발표를 시작으로, 總論 및 各論의 試案 개발 작업에 着手하여 2022년 하반기에 告示될 예정이다. 향후 몇 년간 중·고등학교의 漢字 및 漢文 敎育의 向方을 결정하게 될 중요한 敎育課程 개발이 目前에 다가온 것이다. 따라서 敎育課程 改定을 앞둔 현 時點에서 일선 학교에서 漢字 및 漢文 敎育을 책임지고 있는 漢文 敎科의 敎育課程 變遷史를 짚어보고 새로운 敎育課程 개발에 필요한 示唆點을 도출해 볼 필요가 있다.[2] 본고

---

1) 敎育部(2021.4), 「국민과 함께하는 미래형 敎育課程 추진 계획(안)」, 참조.

2) 사실 漢文 敎科의 敎育課程 變遷을 다룬 硏究는 꾸준히 이루어져 왔으나, 2009 改定 敎育課程 및 2015 改定 敎育課程를 硏究 범위에 포함한 硏究는 찾기 힘들다. 그간 學界에 제출된 주요 先行 硏究를 소개하면 다음과 같다. 김왕규(2004), 「漢文 敎育課程 改定·變遷의 樣相과 漢文科의 位相−編制와 時間(單位) 配當 基準을 중심으로」, 〈漢文敎育硏究〉 22, 韓國漢文敎育學會; 박영호(2000), 「韓國에서의 漢文敎育의 現況과 課題−漢文科 敎育課程의 變遷過程과 運營課題를 중심으로」, 〈漢文敎育硏究〉 14, 韓國漢文敎育學會; 송병렬(2003), 「韓國의 漢文科 敎育課程 문제와 해결의 方向」, 〈漢文敎育硏究〉 21, 韓國漢文敎育學會; 신용호(1998), 「중고등學校 敎育課程과 漢文敎科」, 〈漢文敎育硏究〉 12, 韓國漢文敎育學會; 안재철(2003), 「初中 漢文科 敎育課程의 變遷 硏究」, 〈漢字漢文敎育〉 11, 韓國漢字漢文敎育學會; 안재철(2010), 「現行

는 이러한 문제의식에 기반하여 敎育課程의 문서 중 향후 漢字·漢文 敎育의 方向을 설정하는 데 필요한 編制 및 受業 時數의 變遷 過程, 性格 및 目標의 變遷 過程, 敎授學習 內容의 變遷 過程을 차례로 살펴보고자 한다.3) 아무쪼록 본고가 2022 改定 漢文科 敎育課程 개발에 조금이나마 기여할 수 있기를 기대한다.

2 敎育課程期別 編制 및 時數의 變遷 樣相

(1) 敎授要目期～第2次 敎育課程期4)

敎授要目期의 漢字·漢文 敎育은 國語 敎育의 일부로 시행되었다. 美軍政廳의 編修局이 1947년 9월 1일에 制定·施行한 '중학교 國語 敎授要目'을 보면, '敎授의 注意'란 항목에 "初級과 高級의 選擇科目은 國語의 補充 敎材를 敎授하기로 하되, 漢文도 敎授할 수 있음."이라고 하여 國語과 補充 敎材의 하나로 漢文을 언급하고 있다. 당시 國語科에 배정된 학년별 敎授 時間이 初級 1, 2, 3학년은 주당 5시간, 高級 1, 2, 3학년은 주당 3시간이었음을 감안하면, 漢字·漢文 敎育이 독립적으로 이루어지지는 않았으나 어느 정도 실시되었다고 할 수 있다.

第1次 敎育課程期의 漢字·漢文 敎育도 國語 敎育의 일부로 시행되었다. 초등학교의 경우 漢字 敎育에 대한 明示的 規定을 두지 않았으나, 중학교 國語과 敎育課程에 "국민학교에서는 習得한 漢字 지식을 기초로 하여, 일상생활에 활용되는 常用漢字 범위 내의 漢字, 漢字語 및 簡易한 漢文을 習得하게 한다."라는 언급이 있는 것으로 볼 때 초등학교에서 漢字 敎育이 일부 실시되었음을 확인할 수 있다. 중학교의 경우는 國語과 敎育課程에 '중학교의 漢字 및 漢字語 학습' 사항을 두어 漢字·漢文 敎育을 시행하였고, 고등학교도 國語과 敎育課程에 '漢字 및 漢文 指導' 규정을 두어 漢字 敎育은 必須 敎科인 國語(1)에서, 漢文 敎育인 選擇 敎科인 國語(2)에서 실시할 수 있도록 하였다.

第2次 敎育課程期의 漢字·漢文 敎育 역시 第1次 敎育課程期와 큰 변화 없이 國語 敎育의 일환으로 施行되었다. 초등학교는 敎育課程에 "1. 일상생활에서 쓰는 한글과, 漢字, 숫자, 로마자와의 구별을 알도록 한다."란 學年目標를 두어 國語科 내에서 漢字 敎育이 일부 시행할 수 있도록 하였고,

---

高等學校 漢文科 敎育課程의 變遷 硏究」, 〈漢文敎育硏究〉 25, 韓國漢文敎育學會; 윤재민(2009), 「韓國 초·중·고등학교의 漢字·漢文 敎育 現況」, 〈漢文敎育硏究〉 33, 韓國漢文敎育學會; 윤재민(2011a), 「韓國의 漢文科 敎育課程」, 〈漢字漢文敎育〉 26, 韓國漢字漢文敎育學會; 윤재민(2011b), 「韓國漢文敎育學, 되돌아보기와 내다보기-漢文科 敎育課程의 變遷 樣相을 포함하여」, 〈漢文敎育硏究〉 37, 韓國漢文敎育學會; 윤재민·송혁기(2012), 「漢文敎育學의 槪念과 漢文科 敎育課程論」, 『漢文科 敎育課程論』, 보고사; 이명학(2005), 「漢文科 敎育課程의 反省과 展望」, 〈漢文敎育硏究〉 24, 韓國漢文敎育學會; 임종대(1995), 「漢文科 敎育課程의 變遷過程 小考」, 〈漢文敎育硏究〉 9, 韓國漢文敎育學會; 정우상(1988), 「중학교 漢文科 敎育課程의 史的 考察」, 강윤호 교수 華甲記念論叢; 정우상(1991), 「고등학교 漢文科 敎育課程의 史的 考察」, 계봉 임만영 교수 華甲記念論叢; 정재철(1993), 「漢文科 敎育課程의 變遷」, 『漢文科敎育論』, 韓國漢字漢文敎育學會編, 한샘.

3) 본고에서 活用 및 引用한 敎育課程 문서는 '국가교육과정정보센터'에 搭載되어 있는 第1次 敎育課程부터 2015 改定 敎育課程까지의 자료(http://www.ncic.re.kr/mobile.dwn.ogf.inventoryList.do)를 참고한 것으로, 이하 별도의 출처 표기는 省略하도록 한다.

4) 해당 부분은 김왕규(2003), 「漢文敎育課程 改定變遷의 樣相과 漢文科의 위상」, 〈漢文敎育硏究〉 22, 韓國漢文敎育學會; 윤재민·송혁기(2012), 「漢文敎育學의 槪念과 漢文科 敎育課程論」, 『漢文科 敎育課程論』, 보고사를 참조하여 작성하였다.

중학교의 경우 國語科 教育課程에 'Ⅴ. 漢字 및 漢文 指導' 사항을 제시하였으며, 고등학교의 경우는 國語科 教育課程 中 '國語Ⅱ' 속에 漢文 過程을 별도로 두고, 18단위 가운데 6단위를 履修하게 하였다(인문 및 직업 過程 6단위, 자연 過程은 國語Ⅱ 미개설). 하지만 1969년 9월 4일에 第2次 敎育課程을 부분 改定하면서 초등학교와 중학교 國語, 고등학교 國語Ⅰ 教育課程에 있던 漢字·漢文 관련 조항을 삭제하고, 인문계 고등학교 國語Ⅱ에만 漢文을 8단위 履修하도록 변경하였다. 그간 國語 教育의 일환으로나마 실시되던 漢字·漢文 敎育이 사실상 폐지된 것이다. 그러다 1972년 2월 28일 敎育法 施行令이 발표되어 중고등학교에서 漢字·漢文 敎育이 復活하게 된다. 특히 이 敎育法 施行令은 漢文이 중고등학교의 敎育課程 編制 속에서 獨立 敎科로 자리매김하며 漢字·漢文 敎育을 담당하게 하는 주요 機制로 작용하였다는 점에서 중요한 의의를 지닌다.

(2) 第3次 敎育課程期~第5次 敎育課程期

第3次 敎育課程期에는 漢文이 중고등학교에서 사실상 必須 敎科로 編制되어 활발한 漢字·漢文 敎育이 이루어졌다. 중학교의 경우 道德, 國語, 國史, 社會, 數學, 科學, 體育, 音樂, 美術, 外國語 등과 함께 必須 敎科로 1~2단위를 履修하도록 編制되었고(1학년 1단위 35시간, 2학년과 3학년 1~2단위 35~70시간), 고등학교도 漢文Ⅰ은 共通必須 또는 必須選擇으로 4~6단위를 履修하도록 하였으며, 漢文Ⅱ는 인문계 過程의 必須 敎科目으로 4~6단위를 履修하도록 編制되었다.

이러한 漢文 敎科의 높아진 위상은 第4次 敎育課程期와 第5次 敎育課程期에서도 변함없이 유지되었다. 第4次 敎育課程期에는 중학교의 경우 12개 敎科 가운데 必須 敎科로 1~2단위를 履修하도록 하였으며(1학년 1단위 35시간, 2학년과 3학년 1~2단위 35~70시간), 고등학교는 共通必須 과목은 아니지만 人文·社會 過程 8~14단위, 自然 過程 4~6단위, 實業系·其他系 및 一般系 職業 過程 4~6단위와 같이 단위 數는 다르지만 모든 系列에서 漢文 과목을 履修하도록 하였다.

第5次 敎育課程期에서도 중학교의 경우 총 履修時間이 35시간에서 34시간으로 줄어든 것(70시간은 68시간으로 감소)을 제외하면 第4次 敎育課程期 때와 동일한 위상을 지니고 있었고, 고등학교에서는 漢文Ⅰ과 漢文Ⅱ의 구분 없이 漢文이란 단일 과목을 人文·社會 過程 8단위, 自然 過程 4단위, 實業系·其他系 및 一般系 職業 過程 4단위를 履修하도록 하였다.

(3) 第6次 敎育課程期~第7次 敎育課程期

第6次 敎育課程期에는 중앙 집권적인 敎育課程을 지방 분권형 敎育課程으로 전환하면서 중고등학교의 漢文 敎科가 選擇敎科의 하나로 編制되었다. 중학교의 경우 컴퓨터, 環境, 其他 敎科와 함께 選擇敎科로 묶여 이들 과목 중 하나를 선택하여 週當 1~2시간(각 학년별 총 24~68시간)을 履修하도록 하였다. 고등학교는 漢文Ⅰ, 漢文Ⅱ가 過程別 必須科目으로 바뀌어, 市道 敎育廳이 선택해야만 해당 敎育廳 소속의 학생들이 履修할 수 있게 되었다. 週當 時數도 漢文Ⅰ은 6단위, 漢文Ⅱ는 4단위로 변경되었다. 이 시기에 주목되는 점은 초등학교에 '學校 裁量 時間'을 新設하면서 초등학교 3학년 이상의 학생들이 週當 1시간씩 漢字 敎育을 履修할 수 있게 되었다는 것이다.

第7次 敎育課程期에는 漢文 敎科의 위상이 第6次 敎育課程期에 비해 낮아져서, 중학교의 경우 컴퓨터, 環境, 生活外國語, 其他의 과목 등과 함께 敎科 裁量 活動 時間에 학습해야 할 選擇 과목으로 編制되어 年間 受業 시간 수 102시간 이상을 履修하는 것으로 編制되었다. 고등학교도 敎鍊, 敎養

과 함께 敎養 科目群에 묶여 一般 選擇 科目에 漢文 6단위(3년간), 深化 選擇 科目에 漢文古典 6단위(3년간)를 개설할 수 있게 되었다. 이러한 위상 변화는 漢文 敎科의 내부적 문제가 아니라 학습자 중심의 敎育課程, 수준별 敎育課程, 國民 共通 基本 敎育課程, 選擇 中心 敎育課程 등 당시 敎育課程 總論이 標榜하던 改定 方向이라는 外部的 要因에 의해 변화란 점에서 못내 아쉬움이 남는다.

(4) 2007 改定 敎育課程期~2015 改定 敎育課程期

2007 改定 敎育課程期에는 중학교의 경우 第7次 敎育課程期와 마찬가지로 敎科 裁量 活動 時間에 학습해야 할 選擇 科目으로 編制되어 情報, 環境, 生活外國語, 其他의 과목에 年間 受業 시간 수 102시간을 配當하여 선택하게 하였고, 고등학교는 2~3학년 選擇科目으로서 普通 敎科 敎養 科目群에 속해 漢文Ⅰ 6단위, 漢文Ⅱ 6단위를 履修할 수 있도록 編制되었다.

2009 改定 敎育課程期(各論은 2011년 告示)에는 중학교 漢文은 情報, 環境, 生活外國語와 함께 選擇科目群에 배속되어, 保健, 進路와 職業 등과 함께 3연간 204시간을 選擇的으로 履修하도록 하였다. 고등학교는 技術・家庭, 第2外國語와 함께 生活・敎養 敎科群으로 분류되어 3년간 必須 履修 단위(최소 履修 단위)인 16단위를 선택하여 履修하도록 하였다.

현재 중고등학교에 적용되고 있는 2015 改定 敎育課程期에서는 2009 敎育課程期보다 입지가 축소되어 중학교는 環境, 生活外國語, 保健, 進路와 職業 등과 함께 選擇 敎科로 분류되어 3년간 170시간을 選擇的으로 履修하도록 하였으며, 고등학교 역시 技術・家庭, 第2外國語와 함께 生活・敎養 敎科群으로 분류되어 3년간 必須 履修 단위 16단위를 배정받았다. 특히 2015 改定 敎育課程에서는 漢字・漢文 敎育이 凡敎科 學習 主題에서도 빠지게 되어 초등학교 創意的 體驗活動 時間에 학습할 기회마저 사라졌다.

지금까지 각 敎育課程期別 中・고등학교에서 漢文 敎科의 編制 및 時數 變遷 過程을 종합해 보면, 第2次 敎育課程期까지는 國語 敎育의 일환으로 國語 敎科의 內容 領域 중 하나로 漢字・漢文 敎育이 실시되었고, 第3次 敎育課程期부터 第5次 敎育課程期에는 敎育課程에서 獨立 敎科로 자리매김하면서 必須 敎科로서의 위상을 지니게 되었다. 그리고 第6次 敎育課程期부터 2015 改定 敎育課程에 이르기까지는 選擇 敎科의 하나로 轉落하여 敎育課程 改定이 거듭될수록 그 위상이 점점 약화되어 가고 있는 실정이다.

3 敎育課程期別 性格 및 目標의 變遷 樣相

(1) 第1次 敎育課程期~第2次 敎育課程期

第1次 敎育課程期와 第2次 敎育課程期에는 國語 敎科의 內容 領域 중 하나로 漢文이 자리하고 있었기 때문에 漢文 敎科 固有의 性格 규정은 제시되지 않았다. 그 대신 第1次 敎育課程에는 '漢字 및 漢文 指導의 意義'를, 第2次 敎育課程에는 '意義와 目標'를 두어 漢字・漢文 敎育의 必要性을 설명하고 있다. 내용은 第1次 敎育課程과 第2次 敎育課程이 大同小異한데, "漢字는 中國으로부터 수입되어 근 이천년 동안 우리의 글에 섞여 쓰이어 왔"으므로, "東洋 文化의 淵源을 고찰하거나, 우리 문화

의 精髓를 硏究함에 있어서는 漢字에 대한 이해가 그 기본이 되"며, "현재 우리와 가장 가까이 인접하고 있는 自由 中國, 日本 등에서는 여전히 漢字로서 그들의 문화를 유지하고 있다. 우리는 그들과 문화를 交流하고 國交를 조정하는 데 있어서도 漢字에 대한 이해가 필요"하다고 것이다. 주목되는 것은 漢字·漢文 敎育이 前近代的 학문이라는 오해를 拂拭하기 위해 "우리의 漢字, 漢文의 학습은 결코 과거의 진부한 封建的인 事大思想을 가르치려는 것이 아니며, 우리 조상들이 한 것같이 모든 의사 표시를 漢字에 의존하려는 것도 물론 아니다. 다만 우리의 실생활에 가장 밀접한 범위 내의 漢字와 漢文을 적은 노력으로 짧은 기간에 습득하게 하려는 것이다."라는 설명을 덧붙여 두었다는 점이다.

敎育課程에 제시된 目標도 第1次 敎育課程과 第2次 敎育課程이 유사하지만, 第2次 敎育課程의 경우 중학교의 目標를 '一般 目標'와 '學年 目標'를 구분하여 體系化하려고 했다는 점이 주목된다.

구 분		目 標
第1次 敎育課程	중학교 · 고등학교	1. 漢字의 구조와 音義를 정확히 이해시킨다. 2. 漢字의 사전류의 索字 방법을 가르치고, 그 활용을 자유자재로 할 수 있도록 한다. 3. 在來의 맹목적 암송주의를 배제하고, 과학적인 지도 방법을 도입 실시한다. 4. 우리의 일상생활에 가장 많이 활용되는 漢字語, 격언, 고사 등을 반복 학습시킨다. 5. 현대적 견지에서 문학 작품을 감상하고, 기타의 자료를 비판하는 힘을 기른다. 6. 速讀과 精讀에 대한 지도를 한다. 　※ 단, 고등학교의 경우 "速讀과 精讀에 대한 구분을 명확히 지도한다." 　　라고 되어 있음. 7. 다른 학과와의 관계를 고려하여, 넓은 시야에서 학습을 전개시킨다. 8. 역대의 哲人, 名賢의 언행에 비추어 국민의 道義精神 昂揚에 도움이 되도록 한다.
第2次 敎育課程	중학교	〈일반 目標〉 1. 敎育漢字 범위의 漢字의 구조와 음의를 정확히 이해시키고, 簡易한 漢文을 습득케 한다. 2. 漢字 사전류의 색자 방법을 이해시켜, 그 활용을 자유롭게 할 수 있도록 한다. 3. 우리의 일상생활에 가장 많이 활용하는 漢字語, 격언 고사 등을 반복 학습시키도록 한다. 4. 속독과 정독에 대한 지도를 한다. 5. 역대의 철인 명현의 언행에 비추어 국민도의 정신 앙양에 도움이 되도록 한다.

구 분		目 標
第2次 教育課程	중학교	〈학년 目標〉 일상생활에 활용되는 教育漢字 범위 안의 漢字, 漢字語 및 簡易 한 漢文을 습득케 한다. • 1학년 : 漢字의 구조, 書劃의 순서, 音義, 서체 등을 지도하고, 漢字 사전류의 활용, 방법에 숙달하게 한다. • 2학년 : 전 학년에서 학습한 漢字 지식의 기초 위에 그 활용 범위를 넓히고, 무미건조한 字句 연습을 피하여 흥미를 유발하도록 지도한다. • 3학년 : 漢字語의 구조와 의의를 정확히 파악하고 반복 연습으로써 그 이해를 깊게 한다.
	고등학교	1) 漢字의 구조와 음의의 정확성을 이해시킨다. 2) 漢字 사전류의 색자 방법을 가르치고, 그 활용을 자유자재로 할 수 있도록 한다. 3) 우리의 일상생활에 가장 많이 활용되는 漢字語, 격언, 고사 성어 등을 이해시킨다. 4) 속독과 정독에 대한 구분을 명확히 지도한다. 5) 교재 내용을 정확히 파악하여 심미력과 판단력을 기르고, 고매한 인격 도야에 힘쓰도록 한다. 6) 고전 研究 기초 지식을 습득시키고, 단장의 폐단을 지향하여 문 전체의 대의를 파악할 수 있게 한다. 7) 한학이 우리 문화에 미친 영향과 동양 문화의 특질을 이해시킨다.

(2) 第3次 敎育課程期～第5次 敎育課程期

漢文이 敎育課程 編制上 獨立 敎科로 사실상 必須 敎科의 위상을 지녔던 第3次 敎育課程부터 第5次 敎育課程까지는 漢字・漢文 敎育의 意義나 性格에 관한 별도의 진술이 없었다. 대신 第2次 敎育課程과 같이 目標를 학교급별 敎科 目標(第3次 敎育課程은 一般 目標)와 學年 目標(고등학교의 경우 科目 目標)로 細分化하여 수록하였는데, 이 시기 漢字・漢文 敎育의 方向을 확인할 수 있는 敎科 目標는 다음과 같다.

구 분		目 標
第3次 교육과정	중학교	(가) 漢文 해독에 필요한 漢字, 어휘, 간단한 漢文의 구조를 이해하게 한다. (나) 漢文 해독의 초보적인 기능을 기르고 발전시켜, 漢文으로 된 전적 이해의 바탕을 마련하게 한다. (다) 漢文 학습을 통하여, 전통 문화의 바탕위에 새로운 민족 문화를 창조하려는 태도를 기른다.
	고등학교	1. 漢文 해독의 기능을 신장시켜서 전적 이해의 바탕을 마련하게 한다. 2. 漢文에 나타난 선인들의 생활, 사상, 감정 등을 이해하게 하여 그 좋은 점을 계승, 발전시키도록 한다. 3. 漢文으로 표현된 우리 문화와 동양 문화를 이해하게 하여 민족 문화 발전에 기여하게 한다.

구 분		目 標
第4次 教育課程	중학교	1) 漢字의 특성과 짜임을 알고 활용하게 한다. 2) 문장의 구조와 형식을 이해하게 한다. 3) 漢文 기록을 이해하고 감상하게 한다. 4) 漢文 기록을 통하여 전통 문화를 이해하고, 이를 계승, 발전시키는 태도를 가지게 한다.
	고등학교	1) 漢字의 특징과 짜임을 알고 활용한다. 2) 문장의 구조와 형식을 이해하고 활용하게 한다. 3) 漢文 기록을 이해하고 감상하게 한다. 4) 漢文 기록에 나타난 선인들의 사상 감정을 이해하고, 이를 올바르게 수용하는 태도를 가지게 한다.
第5次 教育課程	중학교	1) 漢字를 알고 활용하게 한다. 2) 漢字語를 익혀 언어생활에서 활용하게 한다. 3) 문장의 구조와 형식을 이해하고 활용하게 한다. 4) 簡易한 漢文을 이해하고, 감상하게 한다. 5) 漢文 기록에 담긴 전통 문화를 바르게 이해하고, 수용, 발전시키려는 태도를 가지게 한다.
	고등학교	1) 漢字를 알고 활용하게 한다. 2) 漢字語를 알고, 문장과 언어생활에서 활용하게 한다. 3) 문장의 구조와 형식을 알고, 글을 체계적으로 이해하게 한다. 4) 여러 가지 글의 종류와 특징을 알고, 漢文 기록을 이해하고 감상하게 한다. 5) 漢文 기록에 담긴 선인들의 사상, 감정 및 가치관을 이해하고, 전통 문화를 바르게 수용, 발전시키려는 태도를 가지게 한다.

이전의 教育課程과 비교했을 때, 民族 文化 또는 傳統文化의 繼承과 發展에 대한 내용이 새롭게 추가되었고, 獨立 教科란 위상에 걸맞게 漢文 讀解力 향상에 대한 내용이 강조되었다. 그리고 第3次 教育課程과 第4次 教育課程에서 사라졌던 漢字 語彙에 대한 教育이 第5次 教育課程에서 다시 教科 目標의 하나로 明示되었다.

(3) 第6次 教育課程期~第7次 教育課程期

第6次 教育課程은 漢文 教科의 性格이 教育課程 문서에 처음 등장하였다는 점에서 意義가 있다. 第6次 教育課程에 제시된 漢文 教科의 性格은 "漢字와 漢字語를 익혀 언어생활에 활용하게 하고, 漢文을 讀解할 수 있는 能力을 기르게 하며, 漢文 文章의 讀解를 통하여 傳統文化를 이해하고 繼承, 發展시키려는 태도와 올바른 價値觀을 가지게 하는 教科이다."라는 전제 아래, 漢文 教科가 一般教養을 기르는 教科, 他教科 학습에 도움을 주는 道具 教科라는 점을 강조하고 있다. 이러한 진술은 漢文 教科가 第6次 教育課程부터 選擇教科의 하나로 編制되어 학습자의 보다 많은 선택을 받아야 하는 입장을 반영한 苦肉策의 하나로 생각된다.

그러나 이러한 性格 規定이 이후 漢文 教科를 生活教科群 또는 教養教科群으로 분류하는 데 주요 근거로 작용했을 公算이 크다는 점에서 그 功過에 대한 재검토가 필요하다. 또한 第6次 教育課程에서는 "고등학교 漢文科는 중학교 '漢文'보다 심화된 漢文 학습을 체계적으로 할 수 있도록 하기 위한 敎科이다."와 같이 性格을 학교급에 따라 별도로 규정해 놓았으며, 고등학교의 경우 漢文 I 과 漢文 II의 性格을 과목별로 구분하여 수록해 놓았다.

第7次 敎育課程에서는 敎科의 性格을 規定하는 내용을 중학교와 고등학교에 共通的으로 수록한 다음 학교급별 性格을 함께 제시하였는데, 이와 같은 구성 방식은 이후 敎育課程에도 동일하게 적용되고 있다. 性格에 제시된 내용은 第6次 敎育課程과 大同小異하지만, "漢文科는 과거와 현재는 물론이고, 미래에도 漢字 文化圈 내에서의 相互 理解 增進 및 조화로운 발전에 기여할 수 있는 敎科이다."라는 문화 관련 내용이 性格에 추가되었다는 점이 특징이다.

第6次 敎育課程과 第7次 敎育課程의 目標를 살펴보면, 性格과 같이 第6次 敎育課程에 없던 漢字 文化圈 관련 내용이 第7次 敎育課程에서 추가되었을 뿐 대부분의 내용이 유사하다는 것을 확인할 수 있다. 다만 第7次 敎育課程의 경우 학교급별 目標를 중고등학교 漢文敎育用 基礎漢字를 활용하여 位階를 설정하고 있는데, 이러한 位階 설정 방식이 이후 敎育課程에서도 동일하게 적용되고 있어 주목된다.

(4) 2007 改定 敎育課程期~2015 改定 敎育課程期

2007 改定 敎育課程에서는 漢文 敎科의 性格을 "漢文에 대한 기초적인 지식을 익혀 漢文 讀解와 언어생활에 활용하는 데 필요한 道具 敎科", "다양한 유형의 漢文 자료를 비판적으로 이해하고 審美的으로 享有할 수 있는 能力을 기르기 위한 敎科", "漢文 자료에 담긴 先人들의 삶과 지혜, 사상과 감정을 이해하여 健全한 價値觀과 바람직한 人性을 涵養하며, 우리 생활 전반에 면면히 이어 온 傳統 文化를 바르게 繼承하고, 創造的으로 發展시키는 데 寄與하는 敎科", "漢字文化圈의 문화에 대한 기초적인 지식을 익혀, 과거와 현재는 물론이고 미래에도 漢字文化圈 내에서의 相互 理解와 交流를 增進시키는 데 寄與할 수 있는 敎科"라고 규정하고 있다. 이전의 敎育課程과 비교해 보면 漢字 및 漢字 語彙에 대한 언급이 삭제되었는데, 이는 漢字 및 漢字 語彙를 별도로 학습할 것이 아니라 文章 學習 過程에서 자연스레 익히게 하는 것이 바람직하다는 인식에 基盤한 것이다.

2009 改定 敎育課程의 경우는 性格을 敎育課程 문서에 별도로 제시하지 않고 目標에 관련 내용을 함께 수록해 놓았는데, 그 내용은 2007 改定 敎育課程의 性格과 大同小異하다.

구 분		目 標
第6次 敎育課程	중학교	가. 漢字를 알고 활용하게 한다. 나. 漢字語를 익혀 언어생활에 활용하게 한다. 다. 簡易한 漢文을 독해할 수 있는 기초적인 능력을 기르게 한다. 라. 漢文 기록에 담긴 선인들의 사상과 감정을 이해하고 올바른 가치관을 가지게 한다.
	고등학교	가. 漢文 敎育用 기초 漢字를 익혀 활용하게 한다. 나. 漢字語를 익혀 언어생활과 문장 독해에 활용하게 한다. 다. 漢文을 독해할 수 있는 능력을 체계적으로 기르게 한다. 라. 漢文 전적에 담긴 선인들의 사상과 감정을 이해하고, 전통 문화를 바르게 계승, 발전시키려는 태도와 올바른 가치관을 가지게 한다.

구 분		目 標
第7次 教育課程	중학교	가. 중학교 漢文 教育용 기초 漢字 900자의 음과 뜻을 알고 쓸 수 있다. 나. 漢字語를 바르게 읽고 쓰며 언어생활에 활용한다. 다. 簡易한 漢文을 독해할 수 있는 기초적인 능력을 기른다. 라. 선인들의 삶과 지혜를 이해하고, 건전한 가치관과 바람직한 인성을 함양한다. 마. 漢文 기록에 담긴 전통 문화를 이해하고 계승, 발전시키려는 태도를 지닌다.
	고등학교	가. 고등학교 漢文 教育용 기초 漢字 900자의 음과 뜻을 알고 쓸 수 있다. 나. 漢字語를 바르게 읽고 쓰며 언어생활에 활용한다. 다. 漢文을 독해할 수 있는 기초적인 능력을 기른다. 라. 선인들의 삶과 지혜를 이해하고 건전한 가치관과 바람직한 인성을 함양한다. 마. 漢文 기록에 담긴 전통 문화를 계승 발전시키며, 漢字 문화권 내에서의 상호 이해와 교류 증진에 기여한다.

2015 改定 教育課程의 性格은 크게 두 가지 점에서 이전 教育課程의 性格들과 차별된다. 하나는 2007 改定 教育課程부터 이어온 漢文 教科의 性格을 유지하면서도, 漢字 語彙 學習에 대한 現場 要求를 반영하기 위해 "우리가 일상생활에 쓰는 상당 부분의 語彙가 漢字에 바탕을 두고 있으며, 특히 다른 教科에서 주로 사용하는 學習 用語의 상당수가 漢字 語彙로 이루어져 있으므로 원활한 언어생활과 다른 教科에서 사용하는 學習 用語를 바르게 이해하기 위해서 漢文 학습이 필요하다."라는 내용을 새롭게 추가하였다는 것이다. 그리고 다른 하나는 總論에서 제시한 核心 力量 基盤 教育課程에 대응하기 위해 "漢文科는 미래 사회에서 자기 삶의 主體로서 自我를 실현하고 創意的인 삶을 營爲하는 데 요구되는 意思疏通 能力, 情報處理 能力, 創意的 思考 能力, 人性 力量, 審美的 感性"을 教科 力量으로 설정하여 性格과 함께 제시하였다는 것이다.

目標의 경우 2007 改定 教育課程부터 2015 改定 教育課程까지를 비교해 보면 2007 改定 教育課程과 2009 改定 教育課程은 큰 차이가 없고, 2015 改定 教育課程에는 '漢文 教育用 基礎 漢字로 이루어진 漢字 語彙를 익혀 언어생활에 활용하는 능력을 기른다.'라는 漢字 語彙 관련 目標가 추가되었음을 확인할 수 있다. 第5次 教育課程부터 第7次 教育課程까지 존재하던 漢字 語彙 관련 目標가 2007 改定 教育課程과 2009 改定 教育課程에 없어졌다가 2015 改定 教育課程에 이르러 다시 등장한 것이다.

구 분		目 標
2007 改定 教育課程	중학교	가. 중학교 漢文 敎育용 기초 漢字 900자의 음과 뜻을 알고 쓸 수 있는 능력을 기른다. 나. 漢文에 대한 기초적인 지식을 익혀 漢文 독해와 언어생활에 활용하는 능력을 기른다. 다. 다양한 유형의 漢文 자료를 비판적으로 이해하고 심미적으로 향유할 수 있는 능력을 기른다. 라. 선인들의 삶과 지혜를 이해하고 건전한 가치관과 바람직한 인성을 함양하며, 전통 문화를 바르게 이해하고 창조적으로 계승 발전시키려는 태도를 지닌다. 마. 漢字문화권의 문화에 대한 기초적인 지식을 익혀 漢字문화권 내에서의 상호 이해와 교류 증진에 기여하려는 태도를 지닌다.
	고등학교	가. 고등학교 漢文 敎育용 기초 漢字 900자의 음과 뜻을 알고 쓸 수 있는 능력을 기른다. 나. 漢文에 대한 기초적인 지식을 익혀 漢文 독해와 언어생활에 활용하는 능력을 기른다. 다. 다양한 유형의 漢文 자료를 비판적으로 이해하고 심미적으로 향유할 수 있는 능력을 기른다. 라. 선인들의 삶과 지혜를 이해하고 건전한 가치관과 바람직한 인성을 함양하며, 전통 문화를 바르게 이해하고 창조적으로 계승 발전시키려는 태도를 지닌다. 마. 漢字문화권의 문화에 대한 기초적인 지식을 익혀 漢字문화권 내에서의 상호 이해와 교류 증진에 기여하려는 태도를 지닌다.
2009 改定 教育課程	중학교	가. 중학교 漢文 敎育용 기초 漢字 900자의 음과 뜻을 알고 쓸 수 있는 능력을 기른다. 나. 漢文에 대한 기초적인 지식을 익혀 漢文 독해와 언어생활에 활용하는 능력을 기른다. 다. 다양한 유형의 漢文 자료를 비판적으로 이해하고 심미적으로 향유할 수 있는 능력을 기른다. 라. 선인들의 삶과 지혜를 이해하고 건전한 가치관과 바람직한 인성을 함양하며, 전통문화를 바르게 이해하고 창조적으로 계승·발전시키려는 태도를 지닌다. 마. 漢字문화권의 문화에 대한 기초적인 지식을 익혀 漢字문화권 내에서의 상호 이해와 교류 증진에 기여하려는 태도를 지닌다.

구 분		目 標
2009 改定 教育課程	고등학교	가. 고등학교 漢文 教育用 기초 漢字 900자의 음과 뜻을 알고 쓸 수 있는 능력을 기른다. 나. 漢文에 대한 기초적인 지식을 익혀 漢文 독해와 언어생활에 활용하는 능력을 기른다. 다. 다양한 유형의 漢文 자료를 비판적으로 이해하고 심미적으로 향유할 수 있는 능력을 기른다. 라. 선인들의 삶과 지혜를 이해하고 건전한 가치관과 바람직한 인성을 함양하며, 전통문화를 바르게 이해하고 창조적으로 계승·발전시키려는 태도를 지닌다. 마. 漢字문화권의 문화에 대한 기초적인 지식을 익혀 漢字문화권 내에서의 상호 이해와 교류 증진에 기여하려는 태도를 지닌다.
2015 改定 教育課程	중학교	가. 중학교 漢文 教育用 기초 漢字 900자의 음과 뜻을 알고 쓸 수 있는 능력을 기른다. 나. 중학교 漢文 教育用 기초 漢字 900자로 이루어진 漢字 語彙를 익혀 언어생활에 활용하는 능력을 기른다. 다. 漢文에 대한 기초적인 지식을 익혀 漢文 독해에 활용하는 능력을 기른다. 라. 다양한 유형의 漢文 자료를 비판적으로 이해하고 심미적으로 향유할 수 있는 능력을 기른다. 마. 선인들의 삶과 지혜를 이해하고 건전한 가치관과 바람직한 인성을 함양하며, 전통문화를 바르게 이해하고 창조적으로 계승·발전시키려는 태도를 지닌다. 바. 漢字문화권의 문화에 대한 기초적인 지식을 익혀 漢字문화권 내에서의 상호 이해와 교류 증진에 기여하려는 태도를 지닌다.
	고등학교	가. 고등학교 漢文 教育用 기초 漢字 900자의 음과 뜻을 알고 쓸 수 있는 능력을 기른다. 나. 漢文 教育用 기초 漢字 1,800자로 이루어진 漢字 語彙를 익혀 언어생활에 활용하는 능력을 기른다. 다. 漢文에 대한 기초적인 지식을 익혀 漢文 독해에 활용하는 능력을 기른다. 라. 다양한 유형의 漢文 자료를 비판적으로 이해하고 심미적으로 향유할 수 있는 능력을 기른다. 마. 선인들의 삶과 지혜를 이해하고 건전한 가치관과 바람직한 인성을 함양하며, 전통문화를 바르게 이해하고 창조적으로 계승·발전시키려는 태도를 지닌다. 바. 漢字문화권의 문화에 대한 기초적인 지식을 익혀 漢字문화권 내에서의 상호 이해와 교류 증진에 기여하려는 태도를 지닌다.

(1) 第1次 敎育課程期~第2次 敎育課程期

第1次 敎育課程와 第2次 敎育課程에서는 國語과 敎育課程의 한 領域으로서 漢文 관련 敎授學習 內容이 제시되었다. 第1次 敎育課程의 경우 漢字의 構造를 시작으로 平易한 文章과 歷史書, 格言, 寓話, 傳記類 散文, 文章類 散文, 四書類 散文, 平易한 經典, 詩歌 등을 학습하도록 하였다. 특히 第1次 敎育課程에서는 受業에서 다룰 수 있는 글감의 범위를 '參考 資料'란 이름으로 제시하고 있는 데, 中國과 우리나라의 다양한 작품을 素材로 제시하고 있는 것으로 보아 당시 漢字·漢文 敎育이 상당한 수준에서 이루어졌음을 짐작할 수 있다.

第2次 敎育課程의 敎授學習 內容은 第1次 敎育課程의 내용에 '漢學과 國文學과의 관계', '漢學과 東洋 文化와의 관계', '漢文의 大意 把握', '辭典類의 索字 方法' 등을 추가하여 체계적인 漢字·漢文 敎育이 이루어질 수 있도록 構造化하였다.

	第1次 敎育課程	第2次 敎育課程
내용	중학교 3년의 교재 내용에 준하여 그 정도를 좀 더 높이고, 漢字의 구조를 이해시킨다. 평이한 문장, 사서, 격언, 우화 등을 과하되, 현대인의 관념에 감응되고 심금을 고동시킬 수 있는 교재를 선택하는데 유의한다. 전기류, 문장류, 사서류, 평이한 경전, 시가 등을 과하되, 장편일 때는 분절, 설장(設章)하여 학습 상 권태(倦怠)를 피하도록 한다.	1) 漢字 및 漢文의 구조를 이해한다. 2) 평이한 문장, 사서, 격언, 우화를 읽게 한다. 3) 평이한 경전, 시가를 읽게 한다. 4) 한학과 국문학과의 관계를 알게 한다. 5) 한학과 동양 문화와의 관계를 알게 한다. 6) 漢文의 대의를 파악하도록 한다. 7) 사전류의 색자 방법에 익숙하도록 한다.
참고자료	1. 한민족의 손으로 된 것 　(1) 경서: 사서, 오경 등 　(2) 사서: 24사, 자치 통감, 18 사략, 전국책 등 　(3) 자서: 장자, 순자, 한비자, 회남자, 관자, 설원 　(4) 명가의 산문: 당송 팔대가문, 변려문 등 　(5) 전기 소설류: 전기 소설, 삼국지 등 　(6) 기타의 산문: 몽구, 소학, 근사록, 공자가어 등 　(7) 고금의 유명한 시집: 당시, 기타 　(8) 유명한 문집류 　(9) 병서류 2. 우리 민족의 손으로 된 서적 　(1) 사서: 삼국사기, 삼국유사. 동사강목, 고려사, 증보 문헌비고, 사천년 문헌통고, 이조 실록 등 　(2) 기타 산문: 해동소학, 동몽선습, 지봉유설, 동문선 등 　(3) 각종 문집: 정포은집, 퇴계전집, 율곡전집, 우암집, 연암집 등 　(4) 시: 대동시선 등	

---

5) 본 절에서는 敎授學習 內容의 變遷 過程을 一目瞭然하게 확인하기 위해 각 敎育課程期別로 현재 고등학교 漢文 I 에 해당하는 敎科目의 敎授學習 內容을 중심으로 논의를 전개하기로 한다.

(2) 第3次 教育課程期～第5次 教育課程期

漢文이 중·고등학교에서 獨立 教科로 자리하게 된 第3次 教育課程에서는 漢字 語彙 관련 내용이 教育課程에 처음 제시되었다는 점이 특징이다. 그리고 이 시기부터 漢字·漢文 教育에 대한 教授學習 內容이 본격적으로 등장하기 시작하여, 第4次 教育課程에는 單語의 짜임, 虛辭의 쓰임, 文章이 形式, 散文 文體의 特徵 등이 教授學習 內容에 추가되었고, 第5次 教育課程에서는 教授學習 內容을 '漢字', '漢字語', '漢文'으로 領域을 구분하여 해당 領域에서 教授學習해야 할 내용을 상세히 제시하는 방식으로 한 단계 더 체계화 되었다. 특히 第5次 教育課程의 教授學習 內容 제시 방식은 第6次 教育課程 및 第7次 教育課程 등 이후 教育課程 內容 體系의 根幹이 되고 있다는 점에서 중요한 의미를 지닌다.

	第3次 教育課程	第4次 教育課程	第5次 教育課程
내용	(1) 漢字의 음, 구조, 뜻 (2) 漢文의 구조 (3) 漢字語로 된 격언, 고사, 숙어 (4) 우리 선조가 남긴 문학, 역사, 철학 등에서 평이한 문장 (5) 중국의 경전, 문학, 역사, 철학 등에서 평이한 문장	1) 漢字의 뜻과 음을 알고 익힌다. 2) 漢字와 漢字語의 짜임을 알고 활용한다. 3) 허자의 쓰임을 알고 익힌다. 4) 복합문의 구조를 알고 익힌다. 5) 문장의 형식을 이해한다. 6) 여러 가지 글의 특징을 이해한다. 7) 글의 중심되는 뜻을 안다. 8) 漢文 기록에 나타난 선인들의 생활, 사상 및 가치관을 이해한다.	1) 한 자 (1) 漢字의 음과 뜻을 알기 (2) 漢字를 바르게 쓰고 활용하기 (3) 漢字의 짜임을 통하여 漢字를 이해하기 2) 漢字語 (1) 漢字語의 음과 뜻을 알기 (2) 漢字語를 바르게 쓰고 활용하기 (3) 漢字語를 익혀 언어생활에서 바르게 사용하기 (4) 漢字 성어의 짜임을 알고, 문장 구조 이해에 활용하기 3) 한 문 (1) 문장의 기본 구조를 알고 활용하기 (2) 문장의 확장 구조를 알고 활용하기 (3) 복합문의 구조를 알고 활용하기 (4) 문장의 형식을 알고 풀이하기 (5) 허자의 구실을 알고, 문장독해에 활용하기 (6) 산문의 특징을 알고 독해하기 (7) 한시의 특징을 알고 감상하기 (8) 좋은 글귀를 암송하고, 그 감명을 되살리기 (9) 漢文 기록에 담긴 선인들의 사상, 감정 및 가치관을 이해하기 (10) 漢文 기록에 담긴 선인들의 훌륭한 행실을 본받고, 전통 문화를 바르게 수용, 발전시키려는 태도 가지기

(3) 第6次 教育課程期～第7次 教育課程期

第6次 教育課程과 第7次 教育課程의 教授學習 內容은 표현상의 차이만 있을 뿐, 그 내용이 第5次 教育課程과 유사하다. 일부 教授學習 內容, 예를 들어 漢文 領域의 '좋은 글귀를 暗誦하고, 그 감명을 되살리기'란 教授學習 內容이 第6次 教育課程에서 '좋은 글귀를 이해하고 그 감명 되살리기'로 남아 있다가 第7次 教育課程에서 없어지는 등의 변화가 있기는 하지만, '漢字', '漢字語', '漢文' 領域의 핵심적인 教授學習 內容은 크게 변화되지 않았다.

	第6次 教育課程	第7次 教育課程
내용	**- 漢字 -** (1) 漢字의 음과 뜻 알기 (2) 漢字 바르게 쓰기 (3) 漢字의 짜임을 통하여 漢字의 형·음·의(形, 音, 意) 이해하기 (4) 漢字를 익혀 언어생활과 문장 독해에 활용하기 **- 漢字語 -** (1) 漢字語의 음과 뜻 알기 (2) 漢字語의 짜임을 통하여 漢字語 풀이하기 (3) 漢字語의 짜임을 통하여 문장의 구조 이해하기 (4) 漢字語를 익혀 언어생활과 문장 독해에 활용하기 (5) 고사 성어를 풀이하고 이해하기 **- 漢文 -** (1) 산문을 풀이하고 이해하기 (2) 문장의 기본 구조와 확장 구조를 알고 활용하기 (3) 복합문의 구조 알기 (4) 복합문의 형식을 알고 활용하기 (5) 허자의 쓰임과 구실 알기 (6) 격언이나 속담을 풀이하고 이해하기 (7) 좋은 글귀를 이해하고 그 감명 되살리기 (8) 한시를 풀이하고 감상하기 (9) 漢文 기록에 담긴 선인들의 사상과 감정을 이해하고 올바른 가치관 가지기 (10) 漢文 기록에 담긴 전통 문화를 이해하고 계승, 발전시키려는 태도 가지기	**- 漢字 -** (1) 漢字의 음과 뜻을 스스로 알고 바르게 읽고 쓴다. (2) 漢字의 짜임을 통해 漢字의 형·음·의를 이해한다. (3) 학습한 漢字를 언어생활에 활용한다. (4) 학습한 漢字를 문장 독해에 활용한다. **- 漢字語 -** (1) 漢字語의 음과 뜻을 스스로 알고 바르게 읽고 쓴다. (2) 漢字語의 짜임을 통해 漢字語의 뜻을 스스로 풀이한다. (3) 성어의 속뜻을 알고 일상생활에 활용한다. (4) 학습한 漢字語를 언어생활에 활용한다. (5) 학습한 漢字語를 문장 독해를 활용한다. (6) 漢字語에 담긴 선인들의 삶과 지혜를 이해하고, 건전한 가치관과 바람직한 인성을 함양한다. **- 漢文 -** (1) 산문을 바르게 읽고 풀이한다. (2) 문장의 구조를 알고 문장을 스스로 풀이한다. (3) 허자의 쓰임을 알고 문장 풀이에 스스로 활용한다. (4) 문장의 형식을 알고 문장 풀이에 스스로 활용한다. (5) 한시를 풀이하고 감상한다. (6) 한시의 기초적인 형식과 특징을 이해한다. (7) 격언·속담, 명언·명구의 속뜻을 알고 일상생활에 활용한다. (8) 선인들의 삶과 지혜를 이해하고 건전한 가치관과 바람직한 인성을 함양한다. (9) 전통 문화를 바르게 창조적으로 계승 발전시키려는 태도를 지닌다. (10) 漢文 학습을 통하여 漢字 문화권 내에서의 상호 이해와 교류 증진에 기여한다.

(4) 2007 改定 敎育課程期~2015 改定 敎育課程期

2007 改定 敎育課程에서는 內容 領域을 '漢文'과 '漢文 知識'으로 구분하고, '漢文' 領域에 '읽기', '理解', '文化' 관련 敎授學習 內容을 제시하고, '漢文 知識' 領域에 '漢字', '語彙', '文章' 관련 敎授學習 內容을 제시하였다. 第7次 敎育課程과 비교하면 內容 領域에 하나로 자리하던 漢字 語彙(漢字語)의 비중이 약화되어 '漢文 知識' 領域의 하위 범주로 자리하게 된 것과 敎授學習 內容을 漢文 短文, 漢文 散文, 漢詩로 구분하여 제시하고 있다는 점이 特色이다.

2009 改定 敎育課程에서는 內容 領域을 '讀解', '文化', '漢文 知識'으로 구분하였는데, 이는 2007 改定 敎育課程의 內容 領域 중 하나인 '漢文'이 敎科名과 동일하여 간혹 혼란을 惹起한다는 의견이 제기되어 '漢文' 領域에 있던 敎授學習 內容을 '讀解'와 '文化' 領域에 分散 配置한 것이다. 이러한 內容 體系는 漢文 敎科에서 '文化' 관련 비중이 증대되었음을 의미하거니와, '文化' 領域 하위에 '言語生活과 漢字 文化' 관련 내용을 두어 2007 改定 敎育課程에서 약화되었던 漢字 語彙 敎育의 위상을 강화했다는 점도 주목된다. 또한 2009 改定 敎育課程의 경우 학습 내용 감축이라는 總論의 지침에 대응하기 위해 일부 敎授學習 內容을 統合的으로 제시하였으며, 중학교와 동일한 학습 내용은 별도로 제시하지 않고 고등학교 수준에서 학습해야 할 내용을 중심으로 제시해 놓았다.

2015 改定 敎育課程에서는 2009 改定 敎育課程 內容 領域名의 位階에 대한 문제가 지적되어 內容 領域을 '漢文의 理解', '漢文의 活用'으로 구분하고, '漢文의 理解'에는 2009 改定 敎育課程의 '讀解' 및 '漢文 知識' 영역에 있던 敎授學習 內容을 漢字, 漢字 語彙, 文章으로 재구조화하여 제시하고, '漢文의 活用'에는 '文化'에 있던 敎授學習 內容을 활용에 초점을 맞춰 세분화해 놓았다. 또한 敎育課程 編制上 중학교에서 漢文을 학습하지 않은 학생들이 있을 수 있음을 감안하여 중학교와 학습 내용이 동일하더라도 그것이 漢字·漢文 敎育의 핵심적 부분일 경우 고등학교에도 해당 내용을 동일하게 제시하였으며, 감소된 受業 時數를 고려하여 지나치게 어려운 내용은 가급적 詳細히 제시하지 않도록 하였다. 무엇보다 2015 改定 敎育課程은 漢文 敎科의 위상을 조금이나마 높여 보고자 漢字 語彙의 활용과 漢文을 통한 人性 涵養을 敎授學習 內容에서 강조하고 있다.

	2007 改定 敎育課程	2009 改定 敎育課程	2015 改定 敎育課程
내용	**- 漢文 -** 〈읽기〉 (1) 漢文 단문(短文)을 소리 내어 읽을 수 있다. (2) 漢文 단문을 끊어 읽을 수 있다. (3) 漢文 단문을 바르게 풀이할 수 있다. (4) 漢文 산문을 소리 내어 읽을 수 있다. (5) 漢文 산문을 끊어 읽을 수 있다. (6) 漢文 산문을 바르게 풀이할 수 있다.	**- 독해 -** 〈읽기〉 (1) 글을 화자의 어조에 맞게 읽을 수 있다. (2) 글을 이루는 구절과 문장을 문장 부호를 사용하여 표기할 수 있다. 〈이해〉 (1) 글을 읽고 풀이할 수 있다. (2) 유가 경전과 제자백가의 글을 읽고 사상적 특징을 이해할 수 있다.	**- 漢文의 이해 -** 〈漢字와 어휘〉 • 漢字의 모양·음·뜻을 구별한다. • 漢字의 부수를 알고 자전에서 漢字를 찾는 데 활용한다. • 漢字를 순서에 맞게 바르게 쓴다. • 漢字의 짜임을 구별한다. • 문장에 사용된 단어의 짜임을 구별한다. • 문장에 사용된 실사와 허사를 구별한다.

2007 改定 教育課程	2009 改定 教育課程	2015 改定 教育課程
(7) 한시를 소리 내어 읽을 수 있다. (8) 한시를 끊어 읽을 수 있다. (9) 한시를 바르게 풀이할 수 있다. 〈이해〉 (1) 漢文 단문의 내용과 주제를 이해한다. (2) 漢文 단문의 특수한 표현 방식을 이해하고 감상할 수 있다. (3) 漢文 산문의 문체와 특징을 이해한다. (4) 漢文 산문의 내용과 주제를 이해한다. (5) 漢文 산문의 특수한 표현 방식을 이해하고 감상할 수 있다. (6) 한시의 형식과 특징을 이해한다. (7) 한시의 내용과 주제를 이해한다. (8) 한시의 특수한 표현 방식을 이해하고 감상할 수 있다. 〈문화〉 (1) 선인들의 삶과 지혜를 이해하고 건전한 가치관과 바람직한 인성을 함양한다. (2) 전통 문화를 바르게 이해하고 창조적으로 계승 발전시키려는 태도를 지닌다. (3) 漢字문화권의 문화에 대한 기초적 지식을 익힌다. (4) 漢字문화권 내에서의 상호 이해와 교류 증진에 기여하려는 태도를 지닌다. – 漢文 지식 – 〈漢字〉 (1) 漢字의 형(形)·음(音)·의(義)를 안다. (2) 여러 가지 음과 뜻을 가진 漢字를 안다. (3) 漢字를 바르게 읽고 쓸 수 있다. (4) 상형·지사자의 짜임을 안다. (5) 회의·형성자의 짜임을 안다. (6) 漢字의 형성 過程을 이해한다.	(3) 사리를 밝히거나 시비를 가리는 글을 읽고 주장의 근거를 판단할 수 있다. (4) 역사적 사건이나 인물의 행적을 서술하는 글을 읽고 사건이나 인물이 가지는 의미를 파악할 수 있다. (5) 사실이나 사물을 기술하는 글을 읽고 지은이가 강조하는 내용을 파악할 수 있다. (6) 실용문을 읽고 글의 내용을 글의 목적과 관련지어 파악할 수 있다. (7) 작품 속에 나타나는 인물, 사건, 배경을 파악할 수 있다. (8) 작가와 작품에 대한 사전적인 배경 지식을 활용하여 한시의 내용과 주제를 파악할 수 있다. (9) 한시의 형식과 특징을 이해하고 감상할 수 있다. – 문화 – 〈漢字 문화〉 (1) 선인들의 지혜를 내면화하고, 전통문화의 가치를 파악하여, 긍지와 주체 의식을 가지고 새로운 문화 창조의 원동력으로 삼으려는 태도를 지닐 수 있다. (2) 漢字문화권의 문화에 대한 지식을 활용하여 漢字문화권 내에서의 상호 이해와 교류 증진에 기여하려는 태도를 지닐 수 있다. 〈언어생활과 漢字 문화〉 (1) 漢字 문화에서 유래한 漢字 語彙를 정확하게 이해하고, 언어생활에서 바르게 활용할 수 있다.	• 문장 안에서의 쓰임에 따라 품사가 바뀌는 '품사의 활용'을 구별한다. 〈漢文의 독해〉 • 문장의 구조를 구별한다. • 문장에서 생략되거나 도치된 성분을 찾고, 이를 문장 풀이에 활용한다. • 문장의 유형을 구별한다. • 글의 의미가 잘 드러나도록 바르게 소리 내어 읽는다. • 토나 문장 부호가 달려 있는 글을 토나 문장 부호의 역할에 유의하여 바르게 끊어 읽는다. • 글을 바르게 풀이하고 내용과 주제를 설명한다. • 漢文 산문의 다양한 서술 방식을 통해 글의 내용을 이해하고 감상한다. • 한시의 형식과 그 특징 및 시상 전개 방식을 통해 한시의 내용을 이해하고 감상한다. – 漢文의 활용 – 〈漢字 語彙와 언어생활〉 • 漢字로 이루어진 일상용어를 맥락에 맞게 활용한다. • 漢字로 이루어진 다른 教科 학습 용어를 맥락에 맞게 활용한다. • 漢字로 이루어진 성어의 의미를 이해하고 맥락에 맞게 활용한다. 〈漢文과 인성〉 • 漢文 기록에 담긴 선인들의 지혜, 사상 등을 이해하고, 현재적 의미에서 가치가 있는 것을 내면화하여 건전한 가치관과 바람직한 인성을 함양한다.

2007 改定 教育課程	2009 改定 教育課程	2015 改定 教育課程
(7) 漢字 자체(字體)의 變遷過程을 이해한다. 〈어휘〉 (1) 단어의 종류를 안다. (2) 단어의 짜임을 안다. (3) 품사의 종류와 특성을 안다. (4) 허사의 쓰임을 안다. (5) 어휘의 유형을 알고 활용할 수 있다. (6) 성어의 의미를 알고 활용할 수 있다. 〈문장〉 (1) 문장의 성분을 안다. (2) 문장의 구조를 안다. (3) 문장의 유형을 안다. (4) 문장의 수사법을 이해한다.	- 漢文 지식 - 〈漢字〉 (1) 漢字의 형(形)·음(音)·의(義)를 알 수 있다. (2) 여러 가지 음과 뜻을 가진 漢字를 알 수 있다. (3) 바른 모양과 순서를 고려하여 漢字를 쓸 수 있다. (4) 상형·지사·회의·형성자의 짜임을 알 수 있다. (5) 漢字 자체(字體)의 變遷過程을 이해할 수 있다. 〈어휘〉 (1) 단어의 짜임을 알고 문장 독해에 활용할 수 있다. (2) 품사의 활용을 알 수 있다. (3) 허사의 쓰임을 알 수 있다. (4) 성어의 유래를 알 수 있다. 〈문장〉 (1) 문장의 구조를 알고 문장의 풀이에 활용할 수 있다. (2) 문장 성분의 도치(倒置)를 알 수 있다. (3) 문장의 수사법을 알 수 있다.	〈漢文과 문화〉 • 漢文 기록에 담긴 우리의 전통 문화를 바르게 이해하고, 미래 지향적인 새로운 문화 창조의 원동력으로 삼으려는 태도를 형성한다. • 漢字문화권의 문화에 대한 기초적 지식을 통해 상호 이해와 교류를 증진시키려는 태도를 형성한다.

이상의 教育課程期別 教授學習 內容의 變遷 過程을 종합해 보면, 第5次 教育課程 이후 주요 教授學習 內容들은 큰 변화 없이 유지되고 있음을 확인할 수 있다. 물론 각 教育課程期別로 內容 領域도 변화하고 일부 教授學習 內容이 加減되기는 하였지만, 대부분의 내용들은 표현상의 차이가 있을 뿐 현재까지 그 命脈이 유지되고 있다고 하겠다. 따라서 教育課程이 改定될 때마다 受業 時數뿐 아니라 選擇科目으로서 입지가 좁아지고 있는 현실을 고려하여 教育課程에 제시된 각각의 教授學習 內容의 適切性을 따져볼 필요가 있다.

5 結論: 향후 과제

2022 改定 教育課程은 2015 改定 教育課程보다 核心 力量 혹은 教科 力量의 비중이 확대될 것으로 展望된다. 또한 고등학교의 경우는 高校學點制 施行으로 인해 다양한 教科目들과 학생들의 선택을 받기 위한 無限 競爭을 벌여야 한다.

2022 改定 教育課程의 總論 編制에서 漢文 教科의 위상이 높아진다면 더할 나위 없이 좋겠으나 현재로서는 遙遠한 상태이다. 總論 編制에서 漢文科가 과거와 같이 必須 教科로서의 지위를 얻기를 기대하기보다는 현재와 같이 選擇 教科의 지위가 유지될 것임을 前提하고 教科 내부에서 현재보다 조금이나마 위상을 높일 수 있는 방안을 찾아야 한다. 즉, 변화된 시대상을 반영하여 漢文 教科의 性格과 目標를 재설정하고, 教授學習 內容도 보다 많은 학생들의 選擇을 이끌어 낼 수 있는 方向으로 구조화할 필요가 있는 것이다.

2015 改定 教育課程을 보면 性格과 目標, 教授學習 內容에 있어 중학교와 고등학교의 차이를 발견하기 힘들다. 물론 학교급별로 적용되는 漢文教育用 基礎漢字의 범위가 다르고 成就基準 解說에 제시된 진술 내용에서 어느 정도 位階를 설정하고 있지만, 他教科와 같이 그 구분이 명확하지 않다. 중학교 教科書에 수록된 文章이 출판사가 다른 고등학교 教科書에 그대로 수록되어 있는 것이 현실이다. 과거에 비해 기본적인 漢字 및 漢文에 대한 素養이 부족한 요즘 학생들의 수준을 고려하여 教育課程의 體系를 전반적으로 재구조화할 필요가 있다. 예컨대, 2022 改定 教育課程에서 漢文 教科의 위상이 2015 改定 教育課程과 동일하다고 假定할 때 아래의 그림과 같이 중학교의 경우 중학교 漢文教育用 基礎漢字 900字 중심의 漢字 및 漢字 語彙와 俗談 및 格言과 같은 편폭이 짧은 短文, 內容과 主題가 간단한 5言 絶句 漢詩를 중점적으로 학습하고, 고등학교 漢文 I 은 고등학교 漢文教育用 基礎漢字 900자 중심의 漢字 및 漢字 語彙를 비롯하여 비교적 편폭이 긴 短文과 散文, 7言 絶句 漢詩에 초점을 맞추는 것이다. 고등학교 漢文 II 의 경우는 특별한 제약 없이 고등학교 고학년 수준에 맞는 다양한 내용을 수록하는 것으로 재구조화 된다면, 현재보다는 체계적인 漢字·漢文 教育이 가능할 것으로 생각된다.

만일 이와 같은 方向으로 漢文科의 體系를 재구조화하는 것이 學界의 同意를 얻는다면, 教育課程에 제시되는 性格, 目標, 教授學習 內容도 재구조화 方向에 맞춰 수정해 볼 수 있다. 즉, 중학교의 경우 漢文教科가 지니고 있는 특성 중 道具 教科로서의 모습을 강조하고, 고등학교 漢文 II는 漢文學이라는 母學問 분야와의 관련성을 강화하는 方向으로 구성하는 것이다. 고등학교 漢文 I 의 경우는 大學修學能力試驗에 출제되는 과목임을 고려하여 이들 兩者를 折衷하여 현재와 같이 漢字・漢文 教育이 지녀야 할 教科 正體性을 包括的으로 제시하면 될 것이다. 이러한 方向에 맞춰 학교급별 教育課程의 目標를 구성해 보면 다음의 표와 같다.

중학교 漢文	고등학교 漢文 I	고등학교 漢文 II
가. 중학교 漢文 教育용 기초 漢字 900자의 음과 뜻을 알고 쓸 수 있는 능력을 기른다.	가. 고등학교 漢文 教育용 기초 漢字 900자의 음과 뜻을 알고 쓸 수 있는 능력을 기른다.	가. 漢文教育용 기초 漢字 1,800자의 학습 성과를 바탕으로 보다 확장된 漢字의 음과 뜻을 알고 쓸 수 있는 능력을 기른다.
나. 중학교 漢文 教育용 기초 漢字 900자로 이루어진 漢字 語彙를 익혀 언어생활에 활용하는 능력을 기른다.	나. 漢文 教育용 기초 漢字 1,800자로 이루어진 漢字語彙를 익혀 언어생활에 활용하는 능력을 기른다.	나. 漢字 문화에서 유래한 漢字 語彙를 익혀 언어생활에 활용하는 능력을 기른다.
다. 漢文에 대한 기초적인 지식을 익혀 漢文 문장 독해에 활용하는 능력을 기른다.	다. 漢文에 대한 기초적인 지식을 익혀 漢文 독해에 활용하며, 다양한 유형의 漢文 자료를 이해하고 감상할 수 있는 능력을 기른다.	다. 漢文에 대한 기초적인 지식을 익혀 漢文 독해와 언어생활에 활용하는 능력을 기른다.
라. 漢文 기록에 담긴 선인들의 삶과 지혜를 이해하여 건전한 가치관과 바람직한 인성을 함양하고, 전통문화를 이해하고 계승・발전시키며, 漢字 문화권의 문화에 대한 기초적인 지식을 익혀 漢字문화권 내에서의 상호 이해와 교류 증진에 기여하려는 태도를 지닌다.	라. 漢文 기록에 담긴 선인들의 삶과 지혜를 이해하여 건전한 가치관과 바람직한 인성을 함양하고, 전통문화를 이해하고 계승・발전시키며, 漢字문화권의 문화에 대한 기초적인 지식을 익혀 漢字문화권 내에서의 상호 이해와 교류 증진에 기여하려는 태도를 지닌다.	라. 다양한 유형의 漢文 자료를 비판적으로 이해하고 심미적으로 향유할 수 있는 능력을 기른다.
		마. 漢文 기록에 담긴 선인들의 삶과 지혜를 이해하여 건전한 가치관과 바람직한 인성을 함양하고, 전통문화를 이해하고 계승・발전시키며, 漢字문화권의 문화에 대한 기초적인 지식을 익혀 漢字 문화권 내에서의 상호 이해와 교류 증진에 기여하려는 태도를 지닌다.

한편, 教育部의 「高校學點制 종합 추진계획」에 따르면, 고등학교의 選擇科目은 一般選擇科目, 融合選擇科目, 進路選擇科目으로 나뉜다. 2015 改定 教育課程과 비교해볼 때 一般選擇科目과 進路選擇科目은 그 명칭이 유지되고, '融合選擇科目'이란 새로운 개념의 과목이 추가되는 것이다. 그런데 「高校學點制 종합 추진계획」을 보면 2015 改定 教育課程의 專門教科 I 이 普通教科의 進路選擇科目으로 編制되도록 되어 있다. 이러한 改編 方向에 따라 2015 改定 教育課程의 漢文 과목을 배치하면 一般選擇科目에 1과목(漢文 I), 進路選擇科目으로 1과목(漢文 II) 밖에 둘 수 없는 상황이다. 特目高를 중심으로 개설되던 專門教科 I 의 과목들이 普通教科의 進路選擇科目으로 編制되어 特目高가 아닌 一般系 고등학교에서도 개설 가능한 과목으로 기능한다면, 漢文 教科의 경우는 다른 教科에 비해 選擇科目의 수가 턱없이 부족한 상황이다. 따라서 새로운 教育課程에서 漢文 教科가 보다 많은 학생들의 선택을 받

기 위해서는 다른 敎科 選擇科目과의 衡平性을 맞추기 위해 새로운 敎科目을 개발할 필요가 있다.[6] 최근 全北에서 근무하는 漢文 敎師가 '韓醫學 漢文'이라는 새로운 敎科目을 개설하여 학생들에게 큰 반향을 일으키고 있는 것을 보면 漢文 敎科의 위상 강화를 위한 현실적인 대안 마련과 노력이 절실히 필요하다.[7] 새로운 敎育課程 改定을 앞둔 현 時點에서 급변하는 外部 敎育 環境의 변화에도 적극적으로 대응할 필요가 있지만, 변화되는 환경에 맞춰 敎科의 目標와 내용을 재설정하고 漢字・漢文 敎育의 必要性을 주장할 수 있는 새로운 論理를 개발하여 敎育 需要者에게 다가가려는 내부적인 노력을 우선 실천할 필요가 있다.

---

6) 윤영순・이미영・김경랑・손민정・이용백・김영춘・임병필・강하나・윤지훈・박동훈・이강혁・윤미재(2021), 「포스트코로나 대비 未來指向的 第2外國語/漢文科 敎育課程 구성 방안 硏究」, 韓國敎育課程評價院 硏究報告 CRC 2021-10, p.99 참조.

7) 손형태(2021), 「언택트 時代와 高校學點制를 고려한 自由發行 漢文敎科書 개발 방안」, 韓國漢文敎育學會 2021년 春季學術大會 發表資料集(2021.4.10), 참조.

李國鎭(江原大)

1 　초등 한자 교육영역

1.1 　초등 한자 교육의 필요성과 기본 방향

기본적으로 초등학교 한자 교육의 필요성은 다음과 같이 다섯 가지로 요약할 수 있다.

> 1) 초등학교의 한자교육은 한자 어휘의 바른 이해와 표현을 통한 국어 어휘 능력을 신장시키는 데 필요하다.
> 2) 他 교과의 한자 어휘로 된 학습 용어를 바르게 이해할 수 있는 기초 능력을 신장시켜 실제의 학습 활동에 기여할 수 있다.
> 3) 언어와 문자에 대한 바른 이해와 한자문화권의 조화로운 발전을 꾀하는 데 필요하다.
> 4) 바람직한 가치관을 수립하고 전통 문화의 올바른 계승과 발전에 중요하다.
> 5) 미래 사회를 준비하고 21세기의 지식 정보화에 유용한 도구로 활용할 수 있다.[8]

이처럼 초등학교 한자 교육은 학생들의 이해력, 사고력, 창의력을 함양하는데 많은 도움을 줄 수 있다. 그런데 초등학교 한자 교육이 성과를 거두기 위해서는 학생들이 흥미와 보람을 느낄 수 있는 교육 방법을 병행해야 한다. 암기를 통해 무작정 많은 양의 한자를 익히는 방식, 반복적으로 쓰면서 외우는 방식, 한자 교육의 구체적인 목적과 동기부여가 없는 경우, 한자 급수 시험의 과도한 부담감 등은 한자 교육에 대한 학생들의 흥미를 떨어뜨릴 수 있다.

따라서 초등 한자 교육이 성과를 거두기 위해서는 쉽고 부담감 없는 교육 환경 조성, 구체적인 동기 부여, 다양하고 흥미로운 교육 방법이 준비되어야 한다. 더욱이 초등학교 학생들이 한자에 대해 거부감을 가지지 않고 흥미·관심·친숙함을 유지하는 것은 중고등학교와 대학교 때의 학습 참여도 및 흥미도와 직결된다는 점에서 매우 중요하다.

1.2 　초등 한자 교육과정

초중등학교 교육과정 총론(2018-162호)의 교육과정 편성·운영 기준에서는 "정보통신활용 교육, 보건 교육, 한자 교육 등은 관련 교과(군)와 창의적 체험활동 시간을 활용하여 체계적인 지도가 이루어질 수 있도록 한다."라고 명시하고 있다. 그리고 학교 재량에 따라 방과후 활동으로 한자 교육이 이뤄지고 있다.

---

8) 방인태·김창호·한은수, 『초등학교 한자교육』, 역락, 2006, 13~16면.

교육부의 초등 한자 교육과정에 대한 입장은 2016년 12월에 〈필요한 경우, 초등 교과서 한자 표기 이렇게〉라는 제목으로 공지한 보도자료9)에서 확인할 수 있다. 보도 자료의 내용에 따르면 당시 교육부는 2015 개정 교육과정에 따른 초등 5-6학년 교과서에서, 필요한 경우 한자를 표기하는 기준을 발표하였다. 이는 정책연구(「초등학교 교과서 한자 표기 방안 연구」)의 결과로, 지난 「2015 개정 교육과정」 발표 시에 초등 적정 한자와 표기 방법은 정책연구를 통해서 16년 말까지 대안을 마련하겠다고 밝힌 데 따른 것이었다.

보도자료의 내용을 더 구체적으로 살펴보면, 그동안 초등학교 98%(약5,800교) 정도가 창의적 체험활동 시간에 한자 교육을 실시하고 있었으나, 적정 수준의 한자 교육 내용과 방법이 없어 17개 시·도마다 한자 학습량과 수준이 다르다는 문제가 있었다. 이에 학습자 수준에 맞지 않거나 학습 내용과 관련이 없는 무분별한 병기를 예방해야 한다는 교육적 관점에서, '한자 교육' 자체 보다 초등학생 수준에 적합하면서 '학습 용어 이해'를 위한 교과서 한자 표기 원칙을 다음과 같이 마련하였다.

□ 이번 표기 기준은 초등 5-6학년 학습에 도움이 되는 기본 한자(300자)를 선별하고, 국어 외 교과서에서 단원의 주요 학습 용어에 한해 집필진과 심의회가 용어 이해에 도움이 된다고 판단하는 경우, 300자 내에서 한자와 음·뜻을 표기할 수 있도록 하였다.
○ 가령 초등 5학년 과학 '태양계와 별' 단원에서 '항성'의 경우, 각 한자의 뜻이 '항상 항(恒)', '별 성(星)'으로, '항상 같은 곳에서 빛나는 별'이라는 학습용어의 뜻과 가까워 '항성(恒星) : 항상[恒, 항상 항]같은 곳에서 빛나는 별[星, 별 성]' 같이 밑단이나 옆단에 표기할 수 있다.
○ 같은 단원의 '행성'의 경우도, 각 한자의 뜻이 학습용어의 뜻과 가까워 집필진과 심의회가 필요하다고 판단하는 경우 밑단이나 옆단에 '행성(行星) : 항상 주변의 정해진 길을 다니는[行, 다니다 행] 별[星, 별 성]'과 같이 표기할 수 있다.
○ 그러나 '우주'처럼, '집 우(宇)', '집 주(宙)' 각 한자의 뜻이 우주란 학습용어의 뜻과 거리가 먼 경우에는 한자와 음·뜻을 표기하지 않는다.
○ 더하여, 본문의 주요 학습 용어에는 글꼴 변화 등의 강조 표시만 하고, 용어의 한자와 음·뜻은 밑단이나 옆단에 표기하여 가독성을 높이고 학습부담은 덜고자 하였다.
○ 또한 '교과서에 표기된 한자는 암기하게 하거나 평가하지 않도록 한다.'는 지도 유의점을 『교사용 지도서』에 명시하고, 시·도 교육청에 전달할 방침이다.

이상의 초등 교과서 한자 표기 원칙은 현재 시행되지 않고 있다. 그럼에도 불구하고 위의 주요내용은 교육부에서 구상하고 있는 초등 한자 표기 원칙과 교육 방법론의 방향을 살펴볼 수 있다는 점에서 의미가 있다.

1.3 초등 한자의 범위

현재 초등 한자의 범위에 대해서 공식적으로 정해진 것은 없다. 하지만 2000년대 이후 초등 한자의 범위에 대한 연구가 진행된 사례는 여러 차례 있었다.10) 그중에서 김성중(2020)의 연구는 가장 최근의 연구

---

9) 교육부 보도자료, 「필요한 경우 초등 교과서 한자 표기 이렇게」, https://www.moe.go.kr 참조
10) 민현식·이찬규·김왕규·정혜승·노명희·박진호·박재현·이준석, 「초등학교 교과서 한자어 및 한자 분석 연구」, 국립국어연구원 연구과제 2003-1-28, 2004.; 윤재민·백광호, 「초등학교 한자교육을 위한 초급 한자 선정에 대한 연구」, 『한자한문연구』 3, 고려대 한자한문연구소, 2007.; 전지인, 「초등학교 한자 교육을 위한 교육용 기초 한자 선정에 관한 연구」, 고려대 석사논문, 2015.; 김성중, 「초등학교 한자교육에 필요한 적정 한자 수 및 한자 선정에 대한 검토」, 『한자한문

성과이면서 기존의 연구 성과를 면밀히 검토하고 종합하는 차원에서 이뤄졌다. 김성중은 민현식 외(2004)에서 선정한 한자 중에서 조어력 6 이상인 663자, 윤재민·백광호(2007)에서 선정한 '고려대 선정 600자', 8종의 초등학교 한자 교과서 중에서 4종 이상의 교과서에 공통으로 등장하는 한자, 기타 공통되지는 않지만 조어력 10 이상인 한자 등을 종합해서 초등학교 한자 교육에 필요한 한자를 총 623자로 정리했다.[11] 구체적인 선정 한자는 다음과 같다.

價	考	技	同	末	百	産	所	案	原	材	注	出	幸
加	高	期	東	亡	番	算	消	愛	園	財	走	忠	行
可	曲	氣	童	望	法	三	素	野	願	爭	中	取	向
家	公	記	得	每	變	上	速	弱	月	貯	重	治	香
歌	共	難	登	賣	別	商	送	約	位	的	地	致	現
各	功	南	等	面	兵	想	手	藥	有	傳	支	則	血
角	工	男	樂	名	病	相	收	洋	油	全	止	親	協
干	空	內	落	命	保	賞	數	陽	由	典	知	太	兄
間	果	女	來	明	報	色	水	養	遺	前	紙	土	形
感	科	年	兩	母	步	生	順	漁	育	展	至	統	號
強	課	念	量	木	服	書	習	語	銀	戰	直	通	化
江	過	農	旅	目	福	西	勝	魚	音	電	眞	退	和
改	觀	能	力	務	本	席	始	言	應	節	進	特	火
開	光	多	列	武	夫	石	市	業	意	絶	質	八	花
客	交	單	令	無	婦	先	時	然	義	店	集	敗	話
車	敎	達	例	問	復	線	示	熱	醫	定	次	便	畫
建	校	談	禮	文	父	船	視	藝	以	情	着	平	活
見	九	答	勞	聞	北	選	式	五	移	政	察	表	黃
決	口	堂	老	門	分	說	識	溫	人	正	參	品	回
結	救	代	路	物	不	城	食	完	一	精	窓	風	會
敬	求	大	論	味	備	性	信	王	日	題	冊	必	孝
景	究	對	料	美	比	成	新	外	入	祖	千	筆	效
競	國	德	流	民	事	星	神	要	子	調	天	下	後
經	軍	圖	六	半	使	聲	身	勇	字	族	靑	學	訓
界	貴	度	陸	反	史	誠	失	容	者	足	體	限	休
計	勤	道	利	發	四	世	室	用	自	存	初	韓	興
古	近	都	理	放	士	歲	實	牛	作	罪	種	合	擧
告	今	獨	林	方	師	洗	心	雨	場	村	草	害	犬
固	金	冬	立	防	死	小	十	運	長	主	最	海	京
故	基	動	萬	白	山	少	安	元	在	住	秋	解	季
去	骨	廣	久	句	君	郡	根	禁	其	己	吉	短	刀
到	島	讀	洞	豆	頭	冷	良	歷	留	律	里	馬	勉
毛	未	米	訪	奉	富	非	飛	氷	仕	寺	思	序	夕
仙	善	雪	姓	省	俗	孫	受	授	首	詩	植	臣	氏
兒	夜	若	羊	易	逆	永	英	午	烏	屋	玉	往	友
右	宇	雲	雄	遠	肉	恩	飮	邑	衣	二	耳	益	仁
因	章	再	才	田	庭	弟	第	助	早	朝	鳥	卒	宗
左	宙	晝	竹	志	唱	責	川	淸	寸	祝	春	充	齒
七	快	打	宅	貝	夏	河	漢	鄕	惠	好	湖	貨	患
凶	希	器	沙	管	極	院	任	侵	制	類	置	機	裝
球	紀	切	雜	員	亂	配	模	部	標	毒	隊	總	適
鐵	演	常	張	劇	準	傷	房	擊	驗	關	臺	刻	整
帶	持	術	錄	急	監	當	燈	具	操	略	創	費	轉
社	警	瓶	包	板	斷	歷	宣	點	格	息	區	查	確
待	護	豫	細	像	續	認							

교육』41, 한국한자한문교육학회, 2016.; 김성중, 「초등학교 한자교육에 필요한 한자의 字數, 字種 선정에 대한 연구: 초등학교 한자 교과서를 중심으로」, 『한자한문교육』48, 한국한자한문교육학회, 2020.

11) 김성중, 「초등학교 한자교육에 필요한 한자의 字數, 字種 선정에 대한 연구: 초등학교 한자 교과서를 중심으로」, 『한자한문교육』48, 한국한자한문교육학회, 2020.

2.1 한자 교육을 위한 기본 이해 요소[12]

(1) 훈음

한자는 보통 한 글자가 여러 개의 뜻을 갖고 있고, 경우에 따라서는 여러 가지 소리로 읽혀지는 것들이 있다. 가령 '樂'과 같은 경우는 뜻이 '즐기다, 음악' 등의 뜻이 있고, 음도 '락, 낙, 악' 등으로 읽혀진다. 또 '山'과 같은 한자는 출판사마다 '메 산', '뫼 산', '산 산'으로 표기되는 등 어떤 한자들은 교재나 교사에 따라 그 훈과 음이 다르게 지도되고 있다. 이처럼 漢字의 훈과 음이 여러 가지이거나 관용적으로 한자의 훈 · 음이 서로 다르게 지도되는 경우에, 학생들에게 어떤 뜻과 음을 표준으로 삼아 지도할 것인가에 대한 문제가 제기된다.

한자의 훈음에 대한 설명은 훈 위주로 이루어진다. 다만 한자음에 대한 지도는 두음법칙이 적용되는 한자(예 : 異)나 음이 두 세 개인 한자(예 : '樂', '惡', 說)에 유의할 필요가 있다.

한자와 두음법칙

국어의 음운 법칙 등과 맞물려 한자의 음이 변하는 경우가 있는데, 대표적인 것이 두음법칙이다.

1. **한자음 '녀, 뇨, 뉴, 니'가 단어 첫머리에 올적에는, '여, 요, 유, 이'로 적는다. 단어의 첫머리 이외의 경우에는 본음대로 적는다.**

   > 女軍(녀군→여군), 尿石(뇨석→요석), 紐帶(뉴대→유대), 泥海(니해→이해) 歌女(가녀), 檢尿(검뇨), 結紐(결뉴), 金泥(금니)

   다만, 다음과 같은 의존 명사에서는 '녀'음을 인정한다.

   > 몇 年(몇 연 → 몇 년)

   접두사처럼 쓰이는 한자가 붙어서 된 말이나 합성어, 둘 이상의 단어로 이루어진 고유 명사를 붙여 쓰는 경우, 뒷말의 첫소리가 'ㄴ'소리로 나더라도 두음법칙에 따라 적는다.

   > 新女性(신여성), 空念佛(공염불), 男尊女卑(남존여비)

2. **한자음 '라, 려, 례, 료, 류, 리'가 단어의 첫머리에 올 적에는, '야, 여, 예, 요, 유, 이'로 적는다. 단어의 첫머리 이외의 경우에는 본음대로 적는다.**

   > 兩班(량반→양반), 良心(량심→양심), 歷史(력사→역사), 禮儀(례의→예의), 龍宮(룡궁→용궁), 流行(류행→유행), 理髮(리발→이발), 改良(개량), 經歷(경력), 家禮(가례), 鷄龍(계룡), 源流(원류), 推理(추리)

   다만 兩(양)이 의존 명사로 쓰이는 경우에는 '냥'으로 적는다.

   > 兩重(량중→냥쭝)

---

12) 이 부분의 내용은 방인태 · 김창호 · 한은수, 『초등학교 한자교육』(역락, 2006)에서 발췌하여 정리했으며, '2) 갑골문' 부분을 비롯해 일부 내용을 보충하였다.

다음과 같은 의존 명사는 본음대로 적는다.

> 몇 리(里)냐?

모음이나 'ㄴ' 받침 뒤에 이어지는 '렬, 률'은 '열, 율'로 적는다.

> 羅列(나렬 → 나열), 分裂(분렬 → 분열)

외자로 된 이름을 성에 붙여 쓸 경우에도 본음대로 적을 수 있다.

> 申砬(신립)

준말에서 본음으로 소리나는 것은 본음대로 적는다.

> 國聯(국련, 國際聯合)

접두사처럼 쓰이는 한자가 붙어서 된 말이나 합성어, 둘 이상의 단어로 이루어진 고유명사를 붙여 쓰는 경우나 십진법에 따라 쓰는 수(數)는 뒷말의 첫소리가 'ㄴ' 또는 'ㄹ' 소리로 나더라도 두음 법칙에 따라 적는다.

> 逆利用(역이용), 熱力學(열역학), 海外旅行(해외여행)

3. 한자음 '라, 래, 로, 뢰, 루, 르'가 단어의 첫머리에 올 적에는, '나, 내, 노, 뇌, 누, 느'로 적는다. 단어의 첫머리 이외의 경우에는 본음대로 적는다.

> 樂園(락원 → 낙원), 來日(래일 → 내일), 老人(로인 → 노인)

접두사처럼 쓰이는 한자가 붙어서 된 단어는 뒷말을 두음 법칙에 따라 적는다.

> 上老人(상노인), 重勞動(중노동)

◀ 同字異音 漢字 ▶

	음과 뜻	용례		음과 뜻	용례		음과 뜻	용례
降	내릴 강 항복할 항	승강(昇降) 항복(降伏)	更	다시 갱 고칠 경	갱신(更新) 경신(更新)	便	편할 편 똥 변	편리(便利) 변소(便所)
復	다시 부 회복할 복	부활(復活) 광복(光復)	北	북녘 북 패할 배	남북(南北) 패배(敗北)	惡	악할 악 미워할 오	선악(善惡) 증오(憎惡)
狀	모양 상 문서 장	상태(狀態) 상장(賞狀)	省	살필 성 덜 생	성찰(省察) 생략(省略)	率	거느릴 솔 비율 율	통솔(統率) 비율(比率)
易	쉬울 이 바꿀 역	용이(容易) 무역(貿易)	咽	목구멍 인 목멜 열	인후(咽喉) 오열(嗚咽)	則	곧 즉 법칙 칙	법칙(法則)
塞	막을 색 변방 새	어색(語塞) 요새(要塞)	拓	넓힐 척 박을 탁	개척(開拓) 탁본(拓本)	屬	무리 속 붙을 촉	소속(所屬) 촉망(屬望)
否	아닐 부 막힐 비	가부(可否) 비운(否運)	洞	마을 동 통할 통	동장(洞長) 통찰(洞察)	宿	잘 숙 별자리 수	숙박(宿泊) 성수(星宿)
樂	음악 악 즐길 락 좋아할 요	악기(樂器) 오락(娛樂) 요산요수 (樂山樂水)	龜	거북 귀 땅이름 구 갈라질 균	귀감(龜鑑) 구미(龜尾) 균열(龜裂)	暴	햇빛쬘 폭 사나울 포 사나울 폭	포악(暴惡) 폭군(暴君)
車	수레 거 수레 차	거마(車馬) 주차(駐車)	辰	별 진 때 신	진시(辰時) 생신(生辰)	見	볼 견 뵐 현	견문(見聞) 알현(謁見)
串	꿸 관 땅이름 곶 꼬챙이 찬	관시(串柿) 호미곶 (虎尾串)	告	알릴 고 아뢸 곡	고백(告白) 출필곡 (出必告)	茶	차 차 차 다	녹차(綠茶) 다반사 (茶飯事)
度	법도 도 헤아릴 탁	법도(法度) 탁지(度地)	讀	읽을 독 구절 두	독서(讀書) 이두(吏讀)	著	나타날 저 붙을 착	저술(著述) 부착(附著)
宅	댁 댁 집 택	댁내(宅內) 주택(住宅)	識	알 식 기록할 지	식별(識別) 표지(標識)	切	끊을 절 온통 체	절단(切斷) 일체(一切)
什	열사람 십 세간 집	십장(什長) 집기(什器)	徵	부를 징 음이름 치	징병(徵兵) 궁상각치우 (宮商角徵羽)	推	밀 추 밀 퇴	추리(推理) 퇴고(推敲)
行	갈 행 항렬 항	행진(行進) 항렬(行列)	炙	구울 자 구울 적	회자(膾炙) 산적(散炙)	食	먹을 식 밥 사	식당(食堂) 단사표음 (簞食瓢飮)
殺	죽일 살 감할 쇄 빠를 쇄	살생(殺生) 상쇄(相殺) 쇄도(殺到)	索	찾을 색 노끈 삭 쓸쓸할 삭	색인(索引) 삭도(索道) 삭막(索莫)	說	말씀 설 기쁠 열 달랠 세	설교(說敎) 열락(說樂) 유세(遊說)
數	셈할 수 자주 삭 빽빽할 촉	산수(算數) 삭뇨(數尿) 촉고(數罟)	刺	찌를 자 찌를 척 수라 라	자객(刺客) 척살(刺殺) 수라(水刺)	滑	미끄러울 활 익살스러울 골	활강(滑降) 골계(滑稽)

(2) 갑골문

漢字는 사물의 모양을 본 뜬 象形의 방식에 의해 만들어졌다. 이는 한 개인의 창작이 아니라, 여러 사람이 오랜 기간에 걸쳐 조금씩 만들어 온 것이다. 한자의 기원에 대해서 고고자료에 새겨진 부호를 예로 들어 5,000년 이상의 역사를 말하기도 한다. 하지만 문자로서의 성질이 명확하고, 내용도 비교적 풍부한 한자자료는 商나라 후기(기원전 14−11세기)에 황하유역의 殷墟에서 출토된 甲骨文이다. 그 후 시간이 지나면서 더욱 완정한 문자 체계를 이루어가고, 복잡해지는 사람들의 의사표현을 충족시키기 위해 글자 수도 늘어갔다.

甲骨文은 거북이의 배딱지 또는 소의 어깨뼈 등에 새긴 글자이다. 이 갑골문은 1899년에 와서야 그 존재가 세상에 알려졌다. 그전에는 이것이 무엇인지를 몰라 '용뼈[龍骨]'라는 이름의 한약재로 사용되었다. 1899년에 중국의 작가이자 학자였던 劉鶚이 학질로 입원한 친구 王懿榮을 위해 북경의 達仁堂에서 약을 지었다. 그런데 이 몇 첩의 약 속에서 '용뼈[龍骨]'의 표면에 한자와 비슷한 무늬가 새겨진 것을 발견했다. 이후 두 사람은 북경 시내의 한약방을 돌아다니며 모든 용뼈들을 사 모으기 시작했고, 그것이 고대의 문자임을 확인했다고 한다.

제정일치 사회였던 상나라 때는 왕들이 전쟁, 사냥, 제사, 농사 등의 일이 있으면 신에게 점을 쳤다. 이 때 갑골에 깊은 홈을 파고, 벌겋게 달군 청동막대로 홈을 지졌다. 이렇게 해서 점을 치는 사람은 갈라진 균열선으로부터 해답을 읽어내었으며, 그 균열선 사이에다가 점을 칠 때 했던 물음과 답을 칼로 새겨 둔 것이다. 이러한 갑골문을 통해서 한자의 어원을 파악할 수 있다.

(3) 육서

① **象形文字** : 象形文字는 사물의 모양을 본떠 만든 글자이다. 상형문자에 대한 지도는 사물의 모양을 그림으로 그리고, 그림의 변천과정을 제시하면서 글자의 훈과 음을 지도한다. 예를 들어 '山(메 산)'에 대한 지도는 산의 그림에서 글자로 변하는 과정을 그림을 그려가거나 그려놓은 자료를 활용해 지도를 하면 학생들이 매우 쉽고 재미있게 받아들인다.

② **指事文字** : 指事文字는 형태가 없는 추상적인 개념을 도형 혹은 부호로서 형상화한 문자이다. 이 지사문자에 대한 지도 역시 그림을 제시하고 그림의 변천과정을 설명하면서 지도하는 것이 효과적이다. 예를 들어 '本(근본 본)'은 나무를 나타내는 '木'과 나무의 뿌리 부분을 표시하는 '一'을 합해서 '뿌리, 근본'이라는 뜻을 지닌다. 이 글자에 대한 지도는 나무를 그리고 나무의 뿌리를 강조하는 획을 그은 다음, 글자의 변천과정을 제시하며 설명한다.

③ **會意文字** : 會意文字는 두 개 이상의 한자를 조합하여 그들이 가진 의미의 결합으로 다른 뜻을 나타내는 글자이다. 會意文字에 대한 지도 역시 그림을 그리고 그림의 변천과정을 제시하며 지도하는 것이 효과적이다. 예를 들어 '休(쉴 휴)'는 사람을 뜻하는 '人'과 나무를 뜻하는 '木'이 합하여져 나무 아래에서 사람이 쉰다는 의미에서 '쉬다'의 뜻이 되었다. 이 글자를 지도할 때에도 나무와 사람을 그리고 학생들이 이 글자의 뜻이 무엇인가를 생각하도록 하면서 글자의 변천 과정을 제시하여 준다.

④ **形聲文字** : 形聲文字는 두 개 이상의 한자를 결합하여 만든 문자로 한쪽은 뜻(形)을 나타내고 한쪽은 음(聲)을 나타낸다. 형성문자는 음부분에 대한 설명과 뜻 부분에 대한 설명을 하며 지도한다. 예를 들어 '問(물을 문)'은 소리를 나타내는 '門'과 뜻을 나타내는 '口'가 합하여져 만들어진 글

자로, '묻다'의 뜻을 지니고 '문'이라고 읽혀진다. 이 글자를 지도할 때에는, 우선 '門'이 있는 것을 강조하면서 이 글자의 음이 '문'임을 지도하고, 그 뜻은 '口'를 강조하면서 '입으로 물어 본다'는 의미가 있음을 설명하여, 이 글자가 '물을 문'이라는 것을 알도록 한다.

⑤ 轉注文字와 假借文字 : 轉注文字는 기존의 한자 중에서 유사한 뜻을 가진 한자를 다른 뜻으로 전용하여 사용하는 문자이고, 假借文字는 기존 한자의 음이나 형태를 빌어다가 사물과 개념을 기록하는 문자이다. 그런데 轉注文字와 假借文字는 그 수가 많지 않아 수업 시간에 다룰 일이 거의 없고, 한자의 구조적 학습을 위해서도 크게 도움이 되지 못한다. 엄밀히 말해서 轉注文字와 假借文字는 새로 글자를 만드는 원리가 아니라 이미 만들어진 한자를 운용하는 원리이다. 만약 轉注文字 또는 假借文字를 지도해야 하는 경우가 있으면, 원래는 '어떤 뜻이었는데 음이나 뜻이 변해서 이런 뜻과 음으로 사용된다'는 정도만 설명하여 지도하여도 무방하다.

六書說은 漢나라 때 許愼에 의해 정립된 이론으로서 한자의 구조와 분화 과정을 설명하는데 지대한 공헌을 하였다. 하지만 당시에는 갑골문의 존재를 인식하지 못했기 때문에, 모든 한자의 어원과 구조를 정확히 설명하는 데에는 한계가 있었다. 따라서 오늘날 한자의 생성 원리와 어원을 파악하기 위해서는 갑골문과 육서설의 파생 원리를 함께 참고하는 것이 좋다.

(4) 부수

部首는 漢字字典에서 글자를 찾는 길잡이 역할을 하는 공통되는 글자의 한 부분을 가리킨다. 部首는 뜻글자인 한자의 특성으로 인해 기하급수적으로 늘어나는 문자를 체계적으로 분류하고 정리할 필요성에 의해서 착안되었다. 한나라 때 인물 許愼의 『說文解字』에서 최초로 사용했다. 오늘날 漢字字典에서는 214개의 部로 나누어 놓았는데, 이 部를 대표하는 한자를 일컬어 部首라고 한다. 따라서 部首는 자전에서 한자를 찾을 때 필요한 기본글자이며, 그 한자의 뜻을 포괄적으로 짐작하게 하는 기능도 있다.

부수의 위치와 명칭

놓이는 위치에 따른 부수의 명칭은 다음과 같다.

	변(邊) : 부수가 한자의 왼쪽에 위치함.

氵 (水)	삼수 변 : 江(강 강), 治(다스릴 치)
扌 (手)	손수 변 : 技(재주 기)
亻 (人)	사람인 변 : 休(쉴 휴)

	방(傍) : 부수가 한자의 오른쪽에 위치함.

刂 (刀)	칼도 방 : 列(벌일 렬)
阝 (邑)	고을 읍(우부 방) : 邦(나라 방), 郡(고을 군)
攵 (攴)	칠 복 : 改(고칠 개)

	머리 : 부수가 한자의 위쪽에 위치함.
宀	집 면(갓머리) : 安(편안 안), 官(벼슬 관)
++ (艸)	초두머리 : 草(풀 초), 茶(차 다)
	발·다리 : 부수가 한자의 아래쪽에 위치함.
儿	어진 사람 인 : 兄(맏 형), 先(먼저 선)
皿	그릇 명 : 益(더할 익)
	엄호(戶·广) : 부수가 위와 왼쪽을 덮고 있는 부분에 위치함.
尸	주검 시 : 局(판 국), 屈(굽힐 굴)
疒	병질 엄 : 病(병 병), 痛(아플 통)
	받침 : 부수가 왼쪽과 아래를 덮고 있는 부분에 위치함.
廴	길게걸을 인(민책받침) : 延(늘일 연), 建(세울 건)
辶	쉬엄쉬엄갈 착(책받침) : 追(따를 추)
走	달아날 주 : 起(일어날 기)
몸 : 부수가 글자의 전체나 일부분을 에워싸는 부분에 위치함.	
口	큰 입 구(에운담) : 固(굳을 고), 國(나라 국)
門	문 문 : 聞(들을 문), 閣(집 각)
凵	입벌릴 감: 出(날 출)
匚	상자 방 : 區(구역 구)
	제부수 : 글자 자체가 부수인 한자
穴(굴 혈), 矢(화살 시), 用(쓸 용), 言(말씀 언)	

(5) 자획과 필순

① 한자의 자획(子劃)

'자획'이란 한자를 이루고 있는 점이나 선을 말한다. 한자를 쓸 때 붓을 대어 한 번에 긋는 것을 '획'이라고 한다. 즉 한자를 쓸 때에 한 번 붓을 대어서 뗄 때까지 그어진 점이나 선이 1획이 된다. 이러한 점이나 선을 합친 수를 '획수'라고 한다. 예를 들어 '山'자는 총 3획이고, '日'자는 총 4획이다. 한자에 따라서 1획인지 2획인지 잘 구분하기 힘든 것도 많이 있다. 이러한 한자는 미리 익혀 두면 나중에 자전(옥편)에서 한자를 찾을 때 매우 유용하다. 자획을 점과 직선 및 곡선으로 나누어 살펴보면 아래와 같다.

ㄱ 점으로 된 획

　　〈꼭지점〉 … 文, 主, 家
　　〈왼점〉 … 州, 心, 性
　　〈오른점〉 … 小, 下, 心

ㄴ 직선으로 된 획

　　〈가로긋기〉 … 一, 十, 下
　　〈내리긋기〉 … 中, 川, 下
　　〈평갈고리〉 … 空, 冠
　　〈오른 꺾음〉 … 口, 日, 月
　　〈왼꺾음〉 … 山, 出, 齒
　　〈왼갈고리〉 … 小, 水, 事
　　〈오른갈고리〉 … 民, 良, 衣

ㄷ 곡선으로 된 획

　　〈삐침〉 … 人, 火, 木
　　〈파임〉 … 人, 火, 木
　　〈받침〉 … 走, 足, 道
　　〈치킴〉 … 江, 冷
　　〈지게다리〉 … 民, 成, 戈
　　〈누운지게다리〉 … 心, 思, 忠
　　〈새가슴〉 … 北, 兆, 毛
　　〈굽은갈고리〉 … 手, 勝, 象
　　〈좌우꺾음〉 … 弓, 引, 弟

② 한자의 필순

한자의 점획을 써 나가는 순서를 필순이라고 한다. 한자에서 필순은 반드시 지켜야 하는 절대적인 것은 아니다. 그러나 필순은 오랜 세월에 걸쳐 써 온 경험에 따라 정해진 것이므로, 이 필순에 따라 쓰면 쓰기도 쉬울 뿐 아니라 쓰고 난 뒤에 자형(字形)도 균형 잡히고 보기 좋게 된다.

글자를 능률적으로 써서 쓸데없이 힘이나 시간을 낭비하지 않고, 글자의 모양을 바르게 잡기 위해서는 바른 필순을 익혀 두는 것이 중요하다. 필순은 점이나 획을 더하고 짜 맞추어 글자를 이루는 순서이다. 먼저 쉬운 글자의 기본적인 필순을 익히고, 그것을 복잡한 글자에 응용하면 된다. 한자의 필순에는 다음과 같은 기본적인 원칙이 있다.

㉠ 필순의 기본원칙

(가) 위에서 아래로 : 글자의 위쪽부터 쓰기 시작하여 아래로 써 내려간다.(예 : 三)

(나) 왼쪽에서 오른쪽으로 : 글자의 왼쪽부터 쓰기 시작하여 오른쪽으로 써 나간다.(예 : 川)

㉡ 필순의 일반 규칙

필순은 글자에 따라 다소의 차이가 있으나 위의 기본 원칙을 바탕으로 하여 일반적으로 다음과 같이 쓰는 규칙이 있다.

(가) 가로획을 먼저 쓰는 경우 : 가로획과 세로획이 서로 엇갈려 있을 때에는 일반적으로 가로획을 먼저 쓴다.(예 : 十)

(나) 한가운데 부분을 먼저 쓰는 경우 : 글자가 '小'자와 같이 한가운데를 중심으로 좌·중·우로 이루어졌을 경우에는 한가운데 부분을 먼저 쓴다. 그러나 '川'자와 같은 경우에는 기본 원칙대로 왼쪽에서 오른쪽으로 차례로 써 나간다. 또한 '火'자와 같이 양쪽 점을 먼저 쓰고 다음에 가운데 부분을 쓰는 예외도 있다.

(다) 에운담은 먼저 쓴다. : '同'자와 같은 글자에서 안을 에워싸고 있는 바깥 둘레를 에운담이라고 하는데, 이런 글자는 에운담부터 쓰고 안을 쓴다.

(라) 삐침을 파임보다 먼저 쓴다. ' ノ'을 '삐침'이라고 하고, ' ㇏'을 '파임'이라고 하는데, 이 삐침과 파임이 함께 어울린 글자는 삐침을 먼저 쓴 뒤 파임을 쓴다.(예 : 文)

(마) 글자 전체를 꿰뚫는 세로획은 맨 나중에 쓴다. : '中'자와 같은 글자인 경우에는 가운데를 세로로 꿰뚫은 획 'ㅣ'은 맨 나중에 쓴다.

(바) 글자 전체를 꿰뚫는 가로획은 맨 나중에 쓴다. : '母'자와 같은 글자의 가로 꿰뚫는 획 '一'은 맨 나중에 쓴다. 그러나 '世'자와 같은 경우 가로 획 '一'을 맨 먼저 쓰는 예외도 있다.

2.2 **한자 교육의 범위와 지도 단계**[13]

(1) 訓音 단계

이 단계는 한자의 훈과 음을 익히는 단계로서 크게 다음과 같은 세 가지의 한자를 이해하는 방법이 있다.

① **甲骨文에 기반한 학습을 통한 한자 이해 방법** – 갑골문에 담긴 한자의 기원과 만들어진 원리를 설명함으로써 한자를 익히는 방법이다. 갑골문에 나타난 자형의 의미를 설명하고, 필요에 따라 자형이 변화되어 해서체로 정리되는 과정을 설명함으로써 학생들의 이해력을 높이는 방법이다.

예 高 : 甲骨 𩫏 髙 髙 / 金文 髙 髙 / 小篆 高

(高의 갑골문을 보면, 위로는 지붕과 전망대가 그려져 있고 아래로는 출입구가 口자로 표현되어, 높은 누각이나 건축물을 형상화했다.)

---

13) 이 부분의 내용은 방인태·김창호·한은수, 『초등학교 한자교육』, 역락, 2006에서 발췌하여 정리했으며, 일부 내용을 보충하였다.

朝 : 甲骨 / 金文 / 小篆

(朝의 갑골문을 보면, 초목 사이로 해가 떠오르고 있는데 아직 하늘 한쪽에 달이 보이는 이른 아침의 장면을 형상화했다.)

家 : 甲骨 / 金文 / 小篆

(家의 갑골문을 보면, 윗부분은 지붕, 아래는 돼지를 그려 집안에 돼지가 있는 모습을 형상화했다. 이에 대해서는 옛날에 사람들이 집 안에 돼지를 키우던 모습, 또는 피해가 심했던 뱀을 막을 돼지를 집 안에 키우던 모습으로 보기도 한다.)

② **部首 先習 학습을 통한 한자 이해 방법** – 부수와 관련된 한자를 익히는 방법이다. 예컨대, '雲, 雪, 露, 霜'의 부수는 '雨'이다. '雨'는 하늘에서 빗물이 뚝뚝 떨어지는 모양을 본뜬 글자로 '비'의 뜻을 지니고 있는 상형문자이다. 그러므로 이 글자들은 모두 '비'와 관계되는 구름(雲), 눈(雪), 이슬(露), 서리(霜)를 의미한다.

③ 한자의 구조 분석을 통한 한자 이해 방법 – 상형, 지사, 회의, 형성, 전주, 가차

  (예 : 상형-日, 지사-上, 회의-休, 형성-燈, 전주-道, 가차-亞米利加(America))

(2) 造語 단계

이 단계는 배운 한자의 훈음을 익히고 그 학습한 한자들을 조합하여 한자어를 만드는 단계이다. 한자를 조합하거나 이미 형성된 한자어를 분석하는 것도 이 단계의 학습이다. 한자 학습과 무관하게 독서나 생활을 통하여 이미 알고 있거나 배운 단어도 있다. 이런 한자어도 학습한 한자로 그 의미를 다시 분석하여 原義를 알아보고, 轉義를 확인하는 학습도 조어 학습의 일부이다. 이러한 학습 과정을 통하여 한자 학습의 의욕을 자극하고, 그 필요성을 실제적으로 체험시킬 수 있다.

(예 : 美人, 小人 ← 人 → 人間, 人道)

(3) 適用 단계

이 단계는 조어 단계를 거쳐서 생성된 한자어를 우리 언어생활에 적용하는 단계이다. 한자 학습의 완성 단계로서 초등학생이 한자를 학습하는 실제적인 목적과 연관된다. 이 단계에서는 국어 문장에서 한자어를 찾아서 그 의미를 풀이하게 하거나, 한자를 학습하기 전과 학습한 후에 그 의미 파악에 변화가 있는가를 직접 확인하게 한다. 단어의 의미를 정확하게 이해하는 것이 독서와 언어 사용에 어떤 장점이 있는가를 인식하게 하여, 지속적인 한자 학습 의욕을 고취시킨다. 또한 이 단계에서는 다양한 형태로 한자어를 적용하게 한다. 한자를 혼용하여 글을 쓰게 하고, 한자가 혼용된 글을 읽게 하면서 한자의 적용 범위를 확장하게 한다. 이것은 한자 학습의 실용적인 필요성을 학습자 스스로 인식하게 하는 것이다. 이러한 과정은 한자 학습의 성취도 달성에 매우 유익하다.

한자를 지도하는 수업은 이 3단계 지도 방법을 근간으로 하는 것이 바람직하다. 바꾸어 말하면 초등학교 한자 지도는 '한자를 지도하는 단계(훈음단계), 한자어를 지도하는 단계(조어단계), 실생활에 활용하는 단계(적용단계)'의 3단계가 모두 포함되어야 제대로 이루어졌다고 볼 수 있다. 만약 한자만 지도하고 한자어를 지도하지 않았거나, 한자와 한자어를 지도하였으되 실생활에 적용되는 사례를 지도하지 않았다면 이는 완전한 한자 지도를 했다고 볼 수 없다.

이 3단계 학습은 실제 수업에서 '훈음단계 → 조어단계 → 적용단계'의 순으로 적용할 수도 있고(상향식 방법), 역으로 '적용단계 → 조어단계 → 훈음단계'의 순으로 적용할 수도 있다(하향식 방법). 예를 들어 '한자를 지도하고 → 지도한 한자를 이용해 한자어를 만들고 → 만든 한자어를 넣어서 짧은 글을 짓는 것'은 상향식 방법에 해당하고, '신문이나 문장에서 한자어를 찾아내고 → 찾아낸 한자어의 뜻과 음을 익히고 → 한자어에 쓰인 한자의 뜻과 음을 익히는 것'은 하향식 방법이 된다.

2.3 활동 중심의 교수 · 학습 방법[14)

(1) 한자 교수 · 학습 과정에 따른 방법

앞에서 언급한 3단계의 과정을 일반적인 수업의 흐름인 도입, 전개, 정리의 과정에 적용하여 초등학교 한자 수업의 기본 과정을 생각해보면 다음과 같다.

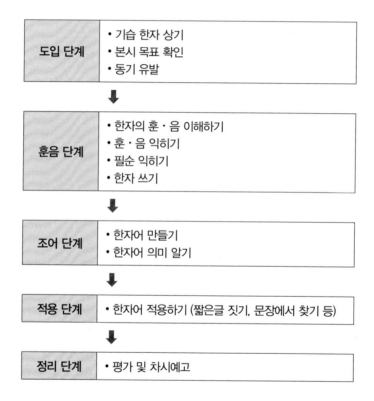

① 도입 단계

이 단계에서는 앞 시간에 학습한 한자를 상기시키고 본시 목표를 확인하며 학습의 동기를 유발하는 활동을 한다. 이 단계의 활동은 일반적인 수업에서 이루어지는 활동과 같은데, 한자 지도의 경우에는 이 단계에서 이루어지는 활동이 다양하지 못했던 점이 없지 않다. 하지만 생각을 조금 달리해보고 다양한 방법들을 생각해보면 한자의 경우도 이 단계에서 얼마든지 재미있고 활발한 활동들을 이끌어낼 수 있다. 이 단계에 적용할 수 있는 몇 가지 활동들을 예로써 제시하면 아래와

----

14) 이 부분의 내용은 방인태 · 김창호 · 한은수, 『초등학교 한자교육』(역락, 2006)에서 발췌하여 정리했으며, 일부 내용을 보충하였다.

같다.

㉠ 한자의 일부분을 가리고 알아맞히기

교사가 한자 카드를 칠판에 제시하고 다른 종이로 한자의 일부분을 가리고 무슨 한자인지 학생들이 알아맞히도록 한다. 처음에는 한자의 많은 부분을 가리고 맞히는 학생들이 없으면 조금씩 가린 부분을 줄여가며 학생들이 맞히도록 한다. 이 방법은 한자 카드를 사용해도 되고, 한자의 한 획씩 칠판에 써가며 해도 되며 실물화상기를 사용하여 할 수도 있다.

㉡ 旣習 한자의 훈과 음 읽기

교사가 지금까지 학습한 한자를 카드로 만들어, 한자 카드를 한 장 한 장 넘겨가며 학생들이 한자의 훈과 음을 읽도록 하는 방법이다. 교재가 있다면 교재에서 배운 한자의 훈과 음을 읽어보도록 할 수도 있다.

㉢ 한자 찾아 말하기

학습한 한자카드를 여러 장을 학생들에게 잠깐 보여준다. 그리고 학생들에게 어떤 한자들이 있었는지 말하도록 한다. 또는 한자 카드 중의 하나를 거꾸로 놓거나 옆으로 놓고서 잠깐 보여준 뒤, 거꾸로 되어있는 한자의 훈과 음을 말하도록 한다.

㉣ 노래 부르기

학습하는 한자가 어떤 주제로 묶여있을 경우에는 그 주제에 맞는 노래를 부를 수도 있다. 가령 '동서남북'에 관한 단원이면 '동동 동대문을 열어라'라는 노래를 부를 수도 있다.

지금까지 제시한 것은 몇 가지 예에 불과하다. 위와 같은 방법 이외에도 교사들의 재량과 능력에 따라 얼마든지 다양하고 흥미있는 방법들을 도입단계에서 적용할 수 있을 것이다.

② 訓音 단계

이 단계에서는 한자의 훈과 음을 이해하고 반복해서 익히며, 필순을 익히고 쓰기를 통해 한자 낱글자에 대해 학습하는 단계이다. 이 단계의 활동에 대해 좀더 자세하게 알아보면 다음과 같다.

㉠ 한자의 훈과 음 이해하기

이 단계는 한자의 훈과 음을 학생들에게 설명하는 단계이다. 보통 한자의 훈과 음을 교사가 일방적으로 아무런 설명없이 제시하기 쉬운데, 한자에 대한 흥미를 높이고 학생들로 하여금 한자를 쉽게 이해하고 오래 기억하도록 하기 위하여 한자의 훈과 음에 대한 설명을 해 주는 것이 좋다.

한자의 훈과 음에 대한 설명에서, 대개 훈에 대한 설명거리는 많지만 음에 대해 설명할 것은 많지 않다. 한자의 음에 대한 설명은 깊이 들어가면 古語 音의 변천과정을 들어 설명할 수는 있겠으나, 한자음의 변천과정에 대한 자료들이 거의 없고 교사들이 이를 알기 어려우며, 초등학생들이 이해하기도 매우 어렵다. 그러므로 한자음에 대한 지도는 두음법칙이 적용되는 한자나 음이 두 세 개인 한자의 경우에만 예를 들어 설명하는 정도가 좋다.

한자의 훈은 자원을 통해 설명하면 학생들이 쉽고 재미있게 이해하고 오래 기억한다. 자원을 통한 지도는 한자의 구조 분석을 통한 지도(상형, 지사, 회의, 형성, 전주, 가차의 육서를 통한 지도)와 같은 맥락인데, 한자의 생성 원리에 맞게 자원의 변천과정을 제시하면서 한자의 훈을 설명하는 것이다. 자원과 한자의 구조에 대한 이해를 통한 한자 학습은 학생들이 한자를 쉽고 재미있게 한자를 이해하고 오래 기억한다는 점에서 매우 효과적이다. 그런데 자원을 통한 지도에서 몇 가지 알아두어야 할 점이 있는데, 이를 제시하면 다음과 같다.

첫째, 한자의 훈과 음을 학생들이 유추하도록 한다. 자원을 통해 한자를 지도하면 학생들이 한자의 훈을 유추할 수 있다. 가령 '人(사람 인)'은 사람이 서있는 모습을 옆에서 본 모양을 본떠 만든 글자인데, 사람이 서 있는 모습에서 '人'자로 변천된 과정을 그려놓고 이 글자의 뜻을 유추하여 발표하도록 하면, 교사가 그 뜻을 직접 제시하지 않아도 학생들이 그 뜻을 생각해 발표한다. 또는 '休(쉴 휴)'도 나무 아래 사람이 있는 모습에서 '休'로 변천된 과정을 그려놓고 그 뜻을 유추하도록 하면, 저학년 학생들도 그 뜻을 유추하여 발표한다. 이처럼 자원을 통해 한자를 지도할 때에는 되도록 한자의 훈을 학생들에게 직접 제시하기 이전에, 학생들이 한자의 뜻을 유추하도록 하는 것이 좋다.

둘째, 지도하는 교사는 육서의 원리를 알 필요가 있지만, 학생들에게까지 육서 자체를 지도할 필요가 없다. 육서에 관한 내용, 즉 한자가 상형(象形), 지사(指事), 회의(會意), 형성(形聲) 등으로 구분되고, 어떤 한자가 육서 중에서 어느 것에 해당하는 것인지에 대해서 지도교사가 알고 있으면 학생들 지도에 참고할 수 있다. 하지만 육서 자체에 대한 내용과 한자가 육서 중에 어느 것에 해당하는 가에 대한 문제는 초등학생들에게 한자를 지도할 때에 반드시 필요한 내용이 아니다. 그리고 초등학생들에게 육서에 대한 설명과 한자를 육서 중의 하나로 분류하는 활동은 매우 어렵고 학문적인 내용이어서 자칫하면 학생들에게 한자에 대한 거부감을 가지게 할 수 있다. 그러므로 초등학생들에게는 상형, 지사, 회의, 형성이란 용어의 개념을 설명할 필요가 없으며, 한자를 육서 중의 하나로 분류하는 활동은 지도할 필요가 없다. 육서에 대한 내용은 한자를 이해하기 위한 자료이며, 초등학교 한자 수업의 주 내용이 아니다.

셋째, 자원에 대한 지도는 한자의 훈과 음을 이해하는 과정이며, 한자의 자원 자체가 학습의 목표가 아니다. 자원을 설명해 주면 학생들은 매우 흥미 있어 하고 쉽게 한자의 훈을 기억한다. 따라서 자원을 학생들에게 설명해 주는 것은 효과적인 방법이다. 하지만 한자의 자원은 어디까지나 학생들에게 한자의 훈을 설명해 주는 과정으로서 자원 자체가 학습의 목적이 아니다.

넷째, 학문적으로 정확한 자원을 설명하는 것이 가장 바람직하지만, 그것이 어려울 경우에는 학생들이 이해하기에 가장 적당하다고 생각되는 것을 골라 설명해도 무방하다. 현재로서는 자원에 대한 풀이가 문자학적인 차원에서 합의가 되지 않은 것들이 있고, 더구나 초등학생들을 지도하기 위한 통일된 자원 풀이 지도 자료가 없다. 따라서 교사들이 학생들에게 자원을 설명하기 위해서는 시중에 제각기 나와 있는 참고 자료들을 활용할 수밖에 없다.

시중에 나와 있는 참고 자료들 중에는 학설에 따라 자원의 설명이 다른 한자들이 있는가 하면, 정통하지 않은 견해에 따라 설명된 것들도 있다. 그래서 참고 서적마다 자원의 설명이 다른 것들도 많은데, 문자학적인 소양이 부족한 교사들이 이런 자료들을 접할 때에 어느 것이 더 학문적으로 정확한 것인가를 가려내기는 쉽지 않다. 자원 설명에서 가장 바람직한 것은 학문적으로 정확한 자료를 갖고 자원을 설명하는 것이겠지만, 이것이 어려운 경우에는 학생들이 가장 이해하기에 적당하다고 생각되는 것을 골라 설명하여도 무방하겠다. 왜냐하면 자원에 대한 학문적 정확성 여부는 학문적으로 먼저 정리되어야 할 문제로서 학문적으로 합의된 자원 설명 자료가 교사들에게 공급되어야 할 것인데, 현재 이러한 자료가 없는 상태에서 교사들이 자원 설명에 대한 학문적 검토를 할 능력과 시간이 부족하다. 그리고 수업에서 자원 설명은 어디까지나 학생들에게 한자의 훈에 대한 이해를 돕는 차원에서 투입되는 것이다. 참고 자료에 있는 자원 설명이 학생들이 한자의 훈을 이해하는 데에 도움을 주었다면, 자원 설명 부분이 수업에서는 역할을 다 한 것이다.

다섯째, 초등학생들이 이해하기 어려운 부분은 생략하거나 초등학생 수준에 맞추어 지도한다. 대개의 한자 자원들은 교사나 학생들이 이해할 수 있으나, 경우에 따라서는 학생들이 이해하기 어려운 것들도 있다. 이러한 한자에 대해서는 학생들이 쉽게 알아들을 수 있도록 쉬운 용어로 풀어서 지도하는 것이 좋다. 그리고 초등학생들이 도저히 이해하기 어려운 자원 설명은 생략하는 것이 좋다. 앞에서도 언급했지만 자원에 대한 설명은 한자의 훈을 이해시키는 과정으로서 의미를 지니고 그 자체가 수업의 목적이 아니다. 자원 설명이 오히려 학생들의 학습 부담을 가중시키고 학생들이 이해하기 어려워한다면 이 과정을 생략하는 것이 좋겠다.

여섯째, 가능한 한 시각적인 자료와 매체를 활용한다. 한자의 자원 설명은 그림이나 동영상 등 시각적인 매체나 자료를 통해 지도하는 것이 효과적이다. 이러한 자료들은 시중에 나와 있는 자료들을 활용하거나 직접 제작할 수 있다.

ⓛ 한자의 훈과 음 익히기

한자의 훈과 음을 이해한 다음에는, 이해한 한자의 훈과 음을 반복적으로 익히도록 하는 과정이 필요하다. 이 단계에서 유의해야할 점을 들면 다음과 같다.

첫째, 쓰기 중심의 반복 학습은 지양하는 것이 좋다. 한자의 훈과 음을 반복적으로 익히기 위해서 흔히 한자를 공책에 쓰면서 익히도록 하기 쉽다. 그러나 한자의 쓰기를 너무 강조하면 학생들이 오히려 한자에 대한 거부감을 갖기 쉽다. 따라서 한자의 쓰기는 되도록 적게 하는 것이 좋다. 그리고 한자의 쓰기 지도는 필순에 대한 지도가 이루어진 직후 실시되는 것이 좋은데, 필순과 쓰기 지도와는 별도로 학생들이 한자의 훈과 음을 완전히 익힐 수 있도록 반복해서 읽거나 생각하게 하는 방법을 적용하는 것이 좋다.

둘째, 다양한 방법을 적용한다. 한자의 훈과 음을 반복적으로 익히게 하는 방법으로 가장 기본적인 것은 칠판에 학습할 한자를 써 놓고 교사가 한자를 짚어가며 한자의 훈과 음을 읽도록 하는 방법이겠다. 이 방법에서도 한자를 짚는 순서나 방법을 뒤섞어본다든지 짚는 속도에 변화를 주어가며 지도하면 반복학습의 지루함을 없앨 수 있다.

한자의 훈과 음을 반복적으로 익히게 하는 방법으로 더 좋은 것은 놀이나 게임을 통해서 지도하는 것이다. 그리고 아울러 시청각 자료나 한자 카드와 같은 활동 자료를 활용하면 더욱 좋다. 예를 들어 교사가 말하는 한자카드를 빨리 집기라든가, 한자 카드를 책상 위에 놓고 빙고 게임을 하는 등의 활동은 학생들이 흥미를 느끼고 활동하면서 자연스럽게 한자의 훈과 음을 익히게 하는 활동들이다.

ⓒ 한자의 필순 익히기와 쓰기

학생들에게 필순을 지도하지 않으면 학생들이 매우 엉뚱한 순서로 한자를 쓸 가능성이 있다. 그러므로 한자의 필순을 지도하는 것은 꼭 필요한 과정이다. 그러나 한자의 필순을 지나치게 강조하여 지도할 필요는 없다. 한자의 필순은 한자를 쓰기 위해 필요한 과정이지만 초등학교에서는 쓰기보다는 읽기에 중점을 두는 것이 좋으며, 지나친 쓰기의 강조는 한자에 대한 거부 감을 초래할 수 있다. 그러므로 한자의 쓰기는 한두 번 정도 써보는 수준에서 하는 것이 좋겠 다. 참고로 예를 들어 한자의 필순을 지도한 후 학생들이 한자 카드에 직접 한자를 써보면서 한자카드를 스스로 만들도록 하여, 다른 활동을 하면서 한자를 써보도록 하는 것도 좋은 방법 이 될 수 있다.

ⓔ 부수와 획수에 대한 지도

한자의 부수와 획수는 한자를 이해하는 데 도움이 되고 필요한 것들이다. 하지만 부수와 획수 가 초등학생들이 한자의 훈과 음을 익히는 데 반드시 필요한 요소는 아니다. 따라서 너무 무리 해서 부수와 획수를 지도할 필요는 없다. 한자의 훈과 음 단계에서 중요한 것은 학생들로 하여 금 한자의 훈과 음을 알도록 하는 것이다.

③ 造語 단계

이 단계에서는 학습한 한자를 바탕으로 한자어를 만들고 그 의미를 파악하는 과정이다. 앞에서 말한 바와 같이 초등학교 한자 지도는 단순히 한자의 훈과 음을 익히는 데 국한되지 않고, 한자어 의 영역까지 포함한다. 초등학교 한자 교육에서 한자어에 대한 지도는 매우 중요하며 초등학교 한자 교육의 궁극적인 지향점이기도 하다.

이 단계의 활동은 '한자어 만들기'와 '한자어의 의미 알기' 활동으로 구분하여 볼 수 있다. '한자어 만들기' 활동은 한자를 서로 결합하여 한자어를 만들어 보는 활동으로, 이런 활동을 통해 학습자 의 造語力을 신장시킬 수 있다. '한자어 의미 알기' 활동은 한자어의 뜻을 이해하는 활동이다.

㉠ 漢字語 만들기

이 과정에서는 학생들이 스스로 한자어를 만들어 보도록 유도한다. 가령 '父, 母, 兄, 弟, 子, 女'라는 한자를 배웠다면, '父, 母, 兄, 弟, 子, 女'를 갖고서 학생들이 한자어를 만들어 보도록 한다. 그러면 학생들은 '父母', '兄弟', '子女', '母子', '父子' 등의 한자어를 만든다.

이 과정에서는 학생들이 스스로 한자어를 만들도록 하는 것이 중요하지만, 교사가 한자어를 만드는 과정에 어느 정도 개입하여야 한다. 학생들은 이미 한자 낱글자의 뜻을 알고 있기 때문에 대부분 한자어를 잘 만들지만, 간혹 '兄父'와 같이 존재하지 않는 낱말을 만드는 경우가 있다. 한자어 만들기 과정 역시 한자 카드나 시청각 자료를 사용하는 것이 좋다. 가령 한자 카드를 책상에 늘어놓고, 한자 카드를 옮겨가며 한자어를 만들어보도록 한다든가, 칠판에 한자 카드 를 붙여 놓고 한자 카드를 옮겨서 한자어를 만들어 보도록 한다면 학생들이 보다 더 많은 흥미 를 갖고 활동하게 된다.

㉡ 한자어 의미 유추하기

학생들은 이미 한자 낱글자의 훈과 음을 알고 있기 때문에, 한자어를 만들면서 동시에 한자어 의 뜻을 저절로 알 수 있는 것들이 많이 있다. 예를 들어 '父母'의 경우 학생들은 이미 '父'와 '母'의 뜻을 알고 있기 때문에 '父母'를 만들고 아버지와 어머니라는 것을 알 수 있다. 또 '父子' 와 같은 경우에도 학생들이 이 한자어를 모르고 있었다 하더라도 '父'와 '子'의 뜻을 합쳐 '父 子'가 돈이 많은 사람이 아닌 '아버지와 아들'이라는 뜻을 알 수 있다.

한자어에는 한자 낱글자의 뜻만으로 한자어의 뜻을 쉽게 알기 어려운 것들도 있다. 가령 '祖

國'이나 '政治'등의 한자어는 한자의 뜻만으로 한자어의 뜻을 정확하게 정리하기는 쉽지 않은 한자어들이다. 그런데 이런 한자어들에 대해서도 학생들은 한자의 뜻을 통해 그 한자어의 뜻을 어렴풋이나마 짐작할 수는 있다.

이 과정에서는 한자어의 뜻을 교사가 직접 알려주기 보다는 학생들이 한자어의 의미를 스스로 찾도록 하는 것이 좋다. 교사는 여기에서 '父母'와 '父子'의 뜻을 미리 말해주기 보다는 학생들이 한자어의 뜻을 스스로 생각해 보도록 시간과 기회를 주는 것이 좋다.

ⓒ 한자어의 의미 정리하기

학생들이 스스로 한자어의 뜻을 생각해 본 다음에는, 반드시 그 뜻을 확인하고 정리하도록 하여야 한다. 왜냐하면 학생들 자신들이 알게 된 뜻이 맞는 것인지 스스로 확인할 필요가 있기 때문이다. 또 경우에 따라서는 한자어의 뜻을 어렴풋이 알 것은 같지만 말이나 글로써 정리하기가 어려운 경우도 있는데, 이런 경우에는 한자어의 뜻을 확인하고 정리하는 과정을 거치면서 스스로 한자어의 개념을 분명히 알도록 하는 과정이 필요하다.

학생들이 만든 한자어의 의미를 확인하고 정리하는 방법으로는 만든 한자어의 의미를 발표하도록 하여 교사가 이를 확인해 주는 방법이 있을 수 있다. 그리고 학생들이 국어사전을 찾아 자신들이 생각한 뜻과 비교하며 확인하는 방법이 있을 수 있다. 시간적인 여유가 있다면 발표와 국어사전 찾기를 병행하고 찾은 뜻을 공책에 정리하도록 하는 것도 좋은 방법이 될 수 있다.

④ 適用 단계

이 단계에서는 학습한 한자어를 실제 언어생활에 적용해 보는 단계이다. 한자어를 이용해서 짧은 글을 짓는다거나, 신문이나 교과서의 문장에서 학습한 한자어를 찾아 스크랩을 하는 등의 활동을 할 수 있다.

㉠ 한자어를 활용하여 짧은 글 짓기

훈음 단계에서 익힌 한자는 그 자체로는 무의미하며 조어 단계에서 다른 한자와 연합하여 한자어를 구성하여야 한다. 예를 들어 '人'의 음과 훈을 익히는 것도 중요하지만 '人'자가 다른 한자와 결합하여 한자어를 구성하는 조어법을 아는 것이 더 유익하다. 곧 '人'자가 다른 한자의 앞 또는 뒤에 위치하여 '美人', '人心' 등의 한자어를 만든다. 이를 도시하면 다음과 같다.

철인(哲人)		인간(人間) → 인간관계(人間關係)
선인(善人)		인심(人心) → 인심동향(人心動向)
미인(美人)	← 人 →	인물(人物) → 인물중심(人物中心)
거인(巨人)		인도(人道) → 인도주의(人道主義)
소인(小人)		인륜(人倫) → 인륜도덕(人倫道德)

이와 같은 방법으로 조어적 단계를 거친 어휘를 우리의 국어 생활에 적용하는 것이 적용의 단계이며, 초등학교 학생들의 수준에서 쉽게 접근할 수 있는 것이 짧은 글 짓기이다. 앞에서 조어된 어휘를 이용하여 다음과 같이 짧은 글을 지을 수 있다.

① 공자, 맹자, 소크라테스, 플라톤 등은 훌륭한 哲人이다.

② 善人은 늘 하늘에서 복을 주신다고 합니다.

③ 우리 선생님은 美人이시다.

　ⓛ 한자어를 찾아 스크랩하기

조어적 단계를 거쳐 생성된 한자어를 언어생활에 적용하는 방법 중의 하나로 신문이나 교과서의 문장에서 학습한 한자어를 찾아 스크랩하는 활동을 들 수 있다. 한자어 스크랩은 학생들이 배운 한자어를 교과서의 문장 속에서 찾게 함으로써 각 교과에서 학습한 내용에 대하여 용어의 개념, 내용의 이해 등에 걸쳐 확실한 인식을 할 수 있게 한다. 또한 교과서 외의 신문이나 책 등을 통해 배운 한자어를 확인하게 함으로써 한자어 학습의 외연을 확장할 수 있을 뿐만 아니라 한자어 학습의 본질적인 목표인 국어 기본 어휘의 이해력을 높여 바람직한 언어생활을 영위하게 할 수 있다.

⑤ 정리 단계

이 단계에서는 학습한 한자와 한자어에 대해 정리하는 단계이다. 이 단계의 활동으로는 학습 내용에 대한 간단한 평가와 차시 예고 등으로서 일반 수업의 정리 단계와 크게 다르지 않다. 다만 한자와 한자어의 평가에서 쓰기 중심의 평가와 부수나 획수 등 지엽적인 평가, 그리고 육서의 구분 등 문법적이고 어려운 평가는 지양해야 하며, 한자의 훈과 음, 한자어의 의미를 알고 있는 정도를 평가하는 데에 중점을 두어야 한다.

(2) 활동 중심의 한자 교수·학습 방법

① 그림 한자 알아맞히기

　㉠ 비교적 간단한 모양의 한자(상형문자)를 선정한다.

　㉡ 선정한 한자의 변화 모양을 그림 카드로 만든다.(3단계 또는 4단계)

　㉢ 짝끼리 그림 카드를 제시하여 한자 알아맞히기 게임을 한다.

　㉣ 한자의 변화 과정을 알아 맞추는 게임을 하거나 그림 카드의 중간 단계를 보여주고 한자를 맞추도록 한다.

　㉤ 3글자 이상의 그림 카드를 섞어놓고 한자 알아맞히기 게임을 할 수 있다.

② 한자 빙고 놀이

　㉠ 학생들은 연습장이나 한문 공책을 이용하여 빙고판을 준비한다.

　　– 학습 단계에 따라 3칸짜리, 4칸짜리, 5칸짜리 빙고판을 준비한다.

　㉡ 수업 시간에 학습한 한자를 교사가 칠판에 써 놓는다.

　㉢ 칠판을 보고 자기가 넣고 싶은 칸에 무작위로 한자를 쓰게 한다.

　㉣ 빙고가 되더라도 한자를 틀리게 쓰거나 성의 없이 쓰면 빙고를 취소한다고 말한다.

　㉤ 빙고게임을 할 준비가 되면 교사는 칠판에 나와 있는 한자를 하나씩 부른다.

　㉥ 정해진 빙고 모양이 완성된 사람은 '빙고'라고 외친다.

　㉦ 학습 단계에 따라 2빙고, 3빙고, ㄱ빙고, ㄷ빙고, ㅁ빙고, X빙고 등을 한다.

日	木	土
月	水	金
山	川	火

手	目	口
足	耳	鼻
心	身	體

③ 한자 주사위 말판 놀이

   ㉠ 우유팩이나 상자를 이용하여 커다란 주사위를 만든다.

   ㉡ 한자 주사위 놀이판을 궤도로 만든다.

   ㉢ 모둠별로 선발하여 한 명씩 교탁에서 주사위를 던지게 하여 말을 움직인다.

   ㉣ 주사위를 던져서 나온 수만큼 전진하여, 그 곳의 한자를 읽는다.

   ㉤ 읽으면 계속 주사위를 던지고 읽지 못하면 다시 뒤로 돌아간다.

   ㉥ 사다리가 나오면 올라가고, 뱀이 나오면 미끄러진다.

《 한자 주사위 놀이판의 예 》

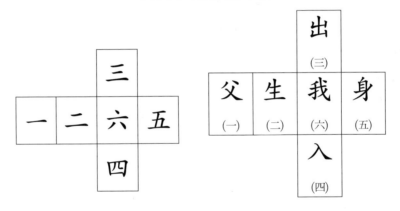

④ 한자 주사위 놀이

   ㉠ 우유팩이나 상자를 이용하여 커다란 주사위를 만든다.

   ㉡ 배운 한자를 이용하여 한자 주사위 옆면에 붙일 한자를 쓴다.

     (컴퓨터를 이용하여 출력한 후 코팅하면 효과적이다.)

   ㉢ 접착테이프를 이용하여 주사위 옆면에 한자를 붙인다.

   ㉣ 주사위를 던져서 나온 한자를 읽는다.

   ㉤ 6자의 한자를 다 읽으면 한자를 떼어내고 새로운 한자를 붙여 사용한다.

⑤ 한자 먼저 읽기

   ㉠ 교사가 학습한 한자를 칠판에 12~15자 정도 쓴다.

   ㉡ 남녀별이나 모둠별 대항으로 대표 2명을 뽑는다.

ⓒ 가위바위보를 하여 이긴 사람은 앞쪽에서 뒤쪽으로, 진 사람은 반대로 한자의 뜻과 음을 읽는다.

ⓔ 서로 만나는 부분에서 가위바위보를 한다.

ⓜ 이긴 사람은 그 지점에서 계속 읽고, 진 사람은 처음으로 돌아가서 다시 읽는다.

ⓗ 상대방의 출발점에 먼저 도착하는 사람이 이긴다.

예 A 모둠 →   ← B 모둠

| 父 | 生 | 我 | 身 | 恩 | 高 | 如 | 天 | 以 | 衣 | 溫 | 食 |

⑥ 한자 카드 먼저 집기

ⓐ 개인별로 한자 카드를 만든다.

(가로, 세로5Cm 정도 되는 정사각형 모양의 카드 10장 이상)

ⓑ 한자 카드의 앞면에는 한자를 쓴다.

ⓒ 한자 카드의 뒷면에는 한자의 뜻과 음을 쓴다.

ⓓ 교사가 배운 한자를 부르면 한자 카드를 빨리 든다.

ⓔ 짝끼리 경쟁을 하여 먼저 한자 카드를 드는 사람이 이긴다.

ⓕ 처음에는 1개 다음에는 2개, 3개, 4개를 불러 난이도를 높인다.

⑦ 뒤죽박죽 낱말 맞추기(Unscramble the words)

ⓐ 색도화지를 8등분한다.(모둠의 수대로 준비한다.)

ⓑ 8등분된 도화지에 한자가 섞인 한 문장의 글을 따로따로 쓴다.

ⓒ 한자가 섞인 낱개의 낱말카드를 모둠별로 맞춰본다.

ⓓ 빠른 시간 안에 완성된 문장을 찾는 모둠이 이긴다.

⑧ 빙글빙글 한자 돌림판

ⓐ CD판을 이용하여 한자 돌림판을 만든다.

ⓑ 짝끼리 한자 돌림판을 돌린다.

ⓒ 돌림판이 멈춘 후 바늘이 가리키는 한자를 읽는다.

ⓓ 같은 한자가 나오면 쉰다.

ⓔ 같은 방법을 여러 번 하여 많이 읽은 사람이 이긴다.

⑨ 몸으로 한자 말하기

ⓐ 학생들을 6개의 모둠으로 나눈 후 모두 한 줄로 서게 한다.

ⓑ 모두 한 쪽을 바라보게 하고 제일 끝의 학생만 교사와 마주 본다.

ⓒ 교사는 학생에게 한자나 한자어, 고사성어를 보여준다.

ⓓ 한자를 본 학생은 뒤로 돌아서서 앞사람과 마주보고 행동으로 한자를 설명한다.

ⓔ 설명을 이해한 학생은 다시 앞사람에게 본 내용을 전달한다.

ⓕ 이렇게 전달한 후 마지막 학생은 이해한 내용을 칠판에 쓴다.

⑩ 간지러움 참고 한자 맞추기

ⓐ 학생들을 모둠으로 나눈 후 한 줄로 서게 한다.

ⓛ 제일 뒤에 있는 학생을 불러서 배운 한자를 필순에 맞게 써 준다.

ⓒ 제일 뒤의 학생은 앞 사람의 등에 필순대로 한자를 쓴다.

ⓔ 등에 쓴 한자를 이해한 학생은 다시 자신의 앞 사람의 등에 한자를 써 준다.

ⓜ 무슨 한자인지 이해할 수 없으면 손을 들어 다시 써달라고 표시한다.

ⓗ 맨 앞사람은 등에 씌어진 한자를 칠판에 필순에 맞게 쓴다.

ⓢ 한자가 어려울수록 높은 점수를 책정하여 흥미를 높인다.

⑪ **한자 숏 게임하기**

㉠ 한 학기 동안 배운 한자를 쓴 카드를 준비한다(30자 정도).

ⓛ 종이로 된 계란 판에 준비한 카드를 풀로 붙인다.

ⓒ 짝끼리 번갈아가며 계란 판을 향해 탁구공으로 숏을 쏘아 넣는다.

ⓔ 탁구공이 들어간 곳의 한자를 읽는다.

ⓜ 많은 수의 한자를 읽은 사람이 이긴다.

ⓗ 한자의 뜻과 음을 한글로 써 넣은 후 같은 방법으로 한자 쓰기 게임을 할 수 있다.

⑫ **한자 깃발 들기**

㉠ 깃발을 다섯 개씩 2묶음 준비한다.

ⓛ 준비된 깃발에 그 시간에 배운 한자를 써 붙인다.

ⓒ 2명의 학생이 나와 깃발 앞에 선다.

ⓔ 깃발 2개는 손에 들고 3개는 발가락으로 들 수 있도록 발판 위에 올려놓는다.

ⓜ 교사의 말에 맞춰 깃발을 올리거나 내리거나 가만히 있으면 된다.

ⓗ 예를 들어 山, 水, 江, 日, 月을 붙인 깃발을 준비하면 교사는 "산기 올려", "수기 올리지 말고", "강기 올려", "월기 올리지 말고"등과 같이 말하면서 진행한다.

ⓢ 처음에는 속도를 천천히 하다가 점점 빠른 속도로 진행하면 따라오지 못하는 학생이 나오게 된다.

⑬ **고사성어 이구동성**

㉠ 모둠에서 5명씩 나오게 한다.

ⓛ 여러 가지의 고사성어 중 異口同聲으로 외칠 것을 선택한다.

ⓒ 다섯 명 중 네 명은 고사성어의 한 글자를 외치게 하고, 나머지 한 명은 고사성어와 관련이 없는 한 글자를 외치도록 한다.

ⓔ 대표가 "하나 둘 셋"을 센 후 동시에 이구동성으로 자기가 맡은 글자를 외친다.

ⓜ 다른 모둠에서는 목소리나 입 모양을 보고 고사성어를 알아맞힌다.

ⓗ 맞힌 모둠은 고사성어의 뜻을 설명해야 점수를 얻는다.

ⓢ 예를 들어 용두사미(龍頭蛇尾)라는 고사성어로 이구동성 게임을 한다면, 네 명은 각각 '용', '두', '사', '미'를 외치고 나머지 한 명은 용두사미와 전혀 관계없는 '가'를 외쳐서 혼란스럽게 한다.

한자 카드의 활용 방법

① 알맞은 한자 찾기

한자 카드를 활용한 가장 기본적인 방법이다. 한자 카드를 책상 위에 놓고 교사가 뜻과 음을 말하면, 알맞은 한자 카드를 찾아 들어 올리는 놀이이다. 반대로 교사가 한자 카드를 보여 주면, 뜻과 음을 말한다.

▷ 활동 – 선생님과 함께, 모둠별 활동, 짝 활동

② 빙 고

한자 카드 9장을 섞어 3장씩 3줄로 책상 위에 놓는다(16장일 경우, 4장씩 4줄). 교사가 불러 주는 한자 카드를 뒤집어 놓는다. 뒤집힌 카드가 한 줄이 되면 '빙고'가 되는 놀이이다. 빙고의 방법은 '가로, 세로, 대각선, 두 줄, 세 줄, ㄴ, ㄷ, ㅁ, ㅏ, ㅓ, ㅗ, ㅜ, ㅛ' 빙고 등 여러 가지가 있다.

▷ 활동 – 선생님과 함께, 모둠별 활동

③ 늘어난 한자 카드 찾기

한자 카드를 책상 위에 놓고 가위바위보를 하여 진 학생은 눈을 가리고 이긴 학생은 한자카드 한 장을 더 꺼내어 섞어 놓는다. 진 학생이 눈을 뜨고, 늘어난 한자카드의 뜻과 음을 알아맞히는 놀이이다.

▷ 활동 – 선생님과 함께, 모둠별 활동, 짝 활동

④ 먼저 집기

한자 카드를 책상 위에 놓고 교사가 불러 주는 한자 카드를 먼저 집는 놀이이다. 한자카드를 많이 가져 간 학생이 이긴다. 이 게임은 특히, 중학년 이상의 아동들이 규칙을 잘 지켜 재미있게 할 수 있다. 서로 동시에 잡았을 경우 가위바위보를 하여 승자를 결정한다.

▷ 활동 – 선생님과 함께

⑤ 빨리 읽기

한자 카드를 책상 위에 한 줄로 늘어놓고 교사의 '시작' 신호와 함께 끝에 놓인 한자 카드부터 차례로 뜻과 음을 읽어 나가는 놀이이다. 이때, 손가락으로 짚어 가면서 읽으며, 짝과 중간에 만나면 가위바위보를 하여 이긴 학생은 계속 읽어 나가고, 진 학생은 처음부터 다시 읽어 나간다. 끝까지 읽어 간 학생이 이긴다. A4 종이에 한자 카드를 하나씩 쓴 후, 칠판에 걸어놓고 조별게임으로도 활용할 수 있다.

▷ 활동 – 선생님과 함께, 짝 활동

⑥ 없어진 카드 찾기

한자 카드를 책상 위에 놓고 가위바위보를 하여 진 학생이 눈을 가리고 이긴 학생은 한자카드 하나를 감춘 후 없어진 카드의 뜻 음을 알아맞히는 놀이이다.

▷ 활동 – 선생님과 함께, 짝 활동

⑦ 어울림 한자 찾기

교사가 보여 주는 한자와 어울리는 한자 카드를 찾는 놀이이다. 어울리는 한자 카드를 많이 찾은 학생이 이긴다. 카드를 빨리 찾는 사람이 진행자가 되어 활동할 수도 있다.

▷ 활동 – 선생님과 함께, 모둠별 활동

⑧ 내가 한자왕

교사가 칠판에 쓰는 한자를 보고, 알맞은 한자 카드를 찾는 놀이이다. 가장 많이 맞힌 학생이 '한자왕'이 된다.

▷ 활동 – 선생님과 함께

⑨ 한자 빨리 읽기

한자 카드를 책상 위에 늘어놓고 가위 바위 보로 순서를 정한 후 누가 빨리 정확하게 읽는지 초시계로 재는 놀이이다. 한자 카드를 섞은 후, 그 다음 사람이 읽는다.

▷ 활동 – 모둠별 활동

⑩ 어떤 카드일까요?

새로 배운 한자 카드를 늘어놓는다. 가위바위보를 하여 진 사람은 눈을 가린 후, 이긴 사람이 "어떤 카드일까?" 라고 말하면 진 사람이 카드의 음을 알아맞히는 놀이이다.

▷ 활동 – 모둠별 활동, 짝 활동

⑪ 모둠 대항 게임

모둠별로 대표 한 명씩 앞에 나와 신호에 따라 제시된 한자어를 많이 맞히는 놀이이다. 모든 조원들이 나와서 순서를 정한 후 한자의 뜻과 음을 읽어나가 초시계로 시간을 재서 승자를 가릴 수도 있다.

▷ 활동 - 선생님과 함께, 모둠별 활동

⑫ 판토마임

몸과 표정으로 카드 내용을 나타내어 알아맞히는 놀이이다.

▷ 활동 - 선생님과 함께, 모둠별 활동

⑬ 낱말 만들기

새로 배운 한자 카드를 뒤집어서 섞어 놓은 후, 순서대로 두 장씩 가져간다. 두 장의 카드가 낱말을 이루면 가져가는 놀이이다. 낱말을 이룬 경우, 카드를 계속 뒤집을 기회를 가지며 그렇지 않으면 제자리에 둔다.

▷ 활동 - 모둠별 활동, 짝 활동

⑭ 낱말 만들고 짧은 글짓기

배운 한자 카드를 섞어 놓은 후 교사의 신호에 따라 두 글자 낱말을 만들고, 만든 낱말이 들어가는 짧은 글을 짓는 놀이이다. 짧은 글을 친구들 앞에서 발표해 본다.

▷ 활동 - 선생님과 함께

⑮ 그림에 맞는 카드 찾기

제시된 그림에 맞는 한자 카드를 찾아보는 놀이이다. 알아맞힌 사람이 칠판에 나와 그림을 그린 후 다시 놀이를 진행한다. 같은 방법으로 짝과 함께 할 수도 있다.

▷ 활동 - 선생님과 함께, 짝 활동

⑯ 표정에 맞는 카드 찾기

감정에 관한 한자를 배울 때 사용하면 좋다. 한자카드(예: 喜, 怒, 哀, 樂) 중 교사가 만드는 얼굴 표정에 알맞은 한자 카드를 찾는 놀이이다.

▷ 활동 - 선생님과 함께, 모둠별 활동

(3) 디지털 콘텐츠를 활용한 한자 교수·학습 방법

오늘날 초등학생들은 디지털 환경에서 나고 자란 이른바 '디지털 네이티브 세대'[15]이다. 지금은 코로나 19 사태로 인해 온라인 원격수업과 디지털 교육이 활발해지고 있다. 앞으로 이번 코로나 19사태로 구축된 온라인 교육 플랫폼과 다양한 온라인 수업 노하우들은 계속해서 중요하게 활용되리라 생각한다. 따라서 초등 한자 교수·학습 방법에서도 온라인 교육 시설과 디지털 콘텐츠의 활용 역량은 갈수록 중요해지고 있다. 이와 관련해서 대표적으로 EBS 초등 사이트(primary.ebs.co.kr)의 '창의 체험' 부분에서 '교과보충학습' 단계를 목적으로 제공하는 한자 교육 프로그램을 소개하면 다음과 같다.

---

15) '디지털 네이티브(Digital Native)'라는 용어는 미국의 교육학자 마크 프렌스키(Marc Prensky)가 처음 제시한 개념이다. 그는 디지털 기술과 함께 성장한 새로운 세대를 '디지털 네이티브(Digital Native)'라 명명하고 이들에게 적합한 새로운 교육 환경이 필요하다고 주장했다. (마크 프렌스키, 『디지털 네이티브 그들은 어떻게 배우는가』, 사회평론아카데미, 2019.)

프로그램명	강좌 소개	학습자 수 (강좌만족도)
천하무적 한자 900 (총 217강)	초, 중학생이 필수적으로 알아야할 900개의 한자를 엄선, 상형문자인 한자의 생성원리와 그 뜻을 실사와 애니메이션을 통해 알아본다. 아울러 연관 단어도 함께 배울 수 있는 유익한 한자놀이 시간이다.	328,057명 (98%)
어휘랑! 교과서 한자어 1 (총 50강)	교과서 속의 어려운 한자어들 때문에 난감하기만 한 아이들. 어휘대국의 멋진 용사, 어휘랑과 함께 모험을 하며 어휘 실력이 쑥쑥 늘어난다. 이야기를 보며 자연스럽게, '사회'와 '과학' 교과서 속 한자어의 뜻과 쓰임을 알 수 있게 되고 이를 통해 교과서 학습에 대한 이해가 증진된다.	174,436명 (98%)
어휘랑! 교과서 한자어 2 (총 51강)	교과서 속의 어려운 한자어들 때문에 난감하기만 한 아이들. 어휘대국의 멋진 용사, 어휘랑과 함께 모험을 하며 어휘 실력이 쑥쑥 늘어난다. 이야기를 보며 자연스럽게, '사회'와 '과학' 교과서 속 한자어의 뜻과 쓰임을 알 수 있게 되고 이를 통해 교과서 학습에 대한 이해가 증진된다.	121,917명 (98%)
스쿨랜드 한자왕국 (총 26강)	'어렵고, 따분한 한자공부는 가라! 국어를 잘하기 위한 한자어 학습!' 인성, 철학, 예술, 과학 영역을 재미있는 애니메이션과 세미다큐멘터리로 보여주었던 〈스쿨랜드〉의 주인공 다나가 이번에는 본격 애니메이션 세상 속 한자왕국으로 안내한다.	173,097명 (98%)
스쿨랜드 사자성어 (총 50강)	〈스쿨랜드〉의 주인공 다나와 함께 즐겁게 웹툰을 보며 사자성어를 공부한다.	135,239명 (99%)

이외에도 2000년대 이후 한자 교수·학습에 관한 인터넷 자료는 매우 많다. 최근에는 유튜브 동영상에서도 한자 교수·학습에 관한 콘텐츠들을 쉽게 찾아볼 수 있다.[16] 앞으로 이와 같이 흥미와 호기심을 자극하는 다양한 디지털 콘텐츠를 적절히 활용한다면, 창의적이고 즐거운 교수·학습 방법을 준비하는데 도움이 될 것이다.

주의할 점은 디지털 콘텐츠를 활용할 때 반드시 학생과의 상호작용 또는 학생 간의 상호작용을 원활하게 하고, 학생들의 수업 집중력과 학습 성취도를 높이는 방향으로 체계적인 교수설계가 이뤄져야 한다는 것이다. 아울러 교수자는 학생들이 디지털 콘텐츠를 맹목적이면서 수동적으로 받아들이지 않고, 능동적으로 수업에 참여해서 활발한 수업 활동을 이어나갈 수 있도록 지도하는 역할에 주의를 기울여야 한다.

---

16) 부록에서 초등 한자 교수·학습과 관련된 주요 인터넷 사이트의 주소를 소개하기로 한다.

교육부는 2011년 3월에 창의 · 인성교육 기본방안에 관한 안내자료를 배포했다. 여기에서 창의 · 인성교육의 추진 배경으로 "(교육 패러다임의 변화) 미래 교육은 '집어넣는 교육'이 아니라 '끄집어내는 교육'이 중심이 되어야 하며, 학생들의 잠재력과 바람직한 가치관을 '찾고 키워주는' 교육의 핵심에 '창의성'과 '인성'이 존재"라는 점을 강조했다. 그리고 창의 · 인성교육의 개념과 가치로 "창의 · 인성교육은 '새로운 가치를 창출하고 동시에 더불어 살 줄 아는 인재'를 양성하는 미래 교육의 본질이자 궁극적인 목표"라고 설명했다.

한편, 우리나라는 가정 · 학교 · 사회가 협력하여 인성교육을 활성화하는 국가 · 사회적인 기반을 구축하기 위해, 세계 최초로 인성교육을 의무로 규정한 「인성교육진흥법」을 2015년 7월 21일부터 시행하고 있다.[17] 이 법의 제2조에서는 해당 용어의 뜻을 다음과 같이 규정하고 있다.

---

1. '인성교육'이란 자신의 내면을 바르고 건전하게 가꾸고 타인 · 공동체 · 자연과 더불어 살아가는 데 필요한 인간다운 성품과 역량을 기르는 것을 목적으로 하는 교육을 말한다.
2. '핵심 가치 · 덕목'이란 인성교육의 목표가 되는 것으로 예(禮), 효(孝), 정직, 책임, 존중, 배려, 소통, 협동 등의 마음가짐이나 사람됨과 관련되는 핵심적인 가치 또는 덕목을 말한다.
3. '핵심 역량'이란 핵심 가치 · 덕목을 적극적이고 능동적으로 실천 또는 실행하는 데 필요한 지식과 공감 · 소통하는 의사소통능력이나 갈등해결능력 등이 통합된 능력을 말한다.

「인성교육진흥법」에 관해서는 사회계와 교육계에서 이견이 있다.[18] 하지만 「인성교육진흥법」의 시행은 그 자체로 오늘날 인성교육의 필요성과 중요성을 대변하고 있다.

이와 같이 창의 · 인성교육은 오늘날 교육계의 중요한 교육 방향 중 하나라고 할 수 있다. 따라서 초등 한자 교수 · 학습 방법도 창의 · 인성교육에 주의를 기울일 필요가 있다. 물론 기존의 초등 한자 교수 · 학습 방법도 창의 · 인성교육과 맥이 닿아 있다. 한자를 익히는 과정에서 연상작용 · 유추활동 · 상상력을 자극하는 과정은 모두 '창의'와 밀접한 관련이 있으며, 한자어와 한문 고전 속에는 인성에 관한 전통적인 가치가 풍부하기 때문이다. 이에 앞으로의 창의 · 인성교육은 기존의 교수 · 학습 방법을 참고하되, 사회 구조의 변화와 사회적 가치관의 다양화 등에 맞춰 그 역할과 방법을 고민하고 다듬을 필요가 있다.

---

17) 이 법의 목적은 제1조에서 "「대한민국헌법」에 따른 인간으로서의 존엄과 가치를 보장하고 「교육기본법」에 따른 교육이념을 바탕으로 건전하고 올바른 인성을 갖춘 국민을 육성하여 국가사회의 발전에 이바지함을 목적으로 한다."라고 규정하고 있다.

18) 주요 이견은 과연 인성교육을 법으로 의무화하는 것이 타당한가? 「인성교육진흥법」의 목적과 정의는 바람직한가? 「인성교육진흥법」은 학생들의 인성을 함양하는 데에 효율적인가? 등에 관한 것이다.

◀ 인정 교과서의 창의성 신장 구성 내용 ▶

창의성 요소	한자 학습	한자 어휘 학습
유창성	• 주어진 한자를 활용하여 알맞은 낱말 만들기 • 그림 목록에서 의미를 포괄하는 한자 쓰기 • 그림 상황에 알맞은 실천 방법 찾기 • 한자를 색칠하고 낱말 만들기 • 한자를 그림으로 표현해 보기	• 만화와 어울리는 사자성어 찾기 • 미래의 나를 위해 노력할 일 꿈나무에 쓰기 • 가족의 소중함을 생각하며 편지 쓰기 • 문장과 관련된 명언이나 속담 찾기 • 한자어와 관련된 경험 이야기하기
융통성	• 그림에 알맞은 한자 찾기 • 부수자를 연결하여 한자 만들기 • 그림과 어울리는 한자 찾기 • 한자 의미에 알맞은 한글 낱말 찾기 • 한자를 이용한 한자어 만들고 끝말잇기	• 한자어의 의미를 알고 알맞은 한자 쓰기 • 한자 어휘에 공통으로 들어갈 한자 찾기 • 전통문화를 소개하는 광고 만들기 • 한자어와 관련된 상황을 실현해보기 • 한자가 쓰인 한자어 찾아 표시하기
독창성	• 한자카드를 이용하여 단어 만들기 • 효를 실천한 경험을 그림이나 글로 표현하기 • 한자가 나타내는 감정을 그리기 • 한자를 보고 떠오르는 낱말 쓰기 • 성냥개비를 이용하여 한자 만들기	• 한자어를 활용하여 짧은 글 짓기 • 인물의 이야기를 그림으로 표현하기 • 인상 깊은 내용이나 장면 그림으로 그리기 • 한자어와 관련된 인물 선택하고 이유 쓰기 • 한자어와 관련된 실천 방법 쓰기
정교성	• 비슷한 형태의 한자에서 정확한 자형 찾기 • 한자의 음이 같은 것끼리 묶기 • 의미에 알맞은 한자 자형 찾기 • 가로 세로 열쇠의 뜻풀이에 맞는 한자 찾기 • 지워진 부분을 써서 한자 바르게 완성하기	• 한자어의 의미를 알고 바르게 읽기 • 한자어에 맞는 독음 찾기 • 문맥에 알맞은 한자 성어 찾기 • 한자어에 맞는 의미 찾아 연결해보기 • 한자와 어울리는 한자어 찾아 표시하기

이 표는 창의성 신장을 위한 다양한 구성 요소를 '유창성', '융통성', '독창성', '정교성' 등 네 가지로 한정하여, 한자 교과서에 나와 있는 학습 내용을 정리한 연구 성과 사례이다.[19]

◀ 인성교육 덕목과 한자 · 어휘 · 성어 ▶

덕목	관련 내용	한자 · 한자어	한자 성어
존중	포용, 관용, 용서, 이해심, 공감, 자부심, 공손, 공경, 예절, 효도, 인사	感謝 敬語 共感 恭敬 寬容 肯定 老少 反省 報答 禮節 容恕 恩惠 理解 人事 自矜心 自負心 傳統 尊敬 包容 孝道 孝誠 孝心 孝行	結草報恩 克己復禮 馬耳東風 反哺之孝 百里負米 非禮勿動 禮俗相交 以心傳心
배려	자기애, 자기계발, 친절, 호의, 자선, 이타성, 협력, 인류애, 자연애	競爭 多情 對話 配慮 奉仕 相談 善行 安寧 慈善 慈愛 積善 親切 好意 和睦 和合	過猶不及 同病相憐 脣亡齒寒 眼下無人 易地思之 推己及人

---

19) 한은수, 「初等學校 漢字 敎科書의 實態를 통해 본 漢字 敎育의 問題點」, 『한자한문교육』 35, 한국한자한문교육학회, 2014, 124면.

덕목	관련 내용	한자·한자어	한자 성어
책임	성실, 절제, 노력, 끈기, 인내, 충실, 충성, 생명존중, 자연보전	計劃 勤儉 勤勞 勤勉 努力 目標 成功 誠實 義務 忍耐 自主 節約 節制 精進 重要 責任 最善 忠誠 忠實	大器晩成 手不釋卷 溫故知新 日就月將 自强不息 積土成山 至誠感天 螢雪之功
신뢰성	진정성, 일관성, 정직, 진실, 진솔, 신뢰	誠意 信念 愼重 熱望 偉人 一貫性 正心 正直 眞實 眞心 眞正	巧言令色 朋友有信 事必歸正 水魚之交 言行一致 知己之友
정의	규칙준수, 합리적 행동, 자유, 평등, 평화, 번영	決斷 規範 規則 吉凶 模範 法度 賞罰 善惡 選擇 順序 約束 勇氣 意志 自由 遵法 秩序 態度 平等	見利思義 公明正大 近墨者黑 目不忍見 身言書判 衛正斥邪
시민성	자율성, 민주적 대화, 민족애, 조국애, 인류애	公共 功德 共同體 公益 國民 良心 文化 友愛 友情 人格 調和	德業相勸 類類相從 相扶相助 他山之石

이 표는 인정 교과서 중에서 한 종을 선정하여, 한자 교과서에 나와 있는 학습 내용을 인성교육 덕목과 관련하여 정리한 연구 성과 사례이다.[20] 이와 같은 연구 성과 사례는 조금은 막연하게 느껴지는 창의·인성교육의 의미와 실체를 구체적으로 인식하고, 교육 방법을 구상하는 데에 도움을 준다. 이외에도 창의·인성교육의 범주와 방법은 교수자의 관심과 노력에 따라 더욱 확장될 수 있다.

특히 창의교육에서는 주의력과 흥미를 높이는 학습 콘텐츠를 활용하여, 공감·경청·적절한 질문을 통해 학생들의 능동적이고 자기주도적인 학습 참여를 유도하는 것이 핵심적인 요소가 될 것이다. 그리고 인성교육에서는 인성의 덕목과 가치를 주입식으로 가르치는 것은 지양해야 한다. 대신에 관련된 설화나 고사 등을 활용해서 자연스러운 감화력을 높일 필요가 있다. 또한 인성의 덕목과 가치를 자신의 삶에 비춰본 느낌과 소감을 표현하는 자리를 마련함으로써 인성에 관한 사유가 실제 생활과 연계되는 계기를 마련해 줄 필요가 있다.

---

20) 한은수, 위의 논문 126면.

- EBS 초등(https://primary.ebs.co.kr) : 창의체험 분야의 〈천하무적 한자 900〉, 〈어휘랑 한자어를 찾아라1〉, 〈어휘랑 한자어를 찾아라2〉, 〈스쿨랜드 한자왕국〉, 〈스쿨랜드 사자성어〉 프로그램.
- 장원한자(http://www.jangonehanja.co.kr)
- 한서당 매일한자(http://www.hanseodang.co.kr/)
- 에듀랑한자(http://www.hanseodang.co.kr/)
- e-hanja(http://www.e-hanja.kr/)
- 한자통닷컴(www.hanjatong.com/)
- 수리수리한자닷컴(www.surisurihanja.com)
- 어린이한자공부(http://www.childhanja.com/)
- 사이버서당(www.cyberseodang.or.kr)
- 캔캔리듬한자(https://cancan.co.kr/)
- 옹달샘교육(www.kidhanja.com/)
- 이야기 한자여행(www.hanja.pe.kr)
- 아이한자(www.ihanja.com)
- 한자박사(www.hanjadoc.com)
- 한자나라(www.hanjanara.co.kr/)
- 박병구의 열린한문교실(www.openhanmoon.pe.kr/)
- 진선생의 온전한문교실(www.hanmun.kr)
- 다음카페 한문사랑(https://cafe.daum.net/1118)
- 호호맘터처(www.hohomomt.co.kr/)
- 마법천자문(magichanja.com/)
- 초등한자공부 5분 한자시리즈(https://www.youtube.com/playlist?list...)
- 신비한자(https://www.youtube.com/channel/UCHiQ-dGFSTqTRthGZA_KnRw)
- 네이버 한자사전(hanja.naver.com)
- 다음 한자사전(dic.daum.net)
- 존 한자사전(www.zonmal.com)
- 한국어문회(www.hanja.re.kr/)
- 전국한자교육추진총연합회(www.hanja-edu.com)
- 한자지도사교육원(han.onlinetime.co.kr)
- 한자지도사 시험정보센터(www.nurex.co.kr)
- 경성대학교 한국한자연구소(www.hanja.asia/)

- 고려대학교 한자한문연구소(kuhjhm.korea.ac.kr)
- 단국대학교 한문교육연구소(www.dankook.ac.kr)
- 영남대학교 한자문화연구소(hmy.yu.ac.kr/)
- 한국한자한문교육학회(www.studyhanja.or.kr/)
- 한국한문교육학회(www.hanmunedu.or.kr/)
- 한국고전번역원(www.itkc.or.kr)
- 한국국학진흥원(www.koreastudy.or.kr)
- 한국역사정보통합시스템(www.koreanhistory.or.kr)
- 한국사데이터베이스(db.history.go.kr)
- 동양고전종합DB(db.cyberseodang.or.kr)

2000년대 이후 초등 한자 교수·학습 방법에 관한 주요 연구 목록

1) 전통적인 초등 한자의 교수·학습 방법을 체계화 한 연구
- 방인태·김창호·한은수, 『초등학교 한자교육』, 역락, 2006.
- 김미영, 「초등학교 한자교육의 실태와 효과적인 한자교육방법 연구」, 성신여대 석사논문, 2010.

2) 초등 한자 교수·학습 방법에 관한 논의들을 정리하고 초등학교 한자 교수·학습의 기본적인 모형을 탐색한 연구
- 전철용, 「初等學校 漢字 敎授學習 方法에 대한 探索과 提案」, 『한자한문교육』 25, 한국한자한문교육학회, 2010.

3) 초등 한자교육의 실태를 점검하거나, 학습 효과에 대한 연구 현황과 과제를 고찰한 연구
- 한은수, 「初等學校 漢字 敎科書의 實態를 통해 본 漢字 敎育의 問題點」, 『한자한문교육』 35, 한국한자한문교육학회, 2014.
- 김대희, 「초등학교 한자교육의 학습 효과에 대한 연구 현황과 과제」, 『한자한문교육』 42, 한국한자한문교육학회, 2017.

4) 한자 교육을 통해 창의성과 인성을 함양하는 방법에 대한 연구
- 염정은, 「상형한자를 활용한 미술활동이 초등학교 1학년 아동의 창의성에 미치는 영향」, 서울교대 석사논문, 2014.
- 최성은, 「人性 敎育을 위한 初等學校 漢字 敎材 構成 方案」, 전주대 석사논문, 2018.

5) 타 교과 한자 어휘 교육 방안에 관한 연구
- 나금주, 「초등학교 과학 교과서의 한자어 분석을 통한 한자 어휘 교육 방안: 5-6학년 과학 교과서를 중심으로」, 조선대 석사논문, 2019.
- 이찬동, 「초등학교 과학교과서 한자 학습법 연구」, 한서대 석사논문, 2019.
- 김보미, 「초등학교 도덕 교과서 한자어휘 학습방법 연구: 4·5·6학년 도덕 교과서를 중심으로」, 조선대 석사논문, 2020.
- 서미애, 「초등학교 저학년 한자교육과 초등학교 고학년 학업성취도의 상관관계 연구」, 인제대 석사논문, 2017.
- 김덕년, 「漢字의 表意性을 통한 역사단어 의미습득에 관한 연구: 초등학교 6학년 1학기 사회교과서를 중심으로 -」, 경북대 석사논문, 2016.
- 공민정, 「漢字 學習을 通한 初等學校 科學科 敎授·學習 方法 硏究」, 『한자한문교육』 41, 한국한자한문교육학회, 2016.

6) 한자 교육을 통한 독해력과 문해력 향상 방안에 관한 연구

- 이유리, 「초등학교 고학년 읽기 이해 부진 아동의 맥락을 활용한 한자 합성어 이해 특성」, 단국대 석사논문, 2019.

7) EBS 초등 한자 교육 프로그램에 관한 연구

- 조성윤, 「EBS 초등 한자 교육 프로그램의 분석과 한자 교육의 방향」, 『학습자중심교과교육연구』 19, 학습자중심교과교육학회, 2019.

權津鈺(檀國大)

1 중등 한자·한문 교육의 목표

이 글은 중등 한자·한문 교육 방법론을 모색하는 일환으로, 학습자 활동 중심의 교수·학습 기법에 초점을 둔 것이다. 공교육을 주관하는 기관은 물론이고 사교육 기관에서 시행하고 있는 중등 한자·한문 교육은 우선적으로 교육부에서 고시한 한자·한문 교육의 목표 및 교수·학습 방법을 참고하지 않을 수 없다. 2015년 교육부에서 고시한 중학교 및 고등학교 한문과 교육 과정을 토대로[21], 중학교의 선택 과목인 『한문』, 고등학교의 일반 선택 과목인 『한문Ⅰ』과 진로 선택 과목인 『한문Ⅱ』에서 제시하고 있는 교육 목표를 요약하여 정리하면 아래와 같다.

- 교육용 기초 한자[중학교 900자, 고등학교 900자]의 음과 뜻, 한자 어휘 익혀 언어생활에 활용
- 한문에 대한 기초적인 지식을 익혀 한문 독해에 활용
- 다양한 유형의 한문 자료에 대한 비판적 이해와 심미적 향유
- 선인들의 삶과 지혜를 이해하여 건전한 가치관과 바람직한 인성 함양
- 전통문화를 바르게 이해하여 창조적으로 계승·발전시키려는 태도 지님
- 한자문화권의 문화에 대한 기초적인 지식을 익혀 한자문화권 내에서의 상호 이해와 교류 증진에 기여하려는 태도 지님

요컨대 중등 한자·한문 교육의 목표는 한자와 한자 어휘를 익혀서 현대의 언어생활에 활용하는 것을 기본으로 하고 나아가 선인들의 삶과 지혜가 담긴 한문 자료의 독해를 통해 현대인의 가치관과 인성을 함양하는 동시에 전통문화를 계승하고 발전시키는 것이다. 이를 바탕으로 한자문화권의 문화에 대한 기초적인 지식을 익혀 한자문화권 내에서의 상호 이해와 교류 증진에 기여하려는 태도를 지니는 것이 최종적인 중등 한자·한문 교육의 목표임을 확인할 수 있다.

그렇다면 위와 같이 현대의 언어생활 활용, 현대인의 가치관과 인성 함양, 전통문화의 계승, 한자문화권 권역의 상호 교류를 중등 한자·한문 교육의 주요 목표로 설정할 수 있는 근거는 무엇인가.

우선 한자는 현재 사용되고 있는 문자 가운데 가장 오래된 문자이다. 세계적으로 수메르 楔形文字나 이집트 象形文字가 한자의 초기 형태인 甲骨文보다 훨씬 일찍 출현하긴 했지만, 설형문자는 기원전 1세기에, 상형문자는 기원후 4세기에 이미 소멸된 것에 비해 한자는 오랜 시간 유지·발전되었을 뿐만 아니라

---

21) 교육부(2015), 「한문과 교육과정」, '『한문』·『한문Ⅰ』·『한문Ⅱ』목표', 고시 제2015-74호[별책17].

현재까지도 동아시아 각국에서 활발하게 사용되고 있다.

또한 한문은 古典 文言文으로 한자문화권에서 공통적으로 사용되던 국제적 표기 수단의 하나였다. 우리 조상들 역시 수천 년 동안 한자와 한문을 사용하여 사상과 감정을 표현해 왔으므로 우리 조상들의 지혜와 사상을 알아보기 위해서는 한문으로 기록된 각종 전적들을 이해하는 데 필요한 독해력을 길러야 한다. 또한 우리가 일상생활에 쓰는 상당 부분의 어휘가 한자에 바탕을 두고 있으며, 특히 다른 교과에서 주로 사용하는 학습 용어의 상당수가 한자 어휘로 이루어져 있으므로 원활한 언어생활과 다른 교과에서 사용하는 학습 용어를 바르게 이해하기 위해서 한문 학습이 필요하다. 그리고 한문 기록 속에는 우리의 정신문화가 대부분 축적되어 있어 현재 우리가 당면하고 있는 여러 가지 가치관의 문제 등을 치유할 수 있는 자료가 많으므로 건전한 가치관과 바람직한 인성을 함양하기 위해서 한문 학습이 필요하다.

또한 우리 생활에 면면히 이어져 내려온 전통문화 역시 한자를 주된 기록 수단으로 하여 보존·전승되고 있으므로 전통문화를 바르게 계승하고 창조적으로 발전시키기 위해서 한문 학습이 필요하다. 한편 현재 한국, 중국, 일본 등 한자가 통용되는 한자문화권의 인구는 세계 인구의 1/4이나 된다. 우리의 문화는 독창적인 민족 문화와는 별도로 이들 한자문화권에 속하는 국가들과 일정 부분 공유하는 정신문화를 지니고 있다. 그러므로 한자문화권 내에서의 상호 이해와 교류를 증진시키기 위해서도 한문 학습을 강화할 필요가 있다.[22] 그러므로 중등 한자·한문의 교수·학습 방법은 이러한 한자·한문의 고유한 속성과 특성을 고려하면서 중등 한자·한문의 주요 목표에 도달할 수 있도록 이루어져야 한다.

2 중등 한자·한문의 내용 체계와 핵심 개념

2015년 교육부에서 고시한 중학교 및 고등학교 한문과 교육 과정을 토대로, 중학교 및 고등학교 한문 교과에 공통적으로 적용되고 있는 내용 체계의 영역과 핵심 개념을 열거하면 아래와 같다.

(1) 한문의 이해

> 【한자와 어휘】
> 한자는 글자 하나하나가 높은 형상성과 강력한 의미 전달력, 풍부한 조어력을 지닌 문자이다. 따라서 중학교 및 고등학교 한문 교육용 기초 한자를 중심으로 한자와 한자 어휘에 관한 기초적인 지식을 익혀 문장 학습과 언어생활에 활용할 수 있도록 한다.

【한자와 어휘】의 학습 요소로는 한자의 모양·음·뜻, 부수, 자전 찾기, 필순, 한자의 짜임(상형, 지사, 회의, 형성, 전주, 가차), 단어의 짜임(주술 관계, 술목 관계, 술보 관계, 수식 관계, 병렬 관계), 품사, 실사(명사, 대명사, 수사, 동사, 형용사, 부사), 허사(개사, 접속사, 어조사, 감탄사), 품사의 활용 등을 꼽을 수 있다.

---

22) 교육부(2015), 「한문과 교육과정」, '『한문』·『한문Ⅰ』·『한문Ⅱ』 성격', 고시 제2015-74호[별책17].

【한문의 독해】
한문은 고전 문언문으로 한자문화권에서 공통적으로 사용되던 국제적 표기 수단의 하나로서, 우리 조상들 역시 수천 년 동안 한문을 사용하여 사상과 감정을 표현해 왔다. 따라서 문장의 구조와 유형 등 문법적인 지식을 바탕으로 글의 내용과 주제를 바르게 파악하고 한문 전적에 담긴 조상들의 사상과 감정을 올바로 이해할 수 있도록 한다.

【한문의 독해】의 학습 요소로는 문장의 구조(주술 구조, 주술목 구조, 주술보 구조, 주술목보 구조), 節, 문장 성분의 省略 · 倒置, 문장의 유형(평서문, 의문문, 명령문, 감탄문), 話者, 聽者, 소리 내어 읽기, 끊어 읽기, 글의 내용과 주제, 한문 산문의 이해와 감상, 한문 산문의 서술 방식(서사, 의론, 묘사, 서정), 한시의 이해와 감상[시체-오언시 · 칠언시, 押韻, 對偶, 시상 전개 방식] 등을 꼽을 수 있다.

(2) 한문의 활용

【한자 어휘와 언어생활】
우리가 일상생활에 쓰는 어휘는 상당 부분 한자에 바탕을 두고 있으며, 함축적이고 비유적인 뜻을 지닌 성어를 이용해 표현하는 경우도 흔하다. 또한 다른 교과에서 사용하는 학습 용어의 상당수도 한자 어휘로 이루어져 있다. 따라서 중학교 및 고등학교 한문 교육용 기초 한자를 중심으로, 한자에 바탕을 둔 일상용어와 학습 용어, 성어를 익혀 언어생활을 원활히 하고 다른 교과에서 사용하는 학습 용어를 바르게 이해할 수 있도록 한다.

【한자 어휘와 언어생활】의 학습 요소로는 일상 용어, 학습 용어, 성어(겉뜻, 속뜻, 유래) 등을 꼽을 수 있다.

【한문과 인성】
한문 기록 속에는 현대 사회가 당면하고 있는 여러 가지 문제, 예컨대 인간의 존엄성 상실, 사회적 약자에 대한 무시, 물질 만능주의와 극단적 이기주의의 만연 등에 대해 해답을 찾을 수 있는 자료들이 많다. 따라서 현재적 의미에서 가치가 있고 실천 가능한 내용을 정선하여 학습함으로써 건전한 가치관과 바람직한 인성을 형성하는 데 도움을 줄 수 있도록 한다.

【한문과 인성】의 학습 요소로는 선인들의 지혜와 사상에 대한 이해와 공감, 현재적 의미와 가치 발견, 생활 적용, 가치관 정립, 인성 함양 등을 꼽을 수 있다.
【한문과 문화】의 학습 요소로는 전통문화의 계승과 발전, 한자문화권의 상호 이해와 교류 등을 꼽을 수 있다.

【한문과 문화】
우리 생활에 면면히 이어져 내려온 전통문화는 대부분 한자를 주된 기록 수단으로 하여 보존 · 전승되고 있다. 또한 우리는 우리만의 민족 문화와 별도로 한자문화권에 속하는 국가들과 일정 부분 공유하는 정신문화도 지니고 있다. 따라서 한문 기록에 담긴 우리의 전통문화 및 한자문화권의 문화에 대한 기초적 지식을 익혀 전통문화를 계승 · 발전시키고 한자문화권 내에서의 상호 이해와 교류를 증진시킬 수 있는 태도를 형성하도록 한다.

이상에서 살펴본 것처럼 중학교 및 고등학교 한문 교과의 내용 체계는 크게 '한문의 이해'와 '한문의 활용' 2가지 영역으로 구분되고, 각각의 영역은 다시 '한자와 어휘', '한문의 독해', '한자 어휘와 언어생활', '한문과 인성', '한문과 문화' 등의 세부 핵심 개념으로 구분된다.

또한 핵심 영역에서 요구되는 학습 요소는 복합적이고 다층적이기 때문에 교수자는 학습자가 학습 요소를 효과적으로 성취할 수 있도록 다양한 방식의 교수·학습 방법을 활용할 필요가 있다.

3 활동 중심의 교수 · 학습 기법

최근에 한자·한문의 교육에서는 물론이고 여타 중등 교과 교육 방법론으로 학습자 중심의 수업이 주목을 받고 있다. '거꾸로 교실(수업)', '문제 중심 학습법' 등으로 대표되는 학습자 중심의 수업 방식[23]은 기존의 '교수자 강의 중심 수업'과 '주제 중심 학습법'을 탈피하여 학습자의 능동적이고 주체적인 문제의식과 학습 활동을 통해 교과에서 요구하는 성취 기준을 달성하려는 것이다. 이에 2장에서 살펴본 중학교 및 고등학교 한문과 교육 과정의 내용 체계, 학습 요소, 교수·학습 방법 등을 참고하여, 학습자 활동을 중심으로 한 한자·한문의 교수·학습 기법을 제시하고자 한다.

(1) 한문의 이해 영역

【한자와 어휘】의 학습 요소 가운데 핵심 사항은 한자의 모양·음·뜻, 부수, 한자의 짜임, 단어의 짜임, 품사의 활용 등이다. 우선 한자의 모양·음·뜻, 부수, 한자의 짜임에 대한 학습은 字源과 부수를 활용하여 한자의 구성 원리인 六書를 이해한 다음 한자의 모양·음·뜻을 재확인하는 과정이 효과적이다. 이 과정에서 학습자 활동을 중심으로 한 학습 기법은 주요 부수를 익히게 한 다음 해당 부수가 들어간 한자를 찾아내는 방식에 적용할 수 있다. 주요 부수를 주변에서 쉽게 접근할 수 있는 제재로 제시하되, 해당 부수가 들어간 한자를 몇 개만 제시하고 그 외 한자를 중학교 및 고등학교 한문 교육용 기초 한자에서 각자 찾도록 지도한다. 예컨대 '자연', '사람', '동물'과 관련되는 주요 부수와 그 내용을 제시하면 아래와 같다.

> ① 자연
> - 日(날 일) : 태양의 모양을 본뜬 자. 태양, 시간, 日氣, 明暗 등과 관련. 旦(아침 단), 明(밝을 명), ■(□□ □), ■(□□ □) 등
> - 月(달 월) : 달의 모양을 본뜬 자. 천체로서의 달, 시간으로서의 달(1개월) 등과 관련. 朗(밝을 랑), 朔(초하루 삭), ■(□□ □), ■(□□ □) 등

---

23) 한문 교육의 사례로 다음의 논문을 참고하기 바람. 장재익(2017), 「한문수업 속 거꾸로 교실의 실제」, 〈한자한문교육〉 43, 한국한자문교육학회, pp.65~78; 김병철(2019), 「한문과 거꾸로 수업[Flipped Learning] 적용 방안」, 〈한자한문교육〉 46, 한국한자한문교육학회, pp.97~117; 백광호·공민정(2019), 「漢文科 問題中心學習法의 理論과 實踐」, 〈한자한문교육〉 46, 한국한자한문교육학회, pp.19~39; 한은수(2019), 「한자 카드 활용법의 이론과 실천-2015년 개정 교육과정에 따른 한문 교과서의 내용을 중심으로-」, 〈한자한문교육〉 46, 한국한자한문교육학회, pp.65~95.

- 火[灬](불 화) : 불이 활활 타고 있는 모습을 본뜬 자. 불을 사용하는 도구나 동작, 불의 성질, 작용 등과 관련. 灰(재 회), 炎(불탈 염), ■(□□ □), ■(□□ □) 등
- 水[氵](물 수, 삼수변) : 흘러가는 물의 모양을 본뜬 자. 물이나 강 또는 내의 이름, 물의 상태, 물을 수반하는 동작과 관련. 氷(얼음 빙), 江(강 강), ■(□□ □), ■(□□ □) 등
- 木(나무 목) : 나무의 가지, 줄기, 뿌리를 본뜬 자. 여러 가지 종류의 나무, 나무의 특정 부위, 나무로 만든 물건, 나무의 상태 등과 관련. 材(재목 재), 果(실과 과), ■(□□ □), ■(□□ □) 등

② 사람
- 人[亻](사람 인) : 사람이 두 손을 앞으로 뻗고 두 발로 서 있는 모습을 옆에서 보고 그린 자. 인간이 갖는 성질, 상태 등과 관련. 仙(신선 선), ■(□□ □), ■(□□ □) 등
- 大(큰 대) : 사람이 두 팔을 벌리고 서 있는 모습을 정면에서 보고 그린 자. '크다.'는 의미를 나타낼 때나 물건을 놓아두는 받침대나 덮개 같은 것을 나타내는 것과 관련. 天(하늘 천), ■(□□ □), ■(□□ □) 등
- 口(입 구) : 입의 모양을 본뜬 자. 말이나 소리, 숨, 음식을 먹는 것 등 입의 동작과 관련. 味(맛 미), 吐(토할 토), ■(□□ □), ■(□□ □) 등
- 目(눈 목) : 사람의 눈의 모양을 본뜬 자. 눈의 여러 가지 상태와 동작, 보는 것과 관련. 眠(잠잘 면), ■(□□ □), ■(□□ □) 등
- 手[扌](손 수, 재방변) : 손의 모양을 본뜬 자. 손의 각 부분의 명칭이나 손의 동작과 관련. 打(칠 타), 拳(주먹 권), ■(□□ □), ■(□□ □) 등

③ 동물
- 牛[牜](소 우) : 긴 뿔이 달린 소의 머리와 귀를 본뜬 자. 여러 가지 종류의 소, 소를 사육하거나 소를 부리는 것과 관련. 牧(칠 목), ■(□□ □), ■(□□ □) 등
- 隹(새 추) : 꼬리가 짧은 작은 새의 모습을 본뜬 자. 雞(닭 계), 雀(참새 작), ■(□□ 추), ■(□□ □) 등
- 羊(양 양) : 양의 머리 모양을 본뜬 자. 여러 가지 종류의 양, 그 특성 또는 그 상태와 관련. 美(아름다울 미), ■(□□ □), ■(□□ □) 등
- 虫(벌레 충) : 살모사의 모습을 본뜬 자. 곤충 등의 작은 동물 외에도 각종 동물의 명칭 또는 상태와 관련. 蜂(벌 봉), ■(□□ □), ■(□□ □) 등
- 馬(말 마) : 말의 모양을 본뜬 자. 여러 가지 종류의 말, 말과 비슷한 동물의 명칭, 말의 상태, 말을 부리는 동작과 관련. 駕(멍에 가), ■(□□ □), ■(□□ □) 등
- 魚(고기 어) : 물고기의 모양을 본뜬 자. 여러 가지 종류의 물고기의 명칭이나, 물고기를 가공하여 만든 것 등과 관련. 鯉(잉어 리), ■(□□ □), ■(□□ □) 등

위와 같은 주요 부수를 설명하고 해당 부수가 들어간 한자를 제시하면서, 교수자는 字源과 六書도 함께 학습자가 자연스레 익히도록 유도한다. 예컨대 '氷(얼음 빙)'과 '果(실과 과)'는 상형자로써 그 자원을 설명하고, 마찬가지로 '旦(아침 단)', '明(밝을 명)', '炎(불탈 염)' 등은 회의자로써, '材(재목 재)', '雞(닭 계)', '鯉(잉어 리)' 등은 형성자로써 각각 그 자원을 설명하여 학습자가 그 외 한자를 찾는 과정에 자연스레 자원과 육서에 대한 문제의식을 지니도록 한 다음, 그 해결 과정과 결과에 대한 피드백을 학습자가 진행한다.

다음으로 단어의 짜임과 품사의 활용에 대한 학습이다. 단어의 짜임과 한문의 품사는 문장에서의 쓰임과 전후 맥락에 따라 명사가 동사나 형용사와 같이 사용되기도 하고 반대로 동사나 형용사가 명사처럼 사용되기도 하는 등 가변적인 속성을 지니고 있다. 그러므로 교수자는 단어의 짜임과 품사의 활용을 설명할 때는 기본적인 짜임과 활용을 제시하되, 상황에 따라 단어와 품사의 활용이 가변적임을

학습자에게 환기할 필요가 있다. 특히 품사의 활용과 관련해서 학습자 중심의 학습 기법은 인터넷 한자 사전을 활용한 방식에 적용할 수 있다. 학습자는 인터넷 한자 사전에 대한 접근이 용이하기 때문에 해당 한자를 포함하고 있는 단어나 성어를 손쉽게 찾을 수 있다. 예컨대 '之'를 인터넷 한자 사전을 활용하면 아래와 같은 단어나 성어를 확인할 수 있다.

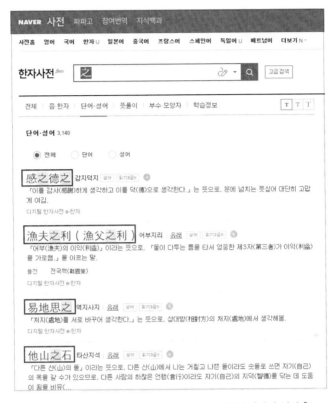

◀ 네이버(NAVER) 한자 사전에서 제공하는 '之'의 단어와 성어 ▶

위의 캡처 자료 외에 3천여 건의 매우 많은 단어와 성어를 확인할 수 있는데, '가다'라는 뜻의 동사, 사람이나 사물을 가리키는 대명사 등의 품사 활용을 대부분 찾을 수 있다. 이외에도 '其', '自', '與', '及' 등의 한자를 검색하더라도 다양한 품사의 활용 사례를 쉽게 확인할 수 있으므로, 이러한 학습자의 활동과 이에 대한 교수자의 피드백을 통해 단어의 짜임과 품사의 활용 학습 효과를 배가시킬 수 있다.

【한문의 독해】의 학습 요소 가운데 핵심 사항은 문장의 구조와 유형이고, 이를 토대로 한문 산문과 한시에 대한 이해와 감상으로 나아간다. 다만 한문 문장의 구조와 유형을 세부적으로 구분하여 해당 항목의 사례를 일일이 학습하는 방법은 단편적으로 이해하기에 수월하겠지만, '한문의 독해' 즉 내용와 주제를 중심으로 한문 산문이나 한시를 올바로 이해하고 감상하는 성취 기준을 최종적으로 달성하기에는 부족한 면이 있고, 게다가 학습자 중심의 학습 기법을 활용하기에는 적합하지 않은 면이 있다. 그러므로 이러한 학습 과정을 뒤집어서 비교적 짧은 한문 산문이나 한시를 제시하고, 그 내용과 주제를 중심으로 올바로 독해하는 과정에서 문장의 구조와 유형을 자연스레 체득하게 학습 방법이 효과적이다.

子貢問政. 子曰: "足食, 足兵, 民信之矣." 子貢曰: "必不得已而去, 於斯三者何先?" 曰: "去兵." 子貢曰: "必不得已而去, 於斯二者何先?" 曰: "去食. 自古皆有死, 民無信不立."

一. 『論語』

牧爲民有乎? 民爲牧生乎? 民出粟米麻絲, 以事其牧; 民出輿馬騶從, 以送迎其牧; 民竭其膏血津髓, 以肥其牧. 民爲牧生乎? 曰: "否! 否! 牧爲民有也."

一. 丁若鏞, 「原牧」

狂奔疊石吼重巒
人語難分咫尺間
常恐是非聲到耳
故敎流水盡籠山

一. 崔致遠, 「題伽倻山讀書堂」

『論語』, 丁若鏞의 글에서 인용한 짧은 한문 산문과 崔致遠의 한시를 예시로 들었다. 2개의 한문 산문과 하나의 한시를 올바르게 독해하는 과정에서 문장 구조의 측면에서는 주술·주술목·주술보·주술목보 구조를, 문장 유형 의 측면에서는 평서문·의문문·감탄문을 학습할 수 있다. 한편 최치원 한시를 독해하는 과정을 교수자의 강의 중심으로 진행하지 않고 학습자 활동을 중심으로 진행한다면 더욱 능동적이고 주체적인 학습 효과를 거둘 수 있다.

학습자가 직접 한자 사전을 활용하여 개별 한자를 풀이하고 한시를 한 구씩, 한 구씩 독해하면, 그 결과에 대해 교수자가 첨언하는 방식으로 피드백을 진행한다. 특히 교수자가 '重', '是', '故', '敎' 등의 특수한 용례를 설명하면 학습자는 한자의 본뜻 외의 다른 뜻까지 습득할 수 있고, 학습자가 개별 한자를 잘못 풀이하여 독해하였더라도 그 자체로 학습자 자신만의 새로운 독법으로 인정하여 한문 독해에 대한 학습자의 흥미와 역량을 고취할 수 있는 효과가 있다.

(2) 한문의 활용 영역

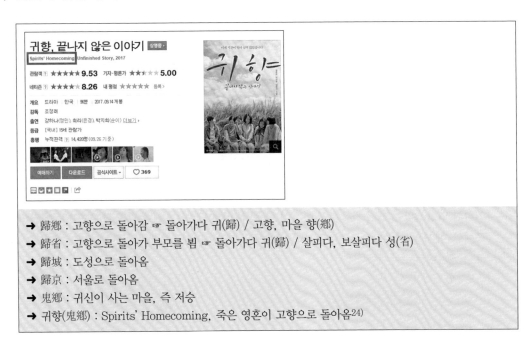

→ 歸鄕 : 고향으로 돌아감 ☞ 돌아가다 귀(歸) / 고향, 마을 향(鄕)
→ 歸省 : 고향으로 돌아가 부모를 뵘 ☞ 돌아가다 귀(歸) / 살피다, 보살피다 성(省)
→ 歸城 : 도성으로 돌아옴
→ 歸京 : 서울로 돌아옴
→ 鬼鄕 : 귀신이 사는 마을, 즉 저승
→ 귀향(鬼鄕) : Spirits' Homecoming, 죽은 영혼이 고향으로 돌아옴[24]

【한자 어휘와 언어생활】의 핵심적인 학습 요소는 일상용어와 성어이다. 성어의 뜻을 바르게 이해하려면 배경의 고사나 문맥을 잘 알아야 하는데, 특히 일상용어와 성어의 학습은 학습자 활동을 중심으로 한 학습 기법이 매우 적극적으로 활용될 수 있다. 학습자의 취미나 관심 분야에 따라 다양한 소재를 활용할 수 있는데, 예를 들어 학습자가 영화에 남다른 관심이 있다면 영화 제목을 활용하여 일상용어를 학습하도록 지도한다.

위와 같은 학습자 활동 중심의 일상용어 학습은 학습자의 관심 분야의 뉴스 기사, 학습자 가족의 애창곡 가사 등에서 일상용어나 한자어를 조사하는 학습 기법도 참고할 만하다.

◀ 뉴스 기사를 대상으로 일상 용어 및 한자어 조사 사례 ▶

---

24) '귀향'이라는 한글 제목만 보면 '歸鄕'으로 이해가 되지만, 영화 제목의 부제인 'Spirits' Homecoming'을 통해 죽은 영혼이 고향으로 돌아온다는 뜻의 '鬼鄕'이라는 한자를 사용하였음을 알 수 있다. 아울러 학습자 활동 중심의 학습으로서, 학습자가 '귀향'과 관련한 다양한 성어들을 직접 조사하여 그 의미망을 확장하도록 유도한다.

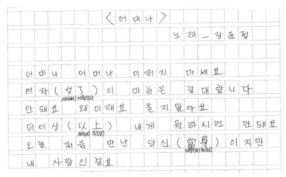

<어머나>

노래 _ 장윤정

어	머	나		어	머	나		이	러	지		마	세	요
여	자	(女子)		의		마	음	은		갈	대	랍	니	다
안	돼	요		왜	이	래	요		묻	지	말	아	요
더	이	상	(以上)		내	게		원	하	시	면		안	돼	요
오	늘		처	음		만	난		당	신	(當身)	이	지	만
내		사	랑	인	걸	요

◀ 애창곡의 가사를 대상으로 일상 용어 및 한자어 조사 사례 ▶

〈국립국어원〉과 같은 국가 기관에서 제공하는 재미있는 일상 용어 및 한자어를 학습자가 수시로 확인하여 일상생활 속에서 자유롭게 한자어 학습이 이루어질 수 있도록 유도할 수 있다. 예컨대 〈국립국어원〉에서는 '알쏭달쏭 한자어' 서비스를 제공하고 있는데, 최근에는 옷이나 동물에서 온 한자어를 소개하였다.

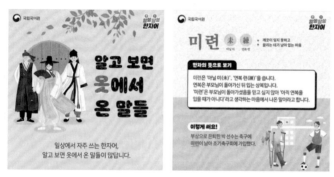

◀ 〈국립국어원〉 '알쏭달쏭 한자어' 알고 보면 옷에서 온 말들 未練 외에도 猖披, 錦衣還鄕을 소개함 ▶

◀ 〈국립국어원〉 '알쏭달쏭 한자어' 알고 보면 동물에서 온 말들 狼狽 외에도 劉豫, 蠶食, 猪突을 소개함 ▶

일상생활 속에서 흔히 접하게 되는 뉴스의 헤드라인에 사용되는 다양한 성어를 학습자가 조사한 다음, 그 유래를 설명하게 하는 방식도 학습자 활동 중심의 학습 기법이 될 수 있다. 특히 정치 관련 기사의 헤드라인에는 유래를 알지 못하면 이해할 수 없는 성어가 자주 사용된다. '下馬評'과 같은 성어는 정치 관련 기사에 자주 등장하는 대표적인 말들이다. 이 과정에서 헤드라인에 등장하는 한자어를 함께 조사하여 학습하도록 유도하는 것도 한자 어휘를 익히는 데 효과적이다.

→ 下馬評
　☞ 하(下) : 아래, 내리다 / 마(馬) : 말 / 평(評) : 평가하다
　☞ 예전에 궁 앞에 모든 관리들이 말에서 내려야 한다는 글귀가 새겨져 있는 '下馬碑'가 있었는데, 이
　　곳에서 관리들이 내려 궁으로 들어가고 나면 남은 마부들끼리 공론을 시작했음. "이번에는 아무개
　　나리가 판서가 된다네그려.", "예끼 이 사람아! 이번에는 우리 나리 차례야." 등등. 이렇게 하마비
　　앞에서 이루어진 세평(世評)이라고 해서 '하마평'이란 말이 생겨났음.
→ 茂盛 : 풀이나 나무 따위가 우거져 있다. 말이나 소문 따위가 마구 뒤섞이거나 퍼져 있다.
　☞ 무(茂) : 무성하다 / 성(盛) : 성대하다

한편 성어의 학습은 단순히 고사성어나 사자성어를 가나다 순으로 주입식으로 교수하는 것보다는 위의 학습자 중심의 일상 성어 학습 과정처럼 일상에서 발견할 수 있는 성어를 학습자가 직접 조사하여 확인하는 학습법이 더욱 효과적이다. 또한 학습자가 성어의 사전적인 뜻을 조사하고, 이에 대해 교수자는 그 성어의 유래를 구체적으로 설명하는 방식이 필요하다.

→ 〈국립국어원〉
　☞ 한 가지 일에만 얽매여 발전을 모르는 어리석은 사람을 비유적으로 이르는 말. 중국 송나라의 한
　　농부가 우연히 나무 그루터기에 토끼가 부딪쳐 죽은 것을 잡은 후, 또 그와 같이 토끼를 잡을까 하
　　여 일도 하지 않고 그루터기만 지키고 있었다는 데서 유래한다. 『한비자』의 「오두편」에 나오는 말
　　이다.

위와 같은 학습자의 성취에 대해 교수자는 아래와 같은 부가 설명을 덧붙여 학습자로 하여금 성어의 용법과 함의를 깊이 이해하도록 유도할 수 있다.

> → 『한비자』총 55편 가운데 제49편인 「五蠹」에 나오는 성어
> ☞ '蠹'는 종이나 나무를 조금씩 갉아 먹는 좀이다. 좀은 사물을 눈에 띄지 않게 조금씩 해치는 벌레로, 어떤 일이나 인물을 드러나지 않게 해치는 대상을 비유적으로 이른다.
> ☞ '五蠹'는 곧 다섯 종류의 좀이라는 뜻으로, 국가에 위해를 가하는 學者(儒家), 言談者(縱橫家), 帶劍者(游俠人), 患御者(兵役을 피하는 사람), 商工人을 말한다.

> ○ 宋人有耕者, 田中有株, 兎走觸株, 折頸而死.
> ◎ 송나라에 농사를 짓는 사람이 있었는데, 밭 가운데 나무 그루터기가 있어서 토끼가 달아나다가 그 그루터기에 부딪혀 목이 부러져서 죽었다.
> ○ 因釋其耒而守株, 冀復(부)得兎, 兎不可復得, 而身爲宋國笑.
> ◎ 그 농부는 그대로 쟁기를 버리고 그 그루터기를 지키면서 다시 토끼를 얻기 바랐으나, 토끼는 다시 얻을 수 없었고 자신은 송나라 사람들의 웃음거리가 되었다.

학습자 활동 중심의 학습 기법으로 퍼즐 게임을 활용한 방식도 고려할 만하다. 학습자 그룹으로 하여금 몇 개의 팀을 구성하게 하고, 각 팀에서 1명이 한자나 성어를 설명하고 나머지 팀원들이 그 설명에 맞는 한자나 성어를 가로세로로 퍼즐에 직접 작성하는 방식이다. 그래서 가장 먼저 퍼즐을 완성하는 팀이 승리하게 된다.

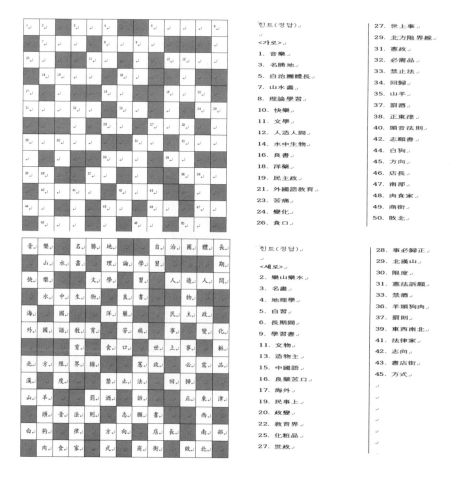

힌트(정답)

<가로>
1. 音樂
3. 名勝地
5. 自治團體長
7. 山水畵
8. 理論學習
10. 快樂
11. 文學
12. 人造人間
14. 水中生物
16. 良書
18. 洋藥
19. 民主政
21. 外國語敎育
23. 苦痛
24. 變化
26. 食口

27. 世上事
29. 北方限界線
31. 憲政
32. 必需品
33. 禁止法
34. 回歸
35. 山羊
37. 罰酒
38. 正東津
40. 頭音法則
42. 志願書
44. 白狗
45. 方向
46. 店長
47. 南部
48. 肉食家
49. 商街
50. 敗北

힌트(정답)

<세로>
2. 樂山樂水
3. 名畵
4. 地理學
5. 自習
6. 長期間
9. 學習書
11. 文物
13. 造物主
15. 中國語
16. 良藥苦口
17. 海外
19. 民事上
20. 政變
22. 敎育界
25. 化粧品
27. 世政

28. 事必歸正
29. 北漢山
30. 限度
31. 憲法訴願
33. 禁酒
36. 羊頭狗肉
37. 罰則
39. 東西南北
41. 法律家
42. 志向
43. 書店街
45. 方式

【한문과 인성】의 핵심적인 학습 요소는 선인들의 지혜와 사상에 대한 이해, 현재적 의미와 가치 발견, 가치관 정립과 인성 함양이다. 한문과 인성은 개념적 원리나 지식보다는 선인들의 지혜와 사상에 대한 올바른 이해를 바탕으로 현재적 의미에서 가치가 있는 것을 일상생활에 실천하고자 하는 바람직한 태도가 형성되도록 하는 것이 핵심이라 할 수 있다. 그러므로 선인들의 지혜와 사상이 담긴 글 가운데 현재적 가치를 지닌 문장을 정선하여 제시하면, 학습자가 자신의 경험과 생각을 바탕으로 자신의 견해를 세울 수 있도록 만드는 것이 학습자 활동을 중심으로 한 학습 기법이라 할 수 있다. 예컨대 부모와 자식 관계에서의 바람직한 가치관, 역사를 바라보는 바람직한 태도에 대한 선인들의 사상과 지혜를 엿볼 수 있는 자료를 아래와 같이 제시한 다음, 학습자로 하여금 자신의 경험과 생각을 토대로 현재적 의미에서의 자애와 효도, 과거의 역사를 읽는 현대인의 독법을 자유롭게 개진하도록 유도한다.

> 諺云: "驕子罵母." 夫家人之子, 不預防檢, 則必至於驕, 驕而不止, 或至於罵. 是子雖不子, 使子至此, 亦父母之過也.
>
> ─. 李瀷, 「甲辰乞勿絶倭使疏」
>
> 子游問孝. 子曰: "今之孝者, 是謂能養. 至於犬馬, 皆能有養, 不敬, 何以別乎?"
>
> ─. 『論語』
>
> 大抵看史, 見治則以爲治, 見亂則以爲亂, 見一事則止知一事, 何取? 觀史, 須如身在其中, 見事之利害・時之禍亂, 必掩卷自思, 使我遇此等事, 當如何處之. 如此觀史, 學問亦可以進, 智識亦可以高, 方爲有益.
>
> ─. 『宋名臣言行錄』

인간은 성장하면서 자신의 여러 성질을 획득해 나가다가, 성격・위상・지향 등의 성질을 개선하거나 변혁시키고자 하는데, 선인들은 그 전환의 시기에 새로운 이름으로서의 號를 스스로 짓거나 타인으로부터 지어 받았다. 다시 말해 선인들은 각 시기마다 새로운 이름을 가지고 새롭게 태어났다. 태어나서 부여 받는 名과 성년이 되면서 갖게 되는 字 이외에도, 삶의 轉機를 맞아 호를 지어 가졌다. 서재와 같은 일상의 거처에 특별한 이름을 붙여 스스로를 경계하는 뜻을 드러내기도 했으니, 이것을 室號, 齋號, 軒號, 堂號라고 한다. 예컨대 고려 말 金九容은 '惕若'이란 헌호로 자신을 경계하였는데, '척약'은 『周易』에 "군자가 종일토록 힘쓰고 힘써 저녁까지도 두려워하면 위태로우나 허물이 없다.[君子終日乾乾, 夕惕若, 厲無咎.]"라고 한 데서 나온 말이다. 즉 항상 두렵고 조심하는 마음으로 생활하려는 그의 다짐을 읽을 수 있다. 이뿐만 아니다. 조선 후기 丁若鏞의 당호는 '與猶堂'인데, 이는 바로 『老子』의 '머뭇거리기는 마치 겨울 내를 건너듯[與兮若冬涉川]', '두리번거리기는 마치 네 이웃을 두려워하듯[猶兮若畏四隣]'에서 나온 말이다. 그는 正祖 임금이 승하한 뒤 자신의 처지가 이것과 비슷해 당호로 삼았다고 밝힌 바 있다. 이러한 선인들의 지혜와 사상을 참고하여 학습자로 하여

금 스스로 자신의 호를 짓게 하거나 자신이 거처하는 방의 실호 혹은 재호를 짓게 하여 자신의 현재적 가치를 발견하게 하고 앞으로의 경계와 다짐을 기약하도록 만드는 것도 '한문과 인성' 영역에 있어서 학습자 활동 중심의 학습 기법이 될 수 있다.

【한문과 문화】의 핵심적인 학습 요소는 전통문화의 계승과 발전, 한자문화권의 상호 이해와 교류이다. 전통문화가 갖는 현재적 의미, 창조적 계승·발전 방안 등의 주제에 대하여 학습자들 사이의 토론을 유도하고, 명절·세시 풍속의 유래를 설명하여 학습자가 친숙하게 여기게 하고 애정과 자긍심을 갖도록 하는 데 중점을 둔다. 또한 한자문화권의 개념과 범위, 공통적 특징과 차이점, 상호 이해와 교류 방안 등의 주제에 대하여 토론의 장을 마련하는 동시에 한자문화권 내에서 이루어진 다양한 방식의 교류 사례를 찾아보도록 한다. 예컨대 한자문화권 내의 공통적인 명절인 寒食의 유래를 설명하여 학습자로 하여금 전통문화에 대한 관심과 흥미를 유발하도록 하고, 다른 명절이나 세시 풍속에 대해 한식날과 마찬가지로 그 유래를 조사하여 발표하도록 지도한다.

한식 혹은 한식날은 명절의 하나로 찬 음식을 먹는 날이다. 冬至(12월 22일이나 23일)에서 105일째 되는 날로서 4월 5일이나 6일쯤이 되며, 민간에서는 조상의 산소를 찾아 제사를 지내고 莎草(떼를 입힘)하는 등 묘를 보살핀다. 이와 관련된 속담으로 "한식에 죽으나 청명에 죽으나"라는 것이 있는데, 이는 한식과 청명은 하루 사이이므로 하루 먼저 죽으나 뒤에 죽으나 같다는 말이다.

→ 한식날의 유래

☞ 중국 춘추시대 晉나라 文公은 국외로 추방되어 19년 동안 유랑 생활을 하였다. 유랑 생활 동안 굶주린 진 문공이 고기를 먹고 싶다고 하자, 그를 따르던 개자추(介子推)는 자기 허벅지 살을 떼어 요리를 해 주었다.[割股奉君] 그 후 왕위에 오른 진 문공이 그 동안 자기를 도와준 이들에게 포상을 하였는데, 개자추가 보이지 않았다. 그래서 사방으로 그를 찾았더니 그는 늙은 노모를 모시고 자기 고향으로 낙향하여 살고 있었다.

진 문공은 사신을 보내 올라올 것을 간청했으나 개자추는 한사코 거절하면서 "나는 重耳(文公의 이름) 왕자님이 등극할 때 까지 내 직무를 다했으니 더는 다른 뜻이 없다."고 사절한다. 진 문공은 개자추를 산에서 끄집어내기 위해 불을 지르라고 한다. 불을 지른 때는 冬至가 지난 지 105일째였고 이때는 절기상 淸明에 해당한다. 불이 다 타고 난 후 조사해 보았더니 개자추는 늙은 노모를 꼭 껴안고 죽었다는 것이다.

통곡을 한 진 문공은 온 나라 사람들에게 3일 동안은 개자추를 기리면서 찬밥을 먹으라는 뜻으로 '寒食'을 제정했다고 한다.

전통 시대에는 한 사람이 성인이 되는 것을 기념하여 冠禮를 올렸고, 이때 본명과는 다른 字를 지녔다. 관례는 머리에 관을 쓴다는 뜻이다. 여자 또한 성인이 되는 것을 기념하여 비녀를 꽂는 笄禮를 행하였다. 사대부의 남자는 20세에 관례를 했고, 여자는 15세에 계례를 했다. 『禮記』에서 "관례를 행하면서 字를 지어 주는 것은 그 이름을 공경히 하기 위한 것이다.[冠而字之, 敬其名也.]"라고 했으니, 자는 그 이름을 공경하여 일부러 피하기 위해 사용하는 것임을 알 수 있다. 李舜臣의 자는 汝諧인데, 자는 반드시 당사자의 이름과 관련되는 글자를 활용하여 지었다.

→ 李舜臣(1545-1598)의 이름은 舜 임금의 신하란 뜻을 지닌다.
☞ 李貞의 부인 卞氏가 이순신을 낳기 전에 꿈에 이순신의 조부가 나타나, "아들을 낳을 것이고 또 귀하게 될 것이니, 순신이라고 이름을 지어야 한다" 했으므로, 마침내 순신으로 이름을 지었다.
☞ 이순신의 형제는 羲臣, 堯臣, 舜臣, 禹臣 등 넷이다. 각각 복희·요·순·우 등과 같은 성군의 신하가 되라는 말이다.
☞ 그런데 이순신의 자는 汝諧이다. 『書經』에서 순임금이 여러 관리들을 임명할 때 共工과 虞의 관직을 명한 후 垂와 益에게 "네가 그들과 잘 화합해서 하라[汝諧]"라고 한 데서 따온 말이다.

전통문화 가운데 현대에 時宜性이 있는 것을 교수자가 제시하여 학습자의 호응을 이끌어 내고, 학습자는 이에 대한 자신의 의견을 개진하여 전통문화에 대한 이해도를 높이도록 지도할 수 있다. 예컨대 코로나19[COVID-19]로 대표되는 전염병을 주제로 하여, 전통 시대에 선인들은 어떻게 전염병에 대응했는지를 살펴보는 것이다.

전염병은 시대·지역·사람을 가리지 않고 존재한다. 전통 시대에는 痘瘡(천연두), 瘧疾(말라리아), 怪疾(콜레라) 등의 전염병이 창궐하여 국가적인 위기를 만들어 내었고, 이를 타개하기 위해 군주와 신하는 임기응변의 법률과 제도를 마련하고 백성은 민간 신앙과 치료법에 기대어 각자의 위치에서 극복하려는 노력을 기울였다. 전통 시대와는 비교할 수 없을 만큼 의술이 발달된 오늘날에도 새로운 전염병의 등장에는 전통 시대와 마찬가지로 국가적 위기를 초래한다. 다만 전염병에 대한 인식은 古今의 차이를 보이니, 공포와 극복의 대상인 전염병에 대해서 전통 시대는 공포의 측면에서, 오늘날에서는 극복의 측면에서 인식하고 있다. 이는 전통 시대에는 전염병을 神異한 것으로 간주하는 것에 반해 오늘날에는 백신[vaccine]을 통해 언제든 전염병을 극복할 수 있다는 믿음에 기인한다. 물론 전통 시대에도 病理學을 통해 전염병을 극복하려는 시도가 없었던 것은 아니지만, 그 효력과 믿음에 있어서는 오늘날과 비교할 수가 없다. 그렇기 때문에 전통 시대에는 병리학적인 치료와 더불어 우선 군주부터 천제(天帝)를 위시한 각종 신들에게 치성을 드려 제사를 지내거나 민간에서는 儺禮와 같은 민속 의식을 병행하였다. 이러한 과정에서 선인들은 전염병에 대처하는 방식으로 문학 작품을 창작하기도 하였다. 조정의 안팎에서 국가나 지역 단위에서 祭文을 짓기도 하였고 자신과 마을 단위에서 제문, 漢詩 등 다양한 글쓰기를 시도하였다. 전염병을 일으키는 疫鬼나 癘鬼를 대상으로 한 祭儀에 동원되는 제문은 꼭 천편일률적인 것만은 아니었고, 역귀를 협박하여 쫓아버리기 위해서, 혹은 설득하고 달래어 떠나보내기 위해서 창작되는 제문은 작자의 문학적 역량에 따라 그 실용적인 목적과는 달리 그 자체로 수준 높은 문학성을 보여 주기도 한다. 개인적인 차원에서 역귀를 대상으로 제문이나 한시, 送序 등을 창작할 경우에는 한층 더 높은 문학성을 견인할 뿐만 아니라 오늘날의 이른바 문학 치료와 같이 문학 창작 행위를 통해 정신적·심리적 차원에서 치료하는 지점까지 나아가기도 하였다.

李廷龜의 「학질을 떠나보내는 글[送瘧文]」25)은 주인(主人)으로 등장하는 이정귀와 학질에 걸리게 한 瘧鬼가 서로 주고받는 대화체로 구성되어 있는데, 자신을 괴롭히는 추상적인 존재를 불러서 호소하고, 추상적인 존재가 등장하여 호소하는 대상을 외려 설득하고 감화하는 서사이다. 한편 柳夢寅의 「서강의 마을 사람을 위해 역귀에게 고하는 제문[西江村民祭癘疫鬼文]」26)은 癘疫으로 고통을 당하는 사람들을 위해 제사를 지내면서 창작한 글이다. 역귀로 고통 받는 인간의 참상을 핍진하게 형상화하고 역귀의 잘못을 비판하는 내용도 신랄하고 구체적이다. 이정귀의 「학질을 떠나보내는 글」을 통해 외적인 고통을 내적인 성찰을 통해 극복하고자 했던 선인의 지혜와 사상을 읽을 수 있다. 현재의 불우하고 답답한 상황을 외부의 탓으로만 돌리지 않고 자신을 반성하고 성찰함으로써 본질적인 해결 방안을 모색하는 것은, 오늘날 맹목적으로 사회를 비판하고 고발하는 일부 현대인들이 바람직한 정신과 인성을 고양하는 데 참고할 만하다. 또한 유몽인의 「서강의 마을 사람을 위해 역귀에게 고하는 제문」은 작품의 내용과는 별개로 우리나라 전통문화를 이해하는 참조 자료로 활용할 수 있다. 祈雨祭와 같은 공적인 제의는 물론이고 홍수와 가뭄, 전염병과 같은 天災와 人災에 대처하는 전통 시대의 제의를 이해할 수 있는 계기가 된다.

4 교수 · 학습 자료의 제작과 활용

이 장에서는 위에서 살펴본 학습자 활동 중심의 교수·학습 기법을 효과적으로 적용하기 위한 학습자의 활동지(학습지) 제작 및 활용을 알아보고자 한다. 학습자 활동을 중심으로 한 활동지를 어떻게 구성할지는 '거꾸로 교실(수업)'과 같은 학습자의 능동적이고 주체적인 활동을 강조하는 수업 방식과 활동지를 참고할 만하다. 여기에는 총 6개의 내용으로 구성되어 있는데, 순서대로 메모하기, 요약하기, 질문하기, 학습 확인 문제 제시하기, 마인드맵, 확장하기이다.27)

이 가운데 특히 마인드맵과 확장하기는 학습의 마지막 단계이면서 학습자의 능동적인 사고와 활동을 유도하는 부분이다. 학습자가 배운 내용을 스스로 정리하도록 하는 것이 마인드맵이라면, 학습자의 다양

---

25) 李廷龜, 「送瘧文」, 『月沙集』 권33.

26) 柳夢寅, 「西江村民祭癘疫鬼文」, 『於于集 後集』 권4.

27) 김병철(2019), 「한문과 거꾸로 수업[Flipped Learning] 적용 방안」, 〈한자한문교육〉 46, 한국한자한문교육학회, pp.107~108.

한 질문과 창조적 발상을 토대로 학습의 내용을 심화하고 확장하여 학습자로 하여금 수업의 주인공이자 생산자가 되도록 하는 것이 확장하기이다. 예컨대 역사책을 읽는 올바른 독법을 제시한 한문 문장을 토대로 활동지를 제작하고자 할 때 아래와 같이 구성할 수 있다.

大抵看史, 見治則以爲治, 見亂則以爲亂, 見一事則止知一事, 何取? 觀史, 須如身在其中, 見事之利害・時之禍亂, 必掩卷自思, 使我遇此等事, 當如何處之.
대저 역사책을 볼 때에 나라가 잘 다스려진 경우를 보면 잘 다스려진 경우만을 생각하고 나라가 혼란한 경우를 보면 혼란한 경우만을 생각하여 하나의 일을 보고 단지 하나의 일을 안다면 역사책에서 무엇을 얻을 수 있겠는가. 역사책을 살펴볼 때에는 반드시 자신이 그 (   ) 안에 있는 것처럼 해야 하니, 사건의 이해(利害)와 당시의 화란(禍亂)를 보면 반드시 역사책을 덮고서 스스로 (   ) 만약 자신이 이러한 일을 당하면 응당 어떻게 대처할지를 고민해야 한다.
메모하기
✐ 학습자는 자신이 모르는 한자의 음과 뜻을 메모하여 익힌다. ✐ 학습자는 풀이한 내용을 참고하여 한자어의 짜임과 품사, 한문 문장 성분 등을 함께 메모하여 익힌다.
요약하기
✐ 학습자는 제시된 한문과 풀이를 토대로 역사책을 읽는 올바른 방법을 요약한다.
질문하기
✐ 학습자는 자신이 메모한 한자의 음과 뜻, 한자어의 짜임과 품사, 한문 문장 성분 등을 교수자에게 질문하여 확인한다.
학습 확인 문제 제시하기
✐ 교수자는 제시된 한문의 핵심 부분인 (   ) 안에 어떤 내용이 들어가는지를 학습자에게 질문한다. ✐ 교수자는 '看史'와 '觀史'에서 '看'과 '觀'의 의미 차이를 학습자에게 질문한다. ✐ 교수자는 '身在其中'의 '中', '掩卷自思'의 '思'의 함의를 학습자에게 질문한다.
마인드맵
✐ 학습자는 '觀史', '自思', '使我遇此等事, 當如何處之'를 주제어로 각자의 마인드맵을 작성한다.
확장하기
✐ 학습자는 역사책을 올바로 읽는 독법을 참고하여, 우리나라의 역사적 사건을 사례로 들어 발표한다. ✐ 학습자는 제시된 내용과는 별도로 역사책을 읽는 자신만의 독법을 생각하여 발표한다. ✐ 학습자는 역사책을 읽는 독법이 다른 성격의 책에서도 과연 유효한지 고민하여 발표한다.

위에서 제시한 활동지 사례는 학습자 활동 중심의 교수・학습 기법에 기초하여 제작한 것으로, 이를 토대로 다양한 한문 자료를 활용할 수 있을 것이다. 특히 위와 같은 활동지를 제작할 때 고려해야 할 것은 어떤 내용의 한문 자료를 인용하는가이다. 여기서 중등 한자・한문 교육의 목표를 새삼 상기할 필요가 있다. 한자와 한자 어휘, 한문을 익혀서 현대의 언어생활에 활용하는 것을 기본으로 하고 나아가 선인들의 삶과 지혜가 담긴 한문 자료의 독해를 통해 현대인의 가치관과 인성을 함양하는 동시에 전통문화를

계승하고 발전시키는 것이 중등 한자·한문 교육의 핵심 목표이다.

그러므로 선인들의 지혜와 사상이 담긴 글 가운데 시의성이 있으면서 현재적 가치를 지닌 한문 자료를 정선하여 교수자가 활동지를 통해 제시하고, 이 활동지를 통해 학습자가 자신의 경험과 생각을 바탕으로 자신의 견해를 세울 수 있도록 유도하는 것이 학습자 활동을 중심으로 한 교수·학습 기법의 핵심이라 하겠다.

*참고문헌은 각주로 대체합니다.

宋好彬(高麗大)

第4章 大學 漢文教育에서의 敎授·學習方法論의 現況

1 머리말

漢文敎育은 初·中等學校의 漢文敎科 안팎 그리고 大學과 社會에서 이루어지는 漢文 活動을 대상으로 한다. 漢文敎育學은 이러한 한문교육 활동에 관한 제반 이론을 연구하는 학문이다.[28] 한문교육학의 연구 영역은 ① 漢文科 敎育課程의 體制에 따른 연구, ② 한문교육이 처한 敎育 環境에 따른 연구, ③ 위 두 영역에 대한 메타 理論的 연구 영역으로 大別된다. ①은 한문교육의 目標, 內容, 敎授·學習方法, 評價, ②는 한문교육의 政策論, 敎師論, 現場敎育論 및 한문교육과 隣接 學問과의 관계, 한문교육 活動·現像에 대한 인접 학문적 관점, ③은 한문교육의 理論에 대한 理論, 漢文敎育學槪論, 漢文敎育史, 漢文敎育學史 등을 연구하는 하위 영역들로 구성된다.[29]

위의 한문교육학 연구 영역은 중등학교 한문과 교육과정의 체제 즉 國家敎育課程에 의해 중·고등학교의 각 교과들에 공통적으로 적용되는 교과과정의 틀을 바탕에 두고 구상된 것이지만 大學에서 이루어지는 한문교육 활동 및 그에 대한 연구 즉 漢文敎育論의 영역들과 대체로 겹쳐진다.[30] 다만 大學에서 이루어지는 한문교육 활동은 정규 교과라 해도 중등학교의 漢文科와 같이 단일하지 않다. 강의 개설의 주체, 과목의 성격, 수강 대상 등에 따라 크게 專攻과 敎養으로 나누어지며, 전공은 師範大學 漢文敎育科와 사범대학 이외의 학과들에서 개설된 과목들로, 교양 또한 각 대학이나 학과에서 자체적으로 운영하고 있는 교육체계 및 敎授者의 강의설계에 따라 각기 다른 위상과 의미를 지닌 다양한 과목들로 구성된다. 즉 대학에서는 국가교육과정에 기반을 두고 漢文科라는 단일한 교과 안에서 한문 활동이 이루어지는 것이 아니라 다양한 목표·내용·수준의 한문 활동들이 느슨하게 모여 대학 한문교육이라는 하나의 範疇가 형성되는 것이다.

이 글에는 먼저 대학 한문교육론의 성과를 學術誌와 學位論文을 중심으로 조사·정리하여 未完이나마 이를 附錄하였다. 이를 바탕으로 ① 대학 한문교육의 특성을 일별하고 대학 한문교육론의 構圖를 暫定的으로 그려본 뒤 ② 한문교육론의 영역 가운데 교수·학습방법론의 성과를 略述하고 ③ 媒體를 活用한

---

28) 윤재민·송혁기(2012), 「漢文敎育學의 槪念과 漢文科 敎育課程論」, 『(韓國漢文敎育學會 創立 30週年 紀念 韓國漢文敎育硏究叢書 1) 한문과 교육과정론』, 보고사, pp.10~11.

29) 위의 글, pp.16~19.

30) 본고에서 漢文은 漢字·漢字語·漢文 및 이와 관련된 文獻·文化를 포괄한다. 가르치고 배우는 내용이 한자나 한자어로 한정되는 경우 한자, 한자어임을 명기하였다. 또한 대학에서 이루어지는 한문교육 활동에 대한 보고·연구 등 제반 논의를 아울러 漢文敎育論이라고 부른다.

방법에 대해서는 詳述해보고자 하였다. ③은 각 논저의 내용을 주제 또는 시기에 따라 나열하는 방식을 취하지 않고 필자가 그것들을 조사하고 공부하는 과정에서 든 질문들—대학 한문교육에서 활용해온 매체에는 어떤 것들이 있으며 매체 활용의 대체적인 傾向은 어떠한가? 그러한 매체를 왜 활용하는가? 어떻게 활용할 수 있는가?—에 따라 정리함으로써 매체 활용에 관한 연구의 焦點을 정리해보는 한편, 매체의 활용이 대학의 한문교육 현장과 한문교육론에서 갖는 意義와 展望을 생각해보고자 한다.

2 大學 漢文教育의 特性과 漢文教育論의 構圖

대학의 한문교육은 중등학교의 그것과 다르다. 이는 教授者와 學習者, 두 측면에서 생각해볼 수 있다. 대학 한문교육의 교수자는 大學과 그곳에 속한 教員으로, 대학의 한문교육은 국가교육과정의 통제를 받지 않으며 기본적으로 대학의 자율로 기획·운영된다. 대학은 學校教育과 職業社會가 맞닿는 지점에 있음으로써 대학의 한문교육 역시 국가의 일정한 교육 정책 속에서 양성되어 대학에 입학한 학습자의 수준과 성향 그리고 이를 둘러싼 사회·경제적 수요와 필연적으로 連動된다. 그러나 그에 대한 대응은 각 대학의 교육체계와 방침, 그에 따른 교과목의 개설 취지, 해당 과목을 운영하는 학과의 경향 등에 의해 결정된다. 특히 강의를 담당하는 교수자 개인의 지향·방법·역량에 크게 좌우된다. 개설 교과목은 물론 강의의 목적·커리큘럼·내용 등을 일괄적으로 標準化·位階化하는 것은 대학교육의 본질과 어울리지 않는 일이기도 하다. 다만 中等教員 養成을 목적으로 하는 경우 전공과목에서 基本履修科目 및 教科教育領域 教科目을 설정해두고 있으며, 사범대학 한문교육과의 교육과정은 중·고등학교 漢文科와의 連繫性을 고려해야 하며 교육 내용 또한 教科教育學에 더욱 비중을 두어야 한다는 견해도 있다. 한편 대학의 한문교육은 국가의 직접적인 개입을 받지 않는다 하더라도 대학 본부나 교양교육위원회 등의 결정에 따라 오히려 쉽게 存廢의 위기를 맞거나 성격의 변화를 요구받기도 한다.

학습자는 다음과 같은 특성을 갖는다. 첫째, 成長期와 교육과정을 한글 專用의 환경 속에서 보냄으로써 한자나 한문은 알면 좋지만 설령 모른다 해도 成人으로서 知的 活動이나 日常生活을 영위하는데—적어도 겉보기에는 별다른 문제가 없음을 스스로 증명하고 있다. 또한 한글 전용이 앞으로도 우리 語文生活의 거스르기 어려운 大勢이리라 어렴풋이나마 인식하고 있다. 둘째, 한국어는 성인 수준이나 한자나 한자어는 中華圈 국가나 日本에 견주면 小學校 저학년 수준이다. 애초부터 정규 교과로 실시되지 못한 初等 한자교육 그리고 제6차 교육과정 이래 必須科目에서 제외된 중등학교 한자·한문교육의 현실 때문이다. 그래서 한국어는 할 수 있지만 정작 대학생이자 성인으로서 지식 습득이나 경제 활동 등에 반드시 소용되는 어휘의 정확한 의미나 적절한 용례를 모르는 경우가 많다.

한편 私教育 경험의 有無에 따라 한자·한자어 이해의 편차가 크다. 셋째, 受講은 기본적으로 학습자의 선택에 따라 이루어지나 그것의 동기·목적에 따라 학습 의욕과 효과가 크게 다르다. 대학에서 必須로 지정하거나 수강신청에 '실패'하여 본의와 달리 수강하는 경우가 아니라면 교양한문을 듣는 학생의 自發性과 積極性이 전공의 그것에 비해 더 큰 경우도 많다. 전공의 경우 任用試驗 응시나 大學院·飜譯院 진학 등 한문 학습을 자신의 진로와 일치시키거나 그것을 고려하고 있는 학생과 그렇지 않은 학생은 동기와 성취 모두에서 격차가 상당하다.

대학 한문교육의 이러한 특성을 염두에 두고 서두에서 언급한 한문교육학의 영역 구분을 準用하여 지금까지 나온 연구 논저들을 정리하면, 대학 한문교육론의 얼개를 다음과 같이 假設해볼 수 있다.

1. 教育의 目的·現況·課題
  1-1. 漢文教育 一般
  1-2. 教養漢文教育
  1-3. 專攻漢文教育

2. 커리큘럼 및 教材
  2-1. 教養漢文
  2-2. 專攻漢文 : 師範大學 漢文教育科
  2-3. 專攻漢文 : 師範大學 以外 學科

3. 教授·學習方法
  3-1. 內容 및 對象에 따른 方法
  3-2. 媒體를 活用한 方法
  3-3. 글쓰기 教育과의 接木
  3-4. 人性教育에서의 活用
  3-5. 韓國語 學習者를 爲한 方法

4. 其他
  4-1. 中等教師 任用試驗 및 漢文 專攻者의 進路
  4-2. 海外 大學의 漢文教育 및 漢文教育學
  4-3. 大學 漢文教育學의 理論·方法 및 研究史

이로써 거칠게나마 대학 한문교육론의 성과를 鳥瞰할 수 있을 것이다. 한문교육론은 중등학교와 대학을 대상으로 한 성과들 공히 理論에 대한 論議보다는 現況 및 事例에 대한 報告 또는 그것에 입각한 方案의 摸索과 構想 수준의 연구가 주를 이루고 있다. '近代的' 학문은 실제의 개별 사례를 관찰·조사하고 그렇게 一群의 데이터로 축적된 複數의 사례들을 분석·해명하는 데에서 시작된다. 따라서 한문교육론은, 비록 한문교육이 각급 학교 속에서 거듭 위기를 맞고 있기는 하지만 이제 발을 내딛은 지 오래지 않은 成長의 初期 혹은 不毛를 비로소 免한 즈음을 지나고 있다고 생각한다. 한문교육론 특히 2000년대 들어 본격적으로 성과가 나오고 있는 대학의 한문교육론은, 이론 연구를 지향하면서도 동시에 사례 보고 수준의 성과를 보다 활발히 제출하고 그것들을 기초연구의 성과로서 폭넓게 받아들일 때 하나의 학문 분야로서 蘊蓄을 기대할 수 있을 것이다.

더욱이 교수·학습방법에 대한 연구는 1990년대 후반에 이르러서야 비로소 이루어지기 시작하였으며[31]

---

31) 송병렬(2012), 「漢文科 教授·學習 方法 研究의 成果와 現況」, 『(韓國漢文教育學會 創立 30週年 紀念 韓國漢文教育研究叢書 1) 한문과 교수·학습방법론』, 보고사, p.9.

그 대부분은 중등학교에 대한 것이다. 대학 한문의 교수·학습방법에 대한 가시적인 연구 성과는 중등학교의 그것에 비해 다소 늦어져 2000년대부터 본격적으로 나오기 시작했다.32) 그 이유는 한문교육학의 발달과 함께, 대학교육에서의 敎養敎育 및 교수·학습방법의 강조, 한자·한문교육을 제대로 받지 못하고 대학에 입학한 학생들을 위한 교수·학습방법의 苦心 등에 있을 것이다. 이러한 까닭에 대학에서 이루어지는 한문교육(론) 특히 교수·학습방법(론)의 특징은 그것의 非體系性과 多樣性에 있다. 대학의 각 한문 강의들에서 다양한 목적과 과제가 설정되고 多岐한 교수·학습방법이 시도 또는 실시되며 그에 대한 사례 보고 위주의 연구가 間歇的·散發的으로 나오고 있는 것이다.

<h2>3 大學 漢文敎育에서의 敎授 · 學習方法論의 成果</h2>

이처럼 대학의 한문교육(론)에는 중등학교의 그것에서와 같은 공통적이고 일관된 틀이 원천적으로 不在한다. 까닭에 교수·학습방법론의 성과 또한 整然한 체계를 갖추어 서술하기 難望한 점이 없지 않으나 지금까지의 성과를 歸納의 방법으로 갈무리해보면 [3-1] 내용 및 대상에 따른 방법, [3-2] 매체를 활용한 방법, [3-3] 글쓰기 교육과의 접목, [3-4] 인성교육에서의 활용, [3-5] 한국어 학습자를 위한 방법에 대한 연구로 小別해 볼 수 있다.

[3-1] 내용 및 대상에 따른 방법은 교과목, 수강생, 강의에서 다루는 문체·텍스트에 가장 적절하고 효과적인 교수·학습방법을 모색하거나 그 실례를 보고한 것으로 비교적 전통적인 교수·학습방법론이라고 할 수 있다. 최근의 성과 가운데, 한자·한문의 교수·학습에서 제임스 레게(James Legge)의 四書英譯本 활용을 논한 연구(홍유빈, 2019), 傳·小說과 주변 역사지리 및 현대소설 작품과의 연계를 논한 연구(김하라, 2019 ; 2020) 등이 참신하고 구체적인 방법을 보여준 예라고 생각한다. [3-5] 한국어 학습자를 위한 방법에 대한 연구는 [3-1]의 하위 영역으로 삼을 수도 있으나, 여타 한문교육론과 비교적 크게 변별되며 한국어의 位相이나 한국어 교육의 現狀을 잘 보여주는 만큼 별도의 영역으로 설정할 수 있다. 주로 외국인 한국어 학습자를 위한 한자·한자어 교육의 측면에서 관련 제도, 수업 사례, 교재 등을 소개·분석하고 있다. 한문교육학계에서의 연구는 약 10년 전부터 본격화된 것으로 보인다.33)

[3-3] 글쓰기 교육과의 접목, [3-4] 인성교육에서의 활용에 대한 연구는 한문교육의 활용 또는 外緣의 확장, 관련 분야와의 연계라는 관점에서 하나의 영역으로 묶어 볼 수 있다. 그러나 각각 그 성과가 눈에 띌 만큼 一群을 이루고 있으며 2000년대 이후 대학교육 현장의 변화에 따라 한문교육이 고민해간 지점

---

32) 2012년에 나온 韓國漢文敎育學會 創立 30週年 紀念 韓國漢文敎育研究叢書 全10冊에 실려 있는 논문 가운데 대학 한문교육의 교수·학습방법을 독립된 주제로 다룬 것은 백광호(2009)가 유일한 것으로 보인다. 또한 대학에서의 한문교육을 독립된 기획주제로 삼은 학술대회는 한국한문교육학회가 2017년 2월 4일 개최한 2016년 동계기획학술대회 "대학교육과 한문교육"이 처음인 듯하다. 발표 목록은 다음과 같다. 진재교, 「기조강연: 대학교육과 한문교육」; 송혁기, 「인문고전으로서의 한문교육-대학 교양교육의 맥락에서-」; 김영주, 「대학 전공 교육으로서의 한문교육-反省과 미래적 진행 방향에 대한 試探-」; 김성중, 「표준화된 '대학한문입문'(가제) 교재 편찬 방향과 구성」; 백광호, 「C-STAR! 디지털 시대의 古典 敎育 方法-大學의 漢文 講座를 중심으로-」; 안순태, 「대학교양한문과 인성교육-서울대 독서세미나 논어 강좌의 예를 중심으로-」; 조혁상, 「대학교 교양한문강의에 대한 소고-홍익대학교 교양한문(초급) 강의를 중심으로」.

33) 한국한자한문교육학회는 2013년 5월 25일 단국대에서 "한국어 교육에서의 한자·한자어 교육의 위상 정립과 방안 연구의 필요성"을 주제로 춘계기획학술대회를 개최하였다.

을 잘 보여주고 있다는 면에서 별도의 영역으로 설정하여 살펴볼만 하다.

[3-3] 글쓰기 교육과의 접목에 대한 연구는 1990년대 후반 대학입학시험에서 論述 전형이 널리 시행되며 東西洋 古典 읽기와 그것을 바탕으로 한 글쓰기에 대한 사회적 관심이 커져가던 당시 상황과 맥을 같이 하며 시작된 것으로 보인다. 이들 연구는 공통적으로, 전통적인 講讀 위주의 수업에서 벗어나 글쓰기·독서·토론·말하기 교육과의 융합을 지향한다. 교수자의 강의 위주가 아닌 학습자의 참여와 활동에 의한 수업을 추구하며, 이를 통해 학습자의 논리적이고 객관적인 표현 능력을 향상시키면서 한문고전에 대한 흥미와 관심을 유도하고자 하는 것이다.

이들 연구는 漢文散文에서 어떤 점을 취하여 현대적 글쓰기에 어떻게 적용할 것인가에 따라 크게 ① 巨視的·一般論的인 연구와 ② 微視的·各論的인 연구로 나누어볼 수 있다. ①은 현대적 글쓰기에 적용할 수 있는 한문의 敍述方式이나 修辭法을 제시하고 그 활용 방법을 모색한 것이고, ②는 특정 漢文文體 및 作品을 일정한 글쓰기 양식에 적용한 사례들에 대한 것이다. ①은 한문산문의 文章論·作文論 또는 한문 문장의 文法的·修辭法的 특징으로부터 오늘날 글쓰기의 이론과 방법을 모색한 연구(김철범, 2005 ; 배수찬, 2005 ; 심경호, 2007 ; 송병렬, 2010 ; 안세현, 2014b), 한문산문 작품이 지닌 古典으로서의 價値와 글쓰기 原理의 普遍性, 오늘날 글쓰기와의 主題·素材的 類似性 등에 착안한 연구(박수밀, 2009 ; 이영호, 2014 ; 함정현·민현정, 2014 ; 이홍식, 2015)로 다시 나누어볼 수 있다. ②는 文體에 따라 對策文(정병헌, 1996 ; 조희정, 2002 ; 김기림, 2018), 說(송진한, 2007), 小品文(강혜선, 2007 ; 이은봉, 2011), 自傳 등 自己敍事文學(안세현, 2014a ; 김하라, 2018), 祭文(이영호, 2006), 書簡文(조상우, 2007), 讀書記(이연순, 2019)를 다룬 성과들로 세분된다.

글쓰기 교육과의 접목에 대한 연구는 연구의 초기부터 최근에 이르기까지 ①과 ② 양 방면의 성과가 지속적으로 나오고 있으나 ① 가운데 초기의 일부 연구는 한문의 수사법 등에 대해서는 충실히 소개하였으나 그것을 현대적 글쓰기에 접목하는 방법에 대해서는 간단한 구상 정도를 서술하는 데 머문 경우가 있다. 또한 한문의 세계에서 한문산문이 차지하는 비중 그리고 한문학에서 한문산문에 대한 연구가 지금까지 쌓아온 성과에 견주어 보면 ②는 그 수가 많다고 하기 어렵다.

[3-4] 한문교육을 인성교육에서 활용하는 방법, 바꾸어 말해 한문 교수·학습의 초점을 人性 涵養의 측면에 맞추는 방법은 교육이 知識과 技術의 전달에 머무를 수 없다는 인성교육의 當爲性, 그러한 인성교육이 家庭 등 私的인 영역 안에서 충분히 이루어지기 어렵다는 인식의 확대, 시대·지역·언어·연령·계급 등을 넘어 古典이 원천적으로 지니고 있는 보편성, 인성교육에서 고전의 읽기·글쓰기·토론하기를 활용한 효과에 대한 연구34)의 축적을 바탕에 두고 있다. 대학에서 이루어진 한문(고전)교육과 인성교육의 연계에 대한 연구는 2015년을 하나의 起點으로 삼을 수 있다. 2015년, 국회가 '人性教育振興法'을 제정하고 정부가 이어 '人性教育 5個年 綜合計劃(2016~ 2020)'을 발표하며 초·중·고등학교에서

---

34) 동서양 고전을 인성교육에 활용하는 방안에 대해서는 이하준(2014), 「인성함양을 위한 고전교육의 방향 탐색」, 〈교양교육연구〉 8(5), 한국교양교육학회 등 다수의 성과가 나와 있다.

인성교육이 의무화되었다.[35) 이는 대학에도 영향을 미쳐 각 대학들 또한 인성교육을 강조하며 이를 定規 敎科目, 非敎科 프로그램, 卒業認證制 등을 통해 실시하기 시작하였다. 대학에서의 인성교육에서 한문고전을 활용한 사례에 대한 연구 또한 2015년 이후 집중적으로 나오고 있다.

이들 연구는 ① 한문고전을 활용한 인성교육 전반에 대한 연구, ② 특정 한문고전의 활용 사례와 방향에 대한 연구, ③ 한문(고전)을 통한 인성교육의 실질적인 효과에 대한 통계적 분석으로 구분된다. ①은 학사지도(academic advising) 프로그램과 교과지도의 연계를 모색하는 과정에서 全人的 교육을 통해 人生의 目標를 설정하는 데 한문고전을 활용하는 방안을 논하거나, 대학생 또는 성인의 인성교육에 실제로 사용한 구체적인 방법들─『論語』의 문장, 漢文原典과 스토리텔링 방식의 절충, 國譯本의 활용, 人物 및 逸話를 중심으로 한 방법, 수업 효과에 대한 설문 결과 등을 제시하였다(최경춘, 2016 ; 김용재, 2021). ②는 『明心寶鑑』 등의 初學書, 『論語』 등의 經書를 활용하였으며 특히 팀프로젝트, 소규모 세미나식 수업 등 학생이 주도적으로 참여할 수 있는 방식의 수업 운영을 강조하였다(박세진, 2016 ; 안순태, 2017 ; 엄태경·정다솜 2017 ; 이현지, 2019). ③은 소속 대학 학생들을 대상으로 실시한 설문에 근거한 연구로, 한문교육을 활용한 인성교육의 효과가 낮은 수준의 한문교육(敎養漢文)에서는 크게 보이지 않으나 높은 수준의 한문교육(『論語』 講讀)에서는 유의미한 상승을 보이거나, 誠實·責任의 덕목에서는 효과가 높고 配慮·正義의 덕목에서는 상대적으로 낮았으되 실질적으로는 인성교육의 효과가 그다지 크지 않은 것으로 나타났음을 보고하였다(김승룡·채한·이민경, 2017; 유홍준·도승이·고재석, 2017).

인성교육에서의 활용에 대한 연구는 그 상당수가 『論語』를 대상으로 삼고 있음을 특기할만하다. 앞으로 『논어』 외에 經史子集의 다양한 텍스트 특히 經書나 初學書에서 발췌한 短文 뿐만 아니라 漢詩나 漢文散文, 漢文小說 작품을 활용하는 방법을 강구해가야 하리라 생각한다.

[3-2] 매체를 활용한 방법에 대한 연구는 최근 20여 년간 급속히 진행된 디지털 기술의 발달과 미디어의 多樣化·多重(Multi)化에 따라 변화된 교육 환경에 발맞추어 대학의 한문교육이 어떻게 대응해갔는지 가장 잘 보여준다. 이에 대해서는 章을 나누어 詳述한다.

---

35) 중등학교에서의 한문교육과 인성교육의 연계에 대한 연구는 2000년대에 들어 꾸준히 나오다 역시 2015년을 전후하여 집중적으로 제출되었다. 이 가운데 김은정(2012), 「한문고전을 활용한 인성교육: 한문수업 인성 글쓰기, 요선도학생 인성 글쓰기 중심」, 성균관대학교 교육대학원 석사학위논문 ; 김은정(2014), 「한문고전을 활용한 인성교육방안 ─실천 사례를 중심으로─」, 〈한문교육연구〉 43, 한국한문교육학회가 선구적이면서도 종합적이다. 특히 오랜 기간 누적된 교육 현장의 실례들을 바탕으로 구체적인 내용과 방법을 제시하고 있어 대학의 관련 교육·연구에서 중요한 참고가 된다. 『四字小學』·『童蒙先習』·『擊蒙要訣』·『明心寶鑑』·『蒙求』·『菜根譚』·『於于野談』·『論語』·『孟子』·『小學』·『通鑑節要』·『中庸』 등의 한문 텍스트 속에서 인성교육과 관련된 내용을 탐색하고 한문고전을 통한 自省的 글쓰기 교재 및 매뉴얼을 제시하였다. 또한 부적응 학생 및 진로 교육에서는 물론 교과 융합의 방법을 활용한 인성교육, 창의적 체험활동 및 자율동아리를 활용한 인성교육에서의 활용 방안 등 한문교과의 외연 확대를 적극적으로 모색하였다.

(1) 활용 매체의 종류와 경향

媒體(media)는 ① 文書 · 冊 · 音樂 · 地圖 · 繪畫 · 漫畫 · 寫眞 · 애니메이션 · 映畫 · 映像 · 게임 · 컴퓨터 및 컴퓨터 소프트웨어 · 타블렛PC · 스마트폰 및 스마트폰 애플리케이션(앱) · 소셜 네트워크 서비스(SNS) · 온라인 畫像會議 프로그램 등 情報를 처리하고 전달하는 道具와 ② 그것에 텍스트 · 오디오 · 이미지 · 비디오 등의 형식으로 담긴 콘텐츠, ③ 나아가 이상의 도구와 도구, 콘텐츠와 콘텐츠, 콘텐츠와 도구가 複數로 결합된 多重媒體(Multimedia)를 가리킨다. 따라서 한문교육에서 매체의 활용이란 한문교육 활동을 할 때 위와 같은 정보처리 · 전달 도구를 사용하거나 그것들에 실려 있는 한문 자체 또는 한문과 관련이 있거나 한문의 감상 · 이해를 도울 수 있는 한문 이외의 콘텐츠를 끌어와 쓰는 것을 뜻한다.

대학의 한문교육에서 활용할 수 있는 매체는 위에서 언급한 모든 도구나 콘텐츠일 것이나, 지금까지 제출된 교수 · 학습방법론에서 다루어진 매체는 비교적 전통적인 視聽覺 매체와 정보 처리 및 소통 기술(ICT)과 관련된 매체로 대별해 볼 수 있다. 전자의 예로는 영화 · 영상(임준철, 2018 ; 송호빈, 2020), 만화(함영대 · 장형곤, 2019), 음악 · 사진 · 회화 · 지도 · 뉴스(김수현, 2020)가, 후자의 예로는 온라인 강의 시스템(남은경, 2003 ; 백광호, 2013), ZOOM 등 온라인 화상회의 프로그램 및 그것에 활용된 각종 콘텐츠(이국진, 2020), 近代 新聞 데이터베이스(박순, 2017), 위키 소프트웨어(반재유, 2018) 등이 언급되었다.

대학 한문교육에서의 매체 활용에 관한 교수 · 학습방법론은 2000년대 이후 인터넷을 기반으로 한 정보통신 및 화상 · 영상 기술이 급속도로 발달 · 보급됨에 따라 시작되었다. 교수 · 학습방법론의 다른 하위 영역과 마찬가지로 대부분은 중등학교를 대상으로 이루어졌다.[36] 대학의 한문교육에서 새로운 敎授媒體를 적극적으로 개발하고 활용해야 함은 교양한문교육의 과거와 현재를 성찰하고 미래를 진단하는 과정에서 곧잘 강조되어 왔지만(김우정, 2008a 등), 실제 수업을 토대로 구체적인 사례가 보고되거나 그 이론적 배경이 논의된 것은 비교적 최근의 일이다.

온라인을 통한 대학 한문교육에 대한 논의는 2000년대 초반에 처음 나온 듯하다(남은경, 2003). 이 연구는, 인터넷 보급이 급속히 확산되고 멀티미디어와 에듀테이먼트(edutainment)를 즐기는 세대가 등장함에 따라 한문교육에서도 첨단 도구를 활용해야 함을 지적하였다. 한국디지털대 · 서울디지털대 등 사이버대학에 개설된 한문 교과목의 특징적인 교수 · 학습방법으로 멀티미디어를 통한 시청각 자료의 활용, 隨時로 이용할 수 있는 온라인 콘텐츠 제작, 인터넷 링크를 통한 관련 정보로의 연계

---

36) 중등학교 한문교육에서는 인터넷을 활용하는 방안에 대한 연구가 인터넷 보급 초기부터 이루어졌다. 대표적인 성과는 다음과 같다. 이태희(2000), 「한문교육에 있어서 하이퍼미디어의 활용」, 〈한문교육연구〉 15, 한국한문교육학회; 백광호(2000), 「한문과에 적용가능한 웹기반수업과 문제중심학습」, 〈한문교육연구〉 15, 한국한문교육학회; 백광호(2002), 「한문교과에서 ICT 활용교육의 현황과 전망」, 〈한문교육연구〉 18, 한국한문교육학회. 이후 제출된 관련 논문의 일부를 들면 다음과 같다. 김용재(2007), 「동아시아 古典敎育 文化콘텐츠[Culture-Content] 개발」, 〈한문교육연구〉 28, 한국한문교육학회; 백광호(2009), 「漢文科 授業에서의 교육용 콘텐츠 활용 방안」, 〈한문교육연구〉 32, 한국한문교육학회; 최종찬(2009), 「영상매체를 활용한 한문과 교수 · 학습 방법 구안」, 〈한문고전연구〉 19, 한국한문고전학회; 손유경(2016), 「교육용 CD ROM 분석을 통한 한문과 디지털교과서 개발 방향 모색-문화콘텐츠 활용 방안을 중심으로-」, 〈한문고전연구〉 32, 한국한문고전학회.

등을 들었다. 또 사이버대학 이외의 교육기관에서 인터넷을 補助로 사용할 수 있는 방법으로 예습을 위한 자료의 事前 탑재, 한문 관련 사이트들의 소개, 인터넷을 통해 제공되는 다양한 수업 형식의 참고, 멀티미디어 기능을 이용한 디지털 교재의 개발 시도 등을 제시하였다.[37]

위 연구의 내용은 20여 년이 흐른 오늘날의 시각에서 보면 초보적이고 소박한 것들이지만, ICT 기술을 활용한 대학 한문교수·학습방법의 큰 틀은 이로부터 크게 변하지 않았다고 할 수 있다. 이와 같은 얼개 속에서, 대개는 학습자가 먼저 익숙히 여기게 되는 새로운 매체─최근의 경우 스마트폰·SNS·온라인 화상 프로그램 및 그 속에 담긴 콘텐츠 등을 교수자가 追隨하여 수업에 활용하고 때때로 그 사례를 보고해온 것이 지난 20여 년간 대학 한문교육에서 이루어진 매체를 활용한 교수·학습방법(론)의 경향이자 흐름이라고 할 수 있다.

그러다 최근 코로나 19 감염증 사태에 따라 대학의 교육 현장에서 온라인 교육을 全面的으로 실시하게 되고 한문교육학계도 이에 대응하여 학술대회의 형식을 통해 관련 정보와 사례를 종합하였다.[38] 이로써 이전의 연구들이 교양한문 강의에서 이루어진 온라인 관련 교수·학습방법의 전반적인 사항을 주로 다루었던 것에 비해, 漢字·漢字語·漢詩·漢文·經書 등 각 영역에서의 보다 구체적인 사례들이 논의되었다. 2021년 1학기 현재, 여전히 疫病에 맞서며 세 번째 학기를 꾸려가고 있다. 前線에서의 體驗을 바탕으로 삼아 다양한 주제의 심도 있는 연구들이 잇따라 나오리라 생각한다.

(2) 매체를 활용하는 이유

매체를 활용한 교수·학습방법(론)은 공통적으로, 각종 콘텐츠를 활용하여 한자·한문에 대한 관심을 유도하고 이해에 도움을 주고자 하며 나아가 한자나 한문의 존재 양상과 가치를 재발견하고자 한다. 왜 대학 한문교육에서 매체를 활용하(고자 하)는지 조금 더 자세히 살펴보면 크게 두 가지 이유를 발견할 수 있다. 첫째, 교수·학습자를 둘러싸고 있는 有·無形的 환경의 변화 때문이다. 이는 ① 매체 환경의 변화에 대한 대응과 ② 한문교육 환경의 변화에 대한 대응으로 구분되며 ①과 ②가 서로 원인과 결과로서 영향을 주고받음을 볼 수 있다. 둘째, 매체가 지니고 있는 본질적인 특성 때문이다. 이 역시 다시 둘로 구분된다. ③ 각종 매체와 한문(작품)이 본래부터 간직하고 있는 相互텍스트性 그리고 ④ 데이터의 설계·구축·분석·출력 등 정보기술의 적극적인 활용이 요구되는 한문 자료의

---

37) 대학 한문교육에서 인터넷 등 최신 매체를 활용한 사례에 대한 첫 연구가 사이버대학을 대상으로 한 것임은 일견 당연해 보인다. 그러나 중등학교의 대응에 비교해보면, 일반 대학은 여전히 전통적인 교수법에 크게 의지하며 최신 매체의 활용 및 그에 대한 연구를 한발 늦게 시작하였음을 엿볼 수 있다.

38) 한국한자한문교육학회는 2020년 8월 7일 공주대에서 2020년 하계기획학술대회 "한자, 한문교육 원격수업 운영 현황 분석 및 개선 방향"을, 2021년 1월 29일 전주대에서 2020년 동계기획학술대회 "포스트 코로나 시대, 한문교육의 새로운 지평 모색"을 개최하였다. 전자는 중등학교와 대학에서의 사례를, 후자는 제2부 "한문 원격수업에서 학습력 향상 방안"에서 중등학교의 사례를 대상으로 하였다. 전자의 발표 목록은 다음과 같다. 이동재, 「代表 字義를 字音定義한 漢字 字義의 교육적 대안 모색: 원격수업을 중심으로」; 허연구, 「비대면 원격수업 관련 교육정책과 한문교육 방안」; 허철, 「한문과 원격수업 연구, 개발과 운영의 지향」; 장재익, 「원격수업에서의 매체 활용 방안(강의식 수업 중심)」; 공민정, 「원격수업을 통한 중학교 한문과 활동수업 연구(중학생 대상)」; 이은민, 「원격수업에서의 한문과 융합교육 방안 연구」; 양원석, 「한문원전 온라인 원격 수업의 설계·운영 및 평가 방안: 經書 관련 수업을 중심으로」; 이국진, 「대학교 한시 전공 온라인 원격 수업의 운영 현황 및 개선 방안: 2020년 1학기 수업 사례를 중심으로」; 박동욱, 「인문교양수업에서 원격수업의 설계와 운영 방안」; 김용재, 「'한자어' 및 '어휘' 수업에서 원격수업 설계와 운영 방안」; 백진우, 「유학생 대상 한국한자어 교육에서 원격수업의 설계와 운영 방안」. 후자의 발표 목록은 다음과 같다. 김은경, 「효과적인 원격수업을 위한 한자어휘 수업 구안」; 손유경, 「언택트(Untact)시대의 소통방안에 대한 소고: 매체를 활용한 한자, 한자어 학습을 중심으로」; 조환문, 「한문 교사의 온라인 커뮤니티의 중요성」; 이인영·김혜진, 「블렌디드러닝 일상한자어휘 교육을 통한 학생핵심역량 기르기」

방대함이 그것이다.

①과 관련된 성과로는 한국지역대학연합 소속 8개교가 함께 '한자와 한문' 강의의 웹 콘텐츠를 개발, 사이버캠퍼스를 운영한 사례를 보고하고 운영의 단점을 해소할 수 있는 방법을 제안한 연구(백광호, 2013), 학습자가 친숙하게 느끼는 매체인 만화나 영화를 통해 한문 고전에 담긴 뜻을 전달하고 만화나 영화를 한문고전의 入門 수단으로 활용하는 방안을 모색한 연구(함영대·장형곤, 2019; 송호빈, 2020)가 있다.

②와 관련해서는 한자 수업은 한자자격시험 등에 대한 필요성 때문에 그나마 각광을 받고 있는 편이지만 한문 수업은 외면당하고 있는 추세라고 파악하고 대학에서 한자를 중심으로 가르치기로 했다면, 적절한 학습교재는 물론 멀티미디어 등 시대의 변화에 맞는 교수법과 교수매체를 적극적으로 개발하고 활용할 것을 주장한 연구(김우정, 2008a), 대학의 한문교육은 한문고전을 통해 人文的 素養과 人性的 資質을 함양할 수 있는 과목이나 한문의 특성상 학생들이 다가가기 어려운 점이 있기 때문에 다양한 콘텐츠를 활용할 필요가 있음을 전제로 삼은 연구(김수현, 2020)가 있다.

③과 관련해서는 漢詩와 영화를 엮어 읽을 때 작품 밖에 있는 다른 매체의 텍스트들과 비교하는 방식으로 '텍스트 개방'을 활용하는 방식 즉 상호텍스트성(intertextualité) 및 영화와 문학 사이의 轉置(transposition) 가능성을 이론적 배경으로 한 연구(임준철, 2018), 영화 등의 영상물에 의도적으로 혹은 우연히 삽입되거나 伏流하는 한자·한문과 관련된 片鱗들을 발견하여 교육에 활용하는 사례를 논한 연구(송호빈, 2020) 등을 들 수 있다.

④의 성과로는 디지털 인문학의 개념을 한자 교수·학습법에 적용한 연구(박순, 2017), 대량의 데이터베이스가 구축된 近代 新聞 記事 속에 쓰인 한자·한자어를 통해 오늘날 일상에서 쓰이는 한자어를 익히고 관련 어휘들이 근대에 등장하게 된 배경을 학습하는 사례를 보고한 연구(반재유, 2018) 등이 있다.

(3) 매체를 활용하는 방법

매체를 활용한 강의의 장점 및 활용방안에 대해서는 디지털·멀티미디어 자료의 풍부하고 자유로운 활용, 단점 및 개선방안에 대해서는 온라인 강의에서 야기되는 학습자의 집중력 및 교수자·학습자 간의 소통 저하 문제가 주로 거론된다. 초기에는 대체로 매체 활용의 장점이 부각되었으나, 실제의 경험이 축적되며 특히 최근 코로나 19 감염증 사태로 인해 온라인 강의가 전면 시행되면서 단점과 그에 대한 대책이 논의되고 있다. 위의 (1)절에서 정리한 활용 매체의 종류 즉 ① 영화·영상, ② 만화, ③ 음악·사진 등, ④ 온라인 강의 시스템, ⑤ 온라인 화상회의 프로그램 및 그것에 활용된 각종 콘텐츠, ⑥ 근대 신문 데이터베이스, ⑦ 위키 소프트웨어의 순으로 방법론에 대한 성과들을 요약한다.

① 중등학교 한문교육에서 영상 매체 제작을 통한 교수·학습방법은 비교적 일찍 시도되었고 이에 대한 구체적인 사례도 발표되었으나[39] 영화·영상을 대학의 한문교육 현장에서 어떻게 적용·활용할지에 대하여 실제 수업 사례를 토대로 논의된 것은 최근의 일이다. 임준철(2018)은 영화를 통해 漢詩의 예술적 가치를 발견하도록 돕는 실제 사례와 그 이론적 근거―이미지 構成方式의 유사성과 主題學的 유사성을 활용한 엮어 읽기 방법을 제안하였다. 전자의 예로는 작품(王之渙의 「凉州詞」) 전체의 전개 양상을 카메라 촬영기법과 연결시키는 방법, 특정 시구(杜甫의 「旅夜

---

39) 최종찬(2009), 위의 논문.

書懷」)의 이미지 제시 방식을 유사한 주제 혹은 情感의 영화 장면(賈樟柯의 〈三峽好人〉)과 비교하는 방법을 들었다. 후자의 예로는 遊俠을 주제로 한 文藝의 系譜 속에서 한시(鄭斗卿의 「俠客篇」)와 영화(張藝謀의 〈英雄〉)를 비교해보는 사례를 제시하였다. 부록으로 해당 강좌에서 활용한 한시와 영화 목록을 붙였다. 송호빈(2020)은 대학의 한자·한문 및 한문학 교육에서 영화의 이미지와 한자의 그것을 文字學·記號學의 측면에서 연관시켜보는 일, 영화의 敍事·이미지·구도 등을 한문학 개별 작품의 그것과 엮어보는 일, 영화의 美學과 한문학의 그것을 연계시켜봄으로써 한문학 작품 및 장르의 예술적 특징에 대한 이해를 심화시키는 일, 영화 속에 직·간접적으로 등장하는 漢字(語)와 漢文(古典)을 소재로 삼아 그것들이 오늘날 존재하는 양상과 의미에 대해 생각해보는 일 등에서 영화를 활용할 수 있을 것이라 제안하고 이 가운데 ④의 사례를 보고하였다. 구체적으로는 日常生活과 한자의 存在 혹은 不在, 한자어 성립의 다양한 層位, 동아시아 한문 세계의 多樣性과 個別性, 한문고전을 오늘날 공부해야 하는 의미라는 주제에 대한 한문 교육론의 現況 및 실제 수업의 講義錄 일부를 제시하였다.

② 함영대·장형곤(2019)은 만화를 도구로 삼아 『論語』를 비롯한 유교 경전에 대한 흥미와 이해를 높이고자 하였다. 본 연구는 완성된 사례를 보여주는 데 그치지 않고 만화를 한문교육에 효과적으로 활용할 때 고려해야 할 점이나 만화의 구성 방식 등을 하나하나 검토해갔다. 『論語』를 소재로 한 기존의 웹툰과 만화책들—시니 스토리·혀노 그림의 네이버 웹툰 〈죽음에 관하여〉, 김부일의 『(만화로 읽는 교양 철학) 논어』, 도올 역주·보현 그림의 『도올 만화 논어』, 서기남의 『만화논어』, 김경일의 『공자, 안될 줄 알면서도 하는 사람』을 살펴본 뒤 그림의 구성 방식으로 古典的한 컷 구성, 現代 生活에서의 스토리 구성, 4컷 구성 방식 등을 검토하였다. 특히 작업 試案의 작성, 번역서 底本의 선택, 내용의 주제별 분류, 해설(이해의 중점) 추가, 출판편집자의 의견 반영, 웹툰 형식으로 공개 후 만화책 출판 계획으로 이어지는 진행 과정을 충실히 소개하였다.

③ 김수현(2020)은 강의 전·중·후에 각각 事前 지식, 강의 방법, 강의 효용성에 대한 설문을 실시하고 그 결과에 따라 강의의 적절한 난이도와 콘텐츠를 설정하였다. 黃眞伊의 「相思夢」과 李穡의 「浮碧樓」를 이해하고 감상하기 위해 대중가요 〈상사몽〉과 〈대동강 편지〉를, 浮碧樓와 平壤의 역사·문화지리를 파악하기 위해 부벽루 일대를 촬영한 近代의 사진, 「浮碧樓」에 등장하는 地名이 보이는 평양의 古地圖 등을 활용하고 있다. 한 편의 한문 작품, 하나의 주제와 소재를 두고 오늘날의 여러 매체를 중첩하여 사용한 것에 주목할 만하다.

④ 백광호(2013)는 한국지역대학연합 소속 8개 학교가 함께 운영한 '한자와 한문' 강의를 소개하였다. 해당 강의의 교재는 교육용 기초한자 1,800자를 바탕으로 한문의 해독 능력과 기업에서 요구하는 한자 실력을 갖출 수 있도록 구성되어 있으며 수업의 운영 방식은 온라인을 통한 8개 대학교원의 팀티칭으로 실시하였음을 밝혔다. 특히 오프라인과의 격차를 가능한 줄이기 위해 교수자·학습자의 필기(手記), 복습(수강 후 평가문항 풀기), 과제의 부여(반복하여 쓰기, 故事成語의 의미 조사 등)와 같은 방법을 강구하였으나 오프라인 강의에 비해 교수자·학습자 간 소통이 부족하였음을 확인하고 이를 보완하기 위한 방법으로 f-class(flipped class)의 적용 등을 제안하였다.

⑤ 이국진(2020)은 2020년 1학기 코로나 19 감염증 사태로 인해 온라인 방식으로 운영하였던 漢詩 전공 수업을 되돌아보고 개선방안을 제시하였다. 급박하고 엄중한 사태 속에서 진행된 원격수업의 운영 현황을 운영 방식(파워포인트 강의 동영상 업로드, ZOOM을 활용한 실시간 온라인 원격

수업)에 따라 나누어 수업 구성과 내용 등을 소개하였다. 교수자의 경험과 학생들의 설문 결과를 바탕으로 집중력 저하, 소통 제한 등 원격수업의 단점을 성찰하고, 개선방안으로 플립 러닝(flipped learning) 등 온라인 원격수업을 고려한 체계적인 교수설계, 코칭(Coaching)을 수행하는 교수자의 역할 강화 등을 제시하였다. 특히 한시는 음악적 요소(韻律)와 회화적 요소(心象)가 돋보이는 문학 장르라는 점에서 음악·영상 등 디지털 자료를 적극 활용할 필요가 있음을 강조하였다.

⑥ 반재유(2018)은 데이터베이스로 구축된 근대 신문 속에 등장하는 한자·한자어를 통해 오늘날 일상에서 쓰이는 한자어를 익히고 관련 어휘들이 근대에 등장하게 된 배경 등을 학습하는 방법을 논하였다. 수업 모형으로는 팀 기반 학습(TBL)을 제안하고, 근대 신문 데이터베이스의 구체적인 활용 방법으로는 기사 원문과 신문 광고를 활용함으로써 암기 위주의 학습 부담을 덜고 학생 스스로 자료 속에서 키워드와 문제의식을 찾아가도록 하는 방법, 假借字를 활용하여 擬聲語·擬態語·地名·國名 등의 어휘를 익힘으로써 한자를 흥미롭게 인식하고 國際 政勢를 다양한 층위에서 확인하도록 하는 사례를 보였다.

⑦ 박순(2017)은 위키 소프트웨어를 활용한 대학 한자 강의의 수업 설계와 실제 수업 사례를 자세히 제시하였다. 한자는 여러 모양 또는 소리와 뜻이 결합하는 특성을 가지고 있어 '이야기 만들기'의 방식으로 가르치고 학습하는 것이 유효한데, 이때 위키 소프트웨어를 사용하여 학생들의 참여도와 집중도, 교수자와 학생 간의 소통 정도를 높일 수 있었음을 구체적인 사례들을 들어 보고하였다. 특히 위키 소프트웨어를 활용하는 방법을 자세히 설명하여 타 교수·연구자에게 도움이 된다.

5 맺음말

이상의 논의를 요약하고 몇 가지 췌언을 붙이면 다음과 같다.

【대학 한문교육의 특성】 대학의 한문교육은 중등학교의 그것과 달리 다양한 목표·내용·수준의 한문 활동들이 느슨하게 모여 하나의 범주를 형성한다. 대학의 한문교육은 기본적으로 국가교육과정의 통제를 받지 않고 대학의 자율로 기획·운영되며, 교육의 성격 등이 대학·학과·교수자에 따라 크게 달라진다. 학습자는 공통적으로 한자·한문의 습득 정도가 낮되 개인에 따라 학습의 수준·동기·목적 등이 크게 다르다.

【대학 한문교육론의 얼개】 대학의 한문교육론은 크게 교육의 목적·현황·과제에 대한 연구, 커리큘럼 및 교재에 대한 연구, 교수·학습방법에 대한 연구, 기타 연구로 구성되며 각기 하위 영역을 설정할 수 있다. 각 연구들은 이론에 대한 논의보다는 현황 및 사례에 대한 보고 또는 그것에 입각한 방안의 모색과 구상 수준의 연구가 주를 이룬다. 특히 대학 한문교육에서의 교수·학습방법론은 2000년대부터 본격적으로 나왔다.

【교수·학습방법론의 영역】 교수·학습방법론의 성과는 정연한 체계를 갖추어 서술하기 어려운 점이 있으나 지금까지의 성과를 조사·정리하면 ① 내용 및 대상에 따른 방법, ② 매체를 활용한 방법, ③ 글쓰기 교육과의 접목, ④ 인성교육에서의 활용, ⑤ 한국어 학습자를 위한 방법에 대한 연구로 구분된다.

①은 비교적 전통적인 교수·학습방법론이라고 할 수 있다. ③, ④, ⑤는 성과가 적지 않으며 한문교육의 현장을 변별적으로 보여준다는 점에서 별도의 하위 영역으로 다룰 수 있다.

【교수·학습방법론의 성과】 ③은 현대적 글쓰기에 적용할 수 있는 한문의 서술방식이나 수사법을 제시하고 그 활용 방법을 모색한 연구와, 특정 한문문체 및 작품을 일정한 글쓰기 양식에 적용한 사례에 대한 연구로 나뉜다. ④는 한문고전을 활용한 인성교육 전반에 대한 연구, 특정 한문고전의 활용 사례와 방향에 대한 연구, 한문(고전)을 통한 인성교육의 실질적인 효과에 대한 통계적 분석으로 구분된다. ⑤는 외국인 한국어 학습자를 위한 한자·한자어 교육의 측면에서 관련 제도, 수업 사례, 교재 등을 소개·분석하고 있다.

【활용 매체의 종류와 경향】 특히 ②는 최근 20여 년간 급속히 진행된 교육 환경의 변화에 대학의 한문교육이 어떻게 대응해갔는지 가장 잘 보여준다. 대학의 한문교육에서 주로 사용된 매체는 비교적 전통적인 시청각 매체와 정보 처리 및 소통 기술(ICT)과 관련된 매체로 대별된다. 전자에는 영화·영상·만화·음악·사진·회화·지도·뉴스 등이 후자에는 온라인 강의 시스템, ZOOM 등 온라인 화상회의 프로그램 및 그것에 활용된 각종 콘텐츠, 근대 신문 데이터베이스, 위키 소프트웨어 등이 속한다.

【매체를 활용하는 이유】 한문교육에서 매체가 활용되는 이유는 첫째, 교수자·학습자를 둘러싸고 있는 유·무형적 환경의 변화 때문이다. 이는 매체 환경의 변화에 대한 대응과 한문교육 환경의 변화에 대한 대응으로 구분되며 이 둘은 서로 원인과 결과로서 영향을 주고받는다. 둘째, 매체가 지니고 있는 본질적인 특성 때문이다. 이 역시 각종 매체와 한문(작품)이 본래부터 간직하고 있는 상호텍스트성 그리고 정보 기술의 적극적인 활용이 요구되는 한문 자료의 방대함으로 그 특성이 나뉜다.

【매체를 활용하는 방법】 이러한 매체를 활용하는 방법으로는 영화를 통해 한시의 예술적 가치를 발견하도록 한 예, 영화 속에 직·간접적으로 등장하는 한자(어)와 한문(고전)을 소재로 삼아 그것들의 존재 양상과 의미에 대해 생각해보도록 한 예, 『논어』를 소재로 만화(웹툰)를 만들어간 예, 한 편의 한시를 이해하는 데 대중가요·사진·고지도 등을 복합적으로 이용한 예, 여러 대학들이 공동으로 온라인 한문 강의를 운영한 예, 코로나 19 감염증 사태에 대응하여 실시간 온라인 원격수업으로 한시를 강의한 예, 근대 신문 데이터베이스와 위키 소프트웨어를 활용하여 한자·한자어의 이해를 돕도록 한 예 등이 보고되었다.

한문은 더 이상 의사소통의 수단으로 사용되지도, 더 이상 새로 만들어지지도 않은 文章言語이자 古典語이다. 한문은 創作되지 않으며 發見을 기다릴 뿐이다. 대학 교육에서 쓰이는 한문은 대개 紙面 또는 '類似 紙面'이라고 할 수 있는 스크린 위에 텍스트의 형태로 존재하며 우리의 발견을 기다린다. 발견에는, 무엇보다 발견 후 加工이 뒤따라야 하는 교육의 경우에는 그것에 알맞은 도구와 방법이 필요하다.

지난 20여 년 동안 대학의 한문교육에서 이루어진 교수·학습방법론을 일별해보면, 그 도구와 방법이란 '한문 이외의 것'으로 한문에 다가가거나 한문을 통해 한문 이외의 것으로 나아가는 일의 반복과 발전이었음을 알 수 있다. 즉 '한문 아닌 것'으로 한문의 存在와 效用을 증명해온 시간이었으며, 앞으로도 그럴 것이다. 대학의 한문교육론 특히 교수·학습방법론이 본격적으로 전개되어간 시기는 곧 한문교육의 위상이 너무 빨리 흔들리기 시작한 기간과 일치한다. 우리나라의 인터넷 보급률이 세계 1위에 올랐을 때, 유튜브와 인스타그램이 미디어의 大勢를 이루었을 때, 〈기생충〉과 〈벌새〉와 〈미나리〉가 세계의 영화상을 석권했을 때 한문교육의 자리는 가만히 낮아지고 있었다. 그러나 주의 깊게 살펴보면 인터넷·

유튜브·인스타그램, 〈기생충〉·〈벌새〉·〈미나리〉에도 漢文의 콘텐츠가 깊고 넓게 깃들어 있으며 그러므로 그것은 한문교육의 값진 도구와 방법이 된다. 더욱이 코로나 19 감염증 사태는 대학의 한문교육에서 매체를 더욱 적극 활용해야 함을 절감케 하고 있다.

필자는 대학의 한문교육론 특히 교수·학습방법론을 발전시키기 위해서는 대학의 교원들이 중등학교 교사들을 본받아 개별 수업 사례들을 더욱 적극적으로 보고해야 한다고 생각한다. 國家의 政策이나 資本의 論理, 流行하는 舶來品 같은 특정 교수·학습방법 따위를 의식하지 않으며 敎育學 일반이나 敎科敎育學 이론에 대한 검토가 비록 소략하더라도, 대학의 교수자는 자신이 실천·시도하였던 사례들을 적극 제출하고 한문학·한문교육학계는 이를 폭넓게 수용해야 할 것이다. 대학의 뛰어난 강의들이 이른바 강의평가나 우수강의상, 公刊되지 않는 강의계획서 등으로만 남는 것은 매우 아까운 일이다. 未完이나마 각종 事例에 대한 보고들이 축적되어야 비로소 完整한 理論의 구축을 기대해볼 수 있을 것이다. 무엇보다 各論에 대한 연구, 즉 개별 한문문체나 작품들을 한문 아닌 것들로 가르치고 배우는 사례들에 대한 보고가 續出되길 바란다.

1972년 중·고등학교에서 한문교육이 부활하고 啓明大學校 漢文敎育科의 설립 인가를 시작으로 대학이라는 '近代的' 學制 속에서 전공으로서 한문교육(학)을 교수하고 연구한 지 곧 50주년을 맞는다. 따라서 대학 한문교육론에 대한 연구 성과를 가능한 빠짐없이 수집·정리하고 이를 바탕으로 한문교육론의 영역, 한문교육론 서술의 시각과 방법을 수립하는 일도 중요한 과제일 것이다. 본고가 그 작업에 조금이나마 보탬이 되길 바란다.

*참고문헌은 각주로 대체합니다.

1 교육의 목적·현황·과제

1.1 한문교육 일반

- 김대현(1984), 「漢文敎育의 問題點에 對한 改善方案」, 〈원광한문학〉 1, 원광한문학회.
- ___(1994), 「대학 한문교육에 관한 몇 가지 생각」, 〈어문논총〉 14·15 합집, 전남대학교 국어국문학연구소.
- 권문봉(2003), 「傳統的 書堂敎育과 現代의 漢文敎育에 대하여」, 〈한자한문교육〉 11, 한국한자한문교육학회.
- 임형택(2004), 「한국 20세기의 한문교육과 그 당면과제: 표기법 문제와 관련하여」, 〈한문교육연구〉 23, 한국한문교육학회.
- 이동환(2005), 「한문, 그 효용의 재발견」, 〈어문논집〉 51, 민족어문학회.
- 송병렬(2007), 「한국의 한문문화와 한문교육」, 〈동방한문학〉 33, 동방한문학회.
- 윤채근(2007), 「동아시아의 문화정체성과 한자·한문교육」, 〈한문교육연구〉 28, 한국한문교육학회.
- 진재교(2013), 「글로벌 시대의 국가경쟁력과 한문교육의 위상」, 〈대동한문학〉 39, 대동한문학회.
- ___(2014), 「동아시아 古典學과 한문교육—그 시각과 방법—」, 〈한문교육연구〉 42, 한국한문교육학회.
- 김우정(2015), 「한문교육과 인권」, 〈한문교육연구〉 45, 한국한문교육학회.
- 진재교(2017), 「대학 교육과 한문교육의 전망」, 〈한문교육연구〉 48, 한국한문교육학회.
- 심경호(2018), 「세계 한문교육의 방향과 한국의 역할」, 〈동방한문학〉 74, 동방한문학회.

1.2 교양한문 교육

- 김시준(1972), 「漢文敎育의 現況과 問題點」, 〈논문집〉 4, 서울대학교 교양과정부.
- 김홍철(1984a), 「大學生의 漢字 理解力 不足이 大學敎育에 미치는 問題点」, 〈학생생활연구〉 6, 청주대학교 학생생활연구소.
- 김홍철(1984b), 「大學漢文敎育의 問題點」, 〈淸大漢林〉 1, 청주대학교 한문교육과.
- 지희연(2001), 「大學에서의 漢文敎育 現況과 改善方案」, 〈한자한문교육〉 7, 한국한자한문교육학회.
- 이강제(2002), 「대학 교양 한문 교육의 현황과 개선 방안」, 〈중국문학〉 38, 한국중국어문학회.
- 문무영(2003), 「大學 基礎敎養漢文 敎育의 현황과 전망」, 〈어문연구〉 31(4), 한국어문교육연구회.
- 박영호(2004), 「대학 교양교육으로서의 한문교육의 방향」, 〈동방한문학〉 27, 동방한문학회.
- 김영주(2005), 「대학 교양 한문교육의 현황과 과제: 대구·경북 지역을 중심으로」, 〈대동한문학〉 22, 대동한문학회.
- 강석중(2008), 「대학 한문 교육의 현실과 문제」, 〈한자한문연구〉 4, 고려대학교 한자한문연구소.

- 김우정(2008a), 「대학 교양 한자 교육의 현황과 과제」, 〈한자한문교육〉 20, 한국한자한문교육학회.
- ___(2008b), 「대학 교양 한자 교육의 목표와 방향」, 〈한자한문연구〉 4, 고려대학교 한자한문연구소.
- 김경수(2010), 「대학 교양 한자교육의 현황과 방향―원광대학교 교육현황을 중심으로―」, 〈동방한문학〉 43, 동방한문학회.
- 김종철(2010), 「대학 교양교육으로서의 한국고전문학 교육의 과제」, 〈한국고전연구〉 22, 한국고전연구학회.
- 손예철(2010), 「大學 漢字 敎育의 必要性과 改善策」, 〈중국문화연구〉 16, 중국문화연구학회.
- 김영우(2011), 「대학 교양 한문 교육의 방향―仁濟大學校 敎養漢文을 中心」, 〈한자한문교육〉 27, 한국한자한문교육학회.
- 송혁기(2011), 「대학 교양교육으로 한자(한문)를 어떻게 가르칠 것인가」, 〈중앙대학교 교양교육연구소 학술세미나〉 4, 중앙대학교 교양교육연구소.
- 신현규(2011), 「대학에서 한자교육, 어떻게 운영할 것인가: 중앙대 한자(한문) 교과목 중심으로」, 〈중앙대학교 교양교육연구소 학술세미나〉 4, 중앙대학교 교양교육연구소.
- 신현규(2012), 「중등교육의 "한문교과"와 대학 교양 과정의 "한문・한자교육" 연계성」, 〈한국교양교육학회 학술대회자료집〉 6, 한국교양교육학회.
- 이상봉(2012), 「교양한문수업에 대한 몇 가지 제언―부산대와 인제대의 사례를 중심으로」, 〈한자한문교육〉 28, 한국한자한문교육학회.
- 이성혜・성해준(2013), 「大學 敎養漢文의 必要性과 方向性」, 〈퇴계학논총〉 21, 퇴계학부산연구원.
- 최성엽(2013), 「대학 한자교육의 방향에 대한 연구」, 〈동방한문학〉 54, 동방한문학회.
- 송혁기(2017), 「인문고전으로서의 한문교육에 대한 管見―대학 교양교육의 맥락에서―」, 〈한문교육연구〉 48, 한국한문교육학회.
- 심호남(2017), 「대학 교양 한문의 방향 제안―중앙대학교의 사례를 중심으로―」, 〈어문연구〉 45, 한국어문교육연구회.
- 김수현(2019), 「전공 적합성 한자교육 연구: 전공별 한자 수업 사례를 중심으로」, 〈학습자중심교과교육연구〉 19, 학습자중심교과교육학회.
- 조혁상(2020), 「大學校 敎養漢文 講義에 대한 小考―弘益大學校 敎養漢文 初級講義를 中心으로―」, 〈한문학보〉 42, 우리한문학회.

1.3 전공한문교육

- 양광석(1992), 「한문교육과의 특성과 과제」, 〈대학교육〉 59, 한국대학교육협의회.
- 이명학(1995), 「교육개혁안에 따른 한문학과와 한문교육과의 향후 전망」, 〈대학교육〉 76, 한국대학교육협의회.
- 김여주(2008), 「중등학교 한문과 교육현장과 대학교육 간의 연계성」, 〈한문교육연구〉 30, 한국한문교육학회.
- 김용태(2016), 「전국 한문학과의 교육목표와 전공과목 편성에 대한 一提言」, 〈한문학보〉 34, 우리한문학회.

- 김영주(2018), 「대학 전공교육으로서의 한문교육—反省과 미래적 진행 방향에 대한 試探」, 〈한문교육연구〉 50, 한국한문교육학회.

2 커리큘럼 및 교재

2.1 교양한문

- 김대현(1982), 「漢文教育의 問題點과 改善方案: 大學教養漢文教材編成 內容의 試案」, 〈논문집〉 16, 원광대학교.
- 류성준(1986), 「大學의 漢文教育教材에 對한 一考」, 〈외국어교육연구〉 3, 한국외국어대학교 부설 외국어교육연구소.
- 고창식(1988), 「한문교육의 문제점: 중·고교 및 대학한문교재를 중심으로」, 〈先清語文〉 16, 서울대학교 국어교육과.
- 유풍연(1996), 「大學校 漢文教育의 現況: 教養教材 分析을 中心으로」, 〈한자한문교육〉 2, 한국한자한문교육학회.
- 芹川哲世(2009), 「한국의 대학에서의 한문 교육과 한문교과서」, 〈한문교육연구〉 33, 한국한문교육학회.
- 신상필(2010), 「대학 교양으로서의 한문교육과 동아시아 한자문화권」, 〈한국고전연구〉 22, 한국고전연구학회.
- 최성엽(2010), 「대학 교양한자 교재의 개선방안」, 〈동방한문학〉 45, 동방한문학회.
- 이돈석(2014), 「大學教養漢字教育의 現況과 教材分析」, 〈한자한문교육〉 35, 한국한자한문교육학회.
- 전희연(2016), 「大學教養漢文教育의 變遷과 教授·學習方法 研究」, 성균관대학교 박사학위논문.
- 백광호(2017), 「디지털 시대의 古典 教育 方法—大學에서의 漢文 古典 講座를 중심으로—」, 〈한문교육연구〉 48, 한국한문교육학회.

2.2 전공한문: 사범대학 한문교육과

- 임무열(2002), 「師範大 漢文教育科 教育課程 및 任用考查에 대한 研究」, 계명대학교 석사학위논문.
- 송영일(2003), 「師範大學 漢文教育科 教育課程의 改善 方向과 模型案 研究」, 〈한자한문교육〉 11, 한국한자한문교육학회.
- 정재철(2005), 「대학 한문교육과 교육과정의 현황과 문제점—전공영역을 중심으로—」, 〈대동한문학〉 22, 대동한문학회.
- 송병렬(2008), 「大學의 漢文教育科 教育課程의 分析—中·高等學校 漢文科 教育과의 連繫性을 중심으로—」, 〈한문교육연구〉 30, 한국한문교육학회.
- 원용석(2008), 「일반계 고등학교 한문교육의 실태와 대학 교육의 소통방안」, 〈한문교육연구〉 30, 한국한문교육학회.
- 김병건(2015), 「漢文科 教材 研究 과목의 내용 구성」, 〈한자한문교육〉 37, 한국한자한문교육학회.

- 이동재(2015), 「漢文科 교원양성교육과정의 基本履修科目 구성과 운영 방안」, 〈한자한문교육〉 37, 한국한자한문교육학회.
- 허 철(2015), 「한문교육전공 교원양성 기관과 교과목 편성의 현황과 과제」, 〈대동한문학〉 44, 대동한문학회.
- 김성중(2017), 「표준화된 '대학한문교육입문' 교재 편찬의 방향과 구성에 대한 제언」, 〈한문교육연구〉 48, 한국한문교육학회.
- 안세현(2017), 「〈한문 논리 및 논술〉 과목의 내용 구성과 운영 방안」, 〈한자한문교육〉 42, 한국한자한문교육학회.
- 한연석(2017), 「高麗·朝鮮의 漢字敎育의 方向과 現在的 시사」, 〈동방한문학〉 70, 동방한문학회.
- 백광호(2018), 「漢文敎員養成機關의 敎育課程에 관한 연구─全州大學校 漢文敎育科를 중심으로─」, 〈한문교육연구〉 50, 한국한문교육학회.

2.3 전공한문: 사범대학 이외 학과

- 엄태웅(2019), 「대학원 고전문학·한문학 교육과 혁신적인 교육 방법─고려대학교 일반대학원 국어국문학과를 대상으로」, 〈고전과 해석〉 29, 고전문학한문학연구학회.
- 이현일(2019), 「대학교 전공 漢詩 강의 현황 및 개선을 위한 提言」, 〈한문교육연구〉 53, 한국한문교육학회.

3 교수·학습방법

3.1 내용 및 대상에 따른 방법

- 김용재(2005), 「유교경전 교육의 필요성과 새로운 교육방법론 모색」, 〈유교사상연구〉 22, 한국유교학회.
- 백광호(2007), 「思考口述을 통한 漢文科 讀解 樣相 硏究」, 〈한자한문교육〉 18, 한국한자한문교육학회.
- 김진경(2008), 「대학생을 대상으로 한 한문 敎授法의 바람직한 방향 모색」, 〈한자한문연구〉 4, 고려대학교 한자한문연구소.
- ____(2009), 「대학 한문 교육의 교수학습법 개발 방안」, 〈한문고전연구〉 19, 한국한문고전학회.
- 백광호(2009), 「大學生의 漢文 讀解 學習 經驗에 관한 연구」, 〈한자한문연구〉 5, 고려대학교 한자한문연구소.
- 주기평(2012), 「한국 대학에서의 중국고전시가 교육방법」, 〈중국문학〉 72, 한국중국어문학회.
- 최성엽(2012), 「대학 '한자'교육의 교수학습법 활용방안─원광대 〈실용한자〉수업사례를 통해─」, 〈동방한문학〉 52, 동방한문학회.
- 김진경(2014), 「〈한문교과 논리 및 논술〉 교수학습법 개발 방안─대학 교직이수과목 수업 사례를 통해─」, 〈한문고전연구〉 29, 한국한문고전학회.
- 한예원(2014), 「동아시아의 전통 초학교재를 활용한 한문 문장구조 학습방법에 관한 시안」, 〈한자한문교육〉 35, 한국한자한문교육학회.

- 김진경(2017), 「한문교과 논술 수업에서의 협력 학습의 효용성 연구: 대학의 한문학과 전공수업 사례를 중심으로」, 〈Journal of Korean Culture〉 39, 한국어문학국제학술포럼.
- 김형술(2018), 「대학 교양강의로서의 漢字敎育의 방향과 敎育方案에 관한 管見」, 〈어문연구〉 46, 한국어문교육연구회.
- 김하라(2019), 「李起浡의 『宋慶雲傳』과 17세기 전주 재현―역사지리를 접목한 한문수업의 모색―」, 〈국어문학〉 72, 국어문학회.
- 한새해(2019), 「대학 교양교육에서 한문 교과목의 효율적 운영방안―서강대학교 수업 사례를 중심으로―」, 〈한자한문교육〉 46, 한국한자한문교육학회.
- 홍유빈(2019), 「대학교 漢字・漢文 교육에서의 英譯本 經書 활용 방안―제임스 레게(James Legge)의 '四書 英譯本'을 중심으로―」, 〈한민족문화연구〉 66, 한민족문화학회.
- 김하라(2020), 「「李生窺墻傳」과 「그 여자네 집」 함께 읽기를 통한 한문소설 수업 방안 모색」, 〈한문교육연구〉 55, 한국한문교육학회.
- 양원석(2020), 「한자어휘 교육을 위한 字義에 대한 이해」, 〈한문교육연구〉 54, 한국한문교육학회.
- 최성규(2020), 「대학 글쓰기 강좌 속 한자어 교육―서울시립대 교재를 바탕으로―」, 〈돈암어문학〉 37, 돈암어문학회.
- 한새해(2020), 「대학을 둘러싼 한문교과목 운영 현황의 실제와 과제―서울 소재 D대학교와 S대학교의 국문과 수업 사례를 중심으로―」, 〈한자한문교육〉 48, 한국한자한문교육학회.

3.2 매체를 활용한 방법

- 남은경(2003), 「인터넷을 통한 漢文科 문학과 문자 교육」, 〈한문교육연구〉 20, 한국한문교육학회.
- 백광호(2013), 「大學 "敎養漢文"의 웹기반 運營事例分析과 敎育方法摸索」, 〈한문고전연구〉 27, 한국한문고전학회.
- 박 순(2017), 「디지털 인문학의 개념에 입각한 대학 수업 사례―위키 소프트웨어를 활용한 한자 수업을 중심으로」, 〈어문학〉 138, 한국어문학회.
- 반재유(2018), 「근대 신문 데이터베이스를 활용한 교육설계―대학한문 교육을 중심으로」, 〈한자한문교육〉 45, 한국한자한문교육학회.
- 임준철(2018), 「한시와 영화 엮어 읽기―대학 교양교육에서의 한시 교육 방안에 대한 일 모색―」, 〈한문교육연구〉 51, 한국한문교육학회.
- 함영대・장형곤(2019), 「유교경전 교육의 미래전략―『만화 논어』의 경우―」, 〈한문교육연구〉 53, 한국한문교육학회.
- 김수현(2020), 「대학 한문교육에서의 콘텐츠 활용방안 연구」, 〈고전문학과 교육〉 43, 한국고전문학교육학회.
- 송호빈(2020), 「영화를 활용한 大學 漢字・漢文 入門 講義의 일례: 漢字(語)・漢文(古典)의 존재양상과 의미 되묻기」, 〈어문연구〉 187, 한국어문교육연구회.
- 이국진(2020), 「대학교 한시 전공 온라인 원격수업의 운영 현황 및 개선방안―2020년 1학기 수업 사례를 중심으로―」, 〈한자한문교육〉 49, 한국한자한문교육학회.

3.3 글쓰기 교육과의 접목

- 정병헌(1996), 「羅世纘의 策文과 논술의 전통」, 〈어문논집〉 6, 숙명여대 어문학연구소.
- 김철범(2005), 「한문고전의 글쓰기 이론과 그 현재적 의미」, 〈작문연구〉 1, 한국작문학회.
- 배수찬(2005), 「한문 글쓰기의 특성과 교육 방안 연구」, 〈작문연구〉 1, 한국작문학회.
- 이영호(2006), 「관습적 글쓰기와 창의적 글쓰기—조선후기 제문 양식을 중심으로—」, 〈작문연구〉 2, 한국작문학회.
- 강혜선(2007), 「조선후기 小品文과 글쓰기 교육—申靖夏의 尺牘과 편지쓰기—」, 〈작문연구〉 5, 한국작문학회.
- 송진한(2007), 「우리의 고전적 글쓰기에 대하여」, 〈한국언어문학〉 63, 한국언어문학회.
- 심경호(2007), 「한문산문 수사법과 현대적 글쓰기」, 〈작문연구〉 5, 한국작문학회.
- 조상우(2007), 「李建昌의 「答友人論作文書」를 통해 본 글쓰기 전략」, 〈동양고전연구〉 27, 동양고전학회.
- 박수밀(2009), 「한문산문의 교육에의 활용 가능성 고찰」, 〈온지논총〉 22, 온지학회.
- 송병렬(2010), 「한문산문의 서술방식과 수사법에 대한 교육적 활용 연구」, 〈동방한문학〉 45, 동방한문학회.
- 이은봉(2011), 「조선후기 소품문을 통해 본 대학 글쓰기 교육의 방향」, 〈동양고전연구〉 44, 동양고전학회.
- 이영호(2014), 「고전산문 글쓰기를 활용한 작문 교육의 방향 연구」, 〈작문연구〉 22, 한국작문학회.
- 안세현(2014a), 「한문 산문을 활용한 글쓰기 교육—自薦書, 自傳類 산문과 자기소개서를 중심으로—」, 〈우리어문연구〉 48, 우리어문학회.
- ___(2014b) 「글쓰기 교육으로서의 한문 교육의 효용성과 교육 방안」, 〈한문교육연구〉 43, 한국한문교육학회.
- 함정현·민현정(2014), 「대학 교양교육에서 고전 활용에 대한 연구—한국·일본·미국 대학의 교양 고전교육 사례 비교—」, 〈동방학〉 30, 한서대학교부설동양고전연구소.
- 윤지훈(2015), 「安錫儆의 散文 批評 特徵과 散文 敎育으로서의 活用性」, 〈한문고전연구〉 31, 한국한문고전학회.
- 이홍식(2015), 「한국 고전 글쓰기의 현재성 탐색—한문산문과 글쓰기의 보편성을 중심으로—」, 〈작문연구〉 25, 한국작문학회.
- 김기림(2018), 「대책문 쓰기 전략과 글쓰기 수업에의 활용 방안 모색: 정조의 策問〈文體〉에 대한 對策文을 중심으로」, 〈어문학〉 139, 한국어문학회.
- 김하라(2018), 「한문 자기서사 독해를 통한 글쓰기 교육—李奎報의 「白雲居士傳」을 중심으로—」, 〈한문교육연구〉 51, 한국한문교육학회.
- 엄미리·김지현(2018), 「하브루타를 적용한 대학 교양한문 수업 사례 연구」, 〈한문고전연구〉 36, 한국한문고전학회.
- 이연순(2019), 「滄溪 林泳의 독서 기록을 활용한 대학생 서평 쓰기의 순서 제안」, 〈한문학논집〉 52, 근역한문학회.

3.4 인성교육에서의 활용

- 박세진(2016), 「漢文古典을 통한 대학에서의 人性敎育 方案—『明心寶鑑』을 활용한 수업 모형—」, 〈한문교육연구〉 46, 한국한문교육학회.

- 최경춘(2016), 「효율적인 학사지도를 위한 교육방안—대학한문교육과 연계하여—」, 〈동방한문학〉 68, 동방한문학회.
- 김승룡·채한·이민경(2017), 「한문교육의 인성증진에 대한 상관관계 연구」, 〈석당논총〉 67, 동아대학교부설석당전통문화연구원.
- 안순태(2017), 「대학 교양한문 교육과 인성교육—論語 세미나 수업 모형을 중심으로—」, 〈한문교육연구〉 48, 한국한문교육학회.
- 엄태경·정다솜(2017), 「동양 고전 코퍼스를 활용한 대학 인성 한문 교재 개발」, 〈인문사회 21〉 8(3), 사단법인 아시아문화학술원.
- 유홍준·도승이·고재석(2017), 「인성 교과교육 교육효과성 분석—성균관대학교」, 〈교양교육연구〉 11(6), 한국교양교육학회.
- 이현지(2019), 「제4차 산업혁명과 논어를 활용한 대학 인성교육 프로그램 개발」, 〈한국학논집〉 77, 계명대학교 한국학연구원.
- 김용재(2021), 「한문고전과 인성교육 (1)—'대학생'과 '일반인' 대상의 인성교육을 중심으로—」, 〈유학연구〉 54, 충남대학교 유학연구소.

3.5 한국어 학습자를 위한 방법

- 김중섭(1997), 「外國人을 위한 韓國語 漢字敎育硏究」, 〈어문연구〉 95, 한국어문교육연구회.
- 김중섭(2002), 「중국인 학습자를 위한 한국어 읽기 교육 방법 연구」, 〈한국어 교육〉 13(1), 국제한국어교육학회.
- 김지형(2003a), 「外國人 학습자를 위한 교육용 基本漢字의 選定—初·中級 漢字를 中心으로—」, 〈어문연구〉 118, 한국어문교육연구회.
- ___(2003b), 「한국어 교육에서의 한자 교수법—비한자권 외국인 학습자를 중심으로」, 〈국제어문〉 27, 국제어문학회.
- 한재영(2003a), 「外國語로서의 韓國語 漢字語敎育을 위한 基礎的 硏究—漢字文化圈 學習者를 對象으로」, 〈이중언어학〉 23, 이중언어학회.
- 한재영(2003b), 「外國語로서의 韓國語 漢字敎育을 위한 기초적 연구—非漢字文化圈 학습자를 對象으로」, 〈어문연구〉 120, 한국어문교육연구회.
- 부루너통야닉(2006), 「한국학전공 프랑스 대학생을 위한 한자교육 방법론」, 〈국어교육연구〉 18, 서울대학교 국어교육연구소.
- 이영희(2007), 「외국인을 위한 한국어 한자 교육의 현황과 방향」, 〈새국어교육〉 76, 한국국어교육학회.
- 오성애(2008), 「中國人 한국어 학습자를 위한 韓國 漢字와 漢字語 敎育의 기초 연구」, 〈새국어교육〉 79, 한국국어교육학회.
- 설혜경·심혜령(2009), 「비한자문화권 학습자를 위한 한자어 교육 연구」, 〈외국어로서의 한국어교육〉 34, 연세대학교 언어연구교육원 한국어학당.
- 김지형(2010), 「외국인 유학생 대상 한자어 교육의 내용과 방법—전공 및 전공예비 과정 학습자를 중심으로」, 〈한국어 교육〉 21(1), 국제한국어교육학.

- 김훈태(2012), 「해외 한국어 학습자를 위한 한자 및 한자어 교육방안—베네치아대학을 중심으로」, 〈한자한문교육〉 28, 한국한자한문교육학회.
- 송병렬(2012), 「외국인을 위한 한국어 교육에서 한자 어휘 교육의 문제」, 〈한문교육연구〉 38, 한국한문교육학회.
- 윤재민(2012), 「外國人을 위한 韓國語敎育에 있어서의 漢字敎育」, 〈한문교육연구〉 38, 한국한문교육학회.
- 김대희(2013), 「한국어교육에서의 한자·한자어 교육의 발전 방향—언어 이론을 중심으로」, 〈한자한문교육〉 32, 한국한자한문교육학회.
- 김성중(2013), 「한국어 교육에서의 한자 어휘 교육을 위한 성취기준 개발」, 〈한자한문교육〉 32, 한국한자한문교육학회.
- 김우정(2013), 「한국어교육 제도와 정책에 관한 비판적 검토—한자·한자어교육과 관련하여」, 〈한자한문교육〉 32, 한국한자한문교육학회.
- 김훈태(2014), 「海外 大學의 韓國語 學習者를 위한 漢字敎材의 內容과 構成—이탈리아大學의 韓國語 學習者를 對象으로—」, 〈한자한문교육〉 34, 한국한자한문교육학회.
- 박세진(2014), 「外國人을 위한 韓國語 敎育에서 漢字 漢字語 敎育의 현황과 문제점—하와이대학교 사례를 중심으로—」, 〈한국고전연구〉 28, 한국한문고전학회.
- 백진우(2020), 「학부 외국인 유학생을 위한 한국 한자어 교육 방안—원격 수업 설계 및 운영 사례를 중심으로—」, 〈한자한문교육〉 49, 한국한자한문교육학회.

4   기타

4.1   중등교사 임용시험 및 한문 전공자의 진로

- 송영일(2002), 「漢文科 任用考査 問題의 問項妥當度 分析」, 〈한자한문교육〉 9, 한국한자한문교육학회.
- 이희목(2002), 「漢文科 中等 任用考査의 現況과 課題」, 〈한문교육연구〉 18, 한국한문교육학회.
- 김여주(2007), 「임용고사 출제 범위에 대한 개선안」, 〈한문교육연구〉 29, 한국한문교육학회.

4.2   해외 대학의 한문교육 및 한문교육학

- 류정민(2004), 「미국의 한국학계 견문기」, 〈한국문학연구〉 5, 고려대학교 민족문화연구원 한국문학연구소.
- 유명인(2007), 「한문 교육 진흥을 위한 독일의 라틴어와 한문 교육 사례 검토」, 〈동방한문학〉 33, 동방한문학회.
- 신지원(2014), 「사례를 통해서 본 미국 대학에서의 한문 교육」, 〈한국문화〉 66, 서울대학교 규장각한국학연구원.

4.3 대학 한문교육학의 이론 · 방법 및 연구사

- 김왕규(2003), 「한문교육학의 학문적 정립을 위한 서설—한문교육학 연구의 동향과 과제」, 〈대동한문학〉 19, 대동한문학회.
- ____2006), 「한문교육학 연구 방법론의 現況과 課題」, 〈한문교육연구〉 27, 한국한문교육학회.
- ____(2007), 「한문교육학의 성격에 대한 몇 가지 쟁점」, 〈한문교육연구〉 29, 한국한문교육학회.
- ____(2008), 「한문교육학 연구자로서의 교사와 교수, 그 변화와 省察의 한 局面: 대학원 "한문교육원론" 수업 비평」, 〈한자한문교육〉 21, 한국한자한문교육학회.
- 윤재민(2009), 「한문교육학의 개념과 연구영역」, 〈한자한문연구〉 5, 고려대학교 한자한문연구소.

第5章 平生敎育으로서의 漢字 · 漢文 敎育 方法論

尹載煥(檀國大)

1 서론

광의의 개념에서 평생교육은 개인의 생애 전 시기에 걸쳐 이루어지는 모든 교육활동을 의미하고, 협의의 개념에서 평생교육은 정규 교육과정을 제외한 모든 형태의 교육활동을 의미하는 것으로 받아들여진다. 하지만 평생교육의 개념은 평생교육이라는 용어의 기본적인 함의와 정규 교육과정과의 관계, 평생교육의 목표와 지향점에 관한 의견의 불일치로 인해 그 개념이 다양하게 나누어져 아직까지 모든 사람들이 동의할 수 있는 통일된 개념을 형성하지 못하고 있다.

이런 상황은 한자 한문교육 특히 평생교육 과정에서 성인 학습자가 학습하는 교양 영역에서의 한자 한문교육에서도 찾아볼 수 있다. 현재뿐만 아니라 미래 사회에서 성인 학습자를 대상으로 하는 평생교육으로서의 한자 한문교육의 필요성과 가치에 대해서는 누구도 의심하지 않는다. 다만 이에 대한 연구자들의 접근이 아직까지 피상적이고 원론적이어서 "무엇 때문에" 그리고 "왜"라는 질문에 쉽게 답하지 못하고 있다. 이 글은 이와 같은 의문에 대해 검토해보기 위해 기획된 것이다.

현재까지 평생교육과 한자 한문교육을 연계한 연구는 그다지 많지 않지만[40], 수행된 연구 대부분이 사례를 중심으로 하고 있어서 구체적 사안에 대한 실증적인 논의의 자료를 제공한다. 따라서 이 글에서는 선행 연구의 결과를 충실히 수용하여, 이를 발판으로 조금이라도 진전된 논의를 제시해 보고자 한다. 특히 이 글에서는 평생교육의 개념과 적용에 대한 이론적인 검토에서부터 논의를 시작하여 평생교육으로서 한자 한문교육을 학습하고 있는 성인 학습자의 상황을 분석한 뒤 이를 바탕으로 평생교육 과정의 한자 한문교육이 활성화되고 지속될 수 있는 방안을 제언해 보고자 한다.

이와 같은 논의는 세 가지 가능성에 대한 예측을 전제로 한다. 첫째는 현재뿐만 아니라 미래 사회에서 교육과 학습의 중심으로 정립될 가능성이 가장 큰 것이 평생교육이라는 것이고, 둘째는 그 평생교육의 중심 학습자가 성인이라는 것이고, 셋째는 성인 학습자를 대상으로 이루어지는 평생교육에서 교육적·학습적 효용성이 가장 큰 분야가 한자 한문교육이라는 것이다.

---

40) 현재까지 필자가 확인한 이 분야의 선행 연구는 다음과 같다. 홍성욱(2004), 「사회교육 차원에서 한자·한문 교육의 시태와 과제」, 〈한자한문교육〉 13, 한국한자한문교육학회; 김의환(2008), 「평생교육으로서의 한문강좌의 실태와 개선방안-대구지역 공공기관을 중심으로-」, 경북대학교 교육대학원 석사학위 논문; 이수부(2008), 「평생교육기관의 한문학습프로그램 개발과 실재-서울 및 경기지역 여성회관을 중심으로-」, 단국대학교 대학원 석사학위 논문; 김창호(2014), 「노인교육으로서의 한문교육의 방향과 내용 요소」, 〈한문교육연구〉 42, 한국한문교육학회; 이동재(2014), 「평생교육으로서의 한문교육의 효용성과 교육 방안-충청남도와 대전광역시를 중심으로-」, 〈한문교육연구〉 43, 한국한문교육학회.

이와 같은 가능성에 대한 예측을 바탕으로 하여 성인 학습자를 대상으로 이루어지는 평생교육 과정의 한자 한문교육이 활성화되고 지속될 수 있는 방안을 제언해 보고자 하는 이 글은 세 단계로 구성되어 있다. 첫째는 평생교육의 개념과 적용인데, 이 부분에서는 평생교육의 개념과 그를 둘러싼 학자들의 다양한 견해 그리고 평생교육의 특성에 대해 살펴볼 것이다. 둘째는 평생교육 영역에서 이루어지는 성인 한자 한문교육과 학습의 실태로, 이 부분에서는 평생교육의 교육 영역 구분과 각 영역의 특성, 그리고 평생교육 과정에서 성인 학습자를 대상으로 이루어지는 한자 한문교육의 실태와 특성을 살펴볼 것이다. 마지막 셋째는 평생교육으로서 성인 학습자를 대상으로 하는 한자 한문교육의 지속 가능 방안 제언으로, 이 부분에서는 이전까지 논의된 내용을 바탕으로 이 글의 서술 목적인 평생교육 과정의 한자 한문교육이 활성화되고 지속될 수 있는 방안을 제언할 것이다.

이 글이 평생교육으로서 한자 한문교육의 실재적 효용성을 되새기고, 아직까지 학문적으로 온전한 위치에 자리 잡지 못한 성인 학습자를 대상으로 하는 한자 한문교육에 대해 다시 한번 생각해보는 계기가 되기를 기대한다.

2 평생교육의 개념과 적용

平生敎育(Life-Long Education)이라는 용어를 글자 그대로 풀이하면 유아기에서부터 노년기에 이르기까지 생애 전 시기에 걸쳐 이루어지는 모든 교육활동으로 가정교육·학교교육·사회교육을 총체적으로 지칭하여 교육 일반과 같은 의미를 지니지만, 우리나라에서는 평생교육법 제2조 1항에서 규정하고 있는 "학교의 정규교육과정을 제외한 학력보완교육, 성인 문자해득교육, 직업능력 향상교육, 인문교양교육, 문화예술교육, 시민참여교육 등을 포함하는 모든 형태의 조직적인 교육활동을 말한다."는 정의에 따라 공식적으로 평생교육을 학교의 정규 교육과정을 제외한 모든 형태의 교육활동을 의미하는 것으로 본다. 따라서 우리나라에서 공식적으로 인정되는 평생교육의 개념은 평생교육이라는 용어가 함의하는 전체 범주에서 정규 교육과정이 배제된 축소 개념이다.

평생교육이라는 용어는 1965년 12월 파리에서 개최된 유네스코 국제회의에서 랑그랑(P. Lengrand)이 「평생교육이론」이라는 논문을 통해 최초로 사용하였다. 그 후 유네스코가 평생교육의 원리를 교육의 기본 이념으로 채택하면서 평생교육이 교육의 중심 개념이 되는 계기를 만들었다. 이후 1972년 포레(Faure)가 모든 선진국과 개발도상국에서 평생교육이 실시되어야 할 것을 제안하는 교육발전에 대한 보고서를 국제위원회에 제출하였고, 이 해에 일본 도쿄에서 열린 제3차 세계성인교육회의에서 평생교육이 공식적인 국제 용어로 채택되면서 평생교육의 개념과 원리가 세계 여러 나라에 급속도로 전파되었다.[41] 우리나라에서는 1980년 개정 헌법에서 국가의 평생교육진흥을 명문화하면서 평생교육에 대한 중요성과 관심이 제고되었으며, 체계적인 평생교육의 실천과 진흥이 보장되었다. 이어 1999년 기존의 사회교육법을 평생교육법으로 전면 개정하면서 평생학습사회 건설을 위한 법적·제도적 장치가 마련되었고, 국민들의 다양한 학습수요를 충족시키기 위해 평생교육법이 수차례 정비되었다.[42]

---

41) 한우섭 외(2010), 『평생교육론』, 학지사, p.16.
42) 최운실 외(2005), 『평생교육론』, 공동체, p.24.

이에 따라 우리나라에서는 평생교육법에 의해 평생교육의 기본 개념이 정립되었지만, 이 개념이 모든 학자들에게 그대로 인정되지 못하고 있다. 이런 현상은 평생교육이라는 용어의 기본적인 함의와 정규 교육과정과의 관계, 평생교육의 목표와 지향점에 관한 의견의 불일치에 의한 것이라 보이는데, 현재 확인할 수 있는 학자들 사이의 개념 차이는 세부적인 지점에서 여러 방향으로 나누어 볼 수 있다.

평생교육이라는 용어를 최초로 사용한 랑그랑은 평생교육을 "모든 국민에게 평생을 통해 각기 자신이 가진 다방면에 걸친 소질을 계속 발전시키고 사회의 발전에 충분히 참여할 수 있게 하는 교육"이라고 보았지만, 이후 여러 학자들에 의해 이 개념은 계속적인 수정과 보완이 이루어졌다. 특히 인도 출신의 평생교육 학자 데이브(Dive)는 평생교육을 "개인과 집단 모두의 생활의 질을 향상하기 위하여 개인의 전 생애를 통한 개인적·사회적·직업적 발달을 꾀하는 과정"이라고 정의하였는데, 데이브의 정의는 개인적·사회적 삶의 질을 계속 향상하기 위해 평생에 걸쳐 연장 실시되는 모든 형태의 형식적·비정규적·비형식적 학습활동 전부를 포함하여, 평생교육의 개념 가운데 가장 보편성을 띤 개념으로 평가받는다.[43]

우리나라에서도 평생교육의 목표에 대한 견해를 중심으로 하여 평생교육을 "개인과 집단생활의 질을 높이기 위하여 사적 교육의 단계에서 모든 사람에게 교육 기회를 보장하는 공적 교육의 단계로 전환하는 것을 목표로 하며 인간의 교육을 위하여 기존의 모든 교육을 수직적·수평적으로 통합·재편성하려는 교육체제 개혁의 지도이념"[44]으로 보거나 "학습사회를 배경으로 경험의 계속적이고 자기주도적인 성장을 유발하는 학습을 촉진하는 의도적이고 체계적인 활동 가운데 교육의 조건을 만족시키는 실천과 제도에 관한 조직 원리 …… 전 생애와 전 사회의 교육활동을 통합하고 재구성하는 새로운 교육 네트워크"[45]를 의미한다거나, "인간의 일생을 통한 교육적 과정의 수직적 통합과 개인의 사회생활의 모든 국면과의 수평적 통합을 강조하는 것이다. …… 그동안 연령층별로 폐쇄된 학교교육과 조직이 되지 않은 채 비효율적인 상태로 방치된 사회교육을 통합 재편성하여 종국에는 교육의 사회화와 사회의 교육화를 이룩하자는 것이다."[46], 또는 "개인이 전 생애를 통하여 능동적으로 계속적 학습의 기회를 포착함으로써 인간성의 조화로운 발달을 꾀하며, 변화하는 현대적 생활에 슬기롭게 대처하고 창조적으로 개척해 나갈 수 있는 지식과 기능을 익히며, 다른 사람과 더불어 공동체의 복지를 증진해 나가는 인간화 교육을 의미한 것"[47], "삶의 질 향상이라는 이념 추구를 위하여 태교에서부터 시작하여 유아교육, 청소년교육, 성인전기교육, 성인후기교육, 노인교육을 수직적으로 통합한 교육과 가정교육, 사회교육, 학교교육을 수평적으로 통합한 교육을 총칭하여 말하며, 그것은 개인의 잠재능력의 최대한 신장과 사회발전에 참여하는 능력의 개발을 목적으로 한다."[48], "한 개인이 태어나서 죽기 전까지의 수직적 통합과 가정과 학교를 포함한 모든 생활공간의 수평적 통합을 통하여 언제, 어디에서나 필요할 때 자신의 학습욕구를 충족시킬 수 있는 형식적·비형식·무형식적 교육활동"[49]이라고 규정하기도 한다.

이와 같은 정의들은 기본적으로 '평생'이라는 용어를 중심으로 교육의 권리를 인정하고 교육의 시기와

---

43) 김동일 외(2021), 『평생교육론』, 교육과학사, pp.20~23.
44) 김도수(2001), 『평생교육』, 양서원, p.142.
45) 한숭희(2006), 『평생교육론』, 학지사, pp.63~65.
46) 황종건(1983), 『평생교육의 기초와 체제』, 법문사, pp.156~157.
47) 장진호(1985), 『평생교육과 사회교육』, 대사출판사, p.144.
48) 김종서 외(2009), 『평생교육개론』, 교육과학사, p.14.
49) 차갑부(2014), 『평생교육론』, 교육과학사, p.50.

장소, 성격과 내용에 대한 학습자의 자율적 선택권을 보장하면서 자아실현과 사회발전의 통합을 추구하는 것이다. 또 이런 정의들은 교육의 기회와 권리를 삶의 전 시기로 확장하는 것으로 가장 이상적이고 바람직한 교육의 방향을 제시한 것이지만, 다른 한 편으로 이와 같은 평생교육의 개념을 그대로 인정할 경우 평생교육은 학교교육과 학교 외 교육을 모두 포함한 모든 교육활동을 아우르는 교육 일반과 같은 의미가 된다.

특히 앞서 언급한 우리나라 평생교육법 제2조 1항의 정의에서 "학교의 정규교육과정을 제외한"이라고 한 것과도 일정 부분 어긋나는데, 우리나라의 평생교육법이 사회교육 활동을 중심으로 평생교육을 규정하는 것과 다른 개념이 된다. 또 이런 개념 규정들은 그 이상과 목적의식 그리고 지향점이 선명하지만 우리나라에서 현재 이루어지고 있는 평생교육의 구체적인 실상과는 적지 않은 괴리를 보이기도 한다. 또 반드시 그래서라고 보기는 어렵지만, 현재 평생교육은 몇 가지 용어들과 개념의 착란을 보이기도 하는데, 그 대표적인 용어가 '평생학습'과 '성인교육'이다.

평생학습(Life-Long Learning)은 1980년대 이후 평생교육 이념에 대한 비판의 일환으로 등장하게 된 개념이다. 즉 강제된 교육의 개념에서 주체적 학습의 개념으로, 교육하는 측에서 학습하는 측으로 관점의 전환이 일어나게 된 것이다. 평생학습이 개인의 생애 발달 전 과정에서 의식적으로 이루어지는 모든 형태의 변화 과정을 가리키는 개념이라면, 평생교육은 그러한 평생학습이 개인과 사회의 지속적인 성장을 이끄는 방향으로 이루어질 수 있도록 지원하는 의도적인 조직이라고 할 수 있다.[50]

학습은 개인적 측면에서 자신의 능동적 참여나 지각에 기초하여 자신의 능력·흥미·사고와 감정·경험 등을 변화시키면서 자기혁신을 꾀하고 현실에 적응해 가는 현재지향성의 의미가 강한 것으로, 삶의 과정 속에서 비공식적이며 의식적 혹은 무의식적인 상황에서 참여를 통해 이루어진다. 따라서 일생 동안 지속되며 모든 생활에서 그리고 인간관계에서 일어나는 일상적 참여행위이다. 또 학습은 인간의 삶 속에서 일어나는 배움과 익힘의 과정을 의미한다. 그렇기 때문에 인간의 삶이 유지되는 한 학습은 지속된다. 특히 학습은 개개인의 인간관계 속에서도 일어나므로 개별적인 것이다. 따라서 인간은 학교교육만으로는 생활의 준비는 가능할지 모르나 그 교육을 통해 평생에 걸친 모든 삶의 가치를 누리기는 어렵다. 그런 점에서 평생학습의 필요성이 대두되는데, 평생학습이란 개인의 일생 동안 삶의 전반에 걸쳐 일어나는 모든 배움 활동을 말한다. 인간의 중요한 학습경험은 특정 연령 시기의 학교생활뿐만 아니라 전체적인 삶을 살아가면서 접하는 사회의 모든 공간과 매체를 통해 다양한 수많은 경험을 하고 의미를 알게 되면서 얻어진다. 그리고 인간은 자신과 인간관계를 맺고 있는 여러 사람들을 통해 많은 것을 경험하면서 다양한 지식을 얻고 배워나간다. 따라서 평생학습은 자신의 자아실현과 삶의 만족을 위해 일생 동안 학습이 중요함을 깨닫고 학습활동에 참여하는 학습참여자의 활동이고, 평생교육은 모든 이를 대상으로 일생 동안 학습이 가능하도록 사회적·국가적 차원에서 기존의 교육체제를 개편해 나가는 것으로, 평생학습을 돕는 행위이다.[51]

이와 같은 평생학습은 대체로 세 가지 이념의 집합체라고 할 수 있는데, 그것은 학습권적 평생학습관과 일반교양적 평생학습관, 직업재교육적 평생학습관이다. 학습권적 평생학습관은 기본적인 인권의 하나로 인식되어 세계에 있어서 역사적 주체형성의 수단이고 사회적 불평등을 개선하기 위한 사회 참여를 목

---

50) 최운실 외(2005), 『평생교육론』, 공동체, p.25.

51) 한상길(2009), 『평생교육론』, 공동체, pp.19~22.

적으로 하며, 일반교양적 평생학습관은 취미·교양·문화·스포츠·여가활동 등 비전문적·비실용적·비직업적인 평생학습이며, 직업재교육적 평생학습관은 산업체 및 기업의 의향을 반영한 성인의 직업적 교양을 위한 재교육을 중심으로 한 평생학습을 말한다. 우리나라에서는 평생교육과 평생학습을 구분하지 않고 편의에 따라 사용하고 있다.

그러나 평생교육은 학습자의 자기교육을 지원하고 교육제도의 개혁과 학습 환경의 정비를 강조하며 관리라는 분위기를 풍기지만 평생학습은 학습자의 자립성·자발성과 학습자의 의욕을 강조하는 개념이다. 평생교육이 교수자의 입장을 강조하는 개념이라면 평생학습은 학습자의 입장을 강조하는 경향을 보인다. 따라서 평생학습은 자유로운 개인 의사에 따라 배우고 싶은 것을 자신에게 맞는 방식으로 배운다는 학습자 중심의 사고라는 점에서 평생교육과 구별된다.[52]

이와 달리 성인교육(Adult Education)은 학교교육을 마친 성인을 대상으로 하는 교육의 형태로, 교육의 목적이나 형식에 상관없이 성인이 참여하는 모든 형태의 교육을 총칭한다. 성인교육이라는 용어는 1700년대 영국을 중심으로 한 유럽에서 각국이 성인문맹교육을 실시하며 등장한 것으로, 최초 성인교육은 중산층 성인이 자신의 여가시간을 활용하여 개인적 관심에 따라 참여하는 교양교육인 비직업적 인문성인교육을 의미하는 것이었다. 이 개념은 성인교육은 사람들이 배우는 것 자체에 즐거움을 느끼면서 자신들의 마음을 다스리며 인생을 이해하고 표현할 수 있는 능력을 키우는 교육이라는 것이다.[53]

1976년 유네스코 총회에서 공식적으로 채택된 성인교육의 개념은 다음 세 가지이다. 첫째 성인교육은 교육내용, 교육 수준 및 교육 방법이 어떠한 것이든 간에 성인들이 참여하는 모든 과정을 말한다. 둘째 성인교육은 성인들이 그들의 소질과 능력을 키우고 지식을 넓히며 기술이나 직업적 자질을 향상시키는 데 도움을 주는 모든 교육활동을 말한다. 셋째 성인교육은 개인을 충실하게 그리고 지속적으로 발달시킬 수 있도록 하고, 조화롭고 영속적인 사회·경제·문화적 발전에 참여하도록 그들의 태도와 행동을 변화시켜주는 모든 교육활동을 말한다.[54]

이와 같은 개념으로 볼 때 성인교육은 성인을 대상으로 하는 교육으로, 그것이 이루어지는 곳은 대학과 사회교육기관이 주종을 이룬다. 이러한 의미에서 성인교육은 성인들이 정규 및 비정규 교육 기관을 통하여 행하는 형식적·비형식적 교육활동으로, 성인을 대상으로 하는 중등 후 교육이라고 정의할 수 있다. 즉 중등교육 이후 성인들을 대상으로 대학과 사회교육기관에서 이루어지는 교육을 통칭하는 것이다.[55]

따라서 성인교육은 기본적으로 평생교육과는 다른 의미이다. 평생교육이 교육의 연속성과 지속성에 중점을 두는 개념이라면 성인교육은 학습자의 수직적 분류에 주목한 개념이기 때문에 성인교육은 평생교육의 한 부분이 된다. 그러나 우리나라의 경우 현재 평생교육의 주된 학습자이면서 미래에 진행될 평생교육의 주된 수요자로 학습의 주체가 될 인물들이 성인이라는 점에서 성인교육을 평생교육과 같은 개념으로 이해하기도 한다. 평생교육과 성인교육의 관계를 어떻게 규정하든 성인교육이 현재와 미래 평생교육의 완성을 위해 중요한 영역이 된다는 사실은 부정할 수 없다.

이와 같이 용어에서부터 개념에 이르기까지 평생교육에 관한 다양한 異見들이 있음에도 불구하고 현재까지 언급된 평생교육의 개념들은 우리 사회의 다양한 층위에서 제기되는 평생교육의 多岐한 필요성을

---

52) 차갑부(2014), 『평생교육론』, 교육과학사, pp.59~61.

53) 최운실 외(2005), 『평생교육론』, 공동체, pp.32~33.

54) 한우섭 외(2010), 『평생교육론』, 학지사, pp.20~21.

55) 차갑부(2014), 『평생교육론』, 교육과학사, pp.62~63.

배경으로 하고 있다는 점에서 상당한 의미를 지닌다. 평균 수명의 증가로 인한 기대 수명의 연장, 다원화·개방화되는 사회 분위기에 따른 사회 구성원 욕구의 다양화, 4차 산업사회로 지칭되는 지식 고도화 사회의 대두에 의한 전환 교육과 지속 교육의 필요성 확대, 계층과 세대·이념의 갈등 극복을 위한 통합 교육의 요구, 다양한 개인·사회·문화적 여건과 환경에 따른 교육 불평등과 격차의 해소 등 평생교육은 현대사회에서 대두되는 수많은 요구와 필요성에 발맞추어 교육의 지평을 확장하고 있다.

이와 함께 평생교육은 학습 참여에 있어서의 자발성, 교수·학습활동 체제에 있어서의 다양성, 교육프로그램의 내용과 기대효과의 실제지향성, 자기주도 학습, 학습자 중심의 수평적 관계 학습, 교육구조 내의 이동과 선택의 융통성, 지역사회의 모든 자원을 활용하는 통합성이라는 7가지 특성을 지니면서[56] 시간적·공간적 제약에 대해 비교적 자유롭게 대처할 수 있다는 특징이 있다. 또 평생교육은 형식적인 면에서도 의도적으로 구성된 표준 교육과정을 바탕으로 위계에 따라 단계적으로 진행되는 형식교육(Formal Education)과 제도적으로 규정되어 있는 형식교육체제 이외의 조직화 된 교육활동으로서 형식교육과의 관계에 따라 보완적(Complement) 성격, 대안적(Alternaive) 성격, 추가적(Supplement) 성격으로 구분되는 비형식교육(Nonformal Education), 교육 목표를 수립하거나 그 목표를 달성하기 위한 체계나 형식을 갖추지 않은 채 의도하지 않은 상황에서 발생하는 무형식학습(Informal Learning)을 모두 포괄하여[57] 다양한 확장과 변주의 가능성을 지닌다. 이와 같은 평생교육의 필요성과 의미 그리고 특성들은 평생교육이 미래 교육의 핵심적인 교육 방법으로 정립될 가능성을 보여주는 것이다.

3 평생교육 영역의 성인 한문교육 실태

우리나라의 평생교육법에서 규정하고 있는 평생교육의 방향은 학력보완교육, 성인 문자해득교육, 직업능력 향상교육, 인문교양교육, 문화예술교육, 시민참여교육 등의 조직적인 교육활동이다. 이런 교육활동은 크게 직무 영역과 교양 영역으로 나눌 수 있는데 교육 내용상 학력보완교육, 성인 문자해득교육, 직업능력 향상교육은 직무 영역으로, 인문교양교육, 문화예술교육, 시민참여교육은 교양 영역으로 구분할 수 있다.

그런데 이렇게 구분되는 평생교육의 두 영역은 학습자의 의도와 상황, 교육 성취도에 따라 결과가 상호 교체될 수 있다는 특성을 지닌다. 직무 영역의 평생교육에 참여하는 학습자이면서도 직무의 숙련이나 전환을 의도하지 않고 학습할 경우 이 교육은 그 내용을 직무 관련 분야에 두고 있다고 하더라도 학습자에게는 교양 영역으로 수용될 수밖에 없고, 반대로 교양 영역의 평생교육에 참여하는 학습자가 높은 교육 성취도를 바탕으로 새로운 직무를 추구하거나 자신의 직무를 전환하고자 할 때, 이 교육은 학습자 개인에게는 교양 영역이라기보다 직무 영역으로 수용된다. 그런 점에서 평생교육의 결과는 교육 목적이나 내용, 과정이나 활동에 좌우되기보다 평생교육에 참여하는 학습자의 의도와 상황, 교육 성취도에 따라 결정된다.

이런 양상은 한자 한문을 중심으로 하는 평생교육에서도 볼 수 있지만, 평생교육으로서 한자 한문교육의

---

56) 한상길 외(2020), 『연구와 실천을 위한 평생교육방법론』, 공동체, pp.21~22.
57) 김동일 외(2021), 『평생교육론』, 교육과학사, pp.19~20.

경우 학습자의 연령에 따라 교육 영역이 확연하게 구분되는 특성을 보인다. 미취학 아동부터 고등학교 재학생까지에 해당하는 학습자가 한자 한문교육 관련 평생교육을 학습할 경우 대부분이 직무 영역의 학력보완교육을 학습하고, 학교의 정규 교육과정을 모두 마친 성인 학습자의 경우 직무 영역과 교양 영역의 교육을 선택적으로 학습하는 양상을 보인다. 또 이 두 연령대의 중간에 위치하는 대학생들의 경우 대체로 직무 영역의 평생교육을 학습하지만 학력보완교육이라기 보다는 직업능력 향상교육에 해당하는 분야를 학습하는 경향을 보인다.

이와 같은 연령대에 따른 한자 한문교육의 평생교육 영역 구분은 학습자가 처해있는 상황과 인식에 의한 것이라고 할 수 있는데, 미취학 아동부터 초등학교 재학생까지에 해당하는 학습자들의 경우 한자 한문교육을 학교의 정규 교육과정을 보완하는 보조교육과정 정도로 인식하기 때문이다. 중·고등학교 재학생들의 경우에도 현행 학교 교육과정에서 한문교과가 국민 공통 기본교과에서 제외되어 재량과목 또는 선택과목으로 지정되어 있기 때문에 실질적이거나 충분한 정도의 한문교육이 학교 현장에서 이루어지기 어렵다는 상황에 따라 대안적·보완적 방편으로 평생교육 영역에서 한자 한문교육을 학습한다.

특히 중·고등학교 재학생들의 경우 평생교육에서 한자 한문교육을 선택하는 이유가 대학 입시라는 현실적인 목표에 유·무형의 도움이 될 수 있다는 인식을 지니고 학습하는 경우가 대부분이다. 따라서 미취학 아동부터 고등학교 재학생까지에 해당하는 학습자들에게 한자 한문교육은 그 자체로 독립적인 의미를 가진 것이라기보다 대안적·보완적 방편이라는 성격이 강하다. 그런 점에서 이 연령대의 학습자들에게 한자 한문교육이 대안적·보완적 성격을 상실할 경우 이들에 대한 한자 한문교육은 지속되기 어렵다.

대학생들의 경우 한자 한문교육이 교양 영역에서 학습되는 경우가 일부 있기도 하지만, 대부분이 직무 영역에서 이루어진다. 특히 이 연령대의 학습자들에게 이루어지는 직무 영역의 교육은 학력보완교육이라기보다는 직업능력 향상교육에 해당하는데, 이런 현상은 대학이라는 교육기관을 끝으로 사회에 진출하거나 상위 교육과정인 대학원으로 진출하고자 하는 학습자들의 현실적 상황에 기인한 것이다. 그래서 이 연령대에 해당하는 학습자들이 선택하는 평생교육 기관은 대부분 정규 교육기관인 학교보다 한자 한문교육에서 전문성을 지닌 기관들이다. 그런 점에서 이 연령대의 학습자들에게도 한자 한문교육은 그들이 희망하는 직업군으로 진입할 수 있도록 하는 실질적인 기능을 해야 하고, 그런 역할을 수행하지 못한다면 이들에 대한 한자 한문교육 역시 지속되기 어렵다.

학교의 정규 교육과정을 모두 마친 성인 학습자의 경우 직무 영역과 교양 영역의 교육을 선택적으로 학습하는 양상을 보이는데, 직무 영역에서는 직업능력 향상교육이, 교양 영역에서는 인문교양교육이 중심이 된다. 직무 영역에서 직업능력 향상교육을 학습하는 이유는 현재 한자 한문교육 관련 직종에 종사하는 학습자가 개인의 직무 수행 능력을 강화하기 위해 또는 한자급수 시험과 한자·한문지도사 자격증을 취득하여 재취업하거나 전직하기 위해서인데, 재취업이나 전직을 위해 한자 한문교육을 학습하는 학습자가 교육을 진행하는 과정에서 흥미를 상실하거나 목표를 성취하지 못했을 경우 한자 한문교육은 학습자에게 교양 영역으로 전환되기도 하지만 대체로 중단되는 양상을 보인다.

이와 달리 교양 영역에서 이루어지는 한자 한문교육은 학습자 대부분이 자기개발을 목적으로 한다는 점에서 교육 결과의 현실적인 목적 달성보다 내용과 흥미를 중심으로 학습이 이루어진다. 교양 영역에서 이루어지는 한자 한문교육의 특성은 성인 학습자를 대상으로 하는 평생교육에서의 한자 한문교육이 현실적 목적보다 학습자의 흥미와 관심에 의해 이루어진다는 것을 보여주는 것으로, 평생교육에서 한자 한문교육이 교양교육으로 가지는 교육적·학습적 효용성이 가장 클 수 있다는 것을 의미하는 것이기도 하다.

김의환에 따르면 정규 교육과정을 모두 마친 성인 학습자가 평생교육기관을 찾은 이유로 가장 많은 것이 자기개발을 위해서(61.1%)이고, 그 다음이 여가활동을 위해서(18.0%), 자녀교육을 위해서(9.8%), 인간관계를 위해서(8.5%)인데, 이들이 평생교육의 여러 분야 중에서 한자 한문교육을 선택한 이유로는 일상생활에서 한문의 필요성을 느꼈기 때문(52.2%)과 평소 한문에 대한 관심과 흥미가 있기 때문(44.0%)이라는 답이 대부분이라고 한다.[58] 그런 점에서 평생교육의 영역 중 교양 영역의 한자 한문교육을 학습하는 학습자들의 경우 현실적인 목적보다는 내용과 흥미를 중심으로 한자 한문교육과정을 선택한 것이라고 할 수 있다.

평생교육으로 진행되는 한자 한문교육이 학습자의 연령대에 따라 대체적인 교육내용과 방향이 구분되는 현상은 생애 주기에 따라 한자 한문교육을 접하는 학습자들의 요구가 달라진다는 것을 반증하는 것으로, 정규 교육과정을 모두 마친 성인 학습자가 아닐 경우 학습자들 대부분이 한자 한문교육을 목적 달성을 위한 수단적·부수적·보조적 교육으로 인지하고 접근한다는 것이다. 그런 점에서 아직 정규 교육과정을 모두 마치지 않은 학습자들을 대상으로 하는 한자 한문교육의 경우 학습자들이 추구하는 목적의 달성에 충실히 기여하면서도 한자 한문교육의 본질적 가치에 대해 이해할 수 있도록 유도하는 교육과정과 내용의 설정이 필요하다.

이런 상황은 직무 영역의 교육으로 한자 한문교육 과정을 선택한 성인 학습자들도 같지만, 직무 영역의 교육으로 한자 한문교육 과정을 선택하는 성인 학습자들의 수가 얼마 되지 않고 또 이들의 희망 직무가 한자 한문교육과 직접적이고 긴밀한 관계를 형성하고 있다는 점에서 이들은 한자 한문교육을 직접적이고 본질적인 교육으로 인지하는 경우가 많다. 특히 교양 영역의 한자 한문교육을 선택한 성인 학습자들의 경우 한자 한문교육 자체를 목적으로 두고 있기 때문에 이런 인식이 더 크다.

그런 점에서 평생교육으로서 한자 한문교육은 연령대에 따라 성인 학습자와 그 아래 연령의 학습자로 구분하여 진행할 필요가 있다. 그러나 평생교육으로서 한자 한문교육의 운영을 학습자의 연령과 상황에 따라 구분하여 진행한다고 하는 것이 한자 한문교육의 본질적인 성격을 구분하는 것이 되어서는 안 된다. 2015년 개정 한문과 교육과정에서 한문 교과의 성격을 "한문과는 한문에 대한 기초적인 지식을 익혀 한문 독해와 언어생활에 활용하며, 한문 자료를 비판적으로 이해하고 심미적으로 향유할 수 있는 능력을 기를 수 있는 교과이다. 또한 한문과는 선인들의 삶과 지혜, 사상과 감정을 이해하여 건전한 가치관과 바람직한 인성을 함양하고, 전통문화를 바르게 이해하고 창조적으로 계승·발전시키며, 한자문화권의 문화에 대한 기초적인 지식을 익혀 한자문화권 내에서의 상호 이해와 교류를 증진시키는 데 기여할 수 있는 교과이다."라고 규정한 것은 학교의 정규 교육과정에 설정된 한문 교과의 목적과 성격에 이미 직무 영역과 교양 영역이 모두 포함되어 있음을 보여준다. 따라서 평생교육으로서 한자 한문교육을 연령대에 따라 성인 학습자와 그 아래 연령의 학습자로 구분하여 진행한다는 것은 교육의 본질적인 성격을 달리하는 것이 아니라 구체적인 교육내용을 학습자의 요구에 맞춰 응용하는 것이다. 또 이렇게 본다면 평생교육으로서 한자 한문교육은 학습자의 연령층에 따라 성인 학습자와 그 아래 연령층의 학습자로 구분되고 목적에 따라 직무 영역과 교양 영역으로 구분되는데, 이 중에서 가장 큰 변별점을 보이는 교육은 성인 학습자의 교양 영역에서 이루어지는 한자 한문교육이다.

성인 학습자를 대상으로 하는 평생교육 중 교양 영역에서 이루어지는 한자 한문교육은 몇 가지 지점에서

---

58) 김의환(2008), 「평생교육으로서의 한문강좌의 실태와 개선방안-대구지역 공공기관을 중심으로-」, 경북대학교 교육대학원 석사학위논문, pp.24~26.

특징적인 양상을 보여준다. 2007년 이루어진 김의환의 연구[59] 결과와 2014년 이루어진 이동재의 연구[60] 결과를 사례와 통계 중심으로 비교해 보면 두 연구에서 나타난 양상이 비슷하다는 것을 확인할 수 있는데, 이와 같은 결과의 유사성은 평생교육 중 교양 영역에서 이루어지는 한자 한문교육을 학습하는 학습자들의 기본 의식과 요구가 큰 변화 없이 지속되고 있음을 말해준다. 우선 학습자에 관한 통계 내용을 비교해 보도록 한다.

학습자의 연령(명)									
구분	20대	30대	40대	50대	60대	70대	80대	무응답	계
김의환	3	11	40	112	150(60대 이상)				316
이동재		1	10	31	44	11	4	3	104

학습자의 학력(명)								
구분	초졸	중졸	고졸	전문대졸	대졸	대학원 이상	무응답	계
김의환	27	67	130	15	62	7	8	316
이동재		7	32	60			5(기타)	104

학습자의 월 수입 정도(명)							
구분	100만원 이하	100~200만원	200~300만원	300~400만원	400만원 이상	무응답	계
김의환	66	83	80	27	17	43	316
이동재	3	19	22	55(300만원 이상)			104

학습자의 직업 유무(명)				
구분	있다	없다	학생	계
김의환	31	280	5	316
이동재	32	72	0	104

김의환과 이동재의 연구 결과를 살펴보면 완벽하게 일치하지는 않지만 대체적인 경향에서 상당한 동일성이 확인된다. 우선 학습자의 연령 측면에서 50대 이상이 절대 다수를 차지하며, 학력 면에서도 고졸

---

59) 이 글에서 인용한 김의환의 설문은 모두 김의환의 「평생교육으로서의 한문강좌의 실태와 개선방안-대구지역 공공기관을 중심으로-」(경북대학교 교육대학원 석사학위논문, 2008)에서 인용한 것으로, 김의환은 대구지역 공공기관의 한문강좌 수강생 316명을 대상으로 설문을 진행하였다. 이하에 나오는 김의환의 설문과 통계는 모두 같은 자료에서 인용한 것이기 때문에 주석을 새롭게 첨부하지 않는다.

60) 이 글에서 인용한 이동재의 설문은 모두 이동재의 「평생교육으로서의 한문교육의 효용성과 교육 방안-충청남도와 대전광역시를 중심으로-」(〈한문교육연구〉 43, 한국한문교육학회, 2014)에서 인용한 것으로, 이동재는 대전의 충남대학교 평생교육원과 한밭대 평생교육원에서 개설한 한문강좌를 수강하는 수강생, 충청남도 공주시립 도서관에서 개설한 한문강좌를 수강하는 수강생, 공주에 있는 손수 민간단체인 춘추서당에서 개설한 한문강좌를 수강하는 수강생을 대상으로 2014년 5월 10일부터 5월 30일까지 20여일에 걸쳐 남자 46명, 여자 58명 총 104명을 대상으로 설문을 진행하였다. 이하에 나오는 이동재의 설문과 통계는 모두 같은 자료에서 인용한 것이기 때문에 주석을 새롭게 첨부하지 않는다.

이상이 대부분이고 직업을 갖지 않은 학습자가 88%와 69%에 이른다는 것은 평생교육의 교양 영역에서 이루어지는 한자 한문교육을 학습하는 성인 학습자의 대부분이 50대 이상으로 현직에서 은퇴한 뒤 여가를 활용하여 취미생활이나 자기개발을 목적으로 학습한다는 것이다. 특히 이들 대부분이 고졸 이상의 학력을 소지하고 있다는 것은 이들이 평균 이상의 지적 능력과 욕구, 학습 경험을 지니고 있으며, 평소 한자나 한문교육에 대한 흥미와 관심을 가지고 있었으나 여러 가지 현실적인 사정으로 인해 한자 한문 학습에 뛰어들지 못하다가 은퇴 이후 본격적으로 한자 한문 학습을 시작한 것이라고 볼 수 있다.

이들의 월평균 소득은 각각 2007년(김의환)과 2014년(이동재)에 집계된 것이다. 통계청에서 공시한 2007년 도시근로자 가구의 월평균 소득이 3,675,000원, 2014년 3인 이하 도시근로자 가구의 월평균 소득이 4,734,603원이었다. 해당 시기 통계청에서 공시한 월평균 소득과 이들의 월평균 소득을 비교해 보면 평균 소득 이상의 소득을 유지하는 학습자와 평균 소득 이하의 소득을 얻는 학습자의 숫자가 비슷비슷한 상황이다. 물론 이 소득 수준을 도시근로자 전체가 아니라 은퇴자의 평균 소득과 비교해 본다면 소득 수준이 조금 더 높아질 수 있겠지만 그렇다고 그 수준이 획기적으로 높아지지는 않는다. 이렇게 본다면 이들이 한자 한문교육에 참여하는 것은 높은 소득 수준에 의한 생활의 여유 때문이라고 보기는 어렵다. 그것보다는 소득 수준에 관계없이 한자 한문교육에 관심과 흥미를 지니고 있기 때문이라고 할 수 있는데, 이런 내용은 다음의 통계 내용을 통해서도 확인할 수 있다.

학습자의 평생교육 참여 이유(명)							
구분	자기개발	여가활동	자녀교육	재취업	인간관계	기타	계
김의환	193	57	31	0	27	8	316
이동재	68	22	8	6	0	0	104

학습자의 한자 한문교육 선택 이유(명)						
구분	한문의 필요성	관심과 흥미	자녀교육	자격증 취득	기타	계
김의환	165	139	0	0	12	316
이동재	41	50	6	4	0	104

위의 통계 결과를 살펴보면 2007년 대구지역을 대상으로 한 김의환의 통계와 2014년 충남·대전 지역을 대상으로 한 이동재의 통계가 시기와 지역의 차이에도 불구하고 내용상 동일하다는 것을 알 수 있다. 즉 평생교육에서 교양 영역의 한자 한문교육을 선택한 성인 학습자의 대부분이 자기개발과 여가활동을 위해 평생교육에 참여하게 되었고, 그 중에서도 한자 한문교육을 선택한 이유는 일상생활에서 느끼는 한자 한문의 필요성과 한자 한문에 대한 평소의 관심과 흥미 때문이라는 것이다. 그렇기 때문에 자녀 교육과 재취업을 염두에 둔 학습자의 숫자는 얼마 되지 않는다. 이런 통계 결과는 평생교육에서 교양 영역의 한자 한문교육이 직무 영역의 교육과는 다른 각도에서 이루어져야 한다는 것을 보여주는 중요한 징표가 되는 것이면서 한자 한문교육이 교양교육으로 가지는 교육적·학습적 효용성이 가장 클 수 있다는 것을 보여주는 예시가 된다.

그런데 김의환과 이동재의 통계를 살펴보면 몇 가지 지점에서 혼란이 발생한다. 그것은 두 사람의 통계에서 현재의 교육에 만족한다는 응답이 85.4%(김의환)와 94%(이동재)에 이르지만, 김의환의 통계에서는 한자 한문교육을 수강한 이후 한문에 대한 인식이 더 어려워졌다고 답한 사람이 50.6%이고, 변함없다는 사람도 11.1%가 나왔다. 더 쉬워졌다고 응답한 사람은 26.9에 불과했다. 또 김의환의 학습저해 요인에 대한 설문에서도 어려움이 없다고 답한 응답자가 27.8%로 가장 많았지만, 강의 내용이 너무 어렵다고 답한 응답자도 23.4%나 되어 어려움이 없다고 답한 응답자와 어렵다는 응답자가 근소한 차이를 보일 뿐이다.

이와 같은 통계 결과는 현재 진행되고 있는 성인 학습자의 교양 영역에서 이루어지는 한자 한문교육의 내용이 학습자의 기대에 온전히 부합하지 못하는 경우도 적지 않음을 보여주는 것이다. 그래서인지 한문 강좌의 활성화 방안을 묻는 설문에 29.7%(김의환)와 39%(이동재)가 고적답사 등의 다양한 프로그램 개발을, 27.2%(김의환)와 43%(이동재)가 학습 수준별 강좌개설 및 다른 기관과의 연계를 통한 체계적인 수업 실시라고 응답했다. 이런 응답은 이전의 교육 만족도를 묻는 설문에서 85.4%(김의환)와 94%(이동재)의 응답자가 현재의 교육에 만족한다고 했지만 그 만족이 온전한 것이라고 보기 어렵게 만든다.

하지만 이와 같은 온전치 못한 만족도에 비해 한자 한문교육을 학습하고 있는 성인 학습자들의 충실도나 의욕은 상당해 보인다. 이들에게 한자 한문교육의 수강 기간을 설문한 결과 1년 이하에 해당하는 학습자가 각각 24.1% (김의환)와 24%(이동재), 1~3년이 각각 33.5%(김의환)와 24%(이동재), 3년 이상이 23.7%(김의환)와 54%(이동재)에 해당했으며, 한자 한문 관련 자격증의 취득에 대한 설문 결과 자격증을 가지고 있다고 응답한 비율은 각각 6.3%(김의환)과 17%(이동재)에 불과했다. 또 김의환의 설문에서 현재의 한자 한문교육 기관을 선택한 이유에 대한 물음에 50.9%가 프로그램 및 강사진이 마음에 들어서라고 답했지만, 26.9%가 집과의 거리가 가까워서라고 했고 17.4%가 수업료가 무료이거나 저렴해서라고 응답하여 교육기관의 선택에서 교육 외적인 외부 요인이 상당히 작용하고 있음을 알 수 있다. 이런 결과는 한자 한문교육을 학습하는 성인 학습자의 경우 재취업이나 전직을 위한 자격증을 취득하기 위해서라기보다 여가 활용과 평소 지니고 있었던 흥미와 학습 욕구를 해소하기 위해 한자 한문교육을 학습하고 있으며, 이 과정에서 교육내용에 어느 정도 불만족을 느끼지만 다른 교육내용에 별다른 흥미를 느끼지 못하거나 접근성과 수강료 등 교육 외적 요인으로 인해 한자 한문교육을 지속하고 있음을 보여준다.

김의환과 이동재의 설문을 종합 검토해보면 평생교육의 교양 영역에서 성인 학습자를 대상으로 진행되는 한자 한문교육의 경우 경제적인 여건보다 50대 이후의 은퇴자가 평소 지니고 있었던 한자 한문에 대한 흥미와 학습 욕구를 해소하고 은퇴 이후의 여가 시간을 보다 의미있게 활용하기 위해 학습하는 평생교육 과정이라고 할 수 있다. 그렇기 때문에 이 교육과정을 학습하는 성인 학습자의 경우 교육을 통해 재취업이나 전직을 시도하기보다 순전한 인문 교양교육의 일환으로 한자 한문교육을 학습한다고 보인다. 또 이들은 현재 학습하고 있는 교육내용에 일부 불만족을 느끼기도 하지만 다른 교육내용에 더 큰 흥미를 느끼지 못했고, 접근성과 수강료를 비롯한 교육 외의 상황적·환경적 요인으로 인해 다른 교육 과정으로 옮겨가지 않는 것이라 생각된다. 따라서 평생교육 중 교양영역에서 성인 학습자를 대상으로 하는 한자 한문교육의 활성화와 지속, 성과 확산을 위해서는 무엇보다 먼저 이들의 학습 목적인 한자 한문에 대한 흥미와 학습 욕구를 충족하고 인문학적 소양을 함양하여 은퇴 이후의 여가시간을 보다 의미 있게 보낼 수 있도록 하는 교육내용과 과정 그리고 환경의 확립이 필요하다.

4 평생교육으로서 성인 한문교육의 지속 가능 방안 제언

평생교육의 가치와 필요성 또 한자 한문교육의 의미와 필요성에 대해서는 지금 이 글에서 재론할 필요가 없을 것이다. 이미 수많은 연구자에 의해 언급된 것처럼 고령사회·지식 고도화 사회에 다가서면 설수록 평생교육의 가치는 커지고 필요성은 증대된다. 한자 한문교육 역시 마찬가지이다. 이동재의 언급처럼 한자 한문교육은 지적 활동에 따른 심신의 안정감을 주어 건강을 유지시켜주고, 사회성의 발달로 구성원들 간에 조화로운 삶을 살 수 있게 하며, 전통문화에 대한 이해를 통해 문화의 전승과 공동체의 구성원으로서의 자긍심을 갖게 하고, 독서와 신문 읽기와 같은 실생활에 도움이 되며, 자녀(손)의 교육에 도움이 되고, 중국어와 일본어의 학습에 유용하다[61]는 다양한 효용성을 지닌다.

특히 김창호의 언급처럼 한문학은 노년기의 특성과 상통하는 면이 있고, 지금의 노년층이 상대적으로 전통문화의 가치를 제대로 인식하지 못했던 시기에 학창 시절을 보냈으며, 근래 들어 고학력 퇴직자를 중심으로 노년층의 인문학에 대한 높은 관심을 볼 수 있고, 한문학 유산에 내재한 가치·정서의 家庭 內的, 社會的 善循環의 構造를 정착할 필요가 있으며, 평생교육의 한 분야로서 노인을 대상 또는 주체로 하는 한문교육의 방향 모색 및 한문교육 지평의 확장이 필요하다는 점에서[62] 확장되어 가는 노인 연령층을 대상으로 진행되는 평생교육 분야에서 교양 영역의 한자 한문교육은 더욱 중요한 의미를 가진다.

하지만 가치나 의미, 필요성의 확대는 평생교육으로서 성인 학습자를 위한 한자 한문교육의 지속과 활성화의 필요조건일 뿐이지 필요충분조건이 될 수 없다. 특히 막연한 가치나 필요성을 강조하는 행동과 구호는 오히려 성인 학습자를 대상으로 하는 한자 한문교육을 위축시키거나 왜곡할 수 있다. 그런 점에서 성인 학습자를 위한 한자 한문교육을 활성화하고 지속 가능하게 만들기 위해서는 먼저 그들의 현재 상황을 정확하게 인지하여 학습 목적과 상황에 부합하는 교육내용을 구축하고 교육환경을 조성해야 해야 한다.

이를 위해 가장 먼저 고려해야 할 것은 성인 학습자를 대상으로 하는 한자 한문교육은 대학까지의 교육과 달라야 한다는 것이다. 특히 교양 영역에서 이루어지는 한자 한문교육은 성인 학습자를 위한 직무 영역이나 대학까지의 학생들을 대상으로 하는 교육과는 교육의 내용과 방향에서 분명한 차이를 가져야 한다. 이런 주장은 성인교육이 학교교육과 달라야 한다는 관념적이거나 이론적인 추론에 근거한 것이 아니다. 그것보다는 우리나라에서 평생교육 중 교양 영역에서 이루어지는 한자 한문교육을 학습하는 성인 학습자의 대부분이 50대 이상의 은퇴자라는 학습자의 현실적인 상황과 그들의 의식에 근거한 것이다.

이들의 경우 신체적 노화를 겪고 있으며, 수리능력·공간지각력을 중심으로 하는 선천적이고 생물학적인 지각 능력인 유동적 지능이 감퇴하고 기억력이 감소하지만, 그만큼 충실한 삶의 경험과 경륜을 지녀 세상을 안정적이고 균형감 있게 바라볼 수 있고 또 교육과 경험을 통해 습득한 언어능력과 문제 해결 능력 같은 후천적 지각 능력인 결정적 지능이 높다.[63] 이와 함께 이들은 생활을 위한 도구의 획득이라는 현실적 목적을 위해 한자 한문교육을 학습하는 것이 아니라 여가의 활용과 평소의 흥미 그리고 인문학적 소양과 교양의 증진을 목적으로 학습한다. 따라서 이들의 학습은 주체적인 의지에 따라 이루어지는 것이

---

61) 이동재(2014), 「평생교육으로서의 한문교육의 효용성과 교육 방안-충청남도와 대전광역시를 중심으로-」, 〈한문교육연구〉 43, 한국한문교육학회, pp.98~101.

62) 김창호(2014), 「노인교육으로서의 한문교육의 방향과 내용요소」, 〈한문교육연구〉 42, 한국한문교육학회, pp.279~280.

63) 권대봉(2006), 『성인교육방법론』, 학지사, p.23.

고, 그런 만큼 학습의 지속과 중단을 외부에서 강제하거나 강요하기 어렵다. 그런 점에서 이들의 한자 한문교육을 활성화하여 실질적으로 지속 가능한 평생교육으로 유지하기 위해서는 교육내용을 이들의 학습 욕구와 목적에 부합하면서도 흥미를 유지할 수 있는 내용으로 구성하고, 교육환경을 이들의 신체적 능력에 합당한 수준으로 유지해야 하며, 교육 방법을 적용할 때 이들이 독립적이고 자기주도적이며 다양한 생애의 경험을 가지고 있다는 점에 유의해야 한다.

이러한 점들을 고려할 때 성인 학습자를 대상으로 하는 한자 한문교육을 활성화하여 성과를 확산하고, 이 교육이 실질적이고 지속 가능한 평생교육이 될 수 있도록 만들기 위해서는 다음의 방향으로 교육내용이 구성되어야 할 것이다.

첫째 교육과 학습을 통해 자신의 인생을 돌아보고 정리하면서 가치와 의미를 부여할 수 있도록 해야 한다.

둘째 교육과 학습을 통해 이후 시기 삶의 목적과 방향을 유연하고 긍정적으로 설정할 수 있도록 해야 한다.

셋째 전통적 가치를 학습하여 현재의 삶과 연계하고 이를 실생활에 적용할 수 있도록 해야 한다.

넷째 인문 교양의 증진을 통해 지적 욕구를 해소하고 학습의 가치를 이해하여 지속적인 학습이 가능할 수 있도록 해야 한다.

교육 방법의 측면에서는 다음의 방향을 고려하여 진행하여야 한다.

첫째 학습자의 경험을 인정하고 공유하면서 이들이 지나온 자신의 삶에 스스로 가치와 의미를 부여할 수 있도록 교육을 진행해야 한다.

둘째 다양한 매체의 사용을 통해 간접 경험을 확장하고 전통과 현대의 조화를 교육과정을 통해 자연스럽게 학습자 스스로가 인지할 수 있도록 진행해야 한다.

교육환경에서는 다음의 환경을 확보·유지하도록 하여야 한다.

첫째 성인 학습자의 신체적 특성에 적합한 공간과 시설의 확보와 유지가 이루어져야 한다.

둘째 학습자의 수준에 맞는 수준별 강좌를 개설하고, 강좌의 성격과 학습자의 요구에 부합하는 강사를 확보하여야 한다.

이와 같은 교육내용과 방법 및 환경은 성인 학습자의 한자 한문교육을 활성화하고 지속하기 위해 반드시 확보·유지되어야 하는 요소들이다. 물론 교육내용에서 한자나 전통 예절에 관한 부분들이 강조될 수 있고, 교육 방법에서 새로운 교육 기법이, 교육환경에서 멀티미디어나 디지털 플랫폼 등의 다양한 콘텐츠가 추가될 수 있지만, 이런 요소들은 현재 한자 한문교육을 학습하는 성인 학습자의 상황으로 볼 때 우선 구현되어야 할 시급한 요소라고 보이지 않는다.

현재 우리나라에서 한자 한문교육을 학습하는 성인 학습자 대부분의 연령이 50대 이상이라는 점에서 급변하는 디지털 환경이나 다양한 새로운 교육 기법의 적용은 흥미로울 수는 있지만 교육에 실질적인 도움을 주기 어려울 수 있고 또 이런 요소들은 오히려 적응과 적용에 어려움을 가중할 수 있다. 그리고 한자나 전통 예절에 관한 교육의 경우 가장 기초적이고 필수적인 교육이지만 여기에 주력하거나 이런 내용들을 강조할 경우 학습자들의 학습 의도와 목적에 맞추기 어려울 뿐만 아니라 흥미를 지속하기도 어렵다. 그런 점에서 성인 학습자의 한자 한문교육을 활성화하고 지속하기 위한 기초적인 요소들을 제언을 하고자 하는 이 글에서는 이 부분에 주목하지 않았다.

현대 사회에서 평생교육의 가치는 지속적으로 확장되고 있다. 이런 추세는 앞으로 전개될 사회가 고령화 사회·지식 고도화 사회일 것이라는 점에서 더욱 확대될 것이다. 이런 사회에서는 평생교육의 중심 학습자가 성인이 될 수밖에 없고, 또 그런 점에서 이들을 대상으로 교양 영역에서 이루어지는 한자 한문교육의 필요성과 가치는 점점 더 커질 수밖에 없다. 문제는 그렇다면 어떤 교육이 이루어져야 또 어떻게 교육하여야 이들을 대상으로 진행되는 한자 한문교육이 활성화되어 성과가 확장되고 교육이 지속될 수 있는가 하는 것이다. 이글은 이 문제에 대한 기초적인 제언을 담고 있다.

현재뿐만 아니라 미래 사회에서도 지속적으로 평생교육으로서 한자 한문교육을 활성화하기 위해서는 교육의 대상이 되는 학습자의 현재 상황을 정확하게 인지하여 학습 목적과 상황에 부합하는 교육내용을 구축하고 교육환경을 조성해야 해야 한다. 이를 위해 가장 먼저 고려해야 할 것은 성인 학습자를 대상으로 하는 한자 한문교육은 대학까지의 교육과 달라야 한다는 것이다.

이들의 경우 신체적 노화를 겪고 있으며, 수리능력·공간지각력을 중심으로 하는 선천적이고 생물학적인 지각 능력인 유동적 지능이 감퇴하고 기억력이 감소하지만, 그만큼 충실한 삶의 경험과 경륜을 지녀 세상을 안정적이고 균형감 있게 바라볼 수 있고 또 교육과 경험을 통해 습득한 언어능력과 문제 해결 능력 같은 후천적 지각 능력인 결정적 지능이 높다. 이와 함께 이들은 생활을 위한 도구의 획득이라는 현실적 목적을 위해 한자 한문교육을 학습하는 것이 아니라 여가의 활용과 평소의 흥미 그리고 인문학적 소양과 교양의 증진을 목적으로 학습한다. 따라서 이들의 학습은 주체적인 의지에 따라 이루어지는 것이고, 그런 만큼 학습의 지속과 중단을 외부에서 강제하거나 강요하기 어렵다. 그런 점에서 이들의 한자 한문교육을 활성화하여 실질적으로 지속 가능한 평생교육으로 유지하기 위해서는 교육내용을 이들의 학습 욕구와 목적에 부합하면서도 흥미를 유지할 수 있는 내용으로 구성하고, 교육환경을 이들의 신체적 능력에 합당한 수준으로 유지해야 하며, 교육 방법을 적용할 때 이들이 독립적이고 자기주도적이며 다양한 생애의 경험을 가지고 있다는 점에 유의해야 한다.

이러한 제언을 하면서도 이 글은 교육내용의 구체적인 세부 항목들을 제시하지 못했고, 교육 방법의 실질적인 기법을 언급하지 못했으며, 교육환경의 현실적인 획득 방안에 대해 언급하지 못했다. 결국 이 글에서 제언한 내용들은 기장 기초적인 수준의 틀과 방향에 불과하다는 한계를 지닌다. 이런 한계를 지니게 된 것은 이 글이 평생교육과 한자 한문교육의 기본적인 관계 정립과 성인 학습자의 상황에 대한 이해를 중심으로 하기 때문이다. 하지만 앞서 언급한 한계들은 이 글의 제언이 가치는 효용성을 확보하여 평생교육 과정에서 이루어지는 한자 한문교육을 활성화하고 지속하기 위해 반드시 보충되어야 할 것이다.
*참고문헌은 각주로 대체합니다.

第6章

媒體를 活用한 漢字 教育 學習 指導 方法論
─온라인 아카이브 활용 실례를 중심으로─

백진우(全州大)

1 머리말

본고는 한자 교육 현장에서 매체(媒體)를 활용한 학습 지도 방안을 제시하고자 하는 목표로 작성하였다. 한자 학습의 특성상 교수자의 의도와 학습자의 수준에 따라 적용 범위는 달라질 수 있으나, 매체 활용이라는 방법론의 측면에서 포괄하여 논의를 진행하고자 한다.

'어떤 작용을 한쪽에서 다른 쪽으로 전달하는 물체 또는 그런 수단'을 의미하는 '매체'의 사전적 정의를 고려할 때, 본고의 논의를 효율적으로 진행하기 위해 매체의 범위를 좁혀둘 필요가 있다. 이와 같은 사전적 정의를 염두에 둔다면 한자 교육에서 매체의 역할을 다음과 같이 치환해볼 수 있다. '어떤 작용'은 '한자 지식'으로, '한쪽'은 '교수자'로, '다른 쪽'은 '학습자'로 이해한다면, '전달하는 물체 또는 그런 수단'이 바로 매체의 역할이 될 것이다.

그런데 위의 정의에 따라 한자 교육 현장에서 매체를 '한자 지식을 교수자가 학습자에게 전달하는 수단'으로 정의할 경우, 매체의 범위는 무척 넓어지게 된다. 또한 실제 한자 교육 현장에서 교수자의 의도에 따라 활용할 수 있는 매체가 무척 많은 것도 사실이다. 실제 한자 교육과 관련하여 기존에 제출된 연구 성과를 일별해 보면 한자 교육 분야에서 활용 가능한 매체의 종류가 다양함을 확인할 수 있다.

한자 교육 분야에 있어서 매체를 전면에 내세운 기획으로는 한국한자한문교육학회의 2007년 추계학술대회 발표에 주목할 만하다. "매체 환경의 변화와 한문교육"이라는 기획 주제 아래 6편의 논문 발표가 있었다. 개별 발표에서는 각론으로 초등학교, 중학교, 고등학교, 대학 등 각급 학교 교육에서의 '매체 활용 교육 실태와 현황'을 정리하였고, 방법론으로 '매체의 효과'와 'UCC와 FLASH'를 활용한 교수 학습 효과에 대한 발표가 있었다.[64]

위의 기획은 이미 십 수년 전에 발표된 논문이지만 당시의 상황에서 상당히 시의성 높은 시도였다고 할 수 있다. 실제 개별 논문에서 예상한 인터넷 기반의 미래 교수─학습 환경은 현재의 교육 현장 모습과 놀

---

64) 기획주제로 발표한 여섯 편의 논문은 다음과 같다. 김동규(2008), 「매체를 활용한 한문과 교수 학습법─UCC & FLASH를 중심으로」, 〈한자한문교육〉 제20집, 한국한자한문교육학회, pp.111~139; 김병철(2008), 「제7차 고등학교 한문교육에서의 매체 활용 교육 실태」, 〈한자한문교육〉 제20집, 한국한자한문교육학회, pp.142~180; 김우정(2008), 「대학 교양 한자 교육의 목표와 방향」, 〈한자한문연구〉 제4호, 고려대학교 한자한문연구소, pp.5~30; 남수극(2008), 「현행 초등학교 한자교육에서의 媒體 活用 教育 實態」, 〈漢字漢文教育〉 20집, 한국한자한문교육학회, pp.39~75; 이승현(2008), 「제7차 중학교 한문 교육에서의 매체 활용 교육 실태」, 〈한자한문교육〉 제20집, 한국한자한문교육학회, pp.77~110; 임정훈(2008), 「다시 생각해 본 교수매체의 효과성 논쟁─매체와 학습과의 관계 이해와 매체 활용 교육에 주는 시사점」, 〈한자한문교육〉 제20집, 한국한자한문교육학회, pp.365~389.

랍도록 유사하기도 하다.[65]

기존 연구 성과는 한자 수업에 다양한 매체를 적용시키는 실례를 보여주고 학습 모형을 제시하였다는 점에서 의미가 크다. 교수자의 수용 태도에 따라 실제 각급 학교의 교육 현장에서 교수자가 활용 가능한 실용적인 제안도 충분히 이루어진 듯하다.

본고에서는 기존 연구 성과에 바탕을 두되, 교수자와 학습자 모두 어렵지 않게 접근할 수 있는 온라인 상의 아카이브(archive)에 주목하고자 한다. 특히 활자와 영상 매체 활용에 중점을 두고자 한다. 교수자의 의도에 따라 필요한 정보를 기존에 구축되어 있는 자료 뭉치에서 손쉽게 검색하고 수업에 사용할 수 있기 때문이다.

본고의 논의와 관련하여 2015 교육과정의 교수·학습 방향 가운데 매체와 관련한 내용을 정리해볼 필요가 있다. 매체와 관련한 내용은 '4. 교수·학습 및 평가의 방향' 항목에 정리되어 있는데, 초등학교·중학교·고등학교 모두 아래와 같은 동일한 내용으로 되어 있다.

> (6) 학습자가 쉽고 재미있게 학습할 수 있도록 하되, 다음 사항에 유의하여 교수·학습 방법을 계획한다.
> • 다양한 매체 자료를 활용하여 학습 효과를 높이되, 교사와 학습자가 쌍방향으로 소통할 수 있도록 한다.
> • 교수·학습 자료는 학습자의 흥미와 동기를 유발하여 학습자 중심의 학습이 이루어지도록 구성한다.

위의 내용을 본다면 매체는 그 자체로 교육 내용과 관련한 필수적인 요소는 아니지만, 학습 효과를 높이기 위해 필요한 수단으로 인지하고 있음을 알 수 있다. 여기에 더해 교수자와 학습자 사이의 소통을 가능케 하는 중요한 수단으로 활용하기를 기대하고 있다.

또한 '평가 방법 및 유의사항' 항목에서도 "텍스트만 제시하기보다는 삽화나 사진, 신문, 광고 등 실생활 관련 자료를 활용하여 학습자의 흥미를 유발할 수 있도록 평가 방식을 다양화한다."라는 평가 지표를 제시하고 있다. 이는 한자 학습이 실생활과 연계될 필요가 있으며, 그렇게 할 때 학습자의 흥미를 유발할 수 있음을 의미한다.

이상에서 살펴본 매체의 역할은 대학의 강의나 평생교육 과정의 성인 학습자를 대상으로 하는 강의에서도 크게 다를 바 없다. 수업을 통해 전달하는 한자의 수준은 학습자의 수준에 따라 달라지지만 교수 방식에 있어서는 별반 차이가 없기 때문이다.

----

65) 하나의 예시를 들면 다음과 같다. "미래 교실에서는 전파식별(RFID : radio frequency identification) 방식으로 출석 체크를 하며, 학생증에 내장된 전파식별(RFID)로 전자 사물함을 열어 태블릿 PC를 충전하며, 교사는 전자 칠판을 통해 수업을 한다. 학생들은 매직미러를 통해 평상시에는 거울로 활용하고, 필요할 때에는 다가서거나 터치를 통해 다양한 콘텐츠를 디스플레이할 수 있다. 선생님은 컴퓨터와 연결된 전자칠판 위에 전자 펜으로 글씨를 쓰고, 교과와 관련된 사진과 동영상을 불러온다. 학생들은 태블릿 PC를 통해 문서와 애니메이션이 나오는 디지털 교과서를 보며 수업을 한다. 위의 狀況은 앞으로 다가올 未來 授業 모습이다." 이승현(2008), 위의 논문, pp.78~79.

전자는 주로 교수자가 강의를 통해 학습자에게 의도하는 지식을 전달하는 경우에 해당하고, 후자는 학습자가 교수자에게 제출하는 과제에 해당한다.

2.1 활자 매체: 신문 아카이브

활자는 한자 교육에 가장 효과적으로 적용할 수 있는 매체 가운데 하나이다. 그 가운데 특히 신문은 다음과 같은 몇 가지 이유에서 활용 가치를 찾을 수 있다. 첫째, 정치·문화·경제·교육·연예·스포츠 등 우리 사회 대부분의 분야를 다루고 있다. 따라서 교수자가 가르치고자 의도하는 한자(어)를 손쉽게 찾아낼 수 있다. 둘째, 보도 기사(straight news)와 논설 기사(feature news)가 섞여 있다. 따라서 한자와 한자어 지식 전달의 범위를 넘어 교수자의 의도를 얹어낼 수 있다. 셋째, 비교적 양질의 문장을 기사 단위로 제공하고 있다. 따라서 글의 맥락 이해와 유추를 통해 미지(未知)의 한자(어) 학습에 도움을 줄 수 있다.

특히 1990년대를 기점으로 우리나라 일간 신문에서 한자 노출이 사라지고 한글 전용 시기가 도래했다는 사실은, 다른 한편으로 신문을 한자 교육에 좋은 재료로 사용할 수 있는 이유가 된다. 한글 표기 어휘로부터 한자를 가르칠 때에도 활용할 수 있고, 한자 표기 어휘로부터 독음(讀音)을 읽어내는 교재로도 활용할 수 있기 때문이다. 여기에 더해 누구나 손쉽게 무료로 이용할 수 있는 온라인 아카이브(on-line archive)가 방대하게 구축되어 있다는 점도 한자 교육에 활용할 수 있는 중요한 이유가 된다. 이러한 측면에 주목하여 본고에서는 온라인 신문 아카이브를 활용한 한자 교육 방법론을 제안하고자 한다.

개별 신문사에서 구축한 자체 아카이브를 제외하고,[66] 2021년 현재 우리나라의 대표적인 신문 통합 아카이브로는 공공기관인 국립중앙도서관에서 제공하는 〈대한민국 신문 아카이브〉,[67] 한국언론진흥재단에서 제공하는 〈빅카인즈〉,[68] 그리고 사기업인 네이버가 제공하는 〈네이버 뉴스 라이브러리〉[69]를 들 수 있다. 각 아카이브 별로 제공하는 기사 범위는 다음과 같다.

아카이브	참여 신문사	기사 제공 기간
대한민국 신문 아카이브	98종	1883년~1966년
빅카인즈	54종	1990년~현재
네이버 뉴스 라이브러리	5종	1920년~1999년

각각의 아카이브는 구축 목적, 기사 제공 범위, 추가 분석 도구 제공에 있어 차이를 보이기 때문에 교수자의 활용 목적과 의도에 따라 달리 사용할 필요가 있다.

필자가 강의에 활용하는 방식은 크게 두 가지이다. 첫째, 한글로 작성된 기사 가운데 한자(어)를 찾는 방

---

66) 개별 신문사에서 자체적으로 구축한 아카이브 역시 유의미한 수업 자료로 활용할 수 있다. 다만 교육 현장에서 활용하기 위해서는 대중이 무료로 손쉽게 접근할 수 있어야 하므로 본고의 논의 범위에서는 제외한다.

67) http://www.nl.go.kr/newspaper

68) http://www.bigkinds.or.kr

69) http://newslibrary.naver.com

법이다. 둘째, 한자로 작성된 기사를 읽어내는 방법이다. 한글 전용 이후 신문 아카이브인 '빅카인즈'는 전자에 활용도가 높고, 고신문과 20세기 후반까지의 신문 아카이브인 '대한민국 신문 아카이브'와 '네이버 뉴스 라이브러리'는 후자에 활용도가 높다. 시의성 있는 주제를 제안하는 데에는 철저하게 교수자의 교수 목표와 안목이 필요하다. 교수자의 의도, 강의 진도, 강의 내용에 따라 활용 방식은 얼마든 달라질 수 있다는 사실을 전제로, 양쪽 모두에 활용할 수 있는 하나의 예시를 들면 다음과 같다. 예시 주제어는 무엇이든 가능하겠지만, 시의성을 감안하여 '전염병'과 '치료'를 예로 들고자 한다.

먼저 한글로 작성된 기사 가운데 한자(어)를 찾아 쓰기 학습에 적용하는 경우이다. '빅카인즈' 아카이브에서 '전염병'을 검색하고, 다시 결과 내 재 검색 메뉴를 활용하여 '치료'를 검색한 결과이다.

2021년 한 해로 기간을 제한하더라도 무려 323건의 결과가 나온다. 기사를 검색한 후, 동의어·유의어·참고어·반의어·연관어 등이 많은 기사를 선택하면 교육 효과가 높다. 기사는 배포와 공유에 편리한 형태로 제공되기 때문에 학습자에게 배포하기도 수월하다.

한글로 작성된 기사 한 편을 골라 기사 내에서 한자로 바꿀 수 있는 내용을 모두 바꿔 제시함으로써, 자연스럽게 한자 어휘 습득을 유도한다.

[기사 원문] / 2021년 5월 11일 (○○신문)

코로나19와 예방접종

전염병은 심리학에서 시작해서 수학의 단계를 거쳐 의학의 단계에서 극복한다고 한다. 초기에는 병에 대한 정보가 없어 알 수 없는 괴담과 불안이 덮친다. 이후로 병에 대한 연구가 진행되면 집계되는 환자수, 사망자수, 노출자수 등의 숫자들이 매스컴을 점령한다. 그 다음으로는 백신과 치료약들이 개발되면서 전염병이 극복된다는 것이다.

아직도 폭발적으로 환자가 발생하는 몇몇 나라들이 있기는 하지만 올해 초부터 시작된 코로나19 예방접종으로 이 골칫덩어리 바이러스 대응이 새로운 국면에 접어들고 있다. 상상할 수 없는 빠른 속도로 코로나 백신이 개발됐으며 전세계 나라들이 백신접종에 사활을 걸고 있다.

백신이 개발되기 전 우리들은 백신이 개발되기만 하면 코로나 감염이 종식될 것이라 생각했다. 그런데 아니었다. 우리가 간과한 문제가 있었다. 코로나19 백신 제조사 모더나의 스테반 방셀 CEO는 "코로나19 바이러스는 사라지지 않을 것"이라고 내다봤다. 그는 이어 "우리는 이 바이러스와 영원히 함께 살아야 할 것"이라고 말했다. 앞으로 코로나19가 토착병이 될 가능성이 크다는 것이 공중보건 및 감염병 전문가들의 예상이다.

> 화이자의 코로나백신 효과가 95%라는 것은 발병을 예방하는 효과이지 전파를 예방하는 효과가 아니다. 설령 집단 면역에 도달한다고 하더라도 고위험군은 여전히 조심해야 하고, 감염 또는 백신 접종으로 인해 생긴 면역력이 얼마나 지속할지도 뚜렷하지 않다. 매년마다 코로나백신 접종을 해야할 수도 있는 것이다. 변이 바이러스 출현, 백신을 맞았는데도 감염되는 환자의 발생 등 다양한 요인을 봤을 때 코로나19 종식이나 집단 면역 달성은 어렵다. (하략)

먼저 위와 같은 한글 기사를 제시한 후에 학습자들에게 한자로 바꿔볼 것을 제안한다. 학습자의 수준에 따라 교수자 중심으로 한자를 선별하여 가르치는 방법도 가능하고, 학습자 중심으로 과제를 부여하여 문맥상 정확한 한자를 찾아 수기(手記)로 작성하라는 교수 방법을 사용할 수도 있다.

코로나19와 豫防接種

傳染病은 心理學에서 始作해서 數學의 段階를 거쳐 醫學의 段階에서 克服한다고 한다. 初期에는 病에 對한 情報가 없어 알 수 없는 怪談과 不安이 덮친다. 以後로 病에 對한 硏究가 進行되면 集計되는 患者數, 死亡者數, 露出者數 等의 數字들이 매스컴을 占領한다. 그 다음으로는 백신과 治療藥들이 開發되면서 傳染病이 克服된다는 것이다.

아직도 爆發的으로 患者가 發生하는 몇몇 나라들이 있기는 하지만 올해 初부터 始作된 코로나19 豫防接種으로 이 골칫덩어리 바이러스 對應이 새로운 局面에 접어들고 있다. 想像할 수 없는 빠른 速度로 코로나 백신이 開發됐으며 全世界 나라들이 백신接種에 死活을 걸고 있다.

백신이 開發되기 前 우리들은 백신이 開發되기만 하면 코로나 感染이 終熄될 것이라 생각했다. 그런데 아니었다. 우리가 看過한 問題가 있었다. 코로나19 백신 製造社 모더나의 스테반 방셀 CEO는 "코로나19 바이러스는 사라지지 않을 것"이라고 내다봤다. 그는 이어 "우리는 이 바이러스와 永遠히 함께 살아야 할 것"이라고 말했다. 앞으로 코로나19가 土着病이 될 可能性이 크다는 것이 公衆保健 및 感染病 專門家들의 豫想이다.

화이자의 코로나백신 效果가 95%라는 것은 發病을 豫防하는 效果이지 傳播를 豫防하는 效果가 아니다. 設令 集團 免疫에 到達한다고 하더라도 高危險群은 如前히 操心해야 하고, 感染 또는 백신 接種으로 因해 생긴 免疫力이 얼마나 持續할지도 뚜렷하지 않다. 每年마다 코로나백신 接種을 해야할 수도 있는 것이다. 變異 바이러스 出現, 백신을 맞았는데도 感染되는 患者의 發生 等 多樣한 要因을 봤을 때 코로나19 終熄이나 集團 免疫 達成은 어렵다. (하략)

위의 기사에서 확인할 수 있듯, 맨 처음 검색어로 활용했던 키워드인 '전염병', '치료'와 관련한 단어들을 손쉽게 확인할 수 있다. 연관 단어들을 기사 내에서 추려내어 별도로 제시할 경우 좀더 효율적인 학습 효과를 기대할 수도 있다. 길지 않은 윗글에서 두 단어와 연관시켜 설명할 수 있는 어휘만 하더라도 '의학(醫學)', '극복(克服)', '환자(患者)', '사망자(死亡者)', '치료약(治療藥)', '연구(硏究)', '예방(豫防)', '접종(接種)', '감염(感染)', '종식(終熄)', '토착병(土着病)', '공중보건(公衆保健)', '발병(發病)', '예방(豫防)', '효과(效果)', '전파(傳播)', '면역(免疫)', '고위험군(高危險群)' 등 20여 개를 찾아낼 수 있기 때문이다. 이처럼 어휘군(語彙群)을 활용하는 방식은 단어를 개별적으로 학습하는 방식보다 더 효과적이다.

또한 '빅카인즈' 아카이브는 빅데이터를 활용한 '연관어 분석' 서비스를 제공하고 있다.[70] 이 서비스는 개별 기사에서 교수자가 연관 단어를 찾아내어 제시하는 방식 외에, 별도로 활용해 봄직한 교수법이며

---

70) 이 서비스 역시 무료이다. 단, 회원으로 로그인했을 때에만 사용 가능하다.

학습자의 흥미를 이끌어내는 데에도 도움이 된다. 앞서와 동일한 키워드를 유지한 채, 연관어 분석을 진행한 결과는 다음과 같다.

'빅카인즈' 아카이브에서는 빅데이터 분석 기법을 통해 뉴스 아카이브로부터 30여 개의 연관어를 추출하여 워드클라우드 형태로 제공한다. 대부분의 단어는 키워드와의 연관성을 어렵지 않게 찾을 수 있다. 예를 들어 '부작용(副作用)', '간호사(看護師)', '면역력(免疫力)', '의료진(醫療陣)', '임상시험(臨床試驗)', '발병(發病)', '대유행(大流行)' 등이 그러하다.

이상에서 살펴본 바와 같이 '빅카인즈' 아카이브 활용은 학습자의 흥미와 동기를 쉽게 유발하여 학습자 중심의 학습이 이루어지도록 만드는 좋은 교육 자료이자 매체라고 할 수 있다.

다음으로는 한자로 작성되어 있는 옛 신문 기사를 읽어내는 경우이다. 앞서 언급했듯 이 때에는 '대한민국 신문 아카이브'와 '네이버 뉴스 라이브러리'를 활용할 수 있다. 이른 시기의 예시를 보여주고자 할 때에는 '대한민국 신문 아카이브'가 유용하고, 20세기 말까지의 예시를 보여주고자 할 때에는 '네이버 뉴스 라이브러리'가 좀더 유용하다. 본고에서는 '네이버 뉴스 라이브러리'를 예로 들어 설명하고자 한다.

비교를 수월하게 하기 위해 이번에도 키워드는 '전염병'과 '치료'로 제시하고자 한다.

'네이버 뉴스 라이브러리'는 '빅카인즈'와 달리 결과내 재검색 기능 대신 연산자 검색 기능을 제공하고 있다. 따라서 키워드 사이에 연산자 '+'를 입력할 경우 두 개의 키워드를 반드시 포함하는 기사를 필터링하여 노출한다. "전염병+치료"로 검색할 경우 1920년부터 1999년까지의 기사 3,894건이 검색된다. 이모든 기사가 학습 자료에 해당하지만, 학습자의 동기와 흥미를 유발하기 위해 기사를 선별할 때 나름의 의미를 부여하는 방식을 사용할 필요가 있다. 예를 들어, 필자의 경우는 '50년 전 오늘', '60년 전 오늘'처럼 같은 날짜에 일어났던 수십년 전 기사를 선별하라고 하거나, '부모님의 생년월일'에서 기사를 선별하라는 방식으로 범위를 좁혀주고 있다. '네이버 뉴스 라이브러리'에서는 연도별로 기사를 일목요연하게 검색할 수 있기 때문에 위와 같은 방식을 사용하기가 어렵지 않다.

이러한 과정을 거쳐 50년 전인 1971년의 '전염병' '치료' 관련 기사를 뽑아낸 예시는 다음과 같다. 한글 기사에서 한자를 찾아내고자 했던 '빅카인즈' 아카이브와는 다르게, 이번에는 한자로 작성된 기사에서 독음을 읽어낼 수 있도록 지도하는 데 중점을 둔다.

오늘날 학습자들은 종이 신문 실물을 볼 기회 자체가 흔치 않기 때문에 옛 종이 신문을 보여주는 것만으로도 관심을 이끌어낼 수 있다. 그리고 그 지면에 적혀 있는 어려운 한자들을 읽어내는 과정 속에서 성취감도 얻을 수 있다. 수업 시간을 통해 윤독(輪讀)하는 방식의 교수법을 사용할 수도 있고, 한자가 많은 기사를 독음을 달아 한글로 정리하여 제출하게 하는 과제로 출제하는 것도 가능하다. 다음은 한자가 노출되어 있는 옛 신문을 한글로 정리한 결과이다.

장마 문턱에서 진단해 본 여름의 적 장티푸스

방역 당국의 꾸준한 활동에도 장티푸스 환자는 줄기는커녕 오히려 해마다 늘어나기만 하고 있다. 신속하고 적절한 치료로 옛날에 비해 사망률은 현저히 떨어졌으나 여전히 환자수로는 으뜸가는 전염병이 되고 있다. 지난 60년만 해도 발생 환자수가 2,798명이었던 것이 작년에 4,221명으로 늘어났고, 다만 사망자수만이 125명에서 42명으로 줄었다.

금년 들어서도 지난 4월말 현재 1,032명 발생에 8명이 사망, 작년 같은 기간의 400명 발생에 6명이 사망했던 것에 비해 발생 환자수가 2.5배에 달하고 있다. 장티푸스는 여름철과 초가을에 많이 발생하기도 하지만, 근년에 이르러 계절과 관계없이 연중 어느 때나 발생하는 사철병이 되어가고 있다. 전파의 매개물은 주로 오염된 음료수나 식품이다. 공동 우물을 먹는 촌락이나 도시 변두리에 환자가 발생하면 병은 폭발적으로 확산한다. 따라서 상하수도의 정비, 분뇨의 위생적인 처리, 식품의 위생적 취급, 보균자의 철저한 관리 등은 이 병을 퇴치하는 요체가 된다. (하략)

2.2 광고 아카이브

광고는 제한된 지면이나 시간 안에 매체를 통해 인상적인 정보를 전달하는 활동이다. 대부분의 광고는 정보와 메시지를 압축적이고 효율적으로 만들어 전달하고자 노력한다. 지면 광고인지 혹은 영상 광고인지에 따라 성격의 차이는 있겠으나, 여기서는 몇 가지 사례와 온라인 아카이브를 중심으로 한자 교육에서 광고를 활용하는 방법을 살피고자 한다.

한자는 여러 가지 이유에서 광고에 활용하기에 적합하다. 필자가 생각하는 몇 가지 이유를 들면 다음과 같다.

첫째, 표의문자(表意文字)이기 때문에 표음문자(表音文字)인 한글에 비해 압축성이 높다. 광고는 지면과 시간이라는 물리적 제한이 존재한다. 하고 싶은 말을 모두 늘어놓을 수 없다는 것이다. 따라서 글자 수를 줄이는 일이 필요한데, 이때 한자는 적은 수의 글자로 더 많은 내용을 전달할 수 있다는 점에서 효율적이다.

둘째, 중의성을 표현해내는 데 있어 효율적이다. 광고에서는 고정적이고 상투적인 기존의 의미와 인식을 비틀어 새로운 의미를 의도적으로 만들어내는 경우가 많다. 이때 한자가 갖는 다의성(多義性)을 통해 새로운 의미를 쉽게 만들어낼 수 있다. 한글은 몇 음절로 이루어진 낱말 단위에서 맥락을 통해 다의성을 의도할 수 있지만, 한자는 낱글자 단위에서 다의성을 의도할 수 있다. '락 페스티벌' 광고에서 '락'을 '樂'으로 표기함으로써[71] '음악 축제'라는 의미와 '즐거운 축제'라는 중의성을 의도한 광고는 하나의 좋은 예시이다.

셋째, 한글 전용 시대에 한자가 가지는 '생경함'은 광고자가 전달하고자 하는 메시지를 부각시키는 데 있어서 효율적이다. 한글로만 이루어진 문장에서 일부 한자가 노출되는 경우 시각적으로나 인지적으로나 독자와 시청자의 주목을 쉽게 이끌어낼 수 있다.

실제 광고를 확인해보면, 위에서 제시한 이유 외에도 여러 가지 이유로 광고에 한자를 활용하고 있음을 알 수 있다.

사실 기존에도 강의 현장에서 광고를 활용한 교수자가 적지 않았다. 하지만 자료를 찾아내고 준비하는

---

71) 표준어는 '록'이지만 일반적으로 사용하는 '락'을 음으로 채택한 이유도 이러한 중의성을 강조하기 위한 의도로 볼 수 있다.

과정에서 교수자의 안목과 수고가 필요하다는 난점이 있었다. 이는 학생들이 과제를 제출하는 과정에서도 마찬가지였다. 그런데 최근에 여러 광고를 손쉽게 찾아보고 실제 내용을 확인할 수 있는 광고 아카이브가 구축되면서 한자 교육 현장에서도 광고를 기존에 비해 더욱 손쉽게 활용할 수 있는 길이 열렸다. 방대하게 구축되어 있는 온라인 아카이브를 이용한다면 더욱 다양하고 흥미로운 내용을 강의에 적용할 수 있을 것으로 기대한다.

2021년 현재 우리나라의 광고 아카이브로는 한국광고총연합회에서 제공하는 〈광고정보센터〉,[72] 공익광고협의회에서 제공하는 〈공익광고 자료실〉,[73] 〈대한민국 광고대상 수상작 아카이브〉,[74] 주식회사 애드크림에서 제공하는 〈광고포탈〉[75] 등을 들 수 있다.

아카이브	성격 및 콘텐츠
한국광고총연합회 광고정보센터	국내외 광고 종합 DB 제공
공익광고협의회 공익광고 자료실	1981~2021년 사이 제작한 방송, 인쇄, 웹툰 공익광고 제공
대한민국 광고대상 수상작 아카이브	2014~2021년 사이 광고대상 수상작을 모은 아카이브
㈜애드크림 광고포탈	광고인 대상 종합 아카이브

신문 뉴스 아카이브와 마찬가지로 상기 광고 아카이브 역시 구축 목적과 광고 수록 정보에 차이가 있기 때문에 교수자의 의도에 따라 다르게 활용할 필요가 있다. 다만 강의에 필요한 한자(어)를 먼저 상정하고, 그에 맞는 기사를 검색할 수 있는 뉴스 라이브러리와 다르게, 광고 아카이브는 교수자와 학습자가 사전에 인지한 정보를 활용하여 그에 해당하는 광고를 찾거나 혹은 여러 편의 광고를 열람하면서 한자를 활용한 광고를 선별해내야 한다는 한계가 있다. 광고 매체별 분류까지만을 제공하는 경우가 대부분이기 때문이다.

먼저 한국광고총연합회에서 구축한 '광고정보센터'의 경우를 확인해보자.[76] 광고정보센터의 본래 구축 목적은 광고 산업의 발전을 위한 인적 네트워크 구축 및 광고물과 광고문헌자료의 DB 구축에 있다.

---

72) https://www.ad.co.kr/

73) https://www.kobaco.co.kr/ 내 공익광고 자료실.

74) http://adawards.ad.co.kr/

75) http://tvcf.co.kr/

76) 한국광고총연합회는 우리나라 광고 관련 단체들의 연합 모임이다. 본래 '한국광고연구협의회'라는 명칭으로 1971년 발족하여 올해로 창립 50주년을 맞이하였다. 광고 관련 조사연구, 위상 강화를 위한 행사 개최, 교육 및 광고정보센터 운영 등의 사업을 수행하고 있다. 아카이브는 광고물 및 영상 자료를 DB로 구축하여 인프라로 활용하기 위한 목적으로 제공하고 있다. 주로 광고계 종사자들이 이용하고 있다.

'광고정보센터'의 메인 화면이다. 매체별 최신 광고를 꾸준히 업데이트하고 있음을 알 수 있다. TV, CF, 인쇄, OOH(옥외미디어), 라디오, 극장 등 우리가 일상에서 마주하는 광고 매체를 거의 대부분 포함하고 있다. 하위메뉴 가운데 '광고물DB'를 선택하면 찾고자 하는 광고를 어렵지 않게 찾을 수 있다. 상업 광고 뿐만 아니라 선거 광고, 공익광고, 프로모션 광고, 온라인 배너 광고 등 다양한 분야를 모두 포함하여 방대한 자료를 축적하고 있다는 점이 특징적이다.

먼저 이 사이트에서 제공하는 상업 광고 가운데 동영상 형태의 TV CF를 예로 들어본다.

본래 광고는 각각 15초 분량의 동영상으로 제작한 TV 연작 광고이다.[77] 좌측 상단부터 시계방향으로 '박학따식', '따정따감', '따재따능', '따따익선'이라는 사자성어의 변형을 제시하고 있다. 쉽게 짐작할 수 있듯, 이는 '박학다식(博學多識)', '다정다감(多情多感)', '다재다능(多才多能)', '다다익선(多多益善)'이라는 친숙한 사자성어를 활용한 광고이다. 한글 쌍자음인 제품명인 '따옴'의 '따'를 강조하기 위해 사자성어에 들어 있는 '다'를 '따'로 바꾸었다. 이 과정에서 '다(多)'가 들어가는 사자성어 가운데 긍정적인 의미를 갖는 성어를 제시하였다.

동영상 광고 속 멘트에서는 이 점을 더욱 상세하게 풀어 강조하기도 하였다. '박학따식'에 대해서는 '따옴처럼 안에 든 게 많아야 진짜 주스라는 뜻', '따정따감'에 대해서는 '따옴처럼 나눌 때 정이 넘쳐야 감동적

----

77) '광고정보센터'에서 이 광고의 기본정보를 다음과 같이 명시하였다. 브랜드 '따옴', 광고주 '빙그레', 광고회사 'HS애드', 제작사 '브라보', 등록일 '2017.06.19.', 모델 '김지원'이다.

인 주스라는 뜻', '따재따능'에 대해서는 '따옴처럼 마실수록 건강해져야 능력 있는 주스라는 뜻', '따따익선'에 대해서는 '따옴처럼 마실수록 좋아져야 신선한 주스라는 뜻'으로 풀이한 것이다. 이러한 풀이는 어디까지는 제품 광고를 위해 만들어낸 것이므로, 광고 현장에서 필요한 창의적 발상으로 이해할 수 있다. 강의 현장에서는 이러한 광고를 여러 가지 방식으로 활용 가능하다. 가장 먼저 광고에서 제시한 네 개 어휘의 본래 사자성어를 풀이할 필요가 있다. 기본적인 풀이 이후에는 본래의 의미를 광고에서 어떤 의도로 연결시켰는지를 어휘 확장의 차원에서 제시할 수도 있다. 아울러 원 출전이 있는 경우 해당 출전에 대해 풀이하여 배경 지식을 설명하는 방식도 가능하며, 유의어(類義語)나 반의어(反意語)를 제시하여 한자 어휘에 대한 더욱 많은 지식 정보를 제공하는 방식도 생각해볼 수 있다.

광고 어휘	본 성어	풀이	비고
박학따식	박학다식 (博學多識)	지식의 범위가 넓으면서 아는 것이 많음	유의어 박람강기(博覽强記)
따정따감	다정다감 (多情多感)	정이 많고 감정이 풍부함	
따재따능	다재다능 (多才多能)	재주가 많고 능력이 많음	
따따익선	다다익선 (多多益善)	많으면 많을수록 더욱 좋음	원출전, 『史記』 「淮陰侯列傳」

다음으로 살펴볼 아카이브는 공익광고협의회에서 제공하는 '공익광고 자료실'이다. 공익광고는 '공공(公共)의 공적인 이익을 지향하는' 광고의 특성상 자연스럽게 교훈성을 내포하고 있다.[78] 따라서 강의를 통해 한자 지식을 전달하는 일차적인 목적 외에 학습자에게 생각해볼 거리를 제공할 수 있다는 점에서 더 큰 의미가 있다.

---

78) 강민구는 공익광고를 활용한 한자·한문교육이 전통적 윤리의식을 기반으로 하는 한문과의 교육목표가 현대가 지향하는 윤리 의식과 맞닿을 수 있음을 지적한 바 있다. 아울러 이 연구에서는 우리나라에서의 실례를 '한자의 자형을 이용한 공익광고', '한자의 조어력을 활용한 공익광고', '한자문화권의 문화와 한자를 결합한 공익광고'로 나누어 살핀 바 있다. 이에 대해서는 다음의 논문을 참조. 강민구(2014), 「공익광고를 활용한 한자·한문 교수, 평가에 대한 연구」, 〈한자한문교육〉 제33집, 한국한자한문교육학회, pp.97~137.

위의 예시는 2001년에 제작한 신문 인쇄 광고이다. 사라져가는 물고기를 소재로 하여, 환경 보호의 메시지를 전달하기 위한 목적을 가지고 있다. "놀라거나, 당황하거나, 초조하거나, 다급할 때 나오는 소리"인 감탄사 '어'와, '물고기'를 의미하는 한자어 '어(魚)'가 가지는 동음이의의 특성을 활용한 방식이다.

좌측은 2015년에 제작한 인쇄 광고 '우물안 개구리'이고, 우측은 2013년에 제작한 인쇄 광고 '일회용이 아닙니다'이다.

'우물안 개구리'는 스마트폰 중독이라는 인터넷 시대의 부작용을 설명하기 위한 광고이다. 이 광고에서는 한자 '정(井)'을 아이디어의 매개체로 삼았는데, 모양을 본떠 만드는 상형자(象形字)의 특성을 잘 보여주고 있다. 이 광고에서는 '우물 정(井)'자를 한글과 대응시키는 것이 아니라 해시 기호 '샵(#)'과 대응시켜 창의성을 발휘했다는 점을 살필 수 있으며, 여기에 더해 '우물'이라는 뜻을 우리말 속담 '우물안 개구리'와 관련지어 메시지를 분명히 하였다는 점도 확인할 수 있다.

'일회용이 아닙니다'의 하단에는 "종이컵(×) 종일컵(○) 일회용 종이컵 하루쓰기: 종이컵의 사용량은 갈수록 증가하여 작년 한해 120억개를 넘어 섰습니다. 일회용품은 한번만 사용하는 것이라는 인식을 바꿔야합니다. 종이컵 하루쓰기를 실천합시다. 일회용이지만 가치는 그 이상입니다."라고 하여 긴 문장으로 광고가 전달하고자 하는 메시지를 전달하고 있다. 포스터에서는 일회용 종이컵을 한 번 쓰는 데 그치지 않고 하루를 사용하자는 메시지를 분명하게 밝히기 위해 '일회용'의 '일'을 '일(一)' 대신 '일(日)'로 바꾸어 제시하였다. 여기에 제시된 한자는 비록 쉬운 수준이지만, 우리말과 다르게 동음이의자가 많은 표의문자로서의 한자의 특성을 설명하기에 적절하다고 할 수 있겠다.

광고는 학생들의 일상생활과 밀접하게 맞닿아 있는 분야이다. 따라서 친숙하게 접근할 수 있다는 장점이 있다. 물론 본고에서 제시한 광고 아카이브가 교수자의 입맛에 맞도록 모든 분류를 세밀하게 제공하지는 못한다. 그러나 흩어져 있는 광고 자료를 한 자리에서 확인하고, 필요한 정보를 찾아내는 데 있어서는 큰 도움이 될 수 있다.

따라서 교수자는 자신의 목적에 맞게 광고를 취사선택하여 강의 자료로 활용할 수 있으며, 학습자에게는 과제를 부여하여 광고에서 어떤 방식으로 한자를 활용했는지 살피게 한다면 흥미와 동기를 유발하는 학습자 중심의 강의 자료로 사용할 수 있을 것이다.

오늘날의 학습자들은 영상에 익숙한 디지털 세대이기 때문에 활자 매체보다 영상 매체를 훨씬 친숙하게 여긴다. 그런 측면에서 영상 매체는 활자 매체보다 난이도는 쉬우며 접근성은 높다고 할 수 있다. 실제 교육 현장에서 영상 자료는 본 강의 시작에 앞서 학습자의 관심을 유발하고 주제를 환기하기 위한 목적으로 흔하게 사용하는 재료이기도 하다. 이 절에서는 앞서 살펴봤던 광고 가운데 영상 광고 외에, 대표적인 영상 매체로 뉴스 영상 아카이브를 강의 현장에 활용하는 사례를 몇 가지 제시하고자 한다.

뉴스 영상 자료 가운데 필자가 가장 유용하게 사용하는 아카이브는 구글, 다음, 네이버 등 국내 포털사이트의 뉴스 검색 메뉴이다. 특히 포털에서 제공하는 뉴스 영상은 예전과 달리 뉴스 프로그램 전체를 제공하는 방식에서 벗어나 클립(clip)별로 제공하는 방식을 택하고 있기 때문에 사용이 편리하다. 포털에 따라 다소 차이가 있기는 하지만 뉴스 유형을 '방송(동영상)'으로 설정하고 검색하면 제법 많은 뉴스 영상을 어렵지 않게 찾아낼 수 있다.

뉴스 영상을 강의 현장에서 활용할 때 학습자의 호응을 가장 많이 얻을 수 있는 학습자료는 고사성어(사자성어)가 포함되어 있는 영상이다. 특히 정치 관련 뉴스에서는 고사성어 활용 빈도가 높다는 사실을 확인할 수 있다.

위의 검색 결과 화면은 네이버 뉴스 메뉴에서 검색어를 '사자성어'로, 검색 기간을 '지난 1년'으로, 검색 유형을 '동영상'으로, 그리고 언론사를 '전체'로 설정한 후 기사를 '최신순'으로 정렬한 결과이다. 지난 3개월 동안 뉴스에서 언급된 사자성어만 하더라도 '장유유서(長幼有序)', '일모도원(日暮途遠)', '과물탄개(過勿憚改)', '격화소양(隔靴搔癢)' 등으로 다양하다. 아울러 한자를 기반으로 하여 사자성어처럼 만들어 쓰는 '내로남불', '압여목성' 등의 신조어도 확인할 수 있다.

사자성어는 복잡다단한 현상을 압축적으로 전달하는 데 있어 효율적이며, 정치인들이 자신의 지적 수준을 과시하는 데 있어서도 효율적이다. 그와 같은 이유로 정치 관련 뉴스에서는 사자성어를 심심치 않게 볼 수 있다. 그러나 오늘날 우리의 일상생활에서 일반인들이 사자성어를 있는 그대로 무리 없이 받아들이기는 어렵다. 뉴스 진행자들이 사자성어를 언급할 때, 늘 그 의미를 해설해주는 이유가 바로 여기에 있다. 이러한 해설은 그 자체로도 유용한 강의 자료로 활용할 수 있다. 그리고 여기에 더해 교수자가 상세한 추가 설명을 덧붙일 경우 강의 목적에 부합하는 자료로 거듭날 수 있다.

또한 뉴스 영상 아카이브는 강의 시간에 설명하기 위한 사자성어의 실제 사용 사례를 제시할 때도 효과적이다. 몇 가지 사례를 제시하면 다음과 같다.

좌측은 '사필귀정(事必歸正)'이라는 사자성어를 설명하는 뉴스이다.[79] 이 뉴스에서는 어떤 정치인이 재판과 관련하여 자신의 결백을 주장하면서 "사필귀정을 믿고 대한민국 사법부를 믿는다."라고 한 발언을 인용한 맥락이다.

우측은 자막을 통해 확인할 수 있듯 '춘래불사춘(春來不似春)'이라는 고사성어를 해설하는 뉴스 영상의 한 장면이다.[80] 표면적인 해석은 '봄이 왔지만 아직 봄 같지 않다'라고 할 수 있으나, 이를 바탕으로 한 확장된 해석이 여러 방식으로 가능한 어휘이다. 뉴스에서도 봄이 돌아왔지만 코로나19로 인해 봄을 마음껏 즐기지 못하는 상황을 설명하기 위해 소개하였다. 또한 뉴스에서는 전체적인 정황과 함께 당(唐)나라 시인 동방규(東方虯)의 「소군원(昭君怨)」이 이 고사성어의 원 출전임을 밝히고 있다. 1분 가량의 뉴스 원 스크립트를 풀면 다음과 같다.

> 렌즈에 담긴 순간의 의미를 읽어봅니다. 사진 기자가 고른 아침의 한 장입니다.
> 남쪽엔 벌써 산수유나 목련꽃이 활짝 폈습니다. 해마다 이런 봄엔 떠오르는 고사성어가 있습니다. 춘래불사춘.
> "봄은 왔지만 아직 봄 같지 않다"는 뜻입니다. 이 말은 중국 당나라 때 시인 동방규가 지은 시 「소군원」에서 유래합니다. '호지무화초, 춘래불사춘.' "오랑캐 땅에는 꽃과 풀이 없으니 봄이 와도 봄 같지 않구나."라는 말입니다.
> 하지만 '춘래불사춘'은 변화할 때가 되었어도 아직 제대로 바뀌지 않았을 때를 비유합니다. 볕은 따뜻해지고 봄을 시샘하는 바람의 끝자락도 부드러워졌지만 아직 코로나의 겨울은 끝나지 않았습니다.
> 국민들이 백신 접종과 철저한 방역으로, 진짜 봄이 오기를 기다려봅니다. 아침의 한 장이었습니다.

봄이라는 계절과 관련이 있는 이 고사성어는 여전히 흔하게 사용되고 있지만 그 유래에 대해서는 교수자의 추가 설명이 필요한 수준 있는 고사성어이다. 필자 역시 봄이면 반드시 소개하는 고사성어 가운데 하나이다. 특히 이 고사성어는 해당 어휘 외에 고사성어의 출전이 되는 작품, 해당 작품이 지어지게 된 역사적 사건 등으로 다양한 지식 정보를 전달할 수 있기 때문에 활용 가치가 높다고 할 수 있다.

강의의 도입부에서 학습자에게 뉴스 영상을 먼저 시청하게 한 후, 영상 소개의 의도를 짐작게 하고, 이러한 사전 이해 위에서 교수자가 상세한 설명을 덧붙인다면 학습자들의 흥미를 쉽게 이끌어낼 수 있으며 학습 효과는 배가될 수 있다. 뉴스 영상의 내용을 토대로 강의 진행 실례를 설명하면 다음과 같다.

---

79) 〈KBS 아침뉴스〉, 2019년 1월 11일.
80) 〈TV조선 아침뉴스〉, 2021년 3월 10일.

강의 방식	강의 내용
뉴스 영상 시청	영상 시청 후 '춘래불사춘'의 한자를 찾아보게 한다.
뉴스 영상 시청	당나라 시인 동방규가 지은 한시를 찾아보게 한다.
교수자의 설명	동방규의 한시 「소군원」 전문을 소개하고 풀이한다.
교수자의 설명	왕소군에 대한 설명, 한(漢)나라와 흉노(匈奴) 사이의 관계, 왕소군이 겪었던 불우한 생애 등, 고사성어에 얽힌 배경을 풀이한다.

교수자들의 일반적인 바람과는 달리 학습자들은 한자 학습에 있어서 고사성어 자체를 어려워하고 별다른 흥미를 보이지 않는 경우가 많다. 수업 현장에서도 별다른 예비학습 없이 한시 「소군원」을 소개하고, 왕소군(王昭君)에 얽힌 배경을 이야기하는 것보다, 뉴스 영상 시청을 도입부의 예비학습으로 설정하여 강의를 진행한다면 학습자들의 흥미를 이끌어내고 학습 동기를 유발하는 데 있어서 효과적일 것이다. 뉴스 영상과 관련하여 강의에 활용할 수 있는 또 하나의 아카이브는 한국정책방송원에서 구축한 'e영상역사관' 가운데 '대한뉴스' DB이다.81) 대한뉴스는 본래 공보처 산하의 국립영상제작소에서 국정 홍보용으로 극장 상영을 위해 제작한 영상이다. 1945년 8월부터 방송을 시작하여 1994년 12월까지 제작되었다. 대한뉴스 아카이브에서는 1953년부터 1994년까지의 영상을 수록하고 있다. 내용 검색까지는 어렵지만 '주제별', '시대별', '호수별' 분류를 해주고 있기 때문에 교수자가 원하는 시점의 영상을 확인하기는 어렵지 않다.

대한뉴스를 극장에서 본 경험이 있는 기성세대 교수자들에게는 이 영상이 그다지 신기할 것이 없을 수 있다. 그러나 1990년대 이후 출생한 젊은 학습자들에게는 영상 시청 자체가 무척 흥미로운 일이 될 수 있다. 또한 성인학습자라고 하더라도 자연스럽게 추억을 되새겨 흥미를 이끌어낼 수 있는 유의미한 자료가 될 수 있다. 필자가 강의 현장에 활용하는 실제 사례를 제시하면 다음과 같다.

---

81) http://ehistory.go.kr/

위의 화면은 1961년 4월에 제작된 대한뉴스 제309호이다. 대한뉴스 자체는 극장 상영용 홍보 영상이기 때문에 어려운 한자 노출이 많지 않으며, 영상에 자막을 입히는 작업 아직 활성화되지 않았던 때이기 때문에 의도적으로 삽입한 한자를 확인하기는 어렵다. 그러나 뉴스에서 소개하는 내용과 관련하여 자연스럽게 한자를 확인할 수 있는 영상들도 존재하며, 이를 수업에 활용할 수 있다. 위의 예시는 그러한 경우이다.

이 뉴스에서는 당시 거행했던 효행자(孝行子) 표창식을 소개하고 있다. 화면 상단에 걸려 있는 현수막은 모두 한자 표기로 되어 있는데, 이를 정리하면 다음과 같다.

檀紀 4294. 4. 3
孝子 林相權　孝行表彰式
孝孫 林英植
主催 檀國大學附設 大學育英會　後援 檀國大學學報社

'효행(孝行)'은 전통 윤리 가운데 하나로, 한자 교육에서 흔히 다루는 주제에 해당한다. 우리나라에서 불과 몇십 년 전만 하더라도 주요 행사에서 한자를 노출 방식으로 사용했다는 설명과 함께 수업을 이끌어 나갈 수 있다. 영상의 스크립트 역시 수업 자료로 활용할 수 있다. 위 뉴스의 스크립트는 다음과 같다.

지난 4월 3일, 단국대학 육영회에서는 효성이 지극한 아버지와 아들을 표창하였습니다.
그 주인공인즉 경기도 시흥에 사는 임상권씨와 그의 아들 영식군인데, 임씨는 그의 모친이 오랜 병환 끝에 운명하려 하자 손가락을 잘라 피를 마시게 하고 있는 중 아버지의 피가 모자라는 것을 본 아들 영식군도 자기 손가락을 잘라 수혈을 했는데, 이 효성 어린 피의 치료로써 할머니를 소생시켰다고 합니다.

사실 위의 뉴스만으로 그 진위 여부를 확인하기는 무척 어렵다. 자신의 손가락을 잘라 피를 수혈하여 죽어가는 어머니를 살렸다는 일화는 현대의 의학 상식으로는 쉽게 납득할 수 없는 이야기이기 때문이다. 그러나 손가락을 자르는 '단지(斷指)', 허벅지살을 베어내는 '할고(割股)', 똥을 맛보는 '상분(嘗糞)' 행위를 통한 효행 실천은 우리 설화나 조선왕조실록 등에서 어렵지 않게 찾아볼 수 있는 내용이다. 따라서 영상 자료와 함께 관련 내용을 학습한다면 학습자의 이해를 높이고 수업 참여도를 제고시킬 수 있을 것이다.

3 맺음말

본고는 방법론을 제목으로 내세웠지만, 기실 필자가 대학 교육 현장에서 실제로 활용하고 있는 교수 방법을 정리하고 소개한 시론(試論)에 가깝다. 그럼에도 불구하고 원고로 정리한 이유는, 교수자의 주안점과 개성에 따라 얼마든지 각자의 교수 방법론으로 활용이 가능하기 때문이다.

본론에서는 한자 교육 강의 현장에서 활용 가능한 매체를 아카이브를 중심으로 세 가지로 나누어 제시하였다. 첫째, 활자 매체를 활용하는 신문 아카이브이다. 활자는 한자 교육에 가장 효과적으로 적용할 수 있는 매체 가운데 하나이다. 그 가운데 특히 신문은 다음과 같은 몇 가지 이유에서 활용 가치를 찾을 수 있다. 신문은 정치·문화·경제·교육·연예·스포츠 등 우리 사회 대부분의 분야를 다루고 있다. 따라서 교수자가 가르치고자 의도하는 한자(어)를 손쉽게 찾아낼 수 있다. 또한 보도 기사(straight news)와 논설 기사(feature news)가 섞여 있다. 따라서 한자와 한자어 지식 전달의 범위를 넘어 교수자의 의도를 얹어낼 수 있다. 끝으로 비교적 양질의 문장을 기사 단위로 제공하고 있다는 점을 들 수 있다. 따라서 글의 맥락 이해와 유추를 통해 미지(未知)의 한자(어) 학습에 도움을 줄 수 있다.

둘째, 광고 아카이브이다. 광고는 오늘날 학습자들이 일상생활에서 쉽게 마주할 수 있는 가까운 매체이다. 또한 물리적으로 제한된 지면과 시간 안에 지면이나 영상을 통해 정보를 효율적으로 전달하려는 목적을 가지고 있기 때문에, 한자를 창의적으로 활용하는 경우를 어렵지 않게 찾을 수 있다. 실제 강의 현장에서 영상 자료는 본 강의 시작에 앞서 학습자의 관심을 유발하고 주제를 환기하기 위한 목적으로 흔하게 사용하는 재료이기도 하다.

셋째, 뉴스 영상 아카이브이다. 오늘날 학습자들은 영상에 익숙한 세대이다. 따라서 활자 매체보다 영상 매체를 훨씬 친숙하게 여기는 경향이 있다. 특히 뉴스의 경우 시의성(時宜性) 높은 자료를 어렵지 않게 찾아내고 활용할 수 있다는 점에서 가치가 있다.

이상에서 제시한 아카이브 사용은 단기간에 단발적으로 사용하는 데 그칠 일이 아니다. 자신의 교수 목적에 맞게 개인 아카이브로 새롭게 정리해야만 활용도가 높아질 수 있다. 물론 이를 위해서는 개별 교수자의 노력이 필요하다. 적잖은 시간을 들여 강의에 적합한 자료를 찾고, 정리한 후, 자신만의 방식을 사용하여 별도의 개인 아카이브로 이관해야 하기 때문이다. 하지만 의미가 정해져 있고, 기본 원리가 동일한 한자의 특성상 한 번 공을 들여 구축한 개인 아카이브는 한자 관련 강의에서 다양한 방식으로 활용이 가능하다고 할 수 있다.

본고에서는 교수자가 손쉽게 활용할 수 있는 온라인 아카이브 사용 사례를 중심으로 논지를 전개했다. 하지만 지면의 제한으로 인해 필자가 강의 현장에서 활용한 사례만을 중심으로 극히 일부의 예시만을 제시했다는 한계가 있다. 하지만 교수자 각자가 자신의 관심과 활용 목적에 따라 다양한 방식으로 강의 현장에서 활용할 수 있을 것으로 기대한다.

*참고문헌은 각주로 대체합니다.

영역	학습 및 능력 / 평가 준거
교수–학습 방법론	1. 직업기초능력으로서의 의사소통능력, 국어교육 정상화와 언어생활, 교과 학습을 위한 어휘력 신장 등과 관련하여 한자교육의 필요성의 근거를 제시하고 한자교육프로그램의 성격과 목표를 마련할 수 있다. 2. 한자가 국어생활에 끼치는 영향을 일상 언어생활과 직업 및 학습 활동과 연계하여 분석적으로 이해하고 한자교육프로그램의 교수–학습 전략과 목표를 마련할 수 있다. 3. 한자 문화권에 기초한 우리 전통문화의 심미적 가치를 발견하고 계승·발전하여 미래지향적인 새로운 문화 창조의 원동력을 형성할 수 있는 한자교육프로그램의 설계할 수 있다. 4. 한자문화권에 속한 각국의 언어와 문화의 공통점과 차이점을 이해하고 동북아 경제·문화의 상호 이해와 교류에 대한 다양한 지식을 지도할 수 있다. 5. 학습대상자의 특성을 분석하고 학습자의 성격에 적절한 교수–학습 목표를 정할 수 있다. 6. 학습대상자의 특성을 분석하고 학습자의 성격에 적합한 내용체계, 교수방법, 교육 매체, 학습자 활동, 교육시간, 보조 자료를 체계적으로 구상할 수 있다. 7. 학습영역별 핵심개념과 원리, 일반화된 지식, 학습요소, 기능을 이해하고 교수–학습 지도안을 구조화할 수 있다. 8. 교수–학습 계획에 의거하여 학습영역별 교육목표를 달성하는데 적합한 학습 자료를 수집·선정하여 효과적으로 사용할 수 있다. 9. 학습영역별 학습목표를 달성하는데 필요한 다양한 교수–학습 방법들의 장단점을 이해하고 효과적으로 활용할 수 있다. 10. 교수–학습 활동 결과를 분석하여 학습내용 재편성, 교수 방법 개선, 교안의 수정·보완 등 교수–학습 활동을 개선할 수 있다. 11. 학습대상자의 특성과 학습 목표, 학습 내용, 학습 방법에 적합한 교안과 교재, 학습 보조 자료를 개발할 수 있다.

| 능력단위 | 한자 교수-학습
방법론 | 단위요소 | 수준별 한자
교육과정 | 정답 | ④ |

| 문항 | ※ 漢字와 漢字語에 대한 교수-학습 성취기준으로 알맞지 않은 것은?
① 한자의 모양·음·뜻을 구별한다.
② 한자를 순서에 맞게 바르게 쓴다.
③ 단어의 짜임을 구별한다.
④ 한자의 품사와 허사를 구별한다. |

| 능력단위 | 한자 교수-학습
방법론 | 단위요소 | 한자 교수-학습
설계 | 평가
방법 | ③ |

| 문항 | ※ 초등학교 한자 교수-학습 설계 시 고려할 사항이 아닌 것은?
① 교수·학습 효과를 높이기 위한 놀이 활동과의 연계성
② 학습 한자와 교과 학습의 연계성
③ 중등 한문 교과와 연계성
④ 인성 및 전통 문화 교육과의 연계성 |

| 능력단위 | 한자 교수-학습
방법론 | 단위요소 | 한자 교수-학습
전략 | 정답 | ① |

| 문항 | ※ 한자의 구성 요소인 '土'의 개념을 나머지 것과 다르게 설명해야 하는 것은?
① 赤　② 圭
③ 堂　④ 基 |

| 능력단위 | 한자 교수-학습
방법론 | 단위요소 | 한자 교수-학습
전략 | 정답 | ④ |

| 문항 | ※ 다음 이미지를 제시하여 지도할 수 있는 漢字는?

① 拳　② 券
③ 泰　④ 卷 |

| 능력단위 | 한자 교수-학습
방법론 | 단위요소 | 한자 교수-학습
전략 | 정답 | ④ |

| 문항 | ※ 부수에 대한 지도로 적절하지 않은 것은?
① 부수 '臣'은 눈의 상형으로 보는 일과 관련이 있다.
② 부수 '爪'와 '攴'은 손의 동작과 관련이 있다.
③ 부수 '貝'는 재물이나 매매와 관련이 있다.
④ 부수 '亻'은 사람의 인성에 관한 일과 관련이 있다. |

부록

기출문제

제60회 (社)韓國語文會 漢字指導師資格檢定 問題紙

漢字指導師 [初級]

施行日 : 2022年 5月 28日(土)

성 명	
수험번호	

감독확인	

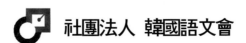
社團法人 韓國語文會

01 다음 중 漢字의 기원에 대한 설명으로 옳지 <u>않은</u> 것은?

① '팔괘설'은 하늘의 형상을 관찰하고 땅위의 사물을 살펴서 팔괘가 생기고, 이에 한자가 생겨났다는 주장이다.

② '갑골문자설'은 중국 은나라 때 거북의 껍질과 짐승의 뼈에 새겨진 문자에서, 한자가 생겨났다고 보는 주장이다.

③ '창힐조자설'은 중국 전설 속의 인물인 창힐이라는 인물이 최초로 한자를 만들었다는 설에 기반을 두어, 한자가 생겨났다는 주장이다.

④ '결승설'은 복희씨가 매듭을 다스렸다고 서술한 데에서 기반을 두어, 당시 의사소통 수단이었던 새끼 매듭에서 한자가 생겨났다는 주장이다.

02 漢字를 빌려 우리말을 기록하였던 借字表記法이 <u>아닌</u> 것은?

① 이두　　　　　　　　　　② 향찰

③ 언해　　　　　　　　　　④ 구결

03 漢字의 문자적 특징이라고 할 수 <u>없는</u> 것은?

① 漢字는 表意文字로 분류된다.

② 漢字는 모양, 소리, 뜻의 3요소를 갖추고 있다.

③ 漢字는 한 글자가 여러 음을 갖는 경우도 있다.

④ 漢字는 최초에 음만 빌려오는 '가차'에서 시작되었다.

04 한자의 3요소 중 훈고학(訓詁學)과 관련이 있는 부분은?

① 形　　　　　　　　　　② 義

③ 體　　　　　　　　　　④ 音

05 다음에서 설명한 (　) 안에 들어갈 漢字를 正字로 쓰시오.

> 이 글자의 形은 (　　)(이)다. 音은 '거'이고, 義는 '들다, 일으키다, 행하다'의 뜻을 나타낸다.

※ 다음 물음에 맞는 답을 〈보기〉에서 골라 번호를 쓰시오.

〈보기〉	
① 象形 文字	② 形聲 文字
③ 會意 文字	④ 指事 文字
⑤ 假借 文字	⑥ 轉注 文字

06 仕, 炎, 孝가 속하는 문자는?

07 이미 있는 글자의 뜻을 확대, 유추하여 새로운 뜻을 만든 글자는?

※ 다음 漢字 古文字의 각종 모양과 간단한 해설을 참조하여 해당하는 漢字의 正字를 쓰시오.

08		농기구를 든 손의 모습을 표현한 글자. '농사'나 '농부'라는 뜻을 지닌다.
09		두 사람이 서로 등진 모습을 본 뜬 글자. '등지다'나 '북쪽'의 뜻을 지닌다.
10		그릇 안에 담긴 물건을 내려다보는 모습을 본 뜬 글자. '보다'나 '살피다'라는 뜻을 지닌다.

※ 다음에 제시된 漢字에 대하여, 正字는 略字(또는 俗字)로, 略字(俗字)는 正字로 바꾸어 쓰시오.

11 辺 [　]　　　　**12** 旧 [　]

13 万 [　]　　　　**14** 無 [　]

15 声 [　]

16 다음 '骨'의 字源에 대한 해설 중 설명이 적절하지 <u>않은</u> 것은?

① 본래 '살'의 상형인 '月'만으로 '신체'라는 뜻으로 사용되다가 나중에 음을 나타내는 '冎'를 더해 '신체의 골격'이라는 뜻을 나타낸 글자이다.

② '소뼈'라는 뜻에서 차츰 사람과 동물의 뼈를 뜻하게 된 글자이다.

③ 중국 은나라에서 점을 칠 때 쓰이던 '소 어깨뼈'를 본 뜬 글자이다.

④ 구건으로 사용된 冎의 '冖'부분은 점을 칠 때 갈라진 금의 모양인 '卜'의 개념으로 볼 수 있다.

17 다음 '家'의 字源에 대한 해설 중 설명이 적절하지 <u>않은</u> 것은?

① '宀'은 집, '豕'는 돼지를 상형한 글자이다.

② 한자의 생성에서 象形이 우위에 있던 상황을 나타낸다.

③ 옛날에 사람들이 집 안에 돼지를 키우던 모습을 나타낸다.

④ '豕'는 본래 수퇘지인 '豭(수퇘지 가)'를 뜻했던 것으로, '家'의 음을 나타내는 기능도 했었다.

18 다음 漢字의 字源 해설에 해당하는 漢字를 正字로 쓰시오.

이 글자의 금문 은 고대에 음악의 시작을 알리는 타악기인 과 나무의 상형인 을 합친 것이다. 은 나무 상자 안에서 판자를 댄 공이를 내리쳐 소리를 내는 것으로 이것은 담틀 안에 흙을 붓고 다져 담장을 쌓아 올리는 판축 행위와 유사하다. 여기에 흙을 다지는 공이의 개념을 나타내는 을 더하여 흙을 '다져 쌓다'라는 본뜻을 나타내었다.

고대 타악기

※ 다음 漢字의 訓과 音을 쓰시오.

19 啓 [　　　　　　]　　　**20** 寧 [　　　　　　]

21 貸 [　　　　　　]　　　**22** 漏 [　　　　　　]

23 眠 [　　　　　　]　　　**24** 拔 [　　　　　　]

25 蘇 [　　　　　　]　　　**26** 額 [　　　　　　]

27 郵 [　　　　　　]　　　**28** 藏 [　　　　　　]

※ 다음 漢字의 제시된 訓音과 다른 訓音 하나를 쓰시오.

29 塞 : 막힐 색　　　　　　　　[　　　　　　]

30 茶 : 차 차　　　　　　　　　[　　　　　　]

31 惡 : 악할 악　　　　　　　　[　　　　　　]

※ 다음 ( ) 안에 뜻이 같거나 비슷한 漢字를 넣어 單語를 완성하시오.

32 ( )立　　　　**33** ( )浪

34 積( )　　　　**35** ( )拾

※ 다음 漢字語 가운데 뜻이 같거나 비슷한 漢字들의 결합으로 보기 어려운 것은?

36 ① 書籍　　　　　② 思念
　　③ 蓋覆　　　　　④ 浮沈

※ 다음 ( ) 안에 뜻이 반대 또는 상대되는 漢字를 넣어 單語를 완성하시오.

37 ( )向

38 常( )

39 ( )末

40 ( )亡

※ 다음 漢字語 가운데 뜻이 반대 또는 상대되는 漢字들의 결합으로 보기 <u>어려운</u> 것은?

41 ① 貢納   ② 賢愚
     ③ 鐵石   ④ 玄素

※ 다음 물음에 답하시오.

42 다음 필순에 대한 설명 중 옳지 <u>않은</u> 것은?

① 오른쪽 위의 점은 맨 나중에 쓴다

② 가로획을 먼저 쓰고 세로획은 나중에 쓴다.

③ 좌우 대칭일 때는 가운데 획을 나중에 긋는다.

④ 삐침과 파임이 어우를 때는 삐침을 먼저 한다.

43 다음 중 字劃 "乀"의 명칭은?

① 받침   ② 지게다리

③ 평갈고리   ④ 굽은 갈고리

44 '務'의 총 획수를 쓰시오. ( )획

45 漢字 '寫'을 자전에서 部首 검색으로 찾고 있다. <u>部首를 제외한 나머지 획의 수를 쓰시오</u>

46 다음 部首의 위치에 따른 명칭으로 적절하지 <u>않은</u> 것은?

① 글자 왼쪽에 있는 것을 '방'이라 한다.

② 글자 자체가 부수인 것을 '제부수'라고 한다.

③ 글자 위와 왼쪽을 덮고 있는 것을 '엄'이라 한다.

④ 글자 왼쪽과 아래를 덮고 있는 것을 '받침'이라 한다.

47 다음은 의미 그룹별로 部首를 묶은 것이다. 적절하지 <u>않은</u> 것은?

① 재물 : 玉, 貝, 金

② 문화 : 生, 水, 火

③ 색깔 : 黃, 赤, 黑

④ 사상 : 示, 自, 鬼

※ 다음 漢字의 部首를 쓰시오.

48 嚴 [　　]

49 處 [　　]

50 鬪 [　　]

漢字語彙 敎育論

※ 다음 밑줄 친 漢字語의 구조를 〈보기〉에서 골라 그 번호를 쓰시오.

〈보기〉	
① 병렬 구조	② 술목 구조
③ 주술 구조	④ 술보 구조
⑤ 전의 구조	⑥ 수식 구조

51 첫 닭이 울 무렵인 축시(丑時)를 <u>鷄鳴</u>이라고 한다.

52 조상의 산소를 찾아가서 돌보는 일을 <u>看山</u>이라고 한다.

53 우리 부서의 새로운 수장의 <u>就任</u>이 일주일 앞으로 다가왔다.

※ 다음에 제시된 구조와 풀이에 맞는 漢字語를 쓰시오.

54 술목 구조(서술어+목적어) : 압력을 줄이다.

55 수식 구조(관형어+체언) : 가장 귀하다.

※ 다음 밑줄 친 漢字語의 뜻을 순우리말로 쓰시오.

56 不肖는 자식이 부모에게 자신을 낮추어 부르는 것이다.

57 한자 학습을 통해 어려운 글이 瞬息間에 이해가 되었다.

58 이제 워낭 소리가 稀微해지고 다시 거센 물소리가 들렸다.

※ 다음 漢字語의 뜻을 쓰시오.

59 令愛　　　　　　　　　**60** 使役

61 徐行　　　　　　　　　**62** 結局

※ 다음 물음에 답하시오.

63 다음에서 '比翼鳥'와 뜻이 가까운 漢字語는?

① 紅一點　　　　　　　　② 連理枝
③ 倉卒間　　　　　　　　④ 靑眼視

※ 다음 밑줄 친 漢字語의 轉義를 쓰시오.

64 이 부분은 주제와 상관없는 蛇足이다.

65 그는 한국 국어학계의 泰斗로 일컬어진다.

66 그는 이 분야의 탁월한 성과로 脚光을 받고 있다.

※ 다음 밑줄 친 漢字語를 대체할 수 있는 유의어를 〈보기〉에서 고르시오.

〈보기〉
① 冷淡　　　　　　　　　② 碧空
③ 氣品　　　　　　　　　④ 還曆
⑤ 模範　　　　　　　　　⑥ 來歷

67 춘향모는 이도령이 어사인줄 모르고 薄情하게 대하였다.

68 무심코 지나쳤던 우리 동네 문화재들을 <u>沿革</u>을 통해서 알아보자

※ 다음 문장 ( ) 안에 공통으로 들어갈 적절한 漢字를 써 넣어 밑줄 친 단어가 유의어가 되도록 완성하시오.

69 고속도로 갓길은 오늘 따라 (   )息과 (   )養을 취하는 사람들이 많았다.

70 그들은 이 문제에 대한 의견을 合(   )한 후 一(   )된 단결력을 보여주었다.

71 (   )用은 상품을 소비함으로써 얻게 되는 만족감, (   )能은 상품이 효과를 나타내는 능력을 말한다.

※ 다음 밑줄 친 漢字語와 반대 또는 상대되는 漢字語를 〈보기〉에서 고르시오.

〈보기〉	
① 幹線	② 滿潮
③ 官尊	④ 露顯
⑤ 非番	⑥ 促進

72 환경오염 물질의 <u>抑制</u>를 위해서는 정부의 강력한 의지가 필요하다.

73 외길로 이어지던 경춘 국도를 달려오던 차량이 의암댐 아래에서 아름다운 호수를 조망할 수 있는 <u>支路</u> 쪽으로 방향을 틀었다.

※ 다음 문장 ( ) 안에 공통으로 들어갈 적절한 漢字를 써 넣어 상대어를 완성하시오.

74 하청을 맡은 受(   )인은 일을 완성하고 都(   )인에게 보수를 요구했다.

75 <u>確(   )</u>한 사실을 이야기해야지, <u>漠(   )</u>한 추측만으로 말해서는 안 된다.

76 자전거 이용의 公(   ) 제도를 시행한지 1년이 되었지만 이것을 私(   )의 것으로 착각하는 이들도 생겼다.

※ 다음 漢字語의 同音異義語를 漢字[正字]로 쓰되, 제시된 뜻에 맞는 것으로 하시오.

77 停午 - (　　　) 잘못된 글자나 문구를 바로잡음.

78 遊步 - (　　　) 어떤 일을 당장 처리하지 아니하고 나중으로 미루어 둠.

79 慶州 - (　　　) 일정한 거리를 달려 빠르기를 겨루는 일.

80 細大 - (　　　) 현실적으로 주거 및 생계를 같이하는 사람의 집단.

81 和戰 - (　　　) 그림 전람회.

※ 다음 成語에서 틀린 漢字를 찾아 바르게 고쳐 쓰시오.

82 非日非再 [　　　　　　]　　　　**83** 魚父之利 [　　　　　　]

84 十罰之木 [　　　　　　]

※ 다음 (　　) 안에 적당한 漢字를 써 넣어 成語를 완성하시오.

85 그 두 사람은 서로 헐뜯지 못해 안달이 난 水火(　)(　)의 관계였다.

86 우리 사이의 두터운 우정이 (　)金之(　)이길 바랍니다.

87 기업을 경영하겠다는 사람이 사회 변화에 발 빠르게 대처할 요량도 없이 '(　)株(　)兔'로 일관하니 발전이 있을 리 없다.

88 동업하자는 사람의 번드르르한 말이 혹시 '(　)(　)虎皮'가 아닐까 의심스럽다.

※ 다음 내용과 관련 있는 四字成語를 漢字[正字]로 바꾸어 쓰시오.

89 어떠한 실물을 보게 되면 그것을 가지고 싶은 욕심이 생긴다.

90 물질의 많고 적음보다 정성이 중요함을 비유적으로 이르는 말. 왕이 부처에게 바친 백 개의 등은 밤사이에 다 꺼졌으나 가난한 노파 난타(難陀)가 정성으로 바친 하나의 등은 꺼지지 않았다는 데서 유래하였다.

※ 다음 밑줄 친 漢字語의 漢字 표기가 잘못된 것을 골라 바르게 고치시오.

> 〈보기〉
> ① 漢子의 훈과 음 → ① 漢字

91 이번 무인 탐사선은 화성의 생명체 ① 居住 여부, 화성의 ② 古代 ③ 環景 조사, 화성 지표
의 역사 등을 밝히는 것이 가장 큰 ④ 目標이다.

92 묵은 ① 原稿를 펼쳐보니 모두 없어져 버렸다. 그동안 ② 怒力한 것이 못 쓰게 된 것이다.
하지만 다시 ③ 部分을 보태어 ④ 完成을 시켰다.

93 코로나 19 대응 방법에는 ① 生活 방역에서부터 확진자 ② 動線 추적 및 ③ 公開, 국경
폐쇄 및 도시 봉쇄 등의 다양한 ④ 大應 방법이 있다.

※ 다음 밑줄 친 부분을 대체할 수 있는 2음절 漢字語를 漢字로 쓰시오.

94 무대 위에 홀로 남은 주인공이 상대역 없이 혼자서 말하는 것에서 관객들은 모두 숨을 죽
였다.

95 한국어를 배우는 외국인들이 어려워하는 것 중의 하나가 주어의 행위가 미치는 대상에 대
한 높임법이다.

※ 다음 밑줄 친 漢字語를 漢字로 바꿔 쓰시오.

> 옛날부터 96 좌해의 진실한 97 문장은 이 세 편이다. 그러나 세 편을 가지고 98 논의한
> 다면, 99 〈후미인곡〉이 가장 높고, 100 〈관동별곡〉과 〈전미인곡〉은 그래도 한자어를 빌
> 려서 수식을 했다.
>
> (김만중 저, 홍인표 역, 『서포만필』에서)

※ 다음 밑줄 친 漢字語의 讀音을 쓰시오.

> 야구가 한국에 **101** <u>導入</u>된 것은 을사조약이 체결된 1905년이다. 미국인 선교사 필립 질레트가 일본 **102** <u>侵略期</u>에 한국청년들에게 **103** <u>希望</u>을 주기 위해 황성 YMCA야구단을 조직한 것이 **104** <u>契機</u>였다. 이후 서울의 보성학교, 경신학교, 배재학당이 속속 야구단을 창단하면서 오늘날 한국야구의 **105** <u>礎石</u>이 되었다.

※ 다음 漢字語 중 첫소리가 길게 소리 나는 것의 번호를 쓰시오.

106 ① 同和   ② 童話

107 ① 放免   ② 方面

108 ① 社務   ② 事務

※ 다음 밑줄 친 漢字語 중 첫소리가 長音인 漢字語를 찾아 <u>漢字로 쓰시오.</u>

109 동네의 여러 ① <u>부인</u>들이 모여서 그 사건이 자신들과 무관하다며 ② <u>부인</u>하는 입장을 취했다.

110 무사들의 ① <u>무용</u>을 천대시하며 이들이 ② <u>무용</u>하다는 주장도 과거에 있었다. 그러나 얼마 지나지 않아 무력이 국력의 원천임을 깨닫게 되었다.

※ 다음 漢字語 가운데 <u>頭音法則과 무관한</u> 것은?

111 ① 禮儀   ② 良識
     ③ 歷史   ④ 腦油

112 ① 樂山   ② 老人
     ③ 樓閣   ④ 陵墓

※ 다음 밑줄 친 單語 중 頭音法則이 적용되지 않은 것을 찾아 漢字로 쓰시오.

113 내일 우리 모두 <u>누각</u>에 올라가서, 옛 <u>길사</u>들이 각자 한 구씩 지어 만든 시액의 <u>연구</u>를 감상해 보자.

※ 다음 밑줄 친 漢字語의 한글 표기를 한글맞춤법에 맞게 쓰시오.

114 상대방의 힘을 <u>逆利用</u>하는 씨름에 대해서 알아보도록 합시다.

115 4차 산업혁명은 창조성과 <u>協力性</u>을 융합하는 괴짜들의 인재상이다.

116 자율은 주어지는 것이 아니라 최소한의 규칙, <u>規律</u>을 통해서 이루어진다.

※ 다음 〈보기〉의 漢字語 가운데 한글맞춤법 기준으로 사이시옷을 받치어 적는 것 두 개를 찾아 그 번호를 쓰시오.

〈보기〉

① 退間　　　　　　② 部數
③ 市價　　　　　　④ 代價
⑤ 回數　　　　　　⑥ 時點

117 (　　　　) **118** (　　　　)

※ 다음 〈보기〉의 漢字語 가운데 한글맞춤법 기준으로 讀音의 표기가 <u>잘못된</u> 것을 두 개 찾아내어 그 번호를 쓰시오.

〈보기〉

① 雙龍 – 쌍룡　　　② 先烈 – 선렬
③ 比律 – 비율　　　④ 急流 – 급류
⑤ 能率 – 능률　　　⑥ 空欄 – 공난

119 (　　　　) **120** (　　　　)

※ 다음은 漢字語라는 인식이 희박하거나 여러 이유로 漢字 正音이 조금씩 변한 말의 원말이다.
다음 漢字語 원말에서 변한말을 어문 규정에 맞게 한글로 표기하시오.

121 契丹

122 貫革

123 許諾

※ 다음 漢字語의 밑줄 친 두 단어에 공통으로 들어가는 漢字를 쓰시오.

124 부활절과 광복절 모두 의미 있는 날이다.

125 유세가 시작되자 후보의 연설을 듣기 위해 많은 사람들이 모였다.

126 만료된 여권의 갱신을 위해 구청을 방문했는데 일정이 변경되어 다음으로 미루게 되었다.

漢字 敎授-學習 方法論

※ 다음 물음에 답하시오.

127 다음 중 漢字 교육의 필요성에 대한 설명으로 알맞지 않은 것은?

　① 한자 교육은 국어 어휘력 향상에 큰 도움이 된다.
　② 한자 교육은 기초학습 용어 습득에 큰 도움이 된다.
　③ 한자 교육은 어휘의 의미를 풍부하게 이해하는데 큰 도움이 된다.
　④ 한자 교육은 시간과 공간을 분절하여 이해하는데 큰 도움이 된다.

128 대학 한자 교육의 목적이라고 볼 수 없는 것은?

　① 한자는 언어에 대한 기초교육의 역할을 한다.
　② 한자는 사회교육의 주체로 사회적 학습에 도움을 준다.
　③ 한자는 국한문혼용 서적을 읽을 수 있는 능력을 키운다.
　④ 한자는 생활 한자어에 대한 지식을 늘여 지적 수준을 넓힌다.

129 다음 중 漢字 능력 평가 기준으로 적절하지 <u>않은</u> 것은?

① 한자어의 정확한 뜻과 이해 능력을 평가한다.

② 한자의 기본 뜻과 음을 알고 있는가를 평가한다.

③ 한자의 자원과 서체별 특성을 정확히 이해하는지를 평가한다.

④ 한자어의 소리를 한글맞춤법에 올바르게 기재할 수 있는지를 평가한다.

130 한자문화권과 漢字의 관계에 대한 설명으로 바르지 <u>않은</u> 것은?

① 한자문화권의 문화적 상호 교류를 위한 공통 문자로 한자는 매우 유용하다.

② 한자문화권의 중국, 일본, 대만은 초등교육부터 체계적인 한자 교육을 실시한다.

③ 한자문화권의 문화적 연대를 확산시키고 미래 세대의 교류를 활성화는 취지에서 韓·中·日 공용 한자 808자가 선정되었다.

④ 한자문화권의 중국은 간체자를, 일본은 일본식 약자만을 사용하기 때문에 한국의 번체자 학습은 동북아 문화와 부조화를 보인다.

※ 다음 표를 보고 물음에 답하시오.

단계	활동
① 도입단계	• 기습한자 상기 • 본시 목표 확인 • 동기 유발
② 훈음단계	• 한자의 훈음 이해하기 • 훈음 익히기 • 필순 익히기 • 한자쓰기
③ 조어단계	• 한자어 만들기 • 한자어 의미 알기
④ 적용단계	• 한자어 적용하기(짧은 글짓기, 문장에서 찾기 등)
⑤ 정리단계	• 평가 및 차시 예고

131 한자와 한자어의 평가에서 쓰기 중심의 평가와 부수나 획수 등 지엽적인 평가, 그리고 육서의 구분 등 문법적이고 어려운 평가는 지양하며, 한자의 훈과 음, 한자어의 의미를 알고 있는 정도를 평가하는 데에 중점을 두는 단계의 번호를 쓰시오.

132 한자 낱자 카드들을 두서너 장씩 이리저리 조합해 보고 그 결과를 발표하고 서로 토론하는 활동을 통해 흥미를 유도할 수 있는 단계의 번호를 쓰시오.

133 자원 학습을 활용하여 한자의 자형, 자음, 자의에 대한 흥미를 높이고 학생들로 하여금 한자를 쉽게 이해하고 오래 기억하도록 하기 위하여 다양한 설명을 시도하는 단계의 번호를 쓰시오

134 앞 시간에 학습한 한자를 상기시키고 본시 목표를 확인하며 학습의 동기를 유발하는 활동은 어느 단계에 속하는지 그 단계의 번호를 쓰시오.

135 한자의 모양 · 음 · 뜻 지도 시 활용할 수 있는 교수-학습 방법으로 적절하지 <u>않은</u> 것은?

① 字源을 활용하기 　　　　② 한자카드를 활용하기
③ 필순대로 따라 쓰기 　　　④ 단어 구조를 분석하기

136 초등학교 한자 교육과정에 대한 설명 중 적절하지 <u>않은</u> 것은?

① 한자 및 한자어의 문법 지식에 중점을 두어 지도한다.
② 한자는 가능한 한 평이한 어구와 관련지어 지도한다.
③ 한자, 한자어, 한자어구의 각 영역에 학습의 연계성이 유지되도록 한다.
④ 한자의 부수, 획수, 필순은 한자의 음과 뜻을 알고, 바르게 쓰는 데 도움이 되는 범위 내에서 지도한다.

137 다음 중 한자지도사가 교수-학습 설계 시 학습 동기 유발을 위한 기법으로 적절하지 <u>않은</u> 것은?

① 토론과 과제를 통하여 학습자가 참여할 수 있도록 유도한다.
② 처음에는 쉬운 과제를 제시하여 성취감을 맛볼 수 있도록 한다.
③ 학습 목표와 얽매이지 않고, 무조건 재미있는 수업이 되도록 한다.
④ 학습자의 호기심을 유발하는 적절한 질문으로 참여 욕구를 자극한다.

138 부수의 지도 내용으로 부수의 유래와 사례가 <u>잘못된</u> 것은?

① 目(사람의 눈 모양) – 眞, 眠

② 巾(수건을 몸에 걸친 모양) – 帳, 師

③ 彳(조금씩 걷는 다리 모양) – 徐, 術

④ 止(사람의 발의 모양) – 正, 歸

139 동일한 部首가 위치와 글자체에 따라 모양이 바뀌는 변형 部首를 예시해 가르치려고 할 때 <u>잘못</u> 짝지어진 것은?

① 衤 – 衣　　　　　　② 皿 – 网

③ 礻 – 示　　　　　　④ 辶 – 辵

140 한자의 字源과 구성 원리에 대한 학습 용례로서 설명이 적절하지 <u>않은</u> 것은?

① 疋 : 발목에서 발끝까지의 모양을 본뜬 상형문자.

② 勺 : 끝이 뾰족한 숟가락의 모양을 본뜬 상형문자.

③ 大 : 어른이 양팔을 벌리고 서 있는 것을 본뜬 상형문자.

④ 卜 : 점치기 위해 거북의 등 껍데기를 지졌을 때에 나타난 가로 세로의 금을 본 뜬 상형문자.

141 한자의 字源을 설명하게 위해 제시한 다음 漢字 중 '옷'의 개념이 포함되지 <u>않은</u> 것은?

① 表　　　　　　　　② 裏

③ 裳　　　　　　　　④ 辰

※ 다음 字源 설명을 통해 지도할 수 있는 漢字를 正字로 쓰시오.

142 갑골문 〔갑골문 이미지〕, 금문〔금문 이미지〕은 모두 사방으로 통한 길과 어떤 장소를 맴도는 갈의 모양을 합친 글자이다. 이 글자는 도읍이나 도성 혹은 가도를 에워싸고 '지키다'라는 뜻을 나타낸다.

143 갑골문 〔갑골문 이미지〕, 금문 〔금문 이미지〕은 '봄'이나 '젊은 나이'라는 뜻을 가진 글자이다. 日(해 일)자와 艸(풀 초)자가 결합한 모습으로, 여기서 屯자는 새싹이 올라오는 모습을 그린 것이다.

※ 다음 글의 (   ) 안에 알맞은 漢字를 쓰시오.

> '察'은 '宀'과 '祭'가 결합한 글자로, (144)이 의미의 범주를 나타내는 부수이고, '祭'는 음을 나타내는 기능을 한다. 여기서 '祭'는 '肉', '又', (145)가 결합된 글자이다. 이 한자는 제단 위에 고기를 손으로 얹는 모습을 표현한 것으로, '제사를 지내다'라는 뜻을 갖고 있다. 제사를 지내는 것은 큰일이기 때문에 부족함이 없어야 했다. 이로 인해 '두루 살피다'나 '자세히 알다'라는 뜻이 생겨났다.

※ 어휘 확장 지도를 위한 한자어 끝말잇기 놀이 학습에 대한 다음 물음에 답하시오.

| 歸 | ㉠ | → | ㉠ | 村 | → | 村 | ㉡ | → | ㉡ | 葉 |

146 ㉠에 들어갈 漢字를 쓰시오.

147 ㉡에 들어갈 漢字를 쓰시오.

※ 漢字語를 구성하는 漢字를 정확히 아는지를 평가하기 위한 다음 문항지에 대한 물음에 답하시오.

148 화살표 방향으로 성어를 만들 때 ㉠에 들어갈 漢字를 쓰시오.

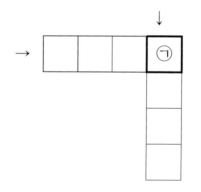

〈가로 열쇠〉
많으면 많을수록 더욱 좋음.

〈세로 열쇠〉
품이 착한 남자와 여자란 뜻으로, 착하고 어진 사람들을 이르는 말.

149 다음 5개의 한자를 성어가 되도록 순서대로 쓰시오.

| 率　馬　奴　騎　欲 |

150 화살표 방향으로 漢字語를 만들 때 ■ 안에 들어갈 공통된 漢字를 쓰시오.

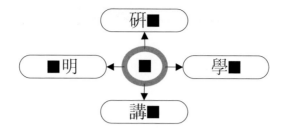

제60회 (社)韓國語文會 漢字指導師資格檢定 問題紙

漢字指導師 [中級]

施行日 : 2022年 5月 28日(土)

성 명	
수험번호	

감독확인	

社團法人 韓國語文會

※ 다음 漢字의 기원과 전래에 대한 설명으로 그 내용이 적절하면 'ㅇ', 그릇되면 'ㄨ' 표시를 하시오. (1-2)

01 한자의 기원 가운데 창힐(蒼頡)이 글자를 만들었다는 창힐조자설(蒼頡造字說)은 당시 사람들이 동굴 벽에 그려놓은 그림을 바탕으로 글자를 만들었다는 주장이다.

02 한자가 우리나라에 전래된 이후 초기에는 이두(吏讀)와 향찰(鄕札)을 통한 석독구결 방식의 한자·한문 학습 방법을 통해 글을 익히게 되었다.

※ 다음 물음에 답하시오. (3-7)

03 다음 향가에서 뜻을 빌려온 訓讀 방식으로 사용한 漢字를 모두 골라 그 번호를 쓰시오.

去 奴 隱 處 毛 冬 乎 丁	가논 곧 모두론뎌
① ② ③ ④ ⑤ ⑥ ⑦ ⑧	(가는 곳을 모르겠구나)

04 漢字의 문자적 특성으로 옳지 않은 것을 고르시오.

① 한글과는 달리 개별 글자가 뜻을 가지는 表意文字이다.
② 처음에는 사물과 자연물의 형태를 나타내는 象形文字로 시작되었다.
③ 모든 글자는 형태[形], 소리[音], 뜻[義]의 세 가지 요소로 구성되어 있다.
④ 전체 한자 가운데에는 뜻과 뜻을 모아 새로운 글자를 만드는 會意字가 가장 큰 비중을 차지한다.

05 다음은 漢字의 3요소를 표로 보인 것이다. 아래의 빈 칸을 채우시오.

모양	소리	뜻
( )	청	관청

06 漢字가 만들어진 원리와 그에 해당되는 글자를 연결시킨 것으로 <u>올바르지 않은</u> 것을 고르시오.

① 象形 — 山, 月, 水　　　　② 指事 — 末, 本, 林

③ 會意 — 明, 信, 休　　　　④ 形聲 — 淸, 傳, 銅

07 다음 설명을 읽고 글 안의 (　　)에 해당하는 한자 구성 원리는 무엇인지 고르시오.

> 六書의 원리 가운데 (　　)는 이미 존재하던 글자의 뜻을 확대·유추하거나 파생시켜 새로운 뜻으로 활용하는 방식을 말한다.

① 指事　　　　② 會意

③ 轉注　　　　④ 假借

※ 다음에 제시한 字形의 통시적 변천 과정을 참조하여 해당하는 해서(楷書) 漢字를 쓰시오.

08

갑골　　　금문　　　전서

09

갑골　　　금문　　　전서

10

갑골　　　금문　　　전서

※ 다음 漢字의 正字는 略字로, 略字는 正字로 쓰시오.

11 體 [   ]   12 齒 [   ]

13 从 [   ]   14 無 [   ]

15 步 [   ]

※ 다음 漢字의 字形 변화와 그 내용에 해당하는 해서(楷書) 漢字를 쓰시오.

16 갑골문의 🔣, 전서의 🔣 등은 아들이 노인을 등에 업은 모습에서부터 효도의 뜻으로
    쓰인다.

17 갑골문의 🔣, 금문의 🔣, 전서의 🔣 등은 모두 그물과 조개가 결합한 모습이다. 옛날
    에 조개는 귀한 재물을 뜻했기 때문에 그물로 재물을 쓸어 담다는 의미에서 '사다'라는 의
    미로 쓰인다.

18 갑골문의 🔣, 금문의 🔣, 전서의 🔣 등은 밭에서 힘을 쓰는 모습을 나타낸 글자이
    다. 밭에서 힘을 써 농사를 짓는다는 의미에서 '남자'의 의미로 사용되고 있다.

※ 다음 漢字의 訓과 音을 쓰시오.

19 擧   20 治

21 羅   22 昏

23 鈍   24 騰

25 聯   26 漏

27 滅   28 廟

※ 다음 一字多音字의 표를 보고 빈칸을 채우시오.

한자	훈음		용례
便	편할 편		便利
	29 (	)	便所
切	30 (	)	親切
	31 (	)	一切

※ 다음 ( ) 안에 뜻이 같거나 비슷한 漢字를 넣어 단어를 완성하시오.

32 繼( )

33 辰( )

34 ( )令

35 ( )濁

※ 다음 중 뜻이 같거나 비슷한 漢字들의 결합으로 보기 <u>어려운</u> 것은?

36 ① 累積

② 招聘

③ 炭氷

④ 評論

※ 다음 ( ) 안에 뜻이 반대 또는 상대되는 漢字를 넣어 단어를 완성하시오.

37 安( )

38 晝( )

39 ( )弱

40 ( )愚

※ 다음 중 뜻이 반대 또는 상대되는 漢字들의 결합으로 보기 <u>어려운</u> 것은?

41 ① 曲直

② 眞僞

③ 計算

④ 浮沈

※ 다음 물음에 답하시오.

42 다음 일반 필순의 기본 원칙으로 올바르지 <u>않은</u> 것은?

① 위에서부터 아래로 써나간다.

② 왼쪽에서부터 오른쪽으로 써나간다.

③ 가로획과 세로획이 교차할 때에는 대개 가로획을 먼저 긋는다.

④ 에워싸는 꼴의 글자일 경우 안쪽부터 쓴 후 가장 나중에 바깥쪽을 쓴다.

43 年에서 진하게 표시한 부분은 몇 번째 획인지 쓰시오.

44 惡에서 진하게 표시한 부분은 몇 번째 획인지 쓰시오.

45 漢字 '照'를 자전에서 部首 검색으로 찾을 때, 部首를 제외한 나머지 부분은 몇 획인지 숫자로 쓰시오.

46 '부수(변형) – 부수(원형) – 부수(변형) 명칭'의 연결 관계가 바르지 <u>않은</u> 것은?

① 犭 – 犬 – 개사슴록변　　　② 辶 – 辵 – 민책받침

③ 辶 – 辵 – 책받침　　　④ 忄 – 心 – 마음심변

47 부수에 대한 설명으로 바르지 <u>않은</u> 것은?

① 尸 : 주검시 엄. 신체의 부분이나 신발에 관한 뜻을 나타낸다.

② 欠 : 하품 흠. 입을 크게 벌린 동작에 관한 뜻을 나타낸다.

③ 巛 : 개미허리라 부른다. 물이 흐르는 내의 모양이다.

④ 爪 : 손톱 조. 손톱, 갈퀴, 할퀴다 등의 뜻을 나타낸다.

※ 다음 漢字의 部首를 쓰시오.

48 缺 [　　]　　　　　　**49** 穀 [　　]

50 骨 [　　]

漢字語彙 敎育論

※ 다음 물음에 답하시오.

51 漢字語 '投票'의 짜임은?

① 병렬 구조
② 주술 구조
③ 술목 구조
④ 수식 구조

52 '棄却'과 漢字語의 짜임이 <u>같은</u> 것은?

① 渡涉
② 坐視
③ 滯症
④ 前半

53 漢字語의 짜임이 나머지 것들과 <u>다른</u> 것은?

① 美談
② 卓見
③ 肥壤
④ 乘降

※ 다음 漢字語는 어떤 구조인지 쓰시오.

54 恐懼

55 生栗

※ 다음 漢字語를 풀이하시오.

56 熟考

57 雪辱

58 左遷

※ 다음 밑줄 친 漢字語를 순우리말(단어가 아니어도 좋음)로 바꾸어 쓰시오.

59 그는 오랜 <u>習慣</u>을 고치고자 노력하였다.

60 그는 <u>報復</u>하고자 하는 마음을 접고 화해를 위해 노력하였다.

61 <u>諸般</u> 사항을 검토한 결과 그 업무를 계속 추진하기로 하였다.

62 많은 債務로 허덕이던 그는 결국 재기에 성공하였다.

※ 다음 轉義에 대한 설명을 읽고 (   )에 들어갈 漢字語를 正字로 쓰시오.

> 轉義는 단어가 가지는 원래의 뜻이 달라져 새로운 뜻을 갖게 되어 널리 사용되는 경우를 말한다. 예를 들면, **63** (   )은 본래 '아홉번 꼬부라진 양의 창자'라는 뜻인데 '꼬불꼬불하여 험한 산길'을 의미하는 말이 되었고, **64** (   )은 '여러 장의 시험 답안지를 위에서 누른다'는 뜻에서 시작하여 '책에서 가장 잘된 부분' 또는 '여럿 가운데 가장 뛰어남'을 의미하는 말이 되었고, **65** (   )은 '대붕이 날개를 펴고 남명으로 날아가려고 한다'라는 뜻에서 '웅대한 일을 계획하고 있음'을 의미하게 되었다.

66 다음 밑줄 친 漢字語 중 轉義語가 아닌 것은?

① 선수들이 입장하는 장면은 단연 이번 경기의 白眉였다.
② 그 탤런트는 破鏡의 아픔을 딛고 재기에 성공했다.
③ 그가 더 큰 무대에서 성공한다는 데 秋毫의 의심도 없다.
④ 그 후보는 이번에 큰 차이로 當選되었다.

※ 다음 문장의 밑줄 친 漢字語를 대체할 유의어를 〈보기〉에서 고르시오.

〈보기〉	
① 誤用	② 省察
③ 模範	④ 善政
⑤ 豊年	⑥ 毒舌

67 그 학생의 행동은 다른 학생들의 龜鑑이 되었다.

68 그 감독은 지난 작품에 대한 惡評을 딛고 일어나 걸작을 제작하였다.

※ 다음 ( ) 안에 밑줄 친 漢字와 뜻이 같거나 비슷한 漢字를 써 넣어 문장에 어울리는 漢字語를 완성하시오.

69 임금님께서 좋은 정치를 펼친 덕분에 누구도 叛(　　)을 꿈꾸지 않았다.

70 태풍이 지나간 뒤 우리 가족은 斜(　　)한 과수를 바로 세우는 작업을 했다.

71 연암은 양반들의 도덕적 타락상을 辛(　　)하게 풍자하고 조소하였다.

※ 다음 문장에서 밑줄 친 漢字語의 상대어를 漢字로 쓰시오.

72 교실에서 아이들 떠드는 소리가 騷亂하게 들려왔다.

73 우리 사회에서 극빈층의 비율이 차츰 減少하고 있다.

※ 다음 ( ) 안에 밑줄 친 漢字와 뜻이 반대되는 漢字를 써 넣어 문장에 어울리는 漢字語를 완성하시오.

74 서민들의 哀(　　)을 주제로 한 드라마가 인기를 끌고 있다.

75 순찰사와 통제사는 수시로 합조하여 수군의 (　　)慢을 검열하였다.

76 어떤 나라든 (　　)衰의 과정을 거치게 마련이다.

※ 다음 낱말과 同音異義語이면서 풀이한 뜻에 해당하는 낱말을 漢字로 쓰시오.

77 成員 － (　　　) 하는 일이 잘 되도록 격려하거나 도와줌.

78 寫經 － (　　　) 거의 죽음에 임박한 처지.

79 經費 － (　　　) 침략이나 도난에 대비하여 지키는 사람.

80 保釋 － (　　　) 사람들이 귀하게 여기는 광물. 금, 은 따위.

81 前哲 － (　　　) 전기 철도 위를 달리는 전동차.

82 두 정당은 泥田(   )狗를 멈추고 합의를 이끌어내었다.

83 이 시대의 (   )母良妻를 연기했던 그 여배우가 은퇴를 선언하였다.

84 이제는 結者(   )之의 마음으로 문제를 풀어가야만 한다.

85 그의 실수는 다행히 轉禍爲(   )이 되었다.

86 회사의 의사 결정 체계에 많은 문제가 노출되고 있음에도 불구하고 사장은 (   )疾忌醫하고 있으니 발전이 있을 리 만무다.

※ 다음 속담이나 격언에 해당하는 成語가 되도록 (   ) 안에 알맞은 漢字를 쓰시오.

87 (   )掌難鳴 – 한 손바닥으로는 소리를 낼 수 없다.

88 (   )下不明 – 등잔 밑이 어둡다.

89 種豆(   )豆 – 콩 심은 데 콩 난다.

90 同價(   )裳 – 기왕이면 다홍치마.

※ 문맥으로 볼 때 다음 문장의 밑줄 친 漢字 표기가 잘못된 것을 골라 그 번호를 쓰시오.

91 ① 三國遺史는 일연 스님에 의해 집필된 기록으로 한반도의 ② 古代 신화와 역사, ③ 宗敎, 생활, 문학 등을 ④ 包含하고 있는 책이다.

92 인권 ① 侵害 예방과 인권 ② 儀式 ③ 提高 등을 위해 각 대학에서는 의무적으로 인권센터를 ④ 設置하고 있다.

93 코로나19가 종식되어감에 따라 여러 나라에서는 백신 ① 接種을 ② 完了한 이들에게 ③ 隔離를 ④ 勉除해주기 시작했다.

※ 다음 제시된 문장의 밑줄 친 漢字語를 漢字(正字)로 쓰시오. (94-100)

붕우는 **94** 부류가 같은 사람이다. **95** 유익한 벗이 세 종류 있고, 해로운 벗이 세 종류가 있으니, 정직한 사람을 벗하며 신실한 사람을 벗하며 식견이 많은 사람을 벗하면 이롭고, 치우친 사람을 벗하며 **96** 구미만 맞추는 사람을 벗하며 말재주만 뛰어난 사람을 벗하면 해롭다. 벗을 사귀는 것은 그 사람의 **97** 덕성을 보고 사귀는 것이다. 천자로부터 **98** 이생 에 이르기까지 벗을 통해서 자신의 인격을 완성하지 않는 경우가 없으니 그 **99** 관계가 소원한 것 같지만 관련되는 것이 **100** 지극히 가까운 관계와 같다.

《동몽선습》에서)

國語와 漢字

※ 다음 漢字語의 독음을 한글맞춤법에 맞게 쓰시오.

101 統率

102 洞燭

103 懇請

104 墮淚

105 鑄貨

※ 다음 漢字語 중 첫 음절이 길게 소리 나는 것을 고르시오.

106 ① 無機　　　　② 武器

107 ① 但只　　　　② 端志

108 ① 他黨　　　　② 妥當

※ 다음 밑줄 친 단어를 〈보기〉와 같이 正字의 漢字로 쓰고, 첫음절이 길게 소리 나면 ○, 짧게 소리 나면 × 표시를 하시오.

> 〈보기〉
> 정자 → 正字 ○, 丁字 ×

> 공연이 무기한 **109** <u>연기</u>되자 밤잠을 설치며 **110** <u>연기</u> 연습에 몰두 해왔던 단원들의 노력이 수포로 돌아갈 처지가 되었다.

※ 다음 중 두음법칙의 적용을 받지 <u>않는</u> 것은?

111 ① 利潤　　　　　　② 戀慕
　　③ 吟遊　　　　　　④ 錄取

112 ① 遊戲　　　　　　② 料金
　　③ 隣接　　　　　　④ 歷史

※ 다음 밑줄 친 단어의 독음을 맞춤법에 맞게 쓰시오.

113 다행히 그의 병은 <u>肺炎</u>으로 발전하지 않았다.

※ 한글맞춤법과 표준어 규정 등을 고려하여 다음 漢字語의 독음을 쓰시오.

114 著押　　　　　　　**115** 空念佛

116 索道　　　　　　　**117** 庫間

118 拾萬

※ 다음 밑줄 친 漢字語의 독음을 한글맞춤법에 맞게 쓰시오.

119 더 이상 喜喜樂樂 즐거워하고 있을 때만은 아니다.

120 이번 여행을 조심히 다녀오라는 말씀을 屢屢이 들었다.

※ 다음 밑줄 친 漢字語의 속음 또는 그 漢字語를 어원으로 하는 표준어를 어문규정에 맞게 쓰시오.

121 그 건물의 柱礎는 아주 귀한 돌로 만들었다고 한다.

122 견과류 가운데에서도 胡桃는 건강에 좋다고 알려져 있다.

123 그가 가끔 主着을 부리기는 하지만 그래도 늘 정감이 있다.

※ 다음 밑줄 친 漢字語의 독음을 한글맞춤법에 맞게 쓰시오.

124 茶飯　　　　　　　　　**125** 減殺

126 拓本

※ 한자 교육의 필요성을 다룬 다음 글을 읽고 밑줄 친 말에 해당하는 漢字語를 漢字로 쓰시오.
(127–128)

> 전근대 시대 한자문화권의 국제적 표기 수단은 한자이며, 근대 이후에도 한자문화권 국가
> 들의 일상 어휘는 여전히 한자어가 대부분을 차지하고 있다. 한자 공부는 수준 높은 국어
> 의 이해 및 활용 능력과도 관계가 있다. 또한 각종 전문적, **127** 직업적 용어와 개념을
> 이해하는데 있어서 큰 도움을 준다. 아울러 중국, 일본, 일부 동남아 국가 등 한자문화권
> 국가들 사이의 국제적 교류에 있어서도 도움이 된다. 따라서 한자를 잘 아는 것은 경제적,
> 문화적, 학문적 교류를 포함한 다양한 소통을 위해 **128** 시급하고 절실한 과제라고 할 수
> 있다.

129 다음에서 漢字와 한글의 관계에 대한 설명으로 적절하다고 보기 <u>어려운</u> 것은?

① 한자와 한글은 공생이 가능한 문자 체계이다.

② 한자는 표음 측면, 한글은 표의 측면에서 장점을 지닌다.

③ 한자와 한글은 서로를 보완하는 측면이 있으므로 함께 활용하는 것이 좋다.

④ 바람직한 가치관을 수립하고 전통 문화의 올바른 계승과 발전에 있어 중요한 의미를
갖는다.

130 국제 사회와 漢字에 관한 설명으로 적절하지 <u>않은</u> 것은?

① 우리 민족은 오랜 세월 한자를 쓰며 한자문화권과 교류하였다.

② 한자문화권 상호 발전의 매개체로 더 이상 한자는 가치가 없다.

③ 한자는 오랜 기간 동양의 공통적 국제적 문자로서 활용되어 왔다고 할 수 있다.

④ 한자문화권 국가 사이의 교류가 늘어남에 따라 한자 학습의 필요성이 더욱 증대하고
있다.

131 漢字·漢字語 영역에 대한 교수—학습 성취기준으로 알맞지 <u>않은</u> 것은?

① 한자를 순서에 맞게 바르게 쓴다.

② 한자의 품사와 허사를 구별하여 안다.

③ 한자의 모양·음·뜻을 구별하여 안다.

④ 한자어의 의미를 정확히 알고 활용할 수 있다.

132 초등학교 한자 교수—학습 설계 시 고려할 사항과 가장 거리가 <u>먼</u> 것은?

① 한자가 만들어진 과정과 짜임 등을 통한 훈과 음 익히기

② 학습한 한자들을 활용하는 한자어 익히기

③ 일상 언어 생활에서 사용하는 한자어 익히기

④ 실제 언어 생활에 사용할 신조어를 만들기

133 한자 교육의 학습 동기 유발을 위한 기법으로 적절하지 <u>않은</u> 것은?

① 학습자와 교수자 사이의 소통이 이루어지도록 힘쓴다.

② 학습자가 스스로 발전 가능성과 성취감을 느끼도록 격려한다.

③ 학습 과제의 선택과 수행을 주체적으로 수행할 수 있도록 유도한다.

④ 학습자가 호기심과 의문을 배제하고 최대한 많은 한자를 암기하도록 독려한다.

134 한자 교육을 위한 자원 학습 방법을 도입할 때 적절하지 <u>않은</u> 것은?

① 학습 자료의 의미를 검토한다.

② 수업의 목표를 추상적으로 설정한다.

③ 학습의 평가 및 보충, 심화 학습을 진행한다.

④ 학생 수준을 고려하여 적절한 범위 내에서 편성한다.

135 한자의 部首 지도 내용으로 적절하지 <u>않은</u> 것은?

① 爪 : 식물과 관련이 있음. → 爭, 爲

② 手 : 손과 관련이 있음. → 授, 拳

③ 貝 : 재물이나 돈과 관련이 있음. → 貧, 財

④ 宀 : 집과 관련이 있음. → 宅, 安

136 다음 漢字의 구성 요소 중 흙의 개념이 포함되어 있지 <u>않은</u> 것은?

① 金　　　　　　　　　② 里

③ 黑　　　　　　　　　④ 基

137 비슷한 분야별 부수들로 묶어 지도하려고 할 때 바르게 묶인 것은?

① 초목 : 木, 立, 韭　　　② 병기 : 弋, 斤, 金

③ 손 : 又, 手, 寸　　　　④ 동물 : 矢, 隹, 鹿

138 다음 고문자 이미지를 제시하여 지도할 수 있는 부수 내지는 漢字로 적절한 것은?

① 輸　　　　　　　　　② 韓

③ 幹　　　　　　　　　④ 朝

139 다음 중 부수와 관련하여 나머지 것들과 달리 설명하여야 할 漢字는?

① 海　　　　　　　　　② 酒

③ 淸　　　　　　　　　④ 泳

140 한자어 '頂上'에 대한 지도 방법으로 적절하지 <u>않은</u> 것은?

① 각 한자의 훈과 음을 지도하여 각각의 글자가 어떤 소리로 읽히고 어떤 의미를 갖는지 알게 한다.

② 머리의 최상부인 '정수리', 꼭대기라는 뜻과 '위'의 뜻이 합쳐져 '산꼭대기' 또는 '최상'이 라는 의미를 나타냄을 알게 한다.

③ 본래 단어의 의미가 전이되고 확장되어 '가장 일반적인 상태'라는 의미로 우리 언어생활 에서 사용되고 있음을 이해할 수 있도록 한다.

④ 단어의 내용을 실제로 활용할 수 있도록 예시 문장을 만들어 본다.

141 한자의 자원과 구성 원리에 대한 학습 용례로서 설명이 적절하지 <u>않은</u> 것은?

① 欠 : 오랜 옛날 시대에 사용하던 무기의 모습을 본뜬 상형문자.

② 辛 : 노예의 이마나 몸에 표식의 문신을 새기던 칼을 본뜬 상형문자.

③ 米 : 벼의 낟알 모양을 형상화한 상형문자.

④ 多 : 고깃덩어리가 포개 쌓은 모양의 회의문자.

※ 다음 字源 설명을 통해 지도할 수 있는 漢字를 正字로 쓰시오.

142 갑골문 , 금문 , 전문 등은 모두 집 안에 술이 가득한 항아리가 있는 모양으로 재물이 많고 살림이 넉넉함을 뜻하는 글자다.

143 갑골문 , 금문 은 모두 머리에서부터 꼬리까지 벗긴 짐승의 가죽을 본뜬 상형문자임을 보여준다.

144 갑골문 는 특정 공간을 에워싼 여러 사람의 발들을, 금문 과 전문 은 갑골문의 결구 형식에 외곽 둘레의 개념을 더한 글자다.

※ 同音異義語 지도와 관련한 다음 문장의 (   ) 안에 들어갈 漢字語를 쓰시오.

> 예컨대 '고장'이라고만 쓰면 전후 문맥을 파악하지 않고는 말의 뜻을 정확하게 알기 어렵다. '물건을 간직하여 두는 곳'을 뜻할 때라면 한자 표기는 '庫藏'이다. 그런데 '기구나 기계가 제대로 움직이지 못하게 되는 기능상의 장애'를 뜻할 때라면 **145** (   )으로 표기해야 한다. 또 '소송을 제기하기 위하여 제일심 법원에 제출하는 서류'를 뜻할 때에는 **146** (   )으로 표기해야 한다.

147 초등학교 한자, 한문 영역의 평가 지침으로 옳지 <u>않은</u> 것은?

① '한자' 평가는 훈과 음 알기, 쓰기 능력 등을 평가의 요소로 삼을 수 있다.

② '한자' 평가는 쓰기보다 읽기가 중요하기 때문에 쓰기보다 읽기 위주로 평가를 진행한다.

③ '한자어'의 평가는 되도록 교과서의 어휘나 일상생활에서 사용하는 어휘와 연계하여 평가한다.

④ '한자어구'의 평가는 배경 고사의 출전을 이해하는 것보다 암기를 얼마나 정확했는가를 기준으로 평가한다.

148 다음 중 국어교육정상화 차원에서 바라다볼 때 漢字 교육의 목표라고 보기 <u>어려운</u> 것은?

① 한자어 뜻을 이해하고 활용하기

② 우리 고전을 이해하고 우리 전통 문화 이해에 도움주기

③ 생활 주변에서 접하는 모든 한자어는 한자로 쓸 수 있도록 하기

④ 한글과 한자를 모두 잘 활용할 수 있는 풍요로운 문자생활 하기

149 화살표 방향으로 성어를 만들 때 ㉠에 들어갈 漢字를 쓰시오.

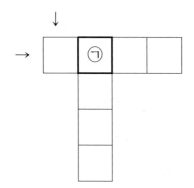

〈가로 열쇠〉
옛것을 보내고 새것을 맞이함.

〈세로 열쇠〉
변화 없이 옛 모양 그대로임.

150 초등학생의 경우 신문에 나온 한자를 학습하는 단계에서 적절하지 <u>않은</u> 내용은?

① 한자어의 뜻 알아보기

② 한자의 음과 훈을 알아보기

③ 학습한 한자어로 문장 만들어 보기

④ 한자의 자원을 모두 확인하여 외우기

漢字指導師 [高級]

施行日 : 2022年 5月 28日(土)

성 명	
수험번호	

감독확인	

유의사항

▶ 시험 시간은 90분입니다.

▶ 시험 문항은 총 150문항입니다.

▶ 지원 등급과 문제지의 등급이 같은지 확인하십시오.

▶ 답안지 작성은 검정색 필기구를 사용하십시오.

▶ 답안 수정은 두 줄을 긋고 다시 작성하십시오.

▶ 시험 시작과 종료는 감독위원의 지시를 따르십시오.

▶ 시험 종료 후 문제지와 답안지를 모두 감독위원에게 제출하십시오.

社團法人 韓國語文會

※ 다음 물음에 답하시오.

01 漢字의 기원에 관한 학설이 <u>아닌</u> 것은?

① 聖人 下世 기원설   ② 結繩 書契 기원설

③ 鳥獸 足跡 기원설   ④ 河圖 洛書 기원설

02 한반도의 漢字 전래에 관한 설명 중 바르지 <u>않은</u> 것은?

① 한반도에 한자가 전래된 것은 기원전 2세기경 한반도 지역에 漢四郡이 설치된 이후이다.

② 372년 소수림왕 2년 고구려에 太學이 설립된 것으로 보아 한자는 그 전에 이미 고구려에 전래된 것으로 보인다.

③ 백제의 경우 제13대 근초고왕과 제14대 근구수왕 때에 阿直岐와 王仁 박사 등이 일본에 논어와 천자문 등 한학을 전했다는 기록이 있는 것으로 보아 한자는 근초고왕 이전에 이미 백제에 전래된 것으로 보인다.

④ 신라도 고구려나 백제와 비슷한 시기에 한자를 수용하여 지증왕 때 국호와 왕호를 새로 쓰고 중국식 군현제를 채택했으며, 법흥왕 때 한자로 建元와 시호를 사용했고, 한문으로 율령을 공표했다.

03 漢字의 문자적 특징에 대한 설명으로 적절한 것은?

① 하나의 한자는 하나의 音으로만 발음된다.

② 하나의 한자는 하나의 義로만 풀이된다.

③ 하나의 한자는 하나의 部首에만 속한다.

④ 하나의 한자는 하나의 形으로만 쓴다.

04 다음은 漢字 구성의 3요소를 지도하기 위하여 그 체계를 도식화한 것이다. ( ) 안에 들어갈 漢字를 쓰시오.

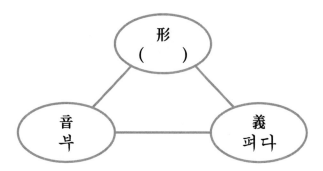

05 漢字의 구성요소에 대한 설명으로 적절한 것은?

① 한자의 구성 요소는 音과 義이다.
② 한자의 形은 音과 義를 나타낸다.
③ 한자의 音은 義와 形을 나타낸다.
④ 한자의 義는 形과 音을 나타낸다.

06 六書에 대한 다음의 설명에서 ( ) 안에 들어갈 것은?

다른 한자의 뜻을 합쳐 만든 글자로, 뜻이 모였다는 의미에서 ( ) 문자라고 한다.

① 形聲   ② 會意
③ 轉注   ④ 假借

07 六書와 예시의 연결이 적절하지 <u>않은</u> 것은?

① 象形 : 龍, 凹   ② 指事 : 看, 孝
③ 會意 : 解, 竊   ④ 形聲 : 燃, 結

※ 다음과 같은 字形의 변천을 보인 漢字의 楷書字를 쓰시오.

	甲骨	金文	篆書	楷書
08				( )
09				( )
10				( )

※ 다음 漢字의 略字나 俗字는 正字로 正字는 略字나 俗字로 바꾸어 쓰시오.

11 迁 [   ]   **12** 兩 [   ]

13 勳 [   ]   **14** 舖 [   ]

15 弍 [   ]

※ 다음 설명에 해당하는 漢字의 楷書字를 쓰시오.

	갑골문	전서	해서	
16			( )	'못생기다', '추하다', '보기가 싫다'라는 뜻을 가진 글자이다. 술에 취해서 술통 앞에 주저앉아 있는 사람의 모습을 흉물스러운 귀신으로 표현하였다.
17	갑골문	전서	해서 ( )	'엮다'나 '짓다', '편집하다'라는 뜻을 가진 글자이다. 글자의 오른쪽은 널빤지에 글이나 그림을 그려 문 위에 걸어 놓던 현판을 표현한 것으로 '넓적하다'나 '두루'라는 뜻을 갖고 있다.
18	금문	전서	해서 ( )	'쇠하다', '상복', '도롱이'라는 뜻을 가진 글자이다. 원래 풀을 엮어 만든 옷으로 비가 올 때 입던 도롱이를 상형한 글자인데, '상복', '쇠하다'라는 파생된 뜻으로 쓰이자 본뜻을 나타내는 글자에는 초두머리(艹)를 붙여 새로운 자형을 만들었다.

※ 다음 漢字의 訓과 音을 쓰시오.

19 腔

20 捘

21 鍍

22 辣

23 呆

※ 다음 訓音에 맞는 漢字를 쓰시오.

24 꽂을 삽

25 품팔 용

26 자석 자

27 밥 찬

28 다듬을 탁

※ 一字多音字 지도를 위한 다음 표의 (   ) 안에 알맞은 訓과 音을 쓰시오.

한자	훈음	용례
廓	둘레 곽	輪廓
	29 ( )	廓然
畎	30 ( )	畎織
	31 ( )	畎溝

※ 다음 (   ) 안에 비슷한 의미의 漢字를 넣어 단어를 완성하시오.

32 (   )擲

33 狩(   )

34 (   )捷

35 沒(   )

36 다음 중 단어의 의미가 類義結合으로 이루어지지 <u>않은</u> 것은?

① 顚末   ② 荊棘

③ 泡沫   ④ 棟樑

※ 다음 (   ) 안에 뜻이 상대되는 의미의 漢字를 써서 단어를 완성하시오.

37 (   ) ↔ 縮

38 (   ) ↔ 輓

39 昇 ↔ (   )

40 (   ) ↔ 雌

41 다음 중 단어의 의미가 反義結合으로 이루어지지 <u>않은</u> 것은?

① 縱擒   ② 毁譽

③ 封緘   ④ 需給

42 다음 중 자획과 명칭이 바르지 <u>않은</u> 것은?

① ㄱ : 오른꺾음

② ㄴ : 오른갈고리

③ ㇏ : 누운지게다리

④ ㄴ : 새가슴

43 다음 중 필순에서 먼저 써야 하는 획에 대한 설명이 바르지 <u>않은</u> 것은?

① 가로획과 세로획이 교차될 때에는 가로획을 먼저 쓴다.

② 좌·우로 꿰뚫는 획은 맨 먼저 쓴다.

③ 삐침과 파임이 함께 어울린 글자는 삐침을 먼저 쓴 뒤 파임을 쓴다.

④ 한가운데를 중심으로 좌우의 모양이 같을 경우에는 한가운데를 먼저 쓴다.

44 한자의 필순에 따라 다음 漢字를 쓸 때 가장 먼저 쓰는 획은 몇 번인지 쓰시오.

45 다음 중 자형의 구성에 대한 설명으로 바르지 <u>않은</u> 것은?

① 한자의 모양을 분류하거나 차례로 늘어놓는 데 바탕이 되는 부분을 部首라고 한다.

② 한자의 모양을 이루고 있는 하나하나의 점이나 선, 삐침 등을 字劃이라고 한다.

③ 한자를 두 부분으로 나눌 수 있는 것은 형성 문자뿐만 아니라 지사 문자나 회의 문자도 마찬가지이다.

④ 한자의 부수 글자는 1획에서 17획까지 모두 216자가 있다. 이 부수는 字典이나 玉篇에서 한자를 찾는데 길잡이 구실을 한다.

46 다음의 ( ) 안에 알맞은 부수와 획수를 쓰시오.

> "舅"자를 字典에서 찾으려면, 部首 색인 ( )部의 ( )劃 한자들 중에서 찾는다.

47 다음 중 部首의 명칭이 바르지 <u>않은</u> 것은?

① 卩 : 병부절방
② 攵 : 등글월문
③ 尸 : 지게호
④ 灬 : 연화밑

※ 다음 漢字의 部首를 쓰시오.

48 珏 [   ]

49 辜 [   ]

50 卉 [   ]

漢字語彙 教育論

51 漢字語의 구조가 <u>다른</u> 것은?

① 進學
② 愛國
③ 多情
④ 歸家

52 '品貴'와 漢字語의 구조가 같은 것은?

① 樂山樂水
② 山戰水戰
③ 山明水淸
④ 靑山流水

53 수식관계의 구조로 이루어지지 <u>않은</u> 漢字語는?

① 稀薄
② 吉夢
③ 至當
④ 外貨

※ 다음 成語의 밑줄 친 부분에 해당하는 漢字語의 구조를 쓰시오.

54 走馬<u>看山</u>

55 天高馬<u>肥</u>

※ 다음 漢字語의 구조를 고려하여 漢字語를 우리말로 풀이하시오.

56 冷藏

57 海溢

58 斬新

※ 다음 밑줄 친 단어가 본래 漢字語이면 ○, 고유어의 借字이면 ×로 표시하시오.

59 그는 지금 아까 그와 마주 서서 널뛰던 생각을 하자 瞥眼間 가슴이 뭉클해졌다.

60 甲子期 소나기가 쏟아지기 시작했다.

61 그러나 정반대의 행동이란 都大體 어떤 것인가?

62 날씨가 흐리더니만 及其也 비가 오고 천둥이 치기 시작했다.

※ 轉義 漢字語에 관한 다음 물음에 답하시오.

63 다음 漢字語 가운데 轉義語로 보기 어려운 것은?

① 人權蹂躪   ② 國政壟斷
③ 高枕安眠   ④ 吐哺握髮

※ 다음 漢字語의 轉義된 의미를 쓰시오.

64 宸襟

65 古稀

66 蝸角

※ 다음 중 단어의 연결 관계가 나머지 것들과 다른 것은?

67 ① 實吐 – 告白   ② 禮讚 – 謳歌
     ③ 受容 – 收用   ④ 遺詔 – 顧命

68 ① 螳臂當車 – 不自量力　　② 針小棒大 – 假弄成眞
　　③ 笑裏藏刀 – 口蜜腹劍　　④ 輾轉反側 – 寤寐不忘

69 ① 膳物 – 幣物　　　　　　② 詰責 – 稱讚
　　③ 利潤 – 損失　　　　　　④ 綺靡 – 儉朴

70 ① 卑賤 – 高尙　　　　　　② 鎭重 – 輕率
　　③ 汨沒 – 集中　　　　　　④ 度脫 – 迷霧

※ 다음 (A)와 (B)가 類義語가 되도록 (　　) 안에 알맞은 漢字를 쓰시오.

　　(A)　　　(B)

71 惡癖 – (　　)點

72 緊縮 – 節(　　)

73 英雄 – (　　)傑

※ 다음 (A)와 (B)가 反意語나 相對語가 되도록 (　　) 안에 알맞은 漢字를 쓰시오.

　　(A)　　　(B)

74 緊張 ↔ 弛(　　)

75 謙遜 ↔ (　　)慢

76 曠劫 ↔ 轉(　　)

※ 다음 주어진 뜻을 참조하여 (　　) 안에 들어갈 同音異義語를 漢字로 쓰시오.

　　　　77 (　　　　　) : 행실, 학문, 기예 따위를 닦음.

• 수행　78 (　　　　　) : 생각하거나 계획한 대로 일을 해냄.

　　　　79 (　　　　　) : 일정한 임무를 띠고 가는 사람을 따라감.

※ 다음 漢字語와 同音語이면서 제시된 뜻을 가진 漢字語를 ( ) 안에 漢字로 쓰시오.

80 巡狩 – (   ) 전혀 다른 것의 섞임이 없음.

81 罵倒 – (   ) 값을 받고 물건의 소유권을 다른 사람에게 넘김.

※ 다음 ( )에 해당하는 漢字를 쓰시오.

82 心在( )鵠 : 바둑을 두면서 마음은 기러기나 고니가 날아오면 쏘아 맞출 것만 생각한다면 어찌되겠느냐는 맹자의 언질에서 비롯된 말로, 학업을 닦으면서 마음은 다른 곳에 씀을 일컫는 말.

83 肝( )相照 : 간과 쓸개를 내놓고 서로에게 내보인다는 뜻으로, 서로 마음을 터놓고 친밀히 사귐.

84 韋( )之佩 : 부드러운 가죽과 팽팽한 활시위를 차고 다닌다는 뜻으로 자기의 성질을 고치는 경계의 표지로 삼음.

85 奴( )婢膝 : 남자 종의 아첨하는 얼굴과 여자 종의 무릎걸음이라는 뜻으로, 지나치게 굽실거리며 비굴하게 알랑대는 태도를 비유하는 말.

86 兔營三( ) : 토끼가 위기에서 벗어나기 위하여 세 개의 굴을 파 놓아둔다는 뜻으로, 미리 몇 가지 대비책을 짜 놓음을 이르는 말.

※ 다음 속담에 해당하는 漢字語가 되도록 ( ) 안에 알맞은 漢字를 쓰시오.

87 猫項( )鈴 : 고양이 목에 방울 달기

88 隔( )搔癢 : 신 신고 발바닥 긁기

※ 다음 漢字語에 해당하는 우리말 속담을 쓰시오.

89 下石上臺

90 盲玩丹靑

※ 다음 밑줄 친 부분에서 표기가 잘못된 漢字語를 찾아 바르게 고쳐 쓰시오.

91 吾等은 玆에 我 朝鮮의 獨立國임과 朝鮮人의 自主民임을 宣言하노라 此로써 世界① 萬放에 告하야 人類平等의 大義를 ② 克明하며 此로써 子孫萬代에 誥(깨우칠 고)하야 民族自存의 ③ 正權을 ④ 永有케하노라.

92 半萬年 歷史의 權威를 仗하야 此를 宣言함이며 二千萬 民衆의 誠忠을 合하야 此를 佈(펼 포)明함이며 民族의 恒久如一한 自由發展을 爲하야 此를 ① 主張함이며 人類的 良心의 ② 發路에 基因한 世界改造의 大機運에 順應並進하기 爲하야 此를 ③ 提起함이니 是ㅣ 天의 明命이며 時代의 ④ 大勢ㅣ며 全人類 共存同生權의 正當한 發動이라 天下何物이던지 此를 沮止抑制치 못할지니라.

93 舊時代의 ① 遺物인 侵略主義 强權主義의 犧牲을 作하야 有史以來 ② 屢千年에 처음으로 異民族 箝(재갈 겸)制의 ③ 痛苦를 嘗한지 今에 十年을 過한지라 我生存權의 剝喪됨이 무릇 幾何ㅣ며 心靈上 發展의 ④ 障礙됨이 무릇 幾何ㅣ며 民族的 尊榮의 毁損됨이 무릇 幾何ㅣ며 新銳와 獨創으로써 世界文化의 大潮流에 寄與補裨할 機緣을 遺失함이 무릇 幾何ㅣ뇨

※ 다음 밑줄 친 단어를 漢字(正字)로 쓰시오.

조선은 늘 우리 겨레의 조선이요 한 차례도 통일한 국가를 잃고 다른 민족의 실질적인 지배를 받은 적이 없다. 일본은 조선이 일본과 **94** 순치의 관계가 있음을 깨닫고 1895년 청일전쟁의 결과로 일본이 한국의 독립을 앞장서 승인하였고 영·미·프·독·러 등 여러 나라들도 독립을 승인했을 뿐더러 이를 보전하기를 약속하였다. 한국은 그 의리에 감동하여 마음을 다잡고 여러 개혁과 국력의 충실을 꾀하였다.

당시 러시아의 세력이 남하하여 동양의 평화와 한국의 안녕을 위협하니 일본은 한국과 **95** 공수동맹을 체결하여 러일전쟁을 펼치니 동양의 평화와 한국의 독립 보전은 실로 이 동맹의 뜻과 한국은 더욱 그 호의에 감동하여 육해군의 작전상 원조는 불가능하였으나 주권의 위험까지 희생하여 가능한 온갖 의무를 다하여서 동양 평화와 한국 독립의 양대 목적을 추구하였다.

마침내 전쟁이 끝나고 당시 미국 대통령 루즈벨트씨의 **96** 중재로 러일 사이에 **97** 강화 회의가 열리니 일본은 동맹국인 한국의 참가를 불허하고 러일 두 나라 대표자 사이에 임의로 일본의 한국에 대한 종주권을 **98** 의정하였으며 일본은 우월한 병력을 가지고 한국의 독립을 보전한다는 옛 약속을 어기고 나약한 당시 한국 황제와 그 정부를 위협하고 속여 넘겨 "국력의 충실함이 족히 독립을 얻을 만한 시기까지라"는 조건으로 한국의 외교권을 빼앗아 이를 일본의 보호국으로 만들어 한국으로 하여금 직접 세계 여러 나라들과 [99]교섭할 길을 끊고 그로 인하여 "상당한 시기까지라"는 조건으로 사법·경찰권을 빼앗고 다시 "**100** 징병령 실시까지라"는 조건으로 군대를 해산하며 민간의 무기를 압수하고 일본 군대와 헌병 경찰을 각지에 두루 두며 심지어 황궁의 경비까지 일본 경찰을 쓰고 이리하여 한국으로 하여금 전혀 저항할 수 없도록 만든 뒤에 꽤 사리에 밝다 일컬어지는 한국 황제를 내쫓고 황태자를 내세워 일본의 사냥개로 이른바 합병 내각을 조직하여 비밀과 무력 속에서 합병조약을 맺으니 이에 우리 겨레는 건국 이래 반만년에 스스로를 이끌고 도와준다고 하는 우방의 군국적 야심에 희생되었다.

國語와 漢字

※ 다음 漢字語의 독음을 한글맞춤법에 맞게 쓰시오.

101 雙龍

102 龜裂

103 旋律

104 寄稿欄

105 數數往來

※ 다음 중 첫소리가 長音으로 발음되는 것을 고르시오.

106 ① 感情

② 甘精

③ 監丁

④ 鑑定

107 ① 同期   ② 動氣
      ③ 同氣   ④ 銅器

108 ① 斑杖   ② 班長
      ③ 盤長   ④ 返葬

109 ① 思顧   ② 査考
      ③ 死苦   ④ 社告

110 ① 聯騎   ② 連記
      ③ 延期   ④ 捐棄

※ 다음 중 한글맞춤법의 두음법칙을 적용받지 <u>않는</u> 것은?

111 ① 儺戲   ② 樂觀
      ③ 雷雨   ④ 漏水

112 ① 來年   ② 惱殺
      ③ 綾紗   ④ 老年

113 ‘四六判’의 讀音을 한글맞춤법에 맞게 쓰시오.

※ 밑줄 친 漢字語의 讀音을 한글맞춤법의 규정에 맞게 쓰시오.

114 <u>過燐酸</u>은 낮은 온도에서 오산화 인을 30%의 과산화 수소로 처리한 뒤에 얼음물로 묽게 하여 만든 물질로, 산화력이 세기 때문에 산화제로 쓰인다.

115 감동이란 이상한 것이다. 나는 전신에 일종의 <u>戰慄</u>을 느꼈다. 용기라는 것이 어떤 것인가 를 깨달은 느낌이었다.

116 천한 신분의 구박과 설움을 흩어져 살면서 당하기는 더 어려워서 자연히 <u>類類相從</u>으로 같 은 백정 몇 집이 진펄가에 모여 살기 시작한 것이 지금은 수십 호의 마을로 되었다.

※ 다음 漢字語의 讀音을 한글맞춤법에 맞게 쓰시오.

117 庫間   **118** 傳貰房

119 이 제도가 실시되지 않으면 정치 개혁이라는 구호는 <u>空念佛</u>에 그칠 것이다.

120 간도에 있을 때 혈육같이 짙고 강했던 동포들 사이의 <u>紐帶</u>를 지금 이곳에서는 찾아볼 수 없는 것이다.

※ 다음 문장의 밑줄 친 漢字語를 어원으로 하는 현대 표준어를 한글로 쓰시오.

121 망하기까지 손 싸매고 있었던 것도 아니요, 동학 혁명이다, 대원군이다, 갑신정변이다, 이렇게 <u>貫革</u>에 비슷이 겨눈 화살은 쏘아졌는데 하나도 들어맞지 않았어.

122 흡족한 비에 마을 사람들은 풍년이라도 만난 듯 <u>出斂</u>들을 하여 술과 안줏거리를 마련하였다.

123 청나라에 드나들며 신문물에 접한 그는 국가와 개인이 <u>艱難</u>을 극복하고 문명을 지향하기 위해 개혁과 개방이 필요하다고 주장했다.

※ 다음 漢字語의 讀音을 쓰시오.

124 釀出料

125 虎尾串

126 沸騰點

漢字 敎授學習 方法論

※ 다음 글의 밑줄 친 漢字語를 문맥에 어울리는 漢字로 바꾸어 쓰시오.

復讎를 주요 소재로 다룬 창작물은 손쉽게 말초신경을 자극할 수 있는 소재이면서 캐릭터의
행동 동기가 매우 명확하여 몰입이 쉽고, 개연성을 해치지 않으면서 캐릭터를 극단적이고
개성적으로 만들 수 있으므로 강렬한 인상을 줄 수 있다. 또 복수와 용서에 관한 **127**복수
의 갈등 구조를 이용하여 심도 있는 이야기 전개도 가능하다. 하지만 대부분의 캐릭터들은
復讎의 칼을 휘두른 뒤 **128** 복수를 누리기보다는 비명횡사하는 경우가 많다.

※ 다음 글을 읽고 물음에 답하시오.

유구한 역사와 전통에 빛나는 우리 대한국민은 3・1운동으로 건립된 대한민국임시정부의
법통과 불의에 항거한 4・19민주이념을 계승하고, 조국의 민주개혁과 평화적 통일의 사명
에 입각하여 정의・인도와 동포애로써 민족의 단결을 공고히 하고, 모든 사회적 ㉠ 폐습과
불의를 타파하며, 자율과 조화를 바탕으로 자유민주적 기본질서를 더욱 확고히 하여 정치・
경제・사회・문화의 모든 영역에 있어서 각인의 기회를 균등히 하고, 능력을 최고도로 발
휘하게 하며, 자유와 권리에 따르는 책임과 의무를 ㉡ 완수하게 하여, 안으로는 국민생활
의 균등한 향상을 기하고 밖으로는 항구적인 세계평화와 인류 공영에 이바지함으로써 우
리들과 우리들의 자손의 안전과 자유와 행복을 영원히 확보할 것을 다짐하면서 1948년
7월 12일에 제정되고 8차에 걸쳐 개정된 헌법을 이제 국회의 의결을 거쳐 국민투표에 의
하여 개정한다.

129 ㉠의 의미를 쓰시오.

130 ㉡과 같은 의미로 쓰일 수 <u>없는</u> 것은?

① 貫徹 ② 達成

③ 成就 ④ 彌漫

※ 다음 물음에 답하시오.

131 초등학교 한자 교육의 성격으로 적절하지 <u>않은</u> 것은?

① 한자어로 이루어진 국어의 기본 어휘력을 높인다.

② 한자어구는 평이한 내용의 것을 변별하여 지도한다.

③ 한자를 익혀 어려서부터 국제사회의 구성원으로 자랄 수 있게 한다.

④ 한자어의 학습을 통해 한국인으로 갖추어야 할 일반교양을 기르게 한다.

132 초등학교 한자 교육의 목표로 적절하지 <u>않은</u> 것은?

① 한문 교육용 기초 한자 900자를 바탕으로 한다.

② 한자를 익혀 언어생활에서 바르게 활용하도록 한다.

③ 한자 학습을 통해 전통문화를 이해할 수 있도록 한다.

④ 한자와 한자어 학습을 통해 올바른 가치관을 가질 수 있도록 한다.

133 초등학교 한자 교육의 방법에 대한 설명으로 적절하지 <u>않은</u> 것은?

① 학생들이 쉽고 재미있게 학습할 수 있도록 체계적으로 지도한다.

② 한자, 한자어, 한자어구의 각 영역이 학습의 연계성을 유지하도록 한다.

③ 교수·학습 효과를 높이기 위하여 시청각 자료를 그 특성에 맞게 활용하여 지도하도록 한다.

④ 학습 목표와 제재의 특성에 맞는 학습을 위해서는 선행 단원과의 연계성에 지나치게 구애되어서는 안 된다.

134 초등학교 한자 교육의 유의점으로 적절하지 <u>않은</u> 것은?

① 가능한 한 한자어나 평이한 한자어구와 관련지어 지도한다.

② 특징이 뚜렷한 한자를 통하여 한자 학습의 흥미를 유발시킨다.

③ 한자어는 가능한 타 교과의 학업 성취도와 관련지어 지도하면서 점차 수준을 올려 나간다.

④ 한자어구와 간이한 문장은 겉으로 드러난 뜻과 함께 담긴 뜻을 파악하고 이해할 수 있게 가르친다.

※ 한자 교육의 지도 단계에서 해당 부분을 〈보기〉에서 찾아 그 번호를 쓰시오. (135–137)

〈보기〉

① 導入 段階   ② 訓音 段階

③ 造語 段階   ④ 適用 段階

⑤ 評價 段階   ⑥ 整理 段階

135 이 단계에서 한자를 이해하는 방법으로는 '한자의 부수를 통해 한자를 이해하는 방법'과 '한자의 구조 분석을 통해 한자를 이해하는 방법'이 있다.

136 이 단계에서는 국어 문장에서 한자어를 찾아서 그 구조와 의미를 파악하게 하거나, 한자를 학습하기 전과 학습한 후에 그 의미 파악에 변화가 있는가를 직접 확인하게 한다.

137 이 단계에서는 한자 학습과 무관하게 독서나 생활을 통하여 이미 알고 있거나 배운 한자어도 그 의미를 다시 분석하여 原義를 알아보고, 轉義를 확인하는 학습을 한다.

138 한자의 訓과 音의 교육에 대한 설명으로 적절하지 <u>않은</u> 것은?

① 쓰기 중심의 반복 교육을 실시한다.

② 반복 학습의 지루함을 없앨 수 있는 다양한 방법을 사용한다.

③ 쓰기 지도는 필순에 대한 지도가 이루어진 후 실시하는 것이 좋다.

④ 시청각 자료나 한자 카드와 같은 활동 자료를 활용하면 더욱 좋다.

139 다음에 제시된 이미지 자료를 통하여 지도하기에 가장 적합한 漢字는?

갑골문   금문   전서

① 觀   ② 獲

③ 舊   ④ 寫

140 '水'의 변형된 자형을 설명하기 위한 다음 漢字 중 '水'를 구건으로 사용한 한자가 <u>아닌</u> 것은?

① 求   ② 肅

③ 益   ④ 原

141 한자의 字源 학습에 대한 설명으로 적절하지 <u>않은</u> 것은?

① 한자가 만들어진 과정을 근원으로 분석하여 이를 구조적으로 이해하고자 하는 것이다.

② 한자가 가지고 있는 본래의 문자적 의미를 字形과 字意, 字音上에서 분석·종합하여 이를 구조적·체계적으로 접근하는 것이다.

③ 자원의 의미를 모르고 한자를 공부하면 이는 무의미한 글자를 학습하는 것과 마찬가지이기 때문에 한자는 반드시 상형화하여 학습해야 한다.

④ 학습자로 하여금 한자를 보다 친숙한 문자로 이해하도록 하여 자기주도적 학습과 창의적 사고를 가능하게 하고 장기 기억에 도움을 줄 수 있다.

142 한자의 字源 학습 방법으로 적절하지 <u>않은</u> 것은?

① 학습 자료의 의미를 검토한다.

② 수업 목표를 구체적으로 명시한다.

③ 학습자의 학습 수준을 진단하여 수준에 맞게 실시한다.

④ 字源 학습이 지루하고 어려울 수 있기 때문에 보충이나 심화 학습은 실시하지 않는다.

143 화살표 방향으로 漢字語를 만들 때 ■ 안에 들어갈 漢字를 쓰시오.

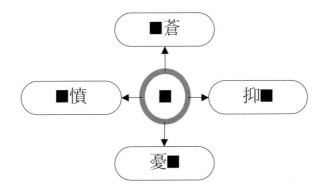

※ 비교 · 분석하기 방법으로 **學習 漢字**를 확장하기 위한 다음 표를 보고 물음에 답하시오.

骨 +	豊	體	肉體
	亥	骸	㉠ 殘骸
	遀	㉡ 髓	脊髓
	水	滑	圓滑
	犬	猾	㉢ 狡猾

144 ㉠ 漢字語의 의미를 쓰시오.

145 ㉡ 漢字의 음과 訓을 쓰시오.

146 ㉢ 漢字語의 讀音을 쓰시오.

147 초등학생 한자 교육에서 평가 지침으로 적절하지 <u>않은</u> 것은?

① 한자어구는 뜻을 바르게 이해하는가에 중점을 두고 평가한다.

② 한자어는 언어생활에 바르게 활용할 수 있는가에 중점을 두고 평가한다.

③ 한자 및 한자어의 읽기, 쓰기, 활용, 한자어구의 풀이 등을 평가하되, 문법 지식 평가를 중심으로 한다.

④ 기초 한자를 바르게 읽고 쓰며 그 뜻을 알아 바르게 사용하는가에 중점을 두도록 하면서, 1단계에서는 가급적 쓰기 평가는 지양하도록 한다.

148 초등학생 한자 교육에서 평가 방법으로 적절하지 <u>않은</u> 것은?

① 한자는 形, 音, 義의 3요소를 관련지어 평가한다.

② 한자와 한자어는 가능한 한 언어생활에 관련지어 평가한다.

③ 한자어구의 풀이와 함께 담긴 뜻의 이해도 겸하여 평가한다.

④ 한자, 한자어, 한자어구의 각 영역별 학습 내용의 하나를 중심으로 평가한다.

149 학습한 성어를 평가하기 위한 다음 문항 중, 화살표 방향으로 성어를 만들 때 ㉠에 들어갈 漢字를 쓰시오.

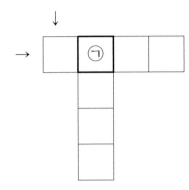

〈가로 열쇠〉
다른 사람이 나의 얼굴에 침을 뱉으면 절로 그 침이 마를 때까지 기다린다는 뜻으로, 처세에는 인내가 필요함을 강조하여 이르는 말.
〈세로 열쇠〉
얼굴에 쇠가죽을 발랐다는 뜻으로, 몹시 뻔뻔스러움을 비유적으로 이르는 말.

150 다음 중 漢字 교재의 제작과 보급에 관한 현 실태에 대한 설명으로 적절한 것은?

① 한자·한문 교육의 효율적 수행과 외적인 법적·제도적 지원은 큰 관계가 없다.

② 교육 현장에서 교사들이 한자·한문 교육을 용이하게 수행하기 위해 스스로 교재를 개발하여야 하므로 다른 지원은 필요 없다.

③ 현재 사용하고 있는 한자 학습 교과서는 지역이나 연령에 편중되지 않고 고르게 개발되어 있다.

④ 초등학교 한자 교육 현장에서 교육청의 정식 인정을 받은 교과서를 사용하는 학교는 겨우 10%를 조금 넘는 정도에 불과하다.

■ 사단법인 한국어문회·한국어문교육원　　　　　　　　3 0 1 ■

수험번호 □□□□□□□□□□□	성명 □□□□□
생년월일 □□□□□□□□	※ 유성 싸인펜, 붉은색 필기구 사용 불가.

※ 답안지는 컴퓨터로 처리되므로 구기거나 더럽히지 마시고, 정답 칸 안에만 쓰십시오.
　글씨가 채점란으로 들어오면 오답처리가 됩니다.

제60회 한자지도사자격검정시험 초급 답안지(1)

번호	정답	1검	2검	번호	정답	1검	2검	번호	정답	1검	2검
1	④			24	뽑을 발			47	②		
2	③			25	되살아날 소			48	口		
3	④			26	이마 액			49	虍		
4	②			27	우편 우			50	鬥		
5	擧			28	감출 장			51	③		
6	③			29	변방 새			52	②		
7	⑥			30	차 다			53	④		
8	農			31	미워할 오			54	減壓		
9	北			32	建			55	最貴		
10	監			33	波			56	어리석음		
11	邊			34	蓄			57	짧은 동안		
12	舊			35	收			58	어렴풋함		
13	萬			36	④			59	따님		
14	无			37	背			60	시키다/부리다		
15	聲			38	班			61	천천히 가다		
16	①			39	始			62	마침내		
17	②			40	興			63	②		
18	築			41	①			64	불필요		
19	열 계			42	③			65	으뜸/권위		
20	편안 녕			43	②			66	주목		
21	빌릴/꿸 대			44	11획			67	①		
22	샐 루			45	12획			68	⑥		
23	잘 면			46	①			69	休		

감독위원	채점위원(1)		채점위원(2)		채점위원(3)	
(서명)	(득점)	(서명)	(득점)	(서명)	(득점)	(서명)

■　　　　　　　　　　　　　　　　　　　※ 뒷면으로 이어짐 ■

※ 본 답안지는 컴퓨터로 처리되므로 구겨지거나 더렵혀지지 않도록 조심하시고 글씨를 칸 안에 또박또박 쓰십시오.

제60회 한자지도사자격검정시험 초급 답안지(2)

번호	정답	1검	2검	번호	정답	1검	2검	번호	정답	1검	2검
70	致			97	文章			124	復		
71	效			98	論議			125	說		
72	⑥			99	後美人曲			126	更		
73	①			100	關東別曲			127	④		
74	給			101	도입			128	②		
75	然			102	침략기			129	③		
76	有			103	희망			130	④		
77	正誤			104	계기			131	⑤		
78	留保			105	초석			132	③		
79	競走			106	②			133	②		
80	世帶			107	①			134	①		
81	畫展			108	②			135	④		
82	日→一			109	② 否認			136	①		
83	魚→漁			110	① 武勇			137	③		
84	罰→伐			111	④			138	③		
85	氷, 炭			112	①			139	②		
86	斷, 交			113	吉士			140	②		
87	守, 待			114	역이용			141	④		
88	羊, 質			115	협력성			142	衛		
89	見物生心			116	규율			143	春		
90	貧者一燈			117	①			144	宀		
91	③ 環境			118	⑤			145	示		
92	② 努力			119	②			146	鄕		
93	④ 對應			120	⑥			147	落		
94	獨白			121	거란			148	善		
95	客體			122	과녁			149	騎馬欲率奴		
96	左海			123	허락			150	究		

■ 사단법인 한국어문회·한국어문교육원 ③⓪①■

수험번호 □□□□□□□□□□□ 성명 □□□□□

생년월일 □□□□□□□□ ※ 유성 싸인펜, 붉은색 필기구 사용 불가.

※ 답안지는 컴퓨터로 처리되므로 구기거나 더럽히지 마시고, 정답 칸 안에만 쓰십시오.
  글씨가 채점란으로 들어오면 오답처리가 됩니다.

제60회 한자지도사자격검정시험 **중급** 답안지(1)

번호	정답	1검	2검	번호	정답	1검	2검	번호	정답	1검	2검
1	×			24	오를 등			47	①		
2	○			25	연이을 련			48	缶		
3	①, ④			26	샐 루			49	禾		
4	④			27	꺼질/멸할 멸			50	骨		
5	廳			28	사당 묘			51	③		
6	②			29	똥오줌 변			52	①		
7	③			30	끊을 절			53	④		
8	民			31	온통 체			54	병렬		
9	典			32	承			55	수식		
10	教			33	宿			56	깊이 생각함		
11	体			34	命			57	치욕을 씻음		
12	齒			35	混			58	낮은 자리로 밀려남		
13	從			36	③			59	버릇		
14	无			37	危			60	앙갚음		
15	歲			38	夜			61	모든		
16	孝			39	強			62	빚		
17	買			40	智			63	九折(曲)羊腸		
18	男			41	③			64	壓卷		
19	들 거			42	④			65	圖南		
20	다스릴 치			43	5			66	④		
21	벌릴 라			44	8			67	③		
22	어두울 혼			45	9			68	⑥		
23	둔할 둔			46	②			69	逆		

감독위원	채점위원(1)		채점위원(2)		채점위원(3)	
(서명)	(득점)	(서명)	(득점)	(서명)	(득점)	(서명)

※ 뒷면으로 이어짐■

※ 본 답안지는 컴퓨터로 처리되므로 구겨지거나 더럽혀지지 않도록 조심하시고 글씨를 칸 안에 또박또박
쓰십시오.

제60회 한자지도사자격검정시험 중급 답안지(2)

번호	정답	1검	2검	번호	정답	1검	2검	번호	정답	1검	2검
70	傾			97	德性			124	다반		
71	烈			98	異生			125	감쇄		
72	靜肅			99	關係			126	탁본		
73	增加			100	至極			127	職業的		
74	歡			101	통솔			128	時急		
75	勤			102	통촉			129	②		
76	盛			103	간청			130	②		
77	聲援			104	타루			131	②		
78	死境			105	주화			132	④		
79	警備			106	②			133	④		
80	寶石			107	①			134	②		
81	電鐵			108	②			135	①		
82	鬪			109	延期 ×			136	③		
83	賢			110	演技 ○			137	③		
84	解			111	③			138	④		
85	福			112	①			139	②		
86	護			113	폐렴			140	③		
87	孤			114	착압			141	①		
88	燈			115	공염불			142	富		
89	得			116	삭도			143	革		
90	紅			117	곳간			144	圍		
91	①			118	십만			145	故障		
92	②			119	희희낙락			146	告狀		
93	④			120	누누			147	④		
94	部類			121	주추			148	③		
95	有益			122	호두			149	舊		
96	口味			123	주책			150	④		

■ 사단법인 한국어문회·한국어문교육원 ③⓪①■

수험번호 □□□□□□□□□□	성명 □□□□□
생년월일 □□□□□□□	※ 유성 싸인펜, 붉은색 필기구 사용 불가.

※ 답안지는 컴퓨터로 처리되므로 구기거나 더럽히지 마시고, 정답 칸 안에만 쓰십시오.
글씨가 채점란으로 들어오면 오답처리가 됩니다.

제60회 한자지도사자격검정시험 고급 답안지(1)

번호	정답	1검	2검	번호	정답	1검	2검	번호	정답	1검	2검
1	1			24	揷			47	3		
2	4			25	傭			48	玉		
3	3			26	磁			49	辛		
4	敷			27	餐			50	十		
5	2			28	琢			51	2		
6	2			29	클 확			52	3		
7	2			30	이랑 무			53	1		
8	美			31	이랑 묘			54	술목구조		
9	丘			32	抛/投			55	주술구조		
10	鷄			33	獵			56	차게 저장하다		
11	遷			34	敏			57	바다가 넘치다		
12	両			35	落			58	매우 새롭다		
13	勛			36	1			59	○		
14	鋪			37	伸			60	×		
15	貳			38	推			61	○		
16	醜			39	降			62	○		
17	編			40	雌			63	1		
18	裒			41	3			64	임금의 마음		
19	속빌 강			42	3			65	70세		
20	누를 날			43	2			66	아주 좁은 地境이나 작은 사물		
21	도금할 도			44	1			67	3		
22	매울 랄			45	4			68	2		
23	어리석을 매			46	臼 7			69	1		

감독위원	채점위원(1)		채점위원(2)		채점위원(3)	
(서명)	(득점)	(서명)	(득점)	(서명)	(득점)	(서명)

※ 뒷면으로 이어짐■

※ 본 답안지는 컴퓨터로 처리되므로 구겨지거나 더럽혀지지 않도록 조심하시고 글씨를 칸 안에 또박또박 쓰십시오.

제60회 한자지도사자격검정시험 고급 답안지(2)

번호	정답	1검	2검	번호	정답	1검	2검	번호	정답	1검	2검
70	3			97	講和			124	갹출료		
71	汚			98	議定			125	호미곶		
72	減			99	交涉			126	비등점		
73	豪			100	徵兵令			127	複數		
74	緩			101	쌍룡			128	福壽		
75	傲			102	균열			129	나쁜 버릇이나 폐해가 많은 풍속		
76	瞬			103	선율			130	4		
77	修行			104	기고란			131	3		
78	遂行			105	삭삭왕래			132	1		
79	隨行			106	1			133	4		
80	純粹			107	2			134	3		
81	賣渡			108	4			135	2		
82	鴻			109	3			136	3		
83	膽			110	4			137	4		
84	弦			111	1			138	1		
85	顔			112	2			139	3		
86	窟			113	사륙판			140	1		
87	懸			114	과인산			141	3		
88	靴			115	전율			142	4		
89	아랫돌 빼서 윗돌 괴고, 윗돌 빼서 아랫돌 괴기			116	유유상종			143	鬱		
90	소경 단청 구경			117	곳간			144	남은 뼈		
91	① 萬邦			118	전세방			145	뼛골 수		
92	② 發露			119	공염불			146	교활		
93	② 累千年			120	유대			147	3		
94	脣齒			121	과녁			148	4		
95	攻守同盟			122	추렴			149	面		
96	仲裁			123	가난			150	4		

筆者 紹介
남기탁(강원대)
이광진(한국어문회)
백진우(전주대)
윤재환(단국대)
이국진(강원대)

최상진(경희대)
권진옥(단국대)
송호빈(계명대)
윤지훈(교육과정평가원)
유춘동(강원대)

한자지도의 이론과 실제

초판발행 | 2022년 8월 25일

발 행 인 | 한국어문교육연구회
발 행 처 | 한국어문교육연구회
주   소 | 서울시 서초구 사임당로 64, 401호(서초동, 교대벤처타워)
전   화 | 1566-1400
등록번호 | 제22-1555호
I S B N | 979-11-91238-40-2 13700

정가 35,000원

공|급|처 푸른하늘 T. 02-332-1275, 1276 | F. 02-332-1274
www.skymiru.co.kr